COLLECTION DE DOCUMENTS RELATIFS A L'HISTOIRE DE PARIS
PENDANT LA RÉVOLUTION FRANÇAISE
Publiée sous le patronage du Conseil municipal

PARIS
PENDANT LA RÉACTION THERMIDORIENNE
ET SOUS LE DIRECTOIRE

RECUEIL DE DOCUMENTS
POUR L'HISTOIRE DE L'ESPRIT PUBLIC A PARIS

PAR

A. AULARD
PROFESSEUR A L'UNIVERSITÉ DE PARIS

TOME Ier
DU 10 THERMIDOR AN II AU 21 PRAIRIAL AN III
(28 JUILLET 1794 — 9 JUIN 1795)

PARIS
LIBRAIRIE LÉOPOLD CERF | LIBRAIRIE NOBLET
12, RUE SAINTE-ANNE | 13, RUE CUJAS

MAISON QUANTIN
7, RUE SAINT-BENOIT
1898

PARIS

PENDANT LA RÉACTION THERMIDORIENNE

ET SOUS LE DIRECTOIRE

COLLECTION DE DOCUMENTS RELATIFS A L'HISTOIRE DE PARIS
PENDANT LA RÉVOLUTION FRANÇAISE
Publiée sous le patronage du Conseil municipal

PARIS
PENDANT LA RÉACTION THERMIDORIENNE
ET SOUS LE DIRECTOIRE

RECUEIL DE DOCUMENTS
POUR L'HISTOIRE DE L'ESPRIT PUBLIC A PARIS

PAR

A. AULARD
PROFESSEUR A L'UNIVERSITÉ DE PARIS

TOME Ier

DU 10 THERMIDOR AN II AU 21 PRAIRIAL AN III
(28 JUILLET 1794 — 9 JUIN 1795)

PARIS
LIBRAIRIE LÉOPOLD CERF | LIBRAIRIE NOBLET
12, RUE SAINTE-ANNE | 13, RUE CUJAS

MAISON QUANTIN
7, RUE SAINT-BENOIT
1898

INTRODUCTION

Nous avons réuni, dans ce recueil, des documents propres à faire connaître les vicissitudes, au jour le jour, de l'esprit public à Paris pendant la réaction thermidorienne et sous le Directoire exécutif.

Laissant de côté les mémoires et récits divers qui, bien qu'émanés de personnes ayant vécu à l'époque dont nous voulons tracer le tableau, n'offrent pas des témoignages vraiment contemporains de cette époque, parce qu'ils ont été écrits longtemps après les événements, alors que les souvenirs des auteurs étaient défigurés, nous nous attachons à ne reproduire que des témoignages émis au moment même où les événements avaient lieu.

Ces documents sont de deux sortes : rapports administratifs ou de police et articles de journaux. Ce que nous allons en dire maintenant ne se rapporte qu'à la première partie de ce recueil, celle qui a pour objet la période thermidorienne. Nous caractériserons en temps et lieu les documents relatifs au Directoire.

I

Les rapports administratifs ou de police émanent, pour la période thermidorienne, d'une autorité provisoire qui avait remplacé la Commune de Paris, et dont il est indispensable de faire connaître l'établissement et l'organisation.

En même temps qu'elle renversa Robespierre, la Convention crut devoir abattre la municipalité existante, qui faisait cause commune avec lui. Elle en mit hors la loi tous les membres qui avaient participé à l'insurrection robespierriste. La plupart furent guillotinés [1] et la municipalité parisienne disparut en bloc avec Robespierre.

Comment la Convention et les Comités de gouvernement suppléèrent-ils à cette absence?

C'est à la police municipale qu'ils songèrent tout d'abord, et c'est la seule partie de l'administration communale qu'ils restaurèrent en thermidor.

Dès le 9 thermidor, les Comités de salut public et de sûreté générale prirent l'arrêté suivant, qui est de la main de Dubarran :

Les Comités de salut public et de sûreté générale arrêtent qu'à l'instant tous les membres composant l'administration de police seront mis sur-le-champ en arrestation et au secret dans diverses maisons d'arrêt de Paris ; les scellés seront apposés sur leurs papiers.

DUBARRAN, RUHL, AMAR, VADIER, VOULLAND,
BILLAUD-VARENNE, LOUIS (du Bas-Rhin).

Et, le même jour, un autre arrêté, également de la main de Dubarran, pourvut ainsi au remplacement des membres de l'administration de police :

Les Comités de salut public et de sûreté générale arrêtent que les citoyens Albert et Ballay, membres du Comité révolutionnaire de la section de l'Unité ; Martineau et Gérôme, membres du Comité de Bondy ; Freté, membre du Comité de la Montagne ; Trial, membre du Comité de Le Peletier ; Hivert et Thiboust, membres du Comité de l'Indivisibilité, et Le Camus, membre du Comité de la section de Montmartre, exerceront provisoirement et jusqu'à nouvel ordre les fonctions d'administrateurs de police. Ils entreront en fonctions à l'instant même.

1. Combien d'entre eux échappèrent à la guillotine ? Que devinrent les survivants ? Quels étaient ceux qui tenaient leur mandat d'une élection populaire et ceux qui le tenaient d'un arrêté du Comité de salut public ? Il faudra sans doute, pour obtenir une réponse à ces questions et posséder une statistique de la commune robespierriste, attendre que M. Sigismond Lacroix ait poussé sa publication jusqu'à la date du 10 thermidor.

INTRODUCTION

Les Comités leur adjoignent Barisson, membre du Comité de la section de la République, et Loys, d'Arles, ancien membre du Comité de surveillance du département.

> Dubarran, B. Barère, Amar, Voulland, Élie Lacoste, Louis (du Bas-Rhin), Carnot, Collot d'Herbois, Billaud-Varenne [1].

De nouveaux membres furent adjoints à ces administrateurs par un arrêté du 27 thermidor, de la main de Treilhard :

> Les Comités de salut public et de sûreté générale arrêtent que les citoyens Bodson, Viard, l'un et l'autre membres du Comité révolutionnaire de la section de l'Indivisibilité ; Ollivier, membre du Comité de bienfaisance de la même section ; Christophe, de la section de Bondy ; Gillet, membre du Comité révolutionnaire de la section de l'Unité ; Boissière, membre du Comité révolutionnaire de la section de la Montagne ; Mercy, du Comité civil de la section de la République, et Mettrier, membre du Comité révolutionnaire de la section Montmartre, exerceront provisoirement et conjointement avec les citoyens Albert, Ballay, Martineau, Gérôme, Freté, Hivert, Thiboust, Le Camus et Barisson, déjà nommés par l'arrêté du 9 du présent mois, les fonctions administratives de police ; ils entreront en fonctions dans le jour.
>
> Treilhard, Louis (du Bas-Rhin), Legendre, Élie Lacoste, Thuriot, Eschasseriaux, Billaud-Varenne [2].

C'est ainsi que les Comités de gouvernement pourvurent à la police municipale de Paris. Il semble bien que, pour les autres parties de l'administration municipale, ils s'en chargèrent eux-mêmes, et c'est tout ce que nous savons, ou à peu près, sur l'organisation municipale de Paris entre le 9 thermidor an II et le 14 fructidor suivant.

Le 14 fructidor an II, sans sortir du provisoire, la Convention y mit quelque ordre par le décret suivant :

> La Convention nationale, après avoir entendu ses Comités de salut public, de sûreté générale et de législation, décrète que la Commune de Paris sera administrée ainsi qu'il suit :
>
> Art. 1er. La Commission nationale du commerce et des approvi-

---

1. Les originaux de ces deux arrêtés sont aux Archives nationales, AFii, 47.
2. Arch. nat., AFii, 57.

sionnements est chargée de pourvoir immédiatement aux subsistances et à l'approvisionnement de Paris.

2° La Commission nationale des secours publics est chargée de la surveillance, de la direction et de l'administration immédiate des hôpitaux, des hospices, de la distribution de secours et de toutes les parties du service relatives à l'attribution de cette Commission.

3° La Commission nationale d'instruction publique est chargée de la direction et de l'administration immédiate des écoles primaires, de tous les instituts nationaux et des spectacles.

4° La Commission nationale des travaux publics est chargée de la direction, de la surveillance et des dépenses relatives aux travaux publics, et de tous les traités relatifs à l'illumination, entretien et nettoiement des rues et places publiques.

5° La Commission nationale d'agriculture et des arts est chargée de l'administration immédiate des ateliers de filature et de tous les arts dont la direction n'est pas attribuée à la Commission des armes, ni à la Commission d'instruction publique.

6° La Commission nationale des armes est chargée de la surveillance, de la direction et de la disposition immédiate de tous les arts relatifs à la guerre, des munitions, des armes et de l'artillerie.

7° La Commission nationale des administrations civiles, police et tribunaux est chargée de la surveillance, de l'administration et de la police des maisons d'arrêt, des maisons de justice et de détention.

8° La Commission nationale des revenus nationaux est chargée de l'administration de tous les revenus et domaines appartenant à la Commune et de tous les recouvrements qui la concernent.

Elle est chargée de se faire rendre compte de l'actif et du passif, d'en faire dresser des états, et de faire liquider les dépenses ordinaires et extraordinaires.

9° Les commissaires de la Trésorerie nationale sont chargés de faire faire la recette de tous les revenus et de toutes les contributions publiques, et de faire acquitter toutes les dépenses.

10° Chacune des Commissions nationales nommera un ou plusieurs agents ou chefs pour chaque partie du service, et cet agent ou chef sera autorisé à signer toutes les expéditions.

11° Il y aura provisoirement, sous la surveillance du département de Paris, deux Commissions qui seront chargées, l'une de la partie administrative de la police municipale, l'autre de l'assiette et de la répartition des contributions publiques.

12° La Commission de police administrative sera composée de vingt membres, et celle des contributions publiques de qu . . membres.

Les uns et les autres seront nommés par la Convention nationale sur la présentation des Comités de salut public, de sûreté générale et

13° Il sera attaché un agent national à la Commission de police administrative. La nomination en sera faite de la manière déterminée par l'article précédent.

14° La Commission de police administrative et celle des contributions publiques éliront chacune leur président.

Les présidents seront renouvelés tous les mois, et ne pourront être réélus qu'après un intervalle d'un mois.

15° Le Comité des domaines et d'aliénation indiquera, sous vingt-quatre heures, les édifices nationaux qui devront servir d'emplacement à ces deux commissions.

16° La partie contentieuse de la police municipale sera exercée par le tribunal de police correctionnelle.

17° Les fonctions relatives à l'état civil des citoyens seront exercées dans chaque section par un officier public, qui sera chargé de constater les naissances, mariages, divorces et décès.

Il sera nommé par la Convention nationale sur la présentation du Comité de législation.

Le Comité civil de chaque section nommera un de ses membres pour exercer les fonctions d'agent national dans les actes relatifs aux mariages et divorces dans lesquels la présence de l'agent est nécessaire.

18° Le Comité civil de chaque section dressera les listes des émigrés, qu'il enverra au département.

Les certificats de résidence et de civisme continueront d'être délivrés par les sections, et visés tant par les Comités révolutionnaires que par le département.

19° Les Comités civils des sections correspondront immédiatement avec les Comités de la Convention et avec les Commissions exécutives nationales.

20° Il sera nommé par la Convention nationale, sur la présentation du Comité de législation, le nombre d'agents nationaux qui seront jugés nécessaires près le tribunal de police correctionnelle.

Ainsi la Convention attribuait au pouvoir central la plus grande partie de l'administration municipale de Paris, mais elle rétablissait un embryon de municipalité sous la forme de deux Commissions, l'une de police, l'autre de subsistances. Nous n'avons pas à rechercher la composition et le fonctionnement de la Commission des subsistances. Voici les principaux décrets concernant la Commission de police.

Le décret qui l'organisa est daté du 26 vendémiaire an III :

trois Comités de salut public, de sûreté générale et de législation, en exécution de la loi du 14 fructidor, nomme, pour former la Commission de police administrative de la Commune de Paris, les citoyens dont la liste suit :

Le Roux, secrétaire du conseil de discipline de la section de la Montagne ;
Duret, membre du Comité de bienfaisance de la section du Faubourg-Montmartre ;
Alletz, secrétaire-greffier du juge de paix de la section du Mont-Blanc ;
Jacot, ébéniste, rue Basse-du-Rempart ;
Vidouene [1], rue de l'Échelle, section des Tuileries ;
Gauthier [2], de la section de Brutus, rue Neuve-Eustache, n° 56 ;
Desétangs, rue de l'Arbre-Sec ;
Potrelle, rue Honoré, vis-à-vis le ci-devant Oratoire ;
Rouchas jeune, marchand mercier, rue Denis ;
Beurlier, capitaine du bataillon des Gravilliers, rue Meslay, n° 23 ;
Champenois, ancien négociant, rue Apolline, n° 6 ;
Bocquet-Destournelles, rue Bretonnerie ;
Théronenne, marchand de draps, rue Antoine, n° 29 ;
Pasté, homme de loi, rue du Milieu-des-Ursins, section de la Cité ;
Barbarin, architecte, rue du Four-Germain, n° 104 ;
Decamps, ancien commissaire de la section du Gros-Caillou ;
Potron, orfèvre, rue Révolutionnaire, ci-devant Saint-Louis, vis-à-vis la caserne ;
Hornin ;
Gosset, rue Nicolas, faubourg Antoine ;
Babille, rue du Théâtre-Français ;

Pour la place d'agent national, Léger, quai de l'Égalité, n° 4.

Le traitement des administrateurs de police est de 4,000 livres ; celui de l'agent national est de 6,000 livres.

Il fut pourvu au complément de cette Commission par les deux décrets suivants :

23 frimaire an III. La Convention nationale, après avoir entendu le rapport de ses Comités de salut public, de sûreté générale et de législation, nomme, pour compléter la Commission de police administrative de Paris, les citoyens dont les noms suivent :

Hannocque-Guérin, demeurant passage des Petits-Pères ;

---

1. Vidouene ne signa aucun rapport, et il n'est pas sûr qu'il ait réellement fait partie de la Commission.
2. Il donna sa démission le lendemain 27 (Arch. nat., BB³, 82).

Delahaye, rue Michel Le Peletier, au coin de celle Baubourg ;
Fauconnier, quai de la République, île de la Fraternité ;
Duchauffour, ex-suppléant au tribunal du 3ᵉ arrondissement.

30 germinal an III. La Convention nationale, après avoir ouï le rapport de son Comité de sûreté générale, décrète que les citoyen Carbonier, Bois de Loury, Le Roy, Courtois et Doillot fils sont nommé membres de la Commission administrative de la police de Paris, au lieu et place des citoyen Delahaye[1], Babille, Desétangs, Potrelle e Jacot, qui ont été nommés à d'autres fonctions publiques et dont la démission, motivée, est acceptée.

On trouva que cette Commission était composée de trop de membres, dont la plupart étaient peu assidus. Le 24 thermidor an III, la Convention décréta qu'elle serait réduite à trois membres, et, le 28, elle rendit le décret suivant :

La Convention nationale, en exécution du décret du 20 (sic) thermidor, et sur la présentation des Comités de salut public et de sûreté générale, décrète que les citoyens Houdeyer, secrétaire en chef du Comité de sûreté générale, Léger, procureur général syndic, et Guérin[2], administrateur du département de Paris, composeront la Commission administrative de police pour la Commune de Paris.

Cette Commission de police, réduite à trois membres, fonctionna pendant quelques décades, jusqu'à la mise en activité du bureau central du canton de Paris, dont nous parlerons dans le volume suivant.

Telle fut l'autorité, remplaçant quant à la police la municipalité parisienne, qui rédigea les rapports quotidiens que notre recueil fait connaître.

Ces rapports sont en double expédition, l'une adressée à la Commission nationale des administrations civiles, police et tribunaux, l'autre à Laveaux, agent national près le département de Paris[3], qui les transmettait au Comité de salut pu-

---

1. Delahaye venait d'être nommé membre de l'administration du département de Paris, par arrêté du Comité de législation. Voir la *Gazette française* du 9 germinal an III.
2. C'est probablement Hannocque-Guérin.
3. J.-Ch. Laveaux, mis en arrestation avant la chute de Robespierre, fut mis en liberté le 18 thermidor (Arch. nat., AFıı, 60), par un arrêté du Comité de salut public, qui, le 29, le chargea de « remplir provisoirement, près l'administration de Paris, les fonctions d'agent national ». (Arch. nat., AFıı, 65.) Dans sa corres-

blic[1]. Il y en a un pour chaque jour, et nous les avons presque tous, pour la période thermidorienne, au moins en une des deux expéditions (Arch. nat., F¹ᶜIII, Seine, 13, 14, 15, 16, 17 et A F IV, 1471). Il ne nous en manque, pour cette période, qu'un nombre insignifiant[2].

Les premiers rapports, ceux de l'administration de police nommée par les arrêtés des 9 et 27 thermidor, sont peu détaillés, assez vagues, et n'offrent pas un intérêt très vif. Les rapports de la Commission de police administrative instituée par le décret du 14 fructidor an II, et dont les membres furent nommés par le décret du 26 vendémiaire an III, sont, au contraire, très intéressants, et quoique rédigés en un style négligé et très incorrect, offrent un tableau très complet, très détaillé, et fort remarquable, de la vie de Paris pendant chaque journée. La Commission de police les composait à l'aide des rapports particuliers des inspecteurs et officiers de paix, dont les originaux ont disparu, mais dont de nombreux extraits se trouvent insérés textuellement dans les rapports généraux.

Quelle créance doit-on accorder à ces rapports?

Sans doute, ce sont des témoignages de police, et, comme tels, il est assez naturel d'en suspecter la véracité, l'impartialité. Si cependant on les lit avec assez de suite pour pouvoir les contrôler les uns par les autres, et si on prend la peine de les contrôler aussi par les témoignages des journaux, que nous y juxtaposons parfois, on s'apercevra que ces rapports de police sont bien moins mensongers, bien moins partiaux, bien plus dignes de créance que les assertions des gazetiers thermidoriens. Ce n'est point là une littérature de mouchards, que l'histoire doive dédaigner ; ce ne sont point de ces fables policières[3], légendes puériles, calomnies bêtes, dénonciations fantaisistes, comme on en rencontrera plus tard dans les documents analogues. Les inspecteurs s'efforcent surtout d'y voir clair, de

---

pondance, il prend le titre « d'agent national du district du département de Paris ». (Arch. nat., AF iv, 1471.)

1. Voir par exemple (AF iv, 1471, la lettre de Laveaux du 7 pluviôse, par laquelle il transmet au Comité de salut public le rapport du 6 pluviôse.

2. Nous avertissons le lecteur que, quand une journée se trouvera ou omise ou relatée sans rapport, c'est que ce rapport n'existe pas.

3. Sauf quelques rares exceptions.

bien démêler les véritables sentiments de la population parisienne, sans flatter qui que ce soit, et les membres de la Commission de police tâchent à résumer leurs rapports dans le même esprit d'impartialité intelligente. Il est à noter, et c'est là un fait remarquable, que la Commission de police n'est pas animée des basses passions qui se déchaînèrent sur Paris après la chute de Robespierre. Certes, ses membres ne sont pas robespierristes, et à l'occasion ils disent du mal du vaincu, mais sans cet excès de haine et de calomnie qui déshonore les journaux d'alors. Ce sont des citoyens, ce sont des républicains qui gémissent des maux dont souffre Paris torturé par la misère, qui y remédient autant que possible par des paroles et des actes de conciliation, dans la faible mesure des moyens légaux qui leur sont donnés[1], et qui tâchent de maintenir les principes de la Révolution au milieu de ces troubles furieux où la République semble menacée de disparaître. Ils notent avec impartialité tout ce qui leur semble notable, et ils le notent avec assez d'intelligence. On peut dire vraiment que Paris revit, au jour le jour, sous cette plume policière, mais relativement probe. Il ne manque presque à ces administrateurs que l'art d'écrire pour qu'ils se trouvent avoir tracé un tableau achevé de la réaction thermidorienne, dans ses aspects à la fois les plus précis et les plus fugitifs. L'historien devra donc, à notre avis, tenir un très grand compte de ces rapports de police.

II

L'autre espèce de témoignages contemporains que nous utilisons, ce sont les journaux, alors fort nombreux, fort lus, et où on doit voir une des expressions importantes de la vie politique et sociale[2].

---

1. Ainsi la Commission n'a aucune action sur l'Agence des subsistances. Voir plus loin, p. 604, de quel ton insolent un des employés de cette Agence se refuse à répondre à une question des inspecteurs de police.
2. Pour la bibliographie de ces journaux, nous renvoyons le lecteur au tome II de la *Bibliographie de l'Histoire de Paris pendant la Révolution*, par M. Maurice Tourneux.

Malheureusement, ces journaux (sauf quelques-uns) sont pauvres en nouvelles et faits divers, et on y rencontre peu de tableaux de l'esprit public à Paris. Un journal était alors beaucoup plus une arme de combat qu'une source de renseignements. Sauf pour les séances de la Convention, dont quelques-uns essaient de donner un récit fidèle, il est rare qu'ils racontent un fait sans le défigurer en l'appréciant. Même les anecdotes y sont passionnées. La passion, haineuse ou épouvantée, éloquente ou déclamatoire, mais plus souvent déclamatoire qu'éloquente, voilà ce que cherchaient les lecteurs d'alors dans les journaux, et voilà ce qu'ils y trouvaient avec délices. Ce n'est pas ce que nous y cherchons rétrospectivement, et le moindre fait précis sur les événements de la rue ferait mieux notre affaire. Ces faits précis, il nous faudra les extraire d'articles *tendancieux*, sans pouvoir supprimer ces tendances mêmes, si bien que le lecteur aura plutôt à conjecturer la vérité, à la démêler dans ce fatras d'injures et de déclamations. Et cependant ce fatras lui-même a son intérêt historique; ces injures, ces déclamations sont aussi une des images de la vie publique d'alors, et on y peut chercher les différents courants d'opinions entre lesquelles était divisé le Paris thermidorien.

Ces courants d'opinion, on ne les distingue pas très clairement tout d'abord. Au lendemain de la chute de Robespierre, toute la presse est uniformément, et avec monotonie, antirobespierriste, et ce sont, contre le « tyran », les mêmes injures calomnieuses dans les feuilles républicaines et démocrates que dans les feuilles royalistes. Thermidoriens de gauche et thermidoriens de droite s'accordent à flétrir le régime tombé, et rien d'abord ne semble les distinguer les uns des autres.

Peu à peu les thermidoriens de gauche sont menacés par ceux de droite, qui en viennent à les traiter à leur tour de robespierristes. Tous les républicains démocrates sont menacés, comme jacobins, anarchistes, désorganisateurs. La réaction devient furieuse. Deux tendances adverses se forment dans la presse. Les uns poussent à la réaction, les autres s'en effraient et tâchent de l'arrêter. Tous ou presque tous se disent républicains. Nul journal ne demande ouvertement un roi. Mais il y a déjà une presse royaliste par ses tendances.

Légalement, la presse est libre. En fait, elle n'ose pas user de toute cette liberté, parce qu'elle craint le retour du régime de compression auquel elle avait été soumise avant le 9 thermidor. Aussi cache-t-elle autant que possible les tendances que nous avons tâché d'y démêler, et ces équivoques voulues rendent très difficile de tracer un tableau politique des journaux thermidoriens.

Les journaux à grande ou ancienne clientèle, comme le *Moniteur*, le *Journal des Débats et des Décrets*, le *Républicain français*, le *Journal de Paris*, la *Gazette de France*, sont du nombre des quelques feuilles auxquelles nous avons fait allusion plus haut et qui font exception à la manière passionnée adoptée par la presse. Ils se piquent d'informations exactes, à la mode anglaise, mais ces informations ont surtout pour objet les débats de la Convention, et non les faits propres à faire connaître l'esprit public à Paris. Le *Moniteur* est neutre, plutôt gouvernemental. Le *Journal de Paris* est imbu de l'esprit philosophique et anti-chrétien. Les autres ne laissent pas encore percer l'esprit royaliste dont ils seront animés plus tard, et pour le moment ils ne laissent paraître aucune opinion.

Ardentes, au contraire, sont les opinions rétrogrades, contre-révolutionnaires, anti-démocratiques du *Messager du Soir*, de l'*Orateur du Peuple*, de la *Vedette*, du *Courrier républicain* (et cependant ce dernier journal est un de ceux où nous avons trouvé, pour la période thermidorienne, le plus de renseignements sur l'esprit public).

Il y a peut-être un peu moins de passion dans le *Journal de Perlet* (interprète fort écouté de l'opinion moyenne). Citons aussi parmi les journaux de droite où se remarque parfois une sorte de modération : le *Courrier universel*, la *Gazette française*, la *Gazette historique et politique de la France*, la *Correspondance politique de Paris et des départements*, les *Nouvelles politiques nationales et étrangères*, le *Narrateur impartial*.

L'opinion girondine est représentée, mais sans éclat, par les *Annales patriotiques*.

Il y a des feuilles tout à fait incolores, mais où on peut glaner quelques renseignements, comme les *Annales de la République française*, la *Petite Feuille de Paris*.

Un journal peu connu, l'*Abréviateur universel*, se donne la tâche de reproduire les plus intéressants articles parus dans les journaux de la veille. Il y ajoute quelques nouvelles de son cru, parfois intéressantes. Il donne chaque jour la température et l'état du ciel, en un bulletin qui lui est communiqué par l'Observatoire [1].

La presse républicaine, j'entends par ce mot celle qui est fidèle à la République démocratique, n'a que de peu nombreux et assez pauvres organes : le *Journal Universel* par Audouin, le *Journal des Hommes libres* par Charles Duval, l'*Ami du Peuple* par Lebois et Châles; et parfois aussi le *Sans-Culotte* (ancien *Batave*) semblent républicains. Ces feuilles sont impopulaires : les muscadins s'acharnent contre elles, en brûlent des numéros au Palais-Royal ou au Jardin des Tuileries. On les dénonce comme sanguinaires, et on ne les litguère. Elles ont beaucoup de peine à vivre. Elles sont mal outillées, et, quant aux renseignements sur l'esprit public, presque nulles, si bien que, dans nos citations de journaux, nous n'aurons presque jamais une note républicaine à opposer à la note thermidorienne. Les républicains démocrates sont presque submergés par cette réaction formidable.

Les journaux cependant sont curieux et importants à lire à côté des rapports de la Commission administrative de police : on y voit dans tout leur éclat ces passions contre lesquelles la Commission luttait avec patriotisme et qu'elle observait si diligemment [2].

III

Voici quelle méthode nous avons suivie pour la publication de ces documents.

---

[1]. Il n'eût pas été sans intérêt de reproduire ce bulletin météorologique, mais la place nous a manqué.

[2]. J'ai caractérisé avec plus de détails la presse thermidorienne, dans un article intitulé : *Paris au lendemain du 9 thermidor*, publié dans la *Revue bleue* du 20 novembre 1897.

S'il avait été possible de donner *in extenso* tous les rapports de police et tous les articles de journaux relatifs à l'esprit public, il nous suffirait de dire que nous avons voulu reproduire avec exactitude des textes authentiques et les éclairer par des notes. Mais, obligés de nous resserrer dans les limites de quelques volumes, il nous a bien fallu chercher les moyens de réduire l'étendue des documents.

Cette nécessaire réduction était chose délicate, et il faut que le lecteur soit clairement averti de ce que nous avons fait et voulu faire.

Les rapports de police, d'abord très courts, s'allongent ensuite, au grand profit de notre curiosité, mais de telle manière qu'il y faut absolument faire des retranchements ou en résumer des parties.

Les retranchements ne portent d'abord, tant que les rapports ne sont pas trop longs, que sur des faits divers absolument insignifiants pour notre sujet.

Ils portent ensuite, quand les rapports se développent : 1° sur des récits qui forment double emploi ; 2° sur des faits qui ne font connaître l'esprit public qu'indirectement ; 3° sur des longueurs de style ; 4° sur quelques tableaux où la situation est présentée comme normale, ou comme pareille à celle de la veille ; 5° sur des détails de la vie économique, approvisionnements, distribution de pain, de viande, de bois, etc., qui ont de l'intérêt, mais qui ne sont pas toujours indispensables à connaître pour avoir une idée exacte de l'esprit public ; cependant nous donnons une grande partie de ces faits économiques, nous espérons en avoir donné assez pour notre sujet, nous regrettons d'avoir été dans l'impossibilité matérielle de les donner tous, et nous avertissons les historiens ou les statisticiens de la vie sociale parisienne, qui ne cherchent pas seulement, comme nous, à montrer comment l'esprit public a été affecté par les circonstances économiques, mais qui font de ces circonstances mêmes l'objet de leurs études, nous les avertissons, dis-je, qu'ils devront recourir aux originaux pour y trouver toute la multitude de détails statistiques qu'ils contiennent [1].

1. Et ce recours sera facile, puisque chaque fois nous indiquons la source avec la cote des Archives nationales.

Toutes les fois que nous faisons une suppression, le lecteur en est informé par des points suspensifs.

Toutes les fois que nous résumons le texte original, au lieu de le donner tel quel, nous imprimons ces résumés en caractères plus petits, entre crochets.

Nous avons suivi la même méthode pour les extraits de journaux avec cette différence que, ces extraits étant imprimés en caractères plus petits[1] que les rapports, il nous a paru impossible d'imprimer en caractères plus petits encore les analyses que nous substituons parfois au texte des journaux. Mais les citations textuelles se distingueront aisément des analyses en ce que celles-là sont entre guillemets, et celles-ci ne sont pas entre guillemets.

Le lecteur saura donc toujours, à première vue, quand il y a retranchement et quand il y a analyse.

IV

Il nous reste à dire un mot de quelques publications analogues, qui ont précédé la nôtre.

Ces rapports de police n'étaient pas inconnus avant nous, et tous les historiens savent que M. Schmidt, professeur à l'Université d'Iéna, en avait donné des extraits dans ses *Tableaux de la Révolution française publiés sur les papiers inédits du département et de la police secrète de Paris* (Leipzig, 1867-1871, 4 vol. in-8, dont un de Tables). Sans méconnaître le mérite de notre prédécesseur et les services qu'il a rendus aux études historiques, on nous permettra de faire remarquer que ces extraits sont souvent fort courts et très insuffisants. Il

---

1. Cependant, pour la période qui s'étend de la chute de Robespierre à la fin de l'année 1794 (10 thermidor an II - 11 nivôse an III), nous avons cru devoir imprimer les extraits de journaux dans le même caractère que les rapports, parce qu'alors ces rapports ne sont pas si développés qu'ils le deviendront bientôt. C'est pour la même raison que, pendant la même période, nous avons cru devoir donner, chaque jour, l'affiche des spectacles, d'après le *Journal de Paris* et les *Petites-Affiches*. Il eût été, certes, intéressant de continuer à donner ces renseignements sur les théâtres, si importants pour l'esprit public. C'était malheureusement impossible, vu le développement progressif des rapports, qui d'ailleurs nous renseignent ensuite assez souvent sur les spectacles.

arrive à M. Schmidt de ne donner qu'une phrase ou deux d'un rapport de plusieurs pages. Ses citations sont trop restreintes, et il n'a pas connu toutes les sources, s'étant borné à consulter aux Archives nationales la série F¹ᶜ III, Seine. Ainsi le premier rapport qu'il cite (t. II, p. 224), après la chute de Robespierre, est celui du 15 thermidor an II : il aurait trouvé dans F⁷, 4432, un rapport du 13, ayant pour objet la journée du 12, que nous donnons aux pages 8 à 10 de ce tome premier. De même, il n'a pas recherché, dans d'autres séries [1], un assez grand nombre de rapports, par exemple au sujet des journées de vendémiaire an IV, qu'on trouvera dans notre tome II. Pour la période du Directoire, l'ignorance où il a été de l'existence de la série BB aux Archives nationales l'a empêché de connaître nombre de rapports importants.

Ce recueil, si insuffisant quant au nombre et à l'étendue des textes, provoque encore des critiques pour la méthode, ou plutôt pour l'absence de méthode. C'est au hasard que M. Schmidt a fait ou fait faire ses extraits, copiant hâtivement dans les rapports n'importe quoi, sans critique et sans règle, et le copiant, j'ose le dire, n'importe comment, avec une hâte et une négligence incroyables, lisant mal, défigurant les mots, estropiant les noms propres, de manière à rendre inintelligibles des passages fort clairs dans l'original.

Non seulement il n'avertit que rarement, par des points suspensifs, des retranchements qu'il opère, mais il lui arrive souvent de substituer un résumé de son cru au texte original, sans que le lecteur puisse s'en douter, ou encore il fond ensemble, en quelques phrases, plusieurs rapport du même jour.

Enfin, prend-il la date du rapport pour celle des événements qui y sont relatés? Toujours est-il qu'il ne prévient pas le lecteur que chaque rapport a pour objet les faits de la veille.

Il y a tant de choses intéressantes dans ces rapports que même ces extraits si mal faits et si maigres ont eu leur intérêt et ont servi aux historiens. Mais, en somme, M. Schmidt a plutôt signalé l'importance de ces documents qu'il n'en a donné une idée exacte.

---

1. Par exemple, AF¹¹, 42, 52, 57, 110; AF¹ᵥ, 1171 et 1172; F⁷, 3668³.

A la fin de son livre : *Paris en 1794* (1869, in-8), M. Dauban a donné un petit nombre d'extraits des rapports, pour le début de la période qui nous occupe. Si l'on veut se rendre compte de l'imperfection et de l'insuffisance de ces extraits, on n'aura qu'à comparer ce que M. Dauban donne, à la page 529 de son volume, du rapport du 29 fructidor an II, avec ce que nous en donnons nous-même à la page 90 du présent volume.

Les publications antérieures nous encourageaient donc, par la manière dont elles avaient été conçues et faites, à entreprendre la nôtre et à faire connaître au public l'ensemble de ces documents si précieux pour l'histoire de l'esprit public à Paris.

Disons, en terminant, que, dans ce recueil, ainsi que dans nos précédents recueils sur les Jacobins et sur le Comité de salut public, nous avons substitué l'orthographe actuelle aux bizarreries graphiques d'alors, qui n'ont presque aucun intérêt historique, et qui rebutent le lecteur ou l'égarent sans profit d'aucune sorte. Quant aux noms propres, nous les avons identifiés d'après les signatures, toutes les fois que nous l'avons pu. Cela nous a été impossible pour les nombreux noms d'inspecteurs de police et officiers de paix[1], presque tous gens inconnus, et dont nous n'avons pas les signatures. Nous avons dû nous borner à écrire leurs noms comme les auteurs des rapports les écrivaient le plus souvent.

A. AULARD.

---

1. Dans ce premier volume, on rencontrera plus de deux cents de ces noms. On verra, p. 606, qu'en germinal an III, les inspecteurs chargés de la surveillance des boulangers étaient au nombre de vingt-quatre, et, p. 686, dans le rapport du 8 floréal, que les officiers de paix étaient au nombre de quatre.

PARIS

PENDANT LA RÉACTION THERMIDORIENNE

ET SOUS LE DIRECTOIRE

I

10 THERMIDOR AN II (28 JUILLET 1794).

Journaux.

Journal de Perlet du 12 thermidor :

C'est vers six heures du soir que le tyran [1], et vingt-et-un de ses principaux complices sont partis de la Conciergerie pour s'avancer vers l'échafaud. Ils étaient sur trois charrettes : Hanriot, soûl, suivant son usage, était à côté de Robespierre le jeune ; le tyran, à côté de Dumas, l'instrument de ses fureurs ; Saint-Just auprès du maire de Paris ; Couthon était dans la troisième charrette. Hanriot et Robespierre cadet s'étaient fracassé la tête et étaient couverts de sang ; Couthon avait un bandeau ; le tyran avait toute la tête, hors le visage, enveloppée, parce qu'il avait reçu un coup de pistolet dans la mâchoire. Il n'est pas donné à un homme d'être plus hideux et plus lâche : il était morne et abattu. Les uns le comparaient à un tigre musclé, d'autres à un valet de Cromwell, car il n'avait plus la contenance de Cromwell même. Tous ceux qui l'entouraient avaient, comme lui, perdu leur audace. Leur bassesse ajoutait à l'indignation contre eux. On se rappelait que, du moins, les conspirateurs qui les ont précédés avaient su mourir. Ceux-ci n'avaient même pas la force de se parler, ni d'adresser la moindre parole au peuple.

La foule était innombrable ; les accents d'allégresse, les applau-

---

1. Il s'agit de Robespierre. Rappelons qu'à cette date tous les journaux parlent sur ce ton de Robespierre et de ses amis. Voir l'Introduction.

dissements, les cris de : *A bas le tyran!* de *Vive la République!* les imprécations de toute espèce ont retenti de toutes parts le long du chemin. Le peuple se vengeait ainsi des éloges commandés par la terreur, ou des hommages usurpés par une longue hypocrisie.

Il était environ sept heures et demie, lorsque les traîtres sont arrivés à la place de la Révolution. Couthon a été exécuté le premier; Robespierre jeune ensuite; la tête du tyran est tombée l'avant-dernière, et celle de Fleuriot Lescot la dernière. Elles ont été montrées au peuple, qui a fait retentir l'air des cris longtemps prolongés de *Vive la Convention! Vive la République!*

Ainsi a été découverte, déjouée et punie en moins de vingt-quatre heures la plus horrible conspiration qui a été tramée jusqu'à présent contre la liberté, celle dont le caractère a été le plus prononcé, les signes plus incontestables, les instruments mieux désignés; celle sur laquelle il n'a pas été possible, même aux plus incrédules, d'élever ni de conserver le plus léger doute, tant l'audace des chefs a été grande, tant leurs desseins étaient exécrables, tant l'ensemble des preuves a frappé tous les regards; celle enfin qui, ces jours mêmes, devait élever sur les cadavres des fidèles représentants, et sur ceux de soixante mille républicains impatients du joug, un tyran aussi affamé de vengeance, aussi altéré de sang que les Néron et les Caligula.

Journal des hommes libres de tous les pays du 13 thermidor :

Paris, 11 thermidor. — Le supplice d'un tyran est vraiment une fête pour le monde. Les Français en ont fait une fête décadaire, et la joie a prouvé hier combien avait été longue et forte l'oppression sous laquelle avaient gémi toutes les âmes, tous les cœurs, tous les esprits. Oui, la joie publique s'est développée hier dans toute sa plénitude et nous garantit à jamais la liberté. Ni le châtiment de Louis XVI, ni celui de sa femme et de tous les traîtres qui, depuis, ont subi le sort de la trahison, ni aucune fête, pas même celles des victoires, n'avaient eu autant de spectateurs, n'avaient inspiré une allégresse aussi sentie, aussi universelle, aussi expansive que le supplice de Robespierre, Couthon, Saint-Just, etc.

Combien a dû être horrible pour eux (s'ils étaient encore susceptibles de quelque honte) le long passage du Palais de Justice à la place de la Révolution, en face d'un peuple immense applaudissant, criant sans cesse : *Vive la République! Périssent les traîtres et les hypocrites parlant toujours de vertu, et ayant le crime dans le cœur!*

S'ils avaient pu voir dans le Jardin national tous les citoyens revenant de leur supplice, se jetant dans les bras les uns des autres, s'embrassant, se félicitant mutuellement d'être enfin délivrés d'un joug odieux, s'écriant, répétant partout : « Enfin, nous sommes libres, on n'empoisonnera plus nos pensées, nos intentions; nos erreurs ne seront plus transformées en crimes; l'intérieur de nos ménages sera du moins un asile sûr contre l'espionnage et la délation; la douce intimité, la fraternité, l'amitié et leurs charmes consolateurs vont nous être rendus; le tyran n'est plus! » S'ils avaient pu voir tout cela, dis-je, ils auraient frémi de rage de s'être si lourdement abusés en comptant sur un peuple pareil pour servir leurs projets de domination et d'asservissement.

Non, la liberté ne peut périr; non, jamais un autre homme n'osera tenter de la détruire, parce que, je l'espère, les Français, bien avertis par cet utile et grand exemple, les Français proscriront enfin cette manie d'encenser, d'idolâtrer les individus, qui a failli les perdre, et ne souffriront pas qu'un autre homme, quel qu'il soit, se serve d'eux-mêmes pour arriver à ce degré de puissance, de popularité et d'opinion toujours fatal à ceux qui y parviennent et à ceux qui le souffrent.

Dès longtemps, amis, j'aurais pu vous montrer les fers que l'on vous préparait, les dangers qui vous menaçaient, la mort que l'on vous destinait. Mais cet astucieux usurpateur avait tellement fasciné les yeux, combiné ses plans, ses opérations, il allait si sourdement, si adroitement à son but, il s'était tellement couvert et entouré de vos propres suffrages que vous ne l'auriez pas cru vous-mêmes, si on vous l'avait dit. Vous auriez crié avec lui à la calomnie, à la conspiration, et l'homme de bien n'eût obtenu d'autre fruit de cet avis que la crainte de produire un déchirement, des divisions, des partis, et peut-être même de perdre votre estime.

Quelle ressource donc restait-il au petit nombre de patriotes clairvoyants, qui, depuis longtemps, avaient démêlé le caractère et les projets de ce nouveau Cromwell?

Observer sa marche, avoir sans cesse l'œil sur lui et sur sa conduite, l'empêcher autant que possible de faire le mal, et, du reste, le laisser se démasquer lui-même; car, je le répète, et vous devez en convenir, il s'était entouré d'une telle réputation, il avait tellement fasciné vos yeux, qu'il n'y avait que lui qui pût vous les dessiller.

De temps en temps, l'on vous disait bien de prendre garde aux dominateurs; mais que pouvait cet avertissement isolé sur des hommes habitués depuis cinq années à regarder leur Robespierre comme infaillible, comme l'être par excellence ? Non, citoyens, il fallait être lui-même pour vous dire ce qu'il était.

Il s'est enfin manifesté; vous avez vu sa conduite, son âme, ses projets dans toute leur hideuse difformité; les séances de la Convention ne vous ont encore appris qu'une partie de ses crimes.

Des rapports successifs vous révéleront le reste; vous saurez alors quels dangers vous avez courus; vous saurez que la journée d'hier avait été destinée au massacre de vos représentants, auxquels on avait eu grand soin de donner un costume, afin qu'il ne pût en échapper un seul; vous saurez... Mais la liberté, l'impérissable liberté, pouvait-elle succomber ? Non, il s'est enlacé lui-même dans ses propres pièges ; la justice nationale l'a immolé aux mânes de Bara et de Viala, qu'il voulait ensanglanter par l'égorgement de tous ceux qui, comme eux, se dévouent à la patrie.

O mânes chéries, votre entrée au Panthéon a été retardée ; mais la mort d'un tyran est le plus bel honneur que vos frères aient pu vous rendre. Ch. D. [1].

Courrier républicain du 12 thermidor :

Du 11 thermidor. — Hier, vers sept heures et demie du soir, les vingt-deux conspirateurs sont arrivés au lieu du supplice, place de la Révolution, au milieu des cris unanimes et prolongés de *Vive la République!* Robespierre l'aîné avait la tête enveloppée d'un bonnet et ensanglantée d'un coup de pistolet qu'il s'était donné au moment qu'il s'est vu abandonné des traîtres que Hanriot lui avait ménagés. Celui-ci était aussi tout balafré au visage et blessé aux bras par la défense qu'il avait opposée aux gendarmes chargés de l'arrêter. Le seul Le Bas, ci-devant député, s'est tué. Les têtes de Robespierre, Hanriot, Dumas et de quelques autres ont été montrées au peuple, qui, pendant tout le cours du trajet de ces infâmes conspirateurs, depuis le Palais de Justice jusqu'à l'échafaud, leur a témoigné de la manière la plus énergique toute son indignation et toute son horreur.

Annales de la République française du 12 thermidor :

Ce fut hier soir [2], à sept heures, qu'on exécuta Maximilien Robespierre, son frère, Saint-Just, Couthon, Hanriot, Fleuriot, maire,

1. Ce sont les initiales du conventionnel Charles Duval.
2. Il faut lire : avant-hier soir.

Payan, agent national, Dumas, Lavalette, Coffinhal, Bernard, Gobeau, Gency, Vivier, Simon, Laurent, Wouarmé, Forestier, Guérin, D'Haзard, Bougon et Quenet, municipaux[1]. Le Bas s'était tué. Jamais on ne vit un aussi grand concours de monde qu'à cette exécution. Femmes, enfants, vieillards, tout Paris y était. Qui pourrait rendre la joie et les transports qui éclataient sur tous les visages? Dans toutes les rues par où passèrent les conjurés, dans toute l'étendue de la place de la Révolution, partout ce n'était qu'un cri unanime : *Ah! les scélérats! Vive la République! Vive la Convention!* et tous les chapeaux étaient en l'air en signe de satisfaction. Les yeux étaient particulièrement fixés sur Maximilien Robespierre, Couthon et Hanriot, dont les têtes étaient ensanglantées par les blessures qu'ils avaient reçues au moment de leur arrestation.

Aujourd'hui[2] on a exécuté soixante-onze de leurs complices; nous en donnerons la liste[3].

Le Sans-Culotte du 12 thermidor :

Paris, le 11 thermidor. — Paris jouit de la plus grande tranquillité. Tous les vrais patriotes respirent un air plus libre. Le supplice du Cromwell français a fait épanouir les cœurs républicains ; partout la joie succède à cette anxiété affreuse qui tourmentait tous les esprits ; hier au soir on se félicitait dans les assemblées des sections de voir la patrie sauvée; on se félicitait d'être enfin délivré de ce tyran astucieux, de cet homme atroce qui, par une hypocrisie soutenue, en imposa si longtemps à la nation française, dont toutes les démarches, couvertes du masque d'un patriotisme brûlant et inquiet, tendaient sans cesse à la tyrannie; de cet être orgueilleux qui voulait sacrifier à son insatiable ambition tous les hommes de génie qu'il craignait; qui ne pardonna jamais le moindre mot qui blessait son amour-propre, qui éloigna successivement de lui tous les hommes probes qui dédaignaient lui faire la cour; qui s'entoura d'hommes tarés, d'intrigants, de perfides conspirateurs; qui n'écouta les conseils d'aucun homme de bien, et se laissa influencer par quelques femmelettes, qui depuis longtemps le rendaient ridicule aux yeux de ses anciens amis qui croyaient encore à ses vertus et à son civisme.

1. On trouvera la liste des vingt-deux personnes qui furent exécutées ce jour-là dans Wallon, *Histoire du Tribunal révolutionnaire*, t. V, p. 252.
2. Il faut lire : hier, 11 thermidor.
3. Ils étaient exactement au nombre de soixante-dix. La liste est dans Wallon, *ibid.*, p. 420.

L'Europe étonnée, nous dit le *Journal des Hommes libres*, apprendra avec quelle rapidité les hommes libres savent frapper un tyran. Les tyrans apprendront en frémissant avec quelle rapidité leur complice et leur émule est tombé sous la pique de la liberté, dont il souilla longtemps le temple et le langage.

La France est libre enfin, grâce à l'énergie de la Convention et du peuple généreux qui l'a si bien secondée.

Républicains, vous saurez tous les détails de cette exécrable conspiration, la plus dangereuse de celles auxquelles vous avez échappé; vous saurez avec quelle astucieuse perfidie l'on vous conduisait à la mort et à l'esclavage, en vous parlant toujours de vos droits et de liberté; vous verrez la fleur de lis devant succéder aux signes tricolores; un sacerdoce nouveau substitué à celui que vous avez renversé; la tyrannie enfin rétablie sur vos cadavres expirants.

Robespierre n'est plus, et vous êtes libres. Nous sommes libres; la pensée va reprendre son élan si longtemps comprimé par cet homme atroce, dont un regard, un sourire même était le plus souvent un arrêt de proscription, qu'il savait tôt ou tard mettre à exécution, au moyen de sa calomnieuse éloquence, de ses intrigues, et de la nuée de plats valets et de lâches adulateurs qui composaient sa cour, toujours prêts à accuser à son gré les victimes qu'il désignait.

Tirons du moins une grande leçon de cet exemple. Ne suivons jamais la bannière d'un homme. Les principes, amis, les principes voilà notre bannière. Que tout ce qui s'y accorde soit adopté, que tout ce qui s'en écarte soit rejeté, quel que soit l'homme qui propose. Ne flattons jamais les hommes, ne nous en faisons point d'idoles; que l'engouement pour tel ou tel cesse enfin de nous diriger, et la République se fondera, s'affermira sur des bases solides, parce qu'elle sera l'unique point de ralliement de tous.

SPECTACLES DU 10 THERMIDOR.

OPÉRA. — Aujourd'hui relâche, et jours suivants, jusqu'à l'ouverture du théâtre, rue de la Loi, qui se fera le 15 prochain, par une représentation, *de par et pour le peuple*, de *la Réunion du 10 août ou l'inauguration de la République française*, sans-culottide en 5 actes, paroles des cit. Bouquier et Moline, musique du cit. Porta.

OPÉRA-COMIQUE. — 3º repr. de *Joseph Bara*, fait historique mêlé d'ariettes, et la 7º d'*Agricole Viala ou le héros de 13 ans*. On commencera à 7 h. En attendant la 1ʳᵉ repr. des *Epreuves du Républicain*, com. en 3 actes, en prose, mêlée d'ariettes.

THÉÂTRE DE LA RUE FEYDEAU. — 18º repr. de l'*Apothéose du jeune Bara*, pièce patriotique en un acte, précédée de la 35º de *Claudine ou le petit comnissionnaire, opéra en un acte, et de la 131e de l'*Amour filial ou la jambe de bois*, opéra en un acte. Demain *Lodoïska*. En attendant la 152e repr. des *Visitandines*, avec des changements. — L'administration de ce théâtre déclare que la nommée Leroy, condamnée par le Tribunal révolutionnaire, s'est dite faussement actrice de ce spectacle, où elle n'a jamais été engagée. *Signé* : Miramond.

Théâtre de la République, rue de la Loi. — 4e repr. de la *Bizarrerie de la fortune*, com. en 5 actes, suivie de l'*Ecole des Maris*, com. en 3 actes.

Théâtre lyrique des amis de la patrie, ci-devant de la rue Louvois. — 8e repr. du *Jeune héros de la Durance ou Agricole Viala*, tableau patriotique ; *les Loups et la Brebis*, vaud. en un acte, et le *Bon père*, op. en un acte.

Gaité. — *Le Nécromancien*, 12e repr. du *Véritable Ami du peuple ou la Victime du fédéralisme*, drame révolutionnaire en 3 actes ; *la Danse de l'échelle* ; *l'Entrée du Sabotier* ; *la Mort du jeune Bara*, pièce patriotique, et le divertissement des lutteurs.

Ambigu-Comique. — *L'Épreuve raisonnable* ; *les Contretemps*, et la *Forêt noire*.

Cités-Variétés. — *La Mère rivale* et *l'Orphelin*, comédies.

II

11 THERMIDOR AN II (29 JUILLET 1794).

Journaux.

Gazette française du 12 thermidor :

De Paris, 11 thermidor. — Paris est tranquille ; tous les citoyens se livrent à la joie et se félicitent d'avoir échappé à la tyrannie et aux horreurs qu'elle entraîne après elle. Les complices du tyran, qui ont été exécutés aujourd'hui, ont attiré un concours immense de spectateurs qui ont applaudi à leur supplice et qui ont juré une guerre éternelle à tous les ennemis de la République. Ce serait rendre un service au public que de lui rappeler tous les traits du nouveau Phalaris qui vient de périr *dans son taureau* ; ceux qui l'ont suivi pourront nous donner sa vie publique et particulière ; voici une anecdote qui caractérise sa fureur de dominer et de verser du sang. Un citoyen, lorsqu'on publiait la proclamation de la Convention nationale, dans la nuit du 9 au 10 messidor (*sic*), s'écria qu'on avait mis la Commune hors de la loi. Tout à coup, il est environné par cinq ou six des satellites de Robespierre, qui le conduisent à la Commune ; là, on l'accable d'imprécations et de menaces ; on s'écrie dans le Conseil général: *Qu'on le mène à Robespierre!* Aussitôt, il est conduit dans une salle où Robespierre était seul: le tyran, en voyant arriver ce citoyen, écume de rage, et, s'approchant de lui, il lui donne dans le dos un grand coup de poing, qui le précipite au milieu de la chambre; il s'approche de lui pour le frapper encore: « Tu es aussi du parti de la Convention, lui dit-il; tu seras pendu demain sur la place de Grève avec tous les complices. » Puissent les menaces du tyran n'avoir jamais plus d'effet que celles de Robespierre en cette occasion! Le citoyen a été assez heureux pour échapper à la furie insensée des conspirateurs.

SPECTACLES DU 11 THERMIDOR.

OPÉRA. — Même annonce.
OPÉRA-COMIQUE. — Même spectacle, plus *Les Sabots*, comédie en un acte, de Sedaine, musique de Duni.
RUE FEYDEAU. — *Lodoïska*, op. en 3 actes.
THÉÂTRE DE LA RÉPUBLIQUE. — *La Bizarrerie de la fortune; la Mort de César.*
THÉÂTRE DE L'ÉGALITÉ, faubourg Germain, section de Marat. — *Les Français dans l'Inde ou l'Inquisition à Goa*, trag. en 3 actes, et vers; *Alisbelle ou les Crimes de la Féodalité*, op. en 3 actes.
LYRIQUE. — *Zélia*, op. en 3 actes; *La Matinée républicaine*, vaud.
GAITÉ. — *Amours d'Arlequin et de Colombine invisibles; La Corne de Vérité ou l'Aristocrate démasqué; Le Fils adoptif*, pièce patriotique avec un divertissement.
AMBIGU-COMIQUE. — *Les Deux chasseurs et la Laitière; Le Sorcier; L'Étape.* (Les *Petites Affiches* indiquent, au lieu de ce spectacle: *L'épreuve raisonnable*; les *Contretemps* et la *Forêt noire*.)
VAUDEVILLE. — *Nice; Le Chercheur d'esprit; L'Allarmiste.*
CITÉ-VARIÉTÉS. — *Georges ou le bon fils; L'hypocrite en révolution; Arlequin imprimeur.*

III

12 THERMIDOR AN II (30 JUILLET 1794).

RAPPORT[1].

Commune de Paris, département de police. — 13 thermidor an II.

Les groupes étaient très bons; même avant-hier soir, on n'y traitait

---

1. Ces rapports sont adressés « au citoyen commissaire des administrations civiles, police et tribunaux, place de Piques, département de police régénéré. » Ailleurs: « Aux commissaires. » Ailleurs: « A la commission ».

que de la grande crise et du salut de la République qui en est la suite.

On blâmait l'idolâtrie du Parisien, en citant Robespierre, que l'on ne connaissait pas assez.

Il semble que les événements du 9 au 10 ont donné un nouveau degré d'énergie à tous les vrais républicains, qui se rapprochent pour se réunir à la cause de la patrie. La joie pour la punition des scélérats est à son comble, et toutes les dispositions des citoyens sont rassurantes.

Un chanteur, sur la place Égalité, avait des couplets contre le tyran Robespierre; il fut apostrophé par trois particuliers, qui dirent: *A bas le chanteur!* Ces trois particuliers furent apostrophés par le public et conduits chez le commissaire.

Un inspecteur de police, de garde à la Convention, a saisi au corps de garde un ancien jeu de cartes, et en a suppléé un républicain. On remarque qu'il existe beaucoup de ces anciens jeux qui rappellent la tyrannie.

Le Club électoral a fermé, hier au soir, ses séances.

Il y a eu quelques disputes hier pour le pas entre les sections, lors des députations à l'Assemblée nationale; elles n'ont point eu de suites.

Il se fait beaucoup d'arrestations dans les sections qui environnent la Convention... [1]

Les cris répétés du traître Hanriot, sur le boulevard du Temple: *Aux armes! aux armes!* entre cinq et six heures de l'après-midi du 9, ayant donné des inquiétudes aux directeurs de spectacles, aucuns voulaient fermer; le directeur des Variétés fut invité, par le citoyen Simon [2], à faire jouer, et il a joué; les autres ont fait de même.

Toujours même rassemblement, même affluence, au charbon, dès trois heures du matin; on renvoie le monde: il reparait sur-le-champ.

A la lecture du journal, hier, sur les 4 à 5 heures de relevée, on y voyait que tous les membres de la Commune étaient hors la loi. Le citoyen Michel, l'un des administrateurs de police, a manifesté des symptômes de folie, et la faiblesse a succédé. Revenu à lui, la fureur lui a fait porter la main sur lui-même; il s'est percé de quatre coups

---

1. Rappelons que par ces points suspensifs nous indiquons que nous faisons une suppression dans le texte de ces rapports de police, et que ces suppressions ne portent que sur des parties de rapport qui n'ont pas d'intérêt pour notre sujet. Voir l'Introduction.

2. C'était un inspecteur de police. Voir, plus loin, le rapport du 8 fructidor an II.

de couteau, on l'a saisi, et on l'a conduit à la maison de secours de la patrie.

On dit qu'ils (sic) ne sont pas dangereux.

Il a été délivré beaucoup de lard dans la section. L'ordre a régné.

Les administrateurs au département de police,

THIBOUST.

(Arch. nat., F 7, 4432.)

JOURNAUX.

Courrier républicain du 13 thermidor :

Du 12 thermidor. — Les lois règnent; les tyrans ne sont plus; nous sommes tranquilles, et les lauriers flottent ici avec l'olivier de la paix intérieure. La surveillance active de la Convention et de ses Comités, jointe au courage et la prudence des sections de Paris, a sauvé cette capitale et avec elle toute la République française.

Journal de Perlet du 12 thermidor :

De toutes parts se découvrent les innombrables fils de l'horrible conspiration qui devait exécuter la liberté et faire oublier les crimes de la Saint-Barthélemy.

Le trône ensanglanté de Charles IX devait être rebâti ces jours mêmes dans Paris sur des monceaux de cadavres. Un tyran, non moins exécrable, devait aussi assassiner de sa propre main et livrer aux bourreaux, qu'il dirigeait, tous les républicains énergiques qui auraient refusé de devenir ses sujets.

Le peuple frémit en songeant qu'il a béni si longtemps la main qui allait l'égorger : aussi l'exécration égale-t-elle l'aveugle confiance qui d'un vil pygmée avait fait un géant dominateur de la France, oppresseur de la Convention et fléau de tous les bons citoyens.

La Terreur que son nom et les satellites à ses ordres avaient surtout imprimée s'évanouit ; la liberté des opinions et des discours renaît, le joug est brisé, au dedans comme au dehors de la Convention. Il est peu de personnes qui n'aient à citer un exemple particulier de la férocité, de l'hypocrisie et de la scélératesse du tyran ou de quelques-uns de ses sicaires. Ses complices sont jetés dans les prisons et vont prendre la place des patriotes qu'ils y avaient entassés pour les immoler.

L'indignation, si longtemps comprimée, s'élance pour ainsi dire de toutes les âmes avec des vœux et des hommages pour la représentation nationale qui, débarrassée de ses tyrans, est bien résolue à n'en pas laisser naître d'autre, sous quelque nom que ce soit, à maintenir un gouvernement énergique, terrible pour les aristocrates et les méchants, pour les rois et leurs satellites, mais paternel et juste envers tous les bons citoyens, protecteur de l'innocence, vengeur inflexible des crimes, mais sachant ne pas les confondre avec l'erreur.

SPECTACLES DU 12 THERMIDOR.

OPÉRA. — Même annonce.

OPÉRA-COMIQUE. — *Stratonice*, com. héroïque en un acte, en vers, mêlée d'ariettes; *la Discipline républicaine*, fait historique en un acte, en prose, mêlé d'ariettes, précédé de *Jean-Jacques Rousseau à ses derniers moments*, fait historique en un acte, en prose, du cit. Bouilly.

RUE FEYDEAU. — Relâche.

THÉÂTRE DE LA RÉPUBLIQUE. — *Tartufe*; *la Vraie bravoure*.

THÉÂTRE DE L'ÉGALITÉ. — *L'École des pères*; *la Gageure imprévue*.

LYRIQUE. — *Michel Cervantès*, op. en 3 actes; *le Bon père*, op. en un acte.

GAITÉ. — *Arlequin au tombeau*; *la Corne de Vérité*; le divertissement des lutteurs; *Blaise le hargneux*, com., et un divertissement. (Les *Petites Affiches* indiquent, au lieu de ce spectacle; *L'aristocrate démasqué*, *Blaise le hargneux*, *Nostradamus*, pantomime et différents divertissements.

AMBIGU-COMIQUE. — *Les Contretemps*; *l'Arbre de la Liberté ou les Houlans*; *les Débuts*.

VAUDEVILLE. — *Les Volontaires en route*; *la Chercheuse d'esprit*; *Colombine mannequin*.

CITÉ-VARIÉTÉS. — *L'Orphelin et la Mère rivale*, com.

IV

13 THERMIDOR AN II (31 JUILLET 1794).

JOURNAUX.

Messager du soir du 14 thermidor :

Paris, 13 *thermidor*. — Depuis quelques jours, les ouvriers de cette commune avaient fait diverses réclamations relativement à la taxation du *maximum* des journées de travail dont le tarif avait été publié par la commune, le 5 thermidor; ils avaient même témoigné un peu d'humeur aux municipaux rebelles pendant leur voyage à la place de la Révolution, en les appelant plaisamment f.... *maximum*. Le Comité de salut public a reconnu que la plupart de ces réclamations étaient justes et fondées, attendu que ce *maximum* n'avait pas été basé sur celui des comestibles et des objets de première nécessité; en conséquence, il a publié aujourd'hui une proclamation dans laquelle il déclare qu'il va s'occuper des moyens propres à rectifier cette opération, afin que le prix de la journée de travail puisse être proportionné à celui des subsistances.

Spectacles du 13 thermidor.

Opéra. — Relâche.
Opéra-Comique. — *Ambroise ou Voilà ma journée*, com. en deux actes, en prose, mêlée d'ariettes; *Lodoïska ou les Tartares*, com. en trois actes, en prose.
Feydeau. — *Paul et Virginie*, op. en trois actes; *l'Apothéose du jeune Bara*.
Théâtre de la République. — *Epicharis et Néron ou Conspiration pour la Liberté*, trag.; *le Legs*.
Théâtre de l'Egalité. — *L'Ecole des pères*, com. en cinq actes, en vers; *l'Heureuse Décade*, op.-vaud. en un acte.
Lyrique. — *Le Jeune héros de la Durance ou Agricole Viala*; *les Loups et les Brebis*; *le Bon père*, op. en un acte.
Gaîté. — *Arlequin protégé par Vulcain*; *les Folies amoureuses*; *les Lutteurs*; *le Départ des patriotes*, pièce patriotique avec un divertissement.
Ambigu-Comique. — *La Pomme de Rambour*; *le Maire du village et la Forêt noire*.
Vaudeville. — *Le Dédit mal gardé*; *le Canonnier convalescent*; *Arlequin tailleur*.
Cité-Variétés. — *L'Hypocrite en révolution*; *Plus de bâtards en France*; *l'Heureux quiproquo*, comédies.

V

14 THERMIDOR AN II (1er AOUT 1794).

Rapport.

Commune de Paris. — Département de police. — 13 thermidor an II. Rapport général de la surveillance de la police.

L'esprit public est excellent; les événements du jour lui ont donné une nouvelle énergie et mettent en garde tous les citoyens contre les abus d'aveugle confiance.

Chacun manifeste sa satisfaction sur les mesures prises par la Convention nationale. L'on demande l'épuration totale des membres du Tribunal révolutionnaire, que l'on nomme aujourd'hui le tribunal de sang.

Un particulier reprochait hier à trois citoyens de n'être pas aux frontières, qu'ils étaient des lâches ; un moment après, ce même citoyen causa, un peu plus loin, un autre rassemblement. Ce citoyen se dit alors représentant du peuple et se nommer Garnier[1]. La discussion n'a pas eu de suites fâcheuses.

Sur l'avis des inspecteurs des halles, que beaucoup de gens voulaient exiger le double d'avoine par cheval, il a été envoyé des citoyens pour y rétablir l'ordre. Trois particuliers y ont été remarqués comme premiers moteurs ; l'œil de la surveillance est fixé sur eux.

Le nommé Mauclair, graveur, travaillant aux assignats, s'est donné un coup de pistolet, et, s'étant manqué, a pris son rasoir et s'est coupé le cou. Il est mort en entrant à l'hospice, ses adieux finissaient par ces mots : *La liberté est perdue ; je meurs pour elle ; mes deux pistolets viennent de rater, je recommence.* Ce citoyen demeurait rue des Trois-Canettes, section de la Cité...

Une femme publique a reçu hier soir dans le jardin des Tuileries d'un particulier un morceau de papier en forme d'un billet de 10 sols, au milieu duquel est écrit : *Donnons aux braves sans-culottes des armes pour assassiner les tyrans coalisés*, avec une espèce de signature illisible ; dans un côté de la bordure du haut : *Aucune indigestion pour le souper* ; le reste est indéchiffrable. L'on assure que beaucoup de femmes de débauche prennent ce jardin pour faire cet infâme métier...

Les légumes et les fruits ont été assez abondants dans les marchés...

La tranquillité a régné dans tous ces différents marchés. La halle n'était approvisionnée que de pommes de terre.

Toujours beaucoup de monde aux distributions du charbon.

Pour rapport :

Les administrateurs de police régénérée,

BARISSON, LECAMUS.

(Arch. nat., F¹ᶜ III, Seine, 13.)

1. Quatre députés de ce nom siégeaient à la Convention, mais deux seulement se trouvaient alors à Paris, à savoir Garnier (de l'Aube) et Garnier (de la Meuse). Il s'agit donc d'un de ces deux, probablement de Garnier (de l'Aube), qui était plus ardent dans ses manifestations que Garnier (de la Meuse).

SPECTACLES DU 14 THERMIDOR.

OPÉRA. — Le spectacle annoncé pour le 15 n'aura pas lieu; on préviendra le public, par une nouvelle affiche, du jour où il sera donné.

OPÉRA-COMIQUE. — *Les Rigueurs du cloître*, com. en deux, en prose, mêlée d'ariettes; *Renaud d'Ast*, comédie en deux actes, en prose, mêlée d'ariettes, par les cit. Radet, Barré et Dalayrac.

FEYDEAU. — *La Papesse Jeanne*, com. en un acte et vaud.; *Claudine ou le petit commissionnaire*, op. en un acte; *l'Amour filial ou la Jambe de bois*, op. en un acte.

THÉÂTRE DE LA RÉPUBLIQUE. — *La Bizarrerie de la fortune*, com. en cinq actes; *l'École des maris*, en trois actes.

THÉÂTRE DE L'ÉGALITÉ. — *Lucinde et Raimond*, op. en trois actes ; *Tu ou toi ou la parfaite égalité*, com. en trois actes, en prose.

LYRIQUE. — *Zélia*, op. en trois actes; *les Loups et les Brebis*, vaud. en un acte.

GAITÉ. — *Nostradamus*; le *Médecin malgré lui*; la *Danse de l'échelle*; la *Corne de Vérité ou l'Aristocrate démasqué*.

AMBIGU-COMIQUE. — *Mazet*; *l'Artisan philosophe*; *l'Étape*, avec un divertissement.

VAUDEVILLE. — *Le Pot pourri*; le *Divorce*; *l'Alarmiste*.

CITÉ-VARIÉTÉS. — *Les Dragons et les Bénédictines*; *les Dragons en cantonnement*, comédies; *les Salpêtriers républicains*, op.

VI

15 THERMIDOR AN II (2 AOUT 1794).

RAPPORT.

Commune de Paris. — Département de police. — 16 thermidor an II. Rapport général de la surveillance de la police.

L'énergie de l'esprit public ne varie pas. L'attention des citoyens paraît fixée sur les mesures vigoureuses qu'adopte la Convention ; chacun parle de Robespierre pour le maudire et regretter les victimes qu'il a sacrifiées à son ambition. Les rassemblements n'ont rien d'inquiétant ; ils paraissent tous avoir pour objet la curiosité et l'envie de s'instruire des événements journaliers et des succès de nos armées. La proclamation du Comité de salut public au sujet de la taxe des journées des ouvriers a fait au peuple la sensation la plus agréable. Les ouvriers sont bien disposés à se soumettre avec confiance aux mesures qu'adoptera la Convention.

Hier, à l'assemblée générale de la section de Montreuil, plusieurs citoyens se sont fait différents reproches sur ce que quelques-uns s'étaient laissés influencer par Bernard et Teurlot, ci-devant membres du conseil général de la commune. La discussion à ce sujet a été remise à décadi prochain. L'assemblée générale de la Maison-Commune a été pareillement agitée et a désigné sept citoyens qui se sont écartés des vrais principes dans la journée du 9 au 10.

Les groupes ne s'entretenaient hier sur le soir que du décret qui mettait en arrestation David, l'ami du dernier tyran Robespierre [1].

L'on observe que, depuis l'exécution des traîtres, le plus grand ordre et le plus grand silence règnent dans les marchés. Quelques citoyens cependant soupirent après la diminution des denrées, mais savent raisonner sur les circonstances. Les maisons d'arrêt jouissent de la plus grande tranquillité; les détenus demandent différentes douceurs, dont ils étaient privés, tels que lait, fruits, vin, le *Bulletin de la Convention*...

Les fruits et les légumes sont extrêmement chers, et tout s'enlève avec la rapidité d'un éclair.

Les administrateurs au département de police régénérée,

BALLAY, THIBOUST.

(Arch. nat., F⁴ᶜ III, Seine, 13.)

SPECTACLES DU 15 THERMIDOR.

OPÉRA. — Même annonce.

OPÉRA-COMIQUE. — *La Soirée orageuse*, com. en un acte, en prose, mêlée d'ariettes; *l'École de l'adolescence*, en deux actes; *Philippe et Georgette*, com. en un acte, en prose, mêlée d'ariettes.

FEYDEAU. — *La Caverne*, op. en trois actes, précédé de *la Marseillaise*.

THÉÂTRE DE LA RÉPUBLIQUE. — *La Femme jalouse*, com. en cinq actes; *le Rendez-vous*, com. en un acte.

THÉÂTRE DE L'ÉGALITÉ. — Relâche.

LYRIQUE. — Relâche.

GAITÉ. — *Le Triomphe de l'amour conjugal*, pant.; *le Véritable ami du peuple ou la victime du fédéralisme*, drame révolutionnaire en trois actes; *Blaise le hargneux*, avec un divertissement, et différents intermèdes.

AMBIGU-COMIQUE. — *Au Retour; l'Heureuse décade; le Sorcier*.

VAUDEVILLE. — *La Bonne aubaine; la Chercheuse d'esprit; la Fête de l'Égalité*.

CITÉ-VARIÉTÉS. — *Le Combat des Thermopyles*, fait historique; *le Bon hermite*, op.

1. Cf. *Moniteur*, réimpression, t. XXI, p. 377.

VII

16 THERMIDOR AN II (3 AOUT 1794).

RAPPORT DU 17 THERMIDOR [1].

Les conversations des différents groupes roulent toujours sur Robespierre et ses complices. D'après les rapports de plusieurs inspecteurs, il paraît qu'on désire que la Convention applique aux Comités révolutionnaires le mode qu'elle a décrété pour ses Comités, c'est-à-dire le renouvellement tous les mois du quart des membres pour éviter les abus de l'arbitraire.

On lit haut les journaux dans les places publiques. Beaucoup de citoyens se rassemblent autour du lecteur et ensuite s'entretiennent de ce qu'ils ont entendu. On se rallie plus que jamais à la Convention.

On se plaint des ventes à l'encan, où toutes les marchandises sont portées à un prix exorbitant. Les marchands domiciliés profitent même de cette occasion pour contrevenir à la loi du maximum.

A la maison d'arrêt des Petits-Pères, les prisonniers avaient pratiqué un trou dessous le parquet, par lequel ils auraient entré dans une cave, d'où ils auraient pu se sauver à l'aise. On a trouvé dans ce trou des cordes qui devaient servir à leur évasion.

Les détenus de Lazare ont sommé le concierge de leur procurer du vin, de l'eau-de-vie, des liqueurs, de leur donner des commissionnaires dans l'intérieur de la maison, et ils menacent de l'égorger, s'il ne fait pas droit à leur demande.

Les signaux recommencent de nouveau au pourtour des maisons d'arrêt des Carmes, et caserne rue de Vaugirard, et caserne rue de Sèvres. Les détenus sont quelquefois montés sur les croisées et font des signaux.

Les marchés des différentes sections de Paris ont été très peu approvisionnés, à l'exception des halles, où il est arrivé beaucoup de légumes, de beurre en livre et à demi-sel, et œufs.

La livraison du charbon se fait avec tranquillité.

Il s'est délivré chez plusieurs épiciers des fromages de Hollande.

Les administrateurs au département de la police régénérée,
BALLAY, BARISSON [2].

(Arch. nat., F1c III, Seine, 13.)

1. Nous croyons inutile de continuer à donner les intitulés des rapports, tant que ces intitulés sont les mêmes.
2. A ce rapport est joint le brouillon d'une lettre de la Commission nationale des

JOURNAUX.

Journal de Perlet du 17 thermidor :

Depuis que le tyran a cessé de dominer la Société des Jacobins et de l'opprimer par ses satellites, comme il opprimait la Convention nationale elle-même, les délibérations aux Jacobins, ainsi qu'à la Convention, sont calmes, majestueuses. La terreur n'enchaîne plus les pensées. Les opinions se combattent sans se choquer tumultuairement. On n'adopte plus de confiance l'avis de celui qui se présente à la tribune. On s'éclaire mutuellement. La lumière jaillit de la discussion, et le vœu de la majorité est substitué à la volonté du tyran ou de quelques-uns de ses valets. Aussi les séances ont-elles repris leur intérêt, et la liberté des opinions n'est plus un vain mot.

SPECTACLES DU 16 THERMIDOR.

OPÉRA. — Même annonce.
OPÉRA-COMIQUE. — *Le Tableau parlant*, com. parade en un acte, mêlée d'ariettes; *l'Intérieur d'un ménage républicain*, com. en un acte, mêlée de vaud.; *Agricole Viala ou le héros de treize ans*. (Au lieu de *Viala*, les *Petites Affiches* indiquent *Zémire et Azor*.)
FEYDEAU. — *Les Visitandines*, op. en trois actes avec des changements précédé de *l'Officier de fortune*, op. en deux actes.
THÉÂTRE DE LA RÉPUBLIQUE. — *Le Faux savant*, com. en trois actes, précédée de *la Mort de César*, trag. (Au lieu du *Faux savant*, les *Petites Affiches* indiquent l'*Étourdi*.)
THÉÂTRE DE L'ÉGALITÉ. — *Guillaume Tell*, trag. en cinq actes; *le Retour du mari*, com. en un acte; entre les deux pièces on chantera les *Chœurs de Marathon*, du cit. Kreutzer.
LYRIQUE. — *Michel Cervantès*, op. en trois actes; *le Bon père*, op. en un acte.
GAÎTÉ. — *La Caverne*; *les Deux Léonards*; le divertissement des lutteurs;

administrations civiles, police et tribunaux, où on demande aux administrateurs s'ils ont pris des mesures convenables pour la sûreté des maisons d'arrêt dont ils parlent, et s'ils ont fait part de ces faits au Comité de sûreté générale. Ils y répondirent, le 18 thermidor par la lettre suivante : « Citoyens, nous vous informons que, d'après les mesures que nous avons prises, l'ordre et le calme ont été rétablis dans les différentes maisons d'arrêt indiquées dans notre rapport d'hier, dont nous avons adressé copie au Comité de sûreté générale et au Comité de salut public, que nous faisons surveiller les maisons d'arrêt avec le plus grand soin, afin d'empêcher toute intelligence de la part des détenus avec les personnes qui pourraient rôder au dehors pour leur faire des signaux. La partie des maisons d'arrêt est l'un des objets qui fixera toujours notre sollicitude, et nous ne négligerons aucun des moyens qui sont en notre pouvoir pour y maintenir la tranquillité. Salut et fraternité. GÉRÔME, TIMOUST. » (Arch. nat., F¹ᵉ III, Seine, 13).

la Mort du jeune Bara, pièce patriotique; *l'Enrôlement du bûcheron*, ballet-pantomime.

AMBIGU-COMIQUE. — *L'Épreuve raisonnable*; *les Oies du frère Philippe*; *le Nid d'oiseaux*; *le Gâteau des tyrans*.

VAUDEVILLE. — *Gilles Georges et Arlequin Pitt*; *la Nourrice républicaine*; *le Dédit mal gardé*.

CITÉS-VARIÉTÉS. — *Arlequin imprimeur*; *Les Petits Montagnards*.

VIII

17 THERMIDOR AN II (4 AOUT 1794).

RAPPORT DU 18 THERMIDOR.

Chacun paraît satisfait de la réorganisation du Tribunal révolutionnaire. On cite particulièrement la nomination du président et de l'accusateur public.

Il a été trouvé dans une démolition, rue Poissonnière, n° 12, par quatre maçons, trois cents pièces d'or de 24 livres chacune à l'effigie du tyran. Trois de ces maçons, après le partage fait, ont été déclarer cette somme au Comité révolutionnaire de la section; mais le quatrième, nommé Baptiste, a disparu avec sa part. Cet or appartenait à Desaunot [1], membre du comité civil de la section de Mont-Marat, lequel est mort sous le glaive de la loi.

On se plaint de ce que l'on voit beaucoup de soldats, d'officiers de différents corps et des jeunes gens de la première réquisition se promener dans Paris. On ajoute que ces hommes n'étaient venus que pour favoriser le projet de Robespierre.

Le bruit s'étant répandu que le citoyen Jullien (de la Drôme) père, représentant du peuple, s'était donné quatre coups de canif, dont un seul était avant dans la chair, un inspecteur s'est transporté sur le lieu, et, parlant à l'épouse de ce citoyen, dont le cœur était gros et les yeux baignés, il apprit qu'un événement arrivé à son fils, âgé de dix-neuf ans (sans autre éclaircissement), avait occasionné une fièvre violente au citoyen Jullien, dont il était encore agité [2]. Elle a abandonné l'inspecteur sans achever la conversation, lui assurant cependant qu'il n'y avait pas eu de coups de canif de donnés.

Il s'est fait différentes distributions d'huile dans la majeure partie

---

1. Nous n'avons pu identifier ce nom propre, qui doit être défiguré.
2. Jullien fils fut incarcéré par ordre du Comité de salut public le 23 thermidor an III, et mis en liberté le 24 fructidor suivant.

des sections. Le plus grand ordre y a régné. Pareille distribution s'est faite pour le lard ; même tranquillité.

Dans l'île de la Fraternité, à la porte des bouchers, il y a depuis quelques jours une rumeur parmi les citoyennes qui y vont s'approvisionner. La licence paraît vouloir prendre part à ce désordre. Le commissaire de police et les commissaires civils de cette section vont faire tous leurs efforts pour en imposer aux malveillants.

Le commissaire de la section du Bonnet-Rouge rapporte qu'il se fait à Vaugirard, à Vanves et dans les autres environs de Paris, des magasins où on accapare les subsistances pour les revendre au delà du maximum. Ces accaparements arrêtent les approvisionnements sur les routes.

Les administrateurs,

BARISSON, O. MARTINEAU.

(Arch. nat., F⁷ c III, Seine 13.)

JOURNAUX.

Abréviateur universel du 21 thermidor :

SOCIÉTÉ DES CORDELIERS, *séant rue de Thionville, séance du 17 thermidor*. — Après la lecture des Droits de l'homme, et sur la motion d'un membre, la Société arrête que le président est chargé d'écrire aux journalistes patriotes pour les inviter à insérer dans leurs journaux que la Société a repris ses séances, et qu'elle les continuera comme par le passé, les 2, 4 et 7 de chaque décade.

Cette proposition est adoptée à l'unanimité.

SPECTACLES DU 17 THERMIDOR.

OPÉRA. — Même annonce.

OPÉRA-COMIQUE. — *La Mélomanie*, com. en un acte, mêlée d'ariettes, musique du cit. Champein ; *les Épreuves du républicain*, com. en trois actes en prose, mêlée d'ariettes.

FEYDEAU. — *L'Amour filial ou la Jambe de bois*, op. en un acte ; *les Vrais sans-culottes*, tableau patriotique en un acte ; *Claudine ou le petit commissionnaire*, op. en un acte.

THÉÂTRE DE LA RÉPUBLIQUE. — *Epicharis et Néron ou conspiration pour la Liberté*, trag. nouvelle ; *Pygmalion*, mélodrame de J.-J. Rousseau.

THÉÂTRE DE L'ÉGALITÉ. — *Les Français dans l'Inde ou l'Inquisition à Goa*, trag. en trois actes, en vers ; *Lucinde et Raymond*, op. en trois actes.

LYRIQUE. — *Zélia*, op. en trois actes.

GAITÉ. — *L'Amant auteur ; le Diable boiteux*, avec divert.; *le Départ des Patriotes*, pièce patr., avec un ballet nouveau et différents divertissements.

Ambigu-Comique. — *L'Artisan philosophe; les Mariages assortis; l'Héroïne américaine.*

Vaudeville. — *Les Prisonniers français à Liège; le Canonnier convalescent; le Noble roturier.*

Cité-Variétés. — *Combat des Thermopyles*, fait historique, et *le Projet de fortune*, op.

IX

18 THERMIDOR AN II (5 AOUT 1794).

Rapport du 19 thermidor.

Hier tous les citoyens avaient couru pour voir le traître Coffinhal[1], il a essuyé de la part de chacun les plus sanglants reproches depuis la prison jusqu'au lieu du supplice. *Tu n'as pas la parole!* lui criait l'un, *A bas le tyran!* lui criait l'autre. Tous ces cris se terminaient par ceux mille fois répétés: *Vive la République!* Le peuple attend avec impatience l'activité du nouveau Tribunal révolutionnaire. Partout l'on voit les citoyens se réjouir de la liberté rendue à leurs frères, leurs amis, et cette joie semble être le dernier degré du triomphe du patriotisme sur la tyrannie.

La tranquillité règne partout, même dans les prisons. Une grande joie s'est manifestée dans la maison d'arrêt de Lazare en apprenant la mise en liberté de dix déserteurs. L'espoir renaît présentement dans l'âme de ces détenus, accablés par les jugements précipités du Tribunal révolutionnaire.

Les femmes publiques reparaissent avec leur audace ordinaire; elles se fient sur ce qu'il n'existe plus de commune.

La force armée requise pour maintenir l'ordre à la distribution du charbon, port de la Tournelle, l'a au contraire troublé en voulant avoir des préférences pour eux-mêmes (sic); les citoyens qui étaient en rang ont été obligés de ramener le calme.

Les garçons de peile demandent que le port au charbon n'ouvre qu'à sept heures et ferme à six heures du soir, attendu qu'ils ne peuvent résister à l'ouvrage; ils annoncent que, si l'on ne fait pas droit à leur demande, ils quitteront tous.

Les marchés des différents quartiers de Paris se sont trouvés très

---

1. C'est en effet le 18 thermidor que Coffinhal fut guillotiné. Cf. Wallon, *Histoire du Tribunal révolutionnaire*, t. V, p. 268, 269, 425.

vides, et le peu de marchandises qui y est venue était d'un si haut prix qu'on ne pouvait en approcher.

Il s'est fait quelques distributions de beurre chez différents épiciers avec ordre et tranquillité.....

Dans les faubourgs Jacques et Marceau, les épiciers vendent le beurre au-dessus du maximum. Beaucoup d'ordre, beaucoup de tranquillité dans ces livraisons.

GÉRÔME, HIVERT.

(Arch. nat., F 1c III, Seine, 13.)

JOURNAUX.

Abréviateur universel du 20 thermidor :

Paris, 18 *thermidor*. — Les artistes du Théâtre de la Nation, qui étaient encore détenus, viennent d'être rendus à la liberté. Il n'appartenait qu'à la tyrannie de priver le public d'une si belle réunion de talents. Les arts, ainsi que la justice et l'humanité, ont recouvré leurs droits.

Fourcade, adjoint de Payan[1], a été mis en état d'arrestation. On croit que c'est Garat qui sera nommé à la place de commissaire de l'instruction publique.

L'ex-académicien Laharpe, et le citoyen Bitaubé, écrivain très estimé, sont aussi du nombre de ceux qui ont été mis en liberté.

Le total des détenus, non compris ceux de la Conciergerie, est de 7,771.

SPECTACLES DU 18 THERMIDOR.

OPÉRA. — Même annonce.
OPÉRA-COMIQUE. — *Le Tableau parlant*, com. parade en un acte, en prose, mêlée d'ariettes ; *la Soirée orageuse*, com. en un acte, mêlée d'ariettes ; *Agricole Viala*.
FEYDEAU. — *Lodoïska*, op. en trois actes, débuts de la citoyenne Lesage.
THÉÂTRE DE LA RÉPUBLIQUE. — *Les Étourdis*, com.; *le Jaloux désabusé*, com.
THÉÂTRE DE L'ÉGALITÉ. — *Le Bienfait anonyme*, com. en trois actes; *Alisbelle ou les crimes de la Féodalité*, op. en trois actes.
LYRIQUE. — Relâche.

1. La commission exécutive de l'instruction publique, une des douze commissions qui avaient remplacé le Conseil exécutif provisoire, en vertu du décret du 12 germinal an II, était composée de Payan, commissaire, et de Fourcade, adjoint.

Gaîté. — *Les Amants invisibles*, pantomime; *le Prétendu sans le savoir*, com.; *le Fils adoptif*, pièce patr., avec ballet; *le Pari imprudent*, com.
Ambigu-Comique. — *La Bascule*; *l'Étape*; *l'Héroïne américaine*.
Vaudeville. — *Nicaise peintre*; *les Chouans de Vitré*; *l'Alarmiste*.
Cité-Variétés. — *Guerre ouverte*, com.; *Arlequin imprimeur*, op.

X

19 THERMIDOR AN II (6 AOUT 1794).

Rapport du 20 thermidor.

L'esprit public tend toujours à la perfection. La joie qui éclate sur bien des visages semble resserrer les liens de la fraternité et annonce que la liberté a été rendue à beaucoup de citoyens. Les groupes sont moins nombreux, et les conversations qui s'y tiennent n'offrent rien que de satisfaisant.

Beaucoup de personnes s'assemblent aux portes des prisons pour féliciter les citoyens mis en liberté; le plus grand calme, le plus grand ordre et la plus grande satisfaction règnent dans ces différents groupes.

Hier, dans la cour de la Maison-Égalité, on a entendu deux citoyens se faire des reproches d'incivisme; l'un est le nommé Demanie, liégeois; l'autre Paul Chexque (sic), ci-devant consul d'Espagne à Ostende, qu'on croit à présent employé à la Commission d'Instruction publique.

Il y a eu ce matin du tumulte dans la rue Jean-Jacques-Rousseau, section du Contrat social, à la porte d'un boucher, lors de la distribution de la viande. La force armée, requise à l'instant, a ramené l'ordre.....

L'on a arrêté plusieurs pains que l'on voulait sortir de Paris.

Il y a eu sur les différents ports au charbon une grande quantité de monde, l'ordre y a régné, il n'est arrivé aucun accident.

Les halles et marchés ont été peu approvisionnés.

O. Martineau, Baussson.

(Arch. nat., F¹ⁿ III, Seine, 13.)

Spectacles du 19 thermidor.

Opéra. — Même annonce.
Opéra-Comique. — *Le Tableau parlant*, com. parade en un acte, mêlée

d'ariettes; *Épreuves du républicain*, com. en trois actes, en prose, mêlée d'ariettes.

FEYDEAU. — *Roméo et Juliette*, op. en trois actes; *les Vrais sans-culottes*, tableau patriotique en un acte.

THÉATRE DE LA RÉPUBLIQUE. — *La Bizarrerie de la fortune*, com. en cinq actes.

THÉATRE DE L'ÉGALITÉ. — *La Métromanie*, com. en cinq actes; *Tu ou toi ou la parfaite égalité*, com. en trois actes, en prose.

LYRIQUE. — *Mariage civique*, vaud. en un acte; *Agricole Viala*; *le Bon père*, op. en un acte.

GAITÉ. — *Le quiproquo*; *Contentement passe richesse*; *les Deux font la paire*; *Nostradamus*; différents divertissements.

AMBIGU-COMIQUE. — Point d'annonce.

VAUDEVILLE. — *Arlequin afficheur*; *l'Auberge isolée*; *la Chercheuse d'esprit*.

CITÉ-VARIÉTÉS. — *Georges ou le bon fils*, com.; *l'Heureux quiproquo*, com.; *l'Adoption villageoise*, op.

XI

20 THERMIDOR AN II (7 AOUT 1794).

RAPPORT DU 21 THERMIDOR.

L'esprit public est toujours à la hauteur des vrais principes révolutionnaires. Les citoyens s'occupent beaucoup du succès de nos armées, du dernier triomphe de la liberté sur la tyrannie, et paraissent, en général, désirer l'épuration des différents Comités de section. On n'a rien remarqué de contraire au bon ordre.

Les groupes autour de la Convention s'entretiennent toujours des traîtres et ne cessent de manifester leur joie sur les mesures des Comités de salut public et de sûreté générale.

Le commissaire de police de la section des Quinze-Vingts rapporte que, faisant sa ronde dans les maisons d'arrêt de son arrondissement, il a remarqué que la joie était générale parmi les détenus, que la gaîté brille dans leur cœur, qu'ils bénissent la Convention et les autorités régénérées, qu'ils jurent de mourir pour leur défense.

Paris jouit de la plus grande tranquillité; ses environs, malgré la pluie, ont été très fréquentés. Les spectacles étaient très pleins. Point de querelles particulières. Des cochers de voitures de place ont voulu faire les mutins en ne voulant pas marcher, soit en exigeant un prix au-dessus de la taxe; on a su les mettre à l'ordre.

Les assemblées des différentes sections ont été très bruyantes. Les causes (sic) des détenus étaient le principal motif des discussions vives. Dans la section de Montreuil, le président s'est couvert jusqu'à trois fois.

Claude-Jean-François Despréaux, ancien musicien de l'Opéra, pensionnaire de la République, membre du Comité civil de la section de Brutus et l'un des jurés du Tribunal révolutionnaire, s'est tué d'un coup de fusil dans une des pièces de son appartement, rue du Sentier, n° 20.....

THIBOUST, BARISSON.

(Arch. nat., F 1 c III, Seine, 13.)

JOURNAUX.

Journal de Perlet du 20 thermidor :

Le voile dont le tyran avait eu soin de couvrir sa vie privée se déchire insensiblement, et l'on découvre que cette austérité de mœurs, ce désintéressement dont il parlait sans cesse, lui étaient aussi étrangers que la vertu dont il profanait à chaque instant le nom. On assure qu'il s'était emparé à Issy de la charmante maison de la ci-devant princesse de Chimay. C'est là que se tramaient les complots qui devaient anéantir la liberté; c'est là qu'avec Hanriot, Saint-Just et plusieurs autres complices, se préparait la ruine du peuple, au milieu des orgies les plus bruyantes. C'était là le Trianon du continuateur des Capets; c'est là, qu'après des repas pour lesquels tout ce qu'il y avait dans le voisinage était en réquisition, le tyran se roulait sur l'herbe, feignait d'être agité de mouvements convulsifs, et, en présence de la cour qui l'entourait, il faisait l'illuminé à la manière de Mahomet, pour en imposer aux imbéciles et s'accréditer davantage aux yeux des fripons.

Couthon s'était aussi, dit-on, mis en possession d'une maison de campagne à Monceaux. Il s'y faisait transporter souvent le soir. Il y avait des chevaux. Pour se promener dans le jardin, il s'était fait une espèce toute particulière de selle, à cause de sa paralysie. Saint-Just avait de beaux chevaux en réquisition pour ses promenades du matin au bois de Boulogne; il y en fit encore une le jour où il fut arrêté.

C'était tantôt à Issy, tantôt à Monceaux, que siégeait le triumvirat; c'est là que se concertaient le massacre des patriotes et le triomphe de la tyrannie.

Le bruit s'est répandu que, pour se donner plus de lustre aux yeux de ses futurs confrères couronnés, le tyran devait forcer la main à la jeune Capet et l'épouser. Pourquoi, en effet, ces efforts tentés dans la nuit du 9 au 10 thermidor pour s'emparer du Temple ? Ce mariage pouvait être à ses yeux un moyen de se faire reconnaître par les puissances étrangères, si ses satellites l'avaient fait proclamer ici.

Cette conjecture n'étonnera pas ceux qui connaissent les ambitieux et les cours. Celles-ci sont peu difficiles en alliés, pourvu qu'elles y trouvent leur intérêt. Les rois de l'Europe refusèrent de reconnaître la République anglaise pendant sa courte durée. Mais tous, et Louis XIV le premier, s'empressèrent de reconnaître Cromwell pour protecteur de la Grande-Bretagne. Les tyrans d'aujourd'hui auraient volontiers tenu la même conduite. Pourvu que la France eût un maître, que leur importait que ce fût Robespierre ou Capet ? En ont-ils moins reconnu Catherine, aujourd'hui impératrice de Russie, parce que, sortie d'une auberge pour aller s'asseoir à côté du trône, elle s'en est emparée en assassinant le czar son époux ?

Nouvelles politiques nationales et étrangères du 20 thermidor :

Paris, 20 *thermidor*. — C'est un spectacle vraiment touchant que celui de la sensibilité du bon peuple parisien pour les derniers bienfaits qu'il tient de la justice des représentants de la nation. A peine le décret[1] qui a ordonné l'examen des causes de tant de détenus a-t-il été connu, que les portes des prisons ont été entourées de bons citoyens qui attendent avec confiance la sortie de leurs parents, de leurs amis ; et chaque détenu rendu au vœu de sa famille est accueilli par les embrassements de tous les assistants, qui célèbrent ainsi les triomphes successifs remportés sur la tyrannie renversée. Nul tumulte, nulle impatience, nul mouvement ne troublent ces expressions de la joie publique : on attend, on espère tout de la justice éclairée du gouvernement, et cette espérance ne sera point déçue.

SPECTACLES DU 20 THERMIDOR.

THÉATRE DES ARTS[2]. — De par et pour le peuple : *la Réunion du 10 Août*

---

1. Il s'agit du décret du 18 thermidor an II, ainsi conçu : « 1° Le Comité de sûreté générale est chargé de faire mettre en liberté tous les citoyens détenus comme suspects pour des motifs qui ne sont pas désignés par la loi du 17 septembre 1793. — 2° Tous les Comités de surveillance ou révolutionnaires de la République seront tenus de donner aux détenus, ou à leurs parents ou amis, copie des motifs de leur arrestation. — 3° Les motifs des mandats d'arrêt décernés par les représentants du peuple et par les Comités de salut public et de sûreté générale seront également communiqués aux détenus, ou à leurs parents ou amis. »

2. C'était le nouveau nom de l'Opéra, transporté dans une nouvelle salle, rue de

ou *l'Inauguration de la République française*, sans-culottide en cinq actes, paroles des citoyens Bouquier et Moline, musique du cit. Porta, précédé d'un *Prologue* pour servir à l'inauguration du spectacle, paroles du cit. Moline.

Opéra-Comique. — *Epicharis et Néron ou Conspiration pour la Liberté*. (Au lieu de ce spectacle les *Petites Affiches* indiquent : *Paul et Virginie* ; *Joseph Bara*.)

Théâtre de l'Égalité. — *Guillaume Tell*, trag. en cinq actes ; *les Chœurs de Marathon* ; *l'Hymne à la Liberté* ; *le Bourru bienfaisant*, com. en trois actes.

Feydeau. — *La Papesse Jeanne* ; *la Famille indigente* ; *l'Apothéose du jeune Bara*.

Théâtre de la République. — *Guillaume Tell* ; *l'Avocat Patelin*.

Lyrique. — *Zélia*, op. en trois actes ; *Mariage civique*, vaud. en un acte.

Gaîté. — *Le Prétendu sans le savoir* ; *l'Amour conjugal* ; *le Véritable ami du peuple* ; *les Lutteurs* ; *l'Enrôlement du bûcheron* ; un ballet.

Ambigu-Comique. — *Le Maire de village* ; *le Sorcier* ; *l'Héroïne américaine*.

Vaudeville. — *La Fête de l'Égalité* ; *l'Alarmiste* ; *la Chercheuse d'esprit*.

Cité-Variétés. — *La Mère rivale* et *le Combat des Thermopyles*, comédies.

XII

21 THERMIDOR AN II (8 AOUT 1794).

Rapport du 22 thermidor.

L'esprit public conserve toujours la même énergie. Les cœurs, dilatés aujourd'hui, laissent un libre essor aux sentiments dont ils sont pénétrés. Ils expriment d'une manière non équivoque la satisfaction de voir la Convention aller sincèrement au but du bonheur de la République par la sévérité, la justice et l'humanité. Chacun raisonne sur les brillantes victoires sur (*sic*) tous les points de l'Empire français qui prouvent la marche uniforme du gouvernement. On ne voit briller partout que la sérénité et la joie, l'ordre et la tranquillité.

Dans quelques cafés cependant, notamment dans ceux de la République et de Foy, des citoyens discutaient sur la réorganisation des autorités révolutionnaires.

Des citoyens se plaignent de ce que les marchands forains et am-

---

la Loi. On trouvera une description détaillée de cette salle dans les *Petites Affiches* du 24 thermidor an II, p. 8822.

bulants gênent la voie publique et surtout les trottoirs des différents ponts.

On se plaint aussi que, chez les charcutiers, on ne distribue que de basse viande, et qu'on ignore où passe celle de la première qualité.

BARISSON, HIVERT.

(Arch. nat., F 1c III, Seine, 13.)

JOURNAUX.

Sans-Culotte du 22 thermidor :

Paris, 21 thermidor. — Depuis que les prisons commencent à rendre les nombreuses victimes que Robespierre et ses complices y avaient entassées, le peuple de cette commune offre un spectacle vraiment attendrissant. Depuis les portes des prisons, jusqu'à leur domicile, les plus tendres félicitations accompagnent les citoyens dont on brise les fers, et, rendus au sein de leurs familles, parents, amis, inconnus même, tous s'empressent de leur faire oublier dans leurs embrassements les maux qu'ils ont soufferts, et le souvenir des dangers dont ils étaient menacés.

Parmi ceux qui ont recouvré la liberté depuis le dernier triomphe remporté sur la tyrannie, on compte les peintres les plus distingués par leurs talents, La Harpe, les ex-ministres Paré et Deforgues, les artistes de l'ancien Théâtre-Français, etc., etc.

Les autres victimes que la justice du gouvernement n'a pu, dans un si court espace, affranchir encore, applaudissent à la mise en liberté de leurs compagnons d'esclavage et ouvrent leurs cœurs aux doux sentiments de l'espérance; tandis que le remords, la honte et l'infamie sont devenus le partage de leurs dénonciateurs et de ces agents subalternes de la tyrannie dont quelques-uns se sont déjà rendus justice à eux-mêmes de diverses manières violentes pour ensevelir l'opprobre de leur existence.

SPECTACLES DU 21 THERMIDOR.

THÉÂTRE DES ARTS. — *Relâche*.

OPÉRA-COMIQUE. — *La soirée orageuse*, com. en un acte, en prose, mêlée d'ariettes; *Épreuves d'un républicain*, com. en trois actes, en prose, mêlée d'ariettes.

FEYDEAU. — *Rose et Aurèle*, op. en un acte; *l'Officier de fortune*, op. en deux actes.

THÉÂTRE DE LA RÉPUBLIQUE. — *Les Étourdis*, com. en trois actes; *le Philosophe marié*, en cinq actes.

Théâtre de l'Égalité. — *Wenzel ou le magistrat du peuple*, op. en trois actes; *l'École des maris*, com. en trois actes.
Lyrique. — *Michel Cervantès*, op. en trois actes; *Mariage civique*, vaud. en un acte.
Gaîté. — *Le nouveau calendrier*, pièce patriotique; *le Nécromancien*, pantomime; *la Mort du jeune Bara*, pièce patriotique; *les Lutteurs*, *le Pari*; *l'Entrée du sabotier*.
Ambigu-Comique. — *Au Retour*; *le Contretemps* et *l'Héroïne américaine*.
Vaudeville. — *Au Retour*; *l'Auberge isolée* et *le Poste évacué*.
Cité-Variétés. — *La Noce*, com.; *les Pirates*, pantomime.

XIII

22 THERMIDOR AN II (9 AOÛT 1794).

Rapport du 23 thermidor [1].

Les groupes sont peu nombreux; les entretiens roulent toujours sur les succès de nos armées, sur les sages mesures de la Convention, sur les nominations des membres qui doivent composer le Tribunal révolutionnaire. La liberté rendue aux détenus paraît resserrer les liens de la fraternité.

Les citoyens se disposent à fêter l'époque mémorable du 10 août en donnant dans différentes sections des repas civiques aux volontaires blessés pour la défense de la patrie.

Les ports ont été ouverts à volonté. Aucun ouvrier n'y est venu travailler. Ils se livrent avec joie à la consécration du 10 août. La majeure partie des boutiques est fermée. Des citoyennes murmurent de ce que les charcutiers de la rue de la Huchette ne délivrent qu'un quarteron de porc par personne, tandis que chacun en a une demie livre dans la section des Piques. L'on désire une répartition égale.

L'article 6 [de l'arrêté] du Comité de salut public du 9 de ce mois, portant que les bouchers qui ont quitté leur domicile depuis le 1er germinal pour exercer leur profession dans les communes voisines de Paris seront tenus de rentrer dans le lieu de leur domicile, a produit la plus vive sensation parmi les citoyens qui en désirent l'exécution.

Les citoyens des faubourgs Germain et Marceau se plaignent de ce que les marchés ne sont pas approvisionnés. Il n'est arrivé le 21

---

1. Dans l'original, ce rapport est daté, sans doute par erreur, du 22.

que 220 livres de beurre et 70 douzaines d'œufs au marché Germain.

Section de Mutius Scævola, des pommes de terre ont été saisies à plusieurs femmes de la campagne, qui les vendaient 3 fr. le boisseau ; le montant de la vente a été porté au Comité de bienfaisance pour être distribué aux pauvres.

Les femmes des campagnes ne cessent d'apporter dans les maisons particulières des œufs et du beurre qu'elles revendent au-dessus du maximum...

BARISSON, GÉRÔME.

(Arch. nat., F 1c III, Seine 13.)

JOURNAUX.

Courrier républicain du 23 thermidor :

Du 22 thermidor. — Qu'il est différent, le spectacle que présente aujourd'hui cette ville, comparé avec celui qui a précédé la chute du nouveau Tibère! Partout régnait un silence morne, précurseur de la mort; l'ami se méfiait de son ami, le père de ses enfants; mais aujourd'hui l'allégresse et la joie sont peints sur la figure de tous les citoyens. L'ami a repris ses droits. Tout a changé de face ; les victimes échappées au glaive du tyran sont rendues à la liberté. On s'embrasse, on se félicite de tous côtés, on bénit mille fois la Convention nationale, et la joie est enfin universelle.

SPECTACLES DU 22 THERMIDOR.

THÉATRE DES ARTS. — *La Réunion du 10 Août ou l'inauguration de la République française*. — Prix des places : Parterre assis, 30 s.; 1res galeries, 6 livres; 2mes galeries et celles du rez-de-chaussée, 5 livres; 3mes galeries, 4 livres, et 4mes galeries, 30 sols. — *Nota*. Les femmes n'entreront pas au parterre.

OPÉRA-COMIQUE. — *Le Plaisir et la gloire* ; *Blaise et Babet ou la suite des Trois Fermiers*, com. en deux actes, mêlée d'ariettes, du cit. Monvel, musique du cit. Zede; *Joseph Bara*, fait historique, mêlé d'ariettes.

THÉATRE DE LA RÉPUBLIQUE. — *La femme jalouse* ; *les Étourdis*.

FEYDEAU. — *Lodoïska*, op. en trois actes.

THÉATRE DE L'ÉGALITÉ. — *La Métromanie*, com. en cinq actes; *le Dépit amoureux*.

LYRIQUE. — *Geneviève*, op. en trois actes; *la Marine républicaine*, vaud.

GAITÉ. — *Les Deux Léonard* ; *le Véritable ami du peuple ou la Victime du fédéralisme*, drame révolutionnaire en trois actes; *Arlequin magicien*, pantomime.

AMBIGU-COMIQUE. — *Le Maréchal des logis* ; *la Fête civique* ; *l'Étape* ; *les Houlans*.

Vaudeville. — *Le Dédit mal gardé*; *l'Alarmiste*; *le Faucon*.
Cité-Variétés. — *Les Dragons et les Bénédictins*, com.; *les Dragons en cantonnement*, com.; *l'Hypocrite en Révolution*.

XIV

23 THERMIDOR AN II (10 AOUT 1794).

Rapport du 24 thermidor.

L'esprit public hier a développé toute son énergie. On a remarqué une joie universelle. L'ordre et la tranquillité régnaient partout. Tout semblait concourir à rappeler aux citoyens la mémorable journée du 10 août, et ce souvenir n'a servi qu'à resserrer davantage les liens de la fraternité. La fête nationale s'est prolongée fort avant dans la nuit, sans trouble; il n'est arrivé aucun accident. Plusieurs personnes curieuses de voir le feu [d'artifice] s'étaient avancées dans les carrés où sont les pommes de terre; mais, malgré la grande affluence, une très petite patrouille les en a fait sortir en employant les voies de douceur. Sur les une heure et demie, une branche de l'arbre où était attaché le cordage supportant l'étoile qui éclairait la grande allée a cassé; la chute n'a blessé personne.

Dans plusieurs sections, et notamment dans celle de Chalier, on a donné des repas civiques à nos frères blessés aux armées, on y a chanté le triomphe de la liberté et la chute des tyrans.

Les marchés en général sont très peu fournis; quoi qu'il en soit, le plus grand ordre et la plus grande tranquillité règnent dans Paris.

Barusson, O. Martineau, Hivert.

(Arch. nat., F 1c III, Seine, 13.)

Journaux.

Journal de Perlet du 26 thermidor :

La manière dont les élèves [de l'école] du Champs-de-Mars ont célébré l'immortelle journée du 10 août mérite d'être connue; elle a été digne en tout des jeunes héros, qui, sous les yeux de la patrie et au milieu de leurs exercices journaliers, font l'apprentissage de la victoire et s'affermissent dans la haine des tyrans et de la tyrannie.

A une des extrémités du camp était figurée l'armée des tyrans coalisés contre la France; une redoute formidable, de nombreux retranchements la couvraient de toutes parts. L'armée républicaine s'avance, et on se canonne vivement de part et d'autre; les avant-postes sont bientôt aux prises; nos colonnes prennent le pas de charge; rien ne résiste à ce torrent; l'ennemi ne pouvant fuir selon son usage, à cause des palissades, la mêlée devient générale; la résistance est opiniâtre; on combat corps à corps; mais bientôt la cavalerie ennemie est abattue par nos piquiers, et la victoire, toujours fidèle aux Français, se déclare en leur faveur.

Gazette historique et politique de la France et de l'Europe du 23 thermidor :

Qu'il est différent le spectacle que présente aujourd'hui la ville de Paris, comparé avec celui qui a précédé la chute du nouveau Tibère. Partout régnait un silence morne précurseur de la mort; l'ami se méfiait de son ami, le père de ses enfants; mais aujourd'hui l'allégresse et la joie sont peints sur la figure de tous les citoyens. L'ami a repris ses droits. Tout a changé de face; les victimes échappées au glaive du tyran sont rendues à la liberté. On s'embrasse, on se félicite de tout côté, on bénit mille fois la Convention nationale, et la joie est enfin universelle[1]. Puisse cette allégresse se communiquer promptement chez nos frères des départements! Puisse-t-elle ramener aux vrais principes de la liberté, à ceux de la représentation nationale, nos frères égarés! Qu'ils se dépouillent de leurs préjugés, qu'ils coopèrent à faire marcher le vaisseau de l'État, et qu'ils se persuadent enfin que leur bonheur et leur tranquillité en dépendent.

Vive la Convention! vivent nos dignes représentants! Tel était le cri dont la rue de Tournon retentissait hier, lorsque Tallien fut au Luxembourg rendre la liberté à nombre de patriotes qui y étaient détenus injustement. Le peuple y était accouru en foule, le comblait de bénédictions, l'embrassait, embrassait ceux qui venaient d'être rendus à la liberté. « Soyez tranquilles, mes amis, disait Tallien, à ceux qu'il ne pouvait encore faire sortir de cette maison d'arrêt, vous ne soupirerez pas longtemps après votre liberté : il n'y aura que les coupables qui ne jouiront pas de ce bienfait. Je reviendrai aujourd'hui, je reviendrai demain, etc...., et nous travaillerons jour et nuit jusqu'à ce que les patriotes injustement détenus soient rendus à leur

---

[1]. On remarquera que ce début est textuellement emprunté au *Courrier républicain* du 23 thermidor. Voir plus haut, p. 29.

famille... » Et des larmes de joie et de sensibilité coulaient de tous les yeux, et l'on comblait la Convention de mille et mille bénédictions. On frémissait d'horreur et d'indignation en apprenant que, sur le grand nombre de détenus que renfermait le Luxembourg, sept seulement devaient échapper à la mort; tous les autres étaient portés sur la fatale liste que l'atroce Robespierre avait envoyée au Tribunal révolutionnaire. Ce monstre aurait voulu, comme Néron, que le genre humain n'eût qu'une tête pour pouvoir l'abattre d'un seul et même coup.

Journal de Perlet du 25 thermidor :

L'anniversaire de l'immortelle journée du 10 août s'est célébré avant-hier au Jardin national avec la plus grande pompe... La joie était vive, l'affluence prodigieuse. Le souvenir des deux tyrans vaincus excitait dans toutes les âmes une égale horreur pour toute espèce d'autorité despotique; tous les vœux, tous les cris étaient pour la liberté et la Convention nationale.

Quelques feuilles ont imprimé que le représentant du peuple Tallien s'était rendu au Luxembourg et qu'il y avait été couvert de bénédictions. L'un et l'autre fait est absolument faux et ne peut avoir pour but que d'exciter l'envie et la défiance contre ce citoyen, en faisant croire qu'il cherche à s'attirer des hommages qui ne sont dus qu'à la Convention nationale. C'est à elle, et non à un représentant du peuple, quel qu'il soit, qu'est due la gloire de l'heureuse révolution qui vient de s'opérer. Celui qui, dans cette grande circonstance, a bien mérité de son pays, trouve le prix de son courage dans sa conscience, et non dans ces applaudissements bruyants, dans ces éloges perfides que la malveillance et l'aristocratie savent aussi prodiguer quelquefois à ceux qu'elles veulent perdre [1].

Courrier républicain du 25 thermidor :

Du 24 thermidor. — La réunion des citoyens en masse étant le plus bel ornement des fêtes nationales, il n'y a eu dans celle-ci aucune espèce de marche : le peuple libre s'est rassemblé pour ses plaisirs dans le lieu même où il se battit pour son indépendance.

Tous les citoyens et citoyennes se sont réunis l'après-midi dans leurs sections respectives, pour rassembler les guerriers dont les honorables blessures attestent le courage et le dévouement.

1. Un démenti analogue avait paru dans le *Messager du soir* du 24 thermidor.

Avant la nuit, les sections ont conduit au Jardin national les guerriers, qui ont été reçus par des commissaires chargés de les placer aux lieux qui leur étaient destinés.

L'Institut national de musique, placé sur la tribune, a exécuté un grand concert et des chants républicains.

Après le concert, on a incendié un bûcher sur lequel étaient réunies les dépouilles du fédéralisme et de la tyrannie.

Autour du bûcher étaient placées des inscriptions qui vouaient à l'exécration publique la mémoire des tyrans, des traîtres et des barbares qui ont tous desservi la patrie.

Les citoyens et les citoyennes se sont ensuite réunis autour des orchestres placés dans le Jardin national, et ont terminé cette fête par des danses et des chants civiques.

Gazette française du 25 thermidor :

Paris, 24 thermidor. — Dans la fête d'hier, tout rappelait au peuple les triomphes de la liberté et les nombreuses victoires des soldats républicains : le ciel était serein, la lune brillante comme au 14 juillet ; l'illumination offrait, vers la façade du palais et dans le jardin des Tuileries, la plus belle perspective ; dans la grande allée on avait formé une étoile, au milieu de laquelle étaient gravés ces mots :

La victoire est le prix de l'intrépidité.
Trois cents Français prennent Fontarabie.

Dans le bassin du milieu du jardin s'élevait une tour couverte des débris de la royauté et des symboles de la tyrannie ; autour de ce monument de l'esclavage, qui n'était point éclairé, et qui était seul plongé dans les ténèbres, au milieu de cette scène de lumière, paraissaient des arcs de triomphe élevés au courage, à la liberté et à la vertu.

A neuf heures et demie une nombreuse symphonie, exécutant les airs connus de la Révolution, s'est fait entendre sur l'amphithéâtre qui s'élevait comme une montagne de feu devant le Palais national. Au moment où l'on chantait l'hymne des Marseillais, le tocsin a sonné au-dessus de l'amphithéâtre ; bientôt on a joué le pas de charge ; cette musique guerrière, accompagnée du bruit répété du canon, des battements de mains, des acclamations du peuple, retraçait à l'âme des spectateurs cette journée mémorable du 10 août, où le peuple sous les armes triompha de la royauté. Des chœurs ont chanté une hymne dont les paroles sont de Chénier et la musique de Méhul ;

voici une des strophes de cette hymne dans laquelle on peut reprocher à l'auteur de n'avoir pas assez parlé du 10 août et d'avoir imité en ce point les chantres des jeux olympiques, qui, dans leurs chants, ne célébraient jamais l'objet qu'ils se proposaient de chanter :

> Dans nos cités, dans nos campagnes,
> Du peuple on entend les concerts ;
> L'écho des fleuves et des mers
> Répond à l'écho des montagnes ;
> Tout répète ces noms touchants :
> *Victoire, liberté, patrie !*
> L'Europe se mêle à nos chants,
> Le genre humain se lève et crie :
> Gloire au peuple français, il sait venger ses droits ;
> Vive la République et périssent les rois !

A onze heures, quelques fusées jetées en l'air ont donné le signal du combat qui allait être livré à la royauté dans ses derniers retranchements. Du haut de l'amphithéâtre une étincelle échappée a suivi la direction d'une corde qui était attachée au monument couvert des attributs royaux ; dans un seul instant, ce simulacre du pouvoir monarchique a été dévoré par les flammes aux cris de *Vivent la République et la Convention !*

Cette fête a été plus brillante que celle du 14 juillet ; nous y avons remarqué beaucoup plus de spectateurs ; on y était surtout plus joyeux ; les danses y étaient plus animées ; c'était la fête de la fraternité. Dans la dernière fête on aimait à se reporter à l'époque mémorable de la prise de la Bastille, mais on voyait encore, sur les débris du despotisme, s'élever une tyrannie nouvelle ; dans cette dernière fête, on goûtait tous les charmes de la liberté et de la victoire. Ce grand spectacle était embelli par un ornement plus beau que les illuminations, plus agréable que la plus belle des symphonies : c'était la présence de plusieurs victimes de l'oppression, dont la Convention venait de briser les fers, et qui semblaient rappeler à tout le peuple que la France avait renversé les tyrans.

Annales de la République française du 25 thermidor :

On a célébré hier l'anniversaire de la chute du dernier tyran ; tous les citoyens de Paris ont assisté à cette fête intéressante, qui s'est prolongée bien avant dans la nuit. Pressés de dédommager nos lecteurs du numéro qu'ils auraient dû recevoir aujourd'hui, et qui n'a pas pu paraître à cause de cette circonstance, nous n'entreprendrons pas d'en faire la description; nous nous bornerons à dire qu'elle a été plus belle que les précédentes.

Le total des détenus dans les prisons est de 7,295.

La Société des Cordeliers a repris ses séances, et, par un arrêté, elle a chargé son président d'écrire aux journalistes pour les inviter à en instruire le public.

SPECTACLES DU 23 THERMIDOR.

THÉÂTRE DES ARTS. — Relâche.
OPÉRA-COMIQUE. — *L'Intérieur d'un ménage républicain*, com. en un acte, mêlée de vaud.; *Andros et Almona ou le philosophe français à Bassora*, com. en trois actes, mêlée d'ariettes.
FEYDEAU. — *Rose et Aurèle*, op. en un acte.
THÉÂTRE DE LA RÉPUBLIQUE. — *Epicharis et Néron ou Conspiration pour la Liberté*, trag.; *le Dédit*, com. en un acte.
THÉÂTRE DE L'ÉGALITÉ. — Relâche.
LYRIQUE. — *Le Jeune héros de la Durance ou Agricole Viala*, tableau patriotique; *le Bon père*, op. en un acte; *le Mariage civique*, vaud. en un acte.
GAITÉ. — *La prise de Toulon*; *le Fils adoptif*; *Nostradamus*; pantomimes et différents divertissements.
AMBIGU-COMIQUE. — *Les Deux chasseurs et la laitière*; *les Débuts*; *la Forêt noire*.
VAUDEVILLE. — *Arlequin Pygmalion*; *le Canonnier convalescent*; *les Chasseurs de Vitré*.
CITÉ-VARIÉTÉS. — *Les Deux fermiers*; *les Dangers des liaisons*, et *la Noce*, comédies.

XV

24 THERMIDOR AN II (11 AOUT 1794).

RAPPORT DU 25 THERMIDOR.

L'esprit public ne se dément point; on remarque généralement que tous les citoyens sont dans les meilleures dispositions et ont la plus grande confiance dans les mesures que prend la Convention pour assurer la ruine des ennemis du peuple et faire triompher la cause de la raison et de la liberté. Le public attend toujours avec calme l'activité du Tribunal révolutionnaire. L'on agitait encore hier dans les groupes qu'il faudrait renouveler les comités révolutionnaires des sections de Paris.

L'on assure que, dans la section du Bonnet-Rouge, la Société populaire a repris ses séances, et l'on a entendu dire que cet exemple serait imité par les autres sections.

Il y a eu un peu de désordre dans différentes sections, occasionné pour des pièces de 2 sols qu'on ne veut plus recevoir, parce qu'elles représentent la première lettre du nom du tyran et qu'elles portent des couronnes.

Toujours beaucoup de monde aux portes des maisons d'arrêt, et notamment à celles du Luxembourg, pour voir sortir les détenus...

Un rassemblement a eu lieu hier matin à la place Maubert; il a été occasionné par un particulier qui a voulu passer un assignat faux de 5 francs; il a été conduit chez le commissaire de police de cet arrondissement.

Les denrées ne sont point abondantes dans aucun marché; mais le peuple est toujours sage, et, connaissant parfaitement les causes de la rareté momentanée des denrées, attend avec tranquillité le retour des moissonneurs.....

GÉRÔME, BALLAY.

(Arch. nat., F1c III, Seine, 13.)

Spectacles du 25 thermidor.

Théâtre des Arts. — Même spectacle que le 22.

Opéra-Comique. — *L'Homme vertueux*, com. en un acte, en prose; *Mina ou la folle par amour*, com. en un acte, en prose, mêlée d'ariettes; *Stratonice*, com. héroïque en un acte, en vers, mêlée d'ariettes.

Feydeau. — *Rose et Aurèle*, op. en un acte; *Tulipano*, op. en deux actes.

Théâtre de la République. — *Le Père de famille*, drame en cinq actes; *l'Esprit de contradiction*.

Théâtre de l'Égalité. — *Guillaume Tell*, trag. en cinq actes; *les Chœurs de Marathon*; *l'Anniversaire du 10 Août*, com. patriotique en un acte.

Lyrique. — Relâche.

Gaîté. — *Arlequin au tombeau*, pantomime; *Crispin médecin*; *l'Entrée du sabotier*; *la Danse de l'échelle*; *le Départ des patriotes*, pièce patriotique avec un ballet nouveau.

Ambigu-Comique. — *Le Maire du village*; *les Contretemps*; *l'Abus du pouvoir de l'Ancien régime*.

Vaudeville. — *Le Dîner des peuples*; *la Chercheuse d'esprit*; *l'Auberge isolée*.

Cité-Variétés. — *L'Orphelin*, com.; *Arlequin imprimeur*, op.

XVI

25 THERMIDOR AN II (12 AOUT 1794).

RAPPORT DU 26 THERMIDOR.

L'esprit public est toujours bon et n'éprouve aucune vacillation. Grande confiance dans les mesures de la Convention, dans la réorganisation des autorités et dans la prompte activité du Tribunal révolutionnaire. Il est des citoyens qui paraissent craindre pour la mise en liberté de quelques détenus, mais en même temps s'en rapportent sur (sic) l'attention des Comités de salut public et de sûreté générale à réintégrer ceux qui seront reconnus coupables. Du reste, on est occupé dans les groupes des succès de nos armées et de la prise de Trèves.

Les habitants de la section de Montreuil ont déclaré en pleine assemblée que les membres de leur Comité révolutionnaire avaient perdu leur confiance, et qu'ils iraient aujourd'hui en faire part à la Convention. Des citoyennes se sont présentées à l'assemblée générale de la section des Amis de la Patrie avec un mémoire par lequel elles demandaient leurs maris. Plusieurs des citoyens composant cette assemblée demandaient la parole sur cette demande; mais, la majeure partie opinant pour l'ordre du jour, il s'est élevé un débat très long qui a fini par renvoyer lesdites citoyennes sans être entendues.

La garde, composée de douze factionnaires, au poste du théâtre de l'Egalité, a été repoussée et forcée par la grande affluence du monde. Des couplets ou impromptus ont été jetés sur la scène, mais le commissaire de police et autres citoyens n'ont pas cru devoir les lire pour ne pas jeter du trouble dans la salle. Ces couplets seront envoyés à l'administration.

A la distribution du charbon, place aux Veaux, plusieurs femmes ont été blessées, parmi lesquelles était un enfant de huit à neuf ans...

Les voituriers de bois à brûler continuent toujours de vexer les citoyens en exigeant des prix exorbitants.

Il est arrivé à la halle 886 voitures de différentes denrées. Les autres marchés ont été peu approvisionnés. La plus grande tranquillité a régné dans ces différentes livraisons.

Les administrateurs régénérés de la police,
GÉRÔME, ALBERT.

(Arch. nat., F⁴ᶜ III, Seine, 13.)

JOURNAUX.

Nouvelles politiques nationales et étrangères du 27 thermidor :

Le théâtre de la République a donné, le 25, une représentation de *Virginie*, tragédie du citoyen La Harpe; cet ouvrage, qui signale l'époque de la destruction des décemvirs, a été interrompu par des applaudissements fréquents, toutes les fois que le public y trouvait une allusion juste au dernier événement qui a écrasé les tyrans de l'intérieur. A la fin de la pièce, on a demandé l'auteur avec un enthousiasme également honorable pour lui et pour les républicains qui ont applaudi à son ouvrage.

Gazette française du 27 thermidor :

Paris, 26 thermidor. — La chute de Robespierre retentit encore dans toutes les âmes. Dans toutes les assemblées publiques on se livre à toutes les démonstrations de la joie au sujet de la dernière victoire que le peuple a remportée sur la tyrannie. Avant-hier, Larive, qui gémissait depuis six mois dans les cachots, a reparu sur la scène. Il a joué *Guillaume Tell* au théâtre de l'Égalité, ci-devant théâtre de la Nation. Le public, qui s'est porté en foule à cette représentation, a montré par ses applaudissements combien il était sensible au plaisir de voir les Arts, devenus libres, se mêler au triomphe de la liberté publique, et proclamer, avec toute la France, les maximes de l'indépendance et de l'égalité. Hier le théâtre de la République a donné une représentation de *Virginie*, tragédie de la Harpe. La situation où se trouvait Rome, sous les décemvirs, avait beaucoup de rapports avec la situation où s'est trouvée la République française sous la domination de Robespierre et de ses complices. Les nombreux spectateurs ont saisi tous les rapprochements qui pouvaient rappeler le renversement de la tyrannie. Les applaudissements ont redoublé au troisième acte, dans la plus belle scène entre le tribun Icilius et le décemvir Appius. L'auteur, qui avait été incarcéré par ordre des tyrans, y avait ajouté quelques vers qui ont excité dans la salle le plus vif enthousiasme. Appius, qui parle de vertu, de patriotisme, de conspiration, de raison comme Robespierre, menace aussi, comme Robespierre, d'employer la force contre ses ennemis ; Icilius répond avec fierté :

La force! Hé! qui t'a dit que tu l'auras toujours?
. . . .

> Un tyran démasqué n'est plus qu'un vil coupable ;
> Il invoque la force, et la force l'accable.
> . . . .
> La vengeance publique insulte à son trépas ;
> Il mourra dans la fange, on le plaindra pas.

Ces deux derniers vers surtout ont rappelé la situation du moderne Appius, qui a été arraché à sa puissance, et qui n'a fait qu'un pas de la tribune à l'échafaud qu'il avait fait dresser pour faire périr ses ennemis. Cette tragédie de La Harpe a été jouée en 1788 ; elle eut beaucoup de peine à se soutenir à la première représentation, mais de nouvelles circonstances en ont fait sentir tout l'intérêt. Elle a été très bien jouée ; le rôle d'Icilius surtout est rendu par Talma de la manière la plus distinguée [1].

Abréviateur universel du 27 thermidor :

Paris, 27 *thermidor*. — Avant-hier, à midi, le Tribunal révolutionnaire a été installé pour entrer en activité, en vertu du décret de la Convention nationale du 23 de ce mois. Après l'installation, le président a annoncé qu'aussitôt que les scellés apposés sur les papiers du cabinet de l'ex-accusateur public seraient levés, et que le tribunal aurait les pièces et renseignements nécessaires sur les accusés, il procéderait de suite à l'instruction de leur procès, *avec justice, impartialité et humanité, sans lesquelles il ne peut exister de liberté*. Cette annonce, et surtout les dernières paroles, ont été accueillies par le peuple au milieu des plus vifs applaudissements.

SPECTACLES DU 25 THERMIDOR.

THÉÂTRE DES ARTS. — Relâche.
OPÉRA-COMIQUE. — *Les Deux petits Savoyards*, com. en un acte, en prose ; *les Épreuves du républicain*, com. en trois actes, en prose, mêlée d'ariettes.
FEYDEAU. — *La Caverne*, op. en trois actes ; *la Papesse Jeanne*, com. en un acte et en vaud.
THÉÂTRE DE LA RÉPUBLIQUE. — *Virginie*, trag. en cinq actes ; *le Rendez-vous*, com. en un acte.
THÉÂTRE DE L'ÉGALITÉ. — Relâche.
LYRIQUE. — *Le Jeune héros de la Durance ou Agricole Viala* ; *le Bon père*, op. en un acte ; *le Mariage civique*, vaud. en un acte.
GAÎTÉ. — *Le Nécromancien ; la Prise de Toulon ; la Danse de l'Échelle et du sabotier ; Contentement passe richesse ; les Lutteurs ; l'Hymne à la Liberté ; Fête civique*, et plusieurs ballets.

1. Un article presque identique, sur le même sujet, parut dans la *Gazette historique et politique de la France et de l'Europe* du 29 thermidor an II.

Ambigu-Comique. — *L'Epreuve raisonnable*; *le Nid d'oiseaux*; *l'Héroïne américaine*.

Vaudeville. — *Les Vieux époux*; *Colombine mannequin*; *le Noble roturier*.

Cité-Variétés. — *Le Cousin de tout le monde*; com.; *les Deux grenadiers*, com.; *les Salpêtriers républicains*, opéra.

XVII

26 THERMIDOR AN II (13 AOUT 1794).

Rapport du 27 thermidor.

L'esprit public en général est bon, et les dispositions morales de la masse des citoyens favorables à la chose publique. Ceux qui dans les lieux publics s'occupent plus particulièrement de politique ne parlent ouvertement des discussions et des mesures de la Convention nationale que pour les approuver. Les rassemblements sont peu nombreux, les ouvriers assidus à leurs travaux, et les distributions se font avec ordre et tranquillité.

Au jardin Égalité, on a remarqué un rassemblement de plusieurs personnes, réunies en groupe, qui causaient, tandis que deux faisaient le guet. On surveillera pour savoir si ces mêmes personnes se rassemblent et quel en peut être le motif.

A la Grande Force, vers les sept heures du soir, un détenu s'est donné un coup de couteau.

Murmures parmi les citoyens de la garde descendante de la prison de Luxembourg, au sujet de la suppression des 3 livres par garde. Un factionnaire, de garde à la porte de la maison d'arrêt du Luxembourg, s'est permis des voies de fait sur une citoyenne qui s'était élancée pour embrasser son mari qui sortait de cette maison avec sa mise en liberté à la main; d'une main il a renversé brusquement cette épouse qui a été blessée par la chute, et de l'autre il a fait rentrer violemment le mari. Ce factionnaire a été amené par mandat à l'administration de police où il est détenu.

Plus de douze cents personnes attendaient hier l'arrivée du charbon; mais leur attente a été vaine, parce que la rivière n'est pas marchande.

Saisie faite par le commissaire de police de la section des Gravilliers de moutons vendus à raison de 25 sols la livre.

À la porte Antoine, il est arrivé 200 livres de beurre et 200 d'œufs. Au marché des Patriarches, 150 livres de beurre.

Il est arrivé de diverses communes sur le carreau de la Halle 20,015 livres de beurre ; 81,891 d'œufs ; 6,708 fromages.

Les administrateurs régénérés de police,
A. MARTINEAU, BARISSON.

(Arch. nat., F¹ᶜ III, Seine, 13.)

SPECTACLES DU 26 THERMIDOR.

THÉÂTRE DES ARTS. — *Toute la Grèce ou ce que peut la Liberté*, tableau patriotique en un acte; *Orphée et Eurydice*, op. en trois actes.

OPÉRA-COMIQUE. — *L'École de l'adolescence*, deux actes; *Mélidor et Phrosine*, drame en trois actes, mêlé de chants.

FEYDEAU. — *Apothéose du jeune Bara*, pièce patriotique en un acte; *les Visitandines*, op. en trois actes.

THÉÂTRE DE LA RÉPUBLIQUE. — *Les Étourdis*, com. en trois actes; *les Femmes savantes*, com. en cinq actes.

THÉÂTRE DE L'ÉGALITÉ. — *Le Fermier républicain ou le champ de l'Égalité*, com. en deux actes, mêlée de vaud.; *Alisbelle ou les crimes de la Féodalité*, op. en trois actes.

LYRIQUE. — Relâche.

GAITÉ. — *Le Pari*, com.; *la Danse de l'échelle et du sabotier; le Diable boiteux*, avec un ballet; *Crispin médecin; les Lutteurs; le Prétendu sans le savoir*, com.

AMBIGU-COMIQUE. — *La Pomme de Rambour; Au retour; le Sorcier.*

VAUDEVILLE. — *Le Sourd guéri; l'Alarmiste; Piron avec ses amis.*

CITÉ-VARIÉTÉS. — *L'Époux républicain*, com.; *le Projet de Fortune*, op.; *le Mariage patriotique*, op.

XVIII

27 THERMIDOR AN II (14 AOUT 1794).

RAPPORT DU 28 THERMIDOR.

On remarque avec plaisir que l'esprit public est toujours bon et conserve toujours la même énergie. Malgré les événements qui ont donné lieu à plusieurs débats, on ne s'aperçoit pas que des intrigants en profitent pour chercher à égarer les citoyens ni pour troubler l'ordre. Les réflexions libres que les citoyens font sur les dangers qu'a courus la chose publique ne tendent qu'à les rallier davantage à la Convention et à les rendre plus clairvoyants et à les mettre en garde contre les brillantes réputations usurpées.

Des malveillants cependant s'entretiennent dans les groupes et disent que l'administration des subsistances garde trop longtemps dans les magasins différents objets d'aliments qu'elle ne met en évidence que lorsqu'ils sont endommagés ou dégradés.

Il existe même encore des défenseurs du traître Robespierre. Il doit être porté à ce sujet à la Convention nationale ou à ses Comités de la part de la section de la réunion une déclaration du citoyen Ruttau, limonadier...

Le patriote observe avec chagrin que les bouquetières étalent de préférence les veilles des fêtes de l'ancien régime.

Il se présente continuellement, et depuis longtemps, au Mont-de-Piété un grand nombre de faux assignats de diverses valeurs et notamment de cent sous, lesquels sont saisis par un vérificateur nommé *ad hoc*.

Les femmes de la campagne, malgré les différentes saisies que l'on fait de leurs marchandises, continuent à vendre au-dessus du maximum et causent un grand mécontentement dans les marchés.

Cependant le plus grand ordre et la plus grande tranquillité règnent dans les divers marchés de Paris.

Les administrateurs régénérés de la police,

BARISSON, BODSON, BOISSIÈRE.

(Arch. nat., F1c III, Seine, 13.)

JOURNAUX.

Courrier républicain du 28 thermidor :

Du 27 thermidor. — Un spectacle touchant et sublime s'est offert à nos regards à la pointe Eustache.

On y faisait une distribution de viande de boucherie. Une jeune citoyenne de dix à douze ans au plus, qui venait de recevoir un pain, rencontre en se retirant une autre citoyenne d'environ vingt ans, qui lui demande l'aumône, les yeux baignés de pleurs. « Quel est donc le sujet de ton affliction ? lui dit la jeune fille dont elle implorait quelques secours. — Hélas ! répond la pauvre infortunée, ma douleur n'est que trop fondée ; ma mère est dans son lit malade depuis trois jours, et je n'ai pu recueillir encore de quoi acheter un peu de viande pour lui faire du bouillon dont elle a le plus pressant besoin. Mon père l'a abandonnée depuis longtemps ; je suis dans ce moment son unique ressource, et tu me vois désespérée de ne pouvoir la secourir. — Ne pleure pas, ma bonne amie, réplique avec attendrissement l'ange consolateur; tiens, prends cette viande, va vite en faire du bouillon à ta pauvre mère; la mienne se porte bien et peut s'en passer, ainsi que moi. — Non, citoyenne, je ne la prendrai pas; je te remercie; ta maman te gronderait, et j'en serais inconsolable. » Pendant que l'une insistait d'un côté pour faire accepter son don, et que l'autre s'obstinait à le refuser, arrive la mère de la sensible et généreuse citoyenne, qui venait la remplacer à la file de la distribution. Celle-ci s'empresse de lui raconter l'objet de ses débats. La bonne maman applaudit à l'humanité de sa fille, fait accepter à l'infortunée la viande qui lui était offerte, ajoute un assignat de 25 sous, en lui disant : « Je ne suis pas riche, mais je me porte bien, ainsi que ma fille, et nous pouvons travailler pour vivre; va, ma chère enfant, consoler ta mère, et lui porter vite ce petit secours. » On a vu alors combien l'exemple de la vertu est puissant sur les cœurs : plusieurs citoyennes, témoins de cette scène touchante, se sont empressées d'ajouter quelques dons à ceux qui venaient d'être faits, et la jeune infortunée s'est retirée en les comblant toutes de bénédictions.

Spectacles du 27 thermidor.

Théâtre des Arts. — Relâche.

Opéra-Comique. — *Les Rigueurs du cloître*, com. en deux actes, en prose, mêlée d'ariettes; *Azémia*, com. en trois actes et ariettes.

Feydeau. — *La Caverne*, op. en trois actes; *l'Amour filial* ou *la Jambe de bois*, op. en un acte.

Théâtre de la République. — *Virginie*, trag. en cinq actes; *le Consentement forcé*, com. en un acte.

Théâtre de l'Égalité. — *Le Fermier républicain ou le champ de l'Égalité*, com. en deux actes, mêlée de vaud.; *Le Bienfait anonyme*, com. en trois actes, en prose.

Lyrique. — *Zélia*, op. en trois actes.

Gaîté. — *Blaise le hargneux*, avec un divertissement; *le Triomphe de l'Amour conjugal*, pantomime; *la Mort du Jeune Bara*, pièce patriotique; *l'Enrôlement du bûcheron*, avec un divertissement.

Ambigu-Comique. — *L'Artisan philosophe*; *Mazet*; *l'Étape*.

Vaudeville. — *Le Dîner des peuples*; *le Divorce*; *l'Auberge isolée*.

Cité-Variétés. — *Les Deux fermiers*, com.; *le Combat des Thermopyles*, com.

XIX

28 THERMIDOR AN II (15 AOUT 1794).

Rapport du 29 thermidor.

L'esprit public en général n'offre rien que de satisfaisant. La masse des citoyens est bonne ; leurs dispositions morales et politiques n'annoncent rien d'inquiétant. Une crainte pusillanime fait dire à quelques citoyens, qui ont l'âme timorée, que les événements qui viennent d'avoir lieu pourraient avoir quelque suite ; mais ces propos sont vagues, dénués de fondement, et ne paraissent pas pouvoir influer sur l'esprit public, qui conserve toujours sa même force et sa même énergie. Il (sic) s'est entretenu dans les lieux publics de l'admission de l'envoyé des Etats-Unis de l'Amérique à la Convention. Les réflexions des citoyens à cet égard décèlent leur grande confiance dans les opérations de la Convention nationale. L'esprit public enfin sous tous les rapports annonce être à l'ordre du jour.

Une citoyenne a été arrêtée et conduite devant le commissaire de police de la section Le Peletier pour avoir été surprise faisant des signaux avec un détenu du Luxembourg.

Les détenus de cette maison avaient formé le complot de s'évader par le moyen d'un trou d'enfoncement pratiqué dans le jardin du côté de la rue Vaugirard au pied d'un arbre mort.

Aujourd'hui Dobsent, président du Tribunal révolutionnaire, s'adressant aux citoyens qui composent ce tribunal, a dit : « Nous avons parmi nous un homme qui n'est pas digne d'y siéger. » L'on présume qu'il a voulu parler d'un ci-devant curé [1].

Toujours beaucoup de monde aux portes des bouchers et charcutiers. Les marchés ont été très bien fournis ; le plus grand ordre, la plus grande tranquillité y ont régné.

Les administrateurs régénérés de la police,

Freté, Christophe.

(Arch. nat., F^{1c} III, Seine, 13.)

1. Voir plus loin le rapport du 30 thermidor an II.

JOURNAUX.

Gazette française du 30 thermidor :

Paris, 28 thermidor. — Le génie des arts s'est appliqué, comme le génie de la liberté, à combattre le despotisme. Sur nos théâtres, le ridicule a déclaré la guerre aux cours coalisées; les journaux et les tribunes ont retenti des philippiques lancées contre Pitt et tous les complices de la tyrannie. L'art de la peinture se met aussi sur les rangs pour retracer aux yeux des peuples les folies des rois. Une foule de gravures offrent chaque jour les caricatures les plus heureuses sur la perversité des tyrans. Il vient d'en paraître une, qui a pour titre : *la Coalition des rois ou des brigands couronnés contre la République française*. Cette gravure représente tous les rois coalisés sous la figure d'animaux féroces et sauvages. Le roi de Prusse y paraît sous la forme d'un hibou; l'empereur, sous la forme d'une autruche; l'impératrice, sous la forme d'une laie; le prince d'Orange, sous la forme d'un crapaud; Brunswick, sous la forme d'un cochon; le pape, sous la forme d'un âne couronné; Pitt, sous la forme d'un renard; George, sous la forme d'un dindon, etc. Tous ces personnages sont dans une attitude convenable à leur situation. Cette ménagerie royale est dominée par un rocher, sur lequel paraît le peuple français, qui terrasse la tyrannie, et qui vient jeter l'épouvante parmi les rois. Au bas de la gravure est gravé un vaudeville, où le caractère de chaque puissance est tracé avec esprit et vérité. Une pareille caricature ne peut que contribuer à répandre les principes républicains, en faisant mépriser les ennemis de la République [1].

SPECTACLES DU 28 THERMIDOR.

THÉÂTRE DES ARTS. — *Milliade à Marathon*, deux actes; *Orphée et Eurydice*, op. en trois actes.
OPÉRA-COMIQUE. — *Ambroise, ou voilà ma journée*, com. en deux, en prose, mêlée d'ariettes; *Lodoïska, ou les Tartares*, com. en trois actes, en prose.
FEYDEAU. — *Rose et Aurèle*, op. en un acte; *Claudine ou le petit com-

---

1. Cette caricature est également signalée et décrite dans les *Nouvelles politiques nationales et étrangères* du 8 fructidor, qui ajoutent : « On en trouvera des exemplaires chez les frères Gaveaux, passage du Théâtre de la rue Feydeau, et au bureau de cette feuille, n° 1499, rue Honoré. Les auteurs ont fait peindre, presque à gouache, quelques exemplaires, que les amateurs pourront trouver au même bureau, le matin seulement, à compter de décadi prochain, 10 fructidor. »

missionnaire, op. en un acte; *les Vrais sans-culottes*, tableau patriotique en un acte.

Théâtre de la République. — *Les Étourdis ou le mort supposé*, com. en trois actes; *la Mort de César*, trag.

Théâtre de l'Égalité. — *Le Champ de l'égalité*, com. en deux actes, mêlée de vaudeville; *Alisbelle ou les crimes de la Féodalité*, op. en trois actes.

Lyrique. — *Michel Cervantès*, op. en trois actes; *le Bon père*, op. en un acte.

Gaîté. — *Nostradamus*, pantomime; *l'Aristocrate démasqué par la corne de Vérité*; le divertissement *des Lutteurs*; *Crispin médecin*; *Contentement passe richesse*.

Ambigu-Comique. — *L'Heureuse décade*; *Amour et valeur*: *les Débuts*.

Vaudeville. — *Le Dédit mal gardé*; *le Canonnier convalescent*; *le Poste évacué*.

Cité-Variétés. — *Le Prélat d'autrefois*, com.; *Arlequin imprimeur*, op.

XX

29 THERMIDOR AN II (16 AOUT 1794).

Rapport du 30 thermidor.

L'esprit public ne perd rien de son énergie. La confiance des citoyens dans les mesures de la Convention nationale va toujours en croissant. Le public a vu avec plaisir l'ouverture des séances du Tribunal révolutionnaire, mais il a vu encore avec plus de satisfaction que ce tribunal avait suspendu sa séance et déclaré nulle la procédure d'après la réclamation sévère contre un des jurés, nommé Mattey, ci-devant prêtre, qu'on accusait d'assassinat [1]. Les réflexions que le peuple a faites sur cet événement ont été aussi sages, aussi calmes que conformes au principe de la justice et de la sévérité du gouvernement révolutionnaire. D'ailleurs, tout paraît calme et n'offre rien d'inquiétant...

On a fait courir le bruit, au grand bureau de la petite poste, rue de Fourcy, section de la Fidélité, ci-devant de la Maison-Commune, que la ville de Cambrai était bloquée...

On observe qu'il se fait beaucoup de rassemblements autour de la prison du Luxembourg, que les détenus s'entretiennent avec des passants sans que les factionnaires s'y opposent.

Le public s'est aperçu que, dans les différentes maisons d'encan, les

---

1. Sur cette affaire, voir Wallon, *Hist. du Trib. rév.*, t. V, p. 276.

effets vendus se reproduisent jusqu'à ce que les propriétaires y trouvent le prix auquel leur cupidité les veut porter.

La Halle a été assez fournie en fruits et légumes ; le beurre et les œufs y ont été peu abondants.

Les administrateurs régénérés de la police,

Frété, Barisson.

(Arch. nat., F¹ᶜ III, Seine, 13.)

Journaux.

Gazette française du 30 thermidor :

Paris, 29 *thermidor.* — La citoyenne Contat et les citoyens Dazincourt, Naudet et Fleury ont joué aujourd'hui au Théâtre de l'Égalité dans la *Métromanie* et dans les *Fausses confidences.* Le public s'y est porté en foule; la salle a retenti d'applaudissements unanimes. On continue de jouer avec le plus grand succès, au Théâtre de la République, la tragédie de *Virginie*; on y applaudit toujours avec transport les passages qui rappellent la chute de la tyrannie. Le génie de la liberté paraît avoir dicté cette pièce républicaine; on a seulement remarqué quelques vers qui pourraient prêter à des allusions dangereuses dans les circonstances actuelles ; il serait facile à l'auteur de les faire disparaître. Le père de Virginie menace de faire revenir l'armée qu'il commande dans les murs de Rome, pour obtenir vengeance; la situation de Virginius, quelque belle qu'elle soit, acquiert par ses menaces quelques traits de ressemblance avec la conduite de Dumouriez. Pourquoi Virginius, au lieu d'en appeler aux armées, qui sont toujours des juges incompétents en matière politique, n'en appelle-t-il pas au Sénat et au peuple romain? On espère que le patriotisme et le talent dramatique de La Harpe se prêteront à un changement qui est commandé par l'opinion publique.

Messager du soir du 1ᵉʳ fructidor :

Paris, 30 *thermidor.* — Les citoyens Fleury, Dazincourt et la citoyenne Contat, ci-devant détenus, et le citoyen Naudet, qui s'était absenté de la scène depuis quelque temps, ont reparu hier sur le Théâtre de l'Égalité avec le plus brillant succès. Cette réunion de talents a excité l'enthousiasme le plus vif, et les applaudissements se sont prolongés à l'infini. L'hymne des Marseillais, exécuté par le citoyen Kreutzer, a produit le plus bel effet. Le citoyen Fleury a joué le rôle de Damis dans la *Métromanie* avec la supériorité qu'on lui connaît, et le citoyen Naudet a été très bien dans le rôle de Boliveau. Nous devons même des éloges au citoyen Caumont, qui a mis beaucoup de comique et de vérité dans le rôle de Francaleu. Mais où tous les suffrages ont éclaté avec la plus bruyante expansion, c'est dans les *Fausses confidences*; la citoyenne Contat, chargée du rôle d'Araminte, a étonné et enlevé tous les spectateurs; ce jeu magique, qui n'appartient qu'à elle, a électrisé tout le monde; le citoyen Dazincourt, par la finesse d'un débit presque épigrammatique; le citoyen Fleury, par la décence et l'abandon fougueux de son amour, et la citoyenne Devienne, par sa gaîté piquante, ont ajouté au charme de ce spectacle vraiment ravissant, qui n'a été troublé par aucun événement fâcheux; aussi l'illusion a été complète. Dans l'ivresse générale, la désastreuse médiocrité de quelques acteurs a été pardonnée, et le public a même traité avec indulgence le citoyen Verteuil, qui a déshonoré le rôle de Lubin par une caricature digne des tréteaux de Nicolet. Après la deuxième pièce, tous ces artistes ont été demandés à grands cris par le public, qui les a comblés d'applaudissements et leur a témoigné combien il avait regretté des talents qui lui étaient aussi chers. Le citoyen Larive, ressuscité de Port-Libre, avait joué quelques jours auparavant *Guillaume Tell*, et les gens de goût n'avaient pas méconnu en lui le héros qui hissa l'étendard de la liberté sur les monts sourcilleux de la Suisse.

SPECTACLES DU 29 THERMIDOR.

THÉATRE DES ARTS. — Relâche.
OPÉRA-COMIQUE. — *Camille ou le Souterrain*, com. en trois actes, en prose, mêlée d'ariettes; *Agricole Viala ou le héros de 13 ans*.
FEYDEAU. — *Lodoïska*, op. en trois actes.
THÉATRE DE LA RÉPUBLIQUE. — *La Bizarrerie de la fortune*, com. en cinq actes; *les Plaideurs*, en trois actes.
THÉATRE DE L'ÉGALITÉ. — *La Métromanie*, com. en cinq actes; *les Fausses confidences*, com. en trois actes.
LYRIQUE. — *Geneviève*, op. en trois actes; *la Rose villageoise*, vaud. en un acte.
GAITÉ. — *La Caverne enchantée*, pantomime; *le Sabotier*; *le Quiproquo de l'hôtellerie*, com.; *les Lutteurs*; *le Départ des patriotes*, pièce patriotique.
AMBIGU-COMIQUE. — *L'Heureuse déroute*; *Amours et Valeur*; *les Débuts*.
VAUDEVILLE. — *Nicaise peintre*; *Gilles Georges et Arlequin Pitt*; *Nico*.
CIT.-VARIÉTÉS. — Relâche.

XXI

30 THERMIDOR AN II (17 AOUT 1794).

Rapport du 1ᵉʳ fructidor.

L'esprit public est toujours excellent. Son degré d'énergie se remarque surtout les jours de décade. Les citoyens, ce jour-là, se rendent en plus grande quantité dans les cabarets, les guinguettes, et là, au milieu d'une joie vive et pure, ils laissent parler leur cœur, et s'abandonnent au sentiment qu'ils éprouvent, et ils sont tous pour la République, pour la vérité, la haine des tyrans et la conservation des principes consacrés par la représentation nationale.

On parle de méfiance, mais ceux qui font courir ce bruit ridicule prennent soin de se cacher et voiler leurs vues perfides, de sorte que le peintre et le tableau disparaissent. La reprise du Quesnoy a occasionné une joie générale, et le peuple l'a manifestée par des cris de *Vive la République ! Vivent la Convention et ses Comités !*

Quelques assemblées de sections ont été très orageuses, notamment celle de Le Peletier, où les membres des Comités révolutionnaires se dénonçaient les uns les autres. Le président a été contraint de se couvrir plusieurs fois.

On se plaint, avec raison, que tous les trottoirs des ponts de Paris sont entièrement obstrués, de façon que le piéton est contraint, la majeure partie du temps, de marcher sur la chaussée. Les commissaires de police désirent qu'une autorité supérieure oblige ces citoyens à respecter la voie publique.

La plus grande tranquillité règne dans Paris; point de faits particuliers...

Les administrateurs de police,
Gérôme, Ollivier.

(Arch. nat., F¹ᶜ III, Seine, 13.)

Spectacles du 30 thermidor.

Théâtre des Arts. — *La Réunion du 10 Août ou l'Inauguration de la République française*, sans-culottide en cinq actes.

Opéra-Comique. — *Stratonice*, com. héroïque en un acte, en vers, mêlée d'ariettes; *les Épreuves du républicain*, com. en trois actes, en prose, mêlée d'ariettes.

Tome I.

FEYDEAU. — *Rose et Aurèle*, op. en un acte; *la Famille indigente*, fait historique en un acte; *les Vrais sans-culottes*, tableau patriotique en un acte.

THÉÂTRE DE LA RÉPUBLIQUE. — *Epicharis et Néron ou Conspiration pour la liberté*, trag. nouvelle; *le Cocher supposé*, un acte.

THÉÂTRE DE L'EGALITÉ. — *Le Fermier républicain ou le Champ de l'Egalité*, com. en deux actes, mêlée de vaud.; *Alisbelle ou les Crimes de la Féodalité*, op. en trois actes.

LYRIQUE. — *Zélia*, op. en trois actes; *la Marine républicaine*, vaud.

GAITÉ. — *Arlequin et Colombine invisibles*; *le Sabotier*; *le Véritable ami du peuple ou la Victime du Fédéralisme*, drame révolutionnaire en trois actes; *les Lutteurs*; *le Prétendu sans le savoir*.

AMBIGU-COMIQUE. — *Le Maréchal des logis*; *les Oies du frère Philippe*; *la Gamelle*.

VAUDEVILLE. — *Colombine Mannequin*; *l'Auberge isolée*; *le Noble roturier*.

CITÉ-VARIÉTÉS. — *l'Hypocrite en révolution*, com.; *l'Orphelin*, com.; le ballet *des Montagnards*.

XXII

1ᵉʳ FRUCTIDOR AN II (18 AOUT 1794).

RAPPORT DU 2 FRUCTIDOR.

L'esprit public est toujours bon; les conversations, pour la plupart, roulent sur le nouveau Tribunal révolutionnaire et sur le projet de réorganisation des Comités.

On n'a rien vu ni entendu de contraire aux principes et à la tranquillité publique.

Les salles d'encan ne présentent qu'un refuge à l'agiotage et aux vols. Les marchandises y sont vendues jusqu'à 6, 8 et 10 fois, jusqu'à ce qu'enfin l'on trouve une dupe qui y mette le prix que se proposent ces hommes plus à craindre que les voleurs de grands chemins. Il se présente journellement, au dégagement des effets du Mont-de-Piété, des assignats faux de différentes valeurs, qui aussitôt sont estampillés.

Les administrateurs régénérés de la police,
BODSON, ALBERT.

(Arch. nat., F⁷ III, Seine, 13.)

Journaux.

Correspondance politique de Paris et des départements du 2 fructidor :

Aux journalistes. — Dites-moi, mes chers confrères, pourquoi vos feuilles sont toujours aussi insignifiantes que l'ancienne *Gazette de France*. La liberté de la presse est-elle, pour vous, un présent inutile, ou comme une de ces grâces d'en haut qui ne fructifient point dans les âmes pécheresses? Est-ce la honte qui vous retient, et craignez-vous de vous démentir d'une manière trop tranchante? Car, entre nous, soyons de bonne foi, il nous est arrivé d'encenser le tyran. Eh bien, consolons-nous par l'exemple de Brutus, qui fit l'imbécile, disons-nous que nous avons contrefait les niais : nos feuilles ne nous démentiront point, et ceux qui les ont lues trouveront peut-être qu'on ne pouvait mieux imiter Brutus. Mais, au nom de Dieu, mes chers confrères, c'est pousser le rôle un peu trop loin, et il n'est plus permis d'être *bête*, quand Tarquin est démasqué. Courage donc, ayons tant d'esprit que nous méritions d'être lus, comme Audouin et Duval, d'un pôle à l'autre. La première chose, pour parvenir à ce degré de gloire, c'est de ne point nous copier mutuellement ; car, alors, nous n'aurions tous que l'esprit des autres, et l'acquisition pourrait n'être pas fort bonne. La seconde, c'est de dire la vérité avec franchise, avec hardiesse même ; c'est de ne point confirmer par notre silence ce que Barère a dit dernièrement, qu'il n'y avait qu'un très petit nombre de journaux qui ne fût point vendu à l'aristocratie [1]. Une grande révolution s'est faite, le 9 thermidor : c'est à nous de la consolider, et de boucher, à force d'encre et de papier, les brèches qu'on y a déjà faites. Que nos plumes ne soient plus semblables à celles des dindons, qui ne leur servent qu'à rester à terre et à fuir dès que le moindre émouchet se montre. Je vous prie, mes chers confrères, de me passer cette comparaison de *basse-cour* ; c'est qu'en vérité, je suis honteux de la *cour* extrêmement *basse* que la plupart de nous autres font encore à l'ombre de Robespierre, dans la personne de ses successeurs et héritiers, et de la facilité avec laquelle on fait croire que le noir est blanc et que le blanc est noir à des hommes qui font métier de mettre du noir sur du blanc ; car je ne veux point attribuer leur erreur à couardise, vu qu'il est reconnu qu'il n'y a personne de plus brave qu'un *écrivain*. Au reste, il y a

---

1. C'est à la Convention, dans la séance du 24 thermidor an II, que Barère avait parlé du « petit nombre de journaux qui ne sont pas vendus à l'aristocratie ou aux factions ennemies des vrais républicains ». *Moniteur*, réimpression, t. XXI, p. 459.

quelques journalistes auxquels ce blâme ne s'adresse point, et j'en connais aucuns qui ont déjà parlé vertement et comme il appartient à des hommes libres. J'invite ceux qui ne m'entendraient point à lire l'excellent morceau de la *Gazette française* sur le gouvernement révolutionnaire [1], Perlet, les *Annales patriotiques*, la *Gazette générale de l'Europe*, etc.

> Qu'il choisisse, s'il veut, d'Auguste et de Tibère,
> Qu'il imite, s'il peut, Britannicus, son frère.

Vous jugez bien qu'aussi modeste qu'Agrippine, je ne me citerai pas pour exemple.

Mais il est des vertus que je puis lui montrer.

Au reste, mes chers confrères, si vous avez quelque chose à vous reprocher, l'occasion se présente de réparer vos torts ; je tiens dans le pli de mon manteau l'estime ou le mépris ; choisissez.

> Vous me verrez toujours dans ce champ glorieux
> Vous animer, du moins, de la voix et des yeux ;
> Censeur un peu fâcheux, mais souvent nécessaire,
> Plus enclin à blâmer que savant à bien faire.

J. J. D [2].

Spectacles du 1ᵉʳ fructidor.

Théâtre des Arts. — Relâche.
Opéra-Comique. — *Renaud d'Ast*, com. en deux actes, en prose, mêlée d'ariettes ; *la Fête américaine*, ballet patriotique ; *Joseph Bara*, fait historique mêlé d'ariettes.
Feydeau. — *La Papesse Jeanne* ; *les Visitandines*.
Théâtre de la République. — *Les Étourdis ou le Mort supposé*, com. en trois actes ; *la Surprise de l'amour*, en trois actes.
Théâtre de l'Égalité. — *Guillaume Tell*, trag. en cinq actes ; *le Retour du mari*, com. en un acte.
Lyrique. — *Michel Cervantès*, op. en trois actes ; *le Mariage civique*, vaud. en un acte.
Gaîté. — *Le Cocher supposé*, com. ; *le Triomphe de l'Amour conjugal*, pant. ; *Alain et Suzette ou le Fils adoptif*, pièce patriotique, avec ballet et intermèdes.
Ambigu-Comique. — *L'Épreuve raisonnable* ; *le Sorcier* ; *la Forêt noire*.
Vaudeville. — *Le Dédit mal gardé* ; *l'Alarmiste* ; *la Fête de l'Égalité*.
Cité-Variétés. — *Les Dragons et les Bénédictines*, com. ; *les Dragons en cantonnement*, com. ; *les Salpêtriers républicains*, opéra.

---

1. Nous avons vraiment cherché, dans la *Gazette française* depuis le 9 thermidor, un article sur ce sujet.
2. Ce sont les initiales de Jean-Joseph Dussault, le futur rédacteur des *Débats*.

XXIII

2 FRUCTIDOR AN II (19 AOUT 1794).

Spectacles du 2 fructidor.

Théâtre des Arts. — *Toute la Grèce ou Ce que peut la liberté*, tableau patriotique en un acte; *Orphée et Eurydice*, op. en trois actes.
Opéra-Comique. — *Andras et Almona ou le Philosophe français à Bassora*, com. en trois actes, mêlée d'ariettes; *le Siège de Toulon*.
Feydeau. — *Rose et Aurèle*, op. en un acte; *les Deux hermites*, op. en un acte; *Claudine ou le Petit commissionnaire*, op. en un acte.
Théâtre de la République. — *Tartufe; la Vraie bravoure*.
Théâtre de l'Égalité. — Relâche.
Lyrique. — *Michel Cervantès*, op. en trois actes; *le Mariage civique*, vaud. en un acte.
Gaité. — *Crispin médecin; Arlequin nécromancien; les Sabotiers; Alain et Suzette ou le Fils adoptif*, pièce patriotique avec ballet; *la Danse de l'Échelle; les Deux bottiers*.
Ambigu-Comique. — *Les Contretemps; l'Heureuse Décade; la Gamelle*.
Vaudeville. — *Au Retour; le Pot pourri; le Faucon*.
Cité-Variétés. — *Georges ou le Bon fils*, com.; *l'Heureux quiproquo*, com.; *l'Adoption villageoise*, op.

XXIV

3 FRUCTIDOR AN II (20 AOUT 1794).

Rapport du 4 fructidor.

L'esprit public se perfectionne de jour en jour. Hier le Tribunal révolutionnaire a été très fréquenté; on y a applaudi avec enthousiasme à la manière sévère, mais humaine et respectueuse, avec laquelle on a rendu justice aux accusés. Les comparaisons faites par les citoyens de l'ancien Tribunal avec l'organisation du nouveau prouvent qu'ils se montrent chaque jour plus dignes de la liberté...

Les femmes publiques se multiplient à la Maison-Égalité; elles font plus que jamais publiquement commerce de leurs charmes en invitant les passants à venir acheter leurs marchandises. Elles paraissent se fonder sur ce qu'elles sont marchandes et domiciliées, et sur ce que la municipalité n'existe plus...

A. MARTINEAU, LECAMUS.

[Arch. nat., F 7 III, Seine, 13.]

SPECTACLES DU 3 FRUCTIDOR.

Théâtre des Arts. — Relâche.
Opéra-Comique. — *Les Deux billets*, com. en un acte, en prose; *Paul et Virginie*, com. en trois actes, en prose, mêlée d'ariettes; *la Fête américaine*, ballet patriotique.
Feydeau. — *Paul et Virginie*, op. en trois actes; *la Partie carrée*, opéra-folie en un acte, en vers.
Théâtre de la République. — *Epicharis et Néron ou Conspiration pour la Liberté*.
Théâtre de l'Egalité. — *Le Bienfait anonyme*, com. en trois actes; *le Bourru bienfaisant*, com. en trois actes.
Lyrique. — *Le Jeune héros de la Durance ou Agricole Viala*, tableau patriotique; *la Ruse villageoise*, vaud. en un acte; *le Bon père*, op. en un acte.
Gaîté. — *Le Cocher supposé*; *le Mariage d'Arlequin*; *Blaise le hargneux*, avec ballet; *les Deux font la paire*, et différents intermèdes.
Ambigu-Comique. — *L'Heureuse décade; le Nid d'oiseaux; la Gamelle*.
Vaudeville. — *Arlequin afficheur; l'Héroïne de Mithier*, première repr.; *la Gageure inutile*.
Cité-Variétés. — *L'Orphelin*, com.; *les Petits Montagnards*, avec un ballet.

XXV

4 FRUCTIDOR AN II (21 AOUT 1794).

SPECTACLES DU 4 FRUCTIDOR.

Théâtre des Arts. — *Milliade à Marathon*, deux actes; *Denis le tyran, maître d'école à Corinthe*, op. historique en un acte.
Opéra-Comique. — *Zémire et Azor*, com.-ballet en quatre actes, en vers, mêlée de chants et de danses; *l'Enfance de Jean-Jacques Rousseau*, com. mêlée d'ariettes.
Feydeau. — *Rose et Aurèle*, op. en un acte; *la Famille indigente*, fait historique en un acte; *les Vrais sans-culottes*, tableau patriotique en un acte.
Théâtre de la République. — *Les Etourdis ou le Mort supposé*, com. en trois actes; *le Dissipateur*, com. en cinq actes.
Théâtre de l'Egalité. — *L'Ecole des maris*, com. en trois actes; *les Fausses confidences*, en trois actes.
Lyrique. — Relâche.
Gaîté. — *Le Goutteux et la Fille généreuse; le Triomphe de l'Amour conjugal; le Véritable ami du peuple ou la Victime du Fédéralisme*, drame révolutionnaire; différents intermèdes.
Ambigu-Comique. — *La Bascule; l'Etape; l'Héroïne américaine*.

VAUDEVILLE. — *La Bonne aubaine; le Canonnier convalescent; la Nourrice républicaine.*
CITÉ-VARIÉTÉS. — *Le Prélat d'autrefois*, com.; *Ricco*, com.

XXVI

5 FRUCTIDOR AN II (22 AOUT 1794).

RAPPORT DU 6 FRUCTIDOR.

L'esprit public, toujours bon, ne change point. Tous les citoyens, pleins de confiance dans la Convention, ont vu avec plaisir les derniers décrets qui réduisent à douze les Comités révolutionnaires [1], les assemblées générales de section à une par décade, et la suppression de l'indemnité des 40 sols aux citoyens indigents pour assister aux assemblées [2]. Les aristocrates seuls interprètent adroitement, selon leurs intentions perfides, l'esprit de ces décrets, pour en altérer les avantages aux yeux des vrais patriotes, amis de toutes les mesures qu'exigent les circonstances; mais on observe qu'en général les dispositions des citoyens sont bonnes et conformes aux vrais principes consacrés par le Gouvernement révolutionnaire. On assure en outre que les personnes qui fréquentent les tribunaux n'y sont plus, comme autrefois, d'habitude.

Les baladins et faiseurs de tours commencent à reparaître sur la place de la Maison-Commune; ils regardent les ordonnances et règlements qui les regardent comme non avenus, parce qu'ils ont été rendus par une municipalité conspiratrice.

Les citoyens et citoyennes s'assemblent dès neuf heures du soir au charbon pour y prendre place; ils passent ainsi la nuit en attendant l'ouverture desdits ports. Il y avait ce matin, vers trois heures, environ trois cents personnes assemblées au port de la ci-devant vieille Place-aux-Veaux. Les patrouilles ont beau dissiper les queues: elles se reforment un instant après.

Il y a eu aujourd'hui des troubles à la Halle; plusieurs femmes, qui

---

1. En effet, dans la séance de la Convention du 3 fructidor an II, Goupilleau (de Fontenay) fit adopter, entre autres articles d'un projet de décret dont l'ensemble ne fut voté que le 7, un article portant qu'il n'y aurait plus à Paris que douze Comités révolutionnaires et que l'arrondissement de chacun de ces Comités comprendrait quatre sections.
2. Voir les décrets du 4 fructidor an II et les débats y relatifs dans le *Moniteur*, t. XXI, p. 555-557.

l'avaient occasionné, ont été envoyées dans différents corps de garde. ..... Les autres marchés, à l'exception de la Halle, ont été assez tranquilles...

MEREY, CHRISTOPHE.

(Arch. nat., F 7 c III, Seine, 13.)

SPECTACLES DU 5 FRUCTIDOR.

THÉÂTRE DES ARTS. — Relâche.
OPÉRA-COMIQUE. — *Ambroise* ou *Voilà ma journée*, com. en deux actes, en prose, mêlée d'ariettes; *Fanfan et Colas*, com. en un acte, en prose; *la Fête américaine*, ballet patriotique.
FEYDEAU. — *L'Apothéose du jeune Bara*, pièce patriotique en un acte; *la Caverne*, op. en trois actes.
THÉÂTRE DE LA RÉPUBLIQUE. — *Guillaume Tell*, trag. en cinq actes; *l'Avocat Patelin*, en trois actes.
THÉÂTRE DE L'ÉGALITÉ. — Relâche.
LYRIQUE. — *Zélia*, op. en trois actes; *le Mariage civique*, vaud. en un acte.
GAITÉ. — *Les Fourberies de Scapin*, com.; *Arlequin et Colombine invisibles*, pant.; *Alain et Suzette* ou *le Fils adoptif*, pièce patriotique avec ballet.
AMBIGU-COMIQUE. — *Les Deux chasseurs et la laitière*; *les Déguisements amoureux*; *les Débuts*.
VAUDEVILLE. — *Le Dédit mal gardé*; *l'Héroïne de Milthier*; *la Revanche forcée*.
CITÉ-VARIÉTÉS. — *Les Deux Fermiers*, com.; *les Deux grenadiers*, com.; *Arlequin imprimeur*, opéra.

XXVII

6 FRUCTIDOR AN II (23 AOUT 1794).

RAPPORT DU 7 FRUCTIDOR.

On remarque que l'esprit public se soutient toujours à la hauteur des vrais principes du gouvernement. Les vrais patriotes veulent toujours la République une et indivisible, ont toujours la plus grande confiance dans les mesures sages de la Convention nationale. Quelques mauvais citoyens se plaignent du décret qui réduit les assemblées de section à une par décade et surtout de la suppression des 40 sols [1]; mais la masse générale applaudit à ce décret énergique.

1. Voir plus haut, p. 55.

Hier, deux particuliers, vers les neuf heures du matin, sur le Pont-Neuf, ont insulté deux représentants du peuple en leur disant : *Rendez-nous nos 18 livres, et f... z-nous le camp ;* les représentants les ont conduits au corps de garde, et de là ils ont été menés au Comité de sûreté générale.

Dans tous les cafés, et notamment dans celui des Variétés-Amusantes, sur le boulevard, il s'y tient des jeux de loto ; toutes les tables sont garnies, et les joueurs ont devant eux jusqu'à douze cartons. Les instances récidivées jusqu'à ce jour n'ont pu empêcher ce jeu de hasard. L'administration de police va s'occuper de faire cesser ces jeux.

Malgré les défenses réitérées, il se passe toujours beaucoup de pain aux barrières. Un inspecteur en a saisi une hottée, coupé en morceaux à l'effet de le passer plus aisément.

Différents citoyens et citoyennes assemblés à la place Maubert se plaignaient de ce que l'on vendait considérablement de viande aux alentours de Paris, qu'il n'y avait que les personnes riches qui pouvaient perdre leur temps pour l'aller chercher. Ils demandaient que cette viande fût apportée à Paris pour y être distribuée.

Des femmes de campagne ont été surprises vendant leur beurre jusqu'à 40 sols la livre.

Le beurre arrivé ce jourd'hui à la Halle n'était qu'à destination, ce qui a causé une espèce de fermentation. L'inspecteur, voyant les esprits s'échauffer, a fait apporter un tonneau de beurre salé, pesant cinq cents livres ; cette petite distribution a ramené le calme.

Chacun murmure de ne pouvoir s'approvisionner. Quoi qu'il en soit, la plus grande tranquillité règne partout.

Gérome, Christophe.

SPECTACLES DU 6 FRUCTIDOR.

Théâtre des Arts. — *Denis le tyran, maître d'école à Corinthe*, op. historique en un acte[1] ; *Milliade à Marathon*, deux actes. Le citoyen Vestris reparaîtra dans cette représentation.

Opéra-Comique. — *L'Amant statue*, com. en un acte, mêlée d'ariettes ; *Tout pour l'amour ou Juliette et Roméo*, drame-lyrique en quatre actes, en prose.

Feydeau. — Relâche.

Théâtre de la République. — *La Femme jalouse*, com. en cinq actes ; *le Rendez-vous*, com. en un acte.

1. On trouve un compte rendu de cet opéra dans les *Petites Affiches*, supplément au numéro du 8 fructidor an II.

THÉATRE DE L'EGALITÉ. — *Le Fermier républicain ou le Champ de l'Egalité*, com. en deux actes, mêlée de vaud.; *Tu et toi ou la parfaite Egalité*, com. en trois actes.

LYRIQUE. — *Laure et Zulmé*, op. en trois actes; *la Matinée républicaine*, vaud.

GAITÉ. — *Le Fou par amour*; *le Pari*; *la Danse de l'Echelle*; *Arlequin au tombeau*; *les Amours de Pierrot et de Thérèse*; *le Départ des patriotes*; *l'Entrée du Sabotier*.

AMBIGU-COMIQUE. — *Au Retour*; *Amour et valeur ou la Gamelle*; *l'Héroïne américaine*.

VAUDEVILLE. — *Les Vieux époux*; *l'Alarmiste*; *les Chouans de Vitré*.

CITÉ-VARIÉTÉS. — *L'Epoux républicain*, com.; *les Pirates*, pant.

XXVIII

7 FRUCTIDOR AN II (24 AOUT 1794).

RAPPORT DU 8 FRUCTIDOR.

L'esprit public est toujours prononcé d'une manière satisfaisante pour les patriotes. Les conversations roulent avec intérêt sur les événements du jour. Les uns parlaient avec chaleur du renvoi de Barère de la société des Jacobins[1]; d'autres ailleurs parlent de la Vendée et prétendent qu'elle se rallume de nouveau. Bertaud, officier de paix, assure avoir entendu dire dans un groupe, près la porte Martin, à un capitaine revenant de ce pays, que les brigands commençaient à se rallier, pour, disent-ils, venir à Paris installer un Louis XVII. Simon, inspecteur, assure qu'une fruitière, rue du Petit-Bucy, section du Bonnet-Rouge, a reçu une lettre de son mari, il y a trois jours, venant de l'île de Rochefort (*sic*), où il sert sa patrie comme militaire, par laquelle il annonce qu'un reste des rebelles de la Vendée ont (*sic*) mis en déroute une partie des troupes que nous avions près de cette île. On ne s'aperçoit pas que ces détails refroidissent ou alarment les vrais patriotes, qui depuis longtemps sont en garde contre des propos indiscrets que peuvent répandre des alarmistes. « De l'âme et du courage, disent-ils; c'est une des dernières crispations de l'aristocratie agonisante; ne perdons point de vue la Convention. »

Cavagnac, officier de paix, et plusieurs inspecteurs ont arraché ce matin deux placards en forme de bande, écrits à la main, l'un posé

1. C'était sans doute un faux bruit. Je ne vois rien de semblable dans les comptes rendus du club des Jacobins à cette époque.

à la grille du marché de l'Abbaye, l'autre à la porte du préau donnant sur la rue du Four, portant ces mots :

> Peuple trop bon,
> Quand écartelleras-tu Cambon ?
> Peuple trop bon,
> Quand guillotineras-tu Cambon ?

Ces deux affiches ont été portées chez le commissaire de police de la section Mutius-Scœvola, qui en a dressé procès-verbal.

Au chef-lieu de la section Le Peletier, il existe encore au-dessus d'un puits une croix de fer avec un fleur de lis à chaque extrémité des branches.

Les garçons boulangers donnent toujours lieu à des plaintes ; ils quittent leurs boutiques malgré les ordres qui leur sont réitérés.

A. MARTINEAU, VIARD.

(Arch. nat., F¹ᶜ III, Seine, 13.)

JOURNAUX.

Correspondance politique de Paris et des départements du 8 fructidor :

Paris, 7 fructidor. — On cherche les moyens de faire lever le faubourg Antoine. L'orateur qui sera chargé de porter la parole doit, au nom du peuple, ordonner à la Convention *de faire son devoir*, et lui dire *que le peuple est là, si elle ne le fait pas*.

SPECTACLES DU 7 FRUCTIDOR.

THÉATRE DES ARTS. — Relâche.

OPÉRA-COMIQUE. — *L'Enfance de Jean-Jacques Rousseau*, com. mêlée d'ariettes; *les Épreuves du Républicain*, com. en trois actes, en prose, mêlée d'ariettes.

FEYDEAU. — *Lodoïska*, op. en trois actes.

THÉATRE DE LA RÉPUBLIQUE, — *Othello*, trag. en cinq actes; *le Legs*, com. en un acte.

THÉATRE DE L'ÉGALITÉ. — *Crispin médecin*, com. en trois actes ; *Alisbelle ou les Crimes de la Féodalité*, op. en trois actes.

LYRIQUE. — *Le Jeune héros de la Durance ou Agricole Viala*, tableau patriotique.

GAITÉ. — *Le Diable boiteux*, avec des changements; *le Sabotier et la Danse de l'Échelle*; *le Véritable ami du peuple ou la Victime du Fédéralisme*, drame révolutionnaire ; *Contentement passe richesse*.

AMBIGU-COMIQUE. — *Le Gâteau des tyrans; l'Étape; l'Abus du pouvoir de l'ancien régime*.

VAUDEVILLE. — *Arlequin Pygmalion; le Faucon; le Noble roturier*.

CITÉ-VARIÉTÉS. — *L'Orphelin*, com.; *l'Hypocrite en Révolution*, com.; le ballet des *Petits montagnards*.

XXIX

8 FRUCTIDOR AN II (25 AOUT 1794).

RAPPORT DU 9 FRUCTIDOR.

L'esprit public est toujours bon. Les patriotes n'ont que de bonnes vues.

Hier au Jardin national, dans plusieurs groupes (dit Betremieux), on parlait avec beaucoup de chaleur contre Barère, Billaud-Varenne et Collot d'Herbois ; on disait, entre autres, qu'il fallait que le peuple de Paris se portât à la Convention pour lui rappeler que ses décrets ne devaient pas être nuls ; et on observe que ceux qui se faisaient le plus entendre dans ces groupes étaient deux députés.

On ne paraît pas content des opérations de Cambon sur les finances ; ses projets de décrets en cette partie mécontentent toujours les rentiers.....

Le jeu de loto se renouvelle plus que jamais ; il occupe nombre de fainéants, dans lesquels des jeunes gens de première réquisition. Dans différents cafés, notamment boulevard Poissonnière, ce jeu est fort échauffé à dix heures du soir.

On accuse de négligence, pour ne pas dire plus, les entrepreneurs de l'enlèvement des boues dans les divers quartiers de Paris, et notamment dans la rue Michel Le Peletier, n° 156, les ordures n'ont été enlevées qu'à midi, moyennant 4 livres, que les conducteurs des tombereaux ont exigées. On se plaint aussi de la malpropreté et de la puanteur des rues des Vieilles-Étuves et de la Corroyerie.

Les marchands de vin ferment de bonne heure, sous le prétexte que la marchandise leur manque.

Le peuple se plaint de la mauvaise qualité du pain.

On brûle une grande quantité de houblon gâté pour faire des cendres, et on s'aperçoit que ces houblons ne sont gâtés que parce qu'ils ont été conservés et trop gardés chez les brasseurs.

Le peuple se plaint que les regrattiers, fruitiers et autres ne distribuent au maximum qu'une partie de ce qu'ils reçoivent au marché.

BARISSON, LE CAMUS[1].

[Arch. nat., F 1c III, Seine, 13.]

[1]. A ce rapport sont joints deux brouillons de lettres, sans date, l'une adressée à la Commission de l'organisation et du mouvement des armées de terre (sans

Journaux.

Gazette historique et politique de la France et de l'Europe du 10 fructidor :

Les soixante et quelques députés détenus [1] sont maintenant au ci-devant hôtel des Fermes, rue de Grenelle. Ils y sont traités avec égard et jouissent de la faculté de voir leurs connaissances. David et Joseph Le Bon y sont avec eux [2].

Le bruit court que l'accusateur publique a été transféré de la Conciergerie à Pélagie.

Nos papiers publics sont remplis de détails sur les atrocités commises pendant la tyrannie de Robespierre. On prétend qu'en mourant ce conspirateur a dit : « On va me couper la tête, mais on ne coupera pas la queue. » Cette queue existe-t-elle? Ne suffit-il pas qu'elle soit connue pour que le gouvernement la surveille avec une attention toute particulière? Nul citoyen ne peut en douter, quand il voit combien ce tyran avait eu besoin de se ménager partout des agents pour exercer son despotisme sur tout le sol de la République. Les adresses de félicitations, qui arrivent de toutes parts à la Convention pour la féliciter d'avoir déjoué tant d'abominables complots contre la liberté, prouvent en effet combien le peuple français a eu à souffrir de leur exécution.

Toutes les violences, toutes les dilapidations étaient autorisées par Robespierre, et le compte que la Convention va exiger de tous ses agents va mettre en évidence la scélératesse réfléchie de ce moteur de toutes nos calamités intérieures.

C'est depuis son supplice qu'on a commencé à respirer à Paris, et les nouvelles reçues des départements nous apprennent que le même allégement s'y fait déjà ressentir.

donte par l'administration du département de Paris), ainsi conçue : « Citoyens, le rapport général de la surveillance de la police, du 9 de ce mois, nous annonce que le jeu de loto se renouvelle dans les cafés des boulevards et occupe des fainéants parmi lesquels se trouvent *des jeunes gens de la première réquisition*. Nous avons cru devoir vous instruire de cet abus, en même temps que nous avons demandé à l'administration de police quels étaient les moyens de répression qu'elle avait mis en usage. » L'autre lettre est adressée par la Commission ministérielle à l'administration de la police pour demander quels sont les moyens de répression qu'elle a mis en usage.

1. Il s'agit des députés qui avaient été décrétés d'arrestation le 3 octobre 1793, comme signataires de protestation contre les journées des 31 mai et 2 juin.

2. Le *Journal de Perlet* du 8 fructidor avait donné textuellement la même nouvelle. C'est pourquoi nous croyons devoir reporter cet article à la journée du 8 fructidor.

SPECTACLES DU 8 FRUCTIDOR.

Théâtre des Arts. — *Denis le tyran*; *Miltiade à Marathon*.
Opéra-Comique. — *Azémia*, en trois actes et ariettes; *Blaise et Babel, ou la suite des Trois fermiers*, com. en deux actes, mêlée d'ariettes; *la Fête américaine*, ballet patriotique.
Feydeau. — *La Famille indigente*; *Paul et Virginie*.
Théâtre de la République. — *Rose et Picard*, com. en un acte; *la Métromanie*, com. en cinq actes.
Théâtre de l'Égalité. — *Le Père de Famille*, com. en cinq actes, en prose; *la Servante Maîtresse*, op. en deux actes.
Lyrique. — Relâche.
Gaîté. — Représentation au profit des femmes, mères et enfants de nos braves citoyens qui sont aux frontières : *Vénus Pèlerine*; *les Lutteurs*; *Alain et Suzette ou le Fils adoptif*, pièce patriotique; *les Deux Arlequins rivaux*; *la Fille généreuse*, et différents intermèdes.
Ambigu-Comique. — *L'Artisan philosophe*; *les Débuts*; *la Forêt noire*.
Vaudeville. — *Nice*; *l'Héroïne de Milhier*; *Colombine Mannequin*.
Cité-Variétés. — *Les Dragons et les Bénédictines*, com.; *les Dragons en cantonnement*, com.; *Arlequin imprimeur*, op.

XXX

9 FRUCTIDOR AN II (26 AOUT 1794).

Rapport du 10 fructidor.

L'esprit public, toujours bon en masse, éprouve cependant quelques oscillations, fondées sur les divers débats de la Convention. Les malveillants ne manquent pas d'en tirer partie pour faire croire à une foule d'autres tyrans et à une nouvelle conspiration; mais ces discours, sans alarmer les vrais patriotes, ne servent qu'à les tenir plus en garde. On alarme aussi le peuple par la crainte de la pénurie entière des subsistances pour l'hiver, en voyant l'inexécution du maximum à l'arrivée des comestibles à destination particulière. Cependant la situation de Paris n'offre rien d'inquiétant. Ces alarmistes fréquentent les cafés de la maison Égalité et de ses environs.

La classe du peuple la moins fortunée éprouve quelques inquiétudes sur la clôture des boutiques de plusieurs marchands de vin.

On se plaint de la mauvaise qualité du pain. Les garçons boulangers refusent de travailler, parce que, disent-ils, leurs bras enflent en pétrissant la pâte. Sur la réclamation de plusieurs boulangers, l'administration de police a fait chercher les garçons boulangers et les rendre à leur travail; mais ces hommes savent si bien se cacher que l'on n'a pu en trouver que trois ou quatre. Des maisons particulières leur servent de retraite, que l'on s'occupe à découvrir.

GÉROME, OLLIVIER.

(Arch. nat., F 1 c III, Seine, 13.)

SPECTACLES DU 9 FRUCTIDOR.

THÉÂTRE DES ARTS. — Relâche.
OPÉRA-COMIQUE. — *Mélidor et Phrosine*, drame en trois actes, mêlé de chants; *Cécile et Julien ou le Siège de Lille*, com. en trois actes, en prose, mêlée de chants.
FEYDEAU. — *Lodoïska*, op. en trois actes.
THÉÂTRE DE LA RÉPUBLIQUE. — *Les Étourdis*; *l'École des Maris*.
THÉÂTRE DE L'EGALITÉ. — *Les Français dans l'Inde ou l'Inquisition à Goa*, trag. en trois actes, en vers, avec chœurs républicains; *le Consentement forcé*, com.; *l'Heureuse décade*, com.
LYRIQUE. — *Michel Cervantès*, op. en trois actes; *la Ruse villageoise*, vaud. en un acte.
GAITÉ. — *Le Cocher supposé*; *l'Amant au tombeau*; *Blaise le hargneux*, avec divertissement; *le Départ des patriotes*, et différents intermèdes.
AMBIGU-COMIQUE. — Au bénéfice d'un artiste infortuné: *l'Épreuve raisonnable*; *Amour et valeur ou la Gamelle*; *l'Amour et la raison*; *les Prisonniers patriotes ou les Français en Espagne*, prem. reprís.
VAUDEVILLE. — *Arlequin Cruello*; *le Canonnier convalescent*; *l'Alarmiste*.
CITÉ-VARIÉTÉS. — *Georges ou le bon fils*, com.; *les Petits Montagnards*, op.

XXXI

10 FRUCTIDOR AN II (27 AOUT 1794).

Rapport du 11 fructidor.

L'esprit public est toujours le même. On remarque seulement de la division dans les opinions et la manière de dire les choses dans les circonstances actuelles. Toutes les conversations tendent au même but, mais l'on s'aperçoit que c'est par des moyens divers. On disait hier hautement, aux environs du Comité de sûreté générale, qu'avant le 14 il y aurait du bruit à la Convention; d'autres font courir le bruit que Barère est évadé. Toujours les mêmes inquiétudes pour les subsistances, mais les mêmes dispositions à surmonter tous les obstacles.

Tout est calme et très tranquille dans divers quartiers de Paris.

Dans le faubourg Antoine, les citoyens se plaignent de ce que la Convention nationale ne laisse pas au peuple le droit de nommer ses magistrats ; ils disent que le gouvernement révolutionnaire ne doit pas empêcher ce droit, émané de la nature.

Une adresse à ce sujet, de la section du Muséum, a été lue à la section de Montreuil, qui y a adhéré.....

A. MARTINEAU, BARISSON, CHRISTOPHE.

(Arch. nat., F⁷ⁿ III, Seine, 13.)

SPECTACLES DU 10 FRUCTIDOR.

THÉÂTRE DES ARTS. — *Denis le tyran, maître d'école à Corinthe*, op. historique en un acte; *Orphée et Eurydice*, op.

OPÉRA-COMIQUE. — *L'Enfance de Jean-Jacques Rousseau*, com. mêlée d'ariettes ; *Lodoïska ou les Tartares*, com. en trois actes, en prose; *le Plaisir et la Gloire*, fête patriotique.

FEYDEAU. — *Les Vrais sans-culottes ; la Partie carrée; Cadichon*.

THÉÂTRE DE LA RÉPUBLIQUE. — *Les Étourdis ou le Mort supposé*, com. en trois actes; *la Femme jalouse*, com. en cinq actes.

THÉÂTRE DE L'ÉGALITÉ. — *Guillaume Tell; la Gageure imprévue*, com. en un acte, terminée par le chœur de Marathon.

LYRIQUE. — *Zélia*, op. en trois actes; *le Mariage civique*, vaud. en un acte.

GAITÉ. — *Arlequin nécromancien ; les Fourberies de Scapin ; la Prise de Toulon*, et différents intermèdes.

AMBIGU-COMIQUE. — *Le Maréchal des Logis ; l'Étape; l'Héroïne américaine.*

VAUDEVILLE. — *La Gageure inutile; l'Héroïne de Milhier ; le Divorce.*

CITÉ-VARIÉTÉS. — *Le Cousin de tout le monde*, com.; *le Revenant*, com.; *les Pirates*, pantomime.

THÉÂTRE DU PANTHÉON A L'ESTRAPADE. — Aujourd'hui une société d'artistes donnera sur ce théâtre, au profit d'une *infortunée*, une représentation de *la Mort de César*, trag. en trois actes; *l'Amant auteur et valet*, com. en un acte, en prose; *Fanfan et Colas*, un acte en prose.

XXXII

11 FRUCTIDOR AN II (28 AOUT 1794).

RAPPORT DU 12 FRUCTIDOR.

La nouvelle de la reprise de Valenciennes a donné un nouveau degré d'énergie à l'esprit public ; partout on ne s'entretenait que de cette heureuse nouvelle. La réclamation qu'a faite Le Cointre (de Versailles)[1] de la parole pour aujourd'hui a aussi beaucoup occupé les conversations. Jamais on n'a parlé avec tant de chaleur des intérêts de la patrie. L'attention de tous les citoyens est fixée entièrement par la Convention nationale, et on attend avec impatience le résultat des débats.

Le peuple n'a pu s'empêcher de témoigner son étonnement de ce que les heureuses nouvelles de nos armées n'ont pas été annoncées par Barère. Chacun à ce sujet raisonne à sa manière.

Des personnes arrivées d'Évreux disent que les bœufs destinés pour Paris tombent la plupart malades dans la route, que cette maladie est dans les jambes de derrière, et qu'au bout de deux ou trois jours ils crèvent; qu'alors on les enterre; que cette maladie et la mauvaise manutention causent une perte à la République, en ce que personne ne peut profiter ni du cuir, ni de la chair, ni de la graisse de cet animal......

La plus grande surveillance s'exerce sur les jeux de hasard, notamment sur le loto, à l'effet de les faire cesser.

METTRIER, OLLIVIER.

(Arch. nat., F¹ c III, Seine, 13.)

JOURNAUX.

Messager du soir du 12 fructidor :

Paris, 12 fructidor. — La fameuse pétition de la section du Muséum[2] n'a pas eu tout le succès que semblaient s'en promettre ses auteurs ; elle a été conspuée dans toutes les sections de la manière la plus énergique. On a voulu remonter à la source de cette trame contre-révolutionnaire, et on a découvert les ouvriers qui l'avaient ourdie dans les ténèbres : ce sont trois misérables nommés Legray, aventurier connu ; Servière, ci-devant savetier, puis juré du Tribunal révolutionnaire et en même temps membre du Comité révolutionnaire de la section du Muséum, et Chassard, ex-vicaire de la paroisse royale de Saint-Germain-l'Auxerrois, d'abord feuillant, puis fayettiste, puis brissotin, puis hébertiste, puis robespierrot, et définitivement contre-

---

1. Dans la séance du 11 fructidor an II, Laurent Le Cointre avait demandé la parole pour le lendemain 12 à l'effet de dénoncer trois membres du Comité de salut public, à savoir Barère, Billaud et Collot, et quatre membres du Comité de sûreté générale, à savoir Amar, David, Vadier et Voulland. (*Moniteur*, réimpression, t. XXI, p. 610.)

2. Voir plus haut, p. 64.

Tome I.

révolutionnaire décidé. On raconte une anecdote assez curieuse sur Servière. Cet individu avait pour coutume de faire emprisonner ceux qu'il n'aimait pas, comme membre du Comité révolutionnaire ; il les condamnait, comme juré au Tribunal, et il allait les voir guillotiner comme amateur. Ce *trio* était à la dévotion de Fleuriot, Lavalette, Châles, Robespierre et compagnie. Les horreurs qu'ils ont commises dans cette section sont incalculables.

Spectacles du 11 fructidor.

Théâtre des Arts. — Relâche.
Opéra-Comique. — *Les Sabots*, com. en un acte; *Félix ou l'Enfant trouvé*, en trois actes, mêlée d'ariettes; *la Fête américaine*, ballet patriotique.
Feydeau. — *Roméo et Juliette*, op. en trois actes; *Rose et Aurèle*, op. en un acte.
Théâtre de la République. — *Rose et Picard*, com. en un acte; *le Philosophe marié*, com. en cinq actes.
Théâtre de l'Égalité. — Relâche.
Lyrique. — *Geneviève*, op. en trois actes; *le Mariage civique*, vaud. en un acte.
Gaité. — *Vénus pèlerine*; *le Médecin malgré lui*; *le Véritable ami du peuple ou la Victime du Fédéralisme*, drame révolutionnaire; différents intermèdes.
Ambigu-Comique. — *Nicaise*; *l'Étape*; *les Prisonniers patriotes ou les Français en Espagne*.
Vaudeville. — *La Bonne aubaine*; *le Faucon*; *la Nourrice républicaine*.
Cité-Variétés. — *L'Orphelin*, com.; *Ricco*, com.

XXXIII

12 FRUCTIDOR AN II (29 AOUT 1794).

Rapport du 13 fructidor.

La dénonciation annoncée par Le Cointre a attiré hier une foule de monde à la Convention nationale et dans ses environs. Le public attendait avec impatience le résultat de cette dénonciation. Il a témoigné sa surprise de ce que la Convention a passé à l'ordre du jour, sans que les pièces probantes aient été lues[1]. La majeure partie du public qui composait les groupes prétend que les députés dénoncés sont coupables, ou bien que Le Cointre l'est lui-même. En géné-

---

1. *Moniteur*, réimpression, t. XXI, p. 620-623.

ral on espère que la Convention reviendra sur cet objet et qu'elle n'a levé la séance que par un acte de prudence, attendu qu'il y avait beaucoup de fermentation dans son sein. Au surplus, à cela près de (sic) certains mécontentements manifestés par le peuple de ce qu'il n'avait pas été plus instruit, il a été calme et tranquille, tant dans les environs de la Convention que dans différents lieux publics qu'on a surveillés.

Dans les groupes, on a distingué beaucoup de parleurs qui cherchaient à travailler l'opinion publique. Niquille, officier de paix, en a fait arrêter un sur la terrasse des Feuillants, et, après s'être entendu avec l'inspecteur de la salle, il l'a conduit chez le commissaire de police de la section des Tuileries, qui a dressé procès-verbal; il en est résulté que cet individu sans carte, sans passe-port visé, a été renvoyé au Comité révolutionnaire comme compétent.

Goumaz, inspecteur de police, rapporte qu'étant à la porte par laquelle sortent les députés, il a entendu le citoyen Dumouchet [1], l'un d'eux, dire : « C'est la faction des neuf qui veut anéantir la faction des trois ; mais cela se passera à l'alambique ; mes amis, soutenez-nous. »

Le même et autres inspecteurs annoncent qu'ils ont remarqué que c'étaient les femmes qui faisaient le plus de bruit dans les groupes ; qu'ils ont déposé au grand corps de garde de la Convention plusieurs agitateurs, tant hommes que femmes, mais qu'allant les chercher pour les conduire à la section voisine, ils ont appris qu'ils étaient tous échappés.....

Les marchands de la Halle sont allés ce matin à la Convention pour présenter une pétition.

CHRISTOPHE, BARISSON.

(Arch. nat., F 1 c III, Seine, 13.)

JOURNAUX.

Nouvelles politiques nationales et étrangères du 14 fructidor :

L'annonce d'une dénonciation faite le 11 par Le Cointre, de Versailles, contre sept membres des Comités de salut public et de sûreté générale, avait attiré, le 12, autour de la Convention et dans les avenues, une foule innombrable de citoyens différemment affectés de cet événement. La partie la plus saine de ces auditeurs ne voyait pas

---

[1]. Il s'agit, sans doute, de Pierre du Bouchet, député du Rhône-et-Loire à la Convention.

sans peine le scandale inévitable qui devait résulter d'un nouveau sujet de division entre les représentants de la nation. Il y avait aussi dans cette foule de ces malveillants qui ressentent une joie, au moins secrète, de tout ce qui tend à diminuer l'estime que la nation doit à la représentation nationale, ou à quelques-uns de ses membres.

Cependant la manière unanime avec laquelle les sections de cette capitale avaient rejeté le vœu de l'une d'entre elles, qui avait provoqué la réunion des assemblées primaires pour agiter encore le peuple [1], indiquait suffisamment que les citoyens de cette capitale étaient pénétrés de la plus intime confiance pour la Convention nationale, et qu'ils rejetaient avec zèle tout ce qui pouvait contribuer à altérer cette confiance.

Nos succès au dehors, disait un véritable ami de la patrie, sont l'ouvrage de la Convention nationale et du concert de ses délibérations. Pourquoi ne pas attendre d'elle aussi les moyens des succès intérieurs, qu'on doit également prévoir de sa sollicitude et de son union ? Si les événements subséquents détruisaient ce vœu d'un patriotisme éclairé, il ne serait pas moins pur dans son principe.

Spectacles du 12 fructidor.

Théâtre des Arts. — *La Réunion du 10 août ou l'Inauguration de la République française*, sans-culottide en cinq actes.

Opéra-Comique. — *Paul et Virginie ou le Naufrage*, com. en trois actes en prose, mêlée d'ariettes ; *le Convalescent de qualité*, com. en deux actes.

Feydeau. — *L'Apothéose du jeune Bara*, pièce patriotique en un acte ; *Claudine ou le Petit commissionnaire*, op. en un acte ; *les Vrais sans-culottes*, tableau patriotique.

Théâtre de la République. — *Othello*, trag. en cinq actes ; *le Consentement forcé*.

Théâtre de l'Égalité. — *Les Fausses confidences*, com. en trois actes en prose ; *la Fête d'Amour*, divertissement anacréontique.

Lyrique. — Relâche.

Gaîté. — *Crispin rival ; Nostradamus*, pant. ; *le Fou par amour ; la Prise de Toulon* ; différents intermèdes.

Ambigu-Comique. — *Le Maréchal des logis ; la Fête civique ; l'Étape ; le Gâteau des tyrans*.

Vaudeville. — *Les Prisonniers français à Liège ; la Chercheuse d'Esprit ; l'Auberge isolée*.

Cité-Variétés. — *Guerre ouverte*, com. ; *Arlequin imprimeur*, op.

1. Il s'agit de la pétition de la section du Muséum. Voir plus haut, p. 64, 65.

XXXIV

13 ET 14 FRUCTIDOR AN II (30 ET 31 AOUT 1794)[1].

RAPPORT DU 14 FRUCTIDOR.

Hier, les groupes étaient nombreux, surtout aux environs de la Convention nationale. La curiosité et l'attente de tous les citoyens étaient au dernier degré pour savoir le résultat de la dénonciation de Le Cointre, et on a vu avec plaisir la Convention revenir sur son décret de la veille de l'ordre du jour. En général on désire que Le Cointre produise les pièces qu'il dit avoir à l'appui de sa dénonciation. Du reste, la confiance se manifeste dans les mesures qu'à cet égard la Convention doit adopter.

L'explosion du magasin à poudre de Grenelle a causé un désastre dont le spectacle est affreux ; il parait que la division de la poudre du grand et du petit magasin est une erreur. Des ouvriers ont assuré que tout était sauté et qu'on a pris pour magasin la pièce des égrugeoirs d'où l'on a emporté la poudre que l'on confectionnait, ce qui a fait croire à l'existence d'un autre magasin. L'on a porté aux malheureuses victimes de cet événement tous les secours possibles. Les représentants du peuple animaient par leur exemple ; les charrois militaires y étaient en activité ; la force armée s'y est transportée de toutes parts ; les hospices voisins ont servi pour recevoir les blessés ; les malades de l'hospice militaire ont abandonné leurs lits pour les donner à leurs frères victimes et souffrants. Les secours les plus prompts sont administrés ; les officiers de santé sont tous en réquisition.

Différentes pièces portent à croire que cet incendie a été projeté ; une partie a déjà été remise aux Comités de salut public et de sûreté générale réunis.

Les ouvriers qui travaillaient à ce magasin s'accordent à dire que leurs chefs sont au moins coupables de négligence ; l'explosion aurait été encore plus terrible, si l'on n'avait pas fait partir hier une grande quantité de poudre pour nos armées.

Un représentant du peuple, dans l'intention de ne point alarmer le

---

1. Si nous donnons cette double date, c'est que, dans le rapport qu'on va lire, il est question à la fois d'événements du 13 fructidor et de l'explosion de la poudrerie de Grenelle, advenue le 14, à sept heures et demie du matin. (Cf. *Journal de Perlet* du 17 fructidor.)

peuple, a annoncé publiquement dans la section Fontaine-de-Grenelle que le malheur n'était pas si grand, puisque les morts et blessés n'excédaient pas le nombre de cinquante ; mais le peuple, qui avait tout vu par lui-même, a dit qu'on lui en imposait et a menacé le député.

L'agitation a été si forte au charbon que l'on a été contraint de conduire au corps de garde voisin un grand nombre de personnes pour y avoir la paix.

Les halles n'ont pu être suivies ce matin comme de coutume. Cependant l'on peut assurer qu'elles étaient passablement approvisionnées.

FRÉTÉ, METTRIER.

(Arch. nat., F 1 c III, Seine, 13.)

JOURNAUX.

Annales de la République française du 17 fructidor :

L'explosion de la poudrerie de Grenelle est une des plus épouvantables dont on ait depuis longtemps entendu parler. Au fracas qui l'a accompagné, chaque citoyen a cru que la foudre écrasait sa maison. Dans la direction du vent, la terre a été jonchée, à plus d'une lieue de distance, des débris de la charpente du bâtiment, divisés en parcelles grosses comme des fuseaux. À la porte de Chaillot, à la Chaussée d'Antin, sur le chemin de Franciade, etc., on a trouvé de ces canevas sur lesquels on étendait la poudre pour la faire sécher, des culottes, des chapeaux et autres lambeaux de vêtements arrachés aux malheureux ouvriers. Le jour de cet épouvantable événement, tous les spectacles furent fermés. Aujourd'hui Paris est tranquille [1].

1. Cet article est une sorte de *démarquage* de celui qui avait paru dans la *Gazette Française* du 16 fructidor, et que nous croyons devoir reproduire pour montrer comment, à cette époque, les journaux se copiaient les uns les autres : « De Paris, le 15 fructidor. — L'explosion de la poudrière de Grenelle est une des plus épouvantables dont on ait, depuis longtemps, entendu parler. Au fracas qui l'a accompagné, chaque citoyen a cru que la foudre écrasait sa maison. Dans la direction du vent, la terre a été jonchée, à une demi-lieue de distance, des débris de la charpente du bâtiment, divisés en parcelles grosses comme la pointe d'un fuseau. À la porte de Chaillot, on a trouvé des culottes, des chapeaux et autres lambeaux des vêtements arrachés aux malheureux ouvriers. Paris, que ce désastreux événement avait mis dans la plus grande agitation, est aujourd'hui fort tranquille. »

Spectacles du 13 fructidor.

Théatre des Arts. — Relâche.
Opéra-Comique. — *La Soirée orageuse*, com. en un acte en prose, mêlée d'ariettes; *l'Enfance de Jean-Jacques Rousseau*, com. mêlée d'ariettes; *le Siège de Toulon*.
Feydeau. — *Rose et Aurèle*, op. en un acte; *les Visitandines*, op. en trois actes.
Théatre de la République. — *Rose et Picard*, com. en un acte; *l'Avare*, com. en cinq actes.
Théatre de l'Égalité. — *Le Fermier républicain ou le Champ de l'Égalité*, com. en deux actes, mêlée de vaud.; *le Père de Famille*, com. en cinq actes.
Lyrique. — *Flora*, op. en trois actes; *la Ruse villageoise*, vaud. en un acte.
Gaîté. — *Brutus*, trag. en cinq actes; *la Fille généreuse*, com. en deux actes, et différents intermèdes.
Ambigu-Comique. — *Les Mariages assortis*; *la Gamelle*; *les Prisonniers patriotes ou les Français en Espagne*.
Vaudeville. — *Arlequin afficheur*; *Naufrage au Port*, première représentation [1]; *l'Heureuse décade* [2].
Cité-Variétés. — *La Mère rivale*, com.; *les Deux Grenadiers*, com.; *l'Heureux Quiproquo*, com.

XXXV

14 FRUCTIDOR AN II (31 AOUT 1794).

Rapport du 15 fructidor.

L'esprit public ne perd rien de son énergie; il est toujours à la hauteur des vrais principes révolutionnaires. Chacun porte différents

---

1. On trouvera un compte rendu de cette pièce dans les *Petites Affiches* du 15 fructidor an II.
2. On lit dans les *Petites Affiches*, même numéro, p. 9091-9092 : « Dans l'*Heureuse décade*, qu'on a donnée après la pièce nouvelle, le citoyen Léger a chanté l'impromptu suivant, qu'il venait de faire sur la nouvelle de la prise de Condé (air du vaudeville des *Visitandines*) :

> Au sein même de la victoire
> Jadis on voyait les héros,
> Fatigués d'amour et de gloire,
> Languir dans un honteux repos ;
> Condé, redevenu des nôtres,
> Prouve que les soldats français
> Dans leurs plus éclatants succès,
> Ne se délassent que par d'autres. »

jugements sur le funeste événement d'hier : les uns l'attribuent à la malveillance, d'autres à la négligence et au peu de soins des chefs. L'on n'a rien de positif sur la vraie cause de ce malheur ; on assure cependant que les ouvriers tremblaient hier matin d'entrer dans les ateliers, parce que, la veille au soir, plusieurs chefs qui leur étaient inconnus, avaient fait une visite avec de la lumière jusque dans les fondations. D'autres ouvriers répugnaient d'y aller depuis environ huit jours. Ceux échappés à ce malheur assurent que plus de quinze cents personnes ont été victimes de ce cruel événement. Le nombre des morts transférés à l'Ecole militaire monte à quatre cents, parmi lesquels cinq femmes, que l'on a transportés dans onze chariots, à dix heures du soir, pour être enterrés à Vaugirard.

Le concierge de la maison d'arrêt du Luxembourg a fait part de la conduite honorable et des sentiments que viennent d'exprimer des prisonniers de cette maison, laquelle a éprouvé, par l'explosion des poudres de Grenelle, une secousse si violente que les carreaux de la galerie de Rubens ont été entièrement fracassés et que les portes desdites prisons se sont ouvertes. Ces prisonniers ont dit : « Mes amis, voilà les portes ouvertes ; le premier qui osera se présenter, nous l'anéantirons. Respect à la loi ; faisons voir que, sous les verroux, le républicanisme n'est pas étouffé. »

Des citoyens disaient sur la place où s'était faite l'explosion : « Voilà l'effet des mises en liberté. »

Dans un groupe de huit à dix personnes, au jardin Egalité, l'on s'entretenait d'un particulier à qui, dans le café de Foy, un colporteur venait de présenter un imprimé intitulé *la Queue de Robespierre*, lequel particulier l'avait déchiré en disant que, dans trois jours, ceux qui criaient ne crieraient pas si fort. Il a été arrêté et conduit au Comité de sûreté générale, suivi de toute l'indignation du peuple.

Sur les boulevards, au jardin Egalité, sur la place de la Révolution, au jardin National, dans les cafés, chez les traiteurs et autres lieux publics, les citoyens conversaient diversement et paisiblement, le cœur serré, sur l'événement du jour.

Le citoyen Thiboust, administrateur de police régénérée, s'est transporté à l'hospice des Invalides. Après avoir visité tous les blessés, il est parvenu à un lit, n° 23 salle de la Valeur, où l'on venait de faire l'amputation de la jambe droite au citoyen Michel Desuire, invalide de la deuxième division, lequel, après l'opération, a crié : « Vive la République ! Je suis content, pourvu que mon pays soit sauvé. »

A sept heures et demie du soir, l'on a vu, rue Montmarat, une traînasse de soufre enflammée qui luisait comme une chandelle depuis le boulevard jusqu'au corps de garde. L'on ignore qui peut avoir répandu ce phosphore.....

GEROME, BODSON.

(Arch. nat., F¹ᶜ III, Seine, 13.)

SPECTACLES DU 14 FRUCTIDOR.

THÉÂTRE DES ARTS. — *La Rosière républicaine*, op. en un acte, première représentation; *Milliade à Marathon*[1].

OPÉRA-COMIQUE. — *Les Sabots*, com. en un acte; *Félix ou l'Enfant trouvé*, pièce en trois actes, mêlée d'ariettes; *la Fête américaine*, ballet patriotique.

FEYDEAU. — *L'Apothéose du jeune Bara*, pièce patriotique en un acte; *l'Officier de fortune*, op. en deux actes; *le Club des Sans-Soucis*, pièce en un acte.

THÉÂTRE DE LA RÉPUBLIQUE. — *La Surprise de l'Amour*; *les Étourdis*.

THÉÂTRE DE L'ÉGALITÉ. — *Dupuis et Defronsais*, com. en trois actes; *la Journée de l'Amour*, divertissement patriotique.

LYRIQUE. — *Zélia*, op. en trois actes; *la Matinée républicaine*, vaud.

GAITÉ. — *Le Cocher supposé*; *le Nouveau calendrier*, pièce patriotique; *le Quiproquo de l'Hôtellerie*, et différents intermèdes.

AMBIGU-COMIQUE. — *Mazet*; *le Nid d'oiseaux*; *les Débuts*.

VAUDEVILLE. — *Nicaise peintre*; *Gilles Georges et Arlequin Pitt*; *l'Héroïne de Milhier*.

CITÉ-VARIÉTÉS. — *Les Dragons et les Bénédictines*, com.; *les Dragons en cantonnement*, com.; *les Salpêtriers républicains*, op.

XXXVI

15 FRUCTIDOR AN II (1ᵉʳ SEPTEMBRE 1794).

RAPPORT DU 16 FRUCTIDOR.

L'opinion publique est entièrement fixée sur les opérations de la Convention nationale et sur les événements du jour. Le public ne paraît pas satisfait du rapport fait sur le nombre des morts et blessés. On dit tout haut qu'il est aussi dangereux d'exagérer la vérité que de l'altérer, et que, dans tous les cas, elle doit être mise au grand jour, surtout par la Convention, qui nécessairement doit être environnée de toute la confiance publique. On a recueilli sur l'événement

1. Une note manuscrite en marge de l'exemplaire du *Journal de Paris*, à la Bibliothèque nationale, porte qu'il n'y a pas eu de spectacle ce jour-là au théâtre des Arts, à cause de l'explosion de la poudrerie de Grenelle.

de Grenelle divers propos, sur lesquels on établit des conjectures. Berthout, officier de paix, rapporte qu'un ouvrier lui avait dit que, depuis quelques jours, on craignait dans l'atelier de Grenelle pour quelque événement, qu'on voyait les chefs se rassembler et se parler bas, que le jour de l'événement les chefs ne s'y sont pas trouvés, que l'appel a été fait plus tard qu'à l'ordinaire par un ancien, que des ouvriers avaient fait passer leur carte à d'autres qui n'étaient point inscrits, que les cabarets du Gros-Caillou étaient pleins, que les canonniers de garde avaient reçu depuis quelque temps l'ordre de laisser entrer les étrangers qui ne paraissaient pas évidemment suspects.

Grand-Villeneuve et Renard, officiers de paix, rapportent que le mécontentement est général dans tous les groupes. L'on dit que l'on a fait sortir tous les aristocrates et que, si Brunswick et Cobourg étaient détenus, on les aurait mis en liberté ; que cette phrase s'est même dite à la tribune des Jacobins.

Les garçons boulangers s'obstinent toujours à ne vouloir pas travailler, à moins qu'ils ne soient payés à raison de dix écus par décade, bien nourris et couchés. Une grande partie avait quitté l'ouvrage ; mais les administrateurs de police ont été eux-mêmes à leur poursuite et les ont renvoyés au travail, après les avoir conciliés avec les boulangers.

Au port de la Tournelle, à la livraison du charbon, il y a eu beaucoup de trouble : la force armée a été requise et a rétabli le calme.....

A. MARTINEAU, LE CAMUS.

(Arch. nat., F¹ c III, Seine, 13.)

JOURNAUX.

Nouvelles politiques nationales et étrangères du 16 fructidor :

Paris, 16 fructidor. — L'accident de l'explosion qui a alarmé cette capitale avant-hier a eu des suites moins terribles que celles qu'on craignait d'abord au premier moment. Des citoyens ont cru exhaler un vrai patriotisme en se permettant les conjectures les plus cruelles sur cet événement ; ils se sont heureusement trompés, et tous les rapports faits à la Convention par les députés qu'elle a envoyés dans les sections s'accordent pour confirmer que le peuple parisien, toujours fidèle aux principes qui l'attachent à la Convention, n'a rien perdu de sa confiance et de son amour pour ses représentants. Le zèle des

Parisiens pour leurs frères qui ont souffert de l'accident s'est signalé par des secours de toute espèce, qui ont été prodigués à ces infortunés.

Ainsi les avantages que l'aristocratie se permet peut-être d'espérer de tous les événements qui peuvent altérer la tranquillité publique seront encore nuls cette fois, et c'est aux vrais républicains, à ceux que l'amour de la patrie anime, à éviter de donner aux malveillants toute occasion de médisance et de calomnie contre la chose publique. Nous l'avons déjà dit, et c'est encore bon à redire, que le patriotisme véritable, en se serrant autour de la Convention, lui formera un rempart inattaquable, contre lequel viendront échouer tous les projets liberticides de ces hommes pervers qui frémissent à la vue de la liberté et de l'union, qui triple sa force.

Journal de Perlet du 19 fructidor :

Catherine Théot, connue sous le nom de *la mère de Dieu*, est morte dans sa prison, le 15 de ce mois.

SPECTACLES DU 15 FRUCTIDOR.

THÉÂTRE DES ARTS. — Relâche.

OPÉRA-COMIQUE. — *Paul et Virginie ou le Naufrage*, com. en trois actes en prose, mêlée d'ariettes ; *le Plaisir et la Gloire*, fête patriotique ; *la Fête américaine*, ballet patriotique. — Le profit de la représentation sera destiné à concourir au soulagement des infortunés compris dans le désastre d'hier.

FEYDEAU. — *Roméo et Juliette*, op. en trois actes ; *la Famille indigente*, fait historique en un acte.

THÉÂTRE DE LA RÉPUBLIQUE. — *Épicharis et Néron ou Conspiration pour la Liberté*, trag. ; *les Étourdis ou le Mort supposé*, com. en trois actes. — Au bénéfice des infortunés blessés et des veuves et orphelins des citoyens morts dans l'explosion d'hier.

THÉÂTRE DE L'ÉGALITÉ. — Même spectacle que la veille.

LYRIQUE. — Même spectacle que la veille.

GAITÉ. — *Crispin médecin* ; *la Noce interrompue* ; *Alain et Suzette ou le Fils adoptif*, pièce patriotique.

AMBIGU-COMIQUE. — *La Pomme de Rambour* ; *Au retour* ; *les Prisonniers patriotes*.

VAUDEVILLE. — *Georges et Gros-Jean* ; *le Naufrage au Port* ; *les Chouans de Vitré*.

CITÉ-VARIÉTÉS. — Même spectacle que la veille. — Au profit des veuves et orphelins de nos frères morts à la plaine de Grenelle.

XXXVII

16 FRUCTIDOR AN II (2 SEPTEMBRE 1794).

Rapport du 17 fructidor.

L'esprit public [est] toujours bon. Tout annonce qu'on veut forcément la République une et indivisible. Les groupes diminuent beaucoup; les conversations n'offrent rien d'inquiétant. Le public paraît très satisfait des jugements rendus par le Tribunal révolutionnaire. La malveillance cependant s'agite sans cesse ; un colporteur disait hier à qui voulait l'entendre que nous venions d'avoir un grand coup, mais que nous allions en avoir un autre plus grand, qu'il y avait plus de quarante barils de poudre au Palais Md (?) pour faire sauter Paris. L'on est à la recherche de cet individu ; il ne peut échapper à la surveillance.

La plus grande tranquillité, le plus grand ordre règnent dans toutes les sections. Point de faits particuliers.

Depuis quelques jours, on ne cesse de faire des saisies de mauvais savon sans avoir pu découvrir d'où il venait; mais un des inspecteurs, chargé de mettre à exécution un mandat d'amener à La Chapelle, par ordre de l'accusateur public du Tribunal criminel, a vu que, chez le maire de cette commune, on faisait de très fortes pesées de ce savon, qu'on encaissait.

A la livraison du charbon, ancienne place aux Veaux, le tumulte s'est accru hier vers les cinq heures de relevée à cause de différentes préférences et de ce qu'une même personne avait plusieurs bons sur elle. La force armée, qui n'est venue qu'après plusieurs invitations, a eu beaucoup de peine à calmer les mécontents.

L'on se plaint des marchands de bois, qui le cassent de manière que l'acheteur n'y peut trouver son compte. De fréquentes visites seront faites à ce sujet dans les différents chantiers. Il est descendu au Mail six bateaux de fruits. Les marchés sont faiblement approvisionnés ; la tranquillité y règne.

Le pain noir et de mauvaise qualité que les boulangers débitent fait murmurer tous les citoyens, notamment ceux de la classe indigente, qui, étant obligés de le manger sec, se trouvent incommodés. Ils observent, avec raison, que les citoyens des campagnes le mangent blanc et bon.

GILLET, LE CAMUS.

(Arch. nat., F1c III, Seine, 13.)

JOURNAUX.

Journal de Perlet du 17 fructidor :

Paris. — Le calme le plus profond règne dans cette ville. Les inquiétudes qu'avait fait naître la terrible explosion de la poudrière de Grenelle sont dissipées. Le peuple sage et juste, et confiant dans la Convention, ne se presse pas de prononcer sur les causes de ce malheureux événement. Il laisse aux Comités chargés de ce soin à rapprocher toutes les circonstances, à peser tous les témoignages, pour fixer ensuite l'incertitude publique, et nous faire savoir si c'est là un de ces accidents, malheureusement trop ordinaires dans les établissements de ce genre, ou si nous avons un nouveau crime à ajouter à la liste de ceux de nos féroces ennemis.

Il n'appartient guère qu'aux habitants des environs du Vésuve de se peindre l'effet que produisit dans Paris, vers sept heures trente-cinq minutes du matin, cette épouvantable explosion.

Dans plusieurs quartiers les maisons furent ébranlées, des cloisons renversées ; les vitres presque toutes brisées, surtout dans les environs des Champs-Elysées et dans le faubourg Germain. La plaine même de Grenelle et les lieux circonvoisins sont couverts de débris et de ruines, et offrent le spectacle le plus lugubre [1].

Abréviateur universel du 21 fructidor :

La Rosière républicaine ou *la Fête de la Vertu*, opéra en un acte, qui devait être joué l'hiver dernier, sous le titre de *la Fête de la Raison*, joué ces jours-ci sur le Théâtre des Arts à Paris [2], est un des tableaux de la Révolution, enjolivé de poésie, de musique et de danses, créations vraiment originales des citoyens Sylvain Maréchal, Grétry et Gardel.

Près du porche de l'église d'un village et de la maison du curé sont rassemblées toutes les jeunes filles parmi lesquelles doit être choisie la plus sage pour figurer la Vertu à la fête que le civisme philosophique va substituer aux anciennes fêtes religieuses. Les officiers municipaux s'occupent du soin d'élever leur petite commune à la hauteur des nouveaux principes de morale. Arrive un vieillard à la

1. Cet article fut reproduit presque textuellement par les *Nouvelles politiques nationales et étrangères* du lendemain 18 fructidor.
2. La première représentation de cet opéra eut lieu le 16 fructidor an II. Elle avait été annoncée pour le 14, mais il y eut relâche ce jour-là, à cause de l'explosion de la poudrerie de Grenelle.

tête des jeunes filles, qui nomme Alison, la *tendre bergère* du fils du maire, rosière républicaine. Les mères de famille viennent pour entendre une grand'messe, ce qui donne lieu à beaucoup de plaisanteries d'un genre dont le public et l'Opéra ne se doutaient pas sous l'ancien régime.

Ces femmes, étonnées de trouver l'église fermée un jour qu'elles appellent encore dimanche, frappent à la porte du curé qui, disent-elles, aurait bien dû remettre la clef de l'église au sacristain. Elles s'agenouillent, font leurs prières, disent le *Pater*, invoquent Saint-Crépin, Saint-Denis, Saint-Martin; mais la surprise est au comble, lorsque l'église, en s'ouvrant tout à coup, leur présente les apprêts d'une fête où les images des saints, leurs reliques, les crucifix, l'autel, ont cédé la place aux attributs de la Vertu et de la Raison, telles qu'Alison les figurera, telles que plus de cent mille fêtes pareilles les ont offertes aux nombreuses communes de la France révolutionnée. Une des femmes observe qu'elle n'a jamais connu de patronne de ce nom. Des murmures s'élèvent, mais le curé et le vicaire prêchent d'exemple; ils déchirent leur *lévite immonde*, se font *sans-culottes*, et quittent la calotte pour prendre le bonnet de la liberté; la joie de la majorité triomphe des petites répugnances d'une minorité qui l'égaie encore davantage. On danse; le vicaire danse, et un zélé citoyen convertit, au moyen d'un pas de trois, deux religieuses au point de leur faire danser la carmagnole, scène très vivement applaudie [1].

Spectacles du 16 fructidor.

Théâtre des Arts. — Même spectacle que sur l'affiche du 14.

Opéra-Comique. — *Philippe et Georgette*, com. en un acte en prose, mêlée d'ariettes; *les Épreuves du républicain*, com. en trois actes en prose, mêlée d'ariettes.

Feydeau. — *La Papesse Jeanne*; *les Montagnards ou l'École de la bienfaisance*, com. en un acte, mêlée de vaud., première représentation; *les Vrais Sans-Culottes*. — Au bénéfice de nos frères blessés, et des veuves et orphelins de ceux qui sont morts dans l'explosion du 14 fructidor.

Théâtre de la République. — *Tartufe*; *la Vraie bravoure*.

Théâtre de l'Égalité. — *Guillaume Tell*; *les Chœurs de Marathon*; *la Gageure*. — Au bénéfice des familles infortunées par le funeste événement de la plaine de Grenelle.

Lyrique. — *Michel Cervantès*, op. en trois actes; *le Bon père*, op. en un acte.

Gaité. — *Arlequin nécromancien*; *Contentement passe richesse*; *le Vé-*

---

1. On trouvera un autre compte rendu de cet opéra dans les *Petites Affiches* du 19 fructidor, p. 9146.

ritable ami du peuple ou *la Victime du fédéralisme*, drame. Dans les entr'actes, différents intermèdes.

Ambigu-Comique. — *L'Heureuse décade* ; *les Déguisements villageois* ; *la Forêt noire*.

Vaudeville. — *Colombine Mannequin* ; *le Naufrage au Port* ; *le Noble roturier*. — Au profit des veuves et orphelins de nos frères victimes de l'explosion du magasin à poudre de la plaine de Grenelle.

Cité-Variétés. — *L'Orphelin*, com. ; *le Danger des liaisons*, com. ; le ballet *des Montagnards*.

XXXVIII

17 FRUCTIDOR AN II (3 SEPTEMBRE 1794).

Rapport du 18 fructidor.

L'esprit public, dans ses progrès, suit les discussions de la Convention. On s'entretient beaucoup du renouvellement des Comités révolutionnaires et de l'organisation de la police générale de Paris. Les uns parlent encore de l'affaire de Le Cointre, et d'autres de l'événement de Grenelle, mais de manière cependant à ne pas faire une aussi vive impression que ces jours passés. Bétremieux rapporte que, dans la section du Bonnet-Rouge, les sans-culottes et les femmes surtout, en tenue de la manufacture d'armes et de canons de Meudon, disent ouvertement que cette fabrique est gouvernée par des Autrichiens. En général, le peuple annonce dans son énergie la plus grande confiance dans les grandes mesures de la Convention, et c'est une des fortes raisons pour laquelle il est jaloux que, sous aucun rapport, on ne trompe pas cette même confiance. Du reste, la situation morale et politique de Paris n'offre rien d'inquiétant.

Le citoyen Barthélemy, directeur de l'atelier de salpêtre aux ci-devant Carmélites, dit que, le 14 fructidor, neuf heures du soir, deux particuliers qu'il présume être Anglais, se sont présentés chez lui pour voir son atelier. Sur le refus que le citoyen Barthélemy leur fit, leur observant que ce n'était point l'heure de se présenter dans ces sortes de lieux, ils se sont retirés très mécontents, sont disparus et n'ont point reparu depuis.

L'on assure que l'atelier de salpêtre de Magloire est construit de manière à donner de l'inquiétude, en ce que des futailles sont placées au-dessus des fourneaux dans une espèce de soupente ; il existe dans ce même atelier plusieurs grands tableaux de l'ancien régime.

Le peuple se plaint de ce que toutes les denrées sont poussées à un prix exorbitant. « Nous ne pouvons, dit le sans-culotte, acheter du pain ; encore est-il noir et malfaisant ; ce n'est pas là le fruit d'une abondante récolte, des prises faites sur mer par nos braves frères, en blés et farines de la meilleure qualité, tel qu'il a été annoncé par la Convention. » — « En outre, dit toujours le sans-culotte, nos armées victorieuses sont dans la Belgique et dans le Palatinat, les vrais greniers à blé où nos ennemis ne manquaient de rien. »

Les halles sont toujours bien fournies en légumes et fruits; peu de beurre et d'œufs. Il est arrivé au port aux Tuiles beaucoup de fruits. Les revendeuses se plaignent de ce que les marchandes de la Halle achètent jusqu'à quarante et cinquante paniers de fruits sans les marchander. Ces revendeuses ne peuvent alors se procurer qu'avec beaucoup de peine et comme par hasard. Il y a aussi des factrices à qui le paysan donne quarante sols par jour pour vendre sa marchandise. Ces factrices gagnent en sus de leur journée 15 à 20 sols sur un panier. La surveillance va être exercée sur ce nouveau genre d'abus.

GILLET, BALLAY.

(Arch. nat., F¹ᶜ III, Seine, 13.)

JOURNAUX.

Journal des hommes libres de tous les pays du 18 fructidor :

Paris. — Entendez chaque jour les plaintes des patriotes opprimés maintenant par l'aristocratie qu'on lâche si indiscrètement. Écoutez le récit des efforts tentés partout pour faire rentrer tous les impatriotes dans les Sociétés populaires, sous prétexte de les réépurer. Voyez enfin ce qui se passe autour de vous ; voyez ici ce qu'il y a d'intrigants et de fripons se réunir et faire bande ; voyez là tout ce qu'il y a d'hommes suspects, d'aristocrates connus, et même d'aristocrates déguisés, former une autre bande, pour ne composer qu'un tout et crier tous ensemble contre les institutions révolutionnaires, qu'ils appellent tyrannie, contre l'énergie des patriotes, qu'ils appellent barbarie, afin d'en venir plus sûrement à crier contre la représentation nationale, et contre le gouvernement républicain, dont leur but, en dernière analyse, est la destruction et même d'empêcher l'établissement (sic).

Tel est le plan de ce système contre-révolutionnaire, déjà presque anéanti à Paris par l'attitude ferme de la Convention nationale, des

Jacobins et de tous les patriotes qui veulent l'égalité et la liberté, mais dont les effets se font sentir et se feront sentir peut-être encore trop longtemps sur divers points de la République.

Mais qu'ils tremblent, ceux qui inventèrent ce système, ceux qui prétendent le poursuivre, ainsi que ceux qui y donnent les mains ! L'instant viendra où l'homme vil et lâche, qui se cache derrière l'imprudent qu'il pousse, sera connu. L'instant viendra où la garde montée, les impositions payées avec exactitude, des secours dangereux, même distribués avec profusion, ne seront plus les seuls titres nécessaires pour obtenir des certificats de civisme. Ce civisme est purement pécuniaire, et celui des hommes d'argent. Les sans-culottes ont rarement de pareils titres à produire ; mais ils ont pour eux une conduite honnête et probe dans toutes les actions de leur vie, ils ont pour eux ce dévouement qui ne se borne pas à monter la garde, mais à courir aux frontières, dans l'intérieur, partout où il y a danger pour sa patrie, à l'y défendre de toutes leurs forces, de tous leurs moyens, avec une patience, un courage, une magnanimité qui n'appartient qu'à eux ; ils ont pour eux la modestie dans tout ce qu'ils font, parce que ce n'est pas *pour eux*, mais pour la patrie qu'ils agissent. Ils ont pour eux leurs affections, leurs plaisirs, leurs liaisons toujours avec des patriotes, et non de grands dîners, des parties dispendieuses faites avec des aristocrates ou des hommes suspects ; ils ont pour eux l'observation rigoureuse de leur foi, de leurs promesses, des mœurs, sans lesquels il n'existe point de société, et non le parjure, le mensonge et le libertinage qui perd tant d'hommes nés pour être bons ; enfin ils ont pour eux un cœur pur qui repousse toujours ce qui n'est pas dans la ligne du devoir, seul moyen de n'y jamais manquer, et non un cœur corrompu par l'ambition, par la soif de l'or, qui mènent à la trahison, à la dépravation et à tous les crimes.

Qu'ils tremblent donc, je le répète, tous les corrompus par l'appât de l'or, des places, du pouvoir ou de la débauche ! Le terme de leur infamie approche ; ils disparaîtront avec l'aristocratie devant le peuple, qui rejettera loin de lui tout ce qui est impur.

Ch. D.[1]

Spectacles du 17 fructidor.

Théatre des Arts. — Aujourd'hui, *par extraordinaire*, au bénéfice de nos frères blessés, et des veuves et orphelins de ceux qui sont morts dans l'explo-

---

[1]. Charles Duval.

sion du 14 fructidor, *la Rosière républicaine*, op. en un acte ; *Miltiade à Marathon*, en deux actes ; *l'Offrande à la Liberté*, scène religieuse, du citoyen Gossec.

OPÉRA-COMIQUE. — *Stratonice*, com. héroïque en un acte en vers, mêlée d'ariettes ; *Félix ou l'Enfant trouvé*, en trois actes, mêlée d'ariettes.

FEYDEAU. — *Les Montagnards ou l'École de la bienfaisance*, com. en un acte, mêlée de vaud. ; *la Colonie*, op. en deux actes.

THÉÂTRE DE LA RÉPUBLIQUE. — *Le Dissipateur*, com. en cinq actes ; *Rose et Picard*, com. en un acte.

THÉÂTRE DE L'ÉGALITÉ. — *Le Conciliateur*, com. en cinq actes en vers ; *le Fermier républicain*, com. en deux actes, mêlée de vaud.

LYRIQUE. — *Les Petits commissionnaires*, op. en deux actes ; *Laure et Zulmé*, op. en trois actes. — Au bénéfice des blessés de la plaine de Grenelle.

GAITÉ. — *Brutus*, trag. ; *le Patriotisme au village*, pant. en deux actes, avec ses agréments. Dans les entr'actes différents intermèdes.

AMBIGU-COMIQUE. — *Le Gâteau des tyrans* ; *le Sorcier* ; *les Prisonniers patriotes*.

VAUDEVILLE. — *Le Dédit mal gardé* ; *Gilles Georges et Arlequin Pitt* ; *le Canonnier convalescent*.

CITÉ-VARIÉTÉS. — *Les Deux fermiers*, com. ; *Ricco*, com. ; *Arlequin imprimeur*, op.

XXXIX

18 FRUCTIDOR AN II (4 SEPTEMBRE 1794).

JOURNAUX.

Abréviateur universel du 24 fructidor :

Spectacles. — *Lettre à l'Abréviateur universel*. — Ne cesserons-nous donc jamais, concitoyens, de tourner bien vite tout en opéra, en vaudeville, en drame, en jeux scéniques? Personne n'aura-t-il le bon sens de se convaincre et la bonne foi de nous prouver que l'abus de l'art du poète tient beaucoup de celui du cuisinier, et que l'intérêt théâtral et les ragoûts recherchés sont quelquefois l'artificielle et ruineuse ressource des âmes apathiques et des palais blasés?

On a joué, le 18 fructidor, sur le théâtre si bizarrement nommé de *la Cité-Variétés*, à Paris, un drame en deux actes, en vers, intitulé : *la Chute du dernier tyran ou la Journée du 9 thermidor*.

Dans le premier acte, Maximilien Robespierre confie de ténébreux projets et des terreurs à son frère. Le Bas, Saint-Just, Couthon, porté dans un fauteuil, se concertent avec eux ; Robespierre donne des listes de mort à Dumas ; tous comptent sur la Commune et sur Hanriot. Des citoyennes de la Halle se plaignent de la cherté des denrées et demandent à Robespierre s'il est temps d'éclater ; il les engage à travailler pour lui l'opinion de Paris, et va prendre avec Hanriot des mesures qu'il croit décisives.

Le tocsin et la générale ouvrent le second acte, qui se passe à la Commune. Les tribunes sont pleines; l'agent national se charge de manier les esprits. Arrivent Robespierre, Saint-Just, Couthon, etc., qu'on couvre d'applaudissements sur la scène. Un citoyen les inculpe : il est arrêté ; mais un gendarme leur signifie le décret qui les met hors la loi. La consternation succède à de violents discours contre la Convention. Tout y vole; les municipaux fuient; Le Bas se tire un coup de pistolet. Un représentant du peuple paraît, suivi d'une foule de citoyens; un gendarme tire sur Robespierre, l'étend à ses pieds, et la toile, en tombant, termine ce drame qui, pour des spectateurs imbus de faits si récents, est absolument dénué de toute espèce de péripétie, et dont on a dit au parterre que le premier acte était du citoyen Pigault-Lebrun et le second du citoyen Dumaniant. Cette pièce offre d'ailleurs assez de talent pour qu'on regrette de les voir concourir à la décadence sensible d'un art qui ne laissait pas d'être l'une des plus brillantes propriétés nationales. — Votre concitoyen, ALCESTE.

SPECTACLES DU 18 FRUCTIDOR.

THÉATRE DES ARTS. — *La Réunion du 10 août* ou *l'Inauguration de la République française*, sans-culottide en cinq actes.
OPÉRA-COMIQUE. — *L'Intérieur d'un ménage républicain*, com. en un acte, mêlée de vaud. ; *la Mélomanie*, com. en un acte, mêlée d'ariettes ; *Stratonice*, com. héroïque en un acte en vers, mêlée d'ariettes.
FEYDEAU. — *Le Club des Sans-Soucis*, pièce en un acte, mêlée de vaud. ; *la Caverne*, op. en trois actes.
THÉATRE DE LA RÉPUBLIQUE. — *Épicharis et Néron*; *le Cocher supposé*.
THÉATRE DE L'ÉGALITÉ. — *Crispin médecin*, com. en trois actes ; *Alisbelle ou les Crimes de la Féodalité*, op. en trois actes.
LYRIQUE. — *Le jeune héros de la Durance ou Agricole Viala*, tableau patriotique ; *les Petits commissionnaires*, op. ; *le Mariage civique*, vaud. en un acte.
GAITÉ. — *Le Patriotisme au village*, pant. en deux actes avec ses agréments ; *la Mort du jeune Bara*, pièce patriotique ; *le Médecin malgré lui*, différents intermèdes.
AMBIGU-COMIQUE. — *Les Oies de Philippe* ; *le Nid d'oiseau* ; *l'Héroïne américaine*.
VAUDEVILLE. — *Le Pot-pourri* ; *l'Héroïne de Milhier* ; *Piron avec ses amis*.
CITÉ-VARIÉTÉS. — *La Journée du 9 thermidor*, 1re reprès.; *le Revenant*, com. ; *le Mariage patriotique*, op.

XL

19 FRUCTIDOR AN II (5 SEPTEMBRE 1794).

RAPPORT DU 20 FRUCTIDOR.

L'esprit public se soutient et acquiert même de nouvelles forces. En général on se plaint de l'inexécution de la loi du maximum, de la pénurie des subsistances et des mauvaises dispositions des boulangers, qui sont toujours en querelle avec leurs garçons, sur lesquels ils rejettent les fautes qui leur sont souvent personnelles. Ces entretiens, sur lesquels le public pèse, ne sont point dangereux pour la situation de Paris, qui n'offre rien d'inquiétant. Les groupes deviennent moins nombreux; il ne s'y agite rien de contraire au bon ordre. Au surplus, on y veille.

On se plaint des abus qui règnent dans les maisons d'encan et ventes publiques, surtout à la maison Égalité. On demande une loi pour les réprimer....

On a trouvé des échelles faites avec les draps de lit des femmes prisonnières à la Salpétrière; elles ont pris les tringles des croisées pour faire des bâtons, des manches à balai pour montants, avaient ôté des pierres de latrines pour faire des trous; tout était [prêt] pour l'évasion, dont la surveillance s'est aperçue à temps......

Les citoyens sont invités à faire faire des recherches sur leurs maisons; la presque totalité des couvertures, surtout dans le faubourg Germain, ont été ébranlées par l'explosion de Grenelle, et les tuiles se détachent.

La nouvelle explosion de la plaine de Grenelle, qui n'est qu'une suite de la première, a été causée par un amas de poudre qui s'est trouvé enfoui dans les décombres; la pioche, ayant rencontré du caillou, l'a fait partir; deux ouvriers ont été légèrement blessés et un dangereusement.

Huit femmes ont été trouvées près le mur Lazare, s'entretenant par signaux avec les détenus. On veille pour interrompre cette conversation muette.

GÉRÔME, ALBERT.

(Arch. nat., F 1 c III, Seine, 13.)

SPECTACLES DU 19 FRUCTIDOR.

THÉÂTRE DES ARTS. — Relâche.
OPÉRA-COMIQUE. — *Azemia*, en trois actes et ariettes; *Blaise et Babet* ou *la Suite des Trois fermiers*, com. en deux actes, mêlée d'ariettes, suivie d'un divertissement ballet.
FEYDEAU. — *L'Apothéose du jeune Bara*, pièce patr. en un acte; *les Deux hermites*, op. en un acte.
THÉÂTRE DE LA RÉPUBLIQUE. — *Les Bizarreries de la fortune*, com. en cinq actes; *les Étourdis ou le Mort supposé*, com. en trois actes.
THÉÂTRE DE L'ÉGALITÉ. — *Guillaume Tell*, trag.; *les Chœurs de Marathon*; *le Retour du Mari*, com.
LYRIQUE. — *Zélia*, op. en trois actes; *la Ruse villageoise*, vaud. en un acte.
GAITÉ. — *Les Deux Léonards*; *l'Aristocrate démasqué par la Corne de la Vérité*; *Arlequin au tombeau*; différents intermèdes.
AMBIGU-COMIQUE. — Relâche.
VAUDEVILLE. — *Arlequin Cruello*; *la Matrone d'Éphèse*; *l'Alarmiste*.
CITÉ-VARIÉTÉS. — *Le Prélat d'autrefois*, com.; *l'Heureux quiproquo*, com.

XLI

20 FRUCTIDOR AN II (6 SEPTEMBRE 1794).

JOURNAUX.

Annales de la République française du 22 fructidor :

Décadi, 20 *fructidor*. — La fête décadaire d'usage a été célébrée dans le Temple de la morale de Guillaume Tell. L'ambassadeur des États-Unis et son épouse, le ministre de la République de Genève avec quelques-uns de ses compatriotes, y ont assisté fraternellement. Le citoyen Etienne Barry y a prononcé un discours analogue aux circonstances récentes *sur les dangers de l'idolâtrie individuelle, dans une République*. L'orateur, après avoir défini et développé cette espèce de fanatisme, rapproche quelques-uns des maux qui en ont résulté chez les Romains de ceux qu'a éprouvés notre République naissante; il peint rapidement quelques-uns des anciens ambitieux, et finit par un croquis serré et exact du personnel, de la conduite politique et de la fin de ce singulier personnage, dont, dit l'auteur, « le caractère dominant était la fourberie et la cruauté ». L'orateur termine ainsi sa péroraison : « Citoyens, que l'expérience soit le phare lumineux qui nous éclaire sur la mer orageuse qui nous reste à parcourir. Profitons de nos fautes; ne nous attachons jamais qu'aux principes, qu'à la Convention nationale, seul centre d'unité, et bannissons pour toujours du sol français l'idolâtrie individuelle. »

Spectacles du 20 fructidor.

Théâtre des Arts. — *Toute la Grèce ou Ce que peut la Liberté*, tableau patr. en un acte; *l'Offrande à la Liberté*, scène religieuse; *Télémaque dans l'île de Calypso*, ballet-pantomime en trois actes.

Opéra-Comique. — *Les Deux petits Savoyards*, com. en un acte, en prose; *Cécile et Julien ou le Siège de Lille*, com. en trois actes, en prose, mêlée de chants.

Feydeau. — *Les Vrais sans-culottes*, tableau patriotique en un acte; *Roméo et Juliette*, op. en un acte.

Théâtre de la République. — *La Femme jalouse*, com. en cinq actes; *Rose et Picard*, com. en un acte.

Théâtre de l'Égalité. — *Le Conciliateur*, com. en cinq actes; *Tu et toi ou la parfaite Égalité*, com. en trois actes, en prose.

Lyrique. — Même spectacle.

Gaité. — *L'Arlequin au tombeau*; *l'Aristocrate démasqué par la Corne de la Vérité*; *Blaise le hargneux*, avec divert.; *l'Enrôlement du bûcheron*, et un ballet; dans les entr'actes, différents intermèdes.

Ambigu-Comique. — *Les Deux chasseurs et la Laitière*; *La Gamelle*; *les Prisonniers patriotes*.

Vaudeville. — *Arlequin tailleur*; *le Naufrage au Port*; *l'Héroïne de Mithier*.

Cité-Variétés. — *La Journée du 9 thermidor ou la Chute du tyran*; *les Dragons et les Bénédictines*, com.; *les Dragons en cantonnement*, com.

XLII

21 FRUCTIDOR AN II (7 SEPTEMBRE 1794).

Rapport du 22 fructidor.

L'esprit public ne varie point. On entend toujours, de la part de quelques citoyens, surtout des ouvriers, des murmures et des plaintes sur la difficulté de se procurer des choses de première nécessité, comme huile, beurre, chandelle, savon, etc. On semble craindre encore davantage pour l'approche de l'hiver. Quoi qu'il en soit, Paris est tranquille. Les commissaires de police déclarent eux-mêmes qu'ils n'ont pas matière à faire un bulletin, que tout est fort calme dans leurs sections respectives. L'on disait hier à la Halle que, depuis que la Bourse est fermée[1], les agioteurs employaient leurs fonds à acheter les subsistances, que ce sont eux qui font mettre l'enchère sur tous les comestibles et denrées de toute nature. Il s'élève des inquiétudes et des murmures au sujet des lingots que l'on fait sortir de la Monnaie.

Il a été reconnu que les marques qu'on a vues sur les maisons étaient des signes avoués par la Commission des salpêtres pour désigner les caves salpêtrées.

Lamarche, acteur au Théâtre de la Cité, a déposé à l'administration une lettre anonyme, fort mal écrite et sans orthographe, à l'occasion de la pièce intitulée la *Chute du tyran ou Journée du 9 thermidor*[2]. Il y est dit en substance : « On calomnie les patriotes, on aveugle le peuple sur ses vrais intérêts, lequel (sic) est patriote ou aristocrate suivant les circonstances. Vous le prouvez par la nouvelle pièce dont vous êtes accouché. Est-il de platitude plus vile, de scélératesse que celle dont vous vous êtes servi, pour ternir des hommes qui ont toujours été les défenseurs du peuple, etc ? » L'on est à la recherche de l'auteur de cette lettre.

L'on annonce qu'il doit exister aujourd'hui un rassemblement au bois de Boulogne. Des inspecteurs s'y sont transportés pour s'assurer de la vérité et en faire rapport.

Les ouvriers travaillant au bois flotté, port du Jardin national, se sont soulevés et ne voulaient plus travailler, demandant une augmentation de paie. Le commissaire de police de la section des Tuileries s'y est transporté et a ramené l'ordre.

La plus grande tranquillité règne dans les maisons d'arrêt ; les signaux sont moins fréquents.....

Les garçons boulangers continuent toujours de ne vouloir point travailler à moins de dix-huit livres par semaine. Ils font la plus grande occupation du service de police.

LE CAMUS, OLLIVIER.

(Arch. nat., F 1 c III, Seine, 13.)

SPECTACLES DU 21 FRUCTIDOR.

THÉATRE DES ARTS. — Relâche.
OPÉRA-COMIQUE. — *Arasbelle et Vascos*, drame lyrique en trois actes ; *l'Homme vertueux*, com. en un acte, en prose.

---

1. La Bourse avait été provisoirement fermée par décret du 27 juin 1793.
2. Voir plus haut, p. 85, 86.

Feydeau. — *Les Montagnards ou l'Ecole de la bienfaisance*, com. en un acte, mêlée de vaud.; *Claudine ou le Petit commissionnaire*, op. en un acte; *la Famille indigente*, fait historique en un acte.

Théatre de la République. — *L'Honnête criminel*, en cinq actes; *les Etourdis ou le Mort supposé*, com. en trois actes.

Théatre de l'Égalité. — *La Conciliation; les Tu et les Toi*.

Lyrique. — *Flora*, op. en trois actes; *le Mariage civique*, vaud. en un acte.

Gaité. — *Brutus*, trag.; *la Fille généreuse*, com.; *Arlequin nécromancien*; différents intermèdes.

Ambigu-Comique. — *Le Maréchal des logis; l'Heureuse décade; la Forêt noire*.

Vaudeville. — *Le Savetier et le Financier; la Revanche forcée; l'Auberge isolée*.

Cité-Variétés. — *L'Orphelin*, com.; *le Tambourin de Provence*, op.

XLIII

22 FRUCTIDOR AN II (8 SEPTEMBRE 1794).

Spectacles du 22 fructidor.

Théatre des Arts. — *Denis le tyran, maitre d'école à Corinthe*, op. historique en un acte; *Milliade à Marathon*, en deux actes.

Opéra-Comique. — *Lodoïska ou les Tartares*, com. en trois actes en prose; *l'Epreuve villageoise*, com. en deux actes en prose, mêlée d'ariettes.

Feydeau. — *Les Visitandines*, op. en trois actes; *la Famille indigente*, fait historique en un acte.

Théatre de la République. — *Le Conteur ou les deux Postes; la Surprise de l'Amour*, com. en trois actes.

Théatre de l'Égalité. — *L'Ecole des Maris*, com. en trois actes; *Alisbelle ou les Crimes de la Féodalité*, op. en trois actes.

Lyrique. — *Laure et Zulmé*, op. en trois actes; *le Bon père*, op. en un acte.

Gaité. — *Nostradamus; le Véritable ami du peuple ou la Victime du Fédéralisme*, drame; *les Deux bottiers*; différents intermèdes.

Ambigu-Comique. — *L'Heureuse décade; les Oies du frère Philippe; la Bascule; le Gâteau du tyran*.

Vaudeville. — *Les Vieux époux; Arlequin Cruello; le Divorce*.

Cité-Variétés. — *La Journée du 9 thermidor ou la Chute du tyran; le Cousin de tout le monde; Arlequin imprimeur*, op.

XLIV

23 FRUCTIDOR AN II (9 SEPTEMBRE 1794).

JOURNAUX.

Orateur du peuple du 23 fructidor :

Avant-hier, vers minuit et demi, Tallien, revenant chez sa mère, a été attaqué, terrassé et assassiné à coups de pistolet dans la rue des Quatre-Fils, au Marais, par un monstre qui s'est écrié en s'élançant sur lui : « Scélérat, il y a longtemps que je t'attends! » Tallien est tombé baigné dans son sang. Le coup a été dirigé sur le cœur ; mais un mouvement de la victime, désignée depuis huit jours aux Jacobins, d'où elle avait été expulsée avec moi[1], pour avoir défendu les principes à la tribune de la Convention nationale, qui avait décrété l'impression de son discours, a trompé l'espoir de l'assassin stipendié, qui dans sa fuite a laissé tomber l'arme homicide. L'explosion a mis sur pied tous les citoyens de la section. Les regrets et les larmes ont accompagné jusque sur son lit de douleur ce nouveau martyr de la liberté! La balle a percé l'habit, le gilet et la chemise, et l'explosion a produit à l'épaule gauche une escarre gangreneuse. Une oppression produite par un coup violent du pommeau du pistolet dans la poitrine rendant la respiration très difficile, on l'a saigné trois fois. Espérons que le peuple ne sera pas privé d'un de ses plus purs et de ses plus intrépides défenseurs.

SPECTACLES DU 23 FRUCTIDOR.

THÉATRE DES ARTS. — Relâche.
OPÉRA-COMIQUE. — *L'Amant statue*, com. en un acte, mêlée d'ariettes; *Arasbelle et Vascos*, drame lyrique en trois actes.
FEYDEAU. — *Lodoïska*, op. en trois actes.
THÉATRE DE LA RÉPUBLIQUE. — *L'Honnête criminel*, en cinq actes; *le Legs*, com. en un acte.
THÉATRE DE L'EGALITÉ. — *Nanine*, com. en trois actes; *le Bourru bienfaisant*, com. en trois actes.
LYRIQUE. — *Flora*, op. en trois actes; *la Ruse villageoise*, vaud. en un acte.

1. C'est Fréron qui parle.

Gaîté. — *Le Nouveau calendrier*, pièce patriotique; *le Prétendu*; *Arlequin au tombeau*; différents intermèdes.

Ambigu-Comique. — *Les Houlans*; *les Chasseurs et la laitière*; *la Forêt noire*.

Vaudeville. — *Le Poste évacué*; *Colombine Mannequin*; *la Fête de l'Égalité*.

Cité-Variétés. — *Georges ou le Bon fils*, com.; *Ricco*, com.; *l'Adoption villageoise*, op.

XLV

24 FRUCTIDOR AN II (10 SEPTEMBRE 1794).

Rapport du 25 fructidor.

L'esprit public paraît tourmenté plutôt par les privations qu'éprouve le peuple, les dégoûts, les rebuts, les difficultés sans nombre qu'il est obligé d'essuyer, surtout la perte de temps, tremble pour l'hiver, et le résultat de ses réflexions ne peut qu'alimenter son mécontentement et sa mauvaise humeur. D'autres voient avec peine le camp sous Paris et surtout la manière dont il est organisé, et Betremieux assure qu'on a toujours beaucoup d'inquiétude sur la fabrique de Meudon. On remarque que, dans les groupes, chacun témoigne de l'inquiétude sur la situation de la Convention. Enfin on s'aperçoit, dans les objets de commerce, de spectacles, de plaisirs, que le plus petit détail contribue à ralentir l'énergie de l'esprit public. Par exemple, on se soucie peu de porter sur les bijoux les emblèmes de la liberté et autres. Aux spectacles on applaudit aux allusions qui flattent le modérantisme. Les muscadins fourmillent partout.....

L'administration de police, conjointement avec le commissaire des guerres, a fait une battue sur le boulevard et lieux suspects à l'effet de s'emparer des déserteurs, mauvais sujets et jeunes gens de la première réquisition. De trente, amenés à l'administration de police, il s'en est trouvé cinq qui en sont.

Au port au charbon la distribution s'est faite tranquillement; il a été distribué 1039 voies.

La halle aux légumes et fruits était bien approvisionnée, et il y avait beaucoup de fromage. Il y a très peu de beurre au carreau de la Halle. Quatre marchands ont distribué du beurre aux citoyens; ils continuent de vendre le fin 40 francs la livre, et celui à demi-sel 36 à 38 sols.

Arrivage du beurre, fromage et œufs :

Du 24, beurre, 5.362 livres ; œufs, 5.500 ; fromage Neufchâtel, 24 douzaines.

Du 25, beurre, 12.964 livres ; œufs, 64.928 ; fromages, 8.038.

VIARD, OLLIVIER.

(Arch. nat., F⁴c III, Seine, 17.)

SPECTACLES DU 24 FRUCTIDOR.

THÉÂTRE DES ARTS. — *Denis le tyran, maître d'école à Corinthe*, op. histor. en un acte ; *l'Offrande à la Liberté*, scène religieuse ; *la Rosière républicaine*, op. en un acte.

OPÉRA-COMIQUE. — *Lodoïska ou les Tartares*, com. en trois actes en prose ; *l'Enfance de Jean-Jacques Rousseau*, com. mêlée d'ariettes.

FEYDEAU. — *Les Montagnards ou l'École de la Bienfaisance*, com. en un acte, mêlée de vaud.; *le Club des Sans-Culottes*, pièce en un acte, mêlée de vaud.; *Rose et Aurèle*, op. en un acte.

THÉÂTRE DE LA RÉPUBLIQUE. — *Le Conteur ou les Deux Postes* ; *les Femmes savantes*, com. en cinq actes.

THÉÂTRE DE L'ÉGALITÉ. — *Philoctète*, trag. en trois actes ; *Dupuis et Defronais*, com. en trois actes.

LYRIQUE. — *Agricola Viala* ; *les Petits commissionnaires*, op.

GAITÉ. — *Crispin médecin* ; *le Fou par amour* ; *Alain et Suzette ou le Fils adoptif*, pièce patriotique en deux actes ; intermèdes.

AMBIGU-COMIQUE. — Même spectacle que la veille.

VAUDEVILLE. — *La Gageure inutile* ; *le Naufrage au port* ; *la Matrone d'Éphèse*.

CITÉ-VARIÉTÉS. — *La Journée du 9 thermidor ou la Chute du tyran*, com.; *les Royalistes de la Vendée*, pantomime, première représentation.

XLVI

25 FRUCTIDOR AN II (11 SEPTEMBRE 1794).

RAPPORT DU 26 FRUCTIDOR.

L'esprit public annonce un grand degré d'énergie, et le peuple est disposé plus que jamais à ne reconnaître d'autre centre d'autorité que la Convention nationale, et à tout sacrifier pour le maintien des principes de la liberté et de l'égalité. On attendait avec impatience le résultat de la séance d'hier. On a vu avec plaisir l'accueil que la Convention a fait à la députation des Jacobins. Les autres établissent des conjectures sinistres et craignent quelques événements malheureux.

Les murmures sur les subsistances continuent toujours. La nouvelle de la prise de la Guadeloupe a fait une vive sensation. On remarque en général beaucoup de gens, dont les dehors paraissent plus que suspects, et si l'on veut avoir une idée bien prononcée de leur moralité, on peut se rendre au spectacle de l'Egalité ; là l'opinion n'est pas équivoque et elle n'est certainement pas en faveur des mœurs, ni de la sévérité des principes républicains.

Un inspecteur a arrêté hier soir une femme qui jetait l'alarme dans un groupe sur le quai Pelletier. Elle disait que le sang devait couler dans la nuit et qu'elle en avait la certitude. Elle a été envoyée par l'administration de police à son Comité révolutionnaire pour prendre des renseignements sur son compte.

. . . .

On remarque aux environs de la Maison Egalité une foule de muscadins et des gens de la première réquisition qui lèvent la tête avec impudence. Le commerce de l'argent se fait avec tant d'adresse qu'il paraît impossible de surprendre les auteurs.

. . . .

Plusieurs citoyens cherchent à échauffer l'esprit public et se récrient sur la cherté des denrées. Aujourd'hui, sur les 11 heures, il y avait beaucoup de monde à la Halle. L'on disait dans un groupe que, du temps de Robespierre, c'était lui qui occasionnait la disette des vivres, mais qu'à présent on n'est pas plus heureux ; car au contraire on ne peut rien avoir, et le peu qui vient est beaucoup plus cher.

Les halles sont approvisionnées en fruits et légumes. Il y a une grande quantité de pommes de terre. Il est arrivé quatre barils de beurre salé. Les marchés sont faiblement approvisionnés.

LE CAMUS, OLLIVIER.

(Arch. nat., F 1 c III, Seine, 17.)

JOURNAUX.

Courrier républicain du 26 fructidor :

Du 25 fructidor. — L'assassinat du représentant Tallien est l'objet de toutes les conversations [1], de toutes les réflexions ; chacun en cause à sa manière, mais en général le peuple paraît prendre le plus grand intérêt au sort de ce courageux député.

Les vives inculpations dirigées au Tribunal révolutionnaire contre le représentant du peuple Carrier partagent aussi l'attention ; chacun

1. Voir plus haut, p. 89.

attend les résultats de ce procès avec la plus vive sollicitude. Au surplus, tout est à Paris dans le plus grand calme.

Gazette française du 26 fructidor :

Paris, 25 *fructidor.* — L'assassinat du représentant du peuple Tallien agite beaucoup les conversations; nous dirons les conversations, car on ne voit plus de groupes, plus de ces mouvements extérieurs qui, pendant le cours de notre Révolution, faisaient des places et des promenades de cette ville autant d'arènes politiques. Au surplus, le peuple paraît prendre le plus grand intérêt à celui qui, le premier, a osé attaquer Robespierre.

Le premier numéro de l'*Ami des Citoyens*[1], affiché en grand nombre, fixe l'attention du public, qui paraît le lire avec beaucoup d'attention. D'un autre côté, de nombreux écrits appuyent la motion de Merlin (de Thionville) contre la Société des Jacobins[2].

On a déjà entendu discuter sur la *tête et la queue de Robespierre;* c'est aujourd'hui de son front qu'il s'agit. Le nouveau pamphlet que nous indiquons est intitulé *le Front de Robespierre et de sa clique ou la Nécessité de la liberté de la presse*[3], avec ce vers de l'*Épitre au peuple* de Thomas :

Apprends à t'estimer et connais ta grandeur.

On voit dans ce pamphlet un ton encore plus décidé que dans ceux qui ont paru avant lui.

Orateur du peuple du 27 fructidor :

Les rapports des officiers de santé s'accordent à annoncer que le représentant du peuple Tallien ne donnera pas à ses assassins la joie de succomber cette fois-ci sous leurs coups. On est à la trace de ce complot; un homme fut trouvé et ramassé par la garde dans la même nuit, à peu de distance du lieu où s'est commis l'assassinat ; il a été conduit à la section de l'Indivisibilité. Il a commencé par fondre en larmes; interrogé sur le lieu de son domicile, il a donné une fausse adresse; questionné sur sa profession, il a dit être ouvrier en papiers peints, et il résulte de ses propres aveux qu'il travaillait encore der-

---

1. Il s'agit probablement du prospectus de ce journal de Tallien, daté du 24 fructidor an II, et qui parut sous forme d'affiche. (Cf. Tourneux, *Bibliographie*, n° 10942). Quant au journal même, il n'aurait commencé à paraître que le 1er brumaire an III. (*Ibid.*, n° 10858.)
2. Voir *La Société des Jacobins*, t. VI, p. 436, 441, 442.
3. Par Baraly, Impr. des Patriotes, s. d., In-8°, Bibl. nat., Lb 41/1278.

nièrement chez Arthur, fameux Robespierriste, qui a été guillotiné avec la Commune rebelle[1]. Ceci est un trait de lumière, et l'on découvrira sans peine que ce meurtre a été commis par un homme, instrument de la faction de Robespierre, qui, comme on le sait, n'a fait que changer de nom.

Journal de Perlet du 29 fructidor :

Paris. — On a arrêté et conduit à la Force un nommé Fournier, prévenu d'être l'auteur de l'assassinat du représentant du peuple Tallien. Lorsqu'il s'est vu suivi, il a fondu en larmes : il a donné une fausse adresse. On assure qu'il est ouvrier en papiers peints et qu'il travaillait chez Arthur, membre de la Commune rebelle, un des complices de Robespierre, et exécuté peu de jours après ce tyran.

Abréviateur universel du 3e jour des sans-culottides :

Le retour à Bruxelles, vaudeville en un acte, joué pour la première fois sur le Théâtre du Vaudeville, rue de Chartres, à Paris, le 25 fructidor, est plutôt un de ces tableaux qui nous retracent si promptement aujourd'hui les événements de la veille, qu'une pièce, dans l'ancienne acception de ce mot. Les Français rentrent à Bruxelles. Un cafetier, nommé Ridder, se hâte de faire effacer son enseigne aux armes de la maison d'Autriche. Le peintre chargé de cette opération révolutionnaire est un peu ivre, et ses couplets s'en ressentent. Une émigrée, qui loge chez Ridder, lui reproche de vouloir garder ses meubles pour son loyer échu, lui rappelle qu'il a pleuré, lorsqu'elle lui a raconté ses malheurs. « C'est vrai, répond Ridder ; je n'ai pu retenir mes larmes, mais je retiendrai les meubles. » Forcée de sortir au plus vite de Bruxelles, l'émigrée, passablement ignorante en géographie, ce qui, sans doute, est une épigramme de plus, veut se réfugier à Mons, du côté d'où viennent les armées qui l'épouvantent ; on lui chante, sur l'air du *Port-Mahon* : *Il est pris, il est pris !* Elle songe à Ostende : *Il est pris !* A Bruges : *Il est pris !* Les émigrés traversent la ville, emportent leurs effets. Pour qu'il soit question d'amour et de mariage dans ce petit canevas, la fille de Ridder aime depuis deux ans Prosper, officier français ; il arrive, et Ridder consent à leur union, après quelques difficultés et un couplet, où il dit à sa fille qu'elle n'a pas au nom français *résisté mieux que la Belgique*. Cet

---

[1]. Jean-Jacques Arthur, membre de la commune de Paris, fabricant de papiers, fut guillotiné le 12 thermidor an II. Cf. Wallon, *Histoire du Tribunal révolutionnaire*, t. V, p. 125.

ouvrage est du citoyen Desprès, auteur de *l'Alarmiste* et du *Calendrier des Vieillards*.

SPECTACLES DU 25 FRUCTIDOR.

THÉÂTRE DES ARTS. — Relâche.
OPÉRA-COMIQUE. — *Le Tableau parlant*, com. parade en un acte, mêlée d'ariettes; *Arasbelle et Vascos*, drame lyrique en trois actes.
FEYDEAU. — *La Colonie*, op. en deux actes.
THÉÂTRE DE LA RÉPUBLIQUE. — *Timoléon*, trag. nouvelle en trois actes en vers avec des chœurs; *le Consentement forcé*, un acte.
THÉÂTRE DE L'ÉGALITÉ. — *Le Vieux célibataire*, com. en cinq actes en vers; *Babillard*, com. en un acte.
LYRIQUE. — *Zélia*, op. en trois actes; *le Mariage civique*, vaud. en un acte.
GAITÉ. — *Contentement passe richesses*; *Brutus*, trag.; *le Nécromancien*, pant; différents intermèdes. — Au profit de nos frères blessés à la plaine de Grenelle.
AMBIGU-COMIQUE. — *Les Déguisements villageois*; *la Bascule*; *le Masque de fer*.
VAUDEVILLE. — *Arlequin afficheur*; *Retour à Bruxelles*, divertissement patriotique en un acte, première représentation; *l'Héroïne de Milhier*.
CITÉ-VARIÉTÉS. — *L'Orphelin*, com.; *le Danger des liaisons*, com.; le ballet *des Nègres*.

XLVII

26 FRUCTIDOR AN II (12 SEPTEMBRE 1794).

RAPPORT DU 27 FRUCTIDOR.

Suivant tous les rapports l'esprit public ne varie pas. Il conserve toujours la même énergie. Les citoyens sont plus que jamais attentifs à tout ce qui est à l'ordre du jour. Les murmures du peuple continuent sur la difficulté de se procurer des subsistances. Les uns accusent la commission de mauvaise foi ou d'incapacité, les autres font tomber ouvertement leurs reproches sur la Convention. Hier, au Jardin National, on a été prêt à se battre pour ou contre l'opinion de la liberté de la presse. On conçoit quelques inquiétudes sur le silence qu'on garde à l'égard de la garnison de Valenciennes et de Condé. On remarque que certaines femmes, plus que galantes, ont adopté l'usage ridicule de porter des cocardes imperceptibles derrière la tête; d'autres les cachent derrière leur ruban; on peut les ranger dans la classe des muscadins qu'elles fréquentent.

Dans la section Révolutionnaire, plusieurs groupes se sont formés au moment où un conspirateur allait au supplice; on y disait qu'il y avait des Jacobins qui tramaient un complot contre la liberté; que, si on n'y prenait pas garde, dans un mois nous serions réduits à une demi-livre de pain.

Rue des Vinaigriers, section de Bondy, il a été trouvé à la porte du citoyen Boucher, marchand de vin, 40 à 50 livres de viande corrompue; le commissaire de police s'occupe de cette affaire.

Toujours de grands attroupements aux ports au charbon; ils commencent dès minuit, une heure et deux heures du matin. Plusieurs de ces habitués profitent de l'ombre de la nuit pour se livrer à mille indécences. On a remarqué que la plupart des personnes qui vont à l'approvisionnement du charbon sont payées comme commissionnaires. Ce sont ces mêmes individus qui accaparent les premières places et empêchent l'honnête citoyen de s'approvisionner. La force armée ne peut plus suffire pour empêcher ces attroupements nocturnes. A mesure qu'une patrouille vient, chacun se disperse. Est-elle passée? Chacun reprend son tour. Beaucoup de ces gens ont été mis au violon, mais cette punition ne fait aucune impression.

Il a été distribué de la chandelle dans quelques sections.

Le port au vin est assez garni, mais cette boisson est si chère qu'il est impossible aux sans-culottes de s'en approvisionner.

Il est descendu cinq bateaux de fruits.

Les halles sont bien approvisionnées; il y est arrivé quatre voitures de marée et quatre autres petites d'œufs.

Arrivage de beurre, œufs, fromage, légumes et autres comestibles :

        A la Halle : du 24....... 480 voitures,
           —   du 25....... 527 —

Il a été distribué : en beurre, 7,561; œufs, 94,000; fromage Neufchâtel, 42 douzaines.

MÉREY, BARISSON.

(Arch. nat., F¹ᶜ III, Seine, 17.)

SPECTACLES DU 26 FRUCTIDOR.

THÉÂTRE DES ARTS. — *La Rosière républicaine*, op. en un acte; *Miltiade à Marathon*, en deux actes.

OPÉRA-COMIQUE. — *Les Deux petits Savoyards*, com. en un acte en prose; *Stratonice*, com. héroïque en un acte en vers, mêlée d'ariettes; *la Prise de Toulon par les Français*.

FEYDEAU. — *La Caverne*, op. en trois actes; *Claudine ou le Petit commissionnaire*, op. en un acte.

Théâtre de la République. — Pas d'annonce [1].
Théâtre de l'Égalité. — Pas d'annonce [2].
Lyrique. — *Michel Cervantès*, op. en trois actes; *le Bon frère*, op. en un acte.
Gaîté. — *Le Petit voltigeur*; *Blaise le hargneux*, avec divert.; *Vénus Pèlerine*; *le Barbier*; *le Départ des patriotes*, pièce patriotique; différents intermèdes.
Ambigu-Comique. — *La Pomme de Rambour*; *les Débuts*; *les Prisonniers patriotes*.
Vaudeville. — *Encore des bonnes gens*; *Gilles Georges et Arlequin Pill*; *l'Auberge isolée*.
Cité-Variétés. — *Les Deux grenadiers*, com.; *les Royalistes de la Vendée*, pantomime.

XLVIII

27 FRUCTIDOR AN II (13 SEPTEMBRE 1794).

Spectacles du 27 fructidor.

Théâtre des Arts. — Relâche.
Opéra-Comique. — *Renaud d'Ast*, com. en deux actes en prose, mêlée d'ariettes; *Blaise et Babet ou la suite des Trois fermiers*, com. en deux actes, mêlée d'ariettes; *la Fête américaine*, ballet patriotique.
Feydeau. — *Le Club des Sans-Soucis*; *les Deux Ermites*; *l'Amour filial*.
Théâtre de la République. — *Timoléon*, trag. en trois actes en vers.
Théâtre de l'Égalité. — *Le Conciliateur*, com. en cinq actes; *Tu et toi ou la Parfaite Égalité*, com. en trois actes en prose.
Lyrique. — *Les Petits commissionnaires*, op.; *les Deux frères*, op. en trois actes.
Gaîté. — *Le Petit voltigeur*; *le Quiproquo de l'hôtellerie*; *l'Arlequin au tombeau*; *l'Aristocrate démasqué par la Corne de la Vérité*; *le Prétendu sans le savoir*; intermèdes.
Ambigu-Comique. — *Au Retour*; *la Gamelle*; *la Forêt Noire*.
Vaudeville. — *Arlequin Pygmalion*; *les Volontaires en route*; *le Retour à Bruxelles*, divert. patriotique en un acte.
Cité-Variétés. — *La Journée du 9 thermidor ou la Chute du tyran*; *les Dragons et les Bénédictines*, com.; *les Dragons en cantonnement*, com.

1. Du moins, il n'y a pas d'annonce dans le *Journal de Paris*, ni dans les autres journaux que nous avons pu consulter. Il est bien possible qu'il y ait eu une annonce dans les *Petites Affiches*; mais l'exemplaire de la Bibliothèque nationale (inventaire V, 28372) est incomplet pour le mois de fructidor : il y manque les pages 9265 à 9276, où se trouvait, entre autres nouvelles, le programme des spectacles du 26 fructidor.
2. Même remarque que pour le théâtre de la République.

Tome I.

JOURNAUX.

Nouvelles politiques nationales et étrangères de la 1ʳᵉ sans-culottide an II :

La seconde représentation de la nouvelle tragédie de *Timoléon*, du citoyen Chénier[1], a eu un succès encore plus brillant que la première au Théâtre de la République. L'horreur de la tyrannie et l'amour du gouvernement républicain y ont paru vivement exprimés et sentis. Les spectateurs n'ont pas perdu une seule occasion d'applaudir aux beaux vers qui font allusion aux événements de notre révolution. L'espèce de faiblesse et d'incertitude qui règne dans la conduite de Timophane leur retraçait le portrait du tyran que la République a puni, et les rôles fermes et énergiques de Timoléon, d'Antagoras et de Demariste ont produit un effet vraiment patriotique sur l'âme de tous les assistants. Il est juste d'ajouter ici que l'administration de ce théâtre n'a rien oublié pour donner au spectacle toute la pompe dont ce sujet républicain était susceptible. Décorations, costumes, habits, armures, vaisseaux, tout est d'une vérité parfaite, et des chœurs superbes ajoutent au charme de l'illusion théâtrale ; on croit être à Corinthe, où la tyrannie était abhorrée comme elle l'est ici [2].

XLIX

28 FRUCTIDOR AN II (14 SEPTEMBRE 1794).

JOURNAUX.

Courrier républicain du 29 fructidor :

Du 28 fructidor. — Il n'y a rien de nouveau ici qu'une multitude d'écrits, qui s'échappent en aussi grand nombre de toutes les imprimeries de Paris que les feuilles, pendant l'automne, tombent du sommet des arbres violemment agités ; et c'est la queue de Robespierre qui produit tous ces oracles. *Défends la queue*[3] ; *Rendez-moi ma queue, puisque vous avez ma tête*[4] ; *Coupons-lui la queue*[5], etc.

1. La première représentation avait eu lieu le 25 fructidor.
2. On trouvera d'autres comptes rendus du *Timoléon* dans le *Journal de Paris* du 27 fructidor an II, et dans les *Petites Affiches* du même jour.
3. Bibl. nat., Lb 41/1275, in-8°.
4. Bibl. nat., Lb 41/1224, in-8°.
5. Par Y. Baralère, Bibl. nat., Lb 41/1222, in-8°.

Tels sont les titres de ces écrits, tous dirigés contre les Jacobins ou quelques-uns d'entre eux, et que les colporteurs vont vendre jusqu'aux portes de la Société. Très peu de journalistes prennent encore part à cette lutte ; ils ont été si souvent trompés sur le véritable patriotisme, et si souvent cruellement dupes de leur bonne foi sur ce point, qu'ils ont pris le sage parti d'être observateurs impartiaux dans ces importants et dangereux débats, et d'en présenter les résultats.

Courrier républicain du 30 fructidor :

Du 29 fructidor. — Les colporteurs criaient hier, et crient encore aujourd'hui, dans toutes les rues de la ville : « Voilà *les Jacobins démasqués !* Qui veut *les Jacobins démasqués* [1] ? » La vente prodigieuse de ce pamphlet, qui au surplus n'a rien de piquant que la hardiesse de son titre, a donné lieu à un événement qui, quoique de peu de conséquence en soi, peut cependant être considéré comme d'une assez grande importance dans les circonstances actuelles. Une colporteuse criait à tue-tête : « Voilà *les Jacobins démasqués !* » Un citoyen, à qui ce cri ne plaisait pas, arrête la crieuse et la conduit au Comité de sûreté générale. Mais le Comité, au lieu d'accueillir la dénonciation du citoyen, donne un bon à la colporteuse pour l'indemniser de la perte de sa journée, et retient l'*arrestateur*.

Gazette française du 30 fructidor :

On ne peut exprimer l'empressement du public pour le pamphlet qui a pour titre : *Les Jacobins démasqués*. Une femme qui criait hier cette brochure dans le Jardin des Tuileries fut arrêtée par un Jacobin et conduite au Comité de sûreté générale ; le Comité de sûreté générale a rendu en cette occasion un hommage solennel à la liberté de la presse, en donnant à la femme arrêtée injustement un *bon* pour se faire indemniser, et en retenant celui qui l'avait mise en arrestation [2].

SPECTACLES DU 28 FRUCTIDOR.

THÉÂTRE DES ARTS. — *Toute la Grèce ou Ce que peut la Liberté*, tableau patriotique en un acte ; *l'Offrande à la Liberté*, scène religieuse ; *Télémaque dans l'île de Calypso*, ballet-pantomime en trois actes.

1. Bibl. nat., Lb 41/1278, in-8°.
2. Même article dans l'*Abréviateur universel* de la 1re sans-culottide, et dans le *Journal de Perlet* de la 2e sans-culottide.

OPÉRA-COMIQUE. — *Ambroise ou Voilà ma journée*, com. en deux actes, en prose, mêlée d'ariettes; *les Épreuves du républicain*, com. en trois actes, en prose, mêlée d'ariettes.

FEYDEAU. — *Roméo et Juliette*, op. en trois actes; *la Papesse Jeanne*, com. en un acte et en vaud.

THÉÂTRE DE LA RÉPUBLIQUE. — *La Bizarrerie de la fortune*, en cinq actes; *le Conteur ou les deux postes*, en trois actes.

THÉÂTRE DE L'ÉGALITÉ. — Pas d'annonce.

LYRIQUE. — *Zélia*, op. en trois actes; *le Mariage civique*, vaud. en un acte.

GAITÉ. — *Les Deux font la paire*; *le Nécromancien*; *le Nouveau calendrier*; *le Pari imprudent*; différents intermèdes.

AMBIGU-COMIQUE. — *L'Heureuse décade*; *l'Étape*; *les Prisonniers patriotes*.

VAUDEVILLE. — *Les Chouans de Vitré*; *le Naufrage au port*; *le Noble roturier*.

CITÉ-VARIÉTÉS. — *La Chute du tyran*; *l'Enrôlement supposé*, com.; *Arlequin imprimeur*, op.

L

29 FRUCTIDOR AN II (15 SEPTEMBRE 1794).

SPECTACLES DU 29 FRUCTIDOR.

THÉÂTRE DES ARTS. — Relâche.

OPÉRA-COMIQUE. — *La Soirée orageuse*, com. en un acte, en prose, mêlée d'ariettes; *Cécile et Julien ou le Siège de Lille*, com. en trois actes, en prose, mêlée de chants.

NOTA. — Le drame lyrique d'*Arabelle et Vascos* n'a point été arrêté par aucune autorité. Le Comité d'instruction publique, ayant lu le manuscrit, après deux représentations, a déclaré qu'on pouvait les continuer. Des difficultés que nous mettrons bientôt le public dans le cas d'apprécier, élevées par les artistes du théâtre Favart, nous forcent de retirer la pièce. Elle ne reparaîtra que dans trois semaines ou un mois, espace de temps nécessaire pour la monter dans un autre théâtre. LESUEUR, LEBRUN-TOSSA.

FEYDEAU. — *Les Visitandines*, op. en trois actes; *le Petit commissionnaire ou le Bienfait de l'Égalité*.

THÉÂTRE DE LA RÉPUBLIQUE. — *Timoléon*, trag.; *Crispin rival de son maître*, en un acte.

THÉÂTRE DE L'ÉGALITÉ. — Pas d'annonce.

LYRIQUE. — *Les Fausses confidences*, com. en trois actes; *le Bourru bienfaisant*, com. en trois actes. Au bénéfice d'une artiste, par les artistes du théâtre de l'Égalité.

GAITÉ. — *Vénus pèlerine*, avec divertissement; *le Barbier*; *Alain et Suzette ou le Fils adoptif*, pièce patriotique; *le Prétendu*.

AMBIGU-COMIQUE. — *L'Heureuse décade*; *l'Étape*; *les Prisonniers patriotes*.

VAUDEVILLE. — *Le Nègre aubergiste*; *l'Héroïne de Mithier*; *Piron avec ses amis*.

CITÉ-VARIÉTÉS. — *Le Cousin de tout le monde*, com.; *l'Heureux quiproquo*, com.; *les Charlatans*, op., première représentation.

LI

30 FRUCTIDOR AN II (16 SEPTEMBRE 1794).

RAPPORT DE LA PREMIÈRE SANS-CULOTTIDE.

L'esprit public est toujours le même. Même fermentation dans l'opinion publique. La situation des Jacobins fait le sujet de beaucoup de conversations, où l'on agite avec beaucoup de chaleur le pour et le contre; il en est résulté encore des voies de fait; une femme colporteuse a été battue par d'autres personnes pour avoir crié différents écrits contre les Jacobins. Mais, à travers ces nuages, le peuple regarde la Convention comme son seul point de ralliement. La même inquiétude sur les subsistances continue toujours, surtout à l'approche de l'hiver, et le désespoir ne tarderait pas à se manifester, si le peuple n'était pas persuadé que réellement la Convention prendra bientôt cet objet dans la plus grande considération.

Hier, à 11 heures, à la Grève, un colporteur a été conduit à la section des Arcis, avec un citoyen qui le frappait pour avoir vendu les *Jacobins démasqués*[1]; on a remarqué que sur ce fait le peuple remarquait la liberté des opinions.

Il a été arrêté entre onze heures et midi, rue de Thionville, un homme tenant les propos les plus incendiaires, entre autres que Paris devait sauter dans la nuit.

Dans une conversation de groupe, on y disait que le Club électoral devait se joindre aux Jacobins, et que ces derniers recevaient depuis quelques jours beaucoup de nouveaux membres.

Les malveillants font courir le bruit que les canonniers volontaires de Paris vont être réduits à quinze sous par jour; ils ont l'adresse d'insinuer dans leurs discours perfides que tout citoyen devrait porter ses attentions sur Meudon et le camp de Marat. Le peuple n'est point la dupe de ces propos contre-révolutionnaires et dit que c'est la queue de Robespierre qui agit encore.

1. Voir plus haut, p. 99.

L'on a observé que ceux qui composaient la majeure partie des groupes n'étaient que des femmes qui parlaient avec une véhémence outrée.

Les promenades, les dehors de Paris et les spectacles ont été très fréquentés ; la satisfaction paraissait régner sur les visages.

Toujours beaucoup de tumulte sur les ports et dans les chantiers.

Toujours les Halles bien approvisionnées. Il est arrivé :

Du 30.................... 194 voitures.
Du 1er jour des sans-culottides. 496 —
Marée.................... 3 —

Du 30 : en beurre, 2,924 livres ; œufs, 15,600 ; fromages, 127 douzaines ;

Du 1er jour des sans-culottides : beurre, 14,269 livres ; œufs, 32,500 ; fromages, 72 douzaines.

ALBERT, VIARD.

Arch. nat., F⁷ III. Seine. 17.

JOURNAUX.

Courrier républicain de la 1re sans-culottide :

Du 30 fructidor. — Notre horizon est obscurci par les nuées de pamphlets qui s'élèvent de toutes parts contre les Jacobins, ceux d'aujourd'hui cassent tout à fait les vitres ; ils sont intitulés : *les Jacobins convaincus d'imposture* [1]; *Dénonciation contre les Jacobins* [2] ; on n'a encore rien vu de plus violent.

La Société, croyant au-dessous d'elle de répondre à tant de diatribes, n'en parle que dans son sein pour alimenter seulement la discussion, et garde le silence à l'extérieur. Cependant Vadier a invité les écrivains montagnards à reprendre la plume pour foudroyer tous ces écrivailleurs à gages, et faire triompher *les principes*.

SPECTACLES DU 30 FRUCTIDOR.

THÉÂTRE DES ARTS. — *Horatius Coclès*, op. en un acte ; *l'Offrande à la Liberté*, scène religieuse ; *Télémaque dans l'île de Calypso*, ballet-pantomime en trois actes.

OPÉRA-COMIQUE. — *Paul et Virginie*, com. en trois actes, en prose, mêlée d'ariettes ; *l'Enfance de Jean-Jacques Rousseau*, com. mêlée d'ariettes.

1. Bibl. nat., Lb. 41/1261, in-8°.
2. Bibl. nat., Lb. 41/1283, in-8°.

FEYDEAU. — *Les Montagnards ou l'École de la bienfaisance*, com. en un acte; *les Visitandines*, op. en trois actes.

THÉATRE DE LA RÉPUBLIQUE. — *Le Dissipateur*, com. en cinq actes; *le Conteur ou les Deux postes*, com. en trois actes.

THÉATRE DE L'ÉGALITÉ. — *Le Vieux célibataire*, com. en cinq actes, en vers; *le Legs*, com. en un acte.

LYRIQUE. — *Agricole Viala*, op.; *les Petits commissionnaires*, op.; *le Mariage civique*, vaud. en un acte.

GAITÉ. — *La Prise de Toulon*, pièce patriotique; *l'Aristocrate démasqué par la Corne de la vérité*; *la Fille généreuse*; *Tombeau de Nostradamus*, pantomime.

AMBIGU-COMIQUE. — *Mazet*; *les Débuts*; *l'Héroïne américaine*.

VAUDEVILLE. — *L'Auberge isolée*; *le Retour à Bruxelles*; *la Fête de l'Égalité*.

CITÉ-VARIÉTÉS. — *L'Orphelin*, com.; *les Royalistes de la Vendée*, pantomime.

LII

PREMIÈRE SANS-CULOTTIDE AN II (17 SEPTEMBRE 1794).

RAPPORT DE LA 2ᵉ SANS-CULOTTIDE.

Malgré les malveillants, malgré les alarmistes, l'esprit public conserve toujours son énergie et se soutient à la hauteur des principes révolutionnaires. Le peuple est ferme dans sa résolution; il ne connaît que la Convention et ne veut se rallier qu'avec elle. Dans les groupes, les discussions particulières s'échauffent et deviennent plus vives relativement à la situation politique de la Convention et de la Société des Jacobins. Toujours les mêmes inquiétudes sur toutes espèces de subsistances.

A huit heures du soir, dans un groupe de la Maison de justice, des femmes sont venues annoncer la prétendue mise en liberté de Fouquier-Tinville; mais les citoyens, loin de les écouter, les ont couvertes de mépris. Cette motion a été faite au Jardin Égalité.

Deux placards, écrits à la main, ont été trouvés affichés ce matin dans la rue Jean-Jacques Rousseau. Le premier portait : « Je suis tyrannicide; vous êtes dans la Convention trente qui passerez par nos mains ou à la guillotine; plus de discorde ni de tyrans. » Sur le second était écrit : « Rallions-nous dans nos sections, et non pas à la Convention, car nous sanctionnerions la contre-révolution; c'est le moyen de sauver la chose. »

L'on assure qu'un troisième placard existait dans cette même rue; l'on en a fait la recherche, mais inutilement.

. . . .

Dans les chantiers les queues sont toujours considérables. Le public se plaint continuellement des vexations des charretiers, qui demandent des prix exorbitants.

On a arrêté deux citoyens portant 146 livres de viande. Ils ont été conduits chez le commissaire de police de la section de la Réunion.

Les halles et marchés ont été peu approvisionnés; l'ordre et la tranquillité y ont régné.

OLLIVIER, THIBOUST.

(Arch. nat., F 1 c III, Seine, 17.)

JOURNAUX.

Messager du soir de la 2º sans-culottide :

Paris, 1er sans-culottide. — Les continuateurs de Robespierre, les chevaliers de l'ordre de la guillotine, les amateurs de noyades, les foudroyeurs à la lyonnaise s'agitent singulièrement dans les sections. L'affaire des Nantais leur a porté un coup terrible dans l'opinion; cependant ils veulent se recréditer, se donner le mot d'ordre, s'entendre à l'amiable sur des mesures secrètes et essayer en dernière analyse de nous rendre le tout doux régime des charretées *à la Fouquier*. On parle déjà d'organiser des escadrons épars dans les Sociétés sectionnaires qu'on veut ressusciter, et de faire des collectes pour continuer les quarante sous aux machines dévouées[1]. Tout cela est encore fort embrouillé; mais la queue de Robespierre est terriblement longue.

Courrier républicain de la 2º sans-culottide :

Du 2 sans-culottide. — Il existe, dans quelques groupes et autres lieux où le peuple s'assemble le plus ordinairement, un commencement d'agitation dont les subsistances sont le prétexte. On attaque les lois et les opérations du gouvernement relatives à cet objet. On demande pourquoi les queues à la porte de tous les marchands, après une récolte aussi abondante. Ceux qui parlent ainsi écoutent peu les réponses raisonnables qu'on peut leur donner. C'est toujours par un nuage léger que commencent les plus terribles orages.

1. C'est-à-dire l'indemnité de 40 sous aux citoyens qui assistaient aux assemblées de section.

Journal des hommes libres de tous les pays de la 2ᵉ sans-culottide :

Paris. — C'est en vain que l'on veut tirailler, tourmenter, égarer l'opinion par des motions insidieuses, par des discours mensongers et par les insinuations les plus perfides. L'opinion se prononce d'un bout de la République à l'autre, et les réclamations sont générales contre l'aristocratie et ses insolentes persécutions envers les patriotes, quoiqu'on fasse l'impossible pour empêcher les diverses parties de la République de savoir ce qu'elles pensent réciproquement à cet égard, quoiqu'on veuille détruire les Sociétés populaires, et surtout leur correspondance, qui porte un si grand jour sur toutes les manœuvres de l'intérieur.

N'en doutons pas, c'est le fédéralisme, c'est le modérantisme, c'est quelque chose de pis encore peut-être, qui veulent faire le procès à toutes les belles époques de la Révolution, et principalement au 31 mai, aux mesures vigoureuses et salutaires que les suites ont nécessitées, et aux hommes énergiques qui les ont fait exécuter. Mais tous les patriotes ne sont pas encore au pouvoir de l'aristocratie ; ils ne succomberont point sous ses astucieuses combinaisons, et l'on ne parviendra ni à détruire les Sociétés populaires, ni à étouffer leurs voix, qui chaque jour se font entendre dans des adresses pleines de force et de vérités, auxquelles enfin il faudra bien faire attention.

Notre tâche à nous est de les faire connaître autant qu'il est en nous ; et certes, celles que nous avons insérées dans cette feuille nous sont parvenues des lieux même où les Sociétés existent, et, si quelque curieux en doute, il peut aller le vérifier à notre bureau, où on lui montrera et le timbre des bureaux de poste, et les lettres d'envoi des Sociétés, ce qui dérange un peu le système qui tend à faire croire que toutes ces adresses ne sont que mensonges, et point du tout l'ouvrage des Sociétés qui les font passer à la Convention nationale et à nous.

Une autre fois, peut-être reviendrons-nous sur ce système, tout à la fois perfide et insultant pour le peuple réuni dans les Sociétés populaires.

SPECTACLES DE LA 1ʳᵉ SANS-CULOTTIDE.

Théâtre des Arts. — Relâche.
Opéra-Comique. — *Azémia*, en trois actes et ariettes; *Blaise et Babet*, com. en deux actes, mêlée d'ariettes.
Feydeau. — *Paul et Virginie*, op. en trois actes; *la Partie carrée*, opéra-folie en un acte, en vers.

THÉÂTRE DE LA RÉPUBLIQUE. — *La Bizarrerie de la fortune*, en cinq actes; *les Étourdis ou le Mort supposé*, com. en trois actes.

THÉÂTRE DE L'ÉGALITÉ. — *Nanine*, com. en trois actes; *le Bourru bienfaisant*, com. en trois actes.

LYRIQUE. — *Flora*, op. en trois actes; *la Ruse villageoise*, vaud. en un acte.

GAITÉ. — *Le Triomphe de l'amour conjugal*; *le Prétendu*; *le Départ des patriotes*, avec son ballet; *le Cocher supposé*.

AMBIGU-COMIQUE. — *Les Deux chasseurs et la laitière*; *la Gamelle*; *les Prisonniers patriotes*.

VAUDEVILLE. — *L'Heureuse décade*; *Colombine Mannequin*; *la Matrone d'Éphèse*.

CITÉ-VARIÉTÉS. — *Georges ou le Bon fils*, com.; *l'Enrôlement supposé*, com.; *les Charlatans*, op.

LIII

2ᵉ SANS-CULOTTIDE AN II (18 SEPTEMBRE 1794)

RAPPORT DE LA 3ᵉ SANS-CULOTTIDE.

Grand trouble dans le Jardin Égalité, occasionné par la diversité des opinions sur la liberté de la presse et la manière affectée avec laquelle les colporteurs distribuent leurs écrits. Des coups ont été donnés. Il s'est manifesté un parti des Jacobins et un autre contraire. A la fin de vives discussions un cri de ralliement de : *Vive la Convention!* s'est fait entendre, et un citoyen, qui s'est dit le ramoneur de la rue Froidmanteau, a parlé courageusement en faveur des principes, de manière qu'il a apaisé la fermentation. Quelques particuliers ont été arrêtés; deux conduits au Comité de sûreté générale, et un autre au Comité révolutionnaire de la section. La garde du poste de l'Égalité a ramené le calme et dissipé les groupes avec beaucoup de peine.

Au milieu de tous ces débats, le peuple conserve toujours son énergie et regarde la Convention comme son seul et véritable point de ralliement.

Il résulte de tous les rapports que ceux qui criaient ne point vouloir des Jacobins étaient des muscadins, des gens à bons mots, en un mot des intrigants. Ces mêmes individus se permettaient d'arrêter ceux qui prenaient le parti de cette Société. Ils se couvraient du masque du patriotisme en disant : « Nous ne connaissons que la Convention ». Mais le sans-culotte n'était point la dupe de cette belle phrase, et voyait bien que le cœur ne prenait aucune part à ce qu'ils disaient.

Au moment de cette rixe, un enfant criait : *Grande conspiration de cent mille hommes à Meudon* (au lieu d'Alais) ; il a été arrêté et conduit devant le commissaire de police de la section des Gardes Françaises, qui l'a fait déposer au violon. Cet enfant a répondu, dans son interrogatoire, qu'il ne savait pas lire et qu'il ne l'a crié qu'après avoir entendu d'autres colporteurs.

Hier matin beaucoup de monde était amassé et regardait une voiture superbe, attelée de deux beaux chevaux, poil rougeâtre ; il y avait sur cette voiture un médaillon aux attributs de la liberté, avec cet écrit : *Commission des administrations civiles, police et tribunaux.* Chacun témoignait son mécontentement sur le luxe et la dorure de cette voiture.

Au marché Neuf, il n'est arrivé ni beurre ni œufs. Plusieurs personnes assurent que les marchands de ce quartier ont l'adresse de faire venir leur beurre et œufs dans des paniers garnis de fruits par dessus.

Il s'est fait dans la journée d'hier plusieurs saisies de viande venant des communes voisines. Elle a été distribuée au prix de maximum.

Beaucoup de marchés ont été très peu approvisionnés en beurre et œufs. Ceux du faubourg Germain ne l'étaient point du tout, à l'exception cependant de quelques légumes.

Il est arrivé, le deuxième jour sans-culottide, au carreau de la Halle: beurre, 10.360 livres ; œufs, 14.600 ; fromage, 7.653 douzaines.

GÉRÔME, BALLAY.

(Arch. nat., F 1 c III, Seine, 17.)

JOURNAUX.

Courrier républicain de la 3e sans-culottide :

Du 2e sans-culottide. — On a dit trop souvent sans doute, au plus petit mouvement qui nous a agités, que c'était la main de Pitt et de Cobourg qui en était le directeur. Il est cependant des circonstances où [il] est naturel de croire que c'est l'étranger qui, désespérant de nous vaincre par les armes, agite parmi nous les brandons de discorde. En effet, est-il possible qu'un Français se soit porté de lui-même à afficher les placards manuscrits qu'on a trouvés ce matin au coin de plusieurs rues, dans lesquelles on dit au peuple que la Convention nationale est en contre-révolution, et d'autres horreurs aussi absurdes? Mais il sait le respect qu'il doit à ceux à qui il a remis ses droits, et n'écoutera pas les abominables conseils qu'on lui donne, dont l'exécution amènerait nécessairement sa destruction et perte de la France.

On voit paraître aujourd'hui un journal signé *Dufourny*, dans lequel il dénonce au peuple les continuateurs de Robespierre. « Citoyens, dit-il, vous les reconnaîtrez aux persécutions qu'ils font essuyer aux patriotes ; ce sont eux qui veulent perdre le gouvernement révolutionnaire en le déshonorant, en transformant les membres de ce gouvernement en un *conseil d'ogres* et le tribunal révolutionnaire en une *caverne d'assassins*. » A la suite de cette dénonciation est une instruction au peuple dont cette maxime est la base : *Il n'y a d'homme libre que l'homme juste* [1].

Le club dit des Cordeliers va définitivement reprendre ses séances à la salle du Musée, rue de Thionville. Il s'assemblera quatre fois par décade.

Nouvelles politiques, nationales et étrangères de la 3º sans-culottide :

Les écrits vigoureux et forts en faveur de la liberté de la presse, qui se multiplient de jour en jour, sont presque étouffés par les écrits encore plus nombreux qu'on répand avec profusion sur les Sociétés populaires. Il est assez singulier que, tandis que d'un côté on demande la liberté de l'expression de la pensée, on demande de l'autre que la discussion de la pensée soit interdite aux Sociétés populaires. Boissel, dans une des dernières séances des Jacobins [2], a observé que, quand l'Empereur publia un manifeste contre la liberté de la France, il déclara qu'il faisait la guerre aux Jacobins, et il a tiré de ce fait une arme logicienne contre ceux qui attaquent aujourd'hui la même Société. On ne connaîtrait pas l'esprit humain, si on trouvait étrange qu'il se mêle une grande chaleur dans la discussion des avantages ou des désavantages qui peuvent naître de l'existence des Sociétés populaires. Ceux qui demandent leur suppression exposent le mal qu'elles peuvent faire ; ceux qui demandent leur conservation détaillent le bien qu'elles ont fait. Il est certain, disent ceux-ci, que la surveillance des citoyens réunis a maintenu l'esprit public à la hauteur néces-

---

1. Ce n'est pas un journal, mais un pamphlet intitulé L.-P. Dufourny *à ses concitoyens*, Bibl. nat., Lb 41/1289, in-4º de 8 pages. La citation qu'en fait le *Courrier républicain* est empruntée au début du pamphlet et n'est pas tout à fait textuelle.
2. Voir la *Société des Jacobins*, t. VI, p. 170.

saire pour le triomphe de la Révolution. Ainsi l'expérience sert ici, en quelque sorte, de boussole, et il est hors de doute que le calme de la raison et du temps éclairera ces louanges et ces blâmes. Le rapport sur l'état intérieur de la République fixera, à cet égard important, l'opinion de la nation; et ce rapport, qui doit être fait par Treilhard [1], est attendu avec impatience par les véritables amis de la paix intérieure de la République; c'est à cette paix que tient la liberté publique; elle a sans doute des ennemis intérieurs; et, quand les Sociétés populaires n'offriraient que l'avantage de surveiller ces ennemis, on ne peut disconvenir que, sous ce seul aspect, elles ne soient fort utiles.

La grande affaire des colonies, des colons et des commissaires occupe aussi fortement tous les esprits. Une commission nommée par les trois Comités doit faire aussi incessamment un rapport sur cet objet important.

Messager du soir de la 3º sans-culottide :

Paris, 2º *sans-culottide*. — Chacun attend avec impatience le rapport des trois Comités sur la situation actuelle de la République; on espère que les rayons de la vérité vont dissiper enfin les nuages ténébreux dont les mécontents entourent la Convention, et feront avorter l'orage qui est prêt à écraser la représentation nationale, en [la] livrant à la terreur et à l'oppression. Cependant les Comités révolutionnaires qui ont souillé la Révolution par des emprisonnements arbitraires, tous les tyrans subalternes qui ont abusé de leur autorité, s'agitent dans les sections pour faire le procès à la révolution du 9 thermidor, et rétablir le système de persécution et de terreur contre les citoyens. « C'est aux Jacobins, s'écrient-ils, qu'est le centre de réunion, l'unique point de ralliement. » Mais partout il n'y a qu'un accord, qu'un sentiment et qu'une voix : c'est que la Convention, malgré les rumeurs de ces hommes qui craignent qu'on ne leur demande des comptes, conservera toujours l'estime et l'amour des républicains, et fera face à tous ses ennemis, tant qu'elle conservera l'énergie et le courage dont nos braves défenseurs lui donnent l'exemple sur les frontières.

Gazette historique et politique de la France et de l'Europe de la 3ᵉ sans-culottide an II :

Nous marchons sur un volcan; l'éruption nous menace; puisse-t-

---

[1]. Il fut fait par Robert Lindet. (*Moniteur*, réimpression, t. XXII, p. 18).

elle se diriger sur la clique des intrigants et des perturbateurs, dont le système odieux de subversion acquiert chaque jour de nouveaux partisans ! Deux partis puissants s'agitent depuis quelque temps et font de mutuels efforts pour se détruire réciproquement et pour obtenir la palme.

     La raison du plus fort est toujours la meilleure,

dit le proverbe. Quel sera le plus fort ? Voilà l'énigme. Un des partis, celui des Jacobins, que leurs adversaires appellent hardiment la faction des *Continuateurs de Robespierre*, ne veut point, dit-on, de la liberté de la presse, demande l'exécution de la loi du 17 septembre [1], la liste des individus mis en liberté, et par suite le retour de la *terreur à l'ordre du jour*.

L'autre parti, qui, jusqu'à ce jour, paraît être le plus nombreux, et que les Jacobins qualifient de modérantisme et de fédéralisme, réclame la liberté de la presse avec garantie, la suppression, ou au moins l'épuration et la purgation des Sociétés populaires, et surtout le respect pour la Convention nationale, qu'ils désirent voir enfin le point central du gouvernement.

Il paraît chaque jour des écrits nouveaux enfantés par les défenseurs de ce dernier parti, tous dirigés contre les Jacobins, et tous plus virulents les uns que les autres, si on en excepte deux ou trois dont l'animosité fait tout le mérite et qui sont plus forts d'injures, de grossièretés, de platitudes et de calomnies, que de raisons. Il ne s'agit point d'avancer que des hommes sont des scélérats, des conspirateurs, des cannibales : il faut le prouver. On traite ainsi les Jacobins, et ceux qui les attaquent aussi durement oublient sans doute les services importants que le peuple français doit à cette Société célèbre, qui, peut-être n'a aujourd'hui tant d'ennemis que parce que de tout temps elle combattit avec courage la classe nombreuse des aristocrates, des brissotins, fédéralistes, feuillants, etc.

Chacun prend diversement part dans cette guerre d'opinion ; ce combat à mort entre deux adversaires acharnés l'un et l'autre à leur perte donne un intérêt passager à certains journaux, du monde dans les cafés, des lecteurs dans les cabinets littéraires, des motions à la douzaine dans les lieux publics, où les groupes sont très multipliés depuis deux jours et commencent à devenir bruyants. Chacun y lâche son petit mot ; quelques agitateurs, stipendiés à grands frais par les deux partis, encouragent les malveillants de part et d'autres, égarent le peuple, agacent les intrigants, et font parler les ambitieux. C'est là

---

1. Sur les suspects.

que les sentiments se développent, les opinions s'exposent avec chaleur, les orateurs se traitent mutuellement [de] Maurytistes et Robespierristes.

L'air retentit de bravos ; l'un jure, l'autre tempête et menace ; quelques-uns applaudissent de tout leur corps ; d'autres se disputent ; quelques injures se mêlent à la partie ; bientôt les coups de poing succèdent aux gros mots ; les adversaires se qualifient mutuellement des titres d'aristocrates, de contre-révolutionnaires, de buveurs de sang ; les espions qui, DIT-ON, se glissent partout, écoutent, ne perdent rien et messieurs les dénonciateurs de profession accaparent, DIT-ON, des liasses de preuves qu'ils espèrent faire valoir en temps et lieu, lorsque, DISENT-ILS, le parti des Jacobins sera victorieux.

Pour nous, qui ne connaissons point d'autre parti que celui du peuple, de la Convention et de la République, qui n'avons d'autre opinion que celle des vrais amis de la liberté et de la paix intérieure de notre patrie, nous demeurons spectateurs de cette lutte terrible et affligeante pour tous les bons républicains qui gémissent de voir perdre en disputes un temps précieux pour le bonheur public.

Cependant, pour mettre nos lecteurs à portée de juger l'esprit de ces différents partis qui se déchirent avec animosité, nous donnerons quelques extraits des différents écrits, pamphlets, brochures, etc., et de toutes les pièces offensives et défensives qui paraîtront en faveur ou contre les combattants.

Le parti des Jacobins, assailli chaque jour par les écrits les plus foudroyants, tels que *les Jacobins démasqués, la Queue de Robespierre, l'Orateur du Peuple*, etc., ne répondent (sic) pas aux assaillants et ne paraissent exister qu'au moment de leurs séances. On dit cependant qu'on s'aperçoit dans les groupes qu'ils sont *très remuants*; on va même jusqu'à dire qu'ils combinent une insurrection..... On en donne pour preuve un écrit qui peut-être a été affiché par leurs adversaires, portant : *Aux armes, citoyens, la Convention veut la contre-révolution, le peuple veut la liberté !*

On dit que cet écrit, qui a été trouvé affiché rue Tiquetonne, entraînera l'arrestation de quelques contre-révolutionnaires qui, pour parvenir à leurs vues criminelles, cherchent à jeter une pomme de discorde parmi les bons citoyens qu'ils veulent perdre. On dit, mais n'avançons rien : on sait que les ON DIT colorent bien des calomnies qui assassinent bien du monde. Contentons-nous de citer le paragraphe suivant que nous trouvons dans le *Messager du soir*, qui lui-même paraît l'avoir écrit sous la dictée de quelques groupes du Palais ci-devant Royal. Au moins, y disait-on hier, à peu près les mêmes vérités, ou si l'on veut les mêmes mensonges, car *Adhuc sub judice lis est*[1].

Spectacles de la 2ᵉ sans-culottide.

Théâtre des Arts. — *La réunion du 10 août ou l'Inauguration de la République française*, sans-culottide en cinq actes.

Opéra-Comique. — *La Fausse magie*, com. en un acte, par le cit. Marmontel, musique du cit. Grétry; *Alexis et Justine*, com. en deux actes, en prose, mêlée d'ariettes; *la Fête américaine*, ballet patriotique.

Feydeau. — *Les Montagnards ou l'École de la bienfaisance*, com. en un acte; *Les Vrais Sans-Culottes*, tableau patriotique en un acte.

Théâtre de la République. — *Le Menteur*, com. en cinq actes; *le Conteur ou les deux postes*, en trois actes.

Théâtre de l'Égalité. — *Le Conciliateur*, com. en cinq actes; *Crispin médecin*, com. en trois actes.

Lyrique. — *Michel Cervantès*, op. en trois actes; *Le Bon père*, op. en un acte.

Gaîté. — *La Caverne*; *le Véritable ami du peuple*, drame; *le Voltigeur*; *le Quiproquo de l'hôtellerie*; *l'Hymne à la liberté*, fête civique.

Ambigu-Comique. — *La Bascule*; *les Déguisements*; *le Masque de fer*.

Vaudeville. — *Arlequin tailleur*; *le Sourd guéri*, *le Poste évacué*.

Cité-Variétés. — *Guerre ouverte*, com.; *les Royalistes de la Vendée*, pantomime.

LIV

3ᵉ SANS-CULOTTIDE AN II (19 SEPTEMBRE 1794).

Rapport de la 4ᵉ sans-culottide.

L'esprit public ne change point et marche toujours avec les principes. Les groupes ont été moins nombreux, si ce n'est au Jardin National, où les discussions continuaient sur les Jacobins. Il paraît que le résultat de ces disputes est le ralliement à la Convention des Sociétés populaires. Du reste, la masse du peuple est d'accord sur la conservation des principes qui consacrent sa souveraineté, et hier, à la représentation de *Timoléon*, une allusion à cette grande vérité de la souveraineté du peuple a été longtemps couverte d'applaudissements par tous les citoyens indistinctement.

Dans certains groupes l'on s'entretenait du petit Capet et de sa

---

1. Suit l'article du *Messager* que nous avons donné plus haut, p. 104.

sœur (sic); chacun en raisonnait à sa manière, mais tous étaient embarrassés pour leur déterminer un sort à venir.

La proclamation qui s'est faite dans Paris sur les étrangers[1], a produit la plus vive sensation, au cri de *Vive la République! Vive la Convention!* Un particulier cependant a été arrêté dans la section de Guillaume Tell et conduit au Comité de sûreté générale pour avoir dit, lorsqu'on proclamait : *Vive la Convention! Au f....., les Jacobins.*

Sur les huit heures du soir, deux officiers de l'État-Major vinrent au Théâtre du Vaudeville et demandèrent les commissaires pour les aider à chercher des individus, auteurs d'une affiche portant que tous les honnêtes gens étaient invités de fondre sur la Convention, que c'étaient des gueux, des scélérats, etc. Un inspecteur s'est joint à ces citoyens pour les découvrir, ce qu'ils n'ont pu faire.

. . . .

L'affluence du monde et le désordre étaient si grands hier au port au charbon, quai du Muséum, que l'on a été obligé de cesser la livraison vers les quatre heures. L'on se plaint de voir toujours les mêmes personnes à ces distributions.

Il est instant de créer un nouveau mode pour empêcher les rassemblements nocturnes qui se forment au port au charbon. L'on paraît désirer qu'il soit distribué dans les sections même, par un commissaire civil qui serait seul chargé des bons.

Beaucoup d'affluence aux chantiers; beaucoup de marchands manquent de bois, lequel n'est pas plutôt sorti de l'eau qu'il est enlevé.

Il est arrivé quelques caisses de savons de Marseille au nombre de 40 à 50.

Les marchés sont toujours peu approvisionnés; cependant beaucoup de tranquillité.

GÉRÔME, OLLIVIER.

(Arch. nat., F¹ᶜ III, Seine, 17.)

JOURNAUX.

Courrier républicain de la 4ᵉ sans-culottide :

Du 3ᵉ sans-culottide. — Il est naturel de croire que la guerre des pamphlets nous conduira à une guerre plus sérieuse. On a vu hier les premières escarmouches au Palais de l'Égalité. Quelques personnes,

---

1. Il s'agit du décret de la 3ᵉ sans-culottide an II, ordonnant que les citoyens qui ne résidaient pas à Paris avant le 1ᵉʳ messidor précédent en sortiraient dans les vingt-quatre heures.

ayant voulu imposer un peu trop brusquement silence à des colporteurs qui criaient : *Voilà les Jacobins démasqués ! Voilà les Jacobins convaincus d'imposture !* etc., les passants ont pris parti pour les crieurs, la foule est devenue nombreuse et bruyante, et peu s'en fallut qu'on n'en soit venu à des excès. Cependant, tout s'est terminé par le cri unanime de *Vive la Convention !* et par quelques propos tels que : *A bas les Jacobins !* et autres de cette nature. On a conduit au corps de garde ceux qui avaient maltraité ou voulu maltraiter les colporteurs.

Les pamphlets du jour sont : *La grande détresse des Jacobins qui n'ont plus le sol ou Avis aux valets des émigrés pour aller échanger leurs douze francs contre une carte de Jacobin* [1]. Ce pamphlet est une assez mauvaise plaisanterie dans laquelle on représente Vad... [2] à la porte des comités de la Trésorerie nationale et enfin à toutes les portes pour emprunter de l'argent, voire même aux banquiers de Pitt, qui ne reçoivent plus rien, parce que les frontières sont trop bien gardées.

Un autre écrit est intitulé : *Premier dialogue entre deux Jacobins*, par Dubois-Crancé [3]. Le premier parle dans le sens des anciens Jacobins, et le second dans celui des Jacobins actuels.

Après s'être réciproquement accusés, l'un de modérantisme, l'autre d'enragé, ils se quittent.

« Eh bien ! dit celui-ci, que son collègue appelle enragé, puisque ce sont là tes sentiments, je vais te dénoncer comme aristocrate à la Société. »

« Et moi, reprend l'autre, je te dénoncerai comme un brigand à tout le peuple français. »

Un troisième pamphlet porte pour titre : *Les Jacobins traités comme ils le méritent* [4].

Cet écrit est une réponse pour la Société à toutes les attaques dirigées contre elle.

L'auteur y persifle amèrement tous les suppôts de l'aristocratie qui se proposent de rattraper leurs pigeons, leurs clapiers, leurs levreaux, leurs corvées. Et il prédit au peuple que, si on parvient à détruire les Sociétés populaires, tout cela ne manquera pas de revenir.

1. Par Boisrue. Bibl. nat., Lb 41/1295, in-8.
2. Vadier.
3. *Entendons-nous. Premier dialogue entre deux Jacobins*, par Dubois-Crancé. Paris, impr. de Guffroy, s. d., in-8°. Bibl. nat., Lb 39/4890. On trouvera, sous la même cote, un second et un troisième *Dialogue*.
4. Bibl. nat., Lb 41/4074, in-8.

Journal des hommes libres de tous les pays de la 4° sans-culottide[1] an II :

Paris, 3° sans-culottide. — Avez-vous vu hier la contre-Révolution se pavaner à ce fameux palais qu'on voudrait bien faire redevenir royal ? Elle avait mis ses plus beaux atours et pris ses formes les plus séduisantes. Quelques bons citoyens en furent éblouis, et la prirent pour le patriotisme même. « Nous voulons la liberté, disait-elle, nous voulons la Convention et la justice. »

Messager du soir de la 4° sans-culottide an II.

Paris, 3° sans-culottide. — Avez-vous lu Fréron ? Voilà quelle est la demande des citadins, lorsqu'ils se rencontrent. Le quatrième numéro vient de paraître ; il emporte la pièce ; il est dirigé en partie contre Vadier, qui est accusé de royalisme et d'accointance avec Fouquier-Tinville. *L'Orateur du peuple* cite même un extrait du journal de Marat, dans lequel Vadier est fort maltraité.

Du reste, les pamphlets vont leur train. Dans l'impossibilité où nous sommes de faire des extraits, nous allons en donner les titres. Les colporteurs criaient ce matin : *Entendons-nous, premier dialogue entre deux Jacobins*, par Dubois-Crancé ; *Les Jacobins traités comme ils le méritent* ; *La grande détresse des Jacobins, qui n'ont plus le sol* ou *Avis aux valets des émigrés pour aller échanger leurs douze francs contre une carte de Jacobins*.

Tout cela n'amuse pas tout le monde ; il s'est même passé, hier soir, une scène tragi-comique au Palais-Égalité, où il n'y a eu de bien réel que des coups de bâton et des soufflets distribués assez largement. Voici le fait. Un colporteur criait les titres de différentes brochures ; passe une masse d'individus à sabres, qui fondent sur le crieur et lui défendent de rien proclamer contre la Société mère. Le colporteur réclame la liberté de la presse ; les révolutionnaires à bâton maltraitent le distributeur de feuilles ; tout cela fait vacarme. Des essaims de curieux sortent des cafés, prennent fait et cause pour le colporteur. Les assaillants ripostent par le cri de *Vivent les Jacobins !* Le reste répond par *Vive la Convention !* La mêlée s'engage, et moitié de gré, moitié de force, les Jacobins sont contraints de crier *Vive la Convention !* Cette scène fait aujourd'hui la matière de tous les entretiens.

On a trouvé plusieurs placards écrits à la main, affichés dans plusieurs quartiers, et notamment [une affiche manuscrite] à une des

---

1. On croit que le mot *sans-culottide* était alors employé tantôt au féminin, tantôt au masculin.

entrées de la Convention même. André Dumont l'a arrachée ; elle contenait ces mots :

« Lorsque le Sénat romain s'empara de tous les pouvoirs, le peuple
« fut réduit à l'esclavage ; vous êtes dans la même position ; vous
« n'avez plus pour vous sauver que l'article XXXI de la déclaration
« des Droits de l'homme, c'est-à-dire l'insurrection. »

Messager du soir de la 3ᵉ sans-culottide :

Paris, 4ᵉ sans-culottide. — Hier soir et toute la nuit, il s'est fait de nombreuses patrouilles ; c'est surtout au Jardin Égalité qu'elles étaient plus fréquentes, mais elles n'avaient rien d'alarmant pour les patriotes amis de la justice et de la représentation nationale : souvent même, lorsqu'elles s'approchaient d'un groupe où l'on défendait la Convention contre les calomnies dont les ennemis de la révolution du 9 thermidor ne cessent de l'abreuver, ils joignaient leurs voix à celles des bons citoyens, et criaient aussi ; *Vive la Convention !*

La proclamation du décret qui ordonne aux citoyens non domiciliés de sortir sous les vingt-quatre heures de Paris[1] a été reçue par les habitants de cette ville avec enthousiasme et applaudissements, tant l'opinion est fortement prononcée en faveur des opérations de la Convention, tant les Parisiens sont convaincus que, parmi certain nombre d'honnêtes commerçants que des affaires réelles retenaient dans cette cité, il y avait une foule innombrable d'intrigants, attirés par les vociférations des continuateurs de Robespierre, comme les vautours le sont par l'odeur pestiférée des cadavres. Ces révolutionnaires affamés de meurtres et de pillage retournent cette fois sans avoir pu tremper leurs mains, ni dans le sang des républicains, ni dans les caisses de la section.

Il s'est passé hier encore une petite scène aux Tuileries, dans le genre de celle qui s'était passée la veille au Jardin Égalité. Ces événements devraient instruire ceux qui veulent remettre la tyrannie à l'ordre du jour que l'opinion publique est entièrement pour la liberté, et abhorre les maximes de terreur et de sang qui ne conviennent qu'à des cannibales, à des anthropophages.

Gazette historique et politique de la France et de l'Europe de la 4ᵉ sans-culottide :

Les colporteurs criaient hier : *Voici les Jacobins traités comme ils le méritent.* Chacun, croyant que cette brochure était réellement di-

1. Voir plus haut, p. 113.

rigée contre les partisans de la terreur à l'ordre du jour, s'empressait de l'acheter; mais combien on était trompé, lorsqu'on y voyait l'apologie des Jacobins par un Jacobin, qui, par modestie, attribuait à sa Société tous les événements de la Révolution. Cet écrit, qu'un plaisant appelait l'oraison funèbre des Jacobins, est un tissu d'ironies peu piquantes et monotones, et qui ne sont point susceptibles d'être analysées.

L'auteur paraît vouloir insinuer au peuple que, sans les Sociétés populaires, *il n'y a point de salut*, et que le parti qui demande la liberté de la presse est celui des aristocrates, des royalistes, des nobles et des prêtres, ce qui veut dire que, hors des Jacobins, il n'existe pas de patriotes, ce qui veut dire que ce bon père de famille qui, exempt d'ambition, ennemi de l'intrigue et de la cabale, au lieu d'aller motionner aux Jacobins et y réclamer la terreur à l'ordre du jour, s'occupe d'instruire ses enfants de leurs devoirs, leur prêche le respect pour la Convention, la soumission aux pouvoirs constitués et l'exécution des lois, est, selon l'auteur de la brochure, un aristocrate, un royaliste, un contre-révolutionnaire; ce qui veut encore dire que ces représentants courageux qui, d'une main hardie, ont renversé le trône du nouveau Néron, sont des aristocrates, puisqu'ils ne sont pas Jacobins; et que, hors les Jacobins, il n'existe point de patriotes.

Nouvelles politiques, nationales et étrangères de la 5ᵉ sans-culottide :

Paris, 5ᵉ jour sans-culottide. — Avant-hier, on a trouvé, dans quelques quartiers de Paris, des placards manuscrits d'une telle atrocité que l'indignation générale des bons citoyens s'est empressée de les arracher et de les communiquer au gouvernement. On est à la poursuite de cette manœuvre exécrable, dont on assure que quelques auteurs ont déjà été arrêtés; les autres sont assez indiqués à la surveillance de la police pour qu'ils ne puissent échapper à une juste punition. La tranquillité publique a manqué d'être altérée par ces projets criminels, mais les patrouilles ont été multipliées; et le décret qui ordonne qu'en vingt-quatre heures les étrangers entrés dans cette capitale depuis le 1ᵉʳ messidor seront tenus de s'en éloigner va, sans doute, rendre aux bons et paisibles habitants de Paris une sécurité que les malveillants essayent de détruire par tous les moyens qui sont en leur pouvoir. Ce calme est surtout nécessaire dans le moment où la Convention nationale s'occupe avec tant de zèle à élever l'édifice du bonheur public sur les bases solides de la liberté et de l'égalité.

Spectacles de la 3ᵉ sans-culottide.

Théâtre des Arts. — Relâche.
Opéra-Comique. — *La Mélomanie*, com. en un acte, mêlée d'ariettes; *Callias ou Nature et Patrie*, com. héroïque en un acte, mêlée de musique, prem. représentation; *l'Enfance de Jean-Jacques Rousseau*, com. mêlée d'ariettes.
Feydeau. — Pas d'annonce.
Théâtre de la République. — *Timoléon*, trag. en trois actes, en vers, avec chœurs; *Crispin rival de son maître*, com. en un acte.
Théâtre de l'Égalité. — *Guillaume Tell*, trag.; *les Chœurs de Marathon*; *le Retour du mari*, com.
Lyrique. — *Zélia*, op. en trois actes; *la Matinée républicaine*, vaud.
Gaîté. — *Le Voltigeur*; *la Danse de l'Échelle*; *les Lutteurs et les Sauteurs*; *Crispin médecin*; *l'Aristocrate démasqué par la Corne de la Vérité*; *Arlequin et Colombine invisibles*, pantomime.
Ambigu-Comique. — *Le Maire de village*; *l'Étape*; *l'Héroïne américaine*.
Vaudeville. — *Nice*; *l'Auberge isolée*; *les Vendangeurs*.
Cité-Variétés. — *L'Orphelin*, com.; *l'Adoption villageoise*, op.; le ballet *des Nègres*.

LV

4ᵉ SANS-CULOTTIDE AN II (20 SEPTEMBRE 1794).

Journaux.

Courrier républicain de la 5ᵉ sans-culottide:

Du 4ᵉ sans-culottide. — On craignait que les mouvements qui s'étaient manifestés la veille au Palais Égalité ne devinssent plus alarmants aujourd'hui. Pour prévenir le désordre, on avait commandé un très grand nombre de citoyens armés dans les diverses sections. De fortes patrouilles ont commencé à circuler dans plusieurs quartiers, et il n'y a pas eu la plus légère commotion extérieure. Dans l'après-dînée, la promenade a été très fréquentée; mais on y voyait peu ou point de ces hommes à grandes moustaches, armés de gros bâtons, satellites barbares du dernier tyran.

A onze heures du soir, on a entendu le bruit du tambour, qui a causé un peu d'inquiétude; mais on a bientôt su que c'était la proclamation de la loi en vertu de laquelle les étrangers qui sont à Paris depuis le 1ᵉʳ messidor sont tenus d'en sortir, à l'exception de ceux dénommés par la même loi.

La réduction des Comités révolutionnaires au nombre de douze a été opérée hier; les nouveaux comités sont en exercice.

Messager du soir du 1er vendémiaire an III :

Paris, 5e sans-culottide. — On fait des rapprochements assez justement fondés sur les individus qui, l'année dernière, se contentaient de prêcher le fédéralisme et de s'associer pour sa cause, et qui aujourd'hui sont les plus zélés soldats du royalisme; les principaux commandants des *Chouans* se trouvent précisément être les anciens commandants des *Carabots*. — Puisaye était adjudant-général de Wimpffen et commandant de la force départementale à Vernon.

Des événements dont on vient de faire part à la Convention font l'entretien de tous les citoyens. Chacun rapproche ce qui s'est dit aux Jacobins par les Marseillais, et la rebellion ouverte qui se manifeste aujourd'hui dans leur pays : « Le Midi est debout, disait l'un d'eux; il n'attend pour agir que signal des Jacobins. » « Nous ne partons pas encore, tout-à-l'heure, ajoutait-il ». On se rappelle qu'à leur départ ils regrettaient de ne pouvoir participer dans Paris au nouveau triomphe de la liberté et de l'égalité, et on se demande : qui donc a donné le signal? de quel triomphe veulent-ils parler? Et l'on commence à expliquer pourquoi les Jacobins dénonçaient avec tant d'acharnement les amis de la représentation nationale, et proscrivaient les patriotes qui criaient *Vive la Convention!*

SPECTACLES DE LA 4e SANS-CULOTTIDE.

Théâtre des Arts. — *Milliade à Marathon*, en deux actes; *Télémaque dans l'île de Calypso*, ballet-pantomime.

Opéra-Comique. — *Fanfan et Colas*, com. en un acte, en prose; *l'Épreuve villageoise*, com. en deux actes, mêlée d'ariettes, avec un divertissement; *Stratonice*, com. héroïque en un acte, en vers.

Feydeau. — *Lodoïska*, op. en trois actes.

Théâtre de la République. — *Le Distrait*, com. en cinq actes; *le Conteur ou les Deux postes*, en trois actes.

Théâtre de l'Égalité. — *Le Tartuffe*, com. en cinq actes; *le Babillard*, com. en un acte.

Lyrique. — Relâche.

Gaîté. — *Crispin rival; Arlequin protégé par Vulcain; Alain et Suzette ou le Fils adoptif; le Sabotier; les Sauteurs; les Deux font la paire; la Danse de l'échelle; l'Enrôlement du bûcheron*, et un ballet.

Ambigu-Comique. — *Le Maréchal des logis; la Fête civique; le Nid d'oiseaux; les Prisonniers patriotes*.

Vaudeville. — *Les Chouans de Vitré; l'Alarmiste; le Fanron*.

Cité-Variétés. — *Le Mari coupable*, première représentation; *le Divorce* première représentation; *Arlequin imprimeur*, op.

LVI

5° SANS-CULOTTIDE AN II (21 SEPTEMBRE 1794).

RAPPORT DU 1ᵉʳ VENDÉMIAIRE AN III.

Hier la fête publique [1] a occupé tous les citoyens. On y avait remarqué qu'il y avait moins de monde, moins de gaîté, moins d'enthousiasme qu'à l'ordinaire. On attribue cela à la crainte qu'on prétend avoir été répandue les jours précédents, aux bruits qu'on avait fait courir, qu'il devait y avoir quelque accident fâcheux, et, se rappelant la fête qui devait avoir lieu le 10 thermidor et l'événement malheureux qui devait la troubler, ce souvenir a paru faire naître des craintes. On a remarqué très peu de monde partout. Et sur l'escalier du temple Roch, où il y a d'ordinaire beaucoup de femmes, on n'y a vu presque tous hommes (sic).

Le peuple s'est plaint hier de ce qu'on lui a jeté par les croisées du Palais national des papiers, ce qui est indigne des républicains, qui n'ont pu s'empêcher de faire des comparaisons avec ce qui se passait sous le règne des tyrans. Il est résulté de cet abus qu'on a été foulé. Les uns ont perdu leurs chapeaux, leurs cannes; les autres ont été volés, etc.

Sur le soir, à la sortie des spectacles, un particulier a crié au coin de la rue de la Loi et Honoré : *Les opinions sont libres, et je dis que les Jacobins ou la Convention sont des coquins qui perdent la France!* et s'est sauvé si vivement qu'on n'a pu le rattraper, et, malgré toutes les informations, on n'a su ce qu'il était devenu.

Le nommé Detchegarray, qui avait voulu se détruire le 26 thermidor, trancha, hier sur les dix heures et demie du soir, dans la maison d'arrêt dite la Force, où il était détenu, le fil de ses jours en séparant, avec un rasoir, la tête de son corps. Il y avait longtemps que cet homme méditait ce suicide. Il devait être traduit au tribunal criminel du département le 2 vendémiaire.

Des citoyens regardaient hier avec beaucoup de peine les élèves de Mars en ce que, parmi eux, il y avait des gardes du tyran Capet. Ils disaient que ce corps demandait la plus grande attention en ce qu'il a été établi du règne de Robespierre.

1. Pour le transfert des cendres de Marat au Panthéon.

Généralement Paris a été tranquille il ne s'est point fait d'autre vol que dans la foule.....

GILLET, A. MARTINEAU.

(Arch. nat., F⁷ * III, Seine, 14.)

JOURNAUX.

Messager du soir du 2 vendémiaire an III :

Paris, 1ᵉʳ vendémiaire. — La fête de la translation des cendres de Marat au Panthéon a été célébrée hier avec peu d'enthousiasme. Il serait peut-être curieux de développer les causes de cette froideur. Aux Jacobins, on a dit que le silence du peuple était un reproche, qui était adressé aux honorables membres, de leur peu d'énergie ; mais on a oublié de dire qu'il ne se trouvait pas trente Jacobins à cette fête. Et par quelle fatalité les tribunes, qui, à la plus petite occasion, ne parlent que d'aller en masse, s'étaient-elles donné le mot pour aller en masse... au cabaret ?

Au demeurant, notre situation politique se trouve dans une crise qui annonce des événements tout nouveaux. Il faut que le gouvernement ramasse toutes ses forces pour comprimer les égorgeurs ; leur soif de sang n'est pas encore étanchée.

Les patrouilles continuent à circuler dans Paris pour en imposer aux malveillants.

La guerre des pamphlets ne perd rien de son activité ! On criait aujourd'hui : *Le coup de grâce des Jacobins, conseils aux braves citoyennes, pour qu'elles laissent les tribunes de la pétaudière, et qu'elles veillent à leur ménage* [1].

Nouvelles politiques, nationales et étrangères du 2 vendémiaire an III :

Paris, 2 vendémiaire. — La translation des cendres de Marat au Panthéon s'est faite avant-hier au milieu des applaudissements du peuple, dont il fut le défenseur et l'ami. La pompe du cortège était imposante, tant par le nombre des citoyens qui le composaient, que par l'ordre et la belle tenue des jeunes guerriers du camp des Sablons, qui formaient différents pelotons, tant à pied qu'à cheval. Le char qui portait le corps de Marat était conduit par douze chevaux, à quatre de front, et autour du cénotaphe flottaient les drapeaux de la République, portés par des défenseurs blessés au service de la

1. Par Baradère. Bibl. nat., Lb 41/1297, in-8.

patrie. Des chœurs de tambours, de trompettes et d'instruments à vent étaient placés dans la marche, et au centre était la Convention nationale, entourée d'un cordon tricolore soutenu par les vétérans.

Le soir, le peuple, après avoir assisté à cette fête, s'est répandu dans les théâtres, qui ont tous été ouverts pour lui.

Journal de Perlet du 4 vendémiaire an III :

La translation des cendres de l'Ami du peuple au Panthéon a été faite le jour de la 5ᵉ sans-culottide avec la plus grande pompe. L'abondance des matières ne nous a pas permis de donner les détails de cette fête, qui a eu le même caractère de grandeur et de majesté que celles qui l'ont précédée.

Lorsque le cortège est arrivé sur la place du Panthéon, un huissier, placé vers la porte d'entrée, a fait la lecture du décret qui exclut du temple des grands hommes les restes de Mirabeau. Aussitôt le cercueil qui les contenait a été remis au commissaire de police de la section. Le corps de Marat a ensuite été placé sur une estrade élevée dans le Panthéon.

Les quatorze armées de la République étaient représentées dans le cortège par des groupes de républicains blessés, et désignées par un drapeau qui leur sera porté. Le président de la Convention a proclamé, au nom du peuple français, qu'elles ont toutes bien mérité de la patrie.

Le soir tous les théâtres ont été ouverts au peuple, et on a donné partout les pièces les plus propres à nourrir l'amour de la liberté et la haine des tyrans et de la tyrannie.

Gazette historique et politique de la France et de l'Europe du 1ᵉʳ vendémiaire an III :

La guerre des pamphlets est à l'ordre du jour. Cette guerre, qui peut-être nous conduira à une guerre plus sérieuse, dont les suites pourront bien devenir funestes à la cause de la liberté, engendre un essaim d'écrits, que le sarcasme et quelquefois les trivialités caractérisent. De tous ces écrits que l'esprit de parti engendre par centaines, celui qui nous a paru le plus digne d'attention est l'*Orateur du peuple* par Fréron, dont nous avons déjà rapporté quelques extraits. « Avez-vous lu Fréron ? » voilà la demande que se font les muscadins, les anti-Jacobins et les Jacobins lorsqu'ils se rencontrent. Le cinquième numéro vient de paraître ; il emporte la pièce. Si ce qu'il nous prédit se réalise, le sort que nous avons à espérer est fort à plaindre. Fréron ne doit pas sonner si fort le tocsin. Il doit savoir que la Convention veille, que le peuple est debout, et que ni l'un ni l'autre ne souffriront qu'il soit porté la moindre atteinte à la liberté. Fréron ne voit-il pas le mal plus grand qu'il n'est réellement? Et ne juge-t-il pas trop les Jacobins d'après son cœur, et peut-on croire qu'il n'agisse point avec animosité dans cette affaire? On sait que Fréron a été expulsé des Jacobins; un peu de rancune, joint à quelques moyens, donne bien de la force au plaidoyer du plus mince avocat.

Sans-Culotte du 8 vendémiaire an III :

Après la cérémonie (après que les cendres de l'Ami du peuple eurent été transportées au Panthéon), tous les théâtres ont été ouverts au peuple. Partout on jouait des pièces qui pouvaient nourrir son amour pour la liberté et perpétuer la haine qu'il a vouée aux tyrans et à la tyrannie. La tragédie de *Guillaume Tell* et les talents des artistes les plus distingués avaient attiré une foule immense au théâtre de l'Égalité. La nouvelle d'une victoire remportée sur les Autrichiens avait électrisé toutes les âmes, et la tragédie a excité le plus vif enthousiasme. A cette pièce patriotique a succédé un spectacle nouveau, mais intéressant. C'étaient les élèves de Léonard Bourdon, qui, associant à leurs jeux le célèbre Préville, montraient au public quelle avait été l'éducation sous l'ancien régime et ce qu'elle pouvait être sous celui de la liberté. La pièce qu'ils ont jouée, ou plutôt donnée, avait trois actes. Le premier est une parodie grotesque de l'institution ancienne. Les deux derniers actes ont procuré un plaisir vrai. Avec quelle satisfaction le public a vu ces jeunes gens dans leur atelier, s'occupant de leurs travaux ordinaires! Comme il a applaudi à leurs jeux militaires, exécutés avec autant de précision que pourraient le faire des hommes longtemps exercés [1] !

SPECTACLES DE LA 5ᵉ SANS-CULOTTIDE.

THÉÂTRE DES ARTS. — *La Réunion du 10 août ou l'Inauguration de la République française*, sans-culottide en cinq actes.
OPÉRA-COMIQUE. — *Marat dans le souterrain; Guillaume Tell.*
FEYDEAU. — *La Papesse Jeanne; les Montagnards; les Vrais Sans-Culottes.*

1. On trouvera aussi dans le *Républicain français* du 3 vendémiaire an III un compte rendu de la fête de la 5ᵉ sans-culottide, qui n'ajoute rien à ceux que nous avons reproduits.

Théâtre de la République. — *Brutus*, trag.; *le Médecin malgré lui*, com.
Théâtre de l'Egalité. — *Guillaume Tell*, trag.; *les Chœurs de Marathon*; *l'Éducation de l'ancien et du nouveau régime*, avec une fête en l'honneur de Marat, sans-culottide en trois actes, représentée par les orphelins des défenseurs de la patrie.
Lyrique. — *Les Petits commissionnaires*; *Agricole Viala*; *le Mariage civique*.
Gaité. — *Le Départ des patriotes*; *la prise de Toulon*; *l'Hymne à la Liberté*.
Ambigu-Comique. — *Le Maréchal des logis*; *l'Étape*; *les Prisonniers patriotes*.
Vaudeville. — *Les Volontaires en route*; *les Chouans de Vitré*; *la Fête de l'Égalité*.
Cité-Variétés. — *Le Danger des liaisons*; *la Noce*; *les Charlatans*.

LVII

1ᵉʳ VENDÉMIAIRE AN III (22 SEPTEMBRE 1794).

Rapport du 2 vendémiaire.

Malgré les malveillants, sans cesse occupés à troubler l'ordre et tâchant de corrompre l'opinion publique, l'esprit est toujours bon. Hier, dans les groupes, on s'entretenait encore avec chaleur pour ou contre les Jacobins; toujours le désir de conserver la Société dans le véritable esprit de son institution en la purgeant de tous les malveillants qui peuvent se trouver dans son sein. Les plaintes relatives aux subsistances continuent toujours. Les citoyens s'invitent réciproquement à patienter jusqu'à ce qu'à cet égard la Convention ait adopté les mesures aussi promptes qu'infaillibles et salutaires. On a remarqué que, dans plusieurs groupes, on s'intéressait mystérieusement au sort des prêtres, mais ces petites atteintes ont produit l'effet qu'elles méritaient; on a fait sortir du groupe une de leurs prosélytes, ci-devant religieuse, qui n'a plus reparu. Au milieu de tout cela, le peuple est toujours dans une attitude qui convient à des républicains, et l'on peut assurer que, moyennant une active surveillance dirigée contre toutes les espèces de malveillants, la situation morale et politique de Paris ne paraît pas inquiétante.

Les citoyens du faubourg ne cessent de murmurer sur la rareté et cherté des denrées; chacun en raisonne à sa manière, mais tous finissent par dire qu'il faut prendre patience, que, s'il existe des malveillants, la Convention saura bien les atteindre.

Les nouveaux succès de nos armées et les mesures sages et vigoureuses contre quelques rebelles de Marseille [1] ont fait la plus vive sensation sur les esprits.

Les ouvriers des Messageries n'ont point travaillé hier, parce que, disaient-ils, on ne voulait pas les payer d'une indemnité qu'ils réclament depuis trois mois. Ils se sont répandus dans les cabarets de la Nouvelle-France au nombre de vingt-cinq à trente; ils ont été fort calmes; une partie a repris aujourd'hui le travail.....

Les ventes publiques ne cessent d'offrir un appas considérable aux agioteurs; elles se multiplient à l'infini sur les boulevards, dans tous les quartiers et surtout dans les environs de la Maison Égalité. Ils attirent les acquéreurs par des enchérisseurs supposés et profitent de la nuit pour cacher les défauts de leur marchandise et mieux tromper les citoyens qu'ils ont su amener dans leurs filets. Ces ventes sont le rendez-vous des filous de Paris.....

TRIBOUST, OLLIVIER.

(Arch. nat., F⁷ III, Seine, 11.)

JOURNAUX.

Correspondance de Paris et des départements du 3 vendémiaire :

Le jour de la fête de Marat, Chateauneuf-Randon dit à Fréron, pendant la cérémonie : « Tu m'as insulté dans ton journal, tu m'en rendras raison. » Fréron accepte le défi. Le lendemain, Chateauneuf et Fréron se rendent au bois de Boulogne. Fréron avait pour témoin Barras, et Chateauneuf Peyssard. La carrière était déjà tracée et déjà les armes étaient prêtes, lorsque des gendarmes, envoyés exprès par le Comité de sûreté générale, qui avait été instruit de l'affaire, les séparèrent. Cette sage mesure a prévenu un malheur.

Courrier républicain du 4 vendémiaire :

Le représentant du peuple Chateauneuf-Randon avait provoqué en duel son collègue Fréron, qui avait accepté la partie; ils devaient se battre avant hier matin entre dix et onze heures; mais comme la

1. Il s'agit du décret de la 3ᵉ sans-culottide an II, par lequel la Convention avait ordonné de poursuivre devant le Tribunal révolutionnaire les auteurs et complices d'une conspiration « qui venait d'éclater à Marseille contre la sûreté générale de la République et la représentation nationale ». Ce décret fut rendu à la suite d'une lettre des représentants en mission Serres et Auguis, accompagnée de pièces, qu'on trouvera dans le *Moniteur*, réimpression, t. XXII, p. 27, 28, 31, 32, 33.

querelle avait été publique, le Comité de sûreté générale les avait fait suivre par plusieurs gendarmes, qui ne les ont pas quittés ; il ne leur a pas été possible de se joindre.

Spectacles du 1er vendémiaire.

Théâtre des Arts. — Relâche.

Opéra-Comique. — *Blaise et Babet ou la Suite des Trois Fermiers*, com. en deux actes, mêlée d'ariettes ; *Callias ou Nature et Patrie*, com. en un acte ; *La Fête américaine*, ballet patriotique.

Feydeau. — *Le Club des Sans-Soucis ; la Caverne*.

Théâtre de la République. — *Timoléon*, trag. trois actes, avec chœurs.

Théâtre de l'Égalité. — *L'École des maris*, com. en trois actes ; *Lucinde et Raymond*, op. en trois actes.

Lyrique. — *Flora*, op. en trois actes ; le *Mariage civique*, vaud. en un acte.

Gaîté. — *Les Fausses infidélités ; le Pari des maris imprudents ; Alain et Suzette ou le Fils adoptif ; le Diable boiteux*, avec divert. ; intermèdes.

Ambigu-Comique. — *Les Contretemps ; les Débuts ; le Devin du village*.

Vaudeville. — *La Bonne aubaine ; le Divorce ; le Noble roturier*.

Cité-Variétés. — *Le Mari coupable*, com. ; *l'Enrôlement supposé*, com. ; le *Projet de fortune*, opéra.

LVIII

2 VENDÉMIAIRE AN III (23 SEPTEMBRE 1794).

Rapport du 3 vendémiaire.

Le pour et le contre les Jacobins est toujours ce qui agite les groupes au Jardin national. Deux particuliers ont été arrêtés par un représentant du peuple, à la suite d'une contestation politique, dans laquelle ils prétendaient que Robespierre avait été sacrifié. Des femmes se mêlent dans les groupes et parlent pour et contre avec une chaleur qui souvent a des suites fâcheuses. Il n'y a pas à douter qu'elles soient mises en avant. Même inquiétude sur la pénurie apparente des subsistances, sur la difficulté d'en obtenir, et même indifférence pour l'exécution de la loi du maximum, qu'on prétend avoir été guillotinée. L'on s'entretenait encore dans les groupes, et notamment dans les cafés, Maison Égalité, d'une espèce d'insurrection en Prusse ; chacun en parlait avec véhémence et en tirait un bon augure......

Il a été fait une découverte de faux assignats de 400 livres dans la section de la Montagne ; cinq personnes ont été arrêtées et traduites dans une maison d'arrêt......

Le commerce d'or et d'argent se fait toujours impunément; les marchands, se méfiant de la police, se retirent hors barrière, pour faire leur commerce avec sécurité.

La distribution du charbon, place aux Veaux, s'est faite avec tranquillité; mais, sur les onze heures, un particulier, tenant de mauvais propos et voulant troubler l'ordre, a été conduit chez le commissaire de police. On demande que l'on trouve des moyens pour empêcher les rassemblements qui se font au charbon par des gens qui semblent apostés pour mettre le désordre.

ALBERT, BALLAY.

(Arch. nat., F¹ c III, Seine, 14.)

JOURNAUX.

Courrier républicain du 4 vendémiaire :

3 vendémiaire. — Tous les partis qui nous divisent se renvoient toujours l'un à l'autre la malheureuse queue de Robespierre ; chacun voudrait que l'on vît, dans les intrigues de ses adversaires, les replis tortueux de cette queue abominable. On pourrait dire à ceux qui cherchent la vérité de bonne foi : « Voyez quel est le parti où l'on suit les errements de la tête; vous y trouverez indubitablement la queue. »

Quoi qu'il en soit, on en a vu hier une légère parcelle au Palais National. Un individu, entouré d'un petit nombre de personnes, paraissait vouloir faire entendre que ce tyran, d'exécrable mémoire, était peut-être moins coupable qu'on ne le disait, et qu'on aurait dû l'entendre avant de le condamner. Quelqu'un ayant observé au discoureur qu'il tenait de fort mauvais propos, la dispute allait s'échauffer, lorsque le représentant du peuple Legendre, que le hasard avait amené dans cet endroit, et qui avait entendu la défense de Robespierre, crie qu'on l'arrête ; mais personne, n'ayant bougé il le prend lui-même au collet et le livre à la garde. En vain le motionnaire crie-t-il : *A moi, mes amis!* personne ne prend sa défense ! Il est conduit au Comité de sûreté générale avec un autre individu qui paraissait lui servir de second [1].

Le Messager du soir ou Gazette générale de l'Europe du 4 vendémiaire :

Paris, le 3 vendémiaire. — La levée de boucliers des brigands de

---

[1]. Le même incident est raconté, à peu près de même, dans le *Journal de Perlet*, p. 445, 446, et dans la *Vedette* du 6 vendémiaire.

Marseille et les mesures énergiques prises par la Convention pour réprimer la rebellion de ces voleurs[1] ont jeté la consternation dans l'âme des lieutenants de Robespierre. Aussi remarque-t-on que les meneurs de la Société mère n'ont plus la même assurance. L'affaire des bâtons et des soufflets du Palais-Égalité les a tout à fait désorientés ; et puis ce diable de Fréron, dans son *Orateur du peuple*, ne leur donne pas un moment de relâche. Ajoutez à cela les hostilités des faiseurs de pamphlets, qui ferraillent à qui mieux mieux contre la respectable Société : tout cela a fait baisser l'oreille aux chefs de file.

SPECTACLES DU 2 VENDÉMIAIRE.

THÉÂTRE DES ARTS. — *Horatius Coclès*, op. en un acte ; *l'Offrande à la Liberté*, scène religieuse ; *la Rosière républicaine*, op. en un acte.
OPÉRA-COMIQUE. — *L'Enfance de J.-J. Rousseau*, com. en un acte, avec ariettes ; *Stratonice*, com. héroïque en un acte ; *la Fête américaine*, ballet patriotique.
FEYDEAU. — *Les vrais Sans-culottes* ; *les Visitandines*.
THÉÂTRE DE LA RÉPUBLIQUE. — *Le Philosophe marié* ; *le Conteur*.
THÉÂTRE DE L'ÉGALITÉ. — *Philoctète* ; *la Colonie*, opéra.
LYRIQUE. — *Laure et Zulmé*, opéra en trois actes ; *la Matinée républicaine*, vaudeville.
GAÎTÉ. — *L'Amant au tombeau* ; *les Fausses infidélités* ; *l'Aristocrate démasqué par la Corne de la Vérité* ; *l'Hymne à la Liberté*, fête civique avec plusieurs ballets.
AMBIGU-COMIQUE. — *Au retour* ; *la Gamelle* ; *la Forêt noire*.
VAUDEVILLE. — *Nicaise peintre* ; *le Prix ou l'Embarras du choix* ; *Piron avec ses amis*.
CITÉ-VARIÉTÉS. — *Le Divorce*, com. ; *le Renouvellement du bail*, opéra ; *les Royalistes de la Vendée*, pantomime.

LIX

3 VENDÉMIAIRE AN III (24 SEPTEMBRE 1794).

RAPPORT DU 4 VENDÉMIAIRE.

L'esprit public est toujours le même, en mesure avec les principes, surtout de la part des bons citoyens, sages observateurs de tout ce qui se dit pour et contre les Jacobins, car les mêmes dis-

---

1. Voir plus haut, p. 125, note 1.

cussions, à leur égard, ont toujours lieu dans tous les groupes ; mais le point de ralliement est toujours la Convention nationale.

La nouvelle de la prise de Bellegarde a fait le plus grand plaisir et a contribué à donner de l'énergie.

Hier, l'exercice du canon, par les élèves du camp, a effrayé, pour un instant, les citoyens des sections éloignées ; on paraît désirer qu'en égard aux circonstances, l'annonce en soit faite la veille.

L'aristocratie marchande lève la tête avec audace. Il semble que l'indifférence affectée sur l'inexécution de la loi du *maximum* prépare son triomphe. Nous ne cessons de répéter que les murmures sur les subsistances de toute espèce augmentent toujours et alarment à l'approche de l'hiver.

Les inspecteurs chargés de surveiller les marchés et tous les marchands de comestibles se plaignent de l'infraction aux lois du maximum et des dangers qu'ils courent infructueusement à les faire exécuter. Ils demandent que l'on provoque l'organisation de la Commission administrative, aux frais des autorités supérieures, afin qu'on puisse prendre des mesures efficaces pour l'exécution de cette loi bienfaisante.

L'agiotage est poussé à son comble ; les gros marchands écrivent, s'agitent, se tourmentent, font des voyages pour accaparer toute espèce de marchandise, vendre leurs os à très gros intérêt.....

Les cafés du boulevard du Temple, notamment celui à côté des Variétés, renferment encore beaucoup de gens suspects ; l'administration de police, d'accord avec le commissaire des guerres, va faire une contrevisite dans tous les lieux susnommés, ainsi que dans les autres endroits de débauche.....

MÉHEY, VIARD.

(Arch. nat., F 1 c III, Seine, 14.)

JOURNAUX.

Gazette historique et politique de la France et de l'Europe du 8 vendémiaire :

A entendre crier les pamphlets innombrables qui circulent dans la capitale, il semble que l'opinion publique est entièrement dirigée contre les Jacobins. On criait hier une brochure intitulée : *Les Jacobins aristocrates, fédéralistes et contre-révolutionnaires*[1], avec cette épigraphe : « Les voilà donc connus, ces secrets pleins d'horreur ! »

1. Par Baraly. Bibl. nat., Lb 41/1073, in-8.

Nous en donnerons demain l'analyse, ainsi que d'une autre intitulée : *Les Jacobins assassins du peuple*[1], avec cette épigraphe : « Oui, je veux la République, et c'est parce que je la veux, que je ne veux pas de Jacobins. »

Le septième numéro de *l'Orateur du peuple* paraît depuis hier et se débite avec encore plus de rapidité que les précédents. Voici ce que Fréron dit au sujet de la conjuration de Marseille et des Jacobins.....

SPECTACLES DU 3 VENDÉMIAIRE.

THÉATRE DES ARTS. — Relâche.

OPÉRA-COMIQUE. — *Renaud d'Ast*, com. en deux actes en prose, mêlée d'ariettes ; *Lodoïska ou les Tartares*, com. en trois actes.

FEYDEAU. — *Paul et Virginie*, op. en trois actes ; *la Partie carrée*, opéra-folie en un acte en vers.

THÉATRE DE LA RÉPUBLIQUE. — *Le Méchant*, com. en cinq actes ; *le Legs*, com. en un acte.

THÉATRE DE L'ÉGALITÉ. — *Le Père de famille*, com. en cinq actes ; *la Servante maîtresse*, opéra.

LYRIQUE. — *Les Deux frères*, opéra ; *Agricole Viala*, opéra.

GAITÉ. — *Le Triomphe de l'amour conjugal* ; *les Fausses infidélités* ; *le départ des Patriotes*, avec son ballet ; *le Prétendu sans le savoir*.

AMBIGU-COMIQUE. — *L'Heureuse décade* ; *le Sorcier* ; *l'Héroïne américaine*.

VAUDEVILLE. — *Arlequin Cruello* ; *l'Héroïne de Mithier* ; *le Retour de Bruxelles*.

CITÉ-VARIÉTÉS. — *Les Dragons et les Bénédictines*, com. ; *les Dragons en cantonnement*, com. ; *les Charlatans*, opéra.

LX

4 VENDÉMIAIRE AN III (25 SEPTEMBRE 1794).

RAPPORT DU 5 VENDÉMIAIRE.

L'esprit public est toujours le même. On a remarqué que, dans les lieux de rassemblements ordinaires, les groupes étaient moins nombreux. Plusieurs inspecteurs rapportent que les bons citoyens voient avec peine que la Convention ne s'occupe pas assez de l'intérêt général pour fixer trop son attention sur des querelles particulières, et notamment sur des imprimés dont les auteurs ne sont pas connus, que le peuple ne conçoit pas par quelle fatalité plusieurs lois régle-

---

1. Par Barthel. Bibl. nat., Lb 41/1259.

mentaires, et particulièrement celle du maximum, n'ont jamais pu avoir leur exécution, surtout dans les diverses communes des environs de Paris d'où sortent les approvisionnements à destination. Toujours même crainte sur les subsistances aux approches de l'hiver.

Les discussions publiques pour et contre les Jacobins continuent toujours dans les groupes; il ne manque pas de malveillants qui alimentent l'esprit de parti.

Une nouvelle fraude se commet à Paris : c'est celle des faux poids. Plusieurs revendeuses ont été saisies à cet effet et conduites chez différents commissaires de police.

Toujours beaucoup de monde aux ports au charbon; mêmes attroupements nocturnes; ils sont tellement passés en habitude que les marchands de gâteaux, de tisanes, de fruits et d'eau-de-vie se couchent le jour pour venir vendre la nuit. Ces attroupements sont non seulement la cause de différents désordres, mais encore sont la source du libertinage et du vol.

Il s'est distribué, dans beaucoup de sections de Paris, de la chandelle, mais en si petite quantité, que la majeure partie des citoyens n'ont pu en avoir et que ceux qui peuvent s'en procurer en ont si peu qu'elle ne suffit pas pour la consommation d'un jour. L'on ne peut se procurer d'huile vu la disette factice et son prix exorbitant.....

La tranquillité est générale.

BODSON, CHRISTOPHE.

(Arch. nat., F⁷ III, Seine, 14.)

JOURNAUX.

Courrier républicain du 6 vendémiaire :

5 *vendémiaire*. — L'autorité publique a fait mettre en arrestation plusieurs de ces individus qui s'étaient réfugiés dans quelques Sociétés populaires de cette ville, et qui s'efforçaient d'y cacher leurs forfaits sous des vociférations qu'ils appellent patriotisme, mais qui, dans le fond, ne sont autre chose qu'un appel à l'assassinat, que des moyens de dissolution de tout ordre social, de toute agrégation politique. Sans doute on examinera la conduite de ces personnes; on ne les mettra pas sur des listes de proscription, on ne les révolutionnera pas à la manière de Robespierre. Si les tyrans ont intérêt de tout cacher, les véritables amis de la liberté, les bons républicains, ont intérêt de tout connaître. Ils veulent que le flambeau de la vérité pénètre dans les plus noirs abîmes de la scélératesse, que la puissance de la loi

s'appesantisse enfin sur les véritables brigands, les véritables contre-révolutionnaires ; mais que son glaive ne puisse frapper qu'eux. On s'attend que cet examen va jeter un grand jour sur les manœuvres de certaines personnes, et faire enfin comprendre au peuple quelle dénomination il doit donner à tout ce fracas de patriotisme dont ils font retentir les voûtes de certaines salles.

Parmi les individus dont nous venons d'annoncer l'arrestation se trouve Loys, fameux jacobin, dont on a souvent entendu parler. Il était secrétaire de la Société. Cet homme est d'Arles, et on présume qu'il a des relations importantes avec cette partie du Midi. Les scellés ont été apposés sur ses papiers.

Spectacles du 4 vendémiaire.

Théâtre des Arts. — *Orphée et Eurydice*, op. en trois actes ; *Télémaque dans l'île de Calypso*, ballet pantomime.

Opéra-Comique. — *Andras et Almana ou le Philosophe français à Bassora*, com. en trois actes avec ariettes ; *Callias ou Nature et Patrie*, com. héroïque en un acte.

Feydeau. — *Les Montagnards ou l'École de bienfaisance*, com. en un acte ; *Apothéose du jeune Bara*, pièce patr. en un acte ; *l'Amour filial ou la Jambe de bois*, opéra en un acte.

Théâtre de la République. — *Les Femmes savantes*, com. en cinq actes ; *le Conteur ou les Deux postes*, com. en trois actes.

Théâtre de l'Égalité. — *Le Vieux célibataire*, com. en cinq actes en vers ; *Babillard*, com. en un acte.

Lyrique. — *Les Petits commissionnaires*, opéra ; *le Bon père*, opéra ; *le Mariage civique*, vaud. en un acte.

Gaîté. — *Le Diable boiteux* avec ballet des matelots ; *le Médecin malgré lui* ; *Blaise le hargneux*, com. avec divertissement.

Ambigu-Comique. — *Les Contretemps* ; *les Débuts* ; *le Devin du village*.

Vaudeville. — *Georges et Gros-Jean* ; *le Naufrage au port* ; *les Vendangeurs*.

Cité-Variétés. — *L'Heureux Quiproquo*, com. ; *le Tambourin de province*, opéra ; *les Royalistes de la Vendée*, pantomime.

LXI

5 VENDÉMIAIRE AN III (26 SEPTEMBRE 1794).

Spectacles du 5 vendémiaire.

Théâtre des Arts. — Relâche.

Opéra-Comique. — *La Bonne mère*, com. en un acte ; *Arasbelle et Vascos*, drame lyrique en trois actes.

FEYDEAU. — *Roméo et Juliette*, op. en trois actes; *Rose et Aurèle*, opéra en un acte.

THÉÂTRE DE LA RÉPUBLIQUE. — *Timoléon*, trag. en trois actes en vers avec chœurs; *Crispin rival de son maître*, un acte.

THÉÂTRE DE L'ÉGALITÉ. — *Philoctète*, trag.; *le Bienfait de la loi*, com. en un acte, première représ.

LYRIQUE. — Relâche.

GAITÉ. — *Les Fausses infidélités*; *Arlequin et Colombine invisibles*; *le Départ des patriotes*; *la Soirée villageoise*, ballet.

AMBIGU-COMIQUE. — *Les Mariages assortis*; *l'Étape*; *les Prisonniers patriotes*.

VAUDEVILLE. — *Les Vieux époux*; *Gilles Georges et Arlequin Pitt*; *le Poste évacué*.

CITÉ-VARIÉTÉS. — *Le Mari coupable*; *la Mère rivale*, comédies; *les Charlatans*, opéra.

LXII

6 VENDÉMIAIRE AN III (27 SEPTEMBRE 1794).

RAPPORT DU 7 VENDÉMIAIRE.

Tous les rapports des inspecteurs chargés de la surveillance des cafés, des lieux où le public se rassemble le plus souvent, annoncent que l'esprit public est toujours fortement prononcé en faveur de la liberté et de l'égalité et du gouvernement révolutionnaire. On se plaint toujours des entraves qu'apportent les malveillants aux approvisionnements des aliments de première nécessité, et l'approche de l'hiver donne des inquiétudes au peuple; aussi s'en occupe-t-il, et paraît désirer que la Convention prenne des mesures à cet effet. Assez généralement on accuse de défaut d'intelligence les commissaires chargés des approvisionnements de la République; il en est même qui, dans leurs plaintes, les accusent de mauvaise foi.

Ayant été avertis qu'à la Salpêtrière, au département des Bons pauvres, on avait entendu crier: *Vive le Roi!* aussitôt deux administrateurs de police régénérée s'y sont transportés et ont trouvé le commissaire de police occupé de la rédaction du procès-verbal à ce sujet.

Loyer, détenu au Port Libre depuis quelques jours, a dit aux autres détenus, et notamment au citoyen Poissonnier, qu'il fallait que Tallien ou lui soit guillotiné avant un mois.

L'administration de police régénérée a fait une ronde cette nuit dans les différents ports au charbon; il y avait plus de 1200 personnes, vers les une heure ou deux du matin, qui étaient déjà rassemblées ; elles ont été invitées à se retirer ; plusieurs récalcitrants ont été conduits au corps de garde de la réserve et à la mairie, et aussitôt renvoyés, excepté un, qui a désobéi à la loi et qui a voulu porter un coup de canne à un de nos collègues.

Les signaux se font toujours dans quelques maisons d'arrêt, malgré la plus grande surveillance qu'on y porte pour les empêcher. Ils sont cependant moins fréquents...... On disait hautement hier dans un groupe près le Palais de justice que, si l'on connaissait des délits contre la masse de la Société des Jacobins, ou contre des membres, il fallait dénoncer et non clabauder par de méprisables libelles que les ennemis du peuple faisaient circuler pour parvenir à un autre but, *placer un roi sur le trône;* quelques-uns se résumaient à dire : *Plus de Jacobins, plus de Convention......*

A. MARTINEAU, OLLIVIER.

(Arch. nat., F 1 c III, Seine, 14.)

JOURNAUX.

Vedette ou Gazette du jour du 7 vendémiaire :

Paris. — La lutte entre Jacobins et leurs adversaires continue, c'est une guerre ouverte qui ne peut se terminer que par l'abattement absolu de l'un ou de l'autre des partis. Sous Robespierre, elle aurait conduit sur l'échafaud ceux qui auraient succombé ; nos mœurs, plus adoucies peut-être, ménageront sans doute aux vaincus un sort moins dur. Loys, secrétaire de la Société des Jacobins, et plusieurs autres membres de cette Société ont été mis en état d'arrestation.

Courrier républicain du 8 vendémiaire :

7 vendémiaire. — Le pamphlet intitulé *les Noyades ou Carrier au Tribunal révolutionnaire*[1]...... fait la plus grande sensation.

Le pamphlet d'aujourd'hui porte pour titre : *Encore des Jacobins; peuple, qu'en veux-tu faire*[2] *?*

SPECTACLES DU 6 VENDÉMIAIRE.

THÉÂTRE DES ARTS. — *Miltiade à Marathon*, deux actes ; *la Rosière républicaine*, un acte.

1. Par Méhée fils. Bibl. nat., Lb 41/1369, in-8.
2. Par Capelle. Bibl. nat., Lb 41/1431, in-8.

OPÉRA-COMIQUE. — *Fanfan et Colas*, com. un acte en prose; *Paul et Virginie ou le Naufrage*, com. en trois actes en prose; *la Fête américaine*, ballet patriotique.

FEYDEAU. — *Claudine ou le Petit commissionnaire*; *le Club des Sans-Soucis*; *Cadichon*.

THÉÂTRE DE LA RÉPUBLIQUE. — *Le Sourd ou l'Auberge pleine*, com. en trois actes; *l'École des maris*.

THÉÂTRE DE L'ÉGALITÉ. — *Dupuis et Defronsais*, com.; *la Colonie*, opéra.

LYRIQUE. — *Héléna*, opéra en deux actes, première représ.; *le Mariage civique*, vaud.; *le Devin du village*.

GAITÉ. — *Les Fourberies de Scapin*; *Vénus pèlerine*, pantomime; *le Nouveau calendrier*, pièce patriotique.

AMBIGU-COMIQUE. — *La Bascule*; *les Houlans*; *le Masque de fer*.

VAUDEVILLE. — *Le Savetier et le Financier*; *le Naufrage au port*; *le Retour à Bruxelles*.

CITÉ-VARIÉTÉS. — *Les Mœurs ou le Divorce*, com.; *l'Orphelin*, com.

LXIII

7 VENDÉMIAIRE AN III (28 SEPTEMBRE 1794).

RAPPORT DU 8 VENDÉMIAIRE.

L'esprit public ne varie pas; il est toujours à la hauteur des principes républicains; chacun regarde avec dédain les écrits contre les Jacobins, mais la masse est très mécontente de la difficulté qu'on éprouve à se procurer des subsistances de toutes espèces; on murmure surtout beaucoup pour la chandelle, qu'on reçoit en si petite quantité et avec tant de difficulté qu'on aime mieux s'en passer.

En général, on traite les administrations de tyrans de comestibles; on fait retomber la rareté et la cherté de tout sur une manutention mal entendue.

On porte ses plaintes aux sections, et les comités des sections renvoient aux administrations, de qui elles disent qu'elles reçoivent en si petite quantité qu'elles ne peuvent pas donner davantage à la distribution : par exemple 80 livres pesant de chandelles le 6 vendémiaire pour la distribution à la Fidélité (ci-devant Maison-Commune), section composée de peut-être quarante mille individus.

Dans le jardin du Palais national, un groupe agitait la question de la liberté de la presse; l'on y disait aussi que les Jacobins avaient voulu détruire les Sociétés populaires; que, si ce malheur fût arrivé, on eût perdu la Convention. Un citoyen (vieux militaire, portant le médaillon) s'est élevé avec force contre quelques particuliers, et il leur a fait entendre que le public était trompé par ses véritables ennemis, c'est-à-dire ceux qui veulent détruire la Société des Jacobins, et, après leur avoir démontré que c'était la classe mercantile qui demandait cette destruction, il leur a conseillé de s'unir plus que jamais dans leurs sections respectives et y demander qu'il y soit fait des adresses à la Convention pour lui demander que l'on fasse surveiller et punir les accapareurs.

La petite monnaie disparaît, et le commerce est entravé par cette pénurie, source de querelles. On ne sait à quoi attribuer cette pénurie; on présume que c'est encore une spéculation des malveillants, qui gagnent sur le poids, en changeant le cuivre de nature.....

On parle de nouveaux rassemblements dans la Vendée ; ce ne sont plus des armées, ce sont des brigands qui s'attroupent, volent, pillent, tuent et fuient ; ils ont arrêté, dit-on, la diligence de Rennes, cassé l'épaule au conducteur, tué deux chevaux de limon, pillé et volé les voyageurs......

CHRISTOPHE, A. MARTINEAU.

(Arch. nat., F 1 c III, Seine, 14.)

SPECTACLES DU 7 VENDÉMIAIRE.

THÉATRE DES ARTS. — Relâche.

OPÉRA-COMIQUE. — *Les Dangers de l'absence ou le Souper de famille*, com. en deux actes ; *Arasbelle et Vascos*, drame lyrique en trois actes.

FEYDEAU. — *Lodoïska*, opéra en trois actes.

THÉATRE DE LA RÉPUBLIQUE. — *L'Honnête criminel*, cinq actes ; *le Cocher supposé*, un acte.

THÉATRE DE L'ÉGALITÉ. — *Crispin médecin*, com. en trois actes ; *Lucinde et Raymond*, opéra en trois actes.

LYRIQUE. — *Laure et Zulmé*, opéra en trois actes ; *Agricole Viala*, opéra.

GAITÉ. — *Brutus*, trag. ; *la Fille généreuse*, com. ; *l'Enrôlement du bûcheron*, pant.

AMBIGU-COMIQUE. — *Les Deux chasseurs et la laitière* ; *la Gamelle* ; *l'Héroïne américaine*.

VAUDEVILLE. — *Arlequin tailleur* ; *le Dédit mal gardé* ; *le Noble roturier*.

CITÉ-VARIÉTÉS. — *Les Montagnards*, opéra ; *les Pirates*, pantomime.

LXIV

8 VENDÉMIAIRE AN III (29 SEPTEMBRE 1794).

Rapport du 9 vendémiaire.

L'esprit public est toujours le même, alarmé pour les subsistances, surtout à l'approche de l'hiver. Les nouvelles de la Vendée, qui ont fait frémir d'horreur la Convention, n'ont pas peu indigné les citoyens. On a été en général surpris que Carrier ait attendu si tard pour dévoiler à la Convention les malheurs qui affligent ces départements, plus surpris que personne ne lui en ait fait l'observation. En général, on paraît très mécontent de ce que les séances de la Convention s'ouvrent si tard et de voir que, dans la crise où nous sommes, il règne si peu d'harmonie dans la représentation.

Le peuple se lasse, se fatigue d'aller jour et nuit aux portes de tous les marchands de subsistances, et souvent infructueusement. C'est en général le résultat de tous les rapports. On remarque aussi, au milieu de toutes ces craintes, des malveillants [qui] se glissent partout pour aigrir les esprits en parlant pour ou contre tel député, afin de détourner l'attention que mérite l'intérêt général pour la fixer sur quelque intérêt particulier : l'un se rend l'apologiste de Fréron, un autre de Carrier, celui-ci de Tallien, cet autre de Barère, etc., et de là on semble vouloir faire oublier la cause commune. Heureusement que le peuple a beau souffrir, lorsqu'on le considère en masse, on ne peut pas se dissimuler qu'il ne soit tout entier à la République une et indivisible, qu'il ne regarde toujours la Convention comme son point de ralliement.

Fargue et Dufresnoi, inspecteurs de police, rapportent qu'ils ont entendu un particulier dire à une femme, qui parlait en faveur des Jacobins, qu'elle était salariée par eux ; on lui a demandé s'il était en état de prouver ce qu'il avançait ; il répondit qu'oui, et au même instant on l'a conduit au Comité de sûreté, qui n'était point assemblé, et par suite au commissaire de police des Tuileries, qui a dressé procès-verbal de la dénonciation.....

Un citoyen a arrêté, sur le quai des Ormes, la voiture du citoyen Bourdelaye, maire de Varennes, contenant treize paniers de raisins, dix-huit poulets, treize lapins et environ quarante-huit livres de porc frais, le tout sous lettre de voiture qui constate une destination. Le commissaire de police de la section de l'Arsenal a fait vendre lesdits objets à la Halle, en présence du propriétaire.

BARISSON, LE CAMUS.

(Arch. nat., F¹ c III, Seine, 14.)

JOURNAUX.

Gazette française du 9 vendémiaire :

De Paris, le 8 vendémiaire. — Le nombre des pamphlets ne diminue pas ; ils sont surtout remarquables par la bizarrerie de leurs titres : là, on crie : *Les Oreilles d'Audouin*[1] ; ici : *Le Club infernal*[2] ; plus loin : *Encore des Jacobins, qu'en voulez-vous faire ?* Celui qui excite le plus la curiosité publique, c'est : *Le Grand désespoir des Jacobins qui partent en masse pour la Vendée*[3]. Ces pamphlets ne sont pas susceptibles d'être analysés.

On a joué *Mahomet* au Théâtre de l'Égalité, ci-devant Théâtre Français : le public applaudit avec enthousiasme, toutes les fois qu'on répète ces vers :

> Exterminez, grand Dieu, de la terre où nous sommes,
> Quiconque avec plaisir répand le sang des hommes !

SPECTACLES DU 8 VENDÉMIAIRE.

THÉÂTRE DES ARTS. — *Iphigénie en Tauride*, opéra en quatre actes, précédé du *Chant du départ.*

OPÉRA-COMIQUE. — *Blaise et Babet*, com. en deux actes ; *Azémia*, com. en trois actes et ariettes.

FEYDEAU. — *Les Montagnards ou l'École de la bienfaisance*, com. en un acte ; *l'Amour filial ou la Jambe de bois* ; *la Famille indigente.*

THÉÂTRE DE LA RÉPUBLIQUE. — *Le Sourd ou l'Auberge pleine*, comédie en trois actes ; *le Distrait*, com. en cinq actes.

THÉÂTRE DE L'ÉGALITÉ. — *Les Fausses confidences* ; *le Bienfait de la loi ou le Double divorce.*

LYRIQUE. — *Héléna*, opéra en deux actes ; *le Mannequin*, un acte.

AMBIGU-COMIQUE. — *Au Retour* ; *les Contretemps* ; *la Forêt noire.*

GAÎTÉ. — *Les Fausses infidélités* ; *la Noce interrompue par les brigands de la Vendée* ; *le Quiproquo de l'hôtellerie* ; *le Nécromancien.*

VAUDEVILLE. — *Les Chouans de Vitré* ; *la Matrone d'Éphèse* ; *la Fête de l'Égalité.*

CITÉ-VARIÉTÉS. — *Les Deux fermiers*, com. ; *Joconde*, opéra ; *les Royalistes de la Vendée*, pant.

1. Nous n'avons pas trouvé ce pamphlet à la Bibliothèque nationale.
2. Bibl. nat., Lb 41/1382, in-8.
3. Bibl. nat., Lb 41/1298, in-8.

LXV

9 VENDÉMIAIRE AN III (30 SEPTEMBRE 1794).

Rapport du 10 vendémiaire.

L'esprit public est toujours fixé invariablement au maintien de la République une et indivisible. C'est ce dont on acquiert la preuve la plus irrésistible en suivant les groupes, où, si quelqu'un pose des principes équivoques, non seulement il est ramené à l'ordre, à l'approbation de la majorité, mais même obligé de se retirer. Si quelques muscadins lâchent des sarcasmes et cherchent à alarmer sur la Vendée, qu'on appelle la queue de Robespierre, on leur prouve que c'est une guerre de brigands sans ordre et sans armes, qui ne peut être dangereuse. Cependant, en général, les groupes de gens raisonnables sont très mécontents de ce qu'on leur a caché si longtemps la vérité sur les suites de cette malheureuse guerre, que les journaux dévoilent aujourd'hui.....

On disait au Jardin national, en parlant des subsistances, qu'à huit et dix lieues de Paris, on regorgeait de marchandises, et particulièrement sur la route de Lille; que le maximum devenait inutile, même nuisible, et que, s'il était supprimé, les premiers jours présenteraient peut-être de la cherté, mais qu'il fallait que tout baisse et revienne au taux ordinaire.....

Hier, à huit heures du soir, le sous-chef des charrois de l'armée a été attaqué près la grille du Vaudeville et a reçu un coup de sabre sur la tête; l'agresseur s'est évadé, et le blessé a été conduit chez le commissaire de police.

A ce même Théâtre du Vaudeville, la pièce nouvelle, dite *Les Vieux élégants*, n'a pas eu de succès. Mais un muscadin, qui a voulu entrer à ce spectacle avec son chien de chasse, en ayant été empêché par le contrôleur du spectacle, ce muscadin s'est porté à donner un coup de poing sur la face du contrôleur, et il y a eu effusion de sang; ce particulier a été conduit chez le commissaire de police de la section des Tuileries; on attend le rapport du procès-verbal.

METTRIER, LE CAMUS.

(Arch. nat., F¹ c III, Seine, 14.)

SPECTACLES DU 9 VENDÉMIAIRE.

THÉATRE DES ARTS. — Relâche.
OPÉRA-COMIQUE. — *Callias ou Nature et Patrie*, com. héroïque ; *l'Épreuve villageoise*, com. en deux actes ; *la Prise de Toulon par les Français*.
FEYDEAU. — *Les Visitandines*, op. en trois actes ; *le Club des Sans-Soucis*.
THÉATRE DE LA RÉPUBLIQUE. — *Timoléon*, trag. ; *l'Avocat Patelin*, en trois actes.
THÉATRE DE L'ÉGALITÉ. — *Les Fausses confidences*, com. ; *le Double divorce*, com.
LYRIQUE. — *Michel Cervantès*, opéra en trois actes ; *le Mariage civique*, vaudeville.
GAITÉ. — *Vénus pèlerine* ; *l'Habit ne fait pas l'homme* ; *Nostradamus* ; *le Départ des patriotes*, intermèdes. Représentation au profit des femmes, mères et enfants de nos braves citoyens qui sont aux frontières, sans déduction d'aucun frais.
AMBIGU-COMIQUE. — *Le Maréchal des logis* ; *le Douze Thermidor ou ne pleurons pas* ; *les Prisonniers patriotes*.
VAUDEVILLE. — *Arlequin afficheur* ; *les Vieux élégants*, première reprès. ; *le Sourd guéri*.
CITÉ-VARIÉTÉS. — *Le Prélat d'autrefois*, com. ; *Arlequin imprimeur*, opéra.

LXVI

10 VENDÉMIAIRE AN III (1er OCTOBRE 1794).

RAPPORT DU 11 VENDÉMIAIRE.

L'esprit public se soutient toujours au milieu de diverses opinions qui tendent à l'agiter. Hier la majeure partie des sections, à ce qu'il paraît, a arrêté de se transporter à la Convention, pour lui demander le rétablissement des deux séances par décade, des moyens de faire revivre le commerce, et surtout des mesures qui puissent rassurer contre la pénurie des subsistances, enfin de mettre les droits de l'homme à l'ordre du jour, etc. Les citoyens se sont rendus en grand nombre au camp pour y voir l'exercice ; les promenades du dehors ont été très fréquentées ; on n'a point remarqué du trouble nulle part.....

Des citoyens, qui paraissaient être des ouvriers orfèvres, disaient hier dans différents cafés qu'ils voyaient avec surprise que l'on réparait à neuf la vaisselle des émigrés pour l'envoyer en présent aux

Américains, qu'il serait plus à propos de garder cet argent pour faire de la monnaie, et d'envoyer en place des tapisseries de Gobelins, des diamants et le mobilier des émigrés.

On se plaint dans d'autres cafés des réquisitions de luxe que font les cultivateurs, tels qu'argenterie, meubles précieux et autres.

A huit heures du soir, porte Martin, dans un groupe de vingt citoyens environ, il y avait beaucoup d'agitation relativement à la guerre de la Vendée ; plusieurs disaient que la principale branche était dans Paris ; quelques-uns s'entretenaient des subsistances, mais avec modération.

Sur la place de la Maison commune, plusieurs particuliers se plaignaient du Tribunal révolutionnaire, de ce que, sur trente-cinq accusés, il ne s'y est trouvé que deux condamnés.

METTRIER, CHRISTOPHE.

(Arch. nat., F 1 c III, Seine, 11).

JOURNAUX.

Courrier républicain du 13 vendémiaire :

Du 12 vendémiaire. — Les élèves de l'École de Mars, au nombre d'environ trois mille, ont fait avant-hier, dans la plaine à gauche du camp des Sablons, un grand exercice à feu ; il y a eu des marches, des évolutions, des attaques feintes de toutes armes. On les a vus successivement se mettre en ordre de bataille, s'avancer en tirailleurs, former des colonnes, des bataillons carrés, faire retraite en échelons ; la cavalerie figurer des charges ; les piquiers lui offrir un mur inébranlable ; l'artillerie de campagne suivre tous les mouvements, et, par la célérité de ses manœuvres, donner une idée des terribles effets qu'elle produit dans les combats.

La plaine était bordée de toutes parts d'un grand nombre de citoyens, qui manifestaient leur satisfaction de la bonne exécution, leur admiration des progrès des élèves, et se livraient en même temps à l'intérêt de voir préparer des défenseurs à la patrie.

Parmi les nombreux écrits qui circulent toujours avec beaucoup d'activité, on distingue une adresse de cinq ou six représentants du peuple détenus à la Maison d'arrêt dite des Écossais, à leurs collègues siégeant à la Convention nationale [1]. Il est vraisemblable que ceux qui sont disséminés dans les autres maisons d'arrêt présenteront des

---

1. Bibl. nat., Lb 41/1300, in-8.

réclamations semblables, que la Convention fera juger ou prononcera elle-même sur cette grande affaire. Le public lit cette adresse avec curiosité [1].

On prépare ici avec la plus grande activité les moyens de faire avancer nos troupes sur le territoire ennemi, afin qu'elles puissent y prendre leurs quartiers d'hiver. Le Comité de salut public est merveilleusement secondé par les représentants du peuple et les généraux républicains.

Spectacles du 10 vendémiaire.

Théâtre des Arts. — Même spectacle que le 8.
Opéra-Comique. — *La Belle Arsène*, com. en quatre actes en vers ; *Callias ou Nature et Patrie*.
Feydeau. — *Paul et Virginie* ; *la Famille indigente*. (Au lieu de ce spectacle, les Petites Affiches indiquent : *la Papesse Jeanne* ; *le Caveau*.)
Théâtre de la République. — *L'Honnête criminel*, en cinq actes ; *le Couleur ou les Deux postes*, trois actes.
Théâtre de l'Égalité. — *Le Tartufe* ; *le Bienfait ou le Double divorce*.
Lyrique. — *Héléna*, opéra en deux actes ; *les Deux frères*, opéra en trois actes.
Gaîté. — Exercices de la corde ; *les Fausses infidélités* ; *l'Aristocrate démasqué par la Corne de la Vérité* ; *le Triomphe de l'Amour conjugal*.
Ambigu-Comique. — *Les Contretemps* ; *le 12 Thermidor* ; *le Devin du village*.
Vaudeville. — *Gilles Georges et Arlequin Pitt* ; *le Noble roturier* ; *les Vendanges*.
Cité-Variétés. — *Le Mari coupable* ; *les Dragons et les Bénédictines* ; *les Dragons en cantonnement*, comédies.

LXVII

11 VENDÉMIAIRE AN III (2 OCTOBRE 1794)

Rapport du 12 vendémiaire.

L'esprit public est toujours le même ; l'attention des citoyens est entièrement tournée vers les subsistances ; les nouvelles des départements à cet égard augmentent les craintes et semblent assurer que les maux sont partout les mêmes. Boyer, inspecteur, annonce qu'à Elbeuf on avait mis en réquisition jusqu'à la récolte des glaneurs pendant la moisson.

1. Cf. le *Messager du soir* du 11 vendémiaire an III.

Hier beaucoup de sections se sont portées à la Convention, où différentes pétitions ont été faites tendantes presque toutes au même but : *les assemblées de quintidi, la punition des traîtres, les mesures pour assurer le commerce et les subsistances,* etc.

Les troubles de la Vendée font naître de nouvelles craintes et deviennent chaque jour le sujet des conversations.

Berthout, officier de paix, rapporte que, dans un groupe, porte Martin, on se plaignait des agents perfides qui font passer nos subsistances aux ennemis de la République, et notamment à ceux de la Vendée qui sont en grand nombre, que l'on ne serait pas étonné d'y voir passer le petit Capet, que l'on commence déjà à faire soulever les départements en les privant des denrées de première nécessité, que le doute sur la Commission du commerce est levé, qu'elle fait la contre-révolution par ses réquisitions vexatoires, et qu'elle discrédite nos assignats dans la Belgique.

Au Jardin national, un citoyen disait avoir dans son portefeuille une lettre qu'on lui a écrite de quelques lieues de Paris : on lui fait offre de 12 milliers de savons à 12 sols 15 deniers la livre, du sucre à 40 sols la livre, du café à un prix exorbitant. On l'a invité à déposer cette lettre au Comité de sûreté générale. On présume, d'après la conversation de cet homme, que cette lettre ne pouvait venir que de Meaux ou des environs.....

Il y avait au moins mille huit cents personnes au poste Bernard pour avoir du charbon. Grand tumulte toute la journée. Les barrières ont été forcées malgré la force armée. On a conduit plusieurs femmes chez le commissaire de police.

BODSON, LE CAMUS.

(Arch. nat., F.¹ c III. Seine, 14.)

JOURNAUX.

Messager du soir du 12 vendémiaire :

Paris, le 11 vendémiaire. — Il vient de paraître un petit pamphlet intitulé : *Testament de Robespierre trouvé à la Maison commune*[1]. On aurait pu tirer un plus grand parti de ce cadre heureux; cependant on y trouve de la gaîté.....

Les colporteurs s'égosillaient ce matin à crier : *Je ne suis plus Jacobin et je m'en f...* ou *Entretien de Tranche-Montagne, caporal de canonniers de la République, venant des Indes, avec Brise-Raison, tailleur de pierres et président d'un Comité révolutionnaire.*

1. Bibl. nat. Lb 41/1159, in-8.

Abréviateur universel du 12 vendémiaire :

PAMPHLETS ET BROCHURES. — *Le Club infernal; les Noyades; les Oreilles d'Audouin ou les Crimes des Jacobins;* tels sont les pamphlets que crient, depuis avant-hier, nos stentors de carrefour. Dans le premier de ces pamphlets, Robespierre est supposé tenir un club aux enfers, avec ceux qu'il a entraînés dans sa chute ; lorsque Fouquier-Tinville y arrive, on le reçoit à peu près comme le père Gris Bourdon, dans un poème très connu. On lui demande sur-le-champ des nouvelles de Barère, de Collot, de Billaud et de quelques autres. On discute, on crie sur le présent, le passé, le futur. Les tribunes huent ou applaudissent suivant les circonstances. — *Les Noyades* sont dirigées contre Carrier.

SPECTACLES DU 11 VENDÉMIAIRE.

THÉÂTRE DES ARTS. — Relâche.
OPÉRA-COMIQUE. — *L'Enfance de J.-J. Rousseau*, com.; *Lodoïska*, com. — (*Les Petites Affiches* indiquent, au lieu de ce spectacle : *l'École de l'adolescence*; *Arabelle et Vascos*.)
FEYDEAU. — *Rose et Aurèle*, opéra en un acte ; *Tulipano*, opéra en deux actes.
THÉÂTRE DE LA RÉPUBLIQUE. — *La Pupille*, un acte ; *Catherine ou la Belle fermière*, com. en trois actes.
THÉÂTRE DE L'ÉGALITÉ. — *Le Mercure galant*.
LYRIQUE. — *Flora*, opéra en trois actes ; *le Mariage civique*, vaud.
GAITÉ. — *L'Habit ne fait pas l'homme; le Fou par amour; le Pari imprudent; la Noce interrompue par les brigands de la Vendée*.
AMBIGU-COMIQUE. — *La Gamelle; le 12 Thermidor; l'Héroïne américaine*.
VAUDEVILLE. — *L'Héroïne de Mithier; Colombine mannequin; les Vieux élégants*.
CITÉ-VARIÉTÉS. — *Les Cent pièces d'or; les Mœurs ou le Divorce; l'Enrôlement supposé*, comédies ; *Joconde*, opéra.

LXVIII

12 VENDÉMIAIRE AN III (3 OCTOBRE 1794).

RAPPORT DU 13 VENDÉMIAIRE.

L'esprit public est toujours au même degré d'énergie ; c'est à cette énergie que les aristocrates se tiennent (*sic*) et livrent le combat par des pamphlets sans nombre et des sarcasmes outrés.

Le vrai sans-culotte pense que le seul moyen de détruire cette vermine d'aristocratie serait d'attacher une note d'infamie à ceux qui en seraient susceptibles, comme aussi de déclarer indignes de participer aux bienfaits de la nation, de priver du titre de citoyen pendant un laps de temps les marchands accapareurs et usuriers et autres, qui ne cherchent à s'enrichir que des dépouilles du pauvre.

D'après le rapport de différents inspecteurs, il paraît que l'on a aussi des inquiétudes fondées sur l'état de notre marine ; on peut ajouter à tous ces objets de conversation l'apostrophe vigoureuse de Legendre à Barère, Billaud-Varenne, Collot, etc.[1]. Le public, à ce qu'il paraît, en attendait le résultat avec un grand intérêt.

On vend le pain de sucre à raison de 8 livres 10 sous la livre, et la cassonade 5 livres 10 sols. Cette marchandise sortait hier à ce prix de chez le nommé Brasseur, épicier, rue Montmartre. La déclaration en a été faite chez le commissaire de police, qui sans doute y donnera suite.

Le peuple se plaint toujours des subsistances et de la perte de temps occasionnée par le mode de distribution de la chandelle.

On observe que la cause de la cherté des denrées et de beaucoup de marchandises en réquisition est la difficulté de s'en procurer. Le marchand achète en cachette à des gens avides, qui exportent hors de Paris, et là, on distribue à des colporteurs qui gagnent sur la vente, de sorte que les mêmes marchandises, avant que d'être détaillées, se trouvent vendues et revendues à trois et quatre fois au moins.

Un autre objet de considération, c'est la vente par encan qui se trouve tolérée et qui donne le prix aux marchandises. On peut présentement classer, au nombre des marchands, les huissiers priseurs qui paraissent s'entendre avec les escrocs et les voleurs.

Les garçons boulangers se refusent à prendre des livres chez les commissaires de police des quartiers où ils travaillent. Ils disent dans leurs assemblées qu'il vaut mieux mourir de faim que de se conformer à un arrêté qui rappelle l'ancien régime.....

Il se fait un agio considérable en montres de toutes espèces à des prix exorbitants dans les cafés et chez les marchands de vin, au marché des Innocents. Les porteurs d'eau et les gagne-deniers ne s'occupent plus que de ce commerce...

Le Camus, A. Martineau.

(Arch. nat., F 1c III, Seine, 14.)

[1]. Dans la séance de la Convention du 12 vendémiaire an III, Legendre avait déclaré qu'il regardait ces députés « comme des conspirateurs ». Cf. *Moniteur*, réimpression, t. XXII, p. 138.

SPECTACLES DU 12 VENDÉMIAIRE.

Théâtre des Arts. — *Milliade à Marathon*; *Télémaque dans l'île de Calypso*, ballet.
Opéra-Comique. — *Renaud d'Ast*; *Lodoïska*.
Feydeau. — *L'Officier de fortune*; *l'Apothéose du jeune Bara*.
Théâtre de la République. — *L'École des femmes*; *le Sourd ou l'Auberge pleine*, com. en trois actes.
Théâtre de l'Égalité. — *Nanine*, com. en trois actes; *le Bienfait anonyme*, com. en trois actes.
Lyrique. — Relâche.
Gaîté. — *Il était temps ou l'Heureuse déconcerte*, pièce patriotique en deux actes, première représ.; *Blaise le bargneux*; *le Diable boiteux*; le ballet des *Matelots*.
Ambigu-Comique. — *Mazet*; *l'Étape*; *les Prisonniers patriotes*.
Vaudeville. — *L'Alarmiste*; *Arlequin Cruello*; *l'Auberge isolée*.
Cité-Variétés. — *Le Cousin de tout le monde*; *l'Heureux quiproquo*, comédies; *le Projet de fortune*; *Arlequin imprimeur*, opéras.

LXIX

13 VENDÉMIAIRE AN III (4 OCTOBRE 1794).

RAPPORT DU 14 VENDÉMIAIRE.

Les bons citoyens, les vrais républicains voient avec peine, mais sans inquiétude, les passions de tout genre qui se développent dans le sein de la Convention pour des intérêts particuliers. On remarque avec juste raison qu'on a vu circuler des pamphlets, les murs tapissés d'affiches, la calomnie courir les groupes et la Convention agitée en tout sens, lors (sic) s'est agi de troubles. C'est par suite de ces conversations qu'hier, au Jardin national, on a beaucoup parlé contre *l'Orateur* rédacteur du peuple[1], et qu'on se plaint de voir des représentants ne s'occuper de l'intérêt général que par des motifs de passion ou d'intérêts particuliers; mais, quels que soient les événements, le peuple les attend avec une attitude fière et républicaine.

Bertand, officier de paix, rapporte que l'esprit public, dans les sections des Gravilliers, du Temple et des Amis de la patrie, manifeste sa crainte sur une prochaine conspiration qui ne tardera pas d'éclater.

Descamps, inspecteur, a remarqué que plusieurs citoyens disaient

1. Il faut lire sans doute : Contre le rédacteur de *l'Orateur du peuple* (Fréron).

dans un groupe, au Palais national, que la queue de Robespierre était encore bien longue, qu'une partie de cette queue était dans le sein de la Convention.

Toujours beaucoup de murmures contre les voituriers, qui ne cessent d'exiger des prix exorbitants pour la conduite des bois; ils prétendent que le maximum, promulgué par la municipalité rebelle, ne doit pas être exécuté, attendu que la Convention a promis de le réviser, et, sous ce prétexte, ne discontinuent de vexer et de mettre à contribution ceux qui ont besoin d'eux. Les marchands de comestibles et les citoyens de toutes classes soupirent après cette révision.

La foule était si grande hier au port au charbon, place aux Veaux, que deux jeunes citoyennes ont été retirées presque étouffées et sans connaissance...

L'on demandait hier, à la Halle, la libre circulation des comestibles, plus de maximum, liberté entière, que c'était le seul moyen de diminuer les denrées.....

GÉROME, METTRIER.

(Arch. nat., F¹ᶜ III, Seine, 14).

Spectacles du 13 vendémiaire.

Théâtre des Arts. — Relâche.

Opéra-Comique. — *La Soirée orageuse*, com. en un acte, en prose; *Alexis et Justine*, com. en deux actes, en prose; *Mariage de Garrigu ou les deux Maréchaux ferrants*, première représentation.

Feydeau. — *Roméo et Juliette*, op. en trois actes; *le Club des Sans-Soucis*. (Au lieu de ce spectacle, les *Petites Affiches* indiquent: *Paul et Virginie*.)

Théâtre de la République. — *Timoléon*; *le Dépit amoureux*.

Théâtre de l'Égalité. — *Les Horaces*, première représentation (Mᵐᵉ Raucour jouera le rôle de Camille); *le Bienfait de la loi ou le Double divorce*.

Lyrique. — *Laure et Zulmé*, op. en trois actes; *Héléna ou les Bandits des Pyrénées*, opéra en deux actes.

Gaité. — *Il était temps*, pièce patriotique; *Les Fausses infidélités*; *Arlequin au tombeau*.

Ambigu-Comique. — *La Pomme de Hambour*; *les Contretemps*; *l'Héroïne américaine*.

Vaudeville. — *Au Retour*; *le Canonnier convalescent*; *les Vieux élégants*.

Cité-Variétés. — *Alain et Rosette*, com., première représentation; *Joconde*, opéra; *Les Royalistes de la Vendée*, pantomime.

LXX

14 VENDÉMIAIRE AN III (5 OCTOBRE 1794).

Rapport du 15 vendémiaire.

L'on peut assurer, d'après les rapports particuliers des inspecteurs et les observations des officiers de paix, que, depuis le mouvement du mois de thermidor, l'esprit public n'a pas beaucoup varié. On est toujours occupé par la crainte de manquer de subsistances. Ceux qui sont obligés d'aller aux queues tremblent à l'approche de l'hiver sous le rapport des subsistances. Enfin mêmes abus d'un côté et mêmes plaintes de la part du peuple et contre les administrations, les commissaires et les agents. Il paraît qu'on désire la liberté indéfinie du commerce, la suppression de toutes réquisitions.

La Vendée fait naître de grandes craintes. On se plaint de la lenteur à punir les coupables, surtout lorsqu'on entend le récit de tant d'horreurs commises dans les départements.

Les discussions dans les groupes, pour et contre les Jacobins, continuent toujours. Les différentes questions que la Convention a agitées hier à leur égard ont beaucoup occupé les esprits[1]; il paraît que le résultat est le ralliement à la Convention nationale.

L'on observe que la loi qui ordonne à tous propriétaires ou principaux locataires d'exposer à la porte de leur maison le tableau énumératif des citoyens qui la composent n'est pas exécutée, notamment dans les rues de traverse.

L'on remarque, par les différentes saisies que l'on fait continuellement, qu'il existe en circulation beaucoup de faux assignats de cinq livres, cinquante livres et autres...

Sur la section de Gravilliers, on a distribué chez tous les épiciers de l'huile à brûler fournie par la Commission du commerce; cette huile est si mauvaise que fort peu de personnes en vont chercher; c'est absolument de la lie, ce qui cause un murmure général et fait dire qu'on se moque du public...

Les petits bouchers, autrement dit marcandiers, s'établissent comme autrefois sur le carreau de la Halle et disent que, si l'on veut les laisser libres, les denrées reviendraient au prix où elles étaient ci-devant. Les femmes de campagne, notamment les marchandes de

---

1. Voir, dans la *Société des Jacobins*, t. VI, p. 537 et suivantes, le compte rendu de la séance de la Convention du 13 vendémiaire an III, relative aux Jacobins.

beurre, se plaignent déjà de la présence de ces bouchers et disent que cette nouvelle branche de commerce va leur couper le cou, attendu que celui qui mangera de la viande n'aura pas besoin de beurre ni légumes.

GILLET, OLLIVIER.

(Arch. nat., F¹ c III, Seine, 14).

JOURNAUX.

Courrier républicain du 17 vendémiaire :

Du 15 vendémiaire. — Le Club électoral continue à grossir le nombre de ses partisans. A la séance qu'il a tenue hier, on a donné lecture d'un écrit intitulé : *Gare l'explosion!* avec cette épigraphe : « Périsse le gouvernement révolutionnaire plutôt qu'un principe ! » Son auteur, le jeune Varlet, actuellement détenu dans la maison d'arrêt dite du Plessis, attaque directement le gouvernement révolutionnaire qu'il appelle une dictature. C'est le premier écrivain qui ait osé montrer tant d'audace. Ce pamphlet est la production d'une tête extrêmement violente, qui ne consulte ni le temps ni les lieux [1].

Nous manquons toujours ici de beaucoup de choses ; cependant la viande de boucherie commence à être moins rare.

Journal de Perlet du 15 vendémiaire :

La Société populaire, séante ci-devant à l'archevêché, dans la salle électorale, tient maintenant ses séances dans la salle de l'assemblée générale de la section du Muséum.

La dernière séance a été très nombreuse. On y a annoncé que les sections de la République, du Muséum, de la Cité, du Panthéon, du Faubourg-Montmartre, des Lombards, des Arcis, de la Maison-Commune, des Gravilliers, des Quinze-Vingts, de Montreuil, et la section Révolutionnaire ont adhéré à l'adresse présentée, décadi dernier, à la Convention par cette Société [2].

SPECTACLES DU 14 VENDÉMIAIRE.

THÉÂTRE DES ARTS. — *L'Inauguration de la République Française*, sans-culottide en cinq actes.

OPÉRA-COMIQUE. — *Le Convalescent de qualité*, com. en deux actes ; *l'al-*

1. Bibl. nat., Lb 41/1330, in-8°. Cf. *l'Abréviateur universel* du 18 vendémiaire.
2. On trouvera cette adresse dans le *Moniteur*, réimpression, t. XXII, p. 127.

lias ou *Nature et Patrie*, com. héroïque en un acte; *la Fête américaine*, ballet patriotique.

FEYDEAU. — *Le Club des Sans-Soucis*; *Rose et Aurèle*; *le Petit commissionnaire*.

THÉATRE DE LA RÉPUBLIQUE. — *La Loi d'accord avec la Nature*, com. en vers, première reprén.; *le Méchant*, com. en cinq actes.

THÉATRE DE L'ÉGALITÉ. — *Le Conciliateur*, com. en cinq actes, en vers; *Félix* ou *l'Enfant trouvé*, opéra en trois actes.

LYRIQUE. — *Michel Cervantès*, opéra en trois actes; *le Mariage civique*, vaudeville.

GAITÉ. — *Il était temps* ou *l'Heureuse découverte*, pièce patriotique en deux actes; *les Deux font la paire*; *Arlequin et Colombine invisibles*; *l'Habit ne fait pas l'homme*.

AMBIGU. — *Les Déguisements*; *le 12 Thermidor*; *les Prisonniers patriotes*.

VAUDEVILLE. — *Le Dédit mal gardé*; *l'Héroïne de Mithier*; *la Revanche forcée*.

CITÉ-VARIÉTÉS. — *L'Orphelin*, comédie; *Ricco*, comédie.

LXXI

15 VENDÉMIAIRE AN III (6 OCTOBRE 1794).

RAPPORT DU 16 VENDÉMIAIRE [1].

Le peuple est toujours dans la ferme attitude qui convient à des républicains; il se plaint toujours de la pénurie et de la difficulté de se procurer des denrées de première nécessité; il sait patienter, mais cependant se lasse en voyant les réquisitions sans nombre. On vend tout dans les marchés au-dessus du maximum. Ce même peuple dit que cette loi est inexécutable et que la liberté indéfinie du commerce est le seul remède à ses maux. La majeure partie croit voir de la mauvaise foi ou de l'ignorance dans les membres des commissions et administrations et de l'indifférence dans la Convention sur cette situation pénible.

Les troubles et la situation gênante de l'intérieur diminuent de beaucoup le plaisir extrême qu'on a d'apprendre les victoires à l'extérieur. La joie, quoi qu'il en soit, est générale, surtout parmi les véritables sans-culottes.

Au Jardin-Égalité, vers les six heures du soir, plusieurs particuliers voulaient faire jouer une vielleuse. Le factionnaire, conformément à sa consigne, s'y opposa. Un particulier qui paraissait disposé

1. Dans l'original, ce rapport n'est pas daté, mais il se trouve placé entre le rapport du 15 et celui du 17.

à faire naître du trouble, dit à cette femme : « Joue, joue, tu es sur le terrain de la République, et ne sommes-nous pas libres ? » Tout le monde a regardé cet individu comme mauvais citoyen, méprisant la consigne ; on le chassa, et le calme s'est rétabli.

Les reverbères aux environs de l'Arsenal étaient éteints cette nuit dès trois heures du matin; l'on observe à ce sujet que la plupart des reverbères qui éclairent Paris ne sont allumés qu'une partie de la nuit ou point du tout. L'on attribue le défaut de lumière pour cette nuit [et] les précédentes au grand vent qui règne depuis quelques jours.

Toujours beaucoup de femmes publiques, et même plus que jamais. La trop grande douceur dans le châtiment que l'on exerce envers elles, lorsqu'elles sont au tribunal, en ne les condamnant qu'à deux trois ou quatre mois de détention, ne fait que les encourager au vice. Sur le boulevard Montmartre, des citoyens disaient qu'il était urgent, dans une République naissante, de couper le vice même dans sa racine ; leurs observations étaient qu'on ne peut détruire ce ramas de filles prostituées qu'en les exilant ou qu'en les employant à des travaux utiles à la République.

L'on se plaint que beaucoup de citoyens employés dans les bureaux sont dans l'âge de la réquisition, et d'autres, ignorants à l'extrême, occupent des places qu'ils ne peuvent remplir; on ajoute encore qu'à l'administration des armes portatives de la République, rue de l'Université, près celle du Bac, une femme y tient la place d'un commis expéditionnaire au lieu d'être à la tête de sa maison, au lieu de coudre et de filer.

La plus grande tranquillité règne dans les maisons d'arrêt; les signaux peu fréquents ne produisent rien ; peu à peu ils disparaîtront.....

Les rassemblements ne discontinuent pas dans les ports au charbon et deviennent de plus en plus dangereux. Hier, à celui de l'École, la force armée qui y était pour ramener le calme a été tellement repoussée que deux piques ont été cassées par la résistance qu'a apportée la grande affluence.....

GILLET, CHRISTOPHE.

(Arch. nat., F.⁷ c III, Seine, 14.)

JOURNAUX.

Journal des Hommes libres de tous les pays du 15 vendémiaire :

Avis. — La dernière heure de la royauté a sonné le 21 septembre

1792 (style esclave), et c'est encore une horloge entachée du nom du roi qui mesure le temps à la Convention nationale.

On invite à faire effacer sans délai, de cette pendule, ce mot odieux qui révolte l'œil des républicains.

SPECTACLES DU 15 VENDÉMIAIRE.

THÉÂTRE DES ARTS. — Relâche.
OPÉRA-COMIQUE. — Les Dangers de l'Absence ou le Souper de famille, com. en deux actes ; Arasbelle et Vascos, drame lyrique en trois actes.
FEYDEAU. — Roméo et Juliette, opéra en trois actes ; la Partie carrée, opéra en un acte.
THÉÂTRE DE LA RÉPUBLIQUE. — La Mère confidente ; le Sourd.
THÉÂTRE DE L'ÉGALITÉ. — Le Méchant, com. en cinq actes ; le Mercure galant ou la Comédie sans titre, en quatre actes, en vers.
LYRIQUE. — Au plus brave la plus belle, op. en un acte, première représentation ; les Petits commissionnaires, op. en deux actes.
GAITÉ. — Il était temps ou l'Heureuse découverte, pièce patriotique en deux actes ; le Nécromancien ; le Cocher supposé ; la Noce interrompue ou les Brigands de la Vendée, pièce patriotique.
AMBIGU-COMIQUE. — Le Gâteau du tyran ; les Sœurs du pot ; le Masque de fer.
VAUDEVILLE. — Le Nègre aubergiste ; les Vieux élégants ; Piron avec ses amis.
CITÉ-VARIÉTÉS. — Les Mœurs ou le Divorce ; le Mari coupable, com. ; Alain et Rosette, opéra.

LXXII

DU 16 VENDÉMIAIRE AN III (7 OCTOBRE 1794).

RAPPORT DU 17 VENDÉMIAIRE.

Les rapports des inspecteurs sur la situation de Paris sont toujours les mêmes. L'esprit y est bon et toujours à la hauteur des principes révolutionnaires. La majorité du peuple désire que le commerce soit entièrement libre, à l'exportation et l'accaparement près ; il pense qu'alors l'abondance reviendrait, que les denrées hausseraient de prix, mais qu'ensuite elles diminueraient à cause de la concurrence. Les citoyens aiment mieux acheter au-dessus du maximum que d'attendre pendant des heures entières la modique portion qui leur est accordée à chaque distribution.....

On se plaint de la mauvaise qualité du pain, qui incommode et cause des coliques. On s'attendait que, d'après les plaintes qui ont été faites, il y a un mois, la Commission des subsistances aurait avisé aux moyens de procurer au peuple une manne pure et salutaire, en ce qu'il y a trois semaines, après les réclamations réitérées, le pain a été passablement bon pendant trois ou quatre jours.

GÉROME, OLLIVIER.

(Arch. nat., F¹ c III, Seine, 14.)

JOURNAUX.

Gazette française du 17 vendémiaire :

De Paris, le 16 vendémiaire. — Paris jouit toujours du plus grand calme, et rien n'annonce que ce calme puisse être troublé; le système de sang est abhorré; la justice et l'humanité reprennent leur empire sur tous les cœurs; on est généralement convaincu que l'exagération peut être tolérée dans les sentiments, mais qu'elle est nuisible dans l'établissement des lois : les exagérations desservent la cause de la liberté, en faisant croire au peuple qu'elle n'est qu'une idée chimérique et qu'une conception impossible à réaliser; ce sont les jansénistes de la politique; leur rigorisme étouffe le civisme et toutes les affections sociales; il fait naître l'égoïsme et l'hypocrisie.

Gazette historique et politique de la France et de l'Europe du 17 vendémiaire :

Les pamphlets sont toujours très nombreux; les plus nouveaux sont intitulés : *Les Jacobins au Panthéon* [1]; *Guerre à mort à tous les assassins*; *le Cri du sang demande vengeance*. Ce dernier est entièrement dirigé contre Collot d'Herbois.

On continue toujours de mettre en liberté les victimes encore vivantes du Néron français. Le nombre de prisonniers dans les prisons de Paris qui, au 9 thermidor, se montait à huit ou neuf mille, n'est plus aujourd'hui que de quatre mille six cent soixante-dix-huit [2].

SPECTACLES DU 16 VENDÉMIAIRE.

THÉATRE DES ARTS. — *Orphée et Eurydice*, op. en trois actes; *Télémaque dans l'île de Calypso*, ballet pant. en trois actes.

OPÉRA-COMIQUE. — *Stratonice*, com. en un acte, en vers; *le Déserteur*, com. en trois actes, mêlée d'ariettes.

1. Bibl. nat., Lb 41/1283, in-8.
2. Cf. le *Journal de Perlet* du 16 vendémiaire.

FEYDEAU. — *La Partie carrée* ; *Roméo et Juliette*.

THÉATRE DE LA RÉPUBLIQUE. — *La Loi d'accord avec la Nature*, com. en un acte, en vers ; *le Père de famille*, drame en cinq actes.

THÉATRE DE L'EGALITÉ. — *Mahomet*, trag. en cinq actes ; *la Journée de l'Amour*, divertissement anacréontique.

LYRIQUE. — *Hélène ou les Bandits des Pyrénées*, op. en deux actes ; *le Mannequin*, en un acte.

GAITÉ. — *Crispin médecin*, com. ; *le Nouveau calendrier*, pièce patriotique ; *Arlequin protégé par Nostradamus*, pantomime à machines.

AMBIGU-COMIQUE. — *la Bascule* ; *le 12 Thermidor* ; *la Forêt noire*.

VAUDEVILLE. — *L'Héroïne de Mithier* ; *Gille Georges et Arlequin Pitt* ; *le Retour de Bruxelles*.

CITÉ-VARIÉTÉS. — *Les Dragons et les Bénédictines*, com. ; *les Dragons en cantonnement*, com. ; *Alain et Rosette*, opéra.

LXXIII

17 VENDÉMIAIRE AN III (8 OCTOBRE 1794).

SPECTACLES DU 17 VENDÉMIAIRE.

THÉATRE DES ARTS. — Relâche.

OPÉRA-COMIQUE. — *Camille ou le Souterrain*, com. en trois actes, en prose ; *Philippe et Georgette*, un acte en prose.

FEYDEAU. — *Claudine ou le Petit commissionnaire*, op. en un acte ; *Paul et Virginie*, op. en trois actes.

THÉATRE DE LA RÉPUBLIQUE. — *Timoléon*, trag. en trois actes, en vers ; *Pygmalion*, mélodrame.

THÉATRE DE L'EGALITÉ. — *le Vieux célibataire*, com. en cinq actes, en vers ; *le Bienfait de la loi ou le Double divorce*, com. en un acte.

LYRIQUE. — *Laure et Zulmé*, opéra en trois actes ; *Au plus brave la plus belle*, op. en un acte.

GAITÉ. — *Il était temps ou l'Heureuse découverte* ; *Vénus pèlerine* ; *le Quiproquo de l'hôtellerie* ; *le Pari imprudent*.

AMBIGU-COMIQUE. — *La Gamelle* ; *le 12 Thermidor* ; *les Prisonniers patriotes*.

VAUDEVILLE. — *Nicaise peintre* ; *le Naufrage au port* ; *le Noble roturier*.

CITÉ-VARIÉTÉS. — *Les Dangers des liaisons*, com. ; *les Mœurs ou le Divorce*, comédie ; *le Vous et le toi*, opéra ; *les Nègres*, ballet.

LXXIV

18 VENDÉMIAIRE AN III (9 OCTOBRE 1794).

JOURNAUX.

Courrier républicain du 19 vendémiaire :

Du 18 vendémiaire. — L'abondance commence à régner dans les marchés de cette ville ; on y trouve du beurre, des œufs et autres objets de cette nature qu'on [n'] apercevait nullement il y a quelques jours; à la vérité on n'achète pas au *maximum*, et la police ou le gouvernement pense qu'il vaut mieux laisser passer et laisser faire.

La Société populaire, dite le Club électoral, continue à s'élever avec beaucoup de hardiesse contre le gouvernement révolutionnaire. Les orateurs qui ont parlé dans la dernière séance ont prétendu que nous n'aurions jamais la paix tant que ce gouvernement durerait, et qu'il faut enfin en France un ordre de choses stable et permanent.

La Société a arrêté qu'elle présenterait à la Convention une pétition conforme à ces principes.

SPECTACLES DU 18 VENDÉMIAIRE.

THÉÂTRE DES ARTS. — *Iphigénie en Tauride*, op. en quatre actes, précédé du *Chant du départ*.
OPÉRA-COMIQUE. — *la Belle Arsène*, com. en quatre actes, en vers ; *Callias ou Nature et Patrie*, com.-héroïque en un acte.
FEYDEAU. — *Viala ou le Héros de la Durance*, fait historique en un acte ; *la Partie carrée*, opéra-folie en un acte ; *la Famille indigente*.
THÉÂTRE DE LA RÉPUBLIQUE. — *Le Sourd* ; *l'Avare*, comédies.
THÉÂTRE DE L'ÉGALITÉ. — *Alisbelle ou les Crimes de la Féodalité*, op. en trois actes ; *le Mercure galant*, com. en quatre actes en vers.
LYRIQUE. — *Flora*, op. en trois actes ; *le Mariage civique*, vaud.
GAITÉ. — *Arlequin protégé par Vulcain* ; *Crispin rival* ; *les Fausses infidélités* ; *l'Aristocrate démasqué par la Corne de la Vérité*, en deux actes.
AMBIGU-COMIQUE. — *Les Contre-temps* ; *l'Étape* ; *le Devin du village*.
VAUDEVILLE. — *Les Vieux époux* ; *la Matrone d'Éphèse* ; *les Vieux élégants*.
CITÉ-VARIÉTÉS. — *La Mère rivale*, com.; *les Intrigants*, com.; *les Royalistes de la Vendée*, pant.

LXXV

19 VENDÉMIAIRE AN III (10 OCTOBRE 1794).

JOURNAUX.

Vedette ou Gazette du jour du 20 vendémiaire :

Paris, ce 19. — Le corps de Jean-Jacques Rousseau, parti avant-hier d'Ermenonville, et hier d'Émile, est arrivé aujourd'hui à Paris ; il a été porté aux Tuileries, où il reste exposé jusqu'à demain, qu'il sera transféré au Panthéon.

Journal de Perlet du 20 vendémiaire :

C'est toujours à l'aide de l'embarras des subsistances et des approvisionnements que les malveillants de tout genre ont cherché à agiter et à soulever le peuple. Ils feignent de s'apitoyer sur ses maux, d'y chercher des remèdes et leur unique but est d'usurper la confiance et de parvenir par elle aux places et à la domination. Pour leur ôter cette arme dangereuse, le Comité de salut public s'occupe sans cesse des approvisionnements de Paris, où, malgré ses soins, on éprouve une grande disette d'objets de première nécessité. La chandelle et l'huile y sont extrêmement rares. L'avidité des marchands porte la bougie à un prix excessif. Depuis plusieurs jours néanmoins, on tient bien plus d'œufs, de beurre et de viande de boucherie. Les mesures que le Comité de salut public vient de prendre, par son arrêté du 11 vendémiaire, vont, sans doute, contribuer à améliorer le sort du peuple [1].

SPECTACLES DU 19 VENDÉMIAIRE.

THÉÂTRE DES ARTS. — Relâche.
OPÉRA-COMIQUE. — *Camille ou le Souterrain*, com. en trois actes, en prose ; *l'Amant statue*, com. en un acte.
FEYDEAU. — *La Partie carrée* ; *Viala ou le Héros de la Durance* ; *la Famille indigente*.
THÉÂTRE DE LA RÉPUBLIQUE. — *La Loi d'accord avec la Nature*, com. en un acte, en vers ; *Charles et Caroline ou les Abus de l'Ancien régime*, com. en cinq actes, en prose.

---

[1] Le *Journal de Perlet* donne ensuite le texte de cet arrêté, avec une analyse de l'instruction qui l'accompagnait. Nous y renvoyons le lecteur.

Théâtre de l'Égalité. — *Le Méchant*, com. en cinq actes, en vers; *la Gageure imprévue*, com. en un acte.

Lyrique. — *Michel Cervantès*, op. en trois actes ; *Au plus brave la plus belle*, op. en un acte.

Gaîté. — *Le Fou par amour*, com.; *Arlequin et Colombine invisibles*, pant. à machines; *la Corne de Vérité*, com. en deux actes.

Ambigu-Comique. — *Les Mariages assortis*; *les Sœurs du Pot*; *les Houlans*.

Vaudeville. — *Le Pot pourri*; *l'Auberge isolée*; *Colombine Mannequin*.

Cité-Variétés. — *Les Cent pièces d'or*, com.; *Ricco*, com.; *les Montagnards* et leur ballet.

LXXVI

20 VENDÉMIAIRE AN III (11 OCTOBRE 1794).

Rapport du 21 vendémiaire.

Le fond de l'esprit public est toujours très bon ; il y a seulement quelques détails d'après lesquels on peut juger de l'indifférence d'un petit nombre et du patriotisme bien prononcé des autres. Parmi ces détails il faut remarquer surtout l'indifférence des femmes à ne pas porter de cocarde et l'impudence de quelques muscadins à soutenir ces abus qui se propagent et se multiplient de jour en jour. Plusieurs d'elles ont été arrêtées n'en ayant pas, et conduites, les unes à l'administration de police, les autres chez différents commissaires.

Hier sur le boulevard, la statue la Gloire, qui soutenait la couronne de l'immortalité sur la tête de Rousseau, est tombée et le support du réverbère a blessé un enfant fort dangereusement. La cérémonie s'est faite sans trouble ni désordre, et tout s'est passé à la satisfaction des citoyens, qui ont montré la plus vive allégresse......

L'état des subsistances est toujours le même. Dans les marchés on ne suit plus la loi du maximum ; tout s'y vend de gré à gré......

Beaucoup de trouble au port au charbon, place aux Veaux. La force armée n'ayant pu ramener le bon ordre, ayant même été repoussée, des femmes à demi étouffées, on a été contraint de fermer le port à neuf heures du matin.

Gérome, Thiboust.

(Arch. nat., F¹ᶜ III, Seine, 11.)

JOURNAUX.

Nouvelles politiques, nationales et étrangères du 20 vendémiaire :

De Paris, le 20 vendémiaire. — L'arrêté du Comité de salut public, relatif aux subsistances [1], produit déjà dans cette commune un effet salutaire, et le peuple en éprouve quelque allègement dans ses précédentes privations ; aussi plus de calme est le fruit de ces dispositions du gouvernement, vers lequel tout doit se rallier, malgré les clameurs écrites de certains esprits exaspérés. Ces esprits, chassés du tourbillon qui les enveloppait dans toutes les affaires de la dernière faction, ne peuvent s'accoutumer au calme, tant ils avaient prêché auparavant que les moyens extrêmes étaient la sauvegarde de la liberté publique. Mais ce système exagéré, dont on a fait une fâcheuse expérience, a rectifié bien des idées, et le peuple pense plus que jamais que le moyen le plus sûr d'arriver au bonheur est de concentrer sa confiance dans la Convention nationale et dans le gouvernement lui-même ; il commence à être persuadé que c'est de l'unité de son action qu'il recevra des avantages qu'il a vainement cherchés à la suite de tant d'agitations qui l'ont en même temps trompé, et qui ont embarrassé, au grand dam de la chose publique, la marche générale vers le but proposé.

De plus on a reconnu que les exagérateurs desservent vigoureusement la cause de la liberté, en faisant croire au peuple que sa possession est absolument difficile à obtenir. Les rigoristes ne furent jamais aimés ni en morale, ni en politique, ni en ordre social, parce que le rigorisme et le despotisme sont presque des frères, et que la généralité des hommes, comme l'a dit un de nos grands politiques, n'est pas susceptible d'embrasser l'état de perfection.

Journal des hommes libres de tous les pays du 23 vendémiaire :

La voix de toute une génération nourrie des principes de Jean-Jacques, et pour ainsi dire élevée par lui ; la voix de la République entière, dont son génie devança, prépara l'existence, appelait au panthéon ce grand homme ; et ce temple élevé par la patrie reconnaissante à ceux qui l'ont servie attendait celui qui depuis si longtemps est placé en quelque sorte dans le panthéon de l'opinion publique.

Le 19 vendémiaire, à sept heures du soir, les cendres de Jean-

---

1. Voir plus haut, p. 156.

Jacques ont été apportées dans le Jardin national. Son cercueil était sur un char qu'entouraient les habitants d'Ermenonville. L'homme de la nature et de la vérité reposait sous les mêmes peupliers qui avaient ombragé son modeste tombeau. Le cortège s'est arrêté au Pont-Tournant, devant la Renommée, qui semblait annoncer à l'univers l'apothéose d'un grand homme.

Pendant qu'une députation de la Convention recevait avec respect ces restes honorés, l'Institut national exécutait des airs du *Devin du village*; et c'est au milieu d'une foule immense que le char s'est avancé jusqu'au bassin qui est en face du Palais national. On y avait formé une espèce d'île, entourée de peupliers : c'est là qu'a été déposé le cercueil de Jean-Jacques.

Le lendemain, vers midi, lorsque la Convention eut quitté le lieu de ses séances, le président, du haut du péristyle du Jardin national, où l'on voyait flotter les drapeaux ennemis, témoins des victoires annoncées la veille, donne au peuple assemblé, en foule pour la fête le récit des glorieuses journées dans lesquelles les armées viennent de cueillir de nouveaux lauriers et ajouter de nouveaux titres à la reconnaissance publique.

Le peuple lui répond par des applaudissements, par des cris mille fois répétés : *Vive la République! Vive la Convention nationale!* et agite d'une manière expressive ses chapeaux dans les airs. Les accents d'une musique mélodieuse se mêlent aussitôt à ceux de l'allégresse publique, et donnent le signal du départ pour la fête.

Tous les accessoires de la cérémonie sont assortis au génie et au caractère du philosophe que l'on célèbre. Chaque emblème offre une allusion aux diverses études qui ont rempli le cours de sa carrière, et la nature semble avoir fait presque tous les frais de ces divers emblèmes.

Ici paraît un char surmonté de divers instruments des arts, avec cette inscription : *Il réhabilita les arts utiles.* Il est suivi d'un autre, couverts de plantes, de fleurs et de fruits, avec ces mots : *L'étude de la nature le consolait de l'injustice des hommes.*

Plus loin une Renommée pose une couronne de chêne sur ses immortels ouvrages; elle précède les grandes tables des Droits de l'homme, au bas desquelles on lit : *Il réclama le premier ces droits imprescriptibles.*

On aperçoit aussi dans la cérémonie Franklin et Voltaire, bien dignes tous deux d'assister à cette fête nationale, l'un pour avoir donné au peuple américain le secret de ses forces et de son indépendance, l'autre pour avoir secoué tous les jougs, rompu toutes les chaînes de la superstition et fait dans l'opinion la même révolution que les principes républicains font aujourd'hui chez tous les peuples de l'Europe.

Au milieu du cortège paraît le tombeau dans une île de peupliers, environné des habitants d'Ermenonville, et portant deux inscriptions, l'une : *Vitam impendere vero*, l'autre : *Ici repose l'homme de la nature et de la vérité.*

Ce qui semble fixer plus particulièrement les regards sont des femmes et des enfants groupés sur un char de forme antique, dont le spectacle rappelle les préjugés que le philosophe a vaincus en rendant les mères à leurs premiers devoirs, et en brisant les liens dont on garottait l'enfance.

Courrier républicain du 21 vendémiaire :

On aurait dit que la nature et les hommes en société s'étaient donné parole pour honorer la mémoire de l'immortel citoyen de Genève ; la nature était belle et paisible, la foule immense qui assistait à la fête n'était point agitée par ces hommes cruels dont la figure et l'accoutrement signalent la férocité. Tout le monde était vêtu simplement, mais avec décence ; on n'entendait pas ces cris séditieux qui, dans d'autres fêtes, ont provoqué les fureurs des partis et des scènes de carnage et de sang ; mais les jolis airs du *Devin du village*, la jolie romance : *Je l'ai planté, je l'ai vu naître*, etc., étaient dans les mains de tous et chantés par tout le monde.

Le cortège est parti du Palais national à une heure ; tous les emblèmes étaient attendrissants et bien choisis ; celui que nous avons surtout remarqué était le *Contrat social* ouvert et porté avec respect. En voyant approcher de ce livre sublime quelques audacieux dont tous les vêtements sont encore dégoûtants du sang qu'ils ont versé, dont les opinions extravagantes et désordonnées semblent avoir été faites au milieu des chaos, il nous semblait entendre la voix de l'austère philosophe, prononçant ces mots : « N'approche pas, sacrilège : il n'y a pas dans ce livre saint, une page, une ligne où ta condamnation ne soit tracée. »

Non, la Convention, qui vient de rendre un hommage aussi honorable au plus illustre écrivain qui ait paru en France, ne souffrira pas que ses cendres soient déshonorées ; elle ne souffrira pas qu'on répande désormais des flots de sang, après avoir placé au Panthéon français celui qui a écrit que la liberté qui coûtait la vie d'un seul homme était payée trop cher.

Journal de Perlet du 21 vendémiaire :

La fête décrétée par la Convention pour la translation des cendres de J.-J. Rousseau au Panthéon a été célébrée hier avec la plus grande pompe ; elle a été simple et majestueuse comme le peuple qui en faisait le principal ornement, et qui rendait des hommages à celui qui, le premier, lui a donné le code de ses droits; elle a été grande comme le génie qu'elle honorait. L'enthousiasme des victoires annoncées la veille à la Convention [1] a ajouté beaucoup à l'éclat de cette fête et à l'allégresse publique. Le cortège était composé : 1° d'un groupe de musiciens exécutant des airs du *Devin du village* et d'autres airs de la composition de J.-J. Rousseau.

Le second groupe, de botanistes, avec des faisceaux de plantes.

INSCRIPTION :

L'étude de la nature
Le consolait des injustices des hommes.

Le troisième groupe, d'artistes de toutes espèces, avec les instruments de leur métier.

Il réhabilita les arts utiles.

Le quatrième groupe, des députés des sections de Paris, portant en tête les tables des Droits de l'homme.

Il réclama le premier ces droits imprescriptibles.

STATUE DE LA LIBERTÉ

Cinquième groupe. Mères vêtues à l'antique ; les unes tenant par la main des enfants en âge de suivre le cortège ; les autres en portant de plus jeunes dans leurs bras.

Il rendit les mères à leurs devoirs
Et les enfants au bonheur.

STATUE DE ROUSSEAU

avec cette inscription :

Au nom du peuple Français
La Convention nationale
A J.-J. Rousseau.

---

1. Dans la séance de la Convention du 19 vendémiaire, le Comité de salut public avait annoncé l'entrée de l'armée de Sambre-et-Meuse à Cologne.

Sixième groupe. Habitants de Franciade et des communes de Groslay et de Montmorency.

> C'est au milieu de nous
> Qu'il fit Héloïse, Émile,
> Et le Contrat social !

Septième groupe. Habitants de la commune d'Ermenonville, autour de l'urne cinéraire, sur laquelle étaient gravés ces mots :

> Ici repose l'ami de la Nature et de la Vérité.

Huitième groupe. Genevois avec l'envoyé de la République.

> Genève l'aristocrate l'avait proscrit
> Genève régénérée a vengé sa mémoire.

Neuvième groupe. La Convention nationale entourée d'un ruban tricolore, et précédée du phare des législateurs, le *Contrat social*.

Abréviateur universel du 25 vendémiaire :

La translation des cendres de J.-J. Rousseau au Panthéon s'est faite décadi. Le peuple accompagnait avec majesté les dépouilles mortelles du génie. Le cortège était formé de groupes de botanistes, de musiciens, d'agriculteurs, d'artisans et de mères allaitant leurs enfants. Les habitants des communes où Jean-Jacques composa *Émile*, *Héloïse* et le *Contrat social*, ceux au milieu desquels il passa les deux dernières années de sa vie, les citoyens de Genève et l'envoyé de cette République régénérée assistaient aussi à cette fête. Les artistes de l'Institut national exécutaient les airs du *Devin du village*. La Convention, précédée du *Contrat social*, fermait la marche entourée d'un cordon tricolore. Le cercueil de Jean-Jacques était sur le même char qui l'avait apporté d'Ermenonville, et l'on voyait sa statue sur un autre char, magnifiquement décoré. Il ne manquait à cette fête que les élèves de l'École de Mars.

Le soir, tous les théâtres furent ouverts. On avait dressé des orchestres sur la place du Panthéon, et le peuple y a dansé fort avant dans la nuit.

Sans-Culotte du 22 vendémiaire :

La nature paraissait applaudir hier aux amis de l'humanité qui honoraient la mémoire de l'immortel Jean-Jacques ; elle a été belle et paisible. La foule immense qui assistait à cette fête auguste n'était point agitée par ces hommes cruels dont la figure hideuse et l'accoutrement dégoûtant signalent la férocité. Tout le monde était vêtu simplement, mais avec décence. Tous les spectateurs gardaient un silence religieux, qui n'était interrompu que par les airs harmonieux du *Devin du village*, et par la jolie romance : *Je l'ai planté, je l'ai vu naître*, qui étaient chantés par tout le monde.

Le cortège est parti du Palais national à une heure ; tous les emblèmes étaient attendrissants et bien choisis ; les âmes sensibles jouissaient délicieusement. Les vrais patriotes contemplaient avec enthousiasme le *Contrat social* ouvert et porté avec respect.

Les drapeaux réunis des républiques de France, des États-Unis et de Genève offraient le symbole d'une *trinité* digne de philosophes. Cette sainte union est le présage assuré du triomphe universel de la Liberté dans les deux hémisphères.

Nouvelles politiques, nationales et étrangères du 21 vendémiaire :

De Paris, le 21 vendémiaire. — La fête de J.-J. Rousseau a été célébrée avec cet enthousiasme qu'inspire la mémoire d'un philosophe qui a éclairé son siècle et honoré l'humanité. Un mausolée construit sur un bassin du Jardin national, environné de peupliers, a rappelé cette île solitaire où reposaient les cendres de l'ami de la nature et de la vérité. Les hymnes et les airs chéris du *Devin du village* ont porté dans l'âme des spectateurs une sensibilité touchante. L'âme dans cet état se recueillait en silence pour sentir les charmes de cette agréable mélodie. Le sarcophage renfermant le cercueil de Rousseau a été porté triomphalement au Panthéon et placé sur une estrade élevée sous le dôme. Le président de la Convention, au nom de la nation entière, a jeté des fleurs sur la tombe de ce grand homme, il a retracé au peuple ses vertus. . . . .

Vedette ou Gazette du jour du 22 vendémiaire :

Paris, ce 20. — Ce jour était destiné, comme nous l'avons annoncé, à la translation du corps de J.-J. Rousseau au Panthéon. Arrivé hier sur les deux heures au Jardin national des Tuileries, escorté par les habitants d'Ermenonville et d'Émile, il a été déposé sur un bassin des Tuileries sur les midi. L'Institut national de musique, placé sur la tribune élevée dans le jardin, pour annoncer l'arrivée de la Convention nationale, a exécuté une composition du citoyen Xavier Lefèvre, suivie de l'air de Rousseau : *J'ai perdu tout mon bonheur.* Ensuite le président de la Convention nationale a fait lecture à voix haute des décrets rendus pour honorer J.-J. Rousseau.

L'Institut a ensuite exécuté une hymne, paroles de Desorgues, musique de Jadin. Cette hymne a été suivie de l'air de Rousseau : *Dans ma cabane obscure.*

Pendant la marche du Jardin national au Panthéon, l'Institut exécutait les airs de Rousseau. A l'instant où le cortège entre dans le Panthéon, le citoyen Séjan, organiste, a touché de l'orgue. A l'entrée du corps de J.-J. Rousseau dans le temple, l'Institut a exécuté l'air de ce grand homme : *Je l'ai planté, je l'ai vu naître.* Le président a prononcé un discours. On a ensuite exécuté une hymne à J.-J. Rousseau, paroles de Chénier, musique de Gossec. La première strophe a été chantée par les vieillards et les mères de famille ; la seconde, par les représentants du peuple ; la troisième, par les enfants et les jeunes filles ; la quatrième, par les Genevois, et la cinquième par le peuple.

HYMNE A J.-J. ROUSSEAU

PAR MARIE-JOSEPH CHÉNIER, REPRÉSENTANT DU PEUPLE

Musique de Gossec, chantée à la fête.

Les Vieillards et les Mères de famille.

> Toi qui d'Émile et de Sophie
> Dessinas les traits ingénus,
> Qui de la nature avilie
> Rétablis les droits méconnus,
> Éclaire nos fils et nos filles ;
> Forme aux vertus leurs jeunes cœurs ;
> Et rends heureuses nos familles
> Par l'amour des lois et des mœurs.

Le Chœur.

> O Rousseau ! modèle des sages,
> Bienfaiteur de l'humanité,
> D'un peuple fier et libre accepte les hommages,
> Et du fond du tombeau soutiens l'égalité.

Les Représentants du peuple.

> Ta main de la terre captive
> Brisant les fers longtemps sacrés,
> De sa liberté primitive
> Trouva les titres égarés.
> Le peuple, s'armant de la foudre,
> Et de ce contrat solennel,
> Sur les débris des lois en poudre
> A posé son trône éternel.

Le Chœur.

O Rousseau!...

Les Enfants et les Jeunes Filles.

Tu délivras tous les esclaves ;
Tu flétris tous les oppresseurs ;
Par toi, sans chagrins, sans entraves,
Nos premiers jours ont des douceurs.
De ceux dont tu pris la défense,
Reçois les vœux reconnaissants ;
Rousseau fut l'ami de l'enfance,
Il est chéri par les enfants.

Le Chœur.

O Rousseau!.....

Les Genevois.

Tu vois près de ta cendre auguste
Tes amis, tes concitoyens ;
Philosophe sensible et juste,
Nos oppresseurs furent les tiens :
Et dans ta seconde patrie
Genève, agitant son drapeau,
Genève, la mère chérie,
Chante son fils le bon Rousseau.

Le Chœur.

O Rousseau!.....

Les Jeunes Gens.

Combats toujours la tyrannie,
Que fait trembler ton souvenir :
La mort n'atteint pas ton génie ;
Ce flambeau luit pour l'avenir,
Ses clartés pures et fécondes
Ont ranimé la terre en deuil,
Et la France, au nom des deux mondes,
Répand des fleurs sur ton cercueil.

Le Chœur.

O Rousseau!.....

Messager du soir du 22 vendémiaire :

Paris, **21 vendémiaire**. — La cérémonie de la translation des cendres de J.-J. Rousseau a été célébrée hier avec une pompe simple et digne du grand homme dont la gloire intéresse tous les amis de la patrie et de la vérité ; tous les cœurs ont pris part à cette journée, qu'on peut appeler la fête du génie. Ce n'était point l'esprit de parti qui gravait un nom obscur sur la liste des grands hommes, afin de se créer une autorité pour appuyer des opinions exagérées de faction : c'était l'humanité reconnaissante qui proclamait le nom de son bienfaiteur ; c'était la postérité froide et calme qui rendait hommage à un philosophe qui l'avait éclairée. Les cendres de Jean-Jacques étaient, comme nous l'avons dit, arrivées la veille d'Ermenonville. L'ombre du citoyen de Genève n'a pas dû regretter ces bocages, parmi lesquels il avait passé les derniers instants de sa vie ; le vandalisme y avait porté ses ravages ; les monuments des grands hommes, compagnons de sa retraite, avaient été mutilés ; c'est vainement qu'on y cherchait les noms de Thompson, de Shenstone et de tous ces chantres de la nature[1] : les inscriptions étaient effacées, l'île des Peupliers n'était plus qu'un bois abandonné. Le citoyen Girardin, qui méritait l'estime de ses concitoyens, puisqu'il obtint celle de Rousseau, avait resté seize mois en état d'arrestation ; la tombe de son illustre ami était devenue pour lui la roche de Prométhée, où son cœur généreux et sensible était dévoré par les vautours de la Révolution. Mais pourquoi fixer notre attention sur un tableau déchirant ? Livrons-nous tout entiers à la joie qu'inspire le triomphe de l'humanité et des arts. La statue de Jean-Jacques était portée sur un char magnifiquement orné ; il recevait une couronne des mains de l'immortalité.

(Suit une description qui n'ajoute rien à celle que donnent les autres journaux.

Nouvelles politiques, nationales et étrangères du 24 vendémiaire :

De Paris, le 24 vendémiaire. — On remarquait ces jours derniers, dans une société pensante, la satisfaction touchante et générale qui avait signalé la fête de J.-J. Rousseau, de ce philosophe humain et sensible que les préjugés, la jalousie et l'intolérance regardèrent et traitèrent en ennemi pendant qu'il vécut. Il semblait que la postérité entière se fût chargée de venger tant d'outrages faits à la bienfaisance d'un homme qui avait travaillé toute sa vie, et presque seul, à servir l'humanité et la constitution sociale, en éclairant l'une et l'autre sur leurs devoirs les plus sacrés. On était attendri sur sa cendre, on était dans l'admiration du bien qu'avaient fait ses ouvrages ;

---

1. Voir les inscriptions en l'honneur de ces poètes dans l'ouvrage intitulé : *Promenade ou itinéraire des jardins d'Ermenonville*, Paris, 1788, in-8°, Bibl. nat., Lk7/2629.

de là ce recueillement religieux en quelque sorte, qui s'est montré dans toute la marche triomphale de ce grand homme au Panthéon. Il était précédé de ses ouvrages, qui restent ; ses accents se mêlaient à la fête et lui donnaient un charme de plus ; il semblait avoir inspiré lui-même l'idée de ce faisceau ingénieux qui réunissait les drapeaux de trois peuples libres, le Genevois, l'Américain et le Français. Au bas de chacun de ces drapeaux on voyait les bustes de Rousseau, de Voltaire et de Franklin, restaurateurs ou promoteurs de la liberté chez ces trois peuples.

Le sarcophage qui renfermait les cendres du philosophe de l'humanité était dans un char qui représentait l'île immortelle des Peupliers, et le cortège est arrivé au Panthéon au milieu des transports et des bénédictions de tout le peuple français. Là, le président de la Convention, Cambacérès, a couronné cette fête par le discours suivant, interrompu souvent par les larmes et par les applaudissements des spectateurs [1].

SPECTACLES DU 20 VENDÉMIAIRE.

THÉÂTRE DES ARTS. — *Le Devin du village*, suivi d'un *Hymne à J.-J. Rousseau*; le *Chant du départ*; *Télémaque dans l'île de Calypso*, ballet-pantomime.

OPÉRA-COMIQUE. — *Les Dangers de l'absence ou le Souper de famille*, com. en deux actes, suivie de *l'Ode*, musique de Deforgues, paroles de Jadin ; *l'Enfance de J.-J. Rousseau*, com. mêlée d'ariettes ; *le Mariage de Garriga ou les Maréchaux ferrants*, ballet pantomime. (Au lieu des *Dangers de l'Absence*, les *Petites Affiches* indiquent *J.-J. Rousseau à ses derniers moments*.)

FEYDEAU. — *Rose et Aurèle*, op. en un acte ; *la Famille indigente*, et des couplets analogues à la fête.

THÉÂTRE DE LA RÉPUBLIQUE. — *L'Honnête criminel*, cinq actes ; *Pygmalion*, mélodrame.

THÉÂTRE DE L'ÉGALITÉ. — *Les Horaces*, suivi de *Pygmalion*.

LYRIQUE. — *Au plus brave la plus belle*, op. en un acte ; *Héléna ou les Bandits des Pyrénées*, op. en deux actes ; *le Mannequin*, en un acte.

GAITÉ. — *Il était temps ou l'Heureuse découverte*, pièce patr. en deux actes ; *le Médecin malgré lui* ; *le Triomphe de l'Amour conjugal*, pant. en quatre actes.

AMBIGU-COMIQUE. — *Le Maréchal des logis*; *la Gamelle*; *l'Héroïne américaine*.

VAUDEVILLE. — *Au Retour*; *l'Héroïne de Mithier*; *la Fête de l'Égalité*.

CITÉ-VARIÉTÉS. — *Les Mœurs ou le Divorce*, com.; *les Royalistes de la Vendée*.

1. On trouvera ce discours dans le *Moniteur*, réimpression, t. XXII, p. 213, avec une description de la cérémonie qui n'ajoute presque rien aux descriptions des autres journaux.

LXXVII

21 VENDÉMIAIRE AN III (12 OCTOBRE 1794).

Rapport du 22 vendémiaire.

L'esprit public n'éprouve et n'éprouvera jamais de variation, la masse est invicible (sic : invincible?), son union à la Convention est sa force. Les sections se sont présentées et réunies en nombre pour la remercier de son adresse au peuple français [1].

Dans les groupes, qui deviennent rares, on s'occupe de trois objets principaux : 1° de nos armées, dont on admire les succès rapides ; 2° des subsistances, pour blâmer la loi du maximum ainsi que le mode des réquisitions ; 3° des Sociétés populaires, pour louer les services essentiels qu'elles nous ont rendus et pour manifester les craintes qu'elles ne soient anéanties. Plus on voit que certaines gens sont acharnés à dénigrer, plus on conçoit la nécessité qu'elles subsistent, puisqu'elles veillent sans cesse.

Si d'un côté la masse soutient avec vigueur l'esprit public dans toute son énergie, de l'autre les aristocrates et les modérés ont leur mode, et c'est par les femmes qu'ils se distinguent. Dans la classe de la richesse, les femmes affectent d'avoir des cocardes si petites, qu'elles sont couvertes par des bouffettes de rubans ; d'autres n'en ont pas. A la porte des spectacles, lorsqu'on leur observe qu'elles ne se sont pas conformées à l'usage, elles répondent que c'est leurs femmes qui ont fait cet oubli, ou elles tracent du doigt l'endroit où est cachée cette cocarde. Ces scènes ne se passent jamais sans humeur, et on voit alors des petits maîtres en redingotes courtes, carrées et gros bâtons, menaçants, en proposer gratuitement aux épaules des surveillants. Si la force armée, à la porte des spectacles, est invitée par la surveillance à y tenir la main, elle répond souvent que cette observation ne la regarde pas, qu'au surplus, depuis la destruction de la tyrannie de Robespierre, ces lois minutieuses sont tombées en désuétude et livrées à l'oubli. L'importance de ce signe de la liberté devient de plus en plus d'une observation rigoureuse. Il importe surtout que les acteurs et les actrices s'y conforment avec scrupule et

---

[1]. On trouvera le texte de cette adresse de la Convention, en date du 18 vendémiaire dans le *Journal de Perlet* du 22 vendémiaire et dans le *Moniteur*, t. XXII, p. 200.

respect. Dans le nombre de ces infracteurs, il en a été arrêté, et ils ont été conduits devant les autorités qui en doivent connaître.

On prétend que les financiers et gens à maltote recommencent plus que jamais l'accaparement du numéraire.

La rareté du bois a fait naître au citoyen Godat, qui en est marchand, un objet de spéculation qui peut devenir très sérieux. Il a fait venir, sur le bord de l'eau, des trains qu'on y décharge vis-à-vis l'ancien bureau des carrosses de la ci-devant cour [1], et il offre la vente de ce bois au public qui veut contribuer au transport de son chantier.

Le pain est très rare aux environs de Paris, et le public se plaint à Paris de sa mauvaise qualité.

GÉROME, BOISSIÈRE.

(Arch. nat., F¹c III, Seine, 11.)

JOURNAUX.

Courrier républicain du 22 vendémiaire :

Du 22 vendémiaire. — Sommes-nous libres ou ne le sommes-nous pas ? Si nous sommes libres nous pouvons parler, si nous ne sommes pas libres, il faut le devenir. Tel est le titre du pamphlet qui paraît être le plus accrédité aujourd'hui. Cet écrit, le mieux raisonné peut-être de tous ceux qui ont paru jusqu'aujourd'hui, est surtout dirigé contre le gouvernement *révolutionnaire*. Qu'on ne pense pas que c'est sous ce point de vue que nous en ferons l'éloge ; mais il paraît que c'est le mot qui l'effraie plus que la chose...

Les députés détenus dans les diverses maisons d'arrêt ne sont pas les seuls qui réclament contre les décrets qui les privent de leur liberté. Ceux des députés mis hors la loi, et qui ont pu échapper aux recherches, font aussi entendre leur voix du fond de leurs souterrains. C'est au moins ce que vient de faire Devérité, libraire d'Abbeville, et ci-devant député de la Somme, dans une *Réclamation* signée de lui [2]. L'objet de cette réclamation est d'appeler, dit son auteur, de la Convention nationale opprimée et contrainte par ses triumvirs, à la Convention libre et juste. Devérité fait dans cette brochure le tableau de sa conduite politique depuis la Révolution.

1. Le bureau des « voitures de la Cour et de Saint-Germain-en-Laye », qui dépendait du « bureau général des diligences et messageries royales », était établi quai d'Orsay, au bas du Pont-Royal. Cf. Thiéry, *le Voyageur à Paris*, éd. de 1790, p. 116.
2. Bibl. nat., Ln 27/6052, in-8°.

On a trouvé hier, dans les commodités des Invalides, un malheureux soldat percé de plusieurs coups de couteau et mort couvert de son sang. On présume que cet assassinat a été commis par un autre invalide avec qui il avait eu la veille une querelle très violente. L'agence de l'Hôtel n'a pas été plus tôt instruite de ce malheureux événement qu'elle a fait consigner toutes les personnes qui se trouvaient dans la maison. On a dressé procès-verbal du fait, et le soldat qu'on présume coupable de l'assassinat a été arrêté et constitué prisonnier.

Le nombre des personnes exécutées à Marseille est, assure-t-on, de cinq cents. Depuis cette terrible épuration, la ville est paisible; la Société populaire ne s'agite plus au milieu du tumulte et des fureurs, des poignards et des proscriptions.

On assure aussi que, dans le tumulte qui a failli bouleverser cette grande ville, on avait mis le feu à la maison du représentant du peuple Granet. Heureusement les bons citoyens sont parvenus à l'éteindre.

Spectacles du 21 vendémiaire.

Théâtre des Arts. — Relâche.

Opéra-Comique. — *La Fausse magie*, com. en un acte; *Arasbelle et Vascos*, drame lyrique en trois actes.

Feydeau. — *Paul et Virginie*, précédé d'un nouvel hymne patriotique.

Théâtre de la République. — *Timoléon*, trag.; *l'École des maris*, com. (Au lieu de *l'École des maris*, les *Petites Affiches* indiquent le *Médecin malgré lui*.)

Théâtre de l'Égalité. — *Les Horaces*; *Pygmalion*.

Lyrique. — *Héléna ou les Bandits des Pyrénées*, op. en deux actes; *les Deux frères*, opéra en trois actes.

Gaîté. — *Il était temps ou l'Heureuse découverte*; *les Sauteurs*; *les Fausses infidélités*; *le Petit ramoneur*; *le Pari imprudent*; *le Triomphe de l'Amour conjugal*.

Ambigu-Comique. — *La Gamelle*; *le 12 Thermidor*; *l'Héroïne américaine*.

Vaudeville. — *Christophe Dubois*, première représentation; *Arlequin afficheur*; *le Canonnier convalescent*.

Café-Variétés. — *Les Intrigants ou les Mœurs d'autrefois*, com.; *l'Heureux quiproquo*, com.; *Midas au Parnasse*, opéra.

LXXVIII

22 VENDÉMIAIRE AN III (13 OCTOBRE 1794).

Rapport du 23 vendémiaire.

L'esprit public est toujours bon, malgré tous les efforts d'une aristocratie expirante, qui cherche à le tirailler en tous sens; mais le peuple sent et connaît le prix de sa souveraineté, et son énergie annonce qu'il écrasera tout ce qu'il rencontrera de contraire à son objet, comme le torrent qui s'échappe.

Les uns, pour alarmer, grossissent les troubles de la Vendée; les autres atténuent nos succès en Allemagne, etc.; mais le peuple ne manque jamais, par des réponses judicieuses, de séparer tout ce qui est exagéré d'avec le véritable état des choses, et sa confiance est dans ce que lui annonce la Convention.

L'état des subsistances est toujours le même. On se plaint généralement de la mauvaise qualité du pain qui, dit-on, rend malade un grand nombre de citoyens. Mais ne pourrait-on pas attribuer au transit d'une saison à une autre la cause de ces mêmes maladies? On prétend cependant que l'on laisse gâter les farines qui se trouvent en pierre (sic) dans les magasins, ce qui produit la mauvaise qualité du pain.

A la proclamation qui s'est faite au peuple place Maubert[1], au moment qu'il existait des queues considérables à la porte des épiciers pour l'huile et la chandelle, on disait que l'on aimait mieux l'abondance que les proclamations. Dans un groupe, au Jardin national, un citoyen se plaignait de ce qu'on manquait de subsistances; un autre s'est approché de lui et lui a représenté que ce n'était pas dans un groupe qu'on devait faire de pareilles plaintes, que son droit de citoyen l'autorisait à s'en plaindre à son Comité ou aux autorités qui en doivent connaître: l'inconnu a disparu comme un éclair.

Tous les citoyens frémissent au récit des horreurs de l'adjudant général Lefebvre[2]; on demande sa mise en jugement et que son système de terreur reçoive sa récompense.

---

1. Il s'agit sans doute de la lecture publique de l'adresse au peuple français, décrétée par la Convention dans sa séance du 18 vendémiaire, et dont on trouvera le texte dans le *Moniteur*, réimpression, t. XXII, p. 200. Voir plus haut, p. 168.

2. L'adjudant général Claude-François Lefebvre était accusé de complicité dans

On continue toujours de vendre l'argent, de l'or et des gros sous à la maison Égalité; on le présente sous le nom de Nankin et de Mousseline, la surveillance s'en occupe.

Frété.

(Arch. nat., F¹ c III, Seine, 14).

Journaux.

Courrier républicain du 23 vendémiaire :

Du 22 vendémiaire. — On a arrêté, ces jours passés, plusieurs personnes dont le passe-temps était de semer le désordre partout; de ce nombre sont le nommé Grey, ci-devant procureur, ci-devant président du club électoral, et Baudouin, imprimeur de la Convention, membre de l'ancien Comité révolutionnaire de sa section.

Gazette politique et historique de la France et de l'Europe du 23 vendémiaire :

Les pamphlets et les brochures circulent et naissent en foule. La plupart sont dictés par des sentiments haineux et ne sont qu'un tissu de sarcasmes contre les Jacobins, que l'on confond un peu trop avec les intrigants qui, par leurs manœuvres contre-révolutionnaires, ont cherché à influencer cette Société, dont ils sont parvenus à se rendre les guides et même les oppresseurs. Parmi les brochures qui ont particulièrement fixé l'attention publique, on distingue celle intitulée *le Club infernal*[1]...

Dans la journée du 22, on paraissait craindre dans Paris quelque mouvement, où il s'agissait de quelque massacre de sûreté; des gendarmes à cheval parcouraient certaines rues avec beaucoup de rapidité; on avait commandé par section vingt hommes de plus, qui devaient être armés de fusils; aujourd'hui la ville a l'air très paisible.

Courrier républicain du 24 vendémiaire :

Du 23 vendémiaire. — L'attitude vigoureuse que la Convention nationale a prise hier et surtout les décrets qu'elle a rendus ont ranimé le courage des bons citoyens[2]; on commence enfin à croire que la

---

l'affaire des noyades de Nantes. Décrété d'arrestation par la Convention, le 22 vendémiaire an III, il fut acquitté par le Tribunal révolutionnaire le 26 frimaire suivant.

1. Bibl. nat., Lb 41/1382, in-8°.
2. Dans la séance du 22 vendémiaire an III, la Convention avait rendu un dé-

justice va reprendre son empire et que la patrie va être vengée des brigands qui ont grossi les flots du sang de nos frères et jonché le sol de la France de cadavres de ses infortunés habitants. Le rapport indigné de l'affaire des députés détenus fixe aussi l'attention publique d'une manière particulière. On relit l'intéressant mémoire qu'ils ont publié; on se reporte encore sur les événements qui ont motivé leur longue détention, et on ne sait plus trop quelles réflexions faire. On attend avec impatience le résultat de cette affaire, qui doit avoir la plus grande influence sur les événements ultérieurs.

Hier on paraissait craindre quelque mouvement, où il s'agissait de quelque massacre de sûreté. Des gendarmes à cheval parcouraient certaines rues avec beaucoup de rapidité; on avait commandé par section vingt hommes de plus, qui devaient être armés de fusils. Aujourd'hui la ville a l'air très paisible.

Parmi les pamphlets qui circulent aujourd'hui, on remarque celui portant pour titre : *Coup d'œil sur les manœuvres des intrigants de la commune de Bourg qui ont opprimé le département de l'Ain* [1]. Voici les reproches qu'on fait à ces intrigants qui ont eu des élèves et des rivaux dans beaucoup d'autres pays de la France.

(Suit une analyse.)

Courrier républicain du 25 vendémiaire :

Du 23 vendémiaire. — Il vient d'arriver à la Trésorerie cinq grosses voitures chargées d'argent monnayé ou en lingots; ces richesses sont le produit des contributions levées dans la Belgique, ou lieux circonvoisins.

Décadi dernier une jeune personne de vingt ans, très jolie avant la petite vérole qu'elle venait d'avoir, et craignant de cesser de plaire à un jeune homme dont elle était chérie, s'est enfoncé un couteau dans le cœur et s'est précipitée ensuite par la fenêtre sur les marches du perron du Palais-Égalité.

On vient d'afficher dans toutes les rues de cette ville l'acte d'accusation contre le Comité révolutionnaire de Nantes; il paraît qu'on veut donner la plus grande publicité aux faits dont ils sont prévenus et mettre cette hideuse affaire dans le plus grand jour.

Dans toutes les phases de la Révolution, on a vu, au coin des rues,

cret pour activer le procès des membres du ci-devant Comité révolutionnaire de Nantes et ordonné à ses Comités de lui faire un rapport sur l'affaire des députés girondins encore détenus.
1. Bibl. nat., Lb 41/1340, in-8.

des journaux-affiches, dont les auteurs se sont toujours déclarés les patriotes par excellence, les seuls sages, les seuls purs, et qui, pour le faire croire, ont accusé de vénalité les écrivains qui ne donnaient pas pour rien aux passants la main d'œuvre des imprimeurs, leur temps et leurs veilles.

Telle est encore la jonglerie d'un journal-affiche, qui paraît depuis environ un mois, sous le titre de *l'Ami du peuple*[1]; ne serait-il pas permis aux journalistes et aux autres écrivains, à qui il reproche d'être vendus, de demander à l'imprimeur Lebois, chez qui on trouve ce journal, par quelle liste il est soudoyé? Car bien certainement, ni cet imprimeur, ni l'auteur de *l'Ami du Peuple*, ne donnent pour rien aux curieux deux ou trois mille affiches, qui coûtent environ 130 livres par numéro, sans compter la rétribution qui doit naturellement revenir au rédacteur.

Il est donc démontré, aussi évidemment que le jour, que le prétendu *Ami du Peuple* est payé par quelque parti ou par quelque individu puissant; car ce n'est ni un imprimeur ni un littérateur qui peuvent ainsi, cinq à six fois par décade, dépenser 130 livres pour instruire le peuple. Il est bon de révéler ces faits au public, afin qu'il ne se laisse plus abuser par une aussi impudente charlatanerie.

SPECTACLES DU 22 VENDÉMIAIRE.

THÉATRE DES ARTS. — Même spectacle que le 20 vendémiaire.
OPÉRA-COMIQUE. — *L'Écolier en vacances*, com. en un acte, première représentation; *Stratonice*, com. en un acte, en vers; *la Servante justifiée*.
FEYDEAU. — *Viala ou le Héros de la Durance*; *la Papesse Jeanne*; *Rose et Aurèle*.
THÉATRE DE LA RÉPUBLIQUE. — *Le Sourd ou l'Auberge pleine*, com. en trois actes; *Dupuis et Defronais*, en trois actes.
THÉATRE DE L'ÉGALITÉ. — *La Colonie*, op. en trois actes; *le Lendemain de la Bataille de Fleurus ou la Cavalcade*, impromptu caricature en un acte.
LYRIQUE. — Relâche.
GAITÉ. — *La Valise Perdue*; *le Diable boiteux*; *le Départ des patriotes*.
AMBIGU-COMIQUE. — *Les Sœurs du Pot*; *Mazet*; *les Prisonniers patriotes*.
VAUDEVILLE. — *Arlequin Pygmalion*; *le Prix*; *les Vieux élégants*.
CITÉ-VARIÉTÉS. — *Le Mari coupable*, com.; *l'Enrôlement supposé*, com.; *Arlequin imprimeur*, opéra.

1. *L'Ami du peuple*, publié par Lebois, et rédigé d'abord par le conventionnel Châles, avait commencé à paraître le 29 fructidor an II, dans le format in-8°. (Cf. Tourneux, *Bibl. de l'Histoire de Paris*, t. II, n° 10944). On voit que ce journal paraissait aussi sous forme d'affiches. Mais je n'ai point rencontré de ces affiches.

LXXIX

23 VENDÉMIAIRE AN III (14 OCTOBRE 1794).

Rapport du 24 vendémiaire.

L'esprit public gagne chaque jour. Hier au soir il y avait, suivant l'usage, beaucoup de monde rassemblé au Jardin national pour y causer d'affaires publiques. Il est arrivé différentes patrouilles, qui ont dissous les groupes très paisibles. Le peuple a obéi, mais il a murmuré et a cru voir dans cette démarche un acte arbitraire d'autorité [contre le droit] qu'il a de s'assembler tranquillement. Ces réflexions ont été faites au moment où les patrouilles dispersaient les différents groupes ; il en a été d'autant plus étonné qu'en pareille circonstance jamais un tel ordre n'a été donné.

On a vu avec plaisir la démarche des Jacobins à la Convention [1], également avec plaisir l'ordre d'arrêter les colporteurs qui crient des imprimés alarmants, ce qui a eu lieu hier à l'égard de celui intitulé : *Le peuple se lasse, il meurt de faim, il est temps que cela finisse.*

Charpentier, inspecteur, rapporte que hier, vers onze heures du matin, place Égalité, beaucoup de citoyens s'étaient rassemblés autour d'un cocher qui se plaignait de ce qu'un particulier, se disant député, n'avait voulu lui donner que 50 sous pour deux courses, et lui avait donné trois coups de canne, et s'était évadé.....

Hier, vers les onze heures du soir, quelques détenus ont cherché à s'évader de la maison du Luxembourg. Le concierge a trouvé deux barreaux détachés. Il n'est pas arrivé d'accident, et tout est en bon ordre.....

Toujours des plaintes sur la mauvaise qualité du pain, ce qui occasionne des murmures à l'infini.

L'état des subsistances est toujours le même ; tout paraît arriver avec assez d'abondance, excepté le bois, le charbon, l'huile, la chandelle et le savon.....

Les rapports des inspecteurs, ainsi que ceux des officiers de paix, s'accordent à dire que le plus grand calme règne dans Paris.

METTRIER, OLLIVIER.

(Arch. nat., F^1c III, Seine, 14.)

1. Le 23 vendémiaire, les Jacobins, sur la motion de Bassal, décidèrent de faire une adresse à la Convention pour la remercier de son adresse au peuple français. Voir la *Société des Jacobins*, t. VI, p. 570.

Spectacles du 23 vendémiaire.

Théatre des Arts. — Relâche.
Opéra-Comique. — *Le Franc Breton*, com. en un acte, en vers ; *le Déserteur*, com. en trois actes.
Feydeau. — *La Caverne*, opéra en trois actes ; *les Montagnards ou l'École de Bienfaisance*, com. en un acte.
Théatre de la République. — *Charles et Caroline ou les Abus de l'ancien régime*, com. en cinq actes, en vers ; *le Consentement forcé*, un acte.
Théatre de l'Égalité. — *Le Dissipateur*, com. en cinq actes, en vers ; *les Bienfaits de la loi ou le Double divorce*.
Lyrique. — *Les Petits commissionnaires*, en deux actes ; *Au plus brave la plus belle*, opéra en un acte.
Gaité. — *Brutus*, trag. ; *Arlequin nécromancien*, pant. en trois actes.
Ambigu-Comique. — *Les Contretemps* ; *le 12 Thermidor* ; *les Prisonniers patriotes*.
Vaudeville. — *Arlequin Cruello* ; *les Chouans de Vitré* ; *Christophe Dubois*.
Cité-Variétés. — *L'Orphelin* ; *le Bostonien ou le Fou raisonnable* ; *Ricco*, comédies.

LXXX

24 VENDÉMIAIRE AN III (15 OCTOBRE 1794).

Rapport du 25 vendémiaire [1].

Les plaintes portent particulièrement sur la mauvaise qualité du pain (voici la base des plaintes actuelles), sur les entraves qu'éprouve le commerce dans ses différentes parties, ce que les citoyens attribuent ouvertement au mode de réquisitions adopté par le gouvernement. On assure que, par suite de ces mesures, nos ports regorgent de toutes sortes de marchandises qui ne peuvent en sortir et finissent par se gâter. Il paraît que les abus de l'agiotage existent plus que jamais sous toutes les formes. La rareté de la monnaie de cuivre prouve qu'elle est devenue un des grands objets de spéculation, et que les gros sols s'achètent et se vendent en papier trois fois leur valeur. On prétend même que les chaudronniers les achètent au poids pour les convertir en ouvrage ; ce qui peut le faire croire, c'est qu'on estime davantage les moncrons, dont le cuivre est très pur, à

---

[1]. En tête de ce rapport, on lit dans l'original : « Copie littérale de la feuille de l'esprit public signée Sadous, Tetel, Fior et Niquille. »

tout autre cuivre en circulation. On ne peut méconnaître en cela que la cupidité et l'envie de discréditer le papier public, dont la circulation est considérable, forment le principal caractère de ceux qui se mêlent d'un pareil commerce. Les chaudronniers achètent jusqu'à 5 livres 5 sols ou 10 sols la livre de cuivre, et quarante gros sols font une livre pesant. « Demain, disent les officiers de paix, nous aurons de l'Hôtel des Monnaies un procès-verbal constatant le poids de la monnaie de billon et le prix du cuivre, d'après quoi on fera de sérieuses recherches. »

Le débit de différents pamphlets se continue toujours et annonce qu'on ne se relâche pas sur les moyens qu'on emploie pour tirailler en tous sens l'opinion publique, mais la fermeté et le courage du peuple sont toujours les mêmes, ainsi que la confiance entière dans la Convention nationale.

Nous remarquons (disent les mêmes) que, dans le journal de Feuillant [1], n° 750, en date du 23 vendémiaire, que nous joignons au rapport, on rejette tous les moyens de répression adoptés par le gouvernement, et on range sur la même ligne les commissaires et les prétendus espions (ces espions ne sont autres que des citoyens voués au bien public); on s'exprime ainsi, en parlant de l'*abondance* : « Elle fera respecter la loi du *maximum*, sans qu'il soit besoin de commissaires ni *d'espions*, ni de réquisition, ni d'armée révolutionnaire, ni de canon, ni d'incarcération, ni même de guillotine. » Il ne manquerait plus que d'ajouter : ni même d'administration. (Signé : Sadous, Tetel, Fior et Niquille).

Toujours même abondance dans les marchés; personne ne s'en plaint, excepté du prix. Quoi qu'il en soit, chacun sait apprécier les bienfaits d'une révolution comme la nôtre, pour en connaître les suites, et chacun sait payer sans murmurer un chou de 10 sols 15 à 20 sols, etc.....

Le port au charbon de la place aux Veaux est celui qui jusqu'à présent s'est présenté comme le plus tumultueux; il ne cesse de l'être. Cette nuit encore, ainsi que dans les autres, il pouvait y avoir cinq à six cents citoyens en attente de l'ouverture du port. Nous observons que les femmes qui y passent la nuit sont la plupart porteuses de feu dans des chaudrons dont les moindres étincelles peuvent occasionner les plus grands malheurs.....

BOISSIÈRE, VIARD.

(Arch. nat., F 1 c III, Seine, 11.)

1. Cf. Tourneux, n° 10802.

Journaux.

Courrier républicain du 26 vendémiaire :

Du 25 vendémiaire. — On criait hier dans la rue : *Acte d'accusation contre Tallien et Fréron*[1]. Réjouis par un si beau titre, tous les Jacobins s'empressaient de l'acheter. Qu'y ont-ils trouvé ? Les motions et les discours que ces deux députés ont faits contre eux.

Un autre pamphlet porte pour titre : *La chasse aux intrigants, aux fripons et aux voleurs ou Projet pour épurer les administrations publiques.* Il est écrit dans le même esprit.

La vente du numéraire et même de la petite monnaie recommence. Elle a disparu. Il y a une loi sévère contre ces sangsues du peuple, ces facteurs de misère publique : que ne la fait-on exécuter ?

De toutes les lois dites révolutionnaires, c'est sans contredit la plus juste et la plus sage. Qu'on frappe sans pitié quelques-uns de ces brigands, pour qui le bouleversement de la société n'est rien, pourvu qu'ils remplissent leurs poches, et la monnaie reprendra bientôt son cours.

Ce n'est plus dans les étaux de bouchers qu'on aperçoit de la viande, mais au coin des rues ; on la paie environ six sous au-dessus du maximum.

Spectacles du 24 vendémiaire.

Théâtre des Arts. — *Iphigénie en Tauride*, op. en quatre actes ; *le Chant du Départ*.
Opéra-Comique. — *L'Amant statue*, com. en un acte ; *Callias ou Nature et Patrie*, com. hér. en un acte ; *l'Écolier en vacances*, com. en un acte.
Feydeau. — Relâche.
Théâtre de la République. — *Le Sourd ou l'Auberge pleine*, com. en trois actes ; *Tartufe*, com. en cinq actes.
Théâtre de l'Égalité. — *Le Lendemain de la bataille de Fleurus*, impromptu caricature en un acte ; *Félix ou l'Enfant trouvé*, opéra en trois actes. (Au lieu de *Félix*, les *Petites Affiches* indiquent *la Colonie*.)
Lyrique. — *Laure et Zulmé*, op. en trois actes ; *la Ruse villageoise*, vaud. en un acte.
Gaîté. — *La Noce interrompue par Arlequin protégé par Nostradamus*, pant. ; *la Prise de Toulon*, pièce patriotique ; *Alain et Suzette ou le Fils adoptif*, pièce patr. avec ballet.
Ambigu-Comique. — *La Bascule* ; *l'Étape* ; *la Forêt noire*.

---

1. Bibl. nat., Lb 41/1388, in-8.

Vaudeville. — *Le Pot-Pourri; l'Héroïne de Milhier; le Noble roturier.*
Cité-Variétés. — *Les cent Pièces d'or,* com.; *les Mœurs ou le Divorce,* com.; *les Petits Montagnards,* opéra.

LXXXI

25 VENDÉMIAIRE AN III (16 OCTOBRE 1794).

Rapport du 26 vendémiaire.

Le peuple a reçu avec plaisir le décret concernant les pétitions, les assemblées et les Sociétés populaires[1]. Quelques groupes ont été agités sur le projet de décret qui défend l'affiliation; les esprits étaient très divisés sur ce point.

En général la situation politique de Paris n'offre rien d'absolument intéressant.

Au Tribunal révolutionnaire, un des accusés dans l'affaire de Nantes s'est avisé de comparer la situation de Nantes, lorsqu'on y a commis tous les abus d'autorité, à celle de Paris, le 2 septembre 1792. Cette comparaison a révolté tout l'auditoire. Le président du Tribunal a justifié les Parisiens, et le calme s'est rétabli.

Naudet, inspecteur de police, rapporte qu'hier une vieille femme demandait à sa petite-fille si elle allait à confesse; elle lui a répondu que oui; qu'alors cette femme lui dit que le petit Capet serait mis sur le trône et que soixante membres de la Convention étaient dans son parti. Cet inspecteur a fait arrêter cette femme et la conduire au comité de la section du Muséum, où on a dressé procès-verbal.

Descoings, officier de paix, rapporte que tous les jours, dès le matin, on posait un imprimé quelconque sur le journal intitulé *l'Ami du peuple*[2].

Simon, inspecteur, rapporte qu'on lui a assuré que des enfants courent de maison en maison avec des billets de 15 sols, en demandant un (sic) de 10 et 5 sols de monnaie. C'est par ce moyen que leurs parents s'en procurent pour les vendre, à ce qu'on croit, aux fonderies, vu que le cuivre est de 5 livres 10 sols la livre. Ce même inspecteur avec plusieurs de ses collègues vont (sic) s'occuper sérieusement de cette recherche.....

Hier, vers les neuf heures, de très grands rassemblements existaient

---

1. Voir la *Société des Jacobins*, t. VI, p. 570 à 588.
2. Sur ce journal-affiche, voir plus haut p. 174.

aux ports de la Grève et Bernard pour avoir du charbon; les uns étaient couchés sur la paille; plusieurs enveloppés dans un même manteau, tant hommes que femmes, présentaient des tableaux très indécents. Ce qui augmente ces rassemblements dans ce moment, c'est que les malveillants glissés parmi eux font courir le bruit que, passé cette décade, il n'y aura plus de charbon.

On remarque au jardin Égalité beaucoup d'étrangers qui s'y promènent tranquillement.....

METTRIER, BALLAY.

(Arch. nat., F1c III, Seine, 14.)

SPECTACLES DU 25 VENDÉMIAIRE.

THÉÂTRE DES ARTS. — Relâche.
OPÉRA-COMIQUE. — *Guillaume Tell*, drame lyrique en trois actes, en prose; *Azémia*, en trois actes.
FEYDEAU. — *Le Siège de Toulon*, tableau patriotique en un acte; *les Montagnards ou l'École de la Bienfaisance*, com. en un acte; *la Papesse Jeanne*.
THÉÂTRE DE LA RÉPUBLIQUE. — *Timoléon*, trag. en trois actes; *Pygmalion*, mélodrame.
THÉÂTRE DE L'ÉGALITÉ. — *L'Épreuve nouvelle*; *Sélico*, op. en trois actes; *la Fête des Nègres*, divertissement. (Au lieu de ce spectacle, les *Petites Affiches* indiquent: *la Parfaite Égalité*, com.; *la Journée de l'Amour*, divertissement.)
LYRIQUE. — *Héléna ou les Bandits des Pyrénées*, op. en deux actes; *les Deux Frères*, opéra en trois actes.
GAITÉ. — *Les Étourdis*, com. en trois actes; *le Devin du village*; *la Famille indigente*.
AMBIGU-COMIQUE. — *Le Maire de village*; *les Houlans*; *le 12 Thermidor*; *le Gâteau des tyrans*.
VAUDEVILLE. — *Les Vieux époux*; *l'Auberge isolée*; *Christophe Dubois*.
CITÉ-VARIÉTÉS. — *Les Dragons et les Bénédictines*; *les Dragons en cantonnement*; com.; *Arlequin imprimeur*, opéra.

LXXXII

26 VENDÉMIAIRE AN III (17 OCTOBRE 1794).

RAPPORT DU 27 VENDÉMIAIRE.

Les groupes ont été très nombreux hier, partout où il s'en forme ordinairement. On n'a rien remarqué qui puisse tendre à altérer l'esprit public. Beaucoup de diversité dans les opinions, sur le décret relatif aux Sociétés populaires [1]. Chacun raisonne à sa manière, mais tous ne cherchent qu'à tendre à un seul et même but, celui d'une République une et indivisible.

Les plaintes sur la mauvaise qualité du pain se répètent, non seulement dans les groupes, mais partout. On y traite encore de la difficulté de se procurer des denrées de première nécessité, surtout l'huile et la chandelle.

Plusieurs colporteurs ont été arrêtés hier et ce matin criant l'imprimé intitulé, *les Jacobins hors la loi*[2]; à la maison Égalité, des muscadins s'assemblaient autour d'eux et les suivaient en ricanant, et ils paraissaient narguer ceux qui voulaient empêcher de crier ce pamphlet. Demain un plus long détail sur ces arrestations....

Les maisons d'arrêt jouissent du plus grand calme, on se plaint de ce que le porte-clefs de Lazare laisse souvent la porte d'entrée de cette maison entr'ouverte, qu'alors les détenus communiquent avec leurs amis ou connaissances [3].

OLLIVIER, ALBERT.

(Arch. nat., F⁷ III, Seine, 14.)

JOURNAUX.

Vedette ou Gazette du jour du 27 vendémiaire :

Ces jours derniers, Carrier s'est rendu chez Dubois-Crancé : « Tu vois, lui a-t-il dit, que le projet est de nous faire tous guillotiner. » Dubois-Crancé lui a répondu : « Mets une main sur ta conscience et l'autre sur ton pistolet ; si ta conscience ne te reproche rien, nous te défendrons tous; si elle te reproche les crimes dont on t'accuse, tu es un lâche, si tu ne te brûles pas la cervelle. »

SPECTACLES DU 26 VENDÉMIAIRE.

THÉÂTRE DES ARTS. — *Le Devin du village; le Chant du Départ; Télémaque dans l'île de Calypso*, ballet-pantomime.

OPÉRA-COMIQUE. — *Tout pour l'Amour ou Roméo et Juliette*, drame lyrique en quatre actes, en prose; *l'Écolier en vacances*, com. en un acte.

FEYDEAU. — *Les Vrais Sans-Culottes; la Caverne.*

1. Voir plus haut, p. 179.
2. Par Martainville. Bibl. nat., Lb 41/1262, in-8°.
3. En marge : « Écrit au concierge de Lazare. »

Théâtre de l'Égalité. — *La Parfaite Égalité*, com.; *la Journée de l'Amour*, divert.
Théâtre de la République. — *Les Femmes savantes*; *les Étourdis ou le Mort supposé*, com. en trois actes.
Lyrique. — Relâche.
Gaîté. — *La Prise de Toulon*; *Il était temps*; *le Fils adoptif*; ballet. Les Enfants de la patrie assisteront au spectacle.
Ambigu-Comique. — *L'Héroïne américaine*; *les Deux chasseurs et la Laitière*; *la Gameile*.
Vaudeville. — *Arlequin tailleur*; *le Naufrage au port*; *les Vieux élégants*.
Cité-Variétés. — *Cadet Roussel*; *le Bostonien ou le Fou raisonnable*; *Alain et Rosette*.

LXXXIII

27 VENDÉMIAIRE AN III (18 OCTOBRE 1794).

Rapport du 28 vendémiaire an III.

L'esprit public conserve toujours le même degré d'énergie. On s'entretient partout, dans les groupes, du procès des Nantais. Les réflexions sur Carrier ne sont point à son avantage. Le peuple suit avec intérêt les détails de cette procédure, dont il espère que le résultat fera connaître les coupables. Toujours même diversité d'opinions sur les Sociétés populaires; la majeure partie des citoyens applaudit au décret qui leur est relatif.

Tout le monde se plaint de la grande quantité de jeunes gens prétendus mis en réquisition pour la fabrication des armes qui jamais n'ont touché ni marteau ni lime.

On murmure singulièrement de la rareté de la petite monnaie, ce qui ne laisse aucun doute sur l'existence de son accaparement, que l'on cherche à découvrir.....

D'après l'arrêté du Comité de sûreté générale, on a arrêté plusieurs particuliers colporteurs de l'imprimé intitulé *les Jacobins hors la loi*, et le citoyen Maret, qui a été dénoncé pour être le distributeur, a été conduit au Comité de sûreté générale avec ces mêmes imprimés, mais il a été renvoyé sous la caution du citoyen Fréron.

Un particulier a été conduit chez le commissaire de police de la section du Temple pour avoir troublé l'ordre chez Audinot[1]; ayant

---
1. C'était le nom du directeur du théâtre des Variétés-Montansier.

paru suspect au commissaire, il en a dressé procès-verbal, dont expédition a dû être envoyée au Comité de salut public. Une citoyenne a été arrêtée au même moment et conduite au corps de garde pour n'avoir pas de cocarde.

Ce matin on a été contraint de mettre au violon du corps de garde de la Fidélité plusieurs femmes qui causaient du trouble à la distribution du charbon, vieille place aux Veaux. L'inspecteur rapporte que, voulant contenir trois à quatre cents personnes, il fut au corps de garde de la réserve, où l'officier n'a voulu lui donner, sur l'ordre par écrit du général, que six hommes......

POTRELLE, BARBARIN, L.-J. BABILLE.

(Arch. nat., F 1c III, Seine, 14.)

JOURNAUX.

Abréviateur universel du 28 vendémiaire :

PAMPHLETS. — On criait ces jours-ci : *La chasse aux intrigants et aux fripons, ou moyen d'épurer les administrations*. Les partisans des Jacobins s'empressaient d'acheter *le Grand acte d'accusation contre Tallien et Fréron* [2], qu'ils appellent les égorgeurs et le terrorisme. Le pamphlet d'avant-hier fut : *Nous mourons de faim ; le peuple est las, il faut que ça finisse* ; celui d'hier : *Les Jacobins mis hors la loi*. Nous ne connaissons encore, de tant de feuilles volantes, que *le Grand rappel à l'ordre de Fréron par un ami de la liberté, membre du Club électoral*, signé : PHILIPPE [2], dont on ait fait une sorte de réfutation raisonnée ; nous donnerons un extrait de l'un et de l'autre [3].

SPECTACLES DU 27 VENDÉMIAIRE.

THÉÂTRE DES ARTS. — Relâche.
OPÉRA-COMIQUE. — *Arasbelle et Vascos ; Renaud d'Ast*, com. en deux actes.
FEYDEAU. — *L'Apothéose du jeune Bara ; le Siège de Toulon ; la Famille indigente*.
THÉÂTRE DE LA RÉPUBLIQUE. — *L'Honnête criminel*, en cinq actes ; *l'Avocat Patelin*.
THÉÂTRE DE L'ÉGALITÉ. — *Iphigénie en Tauride ; le Bienfait de la loi ou le Double divorce*, com.

1. Bibl. nat., Lb 41/1388, in-8°.
2. Bibl. nat., Lb 41/1387, in-8°.
3. Voir aussi, sur les pamphlets, la *Gazette historique et politique de la France et de l'Europe* du 28 vendémiaire an III et le *Messager du soir* du même jour.

Lyrique. — *Michel Cervantès*, op. en trois actes; *Au plus Brave la plus Belle*, opéra en un acte.

Gaîté. — *Crispin médecin*, com.; *Arlequin au tombeau*, pant.; *Il était temps ou l'Heureuse découverte*, pièce patriotique.

Ambigu-Comique. — *Le Nid d'Oiseaux*; *le 12 Thermidor*; *le Devin du village*.

Vaudeville. — *Le Savetier et le Financier*; *la Revanche forcée*; *Piron avec ses amis*.

Cité-Variétés. — *Joconde*, opéra; *Arlequin imprimeur*, com.; *les Royalistes de la Vendée*, pant.

LXXXIV

28 VENDÉMIAIRE AN III (19 OCTOBRE 1794).

Rapport du 29 vendémiaire.

L'esprit public n'a pas varié depuis l'ouverture du procès des membres du Comité révolutionnaire de Nantes. Cette affaire, où l'atrocité et la barbarie sont à leur comble, occupe tous les groupes, et le public marque le plus grand intérêt pour en voir le résultat.

Ballant, inspecteur, rapporte qu'en voulant consulter l'esprit public, tant au Jardin national, qu'aux cafés environnants, où il a été, il y a entendu dire précisément qu'il y avait dans la Convention trois partis distincts, savoir : 1° le parti démocratique, qui ne travaille que pour le salut de la patrie ; 2° le parti royaliste, qui ne tend qu'à l'anéantissement de la République ; 3° le dernier enfin, qui veut une république fédérative.

Le public est très attentif à tout ce qui peut être avantageux à la République. Tout ce qui y a trait lui fait sensation, et la sérénité reparait assez généralement par l'espoir de se procurer plus facilement le nécessaire. L'objet des subsistances fait l'entretien des groupes. Un d'eux était fixé hier sur un nommé Dumontier, charcutier [au] faubourg Martin, qui avait été saisi, pour plaintes d'une femme, par le commissaire de sa section, à cause de quarante livres de porc qu'il avait mises de côté dans sa distribution.....

Il paraît, suivant le rapport de Descoings, qu'on s'entretient dans les groupes des difficultés que les municipalités de campagne éprouvent pour contraindre les fermiers, fournisseurs et autres à porter aux marchés tout ou partie de leur récolte. Ils ne veulent pas livrer, et il ne faut plus leur parler du maximum.....

Les marcandiers continuent de vendre leurs viandes, qui se sont trouvées hier très défectueuses tant par leur mauvaise qualité que parce qu'elles sont vieilles et mal tuées. On se plaint de ce qu'il n'y a pas de diminution sur le prix.....

BARBARIN, L.-J. BADILLE, POTRELLE.

(Arch. nat., F 1c III, Seine, 14.)

JOURNAUX.

Gazette historique et politique de la France et de l'Europe du 29 vendémiaire :

Le décret rendu sur les Sociétés populaires a été reçu avec enthousiasme par le peuple de Paris et n'a produit de sensation désagréable qu'aux Jacobins. Dans toutes les rues de Paris on crie une brochure intitulée : *Les Jacobins hors la loi*; *pendant que la bête est dans le piège il faut l'assommer.*

Il circule un pamphlet intitulé : *Lettre du sensible Carrier au bienfaisant Collot d'Herbois, remise par le vertueux Billaud-Varenne*[1]. Carrier y invite son ami Collot d'Herbois, et son émule en hauts faits, à payer quelques sots Jacobins pour qu'ils les représentent sous les couleurs les plus riantes, afin qu'on les croie honnêtes, s'il est possible, jusqu'à ce qu'ils n'aient plus besoin de paraître.

Les écrits de ce genre se multiplient à l'infini. La plupart périssent le même jour qui les a vu naître ; ils n'ont que l'existence de l'éclair et vivent encore plus qu'ils ne méritent. Il en est cependant quelques-uns de piquants. On distingue celui qui a pour titre : *Les Jacobins sont f..... et la France est sauvée.* L'auteur, qui paraît être un homme sensé, se propose de prouver que ces *messieurs* n'ont jamais été que des aristocrates, des despotes, des fanatiques et des fédéralistes. Des aristocrates : par eux un petit nombre d'intrigants dominaient sur le peuple ; des despotes : ils ont fait périr des milliers de victimes pour n'avoir pas voulu suivre leurs caprices sanguinaires ; des fanatiques : ils ont persécuté les citoyens pour n'être point prosternés devant l'idole qu'ils s'étaient formée ; et enfin des fédéralistes : par leurs associations, ils ont divisé l'autorité; ils ont livré le corps politique à tous les déchirements qui l'ont conduit sur les bords de l'abîme. On pourrait trouver encore bien d'autres choses, mais les preuves sont dans les cœurs de tous les bons citoyens.

Une autre brochure, intitulée *les Jacobins à l'eau*, présente les do-

---

1. Bibl. nat., Lb 41/1457, in-8°.

séances de ces messieurs à la nouvelle du décret qui les fait rentrer dans la classe des citoyens dont ils cherchaient à se séparer pour les tyranniser et s'emparer de tous les pouvoirs, afin d'être libres de faire noyer, fusiller, mitrailler et guillotiner autant que bon leur eût semblé, c'est-à-dire *toujours*.

Spectacles du 28 vendémiaire.

Théâtre des Arts. — *Miltiade à Marathon*, en deux actes ; *le Chant du Départ*. (Les *Petites Affiches* ajoutent le *Devin du village*.)
Opéra-Comique. — *Blaise et Babet*, com. en deux actes ; *Lodoïska ou les Tartares*, com. en trois actes, en prose.
Feydeau. — *Les Visitandines*, opéra en trois actes ; *la Famille indigente*, fait historique.
Théâtre de la République. — *Le Sourd ou l'Auberge pleine*, com. en trois actes ; *le Distrait*, com. en cinq actes.
Théâtre de l'Égalité. — *Le Lendemain de la bataille de Fleurus*, impromptu-caricature en un acte ; *la Colonie*, opéra en trois actes.
Lyrique. — *Flora*, op. en trois actes ; *le Mariage civique*, vaudeville.
Gaité. — *L'Habit ne fait pas l'homme*, com. ; *la Noce interrompue par les brigands de la Vendée* ; *l'Aristocrate démasqué par la Corne de la Vérité*.
Ambigu-Comique. — *Les Sœurs du Pot* ; *les Deux chasseurs et la Laitière* ; *les Houlans*.
Vaudeville. — *La Bonne Aubaine* ; *l'Alarmiste* ; *les Vieux élégants*.
Cité-Variétés. — *L'Orphelin*, com. ; *Cadet Roussel*, com.

LXXXV

29 VENDÉMIAIRE AN III (20 OCTOBRE 1794).

Rapport du 30 vendémiaire.

Tous les rapports s'accordent à dire que la plus grande tranquillité règne dans Paris, que l'esprit public conserve toujours sa force et son énergie républicaine. Les groupes sont moins nombreux et moins tumultueux que de coutume ; on y parle particulièrement du procès des membres du Comité révolutionnaire de Nantes ; on désire prompte justice ; le public dit hautement qu'il est étonné de ne pas voir Carrier en jugement, et de là mille conjectures différentes sur ce qui peut en être la cause.

Dans un groupe du Jardin national, l'on disait qu'un grand nombre de jeunes gens de la réquisition occupaient des places dans toutes les administrations, que même, à la Commission des armes portatives, cinq femmes occupent des places de commis expéditionnaires.....

Les garçons boulangers voudraient encore ne pas travailler, mais la police que l'on exerce envers eux les engagera sans doute à rester tranquilles et faire leur devoir. La voie de la douceur et du raisonnement est le seul moyen pour les maintenir et leur faire respecter les lois.....

BOCQUET-DESTOURNELLES, L.-J. BABILLE.

(Arch. nat., F¹ᵉ III, Seine, 11.)

JOURNAUX.

Journal de Perlet du 30 vendémiaire :

Pendant quelque temps on a été surchargé de petite monnaie de sols et de deux sols. Aujourd'hui ils ont disparu presque entièrement. Quelle est la cause de ce changement? Accapare-t-on les gros sols? Non, ce serait folie de le croire. Mais le cuivre est devenu si rare, et se vend à un prix si excessif, qu'on trouve du profit à fondre ces gros sols pour en extraire le cuivre. Voilà le motif de cette rareté. C'est à la Convention à juger s'il ne serait pas nécessaire de modifier les nouveaux sols que l'on fabrique, de manière que les spéculateurs ne trouvassent pas avantage à les fondre.

SPECTACLES DU 29 VENDÉMIAIRE.

THÉATRE DES ARTS. — Relâche.
OPÉRA-COMIQUE. — *Le Tableau parlant*, com. parade en un acte ; *Barbe Bleue ou le Tyran puni*.
FEYDEAU. — *Roméo et Juliette* ; *le Club des Sans-Soucis*.
THÉATRE DE LA RÉPUBLIQUE. — *Timoléon* ; *l'École des maris*.
THÉATRE DE L'ÉGALITÉ. — Pas d'annonce.
LYRIQUE. — *Geneviève*, op. en trois actes ; *Au plus Brave la plus Belle*, op. en un acte.
GAITÉ. — *Les Fausses infidélités* ; *le Voltigeur* ; *Blaise le hargneux* ; *le Sabottier* ; *le Triomphe de l'Amour conjugal*.
AMBIGU-COMIQUE. — *Les Déguisements* ; *le 12 Thermidor* ; *le Sorcier*.
VAUDEVILLE. — *Les Chouans de Vitré* ; *Christophe Dubois* ; *la Fête de l'Égalité*.
CITÉ-VARIÉTÉS. — *Guerre ouverte*, com. ; *Ricco* com.

LXXXVI

30 VENDÉMIAIRE AN III (21 OCTOBRE 1794).

Rapport du 1*er* brumaire.

La fête qui a eu lieu hier au champ de la Réunion a fait le plus grand plaisir; la joie, le contentement et la satisfaction ont paru régner partout. On a remarqué que l'amour de la patrie, de la liberté et de l'égalité est la passion dominante des Français. Le peuple a donné de justes applaudissements aux élèves de l'École de Mars, qui ont manœuvré avec une précision et une activité soutenues. Tout s'est passé sans accident, à l'exception de quelques voleurs de portefeuilles qu'on a arrêtés et conduits chez le commissaire de police.
Le soir, au Jardin national, la danse était très animée et s'est prolongée fort avant dans la nuit. Une gaieté tranquille. L'esprit public excellent et bien soutenu.....
Le peuple, satisfait, a fait une remarque bien judicieuse, c'est que presque toutes nos grandes fêtes ont eu cette année des jours sereins qui ont beaucoup contribué à la satisfaction générale. Il observe que la révolution plaît à l'Être suprême.
Rouillé, inspecteur, rend compte qu'au faubourg Antoine il a entendu des murmures sur le pain et dire qu'on ne pouvait manger que la croûte et que la mie était pour les lapins, que cela n'encourageait [pas] à danser; que la Vendée n'était pas finie....
Sur les indices donnés qu'il devait exister ce matin un rassemblement d'ouvriers à la Nouvelle-France, à l'enseigne du Lion d'Or, plusieurs officiers de paix s'y sont transportés avec des inspecteurs et ont trouvé que tout était dans la plus grande tranquillité et qu'il n'y avait point de rassemblement.
Le spectacle de la République a manqué d'être forcé. [Une] grande affluence s'est portée à l'Opéra, dans la seule imagination qu'on représentait *gratis*. Tout cependant s'est assez bien passé, et le plus grand calme a régné sur le boulevard, où sont plusieurs spectacles.

Rouchas jeune, Le Roux.

Arch. nat., F 7 e III, Seine, 14.)

JOURNAUX.

Vedette ou *Gazette du jour* du 2 brumaire :

Paris, 1er brumaire. — Hier a été célébrée la fête des victoires remportées par les armées. Dès la pointe du jour, un rappel général a annoncé à la force armée de se réunir sous ses drapeaux, et chacun s'est empressé d'aller offrir son tribut de reconnaissance aux braves guerriers qui, par tant de triomphes, ont immortalisé les armes françaises et cimenté de leur sang l'édifice de la liberté.

Un concours immense de citoyens a bientôt couvert le glacis du champ de la Fédération; et l'air de satisfaction répandu sur tous les visages exprime les sentiments que chacun apporte à cette fête nationale. L'attaque simulée de la forteresse s'est faite dans toutes les règles de l'art, et au milieu des feux redoublés des assiégés et des assiégeants. Les diverses évolutions des élèves du camp de Mars, leurs marches, la précision de leurs mouvements ont fixé particulièrement l'attention des spectateurs et donnent l'idée de ce que la patrie peut en attendre, lorsqu'elle leur donnera le signal des combats.

Ces jeunes guerriers, entourant ensuite les blessés des armées, et suivis du char de la Victoire, ont formé une marche triomphale jusqu'au temple de l'Immortalité. Les trophées y ont été déposés au sein de la représentation nationale, et le président, au nom du peuple français, a gravé sur la pyramide élevée au milieu du temple les noms des armées de la République et l'énumération de leurs victoires.

Une urne, consacrée aux mânes des guerriers morts en défendant la patrie, a été placée le soir sur le monument élevé dans le Jardin national; et une députation de la Convention l'a décorée, au nom de la nation entière, d'une couronne de chêne. Des danses sur les places de la Bastille, du Panthéon et dans le Jardin national ont terminé cette fête au milieu des accents et témoignages de l'allégresse publique.

Nouvelles politiques, nationales et étrangères du 1er brumaire :

De Paris, le 1er brumaire. — Le matin de ce jour, à neuf heures précises, la force armée des sections de Paris s'est rassemblée au champ de la Fédération avec drapeaux et flammes.

Les blessés des diverses armées et les militaires invalides se sont rangés autour du rocher élevé au milieu du champ.

La Convention nationale s'est réunie dans la maison de l'École militaire.

Aussitôt que la force armée de Paris, les blessés et les militaires invalides ont été assemblés, la Convention nationale s'est rendue sur le rocher élevé au milieu du champ, qui offrait l'aspect d'une redoute.

L'Institut national de musique a précédé la Convention et s'est placé sur le rocher à l'endroit indiqué.

Le président, placé avec la Convention nationale sur le sommet du rocher, a prononcé un discours, après lequel on a exécuté le *Chant du Départ*, paroles du représentant Chénier, musique du citoyen Méhul.

Les élèves du camp de Mars ont fait ensuite l'attaque simulée d'une forteresse, qu'ils ont emportée d'assaut.

Cette forteresse soumise, la Convention nationale est descendue du rocher pour se rendre au temple de l'Immortalité, élevé au milieu du champ, entre le rocher et l'École militaire.

Les élèves du camp de Mars, entourant les blessés des armées et suivis du char de la Victoire, ont formé une marche triomphale qui s'est rendue au temple de l'Immortalité, après avoir fait le tour du champ de la Fédération.

Les trophées ont été déposés au sein de la représentation nationale, et le président, au nom du peuple français, a gravé sur la pyramide élevée au milieu du temple de l'Immortalité les noms des armées de la République et l'énumération de leurs victoires.

L'Institut national de musique a exécuté un hymne, paroles du citoyen La Harpe, musique du citoyen Lesueur.

Le soir du même jour, on a illuminé le petit monument élevé sur le bassin du Jardin national, en face du pavillon de l'Unité, et au milieu duquel était élevée une urne funéraire, consacrée aux mânes des guerriers morts en défendant la patrie.

Une députation de la Convention nationale est venue, au nom de la nation entière, déposer sur cette urne une couronne de chêne.

Des orchestres étaient élevés sur les places du Panthéon, de la Bastille et du Jardin national; et la fête s'est terminée par des danses, témoignage de l'allégresse publique.

Courrier républicain du 2 brumaire :

Du 1er brumaire. — La fête qui a eu lieu hier a été bien exécutée; les jeunes élèves de l'École de Mars ont montré autant d'intelligence dans leurs évolutions, dans leurs attaques simulées, que nos braves défenseurs montrent de courage et d'intrépidité dans les combats qu'ils livrent à tous les soldats de l'Europe. En général, la fête a été joyeuse ; le peuple a dansé gaiement, au bruit de plusieurs orchestres qu'on avait distribués dans le Palais national. Ce n'était plus ces fêtes monstrueuses auxquelles on forçait les citoyens de prendre part, tandis qu'on égorgeait le père et qu'on embastillait le fils.

Journal de Perlet du 1er *brumaire* :

La fête décrétée en réjouissance des triomphes de la République et de l'évacuation de notre territoire a été célébrée hier avec la plus grande allégresse et le plus vif enthousiasme.

Ce n'était pas, comme plusieurs de celles qui l'ont précédée, une de ces processions qui fatiguent le peuple, sans l'amuser. Elle avait un caractère mâle et sévère. Des jeux militaires exécutés dans le champ de la Fédération par les jeunes élèves de l'Ecole de Mars, au milieu des trophées de nos quatorze armées triomphantes, au milieu de nos frères blessés en combattant pour la liberté ; une musique fière et belliqueuse, animant des danses civiques ; des hymnes qui rappelaient nos victoires passées et nous en annonçaient des nouvelles ; le temple de l'Immortalité s'ouvrant devant le peuple, devant ses représentants, devant ses défenseurs ; le président de la Convention gravant sur la pyramide du temple de l'Immortalité les noms des armées de la République et le nombre de leurs victoires, voilà les idées neuves et grandes qui ont donné à cette auguste cérémonie une physionomie particulière.

En voici les détails :

Le matin la force armée des sections s'est assemblée au champ de la Fédération avec ses drapeaux et ses flammes.

Les blessés des diverses armées et les militaires invalides entouraient un rocher élevé au milieu du champ.

La Convention nationale s'est rendue de l'Ecole militaire sur ce rocher, qui offrait l'aspect d'une redoute. Du sommet de ce rocher le président a prononcé un discours dans lequel il a rappelé la gloire dont se couvrent chaque jour nos braves défenseurs, et a offert à ceux qui meurent pour nous, le tribut de la reconnaissance nationale.

Ce discours a été suivi d'un hymne composé par Chénier.

Les élèves du camp de Mars ont exécuté, avec beaucoup d'art et d'ensemble, l'attaque simulée d'une forteresse qu'ils ont emportée d'assaut.

Cette forteresse soumise, la Convention est descendue du rocher pour se rendre au temple de l'Immortalité, placé entre le rocher et l'Ecole militaire.

Tandis que le président gravait sur la colonne de l'Immortalité les noms de nos armées, l'Institut national de musique exécutait une très belle ode du citoyen La Harpe, à qui ses longs malheurs et les persécutions qu'il a éprouvées de la part du tyran n'ont rien fait perdre de son talent, ni de son enthousiasme pour la liberté.

Le reste de la journée a été consacré à la joie et au plaisir. Le soir il y a eu concert, bal et illumination au Jardin national.

On remarquait le petit monument élevé sur le bassin; là était placée une urne funéraire, consacrée aux mânes des guerriers morts en défendant la patrie. Une députation de la Convention est venue, au nom de la nation entière, déposer sur cette urne une couronne de chêne.

Des orchestres étaient élevés sur les places du Panthéon, de la Bastille et dans tout le Jardin national.

La fête s'est prolongée assez avant dans la nuit. Elle a été signalée par cette joie, cette ivresse qui éclatent toutes les fois qu'on rappelle au peuple le souvenir de tant de victoires qui ont mis l'Europe à ses pieds.

Gazette historique et politique de la France et de l'Europe du 1er brumaire :

Carrier est absolument à l'ordre du jour dans toute la République ; il n'est pas une brochure, un pamphlet où il ne soit question de lui. Tous les jours les colporteurs vocifèrent son nom dans les rues.

Spectacles du 30 vendémiaire.

Théâtre des Arts — *Le Chant du Départ*; *Toute la Grèce*; *Hymne à la Victoire*, sur l'évacuation du territoire français; ballet de *Télémaque*.

Opéra-Comique. — *L'Intérieur d'un Ménage républicain*; *Cécile et Julien ou le Siège de Lille*.

Feydeau. — *Le Siège de Toulon*; *les Montagnards ou l'Ecole de la Bienfaisance*. (Au lieu de ce spectacle, les *Petites Affiches* indiquent le *Club des Sans-Soucis* et *Roméo et Juliette*.)

Théâtre de la République. — *Le Sourd ou l'Auberge pleine*, com.; *Charles et Caroline*, com. en cinq actes.

Théâtre de l'Egalité. — Pas d'annonce.

Lyrique. — *Michel Cervantès*; *Au plus Brave la plus Belle*.

Gaîté. — *Il était temps*; *l'Amour conjugal*; *la Valise perdue*.

Ambigu-Comique. — *Le Nid d'oiseaux*; *l'Etape*; *l'Héroïne américaine*.

Vaudeville. — *L'Héroïne de Mithier*; *Colombine Mannequin*; *les Vieux élégants*.

Café-Variétés. — *Les Dragons et les Bénédictines*; *les Dragons en cantonnement*; *les Mœurs ou le Divorce*; le ballet des *Montagnards*.

LXXXVII

1er BRUMAIRE AN II (22 OCTOBRE 1794).

JOURNAUX.

Courrier républicain du 3 brumaire :

Du 2 brumaire. — Si l'on désire savoir l'effet qu'ont produit dans le public les débats violents qui ont eu lieu hier à la Convention [1], qu'on interroge au hasard tous les citoyens : on trouvera dans tous les cœurs, on verra sur tous les visages un sentiment général d'affliction. Quelques hommes trop connus seulement, qui ne peuvent vivre qu'au milieu du désordre, paraissent s'en réjouir et agitent déjà les serpents de la discorde, assoupis dans leurs mains ensanglantées. Mais qu'ils ne s'abusent pas : le peuple a cessé d'être leur dupe; il ne veut plus de massacres ; il ne veut plus de justice *révolutionnaire*; il veut que l'innocent soit vengé, et que le coupable seul périsse.

Malgré les épaisses ténèbres dont on voudrait nous environner, le flambeau de la vérité répand autour ses rayons bienfaisants. Les intrigants et les fripons pâlissent et se trahissent eux-mêmes.

Les peuples en société peuvent être un instant égarés, mais ils sont essentiellement justes, parce qu'il est de leur intérêt de l'être. C'est à ce point constitutif de leur agrégation politique qu'il faut toujours se réunir, et il ne peut rester à ceux qui s'en écartent que l'opprobre ou l'échafaud.

Les révélations des forfaits commis à Nantes et ailleurs continuent à soulever l'indignation universelle, qui demande hautement vengeance.

SPECTACLES DU 1er BRUMAIRE.

THÉÂTRE DES ARTS. — Relâche.
OPÉRA-COMIQUE. — *Les Rigueurs du Cloître*, com. en deux actes, en prose; *Arabelle et Vascos*, drame lyrique en trois actes.

---

1. En effet, dans la séance de la Convention du 1er brumaire an III, à propos du projet de mettre en liberté des députés détenus pour avoir signé des protestations girondines, un violent débat rétrospectif avait eu lieu sur les journées des 31 mai et 1er juin 1793.

FEYDEAU. — *Paul et Virginie*, op. en trois actes. (Les *Petites Affiches* indiquent : *Apothéose du jeune Bara* ; *la Caserne*.)
THÉATRE DE LA RÉPUBLIQUE. — *Timoléon* ; *le Dépit amoureux*.
THÉATRE DE L'ÉGALITÉ. — *L'Esprit de contradiction* ; *Sélico* ; *les Nègres*, divertissement.
LYRIQUE. — *Les Petits commissionnaires*, op. en un acte ; *le Mannequin*, opéra en un acte ; *la Ruse villageoise*, vaudeville.
GAITÉ. — *Vénus pèlerine* ; *le Quiproquo de l'Hôtellerie* ; *le Pari imprudent* ; *les Brigands de la Vendée*. (Les *Petites Affiches* indiquent la *Femme fidèle* au lieu du *Pari imprudent*.)
AMBIGU-COMIQUE. — *La Bascule* ; *le 12 Thermidor* ; *la Forêt noire*.
VAUDEVILLE. — *Arlequin Cruello* ; *l'Auberge isolée* ; *la Nourrice républicaine*.
CITÉ-VARIÉTÉS. — *Le Mari coupable* ; *l'Heureux Quiproquo* ; *Cadet Roussel*, comédies.

LXXXVIII

2 BRUMAIRE AN III (23 OCTOBRE 1794).

RAPPORT DU 3 BRUMAIRE.

Le peuple demande avec instance l'arrestation de Carrier et sa tradition au Tribunal révolutionnaire. Il est des gens qui accusent ce tribunal de modérantisme et vont même jusqu'à dire que la Convention est trop lente à prendre un parti dans une affaire aussi évidente. Dans plusieurs groupes du Jardin national, on s'entretenait des brigands de la Vendée, où il se commettait, disait-on, de nouvelles cruautés.

On ne cesse de demander un mode pour améliorer l'existence du peuple sur les objets de première nécessité. Le pain et le vin surtout sont l'objet de ses réflexions ; il ne peut concevoir pourquoi ils sont chers et rares après l'abondance des récoltes sur ces deux parties.

Des gens dont l'imagination se repaît de chimères disent, d'un ton prophétique, qu'il arrivera des choses extraordinaires. Ils fondent leur opinion sur la contrariété des assentiments (sic) qu'on aperçoit dans chacun. On désire ardemment voir finir le mode d'éducation de la jeunesse ; on se plaint de la stagnation de cette partie.

Dans le faubourg Antoine, on s'est permis de battre la caisse pour mener un enfant à sa nomination ; on a fait l'observation que c'était un pas vers l'ancien régime et vouloir renouveler le baptême. Le peuple a lui-même demandé qu'on prît des mesures pour obvier à cet abus.....

A l'ancienne place aux Veaux, à la délivrance du charbon, le rassemblement était si considérable et si agité que la garde a été forcée, des piques brisées, des citoyens tirés de la foule mourants et sans connaissance. La commission a donné ordre pour dissiper ces attroupements. Cet ordre a été lu et reçu aux cris répétés de : *Vive la République!*

Le Roux, Bocquet-Destournelles.

(Arch. nat., F⁷ ͨ III, Seine, 14.)

Spectacles du 2 brumaire.

Théâtre des Arts. — *Le Chant du Départ*; *Toute la Grèce*; *Hymne à J.-J. Rousseau*; ballet de *Télémaque*. (Les *Petites Affiches* indiquent *l'Hymne à la Victoire* au lieu de *l'Hymne à J.-J. Rousseau*.)

Opéra-Comique. — *La Soirée orageuse*, com. en un acte, en prose; *Paul et Virginie*; *la Fête américaine*, ballet pantomime.

Feydeau. — *Viala ou le Héros de la Durance*; *Claudine ou le Petit commissionnaire*; *les Montagnards ou l'École de la Bienfaisance*.

Théâtre de la République. — *L'Intrigue épistolaire*, com.; *le Médecin malgré lui*.

Théâtre de l'Égalité. — *Le Mariage secret*, com.; *le Conciliateur*, com.

Lyrique. — Relâche.

Gaîté. — *Les Fausses infidélités*; *le Nouveau calendrier*; *le Diable boiteux*, pant.

Ambigu-Comique. — *La Pomme de Rambour*; *les Sœurs du Pot*; *l'Héroïne américaine*.

Vaudeville. — *Arlequin afficheur*; *les Marchandes de la Halle*, première représentation; *les Volontaires en route*.

Cité-Variétés. — *Les Cent pièces d'or*; *l'Enrôlement supposé*; *les Pirates*.

LXXXIX

3 BRUMAIRE AN III (24 OCTOBRE 1794).

Journaux.

Courrier universel du 4 brumaire :

Du 3 brumaire. — La procédure contre le Comité révolutionnaire de Nantes continue : on présume qu'elle ne sera terminée qu'après la discussion du projet qui a été lu hier à la Convention [1] et après la détermination à cet égard.

1. Le 2 brumaire an III, Merlin (de Douai) avait présenté un projet de décret

Les débats [1] présentent toujours une continuité d'horreurs déjà très connues. Nous en parlerons encore dans notre prochain numéro.

On a lu sans doute quelques numéros du journal intitulé *de la liberté de la presse* [2]. Babeuf avait pour cet objet quelques arrangements avec Guffroy ; mais, plusieurs sorties un peu trop vives contre le gouvernement révolutionnaire ayant fait rompre le traité, Babeuf, craignant d'être arrêté, s'est constitué, comme Marat, prisonnier dans un souterrain inaccessible, d'où il publie hautement les principes de la Déclaration des droits, et brave toute la puissance du gouvernement révolutionnaire. Il fait passer de sa cave ses numéros [3] au Club électoral, qui s'est chargé de les vendre pour son compte et de lui en faire passer le produit.

Léonard Bourdon, si vivement inculpé dans le journal de Fréron, a voulu se justifier à la tribune de sa section (des Gravilliers) ; mais il n'a pu y parvenir. On lui a fait observer, comme à la Convention, que la voie des tribunaux lui était ouverte comme aux autres citoyens.

Pache vient de répondre par une double affiche aux mémoires des députés détenus et à la dénonciation du représentant Cambon [4]. S'il est vrai que les réponses laconiques sont les meilleures, celles de Pache sont péremptoires.

SPECTACLES DU 3 BRUMAIRE.

THÉÂTRE DES ARTS. — Relâche.
OPÉRA-COMIQUE. — *Le Déserteur*, com. en trois actes, mêlée d'ariettes ; *les Pirates vaincus par les Français*, divertissement ballet.
FEYDEAU. — *Lodoïska*, op. en trois actes.
THÉÂTRE DE LA RÉPUBLIQUE. — *Catherine ou la Belle fermière*, com. en trois actes ; *le Rendez-vous*, com. en un acte.
THÉÂTRE DE L'ÉGALITÉ. — Pas d'annonce.

---

tendant à assurer une garantie particulière aux représentants du peuple prévenus de délit (*Journal de Perlet*, n° 760, p. 191). Or, Carrier, représentant du peuple, se trouvait indirectement compromis dans l'affaire du Comité révolutionnaire de Nantes. Cela explique la remarque du *Courrier universel*.

1. C'est-à-dire les débats du procès du Comité révolutionnaire de Nantes.
2. Le *Journal de la Liberté de la Presse*, par Babeuf, avait paru du 17 fructidor an II au 10 vendémiaire an III. Bibl. nat., Lc 2 824, in-8°.
3. Il s'agit d'un autre journal de Babeuf, intitulé *Le Tribun du Peuple ou le Défenseur des Droits de l'Homme*, en continuation du *Journal de la Liberté de la Presse* (14 vendémiaire an III — 5 floréal an IV). Bibl. nat., Lc 2/825, in-8°.
4. Nous n'avons pas retrouvé d'exemplaire de ces affiches ; mais elles furent réimprimées aussitôt en brochures in-8°, sous ces titres : 1° *Pache à Cambon* ; 2° *Pache aux députés détenus aux Écossais*, Bibl. nat., Lb 41/1400, 1402.

Lyrique. — *Héléna ou les Bandits des Pyrénées*, op. en deux actes; *les Deux frères*, op. en trois actes.

Gaîté. — *Le Nécromancien*; *la Prise de Toulon*; *l'Aristocrate démasqué par la Corne de la Vérité*; *l'Hymne à la Liberté*, fête civique; plusieurs ballets.

Ambigu-Comique. — *Le Nid d'oiseaux*; *le Menuisier de Vierzon*, première représ.; *les Débuts*.

Vaudeville. — *Le Nègre aubergiste*; *le Faucon*; *les Vieux élégants*.

Cité-Variétés. — *Georges ou le Bon fils*, com.; *le Fou raisonnable*, com.; *Arlequin imprimeur*, opéra.

XC

4 BRUMAIRE AN III (25 OCTOBRE 1794).

Rapport du 5 brumaire.

L'étonnement du peuple de ce que Carrier n'est pas traduit au Tribunal révolutionnaire augmente de plus en plus, ce qui fait dire à beaucoup de citoyens qu'une trentaine de membres de la Convention le soutiennent.

Les malveillants ne manquent pas de profiter et du procès dont il s'agit et des nouvelles du jour pour se glisser dans les groupes, afin d'y semer la défiance et la défaveur sur la Convention nationale. On ne manque pas de rencontrer dans les groupes, les cafés, les traiteurs et dans tous les endroits publics des gens qui, depuis peu en liberté, se permettent des propos plus ou moins injurieux contre les fonctionnaires publics, les autorités constituées, et contre la Convention.

Le peuple paraît très satisfait du rapport du Comité du salut public sur les réquisitions [1] et sur les victoires des armées du Nord [2].

On vient d'acquérir la connaissance que les assignats faux qui circulent dans les halles, ou autres lieux, ne peuvent provenir que des brocanteurs. Un que l'on vient d'arrêter, nommé Fouquet, donne lieu de croire que cette classe d'hommes demande à être surveillée plus que jamais.

Les citoyens se plaignent sans cesse de ce qu'ils ne peuvent avoir

---

1. Ce rapport, sur le mode des réquisitions, fut fait par Eschassériaux dans la séance de la Convention du 4 brumaire an III. On en trouvera le texte dans le *Moniteur*, réimpression, t. XXII, p. 374 à 376. Il fut imprimé à part, par ordre de la Convention. Bibl. nat., Le 38 1022, in-8°.)

2. Il s'agit d'un rapport de Richard, fait dans la même séance. *Moniteur*, réimpression, t. XXII, p. 351.

du charbon, de la chandelle et du bois. Les blanchisseuses ne cessent de demander du savon.

Plusieurs disputes se sont élevées hier dans différents endroits de Paris, notamment aux Halles, occasionnées par le défaut de monnaie, et les anciennes pièces de deux sols, que l'on ne voulait, il y a quelques jours, que pour dix-huit deniers, se donnent aujourd'hui pour leur valeur.....

Mougeat, Wonschrist et autres inspecteurs rapportent que, pour la distribution du charbon, la nuit du 4 au 5 a été très orageuse pour eux. On les a menacés de les jeter à l'eau. Mougeat s'est retiré et a été avertir l'officier de paix, lequel a requis la force armée au nombre de douze hommes, et la paix n'a été rétablie qu'à six heures.....

BARBARIN, BOCQUET-DESTOURNELLES.

(Arch. nat., F.⁷ c III, Seine, 14.)

JOURNAUX.

Abréviateur universel du 9 brumaire an III :

Spectacles. — *Lettre à l'ABRÉVIATEUR UNIVERSEL.* — Concitoyen, on joua, le 4 brumaire, sur le Théâtre de l'Égalité, faubourg Germain, section Marat, à Paris, un intermède mêlé de musique, intitulé : *Le Mariage de J.-J. Rousseau*, sujet tiré des lettres ou des confessions de Jean-Jacques. Mariage fait en plein champ, sans le ministère ni de prêtre, ni d'aucun officier public, beaux discours sur les devoirs des époux, contre le célibat; éloges de la maternité, de la paternité, qui produiraient plus d'effet, s'il était possible d'oublier que Rousseau et sa Thérèse Levasseur mirent leur progéniture aux Enfants-Trouvés. Au reste, la musique du citoyen Bruni a paru douce, agréable; ce qui n'est pas un médiocre mérite, lorsqu'il s'agit de la mettre, si l'on peut s'exprimer ainsi, à l'unisson de l'idée et des affections que rappelle l'auteur du *Devin du village*. Pour la pièce, un journaliste a cru la juger en disant qu'elle a été jouée *avec un succès froid*, et qu'elle offre une scène *basée* sur une anecdote intéressante. Si jamais nos poètes produisent de bons ouvrages, il faut espérer que les journaux en parleront en meilleur français. Salut et fraternité. Votre concitoyen,

L. S.

Spectacles du 4 brumaire.

Théâtre des Arts. — *Iphigénie en Tauride*, op. en quatre actes; *Hymne à J.-J. Rousseau*.

Opéra-Comique. — *Camille ou le Souterrain*, com. en trois actes; *l'Écolier en vacances*, com. en un acte.

Feydeau. — *Viala ou le Héros de la Durance*; *le Club des Sans-Soucis*; *les Deux ermites*.

Théâtre de la République. — *Le Sourd ou l'Auberge pleine*, com. en trois actes; *le Sage étourdi*, com. en trois actes. (Les *Petites Affiches* indiquent, au lieu de ce spectacle : *la Belle fermière*, com.; *le Rendez-vous*, com.)

Théâtre de l'Égalité. — *La Veuve de Malabar*, trag.; *le Mariage de J.-J. Rousseau*, première représentation.

Lyrique. — *Au plus Brave la plus Belle*; *Laure et Zulmé*.

Gaîté. — *L'Heureuse découverte ou Il était temps*, pièce en deux actes; *la Caverne enchantée*, pant.; *les Folies amoureuses*, com. en trois actes.

Ambigu-Comique. — *Les Contretemps*; *l'Heureuse décade*; *le Menuisier de Vierzon*.

Vaudeville. — *Arlequin Pygmalion*; *les Marchandes de la Halle*; *le Noble roturier*.

Cité-Variétés. — Spectacle demandé : *le Fou raisonnable*, com.; *Cadet Roussel*, com.

XCI

5 BRUMAIRE AN III (26 OCTOBRE 1794).

Journaux.

Journal de Perlet du 6 brumaire :

L'opinion publique se prononce chaque jour de plus en plus contre les barbaries ordonnées et exécutées de sang-froid à Nantes. Déjà plus de trente-trois témoins ont été entendus, et tous chargent à peu près également les accusés et Carrier. C'est surtout au tribunal que l'indignation populaire éclate.

L'horreur qui d'abord entourait tous les exécuteurs et les instruments de tant de crimes paraît s'affaiblir depuis les derniers aveux du Comité révolutionnaire, et se porte tout entière sur celui qu'il a désigné comme l'auteur et l'ordonnateur de toutes les scènes atroces. Toutes les voix l'appellent au tribunal. Ses amis n'osent le défendre ouvertement, ni prononcer son nom.

On va jusqu'à dire qu'il ne peut trouver de protecteurs secrets que dans ceux dont la conduite ne résisterait pas non plus à un sévère examen, et qui craignent pour eux la contagion de l'exemple. Des esprits plus ardents qu'éclairés improuvent même les formes dont la prudence a ordonné d'entourer cette affaire importante. La crainte de voir échapper un grand coupable au bras de la justice se manifeste chaque jour. Hier, par exemple, Fournier, vétéran, parla des conspirations inventées dans les prisons de Nantes, comme dans celles de Paris, pour perdre ceux contre qui on n'avait aucun grief. Il reprocha au Comité révolutionnaire d'avoir rêvé un complot tendant à assassiner le représentant; d'avoir fait à ce sujet battre la générale, et de s'être servi de ce prétexte pour arrêter une foule d'individus.

Chaux, un des accusés, rejette sur Carrier et sur les bourreaux à ses ordres tous les crimes commis, tous les massacres exécutés, tous les stratagèmes employés et toutes les conspirations imaginées à Nantes : « Conspirations, a-t-il dit, qui n'ont existé que dans la mauvaise tête de Carrier. Et cependant Carrier est encore libre, il domine ; il domine encore sur le peuple qu'il a assassiné ! » Ces dernières paroles surtout ont été couvertes par des applaudissements longtemps prolongés de tout l'auditoire. Ces applaudissements furent aussi bruyants que ceux qui accueillirent, il y a quelques jours, la déclaration de Goullin contre Carrier. Jamais peut-être un homme n'avait été accablé d'une exécration aussi universelle. Son nom semble s'être identifié avec celui du crime.

La statue équestre de Charles, duc de Lorraine, ce prince dont la mémoire a été si chère aux Brabançons encore esclaves, a été amenée de Bruxelles à Paris. On la voit sur la place du Carrousel, à la porte du Comité de salut public.

La plupart des soixante et onze députés détenus sont rentrés dans leurs domiciles et y sont libres ; ils y attendent sans doute que la Convention prononce sur ce qui les concerne ; leurs scellés ont été levés.

Courrier républicain du 6 brumaire :

Du 5 brumaire. — Les objets de première nécessité commencent à être moins rares que par le passé, mais ils sont d'une cherté exorbitante. On a beaucoup parlé d'une très grande quantité de marchandises de cette nature qui se trouvent encombrées dans divers ports de la République ; il doit en arriver cinq mille pesant par jour, par la voiture qui apporte des lettres de la ci-devant Bretagne.

Pache vient de faire afficher trois nouveaux placards; l'un est adressé au représentant Pénières, et les deux autres aux représentants Delmas et Guyton-Morveau[1]. Le premier ne contient que des déclamations patriotiques, dont on a une foule de raisons d'être fatigué; mais les deux autres sont plus pressants ; ils sont ce qu'ils doivent être. L'ex-maire demande qu'on prouve nettement les délits dont on l'accuse, qu'on produise les pièces, et qu'on le traduise au Tribunal révolutionnaire.

SPECTACLES DU 5 BRUMAIRE

THÉÂTRE DES ARTS. — *Hommage à la Piété filiale*. Les orphelins des défenseurs de la Patrie donneront, au profit de leurs mères, une représentation de *l'Éducation de l'ancien et du nouveau régime*, suivie d'une fête en l'honneur de J.-J. Rousseau.

OPÉRA-COMIQUE. — *L'Intérieur d'un ménage républicain ; Roméo et Juliette* (Au lieu de cette dernière pièce, les *Petites Affiches* indiquent : *Tout pour l'Amour*).

FEYDEAU. — *La Partie carrée ; Roméo et Juliette*.

THÉÂTRE DE LA RÉPUBLIQUE. — *Timoléon*, trag.; *les Originaux*, com. en un acte.

THÉÂTRE DE L'ÉGALITÉ. — *Le Dissipateur*, com. en cinq actes ; *l'Entrevue*, com. en un acte, en vers.

LYRIQUE. — *Geneviève*, op. en trois actes ; *la Rose villageoise*, vaud.

GAITÉ. — *Le Barbier au village ; la Noce interrompue par les Brigands de la Vendée ; Nostradamus ; le Pari*. Les enfants de la Patrie assisteront à ce spectacle.

AMBIGU-COMIQUE. — *L'Étape ; le Menuisier de Vierzon ; la Forêt noire*.

VAUDEVILLE. — *Gilles Georges et Arlequin Pitt ; Christophe Dubois ; l'Auberge isolée*.

CITÉ-VARIÉTÉS. — *L'Orphelin ; l'Adoption villageoise ;* le ballet des *Nègres*.

XCII

6 BRUMAIRE AN III (27 OCTOBRE 1794).

JOURNAUX.

Journal de Perlet du 8 brumaire :

L'opinion publique continue à gronder contre Carrier et à appeler

---

1. Nous ne connaissons ces affiches que par les réimpressions qui en furent faites aussitôt en brochures in-8°. (Voir plus haut, p. 196, note 4. Elles sont intitulées : 1° *Pache à Pénières;* 2° *Pache à Delmas;* 3° *Pache à Guyton-Morveau*. Bibl. nat., Lb 41/1401, 1403, 1404.

sur sa tête la vengeance nationale. Dans la séance du 6, au Tribunal révolutionnaire, Réal, défenseur officieux de plusieurs accusés, a obtenu la parole et a dit :

« Je sais qu'en vertu de l'autorisation qui lui est donnée par la loi, le tribunal a fait parvenir au Comité de sûreté les divers renseignements qui sortent des débats contre le représentant Carrier. Pour moi, nommé défenseur de quelques-uns des accusés, et condamné à suivre les débats de cette épouvantable affaire, je dois du moins y puiser les faits qui prouveront que la plupart des atrocités reprochées aux accusés pèsent sur une autre tête. Un témoin, Jeanne Laillet, vient de parler. Il résulte de sa déclaration que les citoyennes Lameytrie, au nombre de six, ont été guillotinées *sans jugement* par ordre de Carrier.

« Il faut que cette déposition si simple, si naïve, si terrible, soit mise sous les yeux du Comité. Il faut présenter à la Convention le procès de ces six sœurs, dont une de seize ans, apprenant qu'elles seront égorgées à neuf heures, tombées mourantes, en demandant des juges, qu'elles n'obtiennent pas. Il faut que les accents du désespoir retentissent dans la Convention ; qu'ils y déchirent comme à l'audience les cœurs sensibles. Je demande donc que le Tribunal ordonne qu'il sera dressé procès-verbal de la déclaration qui vient d'être faite à l'audience, et que ce procès-verbal soit envoyé au Comité de sûreté. »

Ici la salle a retenti de bravos longtemps prolongés. La foule qui remplissait l'auditoire a appelé à grands cris, et pendant plusieurs minutes, *Carrier, Carrier, Carrier!*

Lorsque le silence a permis au président de présenter cette demande à la délibération des juges, il a, pour réponse, donné lecture de la loi du 22 vendémiaire, qui ordonne au tribunal de poursuivre l'affaire du Comité révolutionnaire de Nantes. Il a ensuite calmé l'impatiente indignation du public, en lui annonçant que chaque jour le tribunal se conformait à ce vœu de la loi, et les débats ont continué...

Le total des prisonniers dans Paris est de 4008, non compris la Conciergerie. Il vient d'être arrêté qu'il sera transporté chaque jour à Paris, par les voitures qui viennent des environs de Nantes, Brest et Lorient, cinq mille pesant de denrées de première nécessité qui se trouvent dans ces ports. Les embarras de subsistances sont beaucoup moins sensibles depuis plusieurs jours. La viande partout est en assez grande abondance.

Courrier républicain du 7 brumaire :

Du 6. — L'arrestation du président et des secrétaires du Club électoral, qui, comme les bâtons flottants, paraissaient être quelque chose de loin, mais qui de près n'étaient rien, n'a pas fait la plus légère sensation[1].

On a seulement paru inquiet de ce que pourraient devenir une multitude de femmes qui venaient tous les soirs coudre et tricoter parmi les sociétaires et applaudir à leurs inintelligibles discussions.

Il est bon de remarquer ici que la Société des Jacobins s'est mise hier exactement dans le même cas que le malheureux Club électoral.

Qu'avait fait ce club? Il avait arrêté collectivement qu'il ferait imprimer un mémoire ou un pamphlet séditieux de Babeuf, qui n'avait pas de fonds pour fournir aux frais de cette impression.

Qu'a fait la Société des Jacobins? Elle a arrêté *en nom collectif* qu'elle achèterait, pour être distribué à ses membres et aux citoyens des tribunes qui sont le public, un journal qui prend le titre d'*Ami du Peuple*, qui ne trouve pas d'acheteurs, et qui est peut-être plus séditieux encore que les pamphlets de Babeuf[2].

Qu'a fait encore la Société des Jacobins? Elle a arrêté *en nom collectif* qu'elle ferait imprimer et qu'elle enverrait une circulaire aux Sociétés affiliées. Violation manifeste à la loi, qu'elle ne peut voiler en disant que cette adresse ne partira que lorsqu'elle sera revêtue de signatures individuelles. C'est une escobarderie jésuitique, dont personne n'est dupe[3].

Il faut donc que le Comité de sûreté générale, pour être juste, fasse arrêter Crassous, président de la Société (ou, parce qu'il est député, qu'il demande son arrestation à la Convention nationale), qu'il fasse

---

1. Dans la séance de la Convention du 5 brumaire an III, Merlin de Thionville avait dit : « ... Babeuf, qui avait osé calomnier la Convention, qui avait été condamné aux fers, Babeuf a été se réfugier dans le sein du Club électoral, où il a fait un discours encore plus séditieux que le premier. Le club l'a accueilli et en a ordonné l'impression par un arrêté pris en nom collectif. Conformément à la loi, le Comité de sûreté générale a fait arrêter Babeuf, le président et les secrétaires du club, pour avoir signé un arrêté pris en nom collectif, et les scellés ont été apposés sur les papiers du club. » On applaudit vivement, et la Convention approuva la mesure prise par le Comité de sûreté générale. *Moniteur*, réimpression, t. XXII, p. 356.

2. Voir la séance des Jacobins du 5 brumaire an III, dans la *Société des Jacobins*, t. VI, p. 610. — L'*Ami du peuple*, imprimé par Lebois et rédigé par le conventionnel Châles, avait commencé à paraître le 29 fructidor an II. Bibl. nat., Le 2/826, in-8°.

3. Cf. le *Messager du soir* du 8 brumaire.

arrêter les secrétaires et mettre les scellés sur les papiers de la Société. La loi doit frapper indistinctement toutes les corporations, tous les individus qui la violent; c'est là la véritable égalité.

Plusieurs personnes nous demandent pourquoi le *Journal des hommes libres* et le *Journal universel*, rédigés, le premier par le représentant du peuple Duval, et le second par le représentant du peuple Audouin, ne disent jamais un mot du procès du Comité révolutionnaire. Nous présumons qu'ils ne gardent le silence sur ces horreurs que pour ne pas trop affecter la sensibilité des Jacobins, leurs lecteurs, par le récit de désastres, et avec d'autant plus de raison, que plusieurs d'entre eux en sont auteurs ou complices.

SPECTACLES DU 6 BRUMAIRE.

THÉÂTRE DES ARTS. — *Le Chant du Départ*; *Denis le tyran maître d'école à Corinthe*; *le Devin du village*.

OPÉRA-COMIQUE. — *Raoul Barbe-Bleue ou le Tyran puni*; *les Pirates vaincus par les Français*, divert.

FEYDEAU. — *Rose et Aurèle*; *le Siège de Toulon*; *les Vrais Sans-Culottes*.

THÉÂTRE DE LA RÉPUBLIQUE. — *L'Intrigue épistolaire*, com. en cinq actes; *le Défit*, com. en un acte.

THÉÂTRE DE L'ÉGALITÉ. — *Iphigénie en Tauride*; *le Bienfait de la Loi ou le Double divorce*.

LYRIQUE. — *Les Petits commissionnaires*, op. en deux actes; *le Mannequin*, opéra en un acte.

GAITÉ. — *La Caverne enchantée*; *Crispin médecin*; *le Départ des Patriotes*, avec ballet (Les *Petites Affiches* indiquent le programme de la veille).

AMBIGU-COMIQUE. — *Mazet*; *le 12 Thermidor*; *le Devin du village*.

VAUDEVILLE. — *La Gageure inutile*; *la Nourrice républicaine*; *les Marchandes de la Halle*.

CITÉ-VARIÉTÉS. — *Georges ou le Bon fils*, com.; *le Plan d'Opéra*, première repr.; *les Royalistes de la Vendée*, pantomime.

XCIII

7 BRUMAIRE AN III (28 OCTOBRE 1794).

RAPPORT DU 8 BRUMAIRE.

Le mauvais temps d'hier a empêché les groupes; ceux qui existaient, soit sous les galeries ou portique de la Convention, soit dans les tribunaux, ne s'entretenaient que de Carrier; toujours mêmes demandes sur ce représentant; chacun s'attend tous les matins à le voir au nombre des accusés.

Les spectacles, les cafés et tous les endroits publics ne présentent rien de remarquable; l'esprit public, au contraire, y est très bon....

La plus grande tranquillité règne dans Paris. Les marchés n'ont été nullement troublés. Au port au charbon de la Tournelle, cependant, la foule était si grande que la force armée n'a pu contenir les mécontents; malgré ce tumulte, il s'y est délivré 960 voies de charbon....

Les charcutiers vendent le lard 50 sols et le petit salé 40 sols. Les bouchers marcandiers s'étalent non seulement dans les halles, mais encore aux différents coins des rues, et vendent leur viande très cher.

Il n'est rien arrivé ce matin au carreau de la Halle en beurre ni œufs.

Deffault, officier de paix, fait part qu'il est arrivé à la Halle vers les midi 3.196 livres de beurre.

L.-J. Babille, Barbarin, Potrelle.

(Arch. nat., F¹ᶜ III, Seine, 14.)

Spectacles du 7 brumaire.

Théâtre des Arts. — Relâche.

Opéra-Comique. — *La Dot*, com. en trois actes; *Guillaume Tell*, drame lyrique en trois actes.

Feydeau. — Concert.

Théâtre de la République. — *Le Sourd ou l'Auberge pleine*; *le Menteur*, com. en cinq actes.

Théâtre de l'Égalité. — *La Colonie*, op. en trois actes; *le Lendemain de la bataille de Fleurus*.

Lyrique. — *Hélèna*, opéra; *le Mannequin*, opéra.

Gaîté. — *Le Fils adoptif*; *la Fille généreuse*; *le Prétendu sans le savoir*; *les Deux Arlequins rivaux*. (Les *Petites Affiches* indiquent : *le Conseil impérial*, première repr., et *les Deux Arlequins*).

Ambigu-Comique. — *Les Mariages assortis*; *le Menuisier de Vierzon*; *les Prisonniers patriotes*.

Vaudeville. — *Nicaise peintre*; *Christophe Dubois*; *les Vieux élégants*.

Cité-Variétés. — *L'Ami du peuple*, com.; *Cadet Roussel*, com.; *le Plan d'Opéra*, opéra.

XCIV

8 BRUMAIRE AN III (29 OCTOBRE 1794).

Rapport du 9 brumaire.

Le procès des Nantais tient les esprits en suspens. Les différentes opinions et les discussions à cet égard sont tournées sur Carrier ; on demande qu'il soit mis en jugement; le peuple a fini par dire hier : « La Convention s'assemble ce jour à ce sujet ; elle ne démentira pas sa justice ordinaire, ni les principes d'égalité, ni la confiance qu'elle nous a imprimée. » L'esprit public est à toute la hauteur des principes et se tient, dans l'attente du résultat, dans le plus grand calme.

Rue Bourg-l'Abbé, de longues queues pour avoir de la chandelle, où plusieurs femmes se sont battues pour la préférence ; les marchands vendent de la chandelle aux particuliers riches quatre francs la livre et en fournissent à ce prix en quantité, tandis que les indigents sans-culottes et les ouvriers en manquent pour leurs travaux ; les ouvriers ne peuvent gagner leurs journées, faute de lumière.

Dorival, inspecteur, rapporte que la séance du Club électoral ne s'est ouverte qu'à neuf heures, personne ne voulant occuper le bureau, mais des citoyens arrivés y sont montés. Après plusieurs discussions, un membre a dit que, lorsqu'on avait guillotiné la Commune, on avait guillotiné les meilleurs patriotes.

Gallée rapporte que la même dénonciation, qui a été faite à la section du Bonnet-Rouge et dont on a rendu compte dans la feuille du 4 du présent[1], que trois tambours de ladite section avaient été chez différents citoyens mis en liberté pour les faire contribuer, s'est renouvelée dans la section de Mucius Scævola contre quatre militaires se disant gendarmes, faisant fonction de tambours près la Convention, qui tiennent la même conduite de (sic) ceux déjà dénoncés dans la susdite section du Bonnet-Rouge en mettant secrètement à contribution les élargis. La Commission de police n'a pu encore les atteindre; mais les gendarmes, guidés par des sentiments républicains, sauront arrêter cette bassesse et cette cupidité.

Plusieurs personnes ont été tirées de la foule, se trouvant mal au port au charbon.

1. Ce rapport manque.

Rue Honoré, n° 9, on a vu écrit au crayon ces mots : *la Convention n'est* [composée] *que de voleurs et assassins*. En remontant la rue, à côté d'un boulanger, était dessiné au crayon et du même côté écrit : *Ici est l'armée contre-révolutionnaire*. La Commission administrative de police, instruite, a mis aussitôt ses agents à la découverte.

Le peuple ne peut retenir ses justes plaintes sur la mauvaise qualité du pain. Son étonnement est de voir nos armées triomphantes occuper les pays ennemis les plus abondants en blés et une récolte dont il n'y a presque pas d'exemple, et, au milieu de tous ces avantages, de se voir forcé de manger un pain qui devrait être meilleur ; le bon pain le consolerait, dit-il, de la cherté des denrées, dont il saurait se passer pour voir consolider la République.

La force armée et les autorités constituées ont été méconnues à la distribution du charbon place aux Veaux ; cependant, à la fin, le calme s'est rétabli.

CHAMPENOIS, L.-J. BAILLE.

(Arch. nat., F⁴ⁿ III, Seine, 14.)

JOURNAUX.

Journal de Perlet du 9 brumaire :

La marche du Tribunal est nécessairement entravée jusqu'à ce que la Convention ait pris un parti définitif à l'égard de Carrier, jusqu'à ce que la Commission, qui va être nommée pour peser les charges contre lui, ait examiné les pièces. Ce travail peut durer plusieurs jours.

Si la Convention, cédant au cri de la conscience publique et de l'indignation générale, le livre au Tribunal révolutionnaire, le procès sera à peu près recommencé pour la confrontation du principal accusé avec ceux qui sont prévenus d'avoir été les instruments et les complices de ses fureurs, et avec les principaux témoins. Il faudrait donc mieux suspendre jusqu'à ce moment la procédure, pour la reprendre lorsque la Convention aura porté une décision.

L'indignation publique désigne au Tribunal d'autres hommes, qu'on s'étonne de n'avoir pas encore vus en cause trois mois après le 9 thermidor. Tous les monstres n'étaient pas sur les bords de la Loire. La Seine aussi a été teinte de sang. Veut-on laisser sécher les torrents qui ont inondé nos places publiques ? Craint-on que nos pavés encore empreints de sang ne déposent trop fortement contre Fouquier-Tinville ? Quelle est l'invisible main qui, depuis trois mois, semble l'écarter du tribunal, comme si, par le tableau d'autres forfaits, on voulait distraire l'opinion publique de ceux qui lui sont imputés? Eh! qu'importe que l'innocence eût été précipitée pêle-mêle avec le crime au milieu des flots de la Loire, ou qu'elle eût été égorgée sur la place de la Révolution?

Courrier républicain du 9 brumaire :

Du 8 brumaire. — L'affaire des députés détenus avait partagé l'attention publique; on en parle beaucoup moins aujourd'hui; il paraît que ces députés ont le bon esprit de sacrifier leurs intérêts et leurs ressentiments particuliers à l'intérêt public. Ils sont libres; s'ils sont innocents, leur justification, quoique tardive, n'en sera pas moins éclatante.

L'indignation continue toujours à faire des progrès à chaque développement de l'affaire de Nantes. On déposait hier que Carrier avait résolu d'affamer cette ville, où, dit-il, il n'y avait pas deux patriotes; et cependant Nantes a repoussé seule l'épouvantable masse des cent mille brigands. « J'irai, disait-il, dans cette ville contre-révolutionnaire, la torche d'une main et le sabre de l'autre, et je ferai sauter les têtes. »

SPECTACLES DU 8 BRUMAIRE.

THÉATRE DES ARTS. — *Toute la Grèce ou Ce que peut la Liberté* ; *Horatius Coclès*; *Télémaque dans l'île de Calypso*, ballet.

OPÉRA-COMIQUE. — *Philippe et Georgette*, com. en un acte ; *l'Amoureux de quinze ans ou le Double anniversaire*, com. en trois actes.

FEYDEAU. — *Les Vrais Sans-Culottes* ; *les Visitandines*, opéra.

THÉATRE DE LA RÉPUBLIQUE. — *Catherine ou la Belle fermière*, com.; *les Étourdis* ; *le Mort supposé*, com.

THÉATRE DE L'ÉGALITÉ. — *Le Bienfait anonyme*, com.; *Misbelle*, opéra.

LYRIQUE. — *Au plus Brave la plus Belle* ; *les Petits commissionnaires*.

GAITÉ. — Au profit des femmes, mères et enfants de nos braves citoyens qui sont à la frontière : *la Caverne enchantée* ; *l'Habit ne fait pas l'Homme* ; *le Nouveau calendrier* (Les *Petites Affiches* indiquent : *le Conseil impérial*) ; *les Deux Arlequins rivaux*).

AMBIGU-COMIQUE. — *La Gamelle* ; *le 12 Thermidor* ; *l'Héroïne américaine*.

VAUDEVILLE. — *Les Chouans de Vitré* ; *les Marchandes de la Halle* ; *Colombine Mannequin*.

CITÉ-VARIÉTÉS. — *Le Divorce* ; *les Deux grenadiers* ; *le Revenant*.

XCV

9 BRUMAIRE AN III (30 OCTOBRE 1794).

Rapport du 10 brumaire.

Le peuple conserve son énergie, et l'esprit public est toujours à la hauteur des principes révolutionnaires. Hier, au Théâtre de la République, on a donné la première représentation de *Cange*, fait historique arrivé à la maison d'arrêt de Lazare. Le public a montré par des applaudissements réitérés, et qui ont été portés au comble, combien il est ennemi de la cruauté, de l'oppression, et l'ami sincère des bonnes mœurs et de la vertu qui caractérisent les vrais républicains. Cange et son épouse assistaient à ce spectacle. Le public les a demandés : ils ont paru sur le théâtre aux cris redoublés de *Vive la vertu ! Vive la République !*

Les murmures sur Carrier sont à l'infini. L'étonnement de le voir encore libre est des plus grands. Quelques-uns disent cependant que ce représentant est bien tranquille sur son compte; que, si une fois, il est appelé en jugement, il dénoncera beaucoup de monde de la Convention. On va même jusqu'à tenir des propos bien coupables en disant que c'est la crainte d'une semblable dénonciation qui retarde sa présence au tribunal.

Les nouvelles de nos victoires aux Pyrénées-Occidentales ont été reçues avec la plus grande satisfaction. La joie qu'elles ont produite a paru réchauffer le patriotisme de quelques-uns.

Boyer, inspecteur, rapporte que le peuple n'a point vu avec plaisir l'affiche du Comité de salut public qui interdit aux bouchers de tuer, sous prétexte que c'est détruire l'espèce et qu'il faut approvisionner les défenseurs de la patrie; il donne, à ce sujet, différentes conversations, entre autres une, où l'on disait que nos armées sont trop avancées pour ne pas s'approvisionner sur le pays ennemi, et que l'envoi d'ici serait trop dispendieux.

On observe que, depuis que les marcandiers ont repris leur commerce, le beurre et la volaille ont beaucoup diminué, que ce qui valait 18 livres ne vaut plus aujourd'hui que 6 livres.

Tous les inspecteurs s'accordent ensemble pour rendre le compte le plus satisfaisant de la tranquillité des sections. Pareil calme a régné dans les halles et marchés, qui étaient abondamment fournis en comestibles en tout genre. Dans les chantiers cependant il s'est élevé quelques petites agitations au sujet du bois, que l'on ne peut avoir qu'avec beaucoup de peine.

THÉROUENNE.

(Arch. nat., F¹ⁿ III, Seine, 14.)

JOURNAUX.

Orateur du peuple du 9 brumaire :

Dernièrement deux femmes se querellaient près de la Conciergerie. L'une reprochait à l'autre qu'elle avait été *payée* pour assister aux séances du tribunal Dumas [1], et pour applaudir aux condamnations. La réplique fut prompte et naïve ; « Oui, dit-elle, et ne fais pas tant la bégueule : si j'ai été payée, tu dois te rappeler que nous avons reçu notre argent ensemble. »

Il est certain que ce n'est plus le même public qui compose l'auditoire du nouveau tribunal; du temps de Robespierre, on n'y laissait entrer que des hommes soudoyés pour accabler d'outrages les condamnés, et pour applaudir avec fureur aux assassinats juridiques. Aujourd'hui les absolutions excitent seules les applaudissements.

Courrier républicain du 10 brumaire :

Du 9 brumaire. — Des écrits de toute espèce circulent toujours contre les Jacobins. Les pamphlets du jour sont : *La grande queue de Carrier* [2] et *la Première séance des Jacobins aux Enfers* [3].

Courrier républicain du 11 brumaire :

Du 10 brumaire. — On s'attendait hier que la Convention nationale prendrait un parti sur Carrier ; mais ceux qui sont si pressés de voir la fin de cette hideuse affaire n'ont sans doute pas remarqué que la Commission qui a été nommée pour cet objet a à peine eu le temps de s'assembler; que, quoique les preuves écrites ou parlées soient devenues démonstratives par les débats qui ont eu lieu et qui ont lieu tous les jours au Tribunal révolutionnaire, encore faut-il que la

---

1. Il s'agit du Tribunal révolutionnaire, qui avait pour président Dumas.
2. Il s'agit sans doute du pamphlet intitulé : *La queue de Carrier traînant dans la Société populaire de Nantes* (par Laporte aîné), impr. des droits du peuple, 8 brumaire, in-8°. Bibl. nat., Lb 41 1420.
3. *Première séance des Jacobins aux Enfers, sous la présidence de Mirabeau* par Picault. S. l. n. d., in-8°. Bibl. nat., Lb 41 1383.

Commission ait le temps de se mettre en ordre, transcrire son rapport et le présenter à la Convention.

L'opinion publique est trop prononcée pour que ce grand procès puisse s'assoupir. Il n'y a point de levier, point de force qui puisse repousser la masse terrible suspendue sur la tête de Carrier.

Spectacles du 9 brumaire.

Théâtre des Arts. — Relâche.
Opéra-Comique. — *L'École de l'adolescence*, deux actes; *Encore une victoire*, com. en un acte; *le Franc breton*.
Feydeau. — *La Famille indigente*; *l'Amour filial*; *la Prise de Toulon*. (Les *Petites Affiches*, au lieu de cette dernière pièce, indiquent *les Montagnards*.)
Théâtre de la République. — *Le Dissipateur*, com. en cinq actes; *Cange ou le Commissionnaire de Saint-Lazare*, première représ.
Théâtre de l'Égalité. — *Guillaume Tell*, trag. en cinq actes; *les Chœurs de Marathon*; *le Lendemain de la bataille de Fleurus*.
Lyrique. — *Au plus brave la plus belle*; *Laure et Zulmé*, op. en trois actes.
Gaîté. — *Le Conseil impérial ou les Suites de la prise d'Anvers*; *les Deux Arlequins*; *le Pari imprudent*, com. en un acte.
Ambigu-Comique. — Même spectacle.
Vaudeville. — *Le Savetier et le Financier*; *Arlequin Cruello*; *la Fête de l'Égalité*.
Cité-Variétés. — *Les Deux fermiers*, com.; *le Plan d'Opéra*, opéra; *la Caverne*, pantomime.

XCVI

10 BRUMAIRE AN III (31 OCTOBRE 1794).

Rapport du 11 brumaire.

Hier les groupes ont été moins nombreux et plus calmes qu'à l'ordinaire; mais, dans les cafés et autres maisons publiques, il ne manque pas de citoyens qui s'entretiennent de Carrier. On assurait qu'il avait pris la fuite, et le bruit commence à s'en répandre dans le faubourg Antoine. Le fait est qu'on l'a vu encore hier soir.

Les nouvelles particulières de l'insurrection de la Hollande d'une part, et les succès rapides de nos armées font une agréable diversion. On ne désire que l'union et le calme dans l'intérieur.

Le peuple ne paraît nullement rassuré sur la partie des subsistances, encore moins sur les abus du commerce. Mais le fond de l'esprit public est bon; le courage et l'énergie républicaine du peuple ne se démentent pas. Du charbon, du bois, de la chandelle et du bon pain, le peuple sera entièrement satisfait.

Mercereau, officier de paix, annonce que, s'étant réuni avec plusieurs membres nommés par l'assemblée générale du Panthéon français pour examiner les comptes de la commission de la fabrication du salpêtre de cet arrondissement, il a été insulté et frappé, ainsi que deux membres, par un nommé Touron, qui s'est permis en outre de déchirer un petit ruban tricolore que portait Mercereau; plainte en a été dressée, et l'affaire se suit.

Au poste au charbon de la Tournelle, il y avait, avant l'ouverture de la distribution, plus de trois cents personnes, qui ont été dissipées par la force armée, et à quatre heures et demie, une rumeur assez vive s'étant élevée, l'on a été contraint de faire cesser la vente.....

Malgré la surveillance dans les chantiers, les marchands de bois ne cessent de mal corder et de glisser du méchant bois blanc dans leur membrure. Les commissaires de police ont été invités de donner une attention particulière à ce nouveau genre de fraude.

POTRELLE, L.-J. BABILLE.

(Arch. nat., F⁷ III, Seine, 14.)

SPECTACLES DU 10 BRUMAIRE.

THÉÂTRE DES ARTS. — *Iphigénie en Tauride; Hymne à J.-J. Rousseau.*

OPÉRA-COMIQUE. — *Le Déserteur*, com. en trois actes; *Callias ou Nature et Patrie*, com. héroïque en un acte.

FEYDEAU. — *Les Montagnards; Roméo et Juliette*, opéra.

THÉÂTRE DE LA RÉPUBLIQUE. — *L'Intrigue épistolaire*, com. en cinq actes; *le Conteur ou les Deux postes*, com. en trois actes.

THÉÂTRE DE L'EGALITÉ. — *Le Vieux célibataire*, com. en cinq actes; *l'Entrevue*, com. en un acte en vers.

LYRIQUE. — *Héléna*, op. en deux actes; *les Deux frères*, opéra en trois actes.

GAÎTÉ. — *Le Conseil impérial; le Médecin malgré lui; Arlequin nécromancien.*

AMBIGU-COMIQUE. — *Le Menuisier de Vierzon; le Patriote à l'épreuve; la Forêt noire.*

VAUDEVILLE. — *Le Poste évacué; Christophe Dubois; le Noble roturier.*

CITÉ-VARIÉTÉS. — *L'Heureux quiproquo*, com.; *la Nuit aux aventures; Cange ou le Commissionnaire de Saint-Lazare.*

XCVII

11 BRUMAIRE AN III (1er NOVEMBRE 1794).

Journaux.

Gazette française du 12 brumaire :

De Paris, le 11 *brumaire.* — On se plaint beaucoup de la disette du bois, qui devient tous les jours plus effrayante à mesure que nous approchons de l'hiver. On attribue cette disette aux persécutions qu'on a fait essuyer aux marchands de bois, et surtout à l'innombrable quantité de bureaux dont Paris se trouve rempli, et qui mettent tout en réquisition ; mais il ne s'agit pas tant aujourd'hui de découvrir les causes de la disette que d'y apporter un prompt remède ; car nous sommes menacés d'éprouver le même sort qu'on éprouva, sous le règne de Charles VII ; on manquait de bois et les Parisiens n'en avaient pas même pour faire cuire du pain. Pendant que le peuple éprouve la disette, des forêts immenses appartenant à la nation sont abandonnées aux dilapidations et aux brigandages. A la fête de l'Etre suprême et lors des banquets civiques, on a fait dans le bois de Boulogne et de Vincennes des dégâts incalculables. On aurait pu chauffer tout Paris, pendant un mois, du bois qui a été enlevé dans ces forêts. On propose aujourd'hui de les mettre en coupe ; on y recueillera un double avantage : celui de prévenir les maux dont nous sommes menacés, et celui de faire rentrer au Trésor public le produit d'une propriété qui se détériore tous les jours, et qui finirait par s'anéantir sans aucun avantage pour la nation.

Courrier républicain du 12 brumaire :

Du 11 *brumaire.* — Quoique ce journal, plus particulièrement destiné à la publication des nouvelles qui peuvent piquer la curiosité du public, se mêle peu de traiter des objets d'administration, nous n'avons pas cru cependant pouvoir nous taire sur un point qui tient à l'existence de tous les citoyens de cette grande ville, et auquel l'incroyable imprévoyance des Parisiens ne leur a pas permis de faire attention. Nous sommes à l'entrée de l'hiver, nous touchons au moment où la rivière peut charrier des glaçons et peut-être se congeler tout entière, et il n'y a absolument point de bois sur les chantiers ; chaque citoyen, pour en avoir une seule voie, est obligé d'aller *à la queue*, comme on dit, attendre au bord de la rivière un, deux et quelquefois trois jours, qu'on en ait retiré de l'eau pour lui en fournir, de sorte que le bois est acheté et brûlé à mesure qu'il arrive. Et si la rigueur de la saison empêche le flottage, que deviendrons-nous pendant le reste de l'hiver ?

D'où vient cette effrayante pénurie ? Elle vient d'abord de la cessation des travaux dans les forêts et le long des eaux destinées au transport des bois pour Paris ; des vexations qu'on a fait essuyer aux marchands de bois dans le département de la Nièvre, et particulièrement dans le district de Clamecy, et ensuite de l'accaparement des innombrables agences ou commissions dont cette ville est peuplée, qui ont tout mis en réquisition pour le service de leurs bureaux et se sont emparées du peu de bois qui reste dans les chantiers.

Comment le gouvernement peut-il remédier à cet inconvénient, qui peut occasionner les plus grands malheurs dans cette ville, entraîner la chute de la République et plonger la France dans un chaos de calamités? Il faut qu'il fasse couper les bois de Boulogne et de Vincennes, dont les arbres, très bons et très beaux à exploiter, ne doivent plus servir de retraite aux daims et aux chevreuils destinés à la chasse de nos tyrans.

Nous invitons l'administration et le public à prendre cet objet en grande considération, en observant que le temps presse.

Correspondance de Paris et des départements du 12 brumaire :

Paris, 11 brumaire. — On nous assure que le président du Club électoral et les quatre secrétaires, dont Merlin avait annoncé l'arrestation, sont en liberté, et que le Comité de sûreté générale ne les en a pas privés un moment.

Cette conduite fait honneur aux principes du Comité. L'incarcération pour la manifestation de principes qui n'ont rien de contrerévolutionnaire eût été une violation atroce du droit qu'a chaque citoyen de manifester ses opinions sur le gouvernement.

SPECTACLES DU 11 BRUMAIRE.

THÉÂTRE DES ARTS. — Relâche.
OPÉRA-COMIQUE. — *L'Enfance de J.-J. Rousseau ; Paul et Virginie ou le Naufrage*.
FEYDEAU. — *Paul et Virginie ; Rose et Aurèle*.
THÉÂTRE DE LA RÉPUBLIQUE. — *Timoléon*, trag.; *le Dédit*, com.

Théâtre de l'Égalité. — *Le Vieux célibataire*, com.; *l'Entrevue*, com.

Lyrique. — *Laure et Zulmé*, op. en trois actes; *Au plus brave la plus belle*, opéra.

Gaîté. — *Il était temps ou l'Heureuse découverte*; *le Patriotisme au village*; *la Fille généreuse*; *Arlequin et Colombine invisibles*. (Le *Journal de Paris* indique en plus *la Noce interrompue par les brigands de la Vendée*.)

Ambigu-Comique. — *La Bascule*; *le Patriote à l'épreuve*; *Dorothée*.

Vaudeville. — *Arlequin Cruello*; *les Marchandes de la Halle*; *l'Auberge isolée*.

Cité-Variétés. — *Cange ou le Commissionnaire bienfaisant*, com.; *le Cousin de tout le monde*, com.; *les Royalistes de la Vendée*, pant.

XCVIII

12 BRUMAIRE AN III (2 NOVEMBRE 1794).

Rapport du 13 brumaire.

L'opinion publique se montre toujours bien; chacun attend de pied ferme tous les événements qui pourraient arriver; la Convention est le seul point de ralliement où chacun se reconnaît. Les discours sur Carrier sont toujours les mêmes; l'événement d'hier paraît avoir rassuré les citoyens des sections éloignées qui s'étaient représenté (sic) que ce représentant avait abandonné Paris, et qui même étaient satisfaits de la prétendue arrestation de ce député; chacun attend avec impatience le résultat de cette importante affaire et dit que la loi révolutionnaire devrait s'étendre sur tous les individus récalcitrants aux vrais principes constitutionnels.....

Plusieurs ouvriers, la plupart pères de famille, se plaignent de manquer d'ouvrage, faute de charbon.

Ni les inspecteurs, ni la force armée ne peuvent empêcher les rassemblements de nuit au port au charbon de la Tournelle. La soumission à la loi est inconnue à ceux qui forment les rassemblements nocturnes, et ils disent : « Il nous faut du charbon! » L'on observe qu'il existe dans ces queues trois cents ou quatre cents mauvais sujets, commissionnaires de charbon, lesquels occasionnent tous ces troubles pour éloigner les bons citoyens qui en ont besoin.

Au port au charbon de la vieille place aux Veaux, même abus et même tumulte; le désordre y était si grand, qu'il a été impossible d'y distribuer les numéros, malgré les soixante-quatre hommes de la force armée; des commissionnaires vendaient leurs numéros de charbon jusqu'à 5 livres ; il en résulte de là que celui qui achète ce bon de charbon le paie 12 livres, 15, la voie......

Les halles et marchés sont fort bien fournis en différentes denrées......

Les marchands de bois sont très satisfaits de l'affluence des citoyens qui abondent dans leurs chantiers, et ils passent par ce moyen tout le bois blanc qu'ils peuvent avoir, et, lorsque l'inspecteur se présente pour réprimer cet abus, le citoyen pour qui l'on corde le bois, et qui cependant craint n'en pas avoir, tant qu'il n'est pas rendu chez lui, répond que cela ne regarde personne et qu'il est content, ce qui fait deux contents : le craintif et le fripon.

Le Roux, Beurlier, Gosset.

(Arch. nat., F1c III, Seine, 14.)

Journaux.

Journal de Perlet du 13 brumaire :

Le bulletin des prisons de Paris porte le nombre des détenus à 4208.

Conformément au décret de la Convention nationale [1], l'évacuation de la Conciergerie a été terminée le 8 de ce mois. Ce séjour était devenu inhabitable à cause de l'infection et du mauvais air qui y régnait.

Des prisonniers ont été transférés à la maison d'arrêt du Plessis, rue Jacques. Il n'est resté à la Conciergerie que les membres et les agents du Comité révolutionnaire de Nantes, dont le procès se poursuit toujours avec la même activité. Presque tous les témoins conviennent des faits que nous avons déjà cités. Ils ne font qu'y ajouter des circonstances plus ou moins atroces, qui nourrissent et accroissent chaque jour l'exécration publique contre ceux qui sont prévenus de tant de crimes.

Messager du soir du 13 brumaire :

Paris, 12 brumaire. — On était depuis quelque temps inquiet du silence que gardait Legendre à la Convention ; les patriotes réclamaient son énergie contre la faction des buveurs de sang. Enfin nous venons d'apprendre les motifs de cette stagnation. Un événement douloureux pour ce représentant du peuple l'a éloigné pendant quelques jours de l'assemblée et du Comité de sûreté générale ; son

1. Cf. *Moniteur*, réimpression, t. XXII, p. 397.

épouse, après avoir éprouvé toutes les angoisses d'une longue et cruelle calomnie, a expiré à l'époque où le glaive de la proscription était suspendu sur la tête des députés qui n'étaient pas dévoués à Robespierre et compagnie. Legendre avait été désigné comme victime. Son épouse tremblait à chaque instant de le voir enlever par les sbires; dans une de ces nuits horribles, consacrées habituellement par le crime à troubler le repos des citoyens, des limiers aux ordres du Comité de *terreur* générale viennent frapper avec violence à la porte de Legendre; sa femme se réveille avec effroi, et, croyant que Voulland, Vadier et Amar ont signé l'arrêté de son mari, elle s'évanouit, la maladie s'empare d'elle et la conduit au tombeau.

Voilà encore un crime de nos ex-tyranneaux, et tous ces monstres vivent encore! Vengeance!....

Enfin le gouvernement va s'occuper de l'épuration des prisons; l'écrit qui a paru cette année, sous le nom d'*Almanach des Prisons*[1], a dévoilé le régime terrible de la Conciergerie, et la Convention s'est empressée d'en rendre le séjour plus salubre et moins dégoûtant. Conformément au décret du....[2] l'évacuation de cette prison a été terminée le 8 de ce mois; les détenus ont été transférés à la maison du Plessis, à l'exception des brigands de Nantes.

Gazette historique et politique de la France et de l'Europe du 15 brumaire :

VARIÉTÉS. — Le représentant du peuple Legendre vient de perdre son épouse. Elle est morte des suites de la frayeur que lui avaient causée les menaces des anciens Comités de sûreté générale et de salut public, lorsque ce député prit la défense de Danton, à la tribune de la Convention nationale.

On avait apposé les scellés sur les papiers du président du Club électoral; le 11 brumaire les scellés ont été apposés de nouveau sur les cartons de la Société.

SPECTACLES DU 12 BRUMAIRE.

THÉÂTRE DES ARTS. — *Renaud*, trag. lyrique en trois actes; *le Chant du Départ*.

---

1. *Almanach des prisons ou Anecdotes sur le régime intérieur de la Conciergerie, du Luxembourg, etc., et sur différents prisonniers qui ont habité ces maisons sous la tyrannie de Robespierre, avec les chansons, couplets qui ont été faits* par Coissin. Paris, Michel, an III, in-18. Bibl. nat., Lc 22 57. Il en parut 4 éditions la même année.

2. 3 fructidor an II.

Opéra-Comique. — *Joseph Bara*; *Arabelle et Vascos*.
Feydeau. — *Les Deux ermites*; *la Famille indigente*; *Viala*.
Théâtre de la République. — *Le Méchant*, com. en cinq actes; *Cange ou le Commissionnaire de Saint-Lazare*.
Théâtre de l'Égalité. — *Le Tartufe*; *le Mariage secret*.
Lyrique. — *Flora*, opéra en trois actes; *la Rose villageoise*.
Gaîté. — *Le Barbier du village*; *l'Hôtellerie républicaine ou l'École de la bienfaisance*, prem. reprts.; *Nostradamus*, pant.
Ambigu-Comique. — *Les Contretemps*; *le Patriote à l'épreuve*; *les Oies du Frère Philippe*.
Vaudeville. — *L'Héroïne de Mithier*; *Arlequin Hulla*; *le Faucon*.
Cité-Variétés. — *Le Plan d'opéra*, op.; *la Nuit aux aventures*, com.; *l'Enrôlement supposé*, com.

XCIX

13 BRUMAIRE AN III (3 NOVEMBRE 1794).

Rapport du 14 brumaire.

Le thermomètre de l'esprit public est absolument au même degré. Le peuple attend avec impatience le rapport de la Commission des Vingt-un [1]. Des hommes dont le mérite est de calomnier, s'introduisent dans les groupes et tournent en ridicule les opérations de la Convention nationale. Mailly, qui fait ce rapport, s'occupe de cette branche de surveillance, et promet de faire connaître ces individus.

Pigache rapporte que, depuis quelques jours, il existe à Paris nombre de personnes qui paraissent étrangères, et que, dans différents endroits, beaucoup de militaires s'entretiennent en allemand et ne socient (*sic*) avec personne.

Le même rapporte que depuis quelques jours il existe un mot qu'il est nécessaire de rendre (*sic*) : plusieurs personnes, dans les promenades se disent entre elles : *Aimes-tu le rouge?* A quoi l'on répond *oui* ou *non*. Le rouge signifie *sang*, et celui qui en parle porte un gilet *rouge*. Cet inspecteur s'occupe à développer cette énigme pour nous en rendre compte.

Le soir, au Jardin national, des citoyens se plaignaient de ce qu'on allait supprimer les marcandiers, et Boyer rapporte à ce sujet que, se trouvant au marché de la Halle à la viande, il a entendu des bouchers marcandiers se plaindre de ce qu'on ne les laisserait vendre

---

1. Il s'agit de la Commission nommée dans la séance du 8 brumaire an III, pour examiner la conduite de Carrier. *Moniteur*, réimpression, t. XXII, p. 383.

que jusqu'au 15 de ce mois, et des femmes leur répondre : *Soyez tranquilles, apportez-nous-en, nous sommes bien aises d'en trouver pour notre argent; avec quoi veut-on que nous vivions? Nous vous soutiendrons, et nous ferons tout pour les bouchers*.....

Toutes les denrées sont à un prix si haut qu'il est impossible à l'homme infortuné d'en approcher.

Le calme a régné dans les différents ports au charbon, dont la distribution s'est faite avec satisfaction. Il n'y a pas de charbon aujourd'hui au port de la vieille place aux Veaux, ce qui a occasionné beaucoup de rumeur parmi les citoyens qui attendaient.....

THEROUENNE, L.-J. BABILLE.

(Arch. nat., F¹ᶜ III, Seine, 14.)

JOURNAUX.

Courrier républicain du 13 brumaire :

Il vient de paraître un ouvrage de 70 pages d'impression, qui nous a paru du plus grand intérêt, il est intitulé : *Des causes secrètes de la Révolution du 9 au 10 thermidor*, par Vilate, ex-juré du Tribunal révolutionnaire de Paris, détenu à la Force.....[1]

SPECTACLES DU 13 BRUMAIRE.

THÉÂTRE DES ARTS. — Relâche.

OPÉRA-COMIQUE. — *Alexis et Justine*, com. en deux actes ; *Raoul Barbe-Bleue ou le Tyran puni*.

FEYDEAU. — *La Caverne*, op. en trois actes ; *les Montagnards ou l'École de la bienfaisance*, com. en un acte.

THÉÂTRE DE LA RÉPUBLIQUE. — *Le Sourd ou l'Auberge pleine ; Charles et Caroline*.

THÉÂTRE DE L'ÉGALITÉ. — *La Métromanie*, com. ; *Rose et Colas*, opéra.

LYRIQUE. — *Les Deux frères*, op. ; *le Bon père*, op.

GAÎTÉ. — *L'Hôtellerie républicaine ; Blaise le Harqueux ; le Serpent magicien* (*Les Petites Affiches* indiquent au lieu de ces deux dernières pièces : *le Barbier de village, Nostradamus.*)

AMBIGU-COMIQUE. — Même spectacle que la veille.

VAUDEVILLE. — *Arlequin Pygmalion ; Christophe Dubois ; la Revanche forcée*.

CITÉ-VARIÉTÉS. — *Cange ; les Dragons et les Bénédictins*, com. ; *les Dragons en cantonnement*, com. ; *le Renouvellement du bail*, opéra.

1. Bibl. nat., Lb 41/1150, in-8°.

C

14 BRUMAIRE AN III (4 NOVEMBRE 1794).

Rapport du 15 brumaire.

Dans un rapport signé Laisné, Laigner et Le Roy aîné, inspecteurs, on y voit qu'on reproche hautement à la Convention et au gouvernement de ne s'occuper que d'eux et non du bien général, que la Convention ouvre ses séances trop tard, que les Comités ne font pas les rapports au temps prescrit, que l'éducation publique n'est pas organisée, que les arts et le commerce languissent, que le peuple manque de tout au milieu de l'abondance, qu'on ferme l'oreille à sa voix plaintive, et que, s'il se porte à des écarts forcés par le besoin, on le punit.

On lit dans le rapport signé Mailly que chaque jour apporte un nouveau degré d'horreur sur les crimes de Carrier. Hier son nom a retenti sous les voûtes du Tribunal révolutionnaire; le public l'a demandé, mais d'une manière impérative.

Saint-Remy, inspecteur de surveillance au Théâtre de l'Ambigu-Comique, rapporte un propos qu'il a recueilli, et qui peut donner une idée de l'esprit public : *La Convention dort, la contre-révolution se fait tout doucement*. Il observe que le public a ri de ce propos comme d'une saillie.....

Le nommé Sauvon a du bois de débardé depuis trois jours; il ne le vend pas, dans l'espérance qu'il viendra à 27 livres. Les marchands ne débardent leurs bateaux que les uns après les autres et disent aux citoyens qui attendent qu'ils n'ont pas assez d'hommes. Les réquisitions sur cette partie du commerce font murmurer le public, qui dit qu'elles ne devraient pas exister, puisque le bois est en abondance, que la rivière en est couverte.

Les halles approvisionnées comme à l'ordinaire; les denrées très bonnes, peu de fruits; la viande n'est pas en si grande abondance que ces jours passés.

Il est arrivé 692 voitures pour l'approvisionnement des halles et marchés.

Alletz, L.-J. Babille.

(Arch. nat., F¹ⁱⁱ III, Seine, 14.)

JOURNAUX.

Courrier républicain du 16 brumaire :

Du 15. — Encore hier on a vu au Tribunal révolutionnaire des mouvements d'indignation publique très expressifs, et même très violents, contre le représentant Carrier, que le peuple demandait à grands cris. Il ne s'agissait rien moins que d'arracher les accusés de leur siège redoutable, puisque le principal auteur de leurs malheurs et de leurs crimes n'y figurait pas avec eux. On a vu Chaux faire signe de la main et inviter le peuple à la tranquillité. Pour ramener le calme, le président a été obligé de se couvrir. Comme la séance était heureusement sur sa fin, cette agitation n'a pas eu de suite.

SPECTACLES DU 14 BRUMAIRE.

THÉÂTRE DES ARTS. — Même spectacle que le 12 brumaire.
OPÉRA-COMIQUE. — *Joseph Barra* ; *Azémia* ; *Encore une victoire ou les Déserteurs Liégeois*.
FEYDEAU. — *Lisia* ; *Rose et Aurèle* ; *les Vrais sans-culottes*. (*Les Petites Affiches* indiquent le spectacle suivant : *Roméo et Juliette* ; *les Deux ermites*.)
THÉÂTRE DE LA RÉPUBLIQUE. — *Cange* ; *l'Honnête criminel*.
THÉÂTRE DE L'ÉGALITÉ. — *Le Mercure galant*, com. ; *Félix ou l'Enfant trouvé*, op. en trois actes ; *la Surprise de l'Amour*, divert.
LYRIQUE. — Relâche.
GAÎTÉ. — *L'Hôtellerie républicaine* ; *l'Aristocrate démasqué par la Corne de la Vérité* ; *le Serpent magicien*. (*Les Petites Affiches* indiquent : *le Barbier du village* ; *Nostradamus*.)
AMBIGU-COMIQUE. — *La Pomme de Rambour* ; *le Menuisier de Vierzon* ; *les Prisonniers patriotes*.
VAUDEVILLE. — *Le Déficit mal gardé* ; *le Divorce* ; *les Marchandes de la Halle*.
CAFÉ-VARIÉTÉS. — *Cange* ; *Georges ou le Bon fils*, com. ; *Arlequin imprimeur*, opéra.

CI

15 BRUMAIRE AN III (5 NOVEMBRE 1794).

RAPPORT DU 16 BRUMAIRE.

Hier, au Jardin national, les groupes étaient agités : les disputes pour et contre Carrier étaient vives ; les uns demandaient : « Pourquoi n'est-il pas au Tribunal révolutionnaire ? » D'autres disaient qu'il fallait attendre le résultat de la Commission nommée *ad hoc* par la Convention, et les citoyens se sont retirés tranquillement.

Mailly rapporte qu'on fait courir le bruit que les habitants d'un département viennent à Paris demander du pain et une décision absolue sur un nouvel ordre de choses.

Les marcandières, assemblées en grande partie à Belleville, s'entretenaient sur l'arrêté qui abolit leur commerce et disaient qu'elles étaient toutes mères de famille, qu'elles n'avaient d'autre état que celui qu'on voulait leur ôter, qu'elles n'obéiraient pas, qu'elles employeraient même la force et s'armeraient pour résister contre ceux qui voudraient les empêcher de vendre.

Il y avait aux cafés Yon, d'Apollon et des Arts beaucoup de jeunes gens de la première réquisition, la plupart en uniforme, tous munis de réquisitions du Comité du salut public pour travailler aux armes ; leurs mains étaient plutôt celles de peintres en miniature que de forgerons ou limeurs.

Beaucoup de murmures contre nos représentants et les différents Comités, de la part des femmes qui attendaient au charbon ; elles s'exaltaient en injures et menaçaient tout le monde ; comme cette rumeur était générale, les inspecteurs ont cru prudent de ne rien dire, mais d'en faire rapport.

Partie de la force armée refuse maintenant de seconder les inspecteurs chargés de la partie des ports ; hier, pendant la distribution du charbon, vieille place aux Veaux, deux citoyens de garde voulurent s'en aller, disant qu'ils n'étaient pas payés pour faire la police ; l'officier de paix parut consentir à cette action.....

DURET, BOCQUET-DESTOURNELLES.

Arch. nat., F⁷ III, Seine, 14.)

SPECTACLES DU 15 BRUMAIRE.

THÉÂTRE DES ARTS. — Relâche.
OPÉRA-COMIQUE. — *L'Amoureux de quinze ans ou le Double anniversaire*, com. en trois actes ; *Philippe et Georgette*, com. en un acte.
FEYDEAU. — *Roméo et Juliette* ; *les Deux ermites*.
THÉÂTRE DE LA RÉPUBLIQUE. — *Timoléon* ; *les Originaux*, com.
THÉÂTRE DE L'ÉGALITÉ. — *La Surprise de l'amour*, com. ; *la Journée de l'amour*, divert.
LYRIQUE. — *Les Deux frères*, opéra ; *Héléna*, opéra.
GAITÉ. — *L'Hôtellerie républicaine* ; *l'Habit ne fait pas l'homme* ; le

Triomphe de l'amour conjugal. (Les *Petites Affiches* indiquent en plus *la Valise perdue*.)

Ambigu-Comique. — *Mazet; le Patriote à l'épreuve; le Devin du village.*

Vaudeville. — *Nice; Colombine mannequin; la Paix ou l'Embarras du choix.*

Cité-Variétés. — *Le Plan d'opéra*, opéra ; *les Petits montagnards*, com.; *le Ballet des montagnards.*

CII

16 BRUMAIRE AN III (6 NOVEMBRE 1794).

Rapport du 17 brumaire.

Hier il y a eu beaucoup de bruit au Tribunal révolutionnaire au sujet de Carrier. Le président a été obligé de se couvrir pour rétablir l'ordre.

Aujourd'hui, à ce même tribunal, un des accusés, prenant la parole sur un grief dont ils étaient tous inculpés, tint ce discours : « Lorsqu'un général prend une ville d'assaut, et qu'il donne l'ordre de passer tout au fil de l'épée, est-ce aux soldats qu'il faut reporter la rigueur de cet ordre ou au général ? » Le public a beaucoup applaudi, et, par trois fois de suite, les claquements des mains se sont fait entendre et n'ont cessé que par le cri général : *Carrier! Carrier!*

Le peuple, dit Naudet, inspecteur, semble avoir quelque chose à dire, et n'ose pas parler. On remarque un mécontentement secret, que l'on ne peut pas expliquer. Un particulier voulant prendre le parti de Carrier, ceux qui l'écoutaient ne lui donnèrent pas le temps de finir : ils le regardèrent avec mépris et le laissèrent seul sur le champ de bataille......

Une femme se permit de dire que tous ceux qui n'étaient pas Jacobins étaient patriotes comme le chien qu'elle portait; le public irrité voulut se jeter sur elle pour la fouetter ; il la poursuivit jusqu'à l'escalier de la tribune de la Convention, où elle se perdit dans la foule.

Entre six et sept heures du matin, tous les charretiers et voituriers pour le bois ont repoussé la force armée pour entrer dans l'île Louviers, ce qui a occasionné une rixe très vive et a forcé les marchands de cesser leur vente. Le commissaire de police de la section de l'Arsenal fut requis à l'instant pour rétablir le bon ordre (tel est le rapport de Chevalier)......

Grand tumulte toute la journée au port au charbon de la vieille place aux Veaux, lequel a fermé ce matin, faute de marchandises. Les halles sont très bien approvisionnées......

PASTÉ, BOCQUET-DESTOURNELLES.

(Arch. nat., F⁷ III, Seine, 14.)

SPECTACLES DU 16 BRUMAIRE.

THÉÂTRE DES ARTS. — *L'Offrande à la Liberté*, scène religieuse; *Denis le tyran*, opéra; *Télémaque dans l'île de Calypso*, ballet.
OPÉRA-COMIQUE. — *L'Écolier en vacance*, com. en un acte; *Tout pour l'amour*, drame lyrique. Au lieu de cette dernière pièce les *Petites Affiches* indiquent *la Belle Arsène*.
FEYDEAU. — *Viala*; *la Famille indigente*; *les Vrais sans-culottes*.
THÉÂTRE DE LA RÉPUBLIQUE. — *Le Sourd ou l'Auberge pleine*, com.; *la Surprise de l'amour*, com.
THÉÂTRE DE L'ÉGALITÉ. — *Les Folies amoureuses*, com.; *la Colonie*, opéra.
LYRIQUE. — *Au plus brave la plus belle*; *Michel Cervantès*.
GAITÉ. — *Brutus*; *la Fille généreuse*; *Arlequin nécromancien*.
AMBIGU-COMIQUE. — *Le Nid d'oiseaux*; *le Menuisier de Vierzon*; *l'Héroïne américaine*.
VAUDEVILLE. — *L'Héroïne de Milhier*; *les Marchandes de la Halle*; *Piron avec ses amis*.
CITÉ-VARIÉTÉS. — *Isaure et Germance ou les Réfugiés religionnaires*, com. en trois actes, première représentation; *la Mère rivale*; *le Plan d'opéra*.

CIII

17 BRUMAIRE AN III (7 NOVEMBRE 1794).

JOURNAUX.

Gazette historique et politique de la France et de l'Europe du 19 brumaire :

« On criait hier dans toutes les rues un écrit intitulé : *On veut sauver Carrier; on veut faire le procès au Tribunal révolutionnaire; peuple, prends garde à toi*[1].

Il est malheureusement vrai que des égorgeurs, des contre-révolutionnaires, des apôtres de la Terreur enfin, font des efforts criminels pour soustraire ce cannibale à la justice nationale.

1. C'était un pamphlet de Babeuf, s. l. n. d., in-8°. Bibl. nat., Lb 41/1423.

Ses partisans, n'osant plus élever la voix en sa faveur, serpentent dans les groupes, et là, par des discours insidieux, tâchent d'atténuer la masse de ses forfaits, nécessités, disent-ils, par le salut de la patrie, comme si une autre patrie que celle des tigres pouvait autoriser tant de barbarie.

Peu s'en est fallu hier que, pour calmer leur ardent amour pour le député d'Aurillac, un de ses frères et amis n'ait été plongé dans le grand bassin du Jardin national; mais ce monsieur et compagnie se sont adroitement esquivés, dès qu'ils virent que leurs philanthropiques motions n'étaient point appuyées.

Il circule aussi un écrit ayant pour titre : *Dialogue entre J.-J. Rousseau et Marat au Panthéon* [1]. Comme les opinions de ces deux publicistes furent très différentes, on sent bien qu'ils ne s'accordent pas bien parfaitement dans le temple de l'Immortalité.

On entend crier par les colporteurs : *Toute la vérité, ou Histoire impartiale de toutes les factions sorties des Jacobins, depuis La Fayette jusqu'à Carrier* [2]. Ce titre indique assez le but de l'ouvrage.

Spectacles du 17 brumaire.

Théâtre des Arts. — Relâche.

Opéra-Comique. — *Le Convalescent de qualité*, com.; *l'Intérieur d'un ménage républicain; la Fête américaine*, ballet patriotique.

Feydeau. — Relâche.

Théâtre de la République. — *Catherine ou la Belle fermière*, com.; *les Étourdis ou le Mort supposé*, com.

Théâtre de l'Égalité. — *Dupuis et Defronais*, com.; *le Bourru bienfaisant*, com.

Lyrique. — *Flora*, op.; *la Ruse villageoise*, vaud.

Gaîté. — *L'Hôtellerie républicaine ou l'École de bienfaisance; Il était temps ou l'Heureuse découverte; Arlequin au tombeau*.

Ambigu-Comique. — *Les Deux chasseurs et la Laitière; le Commissionnaire; les Prisonniers patriotes*.

Vaudeville. — *Les Vieux époux; Arlequin Hulla; la Nourrice républicaine*.

Cité-Variétés. — *Cange; la Nuit aux aventures*, com.; *le Revenant*.

---

1. Le titre exact de ce pamphlet est : *Grande dispute au Panthéon, entre Marat et Jean-Jacques Rousseau*, Paris, impr. des Sans-Culottes, s. d., in-8°, Bibl. nat., Lb 41/1347.

2. Bibl. nat., Lb 41/1359, in-8°.

CIV

18 BRUMAIRE AN III (8 NOVEMBRE 1794).

JOURNAUX.

Courrier républicain du 19 brumaire :

Du 18 brumaire. — La procédure contre le Comité révolutionnaire de Nantes, ou plutôt la répercussion qu'elle doit avoir contre Carrier, continue d'absorber l'attention publique.

Hier Bachelier a fait à ses juges une question à laquelle il nous paraît difficile de répondre :

« Si un général, s'est-il écrié, avait fait entrer des soldats dans une ville, qu'on les fît fusiller, en épargnant celui qui avait donné l'ordre, que penseriez-vous de cette conduite ? »

Ici l'auditoire a retenti de *bravos* et des cris mille fois répétés : *Carrier! Carrier! Carrier!*

« Ne croyez pas, a continué l'accusé, que je sois découragé par la manière dont cette procédure s'instruit. J'ai confiance en la justice de la représentation nationale, et j'aime à croire que le système qui écarte encore celui qui, dans cette affaire, est destiné à jouer le premier rôle a pour but un examen sage et approfondi de cette grande cause. »

Le député Bassal a annoncé hier aux Jacobins qu'un courrier avait apporté à quatre heures et demie l'heureuse nouvelle de la prise de Maestricht.

D'après tous les avis que nous recevons, Mayence est actuellement cerné par nos troupes.

Le Tribunal révolutionnaire (salle de l'Égalité) vient de juger et rendre à la liberté le brave général Kellermann [1]. Ce jugement est un véritable triomphe pour ce généreux officier. Tous les témoins appelés dans cette affaire, loin de déposer contre lui, se sont accordés à faire l'éloge de sa loyauté, de ses talents militaires, auxquels la France est peut-être redevable de son existence politique. Son dénonciateur même s'est déclaré en sa faveur, et a dit s'être trompé.

1. C'est le 18 brumaire an III que Kellermann fut acquitté Wallon, *Hist. du Trib. rév.*, t. VI, p. 187, et c'est pourquoi nous plaçons cet article du *Courrier républicain* parmi les documents relatifs à la journée du 18, bien qu'il y soit aussi question d'événements du 17.

En écoutant tant d'éloges, Kellermann et tout l'auditoire versaient des larmes d'attendrissement. Les jurés ne se sont même pas retirés, comme à l'ordinaire, pour délibérer, et l'ont sur-le-champ acquitté à l'unanimité, au milieu des applaudissements et des bénédictions du peuple.

Le président, unissant son assentiment particulier aux éloges donnés à l'accusé, a terminé par ces mots le discours qu'il lui a adressé, après le prononcé du jugement : « Un jour l'histoire unira sur le front de Kellermann les lauriers de Valmy à ceux qu'il a recueillis dans le Mont-Blanc. »

Spectacles du 18 brumaire.

Théâtre des Arts. — *Miltiade à Marathon; le Chant du départ; la Rosière républicaine.*

Opéra-Comique. — *La Mélomanie; Tout pour l'amour ou Roméo et Juliette.*

Feydeau. — *La Papesse Jeanne; l'Officier de fortune; l'Amour filial ou la Jambe de bois.*

Théâtre de la République. — *Conge; les Femmes savantes.*

Théâtre de l'Égalité. — *Le Misanthrope; le Legs,* com.

Lyrique. — *Michel Cervantès,* op. en trois actes; *le Mannequin.*

Gaité. — *L'Hôtellerie républicaine; Contentement passe richesse; le Fils adoptif,* pièce patr.; *Vénus pèlerine,* pant.

Ambigu-Comique. — *Le Menuisier de Vierzon; l'Étape; Dorothée.*

Vaudeville. — *Arlequin Cruello; le Naufrage au port; l'Auberge isolée.*

Cité-Variétés. — *Isaure et Germance; les Cent pièces d'or; le Mariage patriotique.*

CV

19 BRUMAIRE AN III (9 NOVEMBRE 1794).

Rapport du 20 brumaire.

Les esprits s'échauffent de plus en plus; il est à craindre que les événements d'hier ne se renouvellent, et même qu'il arrive de plus grands accidents; chacun attend avec impatience le rapport relativement à Carrier, qu'on regarde comme la cause momentanée, ou au moins comme le prétexte, des troubles qui agitent la Convention et par contre-coup tous les esprits. Les uns, en envisageant cette affaire, craignent qu'on y assure l'impunité à des crimes inséparables de grandes révolutions; d'autres croient y voir l'intention non équivoque de faire le procès aux erreurs de la Révolution pour avoir le prétexte de le faire à cette même Révolution; telle est la véritable source de tous les débats dans les groupes. Les moyens de faire valoir ses opinions ne manquent pas; on s'appuie sur la pénurie des subsistances, ainsi que sur les libelles et sur les principes violés de toute part, même sur ce qu'on a mis indirectement en liberté une foule de gens qui lèvent la tête, sur l'oppression des patriotes, etc., etc. On parvient aisément, avec ce conflit d'opinions, de plaintes et de passions particulières, à égarer les esprits et à soulever le peuple.

Boyer rapporte qu'un membre des Jacobins a dit que se trouvant hier soir, sur les sept heures, au Jardin national, dans un groupe composé d'environ deux cents personnes, il a entendu un particulier qui demandait la tête de Carrier et de ses complices, qu'un autre de ce même groupe dit, en parlant de la Convention : « Qu'en faisons-nous? » que personne n'a répondu. Ce qui prouve que l'action d'hier n'est qu'un coup monté par l'aristocratie....

Nafflel rapporte que le public crie misère et se plaint toujours de la grande cherté des denrées de première nécessité, que des malveillants se sont portés hier à la salle des Jacobins, en ont cassé les vitres à coups de pierre qui ont blessé différentes personnes; le calme a été rétabli à l'arrivée de la force armée.....

Pigache rapporte que, dans le jardin Maison-Égalité, il y avait un rassemblement hier, qu'on y a crié *Vivent les Jacobins!* et qu'on y a hué les républicains qui avaient crié *Vive la Convention!*

Toutes les sections ont joui de la plus grande tranquillité et ignoraient encore même ce matin l'affaire des Jacobins.

GOSSET, BOCQUET-DESTOURNELLES.

(Arch. nat., F⁷ 4 III, Seine, 14.)

JOURNAUX.

Vedette ou Gazette du jour du 20 brumaire :

Le Club électoral tient toujours ses séances. Les membres s'occupent maintenant de rédiger une pétition à la Convention nationale pour demander justice contre tous ceux qui veulent dissoudre leur Société; ils s'appuient surtout de la loi qui prononce la peine de dix années de fers contre tout fonctionnaire public qui, sous quelque prétexte que ce fût, chercherait à troubler les Sociétés populaires dans leurs délibérations.

Courrier républicain du 20 brumaire :

Du 19. — Aujourd'hui nous avons remarqué, dans les avenues qui aboutissent à la Convention et dans les corridors des tribunes publiques, une surveillance beaucoup plus active.

L'indécence qui a eu lieu hier dans ces tribunes [1] a vraisemblablement nécessité cette mesure de sûreté *vraiment publique.*

Il faut avoir sous les yeux ce qui se passe dans cette étrange ville pour pouvoir se le persuader.

Qui pourra croire, en effet, qu'une multitude de femmes vêtues de haillons, nées dans une situation qui suppose la plus profonde ignorance et le besoin du travail, dans un temps surtout où tout ce qui est nécessaire à la vie est à un prix exorbitant; qui pourra croire que ces femmes passent une journée entière dans les tribunes de la Convention, qui certes ne leur paie pas les journées, pour influencer, par leurs cris, par leurs huées et sans savoir ce qu'elles font, les destinées de la France et peut-être du monde entier? Qui pourra croire encore que ce soit un député corse, Aréna, qui n'a plus de commettants, à la voix duquel se réunissent toutes ces mégères?

Le fameux Bergasse, ex-constituant, vient d'être acquitté par le Tribunal révolutionnaire; mais, attendu les preuves d'incivisme résultant des débats et de la conduite politique de l'accusé, il a été condamné à la détention jusqu'à la paix [2].

Pour que le peuple ne puisse pas être trompé dans le grand procès qui va avoir lieu, ne serait-il pas nécessaire qu'il fût sous les armes primidi prochain?

Courrier républicain du 21 brumaire :

Du 20 brumaire. — Hier soir le bruit s'était répandu, au Palais-Égalité, que la Société des Jacobins retentissait de motions incendiaires contre la représentation nationale, qu'on y délibérait sur les moyens de soustraire Carrier à la justice nationale.

Les esprits s'échauffent, l'indignation est à son comble, et, dans l'instant, une colonne considérable de citoyens, qui se grossit bientôt dans sa marche, se porte vers le lieu des séances de la Société. Les cris de *Vive la Convention! A bas les Jacobins!* se font entendre ; on

---

1. Dans la séance de la Convention du 18 brumaire, comme Bentabole finissait son discours, des huées étaient parties des tribunes. Cf. *Moniteur*, réimpression, t. XXII, p. 460.

2. Cf. *Moniteur*, réimpression, t. XXII, p. 454, et Wallon, *Hist. du Trib. rév.*, t. VI. p. 216. Ce jugement fut rendu le 13 brumaire an III.

pénètre dans les galeries ; quelques femmes, appelées les dévotes de
Robespierre, sont souffletées et même fouettées, et s'enfuient en jetant
les hauts cris [1].

Dans l'intérieur de la Société, la citoyenne Crassous s'évanouit ; le
président se couvre ; mais tout cela n'empêche pas le tumulte d'augmenter. On lance des pierres du dehors, qui cassent les vitres et roulent dans la salle.

Au milieu du tumulte, le représentant Fayau invite les Jacobins
à se montrer dignes d'eux et de la liberté, même à mourir, s'il est nécessaire.

Cependant on continue de fouetter et de lancer des pierres. La Société fait une sortie ; on se bat à la porte avec un avantage incertain ;
elle fait même quelques prisonniers, qu'elle met sous sa sauvegarde,
en les plaçant à côté de son président avec un bonnet rouge sur la
tête.

Pendant cette scène, quelques-uns des sociétaires prennent la fuite
avec les femmes, et sont accueillis du peuple par des huées, forcés
de marcher dans le ruisseau, au milieu d'une haie de trois à quatre
mille personnes qui les couvraient d'opprobres. Pour éviter le fouet,
ces dévotes attestent qu'elles ne sont pas Jacobins, et les Jacobins reçoivent en passant quelques soufflets et quelques coups de pied au cul.

Cette scène tragi-comique a été terminée par les représentants du
peuple, qui sont arrivés en grand costume, et qui n'ont reçu que des
marques de dévouement et de respect pour la Convention nationale.

Les députés ont harangué le peuple et lui ont fait observer que la
Constitution portait l'établissement de Sociétés populaires. On leur a
répondu qu'aussi on n'en voulait pas à ces Sociétés, mais aux Jacobins, à des hommes sanguinaires, qui sont tous les jours en pleine
révolte contre la Convention nationale, tout en ayant l'air de la respecter et de lui obéir ; et les cris de *Vive la Convention nationale!* se
sont fait de nouveau entendre de toutes parts.

Les représentants, satisfaits, ont invité les citoyens à se retirer, et
un instant après tout était calme.

SPECTACLES DU 19 BRUMAIRE.

THÉÂTRE DES ARTS. — Relâche.
OPÉRA-COMIQUE. — *Bathilde et Éloi*, op.-com. en trois actes, prem. représ.;
le *Tableau parlant*, com. en un acte. (Au lieu de cette pièce, les *Petites Affiches* indiquent *l'Amant statue*.)

1. Voir dans *la Société des Jacobins*, t. VI, p. 643 à 648, le compte rendu de la
séance des Jacobins du 19 brumaire an III.

FEYDEAU. — *Les Deux ermites ; Paul et Virginie.*
THÉÂTRE DE LA RÉPUBLIQUE. — *Timoléon ; le Grondeur*, com. en trois actes.
THÉÂTRE DE L'ÉGALITÉ. — *Arlequin bon père*, com.; *Selico*, opéra; *la Liberté des nègres*, divertissement.
LYRIQUE. — Relâche.
GAITÉ. — Spectacle demandé : *Crispin médecin ; Vénus pèlerine ; l'Aristocrate démasqué par la Corne de la Vérité ; le Prétendu sans le savoir.*
AMBIGU-COMIQUE. — *Le Retour ; le Commissionnaire de Saint-Lazare ; les Moulins.*
VAUDEVILLE. — *Nicaise peintre ; les Vieux élégants ; le Noble roturier.*
CITÉ-VARIÉTÉS. — *L'Heureux quiproquo*, com.; *Ricco*, com.; *Joconde*, opéra.

CVI

20 BRUMAIRE AN III (10 NOVEMBRE 1794).

RAPPORT DU 21 BRUMAIRE.

Il résulte de tous les rapports que les esprits sont extrêmement échauffés pour et contre les Jacobins ; que les uns approuvent, que les autres blâment l'événement de nonidi dernier. Un homme s'est avisé de dire dans un groupe que les Jacobins étaient des buveurs de sang et assassins du roi, qui voulaient assassiner le peuple ; il fut saisi par Goulet et Dingouville, inspecteurs, qui le conduisirent au Comité de sûreté générale, accompagnés de témoins. Cet homme se nomme Roger et demeure rue de Grenelle, n° 340, faubourg Germain.

Un homme qui criait : *Vivent les Jacobins ! Il nous faut un roi!* fut pareillement arrêté et conduit au Comité de sûreté générale.

Sur les cinq heures du soir, hier, un citoyen reçut un coup de bâton pour avoir émis son opinion en faveur des Jacobins ; il a été conduit au corps de garde ; l'on n'a pu arrêter les individus qui ont frappé.

Des citoyens pensent et soutiennent avec beaucoup de chaleur que le salut de la République est attaché à l'existence de cette Société. De cette diversité d'opinions il en est résulté des propos insultants, enfin des coups, et Saint-Huruge, ci-devant marquis, si connu dans les groupes et dans les cafés, semble s'être déclaré l'antagoniste outré des Jacobins, et il prouve à tous les citoyens qui ne pensent pas comme lui qu'ils ont tort, en leur donnant des coups de bâton et les conduisant de suite au corps de garde, où il les consigne impunément.

Les groupes sont pareillement agités aujourd'hui ; les personnes qui les composent accusent nos représentants de se laisser entourer d'intrigants qui les accompagnent même jusque dans le sein de la Convention. On remarque dans ces assemblées beaucoup de gens connus pour des marchands d'argent.

L'esprit des citoyens des faubourgs est bon ; chacun attend avec patience le résultat des rapports concernant Carrier.

Au port de la Tournelle, il y a eu un grand tumulte ; le public a forcé la garde, le port n'a été ouvert qu'une demi-heure. A deux heures, six hommes de cavalerie, sont arrivés ; la distribution s'est rouverte, et s'est faite avec tranquillité.....

L.-J. Babille, Potrelle.

(Arch. nat., F¹ c III, Seine, 14.)

Journaux.

Gazette française du 22 brumaire :

Paris, ce 21 brumaire. — On paraissait craindre hier, en voyant le grand mouvement qui s'est opéré dans la Convention nationale[1], que la tranquillité publique ne fût compromise. Mais cette agitation a peu réagi dans le public. Les groupes même, quoique assez nombreux, surtout aux Tuileries, n'ont pas été très agités ; quelques personnes improuvaient la scène qui a eu lieu aux Jacobins ; d'autres en riaient ; mais, en général, personne n'a plaint toutes ces femmes insensées qui, oubliant leurs devoirs et les faiblesses de leur sexe, viennent se mêler d'objets où elles n'entendent rien et qui ne peuvent jamais les regarder.

On a commandé six hommes par compagnie dans les diverses sections, pour maintenir l'ordre pendant cette journée.

Le pamphlet le plus couru aujourd'hui est *la Vérité tout entière sur la journée du 2 septembre*[2] ; cet écrit contient des détails curieux, et très peu connus jusqu'à ce jour, sur ces hideux massacres.

1. Il s'agit du débat qui eut lieu à propos des Jacobins dans la séance de la Convention du 20 brumaire an III. Cf. *la Société des Jacobins*, t. VI, p. 648 et suiv.

2. Cet écrit, signé *Félhémési*, et qui est l'œuvre de Méhée de la Touche, est intitulé exactement : *Exsurgat tenebris, la vérité tout entière sur les vrais acteurs de la journée du 2 septembre 1792, et sur plusieurs journées et nuits secrètes des anciens Comités de gouvernement*, Paris, s. d., in-8°, Bibl. nat., Lb 39/6146.

SPECTACLES DU 20 BRUMAIRE.

THÉATRE DES ARTS. — *Renaud*, opéra; *Denis le tyran*.
OPÉRA-COMIQUE. — *Blaise et Babet ou la Suite des Trois fermiers; Arasbelle et Vascos*.
FEYDEAU. — *Rose et Aurèle; les Visitandines*.
THÉATRE DE LA RÉPUBLIQUE. — *Le Sourd ou l'Auberge pleine; l'École des maris*.
THÉATRE DE L'ÉGALITÉ. — *Iphigénie en Tauride; la Journée de l'amour*.
LYRIQUE. — *Flora*, op. en trois actes; *le Mariage civique*, vaud.
GAITÉ. — *L'Hôtellerie républicaine; Nostradamus; la Prise de Toulon; les Deux bottiers*, com.
AMBIGU-COMIQUE. — *La Gamelle; le Commissionnaire de Saint-Lazare; l'Héroïne américaine*.
VAUDEVILLE. — *Le Divorce; les Marchandes de la Halle; Arlequin Halla*.
CITÉ-VARIÉTÉS. — *Le Mari coupable*, com.; *le Danger des liaisons*, com.; *la Caverne*, pantomime.

CVII

21 BRUMAIRE AN III (11 NOVEMBRE 1794).

RAPPORT DU 22 BRUMAIRE.

Malgré les agitations des groupes, le peuple est tranquille. Les rapports des inspecteurs sur la situation des 48 sections sont des plus satisfaisants. La plupart des ateliers, notamment faubourg Antoine, étaient fermés à cause de la ci-devant fête Martin ; tandis que beaucoup de monde s'agitait autour de la Convention, l'ouvrier travaillait ou se livrait à une joie tranquille.

Plusieurs particuliers ont été arrêtés au Jardin national et ont été conduits au Comité des inspecteurs de la salle; ces différentes arrestations se sont faites sans le moindre coup.

L'arrestation de Carrier a causé la plus vive sensation; le public a suivi ce représentant aux cris de *Vive la Convention! à bas les noyades et les fusillades! respectons les lois! retirons-nous!*

On a remarqué que, dans les attroupements qui se sont formés hier aux Jacobins, il y avait beaucoup de jeunes gens de quatorze à quinze ans, et derrière eux des particuliers de tous costumes et des femmes publiques.

Des représentants, entourés de cavaliers, se sont présentés devant ces particuliers ameutés et les ont ramenés à l'ordre et à la paix ; ils se sont retirés ; mais ces particuliers sont revenus ensuite; on fut forcé de faire cesser la séance pour ramener le calme.

Une rixe s'éleva au spectacle de l'Ambigu-Comique ; on discutait dans les coulisses sur les Jacobins, le pour et le contre ; cette discussion était tellement agitée que, sans les officiers publics, la rixe serait devenue sérieuse.....

LE ROUX, BOCQUET-DESTOURNELLES.

(Arch. nat., F⁷ * III, Seine, 14.)

JOURNAUX.

Gazette historique et politique de la France et de l'Europe du 24 brumaire :

Le 21 brumaire, à huit heures et demie du soir, Carrier a été conduit chez lui par les quatre gendarmes chargés de le surveiller au milieu des bravos, des cris : *Vive la Convention!* des huées et des exécrations publiques que lui ont méritées ses longues et atroces barbaries.

Courrier républicain du 22 brumaire :

Du 21 brumaire. — Les Jacobins, malgré l'effroyable tapage qui a eu lieu nonidi, ont continué leur séance environ jusqu'à onze heures.

Les représentants du peuple ne sont point entrés chez eux, comme on aurait pu le croire ; ils se sont bornés à parcourir les groupes, où, comme nous l'avons déjà dit, ils n'ont recueilli que des marques de respect.

Quelques Jacobins voulaient qu'on appelât le commissaire de police, pour dresser procès-verbal du dégât qui venait d'être commis. Prieur (de la Marne) les a détournés de ce projet.

Ceux qui, pendant le cours de la Révolution, n'ont perdu de vue ni les hommes, ni les événements, n'ont pas été peu surpris de voir ce représentant, membre de la Société des Feuillants sous la Constituante, figurer aujourd'hui dans la Société des Jacobins.

En publiant ce fait, nous sommes loin de vouloir soulever l'opinion contre le représentant Prieur, que nous croyons un parfait honnête homme. Notre dessein est seulement de faire voir que la manière de penser en France est aussi mobile que le flot qui agit et réagit sans cesse pendant les tourmentes de l'équinoxe. Cette mutation politique dans les conceptions du citoyen Prieur est encore moins extraordinaire que celle qui s'est opérée dans la tête législative de l'abbé Massieu. On l'a vu, lorsqu'il était curé de Cergy, soutenir dans les assemblées bailliagères de Senlis, pour la convocation des États généraux, qu'au roi seul pouvait appartenir le droit de faire des lois, et qu'il ne pouvait comprendre un autre système de législation. Sans doute, dans ce temps où si peu de personnes encore étaient instruites des droits politiques des hommes en société, il était permis de professer de bonne foi une aussi absurde hérésie ; mais qu'avec ce petit péché politique sur la conscience, on vienne se déclarer l'apôtre d'une démagogie non moins désastreuse et non moins absurde, c'est un peu fort.

Le gouvernement a pris beaucoup de précautions pour maintenir la tranquillité publique, et nous devons espérer qu'elle ne sera pas troublée. On a commandé dans diverses sections armées six hommes destinés à faire des patrouilles et à se porter partout où la sûreté publique pourra le commander.

Hier il y a eu quelques groupes assez nombreux, surtout aux Tuileries. L'objet des conversations, qui n'étaient pas aussi animées qu'on aurait pu le craindre, était la scène qui venait d'avoir lieu aux Jacobins; les uns en riaient, les autres l'improuvaient ; mais en général on était indigné de voir les destinées de la France influencées par une multitude de femmes dont l'ignorance crasse est le moindre ridicule, pour ne rien dire de plus.

Nouvelles politiques nationales et étrangères du 21 brumaire :

De Paris, le 21 brumaire. — Le rapport de la Commission des 21, sur l'affaire de Carrier, a été ajourné à aujourd'hui primedi. L'impatience populaire s'accommode mal de ce délai ; il a donné lieu à des discussions assez vives dans des groupes qui ont paru se multiplier depuis deux ou trois jours dans les endroits publics.

Courrier républicain du 23 brumaire :

Du 22 brumaire. — Hier soir, à huit heures et demie environ, Carrier a été conduit chez lui par quatre gendarmes, au milieu des bravos, des cris de *Vive la Convention !* des huées et des exécrations publiques qu'ont méritées ses longues et atroces barbaries.

La hyène du Gévaudan, enchaînée et promenée dans les rues de Paris, a excité moins d'horreur.

Le peuple immense, qui a conduit Carrier jusqu'à son domicile, s'est porté ensuite vers la salle fameuse, où ses défenseurs, les Jacobins, avaient encore l'inconcevable audace de se rassembler, mais en armes, quoique plusieurs d'entre eux, dont un individu nommé Caraffe, eussent été arrêtés dans les groupes, où ils cherchaient d'apitoyer le peuple sur le pauvre frère et ami Carrier.

Les rassemblements des citoyens indignés étaient encore beaucoup plus nombreux que nonidi. Au surplus, c'est à peu près la même scène. Les dévotes de Robespierre fouettées, les Jacobins hués, bernés ; les représentants du peuple, même ceux qui sont Jacobins, traités avec les égards les plus respectueux. Duhem persiste (*sic*) avec la plus grande politesse au Palais-Égalité. Tel est le tableau de cette soirée, qui s'est terminée par la fermeture de la salle, dont les représentants ont emporté la clef.

La section de la Montagne, ou plutôt quelques individus qui s'étaient rassemblés dans le lieu de ses séances, avaient arrêté une pétition à la Convention nationale, dans laquelle ils demandaient protection pour les Jacobins. Un des commissaires chargés de la porter à la section des Gardes-Françaises, s'est permis de dire dans son discours que crier *Vive la Convention!* c'était comme qui crierait *Vive Capet!* La section indignée a fait arrêter cet impudent missionnaire et ses complices, qui ont été conduits au Comité de sûreté générale.

Nouvelles politiques, nationales et étrangères du 24 brumaire :

De Paris, le 23 brumaire. — Tandis que le raport de la Commission des 21, sur l'affaire Carrier, avait appelé à la séance du 21 une foule immense de spectateurs, les groupes des endroits publics étaient échauffés par les vociférations de ses partisans; mais le cri général étouffait bientôt ces vociférations atroces, et ceux qui se les permettaient étaient exposés sur le champ à des désagréments extrêmes.

Journal de Perlet du 23 brumaire :

Le décret d'arrestation prononcé hier[1] contre Carrier a excité dans Paris la joie la plus vive. Les applaudissements qui avaient longtemps retenti au sein de la Convention se sont prolongés au dehors parmi la foule immense, accourue pour connaître le résultat d'une délibération qui, depuis plusieurs jours, tenait les esprits en suspens.

L'allégresse a pris la place de l'inquiétude et de l'incertitude publique. Le mystère dont la Commission des Vingt-Un avait enveloppé ses travaux avait fait répandre qu'elle voulait absoudre Carrier. Le peuple s'indignait des raisons prétendues politiques à l'aide des-

1. Ou plutôt avant-hier 21 brumaire.

quelles quelques hommes prétendaient empêcher la justice de porter un regard terrible sur la conduite d'un grand coupable.

La Commission a répondu à ses calomniateurs par le décret qu'elle a proposé; et la Convention, en faisant arrêter Carrier, a prouvé au peuple que jamais le crime, de quelque nom qu'il cherchât à se couvrir, ne trouvait en elle de protection. Elle a montré au peuple que si, après la nouvelle discussion qui aura lieu dans trois jours, aux termes des derniers décrets, Carrier restait à ses yeux chargé des crimes dont il est si justement prévenu, nulle considération timide ne pourrait le soustraire au glaive de la vengeance.

Lorsqu'il est sorti de la Convention, entouré de la force armée, personne n'a cherché à se porter sur lui. Mais il a été reconduit par la foule, dans sa maison, au milieu des marques de l'exécration la plus prononcée.

Après la séance de la Convention, levée vers les neuf heures du soir, une foule de citoyens s'est de nouveau portée autour de la salle des Jacobins; ils y ont fait entendre, comme la veille, les cris de *Vive la Convention! A bas les Jacobins!* Le reste des vitres de la Société a été cassé, l'orage a été à peu près le même que la veille. Toutes les voix demandaient la clôture des Jacobins.

On assure que les membres de la Société ont été obligés de quitter la salle, et que les citoyens qui l'entouraient en ont fermé ensuite les portes. Nous n'avons rien de précis sur ces détails, dont nous n'avons pas été témoins. Avant onze heures du soir tout le monde s'était retiré paisiblement à la voix des représentants qui étaient venus au nom des Comités pour maintenir l'ordre. De nombreuses patrouilles parcouraient les environs de la salle des Jacobins. Tout est aujourd'hui dans le calme le plus parfait.

SPECTACLES DU 21 BRUMAIRE.

THÉATRE DES ARTS. — Relâche.
OPÉRA-COMIQUE. — *L'Écolier en vacance; Paul et Virginie.*
FEYDEAU. — *Apothéose du jeune Bara; Paul et Virginie.*
THÉATRE DE LA RÉPUBLIQUE. — *Timoléon; l'Avocat Patelin.*
THÉATRE DE L'ÉGALITÉ. — *Le Père de famille*, drame; *Rose et Colas*, opéra.
LYRIQUE. — *Laure et Zulmé; le Mannequin.*
AMBIGU-COMIQUE. — *Le Maréchal des logis; le Menuisier de Vierzon; les Français en Espagne.*
GAITÉ. — *L'Hôtellerie républicaine; Il était temps; le Triomphe de l'amour conjugal.*

Vaudeville. — *La Nourrice républicaine*; *Christophe Dubois*; *les Vieux élégants*.

Cité-Variétés. — *L'Orphelin*, com.; *les Royalistes de la Vendée*.

CVIII

22 BRUMAIRE AN III (12 NOVEMBRE 1794).

Rapport du 23 brumaire.

La majorité des citoyens applaudit aux mesures de la Convention relatives à Carrier et à la suspension des séances des Jacobins; il résulte de cet état de choses qu'il suffit d'avoir l'air Jacobin pour être apostrophé, insulté et même battu. Les bons citoyens sont tranquilles; ils ne se prévalent pas des événements; mais il en est beaucoup qui paraissent s'en autoriser pour agiter les esprits. Les applaudissements donnés aux mesures de la Convention ont été spontanément suivis de plaintes contre les accapareurs, les marchands de toute espèce, qui vont devenir, à ce qu'il paraît, l'objet de la haine, comme le prouve le fait suivant. Sur la grande terrasse des Feuillants, un particulier a été arrêté et conduit au Comité de sûreté générale pour avoir dit qu'il fallait en guillotiner un million; sommé publiquement de dire qui, il a répondu : *des marchands*. Cette diversité d'opinions devient le sujet de la conversation de tous les groupes; du reste, les succès de nos armées ont porté à son plus haut degré la joie publique.

Vers les sept heures du soir, dans le Jardin national, des citoyens criaient : *Vive la Convention !* Un citoyen dit qu'il fallait crier : *Vive le peuple !* Un autre lui a demandé qui il était; il a répondu : « Je suis représentant, et, en criant *Vive le peuple !* vous comprenez les représentants. » Cette démarche a été improuvée par plusieurs, qui ont dit qu'un représentant, en se faisant connaître dans un groupe, en imposait et gênait l'opinion.

Au théâtre des Arts, où l'on jouait la pièce intitulée *la Réunion du 10*, l'acteur qui représentait le président de la Convention [dit] : *Peuple, encore un effort!* Ces quatre mots ont été applaudis à plusieurs reprises; on les a fait répéter : ils ont été applaudis de nouveau. A la fin de cette tirade, interrompue dix fois, lorsque l'acteur a dit : *Tyrans, encore un jour, et vous n'existez plus*, tous les spectateurs levèrent simultanément leurs chapeaux et crièrent : *Vive la République!*.....

Un particulier, étant à boire chez un marchand de vin, disait qu'il fallait se lever en masse pour tomber sur les marchands; des inspecteurs présents s'en sont saisi et l'on conduit chez le commissaire de police de la section de Chalier.

Aux ports au charbon de la Tournelle et de la vieille place aux Veaux, la force armée et les inspecteurs de police ont eu beaucoup de peine à maintenir l'ordre ; cependant tout s'y est bien passé et on y a distribué dans la journée beaucoup de charbon.

GOSSET, BOCQUET-DESTOURNELLES.

(Arch. nat., F 4 * III, Seine, 13.)

JOURNAUX.

Courrier républicain du 23 brumaire :

Du 22 brumaire. — On sait qu'une des ruses des filous, lorsqu'ils sont pris sur le fait, est de se joindre à ceux qui les poursuivent, de faire chorus avec le peuple et de crier avec lui : *Au voleur, au voleur!* Eh bien! les Jacobins, qui sont passablement voleurs aussi, faisaient exactement le même manège. Leur principal cri de guerre était : *Haro sur les nobles! Haro sur les prêtres!* Pourquoi? pour que le peuple, toujours confiant, toujours habitué à s'en rapporter à celui qui crie avec plus de force et d'impudence, ne pût s'apercevoir que leurs meneurs étaient un ramas de prêtres apostats, de ci-devant nobles perdus de débauche et de dettes, d'huissiers, de procureurs, de leurs clercs, de robins de toutes les couleurs, d'hommes enfin formés dès leur jeune âge à vivre du produit de l'imposture, de la jonglerie, des plus viles intrigues, de la misère publique et particulière. Ceci n'est point une de ces assertions vagues et mensongères, jetées dans le public pour rendre encore plus odieux messieurs les Jacobins; c'est l'exacte vérité, qu'on peut démontrer d'une manière incontestable.

Monsieur Châles, jacobin, fut prêtre et vicaire de l'évêque de Tours, faisant, pour ses menus plaisirs, baiser les reliques de la très honorée sainte Marie, mère de Jésus. Monsieur Bassal, jacobin, fut d'abord moine lazariste, puis curé de l'église de Versailles. Monsieur Massieu, jacobin, fut prêtre-curé de Cergy, défendant dans les assemblées bailliagères de Senlis que le roi était le législateur né de son royaume; monsieur l'abbé fut ensuite évêque de Beauvais. Monsieur Laplanche, jacobin, fut prêtre, vicaire d'une église de Nevers. Monsieur Du Roy, jacobin, fut moine, puis militaire, puis législateur.

Monsieur Le Bon, jacobin, égorgeur de son métier, fut prêtre, vicaire d'une petite paroisse; monsieur Monestier, jacobin, fut prêtre, curé et chanoine de l'église collégiale de Clermont-Ferrand, département du Puy-de-Dôme. Monsieur Robespierre, roi des Jacobins, fut avocat bavard au bailliage d'Arras. Monsieur Couthon, jacobin, fut clerc à Riom, puis mauvais avocat à Clermont, département du Puy-de-Dôme. Monsieur Saint-Just fut le chevalier de..... Monsieur Carrier, le grand Carrier, jacobin, jacobin pur, fut procureur au siège présidial d'Aurillac sous les rois et noyeur à Nantes sous le régime républicain.

M. Barère fut écuyer sieur de Vieuzac, et qui pis est, conseiller du Roi en tous ses conseils au siège présidial de Tarbes.

M. Collot d'Herbois, jacobin, fut comédien sifflé sur tous les théâtres, travaillant théâtralement pour le compte de Philippe d'Orléans, le bourgeonné.

M. Billaud-Varenne, jacobin, fut père fouetteur à l'Oratoire, puis clerc de procureur, balayant les salles du Parlement de Paris.

M. Lejeune, jacobin, suivit la même carrière.

M. Fayau, jacobin, acheta à l'Université de Bourges le privilège de ruiner la veuve et l'orphelin.

M. Maribon-Montaut, jacobin, fut marquis, haut et puissant seigneur dans son village; il a deux frères émigrés.

M. de Châteauneuf-Randon, jacobin, fut marquis dans une petite ville de la ci-devant Bretagne [1].

Voilà les hommes qui faisaient crier et qui criaient si haut eux-mêmes: *A bas les nobles! à bas les prêtres!*

Nous pourrons peut-être donner un supplément à cette nomenclature, qui ne sera ni moins curieux, ni moins authentique, et le peuple saura enfin quels étaient les hommes dont il fut si longtemps et si bonnement la dupe.

Le peuple a dansé hier et avant-hier la carmagnole, en réjouissance de la destruction de la tyrannie jacobite : jamais on ne vit de petite fête plus gaie. Celle-ci n'était commandée ni influencée par aucune autorité; le peuple, si longtemps entraîné dans des mesures de barbarie et de férocité, paraissait rendu à son caractère d'hilarité, d'humanité et de bienfaisance. Il se croyait assez vengé en se jouant de ses bourreaux, en les livrant au ridicule et aux remords de leurs innombrables forfaits, s'il est possible que de pareilles consciences puissent jamais y être accessibles.

1. Nous ne nous attarderons pas à rectifier les inexactitudes qu'il y a dans ces détails biographiques sur divers conventionnels.

Lorsqu'on chantait la sépulture jacobite, on publiait que les Jacobins, mais surtout leurs principaux meneurs, se réunissaient au Club électoral, qui, quoique les scellés soient sur ses papiers, se rassemblent (sic) encore.

Là, on prétend qu'ils déclaraient que, si on les poursuivait dans ce nouveau refuge, ils iraient délibérer au Champ de Mars, sur l'autel de la patrie, où, sans doute, leurs ennemis n'oseraient pas les poursuivre.

Il faut que la maladie de délibérer soit aussi incurable dans la tête des Jacobins, que la maladie de juger dans la cervelle de Perrin-Dandin.

Journal de Perlet du 24 brumaire :

Le calme le plus parfait règne dans Paris. La clôture des Jacobins n'a pas excité la moindre agitation. Les scellés y ont été mis avant-hier dans l'après-midi. On n'entend plus de toutes parts que le cri de *Vive la République! Vive la Convention!*

SPECTACLES DU 22 BRUMAIRE.

THÉÂTRE DES ARTS. — *La Réunion du 10 août ou l'Inauguration de la République française*, sans-culottide en cinq actes.

OPÉRA-COMIQUE. — *Le Convalescent de qualité*, com.; *Bathilde et Éloi ou Créqui.*

FEYDEAU. — Relâche.

THÉÂTRE DE LA RÉPUBLIQUE. — *Le Menteur; la Perruque blonde.*

THÉÂTRE DE L'ÉGALITÉ. — *Félix ou l'Enfant trouvé ; le Lendemain de la bataille de Fleurus.*

LYRIQUE. — *Michel Cervantès; la Ruse villageoise.*

GAITÉ. — *Le Nouveau calendrier; Contentement passe richesse; Colombine ; le Sabotier*, divert.

AMBIGU-COMIQUE. — *Le Patriote à l'Épreuve; le Commissionnaire de Saint-Lazare; le Gâteau des tyrans.*

VAUDEVILLE. — *La Bonne aubaine; Arlequin Hulla; les Marchandes de la Halle.*

CITÉ-VARIÉTÉS. — *Le Cousin de tout le monde*, com.; *Arlequin imprimeur*, opéra; *la Caverne*, pant.

CIX

23 BRUMAIRE AN III (13 NOVEMBRE 1794).

Rapport du 24 brumaire.

Suivant les rapports, les groupes sont moins nombreux, moins fournis et plus paisibles. On parle généralement avec plus de tranquillité et de Carrier et de la suppression des Jacobins. Le mot de ralliement de la masse des citoyens est : *Vive la Convention!* Legrand, inspecteur, rapporte qu'il a entendu, au café de ci-devant Chartres, un particulier dire que les Jacobins s'étaient joints au Club électoral, qu'il pensait que demain (qui est aujourd'hui) il y aurait une séance, qu'on s'y porterait avec le projet de les poursuivre partout où ils iront, qu'on leur donnerait la correction patriotique (c'est l'expression de ce particulier).

Destruches, autre inspecteur, rapporte qu'à dix heures du soir, au Jardin Égalité, on a dansé une ronde anti-jacobite sur l'air de la *Carmagnole;* l'affluence du monde était si considérable qu'il a été impossible de l'empêcher ; elle a commencé comme par un mouvement subit et au moment qu'on ne s'y attendait pas.

Le peuple [porte] ses plaintes sur les marchands de toutes classes, et notamment sur les épiciers, qui altèrent leurs marchandises.

Les citoyens du faubourg Antoine se plaignent de ce qu'ils n'ont plus leurs marchés, ni beurre, ni œufs, ni fromage....

L'attroupement du port au charbon, vieille place aux Veaux, a été si considérable que plusieurs personnes s'y sont trouvées mal; le gendarme, qui était en faction depuis midi à deux heures, a été vivement menacé par des femmes ; enfin le désordre était si grand que le port a été fermé à quatre heures.

Barbarin, Alletz.

(Arch. nat., F¹ c III, Seine, 14.)

Spectacles du 23 brumaire.

Théâtre des Arts. — Relâche.
Opéra-Comique. — *Blaise et Babet; Raoul Barbe-Bleue ou le Tyran puni.*
Feydeau. — *Roméo et Juliette; les Vrais Sans-Culottes.*

Théâtre de la République. — *Le Sourd ou l'Auberge pleine* ; *Charles et Caroline*.

Théâtre de l'Égalité. — Relâche.

Lyrique. — Même spectacle que la veille.

Gaité. — *Brutus* ; *les Amours de Thérèse et de Pierrot* ; *Arlequin nécromancien*.

Ambigu-Comique. — *Les Débuts* ; *le 12 Thermidor* ; *Dorothée*.

Vaudeville. — *Arlequin afficheur* ; *les Plaisirs de l'Hospitalité* ; *Nice*.

Cité-Variétés. — *Cange*, com. ; *le Plan d'Opéra*, op. ; *les Petits montagnards*, ballet.

CX

24 BRUMAIRE AN III (14 NOVEMBRE 1794).

Rapport du 25 brumaire.

La situation politique n'offre rien d'inquiétant ; les groupes sont moins nombreux et moins fournis ; on s'y occupe toujours, mais avec tranquillité, de Carrier et des Jacobins. Les esprits sont plus calmes ; on applaudit beaucoup au projet de décret concernant les Sociétés populaires [1] et aux mesures sages de la Convention. La cherté et la disette factice des denrées de première nécessité font un grand sujet d'entretien ; chacun s'en plaint et témoigne à ce sujet sa crainte à l'approche de l'hiver.

Tous les rapports des inspecteurs s'accordent à dire que la plus grande tranquillité règne dans les sections.

Dans les groupes du boulevard du Temple on faisait courir le bruit que les Jacobins voulaient se rassembler ou au Muséum ou aux Petits-Pères ; d'autres disaient, au contraire, qu'ils devaient aller aux environs du Champ de Mars.

Gautier, officier de paix, rapporte que, voyant beaucoup de monde assemblé à l'île Louviers, entendant des citoyens se plaindre de ne pas avoir de charbon, tandis qu'il y en avait deux bateaux sur le milieu de la rivière, il s'est approché du commis distributeur pour lui demander pourquoi on ne faisait pas venir à bord ces deux bateaux. Le commis lui a répondu qu'il y en avait huit semblables, mais qu'on ne pouvait pas y toucher, d'après les ordres de la Commission des subsistances.

Le nommé Hirscheman, détenu à la maison d'arrêt des Madelon-

1. Voir la *Société des Jacobins*, t. VI, p. 677 et suiv.

nettes, s'est ouvert deux veines du bras, et une du pied. Le chirurgien a été requis à temps et lui a porté les secours nécessaires; c'est pour la seconde fois qu'il cherche à se défaire (sic).

Au petit port de la Tournelle, il y a eu beaucoup de trouble; la garde a été forcée, mais on est parvenu à rétablir le bon ordre...

Même trouble au port au charbon de la vieille place aux Veaux, qui a pareillement été apaisé.

Les Halles sont toujours bien approvisionnées...

La viande y est très abondante, mais toujours très chère.

ALLETZ, L.-J. BABILLE.

(Arch. nat., F 1 c III, Seine, 14.)

JOURNAUX.

Gazette historique et politique de la France et de l'Europe du 25 brumaire :

Le peuple de Paris a dansé la carmagnole, en réjouissance de la triste aventure des Jacobins, et tous les bons citoyens, en s'abordant avec un visage épanoui, se disent : « Le voilà donc claquemuré, ce repère de tigres! Ils ne lécheront plus, sous nos yeux, le sang des victimes qu'ils auront déchirées; ils ne noieront plus, ils ne mitrailleront plus, ils ne canonneront plus le peuple français pour le rendre meilleur. »

On entend crier dans les rues de Paris et on vend chez Maret, libraire, Palais-Égalité, cour des Fontaines, *les Dialogues des morts de la Révolution*, par l'auteur du *Club infernal* [1].

Cette brochure est des plus piquantes; on est cependant étonné d'y voir l'auteur combattre indirectement quelques opinions reçues avec une hardiesse que la liberté de la presse peut seule concevoir.

Ce petit écrit, qui doit être distingué de la foule des pamphlets qui inondent la capitale, est fort recherché; on reconnaît la plume qui a tracé avec tant d'adresse et de finesse la séance et la catastrophe du *Club infernal*.

On criait aussi hier dans les rues : *La grande colère du médecin Duhem, de voir qu'il ne peut sauver son ami Carrier et que l'avant-garde des égorgeurs va défiler sans trompette sur la place de la Révolution* [2].

1. *Dialogue des morts de la Révolution : entre Loustallot et l'abbé Royou, sur la liberté des opinions; entre Marat et Vergniaud, sur le fédéralisme*, par l'auteur du *Club infernal*. Paris, s. d., in-8°, Bibl. nat., Lb 41 1761.
2. Par Barrère, Imp. de la Vérité, s. d., in-8°, Bibl. nat., Lb 41 1424.

Gazette française du 25 brumaire an III :

Paris, ce 24 brumaire. — Pendant ces deux jours, le peuple parisien s'est abandonné à sa naïve gaîté ; il a folâtré, ri, dansé sur la tombe politique des Jacobins, et s'est contenté de chansonner ces bienveillants patriotes qui l'affamaient, qui l'égorgeaient, pour le rendre meilleur. Des rasades, des farandoles, des carmagnoles, au milieu d'une multitude immense, répétant pour refrain : *Vive la Convention nationale! A bas les noyeurs, les égorgeurs, les voleurs!* Tel est le tableau que présente maintenant tous les soirs le Palais-Égalité.

Malgré les forces de l'opinion publique, qui jamais peut-être ne s'est prononcée d'une manière aussi décisive, l'on assure que les Jacobins, chez qui la maladie de délibérer est aussi incurable que celle de juger dans la tête de Perrin Dandin [1], tentent de renouer la partie ; c'est au Club électoral, qu'ils accusaient de vouloir détruire le gouvernement révolutionnaire, que plusieurs d'entre eux se sont déjà réunis ; mais, comme ils craignent qu'il ne leur arrive encore là quelques tristes aventures, ils ont déclaré que, si leurs ennemis venaient encore les souffleter et fouetter les femmes dans leur nouveau refuge, ils iraient délibérer sur l'autel de la patrie, où peut-être l'on n'aurait pas l'audace de les poursuivre. Les Jacobins ne savent peut-être pas que Néoptolème ne ménagea pas le père du perfide Pâris, qui se croyait en sûreté dans un semblable asile.

Messager du soir du 26 brumaire :

Paris, le 25 brumaire. — On assure que les Jacobins ne se donnent pas encore pour battus : ils veulent renouer la partie au Club électoral. Les honnêtes citoyens sont priés de les surveiller, et, s'il faut encore quelques coups de bâton, on les appliquera d'une manière à ce qu'ils s'en souviennent.

Depuis que la salle des Jacobins est fermée, des patrouilles se promènent dans les environs pour empêcher que quelques agitateurs ne soient tentés de creuser les portes et de causer du dégât dans l'intérieur. Cette mesure assurément a été prise à l'occasion d'une certaine affluence qui se portait dans la cour pour examiner à loisir les cadenas placés aux portes d'un repaire qui a vomi toutes les calamités qui ont affligé la France. C'est un volcan dont le cratère est éteint, et qui attire l'attention du voyageur.

1. Cf. plus haut, p. 241, l'article du *Courrier républicain* du 25 brumaire.

Spectacles du 24 brumaire.

Théâtre des Arts. — *Denis le tyran*; *Renaud*, opéra.
Opéra-Comique. — *Arasbelle et Vascos*, drame; *l'Enfance de J.-J. Rousseau* (Les *Petites Affiches* indiquent, au lieu de cette dernière pièce, la *Soirée orageuse*).
Feydeau. — *Rose et Aurèle*, op.; les *Visitandines*, op. en trois actes.
Théâtre de la République. — *L'Intrigue épistolaire*, com. en cinq actes; *la Perruque blonde*, com.
Théâtre de l'Égalité. — Pas d'annonce.
Lyrique. — *Geneviève*, op. en trois actes; *le Bon père*, opéra.
Gaîté. — *L'École de la Bienfaisance*; *la Prise de Toulon*; *les Deux bottiers*; *Arlequin au tombeau*.
Ambigu-Comique. — *L'Étape*; *le Commissionnaire de Saint-Lazare*; *le Masque de fer*.
Vaudeville. — *Arlequin tailleur*; *Christophe Dubois*; *l'Auberge isolée*.
Cité-Variétés. — *Les Deux fermiers*, com.; *les Deux grenadiers*, com.; *les Pirates*, pant.

CXI

25 BRUMAIRE AN III (15 NOVEMBRE 1794).

Rapport du 26 brumaire.

L'esprit public n'a pas varié. La démarche de quelques Jacobins au faubourg Antoine a été le sujet de toutes les conversations; toutes les mesures de la Convention à leur égard sont généralement applaudies. Dans la grande salle du Palais de Justice, un apologiste de Carrier a voulu parler sur ce représentant, mais il n'a pas été bien vu du peuple. Niquille, officier de paix, rapporte avoir entendu dire qu'un bruit sourd court qu'il existe un projet de faire sauter le Tribunal révolutionnaire.

Simon rapporte que des circulaires ont été envoyées à différents citoyens, portant invitation de se rendre le 25 au Club du Museum, où il y a eu effectivement beaucoup de monde.

Plusieurs quidams s'amusaient hier soir à arracher toutes les affiches indistinctement qui pouvaient exister à la Maison-Égalité. On a couru après eux, et on n'a pu en atteindre qu'un, qui a été conduit par devant le commissaire, qui l'a fait détenir au violon, où il est encore.

La plus grande tranquillité paraît régner faubourg Antoine.....

Au port de la Tournelle, le public a forcé la garde; le rassemblement y était si grand, que l'on a retiré de la foule plusieurs femmes qui se sont trouvées mal. Malgré ce désordre, la distribution n'a pas été interrompue; il s'y est délivré 840 voies de charbon. Même trouble à celui de la vieille place aux Veaux.....

Au chantier de l'Arsenal, on a été obligé d'arrêter la vente du bois; la garde y a été forcée, et le commissaire de police menacé d'être jeté à l'eau.....

GOSSET, BEURLIER.

(Arch. nat., F⁴ⁿ III, Seine, 14.)

JOURNAUX.

Annales politiques et littéraires du 29 brumaire :

Extrait d'une lettre de la maison d'arrêt du Plessis, le 23 brumaire :
« Depuis les conspirations qui ont été inventées avant le 10 thermidor, la grande majorité des détenus est composée d'hommes méfiants, qui ont peur de leur ombre. Nous bénissons la Convention ; mais la terreur est encore ici à l'ordre du jour. Les formes sont bien moins acerbes, mais nous avons encore ici des émissaires de l'ancien Tribunal révolutionnaire, et des hommes dont la tête est chaude ; ces hommes font avec nous un contraste frappant ; ils sont doux et patelins, et, si on veut les en croire, ils n'ont jamais eu aucune part aux boucheries de l'ancien tribunal. Ces individus sont les seuls qui approchent Fouquier-Tinville.

« Fouquier est avare et borné dans ses dépenses; mais ses bons amis s'efforcent de nous le peindre comme un homme généreux, humain et compatissant. Nous ne faisons plus aucune attention à lui et, comme il s'est trouvé incommodé, pour le soustraire à tous les yeux, on le fait sortir le soir dans la cour, quand les autres prisonniers sont rentrés. Ses compagnons le fuient, et nous les évitons à notre tour; car ces caméléons seraient capables de nous dénoncer comme des moutons de Robespierre. »

Ces jours derniers on a pris, chez la citoyenne Morlay, rue des Cinq-Diamants, n° 23, un émissaire ou mouton de Robespierre, qui s'était sauvé du Luxembourg quelques jours avant le 10 thermidor. Ce mouchard se nomme Hirscheman, aide-de-camp autrichien ; comme il était affilié aux autres agents, il était au-dessus de la loi qui condamne à mort les détenus qui se sauvent des maisons d'arrêt. On a fait quelques recherches pour la forme depuis le 10 thermidor ;

mais, comme cet individu n'avait plus de paie, il avait escroqué chez un orfèvre une boite à diamants. Quand il s'est vu pris, il s'est ouvert les veines avec des morceaux de verre, qu'il a de suite broyés et avalés. On est parvenu à étancher le sang et à lui donner du contre-poison.

Autrefois on persécutait tous les muscadins à redingote carrée, à souliers luisants, à bas de soie chinés ; aujourd'hui ces muscadins ont leur tour. Ils traitent de Jacobins tous ceux qui n'ont pas les cheveux poudrés. Ces jours-ci, on a insulté, aux théâtres du Vaudeville et de la Cité, plusieurs citoyens parce qu'ils avaient les cheveux en rond ; on a même voulu fouetter, comme Jacobines, les citoyennes qui leur donnaient le bras. Les mêmes hommes qui *jacobinisent* ainsi tout le monde pour les insulter et les dévaliser sont ceux qui dévalisaient jadis les muscadins et les muscadines.

Vedette ou Gazette du jour du 25 brumaire :

Paris, le 25. — La chute des Jacobins est un de ces événements dont on ne s'occupe plus, lorsqu'il est terminé. Ils se sont défendus jusqu'à leur trépas ; ils s'excitaient les uns et les autres à périr plutôt que de se rendre. Déjà ils avaient fait des préparatifs pour soutenir un siège. Ils s'étaient réunis, armés de pistolets, de poignards, de bâtons ferrés ; il ne s'agissait rien moins que d'exterminer tous ceux qui oseraient les insulter ; mais aussi on ne parlait pas moins que de les brûler vifs dans leur retraite. Les représentants du peuple ont eu toutes les peines du monde à empêcher le peuple de se porter à quelques extrémités ; ils ne se sont retirés qu'à trois heures du matin, et les Jacobins en ont été quittes pour quelques soufflets, coups de bâton, coups de pied au cul, et les habituées des tribunes pour quelques claques sur les fesses. Il était à craindre que leurs adhérents dans les 48 sections de Paris, et parmi ceux-là sont les anciens membres des Comités révolutionnaires, ne fissent diversion chacun dans leur arrondissement, ce qui aurait pu porter le feu de la guerre civile dans quarante-huit points différents de la capitale ; mais, le foyer étant étouffé, on ne craint plus qu'il se propage ; cependant on murmure que ces Sociétés populaires veulent encore se réunir ; elles prétendent en avoir le droit, en vertu de la Constitution, et cherchent un nouveau local, ce qui pourrait bien leur attirer des disgrâces un peu plus sérieuses. En attendant leur résurrection, le peuple se rend chaque jour sur la tombe de la défunte mère la Société, y danse la carmagnole, chante des couplets ; ce qui est un peu plus gai qu'une guerre civile.

SPECTACLES DU 25 BRUMAIRE.

THÉÂTRE DES ARTS. — Relâche.
OPÉRA-COMIQUE. — *Andras et Almana ou le Philosophe français à Bassora*, com. en trois actes; *Guillaume Tell*, drame lyrique.
FEYDEAU. — *Les Deux ermites; l'Amour filial ou la Jambe de bois; Viala*.
THÉÂTRE DE LA RÉPUBLIQUE. — *Timoléon*, trag.; *le Legs*, com.
THÉÂTRE DE L'ÉGALITÉ. — *Phèdre et Hippolyte*, trag.; *les Épreuves*, com.
LYRIQUE. — *Laure et Zulmé; le Mannequin*.
GAITÉ. — *Le Cocher supposé; Colombine invisible; les Sauteurs; Il était temps; le Voltigeur; le Prétendu; le Sabotier* (Les Petites Affiches indiquent le même spectacle que la veille).
AMBIGU-COMIQUE. — *Le Sorcier; le Menuisier de Vierzon; les Prisonniers patriotes*.
VAUDEVILLE. — *Le Savetier et le Financier; les Plaisirs de l'Hospitalité; les Vieux élégants*.
CITÉ-VARIÉTÉS. — Relâche.

CXII

26 BRUMAIRE AN II (16 NOVEMBRE 1794).

JOURNAUX.

Courrier républicain du 27 brumaire :

Du 26 brumaire. — On annonce qu'effectivement les Jacobins, qui s'étaient réunis à la Société des Quinze-Vingts, ont fait afficher les résultats de leur séditieuse séance; cependant, comme nous n'avons vu aucune de ces affiches, nous ne pouvons donner ce fait que comme un bruit public.

La Société des Jacobins, qui était un foyer de discorde pour les membres de la Convention, aurait dû ensevelir avec elle, dans son tombeau, toutes leurs haines, toutes leurs divisions. Les voies de fait qui viennent d'avoir lieu entre deux représentants prouvent malheureusement le contraire.

Les députés Guffroy et Duquesnoy, se trouvant dans une des salles du Comité de salut public, ce dernier, qui était, dit-on, pris de vin, a commencé par adresser les plus grossières injures à son collègue, et lui a porté ensuite plusieurs coups de bâton sur la tête. Des membres du Comité de salut public sont accourus et ont heureusement secouru Guffroy, dont la vie pouvait être compromise.

Les projets des Jacobins, qui nous paraissent de ridicules chimères, ont cependant éveillé toute l'attention des Comités de gouvernement, et on ne peut que leur savoir gré de leur sollicitude.

Des patrouilles nombreuses, composées de citoyens, dans le nombre desquelles les *frères et amis* trouveraient peu de leurs amis, circulent dans toutes les rues et paraissent bien disposées à les comprimer, s'ils osent lever la tête.

Nous avons abandonné à la discussion des grammairiens et des étymologistes l'examen du verbe *carrier*, pour remplacer les mots *services révolutionnaires*, inventés par Duhem; nous proposons aujourd'hui le substantif *careur*, pour dénommer ceux qui ont rendu ou qui pourraient rendre de semblables services. La formation est exacte et parfaitement conforme aux principes de notre langue.

Vedette ou Gazette du jour du 27 brumaire :

Les Jacobins ont tenté une insurrection dans le faubourg Saint-Antoine et ils ont échoué. Ils veulent se réunir : on les dispersera. Il serait plus sage pour eux de se tenir tranquilles. Au moment où la France est sur le point de donner la loi à l'Europe, il est très important que les puissances coalisées soient convaincues que la Convention est tout, que c'est avec elle seule qu'elles peuvent traiter, et qu'il n'existe plus autour d'elle ni faction ni puissance rivale.

Spectacles du 26 brumaire.

Théâtre des Arts. — *Le Chant du Départ; Iphigénie en Tauride.*
Opéra-Comique. — *Callias ou Nature et Patrie; Paul et Virginie ou le Naufrage.*
Feydeau. — *La Famille indigente; Roméo et Juliette.*
Théâtre de la République. — *Le Méchant*, com.; *la Perruque blonde*, com.
Théâtre de l'Égalité. — *Selico*, opéra; *la Liberté des nègres*, divert. patriotique.
Lyrique. — Relâche.
Gaité. — *Le Conseil impérial; Nostradamus; le Médecin malgré lui.*
Ambigu-Comique. — *La Pomme de Rambour; le Commissionnaire de Saint-Lazare; le Maréchal des logis.*
Vaudeville. — *Le Nègre aubergiste; la Matrone d'Éphèse; Arlequin Hulla.*
Cité-Variétés. — *Les Dragons et les Bénédictines*, com.; *les Dragons en cantonnement*, com.; *la Caverne*, pantomime.

CXIII

27 BRUMAIRE AN III (17 NOVEMBRE 1794).

Rapport du 28 brumaire.

Les groupes ont été calmes et tranquilles; on s'y entretient toujours des Jacobins et de l'affaire de Carrier, dont on n'a pas vu avec plaisir le renvoi à primidi. Quoi qu'il en soit, on en attend le résultat avec impatience. Ce qui occupe plus particulièrement, ce sont les subsistances, et, suivant un rapport signé Le Roy aîné, Laisné et Laignier, l'opinion générale sur les administration, commission et agence de commerce est qu'elles s'occupent peu de la misère publique.

Beaucoup de conjectures sur le projet de faire partir les canonniers et d'en former d'autres.

Les ouvriers d'une des manufactures d'armes, qui se sont rendus hier à la Convention pour faire une pétition, se sont retirés paisiblement dans la cour du Muséum, pour éviter de former des groupes dans d'autres endroits. Simon rapporte cependant que plusieurs de ces ouvriers, allant à la Convention, ont dit que, si on ne répondait pas à leur pétition, ils reviendraient en plus grand nombre.

Le citoyen Cirier, vétéran national, vient de faire sa déclaration à la Commission de police que la Société des Cordeliers lui avait demandé, à l'occasion d'un salon rue des Boucheries, faubourg Germain, la faculté d'y tenir ses séances à compter du 2 frimaire prochain.

Descamp rapporte que, dans la section Poissonnière, on a arrêté un particulier ivre qui tenait les propos les plus infâmes contre la Convention; le commissaire de police l'a envoyé au Comité révolutionnaire de l'arrondissement...

A la séance du Club électoral, tenant au Muséum, un membre a dit que les journalistes étaient payés pour travailler à faire dissoudre les Sociétés populaires; il a dit encore qu'on arrêtait tous les patriotes, que le Luxembourg ne renfermait plus que huit à dix anciens prisonniers, et que le surplus des détenus étaient des patriotes. Un autre membre assurait que les Sociétés populaires des départements éprouvaient le même sort, que ce n'était que l'aristocratie qui secouait ses torches.

Au port au charbon de la Tournelle, malgré la force armée, tant à pied qu'à cheval, il y a eu un désordre épouvantable ; l'on fut obligé de requérir un renfort au port au vin ; mais Bacquin, officier dudit poste, a refusé, disant que son monde était fatigué des services. Les attroupements nocturnes recommencent dans les différents postes.

Les distributions de bois à brûler ne se font pas avec moins de désordre, la force armée suffit à peine pour maintenir le calme.

Les Halles sont bien approvisionnées en légumes, fruits et viande...

BARBARIN, POTRON.

(Arch. nat., F¹ᶜ III, Seine, 14.)

JOURNAUX.

Messager du soir du 28 brumaire :

Paris, 27 brumaire. — Quoique les projets des Jacobins soient considérés comme une folie par tous ceux qui ont vu à quel degré l'opinion publique est prononcée contre ces insensés, les Comités de gouvernement ont pris néanmoins les précautions nécessaires pour que la tranquillité publique ne soit pas troublée ; de nombreuses patrouilles circulent dans les rues, et des réserves considérables ont été commandées pour chacune des sections. Ces mesures ont été nécessitées sans doute par quelques rixes particulières qui ont eu lieu dans l'intérieur du Club électoral, et par divers bruits que les ennemis du bien public se plaisent à répandre.

Annales patriotiques et littéraires du 28 brumaire :

L'ex-accusateur Fouquier-Tinville a été transféré depuis quelques décades à la Maison de l'Égalité, ci-devant collège du Plessis. Il est réduit pour sa sûreté à ne jamais ouvrir ni sa porte ni ses fenêtres. Le 23 brumaire, il sollicita la permission de prendre l'air dans la cour, mais les cris des détenus lui firent craindre d'être mis en pièces. Le lendemain, il voulut ouvrir sa fenêtre : les injures le forcèrent à la fermer sur-le-champ.

Courrier républicain du 28 brumaire :

Du 27 brumaire. — Les Jacobins et leurs partisans, ne pouvant plus se montrer ouvertement, racontent dans le public les contes les plus absurdes ; ici on doit crier : *Vive le roi !* (La vérité est qu'ils avaient payé des enfants pour entendre ce cri séditieux). Ailleurs il doit y avoir un soulèvement pour les subsistances. Demain, après-demain, *un grand coup doit éclater à Paris:* c'est le terme dont on se sert. Plus loin, on annonce que les Jacobins vont se porter en force vers le lieu où ils tenaient leur sabbat, et qu'ils vont en ouvrir les portes.

Ce qu'il y a de plus certain, c'est que ces malheureux, qui, sous le masque de l'amour de la patrie, tramaient tous les jours contre elle les plus affreuses conspirations, rendront compte à la justice de leurs forfaits; que ces prétendus sans-culottes, qui affectaient la simplicité, la vertu, la pauvreté, la misère, et qui vivaient dans la crapuleuse opulence, rendront compte à la République de leurs monstrueuses dilapidations.

En attendant, on continue de fouetter les opiniâtres mégères qui leur servaient d'avant-garde et d'espions, partout où elles ont l'audace de se rassembler.

SPECTACLES DU 27 BRUMAIRE.

THÉATRE DES ARTS. — Relâche.
OPÉRA-COMIQUE. — *Le Déserteur*, com.; *Philippe et Georgette*, com.
FEYDEAU. — *Les Montagnards; les Visitandines.*
THÉATRE DE LA RÉPUBLIQUE. — *Timoléon*, trag.; *Cange ou le Commissionnaire de Saint-Lazare*, fait hist.
THÉATRE DE L'ÉGALITÉ. — *Le Méchant; le Lendemain de la bataille de Fleurus.*
LYRIQUE. — *Les Deux frères*, opéra ; *le Bon père*, opéra.
GAITÉ. — *Cange; Blaise le bargneux; la Noce interrompue; la Nièce malheureuse.* Les *Petites Affiches* indiquent, au lieu de cette dernière pièce : *le Pardon imprévu.*
AMBIGU-COMIQUE. — *Les Contretemps; le Patriote à l'épreuve; l'Héroïne américaine.*
VAUDEVILLE. — *Georges et Grosjean ; les Plaisirs de l'Hospitalité ; le Retour à Bruxelles.*
CITÉ-VARIÉTÉS. — *Le Danger des Liaisons; Cange ; le Plan d'Opéra ; Joconde.*

CXIV

28 BRUMAIRE AN III (18 NOVEMBRE 1794).

RAPPORT DU 29 BRUMAIRE.

Le peuple attend, avec autant d'impatience que de respect et de soumission aux lois, la conclusion de l'affaire de Nantes. Il résulte de tous les rapports que Paris est tranquille. Les groupes, en petit nombre, sont plus calmes. On a vu avec plaisir la demande de Carrier pour une prolongation d'une décade. La cherté de toutes les subsistances fait murmurer le pauvre. Les nouveaux succès des différentes armées ont causé la plus grande satisfaction.

Simon rapporte que le public a remarqué que, dans le nombre des ouvriers qui se sont présentés hier à la Convention pour faire une pétition, les deux tiers étaient en âge de réquisition pour nos armées.

Le club des Cordeliers, rue de Thionville, n'était composé que d'une quinzaine de personnes ; il y avait si peu de monde qu'ils n'ont pu délibérer. Ils ont enlevé les bustes de Marat, Le Peletier et autres pour les porter dans leur nouvelle salle, rue des Boucheries-Germain.

La Société populaire des Quinze-Vingts a passé presque toute la séance sur une discussion tendant à savoir si on y lirait dorénavant ou les lois révolutionnaires ou les Droits de l'homme. On a fini par arrêter qu'on ferait lecture des lois révolutionnaires. Ensuite on a lu par deux fois une pétition que les membres de cette Société doivent adresser décadi prochain à la Convention pour obtenir la liberté de deux citoyens.

La Société d'Humanité, à Popincourt, était peu nombreuse. Il n'y avait tout au plus que vingt personnes ; on y a fait plusieurs lectures qui ne regardent que l'ordre à tenir dans cette Société.

Ollivier, Lamotte, Prévôt, Bergeret disent qu'au port au charbon de la Tournelle, le désordre y est si grand que les voisins des environs se plaignent de ne pouvoir dormir à cause du tapage que font ceux qui attendent..... Ces mêmes inspecteurs rapportent que le peuple est venu les requérir à l'effet de se transporter au chantier des Armes de France, parce que le marchand ne voulait pas délivrer son bois, disant qu'il est en réquisition. Le commissaire de police s'y est transporté, accompagné desdits inspecteurs et des plaignants ; le commissaire a demandé au marchand d'exhiber sa réquisition, ce qu'il n'a pu faire. Le commissaire a ordonné alors la vente du bois, en attendant la prétendue réquisition.

Le désordre a régné pareillement pendant la nuit au port au charbon ; l'on y a cassé toutes les planches que l'on a pu trouver pour faire du feu.

ALLETZ, L.-J. BABILLE.

(Arch. nat., F 1c III, Seine, 14.)

JOURNAUX.

Messager du soir du 29 brumaire :

Paris, le 28 brumaire. — On prétendait que les restes impurs de la Jacobinière devaient se retirer au Champ-de-Mars, bien assurés qu'on n'irait pas mettre les scellés sur leur boutique; mais, comme le projet est ajourné, certains sergents-major ont la malignité de choisir provisoirement, pour faire leur service autour de l'autel de la patrie, des Jacobins énergiques, afin qu'ils y soient tout portés en cas d'assemblée.

SPECTACLES DU 28 BRUMAIRE.

THÉÂTRE DES ARTS. — *Orphée et Eurydice*, opéra; le ballet de *Télémaque*.
OPÉRA-COMIQUE. — *Alexis et Justine*, com. en deux actes; *les Détenus au Camp*.
FEYDEAU. — *Le Club des Sans-Soucis*; *la Caverne*, opéra.
THÉÂTRE DE LA RÉPUBLIQUE. — *Le Misanthrope*; *la Perruque blonde*.
THÉÂTRE DE L'ÉGALITÉ. — *Philoctète*, trag.; *la Surprise de l'Amour*, com.
LYRIQUE. — *Flora*; *la Ruse villageoise*.
GAITÉ. — *Le Conseil impérial*; *la Valise perdue*; *le Nécromancien*.
AMBIGU-COMIQUE. — *La Gamelle*; *les Prisonniers patriotes*; *Le Commissionnaire de Saint-Lazare*.
VAUDEVILLE. — *Le Dédit mal gardé*; *les Marchandes de la Halle*; *la Fête de l'Egalité*.
CITÉ-VARIÉTÉS. — *Le Cousin de tout le monde*, com.; *Arlequin imprimeur*, com.; *les Pirates*, pantomime.

CXV

29 BRUMAIRE AN III (19 NOVEMBRE 1794).

RAPPORT DU 30 BRUMAIRE.

L'esprit public ne varie pas; les groupes sont très peu fournis et fort calmes. Il paraît, d'après les rapports, qu'on s'y occupe de l'affaire de Carrier, qu'on désire voir au tribunal le plus promptement possible. La cherté exorbitante de toutes les denrées fait beaucoup murmurer les citoyens; on désirerait que la Convention prît des mesures à cet égard; car on craint fort pour cet hiver.

Le peuple en masse ne veut que le bon ordre et la tranquillité. Il est le seul frein à la méchanceté des malveillants, qui ne respirent que le trouble et le désordre. La voix générale qui se fait entendre recommande une entière soumission aux lois et une pleine confiance dans la Convention.

Section des Gravilliers, un prisonnier des Madelonnettes a été surpris faisant un trou au mur de cette maison, du côté de la rue de la Croix, pour pouvoir s'évader.....

Mailly, inspecteur, rapporte qu'on a arrêté hier, par ordre du Comité de sûreté générale, quatre individus de la section de l'Unité, auxquels on reproche beaucoup d'exagération dans leurs principes. Il rapporte aussi que beaucoup de bois périclite dans les décombres de la poudrerie; que tous les ouvriers de la manufacture de salpêtre établie à l'abbaye Germain sont supprimés.

Gauthier, officier de paix, rapporte que l'on se plaint fort de la suppression qui se fait dans les ateliers de salpêtre; que trois choses intéressent le plus dans ce moment, savoir : le bois, le charbon et le savon.....

Les Halles sont bien approvisionnées en denrées de tout genre, mais la cherté en est toujours excessive.

ROUCHAS jeune, BARBARIN.

(Arch. nat., F7 III, Seine, 11.)

JOURNAUX.

Annales patriotiques et littéraires du 30 brumaire :

Raisson, qui a fait les fonctions de président dans la dernière séance des Jacobins, vient d'être mis en arrestation par ordre du Comité de sûreté générale; on l'accuse d'avoir été de tout temps l'ami et le partisan de Robespierre, de qui il tenait la place qu'il occupait à l'ancien Comité des subsistances.

Les mesures de sûreté sont à l'ordre du jour, non seulement contre les Jacobins, mais contre toutes les Sociétés affiliées, et spécialement contre le Club électoral.

De nombreuses patrouilles parcourent et rôdent dans les rues et sur les places publiques, au Palais-Égalité et surtout dans le Louvre, qui est le lieu destiné aux séances du Club électoral. Plusieurs autres clubistes ont déjà éprouvé le sort de Raisson et de Legray, et l'on surveille surtout les Sociétés qui contreviennent au décret en refusant de renoncer aux affiliations.

Les postes seront doublés pendant plusieurs jours, et principalement à cette époque où l'affaire de Carrier touche à sa fin.

Vedette ou Gazette du jour du 30 brumaire :

Les Jacobins sont surveillés de toutes parts : de nombreuses patrouilles empêchent leurs mouvements, et chaque jour on arrête ceux qui se montrent les plus ardents ; il sera bientôt déshonorant de l'avoir été ; on les signale comme des hommes de sang, des suppôts de Carrier. Ils se sont réunis au Club électoral, et sont établis au Muséum, rue de Thionville, ci-devant Dauphine. Aussitôt, des tribunes ont été formées, les habitués ordinaires s'y sont rendus. Toutes ces petites agitations prouvent leur impuissance actuelle, et c'est à cette impuissance que nous devrons notre tranquillité intérieure.

Messager du soir du 30 brumaire :

Paris, le 29 brumaire. — Les séances du Club électoral avaient été suspendues depuis que les scellés avaient été apposés sur ses papiers par ordre du Comité de sûreté générale ; il vient de les recommencer dans une salle de l'arrondissement du Muséum, et plusieurs membres de la ci-devant Société des Jacobins y ont assisté ; les deux Sociétés, partageant le même sort, les mêmes principes, les mêmes regrets, se sont naturellement trouvées unies des mêmes sentiments.

Vedette ou Gazette du jour du 29 brumaire :

29 brumaire an III. — Nos petites maîtresses s'affublaient depuis quelque temps d'une jolie perruque blonde à cheveux flottants et tressés avec art ; les brunes, les blondes, les rousses se paraient de la perruque blonde, et celles dont la teinte naturelle contrariait cette couleur peignaient leurs sourcils à peu près de même. Une jolie comédie vient de les tourner en ridicule ; mais, les premières à en rire, elles en propageaient le goût. Les femmes du peuple ont pris les choses un peu plus au sérieux ; elles ridiculisent celles qu'elles rencontrent ; on soulève un peu la perruque, bientôt on la jettera par terre. Pour éviter ce petit mouvement de laisser voir sa chevelure naturelle, et traîner dans la boue celle d'adoption, nos jolies femmes prennent le parti de revenir à leurs anciennes coiffures.

Journal de Perlet du 30 brumaire :

La plus grande tranquillité règne dans Paris. Le gouvernement exerce partout une surveillance qui déjoue les projets des ennemis de la paix publique.

Des patrouilles nombreuses parcourent les rues et en imposent à ceux qui seraient tentés d'exciter les troubles. En vain les agitateurs ont cherché à associer le peuple à leurs ressentiments et à leurs fureurs. Le peuple ne les plaint ni ne les écoute; il ne prend plus pour les accents du patriotisme les clameurs de l'ambition trompée et de la rage réduite à l'impuissance.

Le peuple, trop longtemps jouet des machinations des intrigants et des scélérats qui se sont disputé et arraché sa confiance, a juré partout de ne reconnaître que la voix de la Convention nationale et du gouvernement qui a sa confiance.

Spectacles du 29 brumaire.

Théâtre des Arts. — Relâche.
Opéra-Comique. — *L'Ecolier en vacances*; *Camille ou le Souterrain*.
Feydeau. — Concert.
Théâtre de la République. — *L'Intrigue épistolaire*, com. en cinq actes; *les Etourdis*.
Théâtre de l'Égalité. — *Phèdre et Hippolyte*, trag.; *le Retour du Mari*, comédie.
Lyrique. — *Au plus Brave la plus Belle*; *Laure et Zulmé*.
Gaité. — *Cange*; *Contentement passe richesse*; *le Pardon imprévu*; *la Noce interrompue*.
Ambigu-Comique. — *Les Deux chasseurs et la Laitière*; *le Patriote à l'épreuve*; *le Maréchal des Logis*.
Vaudeville. — *Les Vieux époux*; *les Plaisirs de l'Hospitalité*; *Christophe Dubois*.
Cité-Variétés. — *L'Orphelin*; *les Mœurs ou le Divorce*, com.; le ballet des *Montagnards*.

CXVI

30 BRUMAIRE AN III (20 NOVEMBRE 1794).

Journaux.

Journal de Perlet du 2 frimaire :

Le Comité de sûreté générale continue à prendre les mesures les plus énergiques pour prévenir les troubles que les malveillants cherchent inutilement à faire naître dans Paris. Plusieurs de ceux qui tentaient à soulever le peuple contre la Convention nationale, d'échauffer les esprits et de tromper le patriotisme des faubourgs, ont été arrêtés. L'indignation publique poursuit et écrase les agitateurs, avant même que le gouvernement les atteigne.

Parmi les arrestations qui ont été faites, on cite celle de Raisson, ci-devant membre de la Commission des subsistances, et l'un des meneurs des Jacobins; Tissot, ci-devant secrétaire général de la Commission d'agriculture et des arts, et un grand nombre de ceux qui, dans ces derniers temps, ont joué un rôle aux Jacobins.

Annales patriotiques et littéraires du 1er frimaire :

Dans ce moment où le froid se fait sentir, la foule est plus grande que jamais aux lieux où l'on distribue le bois et le charbon. On assure que, ces jours derniers, une jeune fille a été étouffée en allant à la queue du charbon, au port ci-devant Saint-Bernard. Ce qui est certain, c'est que les malheureux courent toute la nuit pour avoir une voie de bois ou de charbon. Entre minuit et une heure, les rues sont aussi fréquentées qu'en plein midi, et hier matin nous avons vu une femme tout éplorée qui s'écriait : « C'est une horreur, je crois que l'on veut nous faire tous périr ce matin! » Une citoyenne a été si foulée au charbon qu'elle vient de donner le jour à un enfant qui n'a pas vécu un quart d'heure.

Abréviateur universel du 30 brumaire :

TRIBUNAL CRIMINEL RÉVOLUTIONNAIRE.

Par un jugement placardé, ces jours-ci, sur les murs de Paris, et que l'une de ses dispositions expresses ordonne de publier et d'afficher « dans toute l'étendue de la République française » ce tribunal a condamné à la peine de mort Claude-Joseph Vuilhem et Jeanne-Marie Toullone, veuve Cordelier, convaincus, l'un d'avoir crié : *Vive le roi! vive la reine! merde pour la nation! je chie sur la nation, au f..... la nation!* d'avoir traité les défenseurs de la liberté de crapeaux bleus; d'avoir dit qu'il fallait f..... au diable tous ces bougres-là; et de l'avoir fait méchamment et dans des intentions contre-révolutionnaires; l'autre, de s'être rendue coupable du même délit, en disant qu'elle se flattait d'être aristocrate, qu'elle s'en faisait honneur, qu'elle voudrait qu'il tombât autant de hallebardes sur la tête des volontaires qui partaient pour les frontières qu'il tombait de gouttes d'eau dans une forte pluie; en disant qu'elle était bien aise que toute cette crapule partît, qu'ils ne revinssent jamais et qu'ils fussent tous à la gueule du canon; et de l'avoir fait dans des intentions criminelles et contre-révolutionnaires.

Le même jugement, où sont littéralement imprimés tous ces propos, contient aussi l'accusation portée contre la femme et la fille

Durand, et Michel Loth, d'avoir tenu d'autres discours de ce genre, d'avoir dit, que si lui, Loth, était encore dans la troupe, il fendrait le ventre ou la tête à vingt volontaires par jour; et contre Pierre-François Mathey, officier municipal à Faucogney, d'avoir dit qu'il fallait un roi, qu'il mourrait pour son roi; d'avoir écrit plusieurs copies de couplets anti-civiques, insérés mot à mot dans la sentence affichée, tels que ceux-ci :

> C'est en vain, vils démocrates,
> Assassins de votre roi,
> Qu'aux pieux aristocrates
> Tu (sic) prétends faire la loi.
> Le peuple, devenu sage,
> Sent la cause de ses maux,
> Et, victime de ta rage,
> Il reconnaît ses bourreaux...
>
> Tout va donc reprendre sa place,
> C'est le retour de la raison.
> On vous rendra, sans vous faire grâce,
> Biens, honneurs, églises et maisons.

Ces derniers accusés n'ont pas été condamnés, parce que, dit le jugement[1], ils n'ont point été convaincus de l'avoir fait méchamment et dans des intentions contre-révolutionnaires.

Courrier républicain du 1er frimaire :

Du 30 brumaire. — Plus l'époque de la dispersion des Jacobins s'éloigne de nous, moins l'attention se porte sur l'existence des factieux qui composaient cette détestable association. Nous sommes, grâce aux soins et à la vigilance des Comités de gouvernement, dans la plus profonde tranquillité.

Les bruits d'une pacification générale, qui se soutiennent toujours, répandent quelque soulagement sur nos maux et apportent quelque consolation dans nos âmes, dont les plaies sont encore loin d'être cicatrisées.

On s'entretient de l'avenir, on parle du passé. Les infortunés, échappés à la rage de nos modernes Caligulas, se rapprochent, et, étonnés de vivre encore, se pressent avec attendrissement.

Les détails des horreurs commises dans les prisons se communiquent, se publient, s'impriment et grossissent à chaque instant le

---

1. Ce jugement était déjà ancien. Il avait été rendu le 8 vendémiaire an III, d'après Wallon, *Hist. du Trib. rév.*, t. V, p. 308.

réservoir de la foudre qui va frapper ces *ingénieux épurateurs de la population française*.

Parmi ces écrits qui répandent la lumière sur le dédale de leurs iniquités, il faut distinguer celui portant pour titre : l'*Agonie de Saint-Lazare sous la tyrannie de Robespierre*, par J.-F.-N. Dusaulchoy [1]....

Messager du soir du 1er frimaire :

Paris, le 30 brumaire. — Il est de la dernière urgence que le gouvernement déploie la vigilance la plus sévère contre les voleurs et les assassins. Déjà, le soir, on n'ose plus sortir seul dans Paris; hors des barrières et sur les grandes routes, c'est encore pis. Nous recevons à chaque instant des détails affligeants sur de nouveaux brigandages. On nous assure, en ce moment, que la diligence de Beauvais a été arrêtée, un citoyen attaqué et volé près de la commune de Franciade. Il est évident que les anciens membres des Comités révolutionnaires qu'on vient de supprimer, les soldats licenciés de l'armée révolutionnaire, ne trouvant plus d'asile dans la Société mère, s'agitent en tous sens pour trouver les moyens de subsister [2].

Gazette historique et politique de la France et de l'Europe du 5 frimaire :

Hier décadi, sur les sept heures du soir, deux brigands ont assassiné une cuisinière dans une maison près la Croix du Trahoir ; après l'avoir mutilée de la manière la plus horrible, ils l'ont cachée dans la cheminée, et ont ensuite disparu en emportant les effets les plus précieux qu'ils ont pu trouver.

Le bruit se répand que le représentant du peuple André Dumont se disposait à aller jouir du congé qu'il vient d'obtenir de la Convention, lorsqu'il a été arrêté aux environs de Paris par des scélérats qui l'ont si fort maltraité qu'il a été obligé de renoncer à son voyage et de rentrer chez lui pour se faire soigner. Cet attentat et celui commis il y a quelques jours sur la personne du citoyen Guffroy doivent engager les députés qui ont eu le courage de démasquer et de poursuivre les hommes de sang à se tenir en garde contre les horribles projets de vengeance que ces scélérats préparent dans le silence. Le sang du peuple dont ils se sont gorgés avec tant de délices est sans doute aujourd'hui trop commun pour eux ; il leur faut,

---

1. Bibl. nat., Lb 41,1212, in-8°.
2. A notre connaissance, aucun fait ne confirme cette assertion.

pour étancher la soif ardente qui les dévore, celui de la représentation nationale elle-même.

Le fameux Raisson, arrêté depuis quelques jours, par ordre du Comité de sûreté générale, a déjà imploré, mais en vain, dans la prison où il est détenu, l'assistance des citoyens de sa section. Ces braves patriotes, qui se souviennent de toutes les persécutions que ce Jacobin du 9 thermidor leur a fait éprouver, et qui ont juré de maintenir de tout leur pouvoir le règne de la justice, n'ont eu aucun égard aux réclamations qu'il leur a adressées.

SPECTACLES DU 30 BRUMAIRE.

THÉÂTRE DES ARTS. — *La Réunion du 10 août* ou *l'Inauguration de la République française*, sans-culottide en cinq actes.
OPÉRA-COMIQUE. — *L'Intérieur d'un Ménage républicain*; *Raoul de Créquy ou Bathilde et Éloi*, opéra-comique en trois actes.
FEYDEAU. — *La Famille indigente*; *Paul et Virginie*.
THÉÂTRE DE LA RÉPUBLIQUE. — *La Femme jalouse*, com. en cinq actes; *Cange* (Les *Petites Affiches* indiquent le même spectacle que la veille).
THÉÂTRE DE L'ÉGALITÉ. — *Le Misanthrope*; *les Épreuves*.
LYRIQUE. — *Héléna ou les Bandits des Pyrénées*, opéra; *les Deux frères*, opéra.
GAITÉ. — *Cange*; *l'École de la Bienfaisance*; *le Serpent magicien*; *le Pardon imprévu*.
AMBIGU-COMIQUE. — *Le Devin du village*; *le Commissionnaire de Saint-Lazare*; *la Forêt noire*.
VAUDEVILLE. — *L'Héroïne de Mithier*; *Colombine Mannequin*; *les Plaisirs de l'Hospitalité*.
CITÉ-VARIÉTÉS. — *Les Deux grenadiers*, com.; *l'Enrôlement supposé*, com.; *les Royalistes de la Vendée*, pantomime.

CXVII

1er FRIMAIRE AN III (21 NOVEMBRE 1794).

RAPPORT DU 2 FRIMAIRE.

L'opinion publique est bien prononcée contre Carrier et les Jacobins; quelques citoyens ont voulu prendre la défense de ce représentant, mais le public les a arrêtés et conduits au Comité de sûreté générale. On attend avec la plus vive impatience le résultat de la séance du jour.

Mêmes plaintes et mêmes murmures sur la difficulté et la cherté exorbitante de tous les comestibles et autres marchandises. Les citoyens, en général, témoignent beaucoup d'inquiétudes sur les subsistances ; ils demandent que des mesures très promptes soient prises pour assurer leur existence. La fraude des marchands est si grande, qu'elle s'étend sur les allumettes, dont on fait tremper les bouts dans du jaune délayé et à demi-sec pour ne pas employer du soufre, qui est rare.

Section des Gravilliers, chez un traiteur, un particulier, nommé Estnick, tenait les propos les plus infâmes contre la représentation nationale; il a été saisi par deux inspecteurs, qui l'ont conduit avec deux témoins au Comité révolutionnaire du 6ᵉ arrondissement, qui l'a fait conduire dans une maison d'arrêt.

Bailly rapporte que les ouvriers supprimés de la manufacture de salpêtre de l'abbaye Germain étaient rassemblés chez un marchand de vin, rue Benoît, qu'ils paraissaient très mécontents de leur suppression et menaçaient d'une prochaine vengeance ceux qui ne sont pas partisans des Jacobins ; ils faisaient un éloge outré de cette Société, notamment de Carrier, qu'ils préconisaient ; ils parlaient de la Convention avec peu de décence.

Un détenu des Madelonnettes avait fait un trou de quatorze pouces d'ouverture sur huit de profondeur et quatre de hauteur ; il devait avoir dix-huit pouces de carré, mais la surveillance a déjoué ce projet d'évasion.

Toujours beaucoup de confusion et de querelles sur les ports et dans les chantiers; la surveillance des inspecteurs et la force armée peuvent à peine suffire pour arrêter et la fraude des marchands et les malveillants qui se glissent dans les queues.....

Les halles et marchés sont très bien approvisionnés. Il y est arrivé plusieurs voitures de beurre, d'œufs et de marée.

Le Roux, Therouenne.

(Arch. nat., F⁷ 4III, Seine, 14.)

JOURNAUX.

Messager du soir du 2 frimaire :

Paris, le 1ᵉʳ frimaire. — Nous jouissons ici de la plus parfaite tranquillité, grâce à la salutaire activité des Comités de gouvernement ; les fantômes de complot se sont évanouis; on n'égorge plus un sourd et muet convaincu de conspiration; la guillotine a les bras croisés, et, si elle reprend ses oscillations, ce sera pour serrer de près maître Carrier et compagnie.

Les grâces et les ris, que la terreur avait mis en fuite, sont de retour à Paris ; nos jolies femmes en perruques blondes sont adorables, ma parole d'honneur ; les concerts, tant publics que de société, sont délicieux. Garat (qu'il ne faut pas confondre avec Garat le commissaire) est l'Apollon du jour ; c'est Orphée qui suspend le cours des fleuves par les accents mélodieux d'une voix enchanteresse. Tout prend ici une forme nouvelle : le nom de Comité révolutionnaire ne fait plus frissonner ; un brigand en bonnet rouge n'a plus droit de vie ou de mort sur l'individu qui lui déplaît ; les cris funèbres des familiers ou familières de Robespierre ne se font plus entendre à l'oreille fatiguée ; l'accent rauque et lugubre des agents de l'autorité a fait place à des formes plus attrayantes ; les premiers commis sont même un peu moins insolents. Voilà la métamorphose que nos mœurs ont subie depuis la chute du tyran ; les hommes de sang, les Billaud, les Collot et la bande enragée appellent ce revirement d'opinion *la contre-révolution*.

Courrier républicain du 2 frimaire :

Du 1ᵉʳ frimaire. — Hier dans toutes les sections, la population de cette grande ville a témoigné par un assentiment unanime, et par des applaudissements réitérés, sa satisfaction de voir enfin les tyrans accablés, les brigands livrés à la justice ou renvoyés dans leurs forêts. Aujourd'hui la Convention nationale recevra des citoyens de Paris des témoignages de leur reconnaissance, sur la fermeture de la Société mère, de cette mère louve, à qui tous les louveteaux répandus sur le territoire de la République rapportaient chaque jour les restes sanglants des Français qu'ils avaient dévorés. La Convention sera sincèrement félicitée d'avoir mis la justice, non pas *à l'ordre du jour*, suivant l'expression dérisoire du paralytique Couthon ; mais en permanence, parce que son règne doit être éternel.

La section des Amis de la patrie a désavoué l'adresse qui a causé tant de scandale à la Convention nationale, et que quelques Jacobins lui avaient surprise. Celle de la Montagne, trompée par les mêmes manœuvres, a manifesté les mêmes sentiments. Loin de se plaindre de l'arrestation de ses prétendus commissaires par la section des Gardes-Françaises, elle a félicité cette section de cet acte énergique par une députation vraiment populaire qu'elle lui a envoyée hier.

Raisson, de la prison où il est détenu, a déjà imploré l'assistance des citoyens de sa section qu'il a si cruellement persécutés. A l'assemblée générale de cette section, on a lu les réclamations du ci-devant employé de monseigneur le prince de Condé, auxquelles on n'a eu aucun égard.

Tel est le caractère des intrigants et des persécuteurs de l'espèce humaine; quand ils sont les maîtres, ils sont barbares et atroces; quand ils sont tombés, ils sont humbles et lâches : c'est le loup pris dans un piège qui tremble devant un mouton.

Journal de Perlet du 3 frimaire :

Le plus grand calme continue de régner dans Paris. Une foule immense remplissait hier et avant-hier les tribunes et les environs de la Convention.

Un sentiment presque unanime d'indignation éclatait partout contre Carrier. Mais lorsqu'il a paru, lorsqu'il a parlé de sa défense dans la Convention, lorsqu'il a traversé la foule pour se rendre chez lui, personne ne l'a insulté.

Le peuple voyait dans ce moment, en lui, non plus un monstre couvert de sang et de crimes, mais un accusé qui cherchait à se justifier, et qu'il fallait entendre jusqu'à ce qu'il eût été convaincu.

Le respect pour le malheur, et la pitié pour celui même qui ne l'avait jamais connue, semblaient comprimer l'horreur que sa présence excitait dans toutes les âmes.

Les Comités du gouvernement ont paru craindre que les malveillants ne cherchassent à amener des troubles.

Des corps de réserve étaient placés dans plusieurs postes; des patrouilles nombreuses parcouraient les rues et les lieux publics. Mais il n'y a eu d'autres mouvements, d'autres cris dans tous les groupes, comme dans toutes les sections, que ceux qui attestaient la plus entière confiance dans la Convention nationale, et la reconnaissance la plus vive pour les mesures qu'elle a prises contre les perturbateurs du repos public.

SPECTACLES DU 1er FRIMAIRE.

THÉÂTRE DES ARTS. — Relâche.
OPÉRA-COMIQUE. — *L'Amant statue*, com.; *Nina ou la Folle par amour*, com.; *Cange*.
FEYDEAU. — *Les Vrais Sans-Culottes*; *l'Officier de fortune*.
THÉÂTRE DE LA RÉPUBLIQUE. — *L'Honnête criminel*, drame en cinq actes; *la Perruque Blonde*.
THÉÂTRE DE L'ÉGALITÉ. — *Tu et toi ou la Parfaite égalité*, com.; *Alisbelle ou les Crimes de la Féodalité*, opéra.

Lyrique. — *Michel Cervantès*; *Cange*.
Gaité. — *Cange*; *le Triomphe de l'Amour conjugal*; *Il était temps* ou *l'Heureuse découverte*; *le Pari imprudent*.
Ambigu-Comique. — *Les Débuts*; *le Menuisier de Vierzen*; *Dorothée*.
Vaudeville. — *Arlequin Cruello*; *le Retour à Bruxelles*; *les Marchandes de la Halle*.
Cité-Variétés. — *La Nuit aux aventures*, com.; *la Caverne*, pantomime.

CXVIII

2 FRIMAIRE AN III (22 NOVEMBRE 1794).

Rapport du 3 frimaire.

Le public paraît très satisfait des mesures qu'a prises la Convention à l'égard de Carrier; mais des gens inquiets communiquent une crainte déplacée que le courrier chargé d'apporter les pièces originales ne soit arrêté en revenant. Ils répandent des doutes sur les mesures sages de la Convention.

Il paraît depuis quelques jours, un nouveau journal, intitulé *Journal des Rieurs ou le Démocrite français*, signé A. Martainville, de l'imprimerie de Pain, passage Honoré [1]. Le premier numéro est un persiflage continuel contre plusieurs membres de la Convention et contre la Convention elle-même, qui y est traitée avec indécence; on y tourne en ridicule un arrêté du Comité de sûreté générale, signé Mathieu et Monmayou, qui défend la lecture de couplets que Martainville avait jetés ces jours derniers sur le Théâtre de la République [2]; on est à la suite de cet objet.

La cherté des marchandises de toute espèce fait porter les murmures du peuple à leur comble; on désirerait que la Convention, par une mesure sage, mît un frein à la cupidité des marchands de toutes les classes. Ces propos sont de tous les groupes, et cependant on est tranquille et le peuple souffre avec patience.

Gallé, inspecteur, rapporte qu'on a des doutes sur l'esprit de l'assemblée populaire de la section du Bonnet-Rouge, qui se tient dans une des salles des ci-devant Prémontrés. On assure qu'un élève (*sic*)

1. Il y a ici une erreur, à moins qu'il n'y ait eu une double édition de ce journal. En effet, l'exemplaire qu'en possède la Bibliothèque nationale (Lc 2/833, 12 numéros in-8°) fut imprimé « à Paris, chez Vachot, imprimeur, rue de la Loi, ci-devant Richelieu, n° 989, près du Théâtre ».
2. C'étaient des couplets pour célébrer la fermeture du Club des Jacobins. On en trouvera le texte dans le *Journal des Rieurs*, n° 1, p. 6.

du ci-devant Comité révolutionnaire de cette section est président de cette Société. Cette surveillance est remise à Simon, qui va s'occuper de connaître l'esprit de cette Société, pour en rendre un compte exact.

Les blanchisseuses de la section du Finistère se sont transportées en masse chez le commissaire de police et au Comité civil de cette section pour demander qu'on leur reprenne la soude de mauvaise qualité qui leur a été vendue par un marchand rue Honoré, section de l'Oratoire, à raison de 1 l. 8 s. la livre. Cette demande a été sur le champ renvoyée par devant le commissaire de police de ladite section.

La Société des Quinze-Vingts a été peu nombreuse; on y a lu deux adresses à faire à la Convention; la seconde a été adoptée. Il s'agit, dans cette adresse, de la liberté de Trouville et Tissot, qu'on demande; le petit nombre de signatures a déterminé l'Assemblée à continuer la séance au 6.

Il y a eu cette nuit un rassemblement d'environ mille personnes aux ports au charbon. Niquille, officier de paix, et les inspecteurs s'y sont transportés et y ont passé la nuit. Ils sont parvenus à dissiper les attroupements et à rétablir l'ordre, en faisant conduire au corps de garde celles des femmes qui étaient les plus mutines et qui se réfugiaient dans les allées. Telles peines qu'ils aient prises, le rassemblement, encore plus nombreux, a recommencé à quatre heures du matin sans pouvoir le dissiper. La force armée paraît se rebuter et dit : « Qu'on mette du charbon dans les ports ». Dans le cours de cette surveillance, quelques femmes mutines ont été mises au violon, mais on a invité les commandants de poste à les relaxer à huit heures du matin.

Hier, pendant la distribution du charbon, différentes contestations se sont élevées; l'ordre même y a été troublé, mais tout a été ramené à la tranquillité tant par les remontrances que par un peu de sévérité.....

GOSSET, BOCQUET-DESTOURNELLES.

(Arch. nat., F 1 c III, Seine, 14.)

JOURNAUX.

Courrier universel ou l'Écho de Paris du 3 frimaire :

Paris, 2 frimaire. — Des malveillants cherchent à répandre le bruit ridicule que quatre instituteurs ont été donnés au petit Capet. Leur but ne peut être que de jeter de la défaveur sur le Comité de sûreté générale, qui chaque jour acquiert de nouveaux titres à la reconnaissance des bons citoyens. Le fait est que ce Comité, voulant prendre toutes les mesures qu'exigeait la prudence pour éviter la corruption dans laquelle pourraient être entraînés les gardiens de cet enfant, a arrêté que sa garde serait confiée à trois citoyens. Deux sont plus spécialement chargés de sa personne; la destination du troisième est de surveiller les deux premiers. Leurs fonctions ne doivent durer que vingt-quatre heures; ils sont remplacés par trois autres qui, comme les précédents, ne peuvent exercer cette même surveillance qu'après une année révolue.

Au milieu du tourbillon qui nous enveloppe, doit-il paraître étonnant que d'insensés aristocrates osent parfois abuser du retour de la justice et de la liberté, pour donner l'essor à des sentiments que la crainte leur faisait dissimuler? Mais l'œil du Comité de sûreté générale est continuellement fixé sur eux. Dernièrement, dans un café, un jeune garçon, pris de vin, s'est avisé de crier *Vive le roi!* Des gendarmes étaient présents; ils applaudirent. Des recherches sévères, mais infructueuses, ont été faites pour découvrir les auteurs du délit. Comme le propriétaire du café paraissait coupable de négligence, soit en ne s'opposant point à ce qui se passait dans sa maison, soit en n'avertissant pas, il a été arrêté, ainsi que sa femme et son garçon.

Vedette ou Gazette du Jour du 3 frimaire :

Quelques jours avant la révolution du 9 thermidor, une jeune veuve de 22 ans, condamnée à mort, les cheveux coupés, les mains liées derrière le dos, était montée sur la charrette et allait partir avec d'autres pour le lieu de son supplice. Un jeune homme qu'elle intéresse lui dit tout bas : *Dites que vous êtes enceinte.* Elle le regarde, le fixe et saisit ces mots comme un trait de lumière. Au moment où elle doit périr, elle déclare à l'exécuteur du jugement, qu'elle est enceinte. « Que ne l'avez-vous dit plus tôt? » lui répond-t-il. « Mais, enfin, je le suis ». Il fallait bien la reconduire à la Conciergerie pour vérifier le fait. La révolution du 9 thermidor est arrivée; son affaire examinée, elle n'était que riche; elle a obtenu sa liberté, et vient de sortir de prison. Depuis ce moment, elle va tous les jours aux spectacles, dans les lieux publics, dans le même costume qu'elle avait dans la charrette, les cheveux coupés, portant les mains derrière le dos; elle cherche partout son bienfaiteur, c'est ainsi qu'elle nomme le donneur de l'heureux conseil, prête à l'épouser, dit-elle, s'il est bien né, ou disposée à lui faire toutes sortes de biens, si elle ne peut lui convenir ; heureuse si elle peut une fois, au moins une seule fois, lui témoigner sa reconnaissance.

Courrier républicain du 3 frimaire :

Du 2 frimaire. — De fortes réserves d'hommes armés sont répandues dans les environs du Palais national, du Palais-Égalité, et dans tous les lieux où les malveillants pourraient chercher à exciter quelque tumulte ; déjà leurs patrouilles se distribuent de temps à autre dans les rues, dans les deux jardins, et circulent sans cesse ; au moyen de cette précaution, il règne un calme parfait, et nous n'avons à craindre aucune commotion pendant tout le temps que durera l'affaire dont la Convention s'occupe maintenant.

Carrier, du lieu de sa détention, avait fait passer ses moyens de défense à plusieurs sections, avec invitation à ses partisans de leur donner tout le développement dont leur amitié pour lui pourrait les rendre capables. Déjà, à la section de l'Unité, une douzaine de ces citoyens avaient, au commencement de la séance, fait arrêter que la défense serait lue, et s'étaient réservé la parole pour des observations subséquentes ; mais, l'assemblée étant devenue plus nombreuse, quelqu'un a observé que, la Convention s'étant saisie de cette affaire, il n'appartenait pas aux sections de s'en mêler. La défense n'a pas été lue.

Le Club dit électoral vient d'être privé de la faculté de se réunir dans la salle de la section du Muséum. Cette section lui a retiré la permission qu'elle lui avait accordée à cet effet.

Nouvelles politiques nationales et étrangères du 2 frimaire :

De Paris, le 2 frimaire. — La décade qui vient de s'écouler a été bien favorable à l'accroissement du bon esprit public, de cet esprit d'union et de sagesse qui fait la véritable force du gouvernement, en ralliant autour de lui la puissance de toutes les volontés. La suppression des autorités rivales de celle de la Convention nationale avait excité un mouvement convulsif parmi les agents de ces autorités inconstitutionnelles ; ils perdaient en un instant leur crédit, leur influence, leurs places, les moyens de satisfaire leurs vengeances particulières et leur cupidité générale. Ils se rendirent en foule, décadi dernier, aux sections, où ils essayèrent de rallumer le flambeau de la division que la Convention venait d'éteindre dans leurs propres mains. Dans quelques-unes, ces agitateurs obtinrent des succès douteux et qui les firent trembler sur les événements du décadi suivant.

Ils furent justes pour la première fois, en concevant ces craintes. La masse des bons citoyens se porta hier dans les sections; tous les arrêtés pris dans les assemblées précédentes, et qui tendaient à donner des espérances aux agitateurs, furent rapportés; et, partout, on vota des remerciements à la Convention pour l'énergie avec laquelle elle avait rassemblé dans sa main tous les pouvoirs que le peuple français n'avait délégués qu'à elle seule.

Les bons citoyens depuis hier se rapprochent, se félicitent de ce triomphe remporté avec tant de sagesse sur l'esprit désorganisateur de tant de factions qui s'étaient arrachées jusqu'ici, au milieu d'un torrent de sang, les infâmes profits de vingt tyrannies différentes. Déjà les bénédictions des départements voisins se joignent aux acclamations des sections de Paris, pour concentrer dans la Convention nationale le grand ouvrage de la félicité générale.

SPECTACLES DU 2 FRIMAIRE.

THÉATRE DES ARTS. — *Iphigénie en Tauride; le Chant du Départ* (Les *Petites Affiches* indiquent le même spectacle que le 30 brumaire).

OPÉRA-COMIQUE. — *Cange; l'Amoureux de quinze ans ou le Double anniversaire* (Au lieu de cette dernière pièce, les *Petites Affiches* indiquent *Zémire et Azor*).

FEYDEAU. — Relâche.

THÉATRE DE LA RÉPUBLIQUE. — *Le Sourd ou l'Auberge pleine; la Surprise de l'Amour*.

THÉATRE DE L'ÉGALITÉ. — *Le Commissionnaire*, pièce nouvelle en deux actes, première représentation; *Mahomet*, trag.

LYRIQUE. — Relâche (Les *Petites Affiches* indiquent: *Cange; Geneviève*).

GAITÉ. — *Les Fausses infidélités; Colombine invisible; Crispin médecin; le Départ des Patriotes* (Les *Petites Affiches* indiquent le même spectacle que la veille).

AMBIGU-COMIQUE. — *Le Nid d'Oiseaux; le Commissionnaire de Saint-Lazare; les Prisonniers patriotes*.

VAUDEVILLE. — *Arlequin Hulla; Christophe Dubois; le Faucon*.

CITÉ-VARIÉTÉS. — *L'Orphelin*, com.; *les Royalistes de la Vendée*.

CXIX

3 FRIMAIRE AN III (23 NOVEMBRE 1794).

RAPPORT DU 4 FRIMAIRE.

Toute l'attention des citoyens était fixée hier sur Carrier; chacun attendait avec patience la décision de la Convention sur cette affaire;

les groupes, quoique nombreux, étaient paisibles; chacun y discutait, mais avec beaucoup de tranquillité. Au moment que l'accusation a été décidée, le public n'a pu s'empêcher de manifester sa joie par de vifs applaudissements, qui ont été réitérés jusqu'à trois fois.

Paris n'a pas cessé de jouir du plus grand calme dans toute la journée et pendant la nuit; le transfèrement de Carrier a été fait à deux heures du matin avec la plus grande tranquillité.

Cordebar et Robin jeune, inspecteurs, rapportent qu'ils ont entendu des murmures de la part de quelques citoyens qui disaient que, non seulement les canonniers allaient quitter Paris, mais encore qu'on faisait déménager les citoyens qui habitent les anciennes barrières.

Une citoyenne, se disputant avec chaleur, et voulant soutenir que Carrier était innocent, a été conduite au bureau de police du Comité de sûreté générale de la Convention nationale.

La Commission administrative de police a fait dissiper, avec toutes les peines possibles, les différentes queues qui pouvaient se former cette nuit aux ports au charbon, et, si elle y est parvenue, c'est qu'elle a été secondée par la force armée.....

Le chef de l'atelier aux armes portatives, rue de l'Université, a dit que les ouvriers de l'atelier de Jemmapes et ceux du Bonnet-Rouge étaient venus engager ces ouvriers, au nombre de trois cent trente environ, à les accompagner pour une pétition qu'ils se proposaient de faire à la Convention. Ceux-ci prirent l'avis du citoyen Julien, leur chef, qui les en détourna par des motifs de sagesse et de prudence. La pétition n'a pas été faite.....

Le rapport général des inspecteurs est que le trouble ne cesse de régner dans les différents ports aux charbons, malgré leurs précautions et la prévoyance active de la cavalerie.

Les halles sont bien approvisionnées; beaucoup de viande très belle, mais très chère.

LE ROUX, HORNIN.

(Arch. nat., F 1 c III, Seine, 14.)

JOURNAUX.

Petite Feuille de Paris du 4 frimaire :

Les Jacobins du 9 thermidor s'étaient réfugiés dans le Club électoral, où ils renouvelaient leurs motions séditieuses. La section du Muséum, qui leur avait prêté jusqu'ici la salle de ses séances, vient de leur enjoindre de n'y plus remettre les pieds. On prétend qu'ils vont se rassembler ailleurs; mais ce qui doit tranquilliser les bons citoyens, c'est que le peuple est bien décidément prononcé contre tous les séditieux; il a été trop longtemps la dupe de l'ambition de tous les partis : il ne veut plus reconnaître aujourd'hui d'autre point de ralliement que la Convention nationale.

Dans toutes les sections on demande l'épuration des autorités constituées et la répression des nombreux abus qui se commettent dans tous les bureaux, garnis pour la plupart de commis placés par Robespierre.

Il n'est plus douteux qu'on veut le règne des talents et des vertus. On applaudit généralement à la mise en liberté des soixante-onze députés détenus. On ne sait pas encore quand se fera le rapport sur la fameuse protestation qu'on leur reproche; mais le caractère d'impartialité que montre la Convention nationale depuis l'heureuse révolution du 9 thermidor ne permet pas de soupçonner qu'il puisse leur être défavorable.

Parmi les nombreux pamphlets qui inondent cette cité, on en trouve quelques-uns qui ne sont pas dans les véritables principes; mais ce qui doit consoler les bons citoyens, c'est que non seulement ils deviennent l'objet du mépris du peuple, mais encore attirent à leurs auteurs certaines petites mesures de sûreté qui ne sont pas engageantes pour ceux qui voudraient les imiter.

SPECTACLES DU 3 FRIMAIRE.

THÉATRE DES ARTS. — Relâche.
OPÉRA-COMIQUE. — *Les Détenus ou Cange*; *l'Amoureux de quinze ans*. (Les *Petites Affiches* indiquent : *Cange*; *le Franc breton*; *l'Enfance de J.-J. Rousseau*).
FEYDEAU. — *Le Club des Sans-Soucis*; *les Visitandines*.
THÉATRE DE LA RÉPUBLIQUE. — *Timoléon*; *les Étourdis*.
THÉATRE DE L'ÉGALITÉ. — *Mahomet*; *le Commissionnaire*.
LYRIQUE. — *Flora*; *Cange*.
GAITÉ. — *L'École de Bienfaisance*; *Cange*; *le Pardon imprévu*; *Arlequin au tombeau*.
AMBIGU-COMIQUE. — *Mazet*; *le 12 Thermidor*; *les Houlans*.
VAUDEVILLE. — *Arlequin tailleur*; *le Divorce*; *les Plaisirs de l'Hospitalité*.
CITÉ-VARIÉTÉS. — *Le Cousin de tout le Monde*; *Ricco*; première représentation du *Nez*, opéra.

CXX

4 FRIMAIRE AN II (24 NOVEMBRE 1794).

Journaux.

Nouvelles politiques, nationales et étrangères du 4 frimaire :

De Paris, le 4 frimaire. — Le plus grand calme continue de régner dans Paris ; s'il y existe des malveillants, ils doivent bien se tenir pour avertis qu'ils sont surveillés très exactement et par le gouvernement et par les citoyens qui se sont ralliés à la Convention nationale, c'est-à-dire par la totalité du peuple de cette commune.

L'affaire Carrier a attiré ces jours derniers une foule incroyable aux séances de la Convention, et les citoyens qui n'ont pu pénétrer dans les tribunes se sont rassemblés en groupes dans tous les environs de la salle, dont la force armée occupait les avenues. Là, on discutait avec le calme du sang-froid l'événement du jour ; là, on attendait avec patience le résultat de chaque séance. Nul esprit de parti n'aigrissait la discussion, et on paraissait seulement étonné de ce que le prévenu eût adressé une circulaire aux 48 sections pour les prier de lire son mémoire justificatif. En d'autres temps, une foule d'agitateurs aurait pu obtenir que cette lecture fût faite; aujourd'hui la prière de Carrier a été rejetée dans toutes les assemblées primaires; on y a décidé que, la Convention étant saisie de cette affaire, les sections devaient s'abstenir de s'en occuper. Une remarque impartiale à faire, c'est que le peuple, rendu aux sentiments de justice et d'humanité que la Convention a mis à l'ordre du jour, ne s'est permis une seule insulte contre le prévenu, tandis qu'il se rendait aux séances.

Spectacles du 4 frimaire.

Théâtre des Arts. — *Orphée et Eurydice* ; le ballet de *Télémaque*.
Opéra-Comique. — *Renaud d'Ast* ; *Stratonice* ; *la Fête américaine*, ballet.
Feydeau. — *Les Deux ermites* ; *Rose et Aurèle* ; *l'Amour filial*.
Théâtre de la République. — *Le Misanthrope* ; *la Perruque blonde*.
Théâtre de l'Égalité. — *Nanine* ; *le Médecin malgré lui*.
Lyrique. — *Héléna* ; *Cange*.
Gaîté. — *Cange* ; *le Nouveau calendrier* ; *le Patriotisme au village* ; *le Barbier* (Les *Petites Affiches* indiquent le même spectacle que la veille).

AMBIGU-COMIQUE. — *La Gamelle ;* le *Commissionnaire de Saint-Lazare ;* le *Maréchal des Logis.*
VAUDEVILLE. — *Arlequin Joseph ;* le *Sourd guéri ;* le *Noble roturier.*
CITÉ-VARIÉTÉS. — *Le Nez,* opéra ; *Joconde,* op. ; *les Montagnards,* pant.

CXXI

5 FRIMAIRE AN III (25 NOVEMBRE 1794).

SPECTACLES DU 5 FRIMAIRE.

THÉÂTRE DES ARTS. — Relâche.
OPÉRA-COMIQUE. — *L'Amoureux de quinze ans* ou *le Double anniversaire ; les Détenus* ou *Cange.*
FEYDEAU. — *Paul et Virginie ; la Famille indigente.*
THÉÂTRE DE LA RÉPUBLIQUE. — *Fénelon,* trag. ; *les Originaux,* com.
THÉÂTRE DE L'ÉGALITÉ. — *Les Horaces,* trag. ; *le Commissionnaire.*
LYRIQUE. — Relâche.
GAITÉ. — *L'Hôtellerie républicaine ; Cange ; le Pardon imprévu de la Nièce malheureuse ; le Fils adoptif.* (Au lieu de cette dernière pièce, les *Petites Affiches* indiquent *Arlequin au tombeau).*
AMBIGU-COMIQUE. — *Le Sorcier ; au Retour ; le Masque de fer.*
VAUDEVILLE. — *La Gageure inutile ; les Marchandes de la Halle ; Christophe Dubois.*
CITÉ-VARIÉTÉS. — *L'Adoption villageoise,* op. ; *les Dangers des liaisons,* com. ; *la Caverne,* pant.

CXXII

6 FRIMAIRE AN III (26 NOVEMBRE 1794).

RAPPORT DU 7 FRIMAIRE.

Tous les rapports particuliers des inspecteurs annoncent que les plaintes du peuple ne font qu'augmenter sur les subsistances. On commence à éprouver quelque difficulté pour avoir du pain chez certains boulangers. Les marchands de toutes les classes ne mettent aucune borne à leur cupidité. Le peuple dit tout haut que tous ces inconvénients proviennent de l'ignorance ou la mauvaise foi des personnes chargées des approvisionnements de Paris.

On s'occupait dans quelques groupes du départ des canonniers ; quelques personnes faisaient à ce sujet des conjectures inquiétantes, mais qui ont été détruites à l'instant par la majorité des citoyens, [disant] qu'ils s'en rapportaient à la Convention, qui, toujours juste, mettrait à la place des canonniers actuels des citoyens d'un patriotisme épuré....

On dit dans le public qu'on enlève dans Paris des marchandises et des denrées de toute espèce, dans l'intention de mettre la disette, que des marchandises, reçues de Bordeaux, Strasbourg ou autres communes commerçantes, sont rachetées ici par des agioteurs pour être rapportées dans les lieux d'où elles sont tirées ; que l'on continue de faire sortir le pain par les barrières ; qu'il faut absolument mettre fin à cet abus.

On a été continuellement occupé cette nuit à renvoyer les citoyens qui venaient aux différents ports au charbon ; mais, vers les quatre heures, l'affluence du monde était si nombreuse, qu'il a été impossible d'empêcher les queues ; il n'est cependant pas arrivé d'accident.

BEURLIER, PASTÉ.

(Arch. nat., F 1 c III, Seine, 14.)

JOURNAUX.

Gazette française du 7 frimaire :

De Paris, le 6 frimaire. — Il n'y a rien de bien remarquable dans cette ville ; on y est parfaitement tranquille. Les amis de Carrier l'ont totalement abandonné. Il ne s'élève pas une seule réclamation en sa faveur. L'opinion publique continue à se diriger avec la plus grande force contre ceux qu'on signale comme ayant suivi la même carrière.

On raconte une anecdote assez remarquable sur l'arrestation du député d'Aurillac. Quelques jours avant la discussion de son affaire, il donnait à dîner chez lui à vingt-cinq de ses amis. Les quatre gendarmes préposés à sa garde, craignant qu'il ne prît envie à ces personnes de l'enlever, et ne se jugeant pas assez forts pour s'y opposer, firent donner avis au Comité de sûreté générale du nombre des convives rassemblés chez Carrier, et de leurs craintes sur les intentions qu'ils pourraient avoir. Pour rassurer les quatre gendarmes, le Comité de sûreté générale renforça la garde de Carrier d'autant d'autres gendarmes qu'il y avait de convives réunis chez lui. On dit que cette mesure de précaution n'a pas égayé le dîner.

Abréviateur universel du 7 frimaire :

Spectacles. — *Lettre d'un franc républicain à l'*ABRÉVIATEUR UNI-

VERSEL. — Il nous pleut à verse des *Canges*, mon cher concitoyen. Au théâtre de l'Égalité, section de Marat, on joue *le Commissionnaire ou Cange*; au théâtre de l'Opéra-Comique national, rue Favart, on joue *les Détenus ou Cange, le commissionnaire de Saint-Lazare*; au théâtre Lyrique des Amis de la Patrie, ci-devant Louvois, on joue *Cange*, fait historique; au théâtre de la Gaîté, du citoyen Nicolet, on joue *Cange*, etc., etc. Quand les Délassements-Comiques auront assez donné *Atrée, Pierre le Cruel, l'Homme au Spleen*, et autres ouvrages aussi gais, ils s'empresseront de jouer *Cange* sérieusement.

Croyez-vous que ce soit honorer la vertu d'une manière digne d'elle et de nous, que de la jouer jusque sur les tréteaux?

Je ne dirai point, avec un journaliste, que « ce sujet a électrisé tous les auteurs », parce que des auteurs électrisés ne font pas de meilleures pièces, parce que Corneille, Racine, Molière, Boileau, tous nos bons juges du vrai génie dramatique et littéraire, auraient souri de pitié, s'ils avaient pu être témoins d'un abus pareil à celui que nous faisons des mots *électriser, électrique, électricité*, en littérature, en morale et en politique. Je me borne à quelques demandes.

Ces diverses formes données à une même action n'altèrent-elles pas la tradition de la simple vérité, que toutes dénaturent, pour l'arranger en scènes? Tant d'empressement à offrir au peuple, à tant par tête, une action vertueuse, comme piquante, remarquable, curieuse, rare, n'aurait-il point deux effets anti-moraux, celui d'affaiblir l'impression de l'exemple si multiplié, si vanté, réduit à du babil, à des fictions, et d'unir ou peut-être même de subordonner le succès de l'honnête et du bon au succès variable du talent du comédien, du chanteur?

Pourquoi, chez une nation qu'on veut régénérer, louer ou peindre la vertu pratique par les moyens destinés jadis, à distraire de leur ennui des milliers d'oisifs blasés? Qu'ont de commun et d'analogue entre eux le véritable caractère républicain et l'Opéra-Comique, un honnête commissionnaire, le mérite de l'homme probe et bienfaisant, et l'art frivole de tourner un couplet?.... Je relis ici la lettre de Rousseau sur les spectacles, et je ne sais plus que vous inviter à la relire: vous y trouverez tout ce qui manque à la mienne. Dans l'état où nous sommes, Jean-Jacques nous en dit mille fois plus qu'avant sa mort. Salut et fraternité. Votre concitoyen: P. R.

SPECTACLES DU 6 FRIMAIRE.

THÉÂTRE DES ARTS. — *Renaud*, op.; *Denis le tyran*, op.
OPÉRA-COMIQUE. — *Le Déserteur*; *Stratonice*.

FEYDEAU. — *Roméo et Juliette ; les Vrais Sans-Culottes.*
THÉÂTRE DE LA RÉPUBLIQUE. — *L'Intrigue épistolaire*, com. ; *la Perruque blonde*, com.
THÉÂTRE DE L'ÉGALITÉ. — Relâche.
LYRIQUE. — *Héléna ; Cange ; la Ruse villageoise.*
GAITÉ. — *L'École de la Bienfaisance ; l'Aristocrate démasqué par la Corne de la Vérité ; Contentement passe richesse ; le Prétendu* (Les Petites Affiches indiquent le même spectacle que le 3 frimaire).
AMBIGU-COMIQUE. — *L'Étape ; le 12 Thermidor ; la Forêt noire.*
VAUDEVILLE. — *Les Chouans de Vitré ; les Plaisirs de l'Hospitalité ; les Vieux élégants.*
CITÉ-VARIÉTÉS. — *Arlequin imprimeur ; le Renouvellement du Bail ; les Royalistes de la Vendée*, pant.

CXXIII

7 FRIMAIRE AN III (27 NOVEMBRE 1794).

RAPPORT DU 8 FRIMAIRE.

Paris a été assez calme, et les groupes peu nombreux. On s'y entretenait paisiblement du procès de Carrier et des subsistances. Les citoyens de toutes les classes montrent la plus grande confiance dans les mesures que prend la Convention pour assurer le bonheur du peuple.

On a été fort étonné d'apprendre que Carrier avait récusé ses juges, et on a très applaudi à la conduite qu'a tenue à cet égard le tribunal, qui s'est retiré dans la Chambre du conseil pour y délibérer sur la récusation proposée par Carrier ; après quoi, il a repris sa séance et continué ses débats.

Le public a resté constamment jusqu'à onze heures du soir au tribunal criminel du département pour entendre prononcer le jugement sur les douze membres du ci-devant Comité révolutionnaire de la section du Bonnet-Rouge. Sa joie s'est manifestée en apprenant que dix étaient condamnés à vingt ans de fers, et deux mis en liberté ; la majeure partie disait qu'il faudrait en faire autant de tous les Comités réformés. La plus grande tranquillité a régné dans ces deux tribunaux.

Simon fait part des murmures des citoyens sur la mauvaise qualité du pain et de leurs plaintes réitérées sur la cherté des subsistances.

Maffel rapporte que des femmes du marché des Enfants-Rouges disaient que, si cette cherté continuait, elles feraient une descente chez les marchands qui voulaient remplacer les ci-devant.

Vontschritz, inspecteur, et autres disent qu'à l'ouverture du port au charbon, vieille place aux Veaux, la foule s'est tellement portée à la tête du rang, qu'elle a duré toute la journée, mais que cependant il n'est arrivé aucun accident.

Plusieurs inspecteurs rapportent qu'étant chargés de dissiper les queues qui se forment pendant la nuit aux ports de la Tournelle et vieille place aux Veaux, ils se sont transportés à la réserve pour inviter la force armée à les seconder, ce qu'elle a refusé de faire en disant que la Commission administrative de police ne devait pas faire la loi, qu'ils n'étaient pas faits pour être exposés à recevoir des coups de couteau, qu'il n'avaient d'ordre à recevoir que de l'État-Major; que cette même force armée s'y est cependant présentée et s'est jointe à la gendarmerie vers six heures et demie.....

Le faubourg Marcel a été assez paisible; la viande s'y distribue dans toutes les rues.

BEURLIER, HORNIN.

(Arch. nat., F 4 c III, Seine, 14.)

JOURNAUX.

Journal de Perlet du 8 frimaire :

L'intérêt des matières politiques nous empêche trop souvent de nous occuper de littérature. Cependant nous ne pouvons résister au plaisir de faire connaître deux odes qui ont paru depuis quelque temps et que la modestie de l'auteur a trop dérobées à l'admiration publique; l'une est sur la nuit du 9 au 10 thermidor, l'autre est adressée aux tyrans. Elles sont du citoyen Perreau [1], chef au Comité de salut public pour les relations extérieures. La gloire de nos triomphes et la honte des tyrans y sont chantées en vers dignes de nos plus grands poètes.

C'est par de tels ouvrages que la Commission d'instruction devrait s'attacher à enflammer l'enthousiasme républicain. C'est à elle à les publier, à les répandre, pour réparer les outrages prodigués au bon sens et au bon goût par ses devanciers, qui imprimaient le cachet de la Commission à une foule de rapsodies indignes de voir le jour.

Le citoyen Perreau s'adresse ainsi aux tyrans coalisés :

Quels sont donc les succès où votre espoir se fonde?
Accablés de terreur, de honte, de remords,

1. Sur Jean-André Perreau (1749-1813), jurisconsulte, voir F. Masson, *Le Département des Affaires étrangères pendant la Révolution*, p. 329.

Répondez-moi, tyrans... rois oppresseurs du monde,
Quel prix attendez-vous de vos lâches efforts ?

Par la fuite déjà chacun de vous expie
Ses sinistres desseins ; rompus de toutes parts,
Les fragiles liens de votre ligue impie,
N'offrent plus à nos yeux que leurs débris épars.

Fugitif Autrichien, ton aigle épouvantée,
Que pressent, sans repos, la honte et le trépas,
Des plaines de Fleurus s'échappe ensanglantée,
Sans oser revoler à de nouveaux combats.

Des droits des nations hypocrite ennemie,
Qui, fière trop longtemps de ton impunité,
Contre nous, en secret, armais la tyrannie,
En blasphémant toujours le nom d'humanité,

Albion, tremble enfin... c'est le jour des vengeances :
Crains, malgré tes complots, ta ceinture des mers,
Que nous n'allions punir tes longues insolences,
Et de ce grand exemple effrayer l'univers.

De nos premiers bienfaits violez la mémoire ;
Combattez pour des rois, Bataves abusés ;
Peuple ingrat ! désormais sans puissance et sans gloire,
Tu reprendras ces fers que nous avions brisés.

Tu croyais nous braver derrière tes montagnes,
Tyran presqu'oublié ! Comme autant de torrents,
Du Cenis étonné, vois-tu dans ces campagnes,
Descendre à flots pressés nos soldats triomphants ?

Tu rallumes en vain tes foudres impuissantes,
Pontife des Romains ! Exempte de terreur,
L'éternelle raison va, dans tes mains tremblantes,
Les éteindre à jamais, et confondre l'erreur.

D'un prodige nouveau les troupes consternées
Se sauvent... dans l'oubli de leur vaine fierté.
Fanatique Espagnol ! Où sont les Pyrénées ?
Ils se sont aplanis devant la liberté.

Ces odes, dont nous ne citons que quelques strophes prises au hasard, ont été présentées à la Convention, qui les a recommandées par son suffrage et par une mention spéciale au procès-verbal.

SPECTACLES DU 7 FRIMAIRE.

THÉATRE DES ARTS. — Relâche.
OPÉRA-COMIQUE. — *La Mélomanie; Raoul de Créquy ou Bathilde et Eloi.*

Feydeau. — *Rose et Aurèle*, op.; *les Visitandines*, op.
Théâtre de la République. — *Timoléon; le Couteur*, com.
Théâtre de l'Égalité. — Relâche.
Lyrique. — *Zélia*, opéra; *Congé*, opéra.
Gaîté. — *L'École de la Bienfaisance*; *l'Amant auteur et valet*; *Il était temps*; *le Patriotisme au village* (Les Petites Affiches indiquent, au lieu de cette dernière pièce, *les Brigands de la Vendée*).
Ambigu-Comique. — *Les Mariages assortis*; *les Sœurs du Pot*; *le Menuisier de Vierzon*.
Vaudeville. — *Arlequin Hulla*; *le Naufrage au port*; *l'Auberge isolée*.
Cité-Variétés. — *L'Orphelin*; *l'Heureux quiproquo*; *les Cent écus*.

CXXIV

8 FRIMAIRE AN III (28 NOVEMBRE 1794).

Rapport du 9 frimaire.

Les groupes étaient peu nombreux au Jardin national et aux environs de la Convention; chacun s'entretenait paisiblement sur divers objets indifférents, sur les subsistances, sur Carrier et sur les nouveaux succès de nos armées; l'opinion publique est très bonne; toujours même confiance dans les mesures de nos représentants.

Le peuple s'est porté en foule à la place de la ci-devant Maison-Commune, pour voir les membres du ci-devant Comité révolutionnaire de la section du Bonnet-Rouge, qui ont resté sur le tabouret jusqu'à six heures et au flambeau. Ces condamnés ont essuyé beaucoup de reproches et d'humiliation. Un d'eux n'a pu être exposé, s'étant donné un coup de couteau. Malgré cette affluence, il n'est point arrivé d'accident.....

Les rapports s'accordent à dire que la plus grande tranquillité règne dans les sections, ainsi que dans les halles et marchés. Les ports et chantiers sont les seuls endroits qui présentent une nécessité absolue de la plus active surveillance.

Au port de la Tournelle, des malveillants ont cherché tous les moyens possibles pour y faire naître le désordre; mais, à l'aide de la force armée, tant à pied qu'à cheval, le calme s'est rétabli. Un gendarme à cheval a reçu un coup de pierre à la tête, et un fusilier un coup de poing. L'on n'a pu se saisir de ces perturbateurs......

L.-J. BABILLE, THEROUENNE.

(Arch. nat., F 1 c III, Seine, 14.)

JOURNAUX.

Journal de Perlet du 10 frimaire.

Le tribunal criminel du département de Paris a terminé le procès de l'ancien Comité révolutionnaire de la section du Bonnet-Rouge. Dix des membres qui le composaient ont été convaincus de vols et de dilapidations, et condamnés à vingt ans de fers et à l'exposition pendant six heures sur un échafaud élevé dans la place de Grève. Ils ont subi avant-hier leur jugement. Une foule considérable était accourue pour jouir de leur ignominie. Ils ont été accueillis de mille sarcasmes et rassasiés d'outrages. Les assistants, plus frappés du souvenir du pouvoir vexatoire qu'ils ont exercé et de l'abus qu'ils en ont fait que touchés de leur malheur, ne leur ont pas épargné les injures et les plaisanteries. Deux d'entre eux, dont l'un est le fils du fameux musicien Piccini, ont été acquittés et mis en liberté. Un troisième s'est blessé d'un coup de couteau, et n'a pu paraître sur le tabouret.

Gazette française du 9 frimaire :

De Paris, le 8 frimaire. — On voit aujourd'hui attachés, sur un échafaud dressé en place de Grève, neuf criminels, membres de l'ancien Comité révolutionnaire de la section du Bonnet-Rouge. Ces brigands ont été convaincus de vols, de dilapidations publiques et particulières. Outre le supplice de demeurer ainsi exposés, pendant six heures, aux outrages et aux railleries d'un peuple immense, qui les appelle *les bons, les purs patriotes*, ils sont condamnés à vingt ans de fers. Deux d'entre eux, dont l'un est le fils du musicien Piccini, ont été acquittés. Un des condamnés s'est blessé d'un coup de couteau et il n'a pu être exposé.

Sans-Culotte du 12 frimaire :

On a vu les membres du Comité révolutionnaire de la section du Bonnet-Rouge siéger en place publique : là, les huées du peuple ont ajouté à la peine qu'ils avaient encourue par leurs délits.

On peut juger de l'esprit qui animait ces agents de la tyrannie des Triumvirs par les détails suivants. Ils dirigeaient leurs spéculations avides sur l'arrestation des citoyens qu'ils jugeaient suspects, et ils percevaient des frais énormes, qu'ils faisaient payer à la fois aux détenus et à la nation; ainsi, on voit dans leurs comptes : pour l'arrestation d'un grand nombre de citoyens suspects, achats de flambeaux, solde de sans-culottes, etc., 956 livres; pour visites domiciliaires, pour découvrir les gens suspects, flambeaux et sans-culottes, 888 livres; pour voitures et hommes d'observation pour arrêter l'homme d'affaires de Beuvron, 383 livres; pour voyages ou recherches à la campagne, 894 livres.

C'est ainsi que la cupidité s'engraissait par la terreur, et que ce système terrible trouvait tant de partisans et d'appuis. Le moment où la justice poursuit de telles iniquités est sans doute fâcheux pour ceux qui se les sont permises, mais le vrai patriote bénit l'heureuse révolution qui s'est opérée, et il voue au mépris, à l'exécration publique, tous les infâmes complices de tant de forfaits.

Messager du soir du 11 frimaire :

Paris, le 10 frimaire. — Nous avons éprouvé une sorte de volupté en contemplant les dix misérables coquins du Comité révolutionnaire de la section du Bonnet-Rouge faire amende honorable, sur le tabouret, au peuple qu'ils avaient trompé et volé de la manière la plus odieuse. Une idée cependant nous a contristé en pensant que la plupart de leurs collègues, qui avaient exercé les mêmes rapines, jouissent de l'impunité; espérons que la marche lente et sûre de la justice les atteindra enfin, et qu'ils rendront gorge sur la place de la Révolution.

Tous les curieux qui ont assisté à la petite cérémonie de cette exposition ont été enchantés de la bonne grâce avec laquelle ces patriotes énergiques ont rempli leur rôle sur la place de Grève. Une foule immense de modérés, de Chouans à la Duhem, d'honnêtes gens et de partisans de la faction dictatoriale de l'opinion publique, les entouraient et leur lançaient, à la vérité, les sarcasmes les plus sanglants. Mais les reproches ne paraissaient pas beaucoup les émouvoir; ils semblaient familiarisés avec la honte, et en effet ils avaient fait leurs preuves. Ils prétendent même qu'il faut que le public s'accoutume à ces sortes de spectacles; car, disent-ils, leurs confrères doivent avoir à leur tour les honneurs de la séance, pour peu qu'on examine de près ce qu'ils appellent leur comptabilité.

Ils se sont même amusés à écrire aux plus chauds révolutionnaires des sections de Paris une lettre d'invitation pour être les témoins oculaires de la réaction contre-révolutionnaire qui s'opère aujourd'hui et du courage avec lequel d'anciens Jacobins doivent répondre à l'oppression visible sous laquelle ils gémissent. Nous avons sous les yeux une copie exacte et fidèle d'une de ces circulaires; elle est ainsi conçue :

Paris, le 7 frimaire, l'an III de la République.

Le citoyen Pejeat, membre du ci-devant Comité révolutionnaire de la section du Bonnet-Rouge, au citoyen Cochoix, ci-devant membre du Comité révolutionnaire de la section Révolutionnaire (ci-devant du Pont-Neuf, et plus ci-devant encore d'Henri IV.)

Citoyen, frère et ami,

On vient de nous faire grâce au tribunal criminel du département; nous en sommes quittes pour une représentation de 6 heures à la Grève ; comme il faut le résigner, ainsi que nous, à cette petite correction, nous t'invitons à venir étudier l'attitude que doit prendre un patriote énergique du 2 septembre, dans une pareille cérémonie.

Nous t'écrirons avant de partir pour Toulon, où nous espérons te voir arriver bientôt. Salut, frère et ami.

Signé : PEJEAT, *ci-devant membre du Comité révolutionnaire du Bonnet-Rouge.*

On assure que l'emprisonneur, le septembriseur Cochoix, s'est rendu à cette invitation, et qu'il disait, les larmes aux yeux, à d'anciens collègues : « Voyez comme on traite aujourd'hui les meilleurs patriotes ! »

On attend avec impatience le rapport des Comités de gouvernement sur la réintégration à la Convention des députés que la force en avait expulsés. On s'étonne avec raison qu'on mette en question si des représentants du peuple, que la haine de quelques êtres dont on ne connaît que les forfaits avait proscrits, doivent exercer la mission qu'ils ont reçue du souverain. Il viendra sans doute un temps où le peuple jugera les auteurs de cet attentat ; en attendant, il a droit de réclamer hautement la rentrée de ses mandataires.

Depuis la fermeture des Jacobins, les vols et les assassinats deviennent plus fréquents. Hier la boutique d'un marchand bijoutier a été entièrement dévalisée au Palais-Égalité ; les voitures publiques sont attaquées sur les grandes routes, et il paraît que les Chouans ne sont pas tous dans la Vendée.

Il est arrivé, dit-on, un officier prussien à Paris, qui s'est rendu sur le champ au Comité de salut public. L'objet de son voyage est ignoré et donne lieu à mille conjectures. Cet officier est reparti pour Metz, sans que rien ait transpiré de la conférence qu'il a dû avoir avec les membres du Comité.

On donnait ces jours derniers au théâtre de l'Égalité la tragédie de *Spartacus* ; le vers suivant a excité les plus vifs applaudissements :

Punissons en soldat, et non pas en bourreau.

Annales patriotiques et littéraires du 9 frimaire :

Un des membres du Comité révolutionnaire de la section du Bonnet-Rouge, nommé Ollivier, serrurier, demeurant rue du Bac, s'est donné un coup de couteau en sortant de la prison pour monter au tabouret. Sa blessure n'est pas mortelle ; on l'a reconduit à l'infirmerie de la Force. Cette exposition a attiré à la Grève la moitié de Paris, et les patients ont été couverts des huées de tout le peuple.

Spectacles du 8 frimaire.

Théâtre des Arts. — *Le Chant du Départ* ; *Iphigénie en Tauride.*
Opéra-Comique. — *Renaud d'Ast* ; *Arasbelle et Vascos.*
Feydeau. — *Des Vrais Sans-Culottes* ; *Paul et Virginie.*
Théâtre de la République. — *L'Auberge pleine* ; *le Distrait.*
Théâtre de l'Égalité. — *Spartacus*, trag.; *le Commissionnaire.*
Lyrique. — *Geneviève*, op.; *Cange.*
Gaîté. — Au profit des familles des défenseurs de la patrie : *Vénus Pèlerine* ; *le Nouveau calendrier* ; *Cange* ; *la Fille généreuse*, et l'entrée des *Sabotiers.*
Ambigu-Comique. — *La Bascule* ; *le Commissionnaire de Saint-Lazare* ; *les Prisonniers patriotes.*
Vaudeville. — *Le Sourd guéri* ; *Christophe Dubois* ; *Colombine Mannequin.*
Cité-Variétés. — *Guillaume Tell*, trag.; *le Bourru bienfaisant*, com., au profit d'une artiste infortunée.

CXXV

9 FRIMAIRE AN II (29 NOVEMBRE 1794.)

Rapport du 10 frimaire.

L'opinion publique est la même, toujours bien prononcée contre Carrier, les Jacobins et les intrigants de toute espèce.

Les citoyens voient avec peine que l'on ne prend pas de mesures promptes pour mettre un frein à la cupidité des marchands. Malgré tous ces inconvénients, qui sont inhérents aux grandes révolutions, chacun est tranquille et ne cesse de regarder la Convention comme la seule colonne autour de laquelle ils doivent se rallier.

Charpentier, inspecteur, rapporte qu'au café ci-devant Chartres, Maison-Égalité, un orateur, monté sur un tabouret, déclamait contre tous les ci-devant Comités révolutionnaires; il a été fort applaudi. Un autre a succédé, a péroré contre les Jacobins, a dit qu'il fallait les poursuivre partout où ils se réfugieraient, et de suite on est sorti en masse pour se porter à la maison du citoyen Dorena(?) Des inspecteurs présents ont été au même instant prévenir les différents commandants de la force armée, les inviter à faire circuler des patrouilles pour prévenir les désordres qui auraient pu résulter d'une telle démarche, ce qui fut exécuté avec tant de précaution et d'activité qu'on est parvenu à dissiper cet attroupement, et qu'il n'en est résulté aucun événement.

Mailly, inspecteur, rapporte qu'un citoyen, arrivant récemment de Prusse, a dit hier au café des Canonniers, Maison-Égalité, que nos assignats étaient en crédit dans ce pays; cette nouvelle a fait grand plaisir au public......

Descoings, officier de paix, dit que les plaintes les plus générales et les plus fortes qu'il a recueillies sont relatives à la disette du bois et du charbon. Le public est mécontent d'entendre dire qu'il y a une certaine quantité de bateaux de charbon à très peu de distance de Paris, et de voir que l'on n'en fait descendre qu'un à la fois et toujours qu'à deux ports.

BARBARIN, DURET.

(Arch. nat., F 7 * III, Seine, 11.)

JOURNAUX.

Annales patriotiques et littéraires du 11 frimaire :

Hier au soir, Collot d'Herbois et Billaud-Varenne, se promenant au Palais-Égalité, furent complètement hués. Duhem courut au Comité de sûreté générale donner avis de ce qu'il appelait une nouvelle révolte. On prétend qu'il fut répondu à Duhem *qu'il était difficile d'empêcher Collot et Billaud d'être hués.*

Petite Feuille de Paris du 11 frimaire :

La confiance et la gaîté renaissent peu à peu parmi les citoyens de cette cité; il est vrai que la licence voudrait être aussi de la partie; mais heureusement le gouvernement surveille tous les abus. Avant-hier, sans un arrêté du Comité de sûreté générale, qui en a défendu la représentation, on aurait donné au théâtre de l'Opéra-Comique national de la rue Favart l'ancienne pièce de *Raoul, sire de Créquy.* On avait oublié sans doute que cette pièce contient des allusions qui peuvent encore être très dangereuses.

On parle quelquefois du fils de Capet; il paraît qu'on s'est ressouvenu que, pour être fils du roi, il n'en est pas moins homme; car on vient de le confier à la garde de trois honnêtes citoyens, dont deux sont chargés de pourvoir à son éducation, et le troisième à ses besoins physiques.

La police a l'air de négliger un peu le nettoiement des rues; je sais que, presque tous les chevaux ayant été mis en réquisition pour le service de la République, il devient plus difficile qu'autrefois d'enlever les boues. Mais, quand on considère la cherté excessive des souliers, celle du blanchissage et la rareté des fiacres, il paraît de la nécessité la plus urgente, de veiller à l'enlèvement des boues, qui, outre les inconvénients que je viens de citer, contribuent encore beaucoup à l'insalubrité de l'air.

Avant-hier, sur les huit heures du soir, Collot d'Herbois et Billaud-Varenne, qui se promenaient dans les galeries du Palais-Égalité, ont été couverts d'injures et de huées par le peuple, qui les a forcés de s'esquiver à la faveur d'un passage qu'ils ont trouvé dans la boutique d'un marchand.

L'affaire de Carrier est en bon train; les mânes des nombreuses victimes qu'il a fait égorger vont être bientôt vengés.

Correspondance de Paris et des départements du 10 frimaire :

Paris, le 9 frimaire. — La plus forte maison de bijouterie du ci-devant Palais-Royal a été volée cette nuit; il n'est rien resté dans la boutique. On ne sait pas encore à combien de centaines de mille livres doit être évaluée la perte que fait le citoyen Cabasson.

Un officier prussien est arrivé, ces jours derniers, à Paris, et s'est rendu au Comité de salut public; on ignore l'objet de son voyage.

On assure que le siège de Mayence est commencé et que Luxembourg sera bientôt investi. S'il en faut croire certaines personnes, les écluses de cette dernière ville ont été lâchées, et nous y avons perdu trente mille hommes.

Le fils de Capet profitera aussi de la révolution du 10 thermidor. On sait que cet enfant avait été abandonné aux soins du cordonnier Simon, digne acolyte de Robespierre, dont il a partagé le supplice. Le Comité de sûreté générale, persuadé que, pour être fils d'un roi, on ne doit pas être dégradé au-dessous de l'humanité, vient de nommer trois commissaires, hommes probes et éclairés, pour remplacer le défunt Simon. Deux sont chargés de l'éducation de cet orphelin; le troisième doit veiller à ce qu'il ne manque pas du nécessaire comme par le passé.

On remarque que, dans toutes les discussions qui ont eu lieu à la Convention, Barère et Thuriot applaudissent *pour*, applaudissent *contre*, et ne se lèvent pour personne.

SPECTACLES DU 9 FRIMAIRE.

THÉATRE DES ARTS. — Relâche.
OPÉRA-COMIQUE. — *Le Franc Breton; Raoul de Créquy ou Bathilde et Eloi.*
FEYDEAU. — Concert.
THÉATRE DE LA RÉPUBLIQUE. — *Fénelon*, trag. ; *le Cocher supposé*, com.
THÉATRE DE L'ÉGALITÉ. — *Sélico; la Liberté des Nègres*, divert.
LYRIQUE. — Relâche.
GAITÉ. — *Le Diable boiteux; le Pardon imprévu; le Pari imprudent.*
AMBIGU-COMIQUE. — *La Bascule ; le Commissionnaire de Saint-Lazare les Prisonniers patriotes.*
VAUDEVILLE. — *La Bonne aubaine; Arlequin Joseph ; la Gageure inutile.*
CITÉ-VARIÉTÉS. — *Le Nez ; le Danger des liaisons.*

CXXVI

10 FRIMAIRE AN III (30 NOVEMBRE 1794).

RAPPORT DU 11 FRIMAIRE.

D'après les rapports, il paraît que Paris a été assez tranquille hier. Toujours même opinion contre le Comité révolutionnaire de Nantes et contre Carrier ; on se plaignait dans les groupes des membres qui composent les autorités constituées et qui sont chargés de faire exécuter les lois; on dit d'eux (et c'est Gendit qui le rapporte) qu'ils sont les premiers à les enfreindre.

Nous ne parlerons plus de la Maison et Jardin Égalité (disent Fion et Niquille); seulement nous croyons qu'il est très instant que l'on prenne des mesures générales de répression pour purger ce repaire de tous les vices.

Descoings, officier de paix, annonce la plus grande tranquillité dans les sections de son arrondissement, où il n'est arrivé aucun fait particulier. Il observe que, dans les spectacles comme ailleurs, on ne voit que très peu de femmes portant la cocarde, qu'elles répondent avec arrogance aux observations qu'on leur fait.

Dubois, inspecteur, annonce que, dans différents endroits, des femmes disaient que ce n'étaient que les Jacobins qui étaient la cause de ce que les citoyennes portaient des cocardes ; que, depuis l'anéantissement de cette Société, plusieurs n'en portaient plus.

Leclerc et Bias, inspecteurs, rapportent que, dans des groupes près la Convention, les esprits étaient tellement animés que quelques citoyens disaient qu'il n'était plus possible de vivre, vu la cherté des denrées en général ; qu'ils déclamaient contre les Commissions, contre ceux qui tenaient les rênes du gouvernement ; que cette excessive cherté sur tous les objets nécessaires à l'homme ne pouvait que dégoûter le peuple du règne républicain ; que les lois sur le maximum n'étaient pas exécutées ; que l'on payait des commissaires de police qui n'entendaient point leurs fonctions ; que les cochers de voiture de place devenaient plus insolents que jamais, et exigeaient un salaire arbitraire ; qu'un essaim de voleurs est venu tomber sur Paris ; que les femmes publiques, non seulement nuisaient à la santé publique, mais qu'elles étaient encore les receleuses de ces voleurs.

Desseuille, officier de paix, se plaint de la retenue que l'on fait sur les rentes ; il dit que des vieillards disaient à ce sujet qu'ils ne pouvaient plus travailler et qu'ils ne possédaient que six cents livres, somme trop modique pour pouvoir exister.

Loctave dit qu'au Jardin national il y avait plusieurs groupes, que l'on y disait que les lois n'étaient pas assez sévères pour punir les coquins et les voleurs. Dans d'autres, on y parlait des subsistances : les uns disaient qu'on payait les souliers vingt livres ; d'autres qu'ils avaient fait huit lieues sans pouvoir trouver du pain, qu'il n'était pas possible de vivre, et que cela ne pouvait durer longtemps. On se demandait quels sont ceux qui surveillent les subsistances ; plusieurs répondaient que c'étaient des agents, dont tous faisaient gros commerce. Enfin le peuple n'est pas tranquille sur cet objet.

Muzeux, inspecteur, déclare qu'il a vu passer à la barrière de la Chapelle beaucoup de citoyens et citoyennes avec chacun un pain de cinq livres, qu'il a demandé si l'on avait le droit de passer du pain aux barrières, qu'on lui a répondu que l'on pouvait en passer un par chaque personne. Il en résulte, d'après ce grand abus, qu'il peut sortir un nombre infini de pains......

BOCQUET-DESTOURNELLES, THEROUENNE [1].

(Arch. nat., F 4 c III, Seine, 14.)

---

1. En marge : « Cit. Lefranc. — Lire ce rapport qui nécessite encore une lettre à la Commission de police pour demander ce qu'elle fait pour remédier aux abus dont elle rend compte. — 12 frimaire. »

JOURNAUX.

Courrier républicain du 12 frimaire :

Du 11 frimaire. — Les écrits les plus violents continuent à circuler contre trois personnages connus, membres de l'ancien Comité de salut public. Les colporteurs les proclament dans toutes les rues, dans toutes les places, et sous les yeux même de ceux contre qui ils sont dirigés. Mais ce n'est pas seulement les écrits qui prononcent anathème contre Barère, Billaud-Varenne et Collot d'Herbois : nonidi dernier, on a entendu au Palais-Égalité des cris très prononcés contre ces trois représentants.

Journal de Perlet du 12 frimaire :

Depuis que la tyrannie ne tient plus à sa solde une foule d'êtres immoraux, de scélérats qui la secondaient par tous leurs moyens, depuis qu'ils sont chassés des fonctions qu'ils avaient usurpées, et où ils pillaient, rançonnaient, arrêtaient et assassinaient leurs concitoyens, plusieurs d'entre eux semblaient avoir repris leur ancien métier. Aussi entend-on depuis quelque temps citer plus de meurtres commis sur les grandes routes et autour de Paris. Les vols deviennent aussi plus fréquents.

C'est à la police à redoubler de surveillance et d'activité pour ne pas laisser aux malveillants ce moyen de calomnier le règne de liberté reconquise.

Quelques patrouilles, le soir, dans les rues et dans les quartiers les plus isolés, des escouades de gendarmerie répandues avec intelligence et en certain nombre sur les grandes routes et surtout la nuit, aux environs de Paris, la loi des passeports observée avec plus de soin, suffiraient pour prévenir des malheurs.

Avant-hier, à dix heures du soir, un citoyen sortant d'une boutique, rue Montorgueil, fut assailli par un homme qui lui donna plusieurs coup de couteau. L'assassin s'est enfui.

Des voleurs se sont introduits, une des dernières nuits, dans la boutique d'un marchand bijoutier, Maison-Égalité. Cette boutique était richement garnie : ils l'ont entièrement vidée [1].

SPECTACLES DU 10 FRIMAIRE.

THÉÂTRE DES ARTS. — *Orphée et Eurydice ;* le ballet de *Télémaque.*
OPÉRA-COMIQUE. — *Barbe-Bleue ou le Tyran puni ;* les *Détenus ou Cange.*

1. Voir plus haut, p. 286.

FEYDEAU. — *La Caverne*, op. en trois actes; *les Montagnards*, opéra en un acte.
THÉATRE DE LA RÉPUBLIQUE. — *La Perruque blonde*, com.; *l'Avare*.
THÉATRE DE L'ÉGALITÉ. — *Phèdre et Hippolyte*; *le Commissionnaire*.
LYRIQUE. — *Zélia*; *Cange*.
GAITÉ. — *Le Diable boiteux*; *l'Aristocrate démasqué par la Corne de la Vérité*; *le Pari imprudent*; *le Départ des Patriotes* (Les Petites Affiches indiquent, au lieu de cette dernière pièce, *le Pardon imprévu*).
AMBIGU-COMIQUE. — *Amour et Valeur*; *le Nid d'Oiseaux*; *l'Héroïne américaine*.
VAUDEVILLE. — *Arlequin Hulla*; *le Canonnier convalescent*; *les Vieux élégants*.
CITÉ-VARIÉTÉS. — *Les Dragons et les Bénédictines*; *les Dragons en cantonnement*; *les Royalistes de la Vendée*.

CXXVII

11 FRIMAIRE AN III (1er DÉCEMBRE 1794).

SPECTACLES DU 11 FRIMAIRE.

THÉATRE DES ARTS. — Relâche.
OPÉRA-COMIQUE. — *Guillaume Tell*; *Azémia*.
FEYDEAU. — *La Famille indigente*; *l'Officier*; *l'Amour filial*.
THÉATRE DE LA RÉPUBLIQUE. — *Timoléon*; *les Originaux*.
THÉATRE DE L'ÉGALITÉ. — *L'Arlequin bon père*, com.; *Alisbelle ou les Crimes de la Féodalité*, opéra.
LYRIQUE. — *Michel Cervantès*; *le Bon père*.
GAITÉ. — *L'Hôtellerie républicaine*; *Cange*; *le Fils adoptif*; *le Patriotisme au village*; *les Brigands de la Vendée*.
AMBIGU-COMIQUE. — *L'Étape*; *les Héros français*; *Dorothée*.
VAUDEVILLE. — *La Revanche forcée*; *Christophe Dubois*; *les Marchandes de la Halle*.
CITÉ-VARIÉTÉS. — *Guerre ouverte*, com.; *la Caverne*, pant.

CXXVIII

12 FRIMAIRE AN III (2 DÉCEMBRE 1794).

JOURNAUX.

Gazette Française du 13 frimaire :

De Paris, le 12 frimaire. — Nous étions délivrés des cris et des poignards des factieux, et, dans le tourbillon des soucis et de l'inquiétude inséparable de la situation où nous nous trouvons encore, nous attendions néanmoins avec résignation et tranquillité un avenir moins pénible. Eh bien ! de nouveaux scélérats, ce sont peut-être les mêmes, parcourent maintenant les rues pendant la nuit, commettant une multitude de vols considérables, et assassinent même les passants.

Il ne faut pas en douter : depuis qu'on a donné la chasse aux voleurs publics, ils sont devenus voleurs particuliers ; les forêts se repeuplent de nouveau des brigands qu'on n'y rencontrait plus, parce qu'ils pouvaient piller tout à leur aise à l'ombre de l'autorité.

Les rues des grandes villes doivent de nouveau retentir de leurs abominables exploits. Il faut espérer que le gouvernement, instruit de ces désordres, montrera pour les faire cesser la même énergie qu'il a développée pour la destruction de la tyrannie publique sous laquelle nous avons si longtemps gémi.

Nouvelles politiques, nationales et étrangères du 12 frimaire :

De Paris, le 12 frimaire. — Ces jours derniers, des filous se sont introduits de nuit dans la boutique d'un marchand bijoutier, Maison-Égalité, et l'ont entièrement dévalisée.

Pendant le jour, d'autres voleurs ont crocheté l'appartement du représentant Cambacérès et lui ont enlevé, outre une somme d'argent, tous les effets précieux qu'ils ont trouvés à leur convenance.

D'autres accidents plus graves ont alarmé la tranquillité publique de cette commune.

Il paraît certain que le gouvernement a pris des mesures pour faire exercer une police sévère pour réprimer les méfaits de tant de scélérats sans asile ou sans travail, que l'oisiveté ou des passions féroces poussent à des excès aussi coupables.

Courrier républicain du 13 frimaire :

Du 12 frimaire. — Il se commet depuis quelques jours, dans différents quartiers de cette ville, une grande quantité de vols et même des assassinats. On assure que, dans certaines rues, des scélérats tendent des cordes pour faire tomber les passants et les détrousser plus facilement.

Dans la nuit qui a précédé la dernière décade, on a tout enlevé chez un des plus riches bijoutiers du Palais-Égalité, précisément à côté du café du Caveau, quoique les portes extérieures du jardin fussent fermées.

Le soir de la même nuit, des fripons, se disant agents du Comité de la sûreté générale, ont requis comme tels la garde de service de la même maison, qui a eu la bonhomie de les suivre. Ainsi assistés, ils se sont introduits dans la boutique des citoyens Desennes et ont enlevé de force, de la main des garçons de magasins, un livre de prix, qu'ils ont emporté.

Interpellés sur une conduite aussi étrange, ils ont seulement répondu que les citoyens Desennes [n']avaient pas le droit de vendre le livre en question.

Les personnes qui étaient dans la boutique et à la porte sont restées stupéfaites; mais la propriété des citoyens Desennes n'en a pas moins été ravie.

Spectacles du 12 frimaire.

Théâtre des Arts. — Même spectacle que le 10 frimaire. (Les *Petites Affiches* indiquent *la Réunion du 10 Août*).

Opéra-Comique. — *Les Deux avares*; *la Bonne mère*; *Nina ou la Folle par amour*.

Feydeau. — Relâche.

Théâtre de la République. — *Catherine ou la Belle fermière*; *le Conteur*, com.

Théâtre de l'Égalité. — *L'École des pères*. (Les *Petites Affiches* indiquent le même spectacle que la veille).

Lyrique. — Relâche.

Gaîté. — Même spectacle que la veille.

Ambigu-Comique. — *Les Sœurs du Pot*; *le Commissionnaire de Saint-Lazare*; *les Débuts*.

Vaudeville. — *Arlequin afficheur*; *le Mensonge généreux*, fait hist., première représentation; *l'Auberge isolée*.

Cité-Variétés. — *L'Orphelin*, com.; *les Mœurs ou le Divorce*, com.; *les Montagnards*.

CXXIX

13 FRIMAIRE AN III (3 DÉCEMBRE 1794).

Rapport du 14 frimaire.

Esprit public. — Il ne s'est rien passé de marquant dans les spectacles : quelques vols de porte-feuilles. On remarque toujours avec plaisir les applaudissements donnés par la masse du peuple aux expressions de sentiments de vertu, de justice et d'humanité, ainsi qu'à tout ce qui tend à affermir la liberté et le gouvernement républicain, et à rappeler tous les esprits à la Convention nationale comme seul point de ralliement, ce qui est bien la preuve que la masse du peuple est bonne et juge sainement, quand elle n'est pas égarée par les agitateurs. Aussi est-ce cette dernière classe d'hommes sur laquelle la surveillance de l'esprit public s'exerce avec le plus d'activité. Plusieurs citoyennes, qui entraient dans les spectacles sans cocarde, ont été invitées par la surveillance d'en mettre, ce qu'elles ont fait de bonne volonté. Hier, une citoyenne, n'ayant point de cocarde, a été arrêtée sur le Pont-au-Change et conduite chez le commissaire de police de la section des Arcis ; d'autres sans cocarde, faubourg Antoine, ont répondu qu'on leur avait dit qu'on n'en portait plus depuis la clôture des Jacobins ; on leur a montré la loi ; elles ont promis aussitôt de s'y conformer et d'y inviter leurs concitoyennes.

Les conversations des groupes annoncent que, toujours fortement prononcée contre le représentant du peuple Carrier, l'opinion publique le condamne, et le peuple attend avec impatience son jugement. Il paraît aussi étonné de ne plus entendre parler du jugement de Fouquier-Tinville, et, dans les groupes, on se plaint de la lenteur de cette dernière affaire. Tout a été d'ailleurs fort tranquille dans les faubourgs et dans les cafés.

Commerce. — Vontschritz et autres inspecteurs assurent qu'au port au charbon de la vieille place aux Veaux, ils ont eu beaucoup de peine à maintenir le calme......

Bergeret, Olivier, Prevost annoncent qu'à l'ouverture du port au charbon de La Tournelle, le désordre a été complet ; il y a eu plusieurs personnes de renversées, mais, heureusement, point d'accident. Ils ont mis au corps de garde plusieurs citoyennes pour avoir occasionné ledit trouble. A deux heures, même désordre ; ils sont cependant parvenus à rétablir l'ordre. On a distribué 720 voies de charbon.

Petit, Janson et autres disent qu'à la surveillance de nuit, au port au charbon de la Tournelle, l'attroupement était prodigieux, et qu'ils sont venus à bout de le dissiper ; mais qu'à quatre heures du matin la foule a été plus nombreuse ; ils ont été pour requérir la force armée des sans-culottes, qui est venue et repartie aussitôt, en disant ne pouvoir disperser les rassemblements du matin ; d'après cela le désordre a été au plus haut degré. A l'ouverture du port, les femmes ont forcé la garde et ont couru en foule sous l'arche où l'on délivre le charbon.

Loctave dit que les Halles sont très bien approvisionnées; les répartitions très calmes.....

Surveillance. — Pantou, Lachatre, Dufresne et Hesson font part qu'un particulier, vêtu d'un surtout bleu, avec épaulettes en or, faisait fermer hier, sur les huit à neuf heures du soir, toutes les portes de la rue de la Tannerie, en disant qu'il en avait l'ordre et qu'il venait de commander la force armée. Un des inspecteurs s'est approché de lui et l'a invité de venir au corps de garde de la réserve, ce qu'il a fait; le commandant lui ayant fait exhiber ses papiers, il en a montré plusieurs, mais qui ne portaient point son signalement, plus deux cartes de sûreté à signalements différents. Ce citoyen, paraissant suspect, a été conduit au Comité révolutionnaire du VIIIe arrondissement; il a dit se nommer Jean-François Hugot, capitaine à l'armée du Nord, demeurant petite rue de Reuilly, faubourg Antoine.....

POTRON, ALLETZ.

(Arch. nat., F 1 c III, Seine, 14.)

JOURNAUX.

Journal de Perlet du 16 frimaire :

La tragédie de *Fénélon*, par Chénier, vient d'être remise au théâtre de la République, et y obtient un brillant succès. Les amis des lettres, de la liberté et des beaux vers s'étonnent de ne plus voir donner à ce théâtre la *Virginie* du citoyen La Harpe. C'est le spectacle de Rome secouant, comme la France, le joug de quelques usurpateurs. Il n'est pas de pièce plus à l'ordre du jour, il n'en est pas où les vrais principes soient plus éloquemment développés, où le tableau de l'horrible tyrannie, sous laquelle nous avons gémi, soit colorié plus fortement; il y est tracé par le génie et le patriotisme.

Le règne d'Appius rappelle sans cesse celui de Robespierre. A-t-on craint quelques allusions contre ceux de ses amis qui lui ont survécu?

Ce bel ouvrage a été joué deux fois après le 9 thermidor. Les circonstances y ajoutaient un nouveau prix. Il excitait le plus vif enthousiasme. Nous savons par quelle complaisance et par quel ordre on en a tout à coup interrompu les représentations. Si, pour faire rendre *Virginie* aux vœux et aux applaudissements des patriotes, il est nécessaire de dévoiler cette intrigue, nous la publierons.

C'est lorsque les hommes de lettres les plus distingués ont été obligés de dévorer dans les prisons le fruit de leurs économies, c'est lorsqu'ils ont expié, par une longue détention, un grand nom et des services continuels rendus à la liberté, que les directeurs des théâtres devraient s'empresser de jouer ceux de leurs ouvrages qui sont les plus propres à diriger l'opinion et à servir de modèle. Pourquoi ne donne-t-on plus *Virginie, Mélanie* et *Philoctète*, que le public verrait avec tant de plaisir, et qui nous délasseraient de tant de ridicules rapsodies qu'on veut nous faire regarder comme des tragédies, des comédies et des opéras ?

Pourquoi ne joue-t-on plus ceux des chefs-d'œuvres de nos grands maîtres où il n'y a ni rois, ni reines, et ceux où la royauté est tellement hideuse, qu'elle ne peut inspirer que l'horreur ou le mépris? Pourquoi oublie-t-on les pièces républicaines de Corneille ?

Certes, ce n'est pas le rôle de Néron, dans le *Germanicus* (sic) de Racine, qui pourrait être dangereux. Il y en a, parmi nos bonnes tragédies, une foule d'autres de ce genre. Pourquoi donc ne les joue-t-on pas? Rien ne contribue plus à répandre le vandalisme et à corrompre le goût, que les détestables pièces avec lesquelles on nous ennuie.

SPECTACLES DU 13 FRIMAIRE.

THÉÂTRE DES ARTS. — Relâche.
OPÉRA-COMIQUE. — *L'Étui de Harpe ou la Soubrette*, prem. repr.; *les Détenus ou Cange*.
FEYDEAU. — *Lisia*, op. en un acte; *les Visitandines*, op. en trois actes.
THÉÂTRE DE LA RÉPUBLIQUE. — *Fénelon*, trag.; *le Grondeur*, com. en trois actes.
THÉÂTRE DE L'ÉGALITÉ. — Relâche.
LYRIQUE. — *Geneviève*, op.; *Cange*.
GAITÉ. — *Le Fourbisseur patriote*, prem. repr.; *le Pari imprudent; le Patriotisme au village*.
AMBIGU-COMIQUE. — *Les Deux chasseurs et la Laitière; Au Retour; le Menuisier de Vierzon; le Devin du village*.
VAUDEVILLE. — *Arlequin Hulla; les Plaisirs de l'Hospitalité; le Divorce*.
CITÉ-VARIÉTÉS. — *Le Hâbleur*, com.; *la Mère rivale*, com.; *le Nez*, opéra.

CXXX

14 FRIMAIRE AN III (4 DÉCEMBRE 1794).

RAPPORT DU 15 FRIMAIRE.

Commerce. — Prevost, Ollivier et Bergeret rendent compte qu'à l'ouverture du port au charbon à la Tournelle, la force armée de la section des Sans-Culottes a abandonné son poste, ce qui a causé du trouble. La journée a été tumultueuse, et il y a eu trois piques de cassées, et la garde a été forcée trois fois. Ils rendent aussi compte qu'ayant demandé au préposé au charbon la vente de la journée, ce citoyen a refusé, en disant que cela ne les regardait pas, et que, s'il voulaient le savoir, ils n'avaient qu'à le demander à la Commission des subsistances.....

Surveillance. — Melette annonce qu'il est à la suite d'un particulier, connu pour changer de nom tous les jours ; ce particulier sort de Bicêtre, quoiqu'il ait été condamné à dix ans de fers. Melette doit se trouver avec lui aujourd'hui pour en apprendre davantage.

BEURLIER, ALLETZ.

(Arch. nat., F^{1c} III, Seine, 14.)

SPECTACLES DU 14 FRIMAIRE.

THÉATRE DES ARTS. — *Le Chant du Départ ; Iphigénie en Tauride.*
OPÉRA-COMIQUE. — *Les Dangers de l'Absence ou le Souper de famille,* com. ; *Camille ou le Souterrain,* com.
FEYDEAU. — Relâche.
THÉATRE DE LA RÉPUBLIQUE. — *Le Sourd ou l'Auberge pleine,* com. en trois actes ; *l'Honnête criminel,* drame en cinq actes.
THÉATRE DE L'ÉGALITÉ. — Relâche.
LYRIQUE. — *Héléna ; le Bon père ; le Devin du village.*
GAITÉ. — *Le Fourbisseur patriote,* com. patriotique ; *le Conseil impérial.*
AMBIGU-COMIQUE. — *Le Sorcier ; le Nid d'Oiseaux ; les Prisonniers patriotes.*
VAUDEVILLE. — *Le Nègre aubergiste ; le Mensonge généreux ; Arlequin Joseph.*
CITÉ-VARIÉTÉS. — *Le Hâbleur,* com. ; *Arlequin imprimeur,* opéra (Au lieu de ce spectacle, les *Petites Affiches* indiquent : *les Cent pièces d'or ; les Cent écus ; Cadet Roussel*).

CXXXI

15 FRIMAIRE AN III (5 DÉCEMBRE).

RAPPORT DU 15 FRIMAIRE.

Esprit public. Spectacles. — Depuis deux jours, il ne s'est rien passé de remarquable aux spectacles, si ce n'est les applaudissements constants du peuple pour tout ce qui exprime les sentiments de vertu, d'humanité, de justice et l'anéantissement du règne de l'oppression. On surveille avec soin les personnes qui se trouveraient sans cocarde.

Groupes. — La nouvelle des victoires remportées sur les Espagnols a été reçue avec la plus grande joie. On applaudit en général à la proclamation relative aux habitants de la Vendée, et au discours que le représentant du peuple Merlin (de Douai) a prononcé au nom du Comité de salut public [1]; mais on se plaint toujours de ne pas voir Fouquier-Tinville en jugement et le représentant du peuple Carrier jugé.

Hier la nouvelle se répandait que les Hollandais avaient inondé une grande étendue de terrain, et que l'armée française en a beaucoup souffert.

Des malveillants cherchent à faire croire que le fils de Capet n'est plus au Temple, qu'il est à Compiègne, d'autres disent à Saint-Cloud; mais ces bruits ne s'accréditent pas, et ces essais de la malveillance ne renaissent point.

L'état de Paris a été hier et ce matin le plus grand calme.

Commerce. — A la berge de la Rapée, suivant le rapport de Desbourdelle et Moiron, inspecteurs, le citoyen Mussot vendait son bois neuf 27 livres; un citoyen a requis l'exécution de la loi du maximum; le marchand s'y est refusé; le commissaire de police de la section des Quinze-Vingts a constaté cette contravention par procès-verbal, et, à deux heures, la vente a recommencé au prix fixé par la loi...

JACOT, LE ROUX.

(Arch. nat., F 1 c III, Seine, 14.)

SPECTACLES DU 15 FRIMAIRE.

THÉATRE DES ARTS. — Relâche.
OPÉRA-COMIQUE. — *Le Déserteur*, com.; *l'Etui de Harpe ou la Soubrette.*
FEYDEAU. — *Roméo et Juliette; les Vrais Sans-Culottes.*
THÉATRE DE LA RÉPUBLIQUE. — *Fénelon, le Consentement forcé*, com.
THÉATRE DE L'ÉGALITÉ. — *Mahomet*, trag.; *le Commissionnaire.*
LYRIQUE. — *Michel Cervantès; le Bon père.*
GAITÉ. — *Le Fourbisseur patriote; la Prise de Toulon* (Au lieu de cette dernière pièce, les *Petites Affiches* indiquent *le Conseil impérial*).
AMBIGU-COMIQUE. — *L'Heureuse décade; le Commissionnaire; le Masque de fer.*
VAUDEVILLE. — *Les Plaisirs de l'Hospitalité; le Prix ou l'Embarras du Choix; les Vieux élégants.*
CITÉ-VARIÉTÉS. — *Le Petit Orphée*, op.; *le Bon ermite*, op.

1. Il s'agit du rapport fait par Merlin (de Douai) à la Convention sur les bruits de paix, dans la séance du 14 frimaire an III (*Moniteur*, réimpression, t. XXII, p. 667, 671), et imprimé par ordre de la Convention (Bibl. nat., Le 38/1068).

CXXXII

16 FRIMAIRE AN III (6 DÉCEMBRE 1794).

RAPPORT DU 17 FRIMAIRE.

Esprit public. Clubs. — Dans le rapport du 13, il a été annoncé qu'on devait surveiller un club, dit des Cordeliers, qui se tenait chez Girier, maître de danse, rue des Boucheries-Germain ; avant-hier, jour où il devait se réunir, il ne s'y est trouvé qu'environ quinze personnes, qui se sont séparées sans avoir rien fait ni rien dit. Aujourd'hui la réunion doit encore avoir lieu, et la surveillance de l'esprit public doit s'y porter.

Spectacles. — Rien de nouveau pour les spectacles ; le bon esprit y règne toujours.

Groupes. — Ils étaient hier un peu plus fournis et plus échauffés que les jours précédents ; il paraît que l'on désire beaucoup voir épurer les anciennes administrations, et les mesures que la Convention nationale prend à cet égard calment les inquiétudes des bons citoyens, inquiétudes que les agitateurs et les alarmistes entretiennent le plus qu'ils peuvent, et dont la source est la cherté excessive des denrées. On s'entretient aussi toujours de l'affaire de Carrier et du Comité révolutionnaire de Nantes. L'opinion est toujours bien prononcée contre les oppresseurs, et on attend avec impatience le jugement de ces deux affaires importantes. Quelques citoyens se plaignent de ce que l'on crie dans Paris les dénonciations faites contre des membres de la Convention ; ils se fondent sur ce que ces cris publics attaquent la représentation nationale.

Commerce. — Museux, inspecteur, rend compte qu'il sort beaucoup de pain par les barrières de l'Observatoire et du Finistère ; un citoyen lui a annoncé que plusieurs épiciers de son pays viennent à Paris s'approvisionner de chandelle, qu'ils sortent facilement, parcequ'on ne visite pas les voitures aux barrières.

Duhamel, Baron et Piplard annoncent avoir passé la nuit au port de la Tournelle ; que, vers les trois heures et demie du matin, la garde a été forcée et n'a pu rétablir l'ordre ; ils disent avoir entendu proférer par des contre-révolutionnaires ces mots : *Au f....., la République! elle ne tiendra pas!* Les propos se tiennent dans les cafés et les cabarets, lieux suspects, où ces individus font un abominable trafic de bons de sections; on s'occupe de ces cafés et cabarets ; les ordres ont été donnés sur le champ.....

Ollivier, Bergeret et La Motte, inspecteurs, rapportent que le bon ordre s'était maintenu au port de la Tournelle ce matin, mais qu'il a été troublé par l'arrivée de quatre gendarmes, dont deux à cheval ; qu'un factionnaire a été renversé. Voyant ce désordre, les inspecteurs ont voulu fermer le port, mais les préposés et les charbonniers s'y sont opposés ; ces derniers se plaisent au trouble, à la faveur duquel chacun d'eux emporte une voie de charbon...

Sur le port au blé, vers le soir, le public était en queue pour le sel, qui se vend 7 sols la livre ; beaucoup de murmures ont éclaté contre la cherté sans cesse progressive des denrées.

L'opinion n'y était pas trop bonne en général ; on prend des informations à cet égard.....

L.-J. BABILLE, ALLETZ.

Arch. nat., F¹ c III, Seine, 14.

SPECTACLES DU 16 FRIMAIRE.

THÉÂTRE DES ARTS. — *Renaud*, op. en trois actes ; le ballet de *Télémaque*.
OPÉRA-COMIQUE. — *La Colonie* ; *Cange*.
FEYDEAU. — *Les Montagnards*, op. ; *l'Apothéose du Jeune Bara* ; *la Famille indigente*.
THÉÂTRE DE LA RÉPUBLIQUE. — *Le Dissipateur*, com. ; *la Jeune hôtesse*, com.
THÉÂTRE DE L'ÉGALITÉ. — *L'Avare* ; *les Deux billets*, com.
LYRIQUE. — *Héléna* ; *le Devin du village* ; *Cange*.
GAITÉ. — *Le Fourbisseur patriote*, com. ; *le Cocher supposé* ; *le Nécromancien*, pant.
AMBIGU-COMIQUE. — *Les Débuts* ; *les Héros français* ; *Dorothée*.
VAUDEVILLE. — *Le Dédit mal gardé* ; *le Noble roturier* ; *Piron avec ses amis*.
CITÉ-VARIÉTÉS. — *Le Hâbleur*, com. ; *les Royalistes de la Vendée*, pant.

CXXXIII

17 FRIMAIRE AN III (7 DÉCEMBRE 1794).

RAPPORT DU 18 FRIMAIRE.

Esprit public. Spectacles. — Les différentes sensations qu'éprouvent les spectateurs, suivant le genre de pièces que l'on donne et les sentiments qu'elles expriment, constatent toujours combien l'opinion est d'aplomb et très prononcée. Hier, au théâtre de l'Égalité, la représentation de *la Mort de César* a prouvé cette vérité; le rôle de Brutus a été applaudi dans toutes ses parties, et la haine pour la tyrannie s'est fait sentir dans toute la salle. Les applaudissements ont été souvent universels et réitérés, lorsqu'en parlant des tyrans, Brutus dit ces mots : *Jurons d'exterminer tous ceux qui voudraient l'être.*

L'éloge du gouvernement monarchique, qui, par opposition, se trouve dans la pièce, a excité de l'impatience, et des applaudissements donnés au talent de l'acteur ont été même improuvés. Au Vaudeville, dans une pièce intitulée les *Marchands de la Halle*, un acteur dit : *Aujourd'hui on n'incarcère plus sans raison*. Ce passage a été fort applaudi et répété.

Groupes. — Il ne s'y est rien dit de marquant; on a entendu seulement les déportés de la Guadeloupe et autres Américains qui se rassemblent au Jardin-Égalité se plaindre de l'injustice de la nation envers eux; on leur a représenté qu'ils devaient avoir confiance dans les trois Comités réunis, chargés de leur affaire, et qu'en se plaignant aussi publiquement des malveillants pourraient en profiter pour exciter des troubles. Ils se sont retirés en murmurant.

Commerce. — Bergeret, La Motte et Ollivier, inspecteurs, annoncent que le bon ordre a régné toute la matinée au port au charbon du pont de la Tournelle; qu'à deux heures de l'après-midi ils ont été forcés; que néanmoins, à l'aide de la force armée, tant à pied qu'à cheval, l'ordre a été bientôt rétabli ; les préposés aux subsistances n'ont pas voulu leur donner connaissance de la quantité des voies de charbon distribuées dans la journée.....

BARBARIN, THEROUENNE.

(Arch. nat., F 1 c III, Seine, 14.)

JOURNAUX.

Courrier républicain du 18 frimaire :

Du 17 frimaire. — Laurent Le Cointre a tenu parole; sa fameuse dénonciation contre les anciens Comités de salut public et de sûreté générale a été non seulement distribuée aux membres du gouvernement et de la législature, mais au peuple avec la plus grande profusion. Chacun s'empresse de se procurer cette pièce importante, qui doit incessamment accabler ceux contre lesquels elle est dirigée, ou écraser son auteur. On entend dans toutes les rues ces cris terribles :

Voilà *les Crimes et forfaits des anciens Comités de salut public et de sûreté générale*[1].

Une portion du peuple s'était attendrie à la mort de Hérault de Séchelles et conservait une sorte de vénération pour sa mémoire; mais depuis qu'on a entendu, au Tribunal révolutionnaire, ces mots atroces qu'il écrivait à Carrier : « Quand un représentant est en mission, il doit frapper de grands coups et en laisser la responsabilité sur ceux qui sont chargés de les exécuter [2] », l'intérêt qu'il avait inspiré en marchant à la mort s'est changé en un sentiment d'exécration et d'horreur, et on l'a replacé, avec justice, dans la légende des grands scélérats dont la révolution du 9 thermidor a délivré la République.

SPECTACLES DU 17 FRIMAIRE.

THÉÂTRE DES ARTS. — Relâche.
OPÉRA-COMIQUE. — *Albert ou le Bienfait récompensé*, com. en trois actes; *la Bonne mère*.
FEYDEAU. — *Les Deux ermites ; les Visitandines*.
THÉÂTRE DE LA RÉPUBLIQUE. — *Timoléon ; la Perruque blonde*.
THÉÂTRE DE L'ÉGALITÉ. — *La Mort de César*, trag.; *la Surprise de l'Amour*, com.
LYRIQUE. — *Héléna ; le Bon père*.
GAITÉ. — *Le Pardon imprévu de la Nièce malheureuse ; Cange ; l'Amant au tombeau ; Contentement passe richesse.* Les *Petites Affiches* indiquent le même spectacle que la veille.
AMBIGU-COMIQUE. — *Les Contretemps ; le Menuisier de Vierzon ; les Prisonniers de Vierzon*. (*Les Petites Affiches* indiquent le même spectacle que la veille).
VAUDEVILLE. — *La Bonne aubaine ; le Mensonge généreux ; les Marchandes de la Halle*.
CITÉ-VARIÉTÉS. — *L'Orphelin ; le Petit Orphée*.

CXXXIV

18 FRIMAIRE AN III (8 DÉCEMBRE 1794).

RAPPORT DU 19 FRIMAIRE.

Esprit public : spectacles. — Rien de nouveau sur les spectacles;

---

1. Cette dénonciation de Laurent Le Cointre est intitulée : *Les crimes de sept membres des anciens Comités....* Bibl. nat., Lb 41/1441, in-8°.
2. C'est un extrait, fort inexact et défiguré, d'une minute d'une lettre d'Hérault de Séchelles à Carrier, en date du 29 septembre 1793, et qu'on trouvera dans notre *Recueil des actes du Comité de salut public*, t. VII, p. 115.

tout y a été tranquille et l'esprit public s'y manifeste toujours dans le meilleur sens.

Clubs. — Celui des Cordeliers, rue des Boucheries, n'a pas eu lieu hier, faute de membres en nombre suffisant.

Groupes. — Ils étaient peu nombreux ; on y parlait avec satisfaction du décret qui rappelle dans le sein de la Convention les soixante-onze représentants qui étaient en arrestation [1].

Commerce. — Murat, inspecteur, rend compte qu'au chantier des Armes de France, le citoyen Bouque vend son bois neuf 36 livres la voie ; il a voulu s'opposer à cette infraction et a été insulté.

ROUCHAS, THEROUENNE.

(Arch. nat., F 1c III, Seine, 14.)

SPECTACLES DU 18 FRIMAIRE.

THÉATRE DES ARTS. — *Toute la Grèce ou ce que peut la Liberté*, tableau patr. ; *Iphigénie en Tauride*.

OPÉRA-COMIQUE. — *La Mélomanie* ; *Callias ou Nature et Patrie* ; *Cange*.

FEYDEAU. — *La Caverne* ; *Claudine ou le Petit commissionnaire*.

THÉATRE DE LA RÉPUBLIQUE. — *La Coquette corrigée*, com. ; *les Étourdis*, com.

THÉATRE DE L'ÉGALITÉ. — *Félix ou l'Enfant trouvé*, op. ; *l'Épreuve nouvelle*, com.

LYRIQUE. — *Michel Cervantès* ; *Cange*.

GAITÉ. — *Le Diable boiteux* ; *Blaise le hargneux* ; *le Départ des Patriotes*.

AMBIGU-COMIQUE. — *Amour et Valeur* ; *le 12 Thermidor* ; *l'Héroïne américaine*.

VAUDEVILLE. — *Les Vieux époux* ; *le Naufrage au port* ; *Christophe Dubois*.

CITÉ-VARIÉTÉS. — *Le Prélat d'autrefois*, com. ; *Arlequin imprimeur*, op.

1. Le 18 frimaire an III, sur le rapport de Merlin (de Douai), la Convention nationale rappela dans son sein ceux de ses membres qui avaient signé les protestations girondines. Le rapport de police les appelle ici *les 71*, et on les appelait ordinairement *les 73*. En réalité, 75 députés avaient signé lesdites protestations ; mais, parmi ces 75, il n'y en eut que 67 qui furent l'objet d'un simple décret d'arrestation. Voici, à ce sujet, notre *Recueil des actes du Comité de salut public*, t. VII, p. 281, note 1.

CXXXV

19 FRIMAIRE AN III (9 DÉCEMBRE 1794).

Rapport du 20 frimaire.

Esprit public. Spectacles. — Tout y a été parfaitement tranquille. Au concert de la rue Feydeau quelques femmes ont été arrêtées pour être sans cocarde. Le public a demandé que toutes les femmes occupassent le devant des loges, ce qui a été exécuté sans tumulte, et avec beaucoup d'applaudissements. La location des loges excite toujours beaucoup de réclamations.

Cafés. — Hier au café ci-devant Valois, Maison-Égalité, un individu, ayant manifesté des principes jacobistes (sic), a été chassé par le public, qui était fort nombreux......

Groupes. — Ils étaient peu nombreux; on s'y entretenait toujours avec la plus grande satisfaction des décrets du 18, relatifs aux représentants détenus, au rapport de la loi du 27 germinal [1] et aux mises hors la loi [2]. Tout le monde voit avec grand plaisir l'humanité et la justice reparaître. On attend avec impatience le jugement du représentant Carrier et du Comité révolutionnaire de Nantes, ainsi que la décision sur la loi du maximum; l'opinion générale paraît être pour le rapport de cette loi. On murmure beaucoup contre la Commission des subsistances.

La cérémonie de l'inauguration de l'arbre de la liberté par les ouvriers des ateliers d'armes, rue Plumet, section du Bonnet-Rouge, s'est passée avec le plus grand calme.....

HORNIN, LE ROUX, POTRON.

Arch. nat., F 1c III, Seine, 13.

Spectacles du 19 frimaire.

Théâtre des Arts. — Relâche.

1. Le 18 frimaire an III, la Convention nationale rapporta partiellement la loi du 27 germinal an II, concernant la répression des conspirateurs, l'éloignement des nobles et la police générale.
2. Le 19 frimaire an III, la Convention décréta que les Comités de salut public et de législation lui feraient un rapport : 1° sur les représentants du peuple mis hors la loi; 2° sur les décrets ou jugements de mise hors la loi qui avaient été portés contre des citoyens.

OPÉRA-COMIQUE. — *La Vieillesse de J.-J. Rousseau; la Soubrette ou l'Étui de la Harpe ; Nina ou la Folle par amour.*
FEYDEAU. — Concert.
THÉÂTRE DE LA RÉPUBLIQUE. — *Le Sourd ou l'Auberge pleine ; Catherine ou la Belle fermière.*
THÉÂTRE DE L'ÉGALITÉ. — *Le Père de famille*, drame ; *la Servante maîtresse*, opéra.
LYRIQUE. — Relâche.
GAITÉ. — *Le Nouveau calendrier*, pièce patr.; *le Triomphe de l'Amour conjugal ; le Barbier de village.*
AMBIGU-COMIQUE. — *Les Déguisements villageois; l'Étape ; le Pied-de-Nez.*
VAUDEVILLE. — *Le Savetier et le Financier ; le Poste évacué ; l'Auberge isolée.*
CITÉ-VARIÉTÉS. — *L'Amour et la Raison ; Ricco*, com. ; *le Projet de Fortune*, opéra.

CXXXVI

20 FRIMAIRE AN III (10 DÉCEMBRE 1794).

RAPPORT DU 21 FRIMAIRE.

Esprit public. Spectacles. — Tout y a été tranquille hier; la police sur les cocardes y a été régulièrement observée.....

Groupes. — Point de groupes, le mauvais temps s'y opposait... Hier, rue Jean-de-l'Épine, section des Arcis, une femme s'est avisée de crier: *Vive Louis XVII!* Elle a été arrêtée et conduite chez le commissaire de police de ladite section. On a placardé dans une des salles du Palais de justice un écrit portant ces mots : *A bas les Jacobins, les révolutionnaires, et vive Louis XVII!* En tête de l'écrit est une fleur de lis à la main. L'écrit a été porté à la Commission de police, qui l'a envoyé ce matin au Comité de sûreté générale, section de la police.

Commerce. — Bergeret, Ollivier, Baron et La Motte, inspecteurs, rendent compte que le désordre a régné toute la journée au port au charbon de la Tournelle, que la distribution a été interrompue plusieurs fois; ils se plaignent des gendarmes, qui n'ont pas apporté le zèle nécessaire pour ramener le calme.....

Surveillance. — Lobréau annonce que plus de quatre cents ouvriers, travaillant aux armes de la République, se sont rassemblés hier à Vaugirard; il les a surveillés jusqu'à neuf heures; ils se sont livrés à la gaîté, et se sont retirés en chantant des couplets patriotiques.

L.-J. Badille, Alletz.

(Arch. nat., F¹ᶜ III, Seine, 11.)

JOURNAUX.

Messager du soir du 20 frimaire :

Paris, le 20 *frimaire.* — Lorsqu'on annonça que des ouvriers se rassemblaient dans les ateliers, on put voir les impressions différentes que produisit cette nouvelle présentée avec exagération. Les bons citoyens blâmaient ce mouvement, sans en redouter les effets ; la raison du peuple a ramené les ouvriers par degré ; ils ont eux-mêmes fait connaître combien ces mouvements leur étaient étrangers.

Dans le même temps, des espérances sinistres se lisaient sur le front de quelques coupables ; des hommes fidèles à leurs anciens costumes et à leurs anciens principes se plaignaient des malheurs du temps, s'inquiétaient de la manière de passer l'hiver, tandis qu'on sait que ces hommes ont pris de sages précautions à cet égard dans les beaux jours des Comités révolutionnaires.

Une autre classe, qu'il est malaisé de définir, celle des jeunes gens qui s'étudient à rappeler parmi nous la suffisance, la sottise et la mollesse, qu'on voyait la veille tout brillants d'espérances coupables, marquaient une inquiétude extrême et croyaient déjà être poursuivis par les cohortes d'Hébert et de Ronsin.

Quelques hommes froids et vindicatifs souriaient et s'associaient à la joie secrète des anciens membres des Comités révolutionnaires. « Voici du trouble », disaient-ils, et l'espérance du trouble réunissait dans les mêmes vœux tel qui incarcérait et tel qui fut incarcéré.

La Convention a dissipé ce léger nuage ; elle y a mis de la sagesse et de la fermeté.

Sans-Culotte du 22 frimaire :

Avant-hier, il a été fait une réquisition de charrettes et de chevaux dans cette commune, pour aller prendre à l'ouverture du canal de Briare une partie des denrées et objets de commerce destinés pour Paris, et qui devaient y arriver par eau. On croit que le dessèchement des étangs, qui fournissaient au canal de Briare, a opéré une certaine diminution dans le volume des eaux nécessaires à la navigation de ce canal, ce qui empêche dans le moment d'y conduire des bateaux à pleine charge, mais cet inconvénient va cesser aux premières pluies.

Il règne non seulement une grande tranquillité dans cette commune, mais on y aperçoit déjà quelques effets favorables des mesures que prend le gouvernement, soit pour comprimer les malveillants, soit pour donner plus d'action à la police pour atteindre les auteurs des vols et des désordres qui ont signalé ces derniers temps.

Cambon a abandonné l'administration des finances. Aigoïn, commissaire de la Trésorerie nationale, a été destitué. On croit que Dufresne sera chargé de cette partie importante.

SPECTACLES DU 20 FRIMAIRE.

THÉÂTRE DES ARTS. — *Renaud*, opéra; le ballet de *Télémaque*.
OPÉRA-COMIQUE. — *Barbe Bleue ou le Tyran puni*; *Cange*.
FEYDEAU. — *La Famille indigente*; *Paul et Virginie*, opéra.
THÉÂTRE DE LA RÉPUBLIQUE. — *L'Intrigue épistolaire*, com.; *la Perruque blonde*, com.
THÉÂTRE DE L'ÉGALITÉ. — *La Veuve de Malabar*, trag.; *la Liberté des Nègres*, divert.
LYRIQUE. — *Les Deux frères*, op.; *le Bon père*, op.; *Cange*.
GAITÉ. — *Le Fourbisseur patriote*, com.; *le Triomphe de l'Amour conjugal*; *Contentement passe richesse*; *l'Enrôlement du bûcheron* (Les Petites Affiches indiquent le même spectacle que la veille).
AMBIGU-COMIQUE. — *Amour et Valeur*; *les Chasseurs et la Laitière*; *le Commissionnaire de Saint-Lazare*; *les Oies du frère Philippe*.
VAUDEVILLE. — *Le Mensonge généreux*; *les Vieux élégants*; *le Faucon*.
CITÉ-VARIÉTÉS. — *Guerre ouverte*, com.; *la Caverne*, com.

CXXXVII

21 FRIMAIRE AN III (11 DÉCEMBRE 1794).

RAPPORT DU 22 FRIMAIRE.

Esprit public. Spectacles. — Rien ne s'est passé de remarquable aux spectacles; le bon esprit y règne toujours; amour de la liberté et haine aux tyrans, ces deux sentiments font aujourd'hui la base de l'opinion publique. La location des loges excite toujours des réclamations, et notamment hier, au théâtre de la République, il y a eu du tumulte relativement aux loges louées. On regarde cette distinction comme un reste des anciennes prérogatives des riches, absolument contraire au règne de la liberté.

Groupes. — Dans les groupes on parlait du procès de Carrier, de la cherté excessive des denrées, et de la malpropreté des rues de Paris; d'ailleurs tout a été calme hier.

Commerce. — L'agence des subsistances a fait placarder ce matin une affiche qui taxe le charbon à 6 livres 10 sols la voie.

Losset et Murat annoncent que les citoyens Normand et Cie, en face de l'Hôpital, ont vendu leur bois neuf 32 livres sans être cordé; qu'ils se sont rendus chez le commissaire de police, qui, déjà instruit de ce délit, leur a promis d'envoyer à la Commission de police administrative l'expédition du procès-verbal qu'il dressait à ce sujet.

Tremet, Leroux, Monmory et Baron, inspecteurs, rapportent qu'au port au charbon de la Tournelle, les rassemblements se sont formés à dix heures du soir; qu'ils ont fait leurs efforts pour les dissiper, sans pouvoir y réussir; qu'ils ont requis la force armée de l'île, qui s'est refusée de s'y rendre avant huit heures. Cependant ils ajoutent qu'aidés de plusieurs détachements arrivés de différents postes, l'ordre et la tranquillité s'y sont maintenus jusqu'à l'ouverture du port, où la garde a été forcée et une sentinelle renversée.....

HORNIN, ALLETZ.

(Arch. nat., F 1c III, Seine, 14.)

JOURNAUX.

Nouvelles politiques, nationales et étrangères du 21 frimaire :

De Paris, le 21 frimaire. — Il règne non seulement une grande tranquillité dans cette commune, mais on y aperçoit déjà quelques effets favorables des mesures que prend le gouvernement, soit pour comprimer les malveillants, soit pour donner plus d'action à la police pour atteindre les auteurs des vols et des désordres qui ont signalé ces derniers temps. Plus le gouvernement annonce de surveillance pour les malintentionnés et les malfaiteurs, plus il en résulte de sécurité pour les bons citoyens et d'attachement pour la chose publique.

L'esprit général semble s'arrêter avec complaisance sur le retour à un meilleur ordre de choses dans toutes les parties de l'administration, tant du dehors que du dedans. Les opérations tranchantes qui avaient, pour ainsi dire, coupé toutes les relations de la République avec l'étranger font place à des mesures plus sages et plus utiles. Les Comités regardent autour de la République quels sont ceux de nos voisins dont la bienveillance et l'industrie peuvent alimenter notre commerce et le leur; ils ont examiné quels sont les objets d'exportation que la situation actuelle de la République permet d'extraire de son sein, pour recevoir en échange des matières ou des denrées dont la disette fatigue l'intérieur.

SPECTACLES DU 21 FRIMAIRE.

THÉÂTRE DES ARTS. — Relâche.
OPÉRA-COMIQUE. — *La Fausse magie*, com.; *Paul et Virginie ou le Naufrage*.
FEYDEAU. — Relâche.
THÉÂTRE DE LA RÉPUBLIQUE. — *Cincinnatus ou la Conjuration de Spurius-Melius*, trag. nouvelle; *l'Avocat Patelin*.
THÉÂTRE DE L'ÉGALITÉ. — *Tu et toi ou la parfaite Égalité*, com.; *la Colonie*, opéra.
LYRIQUE. — Relâche.
GAITÉ. — *L'Hôtellerie républicaine*; *Cange*; *Crispin médecin*; *Arlequin et Colombine invisibles*.
AMBIGU-COMIQUE. — *Le Nid d'oiseaux*; *le Héros français*; *Dorothée*.
VAUDEVILLE. — *Le Pot pourri*; *les Plaisirs de l'Hospitalité*; *les Marchandes de la Halle*.
CITÉ-VARIÉTÉS. — *Les Dragons et les Bénédictines*; *les Dragons en cantonnement*; *les Royalistes de la Vendée*.

CXXXVIII

22 FRIMAIRE AN III (12 DÉCEMBRE 1794).

RAPPORT DU 23 FRIMAIRE.

Esprit public. Clubs. — Hier la surveillance a été exercée dans la Société dite des Cordeliers, rue des Boucheries, chez Girier, maître de danse. La Société n'a pas tenu [sa séance] dans les formes, ne s'étant trouvée qu'une réunion d'environ quinze personnes tant hommes que femmes. Ce petit nombre d'individus s'est permis des propos tendant à blâmer hautement le régime actuel. Demain, jour de la réunion de la Société, la surveillance doit s'y porter de nouveau et aviser aux moyens de connaître d'une manière précise ces frondeurs du règne de la justice et de l'ordre.

Groupes. — Le rassemblement des ouvriers d'armes, qui a eu lieu hier, avait pour but des réclamations sur la réforme générale qu'ils croient qu'on doit faire d'eux dans un mois [1]; ils ont été d'ailleurs très

1. Le 16 frimaire an III, par un arrêté dont on trouvera le texte dans le *Moni-*

paisibles, mais ont paru seulement mécontents de n'avoir pas été admis ; les rapports d'aujourd'hui annoncent qu'ils ne se sont pas de nouveau rassemblés.

On fait courir le bruit que les assemblées générales de sections doivent être supprimées.

L'affiche qui a annoncé le renchérissement du bois fait beaucoup murmurer, et en général ces murmures sont dirigés contre la Commission des subsistances.

Les ouvriers de sections se plaignent de ce que les ateliers d'habillement ne leur fournissent pas assez d'ouvrage, ce qui ne leur donne pas les moyens de vivre, surtout d'après la cherté des denrées.

Spectacles. — Il ne s'y est rien passé de marquant, ni contraire au bon ordre.

Commerce. — Vontschrizt, Thion, Berger, Mougeat et Lefèvre, inspecteurs, ont entendu au port au charbon de la vieille place aux Veaux beaucoup de murmures sur l'augmentation du charbon ; malgré ces propos, la journée a été assez tranquille, et le port n'a fermé qu'à la nuit.

Bergeret, Ollivier et La Motte, inspecteurs, rendent compte que la tranquillité avait régné jusqu'à midi au port au charbon de la Tournelle ; dans l'après-midi, le public les a forcés, mais le calme a été bientôt rétabli par la force armée, tant à pied qu'à cheval. L'augmentation a été vue de diverses manières ; les uns n'ont pas fait de difficulté, en disant : « Soit, pourvu qu'on en distribue dans plusieurs ports » ; d'autres disaient qu'il était étonnant qu'on fît des augmentations pareilles sans les publier au son de la caisse, que d'ailleurs ce n'était pas un décret de la Convention. Ces inspecteurs ajoutent qu'il serait utile, pour dissiper les attroupements et déjouer la malveillance, de faire publier un arrêté qui défendît les attroupements avant six heures du matin.....

Surveillance. — .... Descamps, inspecteur, annonce que deux jeunes gens, se mêlant parmi les ouvriers, disaient pendant le dis-

teur, réimpression, t. XXII, p. 740, le Comité de salut public avait décidé qu'à partir du 1er pluviôse suivant la fabrication et la réparation des fusils seraient entièrement à l'entreprise, et qu'à la même époque « il n'y aurait plus d'ouvriers à la journée au compte de la République dans les ateliers ». En effet, les armes que le Comité de salut public faisait faire dans les ateliers par des ouvriers à la journée coûtaient fort cher. Une baïonnette revenait à 15 livres dans l'atelier des Sans-Culottes, situé dans le ci-devant couvent des Miramiones. Ces ouvriers se soulevèrent contre l'exécution de l'arrêt du Comité de salut public et, le 22, entraînèrent une partie des ouvriers de deux autres ateliers à se rassembler pour protester. (Voir le rapport de Boissy-d'Anglas du 23 frimaire an III, *Moniteur*, t. XXII, p. 739).

cours d'un des représentants [1] : « Qu'il est bête, cet animal-là », que plusieurs ouvriers ont répondu : « Oui, on nous amuse comme des enfants avec un gâteau ; nous ferions mieux d'aller en masse à la Convention. »

BOCQUET-DESTOURNELLES, LE ROUX.

(Arch. nat., F 1 c III, Seine, 11.)

JOURNAUX.

Annales patriotiques et littéraires du 23 frimaire :

Hier plusieurs ouvriers des ateliers d'armes se sont plaints amèrement de ce que la Convention, par son décret de ce mois, réforme les travaux des armes à Paris ; tous crient à la misère, et dans certains ateliers des faubourgs, les ouvriers se sont rassemblés, ils ont brisé les armes, et la police a été obligée de rétablir le calme.

Journal de Perlet du 23 frimaire :

Depuis quelque temps, les opérations financières de Cambon sont vivement attaquées. On lui reproche d'avoir, par de fausses mesures, ruiné une foule de familles. On se plaint du désordre de nos finances et des incroyables dilapidations qui s'exercent. On accuse le peu d'habileté de celui qui les a en grande partie dirigées. L'opinion publique se prononce contre lui. Aussi assure-t-on qu'il va abandonner en d'autres mains l'administration de la Trésorerie nationale, où il a eu jusqu'à présent beaucoup d'influence. On dit aussi que deux des commissaires de la Trésorerie qui étaient le plus attachés à son système, Lhermina et Aigoïn, viennent d'être destitués.

Aigoïn s'est fait connaître, il y a quelque temps, par un libelle [2] dirigé contre la marche que suit la Convention depuis le 9 thermidor, et qui n'a pas eu le bonheur de lui plaire autant qu'au reste de la France.

Ce libelle d'Aigoïn n'a pas étonné ceux qui savaient que, sous le règne de Robespierre, il avait eu un fils à qui, par flatterie, il avait donné le nom de ce tyran.

Ces changements, dont tout le monde parle, font espérer qu'enfin on va porter l'ordre et la lumière dans le dédale de nos finances ; il

---

1. Cela se passait dans les tribunes de la Convention.
2. Ce libelle d'Aigoïn est intitulé : *A bas les brigands et les buveurs de sang ! Vive la Convention nationale ! Ou coup d'œil sur les dangers présents de la patrie.* S. l., 26 brumaire an III, in-8, Bibl. nat., Lb 41/1465.

est temps de s'occuper sérieusement de cette partie, si on ne veut point exposer la République à périr, ou du moins à être bouleversée.

Il est temps de songer à trouver un moyen quelconque de diminuer cette masse énorme d'assignats, qui va toujours croissant, et qui augmente dans la même progression le prix des denrées et des marchandises.

C'est à la Convention et à ses Comités à sonder enfin cette plaie si dangereuse, si profonde, pour appliquer le remède avec courage. Les délais et les incertitudes ne font qu'aggraver le mal.

SPECTACLES DU 22 FRIMAIRE.

THÉÂTRE DES ARTS. — *Le Chant du Départ*; *Iphigénie en Tauride*.
OPÉRA-COMIQUE. — *Albert ou le Service récompensé*, com.; *le Convalescent de qualité*, com.
FEYDEAU. — Relâche.
THÉÂTRE DE LA RÉPUBLIQUE. — *Le Menteur*, com.; *le Sourd ou l'Auberge pleine*, com.
THÉÂTRE DE L'ÉGALITÉ. — *Le Misanthrope*; *le Commissionnaire*.
LYRIQUE. — *Sapho*, trag. lyrique en trois actes, prem. représentation.
GAITÉ. — *Le Fou par amour*; *le Quiproquo*; *Cange*; *l'Amant au tombeau*.
AMBIGU-COMIQUE. — *La Bascule*; *le Fils naturel*; *les Prisonniers patriotes*.
VAUDEVILLE. — *Les Volontaires en route*; *le Divorce*; *Christophe Dubois*.
CITÉ-VARIÉTÉS. — *L'Orphelin*, com.; *le Petit Orphée*, opéra.

CXXXIX

23 FRIMAIRE AN III (13 DÉCEMBRE 1794).

RAPPORT DU 24 FRIMAIRE.

Esprit public. — La surveillance s'exerce toujours sur les femmes sans cocarde; hier quelques-unes ont été arrêtées et conduites chez le commissaire de police.

Spectacles. — L'agio des billets se fait toujours à la porte des spectacles, et des particuliers les vendent à des prix exorbitants; il n'existe aucune loi contre cet abus, qui, indépendamment de son vice intrinsèque, donne occasion à des filous de voler ceux qui s'arrêtent autour du vendeur pour marchander les billets. Plusieurs de ces vendeurs ont déjà été arrêtés par la surveillance et conduits chez le commissaire de police, qui les a renvoyés, faute de loi portée contre ce genre d'agio.

La location des loges fait toujours murmurer ceux qui arrivent avec des billets pris au bureau et, ne trouvant de place, voient des loges vides où on les empêche d'entrer.

Le bon esprit domine toujours. Hier, au théâtre de l'Égalité, on donnait *Spartacus*; ces mots : *Si nous aspirons à une gloire nouvelle, rengeons-nous en soldat et non pas en bourreau*, ont reçu les applaudissements réitérés de tous les coins de la salle. Une femme qui s'est refusée à prendre une cocarde a été conduite chez le commissaire de police, qui l'a relâchée sans caution.

A l'Ambigu-Comique, *le Fils naturel*, sujet villageois, dont le but est de faire aimer la vertu, a été fort applaudi, notamment tout ce qui est relatif à la loi qui fixe l'état des enfants naturels.

Groupes. — On s'y entretient toujours de la cherté des denrées, qui excite des murmures, et on se plaint beaucoup des réquisitions dont est frappée la majeure partie des denrées, ce qui sert de prétexte aux marchands pour n'en délivrer qu'à des prix excessifs. Les affaires qui occupent le Tribunal révolutionnaire sont aussi les sujets des entretiens; on en attend la décision avec une grande impatience, surtout relativement à Carrier.

On se plaignait dans quelques groupes de la dureté de plusieurs commissaires civils envers les femmes, notamment à la section de Bondy.

La proclamation sur les ouvriers a été lue par beaucoup d'entre eux qui y applaudissaient; quelques-uns traitaient cette affiche de graine de niais [1].

Sur le boulevard Poissonnière, trois citoyennes sans cocarde ont été averties par un inspecteur de s'en pourvoir sur le champ; elles ont dit qu'elles ne sont pas Jacobines, et que c'étaient des ordres émanés de Jacobins; sur leur résistance, l'inspecteur a requis la force armée de la section de la Bonne-Nouvelle pour les arrêter; mais elle a refusé de marcher.

On sait qu'à Arpajon le commerce d'argent se fait si publiquement que l'on y a vu vendre cent écus en argent pour mille livres en assignats.....

BOCQUET-DESTOURNELLES, JACOT.

(Arch. nat., F 1 c III, Seine, 14.)

1. Il s'agit d'une proclamation des Comités de salut public, de sûreté générale, de législation et de la guerre, en date du 23 frimaire an III, à propos de l'attitude séditieuse des ouvriers de l'atelier des Sans-Culottes. On en trouvera le texte dans le *Journal de Perlet* du 24 frimaire an III, p. 109.

JOURNAUX.

Nouvelles politiques, nationales et étrangères du 23 frimaire :

De Paris, le 23 frimaire. — Billaud-Varenne a fait afficher dans Paris une apologie de ses principes et de ses mœurs [1] ; il y apprend au public qu'il aime et qu'il cultive les lettres, ce qui est un motif de croire à la douceur de son caractère ; enfin il annonce qu'il a consacré une partie de son temps à l'art dramatique, et en effet les amateurs savent que ce représentant a composé une tragédie de *Polycrate*, tyran de Samos, enrichie de chant. On sait moins généralement que Fabre d'Eglantine avait composé, pendant la détention qui précéda sa mort, une comédie en cinq actes, intitulée : l'*Orange de Malte*, et qu'il l'envoya au Comité de salut public, dont Billaud-Varenne était membre alors. Fabre sut, quelques instants avant d'aller à l'échafaud, que Billaud-Varenne avait cette pièce. « Ah ! s'écria-t-il, il va me voler mon *Orange*. » Cette accusation est d'autant plus incroyable, que Fabre d'Eglantine avait communiqué la pièce aux artistes des deux premiers théâtres de Paris.

Journal de Perlet du 25 frimaire :

Le calme règne dans Paris. En vain quelques agitateurs cherchent à échauffer les ouvriers contre la Convention. Le patriotisme de ces bons citoyens leur fait apercevoir le piège qui leur est tendu par la malveillance. Ils savent que les représentants du peuple ne peuvent avoir en vue que le plus grand bien de tous, et que c'est sur le concert et l'union de tous les patriotes que reposent la force et l'indestructibilité de la République.

Des patrouilles nombreuses parcourent les rues, et en imposent à ceux qui seraient tentés de développer de sinistres projets. Aussi ne se manifeste-t-il nulle part aucun symptôme de troubles.

Nous croyons devoir rapporter ici en entier l'arrêté du Comité de salut public, qui a donné lieu aux réclamations. C'est celui qui a été confirmé avant-hier par la Convention nationale. Il est du 16 frimaire :

« Le Comité de salut public, considérant que les intérêts de la République exigent que la fabrication des fusils à Paris soit à l'entreprise, qu'il n'est pas moins essentiel d'assurer aux arquebusiers de

---

[1]. Nous n'avons pas retrouvé cette affiche. Mais il est probable que c'est la même chose que la brochure intitulée : *J.-N. Billaud, représentant du peuple, à ses concitoyens*. S. l. n. d., in-4°. Bibl. nat., Lb. 41/1445.

Paris les facilités nécessaires pour employer leurs talents, sur le rapport de la Commission des armes et poudres, arrête ce qui suit :

« Article 1er. — A compter du 1er pluviôse prochain, la fabrication et la réparation des fusils à Paris seront entièrement à l'entreprise.

» Art. 2. — A la même époque, il n'y aura plus d'ouvriers à la journée au compte de la République dans ses ateliers ; néanmoins les soumissionnaires, entrepreneurs et ouvriers à la pièce pourront prendre pour leur compte ceux des élèves qui leur paraîtront avoir des dispositions, et qui ont été par réquisition retirés du service militaire. Ceux qui ne seront pas réclamés par des soumissionnaires d'armes, ou d'autres artistes, seront tenus de rejoindre leurs bataillons..... [1] »

Les patriotes ne seront plus privés longtemps du plaisir de voir *Virginie* du citoyen La Harpe. Le directeur du théâtre de la République a fait afficher qu'elle n'avait été retardée jusqu'ici que par l'indisposition du citoyen Vanhove, qui y joue un des principaux rôles.

Nous aimons à penser que cette cause a été la seule qui ait occasionné ce délai. Ce n'est qu'avec regret que nous avons été obligés d'adresser un reproche à un théâtre qui s'est acquis des droits à la reconnaissance des bons citoyens par l'empressement avec lequel il représente depuis longtemps les pièces patriotiques.

Spectacles du 23 frimaire.

Théâtre des Arts. — Relâche.

Opéra-Comique. — *L'Intérieur d'un ménage républicain* ; *la Soubrette* ; *Blaise et Babet ou la suite des Deux fermiers*.

Feydeau. — *Le Club des Sans-Soucis*, pièce en un acte ; *Elisa ou le Voyage au Mont-Bernard*, opéra en deux actes, prem. repr26.

Théâtre de la République. — *Cincinnatus* ; *l'École des Maris*.

Théâtre de l'Égalité. — *Spartacus*, trag. ; *la Journée de l'Amour*, divert.

Lyrique. — *Michel Cervantès* ; *Cange*.

Gaîté. — *Les Fourberies de Scapin* ; *l'Aristocrate démasqué par la Corne de la Vérité* ; *le Serpent magicien*, pant.

Ambigu-Comique. — *Les Sœurs du Pot* ; *le Fils naturel* ; *l'Héroïne américaine*.

Vaudeville. — *Le Savetier et le Financier* ; *la Fille du soldat*, première représ. ; *la Gageure inutile*.

Cité-Variétés. — *Le Danger des liaisons* ; *l'Apologie des perruques*, prem. représ. ; *Cange*.

---

1. Nous ne donnons pas le reste de cet arrêté, qui est fort long et technique.

CXL

24 FRIMAIRE AN III (14 DÉCEMBRE 1794).

RAPPORT DU 25 FRIMAIRE.

Esprit public. Clubs. — La Société des Cordeliers, rue des Boucheries, n'était pas plus nombreuse hier que dans les autres séances. Vingt individus, tant hommes que femmes, la composaient; on y a dit, par forme de conversation, que Carrier allait être guillotiné, parce qu'il était bon patriote. On s'y est traité ironiquement de buveurs de sang. La sœur et la femme de Marat sont désignées comme prenant part à ces conversations et en faisant les frais. Les personnes qui, à l'assemblée précédente, avaient tenu des propos répréhensibles n'ont pas reparu.

Groupes. — L'affaire de Carrier et du Comité révolutionnaire de Nantes fixe d'autant plus l'attention qu'elle touche à sa fin.

Dans les différents groupes on parle beaucoup des représentants Barère, Collot et Billaud, et plusieurs particuliers semblent assurer qu'ils seront traduits au Tribunal révolutionnaire.....

Spectacles. — Le bon esprit y règne toujours. La tranquillité et le bon ordre y ont régné hier.

Commerce. — ...Vontschritz, Thion, Mougeat, Lefèvre, Berger et Kerchoves disent que la tranquillité avait régné jusqu'à dix heures du matin au port au charbon de la vieille place aux Veaux. Lorsque le bateau de charbon mouillé a fini (*sic*), la distribution a été suspendue l'espace d'une heure. Cette suspension a occasionné la plainte du public de ce qu'on ne mettait pas un bateau au port avant que l'autre fût fini. Le port a été ensuite agité toute la journée.

Surveillance. — Hier soir, dans les salles du Tribunal révolutionnaire, l'affluence des spectateurs était grande et écoutait en silence plaider la cause de Carrier. Un perturbateur qu'on avait invité de se taire s'est jeté sur celui qui lui faisait cette invitation et l'a frappé à différentes fois. La force armée, survenue à l'instant, a conduit ce citoyen chez le commissaire de police de la section du Pont-Neuf, qui a reçu plusieurs dépositions contre lui.

BARBARIN, L.-J. BABILLE.

(Arch. nat., F⁷ III, Seine, 11.)

JOURNAUX.

Nouvelles politiques nationales et étrangères du 26 frimaire :

De Paris, le 26 frimaire. — Parmi les tableaux épouvantables des horreurs de la dernière tyrannie, on a distingué avec raison celui qui a été présenté par Grégoire à la Convention nationale. Ce représentant vient de faire un second rapport non moins terrible sur le vandalisme des oppresseurs de la patrie [1]. C'est là qu'on voit combien l'énergie et la pensée les faisaient frémir. Ils avaient défendu à nos théâtres de jouer *Brutus*, à cause de ces deux vers :

> Arrêter un Romain sur de simples soupçons,
> C'est agir en tyrans, nous qui les punissons.

Et *Mahomet*, à cause de ceux-ci :

> Grands dieux ! exterminez de la terre où nous sommes
> Quiconque avec plaisir répand le sang des hommes.

Si on poussait plus avant les recherches sur cette manière de tuer la pensée libre et forte, peut-être trouverait-on que souvent un hémistiche a suffi pour proscrire un bel ouvrage de théâtre ; on se rappelle quel scandaleux tapage causa de la part d'un vandale ce beau trait de *Caïus Gracchus* :

> . . . . Des lois, et non du sang [2].

Croirait-on que de telles proscriptions avaient lieu jusque dans le tribunal de Robespierre? Le célèbre Lavoisier témoignait à Dumas [3] le désir de monter quinze jours plus tard à l'échafaud afin de compléter quelques expériences de chimie, utiles à la République : « Elle n'a plus besoin de chimistes », répondit le barbare, et Lavoisier périt.

Il paraît que le rassemblement des ouvriers avait été excité par une

---

1. Grégoire fit trois rapports sur le vandalisme, le 14 fructidor an II, le 8 brumaire an III et le 24 frimaire an III (Bibl. nat., Le 38 922, 1026, 1097).
2. Cette tragédie de Marie-Joseph Chénier avait été jouée pour la première fois le 9 février 1792 *Moniteur*, réimpression, t. XI, p. 336 , au Théâtre français de la rue Richelieu. On en trouvera un compte rendu dans l'*Histoire du Théâtre français*, par Etienne et Martainville, t. II, p. 189 et suiv. Ces auteurs donnent la date du 7 février 1792 pour la première représentation. On prétendait qu'à une reprise de cette pièce, le conventionnel Albitte s'était écrié de sa place : *Du sang et non des lois!* Cf. Th. Muret, *L'Histoire par le Théâtre*, t. I, p. 89.
3. Ce n'est pas Dumas, mais Coffinhal, qui présidait l'audience où furent jugés les fermiers généraux. Cf. E. Grimaux, *Lavoisier*, p. 377. Voir aussi Pouchet, *les Sciences pendant la Terreur*, 2e éd., p. 43, sur l'authenticité de la réponse faite à Lavoisier.

horde de malveillants qui cherchaient à ramener le trouble dans cette commune. La fermeté de la Convention, le patriotisme des bons citoyens qui ont vu le piège qu'on leur tendait, ont déjoué ce complot ; et on est revenu aux vrais principes, en écartant de cette commune des ateliers qui n'auraient jamais dû y être établis, si ceux qui les avaient imaginés n'avaient pas pensé qu'ils se faisaient ainsi un appui contre la raison qui commençait à éclairer leurs projets ruineux et tyranniques. Quoi qu'il en soit, la tranquillité générale n'a point été troublée par ce nouvel essai de la malveillance, et tous les citoyens ont veillé de concert pour le faire avorter.

Les mêmes malveillants se plaisent à répandre qu'il surgit de nouveaux troubles dans les départements. Qu'on ne s'en inquiète point. Le passage subit de la tyrannie à la justice ne peut se faire sans que les missionnaires de Robespierre, qui avaient accaparé presque toutes les administrations de la République, n'aient quelque chose à souffrir. Ce sont ces missionnaires qui envoient ici leurs cris exagérés, et que la malveillance exagère encore. Mais le retour à l'ordre les étouffera bientôt partout, et les bénédictions générales du peuple se feront alors entendre sans mélange de ces sifflements que la tyrannie pousse jusqu'au moment de sa mort.

Journal de Perlet du 26 frimaire :

La tranquillité est entièrement rétablie dans Paris. Les rassemblements dont on paraissait redouter les suites ont cessé. Ils étaient composés de citoyens qui n'avaient que de bonnes intentions et qui ne pouvaient refuser de rentrer dans leurs ateliers et dans le devoir, dès que la Convention leur apprendrait que des malveillants avaient cherché à les égarer.

Spectacles du 24 frimaire.

Théâtre des Arts. — *Milliade à Marathon ; l'Offrande à la Liberté ; le Devin du village.*
Opéra-Comique. — *Lodoïska ou les Tartares ; les Détenus ou Cange.*
Feydeau. — *Elisa ou le Voyage au Mont Saint-Bernard.*
Théâtre de la République. — *La Coquette corrigée ; les Originaux.*
Théâtre de l'Égalité. — *Spartacus ; la Journée de l'Amour.*
Lyrique. — *Héléna ; les Deux frères.*
Gaîté. — *Le Duel d'Arlequin ; le Fils adoptif ; les Deux font la paire ; le Prétendu*, com. (Les *Petites Affiches* indiquent le même spectacle que la veille).
Ambigu-Comique. — *Mazet ; le Malentendu ; la Forêt noire.*

Vaudeville. — *Le Pot-pourri*; *l'Auberge isolée*; *les Vieux élégants*.
Cité-Variétés. — *Les Royalistes de la Vendée*; *Guerre ouverte*, com.
(Les *Petites Affiches* indiquent : *les Royalistes de la Vendée*; *le Hâbleur*.)

CXLI

25 FRIMAIRE AN III (15 DÉCEMBRE 1794).

Rapport du 26 frimaire.

Esprit public. — Hier, dans les groupes et les spectacles, il ne s'est rien passé de contraire à la tranquillité, au bon ordre, ni à l'esprit républicain, que l'on voit toujours se soutenir à la hauteur que l'on peut désirer, et les propos antirépublicains de quelques malveillants ne sont que des ombres légères, au travers desquelles perce toujours le vrai patriotisme qui sert de base aujourd'hui à l'opinion publique.

Commerce. — ...Guérin, Launay, Cascel rendent compte qu'à l'Ile Louviers la garde a été forcée trois fois et la vente suspendue plusieurs fois; un gendarme a eu son fusil cassé. On a distribué toute la journée des cotrets.

BOCQUET-DESTOURNELLES, HORNIN le jeune.

(Arch. nat., F 1 c III, Seine, 14.)

Spectacles du 25 frimaire.

Théâtre des Arts. — Relâche.
Opéra-Comique. — *Les Belles*, com.; *Camille ou le Souterrain*.
Feydeau. — *Elisa ou le Voyage au Mont-Bernard*, op.; *le Club des Sans-Soucis*.
Théâtre de la République. — *Cincinnatus*; *le Sage étourdi*.
Théâtre de l'Égalité. — *Phèdre et Hippolyte*, trag.; *l'Entrevue*, com.
Lyrique. — *Sapho*, trag.
Gaité. — *L'Hospitalier ou le Repas interrompu*, proverbe, prem. représ.; *la Caverne enchantée*; *Il était temps ou l'Heureuse découverte*; *l'Enrôlement du bûcheron*.
Ambigu-Comique. — *Le Commissionnaire de Saint-Lazare*; *le Fils naturel*; *les Oies du frère Philippe*.
Vaudeville. — *Les Vieux époux*; *La Fille du soldat*; *la Nourrice républicaine*.
Cité-Variétés. — *La Nuit aux aventures*; *le Divorce*, com.; *le Plan d'Opéra*, opéra.

CXLII

26 FRIMAIRE AN III (16 DÉCEMBRE 1794).

Rapport du 27 frimaire.

Esprit public. Groupes. — En applaudissant au jugement rendu contre Carrier et ses deux complices, on paraît mécontent de la mise en liberté des autres Nantais. Ces derniers ont été dîner hier chez Méot, au Palais-Égalité, et le soir au café de Foy, du Caveau et autres. Les plaintes étaient générales contre les juges qui les ont acquittés. La nouvelle s'est répandue à dix heures du soir, au café du Caveau, que le Comité de sûreté générale voulait faire arrêter ces Nantais, mais on n'a pu remonter à la source de cette nouvelle.

Les citoyens Dubois et Gambet, inspecteurs, rapportent qu'un citoyen, qu'ils nommeront, s'ils en sont requis, leur a dit qu'au Luxembourg, dans la chambre de Bacchus, qui est peuplée de ci-devant évêques et chanoines, la messe se dit journellement.

Spectacles. — L'esprit y est toujours bon. Hier, au théâtre des Arts, le public a voulu qu'on lui ouvrît les loges louées, en offrant l'excédent des places, et on ne s'est porté à cette démarche que faute d'autres places; les directeurs ont dit aux officiers de paix que, par un arrêté des trois Comités d'instruction publique, de finances [1], ils étaient autorisés à louer des loges. Les directeurs ont été invités par ces officiers à faire afficher cet arrêté dans l'intérieur de la salle, afin que le public en prenne connaissance.

Commerce. — La Motte et Baron disent que la journée a été très orageuse au port au charbon de la Tournelle; on s'est porté à des excès et des violences. Cependant, à l'aide de la force armée à pied et à cheval, on est parvenu à rétablir le calme sans aucun accident.....

Petit, Genet et autres se sont transportés à dix heures du soir au port au charbon pour inviter les citoyens à ne point former de rassemblement. Sur les trois heures du matin, quatre cents femmes se sont poussées avec violence pour prendre leur place sans qu'on pût les arrêter; dans cette bagarre, il s'est trouvé sur le parapet une femme qui a été jetée à terre, a eu la cuisse et la jambe fracassées, et deux trous à la tête. On lui a porté sur le champ les premiers

---

1. Il manque le nom du troisième comité.

secours; plusieurs autres femmes se sont trouvées mal dans la foule.....

Les Halles étaient moins approvisionnées qu'à l'ordinaire; la Halle à la viande moins fournie......

Surveillance. — Bouillon et Moreau rapportent qu'il s'est commis différents vols de portefeuilles et de montres lors de l'exécution de Carrier; la foule était si grande qu'il a été impossible d'en connaître les auteurs......

ROUCHAS jeune, ALLETZ.

(Arch. nat., F 1 c III, Seine, 14.)

JOURNAUX.

Courrier républicain du 27 frimaire :

Du 26 frimaire. — Carrier est mort; sa tête est tombée en place de Grève à quatre heures dix minutes, en présence d'une foule innombrable, qui a applaudi au juste supplice de ce destructeur de l'espèce humaine. Il a montré sur la route une sorte de fermeté; il regardait fixement le peuple, qui lui prodiguait des épithètes qui ne devaient pas le consoler de sa mort; il a présenté d'assez bonne grâce sa main à l'exécuteur et est monté sur le théâtre de la mort avec vivacité.

Deux de ses complices seulement ont partagé son sort: Pinard et Grandmaison. Le premier était mourant au pied de l'échafaud; Grandmaison pleurait, mais ne paraissait pas manquer de courage. Les autres accusés, quoique convaincus de plusieurs délits portés dans l'acte d'accusation, ont été acquittés sur la question intentionnelle, et mis en liberté.

Journal de Perlet du 28 frimaire :

C'est sur la place de Grève que Carrier, Pinard, commissaire du Comité révolutionnaire de Nantes, et Grandmaison, membre du même Comité, ont été exécutés avant-hier. Leur supplice avait attiré une foule prodigieuse, qui leur témoignait par ses cris l'horreur qu'avaient inspirée tant d'outrages faits par eux à la nature et à l'humanité.

Carrier a entendu lire son arrêt, sans paraître plus abattu qu'à l'ordinaire. Il voulait adresser la parole à l'auditoire.

Le président lui a observé qu'il n'avait à parler que sur l'application de la peine. Il s'est écrié, sans convaincre personne, qu'il mourait innocent. Il est monté à l'échafaud avec assez de courage.

SPECTACLES DU 26 FRIMAIRE.

THÉÂTRE DES ARTS. — *Castor et Pollux*, opéra en cinq actes, prem. représ.
OPÉRA-COMIQUE. — *L'Intérieur d'un ménage républicain* ; *la Soubrette* ; *Azémia*.
FEYDEAU. — Relâche.
THÉÂTRE DE LA RÉPUBLIQUE. — *Charles et Caroline*, com. ; *la Perruque blonde*, com.
THÉÂTRE DE L'ÉGALITÉ. — *L'Avare* ; *les Deux billets*, com.
LYRIQUE. — *Laure et Zulmé* ; *le Bon père*.
GAITÉ. — *Cange* ; *Nostradamus* ; *le Cocher supposé* ; *l'Hospitalier ou le Repas interrompu*. (Les *Petites Affiches* indiquent : *la Caverne enchantée* ; *l'Heureuse découverte* ; *l'Enrôlement du bûcheron* ; *l'Hospitalier*).
AMBIGU-COMIQUE. — *Au Retour* ; *le Menuisier de Vierzon* ; *les Héros français* ; *Dorothée*.
VAUDEVILLE. — *Le Sourd guéri* ; *le Mensonge généreux* ; *Arlequin Joseph*.
CITÉ-VARIÉTÉS. — Spectacle demandé : *le Petit Orphée* ; le ballet *des Montagnards*.

CXLIII

27 FRIMAIRE AN III (17 DÉCEMBRE 1794).

RAPPORT DU 28 FRIMAIRE.

Esprit public. Spectacles. — L'opinion publique se soutient toujours dans le sens de la Révolution. *Sapho*, drame lyrique, joué au théâtre des Amis de la patrie, a du succès ; les prêtres y sont peints avec leurs vices, particulièrement fanatisant le peuple. L'indignation contre eux s'est manifestée, et les applaudissements ont accompagné leur punition. — Au théâtre de la rue Feydeau, le public voulait faire ouvrir les loges louées, sous le prétexte de l'égalité ; on est parvenu à y rétablir le calme ; mais au théâtre des Arts, qui est propriété nationale, on réclame plus fortement contre la location des loges, en disant que c'est une violation du principe de l'égalité, et qu'il n'y a pas de motifs pour autoriser cette distinction des places, ni accorder cette faveur à ceux qui veulent se les assurer d'avance en les payant plus cher.

Cafés. — Hier, vers huit heures du soir, au café des Canonniers, Maison-Égalité, Goullin, nantais, acquitté par le Tribunal révolutionnaire[1], a été reconnu, vu de mauvais œil et mis à la porte par le

1. Cf. Wallon, *Histoire du Tribunal révolutionnaire*, t. VI, p. 47, 51.

public, qui l'a traité d'homme de sang, etc., et en disant que, s'il avait été acquitté par le Tribunal révolutionnaire, il ne l'était pas dans l'opinion publique. Les esprits étaient fort échauffés à cette occasion, et tout le monde disait qu'il ne voulait jamais se trouver avec un pareil monstre. La surveillance est parvenue cependant à rappeler les esprits au respect dû aux jugements émanés des autorités constituées ; on a fini par crier unanimement : *Vive la République! Vive la Convention nationale!*

Groupes. — Ils étaient hier peu nombreux ; on s'y entretenait du décret relatif aux députés mis hors la loi, et on applaudissait aux mesures prises par la Convention nationale à cet égard [1].

Commerce. — ...Les Halles, en général, ont été bien garnies, les répartitions calmes et actives..... La Halle à la viande était mieux approvisionnée, mais la viande renchérit.....

(Arch. nat., F¹ c III, Seine, 11.)

Journaux.

Gazette française du 29 frimaire :

De Paris, le 28 frimaire. — Nous l'avions prévu, l'indignation publique a réprouvé l'inconcevable jugement qui a mis en liberté et acquitté de toute accusation des hommes convaincus d'assassinats et de tous les délits que l'humaine perversité pouvait concevoir [2].

Quelques-uns de ces prétendus innocents ont osé, après avoir dîné chez le restaurateur Méot, se présenter dans un des cafés du Palais-Égalité ; ils en ont été chassés par les huées et les signes d'horreur les moins équivoques.

Dans tous les lieux publics, tout le monde a attaqué ce jugement, et personne ne l'a défendu. Un juré seul a voulu se charger de cette tâche difficile et a été atterré par la force de la raison, et contraint de dire que, s'il eût siégé dans cette affaire, il eût condamné Gioullin et ses pareils.

Spectacles du 27 frimaire.

Théâtre des Arts. — Relâche.

1. Le 27 frimaire an III, la Convention refusa de rappeler dans son sein les députés qui avaient été frappés, soit par le décret de mise hors la loi du 28 juillet 1793, soit par le décret d'accusation du 3 octobre suivant, entre autres Lanjuinais, Defermon, Isnard, Louvet, Doulcet, et défendit, d'autre part, aux tribunaux de les poursuivre. Cf. *Moniteur*, réimpression, t. XXV, p. 770.

2. Il s'agit des complices de Carrier.

Opéra-Comique. — *L'Intérieur d'un ménage républicain; l'Amant statue*, com. en un acte; *les Détenus ou Cange*, opéra-comique en un acte.

Feydeau. — *La Papesse Jeanne*, com. en un acte; *Elisa ou le Voyage au Mont-Bernard*, op. en deux actes.

Théâtre de la République. — *Timoléon*, trag.; *la Jeune hôtesse*, com. en trois actes.

Théâtre de l'Égalité. — Relâche.

Lyrique. — *Sapho*, trag. en trois actes.

Gaité. — *L'Hôtellerie républicaine ou l'Ecole de la Bienfaisance*, pièce patr.; *l'Hospitalier ou le Repas interrompu*; *le Médecin malgré lui*; *l'Amant au tombeau* (Les *Petites Affiches* indiquent le même spectacle que la veille).

Ambigu-Comique. — *Les Mariages assortis; Pauline et Justin; le Devin du village*.

Vaudeville. — *Nice; Arlequin Hulla; le Noble roturier*.

Cité-Variétés. — *Les Mœurs ou le Divorce*, com.; *le Projet de fortune*, op.; *les Royalistes de la Vendée*.

CXLIV

28 FRIMAIRE AN III (18 DÉCEMBRE 1794).

Rapport du 29 frimaire.

Esprit public. Spectacles. — Il ne s'y est rien passé hier contre le bon ordre, la tranquillité ni l'opinion publique, qui est toujours bien prononcée. Quelques femmes sans cocarde ont été arrêtées et conduites chez le commissaire de police.

Groupes et Cafés. — L'allégresse s'y est manifestée avec transport en apprenant les mesures prises par la Convention relativement aux Nantais acquittés par le Tribunal révolutionnaire [1], et notamment au café des Canonniers, Maison-Égalité. Le public a montré la ferme résolution de ne plus souffrir d'hommes de sang. Les anciens membres du Comité de salut public sont aussi l'objet des conversations; les rapports annoncent que le public ne sera satisfait que lorsque les lois se seront appesanties sur eux.

Commerce. — ... Baron, La Motte et Berret annoncent qu'au port au charbon de la Tournelle, la tranquillité a régné toute la matinée, mais que, l'après-midi, le public a foncé avec violence, malgré la cava-

---

1. C'est le décret du 22 frimaire an III qui renvoie aux Comités réunis de législation et de sûreté générale le jugement porté par le Tribunal révolutionnaire de Paris, le 26, déclarant Goullin, Chaux et autres convaincus d'actes arbitraires,

lerie, la réserve ne s'étant pas rendue assez tôt à son poste ; on a profité de ce moment pour occasionner du trouble toute la soirée.....

Boutiques et places bien garnies; les légumes et racines plus chers que de coutume.....

Surveillance. — ... Giraud rapporte que l'on se plaint de ce que l'on ne fait pas jeter des plâtras sur la glace qui couvre le pavé des ponts, quais et places.

BOCQUET-DESTOURNELLES, ALLETZ.

(Arch. nat., F 4 c III, Seine, 14.)

SPECTACLES DU 28 FRIMAIRE.

THÉÂTRE DES ARTS. — *Castor et Pollux*, op. en cinq actes.
OPÉRA-COMIQUE. — *La Servante justifiée ; la Soubrette ou l'Étui de harpe ; Nina ou la Folle par amour.*
FEYDEAU. — *Elisa ou le Voyage au Mont-Bernard.*
THÉÂTRE DE LA RÉPUBLIQUE. — *Le Misanthrope ; la Perruque Blonde.*
THÉÂTRE DE L'ÉGALITÉ. — Relâche.
LYRIQUE. — *Au plus Brave la plus Belle ; Michel Cervantès.*
GAITÉ. — *La Corne de la Vérité ; l'Hospitalier ou le Repas interrompu ; Vénus pèlerine ; les Deux Arlequins*, pant.
AMBIGU-COMIQUE. — *Les Sœurs du pot ; les Houlans ; le Masque de fer.*
VAUDEVILLE. — *La Bonne aubaine ; les Marchandes de la Halle ; la Fête de l'Égalité.*
CITÉ-VARIÉTÉS. — *L'Orphelin*, com. ; *le Petit Orphée*, opéra.

CXLV

29 FRIMAIRE AN III (19 DÉCEMBRE 1794).

RAPPORT DU 30 FRIMAIRE.

Esprit public. Spectacles. — L'événement le plus frappant qui se soit passé hier aux spectacles est le trouble arrivé au théâtre du Vaudeville, qui, en général, est rempli d'antipatriotes et de femmes publiques, sans compter les filous qui se trouvent partout. Pendant le spectacle, plusieurs voix parties de plusieurs rangs des loges ont crié : *Au feu!* Chacun à l'instant a cherché à se sauver, ce qui a occasionné des malheurs ; des femmes ont été jetées par terre, tant dans les corridors que dans les escaliers, et nombre d'elles ont été volées. Ce n'est qu'avec beaucoup de peine que le calme s'est rétabli en annonçant au public que le cri : *Au feu!* n'était qu'une ruse de filous.

La surveillance a arrêté un des auteurs du trouble, qui a été désigné par le public; il a été conduit chez le commissaire de police avec une femme publique, sa compagne. Plusieurs personnes ont entendu différents particuliers qui disaient en se sauvant : « Nous avons manqué notre coup. »

L'homme et la femme qui avaient été arrêtés ont été interrogés, et procès-verbal dressé ; mais, cette nuit, l'homme s'est évadé du corps de garde de la rue Nicaise, où il avait été consigné ; la femme est restée, et l'affaire se suit par le commissaire de police.

Dans les autres spectacles, le bon ordre y a régné, sauf quelques querelles particulières, que la surveillance a apaisées.

Cafés. — Hier, dans plusieurs cafés, le public, content des mesures prises par la Convention nationale, buvait à la santé de la Convention, en criant : *A bas les Jacobins et tous les coquins! Vivent les honnêtes gens!*

Soulès, qui avait défendu Goullin, a été chassé d'un café pour ce seul motif.

Commerce. — ... Dupuy et autres disent que le sel s'enlève de toute part en grande quantité. Ils ont vu un fiacre (n° 91, P. U.) dans lequel un particulier a mis deux sacs de sel. Une autre voiture a déchargé environ 2000 livres pesant de sel chez un potier de terre, demeurant rue Aumaire, n° 20......

BEURLIER, BOCQUET-DESTOURNELLES.

(Arch. nat., F⁴ c III, Seine, 14.)

SPECTACLES DU 29 FRIMAIRE.

THÉÂTRE DES ARTS. — Relâche.

OPÉRA-COMIQUE. — *Renaud d'Ast*, com. en deux actes; *Paul et Virginie*, com. en trois actes.

FEYDEAU. — Concert.

THÉÂTRE DE LA RÉPUBLIQUE. — *La Coquette corrigée; la Perruque blonde.*

THÉÂTRE DE L'ÉGALITÉ. — *La Veuve de Malabar*, trag.; le divert. des *Nègres*.

LYRIQUE. — Relâche.

GAITÉ. — *L'Hospitalier; le Qu'proquo; l'Amant amour; le Débarquement* (Les *Petites Affiches* indiquent le même spectacle que la veille).

AMBIGU-COMIQUE. — *La Maréchal des Logis ; Pauline et Justin ; les Oies du frère Philippe.*

Vaudeville. — *Les Plaisirs de l'Hospitalité; la Fille-soldat; Piron avec ses amis.*
Cité-Variétés. — *Le Mari coupable; le Plan d'Opéra; Midas au Parnasse*, opéra; le ballet *des Auvergnats.*

CXLVI

30 FRIMAIRE AN III (20 DÉCEMBRE 1794).

Rapport du 1er nivose.

Esprit public. — Hier dans les groupes, les cafés et les spectacles, tout s'est passé tranquillement; en général, on se félicite beaucoup des bons effets qu'a produits dans la Vendée le décret d'amnistie.

Commerce. — ...Bienvenu dit que, sur la berge de la Râpée, le public a fait vendre de force un bateau de bois neuf appartenant au citoyen Mousseau l'aîné; les citoyens ont été eux-mêmes chercher les membrures.....

Le long de la berge des Tuileries, il y a environ vingt trains de bois qu'on craint de ne pouvoir retirer à cause des glaces,....

Fauconnier, Delahaye.

(Arch. nat., F １c III, Seine, 15.)

Spectacles du 30 frimaire.

Théâtre des Arts. — *Renaud*, op. en trois actes; le ballet de *Télémaque*.
Opéra-Comique. — *La Soubrette; Philippe et Georgette; la Prise de Toulon.*
Feydeau. — *Roméo et Juliette; la Famille indigente.*
Théâtre de la République. — *Le Tartuffe; le Sourd*, com.
Théâtre de l'Égalité. — *Philoctète*, trag.; *le Distrait*, com.
Lyrique. — *Zélia*, op.; *Au plus Brave la plus Belle*, op.
Gaîté. — *L'Hôtellerie républicaine; les Amours de Nicodème*, avec ballet; *l'Hospitalier; l'Amant au tombeau.* (Les Petites Affiches indiquent: *l'Enrôlement; Nostradamus*, pant.)
Ambigu-Comique. — *Pauline et Justin; les Prisonniers patriotes; Amour et Valeur ou la Gamelle.*
Vaudeville. — *Les Vieux élégants; Christophe Dubois; Colombine mannequin*, spectacle demandé.
Cité-Variétés. — *Guerre ouverte*, com.; *les Royalistes de la Vendée*, pantomime.

CXLVII

1ᵉʳ NIVOSE AN III (21 DÉCEMBRE 1794).

Rapport du 2 nivose.

Esprit public. Groupes et cafés. — La motion de Grégoire, sur le rétablissement des cultes[1], a fait la matière des conversations, et on applaudissait en général au parti pris par la Convention d'écarter cette motion par l'ordre du jour.

La cherté des denrées de première nécessité et la difficulté de s'en procurer occupent tous les esprits; on désire ardemment le rapport promis sur la loi du maximum.

Les femmes se plaignent de manquer d'ouvrage dans les ateliers de section et de l'embarras où cette inaction les met pour soutenir leurs familles.

Les cafés fourmillent de courtiers qui achètent bagues, boucles d'oreilles, montres et autres bijoux.

Spectacles. — Aucun événement n'a troublé l'ordre public dans les spectacles.

Commerce... — Suivant le rapport de Launay et autres, à l'île Louviers, vers les deux heures après-midi, le public a forcé la garde, et le désordre a été au plus haut degré. Les charretiers causent beaucoup de disputes : ils exigent des prix exorbitants, et, lorsqu'ils ont fait prix avec un citoyen, ils le quittent pour un autre qui leur offre quelque chose de plus. Il serait urgent de mettre un frein à leur cupidité. Quoique la journée ait été très tumultueuse, il s'est délivré à cette île 680 voies de bois.....

Bienvenu et autres se sont transportés sur la berge de la Rapée et du Port au plâtre; une partie des ouvriers débardeurs voulait empêcher d'autres de travailler pour obtenir une augmentation. Les inspecteurs se sont opposés à cette violation de la justice. Sur les trois heures, tous les débardeurs du Port au plâtre voulaient quitter leurs travaux; cette défection excitait les plaintes du public; les inspecteurs ont requis le commissaire de police de la section des Quinze-Vingts, qui a obligé ces ouvriers de finir la journée.

La Halle aux légumes était bien fournie; il est arrivé dix à onze

---

1. Voir les *Études et leçons sur la Révolution*, par F.-A. Aulard, seconde série, p. 117, 118.

voitures de marée, qui a été vendue fort cher; point de beurre ni œufs. La Halle à la viande était moins approvisionnée que de coutume......

Le Roux, Champenois.

Arch. nat., F1c III, Seine, 15.)

JOURNAUX.

Journal de Perlet du 2 nivôse :

On parle beaucoup de la réorganisation de la Bibliothèque nationale. Personne ne paraît avoir autant de droit d'être placé à la tête de cet établissement que le citoyen La Harpe. Dans toutes les époques de la Révolution, il a montré un patriotisme trop pur et trop éclairé pour avoir pu échapper aux persécutions de Robespierre. Il a payé sa célébrité par plusieurs mois de prison. Comment se fait-il que, depuis que les talents ont cessé d'être des crimes, on n'ait pas encore songé à rendre les siens plus immédiatement utiles à la République? La place de chef de la Bibliothèque nationale conviendrait, sous tous les rapports, au premier de nos littérateurs.

SPECTACLES DU 1er NIVOSE.

THÉÂTRE DES ARTS. — Relâche.
OPÉRA-COMIQUE. — *Les Détenus ou Cange; Blaise et Babet; la Fête américaine*, divert.
FEYDEAU. — *Elisa*, op. en deux actes.
THÉÂTRE DE LA RÉPUBLIQUE. — *Cincinnatus*, trag.; *les Étourdis*, com.
THÉÂTRE DE L'ÉGALITÉ. — *La Parfaite Egalité*, com.; *les Jeux d'amour et de hasard ou Arlequin maître et valet*, com.
LYRIQUE. — *Sapho*, trag.
GAITÉ. — *Le Fou par amour; Il était temps ou l'Heureuse découverte; le Triomphe de l'amour conjugal*, pant.
AMBIGU-COMIQUE. — *Le Sorcier; la Pomme de Rambour; la Forêt noire*.
VAUDEVILLE. — *Arlequin Hulla; le Canonnier convalescent; la Fille-Soldat*.
CITÉ-VARIÉTÉS. — *Les Empiriques*, première représ.; *l'Heureux quiproquo*, com.; *l'Amour et la Raison*, com.

CXLVIII

2 NIVOSE AN II (22 DÉCEMBRE 1794).

Rapport du 3 nivose.

Esprit public. Spectacles. — L'esprit public y est toujours bon ; quelques scènes particulières y sont arrivées ; mais elles tiennent au maintien du bon ordre et au respect dû aux autorités constituées et à leurs agents ou préposés.

Au théâtre de la Cité, le public a manifesté son mécontentement d'une manière très tumultueuse sur la longueur des entr'actes, qui provient de ce que le directeur fait jouer ses artistes le même jour au théâtre de la Cité et à celui de la Montagne, Maison-Égalité. On a écrit au directeur de ces deux théâtres pour faire cesser les justes réclamations du public.

Hier, à l'Ambigu-Comique un citoyen, nommé Godet, commissaire civil de la section du Temple, a méconnu les agents et préposés de la Commission de police dans leurs personnes et leurs pouvoirs. Il a donné lieu (à l'occasion d'une citoyenne qu'un des agents invitait à mettre sa cocarde d'une manière apparente) à une scène publique, qui tendait à avilir les pouvoirs donnés par la Commission, et à rendre illusoire la surveillance, d'une part en en faisant connaître publiquement les agents, et de l'autre en souffrant et, dès lors, en autorisant les malveillants et autres individus chargés de l'exercer. Le citoyen Godet est mandé à la Commission pour donner des explications sur cette affaire [1].

Groupes. — Il s'y manifeste un mécontentement général sur la difficulté de se procurer des denrées et sur leur cherté exorbitante. Chacun s'entretient de la grande quantité d'assignats en circulation ; on dit que la grande cherté des denrées vient du discrédit jeté par les malveillants sur les assignats ; cependant, en général, on témoigne la plus grande confiance dans les mesures que prend la Convention.

Commerce. — Descoings, officier de paix, rapporte qu'un ouvrier, employé aux magasin des farines du ci-devant couvent Élisabeth, lui disait, hier matin, que l'on venait de fermer le magasin, parce qu'il

---

1. En marge : « Inviter la Commission de police à instruire celle des Administrations civiles des suites qui seront données à cette affaire. 4 nivôse. »

n'y avait rien à faire, et qu'on avait dit hier aux ouvriers : « Revenez demain ; s'il arrive des farines, vous travaillerez. » « C'est ainsi, disait cet ouvrier, que nous allons au jour le jour, tandis qu'on répand le bruit que Paris regorge de subsistances, après avoir épuisé les départements par des réquisitions. » Il ajoutait qu'il ne concevait pas que l'administration n'eût pas pris plus de précautions pour assurer les arrivages avant les gelées, que l'on avait envoyé des millions de sacs vides, et qu'aucuns ne revenaient.....

Châtillon et Caillouet ont entendu dire par des ouvriers, dans un cabaret de la Nouvelle-France, que, si le renchérissement des denrées continuait, on serait obligé de dérouiller les piques dans le ventre des marchands, et que la guerre civile serait inévitable ; que l'ouvrier manquant d'ouvrage, il lui était impossible d'exister.

Launay et autres annoncent qu'à l'île Louviers le désordre a été épouvantable toute la journée : la garde a été forcée deux fois. Ces inspecteurs déclarent qu'il leur est impossible de mettre le bon ordre dans cette île, si les malveillants ne sont contenus par une force imposante.....

Dans l'après-midi, environ quarante boulangers s'étaient emparés de toutes les membrures d'un marchand. Le public s'est irrité et a voulu être servi. Pour mettre tout le monde d'accord, les inspecteurs ont fait partager les membrures.

Nota. — Un membre de la Commission s'est transporté à l'État-Major. Le représentant du peuple Le Tourneur a donné des ordres pour qu'il y eût six gendarmes à cheval à poste fixe à l'île Louviers. Les commandants temporaires ont dû donner des ordres pour que différentes sections fissent faire des patrouilles de ce côté.....

DUCHAUFFOUR, LE ROUX.

(Arch. nat., F 1c III, Seine, 15.)

JOURNAUX.

Journal de Perlet du 3 nivôse :

Condorcet est décidément mort[1]. Il y a quelques mois qu'il se vit saisi dans les campagnes voisines de Paris ; il s'empoisonna pour

1. Condorcet était mort le 9 germinal an II (29 mars 1794). On trouvera des pièces relatives à son décès dans un article de M. Marius Barroux, publié dans la *Révolution française*, t. XVII, p. 173 et suivantes. On voit que ce décès ne fut connu du public qu'en nivôse an III. Les journaux furent alors remplis de récits sur les derniers instants de Condorcet, mais nous ne pouvons que signaler ces récits.

échapper à l'échafaud, qui lui était alors assuré. Il laisse un nom illustre dans les sciences. La postérité honorera en lui un grand géomètre et un écrivain distingué. Nous doutons beaucoup qu'elle estime sa conduite politique. Ses amis, qui n'estimaient pas pendant sa vie celui qui avait été tour à tour le courtisan de tous les partis, paraissent donner de vifs regrets à sa mémoire.

Parmi les nombreuses épitaphes qui ont été faites pour Robespierre, nous avons remarqué la suivante :

> Passant, ne pleure point mon sort ;
> Si je vivais, tu serais mort.

Spectacles du 2 nivose.

Théâtre des Arts. — *Castor et Pollux*.
Opéra-Comique. — *La Soirée orageuse*, com. ; *la Belle Arsène*, com.
Feydeau. — Pas d'annonce.
Théâtre de la République. — *Le Misanthrope* ; *la Perruque blonde*.
Théâtre de l'Égalité. — Pas d'annonce.
Lyrique. — Relâche.
Gaîté. — *Cange* ; *Nostradamus* ; *la Prise de Toulon* ; *le Prétendu* ; *l'Enrôlement*.
Ambigu-Comique. — *Les Contretemps* ; *le Menuisier de Vierzon* ; *les Moutons*.
Vaudeville. — *Arlequin tailleur* ; *le Mensonge généreux* ; *les Marchandes de la Halle*.
Cité-Variétés. — *Les Dragons et les Bénédictines* ; *les Dragons en cantonnement* ; *les Royalistes de la Vendée*.

CXLIX.

3 NIVOSE AN III (23 DÉCEMBRE 1794).

Rapport du 4 nivose.

Esprit public. Spectacles. — L'affaire dont il a été rendu compte hier relativement aux préposés de la Commission qui semblaient avoir été méconnus au spectacle de l'Ambigu-Comique par le citoyen Godet, commissaire civil de la section du Temple, a été suivie. Godet a été entendu, et il en est résulté une explication fraternelle entre lui et les préposés, d'après laquelle la Commission a fait sentir aux uns et aux autres combien il importe au bien public que les différentes autorités fraternisent ensemble et se concertent dans toutes les mesures relatives au bon ordre et à la tranquillité publique. Tout a été parfaitement tranquille dans les spectacles.

Groupes et cafés. — On parle diversement du décret qui abolit les lois sur le maximum [1]. Le plus grand nombre y applaudit, mais on craint que l'avidité des marchands ne fasse monter encore le prix des denrées, déjà excessif. D'autres désirent que la Convention complète cette loi bienfaisante en levant les réquisitions contre lesquelles le peuple manifeste ouvertement son mécontentement.

Commerce. — Brabant et autres annoncent qu'à dix heures du soir, au port au charbon de la Vieille place au Veaux, il y avait environ deux cents personnes dans les rues voisines ; que, dans la nuit, les patrouilles n'ont pu les empêcher de se réunir au nombre de cinq à six cents. Il y a eu beaucoup de tumulte. Le commandant de la réserve a refusé de leur envoyer du monde pour maintenir le calme, qu'ils sont cependant parvenues à rétablir.

Launay et autres se sont rendus, à huit heures du matin, à l'île Louviers ; ils y ont trouvé la force armée et six hommes de cavalerie. Deux commandants temporaires sont arrivés au moment où le public forçait la garde. La vente a été suspendue jusqu'à l'arrivée du commissaire de police, qui, pour rétablir l'ordre, a été forcé de distribuer à chacun un numéro. Deux représentants du peuple sont arrivés en ce moment ; ils se sont assurés que le commissaire de police, l'officier de paix et les inspecteurs étaient à leur poste.

La Motte et autres rendent compte qu'au port de la Tournelle il n'a été distribué que vingt voies de charbon. Les chantiers ne sont point fournis ; le public se plaint de cette disette de bois et de charbon, et accuse l'agence des subsistances d'avoir entravé les arrivages.

Sémé et autres ont trouvé une foule considérable au port de la Grenouillère et du Gros-Caillou ; ils ont été forcés de distribuer plus de 600 numéros pour le bois neuf, quoiqu'il n'y en eût à délivrer que deux cents voies effectives. Ils craignent que le public ne se porte à des excès ; ils sont accablés de sottises ; les charretiers et le public se répandent en injures contre les administrateurs et les administrations ; ils annoncent enfin qu'ils ont beaucoup de peine à maintenir la tranquillité.

Les Halles étaient faiblement approvisionnées dans les premières ventes, surtout dans celle des jardiniers ; peu de fruits ; il est arrivé deux petites voitures de beurre et d'œufs, et sept voitures de marée.

---

1. C'est le décret du 4 nivôse an III, qui supprime tous ceux portant fixation d'un maximum sur le prix des denrées et marchandises.

La Halle à la viande était peu fournie ; il y avait environ trente cochons ; les pommes de terre étaient abondantes.

GOSSET, CHAMPENOIS.

(Arch. nat., F⁷ * III, Seine, 15.)

JOURNAUX.

Journal de Perlet du 4 nivôse :

Ce moment paraît être celui des résurrections. On assure maintenant que Buzot et Pétion ne sont point morts [1]. On a même parlé de l'arrivée de Pétion à Paris.

Ce qui peut faire beaucoup douter de leur existence, c'est le silence qu'ils gardent depuis le rapport du décret qui les avait mis hors la loi. Tous leurs autres collègues ont écrit à la Convention. Pourquoi eux seuls ne l'auraient-ils pas fait ? On a cherché aussi à faire regarder comme une fable la mort de Roland [2]. Mais il n'eût pas résisté jusqu'ici à l'envie de faire reparler de lui.

Nous apprenons avec plaisir que Rœderer a échappé à la proscription des hommes à talents et à caractère. Il a même déjà écrit quelques morceaux estimés, entre autres une brochure en faveur des soixante-onze députés que la Convention a rappelés dans son sein [3].

SPECTACLES DU 3 NIVOSE.

THÉÂTRE DES ARTS. — Relâche.
OPÉRA-COMIQUE. — *L'Amoureux de quinze ans ou le Double anniversaire*, com. en trois actes ; *les Détenus ou Cange*.
FEYDEAU. — *Le Voyage au Mont-Bernard*.
THÉÂTRE DE LA RÉPUBLIQUE. — *Timoléon* ; *la Jeune hôtesse*.
THÉÂTRE DE L'ÉGALITÉ. — *Guillaume Tell* ; *le Retour du mari*.
LYRIQUE. — *Les Petits commissionnaires* ; *les Deux frères*.

1. Ces nouvelles étaient fausses. Les cadavres de Buzot et de Pétion, tous deux morts par suicide, avaient été trouvés, le 8 messidor an II, dans un champ près de la grande route de Libourne à Castillon. Cf. Charles Vatel, *Charlotte de Corday et les Girondins*, p. 152, et des pièces publiées par M. Robin-Massé dans la *Révolution française*, t. XXXIII, p. 54.
2. Roland s'était donné la mort le 10 novembre 1793. Voir Cl. Perroud, *Note critique sur les dates de l'exécution de Mᵐᵉ Roland et du suicide de Roland*, dans la *Révolution française*, t. XXIX, p. 15.
3. Il s'agit peut-être de la brochure intitulée : *Des fugitifs français et des émigrés*, par Rœderer (24 thermidor), impr. du *Journal de Paris*, s. d., in-8°. Bibl. nat., Lb 41/1963.

Gaîté. — *Le Pardon imprévu de la nièce malheureuse*; *l'Hospitalier*; *le Pari imprudent*; *Arlequin et Colombine invisibles*. (Les *Petites Affiches* indiquent le même spectacle que la veille.)

Ambigu-Comique. — *Pauline et Justin*; *les Héros français*; *Dorothée*.

Vaudeville. — *Le Poste évacué*; *l'Auberge isolée*; *la Fête de l'Égalité*.

Cité-Variétés. — *Les Cent pièces d'or*; *le Pessimiste*; *les Empiriques*.

CL.

4 NIVOSE AN III (24 DÉCEMBRE 1794).

Rapport du 45 nivose.

Esprit public. — La suppression du maximum occupe toujours le peuple, dont l'impatience, excitée par la disette et la cherté des choses de première nécessité, par la difficulté de se les procurer, forme des conjectures diverses sur les effets de la liberté rendue au commerce.

La motion faite hier d'arrêter les gens suspects a servi aussi d'aliment aux conversations des cafés; et à celui de Chartres, dit des Canonniers, les esprits paraissaient très échauffés. Quelques-uns disaient que c'étaient les intrigants qui avaient fait jeter cette proposition en avant par un député patriote pour savoir comment le peuple le prendrait, mais qu'ils étaient résolus à ne pas le souffrir, qu'ils en avaient été trop dupes, que le règne de sang était passé; ce café paraît avoir besoin d'une surveillance particulière, qui fasse connaître la moralité de ses habitués.

Au même café, on parlait du discrédit que la malveillance et l'avidité des agioteurs cherchaient à répandre sur les assignats. Un citoyen âgé d'environ soixante-six ans, et qui a dit avoir été détenu pendant quinze mois, a prétendu avoir trouvé un moyen de faire baisser le prix de ces denrées; ce moyen est l'émission d'une monnaie métallique qui remplacerait les assignats de 10, 15, 25 et 50 sols. Il a assuré avoir l'agrément du Comité de salut public et de sûreté générale, et qu'avant quinze jours il en serait question.

Spectacles. — La tranquillité a régné hier dans tous les spectacles; la Commission administrative s'occupe des moyens de faire cesser les abus et les inconvénients résultant de la location des loges et de la vente des billets par les colporteurs.

Commerce. — Ollivier et autres annoncent que, depuis trois jours, il n'y a plus de charbon au port de la Tournelle, et que, dans plusieurs chantiers, il n'y a plus de bois, même sur les berges. Le public murmure contre l'Agence des subsistances, qui n'a pas pourvu aux approvisionnements; il annonce l'intention d'aller en masse à la Convention nationale porter plainte contre cette commission. On se plaint que l'indigent est dénué de tout; on dit que, si les subsistances n'arrivent pas dans peu, la guerre civile se déclarera. A la fermeture du port de la vieille place aux Veaux, il y avait plus de quatre-vingts personnes. Les inspecteurs ont requis la cavalerie pour les faire retirer, ce qu'ils ont fait avec beaucoup de peine; on disait qu'il était affreux d'empêcher le public d'avoir le nécessaire, et que, si cela durait, on verrait comment s'y prendre.

Suivant Sémé et autres, il n'y a eu qu'un seul marchand qui ait vendu sur le port de la Grenouillère. Les têtes sont très échauffées par la disette du bois dans les chantiers; on sème des propos injurieux contre tous les corps constitués. Ces inspecteurs annoncent qu'ils maintiennent la tranquillité avec beaucoup de peine, et que nous sommes dans un moment très critique.

Goupilleau, inspecteur, rend compte d'une saisie de pain faite le 3 nivôse par le commissaire de police de la section de la Fontaine-Grenelle; ce pain sortait de chez un boulanger de la rue Bellechasse, qui en délivre au moins 80 livres par jour sans carte; des mesures sont prises pour réprimer ces abus.

Brabant et autres se sont transportés, à 10 heures du soir, au port au charbon de la vieille place aux Veaux; ils y ont trouvé une grande quantité de personnes. Ils ont invité une patrouille à dissiper ce rassemblement: elle s'y est refusée, à cause de sa faiblesse; ils ont requis la réserve et la gendarmerie; malgré leurs efforts, il leur a été impossible d'empêcher le public de se mettre en rang. Ils ont maintenu l'ordre jusqu'au jour.

Massard, officier de paix, a éprouvé un refus de la part des citoyens de poste au corps de garde de la place de la Révolution, qu'il avait requis pour maintenir l'ordre à la délivrance des numéros; au raccueillage (sic) il y avait huit cents personnes, et ce grand nombre rendait difficile le maintien du bon ordre sans la présence d'une force armée. L'officier de paix a requis le commandant de la réserve de la Convention de lui donner trente hommes; mais, à moitié chemin, les volontaires l'ont abandonné, disant que ce service ne les regardait pas : « Sans les huit hommes de garde au raccueillage, continue le même officier de paix, j'aurais succombé parmi la foule qui m'entourait; je me suis réfugié au corps de garde, où j'ai requis la gendarmerie à cheval de la Convention, qui est parvenue à mettre un peu d'ordre; alors j'ai distribué 400 numéros, nombre plus qu'é-

quivalent à celui des voies de bois neuf restant sur les bateaux. »
Il est arrivé, le 4 et le 5, pour les approvisionnements des halles et marchés, 398 voitures de différentes denrées ;..... la Halle à la viande était peu fournie ; elle s'est vendue 35 et 36 sols.

Surveillance. — Une dispute s'est élevée hier au café des Canonniers, Maison-Égalité, entre un citoyen, membre d'un ci-devant Comité révolutionnaire [et un autre citoyen]. Le premier s'est retiré furtivement au moment où l'autre allait frapper.....

BARBARIN, DUCHAUFFOUR.

(Arch. nat., F 1c III, Seine, 15.)

JOURNAUX.

Nouvelles politiques nationales et étrangères du 6 nivôse :

De Paris, le 6 nivôse. — Avant-hier on a publié une proclamation qui enjoint à tous les propriétaires de chevaux de donner l'état et l'âge de ceux qu'ils ont. Cette mesure semble être d'une grande sagesse, surtout dans un moment où la saison rigoureuse menace d'intercepter par la gelée la navigation des rivières et canaux, si nécessaires au transport et à la circulation des denrées et marchandises.

Depuis quelques jours on avait observé que les sorties des spectacles étaient constamment obstruées par des colonnes de fripons qui voulaient entrer, tandis que les spectateurs voulaient sortir. Les suites de cette tactique étaient des vols nombreux de portefeuilles. La police ayant pris ces faits en considération, on a arrêté ces jours derniers, à la sortie de l'Opéra, dix-sept particuliers qui ont été forcés de donner un état de leurs coopérateurs dans ce genre de vol.

Parmi les députés qui ont échappé au fer de la tyrannie, on compte aujourd'hui Rœderer, qui vient de faire paraître quelques ouvrages relatifs à nos temps orageux, et entre autres un écrit en faveur des soixante-treize députés que la justice de la Convention nationale a rappelés dans son sein.

L'abolition du maximum sur le prix des denrées et marchandises fait aujourd'hui le sujet de toutes les conversations. Les uns prétendent que cette loi augmentera la cherté ; les autres disent qu'elle la diminuera. Il semble que ces deux présages, si opposés, sont subordonnés l'un et l'autre aux mesures que l'on prendra en faveur de la circulation intérieure ; c'est la circulation plus ou moins libre qui résoudra ce problème. Il est possible que, dans le premier moment, la cupidité mercantile abuse, comme elle l'a souvent fait, d'un changement quelconque de circonstances pour grossir ses bénéfices ; mais, si la circulation devient plus libre, bientôt la concurrence amènera les denrées à un prix plus modéré. On a pu remarquer que, dans cette commune, au moment où la police a laissé libre la vente de la viande, tous les coins de rues ont présenté des étaux où la viande se vendait 25 sous la livre, et certainement ceux qui se livraient à ce commerce n'y perdaient pas. Depuis que les débats sur le maximum ont été ouverts, ces mêmes bouchers forains ont porté le prix de la viande à 30 sous la livre. Aujourd'hui qu'ils auront beaucoup plus de concurrents, il est hors de doute qu'ils seront bientôt dans le cas de baisser ce prix.

Gazette française du 5 nivôse an III :

De Paris, le 4 nivôse. — La suppression de la loi du maximum fait l'objet de toutes les conversations ; la portion du peuple, malheureusement trop nombreuse, qui n'est accoutumée qu'à calculer son existence d'un jour et les moyens de se la procurer, ne voit pas la suppression de cette loi absurde sous les rapports bienfaisants et absolument nécessaires qui l'ont déterminée. Les femmes surtout, dont la plupart ne se souviennent pas de la veille, et qui n'aperçoivent presque pas le lendemain, commencent à faire la mine, et ne tarderont pas à éclater en murmures, si le renchérissement des denrées est aussi subit qu'on paraît le redouter.

SPECTACLES DU 4 NIVOSE.

THÉÂTRE DES ARTS. — *Le Chant du Départ; Iphigénie en Tauride.*
OPÉRA-COMIQUE. — *La Soubrette; Lodoïska.*
FEYDEAU. — *L'Amour filial; la Caverne.*
THÉÂTRE DE LA RÉPUBLIQUE. — *Catherine ou la Bonne fermière ; l'École des maris.*
THÉÂTRE DE L'ÉGALITÉ. — *Le Dépit amoureux ; Félix,* opéra.
LYRIQUE. — *Michel Cervantès,* op. ; *l'Héroïsme paternel,* scène historique, première représentation.
GAITÉ. — *Le Fils adoptif; Cange; l'Heureuse découverte; l'Amant au tombeau.*
AMBIGU-COMIQUE. — *Les Débuts ; Amour et Valeur ; le Devin du village.*
VAUDEVILLE. — *Arlequin afficheur ; l'Écrivain public,* première représentation ; *la Revanche forcée.*
CITÉ-VARIÉTÉS. — *Cange,* com. ; *le Nez,* opéra ; *les Petits Auvergnats,* ballet.

CLI

5 NIVOSE AN III (25 DÉCEMBRE 1794).

Rapport du 6 nivose.

Esprit public. — Le peuple témoigne de plus en plus son mécontentement et ses craintes sur l'augmentation progressive du prix des denrées et combustibles de première nécessité. Les riches se consolent aisément de la cherté, en espérant qu'à quelque prix que ce soit, ils se procureront les choses nécessaires ; mais ceux dont la fortune ne peut atteindre à la cherté excessive murmurent et taxent le commerce d'avidité.

Tout au surplus a été tranquille. Rien de nouveau dans les spectacles.

Commerce. — Loctave et autres se sont rendus à six heures trois quarts au raccueillage ; la plupart des citoyens étaient sans numéros, ce qui a occasionné une petite rumeur ; mais, à l'aide de la force armée, les inspecteurs sont parvenus à rétablir le calme.

Les citoyens se sont portés en foule vers trois bateaux de bois neuf qui sont près le pont National ; les inspecteurs se sont opposés à ce que l'on sortit le bois des bateaux en l'absence du propriétaire ; alors les citoyens ont député quatre d'entre eux vers l'Agence des subsistances, qui sur le champ a donné un ordre pour que le marchand fasse débarder son bois, et le vendre au public. Malgré cet ordre, le commis du marchand n'a pas voulu vendre ni écouter les représentations des inspecteurs. Ces derniers ont requis le commissaire de police de la section des Tuileries, qui a dressé procès-verbal du refus de vendre.

Bergeret et autres annoncent qu'il n'y a point de charbon au port de la Tournelle et bientôt plus à la vieille place aux Veaux, qu'il n'y a presque plus de bois dans les chantiers ni sur les berges, et point d'espérance d'arrivages, attendu que la rivière n'est plus commerçante. Suivant les mêmes inspecteurs, à la vieille place aux Veaux on se porte à des excès violents. Le prix du bois se fait en cachette ; il en résulte que l'indigent ne peut en approcher. Les têtes sont très échauffées ; le public crie contre l'Agence des subsistances et demande du bois et du charbon.

Suivant Duroux, inspecteur, les citoyens sont très mécontents des marchands de bois, et se plaignent que le gouvernement n'ait pas fixé son attention sur ces marchands, qu'ils accusent d'être cause de la disette que nous éprouvons.

Desbourdelles s'est transporté sur le port Bernard, où le citoyen Maille a vendu 28 et 30 livres la voie de bois flotté retirée de la glace et mis de suite dans la membrure, où il y avait autant de glace que de bois.

Didier et autres ont surveillé la berge de la Rapée, où un seul marchand a vendu du bois neuf. D'après le rapport de ces inspecteurs, les charretiers mettent toujours les citoyens à contribution ; un charretier demandait à un citoyen 20 livres pour conduire une voie de bois rue du Chantier ; ce citoyen cherchait à se procurer une voiture à meilleur marché, mais le même charretier a empêché ses camarades de marcher à moins de 18 livres. Les inspecteurs ont traduit ce charretier devant le commissaire de police, qui a dressé procès-verbal de cette conduite qui avait excité l'indignation du public.

Leroux et Tremet annoncent qu'au port au blé le bois se vend 35 livres la voie, et les charretiers ne veulent pas marcher à moins de 20 et 25 par voie.

BARBARIN, L.-J. BABILLE.

(Arch. nat., F $^{1\,c}$ III, Seine, 15.)

SPECTACLES DU 5 NIVOSE.

THÉÂTRE DES ARTS. — Relâche.

OPÉRA-COMIQUE. — *Philippe et Georges*, com. ; *les Détenus ou Cange*, com. ; *la Prise de Toulon*.

FEYDEAU. — *Elisa ou Voyage au Mont-Bernard*.

THÉÂTRE DE LA RÉPUBLIQUE. — *Cincinnatus*, trag., première représentation ; *les Plaideurs*, com.

THÉÂTRE DE L'ÉGALITÉ. — *Brutus*, trag. ; *les Épreuves*, com.[1].

LYRIQUE. — *Sapho*, trag.

GAITÉ. — *Le Fils adoptif* ; *l'Heureuse découverte* ; *Cange* ; *l'Amant au tombeau*.

AMBIGU-COMIQUE. — Même spectacle que la veille.

VAUDEVILLE. — *Les Plaisirs de l'hospitalité* ; *la Fille-Soldat* ; *les Marchandes de la Halle*.

CITÉ-VARIÉTÉS. — *Les Dragons et les Bénédictines* ; *les Dragons en cantonnement* ; *les Mœurs ou le Divorce*.

1. Ce fut la dernière représentation que donna le théâtre de l'Égalité, ex-théâtre de la Nation. Cette annonce ne s'accorde pas avec l'assertion de MM. Porel et Monval (*l'Odéon, histoire administrative*, etc. t. I, p. 517), qui disent que la dernière représentation eut lieu le 23 décembre 1794. Les comédiens du théâtre de l'Égalité s'engagèrent au théâtre de la rue Feydeau. Le théâtre de l'Égalité resta fermé comme spectacle et ne rouvrit qu'en 1797, sous le nom d'*Odéon*.

CLII

6 NIVOSE AN III (26 DÉCEMBRE 1794).

RAPPORT DU 7 NIVOSE.

Esprit public. Groupes et cafés. — Les subsistances sont toujours l'objet des conversations. Certaines personnes annoncent qu'on va cesser la distribution de pain et de viande suivant l'ordre établi dans les sections, ce qui cause de l'inquiétude sur ces deux objets de première et indispensable nécessité.

Papiers. — Il doit paraître incessamment un pamphlet ayant pour titre : *Nous mourons de faim, nous mourons de froid*, et un appel contre les marchands. La Commission a avisé aux moyens d'arrêter ce pamphlet, avant qu'il paraisse, et elle en rendra compte.

Maisons de jeu. — Les officiers de paix rapportent que, pendant quatre jours de suite, on a joué le trente-un, maison de Londres, rue de la Loi, et que ce jeu est suspendu d'hier ; ils assurent qu'on joue ailleurs, et que l'impunité des joueurs et des gens qui suivent ces sociétés dangereuses et immorales ferait croire qu'ils trouvent un appui et des ressources qui leur font braver toute surveillance. La Commission a donné les ordres nécessaires pour découvrir ces nouveaux repaires de brigandage.

Spectacles. — Le commerce des billets s'est fait hier avec beaucoup d'activité à la porte du théâtre des Arts ; on a arrêté sept de ces marchands, qui ont été conduits au Comité de police. L'administration du théâtre a montré du zèle et de la bonne volonté dans cette circonstance. Tout au surplus s'est passé tranquillement.

Commerce. — Vontschritz et autres annoncent qu'il y a eu une grande affluence au port au charbon de la vieille place aux Veaux, qu'un reste de bateau a été distribué au milieu du trouble, et qu'il n'y a plus de charbon à ce port.

Launay et autres se louent de la tranquillité qui a régné à l'île Louviers ; il s'est vendu, moyennant soixante livres la voie, du superbe bois de frêne, sous le nom de bois de travail.....

Le bois de travail que l'on met de côté est enlevé nuitamment pour la consommation des citoyens qui veulent bien satisfaire la cupidité des marchands ; il résulte de cet abus que les ouvriers qui ont besoin de ce bois pour leur état ne peuvent en obtenir.....

Le public donne dix livres à un débardeur pour tirer de l'eau une voie de bois; comme les charretiers, ils font la loi aux citoyens.

Murat a vu sur le quai de la Grève les citoyens rassemblés auprès du bois qui venait d'être débardé et qui était destiné aux administrations; le public a député vers l'Agence des subsistances pour obtenir d'elle la délivrance de ce bois; l'Agence y a consenti; les citoyens ont formé des listes, et le bon ordre n'a pas été troublé.

Il est arrivé, le 6 et le 7, pour les approvisionnements des Halles 232 voitures de différentes denrées... Le même jour il est arivé sur le carreau de la Halle 2,300 livres de beurre, 20,500 œufs, 50 douzaines de fromages.

La Halle aux légumes était peu approvisionnée; celle à la viande l'était assez bien. Le bœuf se vend 34 sols, et le mouton 26 sols la livre; les œufs, 108 sols le quarteron; le beurre 3 livres 8 sols la livre.

Surveillance. — Il a été trouvé aujourd'hui 7, à la porte du citoyen Beuvard, marchand de vin au coin du quai Pelletier, par un commissaire du Comité révolutionnaire, séant section des Arcies, un placard conçu en ces termes : « Peuple, tes fers sont rivés; si tu n'y fais pas attention, tu tombes dans l'abîme; les ennemis de l'intérieur traitent avec ceux de l'extérieur; tes bijoux les plus précieux sont emballés pour aller chez ton ennemi; méfie-toi : il est temps. »

Procès-verbal a été dressé à cet égard, et des ordres ont été donnés.

Les officiers de paix et inspecteurs de police rapportent qu'en face du Jardin des plantes le public traverse la rivière, prise dans cet endroit; ils ont voulu s'y opposer de crainte d'accident; mais ils n'ont pu y contenir la multitude. La Commission a écrit au commandant temporaire de la force armée et au commissaire de police de la section des Sans-Culottes, et les ordres sont donnés pour empêcher les glissades dans les places, sur les bords de la rivière et sur les fossés.....

Diancourt rapporte que le public voit d'un œil inquiet les Marseillais arriver journellement à Paris.

BARBARIN, THEROUENNE.

(Arch. nat., F¹ᶜ III, Seine, 15.)

SPECTACLES DU 6 NIVOSE.

THÉÂTRE DES ARTS. — *Castor et Pollux*, op. en cinq actes.
OPÉRA-COMIQUE. — *Les Dettes*, com.; *Guillaume Tell*, drame lyrique.
FEYDEAU. — *La Famille indigente; les Visitandines.*

THÉATRE DE LA RÉPUBLIQUE. — *L'École des frères*; *la Perruque blonde*.
LYRIQUE. — *Loiserolles ou l'Héroïsme paternel*; *les Petits commissionnaires*; *Au plus Brave la plus Belle*.
GAITÉ. — *Le Consentement forcé*; *les Fausses infidélités*; *le Commissionnaire de Saint-Lazare*; *le Serpent magicien*. (Les *Petites Affiches* indiquent le même spectacle que la veille.)
AMBIGU-COMIQUE. — *Les Mariages assortis*; *le Malentendu*; *l'Héroïne américaine*. (Les *Petites Affiches* indiquent le même spectacle que l'avant-veille.)
VAUDEVILLE. — *Le Nègre aubergiste*; *le Faucon*; *Arlequin Joseph*.
CITÉ-VARIÉTÉS. — *Guerre ouverte*, com.; *les Royalistes de la Vendée*.

CLIII

7 NIVOSE AN III (27 DÉCEMBRE 1794).

RAPPORT DU 8 NIVOSE.

Esprit public. Convention. — Hier, à la Convention, les tribunes et les couloirs étaient remplis de monde qui attendait le rapport sur les députés [1], qui étaient satisfaits que l'on donne aux prévenus tous les moyens de défense. L'on espère qu'après la discussion de cette affaire, la Convention s'occupera sans relâche du bien public.

Groupes et Cafés. — Dans la Maison-Égalité et dans le Jardin national, l'on s'entretenait paisiblement du rapport du Comité de salut public contre Barère, Collot d'Herbois, Billaud-Varenne et Vadier [2]. Le public assimile ces quatre représentants à Robespierre et à Carrier. Cependant l'on désire qu'ils puissent se justifier des inculpations qui leur sont faites.

Dans un groupe, près la Convention, quelques individus paraissaient regretter la suppression du régime tyrannique de Robespierre, et donnaient pour prétexte de leurs propos les abus que produit l'insatiabilité des marchands et des accapareurs; mais l'improbation du public contre ces terroristes les a fait disparaître.

1. Dans cette séance du 7 nivôse an III, la Convention ordonna la nomination d'une commission de 21 membres pour faire un rapport sur les faits imputés aux représentants du peuple Billaud-Varenne, Collot d'Herbois, Barère et Vadier, et autorisa ces représentants à faire imprimer leurs mémoires aux frais de la République. Sur les débats auxquels donna lieu ce décret, voir le *Moniteur*, réimpression, t. XXIII, p. 71.

2. Il s'agit du rapport de Merlin de Douai, qui amena le vote du décret dont il vient d'être question, et qu'on trouvera au même endroit du *Moniteur*.

Le mécontentement sur le prix excessif de toutes les denrées et de toutes les choses nécessaires à la vie est à son comble; la classe indigente donne de l'inquiétude aux citoyens paisibles sur les suites de cette cherté excessive.

Les discussions qui s'élèvent à la Convention nationale donnent de l'inquiétude aux honnêtes gens, qui craignent qu'elles ne deviennent funestes à la chose publique.

Au café de Chartres on a remarqué avec regret que ceux qui applaudissaient le plus à la dénonciation des cinq députés [1] avaient été par état ou par vengeance les ennemis de la liberté.

Spectacles. — Rien n'a présenté dans cette partie de surveillance aucun objet qui dût être rapporté; le calme et la tranquillité y ont régné.

Note tirée du *Courrier républicain* dudit jour 8 nivôse :

« L'incendie de la riche bibliothèque de Saint-Germain n'a pas rendu notre administration plus sage pour la conservation des monuments précieux de cette nature.

« On sait, ou on ne sait pas, qu'on a établi, pour le service de l'administration des finances, une très grande quantité de bureaux dans la maison de la Bourse, ci-devant compagnie des Indes ; ces bureaux sont garnis de poêles tellement échauffés que le mur qui sépare cette maison de la Bibliothèque nationale est toujours brûlant.

« On dit même, mais nous [ne] pouvons certifier ce fait, que les tuyaux de ces poêles communiquent d'un établissement à l'autre. On espère que le Comité de salut public, qui a la grande main sur tout ce qui peut intéresser la France, et qui n'est plus un Comité d'abrutissement, ordonnera que les commis que Cambon a placés dans le voisinage de la Bibliothèque iront se chauffer ailleurs. »

Commerce. — Losset et autres se sont rendus à six heures du matin au port vis-à-vis l'Arsenal ; à l'aide de la gendarmerie à cheval, ils ont maintenu l'ordre, jusqu'à deux heures de l'après-midi, à la distribution d'une petite barquette contenant environ cinq cents voies de charbon. Les mêmes se sont [rendus] au chantier du port de la Rapée ; le citoyen Chevalier y vendait son bois 70 livres la voie, et n'en avait pas qui voulait. Les inspecteurs annoncent qu'ils ne peuvent rien dire, vu que les ouvriers du port les menacent de tomber sur eux, s'ils veulent raisonner. Les ordres sont donnés pour suivre ceux qui se comporteraient mal.....

Suivant Sémé et autres, le monopole des débardeurs du Gros-

---

1. C'est-à-dire à la dénonciation contre les anciens membres des Comités.

Caillou et de la Grenouillère est porté à son comble; ils reçoivent de toute main des billets de 5 et 10 livres, en promettant plus de bois qu'il n'y en a à délivrer. Le même abus a lieu de la part des garçons de chantiers, et les marchands se prêtent à ces vols manifestes.....

Chevalier et autres disent qu'il s'est délivré beaucoup de bois au bas du pont des Tuileries, que la journée a été très orageuse, et qu'ils étaient plusieurs obligés d'avoir recours à la force armée.

.... En général, ajoutent les mêmes inspecteurs, le peuple est très mécontent; il crie beaucoup contre nous et contre les autorités constituées.

Les halles et marchés ont été assez bien fournis; les ventes ont été calmes, mais à des prix exorbitants. La halle à la viande était fournie [comme] à l'ordinaire; la viande se vend 34 et 38 sols la livre; le porc frais, de 40 à 45 sols; le beurre, 3 livres 10 sols à 3 livres 15 sols; les œufs, 5 livres 10 sols le quarteron; les pommes de terre, de 50 sols à 3 livres 10 sols : il en arrive très peu.

Bienvenu et Delahaye annoncent que la disette du bois a occasionné beaucoup de tumulte à la Rapée. Le public se plaint que toutes les administrations n'en manquent pas; on dit qu'il faut faire une visite chez elles; on accuse aussi l'Agence des subsistances de donner des réquisitions à des amis tandis que le peuple manque.

Surveillance. — Dagomer a observé qu'il existe à Paris beaucoup de jeunes gens sous plusieurs uniformes qui courent les cafés, les bals et les spectacles.

Gosset, Bocquet-Destournelles.

(Arch. nat., F 1c III, Seine, 15.)

Journaux.

Abréviateur universel du 8 nivôse :

Concerts publics. — Lettre à *l'Abréviateur universel*. — A mon tour aussi j'abrégerai, cher concitoyen; c'est aujourd'hui l'unique moyen de traiter assez de tout. *Polyscope* vient d'écrire une lettre sur un fameux concert, avec cette épigraphe chagrine : *Cavea stultorum mundus*[1]. Voici la substance de ce qu'y dit Polyscope.

Il en revient, il étouffe; on croit qu'il va parler de musique : c'est de mœurs. Mille voitures interrompent les idées que lui suggèrent les doux noms de *probité*, d'*humanité*, de *vertu*. Elles le conduisent aux

---

[1]. Nous ne connaissons pas cet opuscule. Il n'en existe pas à la Bibliothèque nationale avec ce nom d'auteur et sur cet objet.

portes d'un théâtre où un bataillon de jeunes gens attend des billets à *la queue*. Des agioteurs de billets facilitent son entrée. Ses yeux et ses oreilles sont frappés de minauderies et de propos de *muscadins* et de *muscadines*. La *volonté suprême* du *peuple galant* du parterre signifie aux hommes de céder les places du devant aux femmes couvertes de luxe, de rubans, de diamants, déclare que la *galanterie française est à l'ordre du jour;* et l'on applaudit aux perruques à *serpenteaux*, aux larges chapeaux ; aux pierreries, etc.

Polyscope est flatté que plusieurs citoyennes ont suivi le conseil qu'il leur avait donné de s'habiller à la grecque ; mais il préfère les chaînes d'or aux diamants. Une femme lui dit qu'elle a payé cent francs à *sa modiste* pour un chapeau, à condition que sa modiste n'en délivrât à personne un pareil avant l'heure du concert; et le mari de cette étrange républicaine apprend en confidence à Polyscope que la belle se ruine pour s'enlaidir, qu'on va *à la queue* à la porte de *la modiste*, comme à la porte des épiciers, et qu'en bénévole époux il a dîné avec un plat de lentilles, leur servante y ayant perdu la matinée pour avoir le bonnet ou chapeau que devait porter sa maîtresse.

De plats calembourgs, de fades quolibets, des dentelles, des équipages dorés, des cochers chamarrés d'or, des poupées en habits d'hommes, des voitures arrêtées dès le matin, à quatre livres par heure, pour arriver le soir au concert, une ariette payée à un prix qui suffirait à la subsistance annuelle de toute une famille, le chanteur Garat objet de plus d'admiration et d'engouement qu'on n'en aurait pour un héros, le font s'écrier — « Et nous sommes républicains! » — Sa réponse un peu crue est : — « Oui, mais comme les Romains sous Auguste. » Son recours est dans les hommes de lettres, qu'il invite à livrer ces abus au fouet du ridicule. Pénétré de la même indignation, *le Républicain français*, n° 756, se rappelle « les fortunes qui se sont élevées sous les Comités révolutionnaires » et craint de faire une satire. Salut et fraternité. Votre concitoyen, L. N. [1].

1. Il faut aussi rapporter à cette journée du 7 nivôse an III un arrêté des Comités de salut public et de sûreté générale sur la distribution du bois à brûler dans Paris (*Journal de Perlet* du 15 nivôse, p. 279). Les citoyens devaient se présenter au Comité civil de leur section, qui les inscrivait dans la proportion d'une voie de bois pour deux mois, par chaque ménage composé de quatre individus. — Le même journal, p. 280, rapporte un arrêté sans date du Comité de sûreté générale, portant « que les administrations de district, les agents nationaux près desdites administrations, et le Comité révolutionnaire sont tenus, sous leur responsabilité, de s'opposer à tout rassemblement fanatique ou royaliste, de faire arrêter tous orateurs et acteurs principaux de ces rassemblements, comme aussi d'en donner connaissance à l'instant au Comité de sûreté générale. »

Spectacles du 7 nivôse.

Théâtre des Arts. — Relâche.
Opéra-Comique. — *Azémia*, com. en trois actes; *la Dot*, com. en trois actes.
Feydeau. — Même spectacle que la veille.
Théâtre de la République. — *Timoléon*; *les Étourdis*.
Lyrique. — *Sapho*.
Gaité. — *Le Consentement forcé*; *l'Hospitalier*; *la Caverne enchantée*; *Contentement passe richesse*.
Ambigu-Comique. — *Les Débuts*; *la Gamelle*; *le Devin du village*.
Vaudeville. — *Arlequin Pygmalion*; *la Lettre*, première représentation; *l'Auberge isolée*.
Cité-Variétés. — *Le Danger des liaisons*, com.; *le Bon ermite*, opéra; *la Caverne*, pantomime.

CLIV

8 NIVÔSE AN III (28 DÉCEMBRE 1794).

Rapport du 9 nivôse.

Esprit public. Groupes et Cafés. — Dans le Jardin national, après la levée de la séance de la Convention, les citoyens qui en sortaient étaient très satisfaits de la dénonciation faite d'un libelle contre-révolutionnaire dont le style royaliste ne tendait qu'à nous remettre dans l'esclavage, et de la juste sévérité de la Convention en livrant l'auteur à la justice nationale[1].

Dans les cafés de la Maison-Égalité et [dans] celui de Chartres, l'on parlait très ironiquement du triomphe que cela procurait aux dénonciateurs; l'on blâmait les mesures prises à l'égard de l'auteur, en ajoutant qu'on ne pouvait faire un crime à un homme d'émettre son opinion, ni au libraire de l'imprimer.

Au café de la République, dans une conversation relative au gouvernement, un citoyen faisait l'éloge de celui actuel et regrettait qu'on se fût privé, par une rigueur qu'il traitait de barbarie, d'une quantité de citoyens qui, par leurs lumières, auraient pu être utiles à la

1. En effet, dans la séance du 8 nivôse an III, la Convention ordonna des poursuites contre Jacques-Vincent Delacroix, auteur du *Spectateur français pendant le gouvernement révolutionnaire* (Bibl. nat., La 32/400¹. Traduit devant le Tribunal révolutionnaire, Delacroix fut acquitté (Wallon, *Hist. du Trib. rév.*, t. VI, p. 65 à 67).

patrie; plusieurs y applaudirent, mais d'autres repartirent que les hommes étaient toujours hommes, et tout aussi malhonnêtes gens dans un temps que dans un autre, que tous les gouvernements éprouvèrent les mêmes secousses, que chacun d'eux avait sa puissance, sa splendeur et son déclin, et que la France était dans une position dont elle ne se relèverait pas facilement.

Dans un groupe, l'on s'entretenait de l'égoïsme des marchands qui, par leur rapacité, ne cherchent qu'à discréditer les assignats et exposent les indigents à manquer de tout.

Spectacles. — Tout s'est passé dans cette partie de notre surveillance dans la plus grande tranquillité.

Commerce. — D'après le rapport de Baron et autres, il n'y a plus de bois dans les chantiers, et, dans deux ou trois jours, il n'y en aura plus sur les berges. Cette disette fait des mécontents; le public en accuse l'Agence des subsistances; on a entendu dire qu'on saurait faire voir la souveraineté du peuple, quand il en sera temps, et se venger de ceux qui sont chargés de pourvoir à ses besoins. Des ordres sont donnés pour surveiller ceux qui veulent se faire eux-mêmes une prétendue justice.

Vassor et autres annoncent qu'au raccueillage, cinq membrures ont été employés toute la journée; la vente a été considérable; il y a eu beaucoup de bruit entre des citoyens porteurs de bons des Comités civils pour une demi-voie de bois, et les citoyens qui avaient retenu des numéros; ces derniers se sont opposés à ce que les premiers fussent servis.

Le garçon chargé de l'approvisionnement du théâtre du Vaudeville a occasionné une émeute dans tout le port en voulant se faire corder sans numéro; les inspecteurs n'ont pu le faire arrêter.

Suivant Sémé et Genet, il n'y aura plus de bois au port de la Grenouillère, du Gros-Caillou et des Théatins. Le monopole et l'escroquerie s'exercent sur le peu de bois restant..... Le public est très inquiet de cette disette; il se tient des propos contre les administrations.

Il est arrivé, le 8 et le 9 nivôse, pour l'approvisionnement des halles et marchés, 285 voitures de différentes denrées et 13 de marées. La halle aux légumes était moins approvisionnée que de coutume; celle à la viande était bien fournie. Le beurre se vend 3 livres 5 sols.

Surveillance. — Dorival dénonce deux gendarmes qui, hier, au spectacle de Nicolet, ont méconnu les pouvoirs des autorités constituées et ont même tenu des propos ironiques sur le ruban tricolore. Le commissaire de police instruit cette affaire.

Les rapports des inspecteurs concernant la surveillance de sûreté sont assez satisfaisants ; on a toujours beaucoup de peine à empêcher les citoyens de se promener sur la glace...

Enclos du Temple, n° 75, une femme a été trouvée étendue dans sa chambre, raide de froid ; l'on a employé tous les soins possibles pour la ramener à la vie.....

THEROUENNE, CHAMPENOIS.

(Arch. nat., F⁷ c III, Seine, 15.)

SPECTACLES DU 8 NIVOSE.

THÉÂTRE DES ARTS. — *La Réunion du 10 août* ou *l'Inauguration de la République française*.

OPÉRA-COMIQUE. — *La Bonne mère ; le Déserteur.*

FEYDEAU. — *Les Pommiers et le Moulin*, op. en un acte, première représentation ; *les Deux ermites ; le Club des Sans-Soucis*.

THÉÂTRE DE LA RÉPUBLIQUE. — *L'École des frères ; la Jeune hôtesse.*

LYRIQUE. — *Loiserolles ; les Petits commissionnaires ; le Bon père.*

GAITÉ. — Spectacle au profit des femmes, mères et enfants de nos braves citoyens qui sont aux frontières : *Vénus pèlerine ; le Cocher supposé ; Il était temps ; le Nécromancien.* (Les Petites Affiches indiquent le même spectacle que la veille.)

AMBIGU-COMIQUE. — *Le Maire de village ; le 12 Thermidor ; la Manie des perruques ; les Oies de Philippe.*

VAUDEVILLE. — *Colombine mannequin ; Christophe Dubois ; Piron avec ses amis.*

CITÉ-VARIÉTÉS. — *La Mère rivale*, com. ; *le Divorce ou le Juge de paix*, com. ; *le Petit Orphée*, opéra.

CLV

9 NIVOSE AN III (29 DÉCEMBRE 1794).

RAPPORT DU 10 NIVOSE.

Esprit public. — La tranquillité publique n'a pas été troublée, mais cependant le mécontentement s'accroît tous les jours par la disette du bois, du charbon et le prix incalculable des charretiers, qui prennent jusqu'à 20 et 25 livres pour conduire une voie. Ce mécontentement fait que les agents de la police sont insultés, et quelquefois maltraités, quand ils veulent établir l'ordre.

L'on faisait circuler que, pour mettre un frein à la cupidité des charretiers, la Commission des charrois allait mettre sur chaque port deux cents voitures pour mener le bois à un prix médiocre.

En exigeant jusqu'à 20 sols pour une voie d'eau, les porteurs d'eau augmentent le mécontentement.

Les ouvriers et citoyens qui ont des places modiques ne peuvent plus atteindre aux besoins de la vie ; il en est de même pour ceux qui, ne pouvant plus travailler, vivent d'un revenu borné, sur lequel on leur retient un cinquième.

Le discrédit des assignats s'accroît au point que, quand on se plaint de la cherté excessive des marchandises, les marchands offrent de les vendre à un cinquième moins cher, si on veut les payer en argent.

A la sortie de la séance de la Convention, le public s'entretenait de la levée du séquestre des biens des étrangers, à l'exception de la banque de Saint-Charles [1]. Il pense que cette mesure est peut-être prématurée en ce que l'étranger profitera de cette liberté de commerce avec nous, pour emporter ce qui peut rester encore d'or et d'argent et dont il n'avait pu disposer.

Spectacles. — Les rapports sur cette surveillance ne présentent rien de particulier, tout ayant été assez tranquille, hors l'agiotage des billets à des prix exorbitants au concert de la rue Feydeau, et une rixe survenue au théâtre du Vaudeville entre le caissier et un citoyen. Cette rixe n'a point eu de suite. Ce spectacle est toujours garni de filles publiques et de militaires.

Commerce. — Massard, officier de paix, a parcouru hier matin les barrières de Versailles et du faubourg Germain ; les habitants des campagnes qui apportent à Paris des denrées veulent, en retour, emporter du pain ; mais la force armée observe la consigne ; le pain qui passe est jeté par-dessus les murs du côté de l'eau ; il y a même des pêcheurs qui passent du pain pour les habitants des campagnes, mais les glaces en ce moment empêchent cette manœuvre.

Vontschritz et autres disent qu'à la Rapée et tout le long de l'eau il n'y a pas beaucoup de bois ; les charretiers prennent pour en conduire une voie 16 et 18 livres. Le public murmure de cette cherté et de cette disette.

Suivant Bosquin, à l'île Louviers, les charretiers se mettent en queue ; le premier de cette file exige vingt-cinq livres et ne permet pas qu'un autre marche avant lui. Au port au Plâtre, plusieurs coupons de trains sont au bord de la berge ; l'inspecteur en a demandé les motifs à plusieurs débardeurs, qui ont répondu que les

---

1. Sur cette question, voir le *Moniteur*, réimpression, t. XXIII, p. 87 à 90.

marchands aimaient mieux abandonner leur bois que de payer les frais de débardage.

Hier, veille de décade, les halles ont été assez bien fournies, les répartitions se sont faites avec calme, mais à très haut prix. La halle était fournie en gros bestiaux et en cochons, le tout vendu à des prix exorbitants.

BARBARIN, HORNIN.

(Arch. nat., F¹ c III, Seine, 15.)

JOURNAUX.

Vedette ou Gazette du jour du 10 nivôse :

Depuis quelque temps, il se donne sur le théâtre de la rue Feydeau des concerts auxquels tous les virtuoses dans tous les genres de musique, se réunissent. Garat surtout, l'Orphée de nos jours, y brille d'une manière supérieure. L'affluence y est extrême ; tout ce qu'on appelle muscadins et muscadines, autrefois les élégants et les élégantes, s'y montre. Cambon voit cela de mauvais œil ; il les a dénoncés indirectement à la Convention. « C'est là, dit-il, que se rendent les aristocrates gangrenés, qui, pour discréditer nos assignats, donnent 600 livres à un fiacre pour une course; c'est là que se montre cette femme qu'on peut appeler la nouvelle Antoinette. » — « C'est la *Cabarrus*, s'est-on écrié, Espagnole de naissance et de sentiments sans doute. » — « C'est là, dit-il, qu'on poignarde les républicains par l'opinion publique préparée dans les boudoirs[1]. » Cette dénonciation n'a pas eu plus de suite, et hier on n'en a pas moins donné un concert charmant.

Journal de Perlet du 12 nivôse :

La belle tragédie de *Virginie*, du citoyen La Harpe, a enfin été donnée nonidi sur le théâtre de la République. Elle avait attiré une affluence prodigieuse, et a eu le plus brillant succès. Il n'est pas d'ouvrage plus propre à alimenter l'horreur contre toute espèce de tyrannie.

SPECTACLES DU 9 NIVOSE.

THÉÂTRE DES ARTS. — Relâche.
OPÉRA-COMIQUE. — *Le Convalescent de qualité*, com. en deux actes; *Zémire et Azor*, comédie-ballet.

---

[1]. Voir le discours de Cambon du 8 nivôse an III, dans le *Moniteur*, réimpression, t. XXIII, p. 81, 82.

FEYDEAU. — Concert.
THÉATRE DE LA RÉPUBLIQUE. — *Virginie*, trag.; *le Rendez-Vous*, com.
LYRIQUE. — *Sapho*.
GAITÉ. — *L'Hôtellerie républicaine; le Triomphe de l'amour conjugal; Crispin médecin; le Pari imprudent*. (Les *Petites Affiches* indiquent le même spectacle que le 7 nivôse.)
AMBIGU-COMIQUE. — Même spectacle que la veille.
VAUDEVILLE. — *Arlequin Hulla; la Lettre; le Poste évacué*.
CITÉ-VARIÉTÉS. — Relâche.

CLVI

10 NIVOSE AN III (30 DÉCEMBRE 1794).

RAPPORT DU 11 NIVOSE.

Esprit public. — La cherté des marchandises et denrées excite toujours les murmures du peuple; il se plaint de ce que les marchandises discréditent les assignats en vendant leurs marchandises en numéraire beaucoup au-dessous de ce qu'ils les font payer en assignats.

Les malveillants augmentent encore ce discrédit en faisant circuler des bruits de paix, dont les conditions principales seraient une amnistie générale, la permission aux émigrés de rentrer en France, la restitution de leurs biens, la révision des procès de l'ancien Tribunal révolutionnaire, la restitution des confiscations. Tous ces bruits répandus avec astuce jettent dans les esprits une inquiétude continuelle sur le sort des assignats, et engagent les capitalistes à réaliser leurs fonds en marchandises à quelque prix que ce soit.

Un officier de paix a entendu dire ce matin, au café de la Régence, par une blanchisseuse demeurant à Auteuil, que sept personnes, traversant hier les glaces de la Seine près Longchamps, ont été englouties avec le pain qu'elles apportaient à leurs familles, que dans ces cantons des malheureux passent quelquefois des jours sans pain. Cette dernière circonstance doit d'autant plus fixer l'attention du gouvernement que cette disette, si elle existe, pourrait servir de prétexte aux rassemblements qui se sont déjà formés à quelques barrières et occasionner des commotions que les malveillants préparent sans doute dans ce moment.

Le théâtre de la rue Feydeau est celui où la location des loges et l'agiotage des billets causent le plus de trouble; la Commission proposera incessamment les moyens qu'elle croit propre à faire cesser ces inconvénients.

Commerce. — Kerchoves et Berger se sont transportés hier au chantier du citoyen Fernet, rue Contrescarpe ; la distribution du bois pour les boulangers s'y est faite avec tranquillité. Les inspecteurs se sont aperçus que plusieurs boulangers revendent leurs bois à des fruitières et à des traiteurs. Il ne reste dans ce chantier que trente voies de bois de chêne. Vassor et autres annoncent qu'il ne reste au port de raccueillage que trente à quarante voies de bois. L'ordre y a été troublé plusieurs fois.

D'après le rapport de Losset et autres, les citoyens sont mis à contribution d'une manière révoltante par les débardeurs et les charretiers du port de la Grenouillère. On oblige un citoyen de payer quatre livres pour faire enlever son bois de la membrure et le porter sur le bord du pavé. Les inspecteurs ont beau observer à ces hommes cupides qu'il est de toute impossibilité que l'indigent puisse y suffire : ils n'ont aucun égard à leurs observations.

Kerchoves et Berger se sont transportés ce matin aux chantiers de la porte Antoine. Ils ont vu dans celui du citoyen Musseau, *Au Cheval Blanc*, environ cinquante voies de bois propre à la cuisson du pain. Plusieurs charretiers ont dit à ces inspecteurs qu'hier décadi toute la journée, il avait été vendu de ce bois à des citoyens qui ne sont pas boulangers.

Le 10 et le 11 courant, il est arrivé, pour l'approvisionnement des halles et marchés, trois cent soixante-huit voitures de différentes denrées, et quinze de marée.....

Le beurre se vend 3 livres 10 sols la livre ; les œufs, 20 livres le cent ; les fromages de Brie, depuis 9 livres jusqu'à 11 ; la viande, 35 à 36 sols. Le 10, il est arrivé peu de légumes. La halle à la viande était fournie comme à l'ordinaire.

POTRELLE, ROUCHAS.

(Arch. nat., F 1 c III, Seine, 15.)

JOURNAUX.

Journal des hommes libres de tous les pays du 11 nivôse :

Paris. — Dans le numéro d'hier, on a vu que l'auteur anti-républicain du *Spectateur français*[1] ne rougit pas de provoquer hautement le rétablissement de la royauté, et de calomnier le peuple en

---

1. Voir plus haut, p. 346, note 1.

proposant de le convoquer pour avoir son vœu à cet égard, comme si, depuis longtemps, ce vœu n'était pas authentiquement et énergiquement prononcé.

Vous croiriez peut-être que ce royaliste forcené a commis là une inconséquence : point du tout ; il commence à composer son peuple à sa manière avant de le convoquer, dans l'espoir qu'alors les suffrages, du moins, pourraient se balancer, et c'est un outrage de plus, j'aime à le croire, qu'il fait à la classe qu'il semble protéger.

En conséquence, il exclut du peuple, non seulement *tous ceux qui ne savent pas lire et écrire*, mais encore tous ceux qui ne savent pas *écrire lisiblement*.

Ainsi donc, il raie du nombre des citoyens, il prive de leur droit tant d'honnêtes ouvriers, laboureurs et habitants de campagne qui ne savent ni lire, ni écrire, ou qui savent l'un sans l'autre, ou qui ne savent que très imparfaitement l'un et l'autre.

Eh! malheureux! ils en savent plus que toi, car ils sentent, ils apprécient les bienfaits de la Révolution, ils aiment la liberté, ils la défendent, et toi, tu n'es qu'un esclave qu'un vil prédicant de l'asservissement du peuple! Leur pensée est chaste et libre, et la tienne est prostituée, vendue à l'intrigue royale qui nous environne. Ils savent lire suffisamment, puisqu'ils lisent dans ton cœur ta bassesse, ta turpitude et ta cupidité.

L'auteur exclut ensuite *tous ceux qui n'auront pas de domicile fixe depuis un an, et qui n'auront pas payé leur contribution.*

Ainsi donc, il ne veut plus compter au nombre des citoyens, ces milliers d'artisans dont l'état exige ce qu'on appelle *faire son tour*, pour s'y perfectionner, et qui rarement restent un an dans le même lieu, ni ces milliers d'hommes, malheureusement plus nombreux encore, qui, n'ayant aucune propriété, ne payent aucune contribution.

C'est donc le marc d'argent, l'activité et la non-activité des citoyens qu'il veut rétablir; c'est les *sans-culottes* qu'il veut éloigner des assemblées du peuple.

Ces diables de sans-culottes aussi ont la manie de ne vouloir point de roi ni d'esclavage quelconque ; ils sont assez bornés pour ne comprendre que les mots *égalité, liberté* ; leur sang, leur courage et leurs infatigables travaux sont la seule contribution qu'ils payent à la patrie ; tout cela ne vaut pas, comme on pense bien, ce métal corrupteur que peuvent offrir tant de gens corrompus, et avec lequel ils voudraient acheter, encore aujourd'hui, le droit de dominer seuls sous un roi, ou même sans roi.

Non, messieurs, vous n'y parviendrez pas : les sans-culottes, propriétaires ou non, ne courberont point la tête sous votre joug doré ; nous aurons une république démocratique, où tous les citoyens jouiront également des mêmes droits, où les talents seuls, la vertu, les services, et non les richesses, obtiendront des préférences, de la considération et de la reconnaissance.   Ch. D.

Vedette ou Gazette du jour du 11 nivôse :

On est presque honteux aujourd'hui des noms qu'on s'est donné dans l'effervescence révolutionnaire ; plusieurs communes redemandent humblement leurs anciens noms. Dunkerque ne veut plus être *Dune-Libre*; Montmartre cesse d'être *Mont-Marat*, et la France s'est trouvée couverte, en moins d'un an de *Monts*, de *Montagnes* et d'une foule de noms bizarres qui ont tout-à-coup jeté une très grande confusion dans les notions géographiques. Encore si les nouveaux noms eussent été choisis pour rappeler quelques époques intéressantes, quelques anecdotes patriotiques, en indication de quelques richesses, comme *Émile* à Montmorency, *Riche-Laine* à Levroux, *Chauvin-le-Dragon* à Saint-Jean-de-Luz, on les eût adopté avec intérêt ; mais prendre de tous les coins de la République, et presque en même temps, le nom de Montagne, parce qu'à Paris deux partis, qui se qualifiaient de Montagne et de Plaine, s'injuriaient, se menaçaient et s'immolaient réciproquement, c'était annoncer que dans les départements les plus reculés on se passionnait sur le récit d'objets qui deviennent bien étrangers et bien froids aujourd'hui, et qui, pour la postérité, seront bien pitoyables [1].

Puisque nous en sommes sur la révolution des noms, il n'est pas moins utile d'observer celle des choses. Le bonnet rouge est tombé dans le plus grand discrédit ; on en voit très peu à Paris, et l'on nous mande de quelques départements qu'on y est très mal vu lorsqu'on veut s'en affubler. Armonville, le député, qui avait à se justifier d'avoir dit qu'il fallait encore un million de têtes, a paru hier à la tribune de la Convention, le bonnet rouge sur la tête. *A bas le bonnet !* s'est-on écrié de toutes parts. Il a voulu le conserver ; les cris, les huées, ne l'ébranlaient pas, mais il a obéi à la citation du décret qu'on a rappelé, qui ordonne que tout député parlera nu-tête. Il l'a reployé et mis dans sa poche. Voilà comme l'affectation rend ridicule et prévient contre soi.

Les *tu* et *toi* disparaissent de la conversation, et l'on s'aperçoit

---

1. Voir, dans *la Révolution Française* du 14 mars 1898, notre article sur les noms des Communes pendant la Révolution.

qu'ils ne se représentent pas aussi souvent dans le style épistolaire. Quelques individus moroses vous tutoient encore; vous leur répondez par *vous* : ils balbutient et ne savent plus que dire ; ils reprennent à voix basse et modeste le *vous*. C'est ce qu'on remarque surtout quand ce sont des femmes rudoyaient (*sic*) du *tu-toi*.

SPECTACLES DU 10 NIVOSE.

THÉATRE DES ARTS. — *Iphigénie en Tauride ; le Ballet de Télémaque.*
OPÉRA-COMIQUE. — *Les Deux avares; Paul et Virginie.*
FEYDEAU. — *Les Visitandines; les Vrais Sans-culottes.*
THÉATRE DE LA RÉPUBLIQUE. — *Cincinnatus; la Jeune hôtesse.*
LYRIQUE. — *Loiserolles ; Au plus Brave la plus Belle ; Héléna,* opéra.
GAITÉ. — *L'Hospitalier; Il était temps; le Consentement forcé ; le Triomphe de l'Amour conjugal.*
AMBIGU-COMIQUE. — *Les Houlans; la Manie des perruques ; l'Héroïne américaine.*
VAUDEVILLE. — *Le Pot pourri ; la Fille-Soldat ; les Marchandes de la Halle.*
CITÉ-VARIÉTÉS. — *Les Dragons et les Bénédictines ; les Dragons en cantonnement; le Divorce ou le Juge de paix.*

CLVII

11 NIVOSE AN III (31 DÉCEMBRE 1794).

RAPPORT DU 12 NIVOSE.

Esprit public. Groupes et cafés. — Leroy et Chatou annoncent que, dans les groupes, des nouveaux arrivés des armées s'entretenaient de nos frères d'armes, de leurs succès, et disaient qu'il serait à désirer que nos représentants nous secondassent et fussent aussi bien unis que nous; que les ennemis du bien public ne triompheraient pas longtemps, quoique l'aristocratie levât la tête.

Dans un autre, on débitait que le peuple s'était soulevé à Toulouse et à Rouen, que les pauvres allaient chez les fermiers et chez les marchands, et se faisaient fournir ce qui leur manquait de plus nécessaire à la vie.

Dans un café, on assurait, d'après une lettre écrite de la Vendée par un volontaire, que l'on serait bientôt maître de ce malheureux pays, six mille rebelles venant récemment d'y être défaits.

D'autre part, l'entretien roulait sur la rareté du pain, sa cherté et la mauvaise qualité du pain dans les départements. On ne conçoit pas comment depuis la Révolution, où les récoltes ont toujours été assez abondantes, on peut manquer de pain; on prétendait que, malgré la surveillance, il fallait que l'exportation des grains eût toujours continué depuis la Révolution pour être réduits à cette pénurie.

On craint les suites de la disette des communes environnant Paris, à qui il n'est plus permis de s'y approvisionner; on désirerait que le gouvernement prît des mesures pour la faire cesser.

Le décret[1] qui permet l'exportation du numéraire en échange de marchandises donne de l'inquiétude : on craint que la cupidité mercandière n'en profite pour faire disparaître le reste de notre numéraire; d'autres craignent qu'il ne facilite l'envoi de secours aux émigrés.

La continuité du froid excite encore des inquiétudes diverses; on trouve que quinze voies de bois par section sont un bien faible secours pour la saison rigoureuse où nous sommes.

Du reste les citoyens annoncent leurs inquiétudes, mais avec calme et tranquillité, et espèrent que la Convention rétablira par sa prévoyance tout ce qui manque à nos besoins.

Spectacles. — Au théâtre du Lycée des Arts, deux artistes se sont présentés sur la scène pour jouer le même rôle malgré le directeur du théâtre, ce qui indispose le public. Dufresnoy, inspecteur, s'est aussitôt rendu dans la coulisse. Le directeur lui a dit que l'une de ses femmes, qu'il avait été obligé de recevoir au nombre de ses artistes, était difficile à contenir; il la laissa jouer, et l'autre se retira à l'instant.

Dans tous les théâtres, les citoyennes se présentent toujours sans cocardes, mais elles se rendent aisément à l'invitation qui leur est faite par les préposés de la police; il paraît que les directeurs sont très insouciants sur cette loi; car, s'étant toujours chargés de la faire afficher dans les corridors de leurs salles, on ne la trouve nulle part.

Commerce. — ...Il n'y a plus de bois à l'Ile Louviers; la vente a fini à trois heures et demie. Plusieurs citoyens étaient mécontents de s'en aller sans bois. Malgré ce mécontentement, la tranquillité a régné.

Voutschritz et Thion ont vu à la Rapée jusqu'à Bercy beaucoup de trains que l'on débarde et qu'on vend à mesure; les charretiers prennent 25 livres pour le transport d'une voie de bois.

---

1. Ou plutôt le projet de décret. Voir l'art. 6 du décret du 13 nivôse an III, sur les finances et le crédit public.

Suivant Murat, au port à l'Anglais, le bois se vend 42 livres 10 sols la voie; les voitures coûtent 30 livres.....

La Motte, Pipelard et autres rapportent qu'à la Porte-Bernard il n'y a plus de bois sur les berges; le public est très mécontent; il ne cesse de dire qu'on abuse de sa confiance en l'induisant en erreur. Dans les cafés et chez les marchands de vin des différents quartiers de Paris, continuent-ils, nous avons entendu le public s'entretenir des affaires d'État; il disait à haute voix qu'il est trompé de toutes parts, qu'un journal annonçait que les despotes coalisés n'attendaient qu'une insurrection générale en France, que nos troupes sont lasses de faire la guerre, pendant que les citoyens de l'intérieur ne peuvent satisfaire à leurs besoins, et que l'enchère est sur toute subsistance humaine. Le public dit aussi, ajoutent les mêmes inspecteurs, que les trois quarts et demi de nos représentants, leurs agents, commissaires et corps constitués sont tous gens insouciants, qui ne travaillent point pour l'intérêt général, et qui désirent que la guerre dure pour que leur bourse se remplisse et que le peuple soit toujours accablé; il dit de plus que la Convention a abattu un tyran pour se rendre tyran elle-même avec tous ses agents, et qu'il n'y a qu'eux qui sangsurent (*sic*) le peuple, que la disette est sur les comestibles; qu'avec de l'or on a de tout, et avec la monnaie républicaine rien ; on dit enfin, continuent les mêmes, qu'on saura se venger, quand il en sera temps.

Des mesures sont prises pour surveiller ces cafés.....

Il est arrivé, le 12 et le 13 courant, pour l'approvisionnement des halles et marchés, 364 voitures de différentes denrées, 23 de marée et une d'huîtres. Il est arrivé de Gournay 1,566 livres de beurre, 7,400 œufs, 32 douzaines de fromages.

Le beurre se vend en motte 3 livres 10 sous; 3 livres 6 sous en livres. La halle à la viande était fournie [comme] à l'ordinaire.....

Surveillance. —...Goupilleau annonce que la tranquillité règne dans son arrondissement, mais il ajoute que, partout où il va, il n'entend que des murmures contre les autorités constituées, même contre la représentation nationale et le gouvernement actuel, parce qu'on dit manquer de tout; que, lorsqu'on essaie de consoler et d'encourager les mécontents, ils répondent : *Oui, mais il faudrait payer six fois plus qu'on ne payait sous l'ancien régime;* que cet inspecteur ayant voulu entrer en conversation avec plusieurs de ces personnes, tant hommes que femmes, l'une lui répondit avec humeur, en lui montrant une paire de sabots : *Autrefois j'avais ceci pour 12 sols, aujourd'hui je les paie 3 livres 10 sols;* l'autre lui dit : *Je viens de payer une voie de bois 70 livres, et tu viens me parler de la République;*

donne-moi les moyens de vivre et de faire vivre ma famille, et j'aimerai la République, etc. Et il ajoute qu'il voit que le peuple se lasse de la cherté des denrées, que l'aristocratie met tout en usage pour opérer un mouvement, et qu'il a même entendu dire en plusieurs endroits que cela ne durerait pas longtemps, qu'il fallait se f..... une peignée.

GOSSET, DURET.

(Arch. nat., F⁴ⁿ III, Seine, 15).

JOURNAUX.

Le Messager du soir du 12 nivôse :

Paris, 11 nivôse. — Ce n'est pas seulement par de grands mots que le valeureux Duhem déploie son caractère ; il y a quelques jours, il menaçait d'assassiner Clauzel ; aujourd'hui, ce ne sont plus des menaces, et Panis a senti la vigueur de son bras révolutionnaire. Avant-hier ces deux représentants sortaient de la Convention et s'entretenaient avec cette chaleur qu'on connaît à Duhem. Celui-ci, malgré la rigueur de la saison, était en nage, décolleté et sa veste déboutonnée comme quand il rendait ses oracles dans l'antre des Jacobins ; tout à coup, au milieu de son bouillonnant discours, il tombe sur son collègue et lui lance un coup de poing si violent que la joue lui enfle sur-le-champ. Panis recule et tire une canne à dard, avec laquelle il se propose de venger l'honneur de son visage dans le sang bouillonnant de son adversaire. Duhem, plus prompt que l'éclair, s'arme d'un pistolet, de deux lames de poignard. Les spectateurs se jettent entre les combattants, retiennent l'impétueux Duhem, et conservent aux quatre scélérats, que l'on va juger, leur digne défenseur.

Nouvelles politiques nationales et étrangères du 13 nivôse :

De Paris, le 13 nivôse. — Le gouvernement montre une vigilance infatigable pour les approvisionnements de cette commune; toutes les mesures possibles ont été prises pour suppléer aux arrivages par eau que la rigueur de la saison a retardés, en couvrant la Seine de glaçons. Dans la nuit du 11 au 12, il y avait eu quelque diminution dans le froid; sur le matin, la gelée a repris. Les malveillants auront beau saisir cette occasion pour grossir les alarmes populaires: leurs actions, leurs manœuvres sont surveillées, et ils ne parviendront pas à leur but.

Le peuple se montre plus calme, à mesure que la Convention prend une attitude plus ferme pour comprimer les ennemis de la chose publique. Déjà les débats étrangers à cette chose ont fatigué les bons citoyens, et on tâcherait vainement de détourner leur attention sur des querelles particulières.

Il est, dit-on, question de procéder à l'épuration et même à la réforme de cette multiplicité d'agences particulières dont les intérêts semblent si séparés et si distincts de l'intérêt général. On prétend que les membres de ces agences font cause commune avec d'autres mécontents, qui plaident contre l'examen de leur conduite précédente; mais on assure que la lutte qu'ils entreprennent contre l'opinion générale leur sera fatale, et rien n'est plus croyable.

Parmi les écrits qui se multiplient de jour en jour, on en distingue un qui a pour titre, l'*Accusateur public*[1]. L'auteur a jeté beaucoup de variété et de sel dans cette production, en se faisant conduire dans les divers endroits publics de cette commune, où il trouve des interlocuteurs ingénieux et profonds, dont les uns louent et les autres blâment les événements du jour[2].

Vedette ou Gazette du jour du 13 nivôse :

Il y a, dit-on, près de cent mille voies de bois sur le canal de Briare, pour l'approvisionnement de Paris; les froids ont tout-à-coup suspendu leur arrivage. Le Comité de salut public a ordonné des coupes dans les bois de Vincennes et de Boulogne, et fait distribuer tous les jours quinze voies de bois neuf dans chaque section.

Spectacles du 11 nivôse.

Théâtre des Arts. — Relâche.
Opéra-Comique. — *La Mélomanie*, com. en un acte; *le Déserteur*, com. en trois actes; *les Nègres*.
Feydeau. — *La Partie carrée*; *Élisa*.
Théâtre de la République. — *Le Sourd ou l'Auberge pleine*; *les Femmes savantes*.
Lyrique. — *Zélia*; *la Ruse villageoise*.
Gaîté. — *Les Fausses infidélités*; *le Quiproquo*; *le Départ des patriotes*; *Arlequin et Colombine invisibles*.
Ambigu-Comique. — *Les Contretemps*; *Au retour*; *la Forêt noire*.

---

1. C'était un pamphlet périodique, par Richer de Serisy. Il en parut 35 numéros, dont aucun n'est daté (Bibl. nat., Le 2,842, in-8°). D'après M. Tourneux (*Bibliographie*, n° 10955), le 35e et dernier numéro parut le 1er frimaire an VII.
2. Le même journal, dans son numéro du 13 nivôse, rend compte de la séance de réouverture du Lycée républicain, qui eut lieu le 11 nivôse, et analyse des discours de la Harpe, Boldoni et Le Hoc.

Vaudeville. — *Encore des bonnes gens; la Lettre; Arlequin Cruello.*
Cité-Variétés. — *Les Empiriques,* com.; *Cange,* com.; *l'Heureux quiproquo*[1].

CLVIII

12 NIVOSE AN III (1er JANVIER 1795).

Rapport du 13 nivose.

Esprit public. Groupes et cafés. — Naudet et Dufresnoy rapportent que, dans les groupes et cafés, les bons citoyens gémissent sur le sort de la République, de voir nos représentants se dénoncer et et se diviser. « Où est donc, disent-ils, cette fraternité? Comment veut-on que nous soyons unis en voyant ce qui se passe à la Convention et dans nos sections? Voilà bien le chef-d'œuvre de nos ennemis. D'un autre côté, la famine est dans les campagnes; les marchands n'ont plus de bornes; c'est à qui vendra plus cher. Nos assignats sont entièrement discrédités. On n'ose pas les refuser; mais on les prend pour une si petite valeur qu'à peine tiennent-ils lieu d'une représentation monétaire. La Convention seule peut remédier à tant de maux et nous sauver des dangers auxquels ils nous exposent; cependant il semble qu'elle ne s'occupe plus de nous. »

Gendel rapporte que les murmures sur le prix excessif des denrées sont au comble, que cela pourrait amener du bruit. Le peuple souffre avec patience, espérant toujours sur les intentions pures de la Convention.....

Au café des Canonniers, deux particuliers se sont pris de querelle pour leurs opinions politiques. L'un d'eux a été traité de Jacobin, et a répondu qu'il s'en faisait honneur, étant Jacobin vertueux. On l'a accueilli en le mettant dehors d'une manière scandaleuse. Plusieurs habitués audit café ont assuré qu'ils traiteraient ainsi les Jacobins qui oseraient se présenter dans leur assemblée.....

Commerce. — ... Suivant Cascel et Brunel, la tranquillité a été parfaite à l'île Louviers, mais le public est indigné du prix exorbitant que les charretiers exigent; un d'eux demandait jusqu'à vingt livres pour conduire une demie voie de bois.

Suivant l'arrêté du Comité de salut public[2], le commissaire de po-

1. C'est la dernière fois que nous donnons l'annonce des spectacles. Voir l'introduction en tête du présent volume.
2. Voir plus haut, p. 315, à la date du 7 nivôse.

lice de la section de l'Arsenal a fait délivrer à chaque citoyen une demie voie de bois. Le prix courant des voitures pour le transport était de 8 à 12 livres.

Dans un cabaret, quai hors Tournelle, Moyron a entendu des citoyens se plaindre de la disette du bois et du charbon. Un d'eux a annoncé que les Comités civils étaient chargés de faire parvenir à tous les citoyens du bois ; tous les autres ont désapprouvé cette mesure, en disant que les membres des Comités et leurs protégés seraient les mieux servis, qu'il fallait faire des visites domiciliaires, et qu'on en trouverait pour tout le monde ; qu'il était affreux de laisser les marchands et les charretiers vexer les citoyens au point qu'une voie de bois revient à 84 livres, que cette vexation n'aurait pas eu lieu du temps de Sartine. Un autre a dit : « Tant qu'on ne mettra pas un frein à la liberté, nous serons toujours malheureux, vu que, depuis la suppression du maximum, les marchands vendent leurs marchandises ce qu'ils veulent »......

Dans les cafés et les cabarets, disent Mougeat et Lefèvre, les citoyens se plaignent de la peine qu'ils ont à se procurer du bois et du charbon. On se plaint aussi de ce qu'on arrête aux barrières le pain dont manquent les habitants des campagnes......

La Halle aux légumes était bien approvisionnée ; il est arrivé beaucoup de marée. La Halle à la viande était assez bien fournie. Le bœuf se vendait 32 sols ; le mouton, 26 sols ; le beurre, 3 livres 10 sols ; les œufs 6 livres le quarteron, les fromages grand moule 10 et 11 livres.

ROUCHAS jeune, BOCQUET-DESTOURNELLES.

(Arch. nat., F¹ᶜ III, Seine, 15.)

CLIX

13 NIVOSE AN III (2 JANVIER 1795).

RAPPORT DU 14 NIVOSE.

Esprit public. Groupes et cafés. — Dans les environs de la Convention, à la levée de la séance, les citoyens s'entretenaient avec satisfaction du récit des victoires que nos braves républicains viennent de remporter sur les Hollandais. On disait que les éléments de la nature s'accordent pour nous faire triompher.

[2 janvier 1795] RÉACTION THERMIDORIENNE

Ancelle rapporte que, dans le café de Chartres, actuellement des Canonniers, on a fait lecture du rapport de Carnot, et l'on a dit qu'il avait fait une carmagnole[1].

Les rapports sur la disette du bois et du charbon, et sur la cupidité dégoûtante des marchands de toute espèce, nécessitent les mesures les plus promptes. On craint que la disette du pain qui se fait sentir dans plusieurs départements, et notamment dans celui de Paris, n'indispose contre la commune de Paris, et que les habitants des campagnes ne se vengent en arrêtant les subsistances qui lui sont destinées.

On s'entretient aussi des journalistes : et notamment du directeur de l'*Orateur du peuple*; on voit avec peine que cette production est plus propre à alarmer les bons citoyens qu'à les rassurer sur les inconvénients qui sont inséparables des grandes révolutions.

En général on reconnaît que la multiplicité des journaux sous toutes sortes de dénominations alimente la discorde et propage les dissentions.

Commerce. — ...Losset et autres annoncent qu'au-dessus de la barrière dite de la Garde, plusieurs marchands font retirer leurs trains de l'eau ; ce bois revêtu de glace se vend 30 livres la voie ; on paie 6 livres pour faire monter une voie de bois de la berge au pavé, et en outre depuis 18 jusqu'à 30 livres de voiture. Le peuple, disent ces inspecteurs, murmure du discrédit des assignats et de la cherté des denrées et marchandises.

...Murat indique des fabriques de savon établies rue de Grenelle, près celle du Bac, et à la Montagne des Bonshommes. Des ordres sont donnés pour faire exécuter l'arrêté du Comité de salut public qui défend de faire du savon.....

Mougeat et Lefèvre ont entendu dans les cafés et cabarets les mêmes conversations sur la disette du bois et du charbon. Les citoyens de la campagne menacent de ne plus apporter de denrées, si on les empêche de sortir du pain.

Les halles et marchés étaient assez bien fournis ; les répartitions ont été calmes, mais tout se vend fort cher.....

HORNIN, THÉROUENNE.

(Arch. nat., F 1c III, Seine, 15.)

1. Dans la séance de la Convention du 13 nivôse an II, Carnot avait fait, au nom du Comité de salut public, un rapport sur de nouvelles victoires remportées dans les Pays-Bas. Il avait été interrompu par des ricanements, et on lui avait crié qu'il faisait des « calembours à la Barère » et une « carmagnole ». Voir le *Moniteur*, réimpression, t. XXIII, p. 120.

Journaux[1].

Nouvelles politiques du 13 nivôse : « Il est question d'épurer et de réformer les nombreuses agences particulières dont les membres font cause commune avec les mécontents. Parmi les écrits qui se multiplient, on remarque l'*Accusateur public*, où il y a beaucoup de variété et de sel. » — *Journal de Perlet* du 14 nivôse : « Les mots sont, parmi le peuple, le thermomètre de l'opinion. Le vaisseau *le Jacobin* a abandonné son nom pour prendre celui de *Neuf-Thermidor*. »

CLX

14 NIVOSE AN III (3 JANVIER 1795).

Rapport du 15 nivose.

Esprit public. Groupes et cafés. — Saint-Remy rapporte que, dans le faubourg Antoine, il a rencontré plusieurs femmes qui pleuraient en s'entretenant de leur misère. Partout il remarque un sentiment profond de tristesse; si le présent est terrible, on craint encore plus pour l'avenir. Dans les cafés, on raisonne un peu plus à son aise ; la classe aristocratique nous montre nos maux avec plaisir ; elle se garde bien de nous en faire apercevoir le remède. Selon elle, il n'y en a pas; le philosophe n'est pas plus consolant; il est indigné de ce qu'on s'acharne les uns contre les autres et qu'on perd le temps à se disputer au lieu de sauver la patrie. Le patriote seul redouble de courage et croit l'Être suprême intéressé à couronner son plus bel ouvrage en assurant notre liberté.

Loignier rapporte que, dans plusieurs sections et endroits publics, l'opinion est saine et bien patriote. On dit : « Les royalistes veulent nous faire du mal et nous renvoyer; mais qu'ils bronchent ! les républicains sont là. » On paraît satisfait de la nomination des membres du Tribunal révolutionnaire ; on espère qu'il sera bientôt en activité pour juger Fouquier-Tinville et les autres ennemis du peuple.

Naudet rend compte que les boulangers commencent à inquiéter le peuple en annonçant qu'ils n'ont point de farines pour cuire; déjà ce bruit se propage, et les malveillants le grossissent.

Les marchands, augmentant chaque jour à diverses reprises le prix de leurs denrées, semblent avoir déterminé le discrédit total des assignats.

---

1. Voir l'introduction, placée en tête de ce volume, sur notre changement de méthode, à partir de cette date, dans la manière de citer les journaux.

Les citoyens qui se rassemblent au café des Canonniers ne veulent y recevoir aucun ci-devant Jacobin, ajoutant que Jacobin ou aristocrate est synonyme.

Spectacles. — Au théâtre des Arts, dans le foyer, pendant le premier acte du ballet de *Télémaque*, un désorganisateur a cherché querelle à un député en le traitant de Jacobin; la force armée s'en est emparée et l'a conduit au Comité de sûreté générale.

Au théâtre de la Montagne, trois citoyennes se sont présentées pour entrer sans cocarde. Invitées d'en mettre, elles ont refusé. On a défendu à l'ouvreuse des loges de les laisser entrer; elles ont préféré perdre leurs billets que de se soumettre, et se sont retirées sans proférer une seule parole.

Commerce. — .... Berger et Kerchoves ont vu passer à la barrière Renversée plusieurs voitures qui n'ont point été visitées par la garde du poste. Ils ont remarqué qu'à la rotonde de la barrière de Picpus, il y a deux passages, et que le factionnaire n'en peut surveiller qu'un. A la barrière de Charenton, le factionnaire a déclaré qu'un représentant du peuple avait sorti deux pains de cinq livres dans sa voiture, et qu'on l'avait laissé passer, vu sa qualité de représentant. Au bas du Moulin de l'Archevêque, la distribution du bois s'est faite avec rapidité et sans bons de section. Les charretiers exigeaient trente et trente-huit livres pour conduire une voie de bois dans l'intérieur de Paris.

Le 14 et le 15, il est arrivé, pour l'approvisionnement des halles et marchés, 384 voitures de différentes denrées, quatorze de marée et une d'huîtres.....

Rouchas jeune, Hornin.

(Arch. nat., F¹c III, Seine, 13.)

Journaux.

Courrier républicain du 15 nivôse : « *Du 14 nivôse*. Nous avons parlé, il y a quelques mois, d'un journal-affiche, intitulé l'*Ami du peuple*[1], qui coûtait, à l'individu, ou au parti qui le soudoyait, environ 130 livres par affiche, et cette dépense était répétée cinq à six fois par décade, comme nous l'avons dit alors. La démonstration de ce fait a décontenancé le parti; l'affiche a cessé de salir les murs de cette ville; mais tel qu'un voleur public, dont on a démasqué l'audace, n'ose plus se glisser que dans l'ombre, l'*Ami* prétendu *du peuple* se traîne encore dans la fange pour faire filtrer son venin dans l'esprit des hommes faibles qui peuvent encore le lire... [2] »

1. Voir plus haut, p. 171.
2. C'est-à-dire que l'*Ami du peuple* continue à paraître en format in-8.

CLXI

15 NIVOSE AN III (4 JANVIER 1795).

RAPPORT DU 16 NIVOSE.

Esprit public. Groupes et cafés. — La dureté du temps afflige beaucoup les hommes sensibles; la cherté excessive des comestibles et la rareté des combustibles sont le sujet de presque toutes les conversations.

On dit que les bouchers se vantent que la viande n'est pas encore à son taux, que l'on a tort de se plaindre et que l'on pourra fort bien la payer sous peu trois livres.

Tout le monde applaudit aux mesures prises par le gouvernement pour approvisionner de bois la commune de Paris.

Les sections du faubourg Germain sont très fâchées que le théâtre de l'Égalité soit fermé [1]; elles regrettent que les talents des artistes de ce théâtre restent sans activité. Elles désireraient que le gouvernement prît ce théâtre à son compte et le soutînt; il paraîtrait mieux qu'il serait d'un double intérêt de faire quelques sacrifices, tant pour encourager et propager les grands talents, que pour tirer avantage de toutes les maisons de ce quartier qui appartiennent à la nation.

Dans un café, Maison-Égalité, un capitaine de vaisseau se plaignait que l'on n'ait pas procuré des moyens d'existence à des matelots ci-devant détenus au Luxembourg qui avaient été mis en liberté et n'avaient pu se procurer qu'un seul repas depuis quatre jours; il a ajouté qu'on devait avoir plus d'égards pour des citoyens aussi utiles, qu'il y avait même à craindre que ces matelots, retournés sur les bâtiments, n'excitassent quelques troubles en rendant compte du traitement qu'ils avaient essuyé à Paris. Le même particulier a fini par dire qu'il allait présenter une pétition à ce sujet à la Convention nationale.

Le choix fait hier par la Convention de trois de ses membres pour entrer au Comité de salut public était généralement approuvé [2].

Chailly assure avoir entendu murmurer tout bas contre la Conven-

---

1. Voir plus haut, p. 339.
2. Dans la séance du 15 nivôse an III, la Convention avait désigné Bréard, Marec et Chazal pour remplacer au Comité de salut public Merlin (de Douai), Delmas et Fourcroy, membres sortants.

tion et dire qu'il n'y avait plus de Commune sur laquelle on puisse rejeter les causes de la misère publique, que c'était à la Convention qu'il fallait s'en prendre. Les malveillants profitent de cet état de choses pour aggraver nos maux et propager nos inquiétudes, mais l'esprit public est toujours juste et met son espérance dans la surveillance de ses représentants.

Les assemblées de sections ont été très peu nombreuses ; on ne s'y est occupé que de la présentation des candidats et des discussions auxquelles cette présentation a pu donner lieu.

Spectacles. — ... Au théâtre de la rue Favart, plusieurs artistes, jouant sans cocarde, ont été invités d'en mettre, ce qu'ils ont fait, excepté le citoyen Fay, qui s'est assez mal comporté.....

Commerce. — ... Du côté de Bercy, Launay et Brunel ont vu cinquante-neuf trains qui restent dans la glace, vu le prix exorbitant que les ouvriers exigent du marchand.....

On a dit à Losset que le citoyen Santerre, frère du ci-devant général de Paris, avait chez lui cinquante voies de bois.

Ollivier et autres annoncent que le public est très mécontent de ce que, à la distribution du bois, au port Bernard, il n'y a pas un commissaire pour maintenir le bon ordre ; ils ajoutent que le public murmure aussi contre l'Agence des subsistances, en disant qu'on aurait dû faire descendre le bois au port de Paris avant la gelée ; que, si cette mesure eût été prise, le bois serait mieux cordé et les voitures moins chères ; en effet, selon la distance, les voituriers exigent jusqu'à trente-six livres pour le transport d'une voie de bois.

ROUCHAS jeune, HORNIN.

(Arch. nat., F.¹ c III, Seine, 15.)

CLXII

16 NIVOSE AN III (5 JANVIER 1795).

RAPPORT DU 17 NIVOSE.

Esprit public. Groupes et Cafés. — Après la séance de la Convention, les groupes s'occupaient du rapport de la Commission [1] ; les crimes affreux de Robespierre et ses complices ont dessillé les yeux

[1]. Il s'agit du rapport que Courtois lut à la Convention, le 16 nivôse an III, au nom de la Commission chargée de l'examen des papiers de Robespierre.

sur leur connexité avec les anciens membres du Comité de salut public. « Comment, disait-on, des hommes qui avaient notre confiance ont-ils pu ainsi nous tromper ? Les monstres ont voulu se baigner dans notre sang avec les mots de liberté et d'égalité ; ils ressemblaient aux Espagnols, qui, lors de la conquête du Pérou, étranglaient les Péruviens, après les avoir baptisés, en leur disant : *Reçois les palmes du martyre.* »

Ancelle rapporte qu'au Café de Chartres, à huit heures du soir, les habitués étaient très échauffés ; l'un d'eux prit la parole et dit : « Il est temps que le peuple souverain connaisse ses droits, qu'il ne se laisse plus mener par les aristocrates, les anarchistes, les royalistes, les intrigants, les malveillants, enfin les coquins qui ont fait périr tant de victimes. »

D'après le rapport de Bouillon, dans plusieurs endroits on cherche à persuader qu'on ne donne aucun secours aux indigents à qui la loi interdit de mendier ; qu'ils se présentent en vain aux Comités civils et de bienfaisance de leurs sections, qui, ne touchant rien pour ces objets, ne peuvent rien leur offrir.

L'opinion publique est très partagée sur la répartition des trois cent mille livres de secours aux savants artistes et gens de lettres [1] ; on trouvait mauvais qu'il fût accordé trois mille livres à des gens qui jouissaient déjà d'un revenu considérable, et notamment à Saint-Ange, qui avait écrit en faveur de l'aristocratie.

Commerce. — Dufresnoy a entendu que, dans des groupes, on n'ajoutait pas foi à l'annonce faite à la Convention par Boissy d'Anglas, sur les heureux effets du rapport de la loi du maximum à Orléans ; on disait qu'il était impossible que les denrées baissassent de prix à Orléans, puisqu'elles étaient doublées de prix à Paris depuis le rapport de cette loi, et que c'était ainsi qu'on trompait la Convention sur les intérêts de la République.

Loignier rapporte que, dans les halles, plusieurs femmes, dont les gains sont bornés, se lamentaient de ne pouvoir se procurer à moins de cinquante sols une malheureuse falourde, qui valait autrefois onze sols. Ollivier et autres annoncent qu'à la Gare les marchands font retirer leur bois de l'eau avec activité ; la plupart du temps, ils vendent leur bois sans bons de section. Plusieurs citoyens ont pris des bûches pour frapper un marchand qui vendait son bois trop cher et servait des charretiers avant le public, qui était las d'attendre.

---

1. On trouvera le texte de ce décret (14 nivôse) et la liste des savants et artistes dans le *Moniteur*, réimpression, t. XXIII, p. 130.

Une autre rixe a été occasionnée par un charretier qui, après avoir cordé trois voies de bois, voulait d'autorité se faire corder une quatrième ; la force armée a été requise par les inspecteurs, et l'ordre a bientôt été rétabli. Pour économiser les six livres que les crocheteurs exigent pour monter le bois du bord de l'eau au pavé, les citoyens se sont offerts à le faire eux-mêmes, mais ces ouvriers s'y sont opposés : le public est vexé de tous côtés.....

Murat et Desbourdelles disent qu'à la barrière des Gobelins, il y a un magasin considérable de marchandises de première nécessité. Le savon s'y vend 10 livres, et le sucre 11 livres la livre.

Dans différentes sections du faubourg Antoine, Vontschritz et Thion ont vu beaucoup du monde aux portes des bouchers. Le public murmurait de n'être pas servi à neuf heures et demie du matin, et d'être exposé pendant trois heures à un froid excessif. Il y avait à la Halle très peu de racines, légumes et fruits... la Halle à la viande était bien fournie ; il y avait beaucoup de cochons ; le beurre se vend 3 livres 15 sols la livre, et la viande 32 à 40 sols.

Le Roux, Fauconnier.

(Arch. nat., F¹ c III, Seine, 15.)

Journaux.

Vedette du 20 nivôse : « Le grand froid qui, du 7 au 10, avait diminué sensiblement, ayant repris les jours suivants, avec une nouvelle force, voici les degrés observés par le citoyen Lalande : le 12, 6°; le 13, 9°; le 14, 11°; le 15, 8°; le 16, 9°. Le froid est extraordinaire ; en 1740, il n'allait qu'à 10°, et le plus grand froid de l'hiver, par un milieu entre tous, est de 7° à Paris ; mais il a été jusqu'à 15° en 1709, 13 1/2 en 1776, et 17 en 1788, c'est-à-dire trois fois dans un siècle. » — *Messager du soir* du 17 nivôse : « *Paris, 16 nivôse.* On annonce l'arrivée des ex-députés Isnard et Lanjuinais. Sans doute, ces illustres malheureux s'empresseront de satisfaire l'impatience du public en publiant l'histoire de leurs infortunes. Exclus de la représentation nationale par des mesures de prudence auxquelles ils applaudiront peut-être les premiers, ils s'empresseront sans doute de profiter du décret qui proclame leur innocence, pour faire servir au bonheur du peuple les talents qui ont attiré la persécution sur leurs têtes. Le tyran dont la jalousie furieuse et l'ambition effrénée prononça l'arrêt de mort contre ces illustres proscrits a justifié par sa conduite atroce et sanguinaire les appréhensions qu'ils avaient eu le courage de manifester. Ces hommes si intéressants auraient été traités comme des bêtes fauves avant le 9 thermidor ; aujourd'hui, c'est à qui les serrera dans ses bras. Que de réflexions n'offre pas à l'esprit humain un contraste aussi frappant ! »

CLXIII

17 NIVOSE AN III (6 JANVIER 1795).

Rapport du 18 nivose.

Esprit public. Groupes et cafés. — Après la séance de la Convention, les groupes des environs s'entretenaient sur les atrocités des complices de Robespierre, et de suite sur la disette des subsistances dans plusieurs départements. Naudet rapporte que des lettres de nos frères d'armes aux armées annoncent le triste état de dénuement où ils se trouvent, sans habits, chemises, ni souliers ; l'on disait qu'il paraissait surprenant que les représentants du peuple aux armées passassent cela sous silence ; l'on annonçait ensuite avec douleur la perte du vaisseau le *Républicain* par trahison.

Tetel jeune rapporte que, parcourant les corridors de la Convention, les esprits paraissaient agités sur les diverses dénonciations qui se faisaient à la Convention ; plusieurs individus disaient que l'on voulait faire le procès à la Révolution, que les aristocrates levaient la tête, mais que cela ne durerait pas longtemps ; d'autres les ont rappelés aux principes, et ont été traités de contre-révolutionnaires. Beaucoup de ces individus se répandent dans les groupes et nombre de femmes de ce genre qui fréquentent journellement les tribunes de la Convention.

Bouillon rapporte avoir entendu, dans un groupe près la Convention, plusieurs hommes et femmes déclamer contre les représentants du peuple et contre les marchands ; ces mêmes qui se disaient ouvriers, et dont on a diminué le salaire, persuadaient par leurs discours que la Convention ne s'occupait nullement de nous rendre heureux, et qu'à l'égard des marchands, c'étaient des cochons qu'il faudrait tuer, lorsqu'ils seraient engraissés, etc.

Leroy et Chatou rappellent qu'au sortir de la séance de la Convention ils entendirent une femme qui descendait pour aller au Jardin national déclamer ironiquement contre la représentation nationale, qu'elle se porta ensuite dans différents groupes pour y pérorer sur le même ton, et excita par ses propos l'approbation de plusieurs personnes, qui appuyèrent ses réflexions, en disant que la Convention devrait s'occuper d'établir des travaux pour faire subsister au moins six mille personnes, qui mouraient de faim. Ces mécontentements ayant été excités par cette femme, les préposés à la police l'approchèrent et l'obligèrent à les suivre au Comité de sûreté générale, où ils la déposèrent; elle a déclaré qu'elle connaissait bien d'autres femmes, qui en disaient bien plus qu'elle; elle a promis de les désigner.

Les réflexions des politiques sur la situation de la Vendée ne sont nullement rassurantes.

Commerce. — Chevalier, officier de paix, dit que le pain, chez plusieurs boulangers, ne se trouve pas cuit le matin, faute de bois nécessaire pour la cuisson.....

Murat et Moyron disent qu'à la Gare le bois se vend 35 livres, et que l'on exige 30 livres pour le transport; qu'au Port à l'Anglais il se vend 50 livres et 36 pour le transport.

Cavaignac, Launay et Brunel rapportent que plusieurs marchands de bois leur ont observé que l'on coupe les bois de Boulogne et de Vincennes à un pied et demi de la racine, ce qui empêchera le bois de pousser au printemps prochain, si l'on ne remédie à cet inconvénient; qu'il serait très urgent pour l'intérêt de la République d'ordonner que ces bois soient coupés ras de terre.

Lefèvre et Mougeat disent que le peuple murmure beaucoup des vexations exercées par les marchands de bois qui empêchent de casser et de séparer les glaces attachées aux bûches; qu'il se plaint aussi de la cupidité des charretiers, qui exigent 25 à 30 livres pour le transport d'une voie de bois.

Les mêmes disaient que, dans un cabaret, plusieurs citoyens disaient qu'il y aurait un coup sous quelques jours; ils surveillent ces mêmes particuliers.

Bergeret, La Motte et autres rapportent que le peuple est très irrité de la manière dont il est vexé partout; il dit qu'il ne peut rien avoir sans donner des poignées d'assignats; que celui qui paie la voie de bois 200 livres est certain de s'en procurer; que, ne pouvant donner cette somme, il se voyait contraint d'acheter 2 livres 10 sols une falourde qui ne contient que trois morceaux de bois.

Les mêmes ajoutent que, dans les places publiques, cafés et cabarets, on entend dire : « Au diable la République! Nous manquons de tout; il n'y a que celui qui est riche qui ne manque de rien. » L'on y voit faire le commerce d'argent; surtout les brocanteurs se permettent de peser l'or et l'argent à la vue de tout le monde. Les marchands de toutes espèces ne craignent point de demander si c'est avec de l'or, de l'argent ou du papier que vous prétendez payer. Le public dit qu'il est affreux de souffrir un pareil agiotage. On entend aussi partout, selon les mêmes inspecteurs, proférer publiquement les mots de *Monsieur* et de *Madame*. Ils disent que l'aristocratie lève plus que jamais une tête audacieuse, et nargue impunément les bons citoyens partout où ils se trouvent, en leur disant : « Ah! Ah! mes bougres, voilà votre tour bientôt arrivé, et nous verrons quand il en sera temps. »

Suivant les mêmes, le peuple se plaint de voir sortir de Paris des voitures chargées de lingots d'or et d'argent; persuadé qu'ils sortent de la Monnaie, il dit que, si cela continue, il ne lui restera que du papier, avec lequel il ne pourra rien se procurer.

Vontschritz et Thion disent qu'au quartier Antoine il y avait beaucoup de monde à la porte des charcutiers, principalement à la section des Droits-de-l'Homme, où l'on s'est battu ; la force armée y est arrivée, et le calme a bientôt été rétabli.

Loctave et Plantin rapportent que la Halle aux légumes était peu approvisionnée; la Halle à la viande était bien fournie... La viande se vendait 30 à 40 sols la livre ; le beurre, 4 livres ; le fromage grand moule, 9 livres 10 sols.

ROUCHAS jeune, HORNIN.

(Arch. nat., F 1 c III, Seine, 15.)

JOURNAUX.

Courrier républicain du 18 nivôse : « *Du 17 nivôse.* Les quatre députés dont la conduite est soumise à l'examen de la Commission des 21 viennent de faire paraître un mémoire en réponse à la dénonciation de Le Cointre. En jetant les yeux sur les premières lignes de cet écrit, on reconnaît la manie de tous les sophistes de tous les temps, de poser en fait ce qui est en question, d'établir des définitions pour ses adversaires, et d'oublier toujours celles dont les conséquences peuvent les écraser. « Nous sommes patriotes, disent les « accusés : est-il possible qu'on nous accuse de faits indignes d'un patriote? » Quand on entend Collot dire : « Je suis patriote », il semble qu'on entend Collot, jouant la comédie, dire : « J'ai joué un héros ou un valet sur le « théâtre, donc je suis un héros ou un valet. » Nous analyserons cette défense, dont il ne sera pas difficile de démontrer le ridicule ou l'absurdité[1]. » — *Abréviateur universel* du 19 nivôse : « *Paris, le 17 nivôse.* Un luxe énorme, les concerts, le chanteur Garat et la belle citoyenne Cabarrus, femme Tallien, voilà ce qui occupe ici, beaucoup plus que les subsistances et nos quatorze

---

1. Cette réponse de Barère, Billaud-Varenne, Collot d'Herbois et Vadier aux inculpations de Laurent Le Cointre a été réimprimée par nous dans la revue la *Révolution française*, t. XXXIV : elle est fort remarquable et intéressante. Le *Courrier républicain* en donna une analyse dérisoire dans son numéro du surlendemain 20 nivôse. Cf. le *Républicain français* du même jour, et le *Journal de Perlet* des 18 et 19 nivôse.

armées, une classe de personnes des deux sexes, que le reste du public envie, tâche d'imiter, flatte ou dénigre, selon les passions et les circonstances. La belle Cabarrus a ses admirateurs, ses adorateurs, ses détracteurs et ses émules. Arrive-t-elle? on applaudit avec transport, comme si c'était sauver la République française que d'avoir une figure à la romaine ou à l'espagnole, une superbe peau, de beaux yeux, une démarche noble, un sourire où l'amabilité tempère la protection, un costume à la grecque et les bras nus. Quelques journaux ont multiplié les copies littérales du même portrait de Thérésia Cabarrus, portrait en plusieurs colonnes où l'on voit successivement Orphée, Eurydice, Duhem, Cambon, la *nouvelle Antoinette* des uns, la *déesse* des autres; Phydias, Praxitèle, Anacréon, Tibulle, Parny, ces mots de Virgile : *Et vera incessu patuit dea*; la *clémence liberticide* et *l'honneur de l'échafaud* des deux partis; la *probité politique* de Tallien, et *l'Amour* de Bouchardon, mutilé dans le ci-devant parc de Trianon par un vandale... Quel goût! que d'esprit! et quelles mœurs républicaines! »

CLXIV

18 NIVOSE AN III (7 JANVIER 1795).

Rapport du 19 nivose.

Esprit public. Groupes et cafés. — Les conversations dans les cafés et dans les groupes ne présentent aucunes connaissances particulières; l'on a seulement remarqué que le décret qui oblige les émigrés de sortir sous deux décades du territoire français est le vœu général de tous les bons citoyens[1].

L'on voit avec peine que quelques représentants du peuple se fassent journalistes et alimentent par la voie de leurs journaux les haines particulières.

Continuation des plaintes sur la cherté des subsistances.

Au café des Canonniers, ci-devant Chartres, on déclame contre Marat, on élève Corday, et, suivant Gautier, l'un de nos préposés, les habitants dudit café se promettent de se porter sur la place de la Réunion avec des pioches et des outils pour y démolir le monument qui lui est élevé.

Commerce. — ...Thion et Vontschritz ont entendu des femmes dire dans le quartier Antoine : « Si les Parisiens ne veulent pas que nous emportions du pain, ils iront chercher les légumes eux-mêmes. »

Pipelard et autres annoncent qu'à la Gare on vend 35 livres la voie

---

1. Ce décret ne fut rendu que le 22 nivôse an III.

de bois, encore remplie de glace; le public y est en foule ; il se plaint du défaut d'ordre et murmure aussi contre l'Agence des subsistances, qu'il accuse de s'être entendue avec les marchands pour ne pas faire descendre les denrées de première nécessité qui sont vendues tout ce que les marchands veulent.

Le public, dit Duroux, murmure beaucoup contre les gros marchands qui, par la cherté des marchandises, font mourir le peuple de faim. On dit que, si la Convention n'y fait pas attention, la contre-révolution et la guerre civile menacent la France.

Les Halles ont été mieux approvisionnées que d'ordinaire. Le beurre se vend 3 livres 16 sols à 4 livres la livre......

BOCQUET-DESTOURNELLES, ALLETZ.

(Arch. nat., F1c III, Seine, 15.)

CLXV

19 NIVOSE AN III (8 JANVIER 1795).

RAPPORT DU 20 NIVOSE.

Esprit public. Groupes et cafés. — Le mécontentement est toujours le même, et se manifeste dans toutes les conversations relatives à l'excessive cherté des denrées ; les retenues sur les rentes excitent aussi des réclamations générales, et les petits rentiers surtout se plaignent de la détresse où ces réductions les ont plongés.

Au Jardin national, on s'occupait du rapport qu'on pourrait faire à la Convention sur la famille Capet ; les opinions se réunissaient pour l'exportation. Au surplus, tout était tranquille.

Surveillance. — ...Fleury rapporte qu'il s'est transporté, sur les trois heures trois quarts, chez le serrurier au coin des rues Tiquetonne et Montorgueil, que la femme de ce serrurier lui a dit qu'elle était chargée d'une commande de bonnets brodés pour être transportés dans la Vendée; sur le fond seraient dessinés les mots de *République française* en un chiffre sans bonnet de liberté; qu'un individu de l'armée catholique lui a fait cette commande; que le point de ralliement était d'avoir un gilet noir dessus la chemise avec une ceinture par-dessus ce gilet. A ajouté cette même femme que les Chouans allaient tenter à faire le siège de la commune du Mans, qu'elle tient cette nouvelle d'un individu qui n'est resté que vingt-quatre heures à Paris. La Commission de police a mis cet objet à la plus grande surveillance et en a instruit le Comité de sûreté générale, en lui envoyant le double de ce rapport.....

Le ci-devant général Santerre a pris, il y a trois jours, un passeport pour aller à Orléans. Son principal commis, nommé Gosselin, qui ne le quitte pas, en a pris un pour Fontainebleau, il y a quatre jours. On soupçonne qu'ils peuvent s'être réunis; la Commission s'occupe de cet objet de surveillance, pour rendre compte du résultat de cette recherche...

BARBARIN, L.-J. BABILLE.

(Arch. nat., F 1c III, Seine, 15.)

JOURNAUX.

Abréviateur universel du 22 nivôse : « *Paris, le 20 nivôse.* Malgré les talents sublimes, le mérite et le sublime *impayable* de Garat, le concert d'hier fut d'un ennui indicible. On y attendait en vain la belle Thérésia Cabarrus, femme Tallien. Cent fois nous crûmes la voir arriver. C'est elle ; non, ce n'est pas elle ; que devenir? Combien la soirée parut longue! D'assez jolies citoyennes l'abrégèrent en dormant pendant la musique. Lorsqu'on n'a pas un objet moral, civil et politique à contempler, un grand nez, une belle peau, de beaux bras, un port noble, etc., à louer avec tous les éclats de l'enthousiasme, ou un individu marquant à dénigrer, avec toutes les jouissances de l'acharnement, ces concerts n'offrent guère que deux moyens d'un intérêt *majeur*, l'entrée et la sortie. Quelque genre d'éducation qu'on ait reçu, on passe comme d'autres, entre deux haies d'observateurs à bésicles ou sans bésicles ; les habits riches ou singuliers, des dentelles, des diamants, un minois chiffonné, des airs de courtisane suffisent pour faire une sensation à la porte; au lieu que dans la salle, à moins de jaser, de dormir, ou d'être *connaisseuse amatrice*, on y bâille à périr, en attendant Thérésia. » — *Nouvelles politiques* du 27 nivôse : « *Paris, 26 nivôse.* Les amateurs du théâtre regrettaient la perte des artistes qui composaient le ci-devant Théâtre-Français. Dans les temps où l'anarchie se faisait un jeu de tout désorganiser et de tout confondre, ces artistes avaient été, par un amalgame bizarre, réunis à d'autres talents qui ne jouissaient pas de la même considération de la part du public. On avait créé pour cet ensemble un dictateur qui ruina tout, et la réunion, tyranniquement opérée, finit par se dissoudre naturellement ; depuis ce temps, le théâtre dit *de l'Égalité* a été fermé[1] ; les artistes principaux se sont adressés, dans l'asphyxie provisoire à laquelle on les condamnait, au Comité d'Instruction publique, et ce Comité a accueilli avec l'équité qu'on doit attendre de ses lumières leur juste pétition. Voici la teneur de sa délibération à ce sujet : elle est datée du 19 nivôse : « Les artistes du ci-devant Théâtre-Français exposent au « Comité que les travaux multipliés des Comités chargés de présenter à la Con- « vention un rapport sur l'organisation de ce théâtre ne leur ont pas permis

---

1. Voir plus haut, p. 339, note 1.

« encore de faire ce rapport, et qu'il est possible que, malgré les dispositions
« favorables des Comités, on ne puisse pas le faire encore de plusieurs dé-
« cades. En cet état, ils prennent la liberté de représenter au Comité que le
« plus grand nombre d'entre eux, n'ayant pour subsister que leurs talents,
« ayant été mis hors d'état de les exercer pendant près d'une année, et ayant
« contracté des dettes, éprouvent la plus grande gêne. De cet état de dé-
« tresse, il résulterait que plusieurs, ne pouvant résister plus longtemps, cher-
« cheraient à se placer et prendraient des engagements séparés, ce qui dé-
« composerait leur association et détruirait la réunion qui est nécessaire à
« l'art, et que les Comités paraissent vouloir conserver. Un moyen s'offre en
« ce moment, qui obvie à ces inconvénients. Les directeurs du théâtre de la
« rue Feydeau leur proposent de les employer tous jusqu'à ce qu'il ait été
« statué sur eux. Les artistes ne prendront que des engagements condition-
« nels, subordonnés entièrement au travail des Comités. Par là ils auraient
« les secours nécessaires, la réunion serait conservée, et les vues des Comités
« ne seraient point contrariées. Ils ont cru ne devoir rien conclure sans
« l'avoir exposé au Comité d'instruction publique. » Le Comité arrête la mention de cette déclaration au procès-verbal. 19 nivôse an III. »

CLXVI

20 NIVOSE AN III (9 JANVIER 1795).

Rapport du 21 nivose.

Esprit public. Groupes et cafés. — Le sujet des conversations a
été la discussion relative au décret sur les émigrés [1] ; il paraît que le
peuple ne verrait pas avec plaisir les exceptions à cet égard et qu'il
en craindrait les suites ; il n'est pas plus satisfait du décret qui permet la sortie du numéraire [2] ; l'augmentation démesurée des denrées
est le point d'appui sur lequel il se fonde, les malveillants cherchent
à propager son inquiétude.

Dans le café Payen, des citoyens du département du Puy-de-Dôme
et de la Creuse s'entretenaient de la mauvaise qualité et de la cherté
du pain dans ces contrées : on en est réduit à un quarteron de pain
pour deux jours. Ils reprochaient son égoïsme à la commune de
Paris, qui, pour les subsistances, met à contribution tous les départements, et n'en veut pas laisser sortir pour les communes environnantes, qui sont dans la plus grande disette.

1. Voir plus haut, p. 372.
2. Le décret du 13 nivôse an III, article 6, permettait « aux citoyens qui ont
du numéraire de l'exporter, à la charge d'en faire rentrer la contre-valeur en
objets de première nécessité ».

Gruet dit qu'au café de la Convention la conversation roulait sur le petit Capet; l'opinion était pour la déportation. Hier, au même café, les esprits étaient fort agités à l'occasion de la rentrée des émigrés ; on était très mécontent des membres de la Convention qui ont agité cette question ; on disait qu'il n'en fallait pas davantage pour discréditer les assignats.....

Commerce. — Losset et autres annoncent que, depuis que la viande est plus chère à la Halle, l'affluence est plus considérable à la porte des bouchers; on y murmure contre ces derniers, qui cachent pour leurs amis les plus beaux morceaux de viande, tandis que le malheureux a beaucoup de réjouissance, et contre les commissaires civils, qui ferment les yeux sur cet abus. Les citoyens des sections des Gravilliers, de la Réunion et autres n'ont obtenu qu'une demi-livre de chandelle pour quarante jours ; ceux qui ne peuvent payer 3 livres une livre d'huile, et 5 ou 6 livres une livre de chandelle ne peuvent gagner leur vie dans ce moment où les jours sont courts. Le public demande à chaque instant les visites domiciliaires pour le bois, et dit que celui qu'on délivre dans les sections est distribué en majeure partie aux riches qui n'en ont pas besoin, tandis que la Convention l'avait destiné pour ceux qui n'ont pas le moyen de payer une voie de bois 80 livres.

Les 20 et 21, il est arrivé, pour l'approvisionnement des Halles, 287 voitures de différentes denrées, et 22 de marée.

Surveillance. — ..... Vannier a, dans la section des Amis-de-la-Patrie, entendu lecture des crimes de son ancien Comité révolutionnaire, cette lecture a donné lieu à des troubles de peu de durée.

Le Comité civil de la section des Amis-de-la-Patrie a fait passer à la Commission un rapport du commandant du poste de la barrière Franciade sur un rassemblement de 40 à 50 hommes armés de bâtons, et deux armés de fusils à deux coups, allant à la Convention pour demander du pain, et disant qu'ils en passeraient d'autorité, s'ils n'avaient pas une réponse satisfaisante.

La Commission a fait part de ce fait au Comité de sûreté générale, au Comité militaire, au Département et au commandant de la force armée, et, depuis, a fait passer à ces autorités copie du rapport rassurant qui lui a été fait par Caillouet, inspecteur.

Souvis a rendu compte qu'au café Lavira, 27, rue des Célestins, un citoyen a chanté des chansons contre les autorités constituées ; il disait qu'à Paris le pain vaut trois livres la livre, et en province une livre, que nous étions f.....; il a tenu plusieurs propos contraires à l'ordre social, et a été conduit chez le commissaire de la section de l'Arsenal.

Suivant Labauhé, les assemblées des sections de Montreuil et des Quinze-Vingts ont été paisibles. Dans celle des Quinze-Vingts, une pétition à la Convention nationale a été arrêtée : on doit demander la mise en jugement ou en liberté de l'ex-général Rossignol ; la pétition sera portée par une députation, et non en masse.

A la section des Amis-de-la-Patrie, dit Tremet, la séance a été orageuse ; le citoyen Lavigne a été dénoncé comme ayant dit que tout ce que la Convention nationale a fait depuis le 9 thermidor ne vaut rien, et que Carrier a été une victime ; la Commission a dénoncé le citoyen Lavigne au Comité révolutionnaire de l'arrondissement, et l'a invité à faire ce qu'il conviendra, après les informations d'usage.

Plusieurs membres de l'ex-Comité révolutionnaire ont aussi été dénoncés, entre autres les citoyens Siméon et Grandjean, qui ont été mis hors de l'assemblée, qui a déclaré qu'ils avaient perdu sa confiance, qu'ils ne posséderaient aucune place, et qu'il en serait fait part aux Comités de gouvernement et aux dix-sept autres sections.

Noël Larcher, officier de paix, et Forest, inspecteur, ont remarqué hier 20, dans les tribunes de la Convention, deux partis bien prononcés : l'un, pour ce qu'on appelle la Montagne, l'autre pour ce qui n'est pas de la Montagne. En conséquence chacun applaudissait à l'opinion qui caressait la sienne. Un citoyen ayant eu l'imprudence de crier : *Vive la Montagne!* un autre a crié : *Vive la Convention!* observant que c'était le seul cri qui dût se faire entendre.

Suivant le rapport de Forest, dans le courant de cette décade le faubourg Antoine doit descendre à la Convention pour lui demander la diminution des denrées.

Le Roux, Alletz.

(Arch. nat., F¹ᶜ III, Seine, 15.)

Journaux.

Courrier républicain du 22 nivôse : « *Du 21 nivôse.* ... Quinze personnes, dit-on, ont voulu assassiner Courtois jusqu'aux portes du Comité de sûreté générale même [1] ; mais, comme ce député est aussi vigoureux de sa personne, qu'il s'est montré énergique dans son rapport, il a fait tête à ces lâches, qui ne savent que siffler et empoisonner. Cet attentat, qu'on devait supposer appuyé par quelque force cachée et prête à agir au premier coup de poignard, a nécessité un ordre des Comités de gouvernement, portant que les réserves

1. Cet incident eut lieu le 20 nivôse. Cf. la *Gazette française* du 21, la *Vedette*, le *Messager* et le *Journal de Perlet* du 23 nivôse.

de la force armée seraient augmentées de cinquante hommes par chaque section, et qui feraient même pendant le jour de nombreuses patrouilles d'observation. Hier, dans plusieurs sections, on s'est occupé d'un objet de la plus haute importance : il s'agit de présenter à la Convention nationale une pétition, pour lui demander de renouveler les commandants et officiers de la force armée de cette grande ville, dont un très grand nombre encore ne doivent leur grade qu'à la présentation des Jacobins ou Cordeliers, à l'épuration de la Commune ou des Comités révolutionnaires. On sait que, si c'est à la direction sage, mais active, de la force publique que la liberté doit son existence et sa conservation, c'est par l'audace ou l'immobilité combinées des chefs de cette même force que les grands complots s'exécutent, que la terreur et la tyrannie se rétablissent, que les trônes se relèvent et se consolident. Sans doute que la Convention, lorsque les citoyens de Paris lui présenteront leur pétition, réfléchira sur ces vérités qu'il est difficile de détruire ; elle sentira aussi que la perpétuité du pouvoir, même le plus légal, dans les mêmes mains, imprime naturellement l'ambition et l'orgueil de ceux qui ont l'habitude d'en jouir, que l'orgueil et l'ambition sont les auteurs immédiats du despotisme et de la tyrannie ; elle sentira avec tous les amis de la liberté que ces maximes-là ne sont pas plus républicaines que les lettres que Charles Duval fait faire pour remplir son *Journal des hommes libres* (des esclaves) et que les motions furibondes de Duhem à la Convention nationale. — Les Comités viennent d'arrêter et de prévenir les sections qu'il ne sera plus délivré qu'une demi-voie de bois pour chaque famille qui se fera inscrire ; mais au lieu de quinze personnes seulement qui pouvaient être servies par jour, il y en aura trente-deux. Par ce moyen, on pourvoit aux besoins d'une plus grande quantité de personnes, en attendant que la rivière soit navigable. »
— *Nouvelles politiques* du 27 : Les sections arrêtent de présenter une pétition à la Convention pour épurer les administrations où dominent les agents de Robespierre.

CLXVII

21 NIVOSE AN III (10 JANVIER 1795).

Rapport du 22 nivose.

Esprit public. Groupes et cafés. — L'opinion publique est toujours à peu près la même. Le peuple se plaint amèrement de la cherté excessive des denrées, dont la progression, à diverses reprises, chaque jour prive un grand nombre de ses besoins les plus urgents. Les rapports de la disette des départements font craindre les plus grands troubles ; on présume qu'elle ne provient que de la malveillance, ou d'une mauvaise administration.

Au café qui fait l'encoignure de la rue du Mail, un citoyen tâchait de répandre la consolation et exhortait ses concitoyens à la patience, leur annonçant que leurs maux étaient sur le point de finir, qu'ils ne pouvaient durer plus de deux mois, et que, le froid venant à cesser, ils en ressentiraient les heureux effets, les denrées et tous les objets nécessaires à la vie arrivant plus facilement; que les pouvoirs constitués étaient bien composés, et que la machine marcherait.....

Commerce. — ...Le Hodey et Chevalier ont surveillé la sortie du pain à la barrière de Fontarabie, faubourg Antoine ; ils ont remarqué plusieurs femmes ayant leurs jupons très gros ; ils en ont prévenu l'officier du poste, qui leur a dit que la surveillance était exacte, que cependant il ne pouvait se permettre de fouiller sous les jupons ; ce citoyen leur a dit aussi que la garde était très exposée, que des femmes avaient menacé de leurs maris, si on les empêchait de sortir du pain, que les citoyens de garde étaient traités de coquins, et qu'il y a quelques jours un coup de fusil avait été tiré sur la sentinelle.

Loclave a entendu dire près de la Convention nationale qu'à la barrière de Chaillot on avait passé beaucoup de pain, que les porteurs de ces pains avaient dit qu'ils avaient faim, et que, si on ne voulait pas les laisser passer, demain ils reviendraient en plus grand nombre chercher leur subsistance.

La Motte et autres disent qu'à la Gare le bois se vend 30 livres la voie; les voitures coûtent depuis 20 jusqu'à 30 livres ; les garçons de chantier et les charretiers font la loi aux citoyens et les font contribuer à leur gré. Ils ont vu, près du marché Jean, un voiturier offrant son bois à vendre à plusieurs citoyens : il l'a cédé au plus offrant. Cet agiotage, qui est commun aux distributions de bois, augmente encore la difficulté que le public a de s'en procurer.

Auprès de la Convention, les esprits étaient agités. Les ouvriers qui travaillent aux armes appréhendent la suppression de la section d'armes, vu que l'ouvrage manquera bientôt, et qu'ils ne sauront que devenir..... On cite un cordonnier, demeurant rue de Lille, qui fait des souliers pour six livres en argent et trente livres en assignats...

Dans les marchés, dit Losset, différents ouvriers parlaient d'une insurrection et se disaient l'un à l'autre que, si elle arrivait, on tomberait sur les auteurs du renchérissement des marchandises en respectant leurs propriétés. Le public est très inquiet de la non valeur des assignats. Le bruit court que plusieurs épiciers vendent du sucre à trois quarts de moins, quand on leur offre de payer en argent.

La Halle à la viande était très bien fournie ; elle se vend 35 à 38 sols ; il y avait beaucoup de porc frais, au prix de 45 à 50 sols la livre. La Halle aux légumes était peu approvisionnée ; il y est arrivé beaucoup de marée.

Surveillance. — Giruet rend compte que beaucoup de citoyens sont mécontents du décret concernant les ouvriers émigrés. Le bruit court qu'il y a trois envoyés de Hollande pour demander une suspension d'armes pendant six mois.....

Il résulte des différents rapports que les citoyens des environs menacent les postes des barrières de Paris de venir en force pour se procurer du pain. Le commissaire de police de la section du Faubourg-du-Nord a su du commandant du poste que des hommes, la plupart demeurant à huit lieues de Paris, ont dit qu'ils viendraient en nombre suffisant, qu'ils emporteraient du pain, et que le poste aura chaud.

Boyer est entré dans un café sur le port au blé, n° 20; il a demandé une bouteille de cidre; le maître du café a répondu qu'il n'en vendait pas, qu'il n'avait que du vin, de la bière, qu'il suivait l'ancien régime, et qu'il se foutait de Marat; par suite de conversation, il a ajouté que la monnaie était rare, mais que l'argent qui sortait de la Monnaie sur les trois à quatre heures du matin n'était pas rare pour tout le monde, que l'on faisait accroire qu'on envoyait cet argent en Suisse pour avoir des bœufs, mais *oui bah*, que nous serions toujours trompés, et que nous n'en verrions rien. Une femme qui entra dans le café dit : « Nous ne serons jamais bien jusqu'à ce que l'on ait été à la Convention leur mettre le pistolet sur la gorge et les renvoyer. » Le maître de ce café est mandé pour demain; on saura le nom de la citoyenne qui a aussi tenu des propos, et alors on la fera venir.

BOCQUET-DESTOURNELLES, DUCHAUFFOUR.

(Arch. nat., F 1c III, Seine, 15.)

CLXVIII

22 NIVOSE AN III (11 JANVIER 1795).

RAPPORT DU 23 NIVOSE.

Esprit public. Groupes et cafés. — Après la séance de la Convention, l'entretien dans les différents groupes roulait sur l'apostrophe d'un membre de la Convention aux tribunes [1]; plusieurs en murmuraient.

1. Voir, dans le *Moniteur*, réimpression, t. XXIII, p. 191, le compte rendu de la séance de la Convention du 22 nivôse an III, et l'apostrophe d'André Dumont aux tribunes.

La disette fait un des principaux sujets des conversations. Les inquiétudes sur les suites de l'égoïsme de tous les marchands, qui ne mettent plus de bornes à leur cupidité, et qui ne laissent point entrevoir quel en sera le terme, causent les plus vives alarmes.

Pour augmenter les craintes, des malveillants font circuler aux portes des charcutiers et bouchers que bientôt les cartes ne serviront plus, que l'on sera obligé de payer la viande et les denrées qui se distribuent d'après les cartes suivant le caprice et la volonté des marchands, qui ne seront plus assujettis à aucunes lois.

Dans les faubourgs, l'esprit public est bon ; il souffre, mais avec patience, et espère tout de la vigilance de la Convention nationale...

Bergeret, La Motte et autres se sont transportés à la Convention ; il y avait, dans les groupes, deux partis : l'un pour, l'autre contre le décret concernant la rentrée en France des ouvriers et cultivateurs émigrés. Les esprits étaient fort échauffés. Dans la rue Denis, près de la Halle, il s'est formé plusieurs attroupements, où on disait que, si nous étions dans la misère, c'était la faute de nos représentants, qui préféraient leurs intérêts personnels à celui du peuple.

Commerce. — ... Didier annonce qu'à la Gare le bois se vend 36 livres 10 sols la voie ; encore y a-t-il un quart de perte à cause de la glace qui couvre les bûches. Les voitures coûtent 30 livres par voie.

Duroux a vu, au même endroit, beaucoup de monde ; la disette excitait des mécontentements ; dans un attroupement, on disait qu'il fallait absolument que la police fît faire des visites domiciliaires, qu'on trouverait du bois et du charbon en quantité. Les fruitières vendent le charbon trois livres le boisseau.....

Losset rend compte que, dans la rue Jacques, trois boulangers n'avaient plus de pain à onze heures. Murmures dans le voisinage ; on recherche les causes de ce manque de pain.....

La Halle aux racines et légumes a été mieux fournie que ces jours derniers. Celle à la viande était bien approvisionnée ; il y avait environ 70 cochons.

Surveillance. — Renaud, Henoc et autres annoncent que douze citoyens de la première réquisition, dénoncés par la police militaire, ont été conduits à cette police.

Monteils rapporte que neuf citoyens de la première réquisition ont été arrêtés et conduits à la police militaire ; ils ont reçu ordre de se rendre au poste à eux indiqué.

ROUCHAS jeune, ALLETZ.

(Arch. nat., F⁷ III, Seine, 15.)

JOURNAUX.

Courrier républicain du 23 nivôse : « *Du 22 nivôse*. Il vient de paraître un nouveau mémoire apologétique de l'ancien Comité de salut public, sous la dénomination de *Réponse de J.-N. Billaud, représentant du peuple, à Laurent Le Cointre, représentant du peuple, à Paris, chez Valar, rue de l'Université*[1]. » — Suit une réfutation sommaire de ce mémoire. Voir aussi le même journal, numéro du 24 nivôse an III.

CLXIX

23 NIVOSE AN III (12 JANVIER 1795).

RAPPORT DU 24 NIVOSE.

Esprit public. Groupes et cafés. — Les motions les plus chaudes ont eu lieu dans les groupes ; la cherté des marchandises, portée à l'excès, aigrit dans ce moment tous les esprits ; ce ne sont plus des marchands, ce sont, dit-on, des brigands qui sont coalisés contre nous ; mais ce brigandage doit avoir un terme, puisqu'il plonge dans l'abîme ceux qui ne peuvent se procurer leurs besoins.

Marceau, Saint-Remy, Fargues et autres rapportent que le décret rendu hier, concernant l'augmentation du traitement des députés[2], échauffe toutes les têtes et excite les plus grands murmures ; l'on ne peut concevoir que les intérêts du peuple soient subordonnés à ceux particuliers de nos représentants, et que, dans l'instant où la classe des citoyens dont l'âge ou l'infirmité ne leur permettent pas d'accroître leurs moyens d'existence supportent (*sic*) une retenue du cinquième sur de modiques revenus et sont victimes des vexations des marchands et ouvriers pour tout ce qui est nécessaire à la vie, les représentants du peuple, loin d'adoucir leurs maux en s'occupant du bien public, cherchent à les augmenter par un décret dont les suites semblent être la protection accordée aux vexations des marchands de tous genres, et qui ne tend qu'à propager le discrédit des assignats, en reconnaissant publiquement qu'ils ne peuvent plus faire la balance monétaire.

Commerce. — Suivant Losset, dans le faubourg Marcel, les queues

---

1. Bibl. nat., Lb 41/1444, in-8.
2. C'est le décret du 23 nivôse an III, qui portait à 36 livres par jour l'indemnité des représentants du peuple.

étaient fort longues à la porte des bouchers ; la plupart des citoyennes n'ont point eu de viande ; les charcutiers ont vendu le porc salé 4 livres ; le peuple murmure beaucoup dans ce quartier.....

Desbourdelles et Moyron disent qu'à la Gare le bois s'est vendu 35 à 40 livres la voie, sans y comprendre les frais de berge ; les charretiers exigent 45 et 50 livres pour le transport d'une voie de bois.

On craint que les campagnes, qui manquent de pain, ne fassent une descente à Paris.....

Les Halles étaient très bien approvisionnées ; il y est arrivé huit voitures de marée et beaucoup de fromage. La Halle à la viande était bien fournie..... En général les Halles se désorganisent tous les jours. La viande se vend 36 à 40 sols, le porc 45 à 48 sols en gros, et en détail 52 sols, la livre.....

Surveillance. — La Motte, Pipelard, Bergeret, Baron et autres se sont transportés à la Convention ; le public était très mécontent du décret relatif à l'augmentation du traitement des députés ; on dit qu'il est abominable, qu'ils cherchent leurs intérêts personnels de préférence à l'intérêt général ; qu'ils ne sont bons que pour aller dîner avec deux ou trois femmes rue des Bons-Enfants, dépenser trois et quatre cents livres ; on dit aussi que la plupart des députés sont mariés avec des femmes d'émigrés, et que leurs bourses sont toujours remplies d'or et d'argent. En général le peuple murmure beaucoup ; il y a toujours deux partis ; on dit enfin que l'aristocratie domine beaucoup plus que jamais sur les patriotes.....

Il résulte du rapport de Pilfer que les inquiétudes sur les subsistances se répandent avec affectation dans les faubourg ; on dit qu'à la fin des cartes on ne délivrera plus aux citoyens qu'une demi-livre de pain. On va tâcher de découvrir les auteurs de ces bruits.

Les rapports de plusieurs inspecteurs et officiers de paix annoncent des murmures sur le décret relatif à l'augmentation du traitement des députés ; d'autres annoncent qu'il y a à cet égard diversité d'opinions : les uns regardent le décret comme impolitique et disent qu'il est injuste de commencer par doubler les plus forts traitements ; d'autres, que la nation, qui a accordé 25,000,000 au tyran, peut traiter convenablement ses représentants, et que 36 livres aujourd'hui ne valent pas 12 livres d'autrefois.

Un citoyen qui, dans les groupes, blâmait avec force le décret a été arrêté et conduit au Comité de sûreté générale.

Dans son rapport sur les sections du Panthéon et de la cité, Langlade annonce beaucoup d'inquiétude sur la déportation de la famille Capet et sur l'exportation des métaux d'or et d'argent.

Les mêmes inquiétudes, suivant Angoille, se propagent dans les sections de la Halle-au-Blé et de la Cité.

ROUCHAS jeune, DUCHAUFFOUR.

(Arch. nat., F⁷ⁿ III. Seine, 15.)

JOURNAUX.

Vedette du 24 nivôse : « Les communes des environs de Paris paraissent supporter avec beaucoup d'impatience que la capitale se trouve approvisionnée de pain et d'en manquer absolument. On avait toléré, pendant quelque temps, de leur en laisser emporter, mais on vient de renouveler les défenses d'en laisser sortir, en sorte qu'on fouille en sortant les hommes et les femmes, et si on leur trouve sur eux plus d'une livre de pain, on le leur enlève. Les patrouilles sont très fortes aux barrières pour empêcher d'entrer ou de sortir en masse. — La fête de l'anniversaire du supplice de Capet va se faire très solennellement. La circonstance de la présence des députés de la Hollande, qu'on tâchera de retenir jusqu'à ce moment, leur donnera sans doute la certitude de l'assentiment général sur cet événement, et l'opinion qu'ils en emporteront peut influer beaucoup sur la suite des événements. » — *Le Messager du soir* du 25 nivôse se plaint de l'audace des Jacobins ; on a osé crier : *Vive la Montagne !* au sein de la représentation nationale. — *Le Républicain français* du 24 se plaint que, dans les tribunes de la Convention, cinquante femmes jacobines troublent les délibérations, menacent avec impunité. — *Le Journal de Perlet* du 22 nivôse avait publié à ce sujet un arrêté du Comité de sûreté générale du 10 nivôse « pour faire surveiller les malveillants qui se glissent dans les tribunes de la Convention, faire arrêter tous ceux qui tiendraient des propos tendant au rétablissement de la royauté et du terrorisme ». Voir aussi, sur ce sujet, le même journal, n° du 26 nivôse.

CLXX

24 NIVOSE AN III (13 JANVIER 1795).

RAPPORT DU 25 NIVOSE.

Esprit public. Groupes et cafés. — Le décret qui porte à 36 livres par jour le traitement des représentants du peuple occasionne toujours la plus grande fermentation. Les murmures à cet égard sont à leur comble, et on accuse hautement les membres de la Convention de ne penser qu'à leurs intérêts particuliers, et du tout à ceux du peuple, qui souffre depuis si longtemps, et surtout dans les départements, où la livre de pain se paie plus de 10 sols.

La fermentation n'est pas moins forte contre le reste des Jacobins ;

il n'est pas moins question que de les exterminer, ainsi que le porte l'invitation aux jeunes gens, insérée dans le n° 59 de l'*Orateur du peuple*.

Il était impossible hier d'arrêter le cours de la fermentation qui a éclaté au Jardin-Égalité. On y a brûlé le journal de Châles. On y a prêché l'insurrection et formé le projet de se rendre aujourd'hui à la Convention, d'y fouetter les femmes des tribunes. Ce sont les habitués du café des Canonniers, ci-devant Chartres, érigé maintenant en club, qui se sont conduits ainsi. On en a suivi quelques-uns, mais la foule était si grande qu'on les a perdus de vue.

La surveillance a été très active partout, et le résultat est que les esprits sont dans la plus grande agitation. A cela s'est joint la crainte de manquer de pain, répandue avec soin par les malveillants. L'affluence des gens de la campagne qui manquent de pain augmente tous les jours; ils forcent les boulangers de Paris à leur délivrer du pain; un de ces derniers a reçu un coup de bâton de la part d'un homme de la campagne à qui il avait refusé du pain.....

Le citoyen Didier rapporte que le décret qui accorde une indemnité de 36 livres par jour à chaque député a occasionné une très grande agitation à la Convention nationale, et a excité un mécontentement qui s'est manifesté dans les groupes qui se sont formés après la séance. Il ajoute que le refus d'entendre un député disposé à parler contre ce décret a fort indisposé ceux qui en ont été témoins.

Le citoyen Gruet dit qu'aux tribunes de la Convention, le décret a fait beaucoup de mécontents; il ajoute qu'il y a entendu dire : « Qu'ils nous fassent de bonnes lois plutôt que de s'occuper d'eux-mêmes, et nous ferons un rempart de notre corps pour les défendre. »

Commerce. — ...Gruet rapporte que, dans différents marchés, il a entendu plusieurs citoyens manifester leurs inquiétudes sur la disette des denrées de première nécessité et sur leur prix exorbitant.

Les mêmes rapportent qu'un boulanger, rue des Deux-Portes-Sauveur, s'est refusé de donner du pain au public, en disant que le bois est trop cher, qu'il n'en avait pas pour cuire. Chez un autre boulanger, le public était en foule dans sa boutique; chacun emportait deux pains à la fois; les femmes de campagne en passent beaucoup dans leurs jupons et leurs voitures.....

Suivant Losset, depuis la ci-devant paroisse jusqu'au champ des Capucins, les boulangers n'avaient plus de pain à onze heures du matin.

Dans différents groupes au Jardin national, on murmurait contre la cherté des denrées, vu que plusieurs ouvriers sont sans ouvrage;

d'autres ont perdu leur état par les circonstances, et ne peuvent vivre en ce moment. Plusieurs femmes étaient à la tête de ces groupes, où elles se répandaient en menaces.....

Surveillance. — Les cinq inspecteurs, Ollivier, Pipelard, Baron, La Motte et Bergeret, qui hier matin ont fait un rapport sur des propos tenus contre des représentants du peuple, ont été demandés ce matin à la Commission ; ils ont été réprimandés de s'être bornés à un récit de ces propos et de n'avoir pas arrêté ces particuliers, qu'on a mis sur le champ à la surveillance.

Caillouet et Boucher annoncent qu'au café Richard, rue Honoré, il y avait très peu de monde ; un particulier, qui y est habitué, y est venu sur les sept heures du soir et a parlé de la Maison-Égalité. Il a dit que cet endroit était le lieu où la contre-Révolution était en permanence ; que, si on détruisait les Sociétés populaires, autant valait-il brûler la Déclaration des droits de l'homme, qui en est la garantie ; que les petites filles du Jardin-Égalité, a-t-il ajouté, ne se trouveraient pas mal de l'augmentation accordée aux députés. Cet homme est mis à la plus grande surveillance.

Moura rend compte que des particuliers, formant rassemblement à la Maison-Égalité, ont dit qu'ils iraient aujourd'hui à la Convention pour chasser des tribunes les femmes qui approuvent et improuvent. La surveillance a été dirigée de manière à prévenir ces excès de violence.

Giraud rapporte qu'on disait aujourd'hui au Jardin-Égalité et à la Convention nationale qu'on allait taxer les habitants de Paris à une livre de pain par jour.....

HORNIN, ALLETZ.

(Arch. nat., F¹ c III, Seine, 15.)

JOURNAUX.

Gazette française du 26 nivôse : « *Paris, 25 nivôse.* On a fait hier, au Palais-Égalité, un petit autodafé du journal du saint abbé Châles ; quelques personnes voulaient qu'on ne fît pas tant d'honneur aux productions de cet athée, ci-devant saint, mais qu'il fût réservé pour... les latrines. On a joint à l'imprimé de l'abbé Châles, le titre de l'écrit royaliste du professeur Delacroix *(le Spectateur français)*, parce qu'on n'a pu se procurer l'ouvrage, qui a été saisi partout. »

CLXXI

25 NIVOSE AN III (14 JANVIER 1795).

Rapport du 26 nivose.

Esprit public. Groupes et cafés. — Gendet rapporte que dans les groupes, au Jardin national, on parlait de boulangers. On (disait-on) voulait les laisser faire; le public serait bientôt obligé d'attendre à leurs portes. Camus annonce qu'il y a eu ce matin des rassemblements à la porte des boulangers tant du faubourg Germain que d'autres quartiers, et que ces boulangers, interrogés par les citoyens pourquoi ils ne cuisaient pas autant que de coutume, répondaient qu'ils ne le pouvaient pas, parce qu'il ne leur était pas fourni du bois vert.

Suivant Naudet, il se répand un bruit qu'il doit arriver un coup terrible le jour que nos représentants ont consacré à la mémoire de la punition des Rois[1], que la cause du mal lui paraît provenir de l'excès du prix des denrées, et qu'il est à craindre que les citoyens, livrés au désespoir, ne deviennent l'instrument aveugle de la fureur des méchants. Toute la machine paraît ébranlée; il faut opposer une forte digue au torrent qui est sur le point de l'entraîner.

Au Jardin-Égalité les rassemblements ont été nombreux; ils paraissent dirigés contre les terroristes; mais, à la faveur de cette opinion, il est à craindre que les malveillants ne profitent des événements pour se livrer à la fureur et agiter le peuple en tous sens.

Saint-Huruge, armé d'un gros bâton, se promenait hier dans les couloirs de la Convention; il se vantait d'avoir fait la motion de fouetter les femmes.

On assure qu'il y a projet de demander ce soir aux spectacles la chute des bustes de Marat et de Le Peletier. La Commission a invité les commissaires de police à la surveillance de leurs arrondissements et a pris les mesures nécessaires. Pareil avis a été donné à la division de la surveillance, qui les a fait passer au Comité de sûreté générale, et au commandant temporaire. Un rapport, fait à l'instant par Rastel, annonce qu'aujourd'hui, dans les différents quartiers qu'il a parcourus, il a trouvé de grands rassemblements aux portes des

---

1. C'est-à-dire le 21 janvier 1795, jour anniversaire de l'exécution de Louis XVI.

bouchers et des boulangers; que les citoyens ainsi rassemblés disaient : « Voilà donc encore une fois la queue de Robespierre et d'Hanriot qui recommence; » mais que, dans un cabaret, près le Plessis, il avait trouvé une trentaine d'ouvriers dans les meilleurs principes et ne reconnaissant que la Convention, qu'ils firent lecture d'un écrit non signé, portant en principe : « Soyez sages, justice nous sera rendue, la Convention est juste. »

Commerce. — Entre onze heures et midi, le pain a manqué chez plusieurs boulangers de la section de la Cité.

Les boutiques des boulangers, dit Treuel, sont remplies de monde attendant que le pain soit cuit; rue Denis, on a formé des queues. Le bruit court que le pain va manquer et qu'on sera réduit à une livre de pain par jour. On a pris des mesures pour calmer les inquiétudes et réprimer les malveillants.....

Suivant Moyron et Desbourdelles, au Port à l'Anglais le prix du bois et des voitures augmentent tous les jours. Dans plusieurs rues et groupes on murmurait de n'avoir pas trouvé de pain chez les boulangers; on craint du bruit pour demain, si les boulangers n'en fournissent pas aux citoyens.....

Sémé rapporte que le public est très mécontent de voir le pain manquer chez quelques boulangers, et qu'il attribue cette disette aux corps constitués; les traiteurs sont prêts à fermer leurs boutiques, faute de bois et charbon.

La viande augmente tous les jours, et les bouchers disent que, sous peu de jours, on la paiera trois livres.

D'après le rapport de Fabre et Baron, aux environs des Halles et rue du Four-Germain, il y avait des rassemblements aux portes des boulangers, mais la force armée les a dissipés.....

Les Halles étaient passablement fournies en racines et légumes; il est arrivé dix voitures de marée et de beurre.

Surveillance. — Gruel dit que douze particuliers sont entrés au café de la Convention et ont insulté quatre citoyens qui étaient paisibles, en leur disant qu'ils étaient Jacobins et les menaçant de les assommer à coups de bâtons; ils ont ajouté qu'ils avaient été incarcérés par cette Société, mais que son règne était passé. Les tribunes de la Convention ont été paisibles; mais, dans les groupes, les rassemblements aux portes des boulangers excitaient la fermentation. On accusait les autorités.

D'après les rapports des officiers de paix et inspecteurs, des attroupements se forment au Palais-Égalité; de là ils se répandent dans différents quartiers. Ils crient bien : *Vive la Convention! À bas les Jacobins!* Mais ils menacent ces derniers, qui, comme tous les citoyens, sont sous la protection de la loi, qui seule doit les faire arrêter et punir, s'il importe qu'ils le soient. En conséquence et pour faire cesser des attroupements dont la malveillance peut s'emparer, il a été écrit au Comité militaire et au Comité de sûreté générale. Hosteaux indique un autre projet de rassemblement au café de Chartres pour aujourd'hui 26; cet avis a été transmis au Comité révolutionnaire du 1er arrondissement.

Il résulte du rapport de Descoings, officier de paix, qu'au café de Foy un orateur, qui fut fort applaudi, [a dit] qu'il ne fallait plus souffrir ces dénominations qui, comme *Montagne*, *Marais* et autres semblables, sont des talismans à l'aide desquels les factions trouvent le moyen de nous charmer.

Leclerc fait part des réflexions du peuple sur les danses projetées en réjouissance de la mort du tyran; ces danses ne sont blâmées qu'en raison des circonstances fâcheuses dans lesquelles on se trouve. Le même a entendu dans un cabaret tenir contre la Convention des propos, pour raison desquels il n'a pu rien faire, étant seul contre beaucoup de monde; il ajoute qu'il a été reconnu pour inspecteur et menacé.

BARBARIN, THÉROUENNE.

(Arch. nat., F 7 * III, Seine, 15.)

JOURNAUX.

Vedette du 27 nivôse : « *Paris, du 26*. Hier sur les six heures du soir, une grande fermentation régnait dans tous les cafés du Palais-Égalité. La séance de la Convention, la dénonciation de Bentabole contre un complot d'assassinat tramé envers les représentants les plus fidèles, étaient les causes de cette agitation. Enfin on sortit dans le jardin. Un jeune citoyen s'écria : « Mes amis, que ceux qui ont fait le 10 août, qui ont brûlé les feuilles de *l'Ami du roi*, se réunissent pour soutenir le 9 thermidor et la Convention et pour brûler les journaux infâmes des Châles, Audouin et Charles Duval. » Les applaudissements réitérés accueillent cette motion. On achète plusieurs exemplaires des feuilles de *l'Ami du peuple*, du *Journal Universel* et du *Journal des hommes libres* et on les livre aux flammes aux cris de *Vive la Convention!* Plus de mille deux cents citoyens forment des rondes autour, et dansent la Carmagnole. Un des assistants s'écrie : « Prouvons aux terroristes que nous ne voulons pas plus de royauté que de jacobinisme! » Soudain il jette dans les flammes *le Spectateur français* de Delacroix. Cette scène tumultueuse attire la garde; l'officier dit qu'il vient dissiper ce rassemblement; on lui demande où est le décret qui défend de danser et de crier *Vive la Convention!* « Si tu étais un bon patriote, lui dit un jeune homme, au lieu de troubler notre opération, tu danserais avec nous. » Aussitôt tous les citoyens de la patrouille posent les armes et se mêlent dans les rondes. L'officier se retira seul. Les danses et l'incendie terminées, on se sépara en criant : *Vive la République ! Vive la Convention !* » — *Courrier universel* du 26 nivôse : « *Du 25 nivôse.* Nous avons été, ces jours-ci, à portée de faire quelques rapprochements qui peuvent être utiles au public. Dans le même temps, absolument le même temps, des hommes parcouraient les cafés et des maisons particulières de quelques sections et pressaient les citoyens de signer deux pétitions, pour obtenir, l'une la liberté de l'ex-général Rossignol, et l'autre celle du nommé Chrétien, l'un des jurés assassins du tribunal de Robespierre. La première de ces pétitions a été effectivement revêtue de quelques signatures, et présentée à la Convention nationale, qui en a fait justice ; les porteurs de l'autre ont été chassés à coups de pied dans le derrière, presque partout où ils se sont présentés. Pendant ces petites courses jacobites, une centaine de scélérats, gorgés de carnage, ivres du sang dont ils se sont abreuvés sous le règne de Robespierre, insultaient par des cris affreux à la Convention nationale et à certains signaux donnés par quelques-uns de ses membres... » — Voir aussi le *Journal de Perlet* du 27 nivôse.

CLXXII

26 NIVÔSE AN III (15 JANVIER 1795).

RAPPORT DU 27 NIVOSE.

Esprit public. Tribunes de la Convention. — Chaton rapporte que les tribunes de la Convention étaient remplies, aux parties faisant amphithéâtre, d'ouvriers maçons et de femmes qui étaient habituellement aux Jacobins, qu'ils se désignaient [la] Montagne et indiquaient nominativement les députés qui les...[1], qu'il paraît certain qu'une majorité de ces citoyens sont payés pour approuver ou improuver les travaux des représentants.

Le récit des victoires a été applaudi par la majorité, ainsi que la réponse de Legendre à une proposition d'amnistie contre les membres inculpés par Le Cointre.

Cafés. — Au café de Chartres un individu, inconnu aux habitués de ce café, a élevé la voix pour parler en faveur de Collot d'Herbois, Barère et autres ; il fut désapprouvé de tout le monde ; on se mit à crier : « A bas le rejeton de Robespierre ! » et il fut obligé de se retirer. Ce particulier a été suivi ; il demeure rue Croix-des-Petits-Champs, n° 108, maison à porte cochère. Dans le même café, on est convenu, après de longues discussions, de faire construire pour la

---

1. Un mot illisible.

fête du 2 pluviôse un mannequin, représentant un Jacobin, pour être brûlé en place publique, et de suite faire une guerre à mort à tous les Jacobins, royalistes ou terroristes. Il fut fait ensuite la proposition de proscrire le bonnet rouge, pour en substituer un aux trois couleurs, et on a été d'avis de décorer le bonnet de la liberté d'un ruban tricolore et de députer à tous les cafés, pour inviter les propriétaires desdits de ne plus recevoir de Jacobins et de décorer le bonnet rouge d'un ruban ; pareille invitation doit être faite aux directeurs des théâtres.

Les attroupements recommencent aux portes des boulangers; les malveillants ne négligent aucun moyen de semer l'alarme.

Commerce. — Manigot rend compte qu'il y avait beaucoup de monde assemblé à la porte d'un boulanger, rue Germain l'Auxerrois, n° 50 ; la force armée y est venu et a rétabli l'ordre... Baude, officier de paix, rapporte que dans différents quartiers de Paris, tels que le faubourg Marcel, les queues sont fréquentes aux portes des boulangers, l'on se plaint beaucoup de la cherté des denrées et l'on s'attend qu'elles vont encore augmenter......

D'après le rapport de Vassor et Chevalier, dans la section de l'Indivisibilité les queues étaient considérables aux portes des boulangers, mais les membres du comité de cette section ont annoncé au son du tambour que tous les citoyens aient à se tranquilliser sur les subsistances, et que tous citoyens qui feraient queue aux portes des boulangers seraient regardés comme mauvais citoyens ; d'après ce, chacun s'est retiré paisiblement. Suivant les mêmes inspecteurs, qui sont entrés dans un endroit où l'on donne à manger aux ouvriers, les esprits y étaient très échauffés : l'un disait qu'il lui tardait de se donner un coup de peigne ; l'autre qu'il n'y avait que quatre à cinq jours à attendre. « Sitôt que les ateliers seront fermés, disaient-ils, nous verrons si les ci-devant toucheront 36 livres pendant que les autres mourront de faim. » On surveille à cet égard.....

Surveillance. — Il résulte de plusieurs rapports du jour que le projet d'habiller, le jour d'anniversaire de Capet, un mannequin en Jacobin et de le soumettre à des allusions perfides est proposé et discuté à plusieurs endroits. Le Comité de sûreté générale est prévenu de ce projet.

Lespinio annonce que le citoyen Desrosiers, acteur au théâtre de la République, a été rencontré par des citoyens qui lui ont demandé combien font quinze et deux, et sur sa réponse qu'ils font dix-sept ils ont répliqué : « C'est ce que nous demandons. » Le citoyen Desrosiers est en conséquence invité à se rendre demain à la conférenc de la division de la surveillance pour vérifier ces faits avec lui et se concerter ensuite sur les mesures pressantes que doivent exiger ces questions et réponses.

Du rapport d'Ollivier et Baron il résulte qu'une citoyenne Aroux a tenu et répété, chez un boulanger, rue de la Tabletterie, et dans une autre boutique, les propos les plus décidément contre-révolutionnaires. Copie de ce rapport a été envoyée au Comité révolutionnaire de l'arrondissement pour prendre par lui les mesures que sa prudence lui suggérera.

Gautier a remarqué que la majeure partie des citoyens qui composent l'attroupement du ci-devant Palais-Égalité sont des jeunes gens sortis de prison, ou de la réquisition, ou quelques filous.

Sadous annonce que le Comité civil de la section du Muséum, d'après la délibération prise par la Commission de police, et qui lui a été adressée, a pris toutes les mesures convenables à l'effet d'arrêter les auteurs de ces rassemblements nocturnes, que ces mesures doivent être prises ce soir pour se saisir des chefs dans le cas qu'ils se présentent au café Mannoury.

Suivant Hosteaux, aux cafés de Foy et de Chartres, des particuliers ont fait la motion de se porter au faubourg Antoine, et de représenter aux citoyens du faubourg les malheurs qui les menacent, de les inviter à cet effet à se joindre à eux ; ils avaient arrêté de s'y transporter le 27.

Trois particuliers, étant dans le foyer du Vaudeville, dirent au directeur de ce spectacle que, s'il était un honnête homme, il ôterait lui-même les bustes de Marat et de Le Peletier ; que, sur cette proposition, le directeur eut une discussion très vive, qui n'a cessée parce que deux inspecteurs sont parus comme intermédiaires et ont ramené le calme.

Dangouville rapporte que des citoyens se sont portés au café des Canonniers, ont fait la motion de changer le bonnet rouge en bonnet tricolore, et à l'instant ce bonnet a été couvert d'un ruban tricolore.

GOSSET, HORNIN.

(Arch. nat., F⁷ III, Seine, 15.)

JOURNAUX.

Courrier républicain du 27 nivôse : « *26 nivôse*. On a sans doute entendu raconter à quelqu'un l'aventure ou la fable de cette méchante femme qui tourmentait son mari avec tant d'opiniâtreté que, pour s'en débarrasser et la faire taire enfin, il la reléga au fond d'un puits. Eh bien ! la maudite femelle, ne pouvant plus faire entendre ses injures à ce pauvre mari, ni lui arracher les yeux tout à son aise, élevait les mains par dessus sa tête et faisait avec ses doigts une petite opération dégoûtante qui signifiait qu'il était un p..eux. Eh bien! les Jacobins font aujourd'hui à peu près le manège de cette femme ; n'osant plus parler, ils font des grimaces ; ils répandent dans les rues, dans les cafés, de petits papiers, de petits écrits où l'on voit leurs sottises ordinaires et force provocations à l'assassinat. On avait jeté hier, dans le café dit de Chartres, Maison-Égalité, une de ces odieuses affiches. La lecture n'en a pas été plus tôt faite que la fureur et l'indignation ont éclaté de toutes parts. Malheur à qui dans ce moment eût été reconnu pour un Jacobin du 9 thermidor! « Assommons-les, disaient plusieurs voix ; nous n'exercerons qu'une juste vengeance ; nous répliquerons à la plus exécrable des provocations, nous délivrerons la patrie des plus barbares assassins. » Français, prenez garde qu'on ne se serve de votre propre fureur pour vous donner des fers. Ne trempez pas vos mains dans le sang de ces misérables ; mais ne cessez de réclamer, avec la plus courageuse énergie, justice des maux qu'ils ont faits. A la suite du mouvement dont nous venons de parler, une quantité considérable de personnes sont parties pour aller, disaient-elles, à la chasse aux Jacobins, comme autrefois on allait à la chasse aux loups dans les îles de l'Angleterre. Nous ne savons pas quel a été le résultat de cette chasse dangereuse ; nous savons seulement qu'on s'est porté dans plusieurs cafés, et notamment au café Payen, situé dans l'intérieur du Palais-National. Cette portion du peuple a invité les propriétaires de quelques autres cafés à faire disparaître de dessus leurs boutiques quelques enseignes qui y existaient encore, tels que le café de la Montagne ou des Montagnards, qui pouvaient, disait-on, leur servir encore de point de ralliement. On a promis d'avoir égard à cette invitation. On ne sait que trop quelles effroyables calamités peuvent suivre des vengeances individuelles ou publiques, même lorsqu'elles sont les plus conformes aux lois de la nature. Les plaies qu'elles nous ont faites sont trop récentes pour qu'on puisse ne pas y faire la plus sérieuse attention. L'âne de Balaam, ou l'*universel* Audouin, vient de clore son journal, pour avoir le temps de braire avec plus d'énergie dans le sein de la Convention nationale. Ceux des citoyens, qui peuvent s'être abonnés au journal dudit Balaam, pourront venir prendre en son écurie ordinaire le prix de ce qui reste à courir de leur abonnement, si mieux ils n'aiment recevoir un autre journal que l'*Universel* ne nomme pas[1]. Charles Duval a déclaré aussi qu'il renonçait à la rédaction du *Journal des Hommes libres*. » — *Messager du soir* du 28 nivôse : « *Paris, 27 nivôse*. La jeunesse parisienne a juré l'anéantissement des Jacobins ; elle tiendra son serment ; les patriotes que la tyrannie avait disséminés, pour mieux les égorger, se rassemblent, se consultent, combinent les moyens d'exterminer les hommes de

1. En effet, dans son numéro 1871, du 25 nivôse an III, Audouin déclare cesser son journal, dans lequel, dit-il, il ne peut déposer sa pensée sans donner prise à la malveillance. « Je reporterai mon énergie à la Convention nationale, où une seule vérité émise produit plus de bien à la patrie que dix mille vérités éparses dans des journaux, vérités d'ailleurs représentées comme des cris de sédition et de factieux. » Toutefois, Audouin fit reparaître son journal le 15 pluviôse suivant, après une interruption de vingt jours. Dans le numéro 1875, il déclare que ceux de ses abonnés qui n'ont pas retiré leur abonnement recevront vingt numéros au delà du terme de leur souscription.

sang. Avant-hier, une société de républicains s'est réunie chez le citoyen Février, restaurateur Palais-Égalité. Après un repas simple et frugal, au milieu des acclamations les plus touchantes, les toasts de la République et de la Convention ont été portés. On a ensuite juré respect à la Convention, guerre à mort aux Jacobins, aux hommes de sang, aux terroristes et à tous les vandales qui ont déshonoré notre révolution. Le salon où l'on était rassemblé se nommait le *Salon de la Montagne*. Cette dénomination d'une secte impie, qui a trop longtemps usurpé l'autorité nationale, il a été arrêté qu'elle disparaîtrait, et, sur l'invitation de la société, le citoyen Février a consenti avec joie à la changer en celle de *Salon des Amis de l'humanité*. Des couplets patriotiques ont ensuite été chantés, répétés, toujours avec cette expansion de gaieté franche qui caractérise le républicain. On a jeté quelques fleurs sur le cercueil ensanglanté des victimes immolées par les bourreaux aux ordres des comités d'assassinat public. Le vertueux Girey-Dupré, connu par des talents aimables, et l'un des rédacteurs du *Patriote français*, moissonné à la fleur de son âge, a surtout excité les regrets de tous les assistants qui l'avaient connu, qui l'avaient aimé. Un citoyen a instruit la société que la mère de ce jeune républicain, qui est dans ce moment exposée aux plus extrêmes besoins, chez une nièce presque aussi pauvre qu'elle, cette mère infirme et âgée de soixante-seize ans, pleure chaque jour moins sa misère, que sur la perte du soutien et de l'ornement de sa vieillesse. Aussitôt il a été résolu que tous les membres de la société concourraient à adoucir le sort de cette femme respectable, et que les secours qui lui seraient destinés, seraient remis à la citoyenne Brigitte Mathé, libraire, Maison-Égalité, sous les galeries de bois, vis-à-vis l'entrée du cirque; nous invitons les personnes sensibles qui honorent le malheur à coopérer à cet acte de bienfaisance en adressant à cette citoyenne les secours qu'elles croiront devoir lui envoyer. La société s'est ensuite répandue dans les différents cafés du Palais-Égalité; les Jacobins n'ont pas jugé à propos de passer la revue; ils se sont esquivés et courent encore. Nous sommes enfin en présence des hommes de sang; il n'y a qu'un cri contre eux : il faut en finir, il ne faut pas qu'il reste un de ces assassins sur la surface du territoire français. Nous les ménagerons; nous ont-ils ménagés? Nous ménageraient-ils, s'ils revenaient à se ressaisir des rênes du pouvoir? Voilà comme s'explique partout l'opinion publique. Il importe à la tranquillité que la Convention fasse juger sans délai les chefs de cette faction cruelle, si elle ne veut pas que quelques imbéciles, dont il faut plaindre l'aveuglement, ne soient enveloppés dans une proscription trop évidemment méritée, qui pourrait devenir générale et dégénérée en barbarie. Tous les jours, l'opinion publique se manifeste contre les Jacobins avec la plus grande énergie. Des rassemblements nombreux se portent dans les différents cafés qui portent les noms de *Montagne*, de *31 mai*. Invitation a été faite d'effacer toutes ces dénominations infâmes qui rappellent les souvenirs des crimes de nos anciens tyrans, de nos malheurs et de notre honte. Toutes les rues ont retenti des cris de *Vive la justice! À bas les Jacobins!* Les citoyens des fenêtres répétaient avec enthousiasme. Le député Lanone[1], ayant refusé de crier : *À bas les Jacobins*, aurait infailliblement ressenti les effets de la colère du peuple, s'il n'avait promptement exhibé sa carte de député. Cette égide a paralysé les bras ven-

---

1. Peut-être Lanot.

geurs. Cependant il a pu voir combien sa conduite et celle de ses pareils scandalisaient la vertu du peuple. » — *Journal de Perlet* du 28 nivôse : « Le Comité de sûreté générale, informé qu'on songeait à faire disparaître des bustes de Marat et de Le Peletier, vient de le défendre sous des peines sévères. — On assure que le même Comité, voulant assurer le respect dû à la représentation nationale, a placé dans les diverses tribunes six officiers de paix, qui sont chargés de faire arrêter ceux qui s'y comporteraient d'une manière indécente. — Le renchérissement progressif de toutes les dépenses d'administration a forcé plusieurs théâtres à augmenter le prix des places. Celui de la République, rue de la Loi, vient de le fixer ainsi qu'il suit : balcon et loge sur le théâtre, 6 livres ; loges grillées, 4 livres ; troisièmes loges, 3 livres. Le parquet, l'amphithéâtre des quatrièmes et cinquièmes loges demeureront au même prix. »

CLXXIII

27 NIVOSE AN III (16 JANVIER 1795).

RAPPORT DU 28 NIVOSE.

Esprit public. Groupes et cafés. — Hier, Maison-Égalité, devant le café de Foy, un groupe, composé de jeunes gens était à pérorer ; l'un d'eux monte sur un banc de pierre et fait lecture d'un discours en réponse au n° 59 de l'*Orateur du peuple* par Fréron, qu'il se proposait de rédiger en pétition pour être ensuite présenté à la Convention ; il appelle à cet effet tous les jeunes gens de Paris et des faubourgs à se réunir décadi prochain à midi, Jardin-Égalité, pour se rendre ensuite à la Convention. Les ordres sont déjà donnés pour que la surveillance s'y porte ce soir. Le même discours a été lu au café de Chartres. Suivant le rapport de Gendet et Ancelle, plusieurs passages renferment d'assez bons principes ; ils remarquent entre autres celui-ci : « Que nous importe que Marat soit au Panthéon? Camille Desmoulins est bien au cimetière de la Madeleine. » Le citoyen Gonchon, surnommé l'orateur du faubourg Antoine, paraît se rendre à la tête de ces attroupements.

Dans d'autres cafés, l'entretien roulait sur le rapport que doit faire la Commission des vingt-un sur différents membres de la Convention. L'on désire qu'il se fasse bientôt, pour déjouer les menées sourdes des ci-devant Jacobins et du reste de ces terroristes, qui ne cessent d'agiter le peuple par toutes sortes de moyens pour tâcher de sauver les coupables qui sont de leur clique. L'on désire aussi la prompte activité du Tribunal révolutionnaire pour voir en jugement Fouquier-Tinville et ses complices.

Le particulier qui a été suivi avant-hier, et dont l'adresse a été désignée dans le rapport d'hier, se nomme Barade ; il est logé en garni et est depuis peu de temps à Paris.

Un particulier a été assassiné hier dans le faubourg Antoine pour avoir mannifesté des opinions patriotiques ; l'assassin a été arrêté....

Commerce. — Plusieurs des inspecteurs ont entendu dire que les rassemblements aux portes des boulangers étaient provoqués par les boulangers eux-mêmes, soit par les retards qu'ils font éprouver dans leurs cuissons, soit parce qu'ils se plaisent à semer l'inquiétude, tantôt sur les farines, tantôt sur le bois..... Le citoyen Puget, boulanger, rue de Cléry, donnait son pain par dessus sa porte à tout venant sans demander de cartes ; les inspecteurs se sont opposés à cette mesure..... Suivant Loctave, les boulangers de la section des Marchés ont eu du pain de reste tant aux fours que dans leurs boutiques ; ceux de la section des Lombards n'ont pas été de même (*sic*) ; dès la pointe du jour des rassemblements étaient à leurs portes ; la force armée les a dissipés..... Plusieurs inspecteurs s'accordent à dire que beaucoup de boulangers n'ont pas manqué de pain, et qu'ils ont bois et farine. Malgré cela, leurs portes ont été assiégées par quelques citoyens, qui ont peur de manquer de pain ; mais la force armée les a dissipés.....

Le beurre se vend 3 livres la livre ; les œufs 180 livres le mille. Il y avait dans les Halles très peu de racines et légumes ; il est arrivé seize voitures de marée. La Halle à la viande était moins fournie qu'à l'ordinaire......

Surveillance. — Réunions journalières dans les cafés et autres lieux publics, et surtout dans ceux de la Maison-Égalité, où les provocations contre les Jacobins et ce qu'on appelle les terroristes et buveurs de sang se renouvellent à tous moments, et par suite desquelles on craint des événements fâcheux, soit pour la chose publique, soit pour les individus ; car, suivant le rapport de Petithenry, il ne serait rien moins question que de les mettre à mort sous peu.

Suivant le rapport de Caillouet, il a été proposé d'épurer le Panthéon, d'assommer celui qui provoquerait à la royauté, ou de le faire arrêter sur-le-champ, d'envoyer les Jacobins sur un champ de bataille après le combat pour étancher la soif du sang, et de se réunir dans les sections pour y porter un coup définitif aux terroristes, fripons, etc.

Bayard rend compte de la disparition des bustes de Marat et de

Le Peletier au café de la Convention, rue du Petit-Lion, au coin de celle de Franciade.

Du rapport de Moreau, Angoille et Vandervelle il résulte : 1° qu'au café de Chartres il a été lu une pétition au nom de la jeunesse française, portant invitation au faubourg Antoine et aux hommes du 14 juillet de se joindre à elle contre les buveurs de sang ; cette pétition doit être imprimée et présentée décadi prochain à la Convention nationale ; 2° que le n° 59 de Fréron a été brûlé au milieu des plus vifs applaudissements, à cause de certains passages dont il venait d'être fait lecture, et surtout des reproches faits à la jeunesse française.

Descamps rend compte des propos infâmes tenus dans les tribunes de la Convention par deux femmes, contre plusieurs députés qui sont en ce moment en possession de l'estime publique ; des mesures ont été prises pour surveiller et joindre ces femmes....

HANNOCQUE-GUÉRIN, BEURLIER.

(Arch. nat., F1c III, Seine, 15.)

JOURNAUX.

Courrier universel du 28 nivôse : « *27 nivôse*. La motion de Merlin (de Thionville), contre ces hommes qui croyaient avoir meublé leur tête de toutes les connaissances politiques et administratives, lorsqu'ils l'avaient coiffée d'un bonnet rouge, n'a pas peu contribué à dépopulariser ce bonnet, qui dans ces derniers temps, était bien plus réellement le signe de ralliement de tous les assassins, que le point de mire des véritables amis de la liberté. Hier, dans un des cafés de la Maison-Égalité [1], on a jeté les yeux sur un de ces bonnets qui y avait été placé par le comédien Grammont ; on s'est rappelé toutes les cruautés, toutes les vexations commises par cet histrion insensé. On a cru voir le bonnet rouge, rougi plutôt par le sang, dont les mains de Grammont étaient dégoûtantes, que par la composition du teinturier. Telles sont les réflexions qu'on a faites, et qui se sont bientôt manifestées publiquement. On a demandé que la couleur du bonnet qui rappelle tant de souvenirs tristes et douloureux ne frappât plus la vue des amis de l'humanité. Un instant après on a vu paraître un large ruban aux couleurs nationales, dont le bonnet a été enveloppé de manière que sa couleur sanglante ne fût plus aperçue. Cette cérémonie a été terminée par les cris qui sont aujourd'hui partout à l'ordre du jour : *A bas les Jacobins ! A bas les terroristes! Vivent la République et la Convention nationale!* On nous assure que, dans quelques théâtres, les bustes de Marat et de Le Peletier ont été insultés; ainsi l'annonce de Clausel sur cet objet n'aurait pas été sans fondement..... ». — *Vedette* du 28 nivôse : « Malgré la rigueur excessive du froid, il y a toujours au Palais-Égalité des rassemble-

1. C'était au café de Chartres. Voir l'*Abréviateur universel* du 2 pluviôse. Mais ce journal reporte cette scène au 28 nivôse.

ments considérables, et l'on remarquera que toutes les révolutions qui se sont faites en France depuis cinq ans, se sont préparées au Palais-Égalité. Va-t-il encore s'en faire une ? Si la Convention n'y prend garde, si elle ne se décide pas à se prononcer fortement, il pourra y avoir sous peu un très grand mouvement. Les terroristes en seront l'objet : sous ce nom sont compris les membres des Jacobins, ceux des anciens comités révolutionnaires, ceux qui coopéraient avec Robespierre à asservir la nation ; ils sont en grand nombre et forment un parti considérable. On peut se rappeler que, lors de la seconde assemblée, les Jacobins et Marat eurent longtemps le dessous. Chabot disait publiquement : « Nous sommes la minorité ; eh bien, nous les mangerons tous, nous les terrasserons, nous les subjuguerons. » Et cela fut. Ajoutons : cela sera peut-être encore. La majorité est confiante en ses forces, elle s'y repose. La minorité se réunit, se resserre, s'appuie, et acquiert tous les jours de nouvelles forces, qui finissent par détruire celles qui leur étaient présentées en opposition. » — *Messager du soir* du 29 nivôse : « *Paris, 28 nivôse*. Hier, au café de Chartres et au café de Foy, les patriotes se sont expliqués avec franchise et énergie sur la nécessité de surveiller les intrigants et les factieux qui, payés par la faction des hommes de sang se répandent dans certaines tribunes de la Convention pour huer les représentants qui ne parlent pas dans le sens de la faction, ou qui ne siègent pas dans telle partie de la salle. Déjà plusieurs patriotes estimables se sont rendus dans la *tribune aux convulsions*, et les mégères qui l'habitaient, craignant une nouvelle conspiration contre leurs derrières, ont paru concentrer leur fureur et leur rage. Un bon et simple Béarnais a rendu compte avec franchise aux citoyens qui l'entouraient de ce qui lui était arrivé dans cette tribune ; d'abord, un citoyen qui affectait d'être mal vêtu avait fait jeter en passant près d'un bâtiment où des maçons travaillaient du plâtre sur son chapeau, et, sous l'apparence d'un ouvrier utile et laborieux, il s'était rendu sur la première rangée occupée par les phalanges aux ordres de la reine Crassous. Notre bon Béarnais entendit ensuite une femme qui aurait bien désiré causer avec sa commère et se mettre à côté d'elle, mais la place était prise, et le brave citoyen les invita à s'entretenir tout haut ; elles exprimèrent leur douleur sur ce que Châles, Audouin et Duval ne feraient pas de journaux et qu'ainsi elles ne savaient plus que faire. « Est-ce qu'ils sont malades, leur demande notre homme dans son patois ? — Non, ils se portent bien, mais c'est qu'on leur en veut. — Et pourquoi ? — C'est qu'ils sont de la Montagne. — Pourriez-vous me dire où est la Montagne ? — Depuis cette banquette jusqu'à celle-là ; c'est là que siègent les bons députés, tels que Châles, Duhem, Audouin, Barère, Duval, Collot, Crassous, Billaud, Taillefer, Levasseur, Vadier, en un mot tous les braves montagnards ; je vous les montrerai quand ils viendront, car il paraît à votre parler que vous êtes étranger. — C'était-là que siégeait aussi Carrier, sans doute ? — Assurément. — Mais je croyais que la Convention était une et indivisible, comme la République et qu'il n'y avait plus ni factions ni partis. » Là-dessus le voisin du bon Béarnais s'éleva avec une telle force contre cette horrible distinction, que les furies se turent pendant toute la séance, et n'osèrent pas même faire un geste d'indignation ou de mépris. Les citoyens se sont promis de fréquenter les tribunes favorites des malveillants pour les signaler et les faire connaître aux Comités de gouvernement ; ils ont juré ensuite de se rendre dans leurs sections respectives pour y répéter le serment fait par la Convention de poursuivre avec courage les brigands et les buveurs de sang, c'est-à-dire les Jacobins. Les journalistes ont été engagés à inviter tous les bons patriotes à se rendre, le jour de l'anniversaire du supplice de Capet, dans le Jardin-Égalité pour escorter le fameux mannequin dont nous avons donné hier la description, en faire un autodafé, et danser autour une carmagnole républicaine. Nous attendons du patriotisme de nos frères des départements qu'ils imiteront les républicains de Paris, et que dans toute la France les Jacobins et les royalistes verront le peuple se prononcer contre leur système odieux, et qu'ils seront tous voués à l'exécration publique. » — *Narrateur impartial* du 28 nivôse : « Hier on annonça aux jeunes citoyens assemblés au Jardin-Égalité qu'on avait rapporté au Comité de sûreté générale qu'il s'agissait parmi eux de royauté et de destruction des bustes de Marat et de Le Peletier. L'indignation la plus vive se manifesta aussitôt, et ces jeunes gens résolurent de rédiger une adresse qui serait leur profession de foi. Ce projet fut mis aussitôt à exécution. Une adresse fut soumise à la sanction de tous les spectateurs, qui, d'une voix unanime, en arrêtèrent l'impression, l'envoi à la Convention, aux sections de Paris et aux départements. On remarque dans cette adresse le passage suivant : « Apprenons aux Comités de gouvernement combien sont infidèles et perfides les rapports de leurs espions qui croient encore être les sicaires des Amar et des Vadier. Qui de nous a donné lieu à cet arrêté ordonnant à la force armée de saisir les malveillants qui veulent renverser les bustes de Marat et de Le Peletier? Nous, renverser le buste de Le Peletier!... Gouvernement tu nous connais bien mal!... Quant à Marat, que nous importe qu'il soit au Panthéon? Camille et Philippeaux sont bien au cimetière de la Madeleine. Unissons-nous contre les brigands vivants, laissons en paix les morts, *quels qu'ils soient*, et abandonnons à la postérité le soin d'*analyser* nos grands hommes, et de disséquer le Panthéon. »..... Hier, à deux heures après-midi, un Jacobin tenait les discours les plus séditieux chez un marchand de vin, rue et porte Antoine. Un citoyen qui était présent lui enjoint de se taire, avec menace de le faire arrêter. Le scélérat redouble d'audace, dit qu'il faut assommer les membres de la Convention et ceux qui voudraient les soutenir; la garde accourt, et le monstre tirant un poignard, le plonge dans le bas-ventre du brave citoyen qui l'avait rappelé à l'ordre. Il est arrêté, interrogé, et, quand on lui eut lu le procès-verbal constatant son crime, il cracha sur le cadavre de sa victime. Il n'avait sur lui d'autre papier qu'une carte de Jacobin. »

CLXXIV

28 NIVOSE AN III (17 JANVIER 1795).

RAPPORT DU 29 NIVOSE.

Esprit public. Groupes et cafés. — Aucuns faits extraordinaires ne se sont passés ; le même esprit se soutient toujours dans les cafés de Chartres et autres de la Maison-Égalité ; il faut craindre qu'il ne soit le centre d'un soulèvement. Les agents de la police, connus par les habitants de ces repaires, ne pourront s'y présenter sans être traités de mouchards et menacés de coups de bâtons.

Dans ces cafés la mention a été faite de se porter chacun dans leurs sections respectives décadi prochain, pour y introduire leurs opinions, ainsi que l'esprit qui les dirige.

La cherté des subsistances, le discrédit des assignats et les abus que l'on prétend régner dans toutes les Commissions sont le sujet des autres conversations.

Spectacles. — Tout, dans cette partie de notre surveillance, s'est passé dans la plus grande tranquillité. Un seul fait nous a été rapporté par Dufresnoy. Au théâtre de la rue Favart, on s'est aperçu que le buste de Marat avait été mutilé. Les perquisitions n'ayant point fait découvrir l'auteur, le directeur a sur-le-champ fait remplacer ce buste par un autre, qui était au foyer.

Commerce. — Suivant Losset, aux portes des boulangers des sections des Ami-de-la-Patrie et du faubourg du Nord, il y avait beaucoup de monde à sept heures du matin. La force armée a eu beaucoup de peine à maintenir le bon ordre. Chacun pourtant a été servi, et il y a eu du pain de reste. Les garçons boulangers veulent se faire augmenter et quitter leurs bourgeois, aussitôt qu'ils ont reçu leur paie. Cet inspecteur n'a point remarqué de contravention à l'arrêté du Comité de salut public relatif à la distribution du pain.

Bienvenu et Delahaye se sont transportés chez tous les boulangers des sections du Temple et des Gravilliers. Dans cette dernière section ils ont remarqué un grand abus : celui qui ne devrait avoir que deux ou trois livres de pain en prenait quatre ou cinq livres ; la carte d'un autre citoyen portait le nom de deux boulangers. Les commissaires de garde ont réprimé cet abus. Il s'est trouvé, sur ces deux sections, trois boulangers manquant de bois. Quoi qu'il en soit, il y a eu du pain de reste chez tous les boulangers ; malgré cette abondance, ils étaient assiégés par la foule ; mais, de concert avec la force armée et les commissaires, ils sont parvenus à dissiper les queues, en assurant les citoyens qu'ils ne manqueraient pas de pain.....

Le 28 et le 29, il est arrivé, pour l'approvisionnement des halles et marchés, 297 voitures de différentes denrées et 6 de marée.

Surveillance. — Dagomer rapporte que, sur l'exposé fait au café de Chartres qu'un Jacobin disait dans une tabagie voisine que l'on voulait faire mourir le peuple de faim, beaucoup de citoyens sont sortis du café et coururent à la tabagie ; n'y trouvant plus l'orateur Jacobin, ils ont fait crier : *Vive la République! Vive la Convention!* et sont retournés ensuite au café de Chartres, où on fit une pétition tendant, entre autres choses, à ce que les jeunes gens la portent aux assemblées de leurs sections respectives pour y professer les principes énergiques dont ils sont pénétrés, et à ce que les bons députés soient protégés contre les insultes qui leur sont faites par certains habitués des tribunes.

Moura dit qu'hier encore la motion a été faite au café de Chartres de faire ôter Marat du Panthéon, parce qu'il n'y avait plus de saints.

Muron dit que le bois manque dans certains corps de garde, témoin une conversation entre hommes de garde au Port-au-Vin, qui se sont plaints d'avoir été obligés de voler du bois pour ne pas mourir de froid..... Layance rapporte qu'un citoyen rue faubourg Denis, n° 25, est mort de froid cette nuit.

BARBARIN, ALLETZ.

(Arch. nat., F 1 c III, Seine, 15.)

JOURNAUX.

Vedette du 29 nivôse : « Depuis que les réquisitions et le *maximum* sont abolis, tout le monde fait le commerce ; ne croyez pas que ce soit chez des marchands en gros, chez ces grands détaillants, dans les grands magasins, les spacieuses boutiques que vous trouverez tout ce dont vous pouvez avoir besoin ; montez dans presque toutes les maisons, au deux, trois ou quatrième étage: on vous montrera des comestibles, des draps, toiles et autres objets à vendre; on vous les fera très cher, avec d'autant plus d'impudeur qu'on vous répond : « Moi, je ne suis pas marchand, je ne me propose pas pour vendre ; vous en voulez, payez-les. » Tout cela, cependant, ne donne pas l'abondance ; car, quoi qu'il y en ait à vendre dans plusieurs superficies, les marchandises n'y sont pas en quantité. La plupart de ces marchands se les arrachent ; ils fixent un taux; ils les lâchent à ce taux ; quand ils n'en ont plus, ils vont les surfaire chez un autre, souvent chez celui-là même qui vient de les leur enlever, et ils ne les mettent point dans la consommation, en sorte que tel pain de sucre qui a valu d'abord 20 sous la livre, vaut actuellement 12 et 13 livres, et a peut-être changé vingt fois de propriétaire, quoique repassant souvent dans les mêmes mains. A quel taux s'arrêtera l'effrayante augmentation des denrées? C'est ce qu'on ne peut prévoir. Il fait un froid excessif. Ce matin, une voiture de bois, pouvant à peine contenir une demi-corde ou une voie de bois, arrive à la Porte-Saint-Martin; un particulier l'arrête à 250 livres et paye ; pendant qu'il compte son papier, trois particuliers surviennent, qui prétendent qu'il doit être mis à l'enchère; mais l'argent était reçu, il n'y eut pas moyen. Un de ces trois particuliers va en avant, voit arriver sur la route de Pantin une voiture de bois à peu près de la même contenance que la première, il l'arrête et l'amène avec lui pour 300 livres. Les habitants des environs de Paris, voyant qu'on paie le bois tout ce qu'ils demandent, vont dévaster les bois; ils ont soin même de n'en pas donner le compte et s'enrichissent ainsi de la disette momentanée. D'un autre côté, les boulangers, n'ayant de bois en suflisante quantité pour leur consommation journalière, ne peuvent pas livrer la même quantité de pains, en sorte que, dès six heures du matin, il s'établit des queues à la porte des boulangers, qui, dans cette saison, sont désespérantes. Le reste des comestibles et du vestiaire est d'un prix presque inaccessible. La chandelle vaut 100 sols la livre; on s'attend qu'elle augmentera, et l'on prétend qu'un habit de soldat revient à 500 livres à la nation. »

CLXXV

29 NIVOSE AN III (18 JANVIER 1795).

Rapport du 30 nivose.

Groupes. — L'opinion publique conserve toujours l'énergie républicaine, et, si les rassemblements qui ont lieu depuis quelques jours, notamment dans les cafés sont évidemment contraires aux principes de l'ordre public, au moins paraît-il vrai que les intentions qu'ils manifestent ne sont dirigées que contre les antagonistes de la justice et de l'humanité ; mais il reste toujours le soupçon fondé que des intentions malfaisantes peuvent diriger quelques-uns des citoyens composant ces rassemblements qui sont toujours surveillés.

Spectacles. — Rien d'intéressant. A celui de la rue Favart, le buste de Marat s'est trouvé mutilé ; le directeur en a substitué un autre en bon état ; on n'a pu jusqu'ici découvrir l'auteur de ce délit.

Commerce. — Les boulangers sont surveillés avec la plus grande activité ; plusieurs ont été trouvés en défaut ; les uns distribuaient leur pain sans carte, les autres se plaignaient de n'avoir point de bois, ou d'en avoir qui est trop vert, ce qui occasionnait du retard dans la cuisson ; ils ont été traduits aux tribunaux.

Chez aucun boulanger le tableau nominatif des citoyens qui doivent venir prendre du pain chez chacun d'eux n'est encore affiché dans leur boutique. La Commission a pris toutes les mesures nécessaires pour faire exécuter les arrêtés et règlements qui les concernent, et les queues qui se formaient à leur porte sont en grande partie dissipées.

Surveillance. — Une citoyenne, convaincue d'avoir provoqué le rétablissement de la royauté en disant à une sentinelle *qu'il fallait mieux demander un roi que de monter sa garde*, a été interrogée et renvoyée au Comité révolutionnaire du premier arrondissement.

Une femme publique de l'arrondissement de la section des Tuileries, étant dans un cabaret, s'est répandue en injures contre la représentation nationale. Mandat d'amener est décerné contre elle. Les habitués du café des Canonniers, Maison-Égalité, ont arrêté qu'aucun d'eux n'irait à la comédie ni dans aucun spectacle, et qu'ils se rendraient dans leurs sections respectives décadi.

Rassemblements projetés aux cafés du Jardin-Égalité pour aujourd'hui. Les trois sections du faubourg Antoine doivent aller à la Convention présenter une pétition. La surveillance est établie pour éviter un trop nombreux rassemblement.....

L'on disait hier dans la section du Bon-Conseil qu'on devait suspendre les spectacles à cause de la grande consommation de bois et de chandelle qui s'y fait.

HANNOCQUE-GUÉRIN, L.-J. BABILLE.

(Arch. nat., F⁷ III, Seine, 15.)

JOURNAUX.

Courrier républicain du 30 nivôse : « *29 nivôse*. Les mouvements continuent toujours au Palais-Égalité. Avant-hier au soir, on a lu au café de Foy, et ensuite au milieu du jardin, une réponse de la jeunesse parisienne à quelques passages d'un numéro de l'*Orateur du peuple*, dans lequel il invite les citoyens qui ne veulent plus d'assassins à ne pas se contenter d'inutiles plaintes et de réclamer vengeance par des cris fugitifs, dont il ne reste que le bruit. Cette réponse, conçue en termes très énergiques, a été imprimée, conformément aux vœux des auditeurs, manifestés au milieu du refrain accoutumé : *A bas les Jacobins ! A bas les terroristes ! Vive la Convention nationale ! Vive la République !* La lecture de cette réponse étant terminée, un jeune homme a lu une adresse qu'il a proposé de présenter à la Convention nationale ; elle a été approuvée par les auditeurs, et doit être portée décadi à la barre de l'Assemblée. » — *Messager du soir* du 30 nivôse : « On continue de donner la chasse aux assassins du peuple. Hier soir, des patriotes ont parcouru différents cafés du Jardin-Égalité, sans pouvoir rencontrer aucun de ces anthropophages brevetés ; on connaît beaucoup de tavernes favorites où les égorgeurs vont cuver le sang qu'ils ont bu et oublier dans l'ivresse du vin l'exécration qui les poursuit. C'est dans ces repaires obscurs où l'intrigue, l'anarchie et la terreur, obligées de fuir devant la justice et la vengeance populaires, vont cacher leur visage hideux et exhaler, dans les convulsions de la rage, leurs blasphèmes contre la Convention nationale, qu'il faut que les républicains fassent une irruption..... Le Jardin-Égalité offre maintenant tous les soirs le tableau des premiers jours de notre révolution ; même courage, même fraternité, même énergie, même enthousiasme pour la liberté. O toi que nos yeux cherchent en vain, toi, le premier apôtre, le premier orateur de la liberté, toi, mon vieux camarade de collège et de prison, toi qui dirigeais notre marche au 14 juillet, ton ombre, infortuné Camille, semble encore animer tes anciens compagnons d'armes ; ils abhorrent comme toi les brigands qui, couverts d'une couronne ou d'un bonnet rouge, se jouent de la liberté et de la vie des hommes. Tu es mort victime des partisans de la terreur et de la barbarie; c'est une raison de plus pour nous de les huer. Martyr de liberté, reçois les serments que nous faisons d'imiter ton courage. Oui, nous pulvériserons les embastilleurs et les buveurs de sang, ou nous périrons, comme toi victimes de notre amour pour la liberté et la justice. La mort de Camille n'est-elle pas préférable à l'existence d'un D.... [1]? » — *La Vedette* du 30 annonce la clôture des ateliers d'armes, qui emploient, dit-on, plus de 45,000 ouvriers. — En raison du décret du 27 nivôse, qui élève de 8 deniers à 1 sou le prix du port de la feuille d'impression des journaux, le *Journal de Perlet* du 30 nivôse annonce qu'il se voit forcé de fixer le prix de l'abonnement à 50 livres pour l'année, à 25 livres pour 6 mois, et à 15 livres pour trois mois.

CLXXVI

30 NIVOSE AN III (19 JANVIER 1795).

Rapport du 1ᵉʳ pluviose.

Esprit public. — Dans les endroits publics de la Maison-Égalité, du Jardin national et autres, l'opinion publique est toujours à la hauteur de la Révolution et conserve son énergie républicaine. L'on attend avec impatience le rapport de la Commission des Vingt-et-un sur les anciens membres des Comités de gouvernement.

L'on remarque que les rassemblements diminuent à la porte des boulangers, mais se portent actuellement à celle des bouchers. Tous les rapports dans cette partie annoncent que la tranquillité et le bon ordre ont régné partout.

Commerce. — Moulinet rapporte que les rassemblements aux portes des boulangers du faubourg Montmartre sont entièrement dissipés; qu'ils y trouvent du pain de reste..... Le peuple, ajoute cet inspecteur, satisfait de voir que le pain ne manque pas, dit que les malveillants ne parviendront point à lui faire manquer de son premier nécessaire.....

Plusieurs inspecteurs rapportent que les rassemblements aux portes de beaucoup de boulangers sont dissipés. Le public est satisfait de l'abondance du pain chez les boulangers. Ces derniers, ajoutent ces inspecteurs, ne délivrent point de pain sans carte et observent parfaitement l'arrêté du Comité de salut public.

Suivant le rapport de Launay et autres, on a délivré à l'île Lou-

---

1. On veut sans doute parler de Duhem.

viers, du bois aux boulangers, qui se sont disputés au point d'en venir aux mains ; on est parvenu à les séparer.

La distribution des cotrets a été interrompue ; par trois fois, la garde, composée de trente-cinq hommes, a été forcée ; il en est résulté un désordre affreux, qui s'est prolongé toute la journée sans néanmoins aucun événement fâcheux.....

Au faubourg Denis, chez plusieurs marchands de vin, l'entretien roulait sur le bois et la rigueur de la saison ; le public dit qu'il serait urgent qu'une partie du bois qu'on délivre dans les sections fût délivré par falourde à l'indigent, que les membres des Comités civils ne prenaient pas d'informations à l'effet de connaître si celui qui réclame du bois en a réellement besoin; que, par là, le malheureux souffrait et était totalement privé de secours accordés par la Convention. Le public murmure contre les négociants, marchands et autres, dont l'insatiable cupidité est à son comble; il se récrie beaucoup sur la cherté et la rareté de la lumière.....

Les Halles sont très calmes ; peu de légumes, point de beurre, mais une vingtaine de milliers d'œufs.....

Surveillance. — Hosteaux rapporte qu'on parle un langage énigmatique dans les cabarets, d'après lequel on se dit : *Allons, courage, nous allons redevenir heureux! Buvons à la santé du mois prochain ; il sera chaud, il sera bon*.....

Il résulte du rapport de Bertrand qu'il se trouve beaucoup de jeunes gens de la réquisition dans les cafés et spectacles du boulevard du Temple; surveillance ordonnée pour les envelopper et les faire conduire chez le citoyen Lebas, commissaire de police militaire.

Debert a entendu des propos contre-révolutionnaires à une queue pour le bois ; on a manifesté du mécontentement sur la fête du 2 pluviôse en réjouissance de la mort de Capet. Comme l'inspecteur n'a rien fait sur ces propos infâmes pour saisir, ou du moins signaler, les scélérats qui tenaient ces propos, il est mandé pour rendre compte de sa conduite et recevoir ensuite l'injonction de mieux travailler.

Bichet annonce que dans les tribunes on se plaint que la Convention lève trop tôt ses séances.

BOCQUET-DESTOURNELLES, GOSSET.

(Arch. nat., F¹ᶜ III, Seine, 15.)

JOURNAUX.

Abréviateur universel du 2 pluviôse : « *Paris 1er pluviôse.* Hier, de trois à quatre heures de l'après-midi, on vit le soleil de la couleur d'un tison ardent, ou même du rouge le plus foncé. Le brouillard ou la neige opéraient le même effet que produit, dans l'œil qui regarde cet astre, un verre noirci de fumée. La superstition de quelques anciens historiens n'aurait pas négligé ce phénomène aussi simple, aussi naturel que peu important pour ses conséquences. » — *Messager du soir* du 1er pluviôse : « Hier, dans la rue Honoré, un charretier jurait après ses chevaux, qui ne voulaient pas marcher ; il se mettait surtout fort en colère contre l'un de ces animaux, qui, plus indocile que les autres, se cabrait et ruait ; notre homme tombait sur lui à grands coups de fouet, en criant : « Je te dompterai, s.... nom de Jacobin ! » Et le peuple d'applaudir. »

CLXXVII

1er PLUVIOSE AN III (20 JANVIER 1795).

RAPPORT DU 2 PLUVIOSE.

Esprit public. — Dans les différents cafés la nouvelle de la prise d'Utrecht a fait le sujet des conversations et produit la plus grande satisfaction ; on espère bien, d'après le résultat de cette prise, apprendre incessamment celle d'Amsterdam. — Les affaires politiques donnent les plus grandes espérances, mais la rareté et la cherté sans borne des marchandises de toute espèce cause les plus vives inquiétudes.

On parlait avec le plus vif intérêt du décret bienfaisant qui rend à la classe indigente les effets par elle mis au Mont-de-Piété au dessous de la somme de cent livres [1].

Au café des Canonniers on a proposé un rassemblement qui doit avoir lieu aujourd'hui après-midi au Jardin-Égalité ; l'on doit y habiller un mannequin en Jacobin, le décorer des attributs de la royauté, avec un poignard à la main, se rendre en masse avec ce simulacre à la Convention pour y faire amende honorable, et, de là, le porter aux Jacobins ou à la Maison-Égalité pour être brûlé.

La surveillance est chargée de veiller à ce rassemblement.

Les habitués de ce café se sont portés hier au faubourg Marceau

1. Ce décret fut rendu le 1er pluviôse an III.

afin d'exciter les ouvriers à se porter au Jardin-Égalité; ils n'ont point fait de prosélytes ; il leur fut répondu qu'on ne se porterait qu'à la Convention pour la soutenir, si quelques malveillants voulaient lui porter atteinte. Ces jeunes gens, au nombre de deux cents, étaient menacés de coups de bâton par les portefaix, s'ils s'y fussent portés.

Commerce. — Cascel et autres annoncent qu'à l'île Louviers, il n'y avait point de force armée; douze hommes sont arrivés vers le midi pour maintenir le bon ordre à la distribution des cotrets; la vente a été suspendue plusieurs fois. Le même désordre a régné l'après-midi. La garde a été forcée par la foule. La vente néanmoins a été continuée jusqu'à la fin. On a distribué du bois toute la journée pour les boulangers.....

Ollivier et Bergeret ont vu beaucoup de citoyens qui attendaient leur tour pour puiser de l'eau à la pompe de la porte Denis. Dans ce rassemblement on se plaignait de la cherté des denrées de première nécessité, on murmurait de la disette du bois et du charbon, qui oblige à payer 20 sols un petit cotret, et 50 sols un boisseau de charbon qu'on n'a encore qu'avec peine. A la Halle, le porc frais se vend 55 sols la livre, et la viande de boucherie 35 à 40 sols. Cette cherté ne contente pas le public. Loctave a arrêté plusieurs citoyennes de campagne qui avaient du pain sous leurs jupons; on avait eu soin d'enlever la marque de ces pains.

Surveillance. — ... Thénard annonce que les membres du ci-devant Comité révolutionnaire de Bonne-Nouvelle se rassemblent fort souvent chez Antoine, marchand de vin, rue Denis, au coin de celle des Petites-Écuries. Cette maison est mise à la surveillance.

Dans différents cabarets, Pingat et Pigache disent avoir entendu des ouvriers, après s'être plaints de la disette du bois, dire que, quand ils n'auraient plus rien, ils en demanderaient aux marchands, et qu'étant trente mille ils sauraient s'en faire donner.

Aux cafés de Foy et de Chartres, dit Hosteaux, on parle toujours d'aller aux faubourgs Marcel et Antoine pour fraterniser, dit-on, avec les ouvriers, porter secours aux indigents et leur faire connaître les honnêtes gens; c'est ainsi qu'on se qualifie.

Muron annonce que la plus grande tranquillité règne dans le faubourg Antoine. Le Comité civil de la section de Montreuil a arrêté que ses membres parcourraient le faubourg pour s'assurer de la disposition des esprits, et instruire de suite la Commission, s'il arrivait quelque chose qui méritât son attention.

Vandervelle rend compte de la grande satisfaction du public, de ce que, d'après un arrêté du Comité de salut public, le prix de la falourde est descendu de 21 sols à 15 sols.

Un particulier au café Raisson, disent Callouey et Douchet, prétendait avoir vu quelqu'un nouvellement arrivé de Nantes qui lui avait dit que les officiers de Charette venaient avec la cocarde blanche et les fleurs de lis, cette nouvelle a été regardée comme fausse, et le nouvelliste expulsé.

Suivant le rapport de Moreau et Bouillon, une députation de la section de Montreuil se présenta au café de Chartres ; elle annonce l'intention de fraterniser avec les habitués du café, les remercie de la collecte faite en faveur de la veuve Olivier; on se donne ensuite le baiser fraternel, et l'on boit à la santé des sans-culottes du faubourg Antoine, de la nation, de la Convention et de nos braves défenseurs. Au moment de se séparer, la députation est invitée à se joindre aux habitués de ce café qui doivent ce soir se réunir pour brûler le tyran et un mannequin habillé en Jacobin, tenant une guillotine à la main.

BOCQUET-DESTOURNELLES, GOSSET.

(Arch. nat., F⁴ᶜ III, Seine, 15.)

JOURNAUX.

Courrier républicain du 3 pluviôse : « *2 pluviôse.* Hier soir, des citoyens du faubourg Antoine et des ouvriers de divers ateliers de la République se sont rendus au Palais-Égalité, et notamment dans le café dit de Chartres, où ils ont fraternisé avec l'innombrable foule de patriotes qui se réunissent dans ce lieu. On s'est promis et juré mutuellement de poursuivre sans relâche les royalistes, les Jacobins, les terroristes, les assassins de toutes les couleurs, sous quelque forme qu'ils se cachent. On s'est promis de demander continuellement justice de tous les forfaits dont ils ont accablé la commune patrie. Les malheureux ont beau s'agiter, se tourmenter sans cesse pour conjurer l'orage qui s'amoncelle sur leurs têtes; il gronde, il éclate, la foudre va frapper. L'extrême rigueur du froid a empêché qu'un grand nombre de citoyens se rendissent aujourd'hui à la fête qui a été célébrée, non pas à la place de la Révolution, mais dans l'intérieur des Tuileries. Une estrade était élevée devant le grand bassin, et simplement décorée de la statue de la Liberté. C'est là que le président de la Convention, suivi des membres qui la composent, s'est rendu au bruit des fanfares militaires. Il a prononcé un discours que l'éloignement nous a empêché d'entendre, mais dont nous pourrons donner un extrait. Dès qu'il a eu fini de parler, on a entendu de toutes parts : *Vive la République! Vive la Convention nationale!* Une salve d'artillerie a fait ensuite tonner les échos et a terminé la cérémonie. Aujourd'hui tous les spectacles sont ouverts. On dit qu'un mannequin à double face, représentant un Jacobin d'un côté et de l'autre une figure royale, sera ce soir publiquement et solennellement brûlé au Jardin-Égalité. » — *Nouvelles politiques* du 1ᵉʳ pluviôse : « *Paris, 1ᵉʳ pluviôse*. L'anecdote suivante, qui nous a été envoyée par le Comité de sûreté générale, avec invitation de l'insérer dans notre feuille, prouve le danger d'approcher de près ou de loin de la royauté, et que le métier n'en vaut plus rien. Un vieux procureur (dans le district de Gonesse) fait les rois avec sa famille ; il est monarque de la fève ; le lendemain matin, Sa Majesté est trouvée morte dans son lit ; l'attribut l'avait étouffée. — Nous avons parlé d'un projet de réponse de la jeunesse française, actuellement à Paris, à l'*Orateur du Peuple*. Cette réponse paraît, et nous croyons devoir en donner l'extrait suivant : « *Orateur du Peuple*, nous t'avons entendu. Ils ont pénétré jusqu'à nos cœurs, les reproches que tu nous a adressés dans ton 59ᵉ numéro ; nous te répondons en prouvant que nous ne les méritions pas. Tu as pris pour de la lâcheté ce qui n'était que l'effet d'un généreux pardon et l'amour de l'ordre. Crois-tu que le souvenir de nos malheurs n'ait point parlé aussi éloquemment que tes feuilles à nos âmes ulcérées ? Le bras de la vengeance était levé, la patrie l'arrêta, et nous dit : « Déjà trop de sang a coulé, trop longtemps les échafauds ont été dressés. On fut cruel envers nous ; soyez indulgents ; on vous égorgea... pardonnez. » Quel Français eût été sourd à cette voix ? Nous l'écoutâmes, et nous voulûmes bien ne plus voir dans les auteurs de nos maux que des hommes plus égarés que coupables. Nous tendions une main fraternelle à leurs mains, dégoûtantes encore du sang de nos familles ; nous leur offrions l'olivier pacifique : ils ont levé sur nous le poignard assassin. Eh bien ! puisqu'ils veulent de grandes mesures, ils les auront : déjà nous sommes debout, déjà nous entourons la Convention, et, forts d'elle comme elle sera forte de nous, nous ferons succéder à la voix douce de la fraternité le cri terrible de la vengeance. En vain, les Jacobins (du 9 thermidor) ont longtemps rempli les tribunes du Sénat français de leurs mercenaires satellites ; nous irons, *nous*, aux tribunes ; vous y viendrez aussi, braves républicains des faubourgs ; vous vous rappellerez encore que nous enlevâmes ensemble la Bastille et le repaire du tyran. Ah ! vous retrouverez toujours dans vos jeunes frères d'armes les hommes du 14 juillet et du 10 août. Mais que toujours nos démarches soient guidées par la prudence, la justice sévère et le patriotisme. Ne laissons pas luire le moindre espoir à la vigilante aristocratie. Apprenons aux Comités de gouvernement combien sont infidèles et perfides les rapports de leurs espions, qui croient encore être les sicaires des Amar et des Vadier. Qui de nous a donné lieu à cet arrêté ordonnant à la force armée de saisir *les malveillants* qui veulent renverser les bustes de Marat et de Le Peletier ?... Nous .., renverser le buste de Le Peletier ! Gouvernement, tu nous connais bien mal. Quant à Marat, que nous importe qu'il soit au Panthéon ? Camille et Philippeaux sont bien au cimetière de la Madeleine. Unissons-nous contre les brigands vivants ; laissons en paix les morts, quels qu'ils soient, et abandonnons à la postérité le soin d'*analyser nos grands hommes et de disséquer le Panthéon*. » — *Messager du soir* du 2 pluviôse : « *Paris, 1ᵉʳ pluviôse*. Les couplets que nous avons donnés hier dans notre journal ont été chantés avec le plus grand succès par le citoyen Gaveaux ; la musique mâle et vigoureuse de cet estimable artiste n'a pas peu contribué à l'heureux effet qu'ils ont produit sur tous les patriotes qui assistaient à la réunion décadaire des citoyens de la section de Guillaume Tell ; on a pressé d'une voix unanime le citoyen Gaveaux à procurer aux citoyens qui se réunissent d'habitude au café de Chartres le plaisir d'entendre de sa bouche l'air et les paroles de cet hymne patriotique, dont tous les amis de la liberté, de la justice et de la Convention, feront sans doute retentir les airs le jour de l'anniversaire du supplice du dernier de nos rois. Ce jour doit être consacré à exprimer l'horreur de la tyrannie et l'amour de l'indépendance; il doit donc être également fatal aux royalistes et aux buveurs de sang, aux complices de Capet et aux valets de Robespierre, aux suppôts d'une cour perfide et aux infâmes agents des décemvirs ; ce n'est pas au seul nom de roi que le peuple a fait la guerre, c'est à la tyrannie elle-même ; les dictateurs, les décemvirs sont à ses yeux aussi exécrables que les monarques et les empereurs ; il abhorre également et les parlements et les Jacobins ; toute domination attente à sa liberté ; c'est donc témoigner son horreur pour les rois que d'exhaler son indignation contre les monstres qui, usurpant l'autorité du tyran, rétablissaient les bastilles que les patriotes avaient détruites et faisaient couler par torrents le sang des citoyens. Guerre à tous les tyrans, tel doit être le cri de ralliement des amis de la liberté; tous les ogres qui se nourrissent de la substance du peuple et qui s'abreuvent de son sang doivent être proscrits à l'égal des rois. Nous invitons donc les bons patriotes à venir entendre, ce soir, le citoyen Gaveaux, au café de Chartres, et à prendre un avant-goût de la fête qui se prépare demain contre tous les fléaux de l'humanité. Les bons citoyens n'ont pas oublié que demain on se réunit sur les onze heures, au Jardin-Égalité, pour faire un autodafé du fameux mannequin à double visage qui doit être brûlé sur la place où Capet et Robespierre ont payé leurs crimes de leur tête.

Couplets chantés à la réunion décadaire des citoyens de la section de Guillaume-Tell, paroles du citoyen Souriguère, musique du citoyen Gaveaux.

LE RÉVEIL DU PEUPLE.

Peuple français, peuple de frères,
Peux-tu voir sans frémir d'horreur,
Le crime arborer les bannières
Du carnage et de la terreur ?
Tu souffres qu'une horde atroce,
Et d'assassins et de brigands,
Souille par son souffle féroce
Le territoire des vivants.

Quoi ! cette horde anthropophage
Que l'enfer vomit de son flanc,
Prêche le meurtre et le carnage !
Elle est couverte de ton sang !
Devant tes yeux, de la patrie
Elle assassine les enfants,
Et médite une boucherie
De tes dignes représentants !!

Quelle est cette lenteur barbare ?
Hâte-toi, peuple souverain,
De rendre aux monstres du Ténare
Tous ces buveurs de sang humain !
Guerre à tous les agents du crime !
Poursuivons-les jusqu'au trépas
Partage l'horreur qui m'anime ;
Ils ne nous échapperont pas.

Ah ! qu'ils périssent, ces infâmes,
Et ces égorgeurs dévorants,
Qui portent au fond de leurs âmes
Le crime et l'amour des tyrans !
Mânes plaintifs de l'innocence,
Apaisez-vous dans vos tombeaux ;
Le jour tardif de la vengeance
Fait enfin pâlir vos bourreaux.

1. Ce texte du *Réveil du peuple* n'est pas entièrement conforme à celui qu'on trouve dans un imprimé du temps (Bibl. nat., Ye 55,471, in-8). Dans cet imprimé, la seconde strophe : *Quoi ! cette horde...*, manque, et il y a à la fin une strophe en plus, qui commence par ce vers : *La nature avec vous conspire...*

Voyez déjà comme ils frémissent ;
Ils n'osent fuir, les scélérats.
Les traces du sang qu'ils vomissent
Décèleraient bientôt leurs pas.
Oui, nous jurons sur votre tombe,
Par notre pays malheureux,
De ne faire qu'une hécatombe
De ces cannibales affreux.

Représentants d'un peuple juste,
Oh vous ! législateurs humains,
De qui la contenance auguste
Fait trembler nos vils assassins,
Suivez le cours de votre gloire ;
Vos noms chers à l'humanité
Volent au temple de mémoire,
Au sein de l'immortalité.

CLXXVIII

2 PLUVIOSE AN III (21 JANVIER 1795).

Rapport du 3 pluviôse.

Esprit public. Groupes et cafés. — La journée d'hier s'est passée dans la plus grande tranquillité jusqu'à six à sept heures du soir, où les jeunes gens, habitués du café de Chartres, se sont réunis, ainsi qu'ils l'avaient projeté ; un d'eux, prenant la parole, a dit : « Je viens de dîner chez Février avec nos frères du faubourg Antoine ; ils se rendront, avec le mannequin, dans dix minutes. » Peu de temps après, deux ou trois cents personnes se rassemblèrent dans le Jardin-Égalité, avec un mannequin qu'ils dénommèrent Jacobin, portant une perruque noire et un bonnet rouge sur la tête, une bourse et un portefeuille dans une main, et une torche dans l'autre ; dans ce rassemblement, éclairé par une demi-douzaine de flambeaux, un d'eux prononça un discours et entonna ensuite plusieurs chansons dont les assistants répétaient en chœur le refrain ; de là ils partirent en masse et se rendirent en premier, et avec beaucoup d'étalage dans leur marche, à la place de la Réunion, où ils insultèrent à la mémoire de Marat, de là à la cour des Jacobins, où le mannequin fut brûlé. Les cendres furent ensuite mises dans un pot de chambre et jetées dans l'égout Montmartre, lieu, disaient-ils, qui devrait être le Panthéon de tous les Jacobins et de tous les buveurs de sang. Une citoyenne, à qui cette marche parut être au moins dangereuse, prononça un peu hautement son opinion ; elle fut fouettée avec beaucoup d'indécence et après les plus horribles vociférations. On a entendu un citoyen dire, au sujet de cette femme fouettée : « Si on maltraitait ainsi ma femme, je me ferais justice moi-même, puisqu'à cet égard les lois se taisent. »

Commerce. — Guérin, Lassiot, Launay et autres rendent [compte] qu'à deux heures, ouverture du port de l'île Louviers, il y avait au moins deux mille personnes pour avoir les quatre bûches pour quinze sols que le citoyen Sadras est chargé de distribuer; il leur a été impossible d'arrêter le désordre; la réserve de la ville, qu'ils ont requise, s'est trouvée trop faible pour leur fournir du monde; le marchand et la marchande de bois ont pris la fuite de peur. Le public a voulu forcer les inspecteurs à recevoir l'argent et de continuer la vente. Sur leur refus, ils ont manqué d'être assassinés et se sont vus forcés de fuir ainsi que le commissaire de police. Dans ce moment le public se servait lui-même. Cependant, sur les cinq heures, il est survenu un renfort, et ils sont parvenus à faire cesser le pillage du bois.

Chez une fruitière, rue de la Verrerie au coin de celle du Coq, on vendait des petits fagots 30 sols pièce; on a été obligé d'appeler la garde pour y maintenir le bon ordre.

Le 2 et 3 pluviôse, il est arrivé pour l'approvisionnement des halles 259 voitures de différentes denrées et 12 de marée.

Surveillance. — Baron et Genet rendent compte du brûlement d'une enseigne portant : *Café des Jacobins*, par des jeunes gens qui l'ont payée 15 livres.....

Au Jardin-Égalité on a crié : *A bas Duhem!* en dansant autour du feu qui brûlait l'enseigne ci-dessus; un jeune homme, ayant un pistolet à la main, cherchait dans les groupes des Jacobins, en disant qu'il voulait les tuer.

Bance annonce qu'il y a eu peu de rassemblements aux portes des bouchers.

Dans les cabarets rues de Lourcine, Mouffetard et Jacques, les ouvriers ont bu à la santé de la République et crié : *Vive la Convention!* Le peuple est satisfait de la livraison des falourdes faite aux indigents.

Au théâtre de la République on a donné *Virginie*. Par son silence le peuple a témoigné son indignation contre les projets des décemvirs pour perdre la liberté de Rome.

Georges et Dubois indiquent un bal rue des Boucheries, faubourg Germain, où se réunissent beaucoup de jeunes gens de la première réquisition. Ce bal est surveillé.

Caillouet annonce qu'il y a eu hier dîner fraternel entre les habitués du café de Chartres et des citoyens du faubourg Antoine.

HANNOCQUE-GUÉRIN, DUCHAUFFOUR.

(Arch. nat., F⁷ III, Seine, 15.)

JOURNAUX.

Messager du soir du 4 pluviôse : « *Paris, le 2 pluviôse*. Le jour de la translation du bénin ami du peuple au Panthéon, un député, homme d'État, fit la facétie suivante :

> Le dernier jour de l'an second,
> La justice nationale
> Fit mettre hors du panthéon
> Mirabeau, le Caméléon ;
> Dedans, Marat, le cannibale.
> Oh ! des décrets l'heureux accord :
> Après sa pompe triomphale,
> Marat entre et voit comme on sort.

« Hier, une députation de la section de Montreuil est venue fraterniser avec les citoyens du Jardin-Égalité. Ils doivent revenir ce soir avec un grand nombre de citoyens des faubourgs, pour assister à la cérémonie du mannequin qui, après avoir été exposé à la vénération publique, sera conduit avec pompe au Palais-National, où on lui fera faire amende honorable ; de là, conduit au charnier des Jacobins, on en fera un autodafé devant la porte de l'antre ; enfin ses cendres seront recueillies avec soin et rapportées avec un saint recueillement à l'égout Montmartre. » — *Narrateur impartial* du 3 pluviôse : « La même société qui s'est assemblée dernièrement chez Février s'y réunit encore hier ; le nombre des convives était augmenté par un députation des faubourgs ; on remarquait avec plaisir le commandant et le président de la section de Montreuil. La fraternité la plus franche animait ce repas, égayé par des chansons patriotiques ; on porta un *toast* aux mânes des martyrs de la liberté, et notamment à ceux de Le Peletier, assassiné dans la maison même où se tenait le repas, et à ceux de Pierre Ollivier, victime de son dévouement à la Convention et de la rage liberticide d'un Jacobin. Les citoyens des faubourgs, après avoir remercié leurs jeunes frères, presque tous habitués du café des Canonniers, les invitèrent à se réunir nonidi au Cadran bleu, sur le boulevard, pour y entretenir, par des réunions civiques, l'esprit de concorde et d'amitié qui doit régner parmi tous les citoyens. Entre les chansons faites pour cette petite fête, on remarque celle-ci :

Air : *Le plaisir qu'on goûte en famille.*

Voici l'instant de terminer
Notre banquet patriotique ;
Mais il faut, pour le couronner,
Entonner un refrain civique.
Invoquons de la liberté
La sensible et touchante fille ;
Descends, douce fraternité,
Viens voir un repas de famille.

Des faubourgs, braves habitants,
Chacun de nous est votre frère ;
On nous fit oublier longtemps
Que nous avions la même mère :

Embrassons-nous, et que toujours,
Chez nous, la fraternité brille ;
Ah ! que la ville et les faubourgs
Ne fassent plus qu'une seule famille.

Indulgence pour les erreurs,
Mais prompte vengeance des crimes :
N'épargnons point les égorgeurs
De tant d'innocentes victimes.
Chaque jour un crime nouveau
Pour eux n'était qu'une vétille ;
Proscrivons-les, qu'aucun bourreau
Ne soit admis dans la famille.

Trois mille citoyens se réunirent ensuite au Jardin-Égalité. Ils entouraient un mannequin représentant un Jacobin, avec une perruque noire surmontée d'une couronne ; il était revêtu d'une chemise rouge, portait d'une main un poignard, de l'autre un verre plein de sang et un portefeuille à demi-caché ; on se remit en marche vers les sept heures ; plusieurs torches éclairaient le cortège, qui passa par la rue Honoré, la rue Nicaise, et s'arrêta devant la salle de la Convention. Là, on fit faire amende honorable au Jacobin ; on reprit alors la rue Honoré, on fit une station devant la porte de Vadier, on arriva enfin dans la cour des ci-devant Jacobins. Un jeune citoyen, élevé sur une hauteur, prit la parole et dit : « Les monstres que tu représentes ont trop longtemps égorgé et » volé le peuple, le jour de la vengeance est arrivé. Au nom du peuple souve- » rain, je te condamne à être brûlé ; tes cendres infâmes seront ensuite jetées » dans un égout. » Cet arrêt fut accueilli par les plus vifs applaudissements et exécuté de suite ; des rondes se formèrent autour du mannequin incendié, les cris de *Vive la justice ! vive la République et la Convention !* se mêlaient dans les airs à la fumée la plus épaisse. Quand le brasier fut consumé, on recueillit les cendres dans un vase qui n'était rien moins qu'une urne étrusque ; on se porta à l'égout Montmartre, on y jeta les cendres et on y attacha un écriteau portant ces mots : *Panthéon des Jacobins.* Cette gaîté patriotique fut terminée par des chants et des cris de *Vive la Convention et la République ! à bas les Jacobins, les buveurs de sang et les Royalistes !* » — Voir aussi le *Journal de Perlet* du 5 pluviôse.

Courrier républicain du 4 pluviôse : « *3 pluviôse.* On a continué, dans la soirée d'hier, la fête préparée et commencée le matin. Un mannequin à double face, l'une couronnée et l'autre jacobite, a été porté dans la trop fameuse cour des Jacobins, en face du lieu des séances de la Société-mère. Malgré l'extrême rigueur du froid, cinq à six mille personnes remplissaient la cour et refluaient jusque dans la rue Honoré. Du milieu, des cris toujours répétés : *Vive la République, vive la Convention nationale !* Une voix s'est fait entendre et a demandé la parole au nom du peuple ; tout le monde ayant fait silence, l'orateur s'est adressé au fantôme jacobin, et a débité d'abondance une espèce d'acte d'accusation, dont voici l'extrait, du moins approximatif : « Je t'accuse d'avoir, pendant quinze mois, ravagé, pillé la République, incarcéré les citoyens et assassiné le peuple français. Je t'accuse d'avoir voulu te porter en masse à la Convention nationale pour la dissoudre, en égorger les membres et réduire ainsi la nation française à la plus honteuse servitude. Je t'accuse de t'être opposé aux décrets bienfaisants rendus par la représentation nationale, en faveur des citoyens détenus, contre toutes les lois de la justice, contre tous les principes de la raison ; et, pour empêcher l'exécution de ces décrets, d'avoir appuyé l'adresse séditieuse de Dijon et autres écrits de cette nature et de leur avoir donné la plus grande et la plus scandaleuse publicité. Je t'accuse d'avoir pris hautement la défense du scélérat Carrier et déclaré que tu lui ferais un rempart de ton corps. Je t'accuse, enfin, de toutes les calamités qui ont accablé et qui accablent encore la France, car elles sont toutes à toi. En réparation de quoi je requiers, que tu sois brûlé *vif*, devant le lieu même qui a été le principal théâtre de tes forfaits. » Aussitôt des cris d'un assentiment unanime se sont fait entendre ; un petit bûcher était déjà préparé, et le pitoyable mannequin y a été jeté, toujours au milieu des mêmes cris : *A bas les Jacobins, les terroristes, les royalistes ! Vive la République ! vive la*

Convention nationale! Avant son jugement, la figure à double face avait été portée devant le lieu des séances de la Convention, où on lui a fait faire un simulacre d'amende honorable. La brûlure étant terminée, on a ramassé dans un pot-de-chambre, les cendres qui en étaient provenues et un détachement de jeunes gens est allé les jeter dans l'égout Montmartre. Sur leur route, ils ont rencontré une femme qui s'est permise de dire que ceux qui insultaient ainsi aux Jacobins étaient des gens payés. Cette observation, au moins extrêmement imprudente, lui a valu le fouet, qui lui a été appliqué par trois fois, sans que ses cris perçants eussent pu lui faire obtenir ni secours ni grâce. Au Jardin-Égalité on a aussi allumé un feu de joie, autour duquel le peuple a dansé la *Carmagnole*, dont les Jacobins ont encore fait tous les frais. Au café de Chartres, le citoyen Gaveaux, acteur du théâtre de la rue Feydeau, a chanté, sur la demande du peuple, une chanson contre les terroristes[1], dont les pensées sont extrêmement fortes. Au surplus, elle a produit le plus grand effet, et, au son de cette musique, on s'est de nouveau promis de poursuivre sans relâche les coupables auteurs de nos maux. Ces citoyens se sont aussi engagés à demander que cette chanson fût chantée sur tous les théâtres. — Le second numéro de l'*Accusateur public*, par le citoyen Richer Serisy, vient de paraître. Ce numéro justifie la haute idée que nous avions conçue des talents de l'auteur. Il est écrit avec cette noble sévérité, cette courageuse indépendance qui n'appartient qu'aux hommes de génie. » — *Gazette française* du 4 pluviôse : « *Paris, 3 pluviôse.* Hier, le peuple parisien a manifesté sa haine pour les terroristes et les buveurs de sang. Dans l'égout de Montmartre, on a brûlé un mannequin représentant la personne d'un Jacobin ; cette cérémonie s'est faite aux acclamations d'une foule nombreuse de républicains. Une femme s'est permis de troubler la fête en disant que les brûleurs de Jacobins étaient payés : elle a été sur-le-champ saisie et traitée à la manière de madame Grassous. — A six heures du soir, au Palais-Égalité, un terroriste en mannequin a de nouveau excité la curiosité et la risée du public. Un auquel on donnait successivement le nom de Robespierre, de Billaud et de Collot, etc., a été transféré de la Maison-Égalité à la porte de la Convention, pour faire amende honorable, et de là on l'a porté devant la salle des ci-devant Jacobins, où il a été brûlé. Cette translation a été accompagnée de trois à quatre mille personnes, aux cris répétés de *Vive la Convention! vive la République! A bas les Billaud, etc.! A bas les Jacobins et les buveurs de sang!* »

CLXXIX

3 PLUVIOSE AN III (22 JANVIER 1795).

RAPPORT DU 4 PLUVIOSE.

Esprit public. Groupes et cafés. — Leroy jeune rend compte qu'à trois heures et demie, au pont de l'Égalité, deux patineurs ont été enfouis sous la glace.

---

[1]. Il s'agit du *Réveil du peuple*. Voir plus haut, p. 410.

Lainé rapporte qu'au café de Foy, où il y avait beaucoup de monde, on s'entretenait avec enthousiasme des victoires éclatantes remportées sur les Hollandais, en donnant aux peines qu'endurent nos frères d'armes, dans une saison aussi rigoureuse, tout le prix qu'elles méritent.

On plaint beaucoup nos frères des départements; les lettres qu'on reçoit de divers endroits annoncent qu'ils manquent de pain et sont réduits à la plus grande misère, et qu'il est bien urgent que la Convention nationale vienne à leur secours.

Gendet annonce qu'au café des Canonniers, les conversations roulaient toujours sur les Jacobins, qu'un particulier dit qu'à Lyon ceux qui étaient connus pour avoir été Jacobins étaient jetés dans le Rhône, quand ils sont attrapés par les jeunes gens.

Un autre disait qu'une citoyenne de la section Le Peletier, désignée par plusieurs particuliers comme Jacobine, avait été frappée et ensuite volée de tout ce qu'elle avait dans ses poches.

Spectacles. — Chatou rapporte qu'au théâtre du Vaudeville, il a été chanté des couplets de félicitations sur les victoires remportées par l'armée du Nord. Ces couplets ont été très applaudis.

Au théâtre de la rue Favart, le buste de Marat, placé sur l'avant-scène, a été cassé et jeté dans les puits, faisant partie de la décoration de la pièce du jour. On en a replacé un autre avant le lever du rideau. Malgré les recherches faites sur-le-champ, on n'a pu découvrir l'auteur.

Lainé rapporte qu'au théâtre des Arts, on a jeté sur le théâtre deux billets. Le public en a demandé la lecture, ce qui a occasionné un peu de tumulte; mais un artiste est venu dire que ce qui avait retardé cette lecture, c'est que l'officier civil, conformément à la loi, devait prendre lecture de ces écrits. On a demandé Cheron pour les lire, et il est venu dans l'instant. Ces billets, qui contenaient des vers contre les terroristes et les buveurs de sang, ont été applaudis; on a demandé qu'ils fussent mis en musique et chantés aujourd'hui au théâtre Favart.

Commerce. — ...Lassiot, Brunel, Launay, Bienvenu et autres se sont transportés à sept heures du matin à l'île Louviers; la vente n'était pas encore commencée à onze heures. Le public a voulu les forcer de recevoir le montant des quatre bûches qu'on distribue à chaque citoyen; ils s'y sont refusés. Deux cents citoyens ont déclaré qu'ils allaient se transporter à l'Agence des subsistances. Au moment de leur départ, partie de la force armée s'est retirée sans rien dire. Alors le public s'est servi lui-même; c'était un pillage abominable.

Enfin, sur les trois heures et demie, il a été impossible aux inspecteurs d'y résister davantage ; la garde a été forcée, les receveurs du prix du bois et les préposés de l'Agence des subsistances se sont retirés. Des gendarmes et canonniers, qui auraient dû faire respecter les propriétés et maintenir le bon ordre, se sont, au contraire, précipités avec la foule sur le bois et en ont emporté comme les autres citoyens.....

Moulinet et Buisson rapportent que plusieurs citoyens avaient acheté à la porte Antoine des perches pour les brûler, les avaient attachées avec des cordes et les traînaient le long des boulevards, en criant par dérision : *Vive la République !*....

Les Halles sont très peu fournies en légumes ; les grands froids en sont la cause. Il est arrivé :

Le 1er pluviôse		567 liv. de beurre,		27,850 œufs,		297 douz. fromages	
Le 2	—	7,987	—	5,950	—	25	—
Le 3	—	37,456	—	10,500	—	60	—

Surveillance. — ...Au café Procope on paraissait craindre que la proposition d'une loterie pour retirer les assignats de la circulation ne fit revivre les autres loteries.

Valquier a surveillé le faubourg Martin, où on avait tenu des propos tendant à attaquer les Jacobins et les citoyens qui portent les cheveux en rond.

Chevalier annonce que la séance de l'École normale s'est passée avec tranquillité ; les élèves ont arrêté une adresse à la Convention.

Piller annonce que les citoyens bénissent la Convention sur son décret qui ordonne la remise des effets engagés au Mont-de-Piété au-dessous de 100 livres.

...Une lettre écrite à ses parents par un jeune homme, qui est à l'armée du Nord, dit que, sur cinq factionnaires, dont l'écrivain était un, quatre sont morts de froid. Une pareille lettre peut répandre des inquiétudes dangereuses sur les suites d'une campagne d'hiver.

L.-J. BADILLE, HORNIN.

(Arch. nat., F 1c III, Seine, 15.)

CLXXX

4 PLUVIOSE AN III (23 JANVIER 1795).

Rapport du 5 pluviose.

Esprit public. Groupes et cafés. — Les conversations de tous les endroits publics roulent sur la rigueur de la saison et sa longue durée, la pénurie du bois et de toutes les marchandises de première nécessité; on y dit que les citoyens peu aisés ne peuvent plus se rien procurer, et ceux plus fortunés, n'ayant pu s'approvisionner dans le temps où la saison le leur permettait, par la servitude des bons dont il fallait être pourvu, manquent, ainsi que les autres, de leurs plus pressants besoins.

La calamité est à son dernier période; la classe du commerce profite seule de la disette, pour cumuler ses richesses et ruiner ses concitoyens.

Loignier rapporte que, dans divers cafés, on annonce toujours le désir de voir poursuivre jusqu'à leur dernier repaire tous ceux qui ont contribué au système de terreur, ainsi que de voir finir le jugement de Fouquier-Tinville et des autres complices de Robespierre.

L'augmentation du traitement des fonctionnaires publics, décrétée hier par la Convention nationale[1], fait désirer qu'elle s'occupe du sort malheureux des petits rentiers.

Spectacles. — Gendet rapporte qu'au théâtre de la République, avant la levée du rideau, un citoyen a insulté l'officier de garde et la citoyenne qui ouvre l'orchestre, qui, l'un et l'autre, s'opposaient à ce que ce citoyen se promène sur le théâtre, où il prétendait que le public avait le droit d'aller, ainsi que partout où il lui plaisait, qu'ayant invité ledit citoyen de vouloir bien se retirer, il avait continué d'être malhonnête, ce qui obligea de lui demander sa carte; alors il fit voir une carte de secrétaire du Comité de sûreté générale au nom de Berton, secrétaire, demeurant rue du Sentier, section de Brutus.

Au théâtre des Arts, le public a demandé les couplets qui avaient été lus la veille; le citoyen Chéron s'est présenté pour les chanter et quelques citoyens ont demandé Laÿs. Un des artistes a répondu qu'il était malade. On répondit : « A la bonne heure, il les chantera la pre-

---

1. Voir le *Moniteur*, réimpression, t. XXIII, p. 287.

mière fois qu'il jouera. » Ces couplets ont été applaudis avec transport. Dans les autres spectacles il y avait très peu de monde.

Commerce. — Launay et autres annoncent qu'à l'île Louviers la vente du bois s'est faite avec tranquillité ; sur les cinq heures du soir, il est arrivé cinquante-quatre voitures de bois venant de Vincennes ; le public attendait à l'entrée de l'île qu'on en fît la distribution ; le commandant temporaire l'a invité à se retirer paisiblement, parce que ce bois ne devait être vendu que le 5, suivant les ordres donnés au citoyen Sadras, chargé de le distribuer. Chacun s'est retiré, et le bois est resté à la garde de la force armée.

Bienvenu et Delahaye se sont transportés chez les boulangers des sections du Temple et des Gravilliers ; chaque citoyen y va paisiblement chercher son pain avec sa carte ; le public est satisfait des mesures que l'on a prises.

Baron et Ollivier disent que, chez les boulangers des sections des Marchés et des Lombards, la distribution du pain s'est faite avec ordre ; plusieurs boulangers se plaignent de ce que les charretiers exigent d'eux 25 et 30 livres pour le transport d'une voie de bois ; ils désireraient que, pour diminuer leurs frais, leur bois fût amené à leurs portes par les voitures de la République.

A l'île Louviers, disent les mêmes inspecteurs, le public a voulu forcer la garde, mais elle a maintenu le bon ordre. Le public murmure de ne pas avoir de bois ; il dit qu'il lui en faut demain. Ces murmures étaient les mêmes parmi les citoyens de garde, qui se plaignaient que leurs femmes et leurs enfants gelaient de froid chez eux.

Chamel a entendu les mêmes plaintes ; il a vu offrir 370 livres d'une corde de bois ; le propriétaire, qui est fruitier, rue Tiquetonne, voulait en avoir 400 livres. Il vend 3 livres 10 sols une falourde et une grosse bûche jusqu'à 14 livres.

Louisignon dit avoir vu beaucoup de monde à l'île Louviers ; l'un disait qu'on pouvait, sans commettre de pillage, emporter du bois appartenant à la nation ; un autre prétendait qu'il fallait en prendre où on en trouverait ; d'autres disaient enfin : « Nous verrons la marche qu'on prendra, pour distribuer le bois ; nous ferons comme nous avons fait hier » (c'est-à-dire emporter le bois sans payer) ; on surveille toujours.

Aux halles et marchés la viande est toujours en abondance, mais les légumes y sont rares. Le beurre se vend 3 livres 10 sols la livre, la viande de première qualité 2 livres 4 sols. Les marchands de la halle disent que, si le froid continue, il leur sera impossible de vendre ; les petits sont peu fournis, mais tout est tranquille.

Il est arrivé le 4 et le 5 pluviôse, pour l'approvisionnement des halles, 223 voitures de différentes denrées, et 12 de marée.

Surveillance. — Il résulte du rapport de Henry, inspecteur, qu'un citoyen, nommé François Le Comte, demeurant rue des Martyrs, chez le citoyen Moreau, limonadier, au-dessous du cabaret nommé la Maison-Nationale, lequel vend des journaux et des chansons à Saint-Germain-en-Laye, Pontoise, Argenteuil et autres environs de Paris, a déclaré que dans ces endroits les fermiers vendent le setier de blé 20 et 24 livres en argent, et 120 livres en assignats, les vignerons vendent la pièce de vin 60 livres en argent et 300 livres en assignats. On y crie : *Vive Louis XVIII!* Plusieurs disent qu'ils désirent la contre-révolution à Paris, qu'ils viendraient sur cette ville, parce que c'est elle et la Convention qui sont cause qu'ils manquent de pain, que les gendarmes envoyés dans ces endroits font beaucoup de dépense et s'entendent avec les fermiers et les vignerons, qu'on y discrédite les assignats, et qu'une carotte se vend jusqu'à 10 sols.

Le citoyen Le Comte a déclaré que tous ces propos ont été tenus à une noce à laquelle il a assisté pendant trois jours.

Vu l'importance de ce rapport, copie en a été envoyée au Comité de sûreté générale, et la Commission va s'attacher le citoyen qui a fait ces déclarations.

Hosteaux rapporte qu'une femme du monde, nommée Duverger, a été chassée d'un café où elle tenait les propos les plus contre-révolutionnaires. Deux copies de ce rapport ont été envoyées au Comité de sûreté générale et au Comité révolutionnaire de l'arrondissement.

Chez Velloiny, le buste de Marat est toujours sur pied, malgré quelques provocations par des malintentionnés ou des étourdis.

Bocquet rapporte que, dans les tribunes de la Convention, un individu s'est permis les propos les plus atroces et les plus contre-révolutionnaires. D'après le signalement et la demeure de cet individu, la Commission a décerné contre lui un mandat d'amener; elle l'interrogera et le renverra par devant le Comité de sûreté générale, auquel elle a déjà fait part du rapport des inspecteurs et de la mesure prise.

Malgré de sérieuses recherches, Leclerc n'a pu encore découvrir la fabrication dénoncée de calices et autres ustensiles d'église; mais, au moyen des nouvelles mesures prises à cet égard, on espère arriver à la connaissance de cette fabrication, si elle existe réellement.

Suivant le rapport de Boyer, un citoyen, qui attendait son tour pour avoir de la chandelle, disait : « J'ai ma femme prête d'accoucher, suis sans bois; eh bien, je mettrai paillasse et matelas par terre, je brûlerai le bois de lit pour la réchauffer : *Vive la République!* »

Dorival annonce que des citoyens se plaignent de la manière peu fraternelle avec laquelle agissent les Comités civils. Ils disent que ces Comités ont hérité du despotisme des anciens Comités révolutionnaires.....

Rue des Filles-Dieu, section de Bonne-Nouvelle, une citoyenne a été trouvée morte de froid dans sa chambre.

Signé : Rouchas, Hornin.

Pour copie conforme :

L'agent national : J.-Ch. Laveaux.

(Arch. nat., AF iv, 1471.)

Journaux.

Courrier républicain du 5 pluviôse : « *4 pluviôse*..... On vient de découvrir le nid de Jacobines qui s'étaient chargées de tricoter l'opinion publique. Elles étaient une cinquantaine logées cour des Miracles, chez une vieille femme couverte de haillons, quoiqu'elle eût quarante mille livres de rentes. Cette bonne maman a été arrêtée. » — *Abréviateur universel* du 6 pluviôse : « *Paris, le 4 pluviôse.* Le froid a été si fort aujourd'hui que le thermomètre, à sept heures et demie du matin, était à 18 degrés 8/10 au-dessous du terme de glace. » — *Narrateur impartial* du 6 pluviôse : « *Paris. Théâtre de la République.* A la suite de cette pièce (*la Bayadère*) on devait jouer *Crispin rival de son maître* ; dans l'entr'acte, on jeta un billet sur la scène. Après l'avoir communiqué à l'officier de police, Michaud se présenta pour le lire ; c'étaient des couplets intitulés le *Réveil du peuple*. « Non, s'écria-t-on, Fusil ! Fusil ! » Un citoyen prit la parole et dit : « Fusil, acteur de ce théâtre, est un des monstres qui faisaient tirer à mitraille sur les malheureux Lyonnais... Il faut qu'il fasse amende honorable en lisant ces couplets. — Il vient d'arriver, dit Michaud, et s'habille pour la petite pièce... — Eh bien, nous attendrons. » Fusil arrive et commence à lire ; il s'acquittait très mal. — « Il ne sent pas ce qu'il lit », dit une voix. Quand il fut arrivé à ces vers,

> Quelle est cette lenteur barbare ?
> Hâte-toi, peuple souverain,
> De rendre au monstre du Ténare
> Tous ces buveurs de sang humain.

Quelqu'un s'écria : *Avis au lecteur !* Cette dure apostrophe fut accueillie par les plus vifs applaudissements. On invita Talma à déclamer les couplets qui, écorchés par Fusil, perdaient tout leur prix ; ce dernier voulut se retirer, mais on le fit rester... et il tint la lumière tandis que Talma lut les vers. Un citoyen observa que Talma n'était pas Jacobin : « Non, répondit-il, tous mes amis sont morts sur l'échafaud (nombreux applaudissements). » L'avant-dernier couplet dit :

> Oui, nous jurons sur votre tombe,
> Par notre pays malheureux,
> De ne faire qu'une hécatombe
> De ces cannibales affreux.

Les chapeaux flottèrent, chacun prêta le serment : Fusil aussi leva la main : *A bas le parjure,* cria-t-on, *l'assassin, le mitrailleur, l'aide-de-camp de Ronsin!* On lut ensuite une pétition adressée à la Convention par les Lyonnais, qui demandent justice et vengeance, et dénoncent Fusil comme un de leurs bourreaux, puisqu'il était membre de la Commission populaire qui a ordonné tant de massacres. Les cris d'indignation suivirent cette lecture. Un commissaire de police invita les citoyens au calme ; on lui répondit qu'on ne souffrirait pas que l'égorgeur de dix mille Français amusât des Français, qu'enfin Fusil, qui devait jouer le rôle de Crispin, ne serait pas souffert sur la scène. « Mais, dit le magistrat, on n'a pas d'autre acteur pour le moment. — Eh bien, répondit le public, nous aimons mieux sortir. » La toile fut baissée, chacun se retira, et la pièce ne fut pas jouée. » — *Courrier républicain* du 7 pluviôse : « *6 pluviôse.* Tandis que la Convention s'occupe d'épurer les administrations, la jeunesse parisienne s'occupe d'une manière non moins active d'épurer les théâtres et de les balayer de tous les restes impurs de la tyrannie. Hier au soir, au théâtre de la République, on a jeté des vers, où l'auteur exprimait sa haine des terroristes. Le public a d'abord demandé que la pièce fût lue par Fusil, acteur de ce théâtre, et ci-devant membre de la Commission temporaire de Lyon. La lecture a été souvent interrompue par les applaudissements et les cris du parterre. On a demandé que les vers fussent déclamés par Talma, et que Fusil tînt une chandelle pour éclairer le lecteur. C'était un spectacle remarquable que celui de voir un des acteurs de la tyrannie de Robespierre en habit de Crispin, dans la posture d'un coupable qui fait amende honorable, et qui est forcé de prêter serment au régime nouveau de la justice et de la liberté. Cette journée n'a pas été heureuse pour le théâtre de la République. La scène du Crispin-Fusil a été précédée de la chute de la *Bayadère,* comédie nouvelle en cinq actes, de la citoyenne Candeille. »

CLXXXI

5 PLUVIOSE AN III (24 JANVIER 1795).

RAPPORT DU 6 PLUVIOSE.

Esprit public. Groupes et cafés. — Marceau rapporte que, dans les environs des halles, dans plusieurs cafés, des citoyens des environs de Paris et même de Versailles disaient qu'ils sont réduits à un quarteron de pain, et que les plaintes étaient punies de la prison ; que, le jour de la fête on disait hautement à Versailles qu'on ferait mieux de leur procurer de la farine que de décréter des fêtes, que plusieurs de ceux qui tenaient ces propos furent arrêtés.

La suspension de la distribution du porc frais fait aussi murmurer. La pénurie du bois dans cette saison rigoureuse réduit les citoyens à la plus terrible souffrance, et surtout à la vue du monopole le plus extraordinaire sur cet objet de première nécessité, qui est vendu jusqu'à 400 et 500 livres la corde.

Naudet rapporte avoir entendu dire qu'il se fabrique actuellement des bagues, appelées collier de chien. Sur la face de ces bagues sont gravées des fleurs de lis avec cette inscription : « Je vis malgré eux ». Cette gravure est couverte d'une double plaque. La Commission va s'occuper de la recherche des ouvriers qui composent ces sortes de bijoux.

Spectacles. — ...Au théâtre du Vaudeville, une pièce de vers a été jetée sur le théâtre; ces vers, dont un des artistes a donné lecture, contiennent le récit des atrocités commises et la demande d'une prompte justice de tous les coupables.

Commerce. — Losset rend compte des rassemblements considérables formés aux barrières de Pantin et de la Villette par les habitants des communes environnantes, qui menaçaient les citoyens de garde à ces deux portes de leur ouvrir le ventre à coups de couteau. Cet inspecteur a été sur le champ à requérir la force armée des sections du Nord et de Bondy, qui se sont empressées de se joindre à leurs frères d'armes ; les attroupements ont disparu, mais non sans beaucoup de murmures. On continuera de veiller ces barrières.....

Launay, Guérin, Lassiot et autres disent que jamais on n'a vu autant de monde à aucune distribution qu'à celle de l'Île Louviers, où l'on donne quatre bûches pour quinze sols. Le public a forcé la garde, et chacun paraissait disposé à se partager le bois. Deux représentants du peuple et les inspecteurs ont invité le public à cesser ce désordre, parmi lequel le marchand ne pouvait continuer la vente. La distribution a recommencé et n'a fini qu'à sept heures et demie du soir. Une femme a eu le bras cassé dans le tumulte, et un enfant de treize ans a manqué d'être étouffé. La majeure partie des individus qui viennent chercher de ce bois en font un trafic ; ils revendent leurs quatre bûches jusqu'à 6 livres et reviennent souvent à la charge. Les bons citoyens désireraient que cette distribution fût faite dans les sections. On a fait part de leurs désirs aux Comités de gouvernement.....

Les légumes sont rares dans les halles et marchés, mais les autres denrées y sont abondantes ; il y a beaucoup de viande, de porc, d'œufs.

Surveillance. — Du rapport de Goumoze il résulte qu'au café Raisson on témoignait des inquiétudes sur le sort de nos soldats en Hollande dans le cas d'un dégel subit....; qu'au café de Chartres, le projet de décret sur la loterie n'est point adopté. Au café Beaujolais, dit Moura, on accusait Marat d'avoir aimé le sang; on lui donnait différentes épithètes dictées par la haine; on parlait de Malesherbes, défenseur de Capet: on regrettait sa mort, en disant qu'il avait fait beaucoup de bien dans sa commune.

On a aussi parlé de l'augmentation des députés, en observant qu'on ferait mieux de diminuer la masse des assignats que d'augmenter les différents traitements. La surveillance la plus exacte va être établie sur ce café.

Caillouet annonce qu'au café Payen on critiquait l'almanach de 1795 et l'on disait que les hommes libres n'avaient proscrit les saints que parce qu'ils avaient été inventés par des esclaves.

Dorival annonce qu'au café de la rue des Petits-Champs, en face de celle des Bons-Enfants, il va beaucoup de personnes peu amies de la République; vers les midi ou une heure, le facteur apporte au maître du café dix à douze lettres, qui sont rendues aux habitués de ce café. La surveillance va suivre cette affaire, qui demande beaucoup d'attention.....

BARBARIN, FAUCONNIER.

(Arch. nat., F¹ᶜ III, Seine, 15.)

JOURNAUX.

Journal de Perlet du 6 pluviôse : « Le froid continue à être excessif. La Seine étant toujours glacée, le bois est extrêmement rare à Paris. Le gouvernement, voulant, autant que les circonstances le lui permettent, venir au secours des indigents, a ordonné dans chaque section la distribution d'un certain nombre de falourdes à 20 sols chacune, tandis que les regrattiers les vendent 3 livres 10 sols dans leurs boutiques. Le peuple supporte ces embarras du moment avec une admirable patience. Il sait que ce froid, qui nous cause ici tant de maux, facilite les triomphes de nos braves frères d'armes, et leur ouvre les portes d'Amsterdam. »

CLXXXII

6 PLUVIOSE AN III (25 JANVIER 1795).

RAPPORT DU 7 PLUVIOSE.

Esprit public. Groupes et cafés. — Dans tous les endroits publics la joie se manifestait des nouvelles de nos victoires. La prise d'Amsterdam promet les plus heureux effets. Déjà, au café des Canonniers, où se rassemblent ordinairement une infinité d'agioteurs de différents commerces, ces nouvelles avaient fait impression. Ces sortes de gens qui ne trouvent leur fortune que dans les calamités publiques, assurent que ces nouveaux succès avaient déjà opéré une diminution considérable dans le prix des marchandises, et que la valeur numérique avait baissé sur le champ de 25.

Les jeunes gens qui se rassemblent à ce café se sont portés dans tous les spectacles, où ils ont semé le désordre en exigeant de plusieurs artistes qu'ils parussent sur la scène, et, sur le désaveu que plusieurs de ces agitateurs éprouvèrent au théâtre de la rue Favart, ils se retirèrent en menaçant de revenir en force, ce qu'ils exécutèrent. Au théâtre des Arts, Laÿs paraît être le sujet désigné, et, comme il est retenu chez lui depuis quelques jours par maladie, les mêmes jeunes gens ont annoncé qu'ils iraient l'arracher de son domicile et le conduire par force au café des Canonniers pour lui faire chanter les couplets qu'ils ont mis à l'ordre du jour. Ces différents mouvements exigent de promptes et vigoureuses mesures, toute surveillance et toute mesure partielle étant de nul effet pour réprimer ces désordres d'autant plus coupables qu'ils troublent le sentiment général de satisfaction que les succès des armées de la République font éprouver à tous les citoyens.

L'esprit public se prononce bien sensiblement par l'héroïque constance du peuple à soutenir les calamités publiques et sa sagesse à ne point prendre part aux troubles qui agitent les endroits publics, quelques moyens qu'on emploie pour l'engager à y prendre part et à se soulever.

Le bruit court que les puissances ont envoyé à Bâle des ambassadeurs, pour engager les treize cantons à négocier une paix. Le public paraît disposé à entendre ces accommodements pourvu qu'ils soient cimentés par la ruine des Anglais, seul peuple avec lequel les Français ne doivent point faire de paix.

Les principaux spectacles ayant donné lieu à tous les mouvements ci-dessus indiqués et rapportés dans le courant de la soirée aux Comités de surveillance, nous avons cru qu'il était inutile de les rapporter.

Commerce. — ... La majorité des boulangers de la section des Droits de l'Homme se plaint de n'avoir point reçu hier de farine......

Brunel, Thion et autres étaient à huit heures du matin à l'Île Louviers ; il y avait un monde considérable. La vente n'était pas encore commencée à onze heures ; le public a forcé la garde et est entré dans l'île; la distribution a fini à deux heures, et tout le monde a payé le prix de ses quatre bûches. Plusieurs membres de la Commission étaient présents à cette distribution ainsi qu'à celle de la rue Amelot.....

Au marché Martin et dans les Halles, il y avait beaucoup de viande et de porc, mais peu de légumes; il y en avait un peu plus au marché Denis, mais à des prix exorbitants.

Le 6 et 7 pluviôse, il est arrivé pour l'approvisionnement des marchés 200 voitures de différentes denrées et 9 de marée.

Surveillance. — Moreau rend compte que des jeunes gens se portent au café de Chartres pour en enlever les Sociétés et les porter au Théâtre-Italien. Suivant Simon, peu de citoyens approuvent la conduite de la soi-disant jeunesse; l'on est étonné que l'on n'y ait déjà mis ordre.

Hostaux annonce que la femme qu'il a dénoncée dans son précédent rapport pour [avoir] crié *Vive le roi!* a été arrêtée cette nuit comme ivre.....

Dagomer rapporte qu'au Palais-Égalité on a allumé un feu et dansé autour en réjouissance des victoires remportées en Hollande. Les cris de *Vive la Convention! Vive la République! Vivent nos braves défenseurs!* se sont fait entendre.

Au théâtre de la rue Favart, il y a eu du tumulte à cause des Jacobins; une chanson intitulée *le Réveil du Peuple* a été chantée par Chénard, Trial tenant la chandelle; le trouble a cessé dans ce spectacle par la présence du commissaire de police. Le spectacle a fini avec le plus grand calme.....

Il résulte du rapport de Gallée que beaucoup d'ouvriers se tiennent dans les cabarets et y sont tranquilles; ils ont témoigné leur joie de la prise d'Amsterdam. |

BARBARIN, HORNIN.

(Arch. nat., F⁷ III, Seine, 15.)

JOURNAUX.

Narrateur impartial du 7 pluviôse : « *Théâtre de l'Opéra-Comique national*, rue Favart. On donnait hier, pour première pièce, *la Soubrette*. Trial, acteur de ce théâtre, ci-devant membre du Comité révolutionnaire de la section Le Peletier, sous-chef bourreau pendant dix mois, assassin de la citoyenne Sainte-Amarante et de plusieurs autres citoyens, jouait dans cette pièce un rôle d'aristocrate. On lui appliqua toutes les allusions auxquelles son rôle pouvait prêter. Quand la pièce fut finie, on demanda le *Réveil du peuple*, Trial se présenta pour le chanter. « Tu n'en es pas digne, lui cria-t-on; nous voulons

Chénard. » Chénard prit les couplets, et Trial voulut se retirer; on lui enjoignit de rester pour tenir la lumière. Aussitôt, des murmures partirent de quelques loges ; on traita de muscadins les jeunes citoyens qui voulaient faire sentir à Trial tous ses torts; les têtes s'échauffèrent, quelques coups furent donnés. Aussitôt deux cents citoyens entrent dans la salle en criant : *A bas les Jacobins! où sont-ils? désignez-les!* Ceux qui avaient injurié les jeunes citoyens se retirèrent sur-le-champ, et le *Réveil du peuple* fut chanté au bruit des applaudissements par Chénard, humblement éclairé par Trial. Quand les couplets furent finis, un citoyen s'écria : « Trial, qu'as-tu fait des assignats et des bijoux que tu as pris dans mon secrétaire? Tu mettais les scellés avec ton pouce, et tu les levais avec tes ongles. » Les acteurs voulurent commencer la seconde pièce. Ils furent interrompus par les cris de *à bas Trial!* Le commissaire de police invita au calme, on renouvela les cris de *à bas Trial;* enfin Trial se retira, et la pièce fut jouée en retranchant son rôle. » — *Vedette* du 7 pluviôse : « L'hiver rigoureux que nous éprouvons, et dans une grande partie de la France, fera époque dans l'histoire, surpassera peut-être, par les événements fâcheux qu'il a produits, tous nos grands hivers, comme ceux de 1709, 1740, 1776 et de 1788 à 1789. Voici un détail des grands froids de celui-ci, que nous transmet le citoyen Messier, de la ci-devant Académie des sciences. Le grand froid de cet hiver a commencé par des gelées de 4, 5 et 6 degrés ; mais le froid se fit sentir violemment pendant vingt-quatre heures, du 4 au 5 nivôse, ou du 24 au 25 décembre (vieux style), par un vent entre l'est et le sud-est, d'une grande violence, qui fit descendre les thermomètres au mercure du citoyen Messier, qui étaient placés à son observatoire, à 10 degré au-dessous de la congélation, et ce grand froid suffit pour geler la rivière de Seine au-dessus du pont de la Tournelle, le bras qui passe au quai des Augustins, et les bords du grand canal à une grande distance ; ce grand froid avait également glacé le grand bassin des Tuileries, et la glace cassée, le 31 décembre, avait plus de cinq pouces d'épaisseur. Il tomba de la neige la nuit du 5 au 6 de nivôse, et le froid continua ensuite. Le 14 de nivôse, par un vent du Nord, les thermomètres descendirent à 10 degrés et demi ; le 16 au matin, à 9 degrés et demi; le 17 et le 18, les thermomètres remontèrent à la congélation, et le temps semblait annoncer une cessation de froid ; mais le froid reprit ensuite ; le 25, les thermomètres redescendirent à 9 degrés, ainsi que le 26, 27, 28 et 29 à 9 degrés et demi; le 30, à 10 degrés et demi; le 1er pluviôse, matin et soir, à 10 degrés ; le 2, matin et soir, à 10 degrés un tiers ; le 3, il tomba, dans l'après-midi, environ 6 lignes de neige; mais le 4 (23 janvier, vieux style), le ciel étant passablement beau, ainsi que la nuit qui avait précédé, le vent était nord-est, sensible et très piquant; le baromètre était descendu à la pluie à 27 pouces 7 lignes trois quarts. Le citoyen Messier trouva ses deux thermomètres au mercure, à son observatoire, descendus, l'un à 15 degrés et demi, et le second à 15 degrés trois quarts. Ce grand froid donne trois quarts de degrés de plus qu'en 1709, 5 degrés et demi de plus qu'en 1740, et un demi-degré aussi de plus qu'en 1776, deux degrés de moins qu'en 1788; 31 décembre 7 heures 3/4 du matin. L'on peut compter sur l'exactitude de ces observations, ayant été faites à deux thermomètres au mercure, qui avaient déjà servi à mesurer le grand froid des hivers de 1776 et de 1788 à 1789. »

CLXXXIII

7 PLUVIOSE AN III (26 JANVIER 1795).

RAPPORT DU 8 PLUVIÔSE.

Esprit public. Groupes et cafés. — Leroy jeune rapporte que tous les endroits publics qu'il a parcourus dans le courant de la journée ont été parfaitement tranquilles. Dans quelques endroits le sujet de conversation était la prise de la Hollande; on espère que ces grands avantages atterreront les tyrans coalisés, et qu'ils seront forcés de convenir qu'un grand peuple a le droit de se choisir tel gouvernement qu'il lui plait.

Dans d'autres, des conversations financières mettaient en principe que dans ces nouvelles conquêtes il serait peut-être prudent de faire payer les contributions auxquelles doivent être imposés les habitants de ces divers pays en assignats plutôt qu'en numéraire, que ce moyen les forcerait à nous donner de l'argent pour se procurer des assignats, que cela nous procurerait le moyen efficace de retirer de la circulation une masse énorme d'assignats qui, ayant rempli ce premier but, pourraient être anéantis, comme ceux donnés en payement de domaines nationaux, qu'il résulterait de cette opération, une baisse rapide tant dans le numéraire que dans toutes les marchandises et denrées qui depuis quelque temps en ont suivi la progression démesurée.

Au café des Canonniers quelques jeunes gens sèment le trouble et cherchent à agiter les esprits en se désignant les organes (*sic*) de la jeunesse française. C'est de ce café que partent les divers mouvements qui depuis quelques jours se répandent dans les différents spectacles.

Spectacles. — Les différents troubles qui ont eu lieu hier au spectacle de la République ont donné lieu à nombre de rapports, qui ont été envoyés successivement au Comité de sûreté générale. Au spectacle de la rue Feydeau pareil trouble a eu lieu; un commissaire civil, substituant le commissaire de police, a cherché à rappeler les citoyens à la tranquillité et leur a désigné sa qualité de fonctionnaire public en leur parlant au nom de la loi; il a été méconnu et obligé de se retirer après avoir été menacé par quelques jeunes gens qui s'étaient introduits dans ledit spectacle sans billets ni contremarques.

Commerce. — ... Labaubé a surveillé les boulangers de la rue de Reuilly, section des Quinze-Vingts; il dit qu'il est impossible d'empêcher la sortie du pain de Paris, parce que les boulangers, dès qu'il a le dos tourné, vendent le pain aux habitants des campagnes.....

La halle à la viande est assez bien approvisionnée en mouton et en porc frais. Le bœuf se vend 40 sols la livre; il y a peu de légumes dans tous les marchés.

Surveillance. — ... On dit que dans plusieurs cafés du Palais-Égalité on a tenté de casser les bustes de Marat et Le Peletier; des ordres ont été donnés à cet égard à la surveillance.

Un café près le ci-devant guichet du Louvre, indiqué comme servant de retraite à des gens suspects, a été aussi mis à la surveillance.

Desseule rapporte que l'envoyé de Toscane, demeurant rue Neuve-Égalité, maison de France, a été accueilli et environné à la porte de sa maison par un grand nombre de femmes des marchés et autres citoyens, sous prétexte de le saluer et de lui présenter un bouquet. Ce nombreux cortège lui a donné quelques craintes.

Une satisfaction générale est la suite du dégel qui fait espérer au peuple de voir arriver les combustibles et comestibles dont il a tant besoin.

ALLETZ, HANNOCQUE-GUÉRIN.

(Arch. nat., F⁷ c III, Seine, 15.)

CLXXXIV

8 PLUVIOSE AN III (27 JANVIER 1795).

RAPPORT DU 9 PLUVIOSE.

Esprit public. — Tous les cafés et lieux publics ont été tranquilles. Au café des Canonniers, beaucoup de jeunes gens s'applaudissaient de l'énergie qu'ils avaient déployée ces jours derniers dans les différents spectacles.

Dans tous les théâtres, rien n'a troublé la tranquillité. La commission de police, ayant cru devoir faire une invitation à tous les bons citoyens de contribuer par leur douce persuasion à ramener le bon ordre, l'a fait afficher à tous les spectacles, ce qui a produit l'effet qu'elle désirait.

Commerce. — ... Losset dit que les faubourgs Martin et Denis sont très tranquilles; les esprits y sont calmés par l'espérance des arrivages des combustibles et denrées de première nécessité, qu'on espère avoir aussi à meilleur marché. Tous les boulangers de ces faubourgs ont eu du pain de reste. La viande s'y vend 40 et 45 sols la livre.....

Le 8 et le 9 pluviôse il est arrivé pour l'approvisionnement des Halles et marchés deux cent vingt-six voitures de différentes denrées, 9 de marée.

Surveillance. — ... Buffe et Vigneux ont dénoncé une citoyenne nommée Grimaut, demeurant rue Beauregard, chez un marchand de vin, placée dans une tribune à gauche à la Convention. Cette citoyenne a tenu des propos infâmes contre divers membres de la Convention en général.....

Il résulte du rapport de Berlaut que l'affiche sur les spectacles portant invitation aux bons citoyens a été lue avec intérêt par ceux qui en ont pris connaissance.

Doucet rapporte que, dans les cafés de la Maison-Égalité, les jeunes gens parlent d'exterminer les Jacobins.

Suivant Nitar, la proposition de mettre à bas les bustes de Marat et de Le Peletier a été faite au théâtre de la rue Favart ; cette proposition est restée sans suite.

Noël rend compte des murmures contre un représentant du peuple qui s'est servi des mots de terroriste et d'homme de sang. Ces murmures n'ont point eu de suite.

JACOT, HOUSIN.

(Arch. nat., F¹ᶜ III, Seine, 15.)

JOURNAUX.

Courrier républicain du 9 pluviôse: « *8 pluviôse.* La cessation du froid a fait ici une sensation presque aussi agréable que la conquête de la Hollande. Malgré l'assurance donnée par le Comité de salut public que l'arrivage des approvisionnements ne serait point interrompu, l'effroi ne se concentrait pas moins dans tous les cœurs. On sentait que le Comité de salut public, quelque prévoyance qu'on pût lui supposer, quelque soin qu'il pût se donner, n'avait pas le pouvoir de détruire l'obstacle insurmontable des neiges et des glaçons. Aujourd'hui que le ciel est devenu plus propice, que des victoires dont nous n'avons point d'exemple doivent forcer l'ennemi à nous demander la paix, chacun souffre sans se plaindre les privations actuelles, parce qu'on est convaincu que notre situation doit nécessairement s'améliorer. Déjà nos effets ont éprouvé une hausse considérable, et le prix de l'argent a baissé de plus d'un tiers. Plus d'un spéculateur, qui avait d'avance hypothéqué sa fortune sur la misère publique, voit ses arrangements détruits et ses espérances ruinées. Et il est vrai de dire que le dégel et la conquête de la Hollande seront plus funestes aux accapareurs que la loi du *maximum*. — Barère, Collot et Billaud viennent de faire paraître un nouveau mémoire ; c'est encore une inconcevable Carmagnole, dont l'absurdité doit faire époque... [1] » — *Messager du soir* du 10 pluviôse : « Paris, 9 pluviôse. ... Hier au café de Chartres, on a donné lecture de quelques morceaux d'un écrit séditieux de l'infâme Babeuf. Il prêche ouvertement la guerre civile, il essaie de soulever les ouvriers et les faubourgs contre la Convention, qu'il appelle Sénat de Coblentz ; les Autrichiens siègent, selon cet infâme Duhemiste, au Palais national. Tous les décrets qui y passent sont payés par nos ennemis, qui les rédigent d'avance. Dans leur juste indignation, six citoyens, parmi lesquels se trouvait Gonchon, l'orateur du faubourg Antoine, ont été dénoncer l'écrit incendiaire de ce séditieux, qui a été déjà condamné à vingt ans de fers, et auquel Fouché, son digne ami, donne asile ; le Comité de sûreté générale les a fort bien reçus et a témoigné par leur organe sa satisfaction aux patriotes réunis au café de Chartres. »

CLXXXV

9 PLUVIOSE AN III (28 JANVIER 1795).

Il n'y a aucun rapport pour cette journée, ni aucun article de journal sur l'esprit public.

CLXXXVI

10 PLUVIOSE AN III (29 JANVIER 1795).

Rapport du 11 pluviôse.

Esprit public. Groupes et cafés. — Dans les groupes et [au] café de la Convention la tranquillité et le bon ordre ont régné. A celui des Canonniers, Saint-Huruge a été désigné comme homme de sang, terroriste et de tous les partis. La discussion à ce sujet a été assez vive ; cependant il a trouvé dans les habitués de ce café quelques défenseurs.

Au café Raisson, Caillouet rapporte qu'on disait que tous les mouvements journaliers qui ont eu lieu aux cafés et spectacles ne pouvaient être considérés que comme faction, que de se porter à telle ou telle passion n'était pas servir sa patrie, que toutes les volontés partielles n'étaient pas celle du peuple.

---

1. Il s'agit du *Second mémoire des membres de l'ancien Comité de salut public dénoncés par Laurent Le Cointre*. Paris, imp. nationale, pluviôse an III, Bibl. nat., Lc 38/1173.

Le long des quais, le peuple, voyant la débâcle entraîner une grande quantité de bois, n'a pu retenir ses murmures contre l'égoïsme des marchands qui ont, dit-on, préféré le voir languir que de l'approvisionner, et ont été les causes principales de la perte de nombre de citoyens qui n'ont pu résister à la rigueur de la saison.

Spectacles. — Au théâtre des Arts il fut jeté, dans le courant de la représentation, un billet dont la lecture fut couverte d'applaudissements; mais, avant le ballet de *Mirza*, il s'éleva beaucoup de tumulte sur ce qu'il fut jeté de nouveaux papiers. Les uns demandèrent à grands cris qu'ils fussent lus, d'autres qu'ils ne le fussent pas; plusieurs citoyens et citoyennes, craignant que les cris tumultueux n'amenassent quelques scènes fâcheuses, aimèrent mieux se retirer avant la fin du spectacle que de s'exposer aux suites de ce tumulte dangereux.

Au théâtre de la République tout a été assez tranquille; avant que de commencer, il y a eu quelques individus dans le parquet qui ont crié *A bas Marat!* Un autre individu, qui était dans une loge, près le buste de Marat a fait tomber la couronne civique qui était sur le buste, mais il n'a pas été aperçu du public.

Commerce. — ... La débâcle a eu lieu à deux heures du matin; elle a entraîné un bateau dans lequel étaient un homme, une femme et des enfants, qui ont été heureusement retirés au pont de la Révolution à cinq heures. Un citoyen les a conduits chez lui..... Beaucoup de marchands attendent la débâcle avec impatience, parce qu'ils ont quantité de trains dans les glaces.

Sémé rapporte qu'au chantier du citoyen Favreux, quai d'Orsay, la vente a fini à deux heures après-midi. Il n'existe aucun ordre dans ce chantier; les commissaires civils ne se rendent point sur les lieux pour faire la répartition du bois à chaque section; il en résulte des abus et des dilapidations. La Commission des charrois ne fournit pas assez de voitures pour le service public, et les conducteurs ne marchent que pour celui qui offre le plus fort pourboire; il a été écrit à ce sujet à la Commission des charrois. Chevalier et autres annoncent qu'à l'ouverture du chantier de la Madeleine et de celui de la rue Miroménil il y a eu du trouble, et, de concert avec la force armée, ils sont parvenus à rétablir le bon ordre.....

Massart et Cavaignac rendent compte qu'hier 10, plusieurs boulangers ont manqué de pain pour satisfaire leurs pratiques, qu'il ne reste pas à plusieurs d'entre eux [de] la farine pour faire leur levain; les citoyens murmurent de ne pas trouver de pain chez les boulangers à neuf heures et dix heures du matin. La citoyenne Scélée, boulangère, rue Transnonain, n° 29, n'avait plus de pain à neuf heures du matin, vu qu'elle a eu un sac de moins.

Les 10 et 11, il est arrivé pour l'approvisionnement des halles et marchés 260 voitures de différentes denrées et 14 de marée.

Surveillance. — Des jeunes gens de la première réquisition circulent dans Paris et insultent les inspecteurs de police. Ces jeunes gens paraissent avoir été déjà arrêtés par le commissaire de police militaire.

Venieux et Furron rapportent que, dans une tribune de la Convention, un particulier a dit d'un représentant du peuple, qui venait de prononcer un discours, *qu'il était un monstre qui avait détruit Robespierre pour le remplacer;* ce particulier a crié dans les tribunes sur des représentants : *A bas la cabale! à bas les factieux!* Il a fait aussi des motions sous les galeries de la Convention et a dit que, *s'il y avait cinquante bons garçons, ils feraient sauver tous ces lâches-là.* Cet homme a été suivi jusqu'à l'Opéra, où il a été perdu dans la foule; il est mis à la plus sévère surveillance, et les deux inspecteurs qui ne l'ont pas arrêté sont mandés pour demain.

Dangouville annonce que, dans la section du faubourg Montmartre, il a entendu quelques murmures sur l'augmentation du traitement des députés et des fonctionnaires publics......

Du rapport de Lefèvre il résulte que des gens ont dit à la Convention qu'il fallait tuer tous les Jacobins; ils se sont retirés, quand ils ont su que Duhem resterait chez lui.

Racine rapporte que, devant le café des Canonniers, deux enfants distribuaient un pamphlet intitulé: *Que Dieu vous bénisse!* Un particulier l'a arraché et a été traité de Jacobin. Un autre en a saisi un paquet, a été n° 44 sous les Galeries, où on débitait l'ouvrage et où il y avait encore un gros paquet qu'il a déchiré.

D'après le rapport de Mondolat et Maillard, il résulte qu'au théâtre de la République, la couronne qui était sur la tête de Marat fut jetée sur l'avant-scène par des particuliers qui ont demandé pourquoi on mettait une couronne à un buveur de sang, qui disait qu'il fallait trois cent mille têtes.....

Pigache et autres rapportent qu'au café des Canonniers on a fait la motion de tuer les buveurs de sang et de se transporter en masse au théâtre de la République.

Il résulte du rapport de Dagomer que les ouvriers des forges du Luxembourg auraient conseillé aux autres ateliers de faire des canons de fusils défectueux et incapables de servir en ne donnant qu'une seule chaude aux canons, au lieu de douze, de quinze et même de vingt; il paraît même que ces ouvriers ont reçu des conseils de ceux qui sont partis pour Maubeuge; ils tiennent des propos insultants contre la représentation nationale. Copie de ce rapport a été envoyée au Comité de sûreté générale.

Il a été écrit au chef de l'atelier d'armes du Luxembourg pour l'inviter de se rendre auprès de la Commission.

ALLETZ, CHAMPENOIS.

(Arch. nat., F¹ᶜ III, Seine, 15.)

JOURNAUX.

Courrier républicain du 11 pluviôse : « *10 pluviôse*. La Seine a débâclé cette nuit avec un grand fracas, plusieurs bateaux ont été brisés. Les bains fameux de Poitevin ont été emportés; ils barraient encore ce matin l'une des arches du pont de la Révolution. A l'heure où nous écrivons, la rivière augmente toujours; les glaçons qu'elle charrie sont beaucoup moins volumineux, mais ils traînent encore avec eux beaucoup de débris. — Les comédiens du théâtre Français[1] ont joué avant-hier au théâtre de la rue Feydeau; ils ont été couverts d'autant d'applaudissements qu'on a prodigué de sarcasmes à leurs rivaux du théâtre, qui s'est intitulé, fort mal à propos, *de la République*; car tous les théâtres sont des théâtres de la République. Il est temps de faire disparaître toutes ces dénominations exclusives... »

CLXXXVII

11 PLUVIOSE AN III (30 JANVIER 1795).

RAPPORT DU 12 PLUVIOSE.

Esprit public. Groupes et cafés. — Tous les cafés et lieux publics près la Convention nationale ont été paisibles; l'on s'entretenait de divers rapports faits à la séance, d'après lesquels l'on désire que les limites du territoire de la République n'aient de bornes que le Rhin du côté de l'Allemagne, que l'Océan et les montagnes pour les autres parties de la République.

Sacquiet rapporte que les murmures continuent toujours sur l'extrême cherté des marchandises et sur le langage des marchands qui insultent à la misère en disant que l'on n'y est pas encore et que cela n'en restera pas là. Dans quelques cafés, le même rapporte que des citoyens prétendent qu'il y a actuellement beaucoup d'étrangers

1. Il s'agit des comédiens de l'ex-théâtre de l'Égalité.

qui fomentent la désunion et sont les moteurs des troubles qui existent même dans les spectacles.

Legrand rapporte qu'à six heures du soir, au café des Canonniers, un jeune homme lisait un papier ayant pour titre : *Adresse à la Jeunesse de Paris*, pour être présenté à la Convention nationale, dont il n'a pu entendre les motifs, mais qui a été très applaudi ; l'orateur proposait de la faire présenter le jour que Duhem paraîtrait à la Convention.

Fargues rapporte que, dans un café, plusieurs ouvriers étaient à boire et disaient : « Comment la Convention veut-elle que nous vivions ? l'on supprime nos travaux dans une saison aussi dure ; les maîtres veulent diminuer nos journées dans un moment où tout est hors de prix, mais cela finira. » Ils se sont séparés en disant « Prenons patience, il faut espérer que l'on mettra ordre à cela. »

Spectacles. — Au théâtre de la République, il a été jeté un papier contre les Jacobins ; après la lecture on a crié : *A bas Marat!* Ce tumulte a duré environ un quart d'heure ; à la fin de la petite pièce, l'on a jeté sur le théâtre un nouveau papier, dont on n'a pas voulu donner lecture.

Au théâtre du Vaudeville le public a été très tumultueux ; ce mouvement a eu lieu parce que le commissaire n'a pas voulu permettre la lecture de deux billets que l'on avait jetés ; il a parlé au nom de la loi, mais on n'a pas voulu l'écouter. Un acteur est venu ensuite chanter des couplets contre les Jacobins, et le bruit a recommencé ; on a demandé de nouveau la lecture des deux billets ; le commissaire a été forcé de reparaître et de dire qu'il avait juré de défendre la loi, qu'il ne pouvait en permettre la lecture ; enfin le calme s'est un peu rétabli.

Commerce. — Pierre annonce que plusieurs boulangers des sections de Montreuil et de Popincourt n'ont point ou assez de pain pour leurs pratiques ; notamment celui rue de la Roquette, n° 3, a dit avoir renvoyé sans pain soixante de ses pratiques. Ceci fait craindre que demain il n'y ait des queues aux portes des boulangers.....

Ollivier a vu former des queues aux portes des boulangers des sections des Lombards et des Marchés, mais il est parvenu à les dissiper ; cette inquiétude provient de ce que hier, de très bonne heure, plusieurs boulangers n'avaient plus de pain. Il y a des boulangers qui se plaignent de ce qu'on leur donne un sac de farine de moins qu'à l'ordinaire ; d'autres disent que, faute de bois, ils sont obligés de cuire une fournée de moins par jour.....

Séné et Gruet rendent compte qu'au chantier du citoyen Favreux, quai d'Orsay, où il y a par jour vingt voies de bois à répartir entre quatorze sections, le manque de voitures cause beaucoup de tumulte; Gruet et Thénard ont passé la nuit dans ce chantier.....

La distribution du pain, dit Pipelard, s'est faite sans foule chez les boulangers des sections des Droits de l'homme et de l'Indivisibilité ; cependant beaucoup de citoyennes se sont plaintes de n'avoir pas reçu leur pain. Le citoyen Gagé, boulanger, a cédé un sac de farine au citoyen André, de la rue Antoine, qui n'avait pas assez de farine pour contenter ses pratiques.

Le citoyen Balby, boulanger, rue des Droits de l'homme, s'est permis de dire au public que, si on ne lui envoyait pas de farine, il n'aurait pas de quoi faire des réserves ; ce propos a excité des murmures de la part des citoyens, et ledit Balby est mandé à la Commission.

Bienvenu et Delahaye se sont transportés chez les boulangers des sections du Temple et des Gravilliers; la distribution s'y est faite avec ordre et tranquillité; plusieurs de ces boulangers se plaignent d'avoir reçu hier un sac de farine de moins qu'à l'ordinaire. La citoyenne Scélée, boulangère, rue Transnonain, n° 29, a manqué de pain à neuf heures du matin ; conséquemment beaucoup de ses pratiques n'ont pas pu en avoir. Elle a manqué de farine pour faire ses levains. Il est à craindre que ceci ne cause du tumulte, attendu que plusieurs personnes disaient qu'on serait obligé d'aller chercher son pain de grand matin.

Surveillance. — Bétrémieux et Simon annoncent qu'au café des Canonniers, il y a eu un grand rassemblement de jeunes gens dont plusieurs ont été incarcérés. On menaçait de poursuivre les artistes Laïs et Fusil, et de leur intercepter tout accès dans les théâtres de la nation, l'un pour avoir été membre de la commission temporaire de Bordeaux, l'autre pour avoir été de celle de Lyon.

Pasquis annonce que la Société des Cordeliers va se réorganiser à Marseille, qu'il y a trois cents personnes pour l'établir, que personne n'y sera admis sans être bien épuré, et qu'on ne se laissera pas influencer par des intrigants.

Cheruel annonce qu'à la porte des boulangers les mécontents disent que les farines manquent à Paris.....

La prise de la Hollande, dit Cordebard, donne l'espoir le plus flatteur de voir diminuer le prix des denrées et régner l'abondance, si le courage de nos défenseurs est secondé par le zèle des administrations.....

HORNIN, ROUCHAS.

(Arch. nat., F 7 III, Seine, 15.)

JOURNAUX.

Courrier républicain du 13 pluviôse : « *12 pluviôse*. ... Le douloureux ressouvenir des forfaits commis par les buveurs de sang a occasionné hier soir quelques légers mouvements au théâtre de la République. On y jouait *Tartuffe*, pièce de Molière, où l'auteur a peint en style de flamme les crimes des hypocrites. Après la pièce, on a jeté sur le théâtre des vers contre la faction des Jacobins. Ils y ont été lus au bruit d'applaudissements unanimes. Des voix nombreuses se sont ensuite fait entendre pour demander que Marat fût chassé de la salle, dont il n'a pas, disait-on, payé l'abonnement. Cette motion a souvent été répétée, et quelques personnes y ont ajouté celle de jeter l'*Ami du peuple* dans l'égout Montmartre. Enfin, une femme a dit qu'on ne devait pas ménager l'effigie de celui qui avait demandé des millions de têtes ; mais un citoyen s'est levé dans un coin du parterre, où il a observé qu'il fallait se méfier de ces motions, qui souvent cachent le venin le plus dangereux de l'aristocratie, et qu'il fallait attendre que la loi se fût exprimée sur le compte de Marat. Cette observation a été fort applaudie, et la petite pièce a commencé. Lorsque la toile a été sur le point de descendre, on a jeté une chanson sur le théâtre, qui a été lue par l'un des acteurs. C'était aussi une petite esquisse des crimes commis par l'une des plus exécrables factions qui aient jamais ensanglanté le monde. D'autres vers ont encore été jetés sur la scène ; mais, l'acteur ayant observé qu'ils contenaient des personnalités et que l'officier de police ne permettait pas qu'on les lût, les spectateurs se sont retirés en applaudissant. » — *Abréviateur universel* du 12 pluviôse : « *Paris, 11 pluviôse*. Le 5 nivôse, la rivière prise aux basses eaux de 1719. Il n'y a pas eu de vérification par ce même motif, jusqu'au 11 pluviôse, et à 2 heures de l'après-midi du même jour, elle était à 3 pieds 6 pouces. A 11 heures du soir la débâcle s'est manifestée ; le 10, à 2 heures et demie du matin, elle est partie au pont de la Tournelle par l'effet de la Marne seulement. A 8 heures du même jour, elle était à 9 pieds ; à 10 heures à 11 pieds ; à 3 heures de l'après-midi, 10 pieds 6 pouces. A 6 heures du soir, la débâcle de la Seine s'est manifestée ; à 7 heures, elle est passée au pont de la Tournelle, et la rivière avait 11 pieds et demi. A 8 heures, 13 pieds 6 pouces, et à 11 heures, 16 pieds et demi. La débâcle a cessé entre 11 heures et minuit. Le 11 pluviôse, à 8 heures du matin, la rivière est à 14 pieds. La débâcle de 1789 a duré du 16 au 21 janvier, et les plus grosses eaux n'ont monté qu'à 12 pieds 6 pouces. Fiot, vérificateur de l'étiage. » — « On raconte qu'un cafetier de Paris, obligé de payer 50 francs à des charretiers, pour le transport d'une voie de bois, les voyant s'amuser à boire chez lui des *petits verres*, alla prévenir la garde de ce qui pourrait arriver, taxa les charretiers à 10 francs le petit verre, en leur soutenant qu'il n'y avait pas plus de *maximum* pour ses marchandises que pour leurs peines, leur tint tête, les traduisit devant le juge de paix, et que le juge, convaincu de la justesse de raisonnement et de la justice de la compensation que faisait le cafetier, n'exigea de celui-ci que 10 francs pour solde de tout compte, le prix des quatre petits verres et cette somme équivalant aux 50 francs exigés par les charretiers. Nos ci-devant *économistes* n'auraient jamais deviné que la liberté indéfinie pût donner lieu à de pareils calculs. »

CLXXXVIII

12 PLUVIOSE AN III (31 JANVIER 1795).

Rapport du 13 pluviose.

Esprit public. Groupes et cafés. — Tous les cafés et endroits publics ont été tranquilles toute la journée d'hier jusqu'au soir. Les citoyens s'entretenaient paisiblement des calamités que nous éprouvons, tant par la rigueur de la saison que par l'avarice du commerce en général ; la misère, disaient-ils, est à son comble ; il n'est plus possible de se procurer aucuns comestibles ; tout est porté à un prix si exorbitant que personne ne peut y atteindre, et, pour surcroît de calamités, le pain, dernière ressource contre la disette, devient, par la malveillance, difficile à se procurer, et expose quantité de citoyens à mourir de faim. Ces moyens sont appuyés par les boulangers, qui, au lieu de rassurer les citoyens sur leurs inquiétudes, les propagent en publiant qu'on diminue la quantité de farine qu'on avait habitude de leur fournir.

Au café de Chartres les motions contre les terroristes et buveurs de sang, sont à l'ordre du jour.

Spectacles. — Au théâtre de la rue Feydeau, dans un entr'acte, un grand bruit s'est élevé ; les cris redoublés : *A bas Marat!* se sont fait entendre ; aussitôt cinq à six jeunes gens profitèrent de l'ouverture de la loge au-dessus du buste de Marat pour le jeter en bas. Le commissaire de police s'est présenté à l'instant et leur a enjoint de respecter la loi ; mais il n'a reçu pour réponse que de nouveaux cris : *A bas Marat!* On avait jeté sur le théâtre des vers dont le commissaire n'a point permis la lecture.

Au théâtre de la République, pendant la dernière pièce, on a jeté un billet sur la scène ; un acteur, après l'avoir ouvert, a annoncé qu'il n'était point signé et qu'on ne pouvait en donner lecture ; le public s'est retiré sans insister ....

Commerce. — Chevalier se plaint du désordre qui règne dans les chantiers où l'on délivre du bois appartenant à la République..... En second lieu les voitures manquent, ce qui entrave encore la distribution. Cet inspecteur pense qu'il serait urgent de désigner quatre dépôts, chacun pour douze sections, et un commissaire de ces douze sections présiderait aux distributions. Bienvenu et Delahaye se sont transportés chez les boulangers des sections du Temple et des Gravilliers. Ils ont vu que la plupart de ceux de la section des Gravilliers n'avaient pas assez de pain pour fournir les citoyens dont les cartes sont à leurs noms, parce que depuis trois jours on leur a donné à tous un sac de farine de moins ; il y avait beaucoup de monde à leurs portes. Ceux de la section du Temple ont eu de même un sac de farine de moins, mais ils n'ont pas manqué de pain, attendu qu'ils avaient des farines d'avance.....

Pipelard rapporte que la distribution du pain s'est faite avec beaucoup de rumeur chez les boulangers des sections des Droits de l'homme et de l'Indivisibilité. Ils se plaignent de ne recevoir que les deux tiers de farine nécessaire à leur consommation ; ils ont néanmoins fait une fournée de plus avec la farine qu'ils avaient en avance. Ils disent qu'ils ne pourront tenir, si on ne leur envoie pas la quantité ordinaire de farine.....

Chez les boulangers du faubourg Montmartre, dit Moulnier, la distribution s'est faite sans foule, mais tous réclament le sac de farine qu'on leur a donné de moins et disent qu'autrement il leur sera impossible de contenter leurs pratiques.

Pierre s'est transporté chez les boulangers des sections de Montreuil et de Popincourt ; il a vu plusieurs citoyens qui n'ont pu avoir de pain, d'autres qui n'en ont eu qu'un, quoique leurs cartes en portassent trois. Les garçons boulangers ne veulent pas se faire inscrire ; ils disent qu'ils quitteront plutôt que de prendre des livres ; ils disent aussi qu'ils ne gagnent pas assez pour payer leurs gardes.

Loctave rapporte que ce matin il y a eu plus de foule qu'à l'ordinaire à la porte des boulangers des sections des Droits de l'homme et des Tuileries, parce que ces boulangers ont dit aux citoyens qu'on leur donnait moins de farine que de coutume.....

Il résulte du rapport de Vassor que le désordre a régné au chantier de la Madeleine et à celui de la rue Miroménil ; le plus fort y fait la loi ; on s'y bat pour avoir des voitures ; les conducteurs ne sont pas maîtres de leurs charrettes ; on envoie promener le commissaire, et l'on se permet de dire que les autorités constituées ne sont composées que de fripons, sans que la force armée y puisse rien faire.

Il est arrivé les 12 et 13 courant, pour l'approvisionnement des halles et marchés, 394 voitures de différentes denrées et 12 de marée.....

Le beurre se vend 3 livres 10 sols la livre ; les œufs, 175 livres le mille ; la viande, 38 à 45 sols ; le porc frais, 2 livres 10 sols et 3 livres la livre.

Surveillance. — Petithenry annonce que le buste de Marat a été renversé et cassé dans le spectacle de Louvois; il rend compte des plaintes de la part des spectateurs qui disaient que ce ne pouvaient être que des royalistes qui se soient livrés à ces excès, qu'il fallait actuellement se soutenir plus que jamais.

Doucet rapporte qu'au café des Canonniers il a été lu une adresse à présenter à la Convention nationale pour disculper la jeunesse française inculpée par un représentant; on a dit ensuite qu'il ne fallait pas présenter cette adresse, mais la faire imprimer et l'envoyer à toutes les sections.

Dans les cabarets des sections des Sans-Culottes et du Finistère Doucet a entendu des ouvriers qui se plaignent de n'avoir pas d'ouvrage.....

Bouillon rend compte qu'au café des Canonniers un particulier a été arrêté comme buveur de sang et Jacobin et traduit au Comité de sûreté générale.

Suivant le rapport d'Hosteaux, il paraît qu'il existe le projet de faire disparaître demain le buste de Marat de tous les lieux où il se trouve.

Conjointement avec le maire et les officiers municipaux de Montmartre, Monteils et Girardot ont fait perquisition dans tous les ateliers et manufactures pour découvrir les canonniers qui pourraient s'y trouver, on n'en a trouvé aucun.

ROUCHAS, DUCHAUFFOUR.

(Arch. nat., F⁴ III, Seine, 15.)

JOURNAUX.

Courrier républicain du 14 pluviôse : « *13 pluviôse*. ... Hier, l'effigie de Marat a été violemment insultée au théâtre de la rue Feydeau ; elle a été précipitée de dessus de la scène et mise en pièces. La représentation du ci-devant ami du peuple a eu le même sort dans quelques cafés du Palais-Égalité, et l'on commence à craindre que bientôt, dans toute cette ville, il n'en reste plus que la mémoire. » — *Messager du soir* du 15 pluviôse : « *Paris, 13 pluviôse*. ... Hier soir, dans la rue aux Ours, un Jacobin passant devant une niche, où l'idole de Marat a remplacé celle de la Vierge Marie, surprit un citoyen dans une posture qui n'était rien moins que suppliante ; mais comme il faisait très noir, il s'y méprit et dit au malhonnête camarade : « Ce n'est pas à genoux qu'il faut adorer Marat, c'est en prêchant sa sublime morale ; il a demandé quatre cent mille têtes, nous n'en avons encore eu que deux cent cinquante mille, reste à cent cinquante qu'il nous faut ; c'est en les faisant tomber que nous apaiserons ses mânes et honorerons sa mémoire. — Tu te trompes, reprend le modéré, sans se déconcerter, je ne suis point à genoux ;

« j'offre, il est vrai, une holocauste au grand Marat ; la vapeur du sang le flat-
« terait peut-être davantage que celle que tu vois s'élever vers ta divinité ; au
« reste, puisque tu parais l'un de ses ministres, tu peux prendre ta part du sa-
« crifice. » Il dit, se relève et disparaît. » — « Hier, au théâtre Feydeau, le buste
de Marat, brisé la veille, a reparu sur son piédestal. On a crié encore : *A bas
l'homme aux quatre cent mille têtes!* Des applaudissements universels se sont
fait entendre et ce cri a été répété unanimement par toutes les bouches. Au
théâtre du Vaudeville, le dieu a été déniché au milieu des plus vifs applaudissements; le directeur l'a fait remplacer par le buste du sensible J.-J. Rousseau.
Au théâtre de la République, on a lu tout haut le *Journal du soir* ; le public a
témoigné son indignation, lorsqu'il a entendu l'entorse donnée par Laignelot à
la vérité, en disant que c'étaient quelques jeunes gens égarés par des terroristes
ou des royalistes qui avaient renversé le buste de Marat. Pour prouver au gouvernement, à la Convention, à la France et à l'Europe entière que ce n'est pas
seulement à quelques individus, mais à tout le public que ce monstre est en
exécration, une voix a demandé que le buste de cet apôtre sanguinaire de la
guillotine, du pillage et de la terreur, fût de nouveau brisé ; cette exécution
a eu lieu au milieu des plus vifs applaudissements et des cris mille fois
répétés : *Vive la République! Vivent la justice, l'humanité! Vive la Convention nationale!* » — *Abréviateur universel* du 17 pluviôse ; « *Paris, le
16 pluviôse.* On jouait, le 12, *le Tartuffe*, au théâtre auquel on a si bizarrement donné le nom exclusif de *Théâtre de la République*, comme s'il lui
appartenait plus que les autres (*sic*) ; mais l'inconséquence méconnaît et com-
promet tous les principes. Des vers contre *le jacobinisme, le terrorisme, le
cannibalisme*, ont plu sur la scène, ont été lus et couverts d'applaudissements ; puis le parterre a demandé que Marat fût chassé de la salle, où il
n'avait pas, disait-on payé son abonnement, jeu de mots réchauffé qui aurait
maintenu Marat dans le droit d'assister aux représentations *gratis*. Quelques
voix y ajoutaient la motion de jeter Marat, *l'Ami du peuple*, dans l'égout de
Montmartre. Une citoyenne opinait pour qu'on ne ménageât point l'effigie de
ceux qui avaient demandé des milliers de têtes ; un citoyen dit que de pareilles motions pouvaient cacher le venin le plus dangereux de l'aristocratie ;
tout se borna à des vers. »

CLXXXIX

13 PLUVIOSE AN III (1er FÉVRIER 1795).

Rapport du 14 pluviôse.

Esprit public. Groupes et cafés. — Après la séance de la Convention,
dans les cafés et lieux publics on s'entretient avec enthousiasme des
nouveaux succès remportés en Hollande, ainsi que des avantages que
cette conquête doit procurer à la République.

Les agitateurs continuent à parcourir les différents cafés et à insinuer la continuation du trouble dans les spectacles ; ils se croient à l'abri de toutes recherches sur ce que la Convention a passé à l'ordre du jour sur les événements qui ont eu lieu au spectacle de la rue Feydeau ; aussi se sont-ils portés hier dans différents spectacles où ils ont exécuté leurs projets.

Leroy aîné rapporte que, dans les endroits publics où se rassemblent les citoyens paisibles, le vœu général est de ne pas souffrir le terrorisme se rétablir, mais ils ne pensent pas que ce soit par de nouveaux désordres que ce système terrible puisse disparaître : ils craignent au contraire que ces divers mouvements ne favorisent un parti qui pourrait sur le débris heureusement terrassé.

Bouillon rapporte que le vœu des jeunes gens qui se rassemblent dans les cafés de la Maison-Égalité est de faire disparaître le monument placé sur le Carousel, ainsi que le colosse élevé sur la place des Invalides ; plusieurs, dit-on, blâment hautement l'obligation imposée aux citoyens de garder ce monument, qu'ils appellent une pagode.

Spectacles. — Les billets jetés sur les différents théâtres et le renversement du buste de Marat y ont causé beaucoup de trouble. Simon rapporte que le particulier qui a renversé celui du théâtre Favart a été, après cette action, complimenté par un essaim de jeunes gens munis de bâtons qu'ils nomment juges de paix, qu'ils lui ont promis protection ; ce particulier, ainsi accompagné, s'est rendu au café de Chartres, où il a été perdu de vue dans la foule.

Commerce. — Moura a vu une queue considérable à la porte du citoyen Chatran, boulanger, rue du Petit-Carreau ; il est entré chez ce boulanger et lui a demandé s'il manquait de pain. Le citoyen Chatran a répondu, devant le commissaire civil, qu'on lui avait donné un sac de 325 livres de moins qu'à l'ordinaire, mais qu'il espérait qu'on le lui restituerait aujourd'hui, sans quoi il ne pourrait contenter ses pratiques.

Brunel s'est transporté au chantier du citoyen Déségouttes, rue Amelot ; la vente des falourdes n'a commencé qu'à dix heures et demie ; le public a témoigné beaucoup d'impatience de la lenteur qu'on met à cette distribution. Cet inspecteur craint que la foule des citoyens ne rende difficile le maintien du bon ordre ; il a écrit à ce sujet au Comité de salut public, de sûreté générale et militaire.....

.....À la porte du citoyen Blanc, boulanger, grande rue Antoine, n° 32, il y avait un rassemblement considérable ; beaucoup d'autres boulangers, qui ont cuit comme à l'ordinaire, n'ont pu, malgré cela servir toutes leurs pratiques. Le citoyen Taboin, boulanger, rue de Charonne, n° 28, réclame le sac qu'on lui a donné de moins, sinon, dit-il, il ne pourra fournir du pain aux citoyens dont les cartes portent son nom.

Ollivier a trouvé beaucoup de monde à la porte des boulangers de la section des Lombards et des Marchés et notamment chez la citoyenne Monin, rue Troussevache, et chez le citoyen Teinturier, rue de la Vieille-Monnaie ; la majeure partie de ces boulangers se plaignent de ne pas recevoir leur farine comme de coutume ; le public murmure contre les marchands de vin, aubergistes et traiteurs qui prennent jusqu'à quinze pains, tandis que des mères de famille n'en ont pas.....

Bienvenu et Delahaye se sont transportés chez les boulangers des sections du Temple et des Gravilliers, où le pain manque toujours ; cette disette excite des murmures contre l'Agence des subsistances.

La citoyenne Piedguit, boulangère, rue du Temple, n'a délivré à sa dernière fournée que la moitié du pain revenant à chaque citoyen ; d'autres n'en ont pas eu du tout. Cette boulangère a eu un déficit de 220 livres de pain ; tous les boulangers, en général, disent qu'on leur donne un sac de farine de moins qu'à l'ordinaire. Il est à craindre que demain il n'y ait du tumulte chez eux, car des pères de famille qui n'ont pu avoir de pain ont menacé de piller les boulangers.....

Surveillance. — Doucet rapporte qu'au café des Canonniers, il a été dit que, partout où se trouverait le buste de Marat, il fallait lui cracher au nez. La proposition de demander que Marat soit mis hors du Panthéon y a été faite et applaudie.

Balham rapporte qu'aux tribunes de la Convention plus de dix personnes disaient que les aristocrates ne seraient point tranquilles qu'ils n'eussent fait disparaître le buste de Marat de partout et même de la Convention nationale et du Panthéon.

Vamès rapporte qu'aux tribunes de la Convention on a manifesté de l'indignation de l'insulte faite au buste de Marat et qu'on a applaudi à l'ordre de le remettre en place...

Moreau et autres annoncent que le buste de Marat a été renversé et brisé dans les cafés de la Maison-Égalité ; on a proposé de se porter à la place du Carrousel pour détruire le monument élevé à Marat, mais cette proposition n'a pas eu de suite.

BOCQUET-DESTOURNELLES, ROUGHAS.

(Arch. nat., F⁷ III, Seine, 15.)

JOURNAUX.

Courrier républicain du 15 pluviôse : « *14 pluviôse*. ...On n'a pas voulu voir reparaître hier les bustes de Marat sur la scène de nos divers théâtres. A celui du Vaudeville, la toile était à peine levée qu'on a crié : *A bas Marat, à bas le père des buveurs de sang!* Cependant on a laissé jouer la pièce ; mais à peine a-t-elle été terminée qu'on a jeté divers couplets sur le théâtre, en demandant qu'ils fussent chantés par l'un des acteurs. L'officier de police a paru et a observé qu'il ne pouvait pas permettre que les couplets fussent chantés, parce qu'ils étaient injurieux à la mémoire de Marat, qui avait été consacrée par la Convention, et enfin que le Comité de sûreté générale venait de faire relever le buste de ce député qu'on avait renversé au théâtre de la rue Feydeau. Ces observations n'ont pas été goûtées par le public. On a répondu à l'officier que ce qu'il disait n'était pas possible, et les cris *A bas Marat!* ont recommencé avec plus de violence qu'auparavant. Un jeune homme a franchi l'orchestre et a brisé d'un coup de canne la tête du buste, dont le reste a roulé sous les jupons d'une femme qui d'un coup de pied a précipité la figure à bas du théâtre ; on a crié: *Vive la République! Vive la Convention nationale! A bas les mangeurs d'hommes!* Les couplets ont ensuite été chantés ; mais pour prouver qu'on n'en voulait qu'à Marat, on a demandé que la statue du vertueux, du sensible Rousseau fût substituée à celle du soi-disant ami du peuple. Le directeur a fait observer que la figure de Jean-Jacques avait besoin de réparation ; mais on n'a pas voulu l'entendre. Des citoyens sont allés chercher la figure. Un autre a brûlé du papier sur la place qu'occupait celle de Marat, pour la purifier, disait-il, avant d'y placer le citoyen de Genève ; enfin Rousseau a paru sur la scène. « Nous substituons, ont dit ceux qui l'apportaient, à l'homme de sang, le véritable ami de la nature et de l'humanité. » Et les applaudissements, les cris de *Vive la République! Vive la Convention nationale!* se sont fait entendre dans toutes les parties de la salle. Au théâtre de la République, on a aussi demandé la culbute de Marat. Le vœu a été universel, et Marat a été précipité de dessus la scène à l'unanimité, sans qu'il se soit élevé une seule réclamation en sa faveur, et toujours aux mêmes cris de *Vive la République! Vive la Convention nationale!* Ce que faisait la jeunesse française dans les spectacles, de petits enfants l'avaient exécuté pendant le jour dans les rues de Paris. Dans le quartier Montmartre, on a vu ces enfants porter en procession de petites figures de Marat que leur avaient sans doute données leurs mères, et les jeter dans l'égout en disant : « Voilà ton Panthéon. » On a trouvé cette nuit un buste de Marat pendu sur un ruisseau de sang à la porte d'un apothicaire de la rue des Lombards, et membre de l'ancien comité révolutionnaire de la section. » — *Abréviateur universel* du 17 pluviôse : « Le 13, à peine la toile était-elle levée au théâtre du Vaudeville, que la salle a retenti des cris *A bas Marat! à bas le père des buveurs de sang!* Nouveaux couplets jetés sur la scène. On veut qu'ils soient chantés. L'officier de police objecte qu'ils sont injurieux à la mémoire de Marat consacrée par la Convention nationale, et que le Comité de sûreté générale venait de faire relever le buste de ce député qu'on avait renversé au théâtre de la rue Feydeau. *Cela n'est pas possible*, lui répondent les mêmes voix, et mille *A bas Marat!* plus violents que jamais. Enfin un coup de canne brise la tête de Marat ; le buste mutilé roule sous les jupons d'une *modérée* qui, d'un coup de pied, précipite la triste figure à bas du théâtre, et l'on crie: *Vive la République! Vive la Convention! A bas les mangeurs d'hommes!* Après avoir brûlé du papier sur la place qu'occupait Marat en plâtre, acte purificatoire qui prouve combien l'homme moral est essentiellement un être *cérémonieux*, des citoyens ont substitué le buste de Jean-Jacques Rousseau à celui du ci-devant *Ami du peuple*, et les mêmes cris ont recommencé. Au théâtre si improprement dit de la République, la culbute de Marat a été, le même jour, l'effet d'un vœu unanime ; et ce que faisaient les jeunes gens de tous les âges dans la plupart des spectacles, avait été exécuté dans les rues de Paris par des processions d'enfants qui ont porté de petites figures de Marat et les ont jetées dans l'égout de Montmartre en disant : *Voilà ton Panthéon !* »

CXC

14 PLUVIOSE AN III (2 FÉVRIER 1795).

Rapport du 15 pluviose.

Esprit public. Groupes et cafés. — Nombre de cafés sont toujours agités ; les mouvements se sont portés hier au café Payen. Jardin national, le buste de Marat a été enlevé et porté au Jardin-Égalité, où il a été brisé.

Chailly rapporte que, sous les galeries de la Maison-Égalité, trente à quarante jeunes gens de différents âges se tenant par dessous le bras, entraînant avec eux nombre de citoyens et disant que ceux qui ne voulaient pas les suivre étaient des Jacobins, se portèrent au Carrousel dans l'intention d'y démolir le monument de Marat. La contenance des factionnaires leur en a imposé ; deux de ces perturbateurs ont été arrêtés et conduits au Comité de sûreté général. Le ci-devant chevalier de Jean a été reconnu pour être à la tête de cet attroupement ; l'on craint, dit-on, que ces mouvements ne dégénèrent en une anarchie dangereuse.

Naudet rapporte que, passant par la place de Grève, il a entendu sept à huit forts se promettre d'assommer quelques centaines de ces perturbateurs.

Gendet rapporte que les garçons restaurateurs de la Maison-Égalité lui ont dit que jamais il ne s'était fait autant de dépenses qu'il s'en fait maintenant par tous les jeunes gens et les agioteurs, qui dépensent facilement 50 livres par tête pour dîner.

Spectacles. — Au théâtre de la rue Favart on a crié à plusieurs reprises : *A bas Chalier!* Quelqu'un avait préparé la chute de ce buste ; il avait été attaché à la corde du rideau, de sorte qu'il se trouva enlevé et par sa chute a manqué de blesser plusieurs personnes.

A celui de la rue Feydeau, le buste qui avait été replacé a de nouveau été renversé ; un billet ayant été jeté, et les acteurs, d'après les demandes réitérées de quelques-uns des spectateurs, ayant annoncé qu'ils ne pouvaient en donner lecture qu'après la censure du commissaire, ont été sifflés, et, pour faire cesser ces demandes, ils en ont fait la lecture.

A celui des Arts, la représentation n'a été troublée qu'après la première pièce pour demander lecture de différents papiers jetés sur le théâtre, lesquels ont été ouverts et contenaient des couplets qui ont été chantés. Mais au foyer, le particulier qui se vantait d'avoir jeté le buste de Marat aux Italiens, se promenait un fouet à la main et attendait un renfort pour renverser le buste. Aussitôt une centaine de jeunes gens se portèrent au foyer, renversèrent le buste et le jetèrent au feu. Niquille et Descoings, officiers de paix, rapportent avoir entendu ces mêmes jeunes gens dire que, si quelqu'un voulait s'opposer à leurs volontés, ils lui répondraient à coups de bâton.

Au théâtre de Nicolet une voix s'est fait entendre et a dit en demandant lecture d'un billet : *Lisez le billet ou à bas la cocarde!*

Commerce. — La Motte rapporte que, dans les sections de Brutus et de Bonne-Nouvelle, les rassemblements ont eu lieu aux portes des boulangers dès six heures du matin; la crainte de ne pouvoir se procurer du pain, selon lui, en est la cause.....

Ollivier dit qu'aux portes des boulangers de la section des Lombards les mêmes rassemblements ont eu lieu, que la majeure partie des boulangers de cette section et ceux de la section des Marchés ont manqué de pain, notamment la citoyenne Monin, boulangère, rue Trousse-Vache, qui, par cette raison, n'a pu satisfaire soixante de ses pratiques, qui se sont proposés de s'y rendre demain avant le jour. Cet inspecteur les a tranquillisés en leur assurant qu'ils ne manqueraient pas de pain.

Bienvenu et Delahaye se sont transportés chez les boulangers des sections des Gravilliers et du Temple; dans celle des Gravilliers, la distribution a été très orageuse et beaucoup de citoyens ont manqué de pain.

La citoyenne Piedguit, boulangère, rue du Temple, a aussi manqué de deux cent quarante livres de pain, quoiqu'elle ait fait des réductions aux citoyens porteurs de cartes. Elle fera demain une fournée de moins, faute de farine, il en est de même de presque tous les boulangers, le peuple est mécontent de cette disette.

Plusieurs inspecteurs s'accordent à dire qu'il y a eu des rassemblements chez les boulangers de différentes sections et que plusieurs de ces boulangers n'ont pu contenter toutes leurs pratiques; Pipelard dit que le désordre a été épouvantable chez le citoyen Goyer, boulanger, Marché-Catherine; on s'arrachait le pain des mains. La citoyenne Peraud, boulangère, rue Antoine, avait caché des pains et des petits pains dans un panier à côté de son four. Cette citoyenne est mandée.

Le 14 et 15 pluviôse il est arrivé pour l'approvisionnement des halles 407 voitures de différentes denrées, et 9 de marée.

Surveillance. — Simon rapporte que Saint-Huruge a dit hier au café des Canonniers qu'il se souvenait encore de la danse du loup et qu'il l'exercerait tout le temps de la Révolution, qu'il ne s'amuserait pas à casser des têtes de plâtre, mais qu'il se réservait pour frapper, quand il faudra, sur tout autre chose. Dans ce même café, on invitait les citoyens à se rendre décadi prochain dans leurs sections respectives pour faire disparaître le buste de Marat.

Plusieurs inspecteurs rendent compte d'un nombreux rassemblement de gens bien vêtus qui a eu lieu hier, Maison-Égalité; des hommes d'un âge mûr disaient aux jeunes gens : *Il faut tout casser et nous porter tous partout.* On s'est transporté dans plusieurs boutiques dans l'intention de briser le buste de Marat; il n'y a point eu de dégâts. Au même moment, d'autres citoyens sont venus dans les galeries avec le buste de Marat, qu'ils venaient d'enlever au café de la Convention. Ils l'ont brisé et ont fait la motion d'aller le jeter dans l'égout Montmartre, ce qui n'a pas eu lieu. Un cri s'est fait entendre : *Allons au Carrousel !* et on est parti à l'instant. Arrivés au tombeau de Marat, un de ces particuliers a désarmé le factionnaire, mais il a été atteint par la force armée et des inspecteurs qui sont accourus; cet homme, avec un autre qui avait voulu forcer la garde, a été conduit au Comité de sûreté générale.

Hornin, Bosquet-Destournelles.

(Arch. nat., F⁴ c III, Seine, 15.)

Journaux.

Courrier républicain du 16 pluviôse : « *15 pluviôse.* Dans certains endroits, la barbarie moderne a voulu remplacer les chefs-d'œuvre par des productions grotesques et ridicules, qui font reculer les arts de plusieurs siècles. La capitale surtout offre déjà plusieurs de ces embryons, conçus dans le délire d'une imagination extravagante. De ce nombre est une statue de je ne sais quelle divinité moderne, dont on a enrichi la place qui fait face aux Invalides. Ceux qui connaissent les attributs de ces sortes de monuments, assurent que celui-ci représente *le Génie de la France terrassant l'hydre du fédéralisme.* Quel que soit l'objet de l'artiste qui l'a conçu, on ajoute qu'on vient enfin de s'apercevoir que de tels monstres déshonorent nos arts et qu'on se dispose à abattre celui-ci..... Il y a eu, hier au soir, quelques mouvements dans les spectacles, au Palais-Égalité et dans quelques autres lieux, dont Marat a été le prétexte et la cause. Au théâtre de la rue Feydeau, le public, se fondant sur le décret d'ordre du jour de la Convention pour tout ce qui est relatif au ci-devant ami du peuple, a méconnu l'arrêté du Comité de sûreté générale, qui avait ordonné le replacement du buste sur la scène. A peine la toile a-t-elle été levée qu'on a crié : *A bas Marat ! A bas Marat !* Quelqu'un voulut rappeler l'arrêt du Comité, mais on a argué du décret d'ordre du jour de la Convention. « Au surplus, a-t-on ajouté, que Laignelot vienne ici : il verra si le vœu du peuple est bien prononcé, et si c'est une machine que les malveillants mettent en mouvement».... Après avoir mis en pièces l'un de ces bustes au théâtre de la rue Feydeau, on en traînait un autre la corde au col, dans le Jardin-Égalité, qu'on a fait ensuite voler en éclats à coups de cannes et à coups de pieds. Des enfants se sont saisis de ces débris et disaient aux passants : « Voulez-vous du Marat ? voilà un petit morceau de Marat. » On s'est ensuite porté à l'espèce de Mausolée élevé en l'honneur de Marat sur la place du Carrousel dans l'intention de l'abattre. Cependant, comme il y a encore une sentinelle dans cet endroit, qui avait sa consigne, on l'a respectée, et le monument n'a pas été attaqué. Trois ou quatre Jacobins, mécontents du traitement qu'on faisait subir au royaliste Marat, se sont permis de dire que ceux qui agissaient ainsi étaient des muscadins, des aristocrates, des royalistes, etc., et qu'ils leur passeraient leurs sabres au travers du corps. Ces propos lâchés, ils se sont retirés dans un café aux environs du Palais-Égalité, mais ce café a bientôt été cerné. La garde est survenue ; on a désarmé les quatre Jacobins qui, au milieu d'une nombreuse escorte, ont été conduits au Comité de sûreté générale. Néanmoins le Comité, craignant les suites de ces agitations, a donné avis au public, par une affiche qui a paru ce matin, que des ennemis de l'intérieur pourraient bien profiter de ces manœuvres, provoquées peut-être dans de bonnes intentions, pour calomnier les Français, faire croire qu'ils n'ont point de gouvernement, comme Pitt le publie en Angleterre. « Déjà, dit le Comité, à la suite de vos attroupements, on provoque, on conseille le pillage des marchands. » Au surplus, cette affiche contient des conseils très sages, et paraît faite dans le meilleur esprit. Il serait bien bizarre qu'en dépanthéonisant celui qui a conseillé le pillage, le peuple se livrât au pillage ; mais rien ne peut étonner dans le siècle où nous vivons. Cette classe du peuple, si utile et si facile à tromper, a enfin ouvert les yeux ; elle ne voit plus qu'avec horreur les scélérats qui ont voulu déshonorer le nom français. Les forts du Port au blé travaillaient il y a trois jours au pont de la Tournelle pour dégager des bateaux maltraités par la débâcle des glaces. Le représentant qui surveillait cette opération voit un homme travaillant seul à l'écart des autres, il s'informe pourquoi il n'est pas avec ses camarades. Alors on l'instruit que c'est un malheureux qui a fait le bourreau dans les journées affreuses de septembre, et que, par cette raison, on ne veut pas travailler avec lui. » — *Journal de Perlet* du 16 pluviôse. Proclamation du Comité de sûreté générale, en date du 14 pluviôse : « Depuis quelques jours, des mouvements qui se manifestent dans Paris donnent des inquiétudes, et paraissent menacer les jouissances privées. Est-ce donc au moment où l'Enrope étonnée admire les succès des phalanges invincibles de la République, est-ce au moment où le ministère anglais ose accuser la France de manquer de gouvernement, que les ennemis de l'intérieur ou le zèle indiscret de quelques citoyens parviendraient à légitimer cette imputation perfide? Le complot de vous armer les uns contre les autres existe. Déjà on vous accuse d'être des provocateurs de guerre civile. Déjà le cri infâme de *pillage* s'est fait entendre à la suite de vos rassemblements. La malveillance et les scélérats sont prêts à vous imputer tous les crimes qu'ils méditent de commettre à la faveur des troubles. Réfléchissez, citoyens, et rentrez dans l'ordre. Épargnez aux Comités des actes de sévérité que la résistance aux lois et l'outrage fait aux principes rendraient nécessaires. Ils ont indiqué la forme des réclamations que vous avez à faire à la Convention nationale. Adressez-vous à elle avec confiance. Elle a juré de maintenir la justice, et son serment ne sera pas vain. »

CXCI

15 PLUVIOSE AN III (3 FÉVRIER 1795).

Rapport du 16 pluviose.

Esprit public. Groupes et cafés. — Dans les cafés de la Maison Égalité l'affluence de jeunes gens est toujours considérable; ils s'y agitent en tout sens; leur projet actuel est de se rendre dans les plus grands cafés de Paris pour faire la chasse à tous ceux qu'ils désignent Jacobins. Les différents papiers qui se jettent sur les théâtres sont apportés au préalable au café des Canonniers pour y passer à la censure.

Les mouvements relatifs aux bustes de Marat, dont il paraît qu'on ne veut laisser exister aucune trace, donnent de l'inquiétude aux citoyens paisibles; on craint qu'ils ne servent de prétexte et ne couvrent quelques desseins dont les suites pourraient être funestes.

La cherté excessive des denrées et sa progression journalière effraient tous les citoyens; ils ne peuvent plus prévoir quel en sera le terme; la classe indigente et celle dont les revenus sont bornés ne trouvent plus aucun moyen de se procurer leurs besoins essentiels.

Spectacles. — Au théâtre Feydeau, on a jeté divers papiers; on en a lu un, dont les principes paraissent très dangereux, et qui est un appel au meurtre contre les terroristes pour venger les mânes des victimes innocentes égorgées par leur cruelle faction.

Au théâtre de Louvois, le buste de Marat a été renversé; on a apporté sur le théâtre un réchaud, dans lequel on a brûlé de

Tome I.

l'encens, pour purifier l'endroit où ce buste est tombé ; il a été remplacé par celui de Rousseau.

Il en a été de même au théâtre de la Cité ; celui qui paraît chargé de cette mission se nomme Martainville[1] ; il a la réputation d'avoir abattu le buste de Marat dans différents théâtres.

Commerce. — Plusieurs rapports annoncent qu'il y a eu des queues aux portes de différents boulangers, que la distribution cependant s'est faite avec calme, que presque tous ont reçu leur contingent de farine. Plusieurs boulangers des sections de Montreuil et de Popincourt et le citoyen Grandelantry, boulanger rue des Gravilliers, sont les seuls qui se soient plaints d'avoir reçu un sac de moins.....

La Motte rapporte que le peuple se plaint et murmure beaucoup contre les marchands, qui augmentent tous les jours le prix des denrées de première nécessité.

Les halles sont bien fournies en viande, porc frais, mais très peu en légumes ; le peu de pommes de terre qui s'y trouve s'y vend six livres le boisseau.

Surveillance. — Suivant le rapport de Henet, inspecteur, au café des Canonniers un particulier est entré tenant le buste de Marat et criant : *A l'égout Montmartre!* Plusieurs de ceux qui étaient dans le café ont craché sur ce buste, qui a été porté à l'égout de Montmartre, où il a été cassé, ainsi que d'autres qui avaient été enlevés, l'un rue des Vieux-Augustins, n° 19, les autres dans des cafés où le buste de Chalier a été aussi cassé.

Les mêmes, suivant le rapport de Boyer, se sont portés rue aux Ours, au coin de celle de Salle-au-Comte, pour y renverser le même buste ; ils ont d'abord été repoussés par la garde de la section Bon-Conseil, réunie à celle de la section des Lombards ; tout a paru se calmer d'abord, mais il résulte du rapport de Boyer que ce buste a été cassé, ainsi que ceux de quelques cafés environnants.

Chez Lacroix, au café des Grands-Hommes, porte Montmartre, environ quarante jeunes gens ont couvert d'une feuille de papier la figure de Marat, qui se trouvait sur le papier qui tapisse ce café.

Au théâtre de Lazary, boulevard du Temple, le buste a été retiré et remplacé par celui de J.-J. Rousseau. Au café des Canonniers, suivant le rapport de Simon, il a été proposé de soumettre aux assemblées des sections les dernières intentions des jeunes gens sur les bustes de Marat et d'attendre ensuite la marche que prendra le gou-

---

1. Alphonse-Louis-Dieudonné Martainville, auteur dramatique et pamphlétaire (1776-1830).

vernement, pour que les jeunes gens ne soient pas regardés comme des perturbateurs.

HANNOCQUE-GUÉRIN, POTRELLE.

(Arch. nat., F¹c III, Seine, 15.)

JOURNAUX.

Messager du soir du 17 pluviôse : « *Paris 16 pluviôse*. Les patrouilles étaient très fréquentes hier soir, les réserves doublées, et les Comités avaient donné pour consigne de dissiper les attroupements et d'arrêter ceux qui troubleraient la tranquillité publique. On s'entretenait assez tranquillement, dans divers cafés du Jardin-Égalité, de l'arrêté du Comité de sûreté générale dont nous avons parlé hier[1]. Un ex-Jacobin avait été mis à la porte pour avoir voulu insinuer que le Comité de sûreté générale accusait dans cet arrêté les anti-maratistes de provoquer au pillage, et chacun faisait l'éloge de la sagesse du Comité, qui avait voulu s'assurer de l'opinion générale sur le monstre dont on a si longtemps ensanglanté nos autels. Tout à coup on vient annoncer que les titans, qui ne sont pas encore tous écrasés sous les débris de la Montagne que leur orgueil criminel avait élevée pour usurper l'autorité du peuple et régner en tyrans sur la France, avaient voulu se précipiter sur un représentant pour l'assassiner; un seul cri s'est fait entendre : « Nous avons juré de faire à la Convention un rempart de notre corps; la vie de Legendre est menacée; allons remplir nos serments. » Plus de six cents citoyens se sont trouvés réunis à l'instant ; mais, à leur arrivée, les troubles avaient cessé, et aucun représentant n'était en danger; alors ces citoyens se sont dissipés. Sur leur route, ils ont acheté des bustes de J.-J. Rousseau, et dans plusieurs cafés ont substitué le véritable ami du peuple au crapuleux valet de d'Orléans; dans d'autres, n'ayant plus de bustes de J.-J., qui ont triplé de prix, tandis que deux bustes de Marat se donnent pour un monneron, ils ont offert aux propriétaires de leur rembourser le prix que leur avait coûté la figure hideuse de cet apôtre de l'anarchie. La plupart des limonadiers étaient trop contents d'être débarrassés d'un hôte aussi dégoûtant pour ne pas accepter la proposition; ils se sont même conduits avec une fraternité dont nous ne pouvons faire un trop juste éloge. Arrivés à l'égout Montmartre, qui va reprendre le nom d'égout Montmarat, on a brisé les bustes, qu'on a traînés dans la boue, et on les a précipités avec les autres immondices jacobites. On avait, avec de la peinture rouge, coloré la bouche affreuse de notre mangeur d'hommes, en sorte qu'il avait l'air d'un septembriseur regorgeant le sang qu'il avait bu. Plusieurs citoyens ont proposé alors de se rendre au coin de la rue aux Ours, faire une petite station patriotique à la niche où jadis brûlaient des cierges, en l'honneur de la Vierge Marie, que Marat a remplacée; sur la route on a fait une nouvelle recrue de figure de plâtre; au coin des rues Bon-Conseil et Denis, se trouve un café qui fut longtemps le repaire des Chouans de la section Bon-Conseil; c'était le rendez-vous favori de l'infâme Pereira et de la clique infernale ; son digne associé, le Jacobin Bonhomme, qui, le 9 thermidor, allait sonder l'opinion publique et soutenait que les Jacobins étaient les seuls patriotes par excellence, ce vil

---

1. Voir plus haut, p. 448, 449.

coquin qui, après avoir fait incarcérer une soixantaine de citoyens honnêtes, donna sa démission de membre du Comité révolutionnaire; cet apologiste forcené de l'adresse de Dijon, qui voulait remplacer le Père Duchesne, dont le portrait était sur sa porte, par son digne collaborateur Marat; ce terroriste enragé qui s'était chargé de trouver un imprimeur au prêtre Châles, professe dans ce café les principes qu'il tient de Lulier, Pereira, Léchenard et compagnie et ceux de tous les conciliabules secrets dont il se vante d'avoir été. Dans ce café se trouvaient deux bustes du monstre auxquels on donnait la chasse. Le premier fut enlevé et jeté dans le ruisseau sans aucun obstacle; le second, grand comme feu Saint-Christophe, exigeait plus de précautions; on le déniche cependant; mais des cris perçants se font entendre; la limonadière, qui, quelques jours auparavant, avait témoigné à plusieurs de ses voisins le désir secret qu'elle avait de la petite expédition qui s'opérait, jetait les hauts cris. Les uns croient que c'est son Dieu qu'elle regrette, et lui promettent un Jean-Jacques en place; d'autres lui offrent de l'argent. « Je ne veux point de Rousseau, je ne veux pas plus d'argent, » s'écrie cette femme en redoublant l'aigreur de sa voix; on la croit furieuse ou fanatique, on en rit.... « Bonne femme, lui dit un mauvais plaisant, calmez vos frayeurs, nous ne lui ferons aucun mal. » Cependant, comme elle s'élançait sur le sacrilège déicide qui renversait la statue colossale de Marat, on se jette au-devant d'elle; enfin on apprit que ce qui causait son indignation et sa colère était un ruban dont Marat était ceint, et qui, dans l'opération est tombé à terre. « Ils foulent aux pieds le ruban tricolore ! » s'écriait-elle avec transport; aussitôt on le relève, on lui remet avec soin le ruban qu'elle réclame, et on paraît se quitter bons amis. Mais Bonhomme et quelques-uns des siens se trouvaient de garde; les cris de la limonadière et les éclats de rire des jeunes gens qui la regardaient comme une jacobine frénétique avaient attiré quelques citoyens; une patrouille sort d'un corps de garde voisin; elle fut devancée par plusieurs Jacobins qui, le sabre nu, coururent au coin de la rue des Ours, où les citoyens cherchaient à faire tomber l'idole avec des bâtons. « Arrêtez, arrêtez ces perturbateurs, sabrez-les : ce sont des royalistes, des conventionnels, des aristocrates qui pillent tous les bons citoyens et font la guerre aux patriotes. » Les citoyens qui composaient cette espèce de rassemblement étaient sans armes; on en saisit cinq, qu'on traite comme des brigands; les uns sont rudement frappés, les autres ont leurs habits déchirés, on leur arrache leurs cravates; en un mot on eût dit que c'était encore l'armée révolutionnaire qui agissait sous les ordres des tigres qui composaient les autorités constituées de Robespierre. Ces malheureux sont conduits en cet état au corps de garde de Bon-Conseil; le Comité civil de cette section, composé de citoyens qui, par leur sagesse, leur modération et leur patriotisme, ont mérité la haine des scélérats qui ont exercé si longtemps leur tyrannie, n'a pas jugé ce fait de sa compétence; les détenus ont été conduits sur la section des Lombards, où le prétendu délit s'était commis. Ils y ont trouvé un homme humain et sensible, le citoyen Calmet, commissaire de police, qui les a traités avec des égards qu'on doit à des citoyens français. Quand Baralère apporta cette triste nouvelle au café de Chartres, on voulait aller sur-le-champ réclamer les citoyens arrêtés; mais on a remis cette affaire à ce matin. Déjà deux ont été mis en liberté. Au moment où nous parlons il en reste encore trois, dont un citoyen rentier, âgé de quarante-trois ans, un jeune homme de dix-sept, et un capitaine du 16ᵉ régiment de dragons, qui se réclame de Montmayou, et paraît ne pas plus craindre les Jacobins que les Autrichiens, auxquels il a donné aussi la chasse. Quelques individus l'accusent cependant d'avoir tenu des propos contre-révolutionnaires ; mais nous ne doutons pas que ces dénonciateurs, si on les examine de près, ne soient quelques Jacobins ou quelques membres de Comités armés ou tribunaux révolutionnaires. Car il ne reste plus à ces infâmes scélérats que le vil métier d'espion. Aussi la plupart de ceux employés même par le gouvernement actuel sont-ils des Jacobins du 9 thermidor. Ce qu'il y a de particulier, c'est que les hommes payés par le Comité de sûreté générale pour surveiller les malveillants qui se glissent dans les tribunes de la Convention sont les premiers à y exciter du trouble et s'entourent à cet effet de Jacobins et de Chouans. »

CXCII

16 PLUVIOSE AN III (4 FÉVRIER 1795).

Rapport du 17 pluviose.

Esprit public. Groupes et cafés. — Les rassemblements continuent à la Maison-Égalité. Aucune démarche contre la tranquillité publique n'a été faite ; au café de Chartres, ils ont fait un projet d'adresse à la Convention, pour lui demander la démolition du monument du Carrousel et le rapport du décret qui décerne à Marat les honneurs du Panthéon ; le projet d'adresse a été adopté.

L'inquiétude causée par la cherté des subsistances de tous genres continue toujours ; on espérait que la conquête de la Hollande aurait pu procurer la baisse de certaines denrées.....

Spectacles. — Les spectacles ont été assez tranquilles, on continue cependant d'y jeter des papiers et d'en demander la lecture.

Au théâtre des Variétés, un de ceux qui avaient été jetés n'a point été lu ; le public en a demandé la lecture à plusieurs reprises ; on lui répondit que cet écrit, contenant des principes provocateurs à la guerre civile, avait été porté au Comité de sûreté générale, qui en avait défendu la lecture. On en a gardé le plus profond silence.....

Commerce. — ...Le Hodey et Vassor se sont transportés au chantier de la Madeleine, où l'ordre a régné ; la vente a fini à 3 heures faute de bois ; celui de Miroménil n'a pas été de même : la tranquillité y a été troublée plusieurs fois ; le peuple disait qu'on le faisait souffrir pour qu'il se soulevât.

Il est arrivé, pour l'approvisionnement des halles et marchés, 407 voitures de différentes denrées, et 12 de marée. Les halles étaient bien fournies; le beurre s'y est vendu 4 livres 10 sols, et le mouton 2 livres 10 sols la livre.

Surveillance. — La salle de la Convention, à la séance du soir, dit Bocquet, était remplie de brigands du Palais-Égalité; après la nomination faite et la levée de la séance, ils se sont mis tous à crier d'une voix unanime, en montrant aux représentants du peuple leurs bras et leur bâtons et leur disant : « A bas les sacrés buveurs de sang! à bas les sacrés scélérats, les sacrés avaleurs d'hommes! à bas tous ces sacrés coquins, nous les f....... tous dans l'égout; notre coup a manqué aujourd'hui, mais cela ne sera pas long. »

On ajoute qu'on a découvert l'adresse du rassemblement de ces scélérats : ils se rassemblent tous les jours chez le nommé Février, traiteur au ci-devant Palais-Royal. On y a établi une surveillance.

Vannier annonce que, d'après les conversations des tribunes, il semble qu'il y ait deux partis, le premier en faveur de Tallien et Fréron, et l'autre en faveur des députés ci-devant Jacobins.

Mitreux rapporte qu'on murmure de ce qu'il entre dans la salle de la Convention des citoyens, même des femmes, qui se placent derrière l'endroit où la Constitution est posée.

Il résulte du rapport de Boyer que la jeunesse du café des Canonniers a condamné un journal intitulé *Gracchus*[1], dans lequel il est dit que le café des Canonniers est le sénat de Coblenz. On a annoncé au même café, dit Petithenry, que les habitués devaient faire cabale au théâtre de la rue Feydeau; on s'y est transporté, il n'y est rien arrivé.

Gallée rapporte que dix-sept membres du Comité révolutionnaire de la section Mucius-Scævola ont été arrêtés par ordre de l'accusateur public du tribunal criminel du département.

Thénard indique la maison de Fricoteau, traiteur, place Sorbonne, comme lieu de rassemblement de plusieurs imprimeurs, qui tiennent des propos contre-révolutionnaires. Cette maison est mise à la surveillance.....

DURET, BOCQUET-DESTOURNELLES.

(Arch. nat., F¹ c III, Seine, 15.)

1. Il s'agit sans doute du *Journal de Babeuf*.

CXCIII

17 PLUVIOSE AN III (5 FÉVRIER 1795).

RAPPORT DU 18 PLUVIOSE.

Esprit public. Groupes et cafés. — Mercereau rapporte qu'ayant parcouru différents cafés dans l'intérieur de Paris, il a entendu dire qu'il était étonnant qu'on laissât la soi-disant jeunesse se répandre dans tous les endroits publics pour enlever le buste de Marat et se vanter de rechercher les ci-devant Jacobins pour les mettre à la porte, que ces propos étaient une provocation à la guerre civile. Bouillon rapporte que les habitués des cafés de Chartres, de Valois et de la Régence ont brûlé hier une brochure, intitulée : *le Dernier coup de tocsin de Fréron*, qu'ils accusent Châles, représentant du peuple, d'en être l'auteur. Plusieurs personnes parlaient de ce représentant d'une manière très désavantageuse, et lui reprochaient d'avoir prêché l'anarchie dans le département d'Eure-et-Loir.

Dans les différents groupes, on s'entretenait de la cherté des denrées et de la malveillance des marchands, qui mettent tout en usage pour discréditer les assignats.

Naudet rapporte que, sur la section Mauconseil, la malveillance agit en tout sens; plusieurs agitateurs, pour alarmer les citoyens, font courir le bruit que voici la dernière décade que l'on aura de la viande, du porc frais et de la chandelle, que les cartes leur seront retirées, et qu'il n'en sera plus délivré de nouvelles.

Spectacles. — Dufresnoy rapporte qu'au théâtre de la rue Favart plusieurs papiers et couplets ont été jetés sur la scène; ils ont été chantés ou lus; le dernier était une provocation contre les Jacobins. Quelques citoyens qui étaient à l'orchestre ont élevé la voix et dirent: « On ne tardera point de frapper le grand coup. »

A celui de la République, plusieurs papiers, dans les mêmes principes, ont été jetés et lus, à l'exception d'un, qu'un artiste a dit avoir été porté au Comité de sûreté générale, où il était resté. Le calme se rétablit.

Au théâtre de l'Ambigu-Comique il a été joué une pièce, intitulée : *le Concert de la rue Feydeau*[1]; les jeunes gens qui s'y sont crus apos-

---

1. *Le Concert de la rue Feydeau ou l'Agrément du jour*, vaudeville en un acte, par Martainville et Chaussier. Cf. Th. Muret, *l'Histoire par le Théâtre*, t. I, p. 155-157.

trophés dans cette pièce s'y étaient rendus en nombre; elle n'a pu être finie, par le tumulte qu'ils y ont fait. On a jeté divers couplets contre les hommes de sang. L'auteur se plaint, dit-on, de ce que les moteurs des carnages qui ont eu lieu vivent encore ; les jeunes gens qui étaient au parquet ont répondu qu'ils ne vivraient pas longtemps. Il paraît qu'ils ont des projets pour le 20; ils se sont ajournés à ce jour-là.

La pièce n'ayant pu être finie, l'auteur et le directeur du théâtre ont été demandés pour faire amende honorable ; ensuite ils ont demandé que la pièce soit brûlée sur le théâtre. Le calme n'a pu se rétablir que par la présence du commissaire de police, qui a été obligé de se décorer de son écharpe et de leur promettre de porter la pièce au Comité de sûreté générale.....

Commerce. Pain. — ... Gasse rapporte qu'à La Chapelle on se plaint de n'avoir pas de pain, ou de le payer 40 sols la livre à ceux qui le passent aux barrières de Paris. Beaucoup de pains en morceaux sortent de Paris par les barrières.

Quelques boulangers se plaignent de n'avoir pas assez de farine pour satisfaire leurs pratiques.

Viande et comestibles. — Baume, officier de paix, rend compte qu'on se plaint de ce que les bouchers vendent des os 30 sols la livre..... Suivant Le Hodey et Vassor, les Halles étaient bien approvisionnées, la viande en abondance.

Bois. — Il résulte du rapport de Cordebard qu'on se plaint de ce que les commissaires des sections ne donnent point de bons pour du bois, et de ce que, depuis le dégel, on n'a pas de bois comme on devrait en avoir.

Le Hodey et Vassor disent qu'au chantier de la Madeleine les esprits étaient échauffés; on se plaint des autorités constituées. Lefèvre annonce beaucoup de plaintes sur ce que l'on n'a point de bois, quoiqu'on ait donné son argent aux sections.....

Surveillance. — Descamps rend compte qu'au Palais-Égalité un particulier tenait les propos les plus infâmes contre Marat et contre les Comités révolutionnaires; il s'est vanté d'avoir participé au théâtre de la Cité à renverser le buste de Marat, et qu'il avait crié qu'il fallait lui mettre, en place de la couronne civique, une couronne faite avec des entrailles de corps humains ; il a dit aussi que les terroristes et les Comités révolutionnaires étaient à leur fin, que nous n'avions plus de canonniers de Robespierre, que nous avions des jeunes gens qui n'attendaient que le premier coup de baguette pour mitrailler tous ces scélérats, et que cela allait bientôt s'effectuer; il a ajouté qu'il était temps de se montrer, et que, s'il connaissait un scélérat qui ait fait guillotiner un individu quelconque, il le poignarderait lui-même. La Commission a donné des ordres pour faire venir ce particulier.

Moreau et autres annoncent que des particuliers étrangers se réunissent au café de Didier, rue Neuve-des-Petits-Champs, au coin du Perron. Cet endroit est présentement à la surveillance.

D'après le rapport de Dangouville et Bouillon, au café des Canonniers, il y a eu un grand rassemblement et une discussion confuse sans résultat; deux volontaires, qui disaient venir des frontières, ont voulu parler; on n'a pas voulu les écouter; on a crié qu'il fallait les mettre à la porte, que c'étaient des Jacobins; d'autres ont dit qu'il fallait les respecter, que c'étaient des enfants de la patrie.

Au café de Chartres, dit Honneton, on a lu l'écrit intitulé : *le Dernier coup de tocsin de Fréron*, on l'a brûlé ensuite; on a dit que c'était le prêtre Châles qui en était l'auteur; on a dit aussi qu'il fallait aller à la section, le jour de la décade, pour faire ôter le buste de Marat.

D'après le rapport de Mitrecey, dans les groupes tenus après la séance de la Convention, l'opinion a paru être d'aller à la Convention pour demander le rétablissement du buste de Marat et demander aussi que l'on fasse revenir Bouchotte, Pache, Rossignol et plusieurs autres pour les juger.....

BOCQUET-DESTOURNELLES, BEURLIER.

(Arch. nat., F 1 c III, Seine, 15.)

JOURNAUX.

Courrier républicain du 19 pluviôse : « *18 pluviôse*. On sait que, dans un endroit isolé du faubourg Antoine, une Société, qui n'était composée que de cent individus, a vu refluer dans son sein une nuée de Jacobins astucieux qui débitent les maximes les plus atroces aux habitants bons, mais faciles à tromper, de cette portion de Paris. Ils ont des signes de ralliement qui sont des devises de Chalier et du royaliste et sanguinaire Marat. L'objet de ce rassemblement, qui est actuellement de plus de cinq cents individus, est de soustraire à la justice les grands coupables qu'elle réclame sans cesse, et de recommencer ensuite les opérations assassines que ces malheureux n'ont pu terminer. Décadi, tous ces individus doivent se répandre dans les sections..... Avant-hier une femme avait attaché à la porte de la cabane de Marat, en plein jour et en présence de tout le monde, un large ruban tricolore avec une superbe cocarde. Ce ruban, qui était une injure à l'opinion actuelle, a été enlevé le soir. Cette petite aventure ne peut pas être regardée avec indifférence dans l'état actuel des choses. » — *Gazette française* du 20 pluviôse. « *Paris, le 18 pluviôse.* ... On jouait hier, sur le théâtre d'Audinot, le *Concert de la rue Feydeau.* Plusieurs jeunes gens, qui étaient au spectacle, ont cru apercevoir dans la pièce des allusions peu favorables à la jeunesse de Paris. Ils se sont livrés à quelques murmures, et ces mouvements ont interrompu pendant quelque temps la pièce. Bientôt la force armée a rétabli le calme. Deux à trois cents jeunes gens ont été mis en état d'arrestation dans la salle des séances de la section des Gravilliers. Ce matin ils ont été renvoyés à leurs sections respectives, où, sur la réclamation de citoyens connus, ils ont été rétablis dans leur domicile. » — *Narrateur impartial* du 19 pluviôse. « *Paris 19 pluviôse.* Avant-hier, on a trouvé le buste de Marat pendu à la porte d'un boucher, au coin de la rue de la Calande. Des enfants, l'ayant aperçu, l'ont mis en pièces à coups de pierres, au milieu des applaudissements de tous les passants. Une Jacobine, ayant voulu prendre fait et cause pour son cher *Marat,* a été huée et n'a échappé à la flagellation que par une prompte fuite. » — *Ami du Peuple* du 19 pluviôse : « Les patriotes commencent à se réveiller ; les hommes du jour et leurs coryphées rentreront bientôt dans leurs boudoirs et dans leurs boutiques. Les sans-culottes d'une section de Paris ont brûlé ces jours derniers un libelle périodique qui annonçait avec emphase la proscription des amis du peuple et les outrages faits au patriotisme dans l'effigie de Marat. Ces messieurs se proposent encore d'exhumer les restes de l'Ami du peuple pour les traîner à la voirie. En défendant Marat, nous ne plaidons ni la cause de l'individu, ni celle de l'homme, qui a pu se tromper quelquefois. Mais l'intention de nos ennemis n'est pas de proscrire Marat pour ses opinions, mais Marat pour son influence révolutionnaire, mais Marat plaidant la cause du peuple et faisant voler le trône en éclats..... »

CXCIV

18 PLUVIOSE AN III (6 FÉVRIER 1795).

RAPPORT DU 19 PLUVIOSE.

Esprit public. Groupes et cafés. — Après la levée de la séance de la Convention, les groupes étaient peu nombreux ; l'on s'y entretenait de la cherté des subsistances de tout genre, et l'on se plaignait que la Convention ne cherche point à remédier aux vexations de toutes espèces qu'éprouvent les consommateurs.

A la Maison-Égalité, Marceau rapporte que des citoyens, ayant vu circuler aux environs des patrouilles de cavalerie, disaient : « Est-ce que l'on aurait envie de cerner la Maison-Égalité ? » et que plusieurs répondirent : « Cela m'est égal ; je serai content, si cela peut ramener la tranquillité, et si ce moyen peut faire découvrir les auteurs du trouble. »

Dufresnoy rapporte que beaucoup de citoyens blâmaient hautement la conduite des jeunes gens qui se rassemblent dans les cafés de la Maison-Égalité et provoquent par leurs insultes et leurs propos le trouble dans tous les lieux publics où ils se portent, et principalement dans les spectacles, sous le prétexte d'abattre les bustes de Marat et autres.

Charpentier rapporte que, sur les sept à huit heures du soir, il se forma au café des Canonniers, Maison-Égalité, un grand rassemblement occasionné par le rapport qui y fut fait, que le théâtre d'Audinot était cerné par la force armée. Plusieurs citoyens étaient d'avis d'aller au Comité de sûreté générale, afin d'empêcher la représentation de la pièce. Les citoyens paisibles voient avec peine croître ces désordres depuis quelques jours, mais ils espèrent que la Convention mettra fin à ces divisions et fera rentrer le tout dans l'ordre.

Spectacles. — Au théâtre du Vaudeville, un billet a été jeté, dont on a demandé la lecture; un des artistes s'est présenté et a dit qu'il ne pouvait être lu, contenant des principes contraires aux lois; le public a approuvé cette réponse.

Au théâtre des Arts, le public a été moins prudent; la lecture d'un papier jeté sur le théâtre n'ayant pas été faite, on a sifflé et murmuré du refus fait par l'artiste, quoiqu'il donnât pour motif que le papier avait été porté au Comité de sûreté générale, et qu'il n'en était pas revenu.

Le théâtre d'Audinot était celui où le désordre devait avoir lieu; aussi commença-t-il, lorsqu'on voulut commencer la pièce, intitulée *le Concert de la rue Feydeau*. Comme on avait connaissance du trouble qui pourrait avoir lieu, par suite de celui de la veille, où l'on s'était permis de troubler la représentation de cette pièce, le directeur s'était précautionné de soumettre la pièce à la censure du Comité de sûreté générale, qui a écrit une lettre d'approbation, dont le commissaire de police fit la lecture. La majeure partie des citoyens applaudirent à la lettre du Comité de sûreté générale; mais, un instant après, une quantité de jeunes gens montèrent sur le théâtre, armés de bâtons, blâmèrent hautement la lettre en ce qu'elle ne désapprouvait pas la pièce, qui, suivant eux était immorale et même attentatoire au gouvernement et à la liberté; un d'eux arracha la pièce des mains du souffleur; la pièce n'a pas pu être jouée; le trouble a fini, et l'on est parvenu à jouer la pantomime. La salle ayant été cernée par la force armée, plusieurs de ces perturbateurs furent arrêtés à la sortie du spectacle et furent conduits de suite au Comité révolutionnaire de la section. Les inspecteurs rapportent que l'un de ceux que l'on avait arrêtés a tiré un coup de pistolet, qui, heureusement, n'a porté sur personne.

Simon rapporte que l'un des principaux moteurs de ces troubles est Saint-Huruge, qu'il a vu s'entretenir hier au café des Canonniers et encourager les jeunes gens à ne point souffrir que l'on jouât cette pièce ; il s'est vanté de faire donner une leçon à quelques-uns des membres du Comité de sûreté générale.....

Commmerce. Pain. — Bergeret dit que, dès six heures du matin, il y a eu des rassemblements aux portes des boulangers, sous prétexte d'avoir de la braise.

Bienvenu, Delahaye et autres rapportent que la tranquillité a régné ; cependant quelques boulangers ont manqué de pain et n'ont pu satisfaire leurs pratiques.....

Viande et autres comestibles. — ... Moreau dit que les commissaires désireraient que la Commission prît des mesures afin d'empêcher les rassemblements aux portes des bouchers dès trois heures du matin.

La Motte et Pierre disent que, dès trois heures du matin, il y a des queues aux portes des bouchers. Bergeret rapporte que le public se plaint de ce que l'administration ne donne pas autant de viande aux bouchers qu'à l'ordinaire, attendu que beaucoup de citoyens en sont privés.

Murat dit que les bouchers du Marché-Neuf cachent tous les jours de la viande derrière une toile ; beaucoup de foule à leur porte de grand matin ; plusieurs citoyens n'ont pas eu de viande.....

Dessault, officier de paix, dit qu'il est arrivé au carreau de la halle 8169 livres de beurre, 19,100 œufs, 533 douzaines de fromage de Neufchâtel. Le beurre se vend 4 livres la livre ; les œufs, 22 livres le cent ; le fromage de Neufchâtel, 4 livres 10 sols la douzaine ; le bœuf et le veau, 2 livres 10 sols la livre.

Bois. — Le Hodey dit qu'au chantier de la Madeleine les esprits étaient échauffés en ce que le bois a manqué sur les onze heures ; on disait que cela était fait exprès pour faire souffrir le public.

Bocquoin et Baron disent que la garde a été forcée, mais que l'ordre a été bientôt rétabli et la vente a continué.....

Launay, Brunel, Guérin disent qu'au chantier du citoyen Desegoute la garde a été forcée, mais l'ordre a été bientôt rétabli.....

Chevalier dit que, sur la place Égalité, il y a beaucoup de voitures chargées de bois que l'on vend à un prix excessif ; il observe qu'elles gênent la voie publique.

Petit, Didier et Martin rapportent qu'il est arrivé, les 18 et 19,

383 voitures de différentes denrées pour l'approvisionnement des halles et marchés, ainsi que sept de marée.

Surveillance. — Valus dit que, dans l'assemblée des Défenseurs des droits de l'homme, séant aux Enfants de la Patrie, faubourg Antoine, il a été fait une pétition destinée à être présentée à la Convention nationale, dans laquelle on demande s'il est permis de violer les propriétés, en enlevant les bustes de Marat; ensuite il a été question du transfèrement de Rossignol; la discussion a été remise à la décade prochaine, et la séance a fini par des chants patriotiques et la promenade des bustes de Marat et Le Peletier; il a été fait invitation à tous les bons citoyens de venir à cette assemblée. Il y aura une surveillance à la séance prochaine en cet endroit.

Genet dit qu'on est venu dire au café des Canonniers qu'il y avait des citoyens dans un café, rue de Chartres, qui avaient mal parlé de plusieurs membres de la Convention. On voulait se transporter audit café pour leur donner des coups de bâton; on s'y est opposé; on a dit qu'il fallait que le dénonciateur aille au Comité de sûreté générale faire son rapport; il est parti pour s'y rendre, et plusieurs citoyens l'ont accompagné.

Racine dit qu'il y avait beaucoup de foule au café des Canonniers; on y disait qu'il fallait écraser les Jacobins et les buveurs de sang, que ce sont eux qui ont distribué la feuille du *Dernier coup de tocsin de Fréron.*

Gallois dit que, dans ce même café, on disait que l'armée de Charette se renforçait, que, dans ce moment, elle pouvait être de 150,000 hommes, que ces nouvelles étaient sûres, qu'on les tenait des personnes qui venaient du pays; d'autres ont soutenu que cela ne pouvait être.

Leclerc rapporte que, dans un groupe relatif à l'arrestation de certains colporteurs, vendant des feuilles, telles que l'*Ombre de Marat*, le *Dernier coup de tocsin de Fréron*, on disait que l'on faisait la guerre aux bons patriotes, que l'on n'arrêtait pas les écrits de ce f...., Fréron et d'autres f..... gueux, comme lui, qu'on n'a pas arrêté tous les libelles que l'on a faits contre les Jacobins.

Jacquet dit qu'hier, quatre heures de relevée, quatre particuliers se sont approchés d'un citoyen qui était dans un cabriolet, l'ont fait descendre avec menace et lui disant, de la part des Jacobins, que dans quinze jours il n'y aurait ni voitures, ni cabriolets; cette scène s'est passée rue des Fontaines, près celle du Temple. Le citoyen attaqué a été mandé pour demain.

HANNOCQUE-GUERIN, FAUCONNIER.

(Arch. nat., F 7 * III, Seine, 15.)

JOURNAUX.

Courrier républicain du 20 pluviôse : « *19 pluviôse.* Les fêtes décadaires, la *dépanthéonisation* des saints modernes, la paix, les subsistances, puis quelques querelles particulières, toujours au nom du peuple et de la liberté, voilà à peu près ce qui dirige actuellement les esprits dans cette capitale. Marat, le trop célèbre Marat, est toujours au sommet du Capitole ; mais il a à craindre que son cadavre, transporté sur la roche Tarpéïenne, ne soit bientôt précipité avec fracas dans les eaux du Tibre. Des observateurs ont remarqué que, dans un café situé à l'angle formé par le boulevard et la rue du faubourg Montmartre, sont peints à fresque et de grandeur naturelle J.-J. Rousseau, Franklin, Voltaire, Helvétius et Pope. En face de ce dernier se trouve Marat, vêtu d'une espèce de carmagnole, couverte d'une toge romaine avec un grand pantalon. Sa tête est barbouillée de plâtre ; de sa main gauche il tient un imprimé ayant pour titre *l'Ami du peuple*. Ce pamphlet-là est aussi barbouillé de plâtre. Il paraît qu'il occupe dans ce café la place qu'y occupait Mirabeau. Ainsi le prétendu ami du peuple a chassé de cette maison Mirabeau, comme il l'a chassé du Panthéon. Ces deux hommes ne valaient peut-être pas mieux l'un que l'autre ; mais enfin les saints vivent bien en paix dans le Panthéon du pape : pourquoi donc les nôtres sont-ils sans cesse expulsés de ce séjour céleste avec autant de pompe et d'empressement qu'on y avait chanté leur apothéose?.... » — *Vedette* du 20 pluviôse : « Le Comité de sûreté générale est instruit qu'il y a beaucoup de rassemblements des Jacobins, terroristes et autres, et on ne peut jamais les saisir. Les faubourgs Antoine et Marceau sont les lieux où sont les points de ralliement. Pour n'être pas surpris, ils ont, de distance en distance, des espions qui se placent sur toutes les avenues qui aboutissent au point de ralliement ; dès que l'un voit arriver la force armée, il court avertir le second, celui-ci le troisième, et ainsi de suite jusqu'à l'endroit. La compagnie se sépare, et va se confondre avec les passants, en sorte qu'on n'a pas encore pu les prendre sur le fait. Ils font circuler plusieurs brochures, et ils répandent le bruit que, dans huit jours, les Jacobins seront plus triomphants que jamais. »

CXCV

19 PLUVIOSE AN III (7 FÉVRIER 1795).

RAPPORT DU 20 PLUVIOSE.

Esprit public. Groupes et cafés. — Le café des Canonniers était encore hier très agité ; un jeune homme y a lu un discours très énergique contre les Jacobins en général; il avait pour but : 1° de demander à la Convention la punition des anciens membres du Comité de salut public ; 2° qu'elle rétablisse le décret qui dit que personne n'aura les honneurs du Panthéon que vingt ans après sa mort; 3° de dépanthéoniser Marat, que l'on traite d'idole hideuse ; 4° enfin d'engager tous les citoyens à se réunir pour combattre les Jacobins et leur donner la mort, s'ils osaient faire éclater la guerre civile. Ce discours a été vivement applaudi ; on a arrêté qu'il serait imprimé et affiché.

On a rapporté que quelques-uns de ces jeunes gens avaient dit que la Convention n'avait pas besoin de mouchards, et qu'il fallait assommer tous ceux qui les avaient arrêtés à l'Ambigu-Comique. Le citoyen Rondonneau, administrateur du dépôt des lois, rue Nicaise n° 332, a déclaré chez le commissaire de police que, le 14, sur les huit heures du soir, un rassemblement se porta près de sa boutique, que plusieurs personnes entrèrent et demandèrent qu'on leur livrât le buste de Marat, promettant de le remplacer par celui de J.-J. Rousseau, qu'après leur avoir fait quelques représentations sur la forme illégale de leur demande, pour éviter la suite qu'aurait pu produire sa résistance, il avait laissé un citoyen déplacer et emporter le buste de Marat.

Dans un groupe, Jardin national, le public paraissait irrité de la conduite de la jeunesse chez Audinot ; on paraissait très étonné de ce que le peuple était resté aussi tranquille ; on y disait que, tant qu'il y aurait deux partis à la Convention, le gouvernement trouverait toujours des entraves dans sa marche républicaine. On paraissait craindre que l'effervescence de cette jeunesse n'entraînât des suites fâcheuses. On a remarqué dans ce groupe le ci-devant curé de Gentilly.

On a brûlé, au café des Canonniers, le journal intitulé *Le Courrier des Armées* [1], parceque les journalistes racontaient ce qui avait eu lieu chez Audinot, en traitant la jeunesse de muscadins.

Spectacles. — Au théâtre de la rue Favart la tranquillité a été un moment troublée par dix ou douze jeunes gens qui excitaient d'autres à pousser en disant : « Ce sont des Jacobins qui veulent toutes les places pour eux seuls ! » Le public a crié : « A bas ! faites sortir ces agitateurs. » Un citoyen a menacé un de ces jeunes gens ; cependant la tranquillité s'est rétablie.

Au théâtre de la rue Feydeau... le public a demandé que Garat paraisse pour chanter le *Réveil du Peuple*. On a dit que Garat n'y était pas ; Lebrun a paru et a chanté.....

1. Sous ce titre la Bibliothèque nationale ne possède Lc 2/2631) et M. Tourneux n'a connu (*Bibl.*, t. II, n° 11,016) qu'une feuille in-4°, qui parut du 2 brumaire an IV au 6 vendémiaire an V. On voit qu'en pluviôse an III, il y avait déjà un *Courrier des armées*, mais nous n'en avons pas retrouvé d'exemplaire.

Commerce. Pain. — Tranquillité. Cependant quelques boulangers se plaignent de n'avoir pas assez de farine pour faire leur levain ; 'Agence des subsistances est prévenue de ces plaintes.....

Viande. — Moreau, Dumortier, Noblâtre et autres disent que la tranquillité a régné, que la distribution s'est faite avec ordre, et que presque tous les bouchers ont eu de la viande de reste.

L'on a été obligé de requérir la force armée pour rétablir l'ordre à la porte d'un boucher au Marais. Le calme a été bientôt rétabli ; plusieurs citoyens n'ont point eu de viande.

Les halles étaient très bien approvisionnées ; beaucoup de légumes, racines, marée, fromages ; belle viande en quantité, ainsi que cochons.

Surveillance. — Aux tribunes de la Convention, sur la lecture d'une adresse d'une commune qui annonçait ne pas plus vouloir de bonnet rouge que de couronne, et sur les applaudissements dont cette adresse a été couverte, des femmes placées dans l'amphithéâtre, à gauche, se sont écriées : *Ah! voilà le Palais-Royal!*

On se permet de blâmer l'arrêté du Comité de sûreté générale relativement au buste de Marat, et l'on dit que, les droits de Marat à la considération publique étant consacrés par un décret, ils ne peuvent être compromis, comme ils le sont, sans un autre décret.

Le café des Canonniers, Maison-Égalité, est dénoncé comme étant le centre où se forment les troubles qui agitent tous les spectacles. Au susdit café des Canonniers il a été lu hier un projet d'adresse à la Convention, dont l'impression a été arrêtée. L'objet de cette adresse est de demander la prompte punition des membres de l'ancien Comité de salut public, de remettre en vigueur le décret qui n'accorde que vingt ans après la mort les honneurs du Panthéon, et d'engager tous les citoyens de faire cause commune contre Marat.

Rue de Charonne, faubourg Antoine, un buste de Marat a été trouvé par une patrouille au coin d'une borne.

Les jeunes gens arrêtés au théâtre de l'Ambigu-Comique, et depuis élargis, se sont montrés aussitôt au café des Canonniers ; chacun faisait trophée de ce qu'il avait fait ; chaque détail était couvert d'applaudissements.

Projet des citoyens du faubourg Antoine de se porter primidi prochain en masse à la Convention pour y porter et placer les bustes de Marat et de Le Peletier de chaque côté du président.

BARBARIN, PASTÉ.

(Arch. nat., F⁷ III, Seine, 15.)

CXCVI

20 PLUVIOSE AN III (8 FÉVRIER 1795).

RAPPORT DU 21 PLUVIOSE.

Esprit public. Groupes et cafés. — L'esprit public est un peu moins agité que les jours précédents. Les conversations de presque tous les cafés et lieux publics avaient pour objet le décret qui suspend les honneurs rendus à Marat, et qui fixe le terme de dix années, après le décès, pour décerner les honneurs du Panthéon. Ce décret est approuvé unanimement.

D'autres s'entretenaient de la cherté excessive des marchandises et denrées de première nécessité, et traitaient les marchands de scélérats dont l'unique but était de soulever le peuple.

Au café des Canonniers, quelques-uns des jeunes gens qui avaient été la veille arrêtés au théâtre d'Audinot faisaient un récit très désavantageux du traitement qu'ils avaient essuyé de la part de ceux qui les avaient arrêtés, et se vantaient de traiter tous ceux qu'ils reconnaîtraient pour y avoir contribué comme les Jacobins.

Un rapport annonce qu'hier, à l'assemblée générale de la section de Montreuil, il s'est présenté une députation de la section des Quinze-Vingts, chargée d'apporter une pétition adoptée par cette section. Cette pétition concernait les bustes de Marat et de Le Peletier; on y disait qu'après avoir renversé ces bustes on en viendrait à la Convention nationale et à tous les patriotes ensuite. Cette pétition contenait, suivant le même rapport, la demande de la Constitution démocratique tout entière et des Droits de l'homme. Elle a été applaudie par une portion des citoyens qui voulait que le président mît aux voix l'adhésion sur le champ. D'autres citoyens ayant demandé la parole, il se fit un tumulte considérable, qui a duré jusqu'à la fin de la séance, qui a été levée à dix heures du soir. Les partisans de la pétition ont invectivé ceux qui avaient demandé la discussion préalable, et, quoique cette pétition n'eût pas été adoptée, ils ont promis de se réunir à la section des Quinze-Vingts pour aller à la Convention nationale.

On lit dans un autre rapport que les jeunes gens se promettent d'aller ce soir au spectacle d'Audinot pour s'opposer à la représentation de la nouvelle pièce; ils savent, disent-ils, que le théâtre sera investi de la force armée. D'après ce rapport, ces jeunes gens menacent Léonard Bourdon, qu'ils prétendent leur avoir dit au Comité des Gravilliers : *A la guillotine !*

Spectacles. — La nouvelle pièce n'étant pas affichée, la Commission n'a pas cru devoir prendre des mesures actuelles. Les spectacles ont été parfaitement calmes.

Pamphlets. — Le sixième numéro du *Vieux Cordelier*, vient de paraître [1] ; il est bien difficile de démêler les principes qui dirigent le rédacteur de cet écrit ; ce qu'on y remarque de plus clair, et ce qui doit affliger tout bon patriote, c'est la facilité avec laquelle l'auteur se permet d'injurier et de ridiculiser plusieurs membres de la Convention nationale qui jouissent de l'estime générale ; sous ce rapport, cet ouvrage doit fixer l'attention des autorités constituées. On ne peut se dissimuler, en effet, que depuis quelques mois il existe une nouvelle tactique d'avilir la représentation nationale en attaquant individuellement, et d'une manière indécente, les membres qui composent le corps législatif. La Commission va prendre à cet égard les mesures que la loi lui prescrit.

Commerce. — Plusieurs inspecteurs annoncent que la distribution du pain s'est faite avec tranquillité et conformément à la loi.....

Plusieurs inspecteurs annoncent que les distributions de viande et autres comestibles ont été tranquilles et sans foule.

D'autres rapportent avoir vu foule chez les bouchers, mais sans que l'ordre ait été troublé.

Les officiers de paix et inspecteurs chargés de la surveillance des chantiers et distributions de bois n'y ont rien remarqué de contraire au bon ordre.....

Surveillance. — ...Muron a vu, au coin de la rue Salle-au-Comte, un attroupement de gens armés pour détruire le buste de Marat, placé au coin de la rue aux Ours ; trois de ces particuliers ont été arrêtés et conduits chez le commissaire de police de la section des Lombards.

Cornet rapporte qu'aux cafés de la Maison-Égalité, et notamment au café des Canonniers, on traitait Marat de buveur de sang, et que ceux qui parlaient ainsi hier disaient qu'ils seraient plus en force aujourd'hui et qu'ils porteraient Marat au Panthéon des Jacobins, qui est l'égout Montmartre.

Pigache rapporte qu'hier, à l'assemblée de la section des Gardes-Françaises, on a cassé le buste de Marat et déchiré les estampes représentant la Montagne.

1. Il s'agit sans doute du *Vieux Cordelier*, par Baillio, dont ce numéro six fut le dernier. Bibl. nat., Lc 2/854, in-8°, et Tourneux, t. II, n° 10967.

Gallois annonce qu'on a ôté les bustes de Marat et de Chalier du lieu des séances de la section de Le Peletier, et qu'on a brûlé les couronnes civiques qui étaient sur ces bustes.....

L.-J. BABILLE, ALLETZ.

(Arch. nat., F 1 c III, Seine, 15.)

JOURNAUX.

Courrier républicain du 21 pluviôse ; « *20 pluviôse.* On craint beaucoup qu'il n'y ait ce soir quelque agitation dans les sections. Il dépend des bons citoyens de prévenir cette effervescence, en portant leur vœu personnel à leur section respective. Il doit y être question, à ce qu'on pense, d'inviter la Convention nationale à chasser Marat du Panthéon. Le peuple attend ici avec la plus vive impatience le décret qui doit retirer une partie des assignats de la circulation..... » — *Gazette française* du 21 pluviôse : « *Paris, 20 pluviôse.* ... Nous étions bien informés, lorsque nous avons dit, dans un de nos derniers numéros, que les Jacobins s'étaient ralliés à une Société populaire du faubourg Antoine : leurs machinations ont été dénoncées au Comité de sûreté générale, qui a pris des mesures pour en prévenir l'effet. Ils s'étaient assemblés hier, avec le projet d'envoyer des députations aux assemblées de sections et aux autorités constituées. Ce conciliabule, où la révolte était mise en discussion, a été cerné par la force armée, et les principaux meneurs ont été mis en prison, où ils auront le temps de réfléchir sur cette maxime : *Une société ne peut souffrir dans son sein que ceux qui veulent souffrir les lois émanées de sa volonté.* » — *Narrateur impartial* du 28 pluviôse : « ... Vingt ouvriers ont fait, décadi dernier, un dîner de mille dix livres. L'un d'eux, tirant ses cinquante livres dix sols pour prix de son écot, dit à demi-voix à un de ses camarades : « Voilà un dîner cher ; que dira ma femme, qui n'a peut-être ni pain ni pâte à la maison ? » — « Eh bien, laisse là le ménage et fais le divorce, lui répond son camarade. » Que de tristes réflexions ont fait naître chez moi ce repas, et cette voix du remords étouffée par l'immoralité ! Voici un autre fait : Un voiturier, passant à Sèvres, aperçoit chez le jardinier Williams un fruit qu'il ne connaît pas ; il arrête sa voiture, entre, s'informe du nom de ce fruit. — C'est un ananas, répond Williams. — Se mange-t-il ? — Oui. — Cru ou cuit ? — Cru. — C'est-il bon ? Excellent. — Donnez m'en un. — Frère, ces fruits là ne sont pas pour toi. — Sont-ils vendus ? — Non, mais ils valent 36 livres. Notre voiturier tire les 36 livres de son portefeuille ; on lui décoiffe l'ananas, il le mange, trouve, en effet, ce fruit excellent, tire de sa poche 36 autres francs, mange le second ananas, sort, fouette ses chevaux et part. Ce voiturier conduisait une voie de bois pour le transport de laquelle il avait exigé cinquante écus. Je laisse au lecteur ses réflexions à faire. »

CXCVII

21 PLUVIOSE AN III (9 FÉVRIER 1795).

Rapport du 22 pluviose.

Esprit public. Groupes et cafés. — Les surveillants envoyés dans le faubourg Antoine, dans le courant de la journée, ont fait alternativement le rapport que la plus grande tranquillité y régnait.

Avant l'ouverture de la Convention, il y a eu quelques disputes dans une des tribunes, qui ont cessé à l'instant des séances ; à la fin de la séance, les groupes étaient nombreux sur la terrasse. On s'y entretenait pour et contre le décret relatif à Marat, et des différentes pétitions de plusieurs sections de Paris. L'exécution des lois est la réponse que présentent aux malveillants les citoyens sages. La démolition du mausolée sur la place du Carrousel a été vue sous différents aspects, blâmée par quelques-uns, mais approuvée par le plus grand nombre.

Le café des Canonniers, très fréquenté, comme de coutume, n'a pas produit d'autres faits que celui d'une motion d'aller danser une carmagnole sur le tombeau de Marat, ce qui a été effectué à la satisfaction de la majorité ; au retour de cette danse, on est venu allumer un feu de paille dans la cour de la Maison-Égalité. Le commandant du poste a invité les jeunes gens à se retirer paisiblement, ce qu'ils ont fait, et il n'en est résulté aucun inconvénient. Du reste, de très nombreuses patrouilles ont maintenu l'ordre et la tranquillité.

Les plaintes de la cherté des subsistances sont toujours les mêmes ; il nous a été rapporté qu'hier, au café Payen, on disait qu'il fallait se porter à la Convention pour y demander la Constitution de 1793 et le maintien de cette seule Constitution.

Spectacles. — Au théâtre de la Montagne, les jeunes gens ont placé le buste de Jean-Jacques sur le piédestal où était celui de Marat, en disant : « La vertu remplace la scélératesse. » Ils ont ensuite posé une couronne civique sur la tête de Rousseau et ont brûlé, en signe de sacrifice expiatoire, le journal de Babeuf, ce qui a été vivement applaudi. Plusieurs voix ensuite se sont élevées pour demander le *Réveil du peuple*, d'autres le *Chant du départ*, d'autres enfin l'expulsion des Jacobins, s'il en existait dans l'enceinte ; la tranquillité n'a point été directement troublée. Les autres spectacles n'ont produit aucun objet contraire à la tranquillité publique.

Commerce. Pain. — Massard, officier de paix, Bienvenu et autres rapportent que la tranquillité a régné dans la distribution du pain, qu'elle s'est faite conformément à la loi, qu'en général les boulangers ont eu du pain de reste, à l'exception de quelques-uns, qui ont manqué de farine…

Viande et autres comestibles. — Suivant les rapports de Massard, officier de paix, Ancelle, Fleury et autres, la tranquillité a régné, quoiqu'il y eût quelques rassemblements dès quatre heures du matin aux portes des bouchers.

Petit dit qu'il y a eu beaucoup de bruit à la porte des bouchers ainsi qu'à celle d'un charcutier, rue P..u, où une citoyenne s'est permis de dire mille invectives contre les autorités constituées et la Convention nationale, ainsi que contre les marchands ; plus de cent personnes ont tenu les mêmes propos.

Labaubé dit que l'on se plaint de ce qu'il y a des personnes qui viennent à la boucherie avec sept à huit cartes.

Massard, officier de paix, Le Hodey, Vassor rapportent que les halles sont très tranquilles, bien approvisionnées en toutes sortes de denrées ; la viande, très abondante, se vend 3 liv. la livre ; le porc frais, 58 sols ; les œufs, 6 sols pièce.

Surveillance. — Dans les couloirs de la Convention, Baucheron et Danjou ont entendu des murmures ; on y disait qu'autrefois on faisait croire que Robespierre avait tout fait accaparer, mais qu'actuellement c'était encore pis, que nous avions pris beaucoup de choses en Hollande, et que nous n'en étions pas mieux.

Lefèvre a entendu à la Convention des citoyens de la commune de Gentilly, près de Bicêtre ; ils disaient que leur commune mourait de faim, et qu'on n'y a pas encore vu de grain de la dernière récolte dans leur moulin.

Racine rapporte que, dans l'amphithéâtre, à la droite du président de la Convention, des personnes murmuraient contre les pétitionnaires et disaient : « Ce ne sont pas là des sans-culottes. »

Des particuliers, placés dans les tribunes de la Convention, s'entretenaient de Marat ; l'un d'eux dit : « Si Marat fut un scélérat, Charlotte Corday doit prendre sa place au Panthéon. »

Il résulte du rapport de Rollin qu'un citoyen est venu annoncer au café des Canonniers qu'il avait reçu une lettre de l'auteur de la pièce intitulée *le Concert de la rue Feydeau;* sur la proposition d'en entendre la lecture, l'ordre du jour a été mis aux voix et adopté. Est arrivé Saint-Huruge, qui a dit sortir du Comité de la marine ; il a annoncé que 107 vaisseaux chargés avaient été amenés de Porto à Brest, que notre flotte avait été un peu endommagée par la tempête en sortant de Toulon, et qu'une flotte anglaise avait été entièrement battue par les vents...

BOCQUET-DESTOURNELLES, LE ROUX.

(Arch. nat., F 7 e III, Seine, 15.)

JOURNAUX.

Courrier républicain du 22 pluviôse : « *21 pluviôse.* Enfin, la féroce divinité dont l'autel a été inondé de tant de sang ne recevra plus l'hommage des Français éperdus ; ils sont débarrassés de la statue de ce cannibale, à qui nous allions demander tous les jours de nous laisser encore quelques instants d'une existence infortunée. Hier, toutes les sections ont fait justice du buste de Marat, avec un enthousiasme dont on aura de la peine à se faire une idée. Des scènes de cette nature ne peuvent se décrire qu'imparfaitement. La section à qui la peur a fait prendre le nom de Marat, parce que ce fripon était domicilié dans son arrondissement, a repris son ancien nom de section du Théâtre-Français. La section dite de Chalier, autre brigand, disciple de Marat, aux mânes duquel la malheureuse ville de Lyon a été sacrifiée, reprendra aussi son ancien nom de section des Thermes. Ce matin on a détruit, par ordre du gouvernement, l'affreux mausolée érigé à Marat sur la place du Carrousel, et il faut croire que sous peu de jours il ne nous restera plus de ce petit monstre que son horrible mémoire, qui, semblable à celle du diable, vivra d'âge en âge pour épouvanter les malheureux mortels. Une pauvre femme, voyant ce matin les maçons occupés à détruire la cabane de Marat, disait en passant : « Pourquoi aussi dépenser tant d'argent à bâtir toutes ces machines là pour les détruire aussitôt ? » — « Il ne faut pas que cela vous surprenne, a répliqué quelqu'un qui l'observait, *c'était pour jouer à la chapelle.* » Dans la plupart des sections on a nommé des commissaires pour recueillir tous les faits relatifs à la conduite des Comités révolutionnaires avant le 9 thermidor, et faire ensuite le rapport aux assemblées générales, qui renverront le tout au gouvernement. Si cette opération est bien faite, elle ne peut qu'être extrêmement précieuse pour l'instruction du peuple et l'intérêt de l'histoire..... »

CXCVIII

22 PLUVIOSE AN III (10 FÉVRIER 1795).

RAPPORT DU 23 PLUVIOSE.

Esprit public. Groupes et cafés. — Les cafés, places et endroits publics ont été assez tranquilles pendant le courant de la journée; mais, sur les six heures du soir, une quantité de jeunes gens, rassemblés au café de Chartres, ayant eu nouvelle que la pièce intitulée *le Concert de la rue Feydeau* devait se jouer sur le théâtre d'Audinot, quoiqu'il eût eu l'intention de substituer une autre pièce, ayant fait recouvrir l'affiche, mais que les spectateurs en avaient exigé la représentation, firent la motion de partir en nombre suffisant pour s'y opposer, et de fait, à l'instant ils se rendirent sur le boulevard en face d'Audinot, ayant à leur tête, dit-on, un jeune homme nommé Martainville; ils revinrent sur les six heures du soir, joyeux du succès qu'ils s'étaient promis, d'empêcher la représentation de cette pièce.

Dans quelques cafés l'on s'entretenait avec satisfaction de la demande faite par le grand-duc de Toscane d'une paix prochaine avec la France, de la promesse qu'il faisait de fournir dans nos ports les quantités de blés enlevées par les Anglais, et d'observer à l'égard des puissances coalisées la plus entière neutralité. L'on espère, dit-on, que ces préliminaires pourront servir d'exemple à d'autres puissances, qui ne tarderont pas à reconnaître la nécessité de se procurer la paix, par l'abandon successif de celles qui étaient entrées dans la coalition.

Spectacles. — Tous les spectacles ont été parfaitement tranquilles, à l'exception de celui d'Audinot, où les autorités n'ont pu parvenir à empêcher le désordre, dont les suites pouvaient devenir très funestes par le rassemblement extérieur dont le caractère prononcé était l'opposition de celui manifesté dans l'intérieur du spectacle et qui menaçait d'en forcer l'entrée, si la représentation de la pièce intitulée *le Concert de la rue Feydeau* avait lieu. Pour ramener le calme, un commissaire de police se présente, revêtu de son écharpe, mais sa voix fut étouffée par les cris des spectateurs; il ne parvint à empêcher le désordre qu'en annonçant que la Commission de police venait suspendre provisoirement la représentation de la pièce par ordre du Comité de sûreté générale. Cet ordre, ayant été annoncé au rassemblement extérieur, a ramené le calme, et tout le monde s'est retiré.

Dans les mouvements qui ont eu lieu, le nommé Camus, inspecteur, a reçu un coup de bâton, ayant été cru Jacobin; il en perdit la respiration un instant, mais il n'a pas de blessure qui l'empêche de suivre sa surveillance.

Commerce. — Loctave, Bienvenu, Delahaye, Ollivier disent que la tranquillité a régné, mais que plusieurs boulangers réclament de la farine pour satisfaire leurs pratiques; ils se plaignent qu'elle leur arrive trop tard.....

Vivicque, Bergeret et autres disent qu'il y a eu beaucoup de foule à la distribution de la viande, que plusieurs citoyens n'en ont point eu parce que les bouchers en ont moins reçu que de coutume......

Massard, officier de paix, Testard, Vassor et Le Hodey disent qu'il ne s'est rien passé de contraire au bon ordre aux halles et marchés, qu'ils étaient très peu approvisionnés en denrées, mais qu'il y avait beaucoup de viande. Il est arrivé, le 22 et le 23, 409 voitures de différentes denrées, ainsi que 41 de marée.....

Surveillance. — Déclaration du citoyen Franx : un marchand mercier, aux environs du guichet du Louvre, a dit avoir été rencontré, hier, par un jeune homme qui lui a proposé de s'enrôler avec la jeunesse française, lui disant qu'au moment de son enrôlement il recevait 600 livres et 25 livres par jour, qu'ils étaient déjà au nombre de quarante mille hommes pour exterminer les patriotes. Ce marchand s'est ensuite transporté avec ce jeune homme au café des Canonniers, où six individus, assis sur une même ligne, recevaient différentes nouvelles du dehors ; ils dirent au sujet de la pièce intitulée *le Concert de la rue Feydeau* que, si elle se jouait, il fallait faire arrêter le directeur, ou l'assassiner et mettre le feu au théâtre.

On est à la recherche du marchand pour avoir de lui tous les renseignements nécessaires, et le café des Canonniers va être mis à une surveillance plus active.

Guerial et Vannier disent qu'une grande tranquillité a régné dans les tribunes de la Convention, jusqu'au moment qu'une femme placée dans le premier amphithéâtre, du côté gauche du président, a fait signe d'improbation ; elle a été arrêtée et conduite au Comité de sûreté générale, section de police.

Bocquet-Destournelles, Le Roux.

(Arch. nat., F⁴ c III, Seine, 15.)

Journaux.

Vedette du 23 pluviôse : « On s'est empressé de mettre à exécution le décret rendu hier[1] contre ceux qui avaient usurpé les honneurs du Panthéon, avant que l'opinion publique se fût formée et prononcée sur eux. Les restes de Marat, Le Peletier, Dampierre, Bara et Viala en ont été retirés et rendus à la terre commune. Il n'y est resté que Rousseau, Voltaire et Descartes, pour lesquels la postérité existe déjà, et dont la gloire est à l'abri de toute révo-

---

1. La *Vedette* fait ici une erreur de date. C'est le 20 pluviôse que fut rendu le décret portant « que les honneurs du Panthéon ne pourront être décernés à un citoyen, ni son buste placé dans le sein de la Convention nationale et dans les lieux publics, que dix ans après sa mort ». — Les événements relatés dans les extraits de journaux qu'on va lire eurent lieu du 20 au 22.

lution, parce qu'elle est l'hommage décerné au génie par l'admiration publique. Le monument élevé à Marat et à Lazowski, sur la place du Carrousel, a été aussi démoli. Tous les bustes ont disparu. Le buste de Brutus remplace dans la Convention celui de Marat. » — *Messager du soir* du 23 pluviôse : « *Paris, 22 pluviôse*. Le décret qui expulse Marat du Panthéon est exécuté, et son digne associé Chalier l'a suivi au cimetière commun ; ils avaient pour acolyte le général Dampierre et les deux enfants dont on avait fait tant de bruit. Les forts de la halle n'ont pas été les derniers à secouer le joug humiliant de la superstition révolutionnaire ; l'apôtre du pillage et de l'assassinat, le dieu des Jacobins, a été précipité par eux dans la boue, après qu'un boucher l'eût préalablement barbouillé de sang. Sa chapelle est détruite ; on n'a pas même épargné la tombe de son disciple Lazowski. On prétend que la statue de la Justice va remplacer ce monument grotesque et barbare. Marat, chassé du Panthéon, de la Convention, des sections, des spectacles, des cafés et des maisons particulières, s'était réfugié dans les faubourgs, dans l'espoir que son ombre fugitive trouverait un asile parmi quelques-uns de ceux qu'il parvint à séduire si longtemps ; les dignes ministres de ses fureurs le promenaient en triomphe, chantaient des hymnes en son honneur ; mais hélas ! ils parlaient dans le désert ; les cœurs étaient sourds à leurs cris plaintifs ; le peuple riait même de leurs transports fanatiques ; les imposteurs ont été couverts de huées. Pour comble de désespoir, quelques-uns des plus furieux ont été mis à couvert, en attendant que leur tête exaltée par les vapeurs du vin fût rendue à la raison, et les Jacobins avec leurs hurlements et leurs processions ont eu la douleur de voir leur dieu partir pour l'égout Montmarat, où il attend les maratistes. C'est là votre Panthéon, furies de guillotine qui trépignez de rage au seul nom de justice ; vous avalerez, au lieu de sang, la boue et les immondices. Voilà votre domaine à vous tous qui avez pillé, emprisonné, égorgé vos concitoyens sous le nom du plus féroce des monstres. Qui le croirait que, décadi, lorsque le décret fut rendu pour expulser Marat des spectacles et du Panthéon, des citoyens ont été maltraités, saisis au collet, traînés de commissaires en commissaires, à cause de ce misérable ? Voici le fait : quatre ouvriers sortaient d'un café pour aller au spectacle ; dans la rue de Petit-Lion est un faquin, marchand de bustes, qui, dans sa section s'est fait nommer Marat ; les jours de décadi, il ferme ordinairement sa boutique ; mais, pour braver l'opinion publique, ce maratiste avait emprunté le buste de son patron et l'exposait à la vue des passants. Ces ouvriers, en passant, se disent : « Marchandons le dieu des voleurs, et voyons combien vaut cette divinité. » Les bustes étaient, comme on sait, dans un discrédit dont une loterie ne les eût même pas sauvés. Quel est l'étonnement de ces citoyens, lorsqu'on leur dit que Marat vaut vingt livres ! Ils s'amusent, et, en se poussant, le dieu tombe, et malgré sa toute-puissance il se casse le nez. Boileau, c'est l'ancien nom du marchand de bustes, se jette comme un furieux sur l'un de ces citoyens, qui se trouve être de sa compagnie ; vingt livres tirées d'un portefeuille diminuent cependant sa rage ; il les accepte et semblait s'apaiser, lorsque des Chouans apostés, et qui semblaient n'attendre que le moment, s'élancent sur ces jeunes gens, les prennent aux cheveux et les accablent d'injures ; ils conseillent à Boileau de rendre l'argent ; la garde arrive, on traîne ces citoyens chez le commissaire de police, qui dresse un long procès-verbal, à la suite duquel ces malheureux sont traînés à l'administration de police, où ils sont mis en liberté après avoir promis de rendre un buste de Marat au plaignant. Quoi donc ! Des citoyens français seront traités comme des esclaves par de vils coquins ! Ils seront frappés impunément, et, au lieu d'informer contre le délit commis sur leurs personnes, on informera sur un morceau de plâtre cassé et payé ! Parmi les mégères sorties de leurs gouffres pour mêler leurs glapissements aux hurlements des énergumènes qui assassinaient nos frères, se trouvait la digne moitié d'un ex-membre du Comité révolutionnaire qui disait jadis qu'il fallait une guillotine roulante, qui depuis fut limier de la police, et maintenant fait l'honorable métier d'espion du Comité de sûreté générale ; c'est l'un de ceux qui maltraitèrent si rudement les citoyens arrêtés dernièrement au coin de la rue aux Ours. Nos jeunes gens n'étaient pas peu embarrassés pour trouver un buste de Marat. Jadis, pour n'être pas égorgé, chaque citoyen avait le sien ; mais depuis la destruction de l'inquisition révolutionnaire, le dieu avait été brisé ; ce fut bien pis, quand on connut le décret rendu le matin ; les plus chauds révolutionnaires croyaient qu'on se moquait d'eux, lorsqu'on leur demandait s'ils n'avaient pas un Marat à vendre. Enfin, après avoir couru en vain tout Paris, pour trouver un de ces malheureux bustes, ils se sont rendus à l'égout Montmartre, d'après l'avis de leurs camarades ; ils ont conté leur histoire ; le premier buste qui a paru a été porté dans la boutique de Boileau, qui, sans contredit, vaut bien l'égout Montmartre ; ce dernier aurait bien mieux aimé les vingt livres, mais le commissaire de police l'a contraint d'accepter ce bijou, qu'il peut festoyer à son aise, dans l'intérieur de sa maison ; mais nous aimons à croire qu'il ne s'avisera plus de l'exposer aux yeux du public indigné, car cette fois la force pourrait être du côté de la justice. » — *Narrateur impartial* du 23 pluviôse : « En exécution du décret de la Convention nationale, tous les bustes des hommes qui ont été successivement les idoles de la Révolution, tels que Marat, Le Peletier, Chalier, ont été enlevés du lieu des séances de l'Assemblée. On n'a pas même excepté les deux tableaux de David, consacrés à la mémoire de Le Peletier. Le buste de ce dernier, qui était placé au-dessous de la tribune, est remplacé par celui de Brutus. Le monument élevé sur la place du Carrousel, en l'honneur de celui qu'on ne désignait autrefois que sous le titre d'*Ami du peuple*, a été renversé hier. Il l'a été d'autant plus vite que le nombre des personnes qui contribuaient à cette démolition était considérable. C'était un spectacle bien capable de faire naître de sérieuses réflexions que de voir les citoyens de Paris se porter avec curiosité pour examiner ses ruines, en aussi grand nombre qu'ils s'étaient rendus dans le même lieu pour y être témoins de sa construction. » — *Ami du peuple* du 29 pluviôse : « .....Un témoin oculaire qui, le 22 pluviôse, à 8 heures du soir, traversa le Palais-Égalité, fut témoin de la scène la plus injurieuse et la plus choquante pour un ami des hommes. Deux muscadins faciles à reconnaître par l'élégance de leurs traits, leurs cheveux bien poudrés et retroussés avec un peigne, avaient été chassés ignominieusement du théâtre du Lycée des Arts, parce qu'ils y avaient célébré leurs orgies patriotiques. Le témoin oculaire passait au moment où ces élèves de Fréron tenaient les propos les plus insultants contre le citoyen qui les avait reconduits. Deux sans-culottes étaient de service à la porte de ce spectacle ; l'un d'eux invita les expulsés à se retirer tranquillement et à ne pas injurier un bon citoyen qui faisait son devoir. Cet avis fraternel fut très mal accueilli ; ces messieurs demandèrent à la sentinelle, d'un ton de cour, de quel droit elle se mêlait des affaires de la jeunesse française ! — « Nous sommes chargés de maintenir ici la police. — Nous nous f....., bien de toi et de ta police », fut la réponse de la portion du peuple doré. Les militaires répliquèrent avec fermeté. Les deux muscadins se retirent au delà de la barrière, et, étant dans le jardin, ils provoquent ces tranquilles citoyens à sortir de leur poste, ils les menacent de les désarmer et de se servir de leurs briquets pour les châtier de leur insolence ; ils leur prodiguent les épithètes les plus injurieuses et leur font les menaces les plus vives et les provocations les plus formelles. » — *Courrier républicain* du 24 pluviôse : « Paris, 23 pluviôse. Le directeur de l'Ambigu-Comique avait fait afficher avant-hier la représentation pour le lendemain de la pièce ayant pour titre le *Concert de la rue Feydeau*. C'est cette comédie qui, deux jours auparavant, avait occasionné quelques mouvements au théâtre et provoqué l'arrestation de plusieurs jeunes gens de Paris. Différentes marques bleues ou rouges, apposées sur ces affiches, devaient faire craindre de nouveaux troubles. En effet, à l'ouverture de la pièce, des murmures se sont fait entendre de différents côtés de la salle. La jeunesse a demandé que l'on chantât le *Réveil du peuple*. Les Jacobins s'y sont opposés, et, pendant cette lutte entre les deux partis, on a, dit-on, entendu un gendarme, placé dans une loge, crier : *Vivent les Jacobins ! à bas la Convention !* Ce factieux a été arrêté sur le champ. Dans le même temps, une pierre a été lancée des troisièmes loges et dans sa chute a blessé un jeune homme. On a senti alors le danger de continuer la représentation d'une pièce qui occasionnait une telle effervescence. On y a renoncé, et le spectacle a fini par le *Réveil du peuple*. Dans les temps critiques où nous sommes, les directeurs de spectacles devraient au moins s'abstenir de la représentation de toute espèce de pièce propre à animer un parti contre l'autre. C'est au théâtre qu'à Rome, à Athènes et dans quelques républiques modernes, les partis se sont formés, les factions se sont aigries les unes contre les autres, pour faire répandre le sang du peuple. » — *Ami du peuple* du 24 pluviôse : « Les hommes dorés sont retournés avant-hier au théâtre d'Audinot pour former de nouveau l'esprit public et le patriotisme à coups de bâton, si les sifflets ne suffisaient pas. La liberté des opinions à l'ordre du jour n'a pas permis à ces messieurs de vouloir se regarder dans le miroir de la scène. Ils ont brisé la glace en éclats, mais les patriotes ont ramassé les morceaux, et quand les fumées de l'aristocratie seront dissipées, le peuple saura bien leur présenter le miroir. Ils ne se bornent pas à prêcher l'opinion à coups de sabre, ils lacèrent encore les vérités que les sans-culottes énoncent avec leur énergie ordinaire. Comme ils sont les moins nombreux, il faut bien qu'ils crient les plus haut pour prouver qu'ils ont raison, et je ne doute point qu'ils ne brûlent la réponse du tribun du peuple à l'affiche calomnieuse qui ne flétrit ce détenu que dans l'opinion des hommes dorés[1]. » — *Nouvelles politiques* du 24 pluviôse : « Un décret ordonne la prompte translation des écoles normales dans la ci-devant salle des Jacobins. Rien n'était plus sage et plus utile que de porter au centre de Paris ce grand foyer de lumières, cet enseignement des sciences les plus importantes, fait par les hommes les plus célèbres de la France. Il était convenable, sous tous les rapports, d'élever cette tribune

---

1. Il s'agit d'une affiche de Babeuf en réponse à une autre affiche qui reproduisait un ancien jugement le condamnant à 20 ans de fers.

d'instruction nationale dans le lieu où elle pourrait attirer le plus d'auditeurs. La salle des Jacobins, par son emplacement, par ses nombreux gradins, par ses vastes tribunes, par sa commode distribution présentait tous ces avantages. Elle était toute prête. Il n'y avait pas cent pistoles de dépenses nécessaires à y faire pour recevoir dans quatre jours les écoles normales et un auditoire de deux à trois mille personnes. Eh bien, il y a sans doute dans Paris une puissance supérieure à la Convention, car on dit ouvertement que son décret ne sera pas exécuté, que les écoles ne viendront pas aux Jacobins. Des raisons de convenance particulière l'emporteront sur l'intérêt public, sur le vœu la loi ; les énormes dépenses continuent et continueront en Sorbonne, et la Convention en aura le démenti. Nous tâcherons du moins de savoir à qui elle le devra, et nous le ferons connaître. » —*Journal de Perlet* du 23 pluviôse : « Le Comité de sûreté générale a fait afficher un arrêté portant que nul individu arrivant à Paris ne pourra y rester, si un moyen connu n'atteste son respect pour les lois et pour la tranquillité publique. »

CXCIX

23 PLUVIOSE AN III (11 FÉVRIER 1795).

Rapport du 24 pluviôse.

Esprit public. Groupes et cafés. — Tous les cafés et endroits publics n'ont point été troublés dans la journée d'hier. La cherté exorbitante de toutes les marchandises et la difficulté de s'en procurer excitent des murmures de presque tous les citoyens. Quantité d'ouvriers sans ouvrage, depuis la suspension des ateliers, font entendre leurs plaintes sur le dénûment où ils se trouvent de tout moyen d'existence, ayant consommé dans la rigueur de l'hiver tout ce qu'ils avaient pu économiser. Tous, cependant, se reposent sur la Convention, et espèrent qu'elle trouvera le moyen de ramener l'abondance.

Les amis de l'ordre, dit-on, voient avec peine que ceux qui crient *Vive la Convention ! à bas les buveurs de sang !* cherchent eux-mêmes, par leurs désordres, à le faire répandre.

Spectacles. — Tous les spectacles ont été dans la plus grande tranquilité.

Commerce. Pain. — …Massard annonce qu'il a été arrêté beaucoup de pain à la barrière de Versailles. Suivant le rapport de Murat, on sort beaucoup de pain par la barrière de Chaillot ; la Commission a écrit plusieurs fois au Comité militaire pour qu'il recommande plus de surveillance à la garde des barrières. Plusieurs boulangers se plaignent de ne pas recevoir assez de farines et de ne pouvoir satisfaire toutes leurs pratiques; cette gêne a occasionné un peu de foule, mais la tranquillité n'a point été troublée.

Viande. — Morisot et plusieurs autres rapportent que, dans l'arrondissement qu'ils ont surveillé, plusieurs citoyens n'ont point eu de viande, ce qui a occasionné des murmures; les bouchers de la section de la Cité principalement, dit l'un de ces inspecteurs, manquent de viande tous les jours.....

Surveillance. — Doucet rapporte qu'on disait au café des Canonniers que la jeunesse française était mal regardée des Comités de gouvernement, qu'un agent du Comité de sûreté générale avait fait un rapport contre elle en disant qu'elle avait crié *Vive Capet !* Elle a formé le projet d'aller à ce Comité pour savoir le nom de cet agent et le traiter ensuite comme il le mérite.

Bocquet a entendu des propos affreux tenus contre des représentants pendant la séance de la Convention; celui qui les a tenus a été suivi; son nom n'est point connu, mais sa demeure est à peu près indiquée, et il est mis à la surveillance.

BEURLIER, THÉROUENNE.

(Arch. nat., F⁷ c III, Seine, 15.)

CC

24 PLUVIOSE AN III (12 FÉVRIER 1795).

RAPPORT DU 25 PLUVIOSE.

Esprit public. Groupes et cafés. — Les heureuses nouvelles des armées excitent l'étonnement des bons citoyens; ils espèrent que les succès rapides des armées françaises lasseront les puissances et les obligeront à faire des propositions de paix qui ne pourront tendre qu'à nous procurer un sort plus heureux. Ces espérances, seules, raniment les citoyens paisibles et les font souffrir patiemment les maux incalculables que produit la cherté excessive de toutes les marchandises, à laquelle la majeure partie des citoyens ne peut atteindre.

Les mouvements derniers causés par les jeunes gens sont le sujet de conversation de plusieurs cafés; plusieurs disent que partie de ces jeunes gens de la première réquisition ont échappé à la loi par faveur et se trouvent dans les rassemblements mêlés avec nombre de détenus mis en liberté, la plupart prêtres ou nobles, pour causer ces désordres, et, sous prétexte d'abattre les terroristes et de faire respecter les lois, sont les premiers à troubler la tranquillité publique et à insulter les autorités par parole ou par écrit.

D'autres se plaignent de la lenteur de l'organisation du Tribunal révolutionnaire et de ne plus entendre parler du rapport de la Commission des Vingt-un.

Hier, sur le Pont-Neuf, un embarras de voitures arrêta un instant trois voitures qui renfermaient des citoyens que l'on conduisait au Plessis ; ces détenus profitèrent de cet instant pour intéresser le peuple en leur faveur, se plaignant d'être arrêtés comme patriotes, et voulant faire croire que les mesures du gouvernement étaient vexatoires ; l'un d'eux fut reconnu, et l'on parlait en sa faveur ; mais d'autres citoyens prirent la parole pour faire comprendre que les Comités de gouvernement étaient trop justes pour commettre des actes arbitraires. Le calme s'est rétabli.

On rapporte qu'au café de Chartres, on a mis en question si on laisserait ou non jouer la pièce le *Concert de la rue Feydeau* ; après discussion, l'orateur a fait apercevoir qu'il y aurait du danger à s'y opposer, que cela pourrait occasionner quelques troubles avec les citoyens des faubourgs, qu'il fallait, au lieu de heurter les opinions, fraterniser avec eux.

Spectacles. — Les couplets contre les terroristes sont à l'ordre du jour dans tous les spectacles, et sont universellement applaudis ; la tranquillité n'y a point été troublée.

Commerce. Pain. — ...Berceï, Ollivier, La Motte disent, que dans endroits qu'ils ont surveillés, il y avait des rassemblements aux portes des boulangers, parceque plusieurs ont manqué de pain depuis quelques jours par défaut de farine. L'ordre, cependant n'a pas été troublé.

Viande et autres comestibles. — ... Poinsignon, Dumortier et Moura disent que, dans les endroits qu'ils ont surveillés, plusieurs citoyens, n'ont point eu de viande, ce qui a occasionné quelques murmures..... Suivant le rapport de Berceï, La Motte et Museux, il y avait des rassemblements aux portes des bouchers et charcutiers dès trois heures du matin, dans les endroits qu'ils ont surveillés.....

Bois. — ...Plusieurs inspecteurs disent qu'à la charbonnière Laval, il existe beaucoup d'agitation, parceque les charbonniers veulent empêcher les citoyens d'emporter leur demi-voie de charbon eux-mêmes. Chevalier dit qu'une citoyenne voulant emporter son charbon elle-même, ces charbonniers ont exigé d'elle cinquante sols et l'ont obligée de laisser son charbon, faute par elle de donner cette somme. Il est urgent de réprimer ce monopole abominable; des ordres sont donnés en conséquence.

Surveillance. — Tous les rapports sur la séance de la Convention annoncent que la plus grande tranquillité a régné dans les tribunes; mais, avant l'ouverture de la séance, des jeunes gens ont voulu faire sortir des amphithéâtres les femmes qui y étaient, en les traitant de Jacobines et d'ennemies de la tranquillité publique, et la garde a pu seule faire cesser le bruit que causait cette scène.

On avait annoncé qu'il existait Palais-Égalité, maison de Beauvilliers, un bureau où étaient invités à se rendre les ouvriers sans ouvrage et qui désiraient en avoir; on annonçait même qu'il y avait eu des cartes de distribuées. Cet objet a été mis à la surveillance. Les rapports qui en ont été la suite ne présentent que des résultats très rassurants, car il n'est question que d'une réunion d'artistes qui ont pour objet les perfectionnements des arts et des sciences.

Copie de ce rapport a été envoyée au Comité de sûreté générale, auquel la Commission avait fait part des inquiétudes que paraissait devoir inspirer la distribution de ces cartes.

Forest annonce que les courriers des malles sont soupçonnés de rapporter des armées de la poudre à tirer que des juifs leur vendent, et qu'ils revendent 60 livres la livre; on évalue à trois mille livres pesant le transport de chaque jour. On propose de faire visiter les malles à leur arrivée. Copie de ce rapport est envoyée aux Comités de salut public et de sûreté générale.

Bouillon rapporte qu'un citoyen, que l'on a dit être représentant du peuple, a invité les habitués du café des Canonniers à cesser tout rassemblement, toute provocation, puisque les Jacobins sont aujourd'hui anéantis. On l'a d'abord traité de Jacobin, mais il a bientôt prouvé qu'il ne l'était pas. On assure que son invitation a produit un bon effet......

L.-J. BABILLE, FAUCONNIER.

(Arch. nat., F 1 c III, Seine, 15.)

CCI

25 PLUVIOSE AN III (13 FÉVRIER 1795).

RAPPORT DU 26 PLUVIOSE.

Esprit public. Cafés. — Tous les cafés près la Convention étaient paisibles. On rapporte que chez un limonadier, rue des Minimes, plusieurs citoyens s'entretenaient de dilapidations commises dans le département des Ardennes, où les fermiers vendent le setier de blé méteil, du poids de 200 livres, 150 livres en assignats et 15 à 18 livres en numéraire. Les maires et officiers municipaux sont d'accord, disaient-ils, sur ces dilapidations et font incarcérer ceux qui se plaignent. Ils assuraient que, dans ce département, le commerce de cette denrée de première nécessité se fait avec l'étranger, et qu'ils faisaient partir de nuit tout ce qu'ils veulent soustraire à la surveillance en cette partie.

Groupes. — Dans les groupes, la plupart des conversations roulaient sur la paix conclue avec le grand-duc de Toscane; on l'a considérée comme le prélude d'une paix générale; d'autres, sur la discussion du projet d'envoyer des représentants dans les colonies, ont craint, dit-on, l'abus des pouvoirs dans les mains des représentants, si éloignés de la mère patrie. D'autres enfin analysaient une nouvelle affiche intitulée : *Réponse de l'Orateur du peuple au prêtre Châles et compagnie*[1]. On croit y apercevoir que Fréron donne la préférence à la Constitution de 1789 sur celle de 1793.

On a vu avec plaisir l'affiche contenant l'arrêté du Comité de sûreté générale portant que tout citoyen sera tenu de lire lui-même ou être présent à la lecture de papiers qu'il voudrait jeter sur le théâtre.

Spectacles. — Tous les spectacles avaient été tranquilles, le théâtre du Lycée des Arts excepté; il fut rapporté à la Commission de police qu'il s'élevait une rixe à ce spectacle, causée par l'acteur jouant le rôle de Tartuffe, reconnu par plusieurs citoyens pour avoir été membre d'un Comité révolutionnaire de Bordeaux. Deux partis s'étant prononcés, l'un pour qu'il continuât son rôle et l'autre pour qu'il quittât la scène, les esprits s'échauffèrent au point de faire craindre les suites de ces diversités d'opinion. La Commission crut de son devoir d'envoyer à l'instant des officiers de paix et inspecteurs pour, avec le commissaire de police, y rétablir le calme, et, dans le cas où ils ne réussiraient pas, faire fermer le spectacle. Le directeur avait substitué un autre acteur pour remplir ce rôle et tout est rentré dans l'ordre.

Commerce. Pain. — ...La Motte et autres rapportent que, dans les lieux qu'ils ont surveillés, plusieurs boulangers ont manqué de pain, faute de farine, ce qui occasionna quelques rassemblements, sans que pourtant l'ordre ait été troublé.

Suivant Ollivier, on répand dans les halles et autres endroits qu'au

1. Bibl. nat., Lb. 41/1623, in-8. Cf. *Châles, représentant du peuple, à son collègue Fréron*, Paris, 23 pluviôse an III, in-8. Bibl. nat., Lb 41/1622.

renouvellement des cartes, on ne donnera qu'une livre de pain par personne. Ce bruit fait murmurer le public.

Goisier dit que le public murmure de ce que les boulangers font des pains en forme de couronne; il prétend qu'ils sont faits avec de la farine meilleure que celle du pain ordinaire. On a arrêté beaucoup de ces couronnes à la barrière de la section de la République.....

Viande et autres comestibles. — Vandervelle dit qu'il se répand dans le public le bruit que la viande qui se distribue dans les sections va être portée à 25 sols ou 30 sols la livre. Ce bruit occasionne des murmures.

Oudinet et autres disent que le peuple se plaint beaucoup de la cherté des denrées et marchandises, dont le prix augmente tous les jours, qu'on dit qu'il ne sera plus possible de vivre, si cela continue, et qu'on accuse de cette hausse les marchands, qui ne sont jamais contents de leurs bénéfices.

Boyer rapporte que la propreté n'est pas maintenue dans la ci-devant église Saint-Leu, qui sert d'entrepôt pour la viande salée destinée aux charcutiers de la section des Lombards; il observe en outre qu'on transporte ces viandes sur des charrettes à bras sans les assujettir avec des planches ou des toiles; souvent des morceaux tombent dans la boue, ce qui fait crier le peuple et la plupart du temps occasionne des rixes.

Les halles et marchés ont été très bien approvisionnés en toutes sortes de denrées; la viande n'y était pas si abondante que de coutume; le beurre se vend 3 liv. 15 sols la livre; les pommes de terre, 6 livres le boisseau. La marée était assez bien garnie.

Bois. — Les ouvriers, dit Vandervelle, se plaignent de ce que depuis très longtemps ils ne peuvent travailler, faute de charbon.

Surveillance. — Suivant le rapport de Descamps, un père et un fils qui ont émigré sont en ce moment à Paris; il indique leur adresse, mais comme cet objet est de la compétence des Comités révolutionnaires, la copie de ce rapport a été envoyée au Comité révolutionnaire de l'arrondissement, avec invitation de prévenir la Commission des mesures qu'il aura prises.

Tous les rapports sur la séance de la Convention nationale annoncent que tout s'y est passé dans le plus grand ordre.

Le rapport de Goumoze et Caillouet, sur le café Payen, mis à la surveillance, ne présente rien qui doive alarmer la tranquillité publique......

HANNOCQUE-GUÉRIN, PASTÉ.

(Arch. nat., F¹ c III, Seine, 15.)

Journaux.

Ami du peuple du 26 pluviôse : « .....*Le Concert de la rue Feydeau*, dont nous avons parlé, ne reparaîtra plus sur la scène, parcequ'il désigne les masques. Certain abbé républicain veut nous préparer d'avance à ne plus voir la vérité sur la scène. « Dans des temps critiques, dit-il, les directeurs devraient s'abstenir de faire représenter toutes sortes de pièces qui peuvent animer un parti contre l'autre. » L'auteur nous parle ensuite de la Grèce et de Rome. Mais ce vil esclave qui fait, depuis deux ans, la cour au parti dominant, n'aurait pas dû nous engager à compulser l'histoire de ces deux peuples. A Rome, un triomphateur était suivi et précédé d'un groupe qui publiaient ses vices quand on couronnait ses vertus. » Dans le numéro suivant, l'*Ami du peuple* revenant sur cette interdiction, la compare avec celle de l'*Ami des lois* en 1793.

CCII

26 PLUVIOSE AN III (14 FÉVRIER 1795).

Rapport du 27 pluviose.

Esprit public. Groupes et cafés. — L'esprit public s'est soutenu hier au même degré de tranquillité. Les plaintes générales tombent sur la cherté des denrées, notamment sur le prix excessif de la viande, qui se vend de 3 livres 5 sols la livre à 3 livres 10 sols, prix auquel personne ne peut atteindre. Les conversations dans les groupes étaient sur la discussion faite à la Convention d'envoyer des représentants ou des commissaires qui, disait-on, n'ont cessé, dans les missions qui leur étaient confiées, de trahir les intérêts de la République.

On attend, dit-on, avec impatience, la suppression des retenues promises par la Convention aux rentiers.

On rapporte que, sur les huit heures du soir, huit jeunes gens entrèrent au café Payen, se placèrent à plusieurs tables, et y provoquèrent des citoyens; mais, n'ayant reçu aucune réponse, ils se retirèrent.

Le café des Canonniers, quoique nombreux en citoyens, a été parfaitement tranquille......

Commerce. Viande et autres comestibles. — ...Rollin annonce qu'il y a toujours beaucoup de bruit et de plaintes à la porte du citoyen Salmon, boucher, rue Beaubourg; on a même dit que demain le tumulte serait plus considérable.....

Les marchés et les halles sont très bien approvisionnés; il y est arrivé, le 26 et le 27 pluviôse, 430 voitures de différentes denrées ; la viande y est en abondance : elle se vend 3 livres la livre. La marée a été bien garnie.

Combustibles. — ...La garde a été forcée au chantier du citoyen Deségouttes ; la vente a été suspendue un moment, mais elle a repris jusqu'à cinq heures du soir sans aucun accident.

Sémé et Gruet rapportent que le désordre est à son comble au quai d'Orsay ; les voitures des charrois n'arrivant qu'à onze heures du matin, le riche est bientôt servi, en ce qu'il prend une voiture du port, et le malheureux se trouve sans bois ; de là des murmures contre l'administration. Les mesures ont été prises pour rétablir l'ordre, et il a été enjoint aux inspecteurs de faire constater par le commissaire les préférences données par les garçons de chantier.

Surveillance. — Il résulte des rapports des inspecteurs préposés pour les tribunes de la Convention que la plus grande tranquillité a régné pendant toute la séance d'hier. Dans son rapport, Boyer signale un représentant du peuple comme intrigant pour se faire envoyer en mission dans les îles et pouvant être dangereux. Copie de cette partie du rapport est envoyée aux Comités de salut public et de sûreté générale.

Banco rend compte de la satisfaction qu'occasionne dans le public l'arrestation de l'ancien Comité révolutionnaire de la section du Contrat-Social.

Bouillon annonce que l'effervescence qui agitait la plus grande partie des têtes du café des Canonniers paraît entièrement calmée. La même affluence de monde continue à s'y porter ; il s'y fait toujours des motions, mais elles ne donnent lieu à aucun mouvement.

A l'occasion de la misère du temps, on se plaignait hier, dit Dangouville, de ce que, suivant les plaignants, le gouvernement ne s'occupe pas assez du bonheur du peuple.....

GOSSET, HORNIN.

(Arch. nat., F¹ᶜ III, Seine, 15.)

CCIII

27 PLUVIOSE AN III (15 FÉVRIER 1795).

RAPPORT DU 28 PLUVIOSE.

Esprit public. Groupes et cafés. — Dans les groupes, aux environs de la Convention et Maison-Égalité, l'on s'entretenait des finances.

L'on désire que la proposition faite de discuter cette partie intéressante de l'affermissement de la République ait lieu trois jours par décade, ainsi qu'elle a été annoncée. Cambon y était traité très défavorablement ; on l'accusait de malversations et d'avoir, par ses opérations financières, ruiné le crédit de la République et discrédité les assignats ; les petits rentiers surtout font entendre les plaintes les plus amères.

D'autres groupes s'entretenaient de la nécessité de poursuivre sans relâche les terroristes et les buveurs de sang, et qu'il n'y aurait de tranquillité que lorsque ce parti serait entièrement abattu.

L'on rapporte qu'hier, près le Pont-Tournant, à deux heures, il y avait quantité de citoyens rassemblés autour d'un orateur qui parlait de la liberté des cultes de manière à fixer l'attention de partie des spectateurs ; il opinait, entre autres, sur l'utilité de la religion catholique ; l'un d'eux fit à l'orateur quelques observations sur les dangers qui pourraient résulter de ses réflexions : il ne répondit que par des personnalités et des sarcasmes, qui pensèrent causer des voies de fait. Mailly, inspecteur, qui se trouva dans le moment, invita l'orateur à se retirer.

Spectacles. — Au théâtre de la rue Feydeau, l'on aperçut dans une loge le citoyen Garat, artiste dudit théâtre; l'on demanda que le *Réveil du Peuple* fût chanté par lui ; il chercha à se débarrasser de cette mission ; il fut traité d'homme à quinze cents livres, ce qui l'obligea de sortir de la loge.

A celui de la Cité, dans une pantomime représentant le despotisme, un fort de la Halle qui était au parterre s'est mis à crier contre l'actrice qui jouait le rôle de la reine : « Si j'étais près de toi, disait-il, je t'aurais bientôt cassé le col ! » Ce qui fit bien rire les spectateurs. Du reste, rien n'a troublé la tranquillité.....

Commerce. Pain. — Roblastre et plusieurs autres inspecteurs rapportent que la distribution du pain s'est faite avec calme, conformément à la loi; cependant quelques boulangers n'ont pu satisfaire toutes leurs pratiques, faute de farine ; d'autres se plaignent qu'on leur envoie trop tard.

Bergeret annonce qu'il y a beaucoup de rassemblements aux portes des boulangers de l'Ile de la Fraternité, en raison de ce que les commissaires font le recensement des cartes, et que l'on s'imagine que dans trois jours elles n'auront plus cours [1].......

Viande et autres comestibles. — ...Dans l'arrondissement qu'An-

1. En marge : « On a écrit au Comité civil de cette section pour l'inviter, dans le cas où ce bruit courrait, à tirer les citoyens d'erreur. »

celle a surveillé, plusieurs citoyens n'ont pas eu de viande, ce qui a occasionné des murmures. Durouillet rapporte que l'on ne cesse de s'entretenir de la cherté de tout en général et du désir qu'on a que la Convention nationale y mette ordre.

Les halles et marchés sont très bien approvisionnés en toutes sortes de denrées, vendues fort cher; il y a beaucoup de porc frais et de volailles; la viande se vend 50 sols la livre, et les œufs 8 sols pièce.

Bois. — Labaubé et plusieurs autres rapportent qu'au chantier de Deségouttes la garde a été forcée; la vente a été suspendue trois fois; cependant elle a été continuée jusqu'à quatre heures; il y a eu des piques de cassées et des portefeuilles de volés. Deux particuliers ont été arrêtés pour avoir excité du trouble. Les inspecteurs observent qu'il faudrait à ce chantier au moins 80 hommes de force armée pendant la distribution.

Le Hodey et Vassor ont vu à la porte du chantier de la Madeleine beaucoup de citoyens qui étaient de fort mauvaise humeur de ce qu'il n'y avait pas de bois dans ce chantier; ils disaient : « On cherche à nous faire souffrir de toutes les façons. »

Le public, disent Sémé et Gruet, murmurait de ce qu'il n'a été délivré que sept voies de bois au chantier du quai d'Orsay; on s'est transporté à l'Agence des subsistances pour lui demander pourquoi il arrivait si peu de bois à ce chantier; personne n'a pu leur répondre.

Surveillance. — Cornet et Denel observent qu'hier les tricoteuses habituées des tribunes et la femme (*sic*) à chapeau et à ruban bleu n'étaient ni dans les tribunes, ni dans les environs de la Convention.

Mitrecey rapporte que l'agiotage existe plus que jamais au Palais-Égalité; l'argent s'y vend, et au lieu d'argent on présente un échantillon de sucre, sur lequel se fait la négociation.....

Il y a toujours grand monde au café des Canonniers; il se fait toujours beaucoup de motions; mais la tranquillité n'est pas troublée...

Auvray annonce que les plaintes se renouvellent contre les membres du Comité des subsistances; on les accuse d'être les auteurs de la disette; on leur reproche de laisser dépérir des vivres dans la ci-devant église Saint-Leu et d'avoir fait augmenter le prix des chandelles de 15 sols par livre......

Bocquet-Destournelles, Hornin.

(Arch. nat., F 1c III, Seine, 15.)

CCIV

28 PLUVIOSE AN III (16 FÉVRIER 1795).

Rapport du 29 pluviose.

Esprit public. Groupes et cafés. — Tous les environs de la Convention et autres endroits publics étaient parfaitement tranquilles ; l'on s'entretenait dans quelques-uns des groupes des nouvelles annoncées à la Convention sur la capitulation de la Zélande [1]. Le public, dit-on, désapprouve cette capitulation et la trouve déshonorante pour la nation française.

La matière intéressante des finances fait un objet principal des conversations ; l'on désire voir le terme des maux par les moyens prudents qui pourront être employés à la suppression de partie des assignats en circulation......

Commerce. Pain. — ...Kerchoves et autres rapportent que tous les jours dans Paris l'on voit des femmes et des enfants avec des sacs remplis de morceaux de pain, qu'ils sortent par les barrières.

Suivant le rapport de Bergeret, le bruit court qu'aussitôt que les commissaires seront installés chez les boulangers, il y aura des queues à leurs portes.

Viande et autres comestibles. — ...La Motte et autres rapportent que dans les lieux qu'ils ont surveillés, il y a toujours des rassemblements aux portes des bouchers et charcutiers dès trois heures du matin ; les habitants des environs se plaignent de ne pouvoir jouir de leur repos. Bertaut, officier de paix, annonce que plusieurs citoyennes se plaignaient chez différents charcutiers de ce que l'on faisait vendre du bœuf salé, dans lequel il y avait des vers ; elles disaient qu'on aimait mieux attendre que la viande soit totalement pourrie pour la distribuer que lorsqu'elle est fraîche......

Il est arrivé aux Halles, disent Le Hodey et Vassor, six voitures de beurre, œufs et fromages ; la viande en abondance. Le porc frais s'est vendu 3 livres la livre ; le mouton, 55 sols à 3 livres.

Du 28 au 29, suivant Petitdidier et Martin, il est arrivé 539 voitures de différentes denrées et 2 de marée.

---

[1]. Voir la lettre écrite de La Haye, le 22 pluviôse, au Comité de salut public par les représentants aux armées du Nord et de Sambre-et-Meuse, lue à la Convention dans la séance du 28, (*Moniteur*, réimpression, t. XXIII, p. 486).

Du rapport de Dessault, officier de paix, il résulte que, du 25 au 28, il est arrivé au carreau de la Halle 35,882 livres de beurre, 61,460 œufs, 249 douzaines de fromages de Brie.

Bois. — Egasse, Guérin et autres disent qu'au chantier Deségouttes le désordre a été épouvantable; plusieurs piques ont été cassées et des portefeuilles volés; malgré cela, la vente a toujours continué, et tout le monde a été servi; plusieurs citoyennes se sont trouvées mal dans la foule. La Commission a instruit les autorités supérieures de ces faits.

Vassor et Le Hodey se sont transportés au chantier de la Madeleine, où les préposés ont annoncé au public que le bois qui était dans ce chantier était destiné pour les malades et indigents; le public ne les a point écoutés; il a cordé lui-même, et s'est fait délivrer ce bois d'autorité.....

Surveillance. — Il résulte de l'ensemble des rapports que tout s'est bien passé dans les tribunes de la Convention, et que le public a été en général fort mécontent des conventions arrêtées sur les lieux par suite de la conquête de la Hollande.

Boyer dit que, d'après une lettre écrite de Nantes, les brigands se rassemblent dans les environs de cette ville. Copie du rapport sur cet objet a été envoyée au Comité de salut public.

Il résulte du rapport de Honneton qu'au moins trente citoyens dans la même tribune regardent comme temps perdu le temps employé à la lecture des adresses relatives aux Jacobins, attendu qu'il faudrait les regarder comme n'existant plus.

Baffert rend compte que, d'après une lettre venue de Senlis, on a dit que des malheureux poussés par la faim avaient tué deux fermiers; mais qu'on ne devait pas craindre que, dans six décades, on fût dans la disette de pain, que le bruit s'est répandu récemment qu'on pensait à réduire chaque personne à demi-livre de pain chaque jour, et qu'un décret porte qu'on mettra de l'orge dans le pain, ce qui fait présumer que l'approvisionnement à Paris n'est pas complet.

Racine dit qu'au café des Canonniers, l'opinion est toujours fortement prononcée contre Marat et les Jacobins; quelques-uns des motionnaires désireraient que les Jacobins fussent pendant six jours au carcan, pour qu'on pût bien les reconnaître ensuite......

PASTÉ, L.-J. BABILLE.

(Arch. nat., F¹ c III, Seine, 15.)

JOURNAUX.

Ami du peuple du 29 pluviôse : « Nous avons dit que les bataillons de la jeunesse dorée se divisent en trois armées : l'une parcourt les sections; l'autre se tient dans les lieux publics, et la troisième se rend dans les tribunes de la Convention. Depuis que le signal de la proscription a été donné par l'*Orateur du peuple*, nous avons reçu les notes suivantes; la première nous est envoyée par un des proscrits lui-même. Le citoyen Réaume, tablettier, rue Denis, section de Bonne-Nouvelle, a été chassé du corps de garde de la caserne par le citoyen Benoît, lieutenant de sa compagnie, d'après une dénonciation faite contre lui, décadi 20 pluviôse, comme ayant servi dans l'armée révolutionnaire. Le citoyen Saillant en fut chassé le même jour par le citoyen Mariller, président de l'assemblée générale, comme ancien membre du Comité révolutionnaire. Ce citoyen Mariller, digne émissaire des honnêtes gens, a même voulu désarmer ce citoyen Saillant... »

CCV

29 PLUVIOSE AN III (17 FÉVRIER 1795).

RAPPORT DU 30 PLUVIOSE.

Esprit public. Groupes et cafés. — Rien n'a troublé hier l'ordre et la tranquillité ; les plaintes continuent cependant sur la cherté des denrées de première nécessité et sur ce que les marchands aigrissent encore les citoyens par leur dureté en survendant leurs marchandises.

Dans les cafés, l'on s'entretenait du projet de quelques députés, qui voulaient que l'on touchât à la Constitution de 1793 ; mais le peuple français, dit-on, a sanctionné cette Constitution ; il la suivra fidèlement, comme il l'a promis. L'on voit avec peine la division qui règne entre les représentants du peuple; elle ne peut que retarder le bonheur du peuple. L'on désire beaucoup que le Comité des finances fasse son rapport sur les rentes; l'existence des petits rentiers dépend des mesures qui seront prises à cet égard.

L'on assurait hier, dans quelques cafés, que le gouvernement allait s'emparer des denrées de première nécessité, les repasser aux marchands pour qu'ils les revendent aux citoyens à un prix honnête ; cette mesure paraissait satisfaire et l'on en désire l'exécution.

A un café, près l'Arsenal, deux citoyens racontaient une conversation qu'ils avaient eue avec des ci-devant Jacobins, tendante à découvrir leur désespoir sur la chute de leur autorité, et paraissent (*sic*), pour en tirer parti, partager leurs disgrâces. Ils avouèrent qu'ils avaient encore des ressources, et que leur signe de ralliement était de mettre la queue de leurs cheveux dans le collet de l'habit, lorsqu'ils étaient assez longs, et sous le chapeau, lorsqu'ils étaient courts.

Au café des Canonniers, les jeunes gens se sont portés au spectacle de Molière pour y empêcher le nommé Saint-Amand de jouer ; ils ont demandé le directeur, qui a paru sur la scène et a dit qu'effectivement il avait engagé Saint-Amand dans sa troupe ; mais, ayant appris qu'il avait été membre d'un Comité révolutionnaire, il l'avait remercié, ce qui a été couvert d'applaudissements.....

Surveillance. — Buffe et Dorléans rapportent qu'un particulier s'étant permis de dire dans un groupe que les membres de la Convention étaient des gueux, a été signalé et suivi ; sa demeure et son nom sont connus ; il est mandé pour s'expliquer sur ces imputations.....

ALLETZ, ROUCHAS.

(Arch. nat., F 1 c III, Seine, 15.)

JOURNAUX.

Gazette française du 30 pluviôse : « *Paris 29 pluviôse.* On vient de reproduire ici un plaidoyer, publié environ 400 ans avant l'ère vulgaire, par Lysias contre Eratosthène, l'un des trente tyrans d'Athènes [1]. Les auteurs de cette petite espièglerie, faite aux tyrans du précédent gouvernement, ont cru apercevoir dans les circonstances où nous nous sommes trouvés, les Athéniens et nous, une identité qui doit frapper les esprits ; mais ce rapprochement là est tout en faveur des trente, et il en demeure pour constant que nos tyrans modernes ont surpassé en raffinements de cruauté les animaux les plus féroces de la Lybie. En effet, l'acte de barbarie que Lysias reproche particulièrement aux trente brigands que les Lacédémoniens avaient donné pour gouverneurs aux Athéniens, c'est d'avoir décidé entre eux de faire arrêter un certain nombre d'étrangers, établis à Athènes, qui paraissaient contraires au gouvernement actuel, de les faire mourir et de confisquer leurs biens. Chez nous, les indigènes comme les étrangers, ont été indistinctement inscrits sur la liste de proscription ; et pendant un an entier, ils ont été portés pêle-mêle sur l'échafaud. Les annales même des cannibales ne fournissent rien qui puisse être comparé aux douloureux événements dont nous avons été les lâches témoins. » — « Il n'y a pas jusqu'aux théâtres qui, parmi nous, ne se ressentent de l'augmentation progressive du prix des marchandises. Celui des Arts, ci-devant l'Opéra, vient de prévenir le public qu'à compter du 2 ventôse prochain, le prix des places et celui des loges louées d'avance sera augmenté d'un tiers. Les places du

[1]. Il s'agit sans doute du pamphlet attribué à Du Pont (de Nemours) et intitulé : *Plaidoyer de Lysias contre les membres des anciens Comités de salut public et de sûreté générale*, Paris, an III, in-8 de 31 pages. Bibl. nat., Lb 41/1534.

parterre, aujourd'hui à 50 sols, sont portées à 4 livres. Le déficit épouvantable qui se trouve dans les dépenses publiques de chaque mois, et la crainte, peu fondée, sans doute, que l'on a d'une émission d'assignats, sont la principale cause de ce surhaussement subit dans le prix des marchandises, que l'économie dans l'administration peut seule faire baisser. »

CCVI

30 PLUVIOSE AN III (18 FÉVRIER 1795).

Rapport du 1er ventose.

Esprit public. Groupes et cafés. — Les différents cafés ont été moins fréquentés hier que de coutume. Dans les groupes, quoique peu nombreux, à cause de la rigueur du froid, l'on murmurait beaucoup contre la Commission des subsistances, que l'on accuse d'être la cause du renchérissement de toutes les denrées ; on est étonné aussi que les autorités constituées ne prennent aucune mesure pour remédier au discrédit des assignats, et notamment dans les départements où les fermiers refusent de vendre leurs grains, à moins qu'on ne les paie en numéraire ou à un prix excessif en assignats.

Dans d'autres groupes, des ouvriers se plaignent de ce que les charbons n'arrivent pas et craignent, après un hiver aussi long et aussi rude, d'être plongés dans la dernière misère ; ils espèrent que la Convention ouvrira les yeux sur ces calamités.

L'on rapporte que les assemblées de sections ont été très orageuses, notamment celles du faubourg du Nord, des Gravilliers, Bon-Conseil, le Muséum et autres, qu'on n'y est parvenu qu'avec peine à y rétablir le calme, et qu'à celle de la Butte-des-Moulins on y a fait lecture d'une liste assez étendue des ci-devant Jacobins, depuis 1793, et autres qui ont été tous traités de dilapidateurs, de terroristes et d'hommes de sang......

Commerce. Pain. — ...Quelques boulangers n'ont pu satisfaire toutes leurs pratiques, faute de farine, et d'autres se plaignent de n'avoir pas assez de bois pour leurs cuissons...... Gambet dit que l'on sort le pain de Paris de toutes parts ; il dit en avoir vu emporter plus de soixante, du poids de quatre livres, sur la route de Vaugirard et d'Issy ; il attribue au peu de surveillance de la garde des barrières l'exportation fréquente de cette denrée ; il ajoute qu'il y a des personnes chargées de ces expéditions pour la sortie du pain. La Commission a écrit à cet égard au Comité militaire de la Convention pour que la force armée soit plus surveillante.

Viandes et autres comestibles. — Henry, Rouyer, Charpentier et autres disent que la distribution de la viande s'est faite avec ordre et sans préférence. Cependant, plusieurs citoyens n'en ont point eu, parce que, les jours de décade, il y a plus de monde à servir.....

Suivant Petitdidier et Martin, il est arrivé, les 30 pluviôse et 1er ventôse, 393 voitures de différentes denrées et une de marée.

Bois. — Sémé, Fabre, Gruet et Chevalier rapportent que la distribution s'est faite avec beaucoup de tumulte au chantier du quai d'Orsay, attendu le mauvais ordre qui y règne; ils ajoutent que dans ce moment il existe un abus qu'il serait urgent de réprimer. Plusieurs garçons cordeurs, disent-ils, viennent dans ce chantier avec des membrures pour corder au plus offrant et dernier enchérisseur. La garde n'a point voulu empêcher ce monopole; il n'y avait ni commissaire de section, ni officier de paix.

Surveillance. — Le commissaire de police des Thermes a fait arrêter une femme qui faisait colporter des lettres dans tous les ateliers de fondeurs en caractères, tendantes à faire soulever les ouvriers; on envoyait ces lettres avec un nouveau tarif portant le prix qu'on prétend exiger des maîtres fondeurs; on est à la trace de ces malveillants.....

Suivant le rapport de Delaporte et Tissot, les habitués du café des Canonniers ont déclaré qu'ils n'entendaient pas être surveillés et qu'ils ne feraient aucun quartier à ceux des agents de la police qu'ils reconnaîtraient. Les inspecteurs qui ont entendu ces propos ont reçu l'ordre de se porter à ce café et de prendre, sinon les noms et demeures de ces motionneurs, au moins leur signalement.....

Un bal ayant été signalé comme recevant des femmes sans cocardes, le maître de ce bal est mandé pour recevoir les avertissements nécessaires, et son bal est d'ailleurs recommandé à la surveillance pour s'assurer s'il profitera de la leçon qui lui sera donnée.....

Suivant Leroy, on a arrêté, à l'assemblée générale, de la section des Amis de la patrie, de poursuivre les anciens Comités révolutionnaires et toutes les personnes qui ont eu des relations intimes avec eux.. .

BARBARIN, BEURLIER.

(Arch. nat., F 4 c III, Seine, 15.)

JOURNAUX.

Gazette française du 1er ventôse : « *Paris, 30 pluviôse*. On commence enfin à se ressentir ici du bienfait de la loi sur la liberté des cultes. Depuis quelques jours, on dit, en quelques endroits de Paris et des environs, des messes, auxquelles assistent ceux qui sont attachés à la religion catholique. On ne voit pas que cet acte religieux ait excité la moindre effervescence parmi le peuple, qui sera toujours paisible, honnête et soumis aux lois, lorsqu'on lui permettra de satisfaire aux mouvements de sa conscience. On assure que plusieurs communes de quelques départements ont aussi repris leur ancien culte ; et ce qui fait l'éloge des citoyens qui se réunissent ainsi paisiblement dans leurs temples, c'est qu'on ajoute qu'ils ont constamment refusé de revoir ceux de leurs anciens prêtres qui se sont couverts d'opprobre en désavouant publiquement la doctrine qu'ils avaient précédemment prêchée comme divine[1]. » — *Vedette* du 1er ventôse : « *Paris* ....Le concert de la rue Feydeau étale un luxe que l'on aurait à peine trouvé dans l'ancienne cour ; les diamants, les ajustements y paraissent dans le plus brillant éclat ; et cependant ces femmes étincelantes de richesses, de luxe, ne sont ni des femmes d'ex-nobles, ni de financiers. Toutes les fortunes individuelles sont menacées de l'écroulement de la fortune publique ; le pain est sur le point de manquer ; la viande se vend trois livres ; les bois et forêts de trente lieues à la ronde se charient vers Paris, au prix de quatre et cinq cents livres la corde ; d'où peut venir ce rassemblement de somptuosité ? Ce n'est pas le concert qui l'occasionne, car, quoique les plus grands talents s'y réunissent, à peine écoute-t-on ; les femmes ne sont occupées que de se faire remarquer. Un étranger qui des rues entre au concert doit être singulièrement frappé de ce contraste de misère et de luxe, de dénuement et de ces parures, signes de l'abondance. Mais voilà Paris : les révolutions ne le changent point. »

CCVII

1er VENTOSE AN III (19 FÉVRIER 1795).

RAPPORT DU 2 VENTOSE.

Esprit public. Groupes et cafés. — L'opinion publique était fixée hier sur divers objets : la cherté progressive et effrayante des denrées et de toutes les choses de première nécessité est le point sur lequel l'attention du peuple est plus fortement attachée, parce que cette cherté frappe, d'une manière extrêmement onéreuse, sur la classe la plus nombreuse des citoyens.

---

1. Sur l'exercice du culte catholique à cette époque, on trouvera beaucoup de détails dans le journal les *Annales de la religion*. Bibl. nat., Le 3-40, in-8.

Les mouvements tumultueux qui se sont manifestés décadi dernier, dans plusieurs sections, occupent beaucoup les esprits. Les uns considèrent ces mouvements comme une lutte entre les citoyens qui ont été opprimés et leurs oppresseurs; les autres veulent les faire passer pour les efforts de l'aristocratie qui voudrait comprimer le patriotisme. Les citoyens paisibles qui ont gémi sur les horreurs dont la France a été couverte pendant la tyrannie de Robespierre gémissent aussi sur la durée de ces mouvements exaltés, qui entravent la marche des affaires publiques et retardent le cours de la Révolution.

On rapporte que, dans la section des Lombards, des citoyens ont dit que, décadi prochain, ils déchireraient la Déclaration des droits de l'homme, que d'autres ont répondu que les patriotes s'y trouveraient, et qu'on verrait qui l'emporterait. Ce fait est trop invraisemblable, trop extraordinaire, pour qu'on puisse facilement y ajouter foi; la Commission va se procurer, s'il est possible, des renseignements plus positifs sur ces menaces réciproques faites pour provoquer la sollicitude des véritables amis du bien public.

Les nouvelles arrivées des colonies ont répandu une joie universelle, et sont bien propres à soutenir le courage du peuple qui supporte, avec une constance vraiment digne d'éloges, toutes les calamités que la saison rigoureuse et le concours d'événements imprévus font peser sur lui.

Spectacles. — Au théâtre des Variétés, Jardin-Égalité, pendant qu'on chantait le *Réveil du peuple*, des citoyens s'écrièrent : « A bas les hommes de sang! voyez comme ils pâlissent »; et en faisant remarquer un citoyen qui était aux loges, ils le désignèrent comme celui qui avait dénoncé Philippeaux; les rapports ajoutent que ce citoyen était Choudieu, représentant du peuple; tous les regards se sont portés sur lui pendant la durée du spectacle, mais cela n'a pas eu d'autres suites.

Au spectacle de la rue Favart, un particulier, qui était placé aux secondes loges, ayant dit en regardant le parterre : *Les scélérats!* un cri d'indignation se fit entendre, et ce particulier fut obligé de se retirer; on n'a pu savoir ce qu'il était devenu.

Quelques agitations légères et de peu de durée se sont manifestées dans d'autres spectacles, mais elles n'ont pas eu de suite, et la tranquillité n'a pas été troublée.

Pamphlets. — Il a paru aujourd'hui une brochure ayant pour titre : *Fréron démasqué*, signée Saint-Maurice, sans indication de demeure de l'auteur et sans nom d'imprimeur ni de libraire. Cette brochure paraît être, au premier coup d'œil, une attaque personnelle contre

Fréron. La Commission s'occupe des moyens de connaître l'auteur et l'imprimeur, et fera connaître ce qui pourra résulter d'une analyse plus approfondie de cet écrit.

Commerce. Pain. — Suivant le rapport de Martin, beaucoup de citoyens murmuraient à la porte du boulanger nommé Chabot, rue Thiroux, parce qu'il n'avait plus de pain chez lui, ce dernier se plaint, ajoute le même inspecteur, de ce qu'on ne lui donne pas assez de farine pour satisfaire toutes ses pratiques.

Museux dit que beaucoup de citoyens, habitants des communes voisines, louent des petites chambres à Paris pour se procurer une carte de pain, et, dès qu'ils l'ont obtenue, ils se croyent autorisés à passer du pain par les barrières, comme habitants de Paris, et en cette qualité beaucoup de fonctionnaires les laissent passer......

Losset ajoute que le peuple murmure toujours au faubourg Marcel et autres lieux sur la cherté des denrées et la cupidité des marchands de comestibles......

Viande et autres comestibles. — Vassor dit que les halles étaient très bien approvisionnées, qu'il y est arrivé 20 voitures de beurre et d'œufs, peu de légumes; les pommes de terre se vendent 6 livres le boisseau; le porc frais; 3 livres 3 sols la livre. Le même ajoute que le quai de la Vallée, ainsi que différents marchés, étaient peu fournis. La tranquillité a régné partout.....

Bois. — ...Suivant les rapports de Gruel, Fabre, Sémé et Chevalier, le désordre règne tous les jours au chantier du quai d'Orsay, parce que chacun vient prendre du bois dans les dépôts; les commis des subsistances, disent les mêmes inspecteurs, d'accord avec les garçons de chantiers, sont les premiers à faire des réserves, et cordent pour leurs protégés. Chacun en fait autant, et il en résulte des dilapidations. Les voitures de la République n'arrivent que sur les onze heures ce qui occasionne beaucoup de trouble; point de commissaire de police à ce chantier, qui n'est point fermé; on demande qu'il y ait une garde plus nombreuse.

Dessault, officier de paix, rapporte qu'il est arrivé au carreau de la halle, du 29 pluviôse au 1er ventôse, 3,600 livres de beurre, 117,650 œufs, 4,072 douzaines de fromages. Le beurre se vend 3 à 4 livres la livre; les œufs, 325 livres le mille; la viande, 2 livres 15 sols la livre.

Chevalier dit que plusieurs personnes vont chercher du bois au chantier de la rue Amelot, non pour leur usage, mais pour le vendre à un prix exorbitant; ils étalent ce bois devant les boutiques des boulangers, aux environs de la Bastille, ce qui a occasionné beaucoup de troubles aujourd'hui devant la porte de la citoyenne Remy, boulangère, place de la Bastille. Une citoyenne, dit le même inspecteur, qui avait acheté ce bois 3 livres, voulait le vendre 8 livres. Ces sortes d'agiotages se renouvellent presque à tout moment, et le public en est indigné.

Surveillance. — Un citoyen qui s'était permis de dire que, si l'on avait laissé un *roi* tout irait mieux, est mis à la surveillance. Les inspecteurs qui l'ont entendu, et qui auraient dû l'arrêter sur l'heure, sont porteurs d'un mandat pour le conduire au Comité révolutionnaire de l'arrondissement, auquel ils rendront compte de ce qui s'est passé.

Racine dit que, dans les groupes, au Jardin national, quelques femmes parlaient en faveur des Jacobins; mais leurs conversations n'étaient pas incendiaires.....

Museux rapporte que le nommé Billard s'est frappé de deux coups de couteau; que, questionné sur les motifs de ce suicide, il a répondu que c'était la misère, qu'il ne pouvait supporter l'idée de voir une femme et deux enfants sans pain. Les blessures, ajoute le même inspecteur, ne sont pas dangereuses; il est recommandé à son Comité de bienfaisance, section du Finistère.

Mailly dit qu'un citoyen qui avait été à trois heures du matin porte Antoine, pour avoir une falourde, est mort subitement rue Neuve-Martin; on attribue ce funeste événement au grand froid qu'il a éprouvé ....

BARBARIN, DURET.

(Arch. nat., F 1 c III, Seine, 15.)

CCVIII

2 VENTOSE AN III (20 FÉVRIER 1795).

RAPPORT DU 3 VENTOSE.

Esprit public. Groupes et cafés. — Le prix excessif des denrées et la rigueur de la saison propagent la continuation des plaintes; le peuple, cependant, supporte avec patience et tranquillité l'excès de la misère publique. Dans quelques cafés, cependant, l'on disait que la continuité de ces calamités pourrait avoir des suites dangereuses.

L'affiche du représentant Moyse Bayle a fixé l'attention publique[1];

1. Nous n'avons pas cette affiche. C'est sans doute la même chose que la bro-

elle a donné occasion aux lecteurs de dire que, si les faits et la correspondance étaient vrais, Fréron était donc un terroriste et un buveur de sang qui ne cherchait qu'à provoquer la guerre civile.

Spectacles. — Au théâtre des Arts, tout a été dans l'intérieur de la salle parfaitement tranquille; mais, au foyer, plusieurs citoyens disaient qu'il faudrait au premier jour aller chercher Laÿs, l'emmener au spectacle, l'obliger à faire amende honorable au nom du peuple, et le chasser ensuite.....

Commerce. Pain. — ...Quelques boulangers ont manqué de pain; ces derniers se plaignent de n'avoir pas assez de farine pour satisfaire leurs pratiques, et d'autres qu'on la leur envoie trop tard, ce qui occasionne quelques rassemblements à leurs portes.

Viande et comestibles. — ...Cordebard dit que la difficulté de se procurer des denrées en tout genre alarme les citoyens; il ajoute que le mécontentement à cet égard est général.

Suivant le rapport de Massard, officier de paix, Le Hodey et Vassor, les halles étaient bien approvisionnées; les légumes rares à cause du froid; le beurre en abondance, ainsi que la viande; elle se vend 58 sols à 3 livres la livre. Les marchés peu fournis. La tranquillité a régné partout.

Bois. — Chevalier dit que le grand nombre de citoyens qui se porte au chantier du quai d'Orsay y occasionne beaucoup de désordre, qu'ils s'y font corder d'autorité; il ajoute que les cordeurs étrangers, ne trouvant point d'obstacles, entrent dans ce dépôt, qui est ouvert de toutes parts, et augmentent le désordre.

Vassor et Le Hodey rapportent qu'au chantier de la rue Miroménil, faubourg Honoré, les citoyens étaient mécontents de se voir contraints de payer les voitures pour le transport de leurs bois, par le défaut de présence de celles de la République.

Bouillon dit qu'une rixe s'est élevée près de la Convention entre des citoyens et des marchands de bois, parce qu'un de ces derniers voulait vendre une voie de bois 230 francs. Cependant, après bien des propos, chacun s'est retiré tranquillement.

Surveillance. — Moreau, Mitz et autres rapportent qu'au café des Canonniers on a fait la proposition de faire chasser les brigands qui parcourent les sections pour les soulever......

J.-L. BABILLE, BARBARIN.

(Arch. nat., F 1 c III, Seine, 15.)

chure intitulée: *Moyse Bayle au peuple souverain et à la Convention nationale*, Paris, Vatar, s. d., in-8. Bibl. nat. Lb 41/1580. On a aussi une réponse de Fréron et une réplique de Bayle, Lb 41/1581, 1582, in-8.

CCIX

3 VENTOSE AN III (21 FÉVRIER 1795).

RAPPORT DU 4 VENTOSE.

Esprit public. Groupes et cafés. — Les citoyens rassemblés dans le Jardin national, après la séance de la Convention, s'entretenaient du décret rendu sur la liberté des cultes [1]; tous y apercevaient beaucoup de sagesse, et sont persuadés qu'il produira les meilleurs effets dans tous les départements et notamment dans ceux de l'ouest.

Une des principales conversations des cafés était l'adoption annoncée des assignats dans la Hollande. L'on espère que ce succès procurera à nos armées tous les objets qui leur sont nécessaires.

On prend beaucoup d'intérêt aux dispositions annoncées de la Porte-Ottomane d'armer pour la défense de la Pologne; si ces nouvelles sont vraies, elles peuvent servir avantageusement les armes républicaines.

L'agiotage se fait d'une manière effrayante dans la Maison-Égalité. Le rassemblement se forme sur les onze heures et continue jusqu'à deux.

Plusieurs marchandes des halles, qui avaient connaissance du décret sur la liberté des cultes, disaient hier que l'on devait dire la messe aujourd'hui aux Vertus, et qu'elles iraient l'entendre.

Sans la cherté des subsistances, à laquelle la plus grande partie des citoyens ne peut atteindre, tout serait fort tranquille, l'esprit public étant dans ce moment très calme.

Commerce. Pain. — Beaucoup de boulangers ont manqué de pain, parce qu'on leur a donné un sac de farine de moins; d'autres se plaignent de recevoir leur farine trop tard. Ces deux causes donnent lieu à quelques rassemblements.

Duroux annonce que, chez deux boulangers, section de la Fraternité, la force armée a été appelée pour maintenir le bon ordre, parce que, faute de farine, ces boulangers n'ont pu satisfaire leurs pratiques et n'avaient plus de pain à huit heures. Suivant le même inspecteur, un boulanger porte son pain au marché Jean pour l'y vendre; il dit en avoir la permission..... Le citoyen Robleau, bou-

---

1. Il s'agit du décret rendu le 3 ventôse, sur le rapport de Boissy d'Anglas. Voir mes *Études et leçons sur la Révolution*, seconde série, p. 120, 122.

langer, rue de Marivaux, charge à six heures du matin, dans un cabriolet, du pain qu'il dit destiné aux ouvriers du bois de Boulogne ; cette exportation de pain sera surveillée.....

Viande et comestibles. — Rouyer, Poinsignon et plusieurs autres annoncent que, dans leur arrondissement, la distribution de la viande s'est faite légalement, mais que, chez différents bouchers, plusieurs citoyens n'ont pas été servis, ce qui a causé un peu de trouble.

Murat rapporte que, dans la rue des Prêcheurs, on tue de très mauvaise viande, destinée aux Halles. Ce rapport s'accorde avec celui fait à la Commission sur la situation des halles, où Massard et Le Hodey annoncent avoir remarqué des viandes de mauvaise qualité ; la Commission a engagé ces inspecteurs à surveiller ces délits et les dénoncer aux autorités constituées.....

Les halles et marchés ont été faiblement approvisionnées en toutes sortes de marchandises ; il y est arrivé 328 voitures de différentes denrées, et 4 de marée.

Bois. — Baron et autres rendent compte du trouble qui a régné au chantier de Déségouttes ; à onze heures du matin la garde a été forcée et la vente suspendue ; mais, à deux heures, on a été obligé de fermer le chantier, où le désordre était à son comble.... Dès minuit, il y a à ce chantier des rassemblements qui troublent le repos des citoyens.

Gendel, Dufresnoy et autres disent que sur différentes places on vend du bois à raison de 300 livres la corde ; ils ont entendu dire qu'une voie de charbon coûtait 60 livres ; cette cherté fait murmurer le public, qui dit qu'il est étonné que le gouvernement ne mette pas un frein à cette cupidité.....

Surveillance. — Du rapport de Gallée, il résulte que les serruriers et leurs compagnons sont très mécontents de la taxe et du prix excessif du charbon de terre ; que, par suite de ce mécontentement, des compagnons auraient des projets contre-révolutionnaires, si décadi prochain ils n'obtiennent pas ce qu'ils demanderont à la Convention nationale, à laquelle ils doivent se présenter en masse. Vu l'importance de ce rapport, la femme qui a connaissance de ce projet est mandée pour mettre la Commission dans le cas de prendre les mesures nécessaires. Copie de ce rapport est envoyée au Comité de sûreté générale. Le lieu indiqué pour être celui du rassemblement est dès à présent mis à la surveillance. Il sera surtout surveillé décadi prochain.

Lecoq annonce que des citoyens disaient hier que l'armée catholique s'approche de Nantes, et que la Convention devrait déployer toutes les forces nécessaires pour exterminer tous les brigands. Copie des rapports est envoyée aux Comités de salut public et de sûreté générale.....

DELAHAYE, FAUCONNIER.

(Arch. nat., F¹ c III, Seine, 15.)

JOURNAUX.

Gazette française du 4 ventôse : « *Paris, 3 ventôse*. Il y a quelques jours que nous avons dénoncé aux arts et aux amis de notre pays la statue colossale que des Vandales avaient érigée sur la place des Invalides. Ce monument absurde, proscrit hier par la Convention nationale, avec toutes les montagnes à la Robespierre[1], n'existera plus ce soir. On s'occupe en ce moment à l'abattre ; et ce qui peint parfaitement la légèreté française, c'est que le peuple prend une part aussi active à sa démolition qu'il en a prise à son élévation. Il paraît qu'on va aussi faire disparaître ces placards ridicules, imaginés par Momoro, que nous dénoncions hier, et qui nous invitent à choisir entre *la fraternité ou la mort*. Ces sortes de signaux sont le caractère des factions qui divisent un Etat ; et aujourd'hui il ne doit plus y avoir en France d'autre faction que celle du patriotisme, l'amour des lois, et l'attachement des bons principes. Il y a trois ans qu'on lisait sur les frontispices de toutes les maisons : *la Constitution ou la mort ;* et deux jours après, cette inscription a disparu pour faire place à une autre non moins ridicule : *Petion ou la mort*. L'idolâtrie et l'exagération seront-elles donc toujours le propre du caractère français? » ... « Le juif Moyse Bayle vient de faire afficher dans Paris, un placard contre Fréron[2]. Il s'étonne que l'*Orateur du peuple* prêche aujourd'hui la modération, après avoir prêché la terreur ; et pour prouver son assertion, il cite quelques-unes des lettres qui lui furent adressées par Fréron, dans sa mission à Marseille. Si l'on en croit ces lettres, Fréron applaudissait aux fusillades, et il ne demandait rien moins que la *transfusion* des habitants de certaines contrées du Midi dans les départements du Nord. Nous ne prendrons pas sur nous de juger un pareil différend ; mais, quelle qu'ait été autrefois l'opinion de Fréron, dans cette lettre confidentielle, il n'en est pas moins vrai qu'il est un de ceux qui ont le plus contribué à renverser la tyrannie des buveurs de sang. »

CCX

4 VENTOSE AN III (22 FÉVRIER 1795).

RAPPORT DU 5 VENTOSE.

Esprit public. — Les lieux publics et cafés ont été hier très

1. C'est une allusion au décret du 2 ventôse an III, qui ordonnait la démolition des monuments en forme de montagne élevés dans toute l'étendue de la République.
2. Voir plus haut, p. 495.

calmes. Les subsistances sont les sujets principaux des conversations ; les inquiétudes deviennent plus actives ; plusieurs citoyens se plaignent d'avoir manqué de pain, quoique munis de leurs feuilletons de distribution ; d'autres, pour augmenter les craintes, assuraient qu'incessamment on retrancherait une partie des demandes des citoyens. Ces bruits, accrédités par la disette qui existe dans les environs de Paris et les autres départements, propagent les inquiétudes.

Le décret sur la liberté des cultes, le rapport de la Commission des Vingt-un et l'agiotage qui se fait sur toutes les marchandises étaient les autres sujets d'entretien des différents cafés. Le décret sur la liberté des cultes, fondé sur la Déclaration des droits et la Constitution, fait espérer les plus heureux effets. On est étonné du retard du rapport de la Commission des Vingt-un, et on est effrayé du succès de l'agiotage, qui, ne servant qu'à alimenter la cupidité de quelques individus, plonge tous les autres citoyens dans la plus profonde misère.

Au milieu de ces événements, le peuple montre le plus grand courage et espère toujours que ses maux ne sont que momentanés, et que l'œil vigilant de la Convention les fera incessamment disparaître.

Commerce. Pain. — ...Quelques boulangers ont eu un sac de farine de moins qu'à l'ordinaire et ont manqué de pain ; d'autres se plaignent de n'avoir pas assez de bois pour leurs cuissons.....

Chevalier, officier de paix, annonce que, dans l'île de la Fraternité, il y avait des rassemblements considérables aux portes des boulangers ; on a retiré à beaucoup de citoyens une partie du pain porté sur leurs cartes ; cette diminution leur fait craindre d'en manquer tout à fait, et a donné lieu à beaucoup de propos.....

Viande et autres comestibles. — Pilfer, Henet et plusieurs autres rapportent que, dans les lieux qu'ils ont surveillés, la distribution de la viande s'est faite légalement et avec ordre ; cependant quelques citoyens n'ont point été servis ; des citoyennes même se sont plaintes que c'était le troisième jour qu'elles ne pouvaient en avoir.....

Les halles sont très peu approvisionnées, parce que les regratières vont au-devant des denrées et les enlèvent toutes ; il y avait peu de viande à la halle ; elle s'est vendue depuis 45 sols jusqu'à 3 livres 10 sols la livre. Il y est arrivé, le 4 et le 5 courant, 382 voitures de différentes denrées et une de marée.

Bois et charbon. — Bergeret et autres rapportent qu'à la distribution du charbon, port Bernard, l'ordre a été troublé par les charbonniers, qui demandaient 4 et 5 livres pour le port d'une demi-voie de charbon; les citoyens se sont refusés. Les mesureurs, coalisés sans doute avec les charbonniers, n'ont plus voulu verser; le public a descendu dans les bateaux et a mesuré lui-même, ce qui a occasionné beaucoup de trouble. La Commission a écrit aux Comités de salut public, de sûreté générale et militaire de la Convention nationale et à l'Agence des subsistances pour qu'il soit pris des mesures répressives de cet abus. ...

Chevalier, officier de paix, rapporte qu'au chantier, rue Basse-du-Rempart, il y avait beaucoup de désordre, attendu qu'il n'y avait que seize voies de bois à distribuer, et au moins deux cents personnes. En second lieu, un inspecteur ou commis du chantier a dit au public que les bons depuis le 1er pluviôse jusqu'au 8 seraient servis, ce qui a porté le désordre à son comble. Chevalier n'a pu ramener la tranquillité qu'en faisant servir les bons de nivôse. ....

Bocquet annonce que, dans la section de la Fraternité, il y avait des queues considérables aux portes des boulangers et bouchers; les femmes et les hommes y juraient la perte des représentants du peuple et des autorités constituées, et que demain ils mettraient à la porte les commissaires chargés de veiller à la distribution du pain et de la viande. La Commission a nommé pour demain un officier de paix et six inspecteurs, afin de surveiller ces malveillants.

Surveillance. — Les égorgeurs de Brest, dénoncés à la Convention dans sa séance d'hier [1], comme se réunissant dans un café rue Nicaise et dans un autre rue Thomas-du-Louvre, et y menaçant d'égorger la représentation nationale, viennent d'être mis à la surveillance. Il a même, en tant que de besoin, été remis aux inspecteurs chargés de la surveillance un mandat à l'effet de conduire ces égorgeurs au Comité de sûreté générale, si on les trouve dans ces cafés, et surtout s'ils tiennent des propos coupables.

Au café des Canonniers, rapporte Doucet, on se plaint de ce que l'on met en liberté les membres des anciens Comités révolutionnaires.....

PASTÉ, GOSSET.

(Arch. nat., F^{1c} III, Seine, 15.)

JOURNAUX.

Gazette française du 3 ventôse : « *Paris, 4 ventôse.* Le décret d'hier sur la liberté des cultes [2] a fait ici une très vive sensation. Le peuple, toujours juste,

---

1. C'est Blad qui, dans la séance de la Convention du 4 ventôse, avait ainsi dénoncé les membres de l'ex-tribunal révolutionnaire de Brest. (*Moniteur*, réimpression, t. XXIII, p. 535).
2. Voir plus haut, p. 497.

quand on n'a pas intérêt à l'égarer, l'a accueilli avec des transports de joie ; et les *honnêtes gens*, dont la dénomination n'est plus, sans doute, une injure, s'applaudissent de savoir que l'exécrable doctrine de Jacob Dupont[1] n'est plus à l'ordre du jour. L'éducation nationale, négligée depuis trois ans, se ressentira vraisemblablement de cette heureuse métamorphose, et les maîtres et maîtresses de pensions, qui n'osaient prononcer le nom de Dieu devant leurs élèves, pourront désormais leur inculquer les principes de religion, sans laquelle un homme ne peut être qu'un brigand, une nation entière qu'une horde de scélérats. Il est un fait qui prouve jusqu'à quel point la nation française est flexible dans les points même les plus importants de son existence politique. Tandis qu'à Paris des hommes soldés par Hébert, Chaumette et les décemvirs, promenaient indécemment des bêtes de somme couvertes d'habits sacerdotaux, et que des saltimbanques traversaient en dansant la salle de la Convention, tenant à la main les signes les plus sacrés de la religion de leurs pères, on rougissait en divers endroits d'avoir cru à l'existence de Dieu. Ceux qui, pendant ces temps de calamités publiques, ont voyagé en France, ont dû voir des auberges portant pour enseigne *la Grâce de Dieu*, ayant effacé les deux derniers mots. Nous l'avons remarqué nous-mêmes en divers endroits de France ; et quiconque, dans certaines communes, eût osé proférer le nom de Dieu, se serait exposé aux plus violents outrages de la part des brigands et aux persécutions de cette horde de monstres qu'on appelait *Comités révolutionnaires*, et qui couvraient alors la surface de notre malheureuse patrie. » — *Courrier républicain* du 5 ventôse : « *Paris, 4 ventôse*. Le décret qui rend aux Français l'exercice de leur conscience, s'il peut être permis de s'exprimer ainsi, doit être compté au nombre des mesures tutélaires de la vie qui ont été prises depuis quelque temps. Grâces soient rendues à ceux qui ont rendu ce salutaire décret, ou plutôt qui ont rendu aux hommes un droit qu'aucune puissance n'avait le droit de leur enlever. Il sera donc permis aux infortunés d'avoir encore de l'espoir et d'élever leurs vœux vers celui-là seul qui peut dispenser la félicité. Nous nous sommes plus à examiner quel pouvait être l'effet de la déclaration de la Convention nationale sur la liberté des cultes ; elle a causé la satisfaction la plus générale et la mieux sentie, malgré la gêne cruelle où se trouve le peuple par l'extrême et continuellement progressive cherté de tous les objets qui nous sont nécessaires. Sans doute, la Convention, en laissant les Français adorer l'Être suprême comme bon leur semble, n'a pas prétendu faire une opération de finances ; elle en a cependant fait une, qui n'est point du tout indifférente. On suppose que cinquante mille églises ou temples, et c'est caver au plus bas, soient nécessaires pour l'exercice des différents cultes ; que ces bâtiments soient vendus dix mille livres, le fort emportant le faible ; voilà cinq cents millions au moins en assignats qui vont rentrer, et il est possible que cette vente s'élève à plus d'un milliard. » — « On a joué hier *Œdipe à Colone* à l'Opéra. Cette pièce, une des plus intéressantes peut-être, sous tous les rapports, de toutes celles qui se jouent à ce théâtre, a été tellement mutilée, tellement hachée, qu'on n'y trouve presque plus rien de son antique beauté. »

1. Voir la notice que j'ai consacrée à ce conventionnel dans la revue la *Révolution française*, t. VIII, p. 380.

CCXI

5 VENTOSE AN III (23 FÉVRIER 1795).

Rapport du 6 ventose.

Esprit public. Groupes et cafés. — Le bruit courait hier dans différents groupes que Charette, chef des rebelles de la Vendée, avait eu plusieurs conférences avec nos généraux et nos représentants de l'armée de l'Ouest, et qu'il avait de suite mis bas les armes. Cette nouvelle paraît satisfaire tous les bons citoyens; d'autres pensent qu'il faut toujours se tenir en garde contre les promesses de ce chef, dont l'influence a été si grande sur les peuples de ces départements. Les murmures se propagent sur le retard du rapport de la Commission des Vingt-un; on craint que ce ne soit un moyen pour assoupir une affaire à laquelle la tranquillité publique paraît intéressée.

Le prix excessif des denrées et la difficulté de se procurer du pain dans quelques quartiers portent les manœuvres à leur comble.

Spectacles. — Au théâtre de la rue Favart, il s'est élevé du trouble, occasionné par un jeune homme qui persistait à garder son chapeau sur la tête, quoiqu'il eût été invité par la sentinelle à se découvrir. Plusieurs jeunes gens dirent que la force armée n'avait point l'exercice de la police dans l'intérieur du spectacle, et que ce droit appartenait au public seul. Le factionnaire voulut arrêter deux de ces jeunes gens; mais une centaine se présentèrent pour s'y opposer, en disant que la Terreur était passée, que les mouchards de la police en avaient déjà arrêté, mais qu'ils avaient bien trouvé les moyens de les enlever. L'officier de paix invita la force armée à mettre beaucoup de prudence et à ne pas faire attention aux mauvais propos, ce qui fut fait. Le calme pour lors s'est rétabli.

Commerce. Pain. — Massard, Cavaignac et autres ont vu beaucoup de rassemblements aux portes des boulangers qu'ils ont surveillés; plusieurs se plaignent de ne pas recevoir la quantité de farines nécessaires pour satisfaire leurs pratiques, ce qui occasionne beaucoup de mécontentement de la part des citoyens qui ne peuvent avoir suffisamment de pain. Quoi qu'il en soit, l'ordre n'a point été troublé.

Viande et autres comestibles. — Les halles ont été mieux approvisionnées que ces jours derniers en beurre, volailles, poissons, viande de boucherie et porc frais, mais les marchés sont peu fournis en légumes.

Depuis le 2 jusqu'au 4 de ce mois, il est arrivé au carreau de la Halle 3,647 livres de beurre, 105,600 œufs, 194 douzaines de fromages de Brie. — Le beurre se vend 3 livres 15 sols la livre, le mille d'œufs 330 livres, le bœuf 2 livres 10 sols, le veau 3 livres, et le mouton 3 à 3 liv. 10 la livre.

Bois et charbon. — ...Desbourdelles rapporte que le public a forcé le citoyen Grenier, marchand de bois, à distribuer à 60 livres la voie de bois de deux bateaux requis pour les boulangers, qui étaient sur la berge en face du Jardin des Plantes. L'après-midi, le reste de ce bois a été délivré aux boulangers à raison de 32 livres 15 sols la voie.

Surveillance. — ...Villeneuve rapporte qu'une femme, qui n'avait pas de cocarde, a été invitée par la garde d'en mettre une; mais, après l'avoir mise, elle a proféré des sottises, tant sur la garde que sur la cocarde; elle a été arrêtée et traduite devant le commissaire de police, qui est invité à rendre compte à la Commission du parti qu'il a pris.....

GOSSET, HANNOCQUE-GUÉRIN.

(Arch. nat., F 1 c III, Seine, 15.)

JOURNAUX.

Messager du soir du 6 ventôse : « *Paris, 5 ventôse.* ...Choudieu qui, avec Levasseur, assassina le vertueux Philippeaux, était ces jours derniers au spectacle ; on le reconnaît, et aussitôt il resta seul sur sa banquette [1]. Chacun s'éloigna d'un monstre qui sue le crime ; on sembla craindre que les vapeurs contagieuses qui s'exhalent de son corps n'empoisonnassent ceux qui s'en approcheraient. Le prêtre Bassal, qui sans avoir acquis les mêmes droits à l'indignation publique, ne laisse pas de partager le mépris qu'on a voué à tous les hommes de sang qui ont conspiré aux Jacobins pour faire rétrograder la révolution du 9 thermidor, a éprouvé aussi une scène à peu près semblable. » — *Abréviateur universel* du 6 ventôse : « *Paris, 5 ventôse.* ...Nos mœurs publiques contractent une tournure romanesque expéditive d'un courtage d'un genre assez singulier. Les *Petites Affiches* sont peuplées de jolies citoyennes de 18 à 22 ans, du caractère le plus liant, du *physique* le plus agréable, qui savent heureusement *un peu de tout*, et qui demandent à se placer auprès *d'un homme seul.* Dernièrement, dans le *Journal des nouvelles, d'indications et annonces pour Paris et les départements*, une femme de 50 ans s'offrait, avec la touchante ingénuité de cet âge, comme ayant des écus, des quartiers, et comme n'étant pas *trop déchirée.* Le 2 ventôse, une citoyenne

1. Voir plus haut, p. 493.

de 21 ans, âge qui dure longtemps pour certaines belles, promit, par la voie des affiches, ni plus ni moins que *son cœur* au citoyen qui pourra le mériter; et le 4 ventôse déjà trois citoyens donnaient, par la même voie confidentielle, chacun leur adresse, afin d'être mis à portée de mériter ce tendre cœur. On croit assister à une foire entre Abdère et les bords du Lignon. » — *Courrier républicain* du 6 ventôse : « *Paris, 5 ventôse.* Les réserves de la force armée sont doublées aujourd'hui dans les sections ; c'est sans doute une mesure de précaution nécessitée pour le maintien de l'ordre public, pendant le rapport de la Commission des Vingt-un, qui se doit faire l'un des jours de cette décade, et le résultat qu'il doit avoir. Au surplus, à quelques murmures près, occasionnés par la cherté des denrées, nous sommes parfaitement tranquilles. » — *Journal de Perlet* du 5 ventôse : Analyse d'un écrit de Chalmel contre Garat et Ginguené [1].

CCXII

6 VENTOSE AN III (24 FÉVRIER 1795).

RAPPORT DU 7 VENTOSE.

Esprit public. Groupes et cafés. — Les esprits s'agitent de plus en plus sur la cherté des subsistances; les bruits circulent sourdement d'une réduction de pain par chaque bouche. Ces bruits, accrédités par la malveillance et l'agiotage en tous genres, ne laissent aux citoyens que la perspective de la plus profonde misère par la privation d'une partie de leur portion de pain, seule et unique ressource de ceux qui ne peuvent atteindre aux prix exagérés de toute espèce de denrées, et causent en ce moment les plus vives inquiétudes. L'espérance de jours plus heureux soutient encore leur courage ; ils les attendent de la sollicitude de la Convention nationale.

Dans quelques cafés, on s'entretenait de la situation de nos affaires dans la Vendée ; plusieurs assuraient que l'armée de Charette avait déposé les armes, et que cette malheureuse guerre était enfin terminée; cette nouvelle était combattue par d'autres, attendu qu'il n'avait pas été fait de rapport à la Convention, et qu'il fallait attendre les nouvelles officielles.

Approbation du décret rendu hier pour la vente des biens natio-

---

1. *Garat et Ginguené, membres de la Commission de l'instruction publique, intrigants et dilapidateurs, ou lettre de J.-L. Chalmel, ex-secrétaire général de la Commission de l'instruction publique, à Garat et Ginguené*. Imp. de la veuve Gorsas, s. d., in-8. Bibl. nat., Lb 41/1654. Cf. la réponse de Ginguené, Bibl. nat., Lb 41/1655, in-8.

naux[1], impatience contre le retard du rapport de la Commission des Vingt-un, telles étaient les conversations des différents autres endroits.

Spectacles. — Au théâtre de Montagne, Maison-Égalité, on a représenté la pièce intitulée : *Le Concert de la rue Feydeau*. Cette pièce, dit-on, a été fort applaudie. Pendant la représentation, plusieurs voix s'écrièrent : « Point de grâce aux Jacobins ! » On entendit, nous a-t-on rapporté, quelques jeunes gens crier : « Nous leur couperons bras et jambes, et le temps approche où nous marcherons dans leur sang. » On dit que le commissaire de police a reconnu un de ces jeunes gens pour avoir été payé par la liste civile avant le 10 août. Cette effervescence n'a pas eu de suite ; tout s'est passé avec assez de tranquillité.

Commerce. Pain. — Bercé, Thion et plusieurs autres rapportent que, dans les lieux qu'ils ont surveillés, il y avait des rassemblements aux portes des différents boulangers ; ils disent au public que l'administration leur donne un sac de farine de moins que de coutume ; en second lieu, on répand le bruit qu'on va diminuer la portion de pain accordée à chaque citoyen, ce qui fait que chacun a peur d'en manquer. La force armée assistait à plusieurs de ces distributions, et, quoique quelques citoyens n'aient point eu de pain, l'ordre n'a pas été troublé.....

Viande et autres comestibles. — Suivant Roblastre et Dumortier, la tranquillité règne, mais la viande manque toujours chez plusieurs bouchers.....

... Il résulte du rapport de Moreau que la porte du citoyen Crépin, boucher, rue Poissonnière, a été forcée par le public, et on a été obligé de requérir la force armée pour rétablir l'ordre. Cet inspecteur a entendu des murmures sur la cherté des denrées et la difficulté de s'en procurer.

Les halles ont été assez bien fournies ; il s'y vend de la viande très défectueuse, car on tue des veaux presque nouveaux-nés ; il y a eu beaucoup de porc frais de belle qualité.

Le 6 et le 7 courant, il est arrivé pour l'approvisionnement des halles 150 voitures de différentes denrées et deux voitures de marée.....

Bois et charbons. — Il résulte du rapport de Cornet et Denel que, dans différents groupes, on disait que les marchands veulent la contre-révolution, et que leurs spéculations sont un brigandage ; on y

1. Le décret du 6 ventôse an III accordait diverses facilités pour la vente et le paiement des biens nationaux.

disait aussi que le bois de l'administration était trafiqué, et qu'on gagnait dessus 30 livres par voie.

La Commission a recommandé à ces inspecteurs de remonter à la source du bruit répandu sur le trafic du bois de l'administration et de lui rendre compte du résultat de leurs découvertes.

Surveillance. — La femme qui, d'après le rapport d'hier, avait insulté la cocarde nationale et la garde qui l'avait obligée de s'en décorer, a été traduite au tribunal de police correctionnelle et envoyée à Pélagie par le commissaire de police de la section de la Cité.

Les rapports d'hier et d'aujourd'hui sur les deux cafés indiqués comme le rendez-vous des égorgeurs de Brest annoncent qu'il n'y paraît aucun de ces individus, sur quoi l'on peut remarquer que, s'ils s'y rendent, la dénonciation publique faite contre eux les aura fait partir sans doute ailleurs ....

Suivant Delaporte, c'est l'agiotage dans le Jardin-Égalité, où l'on fait le trafic de l'or et de l'argent, qui donne du discrédit aux assignats.

Gilbert rapporte qu'il observe qu'il y a beaucoup de plaintes sur la diminution du pain dans plusieurs sections, et de la fermentation de la part de plusieurs personnes, qui se permettent, dans les cabarets, différents propos contre les autorités constituées, surtout contre l'administration des subsistances, où ils veulent se porter.....

BARBARIN, BEURLIER.

(Arch. nat., F¹ᶜ III, Seine, 15.)

JOURNAUX.

Abréviateur universel du 7 ventôse : « *Lettre au rédacteur du Journal du Matin de la République française.* Rends publiques, citoyen, les remarques suivantes ; elles éveilleront peut-être l'attention des hommes dans toutes les actions de leur vie. On ne peut toucher une pension sans un certificat de civisme. Mais Dieu sait comment on les délivre, et comment on les obtient! On ne peut sortir de Paris ; cette grande cité est une prison, dont les portes ne s'ouvrent qu'à ceux qui ont obtenu d'un maire ou d'un Comité de section le droit d'entrer et de sortir. Ce droit est assez difficile à avoir ; il est exprimé en mauvais français, sur une patente appelée *carte de sûreté, passeport.* Un citoyen de la rue de Vaugirard ne peut aller au-delà de la muraille chez son voisin, sans sa carte ou un passeport de la municipalité de Vaugirard, comme si une distance de cinquante pas mettait une grande inégalité entre les intérêts politiques des habitants du même pays ! Ce n'est pas tout : une loi toute récente déclare suspects et ordonne d'arrêter comme tels tous ceux qui seront trouvés sans carte. Ainsi, nous voilà tout à plat retombés sous la bureaucratie révolutionnaire. O Robespierre ! que veux-tu de plus? *sus-*

prêts, arrêtés, incarcérés, faute d'une carte de sûreté ! Et les visites de nuit, et les enlèvements des filles, et l'insultante brutalité des *remplaçants*, et la police *sartinique* des maisons garnies ! Es-tu mariée ? Est-ce là ton mari ? Viens au Comité. — Mais il est minuit. — Avance... O Chaumette ! tu n'as perdu que la vie, la morale reste. Et vous, Parisiens, qui brûlez des mannequins, et qui avez des cartes de sûreté, que dire de vous ? *Signé :* Pouillet. »

CCXIII

7 VENTOSE AN III (25 FÉVRIER 1795).

Rapport du 8 ventose.

Esprit public. Groupes et cafés. — Les rapports qui nous sont parvenus expriment tous les mêmes inquiétudes ; la consternation se caractérise sur toutes les figures ; la difficulté de se procurer le pain actuellement au prorata de la consommation journalière, et les réductions que l'on assure devoir avoir lieu, jointes à l'impossibilité de pouvoir atteindre à aucuns autres sujets de première nécessité, excitent des murmures dont les suites pourraient devenir alarmantes. Un de nos préposés nous rapporte, entre autres, que le public menace de corriger la cupidité des marchands, de s'occuper au préalable de découvrir leurs manœuvres perverses, en demander justice, et de se la faire lui-même, si on ne cherche pas les moyens de faire cesser leurs exactions.

Les ouvriers font entendre leurs plaintes de ce qu'ils ne peuvent plus travailler, faute de marchandises, et les petits rentiers, dont les revenus actuels diminuent encore par les retenues, ne leur produisent pas la faculté de pouvoir atteindre aux prix des denrées.

Au Jardin-Égalité, sous les yeux d'un de nos inspecteurs, quelques jeunes gens réunis déterminèrent entre eux de se transporter dans tous les cafés de l'arrondissement pour y chanter le *Réveil du peuple*, *à bas les Jacobins*, *à bas Duhem*, etc., ce qu'ils exécutèrent assez tranquillement.

Hier, a été saisi, rue Traversière-Honoré, un jeu de biribi ; tout à été enlevé, argent et ustensiles, et sont déposés entre les mains du commissaire de police de la section de la Butte-des-Moulins, pour être envoyés aux tribunaux qui doivent en connaître. La citoyenne Martinach, qui tenait ce jeu, a déclaré dans le procès-verbal que le nommé Gilbert, agent du Comité de sûreté générale, avait voulu la faire contribuer de 400 livres par mois, en l'assurant de la garantie des poursuites de la police.

Commerce. Pain. — Bocquoin, Didier et autres, au nombre de vingt-deux, rapportent que, dans leurs arrondissements, il y avait beaucoup de monde aux portes des boulangers, en ce que plusieurs de ces derniers ont donné un tiers de moins de pain que porte la carte de chaque citoyen, attendu qu'on leur a délivré un sac de farine de moins que de coutume. Malgré cette retenue que l'on a faite à chaque citoyen, plusieurs n'ont point eu de pain, ce qui a occasionné des murmures et des propos contre les autorités constituées; l'ordre, cependant, n'a point été troublé.

Viande et autres comestibles. — Des rapports de Chevalier, Desbourdelles et plusieurs, il résulte que, dès quatre heures du matin, il y avait du monde aux portes des bouchers et charcutiers, que le public murmure de la difficulté de se procurer des denrées de première nécessité, que quelques citoyens n'ont pas eu de viande, que l'ordre, néanmoins, n'a pas été troublé.

Les halles ont été très bien approvisionnées en toutes sortes de denrées, mais tout se vend à un prix excessif. La halle à la viande était bien fournie; la viande se vend 3 livres à 3 livres 8 sols la livre; il s'y est vendu environ 60 à 70 cochons, moyennant le même prix.

Simon rapporte que dans un café, rue Jacob, plusieurs citoyens témoignaient leur indignation contre les citoyens Durieux, demeurant rue des Petits-Augustins, chez le boulanger, et Chrysostome, italien, demeurant en garni rue du Colombier, au Parc ci-devant Royal, qui vont chez tous les marchands pour retenir les marchandises à quelque prix que ce soit, et ne retournent pas les enlever, ce qui ferait croire que ce sont des agioteurs qui veulent faire hausser le prix des marchandises en tout genre. La Commission fera surveiller ces individus......

Surveillance. — Il résulte de tous les rapports de la surveillance que le public est mécontent, et très mécontent, de la réduction à une livre et demie de pain par personne; que les malveillants cherchent à en profiter pour soulever le peuple contre la Convention et toutes les autorités constituées; que, s'il est besoin, de la part de la Commission, d'une surveillance plus active, il devient aussi très nécessaire que les dépositaires de la force publique veillent plus que jamais, avec d'autant plus de raison que cette réduction est faite à contre-temps, puisque la Commission des Vingt-un n'a pas encore fait son rapport, et que les mécontents cherchent à tirer parti des événements pour apitoyer le peuple sur ceux que la Convention pourrait livrer à la vengeance des lois, s'il y a lieu.

La surveillance de la Commission vient de découvrir des rassemblements secrets dans certains endroits du faubourg Antoine. Des rapports rendent compte des menaces publiques que font plusieurs acteurs de ces rassemblements, qui se disent même Jacobins. Copie de ce rapport est envoyée au Comité de sûreté générale, dont l'attention est appelée sur les individus dont parle ce rapport, et notamment sur l'un d'eux.

Un lieu de rassemblement, dénoncé à la Commission comme étant composé de membres d'anciens Comités révolutionnaires, a été mis à la surveillance; le rapport de l'inspecteur chargé de cette surveillance est très précis sur ce rassemblement. Attendu l'importance des faits qu'il contient, ce rapport a été envoyé au Comité de sûreté générale, auquel il a été écrit en même temps que la surveillance va se continuer. Des malveillants ont affecté de répandre dans le public que les bijoux et l'argenterie déposés au Mont-de-Piété avaient été arrêtés. Le public a été bientôt désabusé; des mesures sont prises pour qu'à l'avenir de semblables propos ne soient point répandus impunément.

Au Palais national et dans les environs de la Convention, Cornet a entendu des plaintes de ce qu'on maltraite très fort les petits rentiers en leur ôtant, par des retenues, le moyen d'exister.

Plusieurs groupes se sont formés; ils sont devenus nombreux, et l'on se plaignait fort de la cherté excessive des denrées.

BARBARIN, HORNIN.

(Arch. nat., F[1 c] III, Seine, 15.)

JOURNAUX.

Nouvelles politiques du 8 ventôse. « Qui croirait que l'agiotage ait porté ses combinaisons jusque sur les idées religieuses? Quelques personnes, profitant du décret sur la liberté des cultes, se sont réunies en compagnie dans le projet d'acheter des églises et de faire dire des messes. A voir l'esprit qui règne à Paris et dans les départements, il est à croire que ce projet doit être une des plus belles spéculations du génie qui inspire les agioteurs. Partout on accapare les *Missels*, les *Heures*, les *Evangiles* et tous les livres qui peuvent servir à la célébration des cérémonies religieuses; ce retour à la religion vient très heureusement dans les circonstances actuelles; les prêtres qui seront chargés d'éclairer la conscience des nouveaux fidèles doivent mettre tous leurs soins à faire observer le carême; c'est un moyen très sage de nous faire supporter avec patience la disette de viande où se trouvent la plupart des départements; ce serait d'ailleurs rentrer dans le but politique des institutions sacrées, qui ne nous ont pas interdit l'usage de la viande, parce que cela déplaît à Dieu, mais parce que c'est dans cette saison que la nature travaille à la réparation des espèces. » — *Journal de Perlet* du 9 ventôse : « On a cerné, avant-hier[1], la Halle, où les marchands d'argent faisaient leur trafic et spéculaient avidement sur nos embarras actuels. On en a arrêté un grand nombre, et personne ne sera tenté de les plaindre. »

CCXIV

8 VENTOSE AN III (26 FÉVRIER 1795).

RAPPORT DU 9 VENTOSE.

Esprit public. — Les rapports de ce jour annoncent les mêmes plaintes que les jours précédents sur la pénurie et les difficultés des comestibles et de toutes denrées de première nécessité.

L'attroupement recommence aux portes des boulangers, et les citoyens qui ne veulent pas faire foule se trouvent en partie privés de la distribution à laquelle ils ont droit.

La valeur de l'or et de l'argent entraîne avec elle le discrédit des assignats, donne lieu à des conversations très affligeantes ; l'on annonçait, dans les divers cafés de la Maison-Égalité, que l'écu de six livres se vendait 34 livres ; et le louis 140 livres en assignats.

L'on fait beaucoup d'éloges du plan d'établissement des Écoles centrales ; l'on pense que c'est l'unique moyen de rétablir les arts, que la malveillance avait cherché à détruire.

Legrand rapporte que, dans un groupe, sous la galerie du Jardin national, on disait que dans Paris il y avait des gens qui criaient hautement qu'il fallait un roi, et qu'en s'adressant à des passants, ils leur demandaient combien valaient 15 et 2, et que, sur la réponse : 17, ils disaient : « C'est ce qu'il nous faut, car dix-sept valent mieux que trente-six. »

Au spectacle seul de la rue Feydeau, deux événements momentanés ont suspendu un moment la tranquillité ; l'apparition aux loges et au parterre de deux citoyens qui avaient été reconnus pour membres des ci-devant Comités révolutionnaires a excité les murmures publics ; mais leur disparition subite a ramené le calme......

Commerce. Pain. — Vontschritz et nombre d'inspecteurs, Massard officier de paix et autres rapportent que, dans les lieux qu'ils ont

---

1. D'après le *Narrateur* du 9 ventôse, ce fait se serait passé le 6 ventôse.

surveillés, il y avait beaucoup de monde aux portes des boulangers ; ils disent que ces rassemblements sont occasionnés par la diminution que l'on a fait à chaque citoyen, et par la lenteur que l'on met dans la distribution du pain ; ils ajoutent que plusieurs citoyennes pleuraient en disant qu'elles avaient des enfants et point de pain à leur donner ; elles disaient aussi qu'on cherchait à les faire mourir de faim ; quelques boulangers se plaignaient de n'avoir pas assez de farine pour satisfaire leurs pratiques. Malgré ces rassemblements, l'ordre n'a point été troublé en général.

Cascel annonce que onze boulangers de la section de l'Homme-Armé ont manqué de pain, faute de farine. L'agent des subsistances a envoyé une lettre au Comité de bienfaisance de cette section pour que les commissaires ne donnent à chaque citoyen qu'une livre de pain et aux ouvriers une demi-livre de plus; le Comité a renvoyé cette lettre au Comité de salut public, parce qu'ils ont cru cette mesure dangereuse.

D'après le rapport de Chevalier et autres, l'on a annoncé, au son de la caisse, dans différentes sections, la diminution du pain, par message et par des affiches ; tous les citoyens sont très mécontents de cette mesure, Chevalier ajoute que c'est l'Agence des subsistances qui a pris ce parti.

Viandes et autres comestibles. — Bance, officier de paix, Labaubé et autres inspecteurs rapportent qu'il y avait beaucoup de monde aux portes des bouchers et charcutiers, en ce que plusieurs personnes ne sont pas servies ; les bouchers se plaignent de ce que l'administration leur donne moins de viande que de coutume ; malgré ces rassemblements, l'ordre n'a point été troublé....

Le Hodey dit que quatre charcutiers de la rue Mouffetard vendent du lard à raison de 25 sols la livre, qui a très mauvaise mine ; les citoyennes disaient que l'on voulait les empoisonner, que l'on avait chassé les despotes pour mettre des scélérats à leur place, et que l'on est plus malheureux qu'auparavant.....

Suivant le rapport de Leroux, Plantin et autres, le commissaire de police de la section des Marchés a saisi aux marchés trois moutons, vendus à raison de 15 sols la livre ; ils étaient si gâtés que les animaux n'ont pas voulu les manger.

Loctave dit que les Halles étaient assez bien approvisionnées ; la halle à la viande bien fournie ; l'on disait que tous les jours l'on trouvait des bêtes à cornes étouffées dans les voitures, parce qu'elles y étaient très serrées.....

Suivant le rapport de Labussière, officier de paix, la cherté excessive des denrées faisait murmurer extraordinairement le peuple ; il se plaint de voir les magasins remplis en tous genres, sans pouvoir se procurer les choses les plus nécessaires à la vie, sans y mettre un prix bien au-dessus des facultés de beaucoup de citoyens.

Le Hodey dit que le vin est en abondance au port Bernard, que le muid de Bourgogne se vend 600 livres.

Surveillance. — Suivant les rapports de Buffet, Dorléans et autres, on demande plus que jamais combien font 15 et 2, et, sur la réponse 17, on réplique : « C'est ce qu'il nous faut », et l'on ajoute maintenant : « 17 valent mieux que 36 ». Les teneurs de semblables propos sont recommandés à la surveillance, d'autant mieux que, quand on répond 17, celui qui fait la question traite le répondant de bon vivant, qui est à l'ordre du jour. Suivant le rapport d'Honneton, les habitués du café de Chartres en veulent aux habitués du café Payen ; ils se proposent de leur rendre une visite qui ne leur plaira pas ; ce dernier café est de nouveau mis à la surveillance.

D'après divers rapports, le nombre des mécontents augmente, les esprits s'échauffent ; on parle même de se battre. Les marchands sont menacés. On désire la suppression du gouvernement révolutionnaire et son remplacement par une justice sévère et telle que les voleurs, qui se moquent de la peine du tabouret et de ce qui s'ensuit, devraient subir la peine de mort.

HANNOCQUE-GUÉRIN, L.-J. BADILLE.

(Arch. nat., F 4 c III, Seine, 15.)

JOURNAUX.

Gazette française du 10 ventôse : « *Paris, 9 ventôse.* ...La scène mouvante de Paris donne lieu à des événements qui n'intéressent pas toujours la chose publique, mais qui peuvent piquer la curiosité. On a su que Duhem allait tous les jours au café Payen ; hier, des jeunes gens s'y sont transportés pour faire retentir le *Réveil du peuple* aux oreilles du médecin de la Montagne ; Duhem n'a pu tenir à ce chant patriotique, il a quitté le champ de bataille. Misérables ! vous aurez beau fuir le ridicule qui s'attache à vous, vous serez partout poursuivis par le *Réveil du peuple.* » — *Messager du soir* du 13 ventôse : « Décadi dernier, Léopard Bourdon, suivi de sa meute de polichinelles, se rendait, tambour battant, au théâtre du Lycée ; attirés par le bruit des instruments, plusieurs citoyens courent à son passage et frémissent en reconnaissant l'assassin d'Orléans ; on s'attendrissait sur le sort de ces malheureux enfants qui, pour la plupart, sont orphelins, sont confiés aux dignes acolytes d'un apôtre du 2 septembre pour toute morale, et auxquels on insinue chaque jour le poison empesté des maximes de Bourdon. « Le scélérat, disait l'un, va perdre son ami Collot ; il veut changer les enfants de la patrie en autant d'histrions dignes du mitrailleur de Lyon. » Un autre s'écriait, de manière à être entendu du maître d'école : « Il a beau chercher à s'étourdir avec le bruit de ses tambours, la voix du sang innocent des victimes d'Orléans est plus forte encore ; elle demande vengeance, elle l'obtiendra. »

CCXV

9 VENTOSE AN III (27 FÉVRIER 1795).

RAPPORT DU 10 VENTOSE.

Esprit public. Groupes et cafés. — Les citoyens rassemblés aux portes des boulangers témoignent les plus vives inquiétudes sur le bruit que l'on fait courir que bientôt les habitants de Paris seront, comme ceux des départements, réduits à une demi-livre de pain. Ces craintes, jointes à la cherté excessive des subsistances, donnent lieu à des conversations ironiques, dans lesquelles ces malveillants cherchent à imprimer au peuple le regret de l'ancien régime et à lui faire perdre patience.

Beaucoup de femmes notamment disent tout haut qu'on veut nous faire mourir de faim, et les rentiers se plaignent amèrement de la détresse où ils sont réduits par la diminution de leurs revenus et le renchérissement des denrées.

Niquille et Latel, officiers de paix, rapportent que l'Agence des subsistances a mandé aux différentes sections qu'elles aient à diminuer la quantité de pain à distribuer dans chaque arrondissement, que les Comités des sections de l'Homme-Armé et des Droits-de-l'Homme en ont référé au Comité de salut public, qui, approuvant leur démarche, a paru n'être pas instruit de cette mesure.

Simon disait que, dans des groupes, on disait que, pour connaître ceux qui, par leur agiotage, sont les sangsues du peuple, il fallait faire une visite domiciliaire générale, que, sans ce moyen, on se trouverait forcé à une grande explosion, dont les suites seraient le pillage et les assassinats.

Suivant le rapport de Leroy aîné, plusieurs personnes se plaignent que, sur des certificats de chirurgiens, les commissaires chez les bouchers refusent de faire délivrer de la viande pour les malades.

Au milieu de ces murmures qui se font entendre de tous côtés et qu'excite la crainte de manquer de pain, le public paraît accueillir le projet de loterie présenté pour diminuer la masse des assignats, dont la trop grande quantité en circulation est regardée comme la seule cause de la cherté excessive des marchandises.

Le bruit avait couru qu'il se préparait un mouvement au faubourg Antoine, et que ses habitants devaient aller en masse présenter une pétition à la Convention ; la surveillance y a été envoyée, et les rapports annoncent qu'hier, dans les cabarets et cafés dudit faubourg, les ouvriers et autres citoyens se plaignaient beaucoup de la cherté des denrées, mais qu'il n'a pas été question de pétition.

On paraît attendre avec impatience le rapport de la Commission des Vingt-un.

Mailly rapporte qu'hier après midi, dans les groupes au Jardin national, dix à douze individus, qui paraissaient d'accord avec plusieurs femmes, ont parlé de Robespierre comme d'une victime ; le public s'est emparé de quelques-uns d'entre eux et les a conduits au corps de garde.

Spectacles. — Tout a été assez calme dans les spectacles. Marceau rapporte qu'au théâtre du Vaudeville, on a chanté le *Réveil du peuple*, et qu'à ces mots : *Périssent les assassins !* une voix s'est élevée et a dit : « Ils n'ont plus que trois jours », ce qui a été généralement applaudi.

Le bon esprit du peuple et son désir de voir entièrement rétablir le règne de la justice se manifestent toujours dans ces lieux publics, suivant les applications que les différentes pièces présentent à faire aux circonstances actuelles.

Commerce. Pain. — Bichet, Chamel et autres, au nombre de dix-huit, rapportent que, dans les lieux qu'ils ont surveillés, il y avait des rassemblements considérables aux portes des boulangers, où les esprits étaient très échauffés, en ce que beaucoup de personnes n'ont point eu de pain, malgré qu'on ait diminué sur la quantité qui revenait à chaque citoyen, chose qui occasionne beaucoup de murmures ; cependant l'ordre n'a point été troublé en général.

Viande et comestibles. — La Motte et cinq autres disent que, dans des lieux qu'ils ont surveillés, il y avait beaucoup de monde aux portes des bouchers et des charcutiers ; le public se plaint, vu la peine qu'il a de se procurer les denrées de première nécessité, ainsi que sur la cherté de tout en général ; malgré cela rien de contraire à la chose publique.

Roblastre et Dumortier annoncent de la tranquillité chez les bouchers, mais les commissaires de police de la section du Bonnet-Rouge leur ont dit que demain il y aurait du bruit chez les boulangers et bouchers de leur section ; la force armée est commandée, et eux, Roblastre et Dumortier, s'y transporteront de très bonne heure....

Loctave fait part que les halles ont été très bien approvisionnées ; la halle à la viande bien fournie ; environ 90 à 110 cochons ; il est arrivé un peu de beurre, qui s'est vendu 3 livres 6 sols à 3 livres 15 sols la livre, ainsi que quatre voitures de marée ; toutes les répartitions calmes et tranquilles.

Des 8 et 9, suivant Petitdidier et Martin, il est arrivé 500 voitures de différentes denrées et 5 voitures de marée.

Du 5 au 8, suivant Dessault, officier de paix, il est arrivé aux carreaux de la halle : beurre, 16,001 livres ; œufs, 45,600 ; fromages de Brie et de Gournay, 933 douzaines.

Bois et charbon. — Suivant La Motte et Bercé, le public murmure beaucoup au chantier de la Madeleine, en ce que les voituriers de la République ne chargent le bois dans leurs voitures que pour ceux qui leur offrent le plus d'argent......

Surveillance. — D'après Gambet, un colporteur qui criait : « Plus de République, et que l'on allait avoir des..... », et qui avait été entendu ainsi crier par le citoyen Martin, commandant du bataillon des Gravilliers, a été arrêté et conduit au Comité révolutionnaire de l'arrondissement, qui, sans doute, instruira le Comité de sûreté générale de ce qu'il aura fait à cet égard.

D'après ce même inspecteur, les malintentionnés répandent le bruit dans le public que plusieurs députés, incertains de ce qu'ils vont devenir, font faire leurs portraits et l'envoient à leurs femmes.

Bichet dit qu'une veuve Diu (?) lui a rapporté que plusieurs citoyennes, n'ayant pu avoir de pain, sont allées à la section et disaient qu'il était temps que cela finisse, que les choses iront fort mal tant qu'on sera gouverné par des scélérats, qu'on était mieux quand on avait un roi, et qu'il en fallait un.

Masson, inspecteur des maisons garnies, annonce que le mécontentement est général parmi ceux qui vont en queue aux portes des boulangers ; on y parle publiquement d'écraser les autorités constituées ; on les traite de scélérates ; on les accuse aussi de ne se laisser manquer de rien au préjudice des autres.

Au café Conti, on témoignait de la surprise du silence du Comité du salut public ; on a des craintes sur ce que la nouvelle de la reddition de l'armée de Charette n'est point annoncée officiellement par la Convention, et qu'une lettre insérée dans le *Journal du Soir* instruit que la paix entre l'armée des Chouans et la nôtre a été proclamée à Nantes le 3 de ce mois.

DURET, DUCHAUFFOUR.

(Arch. nat., F¹ᶜ III, Seine, 15.)

CCXVI

10 VENTOSE AN III (28 FÉVRIER 1795).

Rapport du 11 Ventose.

Esprit public. — Suivant les rapports du jour, différentes causes servent en ce moment les agitateurs : la disette de nombre de denrées de première nécessité, la cherté excessive d'autres, enfin l'égoïsme des agitateurs de toute espèce, le défaut d'occupation de nombre d'ouvriers et la gêne des rentiers, qui, ne pouvant plus atteindre au prix du commerce pour subvenir à leurs besoins, soutiennent par leurs plaintes l'opinion des malveillants.

L'on disait hier, dans un groupe, au Jardin national et sous la galerie, que le rapport de la loi du maximum n'avait eu lieu que pour laisser aux négociants et aux marchands la liberté de satisfaire leur rapacité et de ruiner les citoyens.

Legrand rapporte qu'au café de Chartres, environ sept heures du soir, une foule de gens arrivèrent, criant : « Nous avons remporté la victoire sur les Jacobins ! » Alors un orateur monta sur un tabouret et dit : « Nous venons du café Payen, où, après avoir chanté le *Réveil du peuple*, en avons chassé les Jacobins qui s'y trouvaient et les avons mené au Comité de sûreté générale ; parmi eux, nous avons reconnu deux représentants du peuple qui nous ont insultés et ont déclaré être Jacobins ; nous voulons, dit l'orateur, savoir leurs noms pour les dénoncer au peuple. »

Commerce. — Thion, Poinsignon et plusieurs autres rapportent que, dans les lieux qu'ils ont surveillés, il y avait beaucoup de monde aux portes des boulangers ; plusieurs citoyens n'ont point eu de pain, ce qui a occasionné des murmures contre l'Agence des subsistances ; malgré ces rumeurs, l'ordre n'a point été troublé.

Berger et Lassiot disent que, chez plusieurs boulangers, il y avait des queues de très bonne heure, qu'on s'y est permis de tenir des propos infâmes contre la République, parce que plusieurs personnes n'ont point eu de pain, quoiqu'on ait diminué sur la quantité qui revient à chaque citoyen. On a même dit qu'on tomberait sur les commissaires chargés de la distribution du pain, s'ils ne donnaient pas à chaque personne sa ration ordinaire. Un boulanger de la section du Nord distribuait du pain très noir ; chacun disait qu'il était fabriqué avec des pommes de terre.

Viande et comestibles. — Suivant les rapports de Plantin, Thion et plusieurs autres, il y a toujours des rassemblements aux portes des bouchers; cependant la distribution s'est faite avec beaucoup de tranquillité.

Le 10 et le 11 courant, il est arrivé dans les halles 196 voitures de différentes denrées et 3 de marée; les inspecteurs observent que, depuis quelques jours, il arrive très peu de comestibles dans les halles. Il y a eu hier peu de légumes dans les halles; la halle à la viande n'était pas si bien approvisionnée que de coutume, mais il y avait beaucoup de porc frais.....

Surveillance. — Bance rapporte qu'un compagnon menuisier de la la section de Bonne-Nouvelle, s'étant permis d'arracher une affiche contre les membres de l'ancien Comité révolutionnaire de cette section, a été conduit devant le commissaire de police et mis au violon pendant 24 heures; des informations ont été faites sur son compte.

Suivant le rapport de Bourdon, on a crié : *Aux armes!* au café des Canonniers, en annonçant que l'on se tuait au café Payen; aussitôt, deux cents hommes du premier café se sont portés au café Payen; mais les assassins étaient déjà arrêtés et conduits au Comité de sûreté générale.

Il résulte du rapport de Bagnard, et d'après des propos tenus en sa présence au café du théâtre de la Cité, que l'on se dispose à s'emparer des tribunes de la Convention pour le jour où doit se faire le rapport de la Commission des Vingt-un.

Comme Venua, restaurateur auprès de la Convention, est indiqué comme lieu de rassemblement, Bagnard est chargé de se porter chez ce restaurateur demain de bonne heure, et même aujourd'hui, avec ordre de rendre compte à l'instant à la Commission, à tel moment que ce soit de jour ou de nuit, de tout ce qui sera venu à sa connaissance.

Moreau, Braconnier et Mellette annoncent qu'un chaudronnier du faubourg Antoine, prévenu d'avoir dit hautement chez un restaurateur que, si la disette de pain continuait, 50,000 hommes du faubourg se lèveraient, ramasseraient sur leur passage tout ce qu'ils rencontreraient, et qu'ils ne ménageraient que les petits ouvriers et les petits marchands, il a été conduit au Comité révolutionnaire de l'arrondissement avec copie du rapport, lequel est envoyé au Comité de sûreté générale.

Deriguahem rapporte qu'il a été dit hier, au ci-devant couvent Magloire, où est maintenant l'institution des sourds-muets, une messe à laquelle ont assisté environ cent personnes; l'inspecteur qui s'y est introduit n'a pénétré que par ruse, car la porte lui avait été refusée ; d'après son rapport, le prêtre aurait, avant de commencer, fait un petit discours sur le rétablissement du culte et sur l'amour de Dieu et de son prochain ; d'ailleurs le tout s'est passé sans rassemblement au dehors, et avec décence et tranquillité en dedans.

Un individu qui s'est permis, suivant Henry, inspecteur, des propos tendant à avilir la représentation nationale, est mis à la surveillance.

Verdier dit qu'on parle toujours avec une sorte d'inquiétude de la présence des troupes aux environs de Paris. Chacun discute à sa manière sur leur destination ; les uns s'en alarment, les autres s'en réjouissent.

S'il faut en croire les rapports de Tissot et de Delaporte, il y aurait à Meudon une tannerie où l'on tanne des peaux humaines pour faire des bottes et des souliers [1].

POTRELLE, BARBARIN.

(Arch. nat., F**1**c III, Seine, 15.)

JOURNAUX.

Abréviateur universel du 11 ventôse : « Paris, 10 ventôse. ...Un chanteur accompagnait dernièrement d'un commentaire facile à suppléer des couplets dont le premier disait :

> On voit, depuis la mort
> Du tyran Robespierre,
> Des partisans royaux
> Sortir de la poussière.

Courrier républicain du 11 ventôse : « Paris, 10 ventôse. On publie ici, avec une sorte d'assurance, une anecdote, qui ne peut être que controuvée ; ils (sic) sont accablés d'assez de forfaits, sans leur en supposer d'absurdes. Un journaliste raconte qu'on fabriquait à Meudon du cuir d'homme, comme on manipule du cuir de veau, et que Saint-Just et Barère avaient des bottes tirées de cette infernale manufacture. Il ne peut y avoir que de l'imprudence, pour ne rien dire de plus, de la part de ceux qui racontent de pareils faits, sans en avoir des preuves démonstratives [2]. » — *Ami du peuple* du 11 ventôse : « Quand nous avons gratté les blasons et brûlé les armoiries, nous avons fait le serment d'obtenir la liberté ou de mourir plutôt que plier le genou devant les tyrans. Ce serment était inscrit sur nos portes et dans nos cœurs ; comment se fait-il que cette inscription se trouve effacée sur le seuil de la Maison nationale ? Sans doute, ce serment est gravé dans le cœur de tous les représentants. Mais pourquoi rougiraient-ils de lire sur le seuil du Sénat ce

---

1. Sur cette légende, voir Louis Combes, *Épisodes et curiosités révolutionnaires*, p. 49.
2. Cf. le *Journal de Perlet* du 10 ventôse.

qu'ils ont juré à la face du peuple entier? Les rois s'honoraient d'avoir pour armes des fleurs de lis, des couronnes ou des léopards. Les maisons, les hôtels et les palais étaient armoriés à chaque colonnade. Le Sénat français vient d'effacer sa devise. Les princes inscrivaient la leur sur tous leurs châteaux, sur leurs domaines, sur leurs esclaves, etc. La liberté ou la mort est la livrée qui a remplacé tous ces blasons. On vient d'effacer cette devise sur le seuil du sanctuaire des lois... »

CCXVII

11 VENTOSE AN III (1er MARS 1795).

Rapport du 12 ventose.

Esprit public. — Le public attend avec bien de l'empressement le rapport de la Commission des Vingt-Un. On rapporte que les jeunes gens se proposent de se porter aux tribunes de la Convention, afin d'en éloigner les Jacobins.

Les groupes au Jardin national étaient nombreux et bruyants. Le vœu du peuple est bien prononcé contre les Jacobins et les autres membres des Comités révolutionnaires. Quelques particuliers parlaient de modération en leur faveur, mais leur voix était étouffée par la majorité. Ces mêmes individus accusaient, dit-on, Fréron d'être chef d'une faction qui veut la Constitution de 1791.

Au café Payen, Fargues et Marceau rapportent qu'un citoyen, vêtu à la jacobine, ayant voulu manifester son opinion, a été hué et aurait été maltraité, si, ayant rappelé les citoyens aux principes et à la loi qui défend de se faire justice, le calme ne se fût rétabli. Les citoyens se sont contentés de jeter à la porte le prétendu Jacobin.

Dans divers cafés de la Maison-Égalité, l'on rapporte que les jeunes gens se plaignent d'être accusés de royalisme et de causer du trouble dans les sections et les spectacles. Pour faire cesser ces bruits, ils se proposent de présenter une adresse à la Convention nationale, dans laquelle ils développeront leurs principes, ainsi que leur respect et attachement à la représentation nationale.

L'on rapporte qu'hier, maison François, section de l'Homme-Armé, il s'est dit plusieurs messes et autres services catholiques. Ces cérémonies religieuses se sont passées dans le calme. Dans quelques autres endroits, pareils rassemblements ont eu lieu pour le même motif; mais, attendu la loi concernant la liberté des cultes, qui met les sociétés religieuses, ainsi que toutes autres, sous la surveillance de la police, nous croyons devoir prévenir les citoyens qui désirent composer ces diverses sociétés de faire leurs déclarations préalables.

L'agiotage se perpétue Maison-Égalité.

Commerce. Pain. — Suivant le rapport de Thion, Lossel, Le Hodey et autres, dans les lieux qu'ils ont surveillés, les rassemblements aux portes des boulangers étaient moins nombreux que ces jours derniers. Les boulangers, excepté quelques-uns, ont satisfait leurs pratiques; quelques murmures de la part de ceux qui n'ont point eu de pain se sont fait entendre; mais il ne s'est rien passé de contraire à la tranquillité publique.

Lefèvre, La Motte et Bercé rapportent que, dans leurs arrondissements, il y avait beaucoup de monde aux portes des boulangers ; les femmes disaient, dans la section Poissonnière, qu'on veut les faire manquer de tout, et principalement de pain; elles disaient aussi que les hommes sont des lâches, et qu'à leur place, elles iraient plus vite qu'eux.

Berger et Lassiot disent que la garde est établie depuis quelques jours chez les boulangers de la rue de Bretagne, au Marais, attendu que, le 9 du présent, le public a foncé dans sa boutique et lui a emporté beaucoup de pain sans payer.

Viande et comestibles. — ...Plusieurs personnes n'ont point eu de viande, ce qui a occasionné des murmures de la part du public, qui se plaint de la rareté et cherté des denrées; l'ordre cependant n'a point été troublé.

Thion, Lossel, Plantin, Loctave rapportent qu'il y avait très peu de légumes aux halles et marchés. Il y est arrivé une voiture d'œufs et quelques voitures de légumes et marée ; la halle à la viande était moins approvisionnée que de coutume; mais beaucoup de porc frais, qui se vend 3 livres 10 sols la livre. Il y avait environ 60 cochons.....

Surveillance. — Pépin ayant annoncé qu'un homme parcourait avec une sonnette les rues de la section des Droits-de-l'Homme et annonçait que, demain 13, on bénira l'église du couvent des ci-devant Billettes, et que, dimanche prochain, on y dirait la messe, il a été conduit au commissaire de police pour lui demander ce qu'il a fait à cet égard. Des ordres sont même donnés pour amener, s'il est possible, ce même particulier, comme se trouvant en contravention avec la loi sur l'exercice des cultes, art. 7.

Dessault, officier de paix, rapporte que le ci-devant curé d'Eustache a déclaré qu'il ne dira jamais la messe......

Plusieurs inspecteurs rapportent qu'on a fait, au café de Chartres, une motion tendant à se plaindre des terroristes, qui veulent faire passer les habitués de ce café pour des perturbateurs; qu'on y a fait aussi la motion de se transporter à la Convention pour ne la pas laisser influencer par la partie des Jacobins.

FAUCONNIER, BEURLIER.

(Arch. nat., F¹ c III, Seine, 15.)

CCXVIII

12 VENTOSE AN III (2 MARS 1795).

Rapport du 13 ventose.

Esprit public. Groupes et cafés. — Hier, autour de la Convention, il y avait une affluence considérable de citoyens, que le rapport de la Commission des Vingt-Un y avait attirés; nombre de citoyennes, habituées à garnir les tribunes, ne pouvaient cacher leur ressentiment d'en avoir été renvoyées. Plusieurs d'entre elles se permirent des propos, à cause de cette expulsion. La journée s'est passée en conversations vagues.

Dans un des groupes au Jardin national, suivant le rapport de Marceau, des militaires disaient qu'il ne fallait pas se laisser abuser, que ceux qui criaient si fort contre les terroristes et les buveurs de sang étaient peut-être dans le cas d'en faire davantage; que, s'il arrivait quelque chose, ils se cacheraient, comme ils l'ont toujours fait.

Au même jardin, deux jeunes gens, rapporte Marceau, insultèrent un militaire se disant revenu des armées, et l'apostrophèrent d'agent de Robespierre. Ce militaire voulant leur prouver le contraire en leur exhibant ses papiers, ces jeunes gens n'en firent aucun cas et continuèrent de l'injurier; alors, outré des insultes qu'il avait reçues, il se jeta sur l'un d'eux et le roula dans le jardin; les spectateurs approuvaient cette correction.

Plusieurs particuliers, qui faisaient des motions dans les différents groupes, ont été arrêtés et conduits au Comité de sûreté générale. Un jeune homme, se disant Jacobin et soutenant ce parti, a été bafoué et aurait peut-être été exposé à d'autres traitements plus rigoureux; il a été arrêté et conduit au Comité de sûreté.

Les différents groupes, l'après-midi, s'occupaient de diverses conversations, les uns contre les Jacobins, d'autres contre l'insatiabilité des marchands, lorsque l'on annonça que le décret d'arrestation provisoire venait d'être porté contre les quatre membres des Comités de gouvernement[1]. Ce décret a été fort applaudi et reçu aux cris répétés de *Vive la Convention!*

Après la séance de la Convention, Tetel, officier de paix, rapporte que deux cents jeunes gens se portèrent au théâtre de la République et, après en avoir forcé l'entrée, y annoncèrent le décret d'arrestation aux cris de *Vive la Convention!*

Spectacles. — Tous les théâtres au surplus 'ont été tranquilles ; à celui des Arts, au dernier acte d'*Iphigénie*, l'on annonça le décret porté contre les quatre députés; tous les spectateurs, d'une voix unanime, ont crié : *Vive la Convention !*

Commerce. Pain. — Dans l'arrondissement surveillé par Bance, Bercé et plusieurs autres, il y avait aux portes des boulangers des rassemblements considérables. La cause en est que plusieurs n'ont point eu de pain la veille, et que chacun craint d'en manquer. Cependant il n'est arrivé rien de contraire à la tranquillité publique...

Suivant le rapport de Cornet, dans différents groupes au Palais national, plusieurs personnes se plaignaient de ce qu'on ne leur donnait pas assez de pain; d'un autre côté, que les denrées étaient d'un prix exorbitant; que les sections de Paris allaient à la Convention en masse, sans jamais lui parler des subsistances. La Commission donnera des ordres pour faire surveiller ces plaignants, les reconnaître, les signaler et les traduire devant les autorités constituées.

Viande et comestibles. — Poinsignon, Pasquille et plusieurs autres rapportent que, dans les lieux qu'ils ont surveillés, des rassemblements nombreux étaient aux portes des bouchers ; plusieurs personnes n'ont point eu de viande, ce qui occasionne des propos de la plupart des méchantes femmes qui ne cherchent qu'à propager le trouble ; malgré cela, l'ordre n'a point été troublé.....

Le 12 et 13 de ce mois, il est arrivé dans les halles 442 voitures de différentes denrées et 3 de marée; il y avait hier peu de légumes; la halle à la viande était moins approvisionnée, surtout en porc frais, qui s'est vendu 3 livres 10 sols la livre; il ne s'y est passé rien de contraire au bon ordre.

Il résulte cependant des rapports de La Motte, Borie et Losset, que dans les halles et marchés le peuple se plaint de la cherté des denrées et de leur mauvaise qualité, et dit qu'il faut avoir ses poches pleines d'assignats pour vivre, chose qui fait beaucoup de mécon-

---

1. Le 12 ventôse an III, la Convention décréta l'arrestation de Barère, Billaud-Varenne, Collot d'Herbois et Vadier.

tents. La Commission recommandera de dire à ces prétendus mécontents qu'ils vendent leurs marchandises et leurs travaux en proportion aussi cher que les denrées qu'ils achètent, et que, s'ils veulent réfléchir, ils conviendront que leurs plaintes sont injustes.

Bois et charbons. — Bocquoin et autres rapportent que l'on a été obligé de fermer le chantier de Déségouttes, rue Amelot, et de suspendre un moment la vente des falourdes, car le public avait forcé la garde trop peu nombreuse; la distribution a été continuée et a fini à quatre heures avec ordre et sans accident.

Suivant Martin, Sémé et Launay, la distribution du bois à l'île Louviers s'est faite avec calme, mais ils ont remarqué un gaspillage en ce que les marchands vendent leur bois le prix qu'ils veulent et sans bons; en second lieu, les charretiers sont porteurs de bons.....

Cordebard rapporte qu'on se plaint de ce que les sections ne reçoivent plus de soumissions pour le bois; en second lieu, chacun dit que, si les commissaires ne s'entendaient pas avec les marchands, il y aurait du charbon, attendu que la rivière est navigable.....

Surveillance. — D'après le rapport d'Hodet, inspecteur, des propos infâmes ont été tenus par sept à huit ouvriers de la Force contre la représentation nationale; cet inspecteur est mandé pour demain, et alors la Commission lui observera qu'il aurait dû, d'après ces propos, employer les mesures nécessaires pour mettre ces malveillants à la disposition de la Commission, afin qu'elle puisse les examiner et faire ensuite ce que les circonstances auraient exigé.....

ROUCHAS, BARBARIN.

(Arch. nat., F 4 c III, Seine, 15.)

JOURNAUX.

Abréviateur universel du 13 ventôse : « *Paris, le 12 ventôse*... Les cendres de Michel Le Peletier ne sont plus au Panthéon; sa famille les a retirées; Marat a dû en sortir hier. On s'est rappelé que ce dieu en a fait chasser Mirabeau, dont plusieurs personnes auraient désiré qu'on en retirât le cœur et qu'on y laissât la tête. » — *Courrier républicain* du 13 ventôse : « *Paris, le 12 ventôse*. On doit croire que le gouvernement n'a négligé aucunes précautions pour assurer la tranquillité pendant un jour où l'on doit voir sortir de nouveau des ténèbres les mystères de la plus perverse iniquité. Non seulement on a établi de nombreuses gardes de surveillance dans toutes les sections, mais des piquets de gendarmerie ont été postés dans tous les quartiers où l'on pourrait craindre quelques désordres. Dès ce matin une foule considérable de citoyens s'est portée autour de la salle de la Convention, pour en occuper les tribunes, et, autant que nous avons pu l'observer, la grande majorité de ceux qui assisteront à la séance d'aujourd'hui ne désire que le maintien des lois et une marche sûre et éclairée de la justice. » — *Bulare* du 14 ventôse : « *Paris, 13 ventôse*. Le spectacle de Paris annonçait hier que la Convention allait faire un grand acte de justice nationale ¹; la force armée, qui était sur pied dès le matin, faisait craindre que le terrorisme ne se préparât à de nouveaux efforts pour sauver les quatre prévenus. Les tribunes de la Convention ont été remplies de très bonne heure; les buveurs de sang s'y trouvaient en minorité; c'est dire assez qu'elles n'ont pas été en proie à la sédition et au tumulte. De nombreuses patrouilles ont parcouru les rues et les places publiques; le peuple a gardé une contenance calme, et jamais Paris n'a été plus tranquille. » — *Journal de Perlet* du 14 ventôse : « La nouvelle de l'arrestation des hommes à qui la France reproche une grande partie de ses maux, et plus d'une année de la plus horrible tyrannie, a été accueillie dans Paris au milieu des transports de la joie la plus vive. Elle s'est répandue avec rapidité dans toutes les maisons, dans tous les lieux publics, dans tous les spectacles, et a été suivie partout des cris répétés de *Vive la Convention ! Vive la République !...* »

CCXIX

13 VENTOSE AN III (3 MARS 1795).

Rapport du 14 ventose.

Esprit public. Groupes. — On s'entretenait hier dans les groupes de la paix faite avec la Vendée ; tous les bons citoyens ont appris cette nouvelle avec la plus vive satisfaction ; il parait qu'en général on désire connaitre les articles de la paix ; on espère qu'elle sera suivie de négociations avec les puissances étrangères.

Suivant le rapport de Chatou, on parait désirer de voir effacer de dessus toutes les maisons le mot *Mort* qui se trouve à côté de celui *Fraternité*, attendu que ce mot rappelle le règne de terreur et de sang.

On s'entretient aussi avec satisfaction du décret relatif aux quatre représentants mis en arrestation ; l'évasion de Vadier fait regarder leur cause comme plus mauvaise.

Il parait une nouvelle affiche intitulée *les On dit*, signée Barère, Collot, Billaud et Vadier. Elle tend à réfuter l'imputation faite dans le journal de Galetti ² à l'ancien Comité de salut public, d'avoir fait

---

1. On se rappelle que, dans sa séance du 12 ventôse an III, après avoir entendu le rapport de Saladin, la Convention avait décrété d'arrestation Billaud-Varenne, Collot d'Herbois, Barère et Vadier.
2. F.-G. Galetti était rédacteur du *Journal des lois*. Nous n'avons pas retrouvé cette affiche des *On dit*, mais nous connaissons la réponse qu'y fit Galetti, éga-

tanner les peaux de guillotinés et d'en avoir fait faire des bottes et des souliers [1].

Une grande quantité de jeunes gens se sont portés hier dans plusieurs cafés en criant: *A bas les Jacobins!* Ils portaient le buste de Marat, qu'ils ont fini par jeter dans le bassin du Jardin national, en chantant le *Réveil du peuple*, et criant : *Vive la Convention!*

Les attroupements diminuent à la porte des boulangers ; le public paraît persuadé que ces attroupements ne sont que l'effet de la malveillance, notamment de la part de quelques boulangers qui répandent des inquiétudes parmi les citoyens en leur inspirant la crainte de manquer de pain.

Niquille, Sadous et Fior, officiers de paix rapportent qu'on a fait courir le bruit que le représentant Isnard et ses autres collègues rentreront dans le sein de la Convention, que cela ne paraît pas déplaire au public, que le *Mémoire* d'Isnard [2] paraît être goûté.

Suivant le même rapport, on paraît avoir décidé, au café des Canonniers, que le spectacle de la République ne porterait désormais que le nom de spectacle du Palais-Égalité.

Les plaintes se font toujours entendre sur la cherté des subsistances ; on s'attend, actuellement que la rivière est navigable, que les marchandises vont arriver ; et on paraît désirer que le prix des combustibles soit fixé.

Spectacles. — Tout s'y est passé tranquillement. Dans plusieurs on a fait chanter *le Réveil du peuple.* A celui de Louvois, on a demandé la suppression sur la toile des mots : *ou la mort*, et on y a substitué à la craie le mot *paix*. Sadous rapporte que c'est le mot *humanité* qui y a été substitué, au milieu des plus vifs applaudissements.

Commerce. Pain. Viande et autres comestibles. — ... Suivant Loctave, les premiers arrivages aux Halles n'ont pas été conséquents, mais les répartitions se sont faites avec calme. La douzaine de fromages, qui se vendait 50 livres, se vend aujourd'hui 160 livres. La halle à la viande était bien approvisionnée ; il y avait environ 50 cochons ; il règne peu d'ordre à cette halle ; du reste tout a été tranquille.

Bois et charbons. — ... Oury et Guérin disent qu'on a été obligé de faire fermer le port au charbon de la Tournelle, afin de rétablir

---

lement sous forme d'affiche. On en trouvera le texte dans les *Épisodes et curiosités révolutionnaires* de Louis Combes, p. 59.

1. Voir plus haut, p. 519.
2. Il s'agit sans doute de l'imprimé intitulé : *Proscription d'Isnard*, Paris, an III, in-8. Bibl. nat., Lb 41/1517.

le bon ordre. Lorsque la tranquillité a été rétablie, on a ouvert le port, et la vente s'est continuée sans interruption; ils observent que la force armée arrive trop tard à ce poste.

Bergeret et autres rapportent qu'on a eu beaucoup de peine à maintenir le bon ordre au chantier de Déségouttes, rue Amelot; la force y était peu nombreuse à l'ouverture du chantier.....

Il résulte du rapport de Fleury que plusieurs personnes se plaignent de ce que les marchands de bois qui sont à la place des Victoires et autres vendent une voie de bois 220 livres, en disant qu'il n'y aura bientôt plus de bois à Paris. Le public dit que la police ne devrait pas souffrir des gens comme cela, qui ne cherchent qu'à mettre le désordre en insultant à la misère publique.

Museux rapporte qu'on se plaint beaucoup de ne point avoir de bois, entre autres les blanchisseuses, qui ne peuvent, à ce qu'elles disent, faire leur état, ce qui occasionne des murmures de leur part et leur fait désirer plutôt la mort que de souffrir de la sorte.

Surveillance. — Doucet rapporte qu'au café des Canonniers, la motion a été faite de faire une collecte qui servirait à rechercher Vadier.

Dans le même café, annonce Racine, on a dit que le théâtre de la République n'avait pas le droit de s'appeler ainsi, et qu'il fallait faire la motion de lui faire prendre le nom de théâtre du Palais de l'Égalité. Suivant ce même inspecteur, la nouvelle de la cessation des hostilités de la Vendée a causé beaucoup de joie dans les tribunes de la Convention, où l'on a dit que cela aller ficher le tour aux Anglais.

Tissot et Delaporte ayant indiqué, dans leur rapport de ce jour, qu'un ouvrier, entouré de cinquante personnes qui l'avaient applaudi, avait au milieu de ce groupe tenu des propos contraires aux principes, sans signaler cet individu et sans avoir cherché à le connaître, sont mandés pour rendre compte de leur conduite et recevoir à cet égard une instruction dont ils puissent profiter à l'avenir.

D'après le rapport de Pépin, le commissaire de police de la section des Droits de l'Homme a promis de rendre compte de ce qu'il aura fait contre le particulier qui a proclamé au son d'une clochette qu'on dirait une messe dans l'église des Billettes et qui provoquait les citoyens à s'y rendre.

Un café, indiqué par Gamhet comme servant de repaire à l'agiotage de onze heures à midi, sera soumis à la perquisition la plus exacte dans les vingt-quatre heures.

Suivant le rapport de Lecoq, la messe se dit aux Capucins du

Marais, et l'on travaille à rétablir l'église des Billettes pour y dire la messe, à ce que dit un menuisier qui y travaille.

GOSSET, BARBARIN.

(Arch. nat., F⁷ III, Seine, 15.)

JOURNAUX.

Gazette française du 15 ventôse : « *Paris, 14 ventôse.* Dans un de nos derniers numéros, nous avons invité les citoyens à effacer du frontispice de leurs maisons cette inscription dictée par la terreur : *la Fraternité ou la Mort*. La section du Théâtre-Français a fait de notre invitation l'objet d'un arrêté : il est à croire que cet exemple sera suivi, et le mot de *fraternité*, réduit à sa véritable application, ne sera plus un sujet d'effroi pour l'homme vertueux et pour le paisible voyageur. Le public dans les spectacles ne peut plus reposer ses regards sur ces mots : *la Fraternité ou la Mort*, qui paraissaient être dans la devise chérie des tyrans; hier, au théâtre du Vaudeville, le parterre a demandé à grands cris qu'ils fussent effacés. Le citoyen Barré, directeur de ce spectacle, a répondu qu'il ne pouvait prendre sur lui de rien faire à cet égard, avant d'en avoir obtenu l'autorisation du Comité de salut public, et qu'il désirait voir disparaître cette inscription, qui serait plus propre à former l'épitaphe du genre humain qu'à cimenter les liens de la fraternité. Le même vœu a été déjà exprimé dans plusieurs autres spectacles. — La Convention, en convenant qu'il y avait eu tyrannie, s'est engagée à réparer, autant qu'il sera possible, les crimes des tyrans; elle ne souffrira pas surtout que les députés proscrits gémissent plus longtemps loin de ce sanctuaire qu'ils ont honoré par leur énergie; partout le peuple se prononce pour leur rentrée de la manière la plus unanime. — Primidi, au théâtre des Variétés, Maison-Égalité, après une représentation de *Cange*, un jeune homme se présenta sur le théâtre pour chanter le *Réveil du peuple* ; à ces mots : *Représentants d'un peuple juste*, plusieurs voix ajoutèrent : *Même les députés mis hors la loi !* Cette exclamation a été répétée dans tous les points de la salle et couverte d'applaudissements réitérés. »

CCXX

14 VENTOSE AN III (4 MARS 1795).

RAPPORT DU 15 VENTOSE.

Esprit public. — Paris était hier dans la plus parfaite tranquillité. Tous les esprits sont fortement prononcés contre les députés mis en en état d'arrestation ; l'expression générale est toujours : guerre à mort contre les Jacobins. Un particulier, dans un groupe près la

Convention, disait que les aristocrates levaient la tête; il a été arrêté et conduit au Comité de sûreté générale.

L'on paraît très satisfait de la nouvelle officielle de la paix conclue entre les représentants du peuple et les chefs de l'armée de la Vendée.

Les plaintes continuent cependant sur la cherté de subsistances.

Les spectacles ont été presque tous tranquilles. Un seul a été troublé momentanément (le théâtre de la Gaîté, sur le boulevard); un jeune homme se mit à crier entre les deux pièces : « A bas les égorgeurs, les buveurs de sang et les Jacobins! » Les spectateurs tranquilles, ennemis du bruit, crièrent qu'on fît sortir les perturbateurs ; alors un officier de paix et un inspecteur firent sortir ce jeune homme, qui causait le trouble, et, sur la demande qui lui fut faite de sa carte, il en présenta une d'employé dans les bureaux de la Convention. Un commissaire civil l'a invité de se rendre au Comité pour acquérir de plus amples renseignements. Le calme s'est rétabli.

Commerce. Pain, viande et autres comestibles. — Le Hodey, Desbourdelles, Labaubé, La Motte et Bercé rapportent qu'il y a toujours beaucoup de monde aux portes des bouchers et charcutiers, que malgré cela l'ordre n'a point été troublé. La distribution de la viande s'est faite avec calme et sans murmures. Ils observent que, très souvent, les derniers à la queue n'ont point de viande, vu que les certificats des malades indigènes augmentent tous les jours et emportent de deux à trois livres de viande.

Pépin, inspecteur, dit que l'on a été obligé de requérir la force armée pour maintenir le bon ordre chez un boucher, rue Antoine, où les femmes ont voulu forcer le commissaire à différentes fois ; il observe que ces dernières étaient à la porte de ce boucher dès trois heures du matin. La Commission a écrit au Comité civil de ladite section pour avoir connaissance des délits qui se sont passés chez ce boucher.

Massard, officier de paix, Loctave et Thion, inspecteurs, disent que les halles sont bien approvisionnées en toutes sortes de denrées. La halle à la viande bien fournie; mais l'on a apporté à cette halle 50 veaux qui pesaient tout au plus 35 livres chaque ; par conséquent, ils étaient nouveaux-nés. Il y avait à ce marché environ 50 cochons, il est arrivé quelques voitures de beurre et œufs, ainsi que des fromages ; les marchés n'étaient pas bien fournis dans ces espèces de marchandises et denrées. La tranquillité a régné dans tous ces lieux, malgré que les denrées soient très chères.

Petitdidier et Martin, inspecteurs, rapportent que, les 14 et 15 de ce mois, il est arrivé 345 voitures de différentes denrées, ainsi que 4 voitures de marée.

Bois et charbons. — Bergeret, Baron et Labaubé rapportent que l'on a été obligé de faire cesser la vente au chantier de la Juiverie, afin de rétablir l'ordre, attendu que le public avait forcé la garde; quelques femmes ont été retirées de la foule presque étouffées; mais on leur a porté de prompts secours. Malgré ce désordre, tout le monde a été servi.....

Sémé, Moyron, Martin, Launay, inspecteurs, rapportent que la distribution de bois à l'île Louviers s'est faite toute la matinée avec beaucoup de tranquillité; mais l'après-midi n'a pas été de même, pour la livraison des falourdes; la foule était si forte qu'elle a forcé la garde. D'après ce, on a été obligé de faire cesser la vente à quatre heures. Malgré cela, il n'est arrivé aucun accident. Ils observent que la rivière est couverte de bateaux de vin, ainsi que de charbon de terre.....

Surveillance. — Dance, officier de paix, rapporte qu'il s'est manifesté, à la dernière assemblée de la section de l'Observatoire, un mécontentement presque général de la mise en liberté de trois membres de l'ancien Comité révolutionnaire, dont il paraît que l'on désire l'incarcération.

Noël, officier de paix, rapporte que l'on se plaint sur la cherté excessive des denrées, que l'on espère que la misère ne durera pas toujours, et que, si l'on vient à démasquer les accapareurs et leur infliger de fortes punitions, l'abondance pourra revenir.....

D'après les rapports de Buffe et Dorléans, inspecteurs, il paraît que les marchands de toute espèce au Jardin-Égalité ne rendent plus de sols aux acheteurs et qu'ils ne leur rendent que des bons à la main de 3 sols plus ou moins.

Roblastre, inspecteur, a rapporté qu'un attroupement sans armes de soixante à quatre-vingts personnes s'est porté hier, de huit à neuf heures du soir, sur la place du quartier général, section de l'Unité, à la porte d'un vinaigrier, auquel cet attroupement demanda les bustes de Marat qu'il avait encore chez lui, que cet attroupement paraît avoir répandu l'alarme dans le quartier, au point de faire fermer les portes des boutiques qui étaient encore ouvertes. Cet attroupement ne s'est dissipé que sur les instances du commandant du poste.

Comme la connaissance de cet événement n'a été transmise que ce matin à la Commission, qui n'a pu en donner avis au Comité de sûreté générale, comme elle l'aurait fait, si elle eût été instruite dès hier, l'inspecteur est mandé pour rendre compte de sa conduite et être invité à se mieux acquitter ultérieurement de sa mission......

HANNOCQUE-GUÉRIN, FAUCONNIER.

(Arch. nat., F¹ⁿ III, Seine, 15.)

CCXXI

15 VENTOSE AN III (5 MARS 1795).

RAPPORT DU 16 VENTOSE.

Esprit public. — L'opinion publique se soutient toujours dans les mêmes principes de justice et d'humanité que manifeste la Convention. Les plaintes continuent sur la cherté des subsistances et de toutes les marchandises. Les espérances d'une paix prochaine, que tout le peuple désire, soutiennent encore le courage ; on la regarde comme devant être le terme des maux que font éprouver les privations de toute espèce.

L'on approuve les mesures que la Convention a prises pour assurer une égale et sage distribution des subsistances.

Les jeunes gens continuent à fréquenter les cafés, à y chanter le *Réveil du peuple* et donner la chasse aux Jacobins.....

Commerce. Pain. — ...Vivieque rapporte que, dans les lieux qu'il a surveillés, il y avait beaucoup de monde aux portes des boulangers ; l'on murmurait de ce qu'il fallait attendre deux heures pour avoir son pain, chacun disait : « Quand cela finira-t-il ? »....

Viande et autres comestibles. — Mougeat, Labaubé et autres rendent compte que, dans les lieux qu'ils ont surveillés, il y a toujours de très bonne heure des rassemblements aux portes des bouchers; quelques personnes n'ont point eu de viande, à ce que dit La Motte, attendu que les certificats des malades indigents augmentent tous les jours, ce qui occasionne des murmures de la part de ceux qui ne sont point servis. Les mêmes inspecteurs observent de plus que plusieurs bouchers se plaignent de ce qu'on ne leur donne pas assez de viande pour satisfaire leurs pratiques ; il ne s'est cependant rien passé de contraire à la tranquillité publique.

Plantin et autres disent que les halles et marchés sont très bien approvisionnés en denrées de toutes espèces, mais la halle à la viande n'était pas si bien fournie qu'hier. La tranquillité a régné dans tous ces lieux.

Suivant Le Hodey, le vin est en abondance sur les ports, et il observe qu'il se vend très cher.

D'après le rapport de Dessault, officier de paix, il est arrivé au carreau de la halle depuis le 12 jusqu'au 15 ventôse, en beurre, 24,545 livres ; œufs, 184,180 ; fromages, 1,112 douzaines.

Bois et charbons. — Desbourdelles annonce qu'à la place des Victoires on vendait la corde de bois 350 livres, ce qui a occasionné des murmures, vu ce prix exorbitant. Le nommé Mahu, demeurant à la Courtille, étant propriétaire d'une de ces voitures, s'est permis de dire que, si les charretiers voulaient, ils étaient les maîtres de le vendre mille livres ; ledit Mahu a été obligé de s'évader. Cascel, Vassor et autres rendent compte qu'au port au charbon de la vieille Place aux Veaux, il y avait l'après-midi un monde considérable et que la majorité des citoyens n'étaient point porteurs de bons, ce qui a occasionné beaucoup de désordre. Les préposés aux subsistances ont annoncé qu'ils avaient reçu un ordre de délivrer le charbon sans exiger de bons ; ils observent que, d'après cette mesure, il n'y aura que les plus forts qui seront servis.....

Kerchoves et autres disent qu'au port aux Tuiles la distribution du charbon s'est faite toute l'après-midi avec beaucoup de désordre, malgré que la force armée y fût considérable.

Surveillance. — ...Bourdon dit qu'au Jardin-Égalité, il a été tenu des propos contre le représentant Siéyès ; comme ces propos coïncident avec sa nomination au Comité de salut public et tendent à improuver, par conséquent, le choix de la Convention, l'auteur de ces propos, dont le signalement est donné dans le rapport, est mis à la surveillance de l'inspecteur qui a entendu ces propos.....

Plusieurs citoyens ont été conduits au Comité de sûreté générale pour n'avoir pas voulu crier : *A bas les Jacobins!* Huet annonce qu'au café de Chartres on demandait qu'il y eût une assemblée générale des sections toutes les dernières décades......

BEURLIER, BARBARIN.

(Arch. nat., F¹ c III, Seine, 15).

JOURNAUX.

Messager du soir du 17 ventôse : « *Paris, 16 ventôse.* Hier au soir, les patriotes ont fait une ronde anti-jacobite dans le Jardin des Tuileries, où la horde anthropophage va d'habitude établir ses assises. Certain bossu, jadis président d'un Comité révolutionnaire, s'évertuait à prouver que, puisque le fameux quatuor n'était pas encore jugé coupable, il fallait le présumer inno-

cent et ne se permettre aucun geste, aucune parole qui pût influencer les juges et les jurés: « On en veut, disait-il, aux sans-culottes, mais patience! Le peuple souffre, et messieurs les muscadins n'insulteront pas longtemps à sa misère. » Un garçon serrurier, qui l'entendit, s'écria sur le champ : « Com-
» ment! petit excrément de la nature, je te trouve ici, tu regrettes apparem-
» ment le temps où tu mangeais les mets les plus friands, et disais, en buvant
» du champagne : *Encore une matelotte pour demain, nous en mettons un
» sur le pot!* Si tu travaillais, misérable coquin, le prix de ta journée aug-
» menterait à proportion de la cherté des denrées, et tu ne te plaindrais
» pas. » Ces mots à peine prononcés, chacun crie haro sur le révolutionnaire ; un détachement de la jeunesse parisienne l'a reconduit jusque dans l'arrondissement de sa section, pour qu'il ne lui arrive aucun accident; car, échauffés par les discours du serrurier, qui cite force traits de férocité contre le brigand, tous les assistants le poursuivaient avec des huées, et quelques-uns même, non contents de ne pas donner dans la bosse, voulaient tomber dessus à bras raccourcis; mais notre homme a pris la fuite et court encore. Les jeunes gens se sont rendus au café Payen, le rendez-vous des chefs du terrorisme. Armonville (et quelques autres Crétois) y était avec son bonnet rouge ; *le Réveil du peuple*, chanté par une quarantaine de lurons, qui n'ont pas la faible poitrine du gâteux Garat, n'a pas tardé à mettre les bêtes féroces en fuite. »
— *Courrier républicain* du 19 ventôse : « *Paris, 18 ventôse*. L'assemblée générale de la section du Théâtre-Français ayant arrêté, dans ses séances des 30 pluviôse et 18 ventôse, que le nom de *la mort* disparaîtrait de la façade des établissements publics et particuliers situés dans toute l'étendue de son arrondissement, le Comité civil a, aujourd'hui 16 ventôse, fait inviter au son de la caisse tous ses concitoyens à faire effacer de dessus leurs maisons le nom hideux de la mort. Aussitôt les citoyens de ladite section se sont empressés d'exécuter cet arrêté. »

CCXXII

16 VENTOSE AN III (6 MARS 1795).

Rapport du 17 ventose.

Esprit public. Groupes et cafés. — La cherté des subsistances met les esprits dans une fermentation continuelle. Les progrès rapides sont si effrayants qu'ils ne laissent aucun terme à espérer. Les malveillants cherchent à profiter des circonstances, et, dans les groupes, y lâchent de ces femmes dont la moralité ne connaît aucun principe, et qui, soutenant encore le terrorisme dont elles étaient les appuis, exaspèrent par leurs glapissements les têtes faibles qui les écoutent. Une d'entre elles, connue par ses propos jacobites, et qui avait été déjà dénoncée lors du rapport de la Commission des Vingt-un, a été arrêtée hier, au Jardin national, dans une de ses motions, et conduite au Comité de sûreté générale.

Au café Payen, le représentant du peuple Armonville, qui a l'habitude de porter un bonnet rouge, a été insulté sur son costume par des jeunes gens qui se rendirent au café, y chantèrent avec beaucoup de véhémence le *Réveil du peuple*, et répétèrent à plusieurs reprises : *A bas les buveurs de sang, les bonnets rouges, la Montagne et la Crête!* Le représentant, outré des apostrophes qui semblaient lui être faites, se permit des propos contre ces jeunes gens et les traita de contre-révolutionnaires ; cette épithète augmenta le désordre ; la force armée fut obligée de s'y rendre, et deux ou trois furent arrêtés et conduits au Comité de sûreté générale.

Dans plusieurs cafés, on s'entretenait avec satisfaction du rapport fait à la Convention nationale par Cambacérès au nom du Comité de salut public sur les moyens de négocier les traités ou préliminaires de paix avec les différentes puissances qui la demanderaient. Il était question aussi d'une négociation ouverte entre l'Espagne et la République. L'on en désire le succès.

Pamphlets. — Analyse du n° 60 du journal intitulé *l'Ami du peuple*. L'affectation de l'auteur à inculper la conduite de la Convention nationale et à justifier celle des membres mis en arrestation paraît répréhensible, ainsi que ses réflexions tendantes à soulever le peuple par le tableau hideux de la misère sous le poids de laquelle il dit qu'il gémit et en impute la cause immédiate au gouvernement.

Spectacles. — Au théâtre de la République, on a crié : *A bas le bonnet!* et, après quelques cris réitérés, le bonnet qui se trouve placé au bout de la pique tricolore est tombé et a été déchiré au milieu des applaudissements.

Commerce. Pain. Viande et autres comestibles. — ...Dumortier, Roblastre et autres annoncent..... que les certificats des malades indigents, augmentant tous les jours, ont privé de viande plusieurs citoyens, ce qui a occasionné des murmures de la part de ceux qui n'ont point été servis.....

Losset et autres disent que les halles étaient très bien approvisionnées, ainsi que différents marchés. La halle à la viande était bien fournie ; environ 60 cochons.

Les 16 et 17 du courant, d'après le rapport de Petitdidier et Martin, il est arrivé 393 voitures de différentes denrées et quatre de marée.

Bois et charbons. — Chevalier, officier de paix, Poinsignon et autres inspecteurs annoncent qu'on a été obligé de faire fermer le port au charbon de la vieille Place aux Veaux, ainsi que celui Bernard, vu l'impossibilité de rétablir l'ordre par l'affluence du monde qui était à ces deux ports. Chevalier a été obligé de se décorer du signe de la loi, afin de faire retirer le public. Les mêmes inspecteurs disent que la fermeture de ces ports a eu lieu à 11 heures du matin, et qu'il ne s'est point fait de distribution l'après-midi, attendu que les citoyens n'ont jamais voulu se ranger deux par deux.

La Commission a écrit à cet égard aux Comités de gouvernement et au Comité militaire de la Convention nationale pour que des mesures soient prises pour le maintien du bon ordre.....

Il résulte du rapport d'Auvray qu'à la Rapée, près du bac, heure de midi, l'on a cordé plusieurs voies de bois livrées à des charretiers, qui allaient les vendre dans Paris à raison de 225 livres la voie.....

Surveillance. — Vannier annonce qu'au café Payen, où était le représentant Armonville, des jeunes gens ont chanté le *Réveil du peuple* et lui ont fait quelques plaisanteries sur son bonnet rouge ; ce représentant, qui paraissait insulté, a été protégé par la garde qui est survenue. Peu après, a paru le représentant Clauzel, qui a demandé à connaître tous ceux qui ont insulté son collègue ; ces jeunes gens se sont défendus d'avoir insulté le citoyen Armonville et ont observé qu'il conviendrait peut-être que ce représentant quittât un bonnet que les hommes de sang, qui l'avaient porté, n'avaient que trop déshonoré. Au même instant s'est élevée une querelle entre le représentant Gaston et un jeune homme, qui l'un et l'autre se sont rendus au Comité de sûreté générale.

Dubout et Laflotte rapportent que, dans les tribunes de la Convention, on disait à voix basse qu'il était dangereux de donner un mot d'ordre tel que celui d'avant-hier qui était : *horreur, Jacobins,* en ce qu'il en résulte rixe entre les citoyens.

Suivant le rapport de Riquehem, une femme vend, sur le pont Michel, un petit livre qui n'est signé d'aucun imprimeur, et qui paraît annoncer l'ouverture des églises dans toute la République. Il a été pris des mesures pour se procurer ce petit livre, en prendre connaissance, et faire ce qu'il conviendra.

D'après Boyer, un facteur de la poste aux lettres, prévenu d'avoir tenu des propos contre-révolutionnaires, est mis à la surveillance pour être ensuite envoyé au Comité révolutionnaire de son arrondissement.

Hier, quelques jeunes gens, habitués du café des Canonniers, Palais-Égalité, ont attaqué une citoyenne, soi-disant jacobine, lui soutenant qu'ils l'avaient vue danser aux Jacobins ; ils l'ont conduite, sur les cinq heures et demie, au corps de la police du Comité de sûreté générale, où, d'après leur déclaration, elle a été retenue. Cette femme vendait de la viande sur le marché des Innocents le matin et allait ensuite tous les jours à la sortie de la Convention pour y jaser ; elle peut être âgée d'environ quarante à quarante-cinq ans. Ils lui ont dit que, si elle était plus jeune, ils l'auraient fouettée.....

BARBARIN, JACOT.

(Arch. nat., F 7 III, Seine, 15.)

JOURNAUX.

Journal de Perlet du 16 ventôse an III : Article sur la nécessité d'avoir enfin un « gouvernement constitutionnel ».

CCXXIII

17 VENTOSE AN III (7 MARS 1795).

RAPPORT DU 18 VENTOSE.

Esprit public. Groupes et cafés. — Hier, à l'exception des plaintes ordinaires sur la cherté des subsistances, la journée avait été assez tranquille ; mais, sur les sept heures du soir, un événement qui avait eu lieu la veille au café Payen, relatif au représentant du peuple Armonville, a eu des suites qui ont porté le trouble et le désordre tant dans les cafés que dans les spectacles de la Maison-Égalité. Des jeunes gens, se promenant Maison-Égalité, rencontrèrent un citoyen portant un petit bonnet rouge sur le milieu du chapeau ; ils s'approchèrent de lui et l'invitèrent, dit-on, à l'ôter. Ce citoyen se retourna vers eux et leur demanda : « Qui êtes-vous, pour m'empêcher de le porter ? Apprenez que je suis député, dites-moi vos noms. » Ce qu'ils refusèrent. Il leur ordonna de le suivre au Comité de sûreté générale ; ils obéirent, excepté un qui se détacha pour aller chercher d'autres jeunes gens ; pendant que partie se rendirent au Comité de sûreté générale, plusieurs se détachèrent pour aller dans les différents spectacles, et y jetèrent l'alarme, notamment au théâtre du Vaudeville, où, dans le milieu de la troisième pièce, une citoyenne demanda d'une des loges la permission d'interrompre un instant la pièce et a dit : « Citoyens, il y avait à la Maison-Égalité un député qui se promenait avec bonnet rouge sur la tête, trois jeunes [gens] l'ont accosté et l'ont invité à ôter ce bonnet ; mais il les a arrêtés et leur a dit de le suivre au Comité de sûreté générale, ce qu'ils ont fait ; mais, sur la place du Carrousel, six à sept hommes, apostés avec de grands sabres, sont venus fondre sur eux et les ont dangereusement blessés ; nous ne devons pas souffrir que l'on assassine nos concitoyens ; volons à leur secours. » Tout le monde s'est levé, a répondu : « Oui, nous partons ! » On a fait baisser la toile, et tout le monde est sorti.

Spectacles. — Hors l'événement rapporté de l'autre part, les spectacles en général ont joui de la plus parfaite tranquillité.

Commerce. Pain. Viande et autres comestibles. —... Il résulte des rapports de La Motte, Mougeat et autres que les rassemblements continuent toujours aux portes des bouchers ; plusieurs de ces derniers se plaignent de n'avoir pas assez de viande pour satisfaire toutes leurs pratiques, attendu que les certificats des malades indigents augmentent tous les jours, ce qui occasionne des rassemblements et des murmures de la part de ceux qui ne sont pas servis. Malgré cela, rien de contraire au bon ordre.

Labussière, officier de paix, et Pierre, inspecteur, annoncent que la cherté excessive des denrées cause les plus violents murmures de la part du peuple ; chacun dit : « Quand est-ce que cela finira ? » Ce qui donne beaucoup d'inquiétude aux bons citoyens.

Boyer rapporte que les citoyens disaient dans les lieux qu'ils a surveillés : « Tant que l'on souffrira que les courtiers aillent au-devant des marchands-forains pour acheter les marchandises au delà des barrières pour les vendre ensuite à leur gré, nous serons toujours malheureux. »

Diancourt, officier de paix, observe que dans différentes sections le public se plaint beaucoup et dit qu'il est affreux de souffrir la cupidité des marchands, attendu que de tout temps les denrées de première nécessité étaient fixées et que la police avait plein droit sur eux afin d'empêcher leur agiotage.

Loclave, Thion et autres annoncent que les halles étaient approvisionnées comme de coutume, que celle à la viande était mieux fournie que ces jours derniers, qu'il y avait environ 50 cochons à cette halle, qu'il est arrivé un charriot d'œufs, dont les répartitions se sont faites avec beaucoup de tranquillité.

Bois et charbons. — Cavaignac, officier de paix, dit que le public a forcé la garde au port au charbon de la vieille Place aux Veaux, attendu qu'elle n'était pas en assez grand nombre ; que, d'après ce, on a été contraint de faire fermer le port pour ne point exposer la propriété du marchand. Il observe que la majorité de ceux qui se présentent pour avoir du charbon sont des enfants dont les pères et mères en font commerce.

Le Hodey annonce qu'on a été obligé de faire cesser la vente du charbon au port aux Tuiles, attendu que les quatorze hommes de la force armée, ainsi que les inspecteurs, n'ont jamais pu faire ranger le public.

Labussière et Valus, inspecteurs, rapportent qu'au chantier de la rue Amelot, il y a eu beaucoup de désordre, occasionné par des particuliers qui se mettent plusieurs fois dans la foule pour avoir des falourdes à raison de 15 sols pour les revendre ensuite 8 livres. Ils observent que les bons citoyens désireraient qu'on n'en délivrât que sur les cartes de pain. Déjà la Commission a proposé cette mesure au Comité de salut public, section des subsistances.

Surveillance. — Bernard et Bourdon rapportent qu'au café des Canonniers deux citoyens invitaient ceux qui les entendaient à se rendre décadi prochain à leur section respective, pour y proposer de demander à la Convention la rentrée dans son sein des représentants mis hors de la loi ou leur jugement.

Suivant le rapport de Doyen, inspecteur des tribunes, il avait été fait de vives sorties au café Payen contre le représentant Léonard Bourdon, que l'on accusait d'avoir occasionné la perte de beaucoup de citoyens innocents ; celui qui a tenu ces propos était au milieu d'un groupe de jeunes gens, avec lesquels il est sorti et s'est rendu à la Convention.

Mitrecey dit qu'un représentant du peuple, passant au Palais-Égalité, ayant à son chapeau un petit bonnet de la liberté, a été suivi jusqu'à la place du Carrousel, ce qui a occasionné un rassemblement. La garde nationale a arrêté cinq des citoyens qui le composaient et les ont conduits au Comité de sûreté générale, et l'attroupement s'est dissipé ; plusieurs qui en faisaient partie se sont retirés au café de Chartres ; un citoyen a demandé la parole et a dit qu'il fallait parler principes, qu'on avait eu tort d'attaquer le représentant, qu'il n'y avait pas de loi qui pût empêcher de porter le signe de la liberté.

D'après Pernet, il circulait beaucoup de voitures sur les deux heures du matin, rue du Bac, et cette circulation inquiétait les voisins, en ce qu'elle semble indiquer l'existence de quelques assemblées nocturnes. Cet objet est mis à la surveillance.

Georges Dubois dit qu'il se fait une invitation après chaque messe, dite par le curé de ci-devant Saint-Germain-des-Prés aux citoyens qui y assistent et qui veulent profiter du bénéfice de la loi en suivant le culte catholique, de respecter toujours la loi et la représentation nationale.

Noel, Buisson et Moulinet rapportent que l'office catholique s'est fait à Saint-François, rue ci-devant Orléans au Marais et rue des Billettes, dans l'église des ci-devant religieux carmes Billettes. Cet office s'est fait avec autant de cérémonie que ci-devant. Le plus grand ordre y a régné.....

CHAMPENOIS, DURET.

(Arch. nat., F 1 c III, Seine, 15.)

JOURNAUX.

Gazette française du 18 ventôse : « *Paris, 17 ventôse*.... Le Palais-Royal est toujours plein de filles, de joueurs, d'agioteurs et de terroristes. L'administration de la police s'occupe à purger cet ancien repaire de nos faiseurs de révolutions. Avant-hier, il a été entouré de la force armée ; mais on s'est borné à arrêter quelques filles. Il paraît que le gibier le plus important avait trouvé le secret de prendre la fuite. » — Même journal, n° du 20 ventôse : « *Paris, 19 ventôse*. A voir la sotte adoration que l'on a montrée pour les bonnets rouges, on serait tenté de croire que notre révolution a été faite par des galériens ; car c'est dans les galères, et non point sur l'autel de la liberté, qu'on arborait autrefois ce signe de révolte, qu'on apprécie aujourd'hui à sa juste valeur. Le bonnet de la liberté romaine était blanc, le bonnet de Guillaume Tell est brun : pourquoi avons-nous choisi la couleur rouge ? Est-ce pour annoncer aux nations qu'on ne peut conquérir la liberté qu'en arrosant ses autels de sang humain ? Le public parisien fait aujourd'hui la guerre aux *bonnets rouges*, comme il la faisait naguère aux bustes de Marat : on les a déjà fait disparaître de plusieurs spectacles ; avant-hier, le représentant du peuple Guffroy passait dans une rue, portant un petit bonnet rouge attaché à son chapeau [1] ; il est rencontré par quelques jeunes gens, qui l'invitent à quitter ce signe autour duquel se rallient les terroristes : il refuse, on le force, et le bonnet rouge est foulé dans la boue. Guffroy appelle la force armée, fait conduire quatre des agresseurs au Comité de sûreté générale ; ils y sont retenus. Les jeunes gens, instruits du sort de leurs camarades, députent douze d'entre eux pour réclamer leur liberté. Les douze sont retenus à leur tour. Alors les jeunes gens se sont répandus dans les spectacles, ont fait baisser la toile ; on a crié que les citoyens étaient arrêtés arbitrairement ; alors les spectateurs se sont rendus au Comité de sûreté générale, pour y solliciter l'élargissement de ceux qui avaient été envoyés. Un membre du Comité est venu au devant d'eux et les a engagés à se retirer, en leur faisant observer qu'on dirait bientôt dans le public que la jeunesse parisienne dictait des lois au gouvernement. Ces jeunes gens se sont retirés, et, sur les onze heures du soir, ceux qui avaient été arrêtés, ont été mis en liberté. Ils se sont de nouveau répandus dans quelques lieux publics, où ils ont fait la chasse aux bonnets rouges. Hier au soir, la même scène s'est renouvelée ; on a voulu remplacer les bonnets rouges par des bonnets tricolores et des bonnets bleus ; il faut croire que ces mouvements n'auront pas de suites ; faisons disparaître les abus de la Révolution, mais ne les recréons pas sous de nouvelles formes. »

1. Voir plus haut, p. 538.

CCXXIV

18 VENTOSE AN III (8 MARS 1795).

Rapport du 10 ventose.

Esprit public. Groupes et cafés. — La conduite tenue par les jeunes gens, les 16 et 17, envers les représentants Guffroy et Armonville, a été authentiquement désapprouvée par ceux faisant partie de leurs sociétés; au café de Chartres, l'on dit qu'ils avaient envoyé plusieurs d'entre eux auprès du citoyen Guffroy pour l'assurer de ce désaveu et l'inviter à oublier l'étourderie de ces jeunes imprudents, que cette démarche fut suivie d'une lettre dudit représentant qui a été lue audit café, par laquelle il oublie toute injure personnelle et les invite à se maintenir dans les bons principes.

L'on a proposé ensuite de substituer au bonnet rouge un bonnet tricolore, ce qui a été effectué sur-le-champ, non seulement au café, mais dans les différents théâtres, et notamment à celui des Arts, où ceux qui étaient chargés du message annoncèrent que tel était le vœu du Comité de sûreté générale.

Au même café, l'on a fait la lecture d'une chanson intitulée *la Nouvelle Régence de France*, imprimée chez Lebois, laquelle chanson a été jugée contre-révolutionnaire; elle a été portée au Comité de sûreté générale, et nombre d'exemplaires a été brûlé dans le Jardin-Égalité.

Au milieu des plaintes sur la cherté croissante, d'un instant à l'autre, de toutes les subsistances et des ressorts que mettent en activité, de toutes manières, les agioteurs pour ruiner et finir de discréditer les assignats par la valeur démesurée qu'ils affectent de donner à la matière métallique, l'esprit public déploie encore le courage de ses vertus pacifiques et de sa confiance dans les mesures de justice de la Convention nationale.

La liberté des cultes fait sur les opinions une agréable diversion; ces associations religieuses profitent du décret pour ouvrir, dans nombre d'endroits, des temples à leurs usages; tout, jusqu'à ce moment, nous annonce que la décence et la tranquillité y ont régné.

Spectacles. — La plus grande tranquillité y a régné dans tous les spectacles; celui des Arts a été interrompu momentanément par l'événement du bonnet tricolore…, rapporté ci-dessus.

Commerce. Pain. — ...Selon Giraud, officier de paix, plusieurs citoyennes sont venues se plaindre chez le commissaire de police de la section de la Fidélité, de ce qu'elles n'avaient pu avoir de pain chez leur boulanger, attendu que ce dernier avait monté sa garde militaire, et n'avait fait qu'une fournée; le commissaire leur a donné des bons pour s'en procurer chez d'autres boulangers.....

Massard, officier de paix, annonce qu'il a été arrêté hier, à la barrière du Roule, une voiture chargée de fumier, dans laquelle il y avait beaucoup de pain de caché. Massard est chargé de s'informer du lieu où ces pains ont été conduits.

Viande et autres comestibles. — Suivant les rapports de Roblastre, Dumortier et autres, les rassemblements ont été moins nombreux, en général, aux portes des bouchers que ces jours derniers. La Motte observe que plusieurs personnes n'ont point eu de viande, attendu le nombre considérable des certificats des malades indigents, ce qui occasionne quelques murmures; le plus grand ordre cependant a régné dans les distributions. On doit écrire à cet égard aux quarante-huit sections.....

Bois et charbons. — Kerchoves, Oury, Guérin et Brunel annoncent que le public a forcé la garde plusieurs fois au port au charbon de la Tournelle; malgré cela, la vente n'a pas discontinué jusqu'à quatre heures, fin du bateau; ils observent que le trouble n'est occasionné que par ceux qui viennent tous les jours à ce port pour avoir du charbon; un caporal a été blessé à la jambe.

Surveillance. — Doucet rapporte qu'au café des Canonniers les habitués ont été mécontents d'une chanson intitulée *la Nouvelle Régence*, qu'ils ont regardée comme incendiaire et l'ont envoyée, par une députation, au Comité de sûreté générale.

D'après un rapport de Bétrémieux, un rassemblement des membres d'anciens Comités révolutionnaires, dont le lieu est désigné, a été mis à la surveillance.....

Giard rapporte que l'on se plaint toujours de l'excessive rareté des marchandises et de la rapacité des marchands, qui, seuls, sont les auteurs de cette hausse.

Châtillon observe qu'au Palais-Égalité l'on murmure sur la conduite des jeunes gens, et l'on dit qu'il faut qu'ils soient payés pour se comporter ainsi.....

Duchauffour, Alletz.

(Arch. nat., F¹ᶜ III, Seine, 15.)

JOURNAUX.

Gazette française du 19 ventôse : « *Paris, 18 ventôse.* C'est aujourd'hui dimanche ; nous avons vu les boutiques fermées dans plusieurs quartiers de Paris ; dans quelques églises on a dit la messe ; les dévots et les curieux s'y sont portés en foule. Cet empressement du peuple à assister aux cérémonies religieuses prouve qu'il est encore loin de cette philosophie *tricolore* à laquelle on a voulu le conduire par le nouveau calendrier. Ce qu'il y a de plus remarquable, c'est qu'on ne paraît pas plus étonné des *queues* qui sont à la porte des églises que des *queues* qui sont à la porte des boulangers ; cela fait croire que la messe est devenue pour les Parisiens eux-mêmes un *objet de première nécessité*. » — « Il semble que la discorde se soit retirée au café Payen ; un astrologue jacobin prévient le public que le bonnet rouge d'Armonville va être changé en astre, comme la perruque de Chapelain ; il y aura en même temps une éclipse visible dans toute l'Europe, qui nous dérobera l'astre de la *Montagne*. On dit qu'en même temps la liberté fera changer la couleur de son bonnet. On sait que le bonnet de Guillaume Tell est brun depuis plus de deux siècles, et qu'il n'a jamais été de la couleur de sang humain. » — *Courrier républicain* du 19 ventôse : « *Paris, 18 ventôse.* C'est aujourd'hui dimanche, suivant l'ère catholique. Dans plusieurs quartiers de Paris, les boutiques des marchands sont fermées, et l'on voit de longues queues autour des maisons où l'on célèbre la messe. Ainsi, il paraît que le peuple français, même à Paris, est encore loin de l'esprit philosophique auquel on a voulu le former. » — *Messager du soir* du 20 ventôse : *Paris, 19 ventôse.* ...Hier au soir, dans tous les théâtres et dans la plupart des cafés, le bonnet tricolore a été substitué au bonnet des égorgeurs, aux acclamations universelles de *Vive la République! Vive la Convention! Périssent les anthropophages et les buveurs de sang!* »

CCXXV

19 VENTOSE AN III (9 MARS 1795).

RAPPORT DU 20 VENTOSE.

Esprit public. Groupes et cafés. — On s'entretenait hier de la rentrée dans le sein de la Convention nationale des députés proscrits par le terrorisme et du décret qui réduit les retenues sur les rentes au 10⁰ pour les perpétuelles et au 20⁰ pour les viagères[1]. Ces deux circonstances paraissent répandre beaucoup de satisfaction parmi le peuple. On paraît également satisfait du rétablissement des messes, dans l'espoir qu'il en résultera du calme et de la tranquillité.

---

1. Il s'agit du décret du 19 ventôse an III, qui fixait le taux et le mode d'imposition de la contribution foncière pour l'an III.

Mailly et Legrand rapportent qu'hier au café de Chartres il a été lu une feuille de l'*Orateur du peuple*, contenant des conseils à la jeunesse parisienne et des invitations à ne plus exciter de trouble. Tous les jeunes gens sont convenus de se rendre à cette invitation, de ne plus se porter en masse dans les lieux publics, et de n'y causer aucuns troubles.

Suivant plusieurs rapports, le public est fort inquiet sur la destination des troupes que l'on dit être aux environs de Paris, notamment à Versailles, et l'on fait du rapprochement sur cette circonstance à celle semblable en 1789.

Les murmures sur les subsistances se font entendre plus que jamais; Mailly rapporte que des ouvriers de différents ateliers, tels que charrons, menuisiers, serruriers, se plaignent de n'avoir plus d'ouvrage.

Il y a toujours des rassemblements aux portes de quelques boulangers. Leroy aîné rapporte qu'hier il y avait à l'île Louviers plusieurs bateaux de bois à la distribution desquels le public s'attendait, mais que la Commission des subsistances avait fait défendre d'en donner à d'autres qu'aux boulangers; que le public, mécontent, racontait qu'un agent avait mis un bateau de bois en réquisition au prix de 32 livres, et qu'il a revendu ce même bois 150 livres la voie, d'où il concluait que ceux qui mettaient des objets en réquisition les revendaient à leur profit et à un prix exorbitant ; le public accusait de cet agiotage la Commission des subsistances.

Spectacles. — La tranquillité a régné hier dans tous les spectacles.

Illuminations. — Les allumeurs de réverbères menacent de quitter le service demain, s'ils n'ont pas une réponse satisfaisante à la demande qu'ils ont faite que l'augmentation qui porte leur salaire à 4 s. par réverbère remonte au 1er nivôse dernier. La Commission doit s'entendre aujourd'hui sur cet objet avec l'entrepreneur de l'illumination ; elle en avait écrit ces jours derniers aux Comités des finances et de sûreté générale.

Commerce. Pain. — Giraud, officier de paix, dit qu'il y avait beaucoup de monde aux portes des boulangers de la section des Droits de l'Homme, où l'on disait que ces derniers avaient reçu un sac de farine de moins que de coutume ; il observe que le boulanger de la rue de la Verrerie lui a dit en avoir reçu un de moins.

Boyer dit qu'à la barrière de Bercy et à celle de Charenton l'on a enlevé les planches qui empêchaient la sortie du pain et autres comestibles.

Comestibles. — Pilfer dit que le garde-magasin de la rue de Seine a reçu un ordre de l'Agence des subsistances d'augmenter le prix du son de plus de moitié, chose qui a occasionné du mouvement; malgré cela la distribution s'est faite sans accident.

Loctave rapporte que les halles et marchés étaient bien approvisionnés; la halle à la viande, même situation; environ cinquante cochons; à cette halle toutes les denrées se vendent très cher, malgré cela, rien de contraire à la tranquillité et au bon ordre.

Petitdidier et Martin rapportent qu'il est arrivé, du 18 au 19, 385 voitures de différentes denrées, ainsi que 4 voitures de marée.

Bois et charbons. — Sémé, Martin, Launay et Moyron rapportent que l'on a distribué du bois aux boulangers à l'île Louviers avec beaucoup de tranquillité, mais que les charretiers sont toujours porteurs de bons pour les boulangers; ils observent que l'un de ces bons a été reconnu faux et déposé à la commission.

Brunel rapporte que la distribution de bourrée s'est faite avec ordre au chantier de la Juiverie; mais, sur les quatre heures de l'après-midi, le public a forcé la garde et l'on a été obligé de faire fermer ledit chantier.

Pierre rapporte que l'on se plaint toujours du retard que l'on éprouve à recevoir le bois que l'on a payé dans les sections.

Massard, officier de paix, rapporte que le public est très mécontent des lenteurs que l'on met en ce qui concerne la distribution du charbon.

Surveillance. — Vannier rapporte que, sur les huit heures du soir, un jeune citoyen ayant dit au café Payen avoir en sa possession une lettre tendante à dévoiler une conspiration, il a été arrêté et conduit par plusieurs autres jeunes citoyens au Comité de sûreté générale.

Un jeune homme qui tenait dans ce même café des propos infâmes contre le Comité de sûreté générale était surveillé par un de nos agents, qui comptait s'en rendre maître à la sortie du café et le conduire de suite au Comité de sûreté générale; mais il a échappé d'autant plus facilement qu'il y avait beaucoup de monde à la porte, quand il est sorti; il est mis à la surveillance, et le soin de le faire conduire au Comité est confié au préposé auquel il a échappé. Copie de ce rapport, qui rend compte de ces faits, est envoyé au Comité de sûreté générale.

Mailly rapporte qu'hier, à onze heures et demie du matin, les détenus des Madelonnettes, suivant le rapport de cet inspecteur, n'avaient pas reçu de pain; il a été donné avis de cette négligence à la Commission des administrations civile, police et tribunaux.....

Gentil rapporte que, dans une visite de surveillance sur la section Bon-Conseil, un citoyen ayant été trouvé sans carte, il a été arrêté ainsi que la femme avec laquelle il était ; l'un et l'autre ont été conduits pour prendre des informations. Il a été écrit au commissaire de police de cette section pour rendre compte du résultat de ses informations.

Dubout et Laflotte rapportent qu'un orfèvre, dont le domicile est à peu près indiqué, a refusé de vendre des couverts, parce que l'acheteur ne pouvait pas lui donner le contre-poids, observant l'orfèvre qu'il était libre de ne pas recevoir d'assignats en payement. Un agent de la Commission a ordre de vérifier ce fait, en se présentant pour acheter des couverts, et, si son rapport est conforme à celui de ce jourd'hui, il sera pris contre l'orfèvre les mesures que les circonstances commandent.

Museux annonce qu'il a été fait cette nuit, d'ordre du Comité de sûreté générale, par un membre du Comité révolutionnaire et le commissaire de police de la section du Finistère, des visites domiciliaires, par suite desquelles ils ont arrêté chez un logeur deux citoyens trouvés sans cartes.

Camus dit qu'il paraît que les jeunes gens se proposent d'attendre le représentant du peuple Armonville sur le pont National, où il passe d'habitude, de lui ôter son bonnet rouge, s'il l'a sur la tête, de le jeter de suite dans la rivière, et de le remplacer en même temps par un chapeau que l'un d'eux lui remettrait. Il est recommandé aux inspecteurs de se promener de ce côté, d'avertir ce représentant de ce dont il est menacé, et de l'engager à ôter son bonnet rouge, au moins tandis qu'il sera sur ce pont.

Suivant Cornet et Benetz, les rentiers paraissent satisfaits du décret rendu relativement aux retenues [1]. On dit qu'il serait bien urgent que la Convention adoptât la tontine, au moyen de laquelle on diminuerait les assignats en circulation, d'où la diminution des marchandises résulterait.

Marais rapporte que plusieurs particuliers qui jouaient dans un billard sur le boulevard, près de la rue d'Angoulême, s'entretenaient des temps passés où tout était à bon marché, qu'avec un louis de dépense on faisait plus qu'avec cent livres ; un autre particulier a répondu que c'était l'ancien régime, qu'il n'était pas si mauvais. Les mêmes propos se tiennent dans les guinguettes.

Buffe et Dorléans annoncent qu'on dit dans les groupes du Palais-Égalité que le Perche, Le Mans et la Vendée étaient en partie composés de brigands ; que la jeunesse de Paris dite « Armée de Fré-

---

1. Voir plus haut, p. 542.

ron » étaient (*sic*) des royalistes ; que, quand on ne disait pas comme eux, on était des terroristes, des buveurs de sang, des Jacobins ; qu'ils ont insulté plusieurs personnes et même des députés, mais qu'on espère que cela finira bientôt ; qu'à ce propos plusieurs citoyens ont répété : *Oui, oui !*

Suivant le rapport de Noël, officier de paix, le public disait hautement : « Nous allons avoir un roi : nous serons plus heureux ; nous ne souffrirons plus tant les scélérats de marchands, qui croient remplacer les ci-devant nobles ; ils auront le nez cassé, et ne seront plus si insolents ; la Convention y mettra ordre. »

D'après le rapport de Calmet, plusieurs citoyens disent qu'il y a près de trois mille hommes de cavalerie à Versailles de tous les régiments, et qu'il y en a aussi beaucoup dans les environs de Paris. Ils manifestent des inquiétudes sur ces troupes....

Les agioteurs sont toujours en grand nombre au Palais-Égalité. Les louis valent 466 livres, et l'argent 200 livres le marc.

HORNIN, DELAHAYE.

(Arch. nat., F¹ᶜ III, Seine, 13.)

JOURNAUX.

Journal de Perlet du 20 ventôse an III : « Dans plusieurs quartiers de Paris on use de la liberté des cultes proclamée par un des derniers décrets de la Convention. Des églises y ont été ouvertes ; l'office catholique s'y célèbre ; il s'y rend beaucoup de monde. »

CCXXVI

20 VENTOSE AN III (10 MARS 1795).

RAPPORT DU 21 VENTOSE.

Esprit public. — Les rapports de la journée d'hier n'offrent point de faits particuliers contre l'ordre et la tranquillité publique.

Au café des Canonniers, il a été proposé de se rendre à ses sections respectives à l'effet d'inviter les citoyens à se rendre à la Convention pour la féliciter sur la justice qu'elle vient d'exercer[1] en rappelant

1. Il s'agit du décret du 18 ventôse an III, relatif aux « Girondins », et portant que les représentants du peuple compris dans l'article 1ᵉʳ du décret du 28 juillet 1793, et dans le décret d'accusation du 3 octobre suivant, rentreront dans le sein de la Convention nationale.

dans son sein les députés hors de la loi, et lui demander le désarmement de tous les Jacobins. L'opinion publique se prononce de plus en plus contre le système de terrorisme et de tyrannie ; le public désire la prompte punition de ces oppresseurs. Les assemblées générales de sections partagent le désir de cette justice méritée; la plus grande partie s'occupe des moyens de découvrir tous les partisans de cette faction tyrannique, et, pour faciliter leurs recherches, elles ont nommé des commissions dans leur sein, chargées de recueillir tous les renseignements contre les sectateurs de ces principes.

L'inquiétude sur les subsistances ramène encore des attroupements à la porte des boulangers ; murmures, d'autre part, contre l'impossibilité de se procurer du bois ; malgré le payement fait par beaucoup de citoyens depuis plus de quarante jours, ils ne peuvent faire acquitter leurs bons et sont réduits à la dure extrémité, n'ayant ni bois ni charbon, de l'acheter au prix qu'il plaît aux marchands fréquentant les places de leur vendre. Le prix des autres marchandises va toujours croissant et contribue à augmenter le mécontentement.

Le bon ordre et la tranquillité ont régné dans tous les spectacles ; au théâtre Favart, plusieurs couplets ont été chantés, entre autres un satirique contre le représentant du peuple Cambon, ayant pour titre : *Le Financier d'État ou Cambon en vaudeville.*

Commerce. Pain. — ...Plantin annonce qu'aux portes des boulangers de la section du Muséum, il y a eu des rassemblements depuis cinq heures du matin jusqu'à une heure après-midi, attendu que la farine n'est parvenue auxdits boulangers qu'à minuit, ce qui a retardé leur cuisson; on a été obligé d'établir la force armée chez plusieurs de ces derniers pour le maintien du bon ordre.

Viande et autres comestibles. — Suivant les rapports de Dumortier, Roblastre et autres, comme jour de décade, les ouvriers étaient en grand nombre aux portes des bouchers. Le bon ordre y a été maintenu avec beaucoup de peine, attendu que plusieurs personnes n'ont point eu de viande ; La Motte et autres observent que ce manque vient en général de ce que les certificats des malades enlèvent une grande partie de la viande, ayant la préférence sur les cartes. La Commission a écrit une lettre circulaire aux quarante-huit Comités civils des sections pour les inviter à faire que de pareils certificats ne soient point admis, puisque les arrêtés ne prescrivent point de distinction de malades ou de non malades.

Il résulte du rapport de Massard, officier de paix, Loctave et Plantin, que les halles étaient assez bien approvisionnées en toutes sortes de denrées, qu'il y est arrivé deux voitures de marée. Celle à la viande était bien fournie. Différents marchés n'étaient pas très bien approvisionnés. La tranquillité a régné partout.

Petitdidier et Martin disent qu'il est arrivé, les 20 et 21, 343 voitures de différentes denrées et deux de marée. Au carreau de la halle, il est arrivé, du 15 au 19, 21,079 livres de beurre, 255,650 œufs, 1,330 douzaines de fromages de Brie.

Bois et charbons. — ...Cascel, Didier et autres rapportent qu'au port au charbon de la vieille Place aux Veaux, il y a eu beaucoup de désordre occasionné par les commissionnaires qui se présentent sans bons, ce qui est contraire à l'ordre établi ; ces derniers se sont répandus en invectives contre les autorités constituées et la République, parce que l'on ne délivrait point de charbon sans bons. Dans ce désordre, deux solives sont tombées et ont cassé les deux jambes à un enfant. Cependant le calme s'est rétabli, et la vente continue toujours avec des bons.....

Surveillance. — Sur la motion de plusieurs membres de la section du Muséum, que les assemblées générales du soir étaient souvent troublées par des agitateurs, il a été pris un arrêté portant que la séance de l'assemblée générale se tiendrait depuis dix heures jusqu'à deux.

Les vieillards se plaignent de ne pouvoir subsister avec leur modique pension, et font observer qu'ils ne peuvent travailler.

Dubois (Georges) annonce que le citoyen Wolf, greffier du ci-devant Tribunal révolutionnaire, a, dans la séance de l'assemblée générale de la section de l'Unité, refusé de montrer sa carte, ce qui a occasionné beaucoup de tumulte et des débats très longs ; la Commission écrira à ce citoyen.

Delaporte et Tissot rapportent que trois citoyennes se plaignaient de la cherté des denrées. Un citoyen a dit que c'était Robespierre qui avait causé cela. Sur quoi, une citoyenne a dit : « Oui, mais il est impossible qu'un seul homme puisse en opprimer sept cents. » Elle a dit aussi : « C'est comme vos masses de sections qui vont solliciter la Convention et qui voudraient la fouler aux pieds. » Cette citoyenne a été arrêtée et conduite au Comité de sûreté générale.....

Suivant Henry, un gendarme, que l'on croit maréchal des logis, qui est de service au Luxembourg, a dit dans un cabaret que la poire était bientôt mûre et qu'il fallait qu'elle tombât ; la Commission a donné un mandat d'amener contre ce gendarme, qui sera entendu et renvoyé devant les tribunaux.

Bichet a entendu dire, dans un café, quai Bernard, qu'il devait arriver dans peu à Paris 25,000 hommes de troupes étrangères pour garder la Convention et faire le service militaire.

Vivier dit que le public continue à marquer ses inquiétudes sur les troupes qui, dit-on, sont rassemblées aux environs de Paris ...

Masset a entendu plusieurs ouvriers dire qu'il fallait prendre patience, qu'on ne serait pas longtemps malheureux, et que les marchands ne feraient pas toujours la loi.

THEROUENNE, BARBARIN.

(Arch. nat., F 1 c III, Seine, 13.)

CCXXVII

21 VENTOSE AN III (11 MARS 1795).

RAPPORT DU 22 VENTOSE.

Esprit public. Groupes et cafés. — Legrand rapporte que l'on se plaignait beaucoup de la mauvaise qualité du pain depuis deux jours dans les groupes près la Convention. La foule recommence à la porte des boulangers et la plupart de celles qui composent ces foules (sic) se permettent les propos les plus ironiques contre le gouvernement.

La hausse continuelle des marchandises de toute espèce ne favorise que la cupidité des marchands ; leurs projets, calculés dans le calme du cabinet, portent le dernier discrédit aux assignats ; maîtres de leurs opérations financières, ils fixent la balance du commerce sur les bases de la valeur métallique, dont ils déterminent à leur gré le cours : le louis d'or, hier matin, s'est vendu 205 livres, et le soir 195 à 190 livres.

La classe seule du consommateur est la victime de leur agiotage.

Selon les rapports des officiers de paix, ils annoncent que Camus avait entendu dire à plusieurs ouvriers, qui craignent de manquer d'ouvrage, que les marchands sont la cause du mal qu'ils souffrent, et que, si jamais il arrivait une insurrection contre eux, ce qu'ils désirent, ils leur payeraient cher ce qu'ils ont souffert.

Suivant Bouillon, on se plaint de ce que les jeunes gens vont beaucoup trop loin, dans les excès qu'ils se permettent, se portant dans les différents endroits publics où ils troublent l'ordre et la tranquillité.

Mailly rapporte que, le 20, un jeune homme, étant chez Vellony, Maison-Égalité, s'approcha d'un citoyen qu'il ne connaissait pas, et lui demanda combien deux fois 8 1/2 faisaient ; le citoyen répondit : 17, et soufflant ensuite le jeune homme : « Et celui-là, 18. » Le jeune homme se retira, un peu honteux de la réplique.....

Commerce. Pain. — Suivant les rapports de Desbourdelles et autres, les rassemblements recommencent aux portes des boulangers, vu que plusieurs de ces derniers ont reçu un sac de farine de moins que de coutume; par conséquent ils n'ont pu satisfaire toutes leurs pratiques. Malgré cela, rien de contraire au bon ordre.

Dans les lieux qu'ont surveillé Lassiot et Berger, il n'y avait aucun rassemblement aux portes des boulangers, excepté à celle de Louis Barbet, rue Louis-au-Marais, vu qu'il ouvre sa boutique trop tard, chose qui occasionne des murmures. La Commission a écrit au Comité civil de la section pour que ledit Barbet ouvre de meilleure heure. Ils observent que tous ces boulangers leur ont dit qu'ils avaient reçu moins de farine que de coutume, mais qu'heureusement le public n'en savait rien.

Viande et autres comestibles. — La Motte, Dumortier et autres disent qu'il y a toujours des rassemblements aux portes des bouchers ; plusieurs personnes n'ont point eu de viande, ce qui a occasionné des murmures de la part de ceux qui n'ont pas été servis. Malgré ces petites rumeurs, rien de contraire à la tranquillité publique. Thion et autres rapportent qu'il y avait peu de légumes aux halles et marchés mais beaucoup de fromages, beurre et œufs. Celle à la viande était bien approvisionnée. Le peuple se plaint beaucoup de la cherté des denrées.

Bois et charbon. — Bergeret, Baron, etc., disent qu'au chantier de Déségouttes, rue Amelot, il y avait une affluence de monde considérable, et que, de concert avec la force armée et le commissaire de police, ils n'ont jamais pu venir à bout de rétablir le bon ordre ; un volontaire a été blessé avec une pique et plusieurs ont été cassées ; malgré ce désordre, on a distribué 1,700 falourdes.....

Fabre dit qu'à la place des Piques, il n'y avait que du petit bois de branchage, dont le public n'a jamais voulu. Sur ce, il a nommé une députation pour qu'elle se transporte au Comité de salut public, à l'effet d'obtenir du gros bois. Le Comité a invité les citoyens à se retirer chez eux, et que, dans les vingt-quatre heures ils seraient satisfaits.

Il résulte du rapport de Chevalier et autres que la distribution du charbon de la vieille Place aux Veaux s'est faite avec ordre, mais que, l'après-midi, il est venu un ordre de n'en distribuer que par demi-voie, ce qui a occasionné beaucoup de murmures de la part du peuple, qui a foncé. On a été obligé de faire fermer le port à quatre heures et demie, vu l'impossibilité de rétablir le bon ordre.

Surveillance. — Jouenne, chargé d'une surveillance importante chez un marchand de vin dont le nom et la demeure sont connus, annonce qu'hier un des buveurs a annoncé publiquement les nouvelles les plus alarmantes sur la Vendée, disant que la Vendée était pire que jamais. Il est recommandé à cet inspecteur de découvrir le nom et la demeure de cet alarmiste. Des mesures précises lui ont été indiquées à cet effet, et, quand il sera connu, copie du rapport et ses nom et demeure seront envoyés au Comité de sûreté générale, pour par lui prendre le parti qu'il estimera convenable.

Suivant les rapports de Guillard et Guillemier, inspecteurs, une femme a dit confidentiellement à ce dernier que si Bourdon (de l'Oise) et Tallien n'allaient pas à la guillotine, cela tromperait fort. Cette femme, dont la demeure est connue, est mandée à la Commission pour savoir où elle a pris cette opinion.

Delaporte et Tissot rapportent que le commandant temporaire de la force armée de service à la Convention nationale a divisé les groupes du Jardin national d'une manière brusque, en disant que, s'il le voulait, il ferait venir des baïonnettes, qu'il occupait la place de La Fayette. Il a répété ces propos dans différents groupes. Il paraît que ce commandant n'était pas de sang-froid.

Bouillon dit qu'un citoyen, traité mal à propos d'ami de Robespierre par un autre, a saisi au collet et conduit au Comité de sûreté générale celui qui l'avait ainsi grièvement insulté, et qui l'avait exposé à des outrages de la part du public qui aurait cherché à abuser sur son compte.

Il résulte du rapport de Lenfant et Parent que des groupes se sont formés après la levée de la séance de la Convention, qu'une dispute d'opinions s'est élevée entre plusieurs citoyens, par suite de laquelle l'un d'eux a été conduit au Comité de sûreté générale.

Dupuy et Hodet annoncent que, par suite d'une surveillance établie chez un marchand de vin où on avait annoncé des rassemblements qui pouvaient donner des inquiétudes, comme composés ..... d'anciens membres de Comités révolutionnaires. Il a été fait une fouille et perquisition, qui n'a rien produit, et qui détruit toute idée du rassemblement qui avait été indiqué à la Commission comme très constant. Copie du rapport sur cette perquisition est envoyée au Comité de sûreté générale et au département.

Selon Pasquis, il y a eu au café de Foy deux disputes, qui ont amassé beaucoup de monde, et qui n'ont pas eu de suite. La première a eu lieu entre un citoyen qui s'est dit beau-frère du président du Comité de salut public et un général qui s'était fâché de ce que ce citoyen l'avait tutoyé. La seconde, entre un militaire n'ayant qu'un bras, et des jeunes gens auxquels ce militaire avait indiscrètement reproché de ne point se rendre aux frontières. Il était, à ce qu'il paraît, au moment d'être frappé, lorsque les assaillants se sont aperçus qu'il portait des marques honorables de services rendus par lui à la patrie, mais il n'en a pas moins été obligé de sortir du café.

BARBARIN, FAUCONNIER.

(Arch. nat., F¹ c III, Seine, 13.)

CCXXVIII

22 VENTOSE AN III (12 MARS 1795).

RAPPORT DU 23 VENTOSE.

Esprit public. — La difficulté de se procurer des denrées de première nécessité, leur excessive cherté, enfin les craintes sur les subsistances excitent les murmures de tous les citoyens. Leroy aîné rapporte que, dans les groupes, l'on paraissait douter de la vérité du rapport fait à la Convention nationale par un membre du Comité de salut public, en voyant continuellement les rassemblements aux portes des boulangers qui annoncent au public que l'on leur retranche une partie des farines que l'on était en usage de leur fournir, ou qu'ils n'ont pas de bois pour cuire.

Ancelle et Charpentier rapportent qu'au café de Chartres on a fait sortir de force un citoyen qui s'y était introduit sans cocarde.

Au même café on a dit que des ci-devant Jacobins cherchaient à s'insinuer parmi les jeunes gens, et, sous le prétexte d'aller à une séance du soir à la Convention, d'assassiner Bourdon (de l'Oise), et que cela passerait sur le compte des jeunes gens.

Nombre d'inspecteurs, Remy, Girardin, Bouchefontaine, Masson, Langlade et Dessarrière, rapportent avoir ouï dans nombre d'endroits beaucoup de mécontentement contre les représentants du peuple et avoir entendu dire qu'il fallait s'élever contre eux, et demander la Constitution de 1793, et ne pas attendre que le mal devienne plus grand; que les campagnes attendaient que Paris s'élevât, que cela ne sera pas longtemps sans arriver, qu'il fallait absolument un gouvernement plus stable que celui actuel.

Dans d'autres groupes, annoncent les mêmes inspecteurs, deux jeunes gens, arrivés récemment du département de la Manche pour travailler à Paris, logés chez Gallet, rue de la Mortellerie, n° 66, ont dit que, passant à Caen, plusieurs femmes s'étaient jetées sur eux, et, après avoir arraché la cocarde qu'ils avaient à leurs chapeaux, elles la foulèrent aux pieds, en criant : *Vive le roi!* et voulant les maltraiter.

Une affiche placardée avec profusion dans toutes les rues et places, ayant pour titre : *Peuple, réveille-toi, il est temps*, colportée hier dans différents lieux publics, a causé des rassemblements dans le faubourg Marceau.

La Commission a écrit une circulaire aux Comités révolutionnaires des arrondissements pour faire disparaître cet imprimé incendiaire et prendre tous les renseignements qu'ils pourront se procurer pour connaître l'auteur. La Commission s'occupe par tous les moyens possibles à le découvrir.

L'agiotage le plus criminel continue toujours Maison-Égalité.

Tous les spectacles ont été tranquilles ; l'on a remarqué seulement qu'au théâtre des Arts plus de deux cents personnes en sabots, et très mal vêtues, occupaient des places de cent sols et six livres.

Commerce. Pain. — Chevalier, officier de paix, Hannicque et nombre d'inspecteurs rapportent que, dans les lieux qu'ils ont surveillés, il y avait des rassemblements considérables aux portes des boulangers, occasionnés, en général, parce que chacun craint de n'avoir point de pain ; ces craintes sont mal fondées, puisque tous les citoyens ont été servis. La tranquillité a régné dans tous ces lieux, malgré quelques violents murmures.

Losset annonce que les garçons boulangers ne veulent travailler qu'à la journée, et quand un boulanger fait six à huit fournées par jour, ils lui demandent dix livres et bien nourris. Il observe que le directeur desdits garçons, demeurant rue Git-le-Cœur, est indigné de la conduite de ces derniers envers les maîtres boulangers. Ce directeur est en outre étonné de ce qu'il n'y a aucun règlement à cet égard. La Commission a proposé des mesures au Comité de salut public, section des subsistances.

Viande et autres comestibles. — Labaubé et autres disent qu'il y a toujours des rassemblements aux portes des bouchers, que très souvent les derniers arrivés n'ont point de viande, ce qui fait que chacun s'empresse de s'y rendre de très bonne heure. La Motte observe que, dans les lieux qu'il surveille, il y a pour le moins trente personnes tous les jours qui n'ont point de viande, ce qui fait murmurer ; malgré cela, l'ordre n'a point été troublé.

D'après le rapport de Piquenard et autres, les marchés des halles étaient bien approvisionnés ; celle de la viande était très bien fournie. Les mêmes inspecteurs observent que les denrées se vendent un prix exorbitant, ce qui excite de violents murmures. Cependant l'esprit public est bon partout.

Roblastre et Dumortier disent que, sans eux, un commissaire chargé de la distribution de la viande chez un boucher, près les Petites-Maisons, aurait été traîné dans la boue par des femmes ; on est parvenu avec bien de la peine à rétablir le bon ordre.

Durand et Richelet rapportent que les gens de la campagne vendent les œufs et le beurre un tiers meilleur marché en argent qu'en assignats. Ils donnent pour raison qu'ils ont assez de papier.

Suivant Murat, on se plaint que les marchands volent les citoyens et qu'ils ne donnent jamais le poids ni la mesure ; l'on dit que cela n'est pas étonnant puisque les marchands ne craignent aucune punition. Des ordres sont donnés pour rechercher et faire dénoncer les vendeurs à faux poids.

Les 22 et 23, annoncent Petitdidier et Martin, il est arrivé 448 voitures de différentes denrées et 6 de marée.

Bois et charbons. — Baron, Bocquoin et Bergeret rendent compte qu'au chantier Déségouttes, rue Amelot, il y avait un monde considérable et point de bois à distribuer. ; ils observent qu'il serait urgent d'envoyer une force armée imposante, afin de renvoyer les citoyens, pour qu'aucun accident n'arrive. La Commission a écrit sur le champ au commandant temporaire, afin qu'il fasse porter une force suffisante pour faire évacuer les citoyens.

Martin, Launay et Murat rapportent qu'à l'Ile Louviers, la distribution des fagots s'est faite avec beaucoup d'ordre ; il est arrivé à cette Ile cinq bateaux chargés de bois.

Il résulte du rapport de Mougeat qu'à la place des Piques la répartition s'est faite avec beaucoup de tranquillité, mais tous les citoyens ont été obligés de laisser leur bois faute de voitures.....

Chevalier, Vassor, Vontschritz et Ollivier rendent compte qu'aujourd'hui, 23 du courant, au port au charbon de la vieille Place aux Veaux, le citoyen Risbi, préposé aux subsistances, a renvoyé un citoyen de la section des Tuileries, attendu que, sur le bon dont il était porteur, son nom n'était pas. Un des membres du Comité civil de ladite section a renvoyé ce citoyen, en écrivant derrière son bon ces mots : « Nous espérons que la Commission du gouvernement se purgera bientôt d'un tas de coquins qu'elle emploie, et qui ne cherchent qu'à mettre des entraves à la chose publique. *Signé :* Pizard, commissaire. » Le commissaire Viel, inspecteur en chef du Comité de sûreté générale, s'est emparé dudit bon, a été, sur le champ, le porter aux Comités du gouvernement. Le porteur dudit bon a été consigné au corps de garde jusqu'au retour dudit Viel. Ils observent que ce particulier s'est présenté audit port sans carte de sûreté ni passeport, et aujourd'hui il est porteur de l'un et de l'autre.

Surveillance. — Bouillon jeune rapporte qu'au café des Canonniers, au Palais-Égalité, il a été dénoncé qu'il y avait dans le faubourg des affiches contre-révolutionnaires, qu'il a été fait la motion d'aller au Comité de sûreté générale pour les dénoncer et avoir la permission de les arracher, qu'un citoyen qui n'avait point de cocarde a été signalé dans ce café. On a vérifié ce qu'il était par sa carte de sûreté; on l'a fait monter sur une table, pour que tout le monde pût le reconnaître; après quoi on l'a mis dehors du café.

Suivant le rapport de Lenfant et Parent, le commerce de l'argent se continue au Palais-Égalité. Le louis a été porté à 200 livres ; on propose les échantillons de différentes marchandises, comme poudre à tirer, etc. Les inspecteurs, qui ont rendu compte du fait, sont mandés pour recevoir les instructions convenables pour s'assurer d'où provient cette poudre, et leur prescrire les mesures qu'il s'agit de prendre à cet égard.

Le même rapport annonce qu'on s'entretient partout des subsistances, qu'on demande à grands cris du pain dans toute la République. On dit que le Français saura toujours se contenir, s'il a du pain, qu'il ne connaîtra plus personne, s'il en manque; le peuple voit avec peine tous les écrits incendiaires, qui tendent, sinon à égarer, du moins à troubler l'opinion publique.

Lecoq annonce qu'un citoyen a arraché, rue Denis, au coin de la rue Sauveur, une affiche ayant pour titre : *Peuple, réveille-toi, il est temps*, signée, Dutren : que ce citoyen l'a ensuite portée chez le commissaire de police, qui a dressé procès-verbal pour transmettre le tout au Comité de sûreté générale.

Guerial dit que l'on se plaint des jeunes gens qui à la Convention font placer des citoyens et les font payer. La Commission a pris des mesures, afin que ces protecteurs des filous soient arrêtés et conduits aux inspecteurs de la salle.

Bocquet rapporte avoir remarqué dans un groupe aux Tuileries une femme faisant des motions scandaleuses. La pluie ayant dissipé le groupe, il s'est alors approché de cette femme et lui a fait des représentations sur ses propos; mais elle a insisté encore plus et a attaqué sans ménagement, non seulement le représentant Tallien, mais encore la Convention entière. Des ordres sont donnés pour amener devant la Commission cette femme, dont la demeure paraît connue.

Doucet annonce que le représentant du peuple Albitte, s'étant trouvé hier au café des Canonniers, a été traité de Jacobin, qu'il était imprudent à lui d'être là. On a fini par le huer.

Suivant le rapport de Pierre, il a été répandu un bruit par des ouvriers employés au magasin de Troissel, faubourg Antoine, rue de Charonne, que le petit Capet était mort. D'autres bruits annoncent qu'il a été enlevé du Temple et qu'on ne savait comment, que l'on allait ôter tous les drapeaux tricolores et en mettre des blancs.

L'affiche ayant pour titre : *Peuple, réveille-toi,* est mise dans la grande rue du faubourg Antoine; les commissaires de police des sections des Quinze-Vingts et de Montreuil ont arraché ces affiches. Le peuple s'est formé en groupes et s'est entretenu de la pénurie des subsistances et de cette affiche.

Dangouville déclare qu'une citoyenne a dit dans un bal, rue de Bellefonds, au Trône d'or, qu'on lui avait dit qu'il avait été trouvé une affiche près la Convention, où il était dit qu'elle était grosse et qu'elle accoucherait d'un roi dans trois mois. Cette citoyenne a été interpellée de déclarer si elle connaissait la personne qui lui avait parlé de cette affiche; elle a dit que non.....

HANNOCQUE-GUÉRIN, BARBARIN.

(Arch. nat., F⁷ * III, Seine, 15.)

CCXXIX

23 VENTOSE AN III (13 MARS 1795).

RAPPORT DU 24 VENTOSE.

Esprit public. — La diminution dans l'approvisionnement des boulangers cause des rassemblements nombreux à leurs portes. Dans ces rassemblements quelques femmes expriment leur mécontentement et leurs inquiétudes dans des termes peu mesurés; mais la masse du peuple supporte les maux réels qu'il éprouve avec une patience et un courage vraiment admirables; il ne les attribue qu'à l'empire des circonstances et à la malveillance, qui, en les faisant naître, les grossit encore plus par les bruits qu'elle se plaît à semer et par les craintes qu'elle ne cesse d'inspirer au peuple sur ses propres subsistances. Le placard séditieux, affiché hier avec profusion était une étincelle jetée avec une perfidie criminelle pour allumer un grand incendie ; mais le complot contre-révolutionnaire a encore échoué contre le bon esprit et le véritable patriotisme des habitants de Paris. Cependant, il est de la plus grande importance et de la plus grande justice de venir au secours de la classe la plus indigente, qui ne peut subvenir à se procurer les choses de la plus indispensable nécessité par l'énormité de la rapidité des renchérissements. Il est de la plus grande importance surtout de tranquilliser cette laborieuse et utile [classe] sur l'approvisionnement du pain, qui est, pour ainsi dire, son seul aliment, et dont la consommation doit être en conséquence plus forte. Il est à craindre que, si les inquiétudes se prolongeaient sur cette partie essentielle, les malveillants n'abusent du mécontentement général pour causer quelques commotions violentes, qui compromettraient la chose publique.

La Commission a rendu compte au Comité de sûreté générale de la célérité avec laquelle on avait fait disparaître l'affiche incendiaire ayant pour titre : *Peuple, réveille-toi*. Le zèle des citoyens en a fait une prompte justice, et cette épreuve doit bien convaincre les royalistes, les terroristes et tous les ennemis du bien public que leurs efforts seront toujours vains, et que la République une et indivisible repose sur la base immuable de l'opinion universelle.

L'agiotage s'exerce toujours avec une activité scandaleuse, Maison-Égalité ; c'est là que l'on trafique sur les calamités publiques et qu'on discrédite notre papier-monnaie ; on a cependant remarqué que le cours du louis était diminué de 40 livres.

Le 22 de ce mois, des femmes s'étant rassemblées dans une partie du local des ci-devant Capucins du Marais pour chanter les vêpres, six jeunes gens les ont interrompues en chantant l'hymne de la liberté ; ils se sont cependant rendus aux observations qui leur ont été faites, pour rappeler la liberté des cultes.

Il ne s'est rien passé aux spectacles, qui ait troublé la tranquillité publique.

Commerce. Pain. — Massard, officier de paix, Loctave et nombre d'inspecteurs disent que les rassemblements augmentent tous les jours aux portes des boulangers ; on a donné à ces derniers moins de farine que de coutume ; aussi n'ont-ils pu satisfaire toutes leurs pratiques. Chacun craint de manquer de pain, ce qui occasionne les queues et de violents murmures de la part de ceux qui ne sont point servis, ainsi que de ceux à qui on retranche une partie de la quantité qui leur revient. Les esprits en général sont très échauffés, vu la disette de cette denrée. Il ne s'est rien passé d'ailleurs de contraire à la tranquillité publique.

Viande et autres comestibles. — La Motte et autres annoncent que les rassemblements étaient nombreux aux portes des bouchers qu'ils ont surveillés. Toujours quelques personnes qui n'ont point de viande, ce qui excite des murmures et occasionne des queues. La distribution s'est faite légalement et avec ordre.

Massard, officier de paix, Loctave et autres rapportent que les halles et marchés étaient bien approvisionnés; celle à la viande était bien fournie; environ cinquante cochons à cette halle. Les denrées augmentent tous les jours de prix. La tranquillité a régné dans tous ces lieux.

La Motte et autres rendent compte que dans tous les lieux le peuple se récrie sur la disette et la cherté des denrées, et qu'il fait entendre de violents murmures.

Le vin est en abondance sur les ports.

Bois et charbons. — Martin et autres observent que le citoyen Pitra a fait cesser la vente à l'île Louviers pour le public. Alors des murmures se sont fait entendre; le peuple s'est transporté à l'Agence des subsistances, afin d'obtenir d'elle qu'il lui soit distribué du bois. L'Agence des subsistances a envoyé à la Commission de police un rapport dans lequel il est dit que le public vient de se porter chez le citoyen Talboutier, en face du Jardin des Plantes, pour enlever les trains de bois destinés pour les boulangers, malgré la force armée et le commissaire. Sur le champ la Commission a envoyé un officier de paix et plusieurs inspecteurs sur ce port, et a même écrit au commandant de la force temporaire pour obtenir de la force armée.

Deshourdelles dit que, sur les places publiques, le bois se vend à un prix exorbitant. Au raccueillage, il y a deux bateaux de bois pour les boulangers Le même inspecteur observe que les citoyens se plaignent de ce qu'on met tout le bois en réquisition.

Bouchefontaine annonce que le public murmure, vu le manque de bois. D'après le rapport de Masson, l'on crie beaucoup sur la manière de distribuer le charbon; il observe que le public désire que la distribution soit faite dans plusieurs ports, afin de contenter tous les citoyens et éviter les accidents occasionnés par la grande affluence du monde.

Surveillance. — Venieux rend compte d'un rassemblement où on lisait le placard intitulé : *Peuple, réveille toi.* Deux particuliers ont déchiré ce placard ; deux autres ont voulu s'y opposer. Le public a conduit ces deux derniers chez le commissaire de police ; on a écrit au commissaire pour savoir ce qu'étaient devenus ces deux particuliers.

Trémet et Leroux rapportent que plusieurs citoyens présents à la Convention, entendant plusieurs sections la féliciter, ont dit : « C'est fort bien, mais dans toutes les pétitions, il n'y en a pas une qui parle de pain dont nous manquons aujourd'hui ; les boulangers reçoivent leur farine à deux ou trois heures du matin, et le pain n'est pas cuit. »....

Il résulte des rapports de Parent et Lenfant que, dans les groupes qui se sont formés à la suite de la séance de la Convention, on a entendu des plaintes sur les subsistances et sur les assignats, vu le peu de confiance que les citoyens y attachent.....

BEURLIER, PASTÉ.

(Arch. nat., F¹⁰ III, Seine, 15.)

JOURNAUX.

Abréviateur universel du 24 ventôse : « *Paris, 23 ventôse.* Le rétablissement du culte fait déjà remarquer les dimanches autant et peut-être plus que les décadis, qui ne se lient à aucune ancienne habitude, à aucune institution ni civile, ni morale, ni religieuse, et dont la distance paraît aujourd'hui n'avoir pas été calculée sur les besoins de l'homme laborieux et de ses animaux avec cette précision qu'atteste un usage presque universel et qui compte des siècles. Nos églises ne sont pas assez vastes pour contenir tous ceux qui s'empressent d'aller entendre la messe, devenue, comme l'observe un journaliste avec plus de justesse que de sérieux, un objet de première nécessité pour lequel on se met *à la queue*, ainsi que pour le pain, la viande, etc. Un anonyme reproche au *Journal de Paris* d'avoir donné d'insignifiantes plaisanteries sur les messes pour l'expression de l'esprit public, et lui rappelle cette comparaison de Théodore de Bèze, admirée de Bossuet : « La religion est une enclume qui endure les coups sans s'émouvoir, et sur laquelle se sont brisés et se briseront à jamais les marteaux. » Les rédacteurs lui répondent : « Nous avouerons, si vous le voulez, qu'on en dit encore trop (de messes) pour nous, et bien assez pour vous, qui, nous le soupçonnons, n'avez jamais eu en ce genre que des besoins très bornés et des désirs très modérés » ; et finissent par lui souhaiter la vie éternelle. L'anonyme leur réplique en assurant qu'il va souvent à la messe. Il s'offre une question que nous laisserons à résoudre aux personnes en qui la vertu n'est pas seulement un vain système d'idées, mais un sentiment délicat et profond. Railler les actes de religion, est-ce là faire jouir fraternellement de toute la liberté décrétée et de droit humain quiconque, en voulant les pratiquer, peut gémir ou rougir de les savoir raillés ? »

CCXXX

24 VENTOSE AN III (14 MARS 1795).

Rapport du 25 ventose.

Esprit public. — L'agitation augmente; l'alarme sur les subsistances en devient le prétexte; les groupes se multiplient et se grossissent aux portes des boulangers; on ne s'y arrête pas un instant sans entendre des propos contre-révolutionnaires, que la malveillance propage, et dont elle cherche à profiter pour faire un soulèvement.

Legrand rapporte que nombre de jeunes gens du café de Chartres firent la proposition de se répandre dans tous les groupes, à l'effet d'y arrêter les Jacobins et de chasser les alarmistes sur les subsistances, ce qu'ils exécutèrent; et ils arrêtèrent un particulier qu'ils conduisirent au Comité de sûreté générale, et chassèrent plusieurs femmes, qui tenaient de mauvais propos dans les groupes.

Les officiers de paix rapportent qu'hier ils ont trouvé, à dix heures du soir, affichées sur un des piliers de Maison-Égalité, les deux pièces de vers suivantes :

1°

De par un certain Comité
Défense à la nation
D'oser dire la vérité
En parlant du coquin Cambon.

2°

Cambon, le tripotier, successeur de Calonne,
Portait, la larme à l'œil, sa plainte au Comité ;
Disant que tout Paris, dont il est la colonne,
Le traite de brigand, de voleur, d'éhonté.
— Quoi donc? répond Mathieu, vit-on jadis Cartouche,
Qui fut en son vivant pareillement traité,
A ceux qu'il détroussait vouloir fermer la bouche?
— Collègues, dit Cambon, était-il député?

Ces affiches écrites à la main ont été déchirées par les officiers de paix.

La Commission ayant été prévenue que, ce matin, l'affiche ayant pour titre : *Peuple, réveille-toi, il est temps!* se placardait de nouveau, a pris toutes les mesures pour la faire disparaître; n'ayant pu découvrir, dans les recherches qu'elle a faites, l'auteur de cette affiche et de la brochure portant le même titre, elle a de nouveau pris des mesures qui pourront le lui faire découvrir. Le Comité de sûreté générale a été instruit du nouveau moyen mis en usage.

Les spectacles n'ont point donné lieu à aucun fait particulier; tout annonce qu'ils ont été tranquilles.

Commerce. Pain. — Baud, officier de paix, et nombre d'inspecteurs annoncent que les rassemblements sont plus considérables que jamais aux portes des boulangers. La force armée était chez plusieurs de ces derniers, où l'on s'arrachait le pain; on se plaint de ce que les commissaires chargés de veiller à la distribution du pain arrivent trop tard, ce qui occasionne en partie les queues. Plusieurs citoyens n'ont point eu de pain, malgré la diminution faite sur ce qui revient à chacun. Les esprits en général sont très échauffés, vu la disette et la mauvaise qualité de cette denrée. Dans tous les rassemblements, il se tient des propos bien capables de donner beaucoup d'inquiétudes aux bons citoyens. On injurie et menace les commissaires des sections et les préposés, sans qu'on puisse, vu la quantité des citoyens, en signaler aucun; on s'attend, dit-on, à un coup; les citoyens indigents paraissent le désirer; on assure que telle est la vérité. Il ne s'est passé, d'ailleurs, rien de contraire à la tranquillité publique.

Dubouloy rapporte que le nommé Dubail, boulanger à la Haute-Courtille, répondit à des citoyens qui se plaignaient à lui de la disette du pain : « Quoi! vous vous plaignez! dans un mois vous n'en aurez peut-être plus du tout. » La Commission a mandé ce boulanger.

Viande et autres comestibles. — Thion et autres rendent compte que, dans les lieux qu'ils ont surveillés, il y avait des rassemblements considérables aux portes des bouchers et charcutiers; on se plaignait d'être souvent privé de viande; plusieurs personnes ont été blessées par la grande affluence de monde.

Il résulte du rapport de Loctave et autres que les halles étaient peu fournies, dans les premiers arrivages; les marchés assez bien approvisionnés; la halle à la viande bien garnie; environ cent cochons. A cette halle, les œufs se vendent 6 livres 10 sols le quarteron, et le beurre 5 livres 15 sols à 6 livres la livre. La tranquillité a régné dans tous ces lieux.

Les 24 et 25, suivant le rapport de Petitdidier et Martin, il est arrivé 353 voitures de différentes denrées, ainsi que cinq de marée. Pernet dit que les marchands de vin se plaignent de ce que plusieurs citoyens qui ne sont point marchands achètent sur le port Bernard le vin à tel prix que ce soit pour l'emmagasiner et revendre ensuite à ceux qui payent en argent.

Bois et charbons. — Ollivier, Kerchoves et autres disent qu'au port de la vieille Place aux Veaux et à celui des Tuiles, la distribution s'est faite avec beaucoup d'ordre; les mêmes inspecteurs observent que des citoyens de la section du Faubourg-Montmartre se sont présentés au port de la vieille Place aux Veaux avec une charrette pour enlever soixante-quinze demi-voies de charbon; le public s'est opposé, la livraison n'a pas eu lieu. Il a été écrit à cet égard à l'Agence des subsistances, qui, a-t-on dit, avait donné une autorisation pour cet enlèvement.

Surveillance. — D'après les rapports de Le Camus et Lebois, il paraît que l'on se sert de citoyens de toutes les classes pour jeter le trouble et faire un soulèvement dans les tribunes de la Convention. Un individu s'est permis, depuis deux jours, les propos les plus contre-révolutionnaires; cet homme est un marchand de légumes à la Halle. La Commission a donné des ordres très sévères pour qu'il soit conduit devant elle, pour, de suite, l'envoyer au Comité de sûreté générale.

Honneton dit qu'un citoyen qui tenait un langage de Jacobin au Jardin national a été conduit par le peuple au Comité de sûreté générale.

Tous les bons citoyens se sont invités à se réunir pour empêcher les mauvais propos qu'on a reprochés au citoyen Gaston, représentant, qui s'est mêlé dedans un groupe d'avoir dit qu'il craignait que ceux qui avaient abattu les tyrans au 9 thermidor ne reprennent leur place. On a même fort engagé le citoyen qui avait entendu le propos d'aller en faire déclaration au Comité de sûreté générale; mais, la force armée ayant fait dissiper le groupe, ce citoyen s'est retiré.

Dupuy annonce que, dans le Jardin national, des citoyens se sont plaint amèrement du défaut des subsistances; d'autres citoyens les ont repris sur leurs propos.

Vers six heures et demie, suivant le même inspecteur, une personne de cinq pieds cinq pouces, vêtue d'une houppelande brune à revers rouge, portant un bonnet de police, a prêché la révolte, en disant que, si tout le monde lui ressemblait, tout, sous peu, changerait de forme. Le peuple s'est jeté sur lui et on l'a conduit au Comité de sûreté générale.

Boyer dit que le public paraîtrait souhaiter que la Convention, quoiqu'elle ait décrété la liberté du commerce, défendît la vente de l'argent, parce que les agioteurs ne cessent de le regarder comme

une propriété, dont ils peuvent disposer comme bon leur semble.
Suivant les rapports de Dorléans et Buffe, dans un groupe au Jardin national, on a menacé une femme de la fouetter, disant qu'elle ne devait pas faire de motions incendiaires; tous les bons citoyens ont dit qu'il ne fallait jamais user de voies de fait.

Pépin rapporte qu'on avait entendu dire, hier soir, que l'on avait envoyé un renfort à l'Arsenal, que l'on se méfiait de quelque chose; la Commission a fait surveiller toute la nuit autour de cet établissement; on ne s'est aperçu de rien.....

Suivant le rapport de Bagnard, dans la section du Contrat-Social, plusieurs boutiques sont fermées et les marchands sont endimanchés. Les femmes attendaient leur tour pour entendre la messe, qui se disait dans une chambre.....

BARBARIN, HANNOCQUE-GUÉRIN.

(Arch. nat., F 1 c III, Seine, 15.)

JOURNAUX.

Journal de Perlet du 25 ventôse : « Le calme règne dans Paris. Cependant des malveillants cherchent à exciter des agitations en sens contraire. Ils profitent des embarras des subsistances pour aigrir les citoyens peu fortunés, comme si la Convention pouvait réparer en quelques mois les maux faits au commerce et à l'agriculture par deux années de tyrannie et par les lois absurdes qui ont étouffé longtemps toute espèce d'industrie et de reproduction! Des inquiétudes exagérées sur les subsistances ont fait recommencer les queues à la porte des boulangers. On a fixé, depuis deux jours, la quantité de pain qui doit être fournie à chaque citoyen. On espère que cette mesure cessera bientôt d'être nécessaire d'après tous les moyens que le gouvernement ne cesse de prendre pour l'approvisionnement de Paris. Le renchérissement progressif des denrées et de tous les objets est aussi une cause trop active de fermentation. Les agitateurs ne cessent de l'attribuer à la malveillance, quoiqu'ils sachent bien qu'il est dû à l'énorme quantité d'assignats en circulation, et qu'il ne peut s'arrêter que lorsqu'on aura trouvé des moyens pour en retirer un grand nombre. La Convention s'en occupe. Les Comités en font l'objet de leurs méditations. Mais c'est un problème extrêmement difficile... »

CCXXXI

25 VENTOSE AN III (15 MARS 1795).

RAPPORT DU 26 VENTOSE.

Esprit public. — La malveillance s'agite en tous sens pour armer les citoyens les uns contre les autres; affiches, pamphlets, propos les plus dangereux dans les groupes, tout est mis dans ce moment en usage. Les alarmes sur les subsistances, la réduction décrétée du pain par chaque individu, sont présentés, par les agitateurs, sous les couleurs les plus envenimées et les plus capables de soulever contre le gouvernement. Cependant, au milieu de ces orages, la classe la plus nombreuse des citoyens attend, avec tranquillité et courage, du zèle de la Convention nationale le terme des maux dont elle est accablée.

La surveillance exercée dans les faubourgs Montmartre et du Temple, aux cabarets des Percherons, de la Nouvelle-France et de la Courtille, rapporte que ces endroits étaient peu fréquentés hier; partout les ateliers étaient en activité.

Dans le courant de l'après-midi, au Jardin National et près la Convention, il se forma nombre de groupes, ainsi que dans divers quartiers, où l'agitation et les murmures se faisaient entendre sur le décret de réduction de pain, aussi que sur la rigueur des marchands en général, qui au lieu de chercher à tranquilliser les citoyens, en leur faisant payer le prix, leur annoncent à chaque instant du jour qu'ils n'en resteront pas là.

Mailly rapporte qu'au café de Chartres le rassemblement des jeunes gens était considérable et très tumultueux. On fit lecture d'une brochure qu'ils regardèrent comme une diatribe dirigée contre eux; ils nommèrent à l'instant six d'entre eux pour aller chez le rédacteur; ils se rendirent ensuite en grand nombre au Jardin National en criant : *A bas les Jacobins! A bas les terroristes!* et passèrent ensuite auprès des différents groupes, qui restèrent calmes et immobiles, et, après plusieurs tours, ils entrèrent au café Payen, où ils ont juré d'assommer sur la place tous les Jacobins qu'ils trouveraient. Le même rapporte qu'au Jardin-Égalité un militaire, revenant de l'armée avec un bras de moins, avait été insulté par ces jeunes gens.

Suivant le rapport du commissaire de l'Arsenal, le port Saint-Paul a été submergé; mais les soins et l'activité ont prévenu les accidents; toutes les marchandises ont été sauvées.

Tous les spectacles ont joui de la plus parfaite tranquillité.

Commerce. Pain. — Suivant les rapports de Massard, officier de paix, Loctave et nombre d'inspecteurs, les rassemblements étaient considérables aux portes des boulangers dans les lieux soumis à leur surveillance. La réduction du pain, sur ce qui revient à chaque citoyen, y échauffait très fort les esprits. Oury, un desdits inspecteurs, rapporte que, malgré cette diminution, aucun boulanger des sections de la Fraternité et des Plantes n'a pu satisfaire toutes ses pratiques; notamment chez le nommé Galin, plus de cent personnes n'ont pu être servies faute de farine. L'on disait que cela ne pouvait durer et qu'il fallait un coup. La disette de cette denrée et la difficulté d'en procurer excitent un mécontentement général. Dans les rassemblements il se tient des propos très incendiaires, qui affligent les bons citoyens. D'ailleurs rien de contraire à la tranquillité publique.

Dupont dit que plusieurs personnes se plaignent du nommé Legoix, marchand de vin, rue de la Convention, de ce qu'il délivre chez lui, tous les jours, à toute heure, à des gens de la campagne des pains de quatre livres, qu'il échange contre des denrées; on surveille ce marchand de vins.

Viande et autres comestibles. — Il résulte des rapports de Poinsignon, Bercel et autres que, dans les lieux qu'ils ont surveillés, les rassemblements aux portes des bouchers et charcutiers étaient très nombreux de très bonne heure; ils observent que la distribution de la viande s'est faite légalement et avec la plus grande tranquillité.

Massard, officier de paix, Loclave et autres rapportent que les halles et marchés étaient bien approvisionnés; celle à la viande pareillement bien fournie, mais peu de moutons; environ quarante porcs; les œufs sont en abondance, mais beaucoup de gâtés. La tranquillité a régné partout.

Du 20 jusqu'au 24, suivant Dessault, officier de paix, il est arrivé au carreau de la Halle 13,587 livres de beurre, 238,570 œufs, 1,196 douzaines de fromages de Brie et de Neufchatel.

Bois et charbons. — Suivant les rapports de Bergeret, Baron et Bocquoin, la livraison de bois n'a point eu lieu au chantier de Déségouttes, attendu que le public n'a jamais voulu se mettre en ordre; ils observent que la force armée n'arrive à ce chantier que lorsque l'affluence de monde est considérable.

Roblastre et Ancion disent qu'à la place des Piques l'on se plaignait de l'Agence des subsistances, ainsi que du gouvernement. Ces plaintes étaient occasionnées par la disette de bois. L'on disait que si, sous trois jours, il n'arrivait pas de bois sur cette place, l'on verrait beau jeu. On surveille les agitateurs.

Selon Vassor, Vontschritz et autres, la distribution du charbon au port de la vieille Place aux Veaux s'est faite avec le plus grand ordre.

Surveillance. — Suivant le rapport de Vivier, d'après sa surveillance au Jardin National, il paraît que des jeunes gens, mêlés dans les conversations qui s'y tenaient relativement au pain, ont dit qu'il n'y avait que des terroristes qui pouvaient improuver le décret qui fixe la quantité accordée à chaque citoyen, que tous les bons citoyens devaient s'en contenter. Ces réflexions ont été combattues, mais on n'y a pas moins persisté.

Chevalier annonce que la porte de l'église ci-devant des Billettes, donnant sur la rue, qui était à moitié ouverte le matin, à cause de la grande affluence du peuple, a été exactement fermée toute l'après-midi. Tout a été très tranquille.

Il résulte du rapport de Jeanson qu'il y a eu des rassemblements hier soir au bas du pont de la Raison et en la place des Droits de l'Homme, ci-devant marché Jean. On se plaignait fort des marchands, qui vendent à des prix exorbitants, au point que les pauvres ne peuvent atteindre à rien; que, manquant de pain, qui était la seule chose qu'il y avait à bon marché, on serait bien bête de ne se point montrer.

Pépin annonce que, suivant le rapport de cet inspecteur, le public est toujours inquiet sur les troupes qu'on dit être autour de Paris, malgré le rapport à ce sujet du Comité de salut public, dont des malveillants s'efforcent de détruire l'effet dans l'opinion publique.

Hosteaux rapporte que, dans la visite des imprimeurs qu'il a faite hier, on lui a dit qu'il devait paraître aujourd'hui un libelle très méchant, intitulé *le Dernier coup de tocsin*; il a fait son possible pour découvrir le lieu où il s'imprimait; il n'a pas réussi. La Commission a pris des mesures pour s'assurer de l'existence de ce libelle.

DELAHAYE, CHAMPENOIS.

(Arch. nat., F¹ c III, Seine, 15.)

JOURNAUX.

Gazette française du 26 ventôse : « *Paris, 25 ventôse*. Il y avait aujourd'hui deux sortes de queues : queue à la messe, queue à la porte des boulangers. On croit que cette dernière va cesser, car on a vu arriver aujourd'hui une assez grande quantité de voitures de farines. Les intrigues des Jacobins, jointes à la lassitude qu'éprouve le peuple, occasionnent ces sollicitudes, qui paraissent d'ailleurs mal fondées. Un étranger qui arriverait en ce moment à Paris s'apercevrait sans peine que c'est aujourd'hui dimanche. La plupart des boutiques sont fermées, et l'on voit dans les rues, dans les places publiques et aux promenades, que la plus grande partie du peuple a choisi ce jour-là pour son repos. Il paraît qu'il en est ainsi des départements. Cette marche rétrograde de la nation française fait assez sentir l'inutilité des efforts qu'on a faits pour établir un nouveau calendrier. Cette réforme, qui ne doit sa source qu'à notre manie de tout vouloir détruire, est d'autant plus frivole que

notre ancien calendrier est tout aussi parfait qu'il peut l'être, et que les peuples protestants eux-mêmes, malgré leur aversion pour ceux qui lui ont donné naissance, ont été forcés de l'adopter. On ne conçoit guère d'ailleurs l'utilité des mots qu'il a plu à Fabre d'Églantine de substituer au nom des saints. Les cultivateurs n'ont assurément pas besoin qu'on leur indique l'usage qu'ils doivent faire de leurs bras, ni de leurs instruments aratoires. Plusieurs des saints, que nous avons vus proscrits, offraient au moins des exemples de vertus à suivre, et ces modèles-là n'étaient peut-être pas à dédaigner dans un siècle aussi corrompu comme le nôtre. Au surplus, on ne voit pas ce que font, dans notre nouveau calendrier, ces cinq jours *sans-culottides*, qui remplacent les épagomènes des Grecs et des Égyptiens. C'est au plus un hors d'œuvre, qui paraîtrait désigner notre ignorance en astronomie. D'ailleurs, le mot *sans-culotte* ne rappelle que trop à la nation française les actes féroces et barbares dont elle a été victime. Loin de le consacrer dans nos fêtes, dans nos calendriers, dans nos observations astronomiques, l'honneur de la nation semble exiger qu'il disparaisse pour jamais de notre dictionnaire. » — *Messager du soir* du 26 ventôse : « *Paris, 25 ventôse*. Ceux qui ne savent pas que c'est aujourd'hui dimanche en sont avertis par les nombreuses queues que l'on remarque à la porte des anciennes églises. Nous apprenons qu'aux environs de Paris les fêtes sont célébrées avec leur antique solennité. Certain pasteur a jugé à propos d'excommunier, pour la plus grande gloire de Dieu et la plus grande édification de ses ouailles, tous ceux qui se sont mariés simplement à la municipalité, sans la participation du ministre du Seigneur. Un Jacobin, ayant appris que M. le curé accusait de concubinage tous ceux qui se trouvaient dans ce cas, se mit en colère et parlait de le déporter à la Carrier, ou tout au moins de ne pas lui laisser une seule de ses deux oreilles. Un brave homme lui réplique. « Crois-tu à son latin ? — Non. — Eh bien, que
» t'importe qu'il t'excommunie, te damne ou t'absolve ? Pardonne aux simples
» leur crédulité. Tes semblables seraient bien heureux, s'ils n'avaient pas de
» plus grandes erreurs à se reprocher. »

CCXXXII

26 VENTOSE AN III (16 MARS 1795).

RAPPORT DU 27 VENTOSE.

Esprit public. — L'incendie de Meudon a donné beaucoup d'inquiétude aux bons citoyens, mais ils ont été rassurés en apprenant que les suites n'avaient pas été aussi désastreuses qu'elles auraient pu l'être, et que personne n'avait péri.

Au Jardin national et près la Convention les groupes étaient fort nombreux dans l'après-dîner ; on y entendait quelques plaintes sur le décret qui fixe une livre de pain par jour à chaque individu. La grande majorité des citoyens regarde cette mesure comme nécessaire et tâchait d'en convaincre ceux à qui il échappait des plaintes, en les engageant à souffrir avec courage cette privation momentanée; mais ces groupes se dissipèrent le soir par une patrouille qui passait avec prudence au milieu d'eux, et tout a été assez calme.

Sur les sept heures du soir, les jeunes gens du café de Chartres sont entrés au Jardin national en chantant : *Vive la Convention! le Réveil du peuple* et *à bas les terroristes!* Ils se rendirent ensuite au café Payen, où ils ont fait la même chose ; de là, [ils] sont revenus au café de Chartres rendre compte de ce qu'ils avaient fait, ajoutant que les groupes étaient assez mal composés, et que, dorénavant, ils se rendraient au Jardin national de meilleure heure pour dissiper les groupes où il se trouverait des Jacobins.

Il a été rendu compte, dans le même café, d'un voyage fait par quelques-uns de ces jeunes gens à Saint-Germain-en-Laye, pour inviter la municipalité à faire disparaître de tous les lieux publics le bonnet rouge et y substituer un bonnet tricolore.

Les plaintes continuent toujours sur la cherté des subsistances et la difficulté de s'en procurer. Les rassemblements augmentent aux portes des boulangers et commencent de très bonne heure; beaucoup de citoyens se plaignent de ne pas avoir de pain.

Aucun événement n'a troublé l'ordre dans les spectacles.

Commerce. Pain. — Fabre, Sémé et tous les autres inspecteurs chargés de surveiller la distribution du pain rapportent que les rassemblements aux portes des boulangers sont toujours très nombreux, qu'on y témoigne des mécontentements sur la diminution du pain et sur sa mauvaise qualité, que, malgré la retenue, plusieurs personnes n'ont point eu de pain, ce qui occasionne des murmures. Sémé ajoute que les commissaires chargés de la délivrance du pain ont dit qu'ils ne voulaient pas se rendre à leur poste, si on ne donnait point la quantité portée sur les cartes. Ces inspecteurs n'ont d'ailleurs rien remarqué de contraire à la tranquillité publique.

Viande et autres comestibles. — ...Les halles et marchés étaient bien approvisionnés, ainsi que celle à la viande, où il y avait environ quarante cochons. Loctave observe qu'il serait urgent de mettre en vigueur les règlements de police aux halles, pour réprimer les abus qui y existent ; la Commission s'occupe de cet objet.

Le 26 et 27, il est arrivé aux halles 476 voitures de différentes denrées et 4 de marée.

Sémé rapporte, qu'à la Halle, trois femmes, nommées Giroux, marchande de têtes de veaux, Loyer et Dyzalie, marchandes de volailles, répandent les propos les plus incendiaires contre les autorités constituées et la Convention nationale, en disant qu'il faut guillotiner tous ceux qui ont été et qui sont en place. Il observe que ces trois femmes sont dans le cas de corrompre les esprits ; des ordres sont donnés pour surveiller plus efficacement que ne l'a fait cet inspecteur et pour traduire devant les autorités constituées ceux qui tiennent des propos incendiaires et anarchistes.

Bois et charbons. — Du rapport de Losset et Murat, il résulte qu'au raccueillage le public s'est fait servir le bois destiné aux boulangers. Un préposé aux subsistances et le commissaire de police ont voulu faire cesser la vente, mais les esprits se sont échauffés ; ces fonctionnaires ont été obligés de s'évader, et la vente a continué avec calme.

Bergeret, Baron et Bocquoin ont requis la force armée du poste de la porte Antoine pour faire ranger le public au chantier de Déségouttes, rue d'Aval ; le sergent n'a pas voulu leur donner de volontaires ; ces derniers ont répondu qu'ils ne marcheraient pas, attendu qu'ils allaient chercher leur pain ; malgré ce refus, la tranquillité a régné à ce chantier, et la livraison a fini à midi, faute de bois.

Surveillance. — Suivant le rapport de Samson, inspecteur, entre autres propos qui se sont tenus dans un groupe, rue des Arcis, on a entendu qu'il était inutile d'aller au Palais-Royal. « Car, disait-on, c'en est un véritable : on y voit tous les jeunes freluquets. Qu'y viennent-ils faire ? La contre-révolution. Tous les chevaliers du poignard, qui vivent à nos dépens à 50 livres par tête, ont beau faire les fanfarons, cela ne durera pas longtemps : nous leur ferons danser la *Carmagnole*. »

On a parlé du régime avant le 9 thermidor, où les marchandises n'étaient pas aussi chères, et l'argent était au pair avec les assignats. Ce n'est pas, ajoute-t-on, qu'on désire ce régime, où on commettait des horreurs ; mais on désirerait que l'on mit un frein à la cupidité des marchands, et que l'on ne les soutint pas pour écraser les sans-culottes.

Bétrémieux et autres disent que l'on se plaint beaucoup de la jeunesse fréronnière, (c'est ainsi qu'on l'appelle); elle maltraite de paroles et même de coups tous ceux qui ne lui plaisent pas. Hier soir, dans le Jardin national, un particulier a été maltraité par elle ; on lui a volé son portefeuille.

Honneton rapporte qu'on disait hier, à raison de l'événement arrivé à Meudon, que les malveillants cherchaient à nous détruire petit à petit, que c'était encore un coup d'aristocratie.

Deux femmes qui se plaignaient du pain, disant qu'elles n'avaient que cela et qu'on le leur ôtait, ont été arrêtées et conduites au Comité de sûreté générale.

Un citoyen qui disait qu'il y avait une faction abattue, et qu'il y en avait une autre qui régnait, a été arrêté et conduit au Comité de sûreté générale.

Nattel annonce que, dans différents cabarets, autour du Mont-de-Piété, les ouvriers disaient : « Nous avons juré la République, nous la soutiendrons ; nous voulons être libres ; notre point de ralliement est à la Convention. »

Suivant le rapport du Buffe et de Dorléans, une femme qui, au Marché-Neuf, a arraché des mains du commissaire civil une proclamation qu'il faisait à six heures du matin, a été arrêtée.

Pépin rapporte qu'à la place de Grève, les ouvriers ont manifesté du mécontentement sur la diminution de la quantité du pain et disaient : « Point de pain, point de travail. »

Il résulte du rapport de Pierre, inspecteur, qu'un citoyen du faubourg Antoine, ayant couché à Vincennes, lui a dit, ainsi qu'à d'autres, qu'il pourrait bien sous peu en arriver autant au magasin à poudre à Vincennes qu'à Meudon, que le magasin à poudre à Vincennes n'est pas surveillé, qu'il n'y a qu'un factionnaire, que l'on y entre la pipe à la bouche et des souliers aux pieds. Copie de ce rapport est envoyée au Comité de salut public.

Suivant Petit et Boissel, dans la section du Finistère, les femmes engageaient tous les ouvriers à se rassembler pour aller à la Convention. Des ouvriers se sont portés chez le commissaire de police pour avoir la sonnette ou un tambour pour rassembler le peuple. Le commissaire s'y est refusé.

Rollin rend compte que, dans le faubourg Marceau, un rassemblement assez considérable s'est formé, au milieu duquel on criait qu'il fallait du pain. Un détachement de cavalerie de huit hommes s'est présenté pour diviser ce rassemblement, en demandant ce que l'on voulait ; il a été répondu qu'on allait à la Convention pour demander du pain. « Nous sommes tous frères, a-t-on dit, nous sommes sans armes, et nous ne voulons faire aucun mal. » On a été au Comité civil de la section pour engager les membres à marcher avec le rassemblement. Il paraît que deux membres n'ont pu se dispenser d'y aller.

Le commissaire de police de la section du Jardin des Plantes rapporte qu'un commissaire civil de cette section, proclamant la loi qui fixe la quantité de pain à délivrer, a été couvert d'invectives, repoussé avec violence, et qu'il s'est tenu des propos injurieux à la représentation nationale. Ces faits ont eu lieu dans diverses rues, et notamment dans la rue du Bon-Puits, où la proclamation n'a pu être faite.

D'après le rapport de Caillouet, il paraît que la section des Gravilliers a été en masse à la Convention, qu'à la suite de la pétition une partie de ceux qui étaient aux tribunes seraient descendus avec précipitation, ayant appris que le grand poste de la Convention avait été forcé, et qu'un individu a été arrêté.

ALLETZ, JACOT.

(Arch. nat., F¹ᶜ III, Seine, 15.)

JOURNAUX.

Gazette française du 28 ventôse : « *Paris, 27 ventôse* : ..... Les jeunes gens du Palais-Royal, dont le chef-lieu de réunion est au café de Chartres, ont fait hier quelques promenades civiques dans Paris; ils ont été jusqu'à la place de l'Hôtel de Ville, en invitant partout les citoyens au maintien de l'ordre et de la tranquillité. Partout où ils apercevaient des piques surmontées du bonnet de galérien, ils faisaient disparaître ce signe trop remarquable de nos malheurs. » — *Courrier républicain* du 29 ventôse : « *Paris, 28 ventôse* : Hier au soir, il y avait aux Tuileries des groupes très animés. Des tricoteuses de Robespierre parlaient du règne de leur bon ami, qu'elles trouvaient très salutaire; des hommes à grands sabres, qui leur avaient sans doute servi de souteneurs dans quelques lieux que la décence ne permet pas de nommer, appuyaient et partageaient les discours de ces femelles carnivores; mais le *Réveil du peuple* est arrivé, les bons citoyens se sont répandus dans les groupes et ont imposé silence à ces furies, qui sur-le-champ ont changé de langage. Les souteneurs ont voulu résister, mais ils ont été traînés dans la boue et ensuite au Comité de sûreté générale. » — *Journal de Perlet* du 28 ventôse : « Une assez grande fermentation règne dans une partie de cette commune. Des rassemblements ont eu lieu hier dans quelques quartiers. Des malveillants se sont servis de la réduction des citoyens à une livre et demie de pain pour aigrir les esprits d'une portion du peuple. Des cris ont été poussés contre les marchands. Des provocations séditieuses ont été faites. Mais des mesures sont prises par le gouvernement pour prévenir les discordes et assurer le calme. Des représentants ont été envoyés dans les faubourgs qui paraissaient agités, pour éclairer la raison du peuple et lui montrer les pièges qu'on lui tend. » — Même journal, n° du 29 ventôse : « Une vive agitation a eu lieu avant-hier soir dans quelques quartiers de Paris. Cependant l'ordre n'a été troublé nulle part. »

CCXXXIII

27 VENTOSE AN III (17 MARS 1795).

Rapport du 28 ventose.

Esprit public. Groupes et cafés. — Autour de la Convention et dans un nombre d'endroits, les groupes hier étaient très nombreux; partout on s'entretenait des subsistances et des difficultés que l'on éprouve pour se les procurer. Les rassemblements aux portes des boulangers grossissent tous les jours, et nombre de citoyens se plaignent de n'avoir pu avoir du pain. La pétition des citoyens des soi-disant sections du Finistère et de l'Observatoire a fait l'entretien d'une partie de la journée; beaucoup blâmaient l'expression de cette pétition et la conduite des pétitionnaires; cependant on rapporte que plusieurs des pétitionnaires avaient dit fort ingénuement qu'ils n'en connaissaient pas le contenu, qu'étant presque tous gens de peine et travaillant sur la rivière; ils n'avaient cru ne se présenter que pour obtenir plus de pain que ce qu'il leur est accordé par la loi, une livre et demie étant insuffisante pour eux, qui ne pouvaient se procurer d'autre nourriture.

Les jeunes gens du café de Chartres sont venus en nombre, par deux fois différentes, pour dissiper les rassemblements du Jardin national. A quatre heures après dîner, ils les ont traversés; quelques-uns d'entre eux ont harangué le public sur la nécessité de se résigner à la loi, attendu les circonstances; beaucoup ont applaudi; d'autres, continuant à se plaindre, ont été conduits par eux au Comité de sûreté générale. Les rapports des officiers de paix annoncent que cette démarche a été suivie de quelques coups de bâton.

Sur les sept heures, les mêmes jeunes gens sont revenus, ont parcouru de même les groupes, et, se tenant en file et par quatre de front, les ont traversés en chantant et faisant retirer les femmes; les groupes se sont dissipés et les jeunes gens se sont retirés. Ils se sont rendus de suite au café de Chartres, où il a été lu un projet d'adresse à la Convention, qui doit être porté aujourd'hui.

Spectacles. — Au théâtre du Lycée, Jardin-Égalité, plusieurs jeunes gens demandèrent que l'on jouât la pièce intitulée: *le Souper des Jacobins*. Le directeur est venu annoncer que cette pièce n'était pas une propriété de ce théâtre, mais de celui de la rue Martin, qu'elle ne pouvait être jouée, et qu'il la donnerait gratis à la jeunesse sur le théâtre Martin. Tout le public a été satisfait. Le bon ordre et la tranquillité ont régné dans tous les spectacles.

Commerce. — Suivant le rapport de Chevalier, officier de paix, Vontschritz et nombre d'inspecteurs, les rassemblements sont toujours nombreux aux portes des boulangers; plusieurs personnes ont manqué d'y être étouffées, par la grande affluence du monde; dans les sections de l'Indivisibilité et de Mucius Scævola, beaucoup de citoyens n'ont point eu de pain, malgré la diminution que l'on a faite à chaque individu, ce qui a occasionné beaucoup de plaintes et des murmures. Berger observe qu'un commissaire de la section de l'Indivisibilité a été obligé de s'évader de chez un boulanger de la rue Louis, pour avoir voulu empêcher le désordre. Dans différents quartiers ainsi que sur les ports, hommes et femmes se rassemblent pour se porter aux Comités civils et à la Convention pour y demander du pain. D'ailleurs rien de contraire à la tranquillité publique.

Bichet dit que les citoyens composant le détachement qui a escorté le Comité révolutionnaire de Cosne n'ont point trouvé de pain chez leur logeur et aubergiste, quai de la Tournelle, et qu'ils ont été obligés d'aller chez leurs connaissances, afin de se procurer de quoi souper.

Le commissaire de police de la section des Invalides annonce, dans un rapport, que la force armée, de garde à la barrière des Ministres, a saisi sur le nommé Lecuyer, habitant de Versailles, un sac où il y avait cinq pains de cinq livres, qu'il se disposait à sortir de Paris. Ces pains ont été déposés au Comité civil de la section.

Boyer rapporte que tous les bons citoyens désireraient que la farine soit transportée chez les boulangers avant six heures du soir, au lieu de dix à onze heures, attendu que ces derniers feraient tous leurs pains pendant la nuit, et, que par ce moyen, chacun ne perdrait pas une demi journée à leurs portes.

La Commission a écrit une circulaire aux Comités des sections pour les inviter à surveiller les boulangers, de manière qu'ils ne puissent soustraire aux citoyens aucune partie de la livre ou de la livre et demie de pain qui leur est destinée et qu'il doivent avoir, d'après la loi.

Selon Launay, La Motte et autres, les rassemblements sont toujours considérables aux portes des bouchers et charcutiers qu'ils ont surveillées; la distribution de la viande s'est faite légalement et avec beaucoup de tranquillité.

D'après les rapports de Pipelard, Losset et La Motte, les marchés étaient assez bien approvisionnés, mais peu de légumes ; les pommes de terre sont très rares ; elles se vendent 10 livres le boisseau ; en général, tout est hors de prix, ce qui fait murmurer le public. La tranquillité a régné partout.

Lassiot, Bocquoin et autres disent que la tranquillité a régné dans différents chantiers et ports qu'ils ont surveillés pour la distribution du bois et des bourrées. Fabre observe que le public se plaint de ce que tous les jours les mêmes personnes viennent chercher du bois sur la place des Piques.

Gruet et Le Hodey rapportent qu'au chantier du citoyen Dubeau, port Bernard, plusieurs boulangers n'ont pu se procurer du bois, parce que les débardeurs, garçons de chantiers et charretiers sont venus à ce chantier avec des membrures et ont cordé d'autorité, ce qui a déterminé les inspecteurs à requérir la force armée pour réprimer cet abus ; elle a aidé à rétablir l'ordre.

Il résulte du rapport de Vontschritz et autres que la distribution du charbon au port de la Vieille place aux Veaux s'est faite avec le meilleur ordre possible ; tous les citoyens ont été servis. Ils observent que le public est très inquiet de ce qu'il n'arrive pas assez de charbon.

Boyer dit que beaucoup de citoyens trouvent mauvais qu'on laisse couper dans les forêts tous les jeunes arbres, et [disent] que, si on ne remédie pas à cet abus, dans deux ans on ne trouvera point de bois de charpente dans aucune forêt.

Surveillance. — D'après le rapport de Vannier, il paraît que, dans les couloirs et dans les amphithéâtres de la Convention, la pétition de la section du Finistère a été improuvée.

Hodet rapporte qu'au Jardin-Égalité il s'est élevé, sous l'un des vestibules, une discussion sur la distribution du pain, plusieurs citoyens ont pris la parole pour représenter que l'on ne pouvait en avoir davantage, que les citoyens des départements en avaient moins, qu'il fallait se contenter et prendre patience ; ce conseil a fait cesser les murmures, qui n'ont pas eu d'autres suites.

Selon Delaporte, des personnes autour de la Convention paraissent s'affecter de la diminution du pain, mais d'autres leur représentent qu'il vaut mieux n'avoir qu'une livre longtemps que d'en manquer ; on voudrait seulement n'être pas dans le cas d'aller prendre son tour pour avoir ce pain.

Racine rapporte que les jeunes gens, arrivant au Palais-Égalité sur les huit heures et un quart du soir, ont dit qu'ils venaient de dissiper les groupes des Jacobins sur la terrasse de la Convention ; un de ces jeunes gens a dit aussi : « Nous irons dans les faubourgs assurer nos frères d'armes que nous serons toujours unis avec eux, et que nous ne souffrirons pas que les malveillants cherchent à répandre des faux bruits pour mettre de l'aigreur dans les esprits, pour chercher à les soulever. »

Boyard dit qu'à la sortie de la députation [de la section] du Finistère à la Convention[1], un jeune homme s'est approché de ceux qui la composaient et a dit qu'ils étaient de la canaille et des intrigants, qu'ils venaient demander la contre-révolution, et que la Convention l'avait dit.

Selon Mitrecey, il s'est élevée une rixe dans les groupes après la séance de la Convention avec des gens, prétendus Jacobins; plusieurs ont été blessés, arrêtés et conduits au Comité de sûreté générale, notamment les blessés réputés Jacobins.

Il résulte du rapport de Jeanson qu'hier tout était tranquille dans le faubourg Antoine, que les ouvriers étaient dans leurs ateliers, notamment ceux travaillant en fer.

Boyard dit qu'un jeune homme, sortant du café du Caveau, ayant été dénoncé comme agent de Robespierre, plusieurs personnes sont tombées sur lui à grands coups de poing; il a cependant été débarrassé.

Selon Petitpierre, un citoyen a été arrêté chez Lebrun, boulanger, rue Mouffetard, pour avoir demandé du pain avec bruit et au nom de la loi; il a été conduit chez le commissaire, qui, après l'avoir reconnu, l'a relâché.

D'après le rapport du commissaire de police de la section du Jardin des Plantes, un particulier a été arrêté hier soir, rue Victor, frappant à grands coups à la porte d'un boulanger; un citoyen qui passait lui observa qu'il ne devait pas frapper à cette heure à la porte d'un boulanger; ce particulier se jeta sur ce citoyen, le terrassa et, lui ayant arraché sa canne, l'aurait assommé, si d'autres ne l'eussent empêché. Le particulier a été conduit chez le commissaire; il traita ce fonctionnaire et les autres de scélérats, que l'on tombera sur eux, qu'il faudra que l'on fasse comme aux prêtres, qu'ils méritaient tous la guillotine.....

Goupilleau a arrêté, de concert avec le commissaire de police, un

---

1. Le 27 ventôse an III, une députation de la section du Finistère et de la section de l'Observatoire se présenta à la barre de la Convention, et demanda du pain, d'un ton menaçant. Le lendemain 28, une autre députation des Comités civils des mêmes sections vint désavouer cette démarche. (*Moniteur*, réimpression. t. XXIV, p. 3).

individu qui s'était permis de dire des horreurs contre la Convention nationale et même a crié : *Vive le roi!* Cet individu, militaire, a été chassé de son corps. Le commissaire de police de la section des Invalides, chez lequel il a été mené, l'a fait conduire au Comité de sûreté générale......

BOCQUET-DESTOURNELLES, ROUCHAS.

(Arch. nat., F 1c III, Seine, 15.)

CCXXXIV

28 VENTOSE AN III (18 MARS 1795).

RAPPORT DU 29 VENTOSE.

Esprit public, Groupes et cafés. — Suivant les rapports, les groupes étaient hier plus calmes et les rassemblements aux portes des boulangers moins tumultueux. Cependant on y entend toujours des plaintes, surtout de la part des citoyens qui s'en retournent sans avoir du pain, ce qui est arrivé chez plusieurs boulangers, où on ne distribuait cependant à chacun que la ration prescrite par la loi. La crainte de manquer de pain et l'empressement de chacun pour obtenir sa portion paraissent être les principales causes de ces rassemblements.

L'affiche relative à la pétition des citoyens des sections du Finistère et de l'Observatoire paraît avoir contribué à calmer les esprits[1].

Naudet rapporte que les jeunes gens annoncent l'intention de faire eux-mêmes la police dans les groupes, et que, toujours armés de bâtons, ils ont l'air d'en menacer, ce qui cause des inquiétudes aux citoyens paisibles; le même rapporte qu'il a entendu des ouvriers parler de se battre contre des jeunes gens.

Spectacles. — Hier, au théâtre des Arts, on donnait *Œdipe à Colone*, et l'affiche avait annoncé que Laÿs y jouerait. Au lever de la toile, des murmures se sont fait entendre dans toute la salle ; un acteur a chanté le *Réveil du peuple*. Le public ne paraissant pas encore satisfait, le représentant du peuple Perrin (des Vosges) a invité un officier de paix de service à demander au public son vœu, ce qui a été fait. On a demandé Laÿs à grands cris; d'autres disaient :

---

1. Nous n'avons pas retrouvé cette affiche. Elle contenait sans doute le désaveu que les Comités civils de ces sections avaient apporté, le 28, à la barre de la Convention, à propos de la démarche faite la veille par des citoyens des mêmes sections. Voir plus haut, p. 575.

Non, non ! Les officiers de paix ont annoncé que Lays demandait à être entendu ; la majorité y a consenti, et il s'est présenté entre eux deux (*sic*). De nombreux sifflets et quelques applaudissements l'ont accueilli. Deux autres officiers de paix se sont réunis aux deux premiers sur la scène. Lays n'a pu obtenir d'être entendu. Les officiers de paix ont de nouveau consulté le public pour savoir si Lays jouerait ou non. La majorité ayant exprimé la négative, les officiers de paix se sont retirés avec les artistes. La paix et le calme se sont rétablis. Au surplus, le public a manifesté son respect pour les citoyens organes de la loi. Le représentant du peuple a témoigné sa satisfaction de la conduite des officiers de paix.

Au théâtre de la rue Feydeau, on donnait *le Conciliateur*, joué par les comédiens français ; à quelques passages, dans lesquels le conciliateur engage à la paix, les applaudissements universels et prolongés ont manifesté un vœu unanime pour la paix.

Au théâtre de la rue Martin, on a chanté le *Réveil du peuple*. Au couplet relatif aux représentants du peuple, un particulier a crié du haut des loges : *Qu'ils nous donnent du pain !* Il a été arrêté, conduit chez le commissaire de police, de là au Comité de sûreté générale. Le public en a appris la nouvelle avec satisfaction et a crié : *Vive la Convention !*

Suivant le rapport de Fior, au théâtre de la Cité, vers huit heures du soir, quarante jeunes gens environ se sont présentés à la porte et ont voulu entrer, en demandant qu'on ôtât de dessus la toile le bonnet de la Liberté ; la force armée et les contrôleurs se sont opposés à ce qu'ils entrassent. La Commission de police, informée de ces faits, y a envoyé un officier de paix. Ils étaient retirés, lorsqu'il est arrivé.

Commerce. Pain. — Villeneuve et Massard, officiers de paix, ainsi que nombre d'inspecteurs, rapportent que les queues sont toujours considérables aux portes des boulangers qu'ils ont surveillées. Plusieurs de ces derniers n'ont pu satisfaire toutes leurs pratiques suivant la quantité que la loi accorde à chaque citoyen. De là des murmures et des propos contre les autorités constituées. Les marchands de vin et traiteurs se plaignent de n'avoir point assez de pain. Ils disent qu'ils seront forcés de quitter leur commerce, faute de cette denrée.

La Motte observe qu'aux portes Denis et Martin, il y avait, sur les deux heures après-midi, des rassemblements d'ouvriers en tout genre, qui disaient : *Il nous faut du pain ou bien nous verrons comme ça ira.* D'ailleurs rien de contraire à la tranquillité publique.

Martin, Launay et Chevalier rendent compte que les voisins du citoyen Reveron, boulanger, rue du faubourg Antoine, leur ont déclaré que ce dernier sort de la farine et du pain par le derrière du chantier du Cheval-Blanc. Des ordres sont donnés pour le surveiller.

Chibler annonce que, chez plusieurs boulangers de la section des Lombards, il est resté du pain après la distribution.

Viande et autres comestibles. — Dans les lieux surveillés par Poinsignon et autres, il y avait beaucoup de monde aux portes des bouchers et charcutiers; les esprits étaient très échauffés à la porte de ces derniers, à ce que dit Cascel. La distribution de la viande s'est faite avec ordre.

Il résulte du rapport de Loctave et autres que les halles n'étaient pas bien fournies dans les premiers arrivages, attendu que les regrattiers vont au-devant des denrées pour les acheter. Les marchés étaient assez bien approvisionnés. La halle à la viande bien fournie; environ quarante cochons, mais peu de moutons. La viande se vend 3 livres 20 sols la livre ; le beurre, 5 à 6 livres; les œufs, 6 à 7 livres le quarteron. Tout en général est hors de prix. La tranquillité a régné dans tous les lieux. La Commission fait surveiller les regrattiers et a donné les ordres pour que les arrivages se fassent sur le carreau des halles.

Le 28 et le 29, suivant Petitdidier et Martin, il est arrivé 456 voitures de différentes denrées et 3 de marée.

D'après le rapport de Gilbert, les gros marchands sont menacés par le peuple. On surveille ceux qui font ces menaces.

Bois et charbons. — Desbourdelles, Murat et Sémé disent que les boulangers, au nombre de deux cents, porteurs de bons de l'Agence, se sont présentés au raccueillage pour avoir du bois, au bateau du citoyen Menier; tous n'ont pu être servis dans la journée, attendu que, par la position du port, le marchand ne peut en délivrer que soixante voies par jour, ce qui occasionne des disputes entre les boulangers; les charretiers porteurs de bons pour ces derniers ne contribuent pas peu à mettre le désordre.

Les mêmes inspecteurs observent que le public murmure de la mauvaise qualité et du peu de bois qu'on délivre place des Piques, attendu, dit-il, qu'il a payé pour avoir du beau bois.

Martin et autres annoncent que la tranquillité a régné dans différents chantiers pour la distribution de bois.

Vontschritz et autres rendent compte qu'au port de la vieille Place aux Veaux la distribution du charbon s'est faite dans le plus grand ordre jusqu'à midi, fin du charbon.

Surveillance. — Suivant Bocquet, la plus grande tranquillité régnait hier dans les faubourgs Martin et Denis; dans le faubourg

Marceau, on disait dans un groupe que, puisqu'on ne voulait pas donner la même portion de pain, il ne fallait plus monter la garde; une patrouille a dissipé ce groupe.

On a remarqué que, dans le Jardin des Tuileries, les citoyens et citoyennes gardent le plus profond respect pour la Convention.

Il résulte du rapport de Pierre qu'il y a eu hier dans le faubourg Antoine des murmures contre la Convention relativement au pain; les uns disaient qu'il fallait y aller demander à voir les magasins et ce que sont devenus les blés de l'année dernière. Des habitants de la section de Popincourt ont dit que l'on verra cela demain, décadi, à l'assemblée générale; que l'on pourra bien envoyer des députations aux autres sections; enfin on a vu que c'étaient surtout des femmes qui causaient l'agitation.

Bouillon dit que, dans un groupe au Jardin-Égalité, des jeunes gens disaient qu'il fallait présenter une pétition au Comité de la guerre, pour lui demander l'organisation de compagnies de chasseurs dans chaque section, afin qu'au premier coup de tambour, ils puissent se rassembler.

Au café des Canonniers, on a affiché ces deux vers de Voltaire :

> Exterminez, grand Dieu, de la terre où nous sommes,
> Quiconque avec plaisir répand le sang des hommes,

On a ajouté : *Jacobin, qui l'ôtera.*

Doucet rapporte qu'au Jardin-Égalité, un particulier a fait la motion de désarmer les Jacobins, ainsi que les membres des anciens Comités révolutionnaires, ajoutant qu'il était temps qu'on s'armât soi-même pour sa propre défense; qu'il était honteux pour eux de voir la force armée avec des armes, et qu'ils n'en aient pas.

Suivant Lecoq, les citoyens applaudissent à l'énergie que la Convention a montrée relativement à la pétition des citoyens de la section du Finistère.

Boyard rapporte que les citoyens, étant à la séance de la Convention, ont marqué leur satisfaction du désaveu fait par la section du Finistère de la pétition présentée en son nom [1].

Il résulte du rapport de Murat que le peuple pense que le discrédit des assignats était causé par les marchands, qui admettaient une grande différence de valeur entre ces assignats et le numéraire, puisqu'ils donnaient pour 6 à 7 livres une livre de sucre.

On est fort content du décret qui vient d'être rendu relativement au

---

1. Voir plus haut, p. 575 et 576.

service de la garde parisienne [1]; ce service, par les mesures prises, est considéré comme devant être plus exact.

Forest rapporte que ce matin à la porte d'un boulanger, rue Greneta, une femme, qui n'avait point eu de pain, a été tellement égarée par la colère qu'elle a arraché sa cocarde, l'a foulée aux pieds, en criant : *Vive le roi!* et : *Au f..... la République!* Il a été pris des mesures pour connaître cette femme.

Gautier, officier de paix, annonce que, dans la section de la République, aux portes des boulangers, plusieurs citoyennes ont blâmé hautement la manière dont les pétitionnaires du faubourg Marceau ont été accueillis à la Convention. Ces femmes disaient qu'il fallait qu'elles se levassent toutes en masse pour se porter à la Convention, et lui demander ce qu'était devenue la dernière récolte, qu'elles verraient si on les appellerait buveurs de sang. La proposition a été approuvée, mais elle est restée sans suite. La surveillance continue.

Les agents de police chargés de mettre un mandat à exécution contre un particulier de la section du Finistère en ont d'abord été empêchés par un grand rassemblement de femmes. Pour faire cesser le désordre, ils ont déposé le particulier chez le commissaire de police de la section. L'heure de la distribution du pain et de la viande étant venue, chacun s'est retiré pour aller à la provision. Les agents ont profité de ce moment pour passer par une porte de derrière, et conduire le particulier à la Commission, qui l'a envoyé au Comité de sûreté générale.

DURET, BARBARIN.

Arch. nat., F7 III, Seine, 15.

JOURNAUX.

Courrier républicain du 30 ventôse : « *Paris, 29 ventôse*..... Hier le Jacobin Lays s'est présenté sur la scène de l'Opéra pour jouer le rôle du roi (Thésée) dans l'Opéra d'*Œdipe* ; il a été couvert de huées et de sifflets. En vain les artistes de ce spectacle ont prié, sollicité pour leur camarade ; en vain la police a-t-elle voulu se mêler de cette affaire : le parterre est resté inexorable, et Lays a été contraint de se retirer aux sons du *Réveil du peuple*. Ainsi l'on voit que le public ne veut plus de terroristes, même pour s'amuser. »

[1]. Voir le décret du 28 ventôse an III, sur le service de la garde nationale de Paris.

CCXXXV

29 VENTOSE AN III (19 MARS 1795).

Rapport du 30 ventose.

Esprit public. Groupes et cafés. — Les groupes aux environs de la Convention, quoique nombreux, étaient moins agités que les jours précédents; les agitateurs sur les subsistances moins fréquents, et les rassemblements aux portes des boulangers presque dissipés. En général le public paraît être moins inquiet d'après le résultat de nos relations extérieures. Une seule femme a été chassée pour avoir dit : « Plutôt que de nous faire mourir de faim, on devrait nous réunir tous dans la plaine des Sablons et faire tirer sur nous à mitraille ! »

Cependant la malveillance ne perd aucun instant pour former quelque soulèvement; les affiches incendiaires se multiplient; elle tâche, par toutes sortes de moyens, d'émouvoir les esprits crédules, en traçant avec des caractères de sang toutes les circonstances des calamités auxquelles elle peut avoir la plus grande part. Ce matin l'on fit rapport à la Commission qu'une affiche de ce genre, intitulée : *Conseils donnés par Guffroy aux sans-culottes pour sauver la patrie*, était placardée dans toutes les rues, et notamment dans les marchés et dans les endroits où la population est la plus considérable. A l'instant, la Commission s'est mise en devoir de la faire disparaître; elle en a chargé, par une circulaire, tous les agents de la police. L'on est sur les traces de quelques afficheurs.

A la fin de la séance, on s'entretenait dans les groupes du discours de Le Cointre (de Versailles), concernant la Constitution de 1793[1]. L'on paraît désirer la prompte activité de cette Constitution.

Les jeunes gens du café de Chartres sont venus, selon l'habitude qu'ils ont prise depuis quelques jours, pour dissiper les groupes, et se sont retirés ensuite au lieu ordinaire de leur rassemblement. Par suite de diverses propositions, ils ont arrêté de se rendre aujourd'hui dans leurs sections respectives, et surtout en masse à l'assemblée générale de la section des Piques, pour y comprimer les Jacobins et les terroristes.

La question s'agita ensuite si l'on souffrirait que Lays parût davantage sur la scène; plusieurs opinèrent pour l'en empêcher; d'au-

---

1. Voir le *Moniteur*, réimpression, t. XXIV, p. 13.

tres prétendirent qu'il était inconséquent de s'occuper de si peu de chose que d'un comédien.

Spectacles. — Au théâtre ci-devant de la Montansier, Maison-Égalité, l'on observe qu'au foyer l'agiotage sur toutes les marchandises s'y fait comme le matin au Jardin-Égalité.....

Commerce. Pain. — Loctave, Massard et autres rapportent que, dans les lieux qu'ils ont surveillés, les rassemblements sont toujours nombreux aux portes des boulangers. L'on a été obligé de requérir la force armée pour maintenir le bon ordre chez plusieurs de ces derniers, attendu que, depuis une heure du matin, il y avait plusieurs personnes qui attendaient pour avoir leur pain, et qui murmuraient sur la diminution que l'on a faite à chaque individu. Différents commissaires ont annoncé au public qu'on ne délivrerait point de pain à ceux qui viendraient pour former les queues. Oury observe qu'aux portes des boulangers de la section du Finistère, on tient des propos très séditieux. D'ailleurs rien de contraire au bon ordre.

Loctave dit qu'une voiture chargée de pain pour la Maison de Santé a été arrêtée à la barrière d'Enfer, faute de visa de l'Agence. Il observe que, dans le courant de la journée, l'on a saisi sur différents particuliers, à cette même barrière, onze pains de 4 à 5 livres ; le tout porté au Comité de la section du Théâtre-Français.

Dupont rapporte que le public se plaint de ce que sur chaque pain manquent 6 à 8 onces.

Viande et autres comestibles. — Massard, Martin, officiers de paix, et autres rapportent qu'il y avait beaucoup de monde aux portes des bouchers et charcutiers qu'ils ont surveillées, qu'en général la distribution de la viande s'est faite légalement, et qu'aucune plainte n'est parvenue à leur connaissance. Selon le rapport de Dessault, officier de paix, il est arrivé au carreau de la Halle 23,348 livres de beurre, et ce du 25 au 29 ; ensemble 264,200 douzaines d'œufs et 1000 douzaines de fromages de Brie.

Massard, officier de paix, Loctave et autres disent dans leurs rapports que les halles et marchés étaient assez bien approvisionnés, excepté en légumes qui étaient en déficite (sic) quantité ; qu'il en était de même de la halle à la viande. Ils ajoutent que toutes les denrées se vendent un prix exorbitant, qu'au surplus la tranquillité a régné dans tous ces lieux.

Bois et charbons. — Suivant Murat, Gruet et autres, la distribution du bois s'est faite dans différents chantiers et ports avec beaucoup d'ordre. Mais Lassiot et autres observent qu'ils ont été obligés de faire fermer à une heure après-midi le chantier de la Juiverie, où l'on distribue des bourrées, vu l'impossibilité de faire ranger le public en ordre. La livraison du charbon n'a eu lieu sur aucun port.

Surveillance. — Cheruel rapporte qu'une bande de jeunes gens, passant rue de l'Arbre-Sec, crièrent à une patrouille qu'ils rencontrèrent : *A bas les piques !* Le public a murmuré de ce manque d'égard et de respect envers la force armée.

Suivant le rapport de Boyer, le peuple est convaincu qu'il doit vivre en bonne union pour recueillir les fruits de la Révolution, qu'en pillant on détruirait en un jour ce qui pourrait faire vivre pendant six mois. Mais il demande aussi qu'étant réduit à une livre de pain, on la lui donne chaque jour, et qu'il ne soit pas tenu d'attendre deux ou trois heures à la porte d'un boulanger pour l'avoir.

Bocquet rapporte que la tranquillité régnait dans les faubourgs Marceau, Antoine, Denis et Martin. Il assure aussi qu'il n'y avait pas de groupes dans le Jardin-Égalité, et que le calme et la tranquillité y régnaient. Suivant le rapport de Chamel, on a chassé d'un groupe près la Convention, une femme qui disait qu'on n'avait pas assez d'une livre de pain ; on voulait la conduire au Comité de sûreté générale, mais le public s'est contenté de la chasser du groupe.

Pépin dit que les malveillants ont couvert de boue une affiche rédigée et placardée par la section de l'Arsenal dans des principes sages, qui rappelait les citoyens à l'amour de l'ordre, à l'obéissance aux lois, à l'exercice des vertus, leur représentant la nécessité de fréquenter les assemblées générales, de s'y réunir contre les ennemis de la liberté, cherchant à ranimer en faveur de la chose publique l'indifférence et l'égoïsme, enfin appelant tous les citoyens bien intentionnés aux délibérations et aux nominations.

A l'aide des recherches qu'on a faites à l'occasion de l'affiche incendiaire ci-dessus désignée, on a découvert, par le moyen d'un des afficheurs, que ces affiches sortaient d'une imprimerie faubourg Germain, chez le propriétaire de laquelle on est allé en perquisition.

Caron rapporte qu'étant de surveillance dans les rues de Paris, entre minuit et deux heures, il a été surpris de ce que plusieurs patrouilles qu'il a rencontrées l'ont laissé passer sans lui faire exhiber sa carte de sûreté, mais qu'en passant devant les postes, les factionnaires l'ont requis d'entrer au corps de garde. On vient d'écrire au commandant temporaire de la force armée pour qu'il se plaigne dans l'ordre de ce manque essentiel dans le service de la garde, et qu'il recommande aux commandants de bataillons de veiller à ce que cela n'arrive plus.

Le commissaire de police de la section de Mutius Scævola rapporte qu'il existe, rue de Vaugirard, des écrits contre-révolutionnaires qu'il a constatés. Sur un mur était écrit : *Point de roi, point de pain*, et sur les murs des Carmes ; *Vive le R...* Ce canton est mis à la surveillance.

THEROUENNE, HORNIN.

(Arch. nat., F⁷ç III, Seine, 15.)

JOURNAUX.

Républicain français du 30 ventôse : « *Paris*... On sait que quelques femmes exécrables se rendent assidûment aux séances de la Convention nationale, dans l'espérance d'y porter du trouble. Elles y restent depuis quelque temps dans une sorte d'inertie, parce qu'elles sont contenues par la présence des bons citoyens qui remplissent aussi les tribunes ; elles s'en dédommagent en se répandant, au sortir de la séance, dans le Jardin National, sur la terrasse. Là, elles engagent la conversation avec quelques hommes à figure sinistre. Des plaintes, des gémissements ouvrent la conversation. On attire quelques oisifs qui veulent connaître *l'état de l'opinion*. Le groupe se forme ; on raconte la séance avec d'effroyables commentaires ; on expose les maux du jour et les alarmes du lendemain. Des femmes et des hommes, qui n'ont d'autre métier que celui d'orateurs de groupes, se plaignent de ne pouvoir trouver à vivre. Le plus souvent, un bon citoyen qui se trouve là entreprend de répondre à leurs raisonnements ; il est assailli, menacé, et forcé de se retirer. Si la soirée est belle, les groupes deviennent plus nombreux, et alors tous ne raisonnent pas dans le même sens. Il est impossible de se faire l'idée du délire et de l'incohérence de ce genre de conversation. Ici, l'on fait sentir que le peuple était plus heureux avant le 9 thermidor ; là, on remonte un peu plus haut, et l'on prouve que tout était mieux sous l'ancien régime, et, ce qui est assez remarquable, c'est qu'on soutient souvent ces deux opinions. Le désir du pillage se fait vivement sentir, mais pas toujours avec la même audace ; on prouve que tous les massacres révolutionnaires étaient nécessaires ; on annonce que peut-être on sera bientôt obligé de recommencer ; quelquefois on se dispute sur le nombre d'hommes à proscrire. Le jour où l'on régla, à la Convention, la distribution du pain à Paris, les groupes étaient beaucoup plus agités que de coutume. Une foule de citoyens se promenaient dans le jardin, satisfaits du décret, et ne se doutant pas qu'il excitât des murmures. Il me semblait qu'on jouissait du plaisir de fêter encore le *vieux dimanche*. Cependant une centaine de bandits provoquaient dans les groupes l'insurrection, et l'insurrection, pour eux, c'est le pillage et le massacre. Tout à coup on entend retentir d'assez loin un air qui porte l'épouvante dans l'âme des scélérats apostés. C'était le *Réveil du peuple*, chanté par une foule de bons citoyens, qui s'avançaient avec ordre. Les orateurs s'inquiètent ; les membres des Comités révolutionnaires s'évadent sans bruit ; les oisifs qui les écoutaient, et les approuvaient par peur, cèdent à une autre peur. Tout s'est dissipé en un instant devant ce nouveau bataillon. On n'entend plus que les cris : *A bas les Jacobins, à bas les buveurs de sang!* et ces cris sont répétés par des Jacobins et des buveurs de sang. Le lendemain a vu recommencer la même scène. Il règne sans doute beaucoup moins de malveillance dans les queues qui se forment à la porte des boulangers ; mais là, vous entendez tout ce que la pétulance peut faire dire à des femmes inquiètes. Les systèmes politiques se traitent avec un commérage qu'on n'imite que trop dans certaines assemblées. » — « Dans les faubourgs on prépare le trouble par d'autres moyens. On enivre quelques ouvriers ; on répand auprès d'autres des moyens de séduction plus puissants ; on placarde des affiches incendiaires ; ceux qui les ont apposées ont grand soin de les lire et de les commenter ; les mêmes hommes viennent annoncer ensuite que les faubourgs sont en mouvement, et voilà les éléments de ces révolutions qui changent la face des empires. »

CCXXXVI

30 VENTOSE AN III (20 MARS 1795).

Rapport du 1er germinal.

Esprit public. — Tous les rapports relatifs à l'opinion publique annoncent que les citoyens qui se trouvaient hier au Jardin National ont été très mécontents de la conduite qu'ont tenue les jeunes gens à cinq heures du soir. Ils se présentèrent, comme les jours précédents, s'ouvrirent un passage à travers les différents groupes, provoquèrent les citoyens en leur marchant sur les pieds ou les coudoyant. Cette provocation excita différents tumultes, dans lesquels les provoqués furent traités de Jacobins. Une patrouille a fait cesser ce désordre en arrêtant deux ou trois particuliers, qui furent conduits au Comité de sûreté générale.

Rentrés au café de Chartres, ils eurent connaissance qu'on avait arrêté deux de leurs camarades à la section des Piques, pour avoir excité du bruit en disant leurs opinions sur les Jacobins ; ils partirent en nombre pour s'y rendre et demander leur liberté. On leur a refusé les portes, et une patrouille les a dissipés.

Les spectacles ont tous été tranquilles.

Commerce. Pain. — Mougeat, Loctave et autres rapportent que, dans les lieux qu'ils ont surveillés, il y a toujours des rassemblements aux portes des boulangers. L'on a été obligé de requérir la force armée, afin de rétablir l'ordre chez plusieurs de ces derniers. Buisson et autres observent que, dans la section des Droits de l'Homme, les citoyens Bizouard, Patriarche et Garnier, boulangers, n'ont pu satisfaire toutes leurs pratiques, quoique Garnier, l'un d'eux, n'ait point donné aux ouvriers la livre et demie de pain qui leur est accordée par la loi. La Commission fera part de ce fait à l'Agence des subsistances. En général la distribution s'est faite avec tranquillité. L'ordre a été troublé dans la Vieille rue du Temple, mais il a été rétabli par une patrouille qui passait.

Viande et autres comestibles. — Didier et Pipelard ont trouvé des rassemblements aux portes des bouchers et des charcutiers qu'ils ont surveillées. La distribution de la viande s'y est faite légalement et aucune plainte n'est parvenue à leur connaissance. Les halles n'étaient pas très bien approvisionnées, surtout en légumes ; celle à la viande était dans la même situation. Plantin, l'un des inspecteurs, observe que plusieurs bouchers disent qu'il n'apporteront plus de viande à la Halle, attendu qu'elle leur revient à 3 livres 5 s. la livre ; les pommes de terre se vendent 9 liv. 10 s. le boisseau.

Du 30 ventôse au 1er germinal, il est arrivé sur le carreau des halles 385 voitures de différentes denrées, 4 de marée et 2 d'huîtres.

Surveillance. — Suivant le rapport de Boyer, le public se plaint d'être vexé par les jeunes gens du café des Canonniers qui vont au Jardin National, lesquels troublent les citoyens en les poussant à coups de coude, les traitant de Jacobins, les arrachant des compagnies où ils sont et les traînant au Comité de sûreté générale. Cette conduite aurait hier occasionné une dispute générale, si la garde n'était survenue, n'avait arrêté plusieurs de ces jeunes gens, qu'on a conduits au Comité de sûreté générale.

Buslet dit que le public, les ouvriers surtout, se plaignent de la misère actuelle, en disant cependant qu'il faut prendre patience, que la Convention mettra ordre à tout, et que cela ne pouvait toujours durer.

Lecoq annonce que l'assemblée [de la section] des Amis-de-la-Patrie a été très orageuse ; plusieurs membres de la ci-devant Société populaire ont donné lieu au bruit par des épithètes de voleurs, d'égorgeurs, de buveurs de sang, de terroristes, de scélérats et de malheureux dont ils se sont servis envers plusieurs citoyens.

Pépin rapporte que, dans la section de l'Arsenal, on s'est occupé d'une pétition à la Convention, laquelle a été adoptée......

BARBARIN, ROUCHAS jeune.

Arch. nat., F¹ᶜ III, Seine, 16.

JOURNAUX.

Vedette du 1er germinal : « Hier, au théâtre de la rue Martin, le public a demandé l'hymne du *Réveil du peuple*. Lorsque l'auteur a chanté ce couplet :

Représentants d'un peuple juste,
Ô vous, législateurs humains !

un scélérat aposté a eu l'audace de crier : *Qui nous font manquer de pain !* A ce cri de révolte, un mouvement général d'indignation a éclaté de toutes parts ; le séditieux a été expulsé. Un instant après, on a annoncé que la garde nationale s'en était emparée. Aussitôt les spectateurs, qui étaient venus en grand nombre pour voir le *Souper des Jacobins*, pièce où l'on peint assez bien leurs forfaits et leurs tours de gibecière, se sont tous levés, ont agité leurs chapeaux en l'air aux cris de *Vive la Convention ! Vive la République !* Le couplet en l'honneur des représentants du peuple a été recommencé et entendu avec un enthousiasme qui les a bien vengés du sifflement du reptile que l'on venait d'arrêter. » — *Messager du soir* du 2 germinal : « Les infâmes complices de nos derniers tyrans ne se tiennent pas pour battus ; ils sentent leur fin approcher et se débattent dans les convulsions de la mort ; ils parcourent les greniers, les tavernes et les ateliers pour soulever la classe ouvrière et crédule du peuple contre ce qu'ils appellent le million doré, les muscadins, les boutiquiers et la jeunesse de Fréron ; les monstres ont eu l'horreur de répandre *que les citoyens qui se réunissent au Jardin-Égalité avaient assassiné aux Tuileries trois ouvriers ;* les hommes simples, les amis du travail, qui restent à leurs ateliers, ont la faiblesse d'ajouter foi à ces horribles calomnies ; de là les haines, les partis et les divisions. Les brigands espèrent se débarrasser de la vigilance importune des jeunes gens qui les harcèlent en les mettant aux prises avec les hommes estimables et laborieux, que, sous le nom de sans-culottes, ils espèrent encore tromper pour régner de nouveau sous leur nom. Il faut espérer que les jeunes gens ne souffriront pas qu'on les peigne à leurs frères sous des couleurs aussi atroces ; l'assassinat est l'arme des septembriseurs et des révolutionnaires forcenés, qui ne voulaient de la liberté que pour asservir, emprisonner, égorger et dépouiller ceux dont ils enviaient la fortune et les biens. Une adresse fraternelle de la jeunesse aux ouvriers patriotes et laborieux, dont les mains font fleurir le commerce et les arts, ferait sentir au peuple quels sont ses véritables amis, ou des monstres qui ont dévasté, dépeuplé la République, détruit les manufactures, brûlé les moissons, incendié les villes les plus florissantes, ou de ceux qui veulent qu'on rende aux manufactures et au commerce leur activité et leur splendeur. » — « Hier matin on a placardé une affiche incendiaire ayant pour titre : *Conseils donnés par Guffroy aux sans-culottes pour sauver la patrie*[1]. Un grand nombre d'ouvriers, attroupés par des mégères furibondes et par des orateurs apostés, en ont pris connaissance ; nous allons donner un échantillon de cet infâme écrit, que nous avons sous nos mains : « Tous les complices de la Corday » n'ont f...., pas été rossés, non f...., car il faut bien jurer ; ça soulage ; non » f...., les complices de cette guenon n'ont pas tous été rossés comme elle ; ils

---

1. Voir plus haut, p. 581.

» le seront, pas vrai, Charlotte? etc. [1].» Non contents d'avoir ainsi provoqué la guerre civile par ces placards, affichés et distribués avec profusion dans les marchés, les terroristes avaient arrêté, dans des conciliabules que le gouvernement ne surveille pas assez, de se porter en masse dans les sections pour y couvrir de leurs horribles hurlements la voix des patriotes, demander qu'on aille réclamer le lendemain à la Convention l'exécution littérale de la Constitution de 1793, qui leur rendrait les Jacobins, les Cordeliers, la Commune et tous les autres tisons de la révolte ; mais les convulsions de la rage n'ont rien pu contre le courage imperturbable des patriotes éclairés. »

CCXXXVII

1er GERMINAL AN III (21 MARS 1795).

Rapport du 2 germinal.

Esprit public. Groupes et cafés. — Hier les groupes ont été très nombreux et très agités dans les maison et jardin Égalité et National. Les divers mouvements prirent un caractère capable de donner de l'inquiétude ; une quantité de citoyens, costumés en ouvriers, s'étaient rendus au Jardin National ; l'on présume qu'ils étaient excités ou avaient parmi eux des individus travestis, dont le dessein était de fomenter le désordre.

Ils commencèrent par tenir des propos contre le gouvernement; des jeunes gens, en ce moment en petit nombre, indignés d'entendre ces propos séditieux, les pérorèrent avec vivacité ; alors quelques-uns des ouvriers, composant les groupes, fondirent avec fureur sur les jeunes gens et en jetèrent plusieurs dans un des bassins, en disant de crier *Vive la République!* Après cette première scène, les groupes se déchaînèrent contre les jeunes gens, qu'ils maltraitèrent, et les apostrophèrent des épithètes de muscadins et de jeunes gens de Fréron. Plusieurs alors arrivèrent pour secourir leurs camarades et s'élancèrent avec impétuosité dans l'un de ses groupes, frappant et attaquant indistinctement. Il se livra entre les deux partis un combat, dont les jeunes gens furent victimes. Plusieurs furent traînés par les cheveux et frappés à coups de canne, et d'autres conduits au corps de garde.

Dans un autre groupe, sur la terrasse des Feuillants, un des ou-

---

1. Nous ne donnons que le commencement de cette affiche, que la *Gazette française* du 4 germinal attribue à Châles. Le *Courrier républicain* dit que c'est par ironie que l'auteur anonyme avait pris le nom de Guffroy.

vriers, ou costumés de cette manière, dans la chaleur des propos perfides qui s'y débitaient, déclama hautement contre la Convention, et dit qu'elle n'était composée que de scélérats, et qu'il fallait tirer à mitraille sur la salle. Un jeune homme et un inspecteur se saisirent de ce perturbateur ; mais, n'étant pas en force, ils pensèrent être assassinés. Au bruit de cette catastrophe, les jeunes gens arrivèrent en foule, mais le proclamateur de ces principes contre-révolutionnaires était parvenu à s'échapper. La force armée est cependant arrivée, qui a mis fin à ces mouvements séditieux. L'on a remarqué dans les groupes beaucoup de femmes instigatrices, provoquant les citoyens à la révolte ; plusieurs ont été chassées avec mépris.

Dans quelques groupes, l'on disait que le mode adoptée par les jeunes gens, de retrousser leurs cheveux nattés avec un peigne, semblait un signe de ralliement qui peut devenir nuisible à la chose publique.

Dans le courant de la soirée, les attroupements dans tous les quartiers et la marche précipitée de nombre de citoyens, tant ouvriers que jeunes gens, qui semblaient se menacer mutuellement, firent craindre que les tentatives de la journée n'amenassent une crise sanglante. Tous les marchands s'empressèrent de fermer leurs boutiques ; mais les ordres donnés à temps et une force armée respectable ramenèrent bientôt le calme, et la nuit a été parfaitement paisible.

Spectacles. — Au théâtre de la République, un événement tumultueux a obligé le public de se retirer avant la fin du spectacle, par suite des mouvements qu'y occasionnèrent des jeunes gens sous le titre de qualification (*sic*) de terroriste et de Jacobin ; ils voulurent que Gaillard et Dugazon parussent sur la scène ; mais, comme on vint dire qu'ils n'y étaient pas, plusieurs s'élancèrent sur le théâtre, pour faire perquisition. Alors une quantité de jeunes gens forcèrent l'entrée du spectacle, se répandirent dans la salle, et demandèrent que ces deux artistes ne parussent plus sur aucun théâtre, mais qu'ils parussent à l'instant pour leur signifier l'ordre du peuple. On a annoncé alors qu'ils étaient à leur section. L'on nomma à l'instant une députation pour aller instruire la section de la moralité de ces citoyens. Le spectacle a fini au milieu de ce bruit.

Tous les autres théâtres ont été tranquilles.

[*Commerce.* — Rassemblements aux portes des boulangers et des bouchers. Sauf à la place des Piques, la distribution s'est faite tranquillement.]

Surveillance. — D'après divers rapports, il paraît que beaucoup de citoyens crient avec affectation : *Vive la Convention nationale !* et ne crient point : *Vive la République !* et que le refus de le faire a été la cause que trois ou quatre ont été jetés dans un bassin au Jardin National des Tuileries.

Suivant Desseulle, officier de paix, plusieurs des personnes qui formaient un groupe à la porte Martin, sur les dix heures du soir, s'invitaient à aller au faubourg; d'autres, plus sages, ont dit: « Retirons-nous; il est prudent que tous les honnêtes citoyens se retirent chez eux. » Le groupe s'est dissipé.

Selon Sadous et autres, les amis de l'ordre et de la tranquillité voient avec peine que les jeunes gens taxent indistinctement de Jacobins ceux qui diffèrent d'opinion avec eux; ils disent que la manière dont ces jeunes gens s'arrangent, en retroussant leurs cheveux nattés avec un peigne, ressemble fort à un signe de ralliement, qui peut devenir nuisible à la chose publique.

D'après le rapport de Jeanson et autres, de leur surveillance, dans différents quartiers plusieurs personnes se sont plaintes d'avoir été volées de leur portefeuille, d'autres de leur mouchoir dans le Jardin National, lorsque les jeunes gens y ont afflué, ce qui prouve que, parmi ces jeunes gens, il se glisse des filoux, qui profitent de la foule.

Suivant le rapport de Boyer et autres, de la surveillance d'hier, il paraît que le public commence à se lasser de la conduite des jeunes gens dans le Jardin National; il lui semble que c'est une manière de provoquer le peuple; il s'étonne que le gouvernement paraisse approuver ces jeunes gens; il ajoute. « Lorsque ces factieux (c'est ainsi qu'il les désigne) sont arrêtés et conduits au Comité de sûreté générale, ils entrent par une porte et sortent par l'autre, tandis que, lorsque un patriote y est conduit par eux, on le retient pour mettre la terreur à l'ordre du jour. ».....

Faits divers. — Suivant le rapport de Dubois, des jeunes gens sont entrés dans un café de la rue faubourg Antoine, à dix heures et demie du soir; la conversation s'est entamée sur la députation du jour à la Convention [1]; trois de ces jeunes gens ont avancé que les bons citoyens étaient induits en erreur; les citoyens qui se sont trouvés dans le café ont répondu fermement qu'on n'était pas là au Jardin Royal, et ils ont mis les jeunes gens dans le cas de se retirer.

Lefèvre, inspecteur, rapporte que, ce matin, il circulait dans le Jardin National une patrouille composée de cinquante personnes vêtues de différents uniformes, tous officiers de différents corps, tant

---

1. Dans la séance de la Convention du 1er germinal an III, une députation des sections des Quinze-Vingts et de Montreuil était venue demander la mise en activité de la Constitution de 1793. Voir le *Moniteur*, réimpression, t. XXIV, p. 29-30.

infanterie que cavalerie, laquelle s'est dispersée, après avoir parcouru le jardin.

Bocquet, inspecteur, rapporte que des individus, au nombre d'environ trois cents, se sont portés au café Chrétien, en disant qu'il fallait chercher les Jacobins et leur couper les reins ; d'autres disaient qu'il fallait les poignarder ; ils ont regardé les citoyens sous le nez, ont brûlé le *Journal des hommes libres*. Il paraît qu'ils ont vexé la sœur d'un limonadier, qu'ils ont mis le sabre nu à la main, ont monté sur les tables, proposé de briser les glaces. Un particulier leur a représenté qu'il fallait respecter les propriétés ; ils se sont retirés pour aller au café des Bains-Chinois, d'où ils se sont rendus au Jardin-Égalité.

Au Marché-Neuf, des malveillants ont engagé les femmes qui attendaient à la porte d'un boulanger à ôter leurs cocardes, en leur disant : « Citoyennes, si vous ne voulez pas passer pour Jacobines et être insultées, ôtez vos cocardes. » Plusieurs de ces citoyennes ont été entendues, mais ne peuvent désigner les individus qui leur avaient tenu ces propos ; on est à la recherche.

Valquier rapporte que, ce matin, plusieurs jeunes gens ont jeté l'alarme dans la section de Bondy, vers la Porte-Martin ; ils se sont saisis d'un vieillard, en disant qu'il était Jacobin, et voulaient le conduire au Jardin-Égalité ; mais en chemin, ce citoyen criant : *A l'assassin!* fut débarrassé par les citoyens de garde aux Petits-Pères.

Pigache rapporte qu'il s'est transporté aujourd'hui, vers les midi, au faubourg Jacques, où il a appris que les ouvriers se rendraient à cinq heures, avec les citoyens du faubourg Marcel, à la Convention......

BEURLIER, HORNIN le jeune.

(Arch. nat., F 1c III. Seine, 16.)

JOURNAUX.

Républicain français du 3 germinal : « *Du 2 germinal.* Tandis que les jeunes patriotes, réunis en armes, parcouraient les rues de Paris, en chassant devant eux les hordes sanguinaires des Jacobins, quelques héros de coulisse se sont répandus dans les théâtres pour y exciter du trouble. A celui de la République, ils ont interrompu la pièce et demandé que Talma fût chassé comme terroriste. Ils voulaient que le directeur Gaillard leur en fît la promesse ; et ce Gaillard, qu'on traitait si favorablement, a servi de caution à Hébert huit jours avant son supplice. Dans les premiers mouvements de l'indignation publique contre ceux des satellites de nos derniers tyrans qui osaient encore affronter les regards sur la scène. Talma a été couvert des applaudissements qu'on devait à une victime résignée. On s'est rappelé ses titres à l'échafaud, l'amitié qui l'unissait à des hommes dont la postérité inscrira les noms sur la colonne de la liberté, à Vergniaud, à Ducos, à Fonfrède... Il est secrètement accusé, dit-on, d'avoir provoqué l'arrestation des comédiens français. C'est à Larive, à Fleury, à Contat, d'écarter une pareille inculpation ; un artiste d'un talent aussi distingué que Talma, ne doit point avoir besoin de se défendre d'une bassesse. » — *Gazette française* du 5 germinal : « *Paris, le 4 germinal.* Dans la journée du primidi, on a rencontré beaucoup de gens ivres dans les rues ; c'est une marque à laquelle on peut reconnaître les projets des séditieux. Toutes les fois qu'il est question d'agiter le peuple pour faire triompher une faction, on voit *l'ivresse bachique* se mettre de la partie : ces hommes noyés dans le vin, qui tombent au coin des bornes à la fin d'une journée révolutionnaire, sont comme ces insectes qui tombent des nuages dans une journée orageuse. »

CCXXXVIII

2 GERMINAL AN III (22 MARS 1795).

Rapport du 3 germinal.

Esprit public. — De nombreux rassemblements ont eu lieu hier aux environs de la Convention et au Jardin-Égalité, où les esprits paraissaient très exaltés ; de nombreuses patrouilles y maintinrent le bon ordre. Du centre de ces groupes, des cris se sont fait entendre ; plusieurs citoyens furent désignés, furent arrêtés et conduits au Comité de sûreté générale.

Neuilly rapporte qu'à une [heure] trois quarts, près la Convention, un officier, à la tête de sa patrouille, se permit, en voulant diviser les groupes, de traiter quelques citoyens de muscadins et d'improuver les applaudissements qu'on donnait à la Convention. Il fut arrêté par un général de nos armées, résidant actuellement à Paris, et fut conduit au Comité de sûreté générale ; on le désarma et on lui arracha son hausse-col ; tous les citoyens blâmèrent sa conduite. Quelqu'un, dit-on, l'avait entendu crier : *Vivent les Jacobins!* mais le fait n'est pas attesté. Dans la soirée, une députation du faubourg se présenta au café de Chartres, pour fraterniser avec les habitués de ce café ; il fut décidé qu'il y aurait le matin un repas entre les citoyens des faubourgs et les jeunes gens pour fraterniser entre eux, et qu'attendu que le local du Café de Chartres n'était point assez spacieux, il serait dressé des tables dans le Jardin. Ce rassemblement a été mis à la surveillance.

On a paru étonné ce matin de la disparition des deux canons placés au parc du Pont-Neuf.

Les spectacles ont été parfaitement tranquilles.

Commerce. Pain. — Ollivier, Le Hodey et plusieurs autres rapportent que les rassemblements étaient moins nombreux que ces jours derniers aux portes des boulangers. Cascel observe que, dans les sections des Gravilliers et de l'Homme-Armé, beaucoup de personnes n'ont point eu de pain. La Commission fera surveiller ces boulangers qui manquent de pain, tandis que plusieurs autres en ont de reste, pour savoir si, comme on le croit, ils ne vendent pas la nuit le pain et la farine; mais les commissaires leur ont donné des bons pour s'en procurer ailleurs. On se plaint de la diminution, mais ces plaintes ne sont point générales. La livraison s'est faite avec tranquillité.

Viande et autres comestibles. — Dans les endroits qu'ont surveillés Lossel, Plantin et autres, il y a toujours des rassemblements aux portes des bouchers et charcutiers. La distribution de la viande s'est faite légalement, et aucune plainte n'est parvenue à leur connaissance.

Les halles et marchés étaient assez bien approvisionnés, mais peu en légumes; la halle à la viande était aussi bien fournie et en belle qualité. Des marchands, que la Commission fait surveiller, y ont vendu des veaux nés depuis quatre jours.

Le 2 et le 3, il est arrivé sur le carreau 361 voitures de différentes denrées, et quelques-unes de beurre et œufs, venant de Mortagne.

Bois. — Du rapport de Bocquoin, Bergeret et autres, il résulte qu'au chantier de la Juiverie, la garde a été forcée plusieurs fois; plusieurs piques ont été cassées, et une petite fille a été pressée dans la foule. Ce désordre a obligé de fermer le chantier. On est parvenu à rétablir la tranquillité, mais la vente a fini à midi, faute de bois. Ils observent que le public désirerait que les préposés des subsistances fussent rendus de meilleure heure à ce chantier.

Surveillance. — La surveillance d'hier annonce que, dans les faubourgs Denis, Martin et le Temple, tout y était calme et tranquille; pas le moindre bruit ni rassemblement; l'on est en garde contre la malveillance, qui tend à exciter le peuple, afin de le mettre dans un état pire que celui où il est.

Suivant différents rapports, la conduite que les jeunes gens ont tenue hier dans le Jardin national inquiète les citoyens, qui craignent que leur attroupement ne nuise à la tranquillité publique par la licence qu'ils se permettent.

Hier, dans le Jardin national, sur les cinq heures du soir, un jeune homme avait en mains un sabre et un pistolet et avait l'air de menacer; il a été arrêté et conduit au Comité de sûreté, ce qui a paru satisfaire les citoyens.

Des ouvriers qui faisaient partie des patrouilles ont dit qu'on leur faisait perdre leur temps, qu'ils avaient assez de peine à gagner leur vie, vu la cherté des denrées.

D'après le rapport de Chevalier et Lemaire, un officier à la tête d'une patrouille, dans le Jardin national, a été arrêté, parce qu'il a été reconnu pour un vrai Jacobin.

Deux individus sortis du café de Chartres au Jardin-Égalité ont engagé plusieurs autres de marcher aux Tuileries, [disant] que les jeunes gens avaient le dessous à la terrasse des Feuillants ; ils y ont été, mais les patrouilles, qui y étaient en grand nombre, les ont portés à se séparer.

Dans des rassemblements formés autour de la Convention, des citoyens se sont plaints de ce que l'on disait que la Convention nationale avait envie d'aller siéger près des armées. On répondit à cela qu'elle avait lieu de ne rien craindre, que tous les républicains lui feraient un rempart de leurs corps pour la défendre. D'autres disaient que, si la Convention quittait Paris, cette ville ne serait pas huit jours sans manquer de pain, mais que les citoyens s'opposeraient à ce changement.

Les jeunes gens ont arrêté, dans le Jardin national, plusieurs citoyens qu'ils ont conduits au Comité de sûreté générale ; plusieurs autres jeunes gens ont dit des sottises à différentes patrouilles qui coupaient leur marche; le peuple en a témoigné (sic) beaucoup.

Jeanson rapporte qu'il a vu une patrouille dans le Jardin national se saisir d'un jeune homme qui, à ce qu'on lui a dit, avait dit que son avis était qu'on ne portât plus la cocarde nationale. Le public criait de toutes parts qu'il fallait le mener au Comité de sûreté générale. Un officier de troupes de ligne est venu auprès de l'officier de la patrouille pour faire relaxer le jeune homme, qui l'a été en effet, en disant qu'il était fâché d'avoir dit ce qu'on lui imputait.....

Sur les huit heures et demie du soir, dans un des groupes formés vis-à-vis du Palais de Justice, des citoyens ont dit qu'on avait arrêté une citoyenne qui avait dit qu'on voulait assassiner les trois représentants inculpés.

Suivant le rapport de Gohier, plusieurs jeunes gens ont été arrêtés hier, faubourg Antoine, pour s'être permis d'insulter les citoyens et une citoyenne de ce canton ; ils ont été traduits au Comité civil des Quinze-Vingts.

Des jeunes gens et beaucoup d'ouvriers se sont réunis au café Payen, se sont donnés l'accolade fraternelle, en disant qu'ils n'entendaient pas que l'on ne criât que *Vive la République*, mais bien *Vive la Convention* et *Vive la République* !

Le commissaire de police de la section du Théâtre-Français annonce qu'hier, vers les neuf heures du matin, deux citoyennes, traversant le Jardin national, furent accostées par une femme très bien mise, qui les invita d'ôter leurs cocardes ; que, sur le refus qu'elles en firent, cette femme s'est mise en devoir de les leur arracher ; mais, la force étant du côté des deux premières, l'élégante se retira précipitamment dans un groupe de jeunes gens, où elle fut perdue. Copie de ce rapport a été envoyée au Comité de sûreté générale par le commissaire de police. On est à la recherche de cette particulière.

Quelques ouvriers, sortant de leur journée, ont été arrêtés à la porte Denis par quantité de jeunes gens armés de bâtons et autres armes, qui criaient : *Vive la Convention, à bas les Jacobins !* et qui les prirent au collet. Ils n'en ont été débarrassés que par des citoyens qui sont survenus ; ces mêmes jeunes gens ont été ensuite par la rue Bourbon-Villeneuve, où ils se sont assemblés environ six cents, et, le sabre à la main et les bâtons levés, ont arrêté la diligence qui passait ; il n'en est cependant résulté rien de fâcheux. Copie de ce rapport a été envoyée au Comité de sûreté générale...

PASTÉ, CHAMPENOIS.

(Arch. nat., F 1 c III, Seine, 16.)

JOURNAUX.

Sur les troubles dont il est question dans le rapport précédent, voir le *Courrier républicain* et le *Républicain français* du 3, et le *Messager du soir* du 4 germinal.

CCXXXIX

3 GERMINAL AN III (23 MARS 1795).

RAPPORT DU 4 GERMINAL.

Esprit public. Groupes et cafés. — Les esprits hier étaient plus calmes, les citoyens paraissaient plus gais, les groupes moins nombreux par la surveillance des patrouilles qui en empêchaient le rassemblement.

Jardin-Égalité, il y avait le matin plusieurs rassemblements d'ouvriers, mais calmes. L'union et la tranquillité entre tous les citoyens étaient les bases de leurs conversations. La journée s'est entretenue dans la même tranquillité, sauf quelques petites disputes particulières. Fargues rapporte à ce sujet une insulte faite à Gautier, officier de paix, par un particulier, qui l'a reconnu pour l'avoir arrêté du temps de l'ancienne municipalité, et qui le menaça de le signaler, quand il serait temps ; d'autres provocations déterminèrent l'officier de paix à arrêter ce particulier pour le conduire au Comité de sûreté générale, mais une patrouille les dispersa.

Les jeunes gens ont parcouru, par députations, les différents ateliers de Paris, afin de fraterniser avec les ouvriers ; ils n'ont pas été également accueillis, notamment à l'atelier de l'Arsenal, où quelques femmes les ont traités de muscadins et les ont menacés de les jeter à l'eau. Le soir, ils sont venus au café de Chartres rendre compte de leur mission et du froid accueil qu'on leur a fait. Un citoyen observa qu'ils auraient plus de succès aujourd'hui. Au même moment une députation d'ouvriers est entrée audit café, pour inviter les jeunes gens à venir déjeuner avec eux en signe de fraternité ; il fut arrêté qu'une députation des jeunes gens se rendrait ce matin à la barrière du Trône et reviendrait à midi au Jardin-Égalité ; qu'à l'avenir on ne reconnaîtrait aucun signe de démarcation, et qu'on ne voulait d'autre dénomination que celle de bons ou de mauvais citoyens.....

Spectacles. — Au théâtre de la République, entre les deux pièces, le *Réveil du peuple* fut demandé et chanté par Michaux ; quelques voix l'interrompirent et le traitèrent de terroriste ; il fit sur le théâtre sa profession de foi, qui a été reconnue vraie par la majorité du public et notamment par les représentants Ysabeau et Chénier ; mais un particulier des premières loges, ayant annoncé qu'il avait des faits graves à dénoncer contre Michaux, fut invité par ce dernier à descendre sur le théâtre ; ce particulier ne put articuler que des ouï-dire ; Michaux ne témoigna aucune aigreur contre ce particulier, et ils se donnèrent réciproquement des signes de paix. Les représentants du peuple invitèrent cependant les officiers de paix de conduire ce particulier au Comité de sûreté générale.

On a chanté quelques couplets du citoyen Piis, qui tendent à l'union et à la fraternité, et qui ont été généralement applaudis.

Au théâtre de la Montansier, le foyer était composé, comme de coutume, des agioteurs, qui se rassemblent le matin, au Jardin-Égalité, et qui n'ont, en apparence, d'autre moyen d'existence que ce commerce honteux ; le rapport de surveillance à ce sujet, demandé par le Comité de sûreté générale, sera envoyé dans le jour.

Aucun fait particulier dans les autres spectacles; tout annonce que la tranquillité y a régné.....

Surveillance. — Suivant le rapport de Massard, la proclamation sur la loi concernant la police [1] a été faite dans la section de la République; chacun a paru satisfait des mesures sages et vigoureuses de la Convention. Vers les midi, environ soixante à quatre-vingts jeunes gens s'étaient réunis au Jardin-Égalité; l'un d'eux, monté sur un tabouret, lisait l'adresse des jeunes gens aux ouvriers du faubourg Antoine, où ils les invitent à se joindre à eux pour combattre les traîtres, soutenir la République une et indivisible; cette même adresse a été lue dans diverses sections avec beaucoup de plaisir.

Dorival annonce qu'une femme, qui a foulé la cocarde à ses pieds, et un homme qui a pris sa défense ont été conduits chez le commissaire de police de la section du Temple, qui les a interrogés; il a été écrit à ce commissaire pour rendre compte de ce qu'il aura fait.

Cahun rapporte que les deux pièces de canon du Pont-Neuf ont été retirées hier, ce qui a occasionné quelque inquiétude; chacun raisonnait à sa manière sur ce sujet.

Voisin dit qu'on a remarqué dans la tribune des étrangers bien couverts demandant les adresses des différents députés.....

Faits divers. — D'après le rapport de Rollin, la garde qui était à la barrière d'Enfer, dans la matinée du 3, a arraché le bonnet de la liberté, l'a foulé aux pieds, a effacé le mot *mort*, porté sur l'inscription de Liberté ou la Mort, ce qui a occasionné des murmures; copie de ce rapport sera envoyée au Comité de sûreté générale et au commandant temporaire.....

BOCQUET-DESTOURNELLES, GOSSET.

(Arch. nat., F 1 c III, Seine, 16.)

CCXL

4 GERMINAL AN III (24 MARS 1795).

RAPPORT DU 5 GERMINAL.

Esprit public. Groupes et cafés. — Les esprits ont paru plus calmes hier que les jours précédents; les groupes étaient nombreux partout

---

1. Il s'agit du décret du 1er germinal an III, édictant des mesures répressives des attentats contre les personnes, les propriétés, le gouvernement et la représentation nationale.

où ils ont coutume de se former ; mais de fortes et de fréquentes patrouilles les ont successivement dispersés, sans que la tranquillité ait été troublée.

La députation de douze jeunes gens, qui devait avoir lieu hier pour déjeuner avec les ouvriers du faubourg Antoine, n'a pas été complètement exécutée ; il ne s'en est trouvé que cinq ou six au rendez-vous, qui, de retour au café de Chartres, ont rendu compte qu'ils regrettaient que leurs camarades ne s'y fussent pas trouvés, que la gaieté et l'union avaient présidé le repas fraternel qu'ils avaient fait avec les ouvriers ; ils sont convenus, de part et d'autre, de leurs torts réciproques, que des hommes mal intentionnés s'étaient introduits parmi les deux partis pour les diviser et fomenter la discorde ; on s'est juré paix et union, guerre aux royalistes et aux anarchistes, et ensuite le *Réveil du Peuple* a été chanté. Il a été arrêté, entre les jeunes gens, qu'une nouvelle députation de douze membres se rendrait aujourd'hui, 5, pour continuer de serrer ce nouveau lien de fraternité.

Dans tous les endroits publics, on paraissait satisfait du calme qui a régné à la Convention, pendant l'audition des défenses de Collot d'Herbois et Barère ; on attend la suite des défenses des autres prévenus. Plusieurs conjectures cependant s'établissent à l'égard de cette importante affaire : les uns disent qu'ils s'en tireront, les autres prétendent pour la négative.

Le décret rendu par la Convention sur les atteintes qui seraient portées par les séditieux à la représentation nationale [1] est interprété de différentes manières, et les malveillants profitent de la diversité des opinions pour semer le bruit que la Convention est sur le point de déserter son poste ; les inquiétudes prennent, d'après ces bruits, un caractère alarmant.

Les rassemblements augmentent à la porte des boulangers ; plusieurs personnes se sont plaintes de n'avoir pu avoir leur pain. Deux inspecteurs rapportent qu'hier, à trois heures après midi, un citoyen de la section du Bonnet-Rouge s'est jeté à l'eau près des bains, et qu'ayant été retiré à l'instant, il fut conduit au corps de garde, où, interrogé sur la cause de son désespoir, il répondit qu'il n'avait ni pain ni viande à manger.

Les citoyens se plaignent de ne pouvoir se procurer du bois ; toutes les marchandises continuent d'augmenter ; il n'y a plus de borne à l'agiotage.

Spectacles. — Au théâtre de la République, dans le nombre des

1. Voir plus haut, p. 597.

couplets qui ont été chantés, un seul a été désapprouvé du public, en ce que l'auteur semble préjuger le jugement contre les quatre députés. Tous les spectacles ont joui de la plus parfaite tranquillité.

Commerce. Pain. — Loctave, Poinsignon et autres annoncent qu'il y a toujours des rassemblements aux portes des boulangers qu'ils ont surveillées, où l'on se plaignait de la diminution du pain que l'on fait à chaque citoyen, ainsi que de la mauvaise qualité de cette denrée.

Pipelard et Ollivier observent que, dans les sections des Droits-de-l'Homme, l'Indivisibilité, Marchés et Lombards, beaucoup de personnes n'ont point de pain, chose qui a occasionné beaucoup de murmures. Les citoyens disaient : « Nous serons forcés de passer la nuit à la porte des boulangers, afin de pouvoir nous procurer du pain. » En second lieu, plusieurs de ces derniers ne reçoivent leur farine qu'à une heure du matin, ce qui occasionne du retard dans la livraison, ainsi que la queue; cela a fait aussi que les levains ont été gâtés.

Losset dit que plusieurs boulangers de la section du Théâtre-Français n'ont délivré à chaque citoyen qu'une demi-livre à trois quarterons de pain, faute de farine; malgré cette diminution, ils n'ont pu satisfaire toutes leurs pratiques. Violents murmures à ce sujet contre l'Agence des subsistances ; d'ailleurs rien de contraire au bon ordre.....

Viande et autres comestibles. — Loctave, La Motte et autres annoncent que, dans les lieux qu'ils ont surveillés, il y a toujours des rassemblements aux portes des bouchers et charcutiers; la distribution de la viande s'est faite légalement, et aucune plainte n'est parvenue à leur connaissance.

Vassor, Plantin et autres disent que la Halle et différents marchés étaient très bien approvisionnés; celle à la viande, de même situation; environ trente cochons; les répartitions se sont faites avec tranquillité.

On a ôté la cloche qui annonce la vente. Il est à désirer qu'elle soit remplacée, et que l'on s'en serve plus que l'on ne se servait de l'ancienne.

Le 4 et le 5, il est arrivé 394 voitures de différentes denrées ; 2 de marée, ainsi qu'une voiture d'huîtres.

Il est arrivé au carreau de la Halle depuis le 30 ventôse jusqu'au 3 germinal : en beurre, 2.167 livres; œufs, 206.700; fromages de Brie, 368 douzaines.

Bois. — Desbourdelles et autres disent que la livraison du bois s'est faite dans différents chantiers et ports, ainsi qu'à la place des

Piques, avec tranquillité. Lassiot, Labauhé et autres observent qu'ils ont eu beaucoup de peine, ainsi que la force armée, à maintenir le bon ordre au chantier de la Juiverie, attendu que l'affluence du monde était considérable ; la vente a fini à midi, faute de bois ; quelques citoyens se sont trouvés mal dans la foule, et plusieurs piques ont été cassées. Ils ajoutent que les préposés de l'Agence arrivent trop tard au chantier ; par conséquent la livraison ne commence qu'à huit ou neuf heures, ce qui occasionne du tumulte. Un citoyen a escaladé les murs ; il a été conduit chez le commissaire de police.....

BOCQUET-DESTOURNELLES, ROUCHAS.

(Arch. nat., F1c III, Seine, 16.)

CCXLI

5 GERMINAL AN III (25 MARS 1795).

RAPPORT DU 6 GERMINAL.

Esprit public. Groupes et cafés. — Suivant les différents rapports qui nous sont parvenus, le calme et la tranquillité ont régné hier dans les groupes et les lieux publics. Les entretiens publics roulaient sur les quatre représentants accusés ; l'opinion publique ne paraît pas être en leur faveur ; cependant l'on paraît satisfait de la sagesse que la Convention prend (sic) dans cette affaire ; quelques citoyens louent les représentants Carnot et Lindet sur la manière dont ils se sont déclarés eux-mêmes coupables, si leurs collègues le sont [1].

Les murmures continuent toujours sur la cherté des subsistances et la difficulté de se procurer du pain. Les rassemblements continuent aux portes des boulangers et les murmures se font entendre de ce que le gouvernement ne prend pas des mesures afin de réprimer la cupidité des marchands.

Les citoyens des faubourgs Denis et Martin ont été hier inquiets de voir arriver à Paris une grande quantité d'hussards ; les citoyens annonçaient chacun des opinions différentes, ce qui détermina quelques-uns d'eux à demander à ces militaires les motifs de leur arrivée à Paris. Leurs réponses vagues ne satisfirent pas la totalité des citoyens ; d'autres les rassurèrent en disant qu'il n'était pas présumable que nos

[1]. On trouvera ces discours de Carnot et de Robert Lindet dans le *Moniteur*, réimpression, t. XXIV, p. 45, 49.

frères d'armes se déterminassent jamais à nous combattre, qu'ils étaient persuadés de la pureté de leurs intentions, que leur seul plaisir était d'être unis à nous et attachés à la Convention, seul et unique point de ralliement; ces différents avis tranquillisaient, et les groupes se dissipaient.

Saint-Rémy rapporte qu'une nouvelle affiche incendiaire vient d'être placardée, intitulée: *Adresse à la Convention et au peuple*, signée Le Franc et de l'imprimerie des Républicains de la Raison. La Commission vient de charger la surveillance de la faire disparaître; elle fera son possible pour découvrir l'auteur.

Spectacles. — Au théâtre de la rue Feydeau, dans la représentation d'*Elisa ou le Voyage au mont Saint-Bernard*, Juillet s'est permis d'ajouter en chantant la Ronde des Voyageurs qui vont à Paris: « Nous pouvons partir, nous avons mangé notre livre de pain. » Cette diatribe a excité les murmures de la majorité du public. Le citoyen Juillet est invité de se rendre à la Commission pour rendre compte de ses intentions. Ce spectacle, ainsi que tous les autres, ont joui de la plus parfaite tranquillité.

Commerce. Pain. — Chevalier, officier de paix, et treize inspecteurs rapportent que, dans les lieux qu'ils ont surveillés, les rassemblements sont toujours nombreux aux portes des boulangers dans différentes sections. Plusieurs de ces derniers n'ont donné qu'une demi-livre de pain par bouche, et, malgré cette diminution, beaucoup de personnes n'ont point été servies; en second lieu, quelques boulangers reçoivent leurs farines trop tard. La citoyenne Saugeot, boulangère, rue Antoine, se plaint, à ce que dit Chevalier, de n'avoir point assez de farine, et d'être obligée de renvoyer tous les jours quatre-vingts personnes sans pain.

Le mécontentement causé par la disette du pain est général dans tous ces lieux, ce qui occasionne des queues dès minuit, ainsi que de violents murmures contre les autorités constituées.

Viande et autres comestibles. — Suivant plusieurs inspecteurs, la tranquillité a régné aux portes des bouchers, et la distribution de la viande s'est faite légalement. Les halles et marchés étaient tranquilles et très bien approvisionnées, mais peu en légumes.

Bois et charbons. — Il s'est élevé, à l'île Louviers, une rixe entre les citoyens et les boulangers; ces derniers on dit que, s'ils n'avaient pas de bois, ils ne cuiraient pas; on est parvenu à rétablir l'ordre et à satisfaire les boulangers......

Bergeret et autres annoncent que le vin arrive en abondance de toutes parts; les marchands et voituriers s'obstinaient à sortir, de l'île

Louviers, leurs bacquets chargés de vin, après la fermeture du port; les inspecteurs se sont opposés à cette violation des règlements......

Le commissaire de police de la section de l'Observatoire rapporte que chez Mabru, boulanger, rue Mouffetard, quarante-une personnes ont manqué de pain ; en sa présence, des ouvriers de tous états ont tenu des propos les plus violents; plusieurs femmes enceintes ont semblé désirer accoucher à l'instant pour détruire leur enfant; d'autres ont demandé des couteaux pour se poignarder. Aux pleurs et aux marques de désespoir ont succédé des menaces ; dans cette circonstance il a employé toute la modération possible et a cherché à calmer les inquiétudes de ces citoyennes.....

DUCHAUFFOUR, BARBARIN.

(Arch. nat., F 1 c III, Seine, 16.)

JOURNAUX.

Gazette française du 6 germinal : « *Paris, le 5 germinal.* Le public de Paris ne voit pas sans inquiétude la marche lente, embarrassée que prend la procédure commencée contre les décemvirs : dans tous les théâtres, lorsqu'on entend ce vers du *Réveil du peuple*,

Quelle est cette lenteur barbare?

tous les spectateurs expriment les sentiments qui les animent par les applaudissements les plus bruyants et les plus prolongés. »

CCXLII

6 GERMINAL AN III (26 MARS 1795).

RAPPORT DU 7 GERMINAL.

Esprit public. — Les rassemblements aux portes des boulangers augmentent tous les jours ; les murmures à cette occasion se propagent; beaucoup de citoyens se plaignent amèrement de n'avoir pu se procurer de pain; d'autres, de ce que la loi qui leur en accorde une livre n'est point exécutée, et que l'on veut les réduire à une demi-livre ; ces plaintes ont occasionné du trouble ce matin, section des Gravilliers, de Bondy et autres.

Le prix des marchandises et denrées, croissant chaque jour d'une manière effrayante, augmente les mécontentements. Les citoyens voient avec la même peine la pénurie du bois et du charbon et ne peuvent, sans faire entendre leurs plaintes, se déterminer à s'en procurer dans les places, moyennant les prix exorbitants de 200 livres la voie de bois, ayant eu l'espérance, depuis deux ou trois mois qu'ils ont déposé leur argent, d'en avoir au prix fixé pour celui venant des coupes extraordinaires.

Il circule un bruit dans le public que beaucoup de terres dans les départements ne sont point ensemencées, faute de bras et de chevaux; on désirerait que le gouvernement prît des mesures pour obliger tous les propriétaires de ne laisser aucun terrain inculte, pour effacer l'idée d'une disette encore plus grande pour l'année suivante.

Les soirées sont cependant assez paisibles; les groupes n'ont pas le temps de se former qu'ils ne soient dissipés par de fréquentes patrouilles.

Tous les spectacles ont joui de la plus grande tranquillité.

Le citoyen Juillet, invité hier de se rendre à la Commission, a déclaré, d'après les observations qui lui furent faites, qu'il avait suivi les expressions de l'auteur contenues en la pièce, et qu'il ne se serait jamais permis d'apostrophes qui auraient pu fournir quelques motifs à la malveillance, et que, d'après notre observation, l'auteur serait engagé de changer cette phrase, pour faire disparaître toutes nuances qui pourraient tirer à conséquence.

Commerce. Pain. — Loctave, La Motte et plusieurs autres annoncent que les rassemblements sont toujours considérables aux portes des boulangers qu'ils ont surveillées de très bonne heure ; plusieurs de ces derniers demandent un sac de farine de plus que de coutume pour satisfaire toutes leurs pratiques. Beaucoup de citoyens n'ont point eu de pain dans différentes sections, malgré la diminution que l'on a faite à chaque citoyen. Plusieurs personnes se sont transportées en pleurant à divers Comités de bienfaisance pour obtenir du pain, et d'autres se sont répandues en invectives contre les commissaires. Caillouet rapporte qu'on a donné un sac de 325 livres de farine de moins au citoyen Simon, section de l'Arsenal; il n'a pu satisfaire tous les ouvriers ; les commissaires ont parcouru différents boulangers pour combler ce déficit; n'ayant rien trouvé, ils n'ont pas osé retourner à leur poste, attendu qu'ils étaient menacés par le peuple. La malveillance se plaît à répandre que la disette de cette denrée est dans Paris. Ce bruit occasionne de vives inquiétudes et de violents murmures. D'ailleurs rien de contraire au bon ordre.

Viande et autres comestibles. — La Motte, Plantin, Vassor et Oury rapportent qu'aux portes des bouchers et charcutiers les queues existent toujours, mais que, la distribution de la viande s'étant faite légalement, aucune plainte ne s'est manifestée, du moins à leur connaissance.

Massard, officier de paix, Loctave et autres inspecteurs ont observé que les halles et marchés étaient abondamment approvisionnés en denrées de tous genres, et que les répartitions se sont faites avec ordre et au son de la cloche, conformément aux règlements de police. Ils ajoutent que la plus grande tranquillité a régné dans tous ces lieux.

Bois. — Labaubé et Kerchoves font rapport qu'ayant vu sortir du chantier de la Juiverie des voies de petit bois, ils ont demandé au citoyen Maillot, préposé aux subsistances, pour quel motif ce bois sortait-il aujourd'hui, tandis qu'on en a refusé sur des bons, il y a quelques jours? Ce citoyen répondit que c'était par son ordre, qu'il ne pensait pas devoir être surveillé par une Commission qu'il ne connaissait point; que, si ses agents venaient le contrarier dans ses opérations, il les mettrait à la porte. On a écrit à l'Agence des subsistances pour l'instruire de la manière peu honnête avec laquelle ce préposé remplit ses fonctions.

Massard, officier de paix, annonce que le louis d'or se vend 200 livres en assignats.

Petitdidier et Martin rapportent qu'il est arrivé hier et aujourd'hui 466 voitures de différentes denrées et 8 voitures de marée.

Dessault, officier de paix, dit qu'il est arrivé sur le carreau de la Halle, du 4 au 6, 10.665 livres de beurre, 308.010 œufs, et 6.640 douzaines de fromages.

Surveillance. — Guériat dit qu'au Jardin national, beaucoup de citoyens, assemblés en groupes, disaient que les malveillants s'agitaient en tous sens pour empêcher les vivres d'arriver à Paris et occasionner par là une guerre civile.

Suivant le rapport de Hodet, dans le Jardin national et Palais-Égalité, il y eut plusieurs groupes, et on a dit entre autres choses, que la journée du 31 mai a été cause de tous les massacres, et qu'il viendrait un jour où toutes les victimes auraient les honneurs du Panthéon. Il y avait peu de monde au café Payen, ainsi que dans celui de Chartres.

Selon Jeanson, des femmes, dans la rue Martin, ont tenu des propos séditieux, et elles ont dit entre autres que les hommes étaient des lâches de ne pas se montrer, et qu'il était impossible de vivre avec de si mauvais pain et en aussi petite quantité.

Noël dit que les femmes, à l'atelier du magasin de farine d'Elisabeth, se sont portées dans tous les ateliers pour forcer les femmes qui y étaient de se joindre à elles pour aller à la Convention et obliger leur chef de les suivre.

Il résulte du rapport de Vannier qu'on a dit dans un groupe, sur la terrasse du Jardin national, où l'on s'entretenait des événements qui arrivent journellement, que les ennemis de la République cherchaient à établir parmi nous un système de démarcation, à l'effet de nous faire battre les uns contre les autres.

Dessault, officier de paix, annonce qu'à sept heures du soir, dans un groupe des Tuileries, un particulier a dit : « Citoyens, je vous invite de vous méfier de plusieurs scélérats qui viennent faire ici des motions dangereuses par des *on dit*; ils croient apparemment nous corrompre ; mais cela est impraticable. Ils voudraient un moment nous induire en erreur; mais regardons-les en face, et il nous sera facile de connaître leurs perfides intentions. »......

Le Roux, Therouenne.

(Arch. nat., F 1c III, Seine, 16.)

Journaux.

Vedette ou Gazette du jour du 7 germinal. « ...Tous les bons citoyens ont lu avec plaisir l'affiche du républicain Jean Thirion, ouvrier de la manufacture de glaces, faubourg Antoine, à ses concitoyens; elle est ainsi conçue : « Que veut l'ami des rois et du système de terreur? Sauver les grands coupables, continuer la guerre, consommer la famine, perdre entièrement le crédit public, et réduire le peuple au désespoir. Que veut le républicain ? Faire la paix, épargner le sang de nos défenseurs, ramener l'abondance, rétablir le crédit public, et fonder le bonheur du peuple sur la justice et l'humanité. Je ne suis qu'un pauvre ouvrier, mais je sais bien que, si j'ai peu de pain, j'en aurai moins, si j'excite au désordre et au pillage. *Signé :* J. Thirion. »

CCXLIII

7 GERMINAL AN III (27 MARS 1795).

Rapport du 8 germinal.

Esprit public. Groupes et cafés. — La mauvaise qualité de pain et la difficulté de s'en procurer ont causé hier beaucoup de trouble dans différents quartiers de Paris. Un grand nombre de personnes, ayant passé la nuit aux portes des boulangers, ont été obligées de se retirer sans avoir pu obtenir de pain.

Les murmures éclataient dans tous les groupes contre le gouvernement sur cette disette. On se plaignait amèrement de ce que ceux qui vendent les grains profitent des circonstances en faisant payer un litron d'haricots 3 livres ; on observait que la liberté du commerce ne devait pas permettre aux marchands de faire mourir de faim l'infortuné ; que, si le gouvernement n'apporte pas un remède à cette calamité, il est à craindre qu'on ne se porte chez les marchands, que l'on traitait de vampires, et qu'on ne les dépouille de leurs propriétés.

La force armée, qui employait tous les moyens possibles pour réprimer les avant-coureurs de la sédition, n'était pas elle-même épargnée.

Legrand et Leroy jeune, rapportent que la force armée, ayant voulu disperser des femmes faisant partie de celles qui ont été à la Convention nationale, a éprouvé de la résistance, ce qui l'a déterminée d'arrêter les plus mutines pour les conduire au Comité de sûreté générale ; mais que cela a occasionné un mouvement, et que ces femmes ont été arrachées des mains de la force armée.

Simon a remarqué que ces femmes, en assez grand nombre, revenant de la Convention et passant le long des quais, jusqu'à la Grève, criaient et engageaient toutes celles qu'elles rencontraient à les suivre, qu'elles s'arrêtaient devant les cafés et cabarets où elles espéraient pouvoir recruter.

Didier a rendu compte que le café de Chartres était très tumultueux, que d'abord on a fait des reproches aux habitués de ce qu'ils n'avaient pas été à la Convention, et qu'ils ont été invités à y aller aujourd'hui ; on a proposé, pour concilier les esprits, de se faire des queues au lieu de tresses ; que cette proposition a donné lieu à de violents débats, et qu'il n'a été rien décidé.

Spectacles. — Les spectacles ont été tranquilles, à l'exception cependant de celui de la rue Feydeau, où, vers le commencement de la première pièce, on a fait sortir du parterre ou parquet un citoyen qui troublait l'ordre.

A ce même spectacle, le *Réveil du peuple* a été chanté par Gaveau, l'un des artistes. On lui a fait répéter le second couplet, qui commence ainsi : *Quelle est cette lenteur barbare ?* et cela a été applaudi avec enthousiasme.

A la suite de cette chanson, Gaveau a chanté un autre couplet, qu'on dit propre à inspirer des sentiments de vengeance et à perpétuer les haines et les divisions. On le lui a fait répéter jusqu'à trois fois. Le citoyen Gaveau a été invité à se rendre demain à la Commission à l'effet de lui faire connaître ce couplet et son auteur.

Tetel, Albertier et Niquille, officiers de paix, rapportent que la surveillance de la Convention a arrêté hier et conduit au Comité de sûreté générale un particulier attaché à l'hospice national, qui a crié à plusieurs reprises : *Vive le Roi! A bas la Convention!*

L'esprit public d'aujourd'hui ne diffère guère de celui d'hier, les circonstances étant toujours les mêmes.

Commerce. Pain — Dervilly, Massard et les vingt-quatre inspecteurs chargés de la surveillance des boulangers, annoncent que, dans les lieux qu'ils ont surveillés, dès minuit, les rassemblements étaient plus nombreux que jamais ; les esprits y étaient très échauffés de ce que l'on ne donne pas la quantité de pain que la loi accorde à chaque citoyen, et de la mauvaise qualité de cette denrée. Malgré la diminution, beaucoup de personnes, dans différentes sections, n'ont pas été servies ; de là des murmures violents et des menaces contre les autorités constituées ; on disait que la disette du pain serait cause d'un orage, qui éclaterait plus tôt qu'on ne pense, et que l'on connaîtrait les coquins qui veulent la guerre civile. On disait aussi que la farine était en dépôt dans quelques endroits, puisqu'au Palais-Égalité on vend de fort beau pain qu'on fait payer bien cher. D'après ces indications, des recherches ont été faites pour découvrir ces marchands de pain, mais sans succès. Il paraît même que les faits allégués sont faux. Plusieurs boulangers se plaignent de recevoir leur farine trop tard. Rien d'ailleurs de contraire au bon ordre.

La Motte, Brunel annoncent que le désordre qui régnait aux portes des boulangers avait engagé les habitants des rues Martin et Denis à fermer leurs boutiques. Les citoyens de la section des Gravilliers se rassemblaient au son d'une sonnette, afin de se transporter en masse à la Convention pour lui demander du pain. Ils observent que les boulangers des sections des Gravilliers, Amis-de-la-Patrie, Brutus, Bonne-Nouvelle et de l'Homme-Armé ont reçu dans la matinée un surcroît de farine et ont délivré du pain l'après-midi, ce qui a un peu tranquillisé les esprits. Brunel et Delahaye annoncent qu'aujourd'hui ces sections sont tranquilles.

Viande et autres comestibles. — Suivant le rapport de Dervilly, Sadous et autres, l'affluence est toujours considérable aux portes des charcutiers et bouchers. La Motte rapporte qu'aux portes de ces derniers les esprits étaient très échauffés dans plusieurs sections. Il a fait ouvrir leurs boutiques au moment de la livraison de la viande, qui s'est faite avec tranquillité.

Les halles et marchés étaient assez bien approvisionnés, mais peu en légumes; la halle à la viande était dans la même situation. Les denrées augmentent de prix tous les jours. La Motte observe que les marchands et les étaliers s'en sont allés, à six heures et demie du matin, des marchés Martin et des Enfants-Rouges, à cause du tumulte qui existait chez les boulangers des environs, ce qui a occasionné des émeutes considérables à ces marchés; mais les esprits se sont calmés.

Bois. — La livraison du bois s'est faite avec tranquillité dans différents chantiers et ports, ainsi qu'à la place des Piques. Lassiot et Bocquoin annoncent que plusieurs boulangers ne veulent point du bois qu'on distribue à l'île Louviers, disant qu'il est trop vert. La Commission a chargé ces inspecteurs de leur observer qu'aux armées on ne cuit qu'avec du bois vert. Le chantier de la Madeleine est rempli de bois destiné aux boulangers. Les marchandises, comme vin, riz, tabac et autres, arrivent en abondance sur différents ports.

Surveillance. — Faubourg Antoine, les trois sections en général ont été tranquilles; quelques murmures au sujet de la diminution des rations de pain.

Arsenal, Fraternité, en général tranquillité; l'arrêté du Comité de salut public et l'annonce de l'arrivée prochaine d'un envoi de grains ont mis fin à quelques murmures sur le pain.

Brutus et Poissonnière, tranquillité.

Guillaume Tell, beaucoup de rassemblements chez les boulangers, murmures de n'avoir eu qu'une livre de pain : « Si encore, disait-on, on nous faisait espérer que les choses iront mieux, on prendrait patience; mais plus ça va en avant, et pire c'est. »

Contrat social : des femmes disaient qu'elles retourneraient à la Convention pour demander où sont passés les grains.

Jardin-des-Plantes et Panthéon-Français, tranquillité. On a fait une distribution hier soir chez deux boulangers, rue Victor et rue Mouffetard; murmures de n'avoir qu'une demi-livre de pain; répétition du bruit qui a couru que la Convention voulait s'en aller à Châlons; propos : « fiare les boutiques. Le peuple manque de tout; ils sont perdus, ceux qui nous rendent malheureux comme nous sommes. » Observation faite que des propos ne procureront pas de pain; supplément de farine pour fournir ceux qui n'avaient pas eu de pain; tranquillité.

Section des Amis-de-la-Patrie, de Bon-Conseil et du Temple : on a battu le rappel dans la section des Amis-de-la-Patrie; dans celle du Temple, des queues aux portes des boulangers et des bouchers; point de propos; on a demandé seulement l'exécution du décret qui accorde une livre et demie de pain par ouvrier.

Section du Temple : jeunes gens ouvriers ramassant d'autres ouvriers et criant : *Du pain, rien que du pain, enfin du pain!*

Finistère et l'Observatoire : les queues aux portes des boulangers ; on se disait les uns aux autres : *Pourvu que nous ayons du pain, cela ira.* On a annoncé que ceux qui n'auraient pas eu de pain, auraient du riz ou du biscuit.

Dans la section de l'Observatoire, des femmes se sont permis, à la porte d'un boulanger, d'arracher les cocardes à d'autres femmes, les ont jetées en l'air et foulées aux pieds, en tenant les propos les plus indécents contre la Convention et la République.

La Montagne et les Tuileries : il y avait un rassemblement qui projetait de se rendre à la section des Gravilliers.

Lombards : les commissaires de bienfaisance ont délivré 400 livres de riz pour tenir lieu de pain à ceux qui n'avaient pas eu la quantité ordonnée.

Bonne-Nouvelle et Brutus : murmures tant [sur] la quantité du pain que sur sa mauvaise qualité.

Section du Nord : tranquillité.

Jardin national, plusieurs groupes, où l'on se plaignait beaucoup relativement au pain et de ce qu'on annonçait qu'on n'en distribuerait qu'une demi-livre et qu'on avait beaucoup de peine à l'avoir. « Prenons patience, ajoutait-on, il viendra un temps où nous leur f....... leur demi-livre de pain par le cul au bout du canon. » Plusieurs femmes ont été arrêtées et conduites au Comité de sûreté générale par la garde. D'autres citoyens consolaient le peuple en disant que le gouvernement prenait de grandes mesures.

La République et les Champs-Élysées : la tranquillité régnait ; les guinguettes des Champs-Élysées ont été garnies comme à l'ordinaire ; on s'entretenait du pain et de la quantité qu'on en donne.

Section des Marchés : plusieurs femmes ont arraché les cocardes à d'autres femmes et provoquaient par des propos un rassemblement ; elles ont été saisies et conduites au Comité révolutionnaire de l'arrondissement.

Palais-Égalité : il y avait beaucoup de monde au café des Canonniers ; les citoyens s'exhortaient et disaient : « La malveillance reprend tous les jours une nouvelle force ; si nous ne surveillons pas les scélérats, nous sommes perdus. »

Suivant le rapport de Manigot, beaucoup de personnes improuvent la conduite tenue hier par les citoyens et citoyennes de la section des Gravilliers. Dans cette section, le 7, la plus grande partie des marchands ont fermé leurs boutiques à cause du rassemblement qui a eu lieu; les femmes arrêtaient les autres femmes et les forçaient de se rendre à une assemblée qui allait se tenir dans le lieu ordinaire des séances de cette section. On a, dans cette assemblée, élu un président; le choix est tombé sur un garçon bourrelier; il est secrétaire au Comité civil; il a dit que les bons citoyens étaient invités à se réunir en vertu de la Déclaration des Droits de l'homme, qui permet le droit de pétition, qu'il fallait en dresser une pour savoir de la Convention quelle était la cause de la disette du pain; il a demandé qu'on se rassemblât aujourd'hui huit, à huit heures du matin, pour aller porter la pétition, que l'on choisirait dans l'assemblée les bons citoyens en état de porter les armes, afin de défendre et de maintenir le bon ordre dans le trajet à la Convention.

Un citoyen représentant est entré dans cette assemblée et a voulu rassurer les esprits; on lui criait : *Ce n'est pas cela qu'il nous faut, c'est du pain!* Le représentant s'est retiré; après sa sortie, le calme s'est rétabli.

Dans la cour Martin, des femmes arrachaient les cocardes aux autres femmes.

Convention. — Une députation demandant la Constitution de 1793, du pain et [criant] : *A bas les baïonnettes*[1]*!*

Garde forcée au Comité de sûreté générale; femmes retirées des mains de la garde.

Découverte de Boissier, à qui on a notifié l'ordre de quitter Paris. Cris de *Vive le roi!* dans les escaliers de la salle; le crieur conduit au Comité de sûreté générale.....

HORNIN le jeune, BEURLIER.

(Arch. nat., F⁴ * III, Seine, 16.)

JOURNAUX.

Messager du soir du 8 germinal : *Paris, 7 germinal.* Réflexions et détails sur la crise des subsistances. « ...On répand que, dans certains endroits de Paris, on vend du pain à 25 sols la livre, qui est superbe. *La fleur est pour les dîners à 36 livres!* disent les malheureux... » Cf., sur le même objet, la *Gazette française* du même jour.

1. C'était une députation de femmes. Voir le *Journal de Perlet* du 8 germinal, p. 116.

CCXLIV

8 GERMINAL AN III (28 MARS 1795).

Rapport du 9 germinal.

Esprit public. Groupes et cafés. — Les nombreuses patrouilles ont entretenu hier la tranquillité ; les rassemblements aux portes des boulangers commencent à huit heures ou neuf heures du soir, et, par leur continuation pendant la nuit, le repos des citoyens, voisins des boulangers, est entièrement troublé.

A six heures du soir, après la levée de la séance, les groupes se sont formés dans tous les endroits voisins de la Convention ; les esprits paraissaient fort agités du projet de décret présenté par les Comités pour la convocation prochaine des assemblées primaires pour l'élection d'une nouvelle législature [1]. Cette nouvelle a causé la plus grande fermentation au café de Chartres.

Didier rapporte que l'on regardait cette proposition comme une calamité publique ; on accusait la majeure partie de la Convention de pusillanimité ; que l'état de crise où se trouvait en ce moment la République et leur (*sic*) serment de mourir à leur poste, plutôt que de quitter avant la fin de la guerre, paraissaient devoir leur en imposer l'obligation. Le même rapporte qu'au café de Valois on ne pensait pas de même ; les anciens habitués de ce café annonçaient, par leurs conversations, le désir du succès du projet de décret.

Spectacles. — Au théâtre de la République, quelques citoyens ont murmuré en entendant l'organiste toucher la *Marseillaise* ; à l'ouverture du deuxième acte, l'orchestre l'a jouée aussi ; plusieurs voix alors s'élevèrent contre et demandèrent le *Réveil du peuple ;* d'autres voulaient qu'elle fût continuée ; mais l'apparition des acteurs a terminé ces débats, et tout a été tranquille.

A celui de la rue Favart, le projet, présenté à la Convention, de convocation des assemblées primaires a produit dans l'entr'acte une sensation très vive. La majeure partie des citoyens prétendit que le moment n'était pas favorable et qu'il serait dangereux ; d'autres, suivant le rapport de Saint-Rémy, se permettaient des discours très outrageants.

---

1. Dans la séance de la Convention du 8 germinal an III, Merlin de Douai avait présenté un projet de décret portant convocation des assemblées primaires pour le 1er floréal suivant (*Moniteur*, réimpression, t. XXIV, p. 91).

Leroy aîné rapporte qu'au théâtre du Vaudeville l'on annonça que la Convention s'était déclarée incompétente pour prononcer sur l'affaire des prévenus¹; qu'après la première pièce, un jeune homme jeta un papier sur le théâtre, qui contenait quatre couplets, désapprouvant la déclaration de la Convention et appelant la vengeance nationale.

Les autres théâtres ne présentent aucuns faits particuliers contre la tranquillité publique².

Commerce. Pain. — Loctave, Vassor et autres annoncent que les queues étaient considérables aux portes des boulangers qu'ils ont surveillées; mais le désordre n'a pas été, en général, si conséquent qu'hier, attendu que plusieurs de ces derniers ont satisfait les citoyens aux termes de la loi, vu qu'ils ont reçu un peu plus de farine que de coutume, ainsi que du riz pour suppléer au pain. Ollivier observe que les boulangers de la section des Lombards se plaignent de ce qu'ils reçoivent leur farine très tard; beaucoup de citoyens de cette section n'ont eu qu'une demi-livre de pain. Malgré cette diminution, plusieurs personnes n'ont point été servies. L'on attribue cette disette aux autorités constituées; on se plaint aussi de ce que le pain est mauvais. La tranquillité a régné dans tous ces lieux.

Viande et autres comestibles. — Mougeat, Lefèvre et autres observent qu'aux portes des charcutiers et bouchers, il y a toujours des rassemblements nombreux; la distribution de la viande s'est faite légalement, et les esprits paraissent agités.

Loctave, Oury et autres disent que les halles et marchés étaient bien approvisionnés en toutes sortes de denrées; celle à la viande comme de coutume. Environ 80 cochons. Le peuple murmure beaucoup, vu la cherté des denrées; d'ailleurs rien de contraire au bon ordre.

Bois. — Poinsignon, Gruet et autres annoncent que la livraison du bois pour les boulangers s'est faite dans différents chantiers et ports avec tranquillité.....

THÉROUENNE, CHAMPENOIS.

(Arch. nat., F¹ᶜ III, Seine, 16.)

---

1. C'était inexact. Mais l'Assemblée avait renvoyé, le 8 germinal, à ses Comités une motion tendant à suspendre l'examen de l'accusation dirigée contre Barère, Billaud-Varenne, Collot-d'Herbois et Vadier. Le lendemain 9, sur le rapport de Guffroy, elle décida au contraire qu'elle continuerait à s'occuper de cette affaire et à entendre les prévenus.

2. Cette première partie du rapport est signée DRURE, LE ROUX.

JOURNAUX.

Gazette française du 9 germinal : « *De Paris, le 8 germinal.* Le Comité de législation vient de renouveler l'administration du département de Paris : les nouveaux administrateurs sont : Nicoleau, ex-administrateur de la commune ; Levasseur, ex-administrateur de la commune ; Guiard, officier municipal en 1792, et Delahaye, membre de la Commission administrative de la police. »

CCXLV[1]

8 GERMINAL AN III (28 MARS 1795).

Rapport du 9 germinal.

Surveillance. — Section des Gravilliers. Le 8, à onze heures du matin, grand rassemblement autour du Comité de la section des Gravilliers ; instance pour faire ouvrir la porte d'entrée de la salle de l'Assemblée générale et y délibérer sur la demande à faire à la Convention pour obtenir la liberté de leurs pétitionnaires. Esprits échauffés. Force armée imposante. Vers les midi, il se disait, dans les groupes que formait ce rassemblement, qu'il était parti des députations pour les faubourgs, qu'il fallait que la basse classe s'emparât des canons, crainte que les gros marchands ne soient pas du même avis. Sur les une heure, à la tête des groupes, on remarquait des hommes qui désiraient qu'on fît quelques arrestations, afin qu'il en survînt du tapage, disant : « Il faudra bien qu'on nous rende nos camarades. » Des ouvriers paraissaient fâchés de n'avoir pas arrêté les premières patrouilles ; d'autres disaient : « Retirons-nous, de peur qu'il ne nous en arrive autant qu'aux pétitionnaires. » De deux heures à cinq, quatre hommes et quatre femmes ont voulu former un rassemblement sur le boulevard pour aller à la Convention ; le Comité révolutionnaire du sixième arrondissement les a fait conduire au Comité de sûreté générale. Plainte des ouvriers contre les patrouilles, disant qu'elles n'étaient composées que de marchands. Sur le soir, les femmes disaient que la liberté n'existait que pour dire : *A bas les Jacobins !* Quelques citoyens ont parlé le langage de la raison, en observant que les ennemis de la liberté se réjouissaient de nos divisions, qu'il fallait être tranquilles, qu'il serait distribué du riz et du biscuit ; quelques

1. On remarquera qu'il y a deux rapports pour cette journée du 8 germinal.

femmes ont dit qu'elles aimaient mieux avoir du pain. Plusieurs citoyens de cette section se sont plaints, en disant que les Droits de l'homme étaient violés, puisqu'on ne pouvait parler, même pour demander du pain. Ils se proposent d'engager les citoyens, à l'assemblée générale de décadi prochain, de demander à la Convention la liberté des citoyens arrêtés. Queues aux portes des boulangers; groupes dissipés par la force armée. La farine est parvenue chez les boulangers fort avant dans la nuit. Du riz a été distribué à ceux qui n'ont pas eu de pain. Indication promise d'un particulier, réputé être un des moteurs du mouvement qui a eu lieu avant-hier dans la section des Gravilliers. Murmures sur le pain et sur ce que le riz ne peut en tenir lieu; au surplus, calme et tranquillité.

Section des Marchés. ...Femme ivre, qui s'est jetée sur Lecoq, inspecteur, lui demandant du pain, et qui a excité, par ses cris, un grand rassemblement, à la faveur duquel elle s'est évadée. La force armée a dissipé ce rassemblement..... Les effets d'or et d'argent augmentent tous les jours de prix. Queues aux portes des boulangers, murmures sur le défaut de pain contre l'administration, à laquelle on l'impute. Entretien sur le projet de décret qui annonce la clôture de la Convention. Annonce que le peuple de Paris et celui des départements ne laisseront pas aller les députés, avant que la tranquillité règne et qu'ils aient rendu compte de ce qu'ils ont fait.

Contrat-Social. Tranquillité; rassemblements dès les onze heures du soir aux portes des boulangers; plaintes et murmures sur les subsistances.

Amis-de-la-Patrie. Chez un boulanger, rue aux Ours, des femmes, auxquelles on voulait distribuer du riz, disaient : « Que personne n'en prenne, faute de charbon : nous ne pouvons le faire cuire au soleil. »

Bon-Conseil. Tranquillité ; on se plaignait aux queues que les traiteurs ne manquaient pas de pain, qu'ils le payaient trente sols les quatre livres, qu'il y avait encore des protégés.

L'Homme-Armé. Vieille rue du Temple, un citoyen a eu la cuisse cassée à la queue du pain; il a été renversé par un troupeau de bœufs. A onze heures du soir, il a été distribué une fournée de pain. Tout tranquille.

Faubourg-Montmartre. Tranquillité; queues aux boulangers ; à plusieurs de ces queues on disait qu'il serait bon que nos frères des départements eussent autant de pain que nous.

Faubourg-Denis. Tranquillité. On s'y plaint de l'arrestation du président et du secrétaire de la section des Gravilliers, qui, dit-on, n'ont accepté leurs nominations que parce que l'Assemblée avait promis de les soutenir. D'autres ont dit qu'il aurait fallu casser les bras et les jambes à ceux qui les ont arrêtés ; d'autres, enfin, disaient que toutes les autres sections étaient tranquilles, et que celle des Gravilliers n'était tourmentée que parce qu'elle avait voulu faire le bien. La surveillance s'exerce sur tous ceux qui veulent agiter le peuple.

Butte-des-Moulins. Au Palais de l'Égalité, on vend une pièce de vingt-quatre sous neuf livres dix sous. Au café de Chartres, en parlant du projet de décret sur les assemblées primaires [1], on y disait que la Convention ferait bien de le rendre, afin que les honnêtes gens se montrent. On y répète que ce sont les Jacobins qui sont cause de nos maux. Fréquentes patrouilles; grande tranquillité, ainsi qu'au Jardin national.

Les autres sections ont joui du plus grand calme, à quelques murmures près, concernant le pain.

BEURLIER, THEROUENNE.

(Arch. nat., F¹ᶜ III, Seine, 16.)

CCXLVI

9 GERMINAL AN III (29 MARS 1795).

RAPPORT DU 10 GERMINAL.

Esprit public. Groupes. — D'après les rapports de Gendet, Tetel, Simon et Chatou, inspecteurs, il paraît qu'on s'est permis, dans les queues à la porte des boulangers, de dire des injures et des murmures contre la représentation nationale, à laquelle on impute tous nos maux; que nos blés ont probablement été exportés chez les étrangers; que ceux qui sont chargés de l'approvisionnement sont nos principaux ennemis, et qu'il faut les punir sévèrement; que, d'un autre côté, la malveillance y fait raconter le fait suivant, auquel heureusement on ne croit pas. *On y disait qu'une mère de famille, n'ayant pas eu de quoi donner à manger à ses trois enfants, en avait tué deux.*

Les mêmes ajoutent que dans le Jardin national on avait proposé à un canonnier de la section de Fontaine-de-Grenelle un billet de dix sols pour un gros sol; qu'on y disait en même temps que les fermiers qui avaient encore quelques grains à vendre ne voulaient recevoir

[1]. Voir plus haut, p. 611.

que de l'argent ou des bijoux; que, dans les marchés, on vendait un billet de vingt-cinq sols quatre sols en numéraire; qu'on murmurait beaucoup sur l'abus de l'agiotage, dont le moindre effet est de discréditer les assignats; que ceux de cinq livres à *face* sont préférés aux autres, ce qui annonce une nouvelle branche d'agiotage; qu'on accusait hautement la Convention nationale et les Comités de gouvernement de faire acheter l'or et l'argent, toutes les marchandises, toutes les denrées de première nécessité, et de faire revendre le tout à leur profit; qu'on se plaignait amèrement du prix excessif de tout, en observant que le gouvernement devait protection à tous, et qu'il ne devait pas, par un consentement tacite, souffrir qu'une portion d'hommes assassine l'autre portion par son avarice et son égoïsme.

Mercereau, Fargues et Legrand rapportent qu'en général on blâmait la proposition faite de convoquer les assemblées primaires pour l'élection d'une nouvelle législature; que les uns disaient qu'il était étonnant que les députés voulussent quitter dans un moment aussi orageux, et où la Constitution n'est pas encore en vigueur; que les autres ajoutaient que les représentants du peuple, après s'être bien engraissés, voulaient s'en aller et nous laisser dans l'embarras; enfin que partout on témoignait les plus vives inquiétudes.

Cafés. — Que, dans les cafés, on s'y entretenait des mêmes objets; mais que des concitoyens avaient exhorté à la patience, en observant que nous avions bien du monde à nourrir dans la Belgique et la Hollande, que c'était un temps à passer, et que cela ne pouvait être long. Simon a remarqué au café des Canonniers, Maison-Égalité, que les jeunes gens avaient encore rappelé l'arrestation de quelques-uns d'entre eux par les patrouilles, et qu'ils ont traité de lâches ceux qui les avaient laissé emmener le jour de la scène du Jardin national.

Spectacles. — Les spectacles ont été assez tranquilles; seulement, au théâtre du Vaudeville, des personnes qui occupaient une loge louée, ayant sorti après la première pièce et ayant voulu y rentrer un moment après, la trouvèrent occupée par des citoyens qui, invités d'en sortir, s'y refusèrent. Les officiers de police, étant intervenus, renouvelèrent sans succès l'invitation; puis les ayant requis, au nom de la loi, de céder la loge, l'un d'eux, armé d'un sabre, répondit qu'il ne connaissait pas la loi, mais bien celle de la raison. Ce citoyen fut conduit chez le commissaire de police de la section des Tuileries, où il déclara être de garde à la Convention, et peu de temps après il fut réclamé par le commandant du poste.

Le concert de la rue Feydeau a été interrompu un instant parce qu'on a jeté un papier sur lequel étaient écrits ces mots : *Je courrai pour rien*. C'était, à ce qu'on a rapporté, une caricature, dont on n'a pu savoir dans le moment l'objet. Il a, en effet, parcouru toute la salle. Le *Réveil du peuple* a été chanté, et, au dernier couplet, lorsqu'on a dit : *Représentants d'un peuple libre*, etc., quelques murmures se sont fait entendre, et la représentation nationale n'a pas été traitée avec tout le respect qui lui est dû.

[*Pain, viande, bois.* — Rassemblements aux portes des boulangers. Tranquillité chez les charcutiers et bouchers. Inquiétude pour les subsistances. Pas d'incident grave aux livraisons de bois.]

Surveillance. — Faubourg Martin. Suivant Pernel, un citoyen amidonnier, ayant une grande quantité de pommes de terre, les a livrées au public à trois livres le boisseau.

Contrat-Social. D'après Moura, une voiture de charbon a été distribuée, rue Tiquetonne, à raison de 4 livres le boisseau.

Palais-Égalité. Laurent et Châtillon rapportent que, sous les galeries, beaucoup de citoyens disaient qu'il serait malheureux que les accusés[1] vinssent à périr, que cela conduirait plus de quatre-vingt mille personnes à la guillotine. « Dieu veuille, disaient-ils, que, pour le bonheur de la France, toute haine cesse. » D'autres disaient que les représentants qui avaient été incarcérés ne devraient pas voter *pour* ni *contre*, que l'on ne sait comment il peut en exister dans la Commission des Vingt-un. D'après le rapport de Henry et de Dangouville, hier, sur les cinq heures et demie, un citoyen disait dans un groupe que le peuple avait été obligé d'accepter la Constitution de 1793, et que tout irait mal tant que le peuple serait forcé de faire des choses contre son gré. Ce particulier s'est échappé à la surveillance. On disait aussi qu'il fallait que les quatre prévenus fussent jugés de manière ou d'autre. Suivant Pasquis, des individus font courir le bruit qu'au Palais-Égalité, on vend de très beau pain à 25 et 30 sols la livre. Il paraît que c'est un faux bruit.

Arsenal. — Suivant Dufresnoy et Chevassu, rues Paul, Antoine, de la Mortellerie, les boulangers n'ont reçu leur farine qu'à quatre heures du matin, ce qui a occasionné beaucoup de murmures. Une femme, étant chez le boulanger, quai des Ormes, près le pont Marie, n'ayant pas eu de pain, s'est jetée à l'eau, d'où elle a été retirée sur-le-champ.

Dans les groupes de la Convention, on se plaignait du projet de

---

1. C'est-à-dire Barère, Billaud-Varenne, Collot d'Herbois et Vadier.

son renouvellement. On disait qu'elle se retirait après avoir fait sortir l'or, l'argent et les subsistances, mais que l'on saurait bien lui faire rendre compte; d'autres répondaient que le renouvellement de la Convention était le seul moyen de sauver la République.

Jardin national. — Un hussard du régiment de Berchény disait, dans un groupe, qu'ils étaient quatre cents hommes pour déposer contre les quatre accusés. Vers les neuf heures, agitation de plusieurs groupes. On y disait que, sur la route de Beaumont, on avait arrêté trois voitures de blé qui venaient à Paris, lesquelles ont été partagées sur le lieu.....

Faits divers. — A neuf heures trois quarts, au café des Canonniers, un citoyen, voulant prendre la défense de Dugazon, fut arrêté dans son discours par ceux qui l'écoutaient, qui criaient : *A bas l'orateur!* et voulaient, au contraire, aller au théâtre de la République pour le chasser, ce qui n'a pas eu lieu.

Un particulier, se disant arrivé de Brest, et rédacteur du *Journal des Lois*, annonçait qu'il avait été amené à Paris de brigade en brigade, conduit au Comité de sûreté générale, qui lui avait donné Paris pour prison. Il disait que les fermiers portaient leurs grains sur les frontières, que de là ils faisaient passer chez l'étranger le grain qui pouvait manquer en France. Cette dénonciation causa des murmures parmi les citoyens du café des Canonniers. On a voulu le conduire au Comité de sûreté générale, mais on passa à l'ordre du jour, attendu qu'il était tard, que chacun s'en allait, et que l'on cherchait à réconcilier les esprits.

Beaucoup de gens de campagne se rendent à Paris et vont au Marché ci-devant des Innocents y acheter à tout prix les objets d'argent qu'ils y trouvent; ils préfèrent cette matière à l'or.

BEURLIER, LE ROUX, PASTÉ.

(Arch. nat., F⁷ III, Seine, 16.)

JOURNAUX.

Gazette française du 11 germinal : « On donne, au théâtre de la rue Feydeau, une tragédie nouvelle dont le sujet est la mort de Pausanias. Il n'y a rien d'historique dans cette pièce, que le titre; mais comme elle est un récit rimé de la Révolution du 10 thermidor, elle est accueillie avec enthousiasme par les nombreux spectateurs..... »

CCXLVII

10 GERMINAL AN III (30 MARS 1795).

Rapport du 11 germinal.

Esprit public. Groupes et cafés. — La distribution du pain a été hier des plus tumultueuses ; les rassemblements aux portes des boulangers avaient commencé la veille à onze heures du soir ; des hommes forts et robustes, suivant le rapport de Leroy aîné, s'étaient emparés des portes des boulangers, sans aucun ménagement pour les femmes grosses et les enfants qu'ils en ont déplacés. Les rassemblements ont recommencé hier à sept heures du soir sur la section des Droits-de-l'Homme. Le commissaire de police de cette section, accompagné de la force armée, s'est présenté aux portes de plusieurs boulangers et a invité fraternellement [les citoyens], pour leur repos et leur santé, à se séparer et ne revenir que le lendemain à cinq heures du matin ; tous ont répondu que, n'ayant point eu de pain depuis plusieurs jours, ils persistaient à garder leurs places.

La plupart des assemblées de section ont été orageuses ; partout les cris multipliés sur la disette se sont fait entendre, et notamment, à celle de la section du Nord, nombre de citoyens se sont mis à crier dans l'assemblée : *Donnez-nous du pain !* ce qui devient un cri général. Le tumulte fut alors si grand que le président fut obligé de se couvrir. Après une invitation fraternelle à la paix et à l'union, le calme cependant se rétablit.

La pénurie des subsistances fait le principal motif des conversations des groupes et cafés ; on y développe les difficultés de pouvoir employer utilement le riz accordé en remplacement de pain, faute de bois et de charbon pour le cuire. Les citoyens ajoutent, au surplus, qu'ils avaient, pour la plupart, fourni leurs fonds pour en obtenir, ainsi qu'il avait été arrêté par le Comité de sûreté générale, sur les coupes extraordinaires, que leur attente depuis trois mois ne leur laisse plus d'espérance, et qu'ils ne sont plus en état de s'en procurer au prix effrayant des ambulants sur la place.

Au milieu de tous ces murmures, la tranquillité a paru renaître sur la manifestation du vœu de la Convention nationale de ne quitter son poste que lorsqu'elle aurait mis en activité les lois organiques du gouvernement pour l'exécution de la Constitution de 1793 [1] et qu'elle aurait employé les mesures qui doivent assurer le bonheur du peuple.

Spectacles. — Les spectacles, en général, n'offrent rien de particulier contre la tranquillité publique.

Places publiques. — Chatou rapporte qu'hier, sur la place de Grève, le nommé Dragon, charlatan, vendant ses pommades, faisait voir un mouton, avec lequel il semble s'entretenir; il lui dit entre autres : « Mon ami, tu es bien triste! c'est que tu n'as pas de pain aujourd'hui et que tu n'as pu en avoir; nous sommes bien mal gouvernés aujourd'hui, et tant que cela durera, nous serons bien à plaindre. » Ces divers propos, répétés sur les places, propagent l'effervescence; la Commission va mander ce citoyen.

Commerce. Pain. — Les divers rapports des inspecteurs chargés de la surveillance des boulangers contiennent à peu près la redite de ce qui est rapporté plus haut. Les inspecteurs y ajoutent, néanmoins, que les esprits étaient très échauffés de ce que l'on ne donne à chaque citoyen qu'une demi-livre de pain, au lieu de la livre accordée par la loi; les 6 onces de riz, délivrées pour supplément, ne satisfont point le public, et l'on entend de violents murmures contre les autorités constituées; la majeure partie de ces femmes disaient que les hommes étaient des lâches de ne pas demander à ceux qui sont chargés de l'approvisionnement ce qu'ils ont fait d'une si belle récolte, et s'ils veulent faire mourir le peuple de faim.

Suivant Vontschritz, les habitants des sections des Droits-de-l'Homme et de l'Homme-Armé se proposent d'aller aujourd'hui à la Convention pour lui demander du pain; les patrouilles n'ont pu venir à bout de dissiper les rassemblements. La disette excite un mécontentement général. Rien d'ailleurs de contraire à la tranquillité publique.

Comestibles. — Les halles, le marché Germain étaient assez bien approvisionnés; la halle à la viande l'était comme de coutume. Les pommes de terre se vendent 12 livres le boisseau. Les marchés ont été tranquilles.

Depuis le 8 jusqu'au 11 de ce mois, il est arrivé sur le carreau des halles 778 voitures de différentes denrées, 11 de marée et 1 d'huîtres,

---

[1]. Le 10 germinal an III, la Convention avait décrété qu'il n'y avait pas lieu à délibérer sur la convocation des assemblées primaires, et elle avait décidé de nommer une commission de sept membres, chargée de présenter un projet de décret sur le mode le plus prompt de préparer les lois organiques de la Constitution.

et depuis le 7 jusqu'au 11 de ce mois, il est arrivé : beurre, 22.347 livres ; œufs, 232.650 ; fromages de Brie, 361 douzaines.

Bois. — Murat et Sémé rapportent que le public murmure beaucoup contre les administrateurs de ce qu'il ne voit point arriver de bois sur la place des Piques, quoiqu'il ait donné son argent aux sections ; ils annoncent qu'au chantier de la Madeleine il y a beaucoup de petit bois que les boulangers ne veulent point, et qu'on pourrait distribuer aux citoyens porteurs de bons des sections. A l'île Louviers et à la Rapée, la délivrance du bois pour les boulangers s'est faite avec tranquillité.....

Faits divers. — ...Section Poissonnière, un particulier s'est permis de désarmer un citoyen sur un ordre du Comité révolutionnaire du III⁰ arrondissement, non signé. Cet ordre portait de désarmer le fils ; mais, ne l'ayant pas trouvé, il s'est emparé du fusil du père. Cette affaire est renvoyée à une commission d'examen nommée *ad hoc.*

Sections du Contrat-Social, des Thermes, du Mont-Blanc, de la Fidélité, de la Halle-au-Blé et de l'Unité, on a arrêté de faire une pétition pour inviter la Convention à rester à son poste.

Section des Gardes-Françaises, l'assemblée générale a été agitée par une dénonciation faite contre un citoyen qui avait refusé de prendre des assignats républicains.

Section des Plantes, l'assemblée générale a été nombreuse et tumultueuse ; on a arrêté qu'il serait fait une adresse à la Convention pour avoir la quantité de pain accordée par la loi, et pour qu'il soit fait un recensement dans toute la République, pour avoir l'état des subsistances.

Section des Gravilliers. Beaucoup de tumulte à l'assemblée générale, causé par une dénonciation contre trente membres. Le président s'était couvert jusqu'à quatre fois. Le calme s'est rétabli.

Section du Temple, on a pris l'arrêté de demander à la Convention que les fonctionnaires publics soient tenus de se faire remplacer.

Section du Bonnet-de-la-Liberté. Le citoyen Dugazon a monté à la tribune et a offert à l'assemblée un bonnet aux trois couleurs, disant que c'était celui qu'il n'avait cessé de porter tout le temps qu'il avait été détenu. Il a ensuite fait lecture d'une adresse à la Convention pour l'inviter à ne pas abandonner le vaisseau de la République.

Section Bon-Conseil. L'assemblée générale a été tumultueuse. Le président s'est couvert une fois. On a pris l'arrêté de faire une pétition à la Convention pour qu'il soit pris des mesures pour empêcher les citoyens de passer la nuit dans les rues aux portes des boulangers.

Section de l'Arsenal. On arrête de faire une pétition à la Convention pour lui demander que les prisonniers de la République soient employés à amener du bois et du charbon à Paris, et qu'ils soient payés aux frais des marchands qui les employeraient.....

Les différents rapports n'annoncent aucun événement; ce qui occupe le peuple dans ce moment est la grande difficulté de se procurer du pain......

BARBARIN, THEROUENNE, CHAMPENOIS.

(Arch. nat., F⁷ 4III, Seine, 16.)

JOURNAUX.

Vedette du 11 germinal : « ...Les queues aux portes des boulangers sont toujours effrayantes; l'on ne donne guère qu'une demi-livre de pain à chaque personne; on remplace le déficit par du riz. Les faubourgs sont un peu mieux traités que l'intérieur de la ville : chaque ouvrier y reçoit sa livre et demie de pain. Paris est assez calme. » — *Gazette française* du 11 germinal : « La situation de Paris est toujours la même : on ne voit que des queues qui demandent du pain, et des groupes qui se plaignent de n'en point avoir. Les terroristes cherchent à profiter des circonstances où nous nous trouvons pour faire encore triompher le cannibalisme; le gouvernement était autrefois dans les clubs, il est maintenant dans les rues; les murs de Paris, couverts de placards, sont devenus des tribunes où chacun se dispute l'autorité; et l'influence des affiches a fait disparaître celle des lois. La fermentation règne dans les esprits; on paraît adresser à la Convention ces paroles de l'Evangile : *Si vous êtes le véritable envoyé du peuple, dites que ces pierres deviennent du pain.* L'air que nous respirons est sans cesse frappé de menaces et d'imprécations; de toutes parts notre horizon est environné de précipices. » — *Messager du soir* du 12 germinal : « *Paris, le 11 germinal.* Ces jours derniers, on ne voulait pas qu'on chantât à l'Opéra le dernier couplet du *Réveil du peuple*; hier, au théâtre Martin, après ce vers : *Représentants d'un peuple juste*, une voix s'est écriée : « Ce sont des lâches et des insouciants ! » Au théâtre de la République, des citoyens se sont permis des huées. » — « Les terroristes se sont agités hier dans plusieurs sections; on a remarqué qu'à trois heures un quart il ne restait plus qu'un très petit nombre des citoyens; ainsi les buveurs de sang établiront désormais leur tactique sur cette donnée... »

CCXLVIII

11 GERMINAL AN III (31 MARS 1795).

RAPPORT DU 12 GERMINAL.

Esprit public. — Il résulte des rapports que la disette du pain est presque le seul objet des entretiens dans tous les groupes et dans les rassemblements aux portes des boulangers. Des femmes s'y plaignaient de n'avoir pas eu de pain depuis deux jours, et plusieurs, dans leur désespoir, ont dit aux boulangers et aux commissaires : « Prenez un fusil et tuez-nous, plutôt que de nous laisser souffrir la faim. »

Le riz, qui est distribué pour tenir lieu de pain, ne satisfait point, attendu le prix excessif du bois et du charbon et la difficulté de s'en procurer. Avoir du riz et être dans l'impossibilité de le faire cuire, c'est comme si on n'avait rien. Cette réflexion en faisait faire bien d'autres et notamment celle-ci : « Que la Convention tâche de procurer des subsistances aux malheureux, car les riches n'en manquent pas. » Les traiteurs, les pâtissiers sont mieux fournis que jamais, et cela insulte à la misère des pauvres, qui n'ont seulement pas un morceau de pain.

Un assez grand nombre d'ouvriers étaient hier dans les groupes du Jardin national et murmuraient beaucoup contre les riches et les marchands, qu'ils disaient être bien approvisionnés en tout. Ils semblaient même vouloir aller faire des visites chez eux et enlever leur superflu.

Du nombre de ces ouvriers, il en est qui ont abandonné leur travail et ont déclaré qu'ils ne le reprendraient que lorsqu'ils auraient du pain.

Parmi eux, on a entendu divers citoyens qui parlaient le langage de la raison et cherchaient à calmer les esprits.

Il a été question de la pétition du faubourg Antoine [1]; dans plusieurs groupes on trouvait fort mauvais qu'on eût traité les pétitionnaires de factieux, que c'étaient, au contraire, de bons pères de famille et de bons citoyens.

1. Le 11 germinal an III, une députation de la section des Quinze-Vingts, faubourg Saint-Antoine, était venue dire à la barre de la Convention : « Depuis le 9 thermidor nos besoins vont croissant. Le 9 thermidor devait sauver le peuple, et le peuple est victime de toutes les manœuvres. On nous avait promis que la suppression du maximum ramènerait l'abondance, et la disette est au comble. Les incarcérations continuent. Le peuple veut enfin être libre : il sait que, quand il est opprimé, l'insurrection est un de ses devoirs, suivant un des articles de la Déclaration des droits. Pourquoi Paris est-il sans municipalité ? Pourquoi les Sociétés populaires sont-elles fermées ? Où sont nos moissons ? Pourquoi les assignats sont-ils tous les jours plus avilis ? Pourquoi les fanatiques et la jeunesse du Palais-Royal peuvent-ils seuls s'assembler? Nous demandons, si la justice n'est pas un vain mot, la punition ou la mise en liberté des détenus; nous demandons qu'on emploie tous les moyens de subvenir à l'affreuse misère du peuple, de lui rendre ses droits, de mettre promptement en activité la Constitution démocratique de 1793. Nous sommes debout pour soutenir la République et la liberté. » *Journal de Perlet*, n° 919, et *Moniteur*, réimpression, t. XXIV, p. 106.

L'arrêté du Comité de salut public sur le nouveau mode de distribution de pain est en général approuvé [1].

Dans les cafés on s'entretenait également des subsistances, mais avec la persuasion que l'abondance ne tardera pas à revenir. Dans celui de Chartres, on a lu l'extrait d'un arrêté de la section du Jardin-des-Plantes qui a pour but, après avoir retracé toutes les horreurs du règne de Robespierre, de prévenir tous les bons citoyens de se tenir sur leur garde et de faire un rempart de leurs corps à la Convention nationale pour éviter de nouveaux malheurs, attendu qu'on assure que les faubourgs Antoine et Marceau se joignent aux Jacobins pour demander leur rétablissement et celui de la Commune. Les citoyens ont juré de mourir plutôt que de souffrir qu'on portât la moindre atteinte à la Convention nationale.

On a fait diverses motions, entre autres celle de ne partir jamais qu'avec un sabre et de n'être admis dans ce café sans cette arme. Un étranger a parlé; cela a occasionné un peu de rumeur, et l'étranger a été conduit au Comité de sûreté générale.

La tranquillité paraît avoir régné dans tous les spectacles.

A celui de la République, on a jeté un billet sur l'avant-scène, entre les deux pièces. Fior, officier de paix, rapporte que l'auteur, qu'on croit être un colonel de hussards, s'est présenté et en a fait lecture; que ce billet était relatif aux quatre prévenus de l'ancien Comité de salut public [2] et qu'il contenait des expressions peu convenables en parlant de la représentation nationale. Nous cherchons à connaître ce billet et le nom de son auteur.

Commerce. Pain. — L'effervescence causée par la diminution de la quantité de pain accordée à chaque citoyen et par la peine qu'on a à s'en procurer fait l'objet des rapports de tous les inspecteurs qui ont surveillé les distributions de pain. Tous ont entendu, de la part des femmes et de la part de quelques hommes, des menaces et des injures; d'autres femmes pleuraient et donnaient des marques de désespoir. Plusieurs boulangers n'avaient pas reçu leurs farines à huit heures du matin, ceux entre autres des sections de la Réunion, de l'Homme-Armé et de l'Indivisibilité. De là de vives inquiétudes;

1. On verra plus loin, dans le rapport du 13 germinal, que cet arrêté avait été pris le 11 germinal. Or, nous n'avons retrouvé à cette date aucun arrêté du Comité de salut public sur le mode de distribution du pain, ni aux Archives nationales, ni dans le recueil imprimé qui est intitulé : *Arrêtés des Comités de la Convention nationale obligatoires pour les autorités constituées*, Paris, an III, 3 vol. in-8. Bibl. nat., Le 37,3.

2. On veut sans doute parler de Billaud, Collot, Barère et Vadier : mais ce dernier n'avait pas fait partie du Comité de salut public.

mais ils ont reçu du riz pour supplément. On se plaint aussi de la mauvaise qualité de pain. En général, les esprits sont dans une agitation affligeante pour les amis de l'ordre et de la tranquillité.

Suivant Bienvenu et Delahaye, les pains de 4 livres du citoyen Cousin, boulanger, rue de Poitou, ne pèsent que 3 livres 10 onces; la Commission a écrit au commissaire de cette section de surveiller ce genre de fraude.

Comestibles. — Oury, Delahaye et autres rapportent que, dans les arrondissements qu'ils ont surveillés, de très bonne heure, il y avait des foules considérables aux portes des bouchers; la distribution s'est faite avec ordre, mais les esprits étaient très échauffés.

Les halles n'étaient pas très bien approvisionnées; les marchés Martin, Germain et Enfants-Rouges étaient assez bien fournis, mais les denrées s'y vendent un prix exorbitant; il y avait beaucoup de viande à la Halle. Tous ces marchés ont été tranquilles.

Bois. — Mougeat, Fabre et autres rapportent que le citoyen Orgalin, marchand de bois, sur le port du raccueillage, s'est permis de vendre 150 livres la voie du bois qui était en réquisition pour les boulangers; ce même Orgalin a dit qu'il fallait que le peuple se portât à l'Agence des subsistances pour la forcer à lever cette réquisition, qui d'ailleurs était une friponnerie de sa part. Mougeat a arrêté et conduit chez le commissaire de police de la section de l'Unité une voiture chargée de ce même bois acheté sans bon par le citoyen Gontier, menuisier, rue des Boucheries, faubourg Germain; procès-verbal de ce fait sera adressé à la Commission.

Un citoyen, porteur d'un ancien bon au nom d'un boulanger, a voulu d'autorité se faire corder une voie de bois au port Bernard. Gruet et Poinsignon ont conduit ce citoyen à la Commission, qui l'a renvoyé devant le commissaire de police, qui dressera procès-verbal, sur lequel la Commission statuera.

A l'Ile Louviers et à la Rapée, la distribution du bois pour les boulangers s'est faite avec tranquillité.

Surveillance. — 1er arrondissement. Sections des Champs-Élysées, de la République, des Tuileries et des Piques. — Suivant Noyet, Moura, Lenfant, Valet et Pernet, en général beaucoup de murmures sur le pain et sur le temps qu'il faut pour en avoir si peu. Le mécontentement est au comble. Propos tenus dans les groupes, tous différents les uns des autres, qui annoncent bien ce mécontentement, mais qui n'annoncent rien d'extraordinaire sur la vraie cause de la pénurie des subsistances.

3° arrondissement. — Il y a eu plusieurs rassemblements. Beaucoup de murmures, plaintes de ce que les farines viennent trop tard chez les boulangers. L'arrêté du Comité de salut public concernant la distribution du pain qui doit avoir lieu le 13 a procuré le calme dans les esprits.

4° arrondissement. — Mêmes murmures sur le défaut du pain. Grande affluence à la porte d'un boulanger, devenue si tumultueuse que la force armée est devenue nécessaire pour la dissiper. La distribution de l'avoine à la Halle a excité du trouble, qui a été promptement apaisé. Beaucoup de discours sur la cherté des subsistances en général. Allégation des motifs qui y ont donné lieu, comme la loi sur le *maximum* et la quantité des assignats. Il n'a point été question de propos tenus contre la Convention.

5° arrondissement. — Beaucoup de personnes n'ont pas eu de pain sur la section du Nord; de là murmures et demandes que l'on délivre le riz aux riches, parce qu'ils ont du bois et du charbon. Quelques groupes dans lesquels on s'est entretenu sur le pain.

6° arrondissement. — L'arrêté du Comité de salut public sur la distribution du pain a causé du contentement à Paris, fait renaître la patience des citoyens qui attendaient la livraison du pain. Rassemblement au haut du faubourg du Temple, qui a été dissipé en faisant entendre la voix de la raison à ceux qui le composaient. Beaucoup de monde dans les cabarets de la Courtille.....

9° arrondissement. — Murmures et inquiétudes sur les subsistances. Plusieurs groupes où l'on s'occupe de différents propos tenus. Projet de se rendre à la Convention. Arrestation de plusieurs militaires, qui ont été conduits chez le commissaire militaire.

10° arrondissement. — Pareils murmures et inquiétudes sur les subsistances..... Des jeunes gens se sont accostés des citoyens du faubourg Antoine, qui ont été hier à la Convention; ces jeunes gens ont voulu tenir leur langage ordinaire, mais les ouvriers leur ont répondu qu'ils feraient beaucoup mieux d'aller à la frontière que de faire leur train à Paris, qu'ils étaient las de tous leurs propos de buveurs de sang, de Jacobins et d'égorgeurs, qu'il était bientôt temps que cela finisse, ou bien qu'ils y mettraient ordre.

2° arrondissement. — Pareils murmures et inquiétude. Suivant le rapport de Charpentier et Ancelle, il a été dit au café de Chartres qu'il fallait que le peuple demande les assemblées primaires.

Suivant Trémet et Leroux, les guinguettes de la Nouvelle-France et des Porcherons étaient garnies de monde, qui était tranquille et s'amusait.

Suivant les rapports de Pernet, Pigache et autres surveillants autour de la Convention, Jardin national et Jardin-Égalité, on se plaignait des arrestations qui sont faites journellement de ceux qui n'ont d'autre tort que de demander du pain.....

... Au pont Notre-Dame, rassemblement dans lequel on disait qu'il fallait battre la générale, et qu'il fallait assommer ceux qui ne suivraient pas.....

Gosset, Pasté, Barbarin, Fauconnier.

(Arch. nat., F¹ᶜ III, Seine, 16.)

CCXLIX

12 GERMINAL AN III (1ᵉʳ AVRIL 1795).

Rapport du 13 germinal.

Esprit public. — Les événements d'hier[1] ayant donné lieu à des rapports continuels[2] que les circonstances successives ont amenés et dont les faits sont si publics, nous n'avons pas cru nécessaire de les rapporter de nouveau ; nous nous bornerons à citer quelques faits particuliers qui nous sont parvenus, et qui semblent avoir quelques traits aux prétextes de l'insurrection. L'on rapporte que le mécontentement des ouvriers semblait dériver de l'exécution de l'article 12 de l'arrêté du Comité de salut public du 11 germinal[3], par lequel tous les citoyens tenant maisons garnies et logeant des non-domiciliés n'auront point de part aux distributions des subsistances et seraient obligés de se fournir par la voie du commerce libre. L'on a remarqué dans le rassemblement d'ouvriers, rue Montmartre, une quantité de tailleurs de pierres, maçons et autres du bâtiment, qui ont l'habitude de venir à Paris au renouvellement des travaux, et qui s'en retournent l'hiver dans leurs familles et ne sont pendant leur séjour ici logés qu'en garnis.

Dubout, inspecteur, rapporte que dans le Jardin national il a signalé un homme, se disant cavalier, faisant les motions les plus incendiaires, disant que la Convention n'était composée que de voleurs, de scélérats, qu'il fallait les entourer et s'emparer du magasin d'armes, montrant la salle du manège, et nommer une commis-

---

1. Sur cette célèbre journée du 12 germinal an III, voir les divers comptes rendus de la séance de la Convention et les récits de Buchez et de Louis Blanc.
2. Nous n'avons pas retrouvé ces rapports.
3. Voir plus haut, p. 624.

sion de vingt-quatre membres qui prendraient les rênes du gouvernement, que lui-même dirigerait ceux qui prendraient les armes, qu'il allait chez un imprimeur faire imprimer de quoi éclairer le peuple, que l'ouvrage paraîtrait sous deux jours, et qu'à cette époque, il serait peut-être trop tard. Ce particulier a été suivi jusqu'à un cabaret faisant l'encoignure des rues du Bac et Grenelle, où il est entré avec un cavalier. La générale battit en ce moment, et les nombreuses patrouilles qui se croisèrent firent perdre à l'inspecteur le fruit de sa surveillance ; il ne le trouva plus ; il a seulement recueilli son signalement, dont nous le chargeons de profiter pour le découvrir.

Les représentants du peuple Auguis et Penières ont rendu compte eux-mêmes à la Convention des événements arrivés aux sections du Panthéon, de l'Observatoire et des Thermes [1] ; les officiers de paix ont rempli leur devoir auprès de ces deux représentants.

Gendet, inspecteur, nous a rapporté qu'étant hier de garde avec son bataillon, à onze heures du soir, près la Convention, un citoyen de Lyon leur avait dit qu'il y avait à Paris douze cents Lyonnais, et que Collot ne ferait pas la route sans être assassiné ; nous avons fait part de ce rapport au Comité de sûreté générale.

Commerce. Pain. — Losset, Martin et autres annoncent que les rassemblements sont toujours considérables à la porte des boulangers, où l'on murmure beaucoup de ce que la farine arrive trop tard chez plusieurs de ces derniers. Divers boulangers n'ont délivré qu'un quarteron de pain à chaque individu ; cette modique portion fait répandre des larmes aux mères de famille, en disant qu'on leur donne la mort, et d'autres tiennent des propos contre les autorités constituées et le gouvernement. Malgré cette diminution, beaucoup de personnes n'ont point eu de pain et ne veulent pas recevoir de riz en place, vu la disette du bois et du charbon nécessaires pour faire cuire cette denrée. Plusieurs boulangers se plaignent de ce que la répartition de la farine n'est pas faite également, puisque dans la même section les uns délivrent une livre de pain à chaque citoyen et les autres une demi-livre. Losset observe que dans les sections du Théâtre-Français, des Marchés et Lombards, l'on battait le rappel pour que les citoyens se transportent à la Convention pour lui demander du pain et pour savoir si l'on voulait faire mourir le peuple de faim. En général les esprits étaient très échauffés dans tous ces lieux. La livraison s'est faite avec beaucoup d'agitation, attendu que

---

1. On trouvera ces rapports dans le *Moniteur*, réimpression, t. XXIV, p. 119 et 122.

beaucoup de personnes ne voulaient point recevoir leur quarteron de pain, qu'on voulait leur donner.

Baron observe que le boulanger du coin de la rue Grenier-Lazare a annoncé au public que demain il n'aurait point de farine pour cuire ; ce propos a occasionné beaucoup de murmures ; on a mandé ce boulanger.

Cuvillier annonce que dans un groupe, rue Caumartin, l'on disait qu'on avait arrêté hors Paris deux chariots chargés de tonneaux avec des adresses, comme si c'était du vin, mais que ces tonneaux étaient remplis de farine.

Viande et comestibles. — Lassiot et Drouin disent qu'aux portes des bouchers les rassemblements étaient considérables, mais la livraison de la viande s'est faite avec tranquillité. Losset, Loctave et Oury rapportent que les halles et le marché Germain étaient assez bien approvisionnés. Les denrées augmentent de prix tous les jours ; la halle à la viande était bien fournie ; on la vend 7 livres 10 sols la livre. Dejarrière et Duboulay annoncent que la veuve Le Roy, boulangère, rue Jacques, vis-à-vis celle Dominique, a été prise en contravention, distribuant du pain clandestinement à des individus ; ces pains ont été portés au Comité civil. Sur la section des Droits-de-l'Homme, il y a des citoyens qui n'ont pas eu de pain depuis trois jours.

Bois. — Berger dit qu'il a arrêté à la Rapée deux charretiers qui avaient chargé deux voitures de bois sans le corder, de concert avec le nommé Jougleux, propriétaire de ce bois, pour être vendu à des particuliers, tandis qu'il est en réquisition pour les boulangers. Le citoyen Lernessont, préposé aux subsistances, les a fait décharger.

Surveillance. Sections. — Cité. A neuf heures du matin attroupement de femmes et de petits garçons, qui ont fait marcher d'autorité ceux qu'ils rencontraient pour aller au temple de la Raison, dont ils s'étaient fait ouvrir les portes. — Un officier, voulant faire cesser un tambour de battre la caisse, a été menacé d'être attaché au prochain réverbère ; il n'a eu que le temps de se sauver.

Fraternité. Agitation des citoyens de cette section, de ce qu'on ne voulait leur donner qu'un quarteron de pain, qu'ils ont refusé. Des femmes ont forcé le poste et se sont emparées d'une caisse, qu'elles ont battue. Elles voulaient que les membres du Comité civil marchassent avec elles.

Droits-de-l'Homme. Grande foule aux portes des boulangers ; les femmes se battaient, s'arrachaient le pain des mains ; plusieurs ont été grièvement blessées. Les citoyennes de la Fraternité étaient confondues avec celles des Droits-de-l'Homme, pour avoir du pain.

Faubourg Antoine. Deux caissons, que l'on présumait contenir de la poudre, ont été arrêtés et conduits dans la cour des Quinze-Vingts. Les habitants des faubourgs Jacques et Marcel se sont joints pour aller en masse à la Convention. Plusieurs boulangers avaient fermé leurs boutiques, parce que les citoyens refusaient de prendre pour un quarteron de pain par personne.

Section de la Halle-au-Blé. Un rappel a été battu vers les dix heures et demie pour aller à la Convention. Rue Montmartre, près celle Feydeau, grand rassemblement d'ouvriers maçons; dix à douze d'entre eux couraient les différents ateliers et faisaient marcher tous ceux qu'ils pouvaient rencontrer pour aller à la Convention.....

Deux chariots, dont un chargé de tonneaux renfermant du salpêtre et de la poudre, l'autre chargé de farine, ont été arrêtés sortant par la barrière de Clichy; ils ont été conduits devant la Convention; grande fermentation à ce sujet.....[1].

DUCHAUFFOUR, HANNOCQUE-GUÉRIN, CHAMPENOIS, DURET.

(Arch. nat., F⁴ c III, Seine, 16.)

CCL

13 GERMINAL AN III (2 AVRIL 1795).

Rapport du 14 germinal.

Esprit public. Groupes et cafés. — Hier, il y avait beaucoup de groupes et de rassemblements sur la place du Carrousel et dans le Jardin national; des malveillants prétendaient que la Convention se faisait reconnaître coupable en ne jugeant pas définitivement les citoyens Billaud, Collot et Barère, qu'elle craignait apparemment les éclaircissements qu'ils pourraient donner [sur] leurs complices.

Tous les bons citoyens applaudissaient, au contraire, aux mesures prises par la Convention nationale, tant à l'égard de ces députés que de ceux décrétés d'arrestation [2].

1. Les journaux sont insignifiants sur l'esprit public dans la journée du 12 germinal.
2. Dans la séance du 12 germinal, la Convention avait décrété que Barère, Billaud-Varenne, Collot d'Herbois et Vadier seraient « à l'instant déportés ». Puis elle avait décrété d'arrestation : Choudieu, Châles, Foussedoire, Huguet (de

Les malveillants prétendaient aussi que le Comité de salut public amusait le peuple, relativement aux subsistances, et qu'il n'avait aucune ressource pour remédier à la disette.

Dans le café de la Régence et dans quelques-uns de ceux du Palais-Égalité, on s'y entretenait à peu près dans le même sens, et on ajoutait que les farines que le gouvernement avait achetées avaient été prises par les Anglais.

Mailly rapporte que, dans celui de Chartres, un royaliste s'est prononcé en disant que la France est quatre fois trop grande pour être en République et qu'on ne pourrait se passer d'un roi. On a cherché à l'arrêter, mais il a échappé dans la foule.

Un autre individu, dans un groupe, a crié : *Vivent les Jacobins! à moi les patriotes!* Il a été arrêté et conduit au Comité de sûreté générale.

Dans le Jardin-Égalité, on attribuait aux citoyens Choudieu, Duhem, Châles et autres les mouvements des ouvriers, et on invitait les citoyens à la paix et à l'union.

Vers sept heures du soir, une centaine de femmes, rassemblées sur la place des Victoires-Nationales, annonçaient que les représentants du peuple faisaient venir à Paris un régiment de cavalerie, pour empêcher les sections de pénétrer jusque dans le sein de la Convention, lorsqu'elles auraient des plaintes ou demandes quelconques à présenter, mais qu'elle s'en f......t, qu'elles étaient décidées à se battre jusqu'à la mort.

Aujourd'hui, 14 germinal, les femmes disaient, dans les rassemblements aux portes des boulangers, que Paris allait être assiégé et bombardé, et que la Convention voulait faire la guerre au peuple, parce qu'il parlait de lui faire rendre ses comptes.

La nomination du général Pichegru à la place de commandant de la garde nationale parisienne a donné lieu à des conjectures affligeantes; en le voyant passer sur le quai Pelletier avec son état-major, des citoyens ont dit que c'étaient encore des flagorneurs, et qu'il ne fallait crier que *Vive la République!* Mais, d'un autre côté, cette nomination est bien vue de la majorité des citoyens, et on espère que l'expérience de ce général sera utile à la chose publique. Voilà ce qui résulte des différents rapports.

Spectacles. — Il y a eu relâche hier à tous les spectacles.

Commerce. Pain — Plantin, Berger et autres annoncent que les rassemblements sont toujours très nombreux aux portes des boulan-

la Creuse), Léonard Bourdon, Duhem, Ruamps, Amar. (*Procès-verbal de la Convention*, t. LVIII, p. 131, 134, 135, 142.)

gers; les mères de famille pleurent et se désolent de n'obtenir qu'une demi-livre de pain, après avoir passé la nuit à attendre cette modique portion. Elles disent : « L'on nous donne du riz pour suppléer au pain, mais nous n'avons ni bois ni charbon pour le faire cuire. » Malgré cette diminution, plusieurs personnes n'ont point eu de pain dans les sections de l'Indivisibilité et des Droits-de-l'Homme; mais les commissaires ont pris les noms des citoyens qui n'ont pas été servis pour que demain ils soient satisfaits les premiers; cette mesure a calmé un peu les esprits. La distribution s'est faite, en général, avec moins de rumeur que ces jours derniers, quoique, dans tous les lieux qui ont été surveillés, on n'ait donné qu'une demi-livre de pain à chaque individu.

Comestibles. — Les halles et le marché Germain étaient peu approvisionnés; la halle à la viande était dans la même situation, attendu que plusieurs étaux étaient fermés. Les bouchers se plaignent qu'on n'a pas voulu leur vendre deux bœufs pour 10,000 livres, et que, d'après cette cherté, ils se trouveraient forcés d'abandonner leur étal. On vend le beurre 8 francs la livre; les pommes de terre, 10 à 12 livres le boisseau. Suivant Murat, il sort de Paris considérablement de voitures chargées de différents comestibles, comme sucre, riz, vin et sel; la consigne des barrières ne prescrit point à la garde d'empêcher ces sorties; il observe que plusieurs conducteurs ne sont point munis de lettres de voitures. Lassiot annonce que, dans ce moment, on décharge, sur la rivière, trois bateaux contenant farine, son et avoine.

Bois. — La livraison du bois aux boulangers s'est faite avec tranquillité au raccueillage, ainsi qu'à l'île Louviers; Murat observe qu'au raccueillage on vend du bois à des particuliers moyennant 170 livres la voie. Losset rapporte que le charbon de bois se vend 5 livres le boisseau, et que cette cherté, suivant la déclaration des détaillants, est occasionnée par différents individus qui se rendent sur les routes pour l'acheter à l'enchère.

Surveillance. — Mercier[1]. Murmures sur le pain et sur les trois représentants décrétés de déportation. Attroupement de jeunes gens au Palais-Égalité; beaucoup de patrouilles.

Ancelle. Les groupes s'occupent des représentants mis en arrestation. Un citoyen y assurait que Choudieu, Duhem et Léonard Bourdon dirigeaient le club, rue du Vertbois, que c'étaient eux qui avaient excité les ouvriers à venir demander du pain à la Convention.

Denel. Dans un groupe, les citoyens disaient : « Nous avons de

---

1. C'est le nom d'un inspecteur dont la Commission va résumer le rapport.

bons députés, il faut les conserver. » Un particulier, prenant la parole, a dit : « Plus de la moitié n'est point portée pour le peuple. »

Didier. Dans plusieurs groupes, on disait que les enfants de Capet n'étaient plus au Temple depuis deux mois ; d'autres prétendaient qu'il n'y avait que six jours. Rassemblements d'ouvriers au bas du Pont de la Raison ; un citoyen y faisait voir un morceau de pain très blanc ; on disait, en le voyant, que la classe indigente n'en avait pas de semblable.

Dangouville. Sur les sept heures du soir, les canonniers de la section du faubourg Montmartre ont voulu se porter avec leurs pièces du côté de la Convention. Ce qui n'a pas eu lieu.

Massard. Une foule de citoyens, armés de piques et de sabres, s'est opposée au départ des représentants du peuple mis en arrestation, parce que, disait-on, les députés fuyaient de Paris par toutes les barrières ; ils ont été conduits à pied au Comité de la section des Champs-Élysées. Plusieurs gendarmes ont été désarmés, ainsi que ceux chargés des ordres. Beaucoup de rumeur à la porte de ce Comité. Le désordre commençant à renaître de nouveau, l'on fut contraint de conduire promptement au Comité de sûreté générale les six représentants......

HANNOCQUE-GUÉRIN, FAUCONNIER, THÉROUENNE, BEURLIER.

(Arch. nat., F⁴ c III, Seine, 16.)

Journaux.

Vedette du 14 germinal : « *Paris, du 13 germinal.* La capitale a été assez calme aujourd'hui ; cependant le décret que la peur a arraché à la Convention, par lequel elle ordonne que le pain sera donné de préférence aux ouvriers, indispose beaucoup les autres classes des citoyens, et choque évidemment tous les principes d'égalité qu'elle devrait plutôt maintenir. L'avenir se rembrunit beaucoup de cette position. L'histoire ne nous apprend-t-elle pas que quatre à six ans sont à peu près le terme de toutes les révolutions, qu'en général la famine y a toujours joué un grand rôle, et que la disette les termine ou les anéantit souvent. Le besoin ne compose point avec les événements. » — *Courrier républicain* du 14 germinal : « *Du 13 germinal.* Cette ville a aujourd'hui la physionomie de l'étonnement. Les faiseurs de l'insurrection d'hier, pris dans leurs pièges, ne savent plus où ils en sont. Quelques-uns d'entre eux ou de leurs émissaires ont encore voulu faire entendre aujourd'hui quelques phrases insidieuses ; mais ils ont été honnis et conspués. Il paraît que, cette nuit, le reste de nos Comités révolutionnaires a été mis en lieu de sûreté. Tout le monde applaudit au choix du général Pichegru pour commander la garde nationale parisienne. On s'attend qu'un aussi brave général ramènera dans les cœurs français les sentiments d'honneur et de loyauté que des barbares s'efforcent d'étouffer. » — Cf. *Messager du soir* du 15 germinal. — *Ami du peuple* du 15 germinal : « Hier [1], Collot, Billaud et Barère partaient pour la déportation ; le peuple les arrêta de vive force dans la rue de la Liberté, ci-devant des Fossés-Monsieur-le-Prince. Ils furent conduits à la section du Théâtre-Français ; le peuple étonné s'écriait : « Il faut les juger et les » guillotiner s'ils sont coupables. Quelque scélérats qu'ils soient, il ne peuvent » être condamnés sans avoir été jugés ! » Les cris de mort se sont fait entendre mille fois. Enfin, ils ont été reconduits au Comité de sûreté générale, qui les a fait repartir à six heures du soir. Ils étaient dans deux chaises de poste, et des courriers aussi légers que le vent les conduisaient au travers d'une très nombreuse escorte de gendarmerie à cheval. Comme ils traversaient les Champs-Élysées pour passer la grille de Chaillot, le peuple s'est attroupé, a coupé les traits des chevaux, s'est attelé lui-même en fourrière, a reconduit les prévenus au Comité, en disant qu'il fallait les juger, et non les déporter, les guillotiner, et non pas les absoudre. Ce retour a occasionné un désordre affreux dans les environs de la Convention. Comme la générale avait battu quelques heures auparavant, l'affluence a été d'autant plus considérable qu'une partie du peuple de Paris s'était rendue à la Convention. Enfin, le trouble s'est dissipé, et l'on vient de nous assurer que le Comité a fait déporter avant-hier les trois prévenus à minuit. Ils ont pris la route de Mousseaux ; Collot et Billaud seront jetés, dit-on, dans l'île d'Oléron ; Barère sera déporté en Amérique, dans l'île de Cayenne. » — *Courrier républicain* du 15 germinal : « *Du 14 germinal*. Le soir de la journée d'hier a été très agité encore ; à trois heures, on a battu la générale partout ; il s'agissait de quelques factieux de la section des Gravilliers, qui voulaient empêcher l'effet du mandat d'arrêt rendu contre Léonard Bourdon. Mais le bruit du tambour et la marche du général Pichegru à la tête d'une force considérable les a effrayés. Les boutefeux ont pris la fuite ou ont subitement changé de langage et de ton. La section, devenue libre, est venue livrer elle-même le factieux Bourdon au Comité de sûreté générale. A 6 heures ou environ, les huit députés, qui devaient être transportés au château de Ham, étaient partis pour leur destination au milieu d'une escouade de gendarmerie qui a pris le chemin de la barrière de Chaillot, le sabre à la main, au grand galop et en criant : *A bas les Jacobins !* Cette précipitation a paru extraordinaire ; quelques cris sont partis du sein de la multitude que c'étaient des Prussiens et des Autrichiens détenus en otages qu'on voulait mettre en liberté ; d'autres personnes ont fait entendre que c'étaient des députés qui se sauvaient ou qu'on voulait sauver. Quelques-uns s'écriaient qu'il fallait en finir, c'est-à-dire, qu'il fallait les massacrer. On a poursuivi les gendarmes, sur le compte desquels on tient, à ce sujet, divers propos qu'il leur importe d'éclairer. Une partie du bataillon des Champs-Élysées, qui était sous les armes, près de la barrière, voulait arrêter l'escorte ; l'autre ne le voulait pas. La multitude courait après en criant : *Arrête !* De tout cela, il est résulté une confusion effrayante, qu'il est certain qu'on avait voulu exciter. On s'est battu ; il y a eu des coups de tirés, un cheval tué et quelques individus blessés. Cependant, après beaucoup de bruit, le calme s'est rétabli, et les députés sont partis ; mais il n'en a pas été de même de Barère et Billaud. Les voitures qui les contenaient ont été arrêtées

---

1. Il faut lire : *Avant-hier*.

à la place de la Révolution. Le peuple a coupé les traits des chevaux, s'est emparé des carrosses et les a traînés lui-même au Comité de sûreté générale. Nous ne doutons pas, d'après ce que nous avons observé, que ce mouvement ne fût de commande, et que ceux qui demandaient, ou plutôt qui faisaient demander la tête des grands coupables, ne fussent leurs amis, et n'insistassent pour leur jugement avec tant de force que pour différer et avoir le temps de renouer la partie. Au surplus, cette peste publique est partie pendant la nuit, et nous en sommes délivrés. Aujourd'hui tout est parfaitement tranquille[1]. »

CCLI

14 GERMINAL AN III (3 AVRIL 1795).

Rapport du 15 germinal.

Esprit public. Groupes. — Peu de groupes hier dans les environs de la Convention et Jardin-Égalité. Les esprits paraissaient y être moins agités. Les rassemblements aux portes des boulangers sont les seuls où l'effervescence ne connaît point de bornes; l'inégalité dans les distributions de pain de deux sections voisines semble autoriser les murmures, en ce que telle section, par les subsistances qu'elle a reçues, peut donner une livre de pain à chaque citoyen, et que celle limitrophe a bien de la peine à fournir la demi-livre. Les invitations des bons citoyens produisent sur quelques-uns des effets salutaires, mais la crainte de la disette suspend toujours la tranquillité.

---

1. Barère, dans ses *Mémoires*, t. III, p. 3 et suivantes, raconte ces incidents d'une manière un peu différente, surtout en ce qui concerne Collot d'Herbois : « ... A midi, une grande voiture de cour et non de voyage vint me prendre à l'hôtel de Suvalette, rue Saint-Honoré..... Je demandai à l'officier de gendarmerie qui s'était placé à côté de moi, dans la voiture, quel était son dessein : « De vous mener hors de Paris », me répondit-il. — « Mais, repris-je, c'est impossible avec cette voiture tout ouverte, et surtout avec ce cortège ; me voilà près de l'hôtel du Comité de sûreté générale, je vous somme de m'y faire arriver »..... La voiture s'achemina très lentement vers la rue de l'Echelle et j'arrivai au Comité de sûreté générale. Ce ne fut que trois heures après qu'une autre voiture amena Billaud, contre lequel on avait élevé les mêmes obstacles dans le faubourg Saint-Germain pour l'empêcher de sortir des barrières. Cela nous prouve qu'il y avait un projet bien arrêté de nous faire périr dans une émeute ou par un nouveau décret à la suite de ces troubles. Quant à Collot, il avait obtenu de l'officier qui alla le chercher de partir sur-le-champ. Dès neuf heures du matin, il était sorti de Paris, avant que les agents du Comité de sûreté générale fussent réunis pour exécuter le complot tramé contre nous. Nous ne le rencontrâmes que le lendemain au soir, 14 germinal, dans une auberge où il nous attendait avec ses gardiens... »

Un de nos inspecteurs rapporte que le décret de nomination de cinquante hommes par section de Paris, pour protéger les arrivages des subsistances, n'est pas vu, dans divers lieux publics, comme très efficace ; il ajoute que les citoyens de Paris, surchargés de service militaire, peuvent à peine se livrer aux affaires domestiques.

La cupidité des marchands est actuellement hors de toutes bornes ; les prix de toutes les denrées sont montés au point que cent livres en assignats ne valent au plus que dix francs ; aucun citoyen ne peut plus y atteindre, et les besoins augmentent journellement. L'attitude ferme de la Convention nationale et les dernières mesures qu'elle a employées dans ces jours de crise ramènent l'espérance de jours plus sereins.

Spectacles. — La représentation nationale a reçu hier le tribut de confiance des citoyens. L'enthousiasme et les applaudissements réitérés se sont manifestés dans tous les spectacles, dans le chant du *Réveil du peuple*, au couplet : *Représentants d'un peuple juste*, etc.

Le foyer du théâtre de la Montansier, Maison-Égalité, est toujours le réceptacle des agioteurs, des filous et des fripons de toute espèce.

La tranquillité paraît avoir régné dans tous les spectacles.

Commerce. Pain. — Kerchoves, Delahaye et autres annoncent qu'il y a toujours beaucoup de monde aux portes des boulangers dès neuf heures du soir ; les citoyens se désolent de n'avoir qu'une demi-livre de pain, portion qu'ils trouvent insuffisante pour nourrir leurs enfants. Les boulangers des sections de l'Indivisibilité et des Lombards n'ont délivré qu'un quarteron de pain et trois onces de riz à chaque personne ; les citoyens ne cessent de dire qu'ils n'ont ni bois ni charbon pour faire cuire ce riz. Malgré cette diminution, plusieurs personnes de ces deux sections et autres n'ont point été servies. En général, le public est très mécontent de n'avoir pas la portion de pain accordée par la loi. Les inspecteurs n'ont d'ailleurs rien remarqué de contraire à la tranquillité publique.

[*Comestibles, bois.* — Pas de troubles graves à la distribution de pain ; mais beaucoup de tumulte à la distribution de bois.]

Surveillance. — ..... L'office catholique s'est fait ce matin dans le local de la ci-devant église de Saint-Germain-des-Prés, avec beaucoup de décence et de calme.....

Duret, Rouchas jeune, Becrlier, Champenois.

(Arch. nat., F⁷ III, Seine, 16.)

JOURNAUX.

Messager du soir du 16 germinal : « *Paris, le 15 germinal.* On a chanté hier avec enthousiasme le dernier couplet du *Réveil du peuple* dans tous les spectacles; au théâtre Feydeau, on a applaudi pendant six minutes ce vers adressé aux représentants :

> Suivez le cours de votre gloire.

On avait joué le *Tartuffe*, et au moment où Fleury est amené par l'officier de paix, on a crié : *C'est un Jacobin ! au château de Ham !* Immédiatement après la fin de la pièce, on a demandé avec enthousiasme cet estimable artiste et des applaudissements unanimes et longtemps prolongés l'ont dédommagé de l'injure qu'il avait reçue dans le rôle d'un scélérat. Nous croyons faire plaisir à nos abonnés en leur faisant connaître le couplet que le citoyen Souriguère a ajouté au *Réveil du peuple*[1]. Il n'est pas le moins applaudi; le voici :

> O vous coupables égoïstes,
> Et vous lâches insouciants,
> Sauvez-vous près des terroristes,
> Vous endormir sur des volcans ;
> C'est peu de haïr le crime
> Il faut encore l'anéantir ;
> Si vous ne fermez pas l'abîme,
> L'abîme va vous engloutir. »

— *Gazette française* du 15 germinal : « *Paris, 14 germinal.* Le calme de Paris aujourd'hui est aussi étonnant que le tumulte d'avant-hier était extraordinaire. Un des phénomènes de notre révolution, c'est que le lendemain est toujours à un siècle de la veille ; ces jours derniers, Paris était une ville de guerre, une place en état de siège ; c'est maintenant l'asile de la paix et de la fraternité ; la Convention, qui était sans autorité, a repris tout son crédit; le gouvernement a repris toute sa vigueur; on s'occupe paisiblement des formes de la Constitution nouvelle et des moyens de se procurer des subsistances. »

CCLII

15 GERMINAL AN III (4 AVRIL 1795).

Rapport du 16 germinal.

Esprit public. — La contenance énergique et la sagesse des mesures déployées par la Convention nationale pendant les jours de crise qui viennent de se passer lui attirent les félicitations de tous les bons citoyens ; la confiance en elle soutient leur courage et ramène

1. Voir plus haut, p. 540.

dans les cœurs épuisés par les privations infinies l'espoir prochain de voir renaître la paix et avec elle l'abondance. L'inégalité des répartitions de subsistances occasionne encore des murmures aux portes des boulangers. Les malveillants qui s'y trouvent n'oublient aucun moyen pour troubler l'ordre ; les commissaires, la garde de service à ces distributions, s'y trouvent insultés, ainsi que celles des citoyennes qui portent des cocardes.

Ces divers événements n'ont point altéré la tranquillité publique ; peu de groupes dans les endroits publics ; les cafés calmes ; on s'y entretenait paisiblement de tous les événements, de la patience, du courage pour résister à la malveillance ; confiance dans les mesures des Comités du gouvernement pour ramener, sinon l'abondance, au moins l'honnête nécessaire : telles étaient les bases des conversations de tous les citoyens.

La pénurie du bois et du charbon, dont on ne peut se passer pour faire cuire le riz, cause quelques murmures.

La malveillance agit encore dans l'exécution du décret sur l'organisation d'une force armée pour protéger l'arrivage des subsistances. Plusieurs citoyens s'y refusent, par la crainte qu'on leur inspire en leur disant qu'ils vont s'aller faire tuer.

La plus grande tranquillité a régné dans tous les spectacles.

[*Pain, viande, bois.* — Mêmes observations, ou à peu près, que dans les précédents rapports.]

Surveillance. — Dagomer. Sur les sept heures du soir, dans un groupe assez considérable, place du Carrousel, douze particuliers qui s'y étaient glissés prêchaient la sédition, la révolte, et engageaient à se porter à la Convention pour demander du pain. Un des plus acharnés a été arrêté et conduit au Comité de sûreté générale, où Dagomer et deux témoins ont fait leur déposition.....

Gauchard. Section des Amis-de-la-Patrie, plusieurs citoyens ont trouvé hier matin dans leurs serrures des billets portant : « Tous ceux qui ouvriront demain seront regardés comme Jacobins. » Il y a lieu de croire qu'il est question des boutiques, attendu la fête de Pâques d'aujourd'hui.....

Rouchas jeune, Pasté.

(Arch. nat., F 1c III, Seine, 16.)

JOURNAUX.

Annales patriotiques et littéraires du 20 germinal : « Les artistes du théâtre de la Cité ont donné sur ce théâtre une pièce nouvelle qui a pour titre :

Les Jacobins du 9 thermidor et les brigands ou les Synonymes[1]. Les Jacobins, obligés de fuir, vont chercher un asile dans la forêt de Fontainebleau ; ils y trouvent une caverne, qui sert de repaire à une troupe de brigands. Lorsqu'ils arrivèrent les, brigands étaient allés attaquer la diligence de Dijon ; pendant leur absence, les Jacobins prennent possession du local. Le président ouvre la séance, et un honorable membre, le citoyen Gueulebordet, propose de passer à une épuration, afin de chasser les faux frères. Chaque Jacobin fait valoir ses titres : l'un est assassin ; l'autre, banqueroutier ; celui-ci, massacreur du 2 et 3 septembre ; celui-là, empoisonneur, etc. Lorsque chacun a fini sa *confession politique et révolutionnaire*, la Société chante en chœur :

> Bon ! bon ! c'est un coquin !
> C'est un excellent Jacobin.

Ce refrain vaut un certificat de civisme. Nous ne suivrons pas les divers incidents qui allongent cette pièce, sans lui donner aucun intérêt dramatique : elle doit tout à la circonstance. Plusieurs situations sont très plaisantes, mais on n'y trouve ni plan ni conduite. Les auteurs de cette nouveauté l'ont composée sans prétention ; il faut la juger avec indulgence. »

CCLIII

16 GERMINAL AN III (5 AVRIL 1795).

RAPPORT DU 17 GERMINAL.

Esprit public. Groupes et cafés. — Dans tous les endroits publics, les groupes hier ont été assez considérables, mais assez tranquilles. Le décret d'arrestation de Le Cointre, Cambon, Thuriot et autres[2] était le principal objet des conversations ; on approuvait généralement cette mesure, espérant qu'elle pourrait ramener le calme par l'union intime des représentants du peuple à concourir au bien général. L'opinion publique paraît plus fortement prononcée contre Cambon que contre les autres ; on l'accuse d'être le bourreau des finances.

Dubout rapporte qu'entre les deux séances un jeune homme se glissa dans les groupes près la Convention et, faisant l'éloge de l'ancien gouvernement, prenait la défense de Duhem et autres députés, rejetés de la Convention et regardés comme les moteurs

---

1. D'après les *Petites Affiches*, cette représentation eut lieu le 15 germinal. On en trouvera un autre compte rendu dans le *Batave* du 19 germinal, page 331.
2. Le 16 germinal an III, la Convention décréta d'arrestation Moyse Bayle, Thuriot, Cambon, Granet, Hentz, Maignet, Levasseur (de la Sarthe), Crassous, Le Cointre. (*Procès-verbal*, t. LIX, p. 15.)

de tous les événements et de tous les maux dont nous avons failli être accablés. Ce jeune homme a été arrêté, conduit au Comité de sûreté générale et remis au citoyen Gauthier; son nom est Pierre Duterque, demeurant chez le citoyen Deloide, lapidaire, passage et section de la Réunion.

Les rassemblements ont toujours lieu aux portes des boulangers; mais, comme la distribution du pain se fait dans la plupart des sections par ordre de numéros, il résulte de cette mesure presque générale plus de tranquillité qu'à l'ordinaire.

La célébration de la fête de Pâques a rendu hier les promenades, spectacles, guinguettes et autres endroits publics plus fréquentés que de coutume; grand nombre de boutiques ont été fermées.

D'après les divers rapports de ce jour, il est urgent de prendre une mesure générale contre la divagation des animaux féroces (sic); beaucoup de citoyens, n'ayant pas de quoi nourrir leurs chiens, ni le courage de les tuer, les égarent. On craint que quelques-uns de ces animaux égarés, sans maîtres, ni secours, ne deviennent enragés et ne causent les plus grands ravages, surtout aux approches de la chaleur.

Excepté les inquiétudes sur les subsistances et la difficulté de se procurer une partie des objets de nécessité absolue, qui occasionnent toujours des murmures, la tranquillité publique n'a point été troublée, et la confiance généralement prononcée dans la Convention nationale paraît entretenir l'ordre et l'harmonie partout.

Spectacles. — Les spectacles ne présentent aucun objet particulier contre la tranquillité publique, excepté le théâtre de la Montansier, dont le foyer est, ainsi que nous l'avons déjà rapporté, le repaire du brigandage et de la corruption.

[*Pain, bois, viande, surveillance.* — Mêmes observations que précédemment.]

GOSSET, BEURLIER.

(Arch. nat., F⁷ III, Seine, 16.)

JOURNAUX.

Vedette du 18 germinal : « Paris, ce 18. Hier (il faut lire : *Avant-hier*), jour de Pâques, la discussion contradictoire sur les colonies n'a pu avoir lieu, parce que l'évêque Grégoire, membre de la Commission, disait la messe pontificalement. » — *Nouvelles politiques* du 19 germinal : « Paris, le 18 germinal... Dimanche dernier, vieux style et jour de Pâques, le culte catholique a été exercé, avec une grande affluence de citoyens et surtout de citoyennes, dans plusieurs endroits de Paris, sans confusion et sans trouble. Beaucoup de boutiques ont été fermées pendant cette journée. »

CCLIV

17 GERMINAL AN III (6 AVRIL 1795).

Rapport du 18 germinal.

Esprit public. Groupes et cafés. — Suivant les différents rapports, la journée d'hier a été assez calme. Dans nombre d'endroits publics l'on s'entretenait de la paix, dont on prétendait les préliminaires arrêtés entre les différentes puissances; tous les citoyens paraissent la désirer. Le décret rendu contre Cambon et l'espérance de mesures plus heureuses dans l'organisation de nos finances, attendues de la Convention nationale, paraissent avoir réchauffé la confiance et rehaussé le crédit public. L'or et l'argent, suivant les rapports, ont subi une baisse considérable; des mesures répressives contre l'agiotage et ses funestes effets pourront finir de la rétablir.

Les rassemblements sont toujours considérables aux portes des boulangers, excepté chez ceux qui ont pris l'habitude de ne faire leur distribution que par ordre de numéros; il résulte de ces rassemblements que nombre de citoyens, après avoir attendu, sont privés de la part à laquelle ils avaient droit.

Les citoyens dont les revenus sont bornés, soit par un état fixe ou sans état, et n'ayant qu'une modique fortune qui suffisait précédemment à leurs besoins, se trouvent dans l'impuissance de se procurer aucuns objets nécessaires à la vie, lesquels, après des renchérissements successifs, sont encore triplés depuis un mois; les murmures ou les larmes terminent leurs conversations.

Mailly, l'un de nos inspecteurs, nous rend compte que, dans la feuille du 17 germinal d'un journal intitulé *la Quotidienne ou le Tableau de Paris*[1], le rédacteur s'est permis des réflexions tendantes à faire rétrograder l'esprit public; nous allons nous procurer cette feuille pour l'examiner.

Spectacles. — La tranquillité a régné dans tous les spectacles; un seul instant elle a été suspendue au théâtre des Variétés, boulevard du Temple, par un militaire, qui demandait que l'on ne chantât point le *Réveil du Peuple* qu'en présence de l'auteur; quelques cris: *A bas*

---

1. La Bibliothèque nationale (Le 2/720, in-4) ne possède qu'un exemplaire incomplet de ce journal, où ne se trouve pas le numéro du 17 germinal.

les *Jacobins!* se firent entendre ; la surveillance parut, et le calme s'est aussitôt rétabli.

[*Pain, viande, bois, surveillance.* — Rien de notable.]

LE ROUX, DURET.

(Arch. nat., F** c III, Seine, 16.)

JOURNAUX.

Abréviateur universel du 18 germinal : « *Paris, le 17 germinal*... Nous parler d'esprit [public], c'est s'obstiner à donner une dénomination commune aux opinions les plus hétérogènes. Ceux qui le composent de l'esprit de leur coterie feignent d'ignorer qu'ils sont entourés d'autres coteries qui se repaissent de chimères bien différentes, et que, dans le même cercle, on change de système, de parti, de principes tous les mois, toutes les décades et souvent du soir au matin. Déjà le dictionnaire de la Révolution contient quelques mots qui sont tombés en désuétude, et un plus grand nombre d'anciennes expressions qui reprennent leur signification originelle. Déjà un attroupement d'ivrognes déguenillés et de femmes perdues ne se nomme plus le peuple souverain ; une insurrection payée, *organisée*, passe pour une révolte ; des impertinences, des propos orduriers, un maintien cynique, un bonnet rouge, un pantalon, les grossièretés du Père Duchesne, et des vœux de sang ont cessé d'être des preuves de patriotisme ; on va même jusqu'à tenter de réduire, s'il était possible, à ne figurer que comme des mots ou sinistres ou insignifiants les deux pentasyllabes : *Révolution, Constitution*... »

CCLV

18 GERMINAL AN III (7 AVRIL 1795).

RAPPORT DU 19 GERMINAL.

Esprit public. Groupes et cafés. — Les groupes au Jardin national étaient assez calmes. Simon rapporte avoir entendu dire que le calme qui régnait à Paris, après un si grand orage, menaçait encore de quelques événements ; que l'on faisait l'énumération de toutes les saisies faites d'argenterie d'église et des particuliers, des cloches et autres objets, desquels l'on n'avait jamais su le produit ; l'on y exposait ensuite l'état de notre marine, qu'on assurait être très maltraitée.

Les marchés Martin, Jean et la place de Grève étaient plus tumultueux. Compère rapporte que, dans des groupes de femmes, il avait entendu quelques-unes d'elles dire que la rareté et la cherté du bois, du charbon et du beurre étaient encore un coup monté pour rendre nulle la distribution du riz en place du pain ; qu'on voulait absolument forcer le peuple à se révolter, mais que, s'il se levait pour une troisième fois, les femmes et les enfants s'en mêleraient et feraient sauter quelques têtes. D'autres femmes, sur la place de Grève, disaient que les Parisiens étaient de f..... sots de sortir de chez eux pour protéger, dit-on, les arrivages des subsistances, et que ceux qui partaient n'étaient que des scélérats qui allaient former une nouvelle armée révolutionnaire, disposeraient eux-mêmes des subsistances, affameraient Paris et désoleraient les départements.

Le même inspecteur rapporte qu'étant entré dans différents cafés : Payen, la Régence, de Foy et de Chartres, il avait entendu dire par des citoyens, qui lui parurent étrangers, que les Jacobins se flattaient de reprendre le dessus dans peu, que les députés qui venaient d'être condamnés à la détention n'étaient que les victimes d'une autre faction qui voulait dominer et ne pourrait se soutenir, les Comités étant mal composés et hors d'état de donner au peuple la satisfaction qu'il a droit d'attendre.

D'autres rapportent avoir entendu, dans quelques cafés et groupes, Maison-Égalité, des conversations sur l'état des finances ; quelques citoyens, en y annonçant leurs opinions, y publiaient que la Convention nationale n'avait d'autre moyen pour rétablir l'équilibre entre le papier et le numéraire que de décréter que toutes les propriétés, tant particulières que nationales, seraient l'hypothèque des assignats. Cette opinion a été balancée par d'autres citoyens, qui cherchaient à prouver que cette mesure, loin de pouvoir rétablir le crédit, ne servirait qu'à le ruiner infailliblement, puisque, toutes les propriétés se trouvant par ce fait grevées d'hypothèques, il n'y aurait plus, dès ce moment, de propriétaires ; il en résulterait, en outre, une nullité presque entière dans la vente des biens nationaux.

Les plaintes sur la mauvaise qualité du biscuit, que l'on donne en remplacement de pain, se sont fait entendre dans quelques endroits, mais quelques invitations fraternelles de plusieurs citoyens ont terminé ces murmures.

Une femme se promenant hier, Maison-Égalité, portant à son col un médaillon (un homme coiffé d'un bonnet rouge), fut arrêtée par quelques particuliers qui se proposaient de le lui arracher ; cette citoyenne se mit en devoir de défendre sa propriété et tira son couteau, dont elle menaça quiconque oserait y porter atteinte. Cette résolution en a imposé ; mais on lui conseilla de se retirer, ce qu'elle fit à l'instant, et le rassemblement se dissipa.

Spectacles. — Au théâtre de la rue Martin, l'on avait annoncé fort indiscrètement sur l'affiche que le citoyen Garat, artiste du théâtre de la rue Feydeau, chanterait le *Réveil du peuple;* ce fait était faux, le citoyen Garat n'ayant point été consulté. Un acteur de ce théâtre parut sur la scène et chercha à recouvrir cette supercherie ; mais il fut très mal accueilli, et le public trompé manifesta sa colère au point que le commissaire de police eut bien de la peine à rétablir la tranquillité. La deuxième pièce n'a pu être jouée en entier. Les acteurs ont avoué au public que le citoyen Menegaud, directeur du théâtre de l'Estrapade, était le rédacteur de l'affiche qui avait causé ce désordre. Nous allons mander ce citoyen pour lui faire les reproches que mérite sa supercherie.

Les autres théâtres ont joui de la plus parfaite tranquillité.

Commerce. Pain. — Les citoyens Pipelard, Caillouet, Saint-Rémy et autres inspecteurs annoncent que les rassemblements ont cessé à la porte de différents boulangers, qui ont pris le parti de distribuer des numéros ; ceux qui n'ont point adopté cette mesure ont toujours beaucoup de monde à leur porte. L'on n'y entend que des pleurs et des quinssements (*sic*) de ce que l'on est obligé de perdre une demi-journée pour obtenir un quarteron de pain. Le peuple demande que l'on punisse les auteurs de cette disette. Pipelard observe que les boulangers des trois sections du faubourg Antoine n'ont donné qu'un quarteron de pain, biscuit et riz à chaque individu, ce qui a occasionné beaucoup de murmures. Sur ce, un grand nombre de citoyens et citoyennes se sont transportés au Comité civil de la section de l'Indivisibilité, à l'effet de forcer les membres à leur faire délivrer une ration plus forte. Beaucoup de citoyens n'ont point eu de pain dans la section des Droits-de-l'Homme ; on a voulu leur donner du riz en place ; ils l'ont refusé, en disant qu'ils étaient sans pain depuis quelques jours, et que, d'ailleurs, ils n'avaient point de bois pour faire cuire ce riz ; la distribution s'est faite en général avec ordre......

Viande et autres comestibles. — Les citoyens La Motte, Drouin et Duroux, inspecteurs, disent que la tranquillité a régné aux portes des bouchers. La Motte observe que le public se plaint de ce que la viande ne vaut rien ; les inspecteurs sont chargés de faire vérifier cette plainte par le commissaire de police.

Les citoyens Losset et Oury, inspecteurs, annoncent que les marchés Martin et Denis étaient assez bien approvisionnés, et que la halle à la viande était aussi assez bien fournie. Le beurre se vend 8 livres la livre ; les œufs, 7 livres le quarteron, et les pommes de terre, 14 à 15 livres le boisseau.

Le citoyen Dessault, officier de paix, dit qu'il est arrivé, au carreau de la Halle, du 12 au 17 germinal, 52.275 livres de beurre; 729.100 œufs; 1.896 douzaines de fromages de Brie ou de Neufchâtel.....

[*Bois, surveillance.* — Rien de notable.]

HANNOCQUE-GUÉRIN, THÉROUENNE.

(Arch. nat., F 1 c III, Seine, 16.)

JOURNAUX.

Gazette française du 19 germinal : « *De Paris, le 18 germinal.* Paris est tout-à-fait calme. Pour suppléer à la quantité de pain, on a distribué aujourd'hui du biscuit de mer chez les boulangers... Les comestibles, à cause de la disette actuelle, sont au même degré de cherté ; les queues sont toujours très nombreuses, ce qui annonce que l'inquiétude règne encore parmi le peuple ; mais en revanche on ne remarque plus de groupes, ce qui annonce que la fermentation est passée ; on ne rencontre plus de patrouilles, ce qui prouve la sécurité du peuple et du gouvernement sur la situation de Paris... »

CCLVI

19 GERMINAL AN III (8 AVRIL 1795).

RAPPORT DU 20 GERMINAL.

Esprit public. Groupes et cafés. — Hier les groupes ont été peu nombreux et l'esprit y était toujours à peu près le même. Tetel rapporte qu'on s'y entretenait des subsistances. Beaucoup de personnes se plaignaient de n'avoir eu qu'un quarteron de pain et du mauvais biscuit; néanmoins on y était calme et tranquille, et le peuple parait manifester qu'il ne changera point de principes au milieu de la disette, et qu'il sera constamment attaché aux lois et à la représentation nationale.

Dufresnoy, Cornet et Mailly. Au Jardin national plusieurs citoyens disaient que, sous peu de temps, on verrait des ambassadeurs de la Prusse, de l'Espagne, de la Hongrie et de la Savoie à la Convention nationale pour des traités de paix, et que déjà il y avait une suspension d'armes entre les Prussiens et nous. Ces nouvelles ont paru faire grand plaisir à tout le monde.

On ajoutait que les assignats allaient être hypothéqués sur l'universalité des biens, et cet expédient était en général assez goûté, parce qu'on en tirait l'induction que cela ferait diminuer infailliblement toutes les denrées de première nécessité et les marchandises.

Au Jardin national, le secrétaire des citoyens Polverel et Sonthonax, qu'on représente comme des hommes [de sang?] dans nos colonies, a été accusé par des colons et arrêté, puis conduit au corps de garde, et de là au Comité de sûreté générale.

Bouillon. Au café de Chartres on a proposé de demander à la Convention le désarmement de tous les scélérats.

Leroy jeune a appris qu'un particulier, vers onze heures du matin, passant à la Halle près d'une femme qui cassait un biscuit et se plaignait amèrement de n'avoir point eu de pain, lui dit : « Vous n'avez qu'à demander un roi et vous aurez du pain sur le champ » ; que plusieurs personnes avaient couru après ce particulier pour l'arrêter, mais qu'elles n'avaient pu l'atteindre.

Compère. Place des Victoires et des Piques on murmurait beaucoup sur le prix excessif du bois. « Les riches seuls, disait-on, peuvent s'en procurer. Sous l'ancien régime, on avait des lois et une police bien établie pour réprimer l'avarice et la cupidité des marchands de bois et autres; aujourd'hui, tout est permis: on peut voler, piller et même assassiner. La peine de mort est supprimée ; ainsi nous ne risquons rien de faire comme les autres. »

Spectacles. — Au théâtre de la rue Favart, on a donné une nouvelle pièce intitulée *la Pauvre femme*. Cette pièce a été très applaudie. Le parterre a été un peu bruyant, parce qu'entre les deux pièces, les uns demandaient qu'on chantât *la Journée du 12* et les autres *le Réveil du Peuple;* mais cela n'a pas eu de suite. Des couplets contre les hommes de sang ont été chantés, et tous les spectateurs ont été satisfaits. Aux autres théâtres, il ne s'est rien passé de remarquable.

[*Pain, viande, bois, surveillance.* — Rien de notable.]

THÉROUENNE, POTRELLE.

(Arch. nat., F⁴ c III, Seine, 16.)

JOURNAUX.

Abréviateur universel du 28 germinal : « *La Pauvre femme*, opéra en un acte, donné avec un succès décidé, nonidi et primidi dernier, sur le théâtre de l'Opéra-Comique national, à Paris, est un ouvrage plein de détails charmants et d'un intérêt doux. Le fond en est simple. Une femme indigente a sauvé, des poursuites des terroristes, deux infortunés qu'elle a cachés chez elle. Elle leur prodigue les soins les plus tendres ; mais elle est sur le point de les laisser manquer de tout, attendu qu'elle a épuisé toutes les ressources pour les nourrir. Un inconnu vient réclamer un portefeuille, qu'il a confié à la *Pauvre femme* et à feu son mari ; la *Pauvre femme* le lui rend, et en reçoit une somme, qu'elle veut faire accepter à ses hôtes. C'est au milieu de témoignages de reconnaissance de ces derniers que l'inconnu, qui revient sur ses pas, reconnaît son épouse dans l'une des deux victimes que la pauvre femme a soustraites à la proscription des hommes de sang. Tel est le fond, sur lequel le citoyen Marsollier, auteur de *Nina*, de *Cange*, etc. a su répandre le charme de l'intérêt et des détails les plus piquants. La musique, qui est du citoyen Daleyrac, porte le cachet de ce compositeur fécond : elle est remplie de chants et d'effets dramatiques comme tous ses ouvrages. La pièce est très bien jouée par les citoyens Philippe, Chénard, Granger, et par la citoyenne Crettu. La citoyenne Dugazon y joue le rôle de la *Pauvre femme* avec ce talent supérieur qui n'est étranger à aucun genre, qui saisit tout les caractères, toutes les nuances, et qui met le sentiment hors d'état de résoudre, ou même de se faire cette question : *Est-ce l'art ou la nature ?* »

CCLVII

20 GERMINAL AN III (9 AVRIL 1795).

Rapport du 21 germinal.

Esprit public. Groupes et cafés. — Compère, l'un de nos inspecteurs, rapporte qu'ayant parcouru différents cafés, Maison-Égalité, Jardin des Tuileries, rue Honoré et bas du Pont-Neuf, il avait entendu, dans diverses conversations paisibles desdits endroits, des citoyens manifestant leurs craintes d'une nouvelle insurrection qu'ils disaient se préparer, et dont la pénurie et la cherté des subsistances devaient être le prétexte, et surtout depuis que les malveillants se plaisaient annoncer devoir manquer absolument ces jours-ci, que les bruits sur la paix prochaine étaient faux, attendu que nos ennemis, sachant à quel point de détresse est réduite la République française, se garderaient bien de traiter avec nous à des conditions désavantageuses pour eux, tandis qu'ils étaient à même de profiter de nos malheurs.

Le même rapporte que, dans des groupes qui se forment après la levée de la séance dans les environs de la Convention, des femmes se permettaient de dire : « Nous verrons demain ou après si nous réussirons mieux ; ils auront beau rendre des décrets et nous amuser de leurs mesures inutiles : nous voulons du pain, et nous ne voulons point de riz, puisqu'ils nous ont mis dans l'impossibilité de nous procurer du bois, du charbon et du beurre. »

Les rapports des autres inspecteurs ne portent pas de plaintes à un degré aussi affligeant; tous s'accordent cependant à nous en tracer les différentes nuances, qui prouvent que la disette agit presque également sur tous les esprits, malgré les invitations de quelques citoyens de prendre patience et d'avoir confiance dans les mesures des Comités de gouvernement.

Dans le courant de la soirée, le tableau de la misère publique était disparu; tous les endroits publics n'offraient plus aux yeux que le spectacle de la tranquillité; les promenades riantes, les cabarets et les spectacles garnis de monde, enfin les groupes même manifestaient l'espérance d'un avenir plus heureux, d'après le rapport fait à la Convention au nom du Comité de salut public.

Spectacles. — Au théâtre de la rue Feydeau, entre les deux pièces un particulier annonça que la Convention avait décrété que les terroristes seraient désarmés; les spectateurs aussitôt crièrent : *A bas les Jacobins!* la tranquillité cependant n'a pas été troublée. Les autres spectacles n'offrent aucuns faits particuliers, et le bon ordre y a régné.

[*Commerce, pain, viande, charbon.* — Rien de notable.]

Surveillance. — Jouenne. Faubourg Marcel, les femmes disaient que c'était hier l'avant-dernière décade que l'on fêtait, que l'autre décade tomberait un dimanche, et qu'à partir de ce jour, l'on suivrait l'ancien calendrier; qu'un ouvrier ne pouvait travailler neuf jours sans se reposer.....

Pilfer : Plaintes amères dans le faubourg Marceau de ce que les habitants du faubourg Antoine avaient, par personne, une livre et demie de pain, et que celles (*sic*) du faubourg Marceau n'en avaient qu'une livre et souvent qu'une demi-livre.

Bouillon. Aux portes des boulangers des sections de la Fidélité et des Droits-de-l'Homme, beaucoup de murmures contre le gouvernement; plusieurs particuliers, qui paraissaient très échauffés, disaient : *Que l'on f..... un roi et qu'on nous donne du pain!* Chacun, mécontent d'attendre, paraissait les applaudir.....

Gambet et Bernard rapportent qu'étant entrés chez le restaurateur de la Cour des Augustins, où vont les gendarmes de la 33e division, ils y ont trouvé un nommé Toussaint, ci-devant tambour du centre de la section du Muséum, qui leur a dit que lui et ses camarades avaient refusé des cartouches que l'on voulait distribuer de la part de la Convention, qu'ils ne connaissaient que le parti le plus fort, qu'ils étaient tous consignés aujourd'hui, mais qu'ils s'en moquaient, qu'il fallait leur donner un doge et un empereur, et l'abondance régnera. Le double de ce rapport a été envoyé au Comité de sûreté générale.....

FAUCONNIER, BEURLIER, HORNIN, ROUCHAS jeune.

(Arch. nat., F¹ c III, Seine, 16.)

CCLVIII

21 GERMINAL AN III (10 AVRIL 1795).

RAPPORT DU 22 GERMINAL.

Esprit public. Groupes. — Les patrouilles nombreuses qui circulaient hier dans les différents endroits publics, comme aux Jardins national et de l'Égalité, ont beaucoup contribué à y maintenir la tranquillité et à dissiper les groupes, où il ne s'est manifesté aucune mauvaise intention; on s'y entretenait plus particulièrement du rapport fait à la Convention sur le traité de paix conclu entre la République française et le roi de Prusse. Cette nouvelle faisait apercevoir la plus grande satisfaction parmi tous les citoyens et semblait ranimer le courage à supporter les privations, dans l'espoir que cette paix partielle pourra nous en procurer incessamment une générale, à l'exception de l'Angleterre, contre laquelle les esprits paraissent fortement prononcés.

La disette du pain, ou la réduction de cette denrée de nécessité absolue, jointe à l'impossibilité de se procurer d'autres objets, cause toujours des murmures et des plaintes les plus amères; le dénûment des pères de famille les réduit, ainsi que l'annonce le rapport de Hallamon, l'un de nos inspecteurs, à la nécessité de conduire leurs enfants à l'Hospice de la patrie. Le ci-devant commerce, transformé en celui d'agioteur, profite du malheur public et réduit les citoyens au désespoir. Les fermiers et les cultivateurs secondent bien les projets destructeurs, et, regorgeant actuellement d'assignats et de denrées, ne veulent rien fournir.

Il vient de nous être envoyé un rapport de l'officier de garde à la section de l'Unité et un placard manuscrit tendant au rétablissement de la royauté, trouvé entre 4 et 6 heures du matin au carrefour de Buci, rue des Boucheries, et dans d'autres endroits. Ce placard ainsi que le rapport ont été envoyés au Comité de sûreté générale.

Spectacles. — Rien de particulier dans les spectacles; tout nous annonce qu'ils ont joui de la plus grande tranquillité.

Commerce. Pain. — Pipelard et autres observent qu'en général la distribution du pain s'est faite avec tranquillité; il est cependant quelques exceptions : Rabillard, boulanger, marché Catherine, a été obligé de fuir, attendu qu'il était menacé par le peuple; sa boutique a été en partie pillée, et un citoyen qui voulait rétablir l'ordre a été maltraité. Pipelard dénonce le citoyen Jean-Eutrope Lallement, demeurant rue du Temple, n° 140, comme cherchant tous les jours à soulever le peuple contre les commissaires qui surveillent la distribution du pain chez le citoyen Patriarche, rue Culture-Catherine. Chez ce même boulanger, quoiqu'il n'ait délivré qu'un quarteron de pain à chaque individu, plus de soixante personnes n'ont pas été servies. Le citoyen Lallement est mandé à la Commission…

[*Viande, charbon.* — La distribution de la viande s'est faite avec beaucoup de tranquillité. Les halles et plusieurs marchés étaient très bien approvisionnés. Il y a eu des troubles pour la distribution du charbon au port de la vieille place aux Veaux et à l'île Louviers.]

Surveillance. — Dagomer rapporte que, dans la section du Bonnet-de-la-Liberté, deux fortes patrouilles, ayant essayé de dissiper les queues aux portes des boulangers, ont été insultées, menacées et frappées par environ quatre à cinq cents femmes, qui criaient : *A bas les armes! Nous ne voulons plus de soldats, puisqu'il n'y a plus de pain!* Les mêmes femmes avaient menacé de s'emparer des canons de section pour aller à la Convention: deux de ces femmes ont été mandées ce matin à la Commission. Décadi, l'après-midi, sur le boulevard du Temple, les citoyens formaient queue aux portes des pâtissiers, ces queues excitaient les murmures de la part d'autres citoyens, qui se plaignaient qu'on employât la belle farine en gâteaux ou brioches, tandis que le pain n'est composé que de son ou de mauvaise farine.

Suivant Rancelot plusieurs femmes se sont présentées au Comité civil de la section du faubourg Montmartre pour inviter les membres à se transporter avec elles à l'administration des subsistances pour lui demander du pain…

BEURLIER, DURET.

(Arch. nat., F⁷ III. Seine, 16.)

JOURNAUX.

Annales patriotiques et littéraires du 22 germinal : « *Paris, 21 germinal.* Malgré la disette des subsistances qui continue à se faire sentir dans cette ville, la tranquillité publique n'a point été troublée depuis la journée du 12 germinal. Cependant les agitateurs conspirent encore dans l'ombre ; ils avaient annoncé une insurrection pour aujourd'hui primidi. On disait ces jours derniers au Palais-Égalité que des mécontentements se manifestaient dans les faubourgs ; on disait en même temps, dans les faubourgs, qu'il y avait du bruit au Palais-Égalité. Ainsi les terroristes mettaient leurs projets en nouvelles. De nombreuses patrouilles, en dissipant les attroupements, ont arrêté les effets de la mauvaise volonté... » — *Gazette française* du 23 germinal : « *Paris, le 22 germinal.* On avait multiplié les patrouilles, par pure mesure de sûreté. Elles n'étaient aujourd'hui qu'au nombre ordinaire. Aussi tous les quartiers de cette immense cité sont-ils parfaitement tranquilles. » — *Messager du soir* du 24 germinal : « *Paris, le 23 germinal.* Avant-hier, à neuf heures du soir, on a arrêté par ordre du Comité de sûreté générale, Le Fortier, propriétaire et rédacteur d'un journal intitulé : *Correspondance politique.* Dans son numéro du 21 de ce mois, ce journaliste met en opposition aux lettres de l'Ouest et de Genève[1], lues à la tribune de la Convention, une prétendue traduction d'un journal allemand, dans laquelle l'auteur nous reproche *d'avoir égorgé un roi qui était le meilleur homme du monde ;* il soutient ensuite que, s'il n'existait plus de Jacobins, *il n'est pas un Français qui ne versât des larmes sur sa tombe ;* il s'apitoie enfin sur le sort d'Antoinette et de ses enfants, et il assure qu'en faisant une révolution, *nous sommes tombés de fièvre en chaud mal.* » — Cf. *Gazette française* du 24.

CCLIX

22 GERMINAL AN III (11 AVRIL 1795).

Rapport du 23 germinal.

Esprit public. Groupes et cafés. — Les groupes aux jardins national, Égalité et environs de la Convention, quoique assez nombreux, étaient cependant assez calmes ; l'on s'y entretenait, ainsi que dans les cafés desdits endroits, assez diversement du traité de paix conclu avec la Prusse ; la majorité y développait avec satisfaction les avantages qu'elle pourrait procurer, et l'espérance prochaine d'une paix générale avec les puissances coalisées. La malveillance, agissant toujours en sens contraire, cherche à semer l'inquiétude dans les esprits, en insinuant que le traité fait avec la Prusse a été payé par le gouvernement, et qu'il était douteux qu'il soit exécuté.

Les différents autres quartiers de Paris ont été assez agités, notamment les places des Piques, des Victoires et autres, où se rassemblent

---

1. Il s'agit d'une lettre de Hoche et d'une lettre de Desportes, ministre de France à Genève, lues à la Convention par Roux de la Haute-Marne, dans la séance du 19 germinal an III. (*Moniteur*, réimpression, t. XXIV, p. 176.)

des voituriers vendant du bois; à ces différents endroits plusieurs attroupements se sont formés et faisaient entendre leurs murmures et les propos les plus libres contre le gouvernement, qui ne cherchait point à mettre une fin à la cupidité des marchands; les charretiers ont été injuriés et repoussés par quelques femmes très décidées à enlever le bois, notamment les fagots, qu'elles voulaient payer à raison de 15 sols, ce qui aurait eu lieu, si la garde ne fût arrivée pour les contenir, et si quelques citoyens paisibles, se rendant médiateurs, n'eussent engagé les marchands à les vendre à raison de 20 sols, ce qui ramena le calme.

Dans d'autres endroits, la modique distribution du pain, après les promesses faites de distribuer à chaque citoyen son contingent, n'étant pas exécutée et sans remplacement de riz ou de biscuit, excitait les plaintes les plus amères, la presque totalité ne pouvant atteindre aux prix excessifs des autres denrées. Un de nos inspecteurs rapporte avoir entendu dire à un citoyen que, ne pouvant plus se procurer les moyens de subsistance, il trouverait bien le remède à ses maux en terminant son existence.

Spectacles. Jeux. — La plus grande tranquillité a régné dans les spectacles.

En exécution de l'arrêté du Comité de sûreté générale du 15 germinal, par lequel toutes permissions données sous la dénomination de former des Sociétés d'amis, sont retirées, nous avons fait notifier ledit arrêté officiellement à tous les teneurs de Sociétés et maisons de jeux sous cette dénomination, afin qu'ils n'en prétendent cause d'ignorance; nous ferons passer au Comité de sûreté générale copie de la liste des maisons où il a été notifié, ainsi que du procès-verbal des officiers de paix. Nous espérons ensuite faire exécuter la loi, suivant les ordres contenus audit arrêté.

Commerce. Pain. — Drouin, Pipelard et autres annoncent que, chez les boulangers qu'ils ont surveillés, la distribution du pain s'est faite avec tranquillité. Pipelard observe cependant que plusieurs boulangers des sections de l'Indivisibilité, des Droits-de-l'Homme et de Fidélité n'avaient ni riz, ni biscuit pour suppléer au pain et n'ont pu satisfaire une quantité de leurs pratiques. De là des murmures et des orages, notamment à la porte du citoyen Robillard, marché Catherine, où des citoyennes ont été frappées; le commissaire de police a pris les noms des auteurs de ce trouble. On se plaint toujours de l'inégale répartition de farine, qui fait que dans une section on donne une demi-livre de pain par personne, et dans d'autres un quarteron seulement...

Viande et autres comestibles. — Suivant différents rapports la tranquillité a régné à la porte des bouchers...

Les halles et différents marchés étaient très bien approvisionnés, ainsi que la halle à la viande; les répartitions ont été faites avec ordre; le beurre se vend jusqu'à 14 livres la livre; les œufs, 8 livres le quarteron. Cette cherté des denrées ne cesse de faire murmurer le peuple; il dit qu'il est odieux qu'on ne mette pas un frein à la cupidité des marchands.

Du 22 au 23 courant, il est arrivé sur le carreau des halles 250 voitures de différentes denrées, ainsi que six de marée.

[*Bois et charbon.* — Rien de notable.]

Surveillance. — Rue d'Orléans, section de la Halle-au-blé, une femme était tombée sans connaissance; revenue à elle au bout de quelques minutes, elle a avoué qu'elle n'avait rien pris de la journée; chacun s'est empressé de lui apporter des gâteaux, qu'elle a mangés avec avidité. Cette scène a causé de violents murmures contre l'administration des subsistances.

Presque toutes les boutiques de la rue Denis et une grande partie de celles des rues adjacentes étaient fermées ce matin...

HORNIN, ROUCHAS jeune.

(Arch. nat., F¹ c III, Seine, 16.)

JOURNAUX.

Courrier républicain du 23 germinal : « *Du 22 germinal.* La publication de la paix avec le roi de Prusse a fait subitement baisser le prix de l'or et de l'argent. » — Cf. la *Gazette française* du même jour.

CCLX

23 GERMINAL AN III (12 AVRIL 1795).

RAPPORT DU 24 GERMINAL.

Esprit public. Groupes et cafés. — Les groupes étaient hier plus considérables au Jardin national; on s'y entretenait du traité de paix fait avec la Prusse; mais la pénurie des subsistances excite le cri général de tous les citoyens; l'écho de leurs plaintes retentit de toutes parts; le mécontentement, d'après différents rapports, paraît général. Il se manifeste avec plus de force encore parmi les mères de famille, qui, privées des moyens d'atteindre aux autres subsistances, sont presque réduites au désespoir. Plusieurs voient avec douleur, dans ce moment de disette, les pâtissiers employer à l'usage de leur commerce la farine la plus pure, le beurre et les œufs, qu'ils achètent à tout prix, et, par là, réduisent une grande partie des citoyens à l'impossibilité de s'en procurer au prix exorbitant du marché. Compère, inspecteur, rapporte qu'il a ouï dire que cinq ou six citoyens, se voyant sans pain et hors d'état d'acheter d'autres subsistances, se sont précipités dans la Seine. Le même rapporte que, dans les cafés de la rue Honoré et de la Maison-Égalité, les conversations sur les subsistances étaient très agitées ; on y accusait le gouvernement de ne pas employer tous ses moyens pour remédier à nos calamités et réprimer la cupidité illicite de tous ceux qui commercent sur les denrées.

Spectacles. — Au théâtre du Lycée des Arts, Dufresnoy, inspecteur, s'étant aperçu que plusieurs actrices n'avaient pas de cocarde, monta sur le théâtre les inviter à en mettre. Deux seules s'y soumirent; les autres répondirent qu'il n'y avait que les Jacobites qui en portassent. Les autres théâtres n'offrent rien de particulier ; le bon ordre y a régné.

Commerce. Pain. — Caillouet, Pipelard et autres annoncent que la distribution du pain s'est faite avec tranquillité dans les sections du faubourg Montmartre, du Mont-Blanc et autres ; on n'a donné, par personne, qu'un quarteron de pain, sans riz ni biscuit. La modicité de cette ration a excité de la part des femmes de violents murmures contre le gouvernement ; elles disaient qu'il était impossible que les hommes pussent travailler avec si peu de subsistances ; des mères de famille répandirent des larmes en disant qu'elles aimeraient mieux qu'on les tuât que de voir mourir leurs enfants de faim ; d'autres, dans leur désespoir, disaient qu'il vaudrait mieux les égorger. Les citoyens Patriarche, rue Culture-Catherine, et Renard, rue Paul, tous deux boulangers, ont renvoyé beaucoup de leurs pratiques sans les satisfaire d'aucune manière. Malgré cela, l'ordre n'a point été troublé. Dans différentes sections, la farine arrive toujours trop tard, ce qui oblige le public d'attendre sa ration jusqu'à deux heures après-midi. Rue du Chevalier-du-Guet, dit Loctave, il se fabrique du pain qui se vendra trois livres cinq sols la livre.

[*Viande, bois, etc.* — Rien de notable.]

Surveillance. — L'office catholique a été célébré hier dans différents lieux de Paris avec toute la tranquillité désirable ; beaucoup de personnes y ont assisté; la majeure partie des boutiques étaient fermées. Les promenades et les spectacles étaient brillants et garnis, mais on y remarquait que presque toutes les femmes n'avaient point de cocarde.

Hodet rapporte qu'autour des halles et à l'entrée de la rue Montmartre, des malveillants se permettaient d'arracher les cocardes aux citoyennes.

Pierre et Valus assurent que le commissaire de police de la section de l'Arsenal leur a dit que beaucoup de personnes tombent malades, faute de nourriture, et qu'il enterre considérablement de monde.

Baude annonce que, vers les neuf heures du soir, il existait à la Porte Martin plusieurs groupes où l'on s'entretenait des subsistances, et où des malveillants cherchaient à indisposer le peuple contre la représentation nationale, mais ils ont été abattus par l'énergie de plusieurs citoyens.

A la Villette, vers les neuf heures et demie du soir, des femmes ont voulu s'opposer au passage de plusieurs voitures de farine, qui venaient à Paris, en disant qu'elles mouraient de faim.

Gambet rapporte que des malveillants font courir le bruit que les enfants de Capet ne sont plus à Paris, et qu'il est bien inutile que les citoyens se fatiguent pour la garde du Temple, puisqu'il n'y a plus que des pierres.

Sur les quatre heures du soir, un citoyen s'est jeté de dessus le pont Notre-Dame dans l'eau et s'est noyé; on ignore la cause de ce désespoir.

Dans la section de la Fidélité, une femme vendait des pommes de terre à 14 livres le boisseau; elle a été assaillie par le peuple, au point qu'elle aurait péri sans le secours de la force armée. Elle a été conduite au corps de garde avec sa marchandise.....

THEROUENNE, BEURLIER.

(Arch. nat., F¹ᶜ III, Seine, 16.)

JOURNAUX.

Gazette française du 24 germinal : « *De Paris, 23 germinal.* On a battu le rappel ce matin dans plusieurs sections, pour faire assembler les compagnies qui doivent escorter les arrivages de subsistances. La distribution du pain est toujours la même. Au milieu de cette disette, le luxe étale tout son éclat. Le matin les rues sont remplies de pauvres femmes qui gémissent à la porte des boulangers; le soir, les promenades sont remplies de femmes élégantes qui éblouissent par leur parure, tandis que les chiens et les chats, ces fidèles habitants de nos foyers, sont inhumainement jetés dans la Seine, faute de subsistances. On voit reparaître sur nos boulevards les chevaux de luxe et les voitures dorées, qui présagent le retour de l'abondance... » — « Le mausolée élevé aux Tuileries à la mémoire de J.-J. Rousseau commençait à tomber en débris. Le Comité des inspecteurs de la salle a donné des ordres pour faire disparaître les ruines de ce monument. La statue du philosophe de Genève, qui s'est conservée entière au milieu des décombres du mausolée, a été transportée dans un lieu où elle ne sera plus exposée aux injures de l'air[1]. »

CCLXI

24 GERMINAL AN III (13 AVRIL 1795).

Rapport du 25 germinal.

Esprit public. Groupes. — Les rapports de ce jour s'accordent à annoncer que la tranquillité n'a point été troublée hier. La pénurie seule des subsistances agite toujours considérablement les esprits. Dans les groupes, les femmes surtout paraissent plus irritées; plusieurs d'entre elles réclament l'égalité dans les distributions et murmurent hautement de ce que, suivant elles, les citoyens des faubourgs Antoine et Marceau reçoivent la quantité de pain fixée par l'arrêté du Comité de salut public, tandis que les citoyens des autres sections n'ont que la demi-livre et ne reçoivent ni riz ni biscuit en remplacement de la portion qui leur est allouée. Des citoyens paisibles cherchent par des invitations fraternelles à relever leur courage en leur annonçant qu'une paix générale viendra bientôt mettre fin à nos calamités.

L'impunité de l'agiotage, seule cause, dit-on, du renchérissement excessif de toutes les marchandises et du discrédit des assignats, aggrave encore les motifs de mécontentement.

Spectacles. — Les théâtres ne présentent rien de particulier contre l'ordre et la tranquillité publique.

Commerce. Pain. — Oury, Moyron, et autres rapportent qu'en général la distribution du pain a été tranquille. Moyron observe cependant qu'à la porte du citoyen Dubost, boulanger, les esprits étaient très échauffés; on s'est permis de dire hautement que nous aurons

---

[1]. Ce numéro de la *Gazette française* contient la « note » suivante: « Aux auteurs de la *Gazette française*. Comme mes occupations ne me permettent plus de travailler à la rédaction des journaux, je n'aurai aucune part désormais à la rédaction de la *Gazette française*; je vous prie de rendre ma déclaration publique. — Mercier. »

bientôt un roi, qui nous ferait manger du pain, et non mourir de faim ; qu'il ferait disparaître les assignats, et que, par ce moyen, tout diminuerait promptement. Les boulangers se plaignent toujours de l'inégale répartition des farines ; dans les sections de l'Indivisibilité, de l'Arsenal et des Droits-de-l'Homme, plusieurs n'ont pu satisfaire leurs pratiques. Il résulte de cette pénurie de vives inquiétudes et de violents murmures contre le gouvernement. Oury ajoute qu'un grand nombre de femmes, rassemblées dans la rue du Petit-Pont, ont été chercher un membre du Comité de bienfaisance de la section du Panthéon, pour les accompagner à l'Agence des subsistances. Ces femmes disaient que, depuis trois jours, elles n'avaient eu qu'un quarteron de pain, et que, pour ce jour, elles ne voulaient le recevoir. Le commissaire les a invitées à partir devant, en disant qu'il allait les rejoindre. Un autre commissaire, de service chez un boulanger, rue de la Montagne-Geneviève, avait emporté son pain après la distribution ; mais il est revenu à la charge pour en avoir un autre ; les femmes le lui ont pris. Le boulanger s'est répandu en propos malhonnêtes et s'est armé d'une bûche pour en frapper le public ; mais une patrouille, qui passait en ce moment, a rétabli l'ordre. La Commission a invité le commissaire de police de la section du Panthéon à lui transmettre les détails de cette affaire.

Viande et autres comestibles. — Il résulte des différents rapports que la tranquillité a régné aux portes des bouchers. Suivant Forest, on se plaint beaucoup de la malpropreté des tueries, notamment de celle de la rue des Prêcheurs ; il observe que, si l'on n'y remédie, il est à craindre que cette négligence ne devienne dangereuse dans les chaleurs. Les halles étaient assez bien fournies en viande et légumes ; divers autres marchés étaient moins bien approvisionnés. Les denrées s'y vendent un prix exorbitant, ce qui excite des plaintes et des gémissements de la part du peuple. Vassor a remarqué qu'au marché Martin trois ou quatre marcandiers avaient de la viande de mauvaise qualité. La Commission a écrit au commissaire de police de vérifier ce fait.

Bois et charbons. — La livraison du charbon au port de la Vieille place aux Veaux a été tranquille. Dans différents chantiers et ports, celle du bois a été de la même tranquillité ; les garçons cordeurs, charretiers et garçons de chantiers font toujours contribuer les citoyens à leur gré.

A l'île Louviers, la distribution des fagots a été troublée dans l'après-midi, et l'impossibilité de rétablir l'ordre, malgré la présence de la gendarmerie, a obligé les préposés à faire cesser la vente pour éviter les accidents.

Surveillance. — Les subsistances, objet de tous les entretiens, sont aussi l'objet des rapports d'un grand nombre d'inspecteurs. Pour éviter les répétitions, nous ne citerons que quelques faits.

Henry rapporte que, dans un cabaret, faubourg Montmartre, deux ouvriers en buvant une bouteille de vin et mangeant (faute de pain) une douzaine d'œufs qui leur avaient coûté 4 livres 10 sous, disaient qu'ils étaient plus malheureux maintenant en gagnant 10 et 12 livres que lorsqu'ils ne gagnaient que 30 sous par jour; ils ajoutaient que la Convention, ne trouvant pas de moyens pour empêcher le surhaussement progressif des choses, s'en trouverait la dupe, et qu'elle ne faisait rien pour le bonheur du peuple.

Suivant le rapport de Chevalier, il s'est élevé, rue Antoine, un grand nombre de difficultés à l'occasion des pommes de terre; les marchands veulent vendre les blanches 10 livres le boisseau, les rouges 16 livres, et le beurre en livre 9 livres 10 sous. L'inspecteur, malgré ces prix excessifs, est parvenu à faire respecter les propriétés et la liberté du commerce.

Ledieu a entendu les femmes des sections Poissonnière et Brutus traiter les hommes de j... f... de ne pas aller à la Convention lui demander compte de nos grains; elles ajoutaient qu'elles s'y porteraient, dussent-elles y perdre la vie.

Sur la terrasse du Jardin national, Valdet a entendu beaucoup de murmures contre les marchands; on les accusait de ne distribuer que le moins possible des subsistances que l'administration leur donne au prix fixé par la loi, et de garder le reste pour les revendre à un prix épouvantable.

Pernet rapporte que trois gendarmes ont conduit chez le commissaire de police de la section de la République un quidam qui avait été les provoquer à leur poste et leur dire qu'ils feraient mieux de travailler à donner du pain, que de monter la garde pour un tas de j...f... Ce particulier a été envoyé au Tribunal révolutionnaire [1].

Le même annonce qu'à Monceaux les fermiers cuisent chez eux, faute de boulanger, et font payer le pain 20 sous la livre.

Dans la section de la Halle-au-Blé, un particulier a été arrêté porteur de 40,000 livres en faux assignats. Il a dit les tenir de son père, qui demeure à Bordeaux.

1. Il y a ici un lapsus évident. Au lieu de *Tribunal révolutionnaire*, il faudrait peut-être lire *Comité de sûreté générale*.

La femme d'un marquis génois, logée rue Honoré, maison Virginie, s'est précipitée par une fenêtre et en est morte; on ignore les causes de ce suicide......

Le Roux, Gosset.

(Arch. nat., F¹ᶜ III, Seine, 16.)

CCLXII

25 GERMINAL AN III (14 AVRIL 1795).

Rapport du 26 germinal.

Esprit public. Groupes. — La journée d'hier n'a point différé de la précédente. Les groupes étaient peu nombreux dans les endroits publics, mais toujours très considérables aux portes des boulangers. Les plaintes, les murmures et les propos les plus inquiétants se font entendre dans ces rassemblements. L'inégalité prétendue des répartitions donne lieu à ces mécontentements. Les commissaires distributeurs se trouvent exposés aux voies de fait. Les autorités supérieures sont traitées sans ménagements, et sur elles principalement se dirigent les plaintes qu'excite en tout genre l'impunité des agioteurs.

Compère rapporte qu'ayant parcouru divers endroits, et notamment le Pont-au-Change et la Place des Victoires, il avait entendu des femmes dire tout haut qu'elles éprouvaient par la faim et le besoin des mouvements de rage et de désespoir qui les porteraient infailliblement à faire un mauvais coup; que les espérances qu'on leur donnait étaient vaines, ou au moins trop tardives; qu'il était temps enfin de leur donner du pain.

Leroy, autre inspecteur, annonce que des femmes rassemblées dans la plaine Saint-Denis avaient arrêté une voiture chargée de pommes de terre; le voiturier ayant annoncé l'intention de ne leur vendre qu'un sac, elles ont décidé de conduire ladite voiture sur le carreau de la Halle; mais, en passant par La Chapelle, les habitants voulaient se la distribuer entre eux; cependant, l'officier de garde à la barrière, prévenu de cet événement, a fait conduire la voiture par les fusiliers chez le commissaire de police de la section Poissonnière, et ce dernier l'a renvoyée devant le commissaire de police de la section des Marchés pour être vendue, s'il y avait lieu, sur le carreau.

Dans quelques groupes, la liberté des cultes donnait lieu à différentes dissertations; l'on y remarquait, entre autres, les différentes influences que pouvait avoir dans les sociétés la diversité des opinions des prêtres sermentés ou insermentés, et les dangers qui peuvent dériver des principes perfides qu'ils pourraient insinuer dans les esprits faibles contre la liberté.

Le degré de fermentation paraît en ce moment plus marqué que les jours précédents, mais les bons citoyens sont à leurs postes.

Spectacles. — Les spectacles, en général, ont été parfaitement tranquilles.

[*Pain, viande, bois.* — Rien de notable.]

Surveillance. — ... Les détenus aux Madelonnettes avaient commencé un trou pour s'évader, mais le concierge, prévenu à temps a fait constater le délit.

Dagomer rapporte que beaucoup de mères versaient des larmes en demandant du pain ou quelque aliment qui pût leur en tenir lieu. Il ajoute qu'un homme chargé de six enfants disait que, si cette disette durait encore longtemps, il jetterait ses enfants à l'eau et s'y plongerait.

Dangouville, passant rue de l'Echiquier, a vu deux femmes qui tenaient chacune une demi-livre de pain pour elle et leurs maris. Elles disaient : « Nous voudrions qu'il n'y en eût plus du tout, parce qu'alors nos lâches de maris seraient obligés d'en demander. »

Hier soir, sur le boulevard du Temple, Baude a été témoin de l'évanouissement d'une femme qui tenait dans ses bras un enfant à la mamelle; elle n'avait pas mangé de la journée; des personnes l'ont reconnue et l'ont reconduite chez elle.

Au carré de la Porte-Martin, il y avait un grand rassemblement, où l'on professait les plaintes ordinaires sur la pénurie des subsistances.

Ce matin, une voiture de farine a été arrêtée au même endroit par différentes personnes qui disaient que les boulangers du quartier n'avaient pas de pain, et qu'il leur en fallait......

BEURLIER, THEROUENNE.

(Arch. nat., F4c III, Seine, 16.)

JOURNAUX.

Vedette du 26 germinal : « ...La rareté du pain continue à se faire sentir à Paris; la distribution du biscuit et du riz est cessée; il y a des sections qui manquent tout à la fois de pain. Cela fait beaucoup de mécontents, et l'on assure qu'il y a déjà plusieurs personnes qui ont péri, faute d'aliments. Les ouvriers, n'étant pas soutenus par une nourriture suffisante, quittent leurs ateliers, et n'ont de courage à rien. Si ce terrible état continue, nous pourrons bien éprouver une révolution, qui sera d'autant plus cruelle que le besoin ne connaît point de mesure. » — *Nouvelles politiques* du 26 germinal : « *Paris, 25 germinal.* Les queues du matin et du soir sont toujours très nombreuses à Paris. Celles du matin, aux portes des boulangers, des bouchers et des épiciers, sont composées de citoyennes qui halettent après du pain, de la viande, de la chandelle. Celles du soir, aux portes de nos spectacles. Parmi ces dernières on remarque un changement notable dans le costume des citoyens qui les composent. Ce ne sont plus ces sans-culottes de profession, dont le civisme épouvantait les grâces ; ce sont des citoyens mis simplement, mais avec propreté. On remarque que le beau sexe, dont le patriotisme ne s'est jamais démenti, a exigé de la part de ses serviteurs le sacrifice des livrées de l'indigence que le sans-culottisme avait endossées au grand détriment de cette galanterie et de cette urbanité qui distinguaient les Parisiens. Les femmes ont enfin reconnu que le patriotisme à l'air farouche n'était pas celui qui était ni le plus vrai, ni le plus aimable, et elles ont repris leur parure pour se montrer avec plus d'avantage dans les cercles et dans les spectacles. »

CCLXIII

26 GERMINAL AN III (15 AVRIL 1795).

RAPPORT DU 27 GERMINAL.

Esprit public. Groupes et cafés. — Partout, hier, des groupes nombreux ; les esprits étaient dans la plus grande fermentation par rapport aux subsistances et à la disette du pain ; on y entendait les propos les plus outrageants contre la Convention. Des femmes paraissaient poussées par le désespoir et, maudissant leur existence, disaient : « Donnez-nous du pain ou la mort ; tuez-nous plutôt que de nous faire languir ! Voudrait-on nous forcer à demander un roi ? Eh bien, f....., nous n'en voulons point. »

Les officiers de paix rapportent que, sur la place du Carrousel, on a entendu une femme dire à sa fille : « C'est ici que ton père a versé son sang le 10 août ; eh bien ! je te briserais la tête sur ce même pavé plutôt que de te voir mourir de faim ! » Plusieurs inspecteurs rapportent avoir vu d'autres femmes jurant contre la cocarde nationale, insulter celles qui en portaient, les traiter d'aristocrates, dire qu'elles ne la portaient que par grimace et par crainte, et enfin engager toutes les autres à n'en plus porter et à la fouler aux pieds.

Dans les cafés, et surtout dans ceux de la Maison-Égalité, les entretiens roulaient sur l'état de nos finances ; le rapport fait à la Convention ne paraît pas rassurer les esprits[1]; on est étonné, dit-on, de la proposition d'une nouvelle émission de trois milliards d'assignats, au moment où le nombre de ceux en circulation est effrayant, et lorsque, pour rétablir le crédit public, on doit s'occuper des moyens de l'en retirer. L'agiotage, qui n'oublie aucun moyen, a profité de l'effet que le projet du Comité des finances avait produit sur les esprits, pour faire hausser le prix de l'or ; on pense, dit-on, qu'il augmentera encore.

Les maisons de jeu où l'arrêté du Comité de sûreté générale a été notifié continuent, malgré cet avertissement. Nous allons nous occuper de faire exécuter le règlement de police concernant lesdites maisons.

Spectacles. — Rien n'a troublé l'ordre des spectacles.

[*Pain, viande, bois. Surveillance.* — Toujours la même situation. Sur le boulevard du Temple, plusieurs personnes sont « tombées d'inanition ».]

FAUCONNIER, DURET.

(Arch. nat., F 1 c III, Seine, 16.)

JOURNAUX.

Messager du soir du 27 germinal : « Tous les soirs, à la nuit tombante, un grand nombre d'ouvriers et de femmes se réunissent à la Porte Martin, au bas de la rue des Arcis, sur les quais, sur la place de la Grève, et là, s'entretiennent de la misère commune, jettent les hauts cris sur la cherté des denrées et la rareté des subsistances, accusent les marchands de s'entendre avec le gouvernement et annoncent les projets les plus sinistres ; si quelques citoyens veulent élever la voix pour inspirer aux braves gens, que le malheur aigrit, du courage et de la confiance, aussitôt des hommes apostés, mais dont le langage ne s'accorde pas avec leur mise, repoussent leurs avis, les couvrent d'injures, les prennent à partie, comme s'ils étaient les auteurs de leurs maux, les traitent d'affameurs payés par Pitt et Cobourg, d'endormeurs, d'espions gagés à 30 livres, etc. Ces attroupements, partiels et nombreux, annoncent une grande fermentation dans les esprits, et alarment une foule de bons citoyens, qui n'ignorent pas que, si le gouvernement et les républicains ne veillent, il ne faudra qu'une étincelle pour causer un vaste incendie dans cette cité remplie de matières combustibles. « Vous voyez, disent les Jacobins à la » foule attroupée, comment les choses vont depuis que les sans-culottes ne sont » plus en place. C'est le million doré qui règne aujourd'hui ; c'est pourquoi » vous payez tout si cher. Pourquoi ont-ils fait émigrer nos blés ? La récolte » était superbe; elle ne s'est faite qu'après le 9 thermidor; elle devait suffire

---

[1]. Dans la séance de la Convention du 26 germinal an III, Johannot, au nom des Comités de salut public, des finances et de législation, avait fait un rapport sur l'état du crédit public et sur les moyens de restaurer les finances. (*Moniteur*, réimpression, t. XXIV, p. 228.)

» pour nourrir la France pendant trois ans. Qu'est-ce qui avilit nos assignats, si
» ce n'est ceux qui soutiennent l'agiotage? etc. » Tels sont à peu près les discours
des habitués de ces groupes, où règne communément le plus dégoûtant jacobinisme. Les femmes surtout reprochent aux hommes leur lâcheté et les
provoquent à *se montrer* enfin, s'ils ne veulent mourir de faim. Elles font
successivement l'énumération de toutes les denrées, et comparent leur prix
énorme avec ce qu'elles coûtaient lors du *maximum*. Les mêmes jérémiades
ont lieu journellement aux Tuileries ; si une patrouille passe, les femmes
l'insultent en disant : « Vous mangez donc du pain des députés et des musca-
» dins ; vous avez donc le ventre plein ; donnez-nous du pain, et nous nous
» retirerons ; dites à ceux qui vous envoient qu'ils nous donnent du pain ; c'est
» du pain qu'il nous faut, et non des baïonnettes... »

CCLXIV

27 GERMINAL AN III (16 AVRIL 1795).

Rapport du 28 germinal.

Esprit public. Groupes et cafés. — Continuité de groupes dans tous
les endroits publics, mêmes agitations ; les rassemblements aux
portes des boulangers s'accroissent par le retard dans la livraison
des farines et durent une partie de la journée. Les plaintes et les
murmures s'y font entendre autant sur la modique quantité de pain
qu'on distribue que sur l'inégale répartition entre les différentes sections. Les citoyens de l'intérieur ne manquent pas d'observer avec
aigreur que les sections des faubourgs, et notamment ceux Antoine
et Marceau, sont mieux partagées et reçoivent, à quelque chose près,
le contingent arrêté par le Comité de salut public.

Loignier, l'un de nos inspecteurs, rapporte qu'hier, dans le quartier des halles, les femmes arrachaient les cocardes à celles qui en
portaient ; les citoyennes paisibles sont incertaines sur le parti
qu'elles doivent prendre ; elles en réfèrent à la Convention.

Dans les groupes voisins de la Convention, on s'entretenait d'une
femme qui venait d'être arrêtée pour avoir, dans une tribune de la
Convention, montré un quarteron de pain qu'elle venait de recevoir ;
plusieurs trouvaient cette arrestation injuste.

Simon rapporte que les rassemblements les plus dangereux se
tiennent aux Pont-au-Change et de la Raison, du côté du quai de
Gièvre, depuis la fin du jour jusqu'à dix heures du soir, et qu'hier une
femme y disait que l'on patienterait jusqu'à la décade, mais que,

passé ce temps, il y avait un coup monté. Cet inspecteur est chargé de s'insinuer dans ce groupe et de signaler la femme qui tient ces propos.

Les prêtres et leurs partisans cherchent à émouvoir les esprits; il va paraître, le premier samedi de mai, un journal qui, sous le titre spécieux d'*Ami de la religion et de la République* [1], pourrait prêter des moyens à l'erreur et entraîner ainsi les têtes à se fanatiser. Le prospectus de ce journal est consigné dans les suppléments au n° 35 du *Journal de Paris*, en date du 27 germinal.

Le projet d'un nouveau plan de finances fait le sujet des conversations de différents cafés. Chacun se borne à faire des vœux pour un meilleur ordre de choses.

Les abus de l'agiotage sur les marchandises de toute espèce ne discontinuent point. Leurs suites plongent la plus grande partie des citoyens dans la plus cruelle misère.

Tous les rapports annoncent que les spectacles ont joui de la plus grande tranquillité.

Commerce. Pain. — Des murmures, des plaintes et même des menaces, mais aucune voie de fait ni action contraire à la tranquillité, tel est le résultat des rapports des inspecteurs, qui ont surveillé la distribution du pain; un des principaux sujets de plaintes, c'est l'arrivée tardive des farines, qui force les citoyens à attendre jusqu'à quatre heures de l'après-midi. Dans la section de Bon-Conseil, plusieurs femmes ont déclaré que demain elles feront du tapage, si leur portion n'est pas plus forte.

Ouvray annonce que le peuple de la section de Bonne-Nouvelle accuse le Comité civil de cette section de s'entendre avec l'Agence des subsistances pour organiser la famine; il dit qu'on se propose de tomber sur ce Comité, et que ceux qui tiennent ces propos menaçants disent qu'ils se moquent de mourir, puisque la famine est si grande.

Cascel et Guérin ont vu à la Porte Antoine une voiture de farines escortée par des dragons qui ne savaient où la conduire, ce qui a bientôt occasionné un rassemblement. Deux particuliers, qui n'étaient munis d'aucuns pouvoirs, se sont présentés; l'un voulait que cette

---

1. Il s'agit évidemment d'un journal dont le titre véritable et complet était: *Annales de la religion ou Mémoires pour servir à l'histoire du XVIIIe siècle*, par une Société d'amis de la religion et de la patrie; Paris (2 mai 1795-novembre 1803), 18 vol. in-8°. Bibl. nat., Le 3/10. C'était l'organe de Grégoire et du clergé ci-devant constitutionnel. Cf. mes *Études et leçons sur la Révolution*, seconde série, p. 127.

voiture allât d'un côté, et l'autre de l'autre. Casœl a invité le conducteur de cette voiture à la conduire à sa destination. L'un de ces particuliers l'a pris au collet; l'affluence du monde les a empêchés de traduire ces deux individus par devant le commissaire de police, mais l'officier du poste a pris leurs noms. Cet officier est invité à se rendre à la Commission.

Viande et autres comestibles. — Tous les rapports annoncent que la tranquillité a régné à la porte des bouchers et qu'aucunes plaintes ne sont parvenues à la connaissance des inspecteurs.

Les halles et marchés ont été assez bien approvisionnés en légumes, beurre et œufs. La distribution des pommes de terre a été orageuse; plusieurs citoyennes, qui y avaient excité du trouble, ont été conduites chez le commissaire de police de la section des Marchés; on y a traduit aussi des marchands de pommes de terre qui les mesuraient avec un faux boisseau.

Au marché Martin et à la place Maubert on vend quantité de poissons morts et à moitié corrompus; la Commission a écrit au commissaire de police de ces arrondissements pour qu'ils vérifient ces faits et les constatent.

Bois. — Dans différents ports et chantiers, la livraison du bois s'est faite avec ordre. Les inspecteurs ont remarqué que l'Agence des subsistances délivre à chaque boulanger trois ou quatre bons d'une voie de bois par décade, tandis que plusieurs boulangers leur ont déclaré que cinq voies par mois leur suffiraient.

Surveillance. — Moura rapporte que, sur la section des Piques, quelques femmes juraient contre la Convention et disaient qu'il leur importait peu d'avoir un roi, pourvu qu'elles aient du pain; d'autres leur répondaient. « Ne voyez-vous pas qu'on cherche à nous faire mourir de faim pour nous forcer à demander l'ancien régime? »

Suivant Bernard, les cochers des voitures de place disaient hier entre eux que, si l'on voulait les faire mourir de faim, ils enverraient au diable la République.

Deux hommes chargés, se reposant sur le devant d'une maison, se sont mis à dire en voyant passer plusieurs jeunes gens : « Ils ont beau dire que 8 1/2 et 8 1/2 font 17, nous n'en aurons pas le démenti; la République ira en dépit d'eux et de ceux qui nous font manquer de pain. »......

Potrelle, Duchauffour.

(Arch. nat., F 1 c III, Seine, 16.)

JOURNAUX.

Courrier républicain du 28 germinal : « *Du 27 germinal*. L'autorité a fait mettre les scellés sur les presses de Migneret, imprimeur de l'ouvrage périodique intitulé : *l'Accusateur public*, par Richer-Sérizy. On nous annonce que ces scellés ont été levés, mais qu'ils continuent d'être apposés sur le cabinet de l'auteur... »

CCLXV

28 GERMINAL AN III (17 AVRIL 1795).

RAPPORT DU 29 GERMINAL.

Esprit public. — L'esprit public est toujours dans la même agitation ; elle se manifeste tantôt dans une section, tantôt dans une autre. La disette et l'inégalité des distributions de pain en sont toujours les principales causes ; les citoyennes des sections des Lombards et des Gravilliers, trouvant la portion de pain qui leur était offerte trop modique et insuffisante, se sont retirées en murmurant et sans vouloir l'accepter ; dans d'autres sections, elles ont forcé les commissaires et les boulangers de les conduire à l'Agence des subsistances et au Comité de sûreté générale pour y exposer le sujet de leurs plaintes et découvrir, s'il était possible, la cause des maux dont elles sont affligées.

La suite de ces rassemblements provoque les murmures les plus outrageants contre le gouvernement. Ce qui se remarque assez ordinairement, c'est que ces différents orages ne durent que jusqu'après la distribution du pain ; alors tous les citoyens espèrent un sort plus heureux le lendemain, rentrent dans le calme et prennent encore courage ; mais ils ne peuvent voir tranquillement les magasins des commerçants regorger de toutes sortes de marchandises, auxquelles leur situation ne leur permet plus d'atteindre.

Spectacles. — Au théâtre de la rue Favart, un particulier, accusé de terrorisme, a été obligé de sortir du parterre ; la tranquillité n'y a point été troublée. Le plus grand ordre a régné dans les autres spectacles.

[*Pain, viande, charbon.* — Quelques troubles au sujet du pain.]

Surveillance. — ...Suivant Baude, on répand le bruit que les habitants des campagnes tuent les citoyens de Paris qui sont envoyés pour protéger l'arrivage des subsistances.

Rue des Moineaux, près des bouchers, des femmes ont trouvé hier matin une lettre portant ces mots : « Citoyens, prenez patience ; vous avez encore trois mois à souffrir, puis vous serez heureux, c'est-à-dire vous aurez un roi et vous serez dans l'abondance. »

Un groupe de citoyens, de fort mauvaise humeur, s'était formé hier près d'un pâtissier sur le boulevard du Temple ; on était scandalisé de la quantité de pâtisseries étalées sur sa boutique ; ce groupe a été dissipé par la prudence du citoyen Simon, inspecteur. Les billards de ce quartier sont ordinairement remplis de militaires.....

ROUCHAS jeune, HORNIN.

(Arch. nat., F⁷ ° III, Seine, 16.)

JOURNAUX.

Courrier républicain du 30 germinal : « *Du 29 germinal.* Hier au théâtre de la Montansier, lorsque le public applaudissait par un assentiment unanime à ces vers du *Réveil du peuple* : « Ah ! qu'ils périssent ces infâmes » etc., une voix, partie d'une des loges, a manifesté un sentiment tout contraire ; aussitôt le public s'est levé simultanément et a demandé à grands cris que l'audacieux Jacobin fût précipité de sa loge ; mais la garde s'en est emparé, et il a été conduit au corps-de-garde du Palais-Égalité et de là au Comité de sûreté générale. Cet homme, qui avait jeté un cri si audacieux au milieu d'une multitude indignée, était pâle et défait, lorsqu'il a traversé le jardin. Serait-il vrai que ces malheureux n'ont que l'audace du parlage et des poignards ? » — *Messager du soir* du 30 germinal : « *Paris, le 29 germinal.* Pour rajeunir la légende bizarre que l'anarchiste Momoro contraignait, sous peine d'amende et de prison, les bons habitants de Paris de placarder sur leur portes, le département de Paris vient d'inviter les citoyens à substituer, dans ce long protocole, les mots : *humanité, justice,* à ceux-ci : *ou la mort...* »

CCLXVI

29 GERMINAL AN III (18 AVRIL 1795).

RAPPORT DU 30 GERMINAL.

Esprit public. — Toujours les mêmes murmures, inquiétudes et plaintes sur les subsistances. Les attroupements aux portes des boulangers ne discontinuent pas. Cependant Paris a offert, dans le courant de la journée d'hier, le tableau de la plus parfaite tranquillité, qui n'a été troublée que lorsque le bruit s'est répandu dans différentes sections qu'il venait d'être fait un rapport à la Convention, par le Comité de sûreté générale, annonçant la découverte d'un complot affreux, tendant à piller les propriétés, à attenter à la sûreté des personnes et de la représentation nationale [1]. Chacun, à cette nouvelle, aussi surpris qu'effrayé, se demandait : « Où sont donc les rassemblements? où donc est le trouble? » Beaucoup de citoyens, quoiqu'ils n'aperçussent pas de danger, approuvaient les mesures d'ordre données pour se garantir des effets de la malveillance, et sitôt après que le rappel fut battu, la Cour nationale entière se trouva entourée d'une force armée considérable.

Le décret d'organisation de la garde nationale parisienne n'est pas vu avec un intérêt égal par tous les citoyens; plusieurs craignent, dit-on, que les différences qui se trouveraient dans le choix des compagnies produisent quelques divisions dangereuses.

L'on ne peut que se répéter sur les abus de l'agiotage, dont la plupart des citoyens se trouvent être malheureusement victimes, et contre lesquels il est bien à désirer, dit-on, que le gouvernement prononce des peines rigoureuses.

Spectacles. — Au théâtre des Variétés, Maison-Égalité, à la fin du premier acte de la troisième pièce, Beaulieu, l'un des artistes, vint annoncer que l'on battait un rappel général et demanda s'il fallait continuer la pièce ou se rendre dans ses sections respectives ; tous les citoyens dirent qu'il fallait aller à sa section, et la toile fut baissée à l'instant.

Tous les théâtres ont joui de la plus parfaite tranquillité.

Commerce. Pain. — Les citoyens Pipelard, Caillouet, etc., inspecteurs, annoncent que la distribution du pain s'est faite, chez la majeure partie des boulangers, avec tranquillité ; dans différentes sections le public a été obligé d'attendre jusqu'à quatre heures après-midi pour avoir sa ration. Ce retard provient de ce que la farine arrive trop tard, ce qui occasionne des murmures. L'on se plaint de ce que la répartition du pain ne s'est pas faite également partout, attendu que quantité de personnes n'ont point été servies. Pipelard observe que le désordre est toujours très grand chez Robillard, marché Catherine, où le commissaire de police a été traité de coquin ; l'on a requis la force armée, qui ne sert à rien : la plupart de ceux qui la composent sont pris de vin ; il ajoute qu'il est impossible de citer les agitateurs, attendu qu'il faudrait les mettre tous du nombre. La

---

1. Ce rapport avait été fait à la Convention, le 29 germinal an III, par Rovère, au nom des Comités de sûreté générale et de salut public. A la suite de ce rapport le conventionnel Maribon-Montaut fut décrété d'arrestation. (*Procès-verbal*, t. LIX, p. 285, et *Moniteur*, réimpression, t. XXIV, p. 269.)

nommée Délot, demeurant rue et maison des Filles-Thomas, s'est permis de dire à la porte de son boulanger que, si sous quelques jours on ne lui donnait pas plus de pain, elle poignarderait tous les commissaires en les invectivant de mille sottises; elle a aussi dit que la sacrée République faisait mourir de faim.

Saint-Remy, inspecteur, dit que lecture a été faite d'une lettre anonyme en présence de tous les citoyens, qu'on a trouvée à la porte du nommé Dufraine, boucher, rue des Moineaux ; elle portait ces mots : « Citoyens, ne soyez pas étonnés, si vous restez quatre jours sans pain et si vous éprouvez trois mois de disette ; ce temps passé, votre disette cessera, mais vous aurez un roi. »

Viande et autres comestibles. — Plantin, Le Hodey et autres annoncent que la tranquillité a régné aux portes des bouchers qu'ils ont surveillées ; ils observent que les marchés et halles étaient assez bien approvisionnés en toutes sortes de denrées; le beurre a diminué de 40 sols par livre ; il est arrivé 515 voitures de différentes denrées, ainsi que 5 de marée.

Bois. — Fabre, Chevalier et autres disent que la livraison des bois et falourdes s'est faite dans différents chantiers et ports avec beaucoup d'ordre. Les charretiers font contribuer les citoyens à leur gré.

Surveillance. — Dorival rencontre une femme ayant crié : *Vive Louis XVII!* et ayant [tenu] des propos contre la Convention, elle a été menée chez le commissaire de police de la section du Temple, qui l'a fait conduire à la Petite-Force.

Vanier. Jardin national, joie et applaudissements du peuple au décret qui met en arrestation le représentant Montaut.

Perel. Au Jardin-Égalité, sur le bruit que l'on voulait forcer les prisons et lâcher les détenus, plusieurs marchands ont fermé leurs boutiques.

Baude. Les rappels faits hier et ce matin dans les sections de Paris ont donné beaucoup d'inquiétude ; chacun en ignorait le sujet et raisonnait à sa manière sur ce qui pouvait en avoir été la cause.

Dagomer. Dans différents quartiers les citoyens proclamateurs de la loi relative à l'organisation de la garde nationale ont été insultés, menacés, etc. Le membre qui la proclamait dans la section de Mutius Scœvola a été si vexé qu'il n'a pu achever.

Jeanson. Des citoyennes de Tours, placées dans une tribune de la Convention, disaient que, dans leur commune et aux environs, on ne voulait plus recevoir d'assignats ; qu'une vache se payait 60 livres en argent et 1.800 en assignats.

Lemaire. Section de l'Unité, des femmes et des hommes ne voulaient point recevoir un quarteron de pain par personne et se sont portés en masse au Comité civil pour faire marcher les membres de ce Comité et aller à l'Agence des subsistances.

Bocquet. Section de Bon-Conseil, un particulier a crié à la porte d'un boulanger et à plusieurs reprises : « Il nous faut un roi et des princes pour être heureux. » Ce particulier est signalé, et le mandat d'amener lancé contre lui.

Boyer rapporte que, pendant son service militaire, il a fait une patrouille à trois heures du matin, et que, lorsque quelque sentinelle criait : *Qui vive?* il y en avait qui répondaient : *Sans pain!* tantôt *Ventre creux!*.....

HANNOCQUE-GUÉRIN, CHAMPENOIS.

(Arch. nat., F 1 c III, Seine, 16.)

JOURNAUX.

Gazette française du 1er floréal : « *De Paris, le 30 germinal.* Ce n'était point un mouvement populaire que préparaient les terroristes, mais c'était une conjuration qu'ils ourdissaient dans l'ombre ; aussi jamais Paris n'avait été si calme que dans la journée d'hier : les brigands méditaient au sein de la tranquillité publique leurs projets d'assassinats et de massacres clandestins. Rien n'égale l'étonnement des Parisiens, lorsqu'ils ont entendu hier au soir battre le rappel, et qu'ils ont vu la Convention appeler autour d'elle les défenseurs de la patrie. Surpris, mais non intimidés, tous les citoyens ont volé aux armes ; une force armée nombreuse était sous les armes à neuf heures ; toute la nuit le service s'est fait avec beaucoup d'activité ; ce matin, les patrouilles parcouraient encore en grand nombre les divers quartiers de la capitale, et surtout ceux qui environnent le quartier des Tuileries. Le silence qui régnait dans les rues de Paris n'était troublé que par les gémissements et les clameurs des femmes rassemblées à la porte de boulangers. Les assemblées générales de sections se sont occupées aujourd'hui de l'organisation de la garde nationale et des moyens de défendre l'ordre public contre les attaques sans cesse renouvelées des apôtres du terrorisme. »

CCLXVII

30 GERMINAL AN III (19 AVRIL 1795).

RAPPORT DU 1er FLORÉAL.

Esprit public. — Les différents groupes des places et endroits publics paraissaient, comme les jours précédents, agités pour le pain et les autres subsistances. Beaucoup de citoyens dans la classe ouvrière murmurent de ce qu'on leur a assigné d'autres boulangers que ceux chez lesquels ils avaient habitude de se fournir, et où ils avaient crédit pendant une décade ou deux, suivant leurs conventions. Ils prétendent que ce mode les privera des moyens de se procurer du pain, qu'ils ne peuvent pas payer jour par jour. Fargues, l'un de nos inspecteurs, rapporte à cet égard que, rue des Prêcheurs, section des Marchés, les commissaires civils ont été menacés à cause de ce changement.

Beaucoup de citoyens, dit-on, témoignent leur mécontentement sur la nouvelle organisation de la garde nationale parisienne. Ils y croient remarquer une espèce d'inégalité par l'impossibilité où sera le plus grand nombre de supporter les dépenses de l'équipement dans un moment si critique par la pénurie des objets les plus nécessaires à la vie. Ils voient avec amertume qu'il n'y aurait que les citoyens riches qui auraient l'honneur de porter les armes, et qu'eux se trouveraient privés de le partager. Les jalousies, les haines, l'esprit de parti enfin, peuvent en être la conséquence.

Les spectacles ne présentent point de faits particuliers contre la tranquillité publique.

Commerce. Pain. — Suivant plusieurs rapports, dans beaucoup de sections les distributions de pain ont été faites très tard, et les farines n'étaient arrivées qu'à huit heures du matin. On se plaint toujours de n'avoir qu'un quarteron de pain par personne. Malgré la modicité de cette ration, tout le monde n'a pas été servi. De violents murmures contre les autorités constituées et les commissaires distributeurs échappent toujours à ceux qui ne sont pas servis. La pénurie momentanée où nous nous trouvons fournit aux malveillants les moyens de soulever le peuple, mais leurs projets sont déjoués par les bons citoyens. On entend des femmes se désoler de ne pouvoir nourrir leurs enfants; d'autres disent qu'elles plongeront le couteau dans le ventre de ceux qui viendront chercher leurs maris pour monter la garde. Les inspecteurs n'ont d'ailleurs rencontré rien de contraire à la tranquillité publique.

[*Viande et autres comestibles.* — La distribution de la viande a été « légale et paisible », sauf quelques incidents.]

Surveillance. — Dans la section de l'Unité on a désarmé les anciens membres du Comité révolutionnaire gradés dans différentes compagnies et quelques citoyens suspects. Au Jardin-Égalité, un particulier qui invitait au pillage chez les marchands a excité beaucoup d'indignation; il a été question de le jeter dans le bassin; mais quelques citoyens prudents s'y sont opposés et l'ont fait conduire au prochain corps de garde.....

THÉROUENNE, BEURLIER.

(Arch. nat., F⁷ 4 ᶜ III, Seine, 16.)

CCLXVIII

1ᵉʳ FLORÉAL AN III (20 AVRIL 1795).

RAPPORT DU 2 FLORÉAL.

Esprit public. — Les rassemblements ont été très tumultueux hier à la porte des boulangers et se sont prolongés jusqu'à la nuit. Les femmes y proféraient les injures et tous les propos les plus outrageants contre la Convention nationale et contre les commissaires des sections. Nombre d'entre elles se mirent en marche par la rue Honoré pour se rendre, tant au Comité de salut public qu'à l'Agence des subsistances, annonçant qu'elles ne voulaient pas recevoir le quarteron de pain qui leur était offert, qu'il leur en fallait au moins une demi-livre. Elles menaçaient, le long du chemin, celles qui paraissaient disposées à recevoir leur modique portion. Plusieurs de ces rassemblements ont insulté les patrouilles qui passaient, en traitant les citoyens de bêtes, et leur disant qu'ils ne devaient pas monter la garde, puisqu'on ne leur procurait pas de pain. On rapporte qu'une femme, mère de trois enfants, a été étouffée à la porte d'un boulanger, rue aux Ours.

Sur la section du Nord, les femmes ont arrêté une voiture où étaient plusieurs sacs de pommes de terre, de farine et de pain à destination; sans respect pour les autorités constituées et la force armée, la voiture a été pillée; le commissaire, dit-on, a manqué de perdre la vie.

Dans un groupe près la Convention, une citoyenne a ramassé un billet cacheté, timbré du mot *Rouen* : elle en demanda la lecture ; ce billet était ainsi conçu : « Peuple lâche de Paris, méfie-toi ; le télégraphe te trahit ; dans peu de jours, tu n'auras pas de pain. » Cette citoyenne a été conduite au Comité de sûreté générale et déposée entre les mains du citoyen Gauthier, représentant du peuple.

L'ordre et la tranquillité ont régné dans les spectacles.

Commerce. Pain. — Suivant les rapports des inspecteurs, différents Comités de section ont mis sur les nouvelles cartes qu'ils ont délivrées autant de livres de pain que de bouches, tandis qu'on n'en donne qu'un quarteron. Cette carte, qui semblait promettre à chacun une plus forte ration, donne lieu à de violents murmures. Beaucoup de femmes s'obstinent à ne point changer de boulangers, parce que, disent-elles, leurs boulangers leur faisaient crédit pendant une décade et même pendant quinze jours, et qu'elles n'espèrent point trouver les mêmes facilités chez les boulangers dont elles ne sont pas connues.

Chez Robillard, marché Catherine, et chez plusieurs autres des sections de Bon-Conseil et du Finistère, il y a eu beaucoup de fermentation ; quantité de femmes ont refusé de recevoir leur quarteron de pain, en menaçant de battre celles qui l'accepteraient ; les boutiques de ces boulangers ont été fermées, et les commissaires distributeurs forcés par le public de se rendre à l'Agence des subsistances pour lui demander les causes de l'inégale répartition des farines, et pourquoi il y des sections où l'on distribue une demi-livre de pain, et d'autres où l'on n'en donne qu'un quarteron. Les esprits sont très échauffés par la disette. Néanmoins la distribution s'est faite sans aucuns événements inquiétants pour la tranquillité publique.

Un boulanger demeurant rue des Lyonnais, section de l'Observatoire, distribuait hier, sur les huit heures du soir, des pains entiers à des femmes de commissaires ou autres. Le public, s'apercevant de la fraude, a conduit ce boulanger au Comité civil. La Commission a écrit à ce Comité pour savoir quelle suite il a donnée à cette affaire.

Lefèvre a fait conduire chez le commissaire de police un particulier de la section de l'Homme-Armé, qui, rue de la Loi, à la porte d'un boulanger engageait le public à se transporter à l'Agence des subsistances pour lui demander du pain, en disant que les faubourgs étaient prêts à marcher, et qu'il valait mieux être buveur de sang que d'être étouffeur ; plusieurs personnes ont déposé avoir entendu ce propos.

Viande et autres comestibles. — La distribution de la viande s'est faite avec beaucoup d'ordre. Le changement des cartes a occasionné quelques difficultés, qui ont été arrangées par les commissaires.

Les halles et marchés ont été assez bien approvisionnés ; la halle à la viande était fournie en belle qualité ; les pommes de terre arrivent en abondance, mais les répartitions sont très orageuses. Le peuple se plaint des regrattiers, qui vont au-devant de cette denrée pour l'accaparer et la revendre à des prix exorbitants.

Bois. — Dans différents ports et chantiers, les livraisons de bois et falourdes ont été très tranquilles.

Surveillance... — Buffe observe que la plupart des ouvriers de la section de la République partent de Paris à cause de la disette du pain, et que le reste s'en ira la décade prochaine, s'il n'y a plus d'abondance.

Suivant le rapport de Perel, le citoyen Mannequin, commis au bureau de la guerre, a dit à un autre citoyen « qu'il y avait quatre partis pour mettre un roi sur le trône ; que ces quatre partis n'étaient pas d'accord entre eux ; que l'un voulait le petit Capet ; l'autre un fils du roi de Prusse ; celui-ci, le fils du roi d'Espagne, et enfin celui-là un fils du roi d'Angleterre ; que ces quatre partis voulaient diviser la France en quatre ».

Chez Dupuis, marchand de vin, près du Palais-Égalité, Pigache et Perel ont ramassé une carte aux trois couleurs, portant les mots : *Vive la Montagne !*.....

THÉROUENNE, LE ROUX.

(Arch. nat., F 1 c III, Seine, 16.)

JOURNAUX.

Messager du soir du 3 floréal : « *Paris, le 2 floréal.* ...La journée d'hier a été très orageuse ; il paraît qu'il est arrivé plusieurs voitures de farines aujourd'hui ; il est instant que les horreurs de la famine à laquelle nous sommes en proie cessent enfin ; car le désespoir, la maladie nous assiègent, et il y aurait tout à craindre d'une effervescence populaire, qui deviendrait peut-être générale... »

CCLXIX

2 FLORÉAL AN III (21 AVRIL 1795).

RAPPORT DU 3 FLORÉAL.

Esprit public. Groupes. — La cherté croissant journellement, et d'une heure à l'autre, de toutes les denrées et marchandises de première nécessité et la modique quantité de pain distribuée produisent toujours les mêmes agitations que les jours précédents. Les plaintes semblent être dirigées principalement sur l'inégalité de la distribution du pain, qui diffère dans chaque section et même chez chaque boulanger d'une même section. Dans quelques-unes, les citoyens ont trois quarterons ; dans d'autres, une demi-livre, et enfin d'autres ne distribuent qu'un quarteron. Le nouveau recensement des bouches pourrait faciliter une distribution plus égale ; c'est ce que les citoyens paraissent désirer, et ce moyen pourrait rétablir le calme.

Les citoyens se plaignent aussi de ce que le gouvernement ne semble pas s'occuper de l'arrivage des bois et charbons ; ils craignent que les eaux, qui sont actuellement à la hauteur convenable pour ces arrivages, ne viennent à baisser et ne les laissent plus longtemps dans la disette de ces combustibles, auxquels les prix excessifs du commerce actuel ne leur permettent plus d'atteindre.

Cafés. — Dans les différents cafés, le rapport fait à la Convention de l'arrivée de l'ambassadeur du roi de Suède [1] a paru donner de la satisfaction ; on a vu de même, avec plaisir, le décret qui traduit par devant le tribunal d'Angers les anciens membres du tribunal révolutionnaire de Nantes [2].

Le retard de l'arrivée des farines chez plusieurs boulangers a causé aujourd'hui beaucoup de murmures. Les femmes à la Halle ont aussi causé quelques fermentations en arrêtant les voitures de pommes de terre et se les faisant distribuer au prix qu'elles ont voulu fixer.

Spectacles — Au théâtre des Arts, dans l'intérieur, il y a eu une rixe entre un machiniste et un pâtissier faisant commerce de pain à 6 livres la livre. Le machiniste ayant voulu payer une demi-livre 50 sols, le pâtissier les refusa en tenant de mauvais propos. Des jeunes gens, dit-on, l'ayant frappé, il tira son couteau pour se défendre ; il fut arrêté et conduit au Comité de sûreté générale. Tous les autres théâtres ne présentent aucuns faits contre la tranquillité publique.

Commerce. Pain. — Il résulte des rapports qu'hier, différents commissaires distributeurs ont fait délivrer une demi-livre de pain à chacune des personnes, premières servies ; mais, sur la fin de la distribution, quantité de personnes n'ont pas été servies, notamment chez Robillard, boulanger, marché Catherine, qui a renvoyé sans pain trois cents de ses pratiques, tandis que ses confrères de la même section satisfont à peu près toutes les leurs. Il est inutile de dire à combien de murmures cette inégalité donne lieu. Les esprits sont très échauffés par la disette et par l'arrivée tardive des farines. Les inspecteurs n'ont néanmoins rien rencontré de contraire à la tranquillité publique.

Fortin rapporte que plusieurs garçons boulangers partent de Paris, et que d'autres se proposent d'en faire autant, et donnent pour raison

---

1. Voir le rapport fait par Siéyès, au nom du Comité de salut public, dans la séance de la Convention du 2 floréal an III. (*Moniteur*, réimpression, t. XXIV, p. 277, 278).

2. Même séance de la Convention, *ibid.*, p. 285.

le défaut d'ouvrage, et ajoute qu'il serait très dangereux que le public fût instruit de ce départ, qui pourrait encore augmenter la crainte où il est de manquer de pain et occasionner beaucoup de fermentation dans les esprits. La Commission écrit aux commissaires de police des sections pour rappeler que ces garçons sont en réquisition par la loi du 15 floréal an II[1]. Suivant le rapport de Loctave, un particulier sortait à neuf heures de chez la veuve Monin, boulangère; un citoyen se présente à lui pour savoir s'il n'avait pas de pain dans ses poches (cette boulangère est soupçonnée de vendre furtivement); au même instant ce citoyen reçoit un coup de sabre sur la tête. Procès-verbal a été dressé par le commissaire de police de la section, auquel la Commission a demandé compte de la suite de cette affaire.

Viande et autres comestibles. — La tranquillité a régné aux portes des bouchers, et la distribution de la viande a été faite légalement.

Les halles et marchés ont été assez bien approvisionnés. Les regrattiers, qui veulent s'emparer de toutes les pommes de terre pour bénéficier dessus, occasionnent toujours beaucoup de fermentation dans les répartitions de cette denrée.....

Bois. — Dans différents ports et chantiers, la livraison du bois s'est faite avec beaucoup d'ordre et de tranquillité.

Surveillance. — Suivant Pernet, dans la section de la République, les boulangers excitaient eux-mêmes les femmes à s'obstiner à leurs portes pour avoir du pain, et leur ont dit que celles qui se présenteraient avec de nouvelles cartes n'en auraient pas. Ce fait a été constaté chez le commissaire de police. Le citoyen Valet rapporte que, dans la section des Piques, des femmes disaient qu'il faudrait pendre quelques boulangers et quelques commissaires pour faire peur aux autres, puisqu'il ne s'établissait pas une juste police à leur égard. Un nommé Salomon, juif, prévenu d'avoir émis un faux assignat de 400 livres, a été arrêté par Baude. Marais a entendu dire que la garde nationale parisienne qu'on va organiser n'est autre chose que l'ancienne armée de La Fayette, qui ne sera composée aujourd'hui que des soldats de Fréron, et qu'il ne fallait pas le souffrir...

GOSSET, BEURLIER.

(Arch. nat., F 1 c III, Seine, 16.)

1. C'est la loi qui mettait en réquisition « tous ceux qui contribuent à la manipulation, aux transport et débit des marchandises de première nécessité ».

CCLXX

3 FLORÉAL AN III (22 AVRIL 1795).

Rapport du 4 floréal.

Esprit public. Groupes. — Hier, la fermentation a été plus forte que les jours précédents. Le retard de l'arrivage des farines chez les boulangers a occasionné des rassemblements considérables de femmes, qui se sont propagés pendant la plus grande partie de la journée. Plusieurs de ces femmes, dont le but n'est que de provoquer le désordre, parcouraient les différents rassemblements et excitaient les autres femmes à aller en masse, tant à l'Agence des subsistances qu'aux Comités de salut public et de sûreté générale; elles insinuaient aux autres hautement de refuser la portion de pain qui leur était offerte, comme étant trop modique, et cherchaient à entraîner avec elles celles tranquilles, soit dans leurs boutiques, soit dans leurs ménages, en faisant des propositions de monter dans les maisons pour les forcer de marcher; elles ont même obligé les commissaires distributeurs d'être à la tête de leurs rassemblements; les menaces et les propos les plus outrageants ont été entendus dans le cours de leur marche tumultueuse. Plusieurs ont annoncé à leur retour quelques signes de mécontentement.

Mailly rapporte que, dans la section de l'Unité, six compagnies furent convoquées pour l'inscription de la nouvelle garde nationale, qu'il ne s'en est pas trouvé un quart, et que, dans les différents propos qu'il a recueillis, les uns disaient que l'on leur donne du pain, d'autres qu'ils avaient monté leurs gardes depuis la Révolution et qu'ils continueraient leur service comme ils l'avaient fait, d'autres enfin qu'ils n'avaient pas le moyen de dépenser mille livres pour leur uniforme; rien n'a pu être décidé.

Spectacles. — Rien de particulier contre l'ordre et la tranquillité publique.

Commerce. Pain. — Les mêmes plaintes sur l'arrivée tardive des farines, sur la modicité des rations de pain, quoique on en eût promis de plus fortes pour le premier de ce mois, tel est le résultat commun des rapports de vingt-trois inspecteurs. Le changement des cartes fait aussi bien des mécontents, surtout parmi les ouvriers qui avaient du crédit chez leurs anciens boulangers. Le peuple se désole, et la pénurie échauffe tellement les esprits qu'elle fait redouter un mouvement dangereux, par les propos séditieux qu'on entend de toutes parts contre la Convention nationale et les autorités constituées. Le peuple les accuse d'être cause s'il meurt de faim; il dit aussi que l'on veut la guerre civile, mais qu'elle n'aura pas lieu, attendu qu'il connaît ses ennemis. Tous les bons citoyens souffrent avec patience, dans l'espoir que cette disette ne se fera pas sentir longtemps. Plusieurs boulangers n'ont pu satisfaire toutes leurs pratiques. Il n'est cependant arrivé aucun événement contraire à la tranquillité publique.

Baron rapporte que les femmes ont occasionné un grand désordre à la porte d'un boulanger, rue de Bercy, section des Quinze-Vingts; elles ont conduit ce boulanger au Comité civil, et ont eu l'inhumanité de traîner sa femme dans le ruisseau. La Commission a écrit au commissaire de police pour connaître la suite de cette affaire.

Viande et autres comestibles. — La tranquillité a régné chez les bouchers, et aucunes plaintes ne sont parvenues à la connaissance des inspecteurs. Les halles et marchés étaient très bien approvisionnés; les légumes augmentent de prix, en raison de ce que le beurre est diminué. Tous les marchés ont été tranquilles.

Bois et charbons. — Dans différents ports et chantiers, la livraison du bois s'est faite avec beaucoup d'ordre; il est arrivé à l'île Louviers trois bateaux de charbon de bois.

Surveillance. — Une femme, marchande de cannes, au coin d'une maison abattue vis-à-vis la police générale, tenant un enfant dans ses bras disait hier, en apercevant le représentant Isnard, qui causait avec un citoyen près d'un traiteur vis-à-vis le Comité de sûreté générale : « Voyez ce scélérat d'Isnard; on n'a qu'à lui donner un quarteron de pain pour voir s'il pourra vivre avec; c'est un fier scélérat. » Copie de ce rapport a été envoyé au Comité de sûreté générale, et mandat d'amener a été décerné contre cette femme.....

Fait divers. — Dans la section des Arcis, fort agitée hier, plusieurs citoyens ont fermé leurs boutiques dans la crainte du pillage; cependant, en définitif, le calme s'est rétabli, et il n'est arrivé rien de fâcheux.

Un homme s'est noyé de désespoir de n'avoir pas de nourriture. Ce fait a été constaté par le commissaire de police de la section de la Fontaine-Grenelle.....

HANNOCQUE-GUÉRIN, BARBARIN.

(Arch. nat., F¹ c III, Seine, 16.)

JOURNAUX.

Messager du soir du 5 floréal : « *Paris. 4 floréal.* Il n'y a guère de jours que Paris ne soit le théâtre d'émeutes partielles auxquelles la disette donne lieu. Hier à huit heures du soir, le pain n'était pas encore distribué chez un très grand nombre de boulangers. La pluie, le vent et le mauvais temps ajoutent encore aux souffrances des malheureuses femmes qui, après avoir passé la journée presque entière sur leurs jambes, n'ont pu obtenir qu'un quarteron de pain ; encore beaucoup s'en sont-elles passées… » — Même journal, n° du 8 floréal : « C'est un spectacle bien affligeant que celui qu'offre en ce moment cette immense cité. On ne rencontre dans les rues que des figures pâles et décharnées, sur lesquelles sont peintes la douleur, la fatigue, la faim et la misère. Jamais les maladies ne furent si nombreuses ; on voit à ses côtés des malheureux tomber de faiblesse et d'inanition ; plusieurs personnes sont mortes de besoin. Chaque jour les rations diminuent au lieu d'augmenter ; on trouve, il est vrai, chez certains traiteurs du pain pour les habitués, mais on en donne si peu, et le prix en est si exorbitamment cher, que c'est un bien faible secours. Cependant on remarque dans les places un grand nombre de ces chanteurs en plein vent, qui font profession de gaité ; les joueurs de gobelets, les charlatans et les lanternes magiques se multiplient avec plus d'insolence que si jamais le grand Chaumette n'eût fait de réquisitoire pour les proscrire. Les uns disent que ce sont des clubistes qui, ne pouvant vivre qu'aux dépens de leurs dupes, font commerce de leurs eaux et de leurs poudres, comme ils trafiquaient naguère de leur patriotisme ; c'est ainsi que Marat avait plusieurs cordes à son arc. D'autres soutiennent qu'ils sont payés par le gouvernement pour endormir le peuple, parce que *qui dort, dîne*. Quoi qu'il en soit, chacun se réjouit de ce que les chaleurs ne se font pas encore sentir ; car déjà les flux de sang sont très nombreux, et on pourrait craindre peut-être une épidémie, si la disette de farine était toujours la même. Un autre danger, sur lequel le gouvernement et la police auront sans doute les yeux ouverts, c'est cette multitude innombrable de malheureux chiens que leurs maîtres ont chassés, ne pouvant les nourrir, et dont les squelettes transparents rôdent jour et nuit dans les rues et principalement sur les quais. Il n'est pas douteux qu'aux premières chaleurs la rage pourrait s'emparer d'un grand nombre de ces malheureux animaux, sans refuge et sans pâture, et les plus grands malheurs résulteraient de cette nouvelle calamité ; il faut la prévenir, car nous avons assez des maux qui nous assiègent. Loin de nous, cependant, l'idée de proposer, comme le général Santerre, de tuer tous les chiens… »

CCLXXI

4 FLORÉAL AN III (23 AVRIL 1795).

RAPPORT DU 5 FLORÉAL.

Esprit public. Groupes. — Les groupes hier, dans différents endroits publics et notamment au Jardin national, étaient moins nombreux. On s'[...] la réception de l'ambassadeur de Suède et de la manière fraternelle avec laquelle il a été accueilli des représentants [1]. On augure de ces différents traités qu'ils nous conduiront infailliblement à la paix générale et prochaine, dont les effets feront renaître l'abondance en rendant au commerce son activité.

Les plaintes sur la pénurie du pain et la cherté exorbitante de toutes les autres denrées continuent. Les femmes, plus exaltées par la crainte et par l'humeur de ne pouvoir fournir aux besoins de leurs ménages, se laissent entraîner à toute la chaleur de leur imagination ; elles se répandent en propos les plus incendiaires, provoquent les hommes à l'insurrection, et, voyant dans leur moment de fureur les boutiques des commerçants garnies de marchandises auxquelles elles ne peuvent atteindre, elles annoncent hautement la coupable intention de s'en venger ; plusieurs d'entre elles, aux portes des boulangers, disent, en traitant les hommes de lâches, que pour avoir du pain il faut prendre le n° 17 [2]. La formation d'une nouvelle garde nationale, d'après le rapport de Bétrémieux, l'un de nos officiers de paix, fait dire aux ouvriers que la Convention a dessein de les faire désarmer, mais que cela ne les empêchera pas d'exterminer les marchands et leurs soutiens ; que, depuis le 9 thermidor, les sans-culottes ont été sacrifiés à la plus affreuse cupidité.

Spectacles. — Les spectacles ont joui de la plus parfaite tranquillité.

Commerce. Pain. — Les mêmes plaintes sur la modicité des rations de pain et sur l'arrivée tardive des farines se font toujours entendre ; les inspecteurs rapportent (au nombre de dix-huit) qu'ils ont entendu dire que la patience était à bout, et qu'on n'y pouvait plus tenir ; les esprits néanmoins leur ont paru moins échauffés que ces jours derniers, et les distributions ont été plus tranquilles. Rémy ajoute que les royalistes ont l'audace de dire que, du temps du feu roi, on n'a pas manqué de pain ; que les députés à la Convention nationale, ou quelques-uns d'entre eux, sont les auteurs et instigateurs du malheur public. Le peuple, heureusement, n'écoute pas ces perfides insinuations.

Viande et autres comestibles. — Chez les bouchers et les charcutiers, la distribution de la viande s'est faite légalement et sans

---

1. C'est dans la séance de la Convention du 4 floréal an III qu'eut lieu cette réception de M. de Staël, ambassadeur de Suède. Voir le *Moniteur*, réimpression, t. XXIV, p. 293.
2. Louis XVII.

murmures. Le bon ordre a régné dans les halles et marchés ; ils étaient très bien approvisionnés. Les ports sont couverts de vin; malgré cette abondance ; on le vend 800 livres le muid.

Bois. — Dans différents ports et chantiers la livraison s'est faite avec ordre.

Surveillance. — Cinquante et un prisonniers se sont évadés de Bicêtre en désarmant les factionnaires et se servant de leurs armes contre eux. Trente-quatre de ces fugitifs ont été arrêtés dans les communes circonvoisines ; un a été tué d'un coup de feu ; on est à a poursuite des autres.....

BARBARIN, DUCHAUFFOUR.

(Arch. nat., F 7 e III, Seine, 16.)

CCLXXII

5 FLORÉAL AN III (24 AVRIL 1795).

RAPPORT DU 6 FLORÉAL.

Esprit public. Groupes. — Les groupes dans différents lieux publics et les rassemblements aux portes des boulangers ont été très considérables et très agités. La petite quantité de pain revenant à chaque citoyen et la privation entière des subsistances promises en remplacement y portent le peuple au désespoir. Les promesses qui lui sont faites de la cessation de la disette, au moyen des arrivages dans les ports, ne le tranquillisent plus. Il paraît douter de tout, ne voyant pas s'effectuer ce que ses besoins l'obligent à demander.

Le tableau de la misère publique est effrayant, et, loin de porter dans les médiocres distributions le caractère de douceur et d'encouragement dont tout bon citoyen doit être pénétré pour contenir les esprits, quelques commissaires, chargés par leurs concitoyens de cette distribution, pénible à la vérité, semblent insulter à la misère publique par les sarcasmes qu'ils débitent en remplissant cette fonction ; notamment hier, rue des Boucheries-Honoré, un commissaire à la distribution du pain eut l'imprudence de dire aux femmes qui attendaient leur modique portion de pain, et qui se plaignaient de leur triste situation, que, si elles n'en trouvaient pas assez d'un quarteron (en leur montrant ironiquement un menuisier en face de ladite boutique), elles n'avaient qu'à manger des planches. Ce propos insultant a pensé causer les suites les plus funestes, s'il ne fût rentré à l'instant, et si des citoyens paisibles, ainsi que des inspecteurs qui se trouvèrent dans le moment, n'eussent ramené le calme en invitant les citoyens à ne pas se faire justice eux-mêmes. Après la distribution, ce commissaire a été conduit au Comité de sûreté générale.

Pour aigrir les esprits et propager le trouble, des malveillants avaient fait circuler hier le bruit perfide que, dans différentes sections, on avait proclamé une invitation aux citoyens qui auraient de vieilles croûtes de pain de les aller déposer au Comité civil de leur section pour le soulagement des indigents.

Cafés. — Dans quelques cafés, on s'entretenait avec satisfaction du rapport fait à la Convention, de la paix conclue avec les Chouans[1]. On la regarde comme le présage heureux d'une paix bientôt générale.

Spectacles. — Les spectacles ne présentent aucun fait particulier contre la tranquillité.

Pain. — ...Bernard rapporte qu'un nommé Gallapain, boulanger rue Denis, au coin de celle Perrin-Gasselin, a eu l'audace de se flatter d'avoir c... dans son pain ; il ajoute que les commissaires distributeurs ont vérifié plusieurs, dans lesquels ils ont, dit-on, trouvé de la m..... Ce boulanger ainsi que son garçon sont arrêtés. Le commissaire a écrit au commissaire de police pour connaître la suite de cette affaire.

A la porte du citoyen Lavaut, boulanger, rue Martin, vis-à-vis celle aux Ours, Launay a vu une affiche portant ces mots : « J'ai reçu un petit sac de farine de 217 livres ; j'ai mil sept cent cinquante bouches ; la distribution se fera à onze heures. »

[*Surveillance.* — Arrestation de deux personnes ayant crié : *Vive Louis XVII !*]

FAUCONNIER, CHAMPENOIS.

(Arch. nat., F¹ᶜ III, Seine, 16.)

JOURNAUX.

Courrier républicain du 7 floréal : « *Du 6 floréal.* Il y a eu hier soir, dans plusieurs quartiers de Paris, une légère fermentation occasionnée par une cause assez singulière. Des hommes envoyés, on ne sait trop par qui, on ne peut pas croire que ce soit par une autorité raisonnable, ont fait inviter, au

---

1. Dans la séance de la Convention du 5 floréal, Lesage, au nom du Comité de salut public, avait donné lecture d'une lettre des représentants en mission, datée de Rennes le 1ᵉʳ floréal, et annonçant que la « pacification » venait d'être signée avec les chefs des Chouans, « qui ont souscrit leur déclaration solennelle de se soumettre aux lois de la République une et indivisible, et de ne jamais porter les armes contre elle ». (*Moniteur*, réimpression, t. XXIV, p. 288).

son de la caisse, les bons citoyens à déposer leurs croûtes, ou ce qu'ils pourraient avoir de surabondant en pain, pour les subsistances des pauvres de l'Hôtel-Dieu. « Après nous avoir réduits à un état qui n'est guère loin de la
» famine, prétend-on encore, disait-on, ajouter la dérision à la misère qui nous
» dévore? On nous demande des croûtes, et on nous délivre à peine un quarteron
» de pain, et même une quantité considérable de citoyens n'en reçoit point du
» tout; avec quoi peut-on penser que nous ferions des croûtes? » La demande des croûtes n'est pas une des moins curieuses de toutes celles qu'on a faites pendant le cours de la Révolution ; nous ne pouvons nous empêcher de croire que ce ne soit encore là quelque tour de Jacobin, pour exciter l'indignation publique, et amener un bouleversement général, et plonger la France dans un chaos qui l'engloutirait tout entière, et établirait sur les ruines de Paris, sur celles de la France, la suprématie de l'Angleterre et de Londres, qui, malgré le génie de Pitt, doivent finir bientôt. » — Sur cette affaire des « croûtes », voir aussi les *Annales patriotiques* du 8 floréal, p. 648.

CCLXXIII

6 FLORÉAL AN III (25 AVRIL 1795).

RAPPORT DU 7 FLORÉAL.

Esprit public. Groupes. — Il résulte des différents rapports sur la journée d'hier que les groupes dans les places, rues et endroits publics, ainsi que les rassemblements aux portes des boulangers, ont été aussi nombreux que tumultueux et fort agités ; les femmes surtout paraissaient y jouer le rôle principal ; elles narguaient les hommes, les traitaient de lâches et paraissaient ne pas vouloir se contenter de la portion qui leur était offerte. Un grand nombre d'entre elles voulaient se porter à l'insurrection ; la plupart même semblaient décidées à attaquer les autorités constituées, et notamment les Comités de gouvernement, ce qui aurait eu lieu sans la prudence et la fermeté de la force armée ; il est aisé de se convaincre de ce qui vient d'être dit en jetant un œil attentif et impartial sur plusieurs rapports qui en font foi.

1° Sur celui signé Marceau, qui rapporte avoir entendu dire : « Cela fera une guerre civile; on ne demande que cela; est-il possible aussi de vivre avec deux onces de pain? N'est-ce pas un fait exprès ? » Il ajoute que dans d'autres rassemblements on disait : « La Convention devrait bien mettre ordre à tout cela; il est bien temps », disaient-ils tous. Il se résume par dire que les esprits étaient dangereusement échauffés.

2° Sur celui signé Bouillon, dont voici les expressions littérales :
« Hier une multitude de femmes de la section des Piques, après avoir
refusé la portion de pain qu'on leur offrait, se sont portées au Comité
de la section et, de là, à la Convention ; elles arrêtaient, sur leur passage, toutes les femmes qu'elles rencontraient, et les forçaient à se
joindre à elles. »

3° Le citoyen Compère, dans son rapport, confirme les assertions
ci-dessus et y ajoute des circonstances plus alarmantes.

4° Le citoyen Dubout termine son rapport par déclarer que « l'on
paraissait craindre que les assignats tombassent comme les billets de
banque, et que l'on disait que la Convention, à force de misère, voulait nous faire demander un roi ». On disait encore que, si, sous peu
de jours, on ne donnait du pain, il y aurait à craindre de grands malheurs ; enfin, la patience du peuple est poussée à bout.

5° Enfin, le citoyen Henry, dans son rapport, dit absolument la
même chose ; il ajoute cependant que le peuple dit que les députés le
font exprès, pour qu'il demande un roi, mais que la majeure partie
ne le veut pas.

Au total, on se plaignait encore beaucoup dans les rassemblements
de ce que les pâtissiers trouvent bien de la farine, tandis que les boulangers en manquent. Dans plusieurs sections, les premiers ont été
tellement menacés que plusieurs ont fermé leurs portes. On répandait
encore le bruit que l'agent national de la Commission des subsistances était en fuite. Il est important d'observer que la fureur des
femmes ne tendait à rien moins, dans quelques quartiers, qu'à
arrêter les voitures de farine ; mais cela n'a eu que peu ou point de
suite. Il paraît enfin que l'ordre prétendu de porter les croûtes aux
hôpitaux était aussi faux que ridicule, qu'il n'a pu être que l'effet de
la malveillance, et que ce bruit ne peut être attribué qu'aux agitateurs
systématiques qui se répandent de quartier en quartier pour tourmenter le peuple et le provoquer au désordre.

On a aussi raisonné, dans quelques groupes, sur le décret rendu
hier, qui range le numéraire dans la classe des marchandises et en
permet l'exportation [1] ; il était approuvé par les uns et critiqué par
les autres.

Cafés. — Dans les cafés de la rue Honoré et Palais-Égalité seulement, plusieurs citoyens assez honnêtes prétendaient que la pénurie
des subsistances ne pouvait être attribuée qu'à l'impéritie ou à la

---

1. Ce décret du 6 floréal an III autorisait en outre la réouverture des diverses bourses.

friponnerie de ceux qui sont à la tête du gouvernement, qui, disait-on, font vendre publiquement du riz, de la cassonnade et autres denrées qui ont été accaparées et achetées à bas prix, et qu'ils revendent au peuple à un prix exorbitant.

Spectacles. — Les spectacles n'ont offert rien qui puisse compromettre la tranquillité publique, sinon quelques légères rixes, aussitôt apaisées qu'élevées ; le *Réveil du peuple* a continué d'être demandé, chanté et couvert d'applaudissements, et tout ce qui tend à attaquer et à démasquer les fureurs du terrorisme a été reçu avec enthousiasme.

Commerce. Pain, viande, etc. — Les rapports de dix-sept inspecteurs offrent les mêmes résultats que ceux dont nous avons ci-dessus donné extrait ; les murmures, suivant ces rapports, vont en augmentant au lieu de diminuer.....

Surveillance. — ...Bellier rapporte qu'au marché des juments, hier soir, des femmes disaient qu'il fallait aller en masse à la Convention demander un roi, pour avoir du pain ; le même rapporte qu'à neuf heures du soir, près le pont Notre-Dame, il y avait un groupe de deux cents personnes qui tenaient le même langage. Cet inspecteur a été mandé à la Commission pour être réprimandé sur son inertie ou son insouciance de n'avoir pas suivi les particuliers qui tenaient ces propos. Une surveillance particulière est établie à cet effet.....

BEURLIER, DURET.

(Arch. nat., F¹ᶜ III, Seine, 16.)

JOURNAUX.

Courrier républicain du 9 floréal : « *Du 9 floréal.* Avant-hier, quelques femmes ayant enlevé et fait porter chez le boulanger de leur section les farines destinées pour un autre, les trois Comités de gouvernement, pour empêcher que pareils désordres ne se renouvellent, ont fait venir à Paris un régiment de chasseurs qui était cantonné à Gonesse, pour être à la disposition du Comité militaire. Cette mesure, affichée aujourd'hui dans tous les lieux accoutumés, a fait beaucoup causer. Tout est extrêmement tranquille, au milieu des murmures fugitifs d'un peuple qui ne mange que la moitié de ce qu'il lui faut, mais sent très bien qu'en se portant à des excès, il périrait réellement par la plus cruelle famine. »

CCLXXIV

7 FLORÉAL AN III (26 AVRIL 1795).

Rapport du 8 floréal.

Esprit public. Groupes. — Le résumé des rapports faits par les inspecteurs de police sur la journée d'hier présente des détails peu satisfaisants dans les groupes et dans les rassemblement aux portes des boulangers. La pénurie des subsistances et la médiocre portion de pain offerte aux citoyens excitent les plus grands mécontentements. Les esprits paraissaient vivement agités ; les femmes surtout se répandaient en propos et menaces les plus absurdes ; elles allaient jusqu'à s'écrier qu'il fallait s'opposer à la force armée et même la désarmer. En général tous, tant hommes que femmes, raisonnaient diversement sur les événements présents ; les uns attribuaient la disette à l'incurie des Comités de gouvernement; d'autres, au brigandage des Commissions des subsistances ; plusieurs voulaient que tout cela ne fût occasionné que pour forcer le peuple à prendre un parti extrême ; ils fondaient leur opinion sur l'abondance qui règne chez les pâtissiers ; par conséquent, disaient-ils, il ne peut y avoir que les riches qui ne s'aperçoivent pas de la misère par la facilité qu'ils auront à se procurer des subsistances. Les propos sur le rétablissement de la royauté se sont renouvelés ; il y eut beaucoup de clameurs contre la Convention et les gens fortunés. On se plaignait encore, dans plusieurs endroits, de ce que les environs de Paris sont garnis de troupes. Suivant quelques rapports, des citoyens, sans doute mal intentionnés, se sont répandus dans les groupes et y disaient, avec une sorte d'affectation, que cette précaution était absolument la même que [celle que] le gouvernement monarchique avait prise avant le 14 juillet 1789.

Cafés. — On s'est encore entretenu dans plusieurs groupes, ainsi que dans les cafés, sur le décret qui permet l'exportation du numéraire et qui le regarde comme marchandise. L'opinion la plus générale à cet égard était que cette mesure parviendrait à discréditer les assignats et à donner aux denrées et marchandises une augmentation rapide et si haute que les citoyens mal aisés ne pourraient plus y atteindre.

Les quatre officiers de paix, dans leurs rapports sur l'esprit public, présentent à peu près les mêmes faits que ceux exprimés dans les rapports des inspecteurs, mais ils ajoutent un trait isolé, c'est qu'au Jardin-Égalité on a voulu vendre un louis double neuf cents livres. Les bons citoyens et les vrais patriotes ne manquent pas d'employer tous les moyens propres à ramener les esprits égarés par les malveillants. Leurs rapports portent encore qu'hier, vers les trois heures, un homme s'est jeté par la fenêtre d'un cinquième étage, rue de la Petite-Truanderie ; cet homme laisse une femme enceinte. Ce malheureux événement a donné lieu hier à beaucoup de propos relatifs aux circonstances présentes.

Au reste, en se fondant sur l'esprit et même sur la lettre des différents rapports ci-dessus analysés, on peut hardiment se permettre de croire et même déclarer que les malveillants et les factieux dans tous les genres profitent des circonstances et mettent en usage tous les ressorts possibles pour agiter le peuple et entraver la marche du gouvernement.

Spectacles. — Les spectacles, dans la journée d'hier, n'ont présenté aucun fait particulier, sinon au théâtre de l'Ambigu-Comique ; mais ce n'était, d'après le rapport du citoyen Louis, inspecteur, qu'un bruit excité par trois mal intentionnés qui étaient aux troisièmes loges et qui criaient en bas : « *Le Réveil du peuple !* du pain ! du pain ! » On les a fait sortir aussitôt ; le calme s'est rétabli, et le *Réveil du peuple* a été chanté, ainsi que des couplets contre les Jacobins, qui ont été très applaudis. Le détail ci-dessus est conforme au rapport fourni par le citoyen Clément, officier de paix.

Commerce. Pain. — Il résulte de plusieurs rapports qu'aux portes des boulangers les esprits sont plus échauffés que jamais. Les femmes tiennent les propos les plus incendiaires contre les autorités constituées et disent que les hommes sont des lâches, s'ils ne se montrent pas. Les malveillants se plaisent à dire que, dans trois jours, il n'y aura pas un morceau de pain à Paris. Heureusement que les bons citoyens n'ajoutent pas foi à ces bruits ridicules. Plusieurs boulangers des sections des Thermes, de l'Indivisibilité et de l'Homme-Armé n'ont pu satisfaire quantité de leurs pratiques, ce qui met la consternation dans les esprits. Dans les sections de Popincourt et du Jardin-des-Plantes on a refusé le quarteron de pain. Environ cent cinquante femmes de la première section se sont réunies pour se transporter à la Convention en forçant les commissaires à marcher à leur tête. L'inspecteur ignore si cette démarche a eu lieu ; il a été requis en ce moment par la section des Droits-de-l'Homme pour empêcher la dilapidation d'une voiture de farine que les femmes ont arrêtée ; elles ont forcé le commissaire à délivrer au citoyen Bourgeois, boulanger, rue des Rosiers, un sac de farine qui n'était pas destiné pour lui. La Commission recherche les délinquants. A cinq heures et demie du matin des femmes ont jeté par leurs fenêtres des trines (sic) sur la force armée. La Commission a écrit au commissaire de police pour savoir si elle (sic) a donné suite à cette affaire.

Pilfer rapporte que, sur la section de l'Observatoire, les femmes ont arrêté une voiture de farines et l'ont fait distribuer aux boulangers de cette section. La Commission a demandé au commissaire de police de l'informer des suites de cette affaire.....

Surveillance. — ... Hier, à trois heures de l'après-midi, les femmes de la section de Montreuil se sont portées à la Convention nationale pour y demander du pain ; plusieurs hommes étaient à la tête de cet attroupement, qui, dans le faubourg Antoine s'était grossi des personnes qui étaient aux portes des boulangers, et qu'on avait forcées de s'y joindre.....

BARBARIN, FAUCONNIER.

(Arch. nat., F 1 c III, Seine, 16.)

CCLXXV

8 FLORÉAL AN III (27 AVRIL 1795).

RAPPORT DU 9 FLORÉAL.

Esprit public. — Des rapports des inspecteurs de police sur les événements de la journée d'hier, il résulte : 1° que la pénurie des subsistances occupait et agitait assez vivement les esprits ; 2° que l'on s'est encore entretenu avec chaleur, dans quelques groupes, sur l'exportation du numéraire ; 3° que le séjour des troupes cantonnées dans les environs de Paris a donné lieu à des propos, les uns vagues, les autres indécents, violents même contre la Convention, très défavorables à la garde nationale parisienne, nuisibles même à son organisation nouvellement décrétée.

Mais si les malveillants cherchent à tirer parti des circonstances, les bons citoyens balancent leurs efforts ; différents rapports annoncent que plusieurs d'entre eux s'étaient présentés dans les groupes et avaient ramené les esprits en leur prêchant la patience et le respect qu'ils devaient avoir pour la Convention ; ils se sont servi pour y parvenir de la pacification faite avec les Chouans.

Au surplus, pour ne laisser échapper rien de ce qui peut intéresser le gouvernement dans les circonstances, il paraît convenable de faire mention de quelques faits isolés.

Entre autres choses, le citoyen Vannier, inspecteur, dans son rapport dit avoir entendu dire à plusieurs citoyens, qui sortaient de la séance de la Convention, que les législateurs feraient beaucoup mieux de s'occuper de l'objet des subsistances que de beaucoup d'autres.

Le citoyen Alamion dit avoir rencontré plusieurs patrouilles et entendu dire à plusieurs citoyens qui les composaient qu'ils ne pouvaient plus tenir au service faute de subsistances, et que, parmi eux, beaucoup n'avaient pas mangé depuis vingt-quatre heures.

Cafés. — Le citoyen Compère rapporte avoir entendu dire dans les cafés de la Régence et du Palais-Égalité que vingt mille hommes de troupes réglées étaient en marche pour Paris, qu'une grande partie même était déjà arrivée pour protéger et défendre la Convention, qui, disait-on, allait encore envahir tous les pouvoirs que les anciens Comités de gouvernement avaient usurpés, avant le 9 thermidor, et comme eux nous replonger dans l'esclavage. Il ajoute que d'autres citoyens disaient que les Parisiens n'avaient pas besoin d'être organisés en garde nationale et d'être revêtus d'un uniforme inutile et dispendieux pour se garder et se défendre, et qu'on saurait bien résister à l'oppression et se venger contre des mandataires infidèles.

Spectacles. — Les spectacles ont été en général assez calmes, si l'on en excepte ce que rapporte le citoyen Vannier qui, après avoir dit que, sur le théâtre de la Montansier, la comédie de *Jocrisse*, pièce anti-anarchiste, ayant été donnée et applaudie avec transport par un public nombreux, il partit cependant d'une loge, dans un des passages les plus intéressants, un coup de sifflet qui a interrompu la scène un instant, mais il ajoute qu'après les cris unanimes : *A bas les Jacobins!* le calme s'est rétabli, et que le *Réveil du peuple* y a été chanté et très applaudi.

Les quatre officiers de paix de la police, dans leur rapport particulier, disent que les esprits étaient hier plus calmes; ils confirment ce qui a été dit par plusieurs inspecteurs, que des bons citoyens, répandus dans les groupes, avaient exhorté leurs frères à la patience et au calme; ils ont aussi parlé de la manière alarmante dont le public considérait le décret relatif au numéraire, et aussi de l'inquiétude que donnait le cantonnement des troupes dans les environs de Paris; ils ont joint à leur rapport le pamphlet intitulé : *Du Pain*, dont voici l'analyse :

Cette brochure, signée Hubert, ayant pour titre : *Du pain, Monsieur Reubell, et plus de Cambonnade*[1], nous paraît dirigée uniquement contre le citoyen Reubell, auquel on reproche qu'ayant paru d'abord l'ennemi des assassins, il veut à présent faire passer la nation pour anthropophage, et par là éloigner la paix, qui peut seule nous donner du pain.

LE ROY, ROUCHAS.

(Arch. nat., F⁴ c III, Seine, 16.)

CCLXXVI

9 FLORÉAL AN III (28 AVRIL 1795).

RAPPORT DU 10 FLORÉAL.

Esprit public. Groupes et rassemblements. — Tous les inspecteurs de police, dans leurs rapports, s'accordent à dire que la journée d'hier a été calme, que les esprits étaient peu échauffés, que la distribution du pain s'est faite avec tranquillité, et que, s'il y a eu quelques propos, ils n'ont absolument eu pour objet que l'inégalité de la répartition dans les différentes sections, mais que de bons patriotes, prêchant toujours le calme et le respect aux lois, disaient à ceux qui paraissaient les plus échauffés que, sans doute, cette mesure avait été jugée nécessaire pour satisfaire alternativement tous les citoyens. Les inspecteurs observent encore que le public paraît toujours mécontent de la cupidité des agioteurs et de la cherté des denrées ; ils ajoutent que l'on ne s'est que très peu entretenu du séjour des troupes dans les groupes, dont plusieurs ont applaudi à la fermeté et aux bonnes intentions des législateurs. Tel est, en général, l'esprit qui régnait hier dans Paris ; mais, comme il faut tout dire, on ne doit pas passer sous silence quelques circonstances particulières, qui peuvent intéresser l'ordre public ; entre autres, Mercier, inspecteur, dans son rapport, annonce que le commissaire de police de la section des Gardes-Françaises s'était plaint qu'il y avait beaucoup de voleurs et de filous dans sa section ; le citoyen Mailly, autre inspecteur, dit, sans indiquer l'endroit, qu'un député, qui parlait dans les meilleurs principes, a été insulté vivement par un groupe ; le même inspecteur annonce qu'il a vu, rue du Bac, en face du passage des Jacobins, la gravure du portrait de l'abbé Maury exposée.

1. Bibl. nat., Lb 41/1218, in-8.

Cafés. — Le citoyen Compère, inspecteur, dans son rapport, dit que, dans le café de la Régence et plusieurs du Jardin-Égalité, les citoyens s'y entretenaient avec satisfaction des bonnes nouvelles du jour et annonçaient que des mesures grandes et sages étaient prises pour faire renaître l'abondance et la confiance dans les assignats, et que, malgré les répliques faites par d'autres citoyens à ces assertions, la tranquillité n'avait pas été troublée.....

[*Spectacles, commerce,* etc. — Rien de notable.]

Surveillance. — Selon le rapport de Perrollet, officier de paix, hier, dans la section de Bonne-Nouvelle, on a trouvé sur différentes portes des cachets qui y avaient été apposés, on ne sait par qui ; ces cachets portent pour empreintes trois fleurs de lis et deux branches de lauriers ; sur d'autres étaient différentes légendes contraires à l'esprit de républicanisme ; ces cachets ont été enlevés par ordre du commissaire de police et envoyés au Comité de sûreté générale.....

Rue Honoré, en face de la rue de l'Arbre-Sec, un homme est tombé comme mort de besoin ; il a été rappelé à la vie par tous les secours d'humanité qui lui ont été prodigués.....

Boyer dit qu'un particulier, qui s'est fait connaître pour représentant du peuple par l'exhibition de sa carte, semblait hier, dans un groupe au Jardin national, sur les six heures du soir, vouloir essayer l'esprit public et voir si, dans les circonstances, on ne pourrait pas suggérer au peuple l'intention de demander un roi ; il a été mal accueilli et ne s'est tiré d'affaire qu'en montrant sa carte de député et en protestant qu'il était dans le sentiment de ceux qui l'entouraient, lequel s'est manifesté pour le maintien de la République.

HORNIN, THÉROUENNE.

(Arch. nat., F 1c III, Seine, 16.)

CCLXXVII

10 FLORÉAL AN III (29 AVRIL 1795).

RAPPORT DU 11 FLORÉAL.

Esprit public. Groupes et rassemblements. — Il résulte des différents rapports que la majeure partie des inspecteurs ont présentés que la situation de Paris est infiniment plus tranquille. L'augmentation de pain dans la distribution a produit ce calme ; mais ce qui a fixé particulièrement l'attention des citoyens, et ce qui a donné lieu aux entretiens, c'est toujours la cupidité des marchands et des agioteurs, ainsi que la progression continuelle des denrées et marchandises. Beaucoup de citoyens parlaient encore de l'arrivée des troupes réglées à Paris, et on a témoigné de l'étonnement, du mécontentement même de ce que les soldats dont elles sont composées ne portent point de cocardes tricolores; enfin les motifs du séjour de ces troupes ont donné lieu à quelques inquiétudes, semées par les malveillants, que les bons patriotes se sont empressés de détruire en rendant hommage à la pureté des intentions des législateurs. Quelques rapports font mention que, dans plusieurs sections, l'inégalité dans la répartition du pain avait aussi excité quelques murmures. Tel a été hier l'esprit public de Paris. Après ce tableau général, nous présenterons quelques détails particuliers, extraits du rapport de plusieurs inspecteurs. Le citoyen Bouillon termine le sien en disant que plusieurs citoyens pensent que la Convention ne s'entoure de troupes réglées que pour favoriser les vues secrètes qu'elle médite. Le citoyen Mailly rend compte d'une petite rixe survenue au Jardin national à l'occasion des femmes qu'on n'a pas voulu y laisser entrer sans cocardes. Le citoyen Dubout, en rendant compte succinctement de ce fait, ajoute que, partout où il a passé, l'esprit public était très bon. Il va même jusqu'à dire qu'il voit que les dix-neuf vingtièmes des citoyens sont disposés à soutenir la République au péril de leur vie. Les inspecteurs qui ont rendu compte des séances des sections où ils ont assisté rapportent que tout s'y est passé avec ordre et décence.

Cafés. — Aux cafés et dans le Jardin-Égalité, des malveillants, dit-on, cherchent à égarer les citoyens; ils font malicieusement circuler le bruit que la moitié de la Convention veut un roi, et l'autre la République. Ils ajoutent même que l'on ne fait la paix avec l'Espagne qu'aux conditions du rétablissement de la royauté. Ces propos sont spécialement attribués aux agioteurs.

Spectacles. — Il n'y a eu hier de contraire à la tranquillité publique et au bon ordre dans les spectacles que les deux faits qui suivent : 1° Au théâtre de l'Opéra national, à l'occasion d'un coup de sifflet parti du milieu du parterre au dernier couplet du *Réveil du Peuple*, adressé aux représentants du peuple, on n'a pu distinguer la personne; de toute part on a crié : *A bas!* Cette légère interruption n'a pas eu de suite. 2° Au théâtre de la Gaité, où, après la première pièce, le *Réveil du Peuple*, qui avait été demandé, n'a pu être chanté, parce que plusieurs voix du parterre s'y sont opposées.....

BARBARIN, CHAMPENOIS.

(Arch. nat., F¹ᶜ III, Seine, 16.)

JOURNAUX.

Gazette française du 12 floréal : « *Paris, 11 floréal*. Paris est toujours dans la même situation ; les femmes y font retentir la ville de leurs clameurs ; les hommes supportent leur destinée avec plus de patience. On a levé depuis hier la consigne portant qu'on ne pourrait entrer dans Paris sans exhiber sa carte ou son passeport. A voir le luxe étalé hier dans les promenades publiques, on n'eût pas cru être chez un peuple réduit à quelques onces de pain, et payant une aune de toile 150 livres. » — *Messager du soir* du 11 floréal : « *Paris, 10 floréal*. Hier et aujourd'hui, la ration de pain des citoyens a été augmentée ; aussi les murmures ont fait place à de plus douces espérances. Depuis la disette, le peuple a remarqué dans les différentes distributions qui ont eu lieu, soit de chandelle, de cartes de viande ou de pain, que les hommes qu'on lui avait peints, à cause de leur aisance ou de leur éducation, comme ses plus cruels ennemis, n'avaient ni la dureté barbare, ni l'insolence féroce des manants qui prétendaient être la fleur des patriotes ; il trouve au contraire dans les premiers des amis sensibles et compatissants, qui s'attendrissent sur les maux de leurs semblables, et s'empressent de verser sur les plaies qu'ils ne peuvent fermer le baume de la consolation. Plusieurs commissaires ont eu la douce satisfaction de voir que, malgré l'espèce d'odieux que les malveillants avaient voulu jeter sur eux, leurs concitoyens, charmés de leur juste impartialité et de leur tendre humanité, ont été réclamer aux Comités civils et de bienfaisance réunis la continuation de leurs pouvoirs. Le véritable moyen qu'il convient aux honnêtes gens d'employer pour rendre inutiles tous les complots des scélérats, c'est de se faire autant estimer et aimer du peuple que ces monstres en sont méprisés et abhorrés. »

CCLXXVIII

11 FLORÉAL AN III (30 AVRIL 1795).

Rapport du 12 floréal.

Esprit public. Groupes. — Les groupes n'ont pas été plus nombreux hier que les jours précédents. On s'y entretenait sans chaleur de l'inégalité de la répartition de la distribution du pain ; les esprits paraissaient moins agités ; les femmes étaient plus calmes ; mais le mécontentement était toujours le même sur la cherté excessive des denrées, sur le discrédit des assignats, et, comme de coutume, les marchands n'ont point été ménagés dans les propos.

Cette analyse rapide ne nous dispense pas de faire l'énumération de quelques faits contenus dans les rapports de plusieurs inspecteurs. Le citoyen Dubout rend compte du désordre survenu hier dans la section du Bonnet-de-la-Liberté à l'occasion de la distribution des farines. Le citoyen Mailly rapporte qu'hier un rouleau de papier à tapisser, sur lequel sont les emblèmes de la République, ne s'est vendu que 3 livres, quoique payé 12 livres, il y a trois mois. Le citoyen Mercier annonce qu'un boulanger de la rue d'Angivilliers, a écrit sur sa porte : « Au nom de la loi, tous citoyens et citoyennes ne doivent pas se trouver avant deux heures, relativement à la pénurie des subsistances. » Dans son rapport du 11 floréal, le citoyen Alamiou dit que, décadi dernier, à l'assemblée générale de la section de l'Observatoire, le nommé Douville, rue Jacques, n° 233, se plaignant du désarmement, monta à la tribune et entre autres choses dit : « Citoyens, si nous sommes désarmés, viendra un jour que nous le serons encore. » Ce propos a excité du mouvement dans l'Assemblée ; on n'a pas voulu l'entendre davantage, et on l'a fait descendre de la tribune. Le même inspecteur, dans son rapport d'aujourd'hui, rend compte de quelques vers très coupables, trouvés affichés au Jardin national; en voici la teneur exacte :

> Nation coupable et égarée,
> Aux plus cruels fléaux livrée,
> Veux-tu chasser de ton giron
> Et la famine et la misère ?
> Rétablis le petit mitron
> Dans la boutique de son père.

Le même inspecteur ajoute qu'il y en avait d'autres; mais qu'il n'a pu se les procurer.

Cafés. — Il ne s'est tenu dans les cafés aucuns propos qui puissent altérer la tranquillité et le bon ordre public.

Spectacles. — On a joui du calme le plus parfait, excepté au Théâtre patriotique, où le *Réveil du Peuple*, quoique demandé, n'a pu être chanté, parce que des citoyens s'y sont opposés en criant : *Du pain, du pain !*.....

COURTOIS, BEURLIER.

(Arch. nat., F⁴ c III, Seine, 16.)

JOURNAUX.

Courrier républicain du 13 floréal : « *Du 12 floréal.* Une partie de la farine destinée à l'approvisionnement de la section du Bonnet-de-la-Liberté (Bonnet-Rouge) ayant été détournée, d'autres disent perdue, les femmes domiciliées dans l'arrondissement de cette section se sont portées le soir en très grand nombre à l'Agence générale des subsistances, où elles ont fait le plus grand bruit. Un autre bataillon de femmes a entouré le Comité civil de la section, a retenu les citoyens qui le composent en chartre privée, et on a commencé à craindre que ces femmes, que la faim et la mauvaise humeur rendaient peu raisonnables, ne leur fissent réellement un mauvais parti. L'alarme s'est bientôt répandue; on a battu le rappel dans plusieurs sections. La Convention s'est rassemblée et a délibéré jusqu'à deux heures après minuit. La force armée s'est portée au lieu du rassemblement, qui a été bientôt dissipé. Quelques femmes des plus mutines ont été arrêtées, et tout ce grand fracas s'est évanoui en fumée. Aujourd'hui tout est parfaitement tranquille; nous avons cependant remarqué un peu plus de précautions militaires autour de la Convention... »

CCLXXIX

12 FLORÉAL AN III (1ᵉʳ MAI 1795).

RAPPORT DU 13 FLORÉAL.

Esprit public. Groupes. — Les différents rapports de ce jour annoncent que les plaintes des femmes continuent toujours à la porte des boulangers sur la modique portion de pain qui leur est offerte, sur l'inégalité dans la distribution, et qu'on y inculpait les commissaires des sections, mais que ces murmures n'avaient pas préjudicié à la tranquillité publique.

Dans les groupes du Jardin national, il y était question de l'objet qui occupe aujourd'hui la Convention, concernant la centralisation des pouvoirs dans le Comité de salut public. Beaucoup de citoyens assuraient que, si cette mesure eût été adoptée, elle aurait infailliblement renouvelé le système d'oppression et de tyrannie. En conséquence, on a vivement applaudi à l'énergie du représentant Louvet, qui s'y est opposé. Le décret rendu sur le rapport du citoyen Chénier[1] a été également bien vu du public, en ce qui concerne les émigrés, le culte et le désarmement. Les esprits ont paru assez calmes. Une simple analyse prouvera ces diverses assertions : 1° du rapport des citoyens Ancelle, Dufresnoy et Le Roy jeune, il résulte qu'une femme assez âgée, qu'ils désignent comme tenant à la faction jacobite, mal accueillie dans différents groupes du Jardin national, à cause des propos très scandaleux qu'elle tenait contre les députés, a été arrêtée par eux et conduite au Comité de police de sûreté générale (*sic*), où

---

1. Il s'agit du décret du 12 floréal an III, qui ordonne le prompt jugement des émigrés trouvés sur le territoire de la France, l'expulsion des individus rentrés après déportation, et contient des mesures répressives de toute provocation à l'avilissement de l'Assemblée ou au retour de la royauté, etc. On trouvera le rapport de M.-J. Chénier dans le *Moniteur*, réimpression, t. XXIV, p. 359.

ils ont fait leurs dépositions; 2° du rapport du citoyen Compère, lequel après avoir énoncé les dires du public pour et contre les députés, termine son rapport en déclarant que, du côté des halles et marchés, les femmes disaient, les unes ironiquement, les autres avec assurance et sérieusement : « Prenons patience ; nous aurons un roi avant quinze jours : alors nous ne manquerons plus de pain »; et qu'elles avaient ajouté, en attendant, être très décidées à faire le plus mauvais parti à quiconque voudrait les troubler et les empêcher de causer ensemble sous prétexte de rassemblement.

Cafés. — Le même citoyen Compère dit que, dans les cafés des rues Honoré-du-Roule, et dans ceux du Jardin-Égalité, on s'entretenait de la proclamation faite par ordre de la Convention, qui invite les citoyens à se prémunir contre les malveillants et agitateurs qui veulent se servir du prétexte des subsistances pour provoquer une guerre civile, que beaucoup de citoyens présents avaient dit sur cela : « Les Comités de salut public et de sûreté générale veulent par ce moyen couvrir l'embarras où ils se trouvent. » Mais ils ont ajouté : « Ce n'est plus qu'une mauvaise politique et un subterfuge dont personne n'est aujourd'hui la dupe. »

Spectacles. — Les rapports annoncent que les spectacles ont joui de la plus parfaite tranquillité.....

[*Pain, viande,* etc. — Toujours des murmures à propos des subsistances.]

GOSSET, PASTÉ.

(Arch. nat., F1c III, Seine, 16.)

JOURNAUX.

Républicain français du 13 floréal : « Pendant plusieurs jours de la décade dernière, quelques femmes, les mêmes sans doute qui, si longtemps ont accompagné jusqu'au lieu du supplice les victimes de l'ancien gouvernement aux cris de *Vive la guillotine !* demandaient un roi pour leur donner du pain. Il paraît que, provisoirement, elles n'en manquent pas, car elles ont refusé de prendre la portion qu'on leur délivrait, et se sont répandues dans divers quartiers, en menaçant toutes celles qui refuseraient d'imiter leur exemple. Les citoyens de Paris ne mettent point assez de zèle à réprimer cette canaille, applaudie par une autre qui, pour porter des vêtements plus propres, n'en a pas des sentiments plus nobles. Que tous les amis de la République, que tous les patriotes de 89 annoncent enfin, par leur contenance, aux restes des factions, que leurs tentatives pour la réintégration de la tyrannie sont désormais inutiles. »

CCLXXX

13 FLORÉAL AN III (2 MAI 1795).

RAPPORT DU 14 FLORÉAL.

Esprit public. Groupes. — Dans la journée d'hier, peu de murmures aux portes des boulangers, malgré la médiocre portion de pain distribuée aux citoyens. Dans les groupes des places, boulevards, Jardins national et Égalité, peu nombreux à cause du mauvais temps, où l'on conversait sur la pénurie des subsistances, on a remarqué que les citoyens étaient paisibles et patients ; les uns disaient : « Nos malheurs ne dureront pas longtemps encore » ; d'autres : « Il est temps que cela finisse ». L'on s'y entretenait aussi de la baisse des assignats, du prix exorbitant des denrées, dont le public, disait-on, commence à être bien fatigué. Plusieurs inspecteurs s'accordent entre eux sur cet objet, ainsi que sur le calme qui a régné hier dans Paris ; d'autres ajoutent que l'opinion publique se prononce très fortement contre Fouquier-Tinville et tous les agents de la tyrannie. Enfin les inspecteurs chargés de la police du Jardin national et de celui Égalité rapportent que la plupart des citoyens, en rendant hommage aux vues sages et à l'énergie des législateurs, ont beaucoup applaudi aux mesures vigoureuses prises contre les royalistes et les émigrés, et aux dispositions que la Convention paraît annoncer de rendre les biens aux familles des victimes innocentes qui ont péri pendant le règne des décemvirs. Au surplus, nous nous empressons de donner connaissance d'un fait particulier qui nous a paru important. Les citoyens Charpentier et Ancelle disent que l'on se plaint déjà depuis quelque temps que la mendicité commence à reparaître dans Paris sous la forme la plus hideuse, ce qui est attesté par le citoyen Mailly.

Cafés. — Le citoyen Compère rapporte que, dans les cafés de la rue Honoré et près le Châtelet, les citoyens approuvaient beaucoup les proclamations faites par les ordres de la Convention, qu'elles y étaient jugées très nécessaires pour ramener les esprits égarés par les malveillants ; le même inspecteur dit que, dans les cafés vers le Pont-Neuf, on disait que nos armées étaient dans le plus mauvais état, et qu'il périssait mille hommes chaque jour. La cause en a été attribuée, dit-il, aux fatigues d'une longue guerre, à la mauvaise nourriture, au peu de soins et à l'impéritie des officiers de santé.

Spectacles. — Tout y a été tranquille, excepté cependant au théâtre de la République, où l'agitation survenue entre les spectateurs, faute de s'entendre sur l'instant où le *Réveil du peuple* devait être chanté, n'a pas eu de suite.

Les officiers de paix dans leurs rapports confirment, sinon en totalité, au moins en majeure partie, les assertions des inspecteurs, et ils déclarent, comme fait particulier, qu'un colporteur qui vendait un livre revêtu d'estampes très obscènes a été conduit hier chez le commissaire de police.

Commerce. Pain. — Quatorze inspecteurs rapportent que l'augmentation de la ration du pain qui a eu lieu chez la majorité des boulangers a sa... à ceux qui l'ont reçue, mais malheureusement cette augmentat... n'a pas été générale ; cette inégalité dans la distribution ne cesse de fai... e des mécontents.....

HORNIN, GOSSET.

(Arch. nat., F¹ᶜ III, Seine, 16.)

CCLXXXI

14 FLORÉAL AN III (3 MAI 1795).

RAPPORT DU 15 FLORÉAL.

Esprit public. — Les citoyens, quoique mécontents de la faible portion de pain qui leur a été distribuée, ont été calmes aux portes des boulangers dans la journée d'hier.

Groupes. — Les groupes, quoique nombreux, étaient également tranquilles. Les citoyens s'y entretenaient néanmoins avec chagrin de la rareté du bois et du charbon, de la cherté effroyable des denrées de première nécessité, et du discrédit des assignats, provenant, disaient-ils, de la friponnerie des agioteurs, de la cupidité des marchands, et surtout des laboureurs, qui ne veulent plus vendre leurs grains et denrées qu'en espèces ; d'où l'on concluait que la disette n'était pas réelle. Beaucoup de citoyens attribuaient la cause de tous ces obstacles au bien public aux Commissions de subsistances. A l'appui de ces différentes assertions, nous allons citer quelques faits énoncés dans les rapports de plusieurs inspecteurs.

Le citoyen Leroy aîné dit que le public est certain que la pénurie actuelle ne provient pas du gouvernement, qu'on en accuse généralement les commissaires de subsistances, qui, après avoir fait mettre en réquisition les denrées et marchandises de toutes espèces, les font revendre à un prix énorme ; il ajoute que l'on dit même que les marchands, pour se justifier du reproche qu'on leur fait journellement du prix excessif des marchandises, n'hésitent pas d'accuser la Commission des subsistances et en donnent pour preuve les affiches de ventes fréquentes de marchandises au plus offrant et dernier enchérisseur. Le citoyen Languiet dit que l'on rencontre de toute part des familles languissantes, et que le public se plaint que, dans les environs de Paris, on arrête les voitures, qu'on prend le pain, les œufs et le beurre que les citoyens de Paris peuvent se procurer par la voie de leurs parents et amis de la campagne.

Le citoyen Compère rapporte que, dans les groupes au bas du Pont-Neuf, sur le Pont au Change et du côté des halles et marchés, le public se plaignait de n'avoir reçu que six onces de pain par tête, tandis que, par les proclamations, on annonçait que la distribution serait plus complète au moyen des arrivages nombreux des subsistances.

Cafés. — Le même citoyen Compère dit que, dans plusieurs cafés vers le Pont-Neuf et la rue Honoré, les citoyens se demandaient : « Mais que fait donc le gouvernement de tous les grains qui arrivent ? » que plusieurs disaient : « On les garde en magasin pour nourrir les troupes qui viennent à Paris. Pour raison de quoi, ajoutait-on, on ne doit plus croire aux proclamations et aux rapports prononcés à la tribune, qui ne sont plus que des chimères et des discours à la Barère. » Dans les cafés de la Régence et dans ceux de la section du Contrat-Social, on accusait la Convention de tolérer si longtemps le prix immodéré de l'or et de l'argent.

Spectacles. — Les spectacles n'ont présenté hier aucun fait particulier contre la tranquillité publique, si ce n'est le désordre occasionné au théâtre de la rue Feydeau, par l'entêtement d'un nommé Follay, Irlandais, qui, s'étant opiniâtré à garder son chapeau sur la tête, a été arrêté chez le commissaire de police, par ordre du représentant Sevestre, membre du Comité de sûreté générale.

Les officiers de paix, dans leurs rapports, rendent à peu près le même compte que les inspecteurs sur la situation de Paris dans la journée d'hier.

Commerce. Pain. — Les inspecteurs annoncent qu'on n'entend plus guère de murmures que sur l'inégalité de la distribution du pain ; quelques citoyens n'en reçoivent qu'une très modique portion, tandis qu'on espérait de voir augmenter de jour en jour la ration de chacun.....

BARBARIN, BEURLIER.

(Arch. nat., F 1 c III, Seine, 16.)

CCLXXXII

15 FLORÉAL AN III (4 MAI 1795).

Rapport du 16 floréal.

Esprit public. — Le calme s'est maintenu hier à la porte des boulangers, et, aux murmures près, que quelques femmes se sont permis sur la faible portion de pain délivrée aux citoyens, la distribution s'est faite avec beaucoup d'ordre.

Groupes. — Dans la même journée, les groupes n'étaient pas nombreux, ni tumultueux; les citoyens y parlaient entre eux tranquillement sur la pénurie des subsistances; ils paraissent patients et paisibles. Tous les inspecteurs de police, dans leurs rapports de ce jour, s'accordent parfaitement entre eux pour annoncer que les inquiétudes du public sont plus fortes que jamais sur la perte frappante que les assignats éprouvent de jour en jour et sur la cherté effrayante des denrées et marchandises; ils ajoutent qu'on en accuse publiquement les agioteurs, les laboureurs, les marchands; enfin ils déclarent que, de toutes parts, on regarde comme inconcevable la durée aussi longue d'un pareil état, et qu'on appréhendait même, si ce fléau pesait plus longtemps sur la société, qu'il n'en résultât de plus grands malheurs, attendu que la classe nombreuse et indigente ne peut plus suffire à se procurer le strict nécessaire.

[*Cafés, spectacles, subsistances.* — Rien de bien notable.]

DURET, LE ROY.

(Arch. nat., F 1 c III, Seine, 16.)

CCLXXXIII

16 FLORÉAL AN III (5 MAI 1795).

Rapport du 17 floréal.

Esprit public. — Hier, la distribution du pain a continué de se faire aux portes des boulangers assez tranquillement, quoique les femmes aient paru mécontentes de la faible portion qui a été distribuée.

Groupes. — Il résulte des différents rapports des inspecteurs que, dans les groupes, la pénurie des subsistances était l'objet de l'entretien des citoyens ; les uns y disaient : « Cette disette vraie ou fausse est bien fâcheuse. » D'autres exhortaient leurs frères au calme et à la patience ; d'autres enfin se plaignaient de ce que l'on vendait publiquement du pain à dix livres la livre. Les inspecteurs ajoutent que toutes les voix se réunissaient pour témoigner leur mécontentement sur le discrédit énorme des assignats, sur l'augmentation rapide et journalière du prix de toutes choses ; que le public attribuait tous ces fléaux au monopole affreux des agioteurs, à la faiblesse du gouvernement, et encore aux manœuvres des Commissions des subsistances ; les esprits, disent-ils, paraissaient vivement agités. Pour preuve de ces assertions, nous allons transmettre des faits particuliers cités par quelques inspecteurs.

Le citoyen Chatou dit que l'on fait courir le bruit que la récolte prochaine est déjà vendue sur pied, mais que des hommes sages se sont empressés de démentir une assertion aussi ridicule que fausse et alarmante. Le citoyen Dubout rapporte qu'hier, vers le soir, dans les groupes des ponts Neuf et au Change, les citoyens étaient très échauffés, et qu'après beaucoup de plaintes sur la cherté, on y disait que les fermiers et agioteurs étaient les vers rongeurs de la République, qu'il était temps que le gouvernement prît des mesures rigoureuses pour prévenir les grands malheurs qui menacent la société. Ce même inspecteur termine en déclarant que ces groupes étaient composés de gens de tout état, même de militaires, et que tout ce qu'il a entendu approchait beaucoup de la sédition. Nous n'omettrons pas d'annoncer que plusieurs inspecteurs rapportent qu'immédiatement après la séance de la Convention, aux Jardins national et Égalité, on avait beaucoup applaudi aux rapport et projet de décret de Dubois-Crancé sur les finances, qu'on lui donnait généralement la préférence sur celui de Johannot [1], et que l'on regardait les mesures qu'il a présentées comme très sages et les seules qui puissent donner du crédit aux assignats et faire baisser le prix des denrées.

Cafés. — On s'entretenait dans plusieurs cafés, que le citoyen Compère ne désigne pas, de l'affaire Fouquier-Tinville ; les opinions à cet égard étaient très partagées ; quelques citoyens prétendaient que ce scélérat et tous ses complices devaient être condamnés à mort ; d'autres soutenaient que la Convention en avait disposé autrement, laquelle avait donné des ordres pour qu'ils fussent seulement con-

---

1. Voir la séance de la Convention du 16 floréal an III dans le *Moniteur*, réimpression, t. XXIV, p. 396.

damnés à la déportation, que cette mesure importait pour ne pas exposer Fouquier aux regards du public, auquel il ne manquerait pas de révéler beaucoup d'horreurs que le gouvernement avait intérêt de tenir secrètes.

Pain. — Vingt-un inspecteurs disent que, si la distribution de pain se faisait également, si tous les citoyens recevaient une demi-livre de pain, la tranquillité régnerait ; on peut en juger par la satisfaction que ressentent ceux qui sont ainsi traités ; ceux qui reçoivent une portion moins forte murmurent, et d'autres prennent patience, dans l'espérance que cette pénurie ne se fera pas sentir longtemps. L'on impute cette inégalité à l'infidélité des commissaires et des boulangers. Un bruit tend à confirmer cette infidélité, à ce que dit Auvray ; les commissaires distributeurs chez le nommé Jacob, boulanger, Carré de la Porte-Denis, avaient dit au peuple qu'il n'y avait plus de pain. Ceux qui n'en avaient pas eu, furieux, ont foncé dans la boutique ; ils y ont trouvé plusieurs pains cachés et de la farine pour faire environ quarante pains. Au lieu de chercher à apaiser le peuple, la boulangère s'est permis de donner un soufflet à un citoyen. Le commissaire a écrit au Comité civil et au commissaire de police de cette section pour leur demander compte de cette affaire.....

Surveillance. — Il résulte du rapport de Chabry qu'au Palais-Égalité, les inspecteurs de la Commission sont poursuivis avec acharnement ; il annonce que lui-même hier a été menacé d'être assassiné par 150 agioteurs, qui l'ont entouré et l'ont obligé de prendre la fuite pour se soustraire à l'effet de leurs menaces ; il a été poursuivi jusqu'auprès du corps de garde des Petits-Pères par le nommé Alexandre Spetec, capitaine de la 11ᵉ compagnie du 11ᵉ régiment de chasseurs. Le commissaire de police, chez lequel tous deux ont été conduits, n'a point reçu de déclaration, attendu qu'il ne s'est trouvé qu'un témoin. Alexandre Spetec, natif de Varsovie, est logé rue Neuve-des-Petits-Champs, n° 1290.....

Le Roux, Rouchas jeune.

(Arch. nat., F¹ c III, Seine, 16.)

Journaux.

Gazette française du 17 floréal : « *De Paris, 16 floréal.* Le prix de l'or et de l'argent va toujours croissant ; et si, par suite de quelque ruse des agioteurs, il diminue dans un moment, bientôt il remonte au taux d'où il était descendu, et va encore plus loin. Celui des marchandises suit la même progression ; on a seulement remarqué que, de tous les comestibles, les fromages seuls se sont soutenus à un prix raisonnable. C'est, dit-on, la pénurie du pain qui occasionne cet étrange phénomène, parce que, pour manger du fromage, il faut du pain, et qu'on en mange beaucoup plus avec cet assaisonnement qu'avec tout autre. »

CCLXXXIV

17 FLORÉAL AN III (6 MAI 1795).

Rapport du 18 floréal.

Esprit public. — Les inspecteurs de police, par leurs rapports de ce jour, annoncent que, dans la journée d'hier, la distribution du pain s'est faite avec difficulté, que le public paraissait mécontent de la très faible portion et de l'inégalité de la répartition, et que, de toutes parts, soit aux portes des boulangeries, sur les places, dans les rues et les groupes, on se plaignait beaucoup de la pénurie continuelle des subsistances et des fausses promesses que l'on faisait sans cesse d'un meilleur état des choses ; ils disent unanimement que les esprits étaient fort agités, et que les femmes surtout se permettaient de tenir les discours les plus violents, comme les plus séditieux ; ils observent encore que, d'après les propos qu'ils ont entendus, les marchands paraissaient être menacés, et que, malgré les représentations faites par de bons patriotes pour engager le peuple au respect des propriétés et à l'obéissance aux lois, le prix énorme des denrées, la valeur presque nulle des assignats, la spéculation infâme des agioteurs, des vendeurs et acheteurs d'argent et de marchandises de toute espèce, irritent de plus en plus la majeure partie des citoyens, qui, dans leur colère, ne ménagent pas même la Convention, les Comités de gouvernement et les Commissions des subsistances.

Quelques inspecteurs citent des faits particuliers, dont nous allons rendre compte. Le citoyen Alamiou dit que, dans la section de l'Observatoire, il n'y a eu hier ni pain ni farine. Les citoyens Legrand et Ancelle rapportent que, dans la rue du faubourg Montmartre, ils ont vu un grand rassemblement de peuple et un nombreux détachement de force armée à la porte d'un pâtissier, accusé d'avoir vendu du pain dix livres la livre en assignats et 24 sols en argent. Le citoyen Duboul rend compte que, vers le soir, du côté du Pont-Neuf, on a arrêté et conduit au Comité de sûreté générale une femme qui provoquait la révolte par ses discours ; elle disait au peuple : « Il faut que tous les hommes marchent contre la Convention, qui est le foyer de tous les crimes. »

Le citoyen Compère rapporte avoir vu beaucoup de femmes rassemblées du côté des halles et marchés, leur avoir entendu tenir beaucoup de propos incendiaires et se dire entre elles : « On nous trompe tous les jours. » Elles accusaient le Comité de salut public et faisaient des motions pour se porter sur les différents Comités et maltraiter les représentants qui se présenteraient pour les flagorner; mais le même citoyen Compère, ainsi que tous les autres inspecteurs, se réunissent pour déclarer que toutes ces motions et menaces n'ont pas eu de suite, et que le peuple, distrait par le jugement de Fouquier, s'est porté en foule vers le Palais de justice, les quais et la grève, et que, de toutes parts, on approuvait la condamnation de Fouquier et de ses complices, qui, disait-on, ont fait périr tant de victimes innocentes sans raison ni jugement. Les citoyens Chailly et Ancelle annoncent franchement avoir entendu dire dans leur tournée qu'il serait à souhaiter que les députés déportés soient jugés de même ; ils ont bien mérité, ajoutait-on, un châtiment pareil à celui que Fouquier et ses complices vont subir.

Cafés. — Le citoyen Compère dit que, dans les cafés, vers le Pont-Neuf et le Pont-au-Change, la prudence et les travaux des juges du Tribunal révolutionnaire avaient reçu beaucoup d'éloges, et que, dans ceux du Palais-Égalité, les citoyens se demandent les uns aux autres : « Mais quel peut être le but et l'utilité du commerce d'argent pour la République? Et comment la Convention souffre-t-elle aussi longtemps un pareil brigandage ? »

Spectacles. — Les théâtres ne présentent aucun fait contraire au bon ordre. A celui de la rue Feydeau, le *Réveil du peuple* a été chanté ; dans un des couplets, l'auteur a fait un changement analogue à la circonstance du jugement de Fouquier, et a dit : *Ils vont périr, ces scélérats!* Ces mots ont été applaudis avec transport et enthousiasme par le public.

Les officiers de paix rapportent qu'hier il y a eu de grands murmures dans le public relativement aux malheurs dont ils (sic) sont affligés depuis si longtemps, et que les femmes surtout étaient très agitées ; ils ajoutent que la condamnation de Fouquier et des coaccusés a été généralement approuvée.

Subsistances. — Rien de notable.]

THÉROUENNE, BOIS DE LOURY.

(Arch. nat., F⁶ III, Seine, 16.)

CCLXXXV

18 FLORÉAL AN III (7 MAI 1795).

Rapport du 19 floréal.

Esprit public. — Hier, continuité d'embarras à la porte des boulangers; lors de la distribution, agitation plus marquée, plaintes encore plus vives que les jours précédents, notamment de la part des femmes, sur la modicité de la portion, le faux poids et la mauvaise qualité du pain. Mécontentement très prononcé de ce que les traiteurs et les pâtissiers vendent publiquement du pain à dix francs la livre, des pâtés et des brioches.

A toutes ces pénibles et fâcheuses circonstances relatives à l'aliment de première nécessité, ajoutez les menées sourdes des agitateurs, malveillants et autres gens ennemis du bien public, les inquiétudes et murmures de la classe indigente contre le gouvernement, les Commissions de subsistances; les imprécations et menaces violentes contre les citoyens qu'elle appelle riches, contre les agioteurs, et la classe des marchands et laboureurs, tous hautement accusés de favoriser de tout leur pouvoir, les uns par leur égoïsme, les autres par leur cupidité et leurs infâmes manœuvres, la progression effrayante du prix de denrées, ainsi que la chute des assignats, et, par là, de contribuer au malheur du peuple. Vous aurez, d'après les rapports de ce jour, la connaissance exacte de la situation de Paris. Néanmoins les habitants de cette grande cité, malgré toutes ces secousses et les provocations des femmes méchantes, ont conservé la tranquillité et ne se sont pas écartés du bon ordre; on a même remarqué qu'un grand nombre de citoyens restent calmes, patients, et paraissent résignés, dans l'espoir d'un avenir plus heureux. Enfin les inspecteurs ajoutent que c'est avec les signes non équivoques d'une allégresse générale que le public a vu périr Fouquier et ses complices. Tous les bons citoyens, disent-ils, se félicitaient entre eux de voir le sol de la France purgé de ces assassins publics et de ces bourreaux de tant de malheureuses et innocentes familles.

Groupes. — Dans les groupes, peu nombreux, du Jardin national, on s'y entretenait avec sollicitude de la première des subsistances et aussi de la motion faite de faire perdre légalement un tiers de valeur aux assignats; cette proposition, dit-on, a été très improuvée et regardée comme fort dangereuse.

[17 mai 1795]

Cafés. — Le citoyen Compère, inspecteur, après avoir rendu compte des propos très incendiaires qu'il a entendu tenir par des femmes rassemblées du côté des halles, du Châtelet et du Palais de justice, rapporte que, dans les cafés vers le Pont-Neuf, on disait qu'on avait refusé d'entendre une dénonciation très importante que Fouquier voulait faire, attendu qu'elle serait très nuisible aux anciens membres du Comité de salut public; que, dans le café de Foy, on se permettait d'avancer que, sans doute, le gouvernement ou les agents de Pitt soldaient les agioteurs pour provoquer la guerre civile dans Paris.

Spectacles. — Le public y a joui de la tranquillité la plus parfaite.

Les officiers de paix annoncent un fait particulier, rapporté par le citoyen Pasquier, inspecteur, qu'un père de famille a voulu se jeter à l'eau sur le quai des Orfèvres, mais que son enfant, qui a couru après lui, l'en a détourné.

Commerce. Pain. — Vingt-quatre inspecteurs disent que les murmures, loin de s'apaiser, augmentent, vu que chez beaucoup de boulangers, où l'on donnait ces jours derniers une demi-livre de pain, on n'en a donné que deux ou trois onces. Malgré cette diminution, quantité de citoyens de différentes sections n'en ont point eu du tout; on s'attendait plutôt à voir cesser qu'à voir s'accroître la pénurie qu'on éprouve dans ce moment; les esprits sont très échauffés contre le gouvernement et la Convention; les mères de famille qui ne peuvent donner du pain à leurs enfants répandent des larmes, et d'autres disent aux hommes qu'ils sont tous des lâches de se laisser mener de la sorte, attendu qu'on cherche à faire mourir le peuple de faim. Les citoyens amis de l'ordre employaient tous les moyens imaginables pour les persuader du contraire, en leur disant que cette disette n'est que momentanée, vu que le gouvernement s'occupe sans relâche des subsistances. Les meilleurs arguments qu'on puisse leur donner pour les apaiser, c'est du pain; néanmoins le peuple est calme, dans l'espérance de la fin de ses maux.....

Surveillance. — ... Moreau rapporte que, ce matin, il y avait, au coin de la [rue] Bon-Conseil une affiche ainsi conçue : *Convention nationale, tu es avertie que, si tu ne donnes pas plus de pain, sous trois jours Paris est réduit en feu.* Cette affiche a été enlevée par le commissaire de police, qui en a dressé procès-verbal et a envoyé le tout à la Commission.....

Champenois, Beurlier.

(Arch. nat., F⁷ III, Seine, 16.)

JOURNAUX.

Messager du soir du 19 floréal : « *Paris, le 18 floréal.* Hier une foule immense s'est portée sur les quais et dans les rues où l'on s'attendait que Fouquier-Tinville et ses complices devaient passer. L'esprit qui semblait animer cette multitude innombrable n'était point cette joie féroce que la joie inspirait aux cannibales qui étaient les spectateurs journaliers des boucheries révolutionnaires ; la curiosité qui nous porte à aller voir des monstres extraordinaires paraissait être le seul sentiment qui régnait dans cette foule d'individus de toute fortune, de tout âge et de tout sexe ; dans tous les rangs, dans tous les groupes, dans tous les rassemblements une seule voix se faisait entendre: *Il ne l'a pas volé ; on lui a laissé tout le temps et tous les moyens de se défendre.* L'un racontait comment le monstre l'avait privé d'un ami ; l'autre, comment il avait égorgé son père ; celui-là exposait que, trois jours plus tard, il aurait péri sa victime ; quelques-uns même se félicitaient d'avoir échappé par miracle à ses nombreuses charretées. Enfin, on ne rencontrait personne qui n'eût un parent ou un ami à redemander à cet anthropophage. Chacun cependant était contraint de se retirer, et de remettre à ce matin la satisfaction de voir les assassins du peuple monter à un supplice trop mérité ; c'est sur les onze heures que s'est faite leur exécution[1] ; les rues ne pouvaient contenir le flot immense du peuple, qui criait : *Vive la justice !* Toutes les croisées qui se trouvaient sur le passage des fatales charrettes étaient garnies d'une foule de curieux et de curieuses, sur le visage desquels on lisait cette satisfaction que procure à la vertu la destruction du crime. Fouquier-Tinville était sur la troisième charrette et a été guillotiné le dernier. Jusqu'au dernier moment il a conservé son insolence et son audace ; il répondait impudemment aux sarcasmes amers de la multitude ; l'un disait : *On va t'ôter la parole ;* l'autre : *Dans deux minutes, tu seras hors de débats ;* celui-ci : *Ta conscience est-elle assez éclairée ?* celui-là : *Le peuple va faire feu de file à son tour. — Va rejoindre les victimes, scélérat,* lui criaient quelques-uns. On entendait des voix qui, avec les accents du désespoir et de la fureur, lui criaient ; *Rends-moi mon père, rends-moi ma famille, rends-moi mon frère, rends-moi mon ami, ma femme, ma sœur, mon époux, ma mère, mes enfants.* A ces reproches sanglants il semblait sourire ; on eût dit qu'il s'applaudissait de ses crimes et se vengeait par le souvenir de tant de forfaits de l'exécration qu'il inspirait. Il est le seul dont on ait montré la tête au peuple. » — *Courrier républicain* du 19 floréal : « *Du 18 floréal.* Hier, entre six et sept heures du soir, le jugement de mort a été prononcé à Fouquier-Tinville et à ses quinze complices, dont nous avons donné les noms dans notre feuille d'hier[2]. Quel-

1. La *Gazette française* du 19 floréal dit que cette exécution eut lieu le jour même où fut prononcé le jugement, c'est-à-dire le 17. Mais c'est bien le 18 que Fouquier-Tinville et ses complices furent exécutés. Cf. Wallon, *Hist. du Trib. rév.*, t. VI, p. 124.

2. Ces quinze accusés condamnés avec Fouquier-Tinville étaient Foucault, Scellier, Garnier-Launay, anciens juges au Tribunal révolutionnaire; Leroy-Dix-Août, Renaudin, Prieur, Vilate, Chatelet, Girard, anciens jurés; Herman, commissaire des administrations civiles, police et tribunaux ; Lanne, son adjoint ; Royaval, Benoît, Dupaumier, Verney. Les autres accusés, également au nombre de quinze, furent acquittés. (Wallon, t. VI, p. 117-118.)

ques-uns, à cette annonce fatale, ont fait éclater beaucoup d'emportement : Fouquier-Tinville paraissait furieux ; Scellier a lancé au nez du président une brochure qu'il tenait à la main ; Herman s'est découvert avec un mouvement de rage et a jeté son chapeau par la fenêtre. La plupart ont traité les jurés et les juges de scélérats et leur ont présagé une mort semblable à celle qu'ils allaient subir ; il y en a même qui se sont crus assez inspirés pour en préciser l'époque. « C'est dans quarante jours, disaient-ils ; encore quarante jours, et Ninive sera détruite. » Telles étaient les rodomontades de ces malheureux, qui se déclarent innocents, après avoir commis des forfaits que l'histoire ne pourra tracer sans frémir. Au milieu des imprécations qu'ils prononçaient, on a entendu, du milieu de la foule, le cri d'un jeune enfant, dont on ne peut s'empêcher d'estimer le courage : « Scélérats, disait-il, rendez-moi mon père. » C'était le fils de Fouquier, âgé de dix ans. On a fait retirer ce petit malheureux, que sa tendresse filiale rend digne d'un meilleur sort et d'un père moins barbare. — Le jugement devait être exécuté hier au soir, suivant le désir des condamnés ; mais on n'a pas trouvé l'exécuteur, et on a été obligé de surseoir à leur supplice jusqu'à ce jour. Ils ont effectivement perdu la vie à onze heures du matin, en place de Grève, où ils ont été conduits sur trois charrettes, au milieu d'une multitude immense qui les couvrait de huées et de malédictions. Fouquier répondait de temps en temps par ces mots : *Vile canaille, va chercher du pain !* et accompagnait ces mots des plus horribles prédictions. Au surplus, ce misérable ne paraissait soutenu que par la fureur, qui fut toujours la plus active passion de son âme. Sa figure était pâle et livide, tous ses muscles contractés, ses yeux égarés et rouges de sang. Il a été exécuté le dernier. Le peuple a demandé sa tête. L'exécuteur l'a saisie par les cheveux et l'a promenée sous les regards avides du public. Ainsi a fini cet homme féroce, principal agent de l'épouvantable tyrannie qui a causé tant de calamités en France, qui a entraîné le peuple français si loin de son caractère humain et généreux... »

CCLXXXVI

19 FLORÉAL AN III (8 MAI 1795).

RAPPORT DU 20 FLORÉAL.

Esprit public. — Dans la journée d'hier, la distribution du pain s'est faite assez facilement, et la tranquillité publique s'est soutenue. Les inspecteurs de police annoncent néanmoins que les inquiétudes et les agitations sont toujours les mêmes sur la pénurie des subsistances ; que, dans les rues, les groupes et les places, les citoyens y sont toujours très occupés de cet objet, ainsi que de la cherté de toutes choses et du discrédit des assignats ; qu'ils voient sans cesse de mauvais œil la hardiesse des agioteurs, la cupidité des marchands et la mauvaise administration des Commissions de subsistances. Suivant quelques rapports, il paraît constant que les malintentionnés sont toujours aux aguets pour effrayer les gens crédules et les esprits faibles et exciter le peuple à l'insurrection ; mais, ajoute-t-on, les bons citoyens qui les surveillent rendent, de leur côté, les services les plus signalés en prêchant l'obéissance aux lois et la confiance que l'on doit prendre dans les mesures vigoureuses de la Convention, toujours occupée du bonheur général. Ces bons esprits, dit-on encore, ne peuvent qu'éclairer le peuple, l'aider à distinguer ses ennemis, et lui faire apercevoir leur perfidie, ce qui a eu lieu hier à l'occasion de l'arrivée de 80,000 hommes, dont le faux bruit a été aussitôt démenti que répandu.

Au Jardin national, le public s'y entretenait très paisiblement du projet présenté à la Convention de retirer de la circulation une grande quantité d'assignats, à la charge par le gouvernement d'en payer les intérêts aux porteurs ; cette mesure a été très applaudie ; on la regardait même comme l'unique moyen peut-être de donner une valeur réelle aux assignats restants, et de diminuer le prix des denrées, et de rétablir la confiance.

Les agents ont remarqué que, dans la foule des agioteurs du Palais-Égalité, il s'y mêle un grand nombre de gens mal vêtus et sous l'aspect le plus hideux, qui vendent des effets et autres objets sans doute volés.

Cafés. — Les entretiens des citoyens sur les événements présents y ont été très paisibles.

Spectacles. — Le public n'y a été troublé par aucun événement ; le bon ordre et la tranquillité y ont régné hier.

Pour terminer cette analyse, nous dirons que le citoyen Compère, inspecteur, est le seul qui ait rapporté que, dans les faubourgs Montmartre, Denis et Martin, il y avait entendu dire que le peuple se lèverait en masse ces jours-ci, et que, dans la rue de La Harpe, une femme qui colportait des journaux avait donné beaucoup d'inquiétude aux citoyens à l'occasion de la motion faite par le député Raffron de diminuer la valeur des assignats [1], qu'elle publiait comme un décret rendu.

Commerce. Pain. — Vingt-trois inspecteurs rapportent que la diminution du pain depuis quelques jours fait accroître les murmures et

---

1. Dans la séance de la Convention du 18 floréal, Raffron demanda « qu'à compter du 30 floréal les assignats commençassent à diminuer de 1 pour 100 ». De violents murmures l'interrompirent, et la Convention tout entière se leva pour protester contre toute mesure, qui tendrait à discréditer les assignats. *Moniteur*, réimpression, t. XXIV, p. 408.

exaspère tous les esprits; tous s'écrient qu'on ne peut vivre avec trois onces de pain, et encore d'une très mauvaise qualité. Malgré cette réduction, beaucoup de citoyens en sont privés; les mères de famille, les femmes enceintes sont pénétrées d'affliction et tombent de faiblesse; l'on se plaint aussi de ce qu'on distribue le pain trop tard. Lassiot ajoute que chez Robillard, boulanger, Marché Catherine, il y a eu un grand désordre, vu qu'on n'a pas suivi l'ordre des numéros; ce boulanger, continue-t-il, se permet de faire sortir des pains ainsi que de la braise de chez lui par ses garçons au moment de la distribution; plusieurs personnes, désignées dans son rapport, attesteront ces faits. Il a été écrit à cet égard au commissaire, pour qu'il instruise cette affaire et en rende compte.

Pipelard déclare que le commissaire de police de la section de l'Indivisibilité a fait arracher un placard, rue Louis-au-Marais, portant ces mots : *A la Convention: si dans trois jours l'on ne donne pas plus de pain, Paris sera réduit en cendres*.....

BOCQUET-DESTOURNELLES, LE ROUX.

(Arch. nat., F⁷* III, Seine, 16.)

CCLXXXVII

20 FLORÉAL AN III (9 MAI 1795).

RAPPORT DU 21 FLORÉAL.

Esprit public. — Si les inspecteurs, dans leurs rapports de ce jour, annoncent que la tranquillité n'a pas été troublée hier à Paris et qu'aux portes des boulangers la distribution s'est faite avec ordre, ils ne dissimulent pas en même temps que les esprits ont été vivement agités relativement à la pénurie des subsistances, que le public a paru très mécontent de la faible portion de pain, de sa mauvaise qualité, et de l'irrégularité dans les répartitions; que les femmes pleuraient amèrement et disaient qu'elles ne pouvaient plus vivre, ni faire subsister leurs enfants. Ils déclarent encore que, dans les rues, on rencontre beaucoup de personnes qui tombent de défaillance et d'inanition, et que, dans les groupes, qui partout étaient forts nombreux, les citoyens s'y entretenaient avec vivacité et inquiétude sur le manque de pain et de riz, sur le prix excessif de toutes choses, et sur le discrédit des assignats, ce qui, ajoutent-ils, échauffait beaucoup les têtes contre les agioteurs, les marchands, les agences, et contre le gouvernement lui-même, que l'on paraissait fort peu ménager, et dont on regardait toutes les promesses comme des chimères. Enfin, ils ne cèlent pas que tous les fléaux réunis annoncent une fermentation sourde, dont les malveillants ne manqueront pas de profiter pour égarer le peuple et le porter à des mouvements dangereux, qu'il devient très urgent de prévenir.

[Il circule des bruits de guerre civile prochaine, d'émeute, de pillage. Il y a des tentatives de suicide.]

COURTOIS, BOCQUET-DESTOURNELLES.

(Arch. nat., F 1c III, Seine, 16.)

JOURNAUX.

Gazette française du 21 floréal : « *De Paris, le 20 floréal.* Le prix des denrées augmente encore tous les jours, dans une progression remarquable. La viande s'est vendue aujourd'hui jusqu'à 6 francs la livre, et le pain jusqu'à 12 francs. Hier soir, les louis valaient 360 livres. La plupart des boutiques des marchands sont dégarnies, faute de pouvoir remplacer celles des marchandises qu'ils ont vendues. Cette position effrayante, jointe à la pénurie des subsistances, sollicite bien vivement un plan de finances. Tant qu'on n'aura pas pris un parti sur la masse des assignats, qui pèse si vivement sur le peuple, et que la nation ne connaîtra pas le genre de gouvernement qu'on veut lui donner, la confiance ira toujours en décroissant, et les besoins de la plus respectable portion du peuple iront en augmentant... »

CCLXXXVIII

21 FLORÉAL AN III (10 MAI 1795).

RAPPORT DU 22 FLORÉAL.

Esprit public. — Il résulte des rapports de ce jour que la situation de Paris était moins calme hier que le jour précédent ; les inspecteurs annoncent que, de toutes parts, aux Jardins national et Égalité, sur les places et dans les rues, les groupes étaient fort nombreux, que le mécontentement était peint sur toutes les figures, que les citoyens s'entretenaient avec la plus grande agitation de la très faible portion de pain qu'ils avaient reçue, de la mauvaise qualité et de la peine extrême qu'on a à se procurer le nécessaire, auquel la cherté excessive ne permet plus d'atteindre ; que des plaintes et des murmures très vifs étaient dirigés contre les boulangers et les commissaires civils soupçonnés d'intelligence, contre les agences et contre le gouvernement; que les agences, les agioteurs et les marchands étaient fortement menacés; que l'on disait hautement : « On veut donc nous faire mourir de faim ; on cherche à pousser notre patience à bout ; eh bien ! ajoutait-on, nous en aurons raison, et nous nous ferons justice nous-mêmes. » Enfin, que les femmes, les unes abattues et consternées, les autres baignées de larmes, se lamentaient sur leur triste sort et celui de leurs enfants, mais sans aigreur; les autres, comme des furies, provoquaient les hommes à la rébellion et au pillage, en proférant des injures et disant : « Il faut que nous nous vengions de tous ces coquins-là, qui nous trompent depuis si longtemps ; il vaut mieux, ajoutaient-elles, mourir en se battant que de languir. » Les inspecteurs déclarent enfin que l'agitation a été plus vive que jamais dans plusieurs sections, qu'ils ont remarqué que les hommes remplaçaient les femmes aux portes des boulangers, et que, dans quelques quartiers, on a d'abord refusé le pain, qui a été accepté plus tard. Au total, cependant, il n'y a eu que des mauvais propos et des menaces sans aucune suite.

Quelques faits particuliers, dont nous avons été frappés, paraissent confirmer pleinement ce que nous venons d'avancer; nous croyons donc nécessaire de les transmettre ici par extrait.

Le citoyen Baron a entendu dire à des citoyens que, si dorénavant on ne leur donne pas une plus grande quantité de pain, ils sont décidés à tout.

Le citoyen Alamion a entendu plusieurs citoyens qui s'énonçaient ainsi : « Nous sommes trop bêtes ; nous périrons encore sans rien dire, parce que nous sommes encore engencés (sic) par ceux qui nous gouvernent. »

Suivant le rapport de Chailly, le public ne cesse de crier contre la Convention. Plusieurs citoyens se retirent journellement sans pain, et plusieurs se sont détruits hier.

Enfin le citoyen Compère rend compte des propos tenus dans un rassemblement très nombreux d'hommes et de femmes de tout âge, qui s'était formé hier soir rue Martin, en face de la grille ; les citoyens, en s'entretenant de la misère et de la disette qui, disait-on, devait encore augmenter ces jours-ci, se répandaient en injures contre la Convention. J'ajoute que chacun proposait différentes manières de se venger, et que le commissaire de police et la garde qui s'y sont portés, voyant les esprits trop échauffés, se sont retirés sans dissiper ce rassemblement, qui s'est dispersé de lui-même.

Suivant quelques agents, les citoyens qui garnissaient les tribunes de la Convention en sont partis très satisfaits du discours prononcé par Fréron sur son projet de décret [1], auquel on a également applaudi aux Jardins national et Égalité.

Cafés. — Dans les cafés des Tuileries et du Palais-Égalité, la pénurie des subsistances occasionnait de très mauvais propos contre la Convention, qui, disait-on, se trouve dans l'embarras par sa faute, et qui, ne pouvant plus remédier à nos maux, se voit elle-même exposée au soulèvement.

Spectacles. — Le public y a été fort tranquille, mais deux faits arrivés au Théâtre dramatique ne doivent pas être passés sous silence. Dans la pièce de *Timoléon*, un particulier a applaudi à Timophane. Le public l'a improuvé et a dit : « Que ce citoyen qui paraît désirer un roi sache que nous n'en voulons pas. » Dans la comédie des *Deux jumeaux*, l'un d'eux ayant dit, comme la pièce le porte : « Je voudrais bien trouver quelques âmes charitables, car il y a trois jours que je n'ai mangé; » le public a crié *bis !*

Commerce. Pain. — Suivant les rapports de seize inspecteurs, les plaintes ne font que s'accroître, et ceux des citoyens qui prenaient patience commencent à trouver cette disette bien longue et à perdre espérance ; d'un autre côté, la mauvaise qualité du pain excite le plus grand mécontentement. Dans différentes sections, les femmes ont refusé leur portion de pain et de riz, en menaçant de traîner par terre ceux qui l'accepteraient. D'après ce refus, plusieurs boulangers n'ont fait aucune distribution ; les scellés ont été apposés sur ces deux comestibles. Les ouvriers se plaignent de ce que les boulangers ne reçoivent pas plus de farine, tandis qu'à dix francs la livre on a du pain tant qu'on veut, que le riche s'en procure à ce prix, et que le malheureux est obligé de s'en passer. Chez un boulanger de la rue d'Angoulême, il y a eu un grand désordre; les commissaires n'ont pu rétablir le calme, tant les esprits étaient échauffés.

On a arrêté une voiture chargée de farine et escortée par des gendarmes, qui sortait par la barrière de Franciade, ce qui a causé une grande rumeur.

Baude a entendu dire, dans plusieurs groupes, qu'un convoi considérable de grains était en route pour Paris, mais qu'on payerait le pain vingt-cinq sols la livre. Chacun s'accordait à dire qu'il valait mieux le payer ce prix et n'en pas manquer, que de continuer à le payer trois sols et en avoir si peu et en si mauvaise qualité.....

1. Le 21 floréal an III, dans le débat sur l'organisation du gouvernement, Fréron prononça un long discours qu'on trouvera dans le *Moniteur*, t. XXIV, p. 430.

Surveillance. — ...Hier, rue des Noyers, chez le boulanger de la rue Jean-de-Beauvais, un jeune citoyen, serrurier de son état, est venu prendre son pain. Il s'est trouvé qu'il n'y en avait plus ; très mécontent, il est remonté chez lui et a dit : « Je n'en aurai plus besoin. » A l'instant, il s'est précipité du quatrième étage dans la cour ; il est mort quelque temps après.....

GOSSET, BARBARIN.

(Arch. nat., F^{1c} III, Seine, 16.)

CCLXXXIX

22 FLORÉAL AN III (11 MAI 1795).

RAPPORT DU 23 FLORÉAL.

Esprit public. Groupes. — Les groupes ont été moins nombreux hier que le jour précédent ; les esprits y étaient moins agités ; mais la pénurie des subsistances, la très faible portion de pain, sa mauvaise qualité, l'inégalité dans la distribution, le mauvais ordre qui régnait à la porte des boulangeries, faisaient la base de l'entretien des citoyens, qui paraissaient aussi mécontents du présent qu'inquiets de l'avenir. On se plaignait aussi avec aigreur du prix excessif des denrées, qui croît d'heure en heure, et de la vente du numéraire au taux le plus exorbitant, au point que l'on assure que le louis s'est vendu hier 400 livres en échange d'assignats, dont le discrédit va tous les jours en augmentant. Le public, à cet égard, murmurait contre le gouvernement ; il accusait sa lenteur à porter remède à la misère publique ; on taxait hautement les agioteurs, les marchands et les membres des différentes agences d'occasionner de si grands malheurs ; on les regardait comme des sangsues publiques. Telle était, d'après les rapports de ce jour, la position de Paris. Nous observerons, en dernière analyse, que les inspecteurs, malgré l'assurance qu'ils donnent que la tranquillité publique n'a pas été troublée, ne dissimulent pas qu'il leur a paru que la patience était poussée à bout ; ils disent avoir entendu beaucoup de propos, les uns dérisoires, les autres très séditieux, [proférés] par les hommes et les femmes indistinctement. Ils ont remarqué un air de consternation générale peint sur toutes les figures ; enfin ils ajoutent que, dans quelques sections, on a été obligé de porter des secours à plusieurs malheureux que le besoin avait affaiblis au point de ne pouvoir se soutenir.

Cafés. — Le citoyen Compère rapporte que, dans les cafés du Palais-Égalité, de la Régence, des rues Honoré et du Roule, on tenait, à l'occasion de la vente du numéraire, les propos les plus injurieux contre plusieurs députés.

Spectacles. — Tous les théâtres ont été fort paisibles, à la réserve de celui de l'Ambigu-Comique, où le tapage a eu lieu, parce que quelques mutins voulaient obstinément que l'on donnât la pièce annoncée, qui n'a pu être jouée à cause de l'indisposition d'une actrice; mais la proposition de rendre l'argent ayant été faite et agréée du public, sept à huit personnes sont sorties, et le calme s'est rétabli à l'instant.

Les officiers de paix, dans leur rapport, annoncent deux faits dont nous allons rendre compte. Ils disent : 1° qu'hier matin, à l'atelier des armes, place des Invalides, les ouvriers ont voulu, à l'occasion du pain, faire un mouvement, qui n'a pas eu de suite; 2° qu'un particulier, nommé Mottet, demeurant rue Coquenard, agité et désespéré depuis quelques jours par le besoin, venait de se couper le col.

Commerce. Pain. — Toujours des plaintes, des murmures et des propos outrageants contre le gouvernement, sur la modicité et la mauvaise qualité du pain, ainsi que sur l'excessive cherté des autres denrées; tel est le résultat du rapport de vingt-trois inspecteurs. Le peuple se plaint de ce que l'on l'amuse par de fausses annonces d'arrivages de farine, tandis que la ration de pain diminue tous les jours, et que quantité de citoyens n'en ont point du tout.

Une citoyenne, qui n'avait point de pain à donner à son enfant, l'a attaché à son côté et s'est jetée à l'eau. La Commission fera vérifier le fait.

Suivant le rapport de Gilbert, au faubourg Denis, plusieurs motions ont été faites pour aller à la Convention, pour refuser le pain, si l'on n'en donnait pas davantage ; pour piller les pâtissiers ; de là, se transporter à l'Agence des subsistances, s'y saisir de l'agent et le traîner à la barre de la Convention, pour qu'il rende un compte fidèle des subsistances. On surveille toujours à cet égard.

A la porte du citoyen Gallet, pâtissier, il y avait une affluence considérable pour avoir du pain, qu'il voulait vendre 9 francs la livre ; le public ne voulait le payer que 20 sols ou le piller. On a requis la force armée ; la boutique a été fermée et la distribution n'a point eu lieu.

Lecordier, inspecteur, a entendu dire, rue Nicolas, que le citoyen Truchelu, boulanger, n'avait pas voulu cuire la farine qui lui a été envoyée et qu'il n'avait distribué que du riz. La Commission a demandé au Comité civil de sa section des explications sur ce fait.

Viande et autres comestibles. — Plusieurs bouchers de différentes sections n'ont pu satisfaire quantité de leurs pratiques, ce qui a occasionné quelques murmures, sans que l'ordre ait été cependant troublé.

Les halles et marchés ont été peu approvisionnés, vu que la majeure partie des denrées arrive à destination.

Bois. — Dans différents chantiers, la livraison du bois et des fagots a été tranquille. Un particulier, qui avait volé deux bûches dans l'île Louviers, a été conduit chez le commissaire de police de l'Arsenal.

Au Palais-Égalité, le louis s'est vendu 394 livres ; 100 en argent, 1,550 livres en assignats, et le lingot 680. On agiote sur toutes sortes de comestibles et bijoux.....

DUCHAUFFOUR, FAUCONNIER.

(Arch. nat., F¹ c III, Seine, 16.)

JOURNAUX.

Messager du soir du 24 floréal : « *Paris, le 23 floréal.* La journée d'hier a été fort orageuse ; la multitude innombrable de malheureux, que l'excessive cherté de toutes les denrées et la disette presque absolue de pain réduisent au désespoir, faisait éclater ses plaintes et ses murmures. Celui-ci n'ose rentrer chez lui pour ne pas entendre les cris déchirants d'une famille nombreuse réduite aux abois et qui lui demanderait un pain qu'il n'a pas ; celui-là se lamente de n'avoir plus aucun effet à engager pour alimenter sa femme et ses enfants ; les uns protestent qu'ils ne monteront plus la garde pour protéger un gouvernement qui les laisse mourir de faim ; ceux-là tournent toute leur colère contre les marchands et les riches, qui ne manquent de rien, et voient sans pitié leurs frères mourir de faim. Des scélérats parcourent les groupes, ont grand soin de faire remarquer aux malheureux que le besoin et le désespoir irritent, qu'il y a un an, le peuple avait du pain ; ils demandent pourquoi la Convention fait venir à Paris un si grand nombre de troupes. « Il est temps que nous nous levions en masse, si nous ne voulons pas être assassinés et périr de faim », répètent-ils sans cesse, « Il faut que les ouvriers se montrent contre les marchands, les accapareurs et les égoïstes », disaient-ils hier à haute voix. Ils ont toujours pour appuyer leurs blasphèmes, des fables absurdes, des contes ridicules, par lesquels ils soulèvent l'indignation des citoyens crédules qui les écoutent, et qui ne sont déjà que trop disposés à trouver des coupables... » — La *Quotidienne* du 22 floréal passe en revue et apprécie divers néologismes introduits par la Révolution, entre autres *arrivage, apitoyer, club, désarmement.*

CCXC

23 FLORÉAL AN III (12 MAI 1795).

RAPPORT DU 24 FLORÉAL.

Esprit public. Groupes. — Il résulte de la plupart des rapports de ce jour qu'hier il n'y a pas eu de groupes aux portes Denis et Martin, qu'ailleurs ils étaient peu nombreux, que le calme s'est soutenu, et que les esprits étaient moins agités ; cette tranquillité est attribuée à la légère augmentation dans la distribution du pain qui a eu lieu dans plusieurs sections, et aussi aux discours des bons citoyens qui invitaient leurs frères à la patience et au respect que tous les patriotes doivent porter aux lois et à la Convention. Ces mêmes citoyens annonçaient encore que les arrivages des subsistances ne devaient pas tarder, et que, sous peu, on verrait renaître l'abondance ; mais les inspecteurs continuent d'observer que le public voit toujours avec une peine extrême le surhaussement continuel de toutes choses, ainsi que l'infâme commerce des brigands et des agioteurs, qui sont regardés comme les vampires de l'État. Ils disent encore qu'on ne cesse de répéter de toutes parts qu'il est bien temps que la Convention mette fin à toutes ces dissensions à cet égard, et qu'elle se prononce vigoureusement pour arrêter ce désordre, qui pèse si fort et depuis si longtemps sur la classe honnête et indigente.

Plusieurs faits particuliers, cités par quelques inspecteurs, nous ayant paru ne devoir pas être passés sous silence, nous allons les faire connaître par une analyse succincte. Le citoyen Gendet rapporte que trois commandants de bataillon ont renvoyé hier assez durement, d'un petit groupe près le Carrousel, trois carabiniers qui ont paru fort mécontents; il ajoute que les ouvriers de la partie des bâtiments menacent de s'insurger au premier moment, si sous peu on ne leur donne pas du pain et si on ne met pas un frein à l'agiotage.

Le citoyen Alamion dit que l'on crie beaucoup contre la République, et qu'il n'est pas possible de saisir les personnes qui jurent contre le gouvernement, parce qu'il faudrait arrêter plus de la moitié des habitants de Paris.

Les citoyens Fargues et Marceau ont entendu dire à un particulier qui arrivait de Rambouillet que trois cavaliers, venant de Paris, avaient assuré sur la place dudit Rambouillet que la Convention venait de nommer un régent, que ces bruits, et autres semblables se répandaient dans les environs de Paris, et qu'il s'y présentait des gens qui achetaient des marchandises à tel prix que ce soit.

Au Jardin-Égalité, hier soir, un citoyen qui a voulu parler contre les agioteurs, et qui s'est dit représentant du peuple, a été arrêté; on voulait d'abord le jeter dans le bassin, mais on s'est contenté de le conduire au Comité de sûreté générale.

Cafés. — Le citoyen Compère rapporte que, dans les cafés vers le Pont-Neuf et la rue Honoré, on s'entretenait de la pénurie des subsistances, et on assurait que la pacification de la Vendée n'était pas réelle.

Spectacles. — Tout y a été tranquille, excepté au théâtre de la rue Feydeau, où le tumulte a été occasionné notamment par Duvernet, artiste, qui courait dans tous les corridors des loges et aux galeries pour empêcher son camarade Valuri de jouer; mais, la majorité des spectateurs s'étant prononcée pour ce dernier, il a joué et le calme s'est rétabli assez difficilement. Au théâtre de l'Opéra-Comique national, dans la pièce des *Deux jumeaux de Bergame,* l'acteur Chenard a appuyé sur le passage de cent mille écus *en numéraire,* ce qui a donné lieu à des applaudissements d'une partie des spectateurs et à l'improbation de l'autre.

Commerce. Pain. — Les rapports de vingt-deux inspecteurs font mention des plaintes, des murmures qu'excite la disette du pain de la part des citoyens, même les plus patients, qui commencent à perdre l'espérance. Le public dit, suivant ces rapports, qu'on a juré de le faire mourir de faim, et qu'il aimerait mieux périr sur-le-champ que de souffrir de la sorte; enfin, disent-ils, la disette échauffe les esprits de plus en plus; on espère, dit-on, que le peuple se montrera bientôt, attendu que les hommes choisis par lui pour faire son bonheur cherchent à faire périr la France de misère, au lieu de travailler à sa prospérité.....

DOILLOT, HORNIN.

(Arch. nat., F¹ c III, Seine, 16.)

CCXCI

24 FLORÉAL AN III (13 MAI 1795).

RAPPORT DU 25 FLORÉAL.

Esprit public. — Dans la journée d'hier, les groupes et les rassemblements aux portes des boulangers ont été nombreux; on s'y entretenait de la pénurie des subsistances, et des autres objets relatifs à la misère générale; on se plaignait beaucoup de la faible portion, de la mauvaise qualité du pain et de l'inégalité de la répartition; dans quelques sections, il a été délivré un quarteron par tête; dans d'autres, deux et trois onces; enfin plusieurs citoyens en ont manqué. Néanmoins, malgré tous les murmures qui ont eu lieu, nous sommes fondés à croire, d'après les rapports de ce jour et nonobstant les assertions contenues dans celui du citoyen Alamiou, que les esprits sont plus consternés encore qu'agités de la disette et du prix exorbitant de toutes choses. Il paraît que le sentiment qui affecte les citoyens est celui d'une peine profonde, et non le désir de se porter à quelque mouvement séditieux, qui ne ferait qu'augmenter leurs maux. Nous avons même lieu de penser, d'après ce que disent les inspecteurs, que le peuple, toujours patient et résigné, respectera la loi et les législateurs; mais l'inquiétude s'accroît tous les jours, à un tel point que la plupart des habitants de cette grande cité sont frappés de stupeur et d'engourdissement. L'avenir est pour eux sans espoir. Aussi plusieurs individus, dénués de tous moyens de subsistance, s'abandonnent à un découragement total et tombent de lassitude et d'épuisement. L'esprit des femmes et des mères éplorées excite aussi dans les âmes sensibles une compassion dont il est impossible de se défendre.

Le public a paru satisfait des mesures prises hier pour chasser les agioteurs du Jardin-Égalité. On ajoute cependant qu'après l'expédition, ils n'ont pas tardé à se réunir.

Les citoyens Fargues, Marceau et Cornet rapportent que, dans la rue des Prêcheurs, sections des Marchés, une femme, désespérée de n'avoir reçu que trois onces de pain, a dit hautement qu'il fallait un roi et qu'elle voulait se tuer, ainsi que ses enfants; mais elle a été préservée de ce mauvais coup par le commissaire et la garde, survenus à l'instant, qui n'ont pu l'emmener, parce que les autres femmes s'y sont opposées.

Compère annonce que, dans la section des Gravilliers, on a trouvé deux hommes morts d'inanition; il ajoute que, dans les cafés de la rue Honoré et vers le Pont-Neuf, on s'entretenait des grands préparatifs de guerre qui se font, et que l'on disait que nous étions bien éloignés de la paix, tant annoncée et si fort désirée. Dans le café de la Régence, un étranger a fait une lecture de deux lettres qui annoncent que l'Autriche et l'Angleterre conçoivent les plus flatteuses espérances de l'état malheureux où se trouve la France.

Spectacles. — Tout y a été paisible, si ce n'est au théâtre des Arts, où l'ordre a été troublé par un particulier nommé Jacquet, artiste attaché à ce théâtre, qui s'est permis de siffler un passage du *Réveil du peuple*; le public indigné en a fait justice sur-le-champ en le faisant sortir. Il a été conduit chez le commissaire de police de la section Le Peletier, qui en a dressé le procès-verbal et en a entendu les témoins.

Les officiers de paix rapportent que le décès de deux citoyens, dont l'un s'est coupé le col, et l'autre a été trouvé mort dans son lit, a fait dire que l'on en verrait bien d'autres.

Commerce. Pain. — Les rapports de vingt-cinq inspecteurs présentent à peu près la redite des plaintes, des murmures et du désespoir qu'occasionne la disette...

LE ROUX, BARBARIN.

(Arch. nat., F¹ c III, Seine, 16.)

JOURNAUX.

Gazette française du 26 floréal. « *De Paris, le 25 floréal.* La force armée s'est portée hier au Palais-Royal ; elle a arrêté un très grand nombre d'agioteurs. Cette mesure n'a produit qu'un effet, c'est de faire augmenter le prix de l'or et de l'argent. A l'instant où nous écrivons, les agioteurs remplissent encore leur ancien repaire, et les spéculations s'y font comme à l'ordinaire. Cela prouve que la force ne fait rien là où il n'y a pas de gouvernement. »

CCXCII

25 FLORÉAL AN III (14 MAI 1795).

RAPPORT DU 26 FLORÉAL.

Esprit public. — Quoique la qualité du pain n'ait pas été meilleure que le jour précédent, que la quantité n'en ait pas été plus abondante, qu'il y ait eu même inégalité dans la distribution, que le prix des denrées et marchandises de toutes espèces se soit élevé d'heure en heure à une progression effrayante, qu'au Jardin-Égalité le brigandage des agioteurs ait toujours été le même, et que le commerce infâme de ces sangsues publiques ait continué de s'y faire avec une rapidité dont il n'y a jamais eu d'exemple, néanmoins, dans les groupes et rassemblements, les citoyens ne paraissaient pas aussi agités que la veille; leurs plaintes étaient moins vives. On donne pour motif de cet état paisible l'espérance que le public a conçue de l'aunonce faite par le Comité de salut public de l'arrivage prochain des subsistances, qui feront renaître l'abondance, ainsi que de grandes mesures dont s'occupe la Convention pour la restauration des finances, la répression de l'agiotage et l'établissement d'un gouvernement vigoureux, sage et juste.

Tel est le résumé des rapports de ce jour, que les inspecteurs terminent en déclarant unanimement qu'ils n'ont rien vu de contraire à la tranquillité publique; mais, d'après ce qu'ils observent eux-mêmes, nous nous croyons autorisés à remettre sous les yeux du gouvernement le tableau fidèle et véridique de la position des habitants de cette grande commune. De fait, dans les circonstances difficiles où nous sommes, où plusieurs citoyens exténués ou fatigués tombent de besoin, où les mères désolées, gémissant sur le sort de leurs enfants qu'elles ne peuvent plus apaiser, souffrent, les unes avec résignation, les autres se livrant aux accents du désespoir, et enfin dans un temps où le suicide n'a jamais été aussi commun, ce calme annoncé, tout réel qu'il est en cet instant, ne doit-il pas être regardé comme le calme de la mort? Et n'est-il pas permis de penser que cette tranquillité apparente ne paraît pas [devoir] lutter longtemps contre tant de fléaux réunis qui paralysent la société, si les choses ne prennent un tour plus favorable?.....

Bois de Loury, Rouchas.

Arch. nat., F¹ c III, Seine, 16.)

CCXCIII

26 FLORÉAL AN III (15 MAI 1795).

Rapport du 27 floréal.

Esprit public. — Nous ne pouvons, sur la journée d'hier, que répéter ce que nous avons dit dans notre dernière feuille sur celle du 25, et confirmer qu'il résulte des rapports de ce jour que, malgré tous les maux qui affligent Paris depuis quelque temps, et à quelques murmures près que les femmes ont fait éclater dans plusieurs sections, la tranquillité publique s'est soutenue.

Les inspecteurs rapportent que les bons citoyens annoncent constamment qu'il faut se mettre en garde contre les agitateurs, toujours disposés au désordre, et que le peuple espère beaucoup que les promesses faites par les membres du Comité de salut public, sur l'arrivage prochain des subsistances, ne tarderont pas à se réaliser.

Mais si la masse du peuple paraît se résigner, nous ne devons pas céler au gouvernement que grand nombre de citoyens, toujours consternés, s'abandonnent sans cesse au découragement, et se laissent vaincre par une apathie dont rien au monde ne peut les tirer ; plusieurs d'entre eux, dont l'âme flétrie et desséchée ne goûte plus aucune jouissance, n'envisagent du passé que les souvenirs les plus douloureux, au présent un spectacle déchirant, et dans l'avenir les plus funestes présages ; aussi voit-on les uns ne pas hésiter à se détruire, et les autres, paraissant même regretter de laisser des enfants au monde, désirer leur mort comme la fin de toutes leurs misères.

Cafés. — Le citoyen Compère dit que dans les cafés, vers le Pont-Neuf et rue Honoré, les citoyens s'y entretenaient avec beaucoup d'inquiétude sur l'arrivée des troupes à Paris; que dans ceux de la Régence et du Palais-Égalité, l'on y disait que les assignats seraient de nulle valeur, si le projet de Bourdon (de l'Oise) passait[1], que déjà les trois quarts des marchands et agitateurs ne veulent plus vendre qu'en numéraire.

Spectacles. — Le théâtre du Vaudeville est le seul où la tranquillité publique a été troublée : 1° par une application faite au député Chénier, relativement à la liberté de penser, qu'un couplet de la pièce d'*Abuzard*[2] a provoquée ; 2° à l'occasion du dernier couplet du *Réveil du peuple* sur les représentants, qu'une partie des spectateurs ne voulait pas que l'on chantât; on ajoute qu'il l'a cependant été, mais il a été malicieusement fait un si grand bruit qu'il n'a pas été entendu.

Pamphlet. — Nous nous sommes procuré une brochure de quinze pages sans nom d'auteur ni d'imprimeur, ayant pour titre : *Lettres d'un polichinelle à ses compères du Comité des finances*. Cet ouvrage, fait pour le peuple, nous a paru infiniment dangereux dans les circonstances ; il y est dit dans un passage que bientôt il n'y aura pas de différence entre un gros sol et un assignat de cent livres. Cette mauvaise satire ne tend à rien moins qu'à discréditer totalement les assignats et à faire entendre au public qu'incessamment ils seront sans

---

1. On trouvera ce projet dans le *Moniteur*, réimpression, t. XXIV, p. 444.
2. Le 26 floréal an II, d'après les *Petites Affiches*, le théâtre du Vaudeville avait donné la première représentation d'*Abuzard ou la Famille extravagante*, parodie de la pièce de Ducis, *Abufar ou la Famille arabe*.

aucune valeur. Nous allons mettre cet objet à la surveillance pour en suivre les traces et en découvrir l'auteur.....

BEURLIER, CHAMPENOIS.

(Arch. nat., F⁷ ᶜ III, Seine, 16.)

JOURNAUX.

Gazette française du 28 floréal : « *De Paris, 27 floréal.* Notre position est toujours la même. Deux onces de pain pour chaque personne ; des milliers d'agioteurs qui couvrent le Palais-Royal ; des murmures sourds qui se font entendre dans tous les coins de Paris ; des cadavres que l'on retire journellement de la rivière ; un luxe inexplicable que l'on trouve partout, jusque dans les faubourgs ; un silence morne et douloureux dans toutes les boutiques des détailleurs ; augmentation graduelle dans le prix de toutes les marchandises : voilà quel est aujourd'hui l'état de Paris. » — *Messager du soir* du 27 floréal : « *Paris, le 26 floréal.* Le nombre des suicides est véritablement effrayant dans cette malheureuse commune ; il ne se passe guère de jour que des hommes ou des femmes au désespoir ne se précipitent dans la rivière ; le peuple est cependant assez tranquille ; tous les bons citoyens sont persuadés qu'une émeute tournerait entièrement au profit des terroristes et, loin de procurer du pain, nous mettrait de nouveaux obstacles à l'arrivage des subsistances. »

CCXCIV

27 FLORÉAL AN III (16 MAI 1795).

RAPPORT DU 28 FLORÉAL.

Esprit public. Groupes. — Les groupes et les rassemblements dans la journée d'hier n'ont été ni plus nombreux ni plus tumultueux que les jours précédents; même pénurie, pareille inégalité dans la distribution du pain, continuité de cherté excessive de toutes choses et de brigandage des agioteurs ; de là des plaintes, des murmures, mais sans agitation, ni mouvement ; telle est l'idée que nous ont présentée les rapports de ce jour, dans lesquels les inspecteurs déclarent que le peuple, aussi souffrant que résigné, attend avec calme les heureux effets des promesses d'une abondance prochaine ; il est encore dit dans ces rapports que le décret rendu hier sur la démonétisation des assignats à face [royale] avait excité dans le public des sensations très différentes ; plusieurs citoyens, disent les inspecteurs, ont témoigné hautement leur mécontentement, mais ils ont remarqué que la majorité s'était prononcée en faveur de cette loi, dont on se promet les plus grands avantages.

Dans quelques rapports, il est fait mention que l'on a trouvé hier un homme mort, et d'autres, épuisés de besoin, qui se trouvaient mal dans les rues.

Spectacles. — Tout y a été tranquille; lecture prise par nous de la comédie de la *Belle Fermière*, nous avons jugé que quelques passages, relatifs à la pénurie des subsistances, pourraient être dangereux dans les circonstances actuelles ; nous observons cependant que l'application dont ils sont susceptibles n'a point été saisie ni relevée par les spectateurs au théâtre de la République, où cette pièce a été jouée.

Commerce. Pain. — Vingt-quatre inspecteurs rapportent que, malgré la modique portion de pain, et l'inégalité dans la distribution qui occasionnaient toujours les mêmes murmures, on prendrait patience, si on avait la ressource de se procurer d'autres denrées ; mais elles sont montées à un prix si exorbitant que le malheureux ne peut y atteindre. Le peuple dit que personne ne se pénètre de sa situation et ne travaille à la rendre moins pénible ; que la Convention lui promet tous les jours une ration de pain plus forte; que ces promesses ne se réalisent point, puisque quantité d'individus tombent de faiblesse, faute de nourriture ; ce qui fait répandre des larmes aux mères de famille, en disant qu'elles aimeraient mieux mille fois périr que de voir mourir de misère leurs enfants. Néanmoins les esprits sont assez calmes, dans l'espérance de voir bientôt la fin de leurs maux.....

D'après Girardin, de toutes parts l'on n'entend que des plaintes et des gémissements ; l'on souhaite la mort à chaque instant et la privation d'une vie qu'on ne peut plus soutenir ; on envie le sort de ceux qui n'existent plus. Tout cela fait détester malheureusement le régime actuel, lorsqu'on le compare à l'ancien, sous lequel les denrées de première nécessité étaient taxées, au lieu que, dans l'état présent des choses, chaque marchand et débitant, n'écoutant que sa cupidité, vous assassinent. D'un autre côté, le garçon cordeur exige du citoyen 5 livres avant que de toucher aux membrures, et le charretier, 50 sols pour boire, sans compter le prix de sa voiture. On ne verra bientôt plus, continue-t-il, que des cadavres ambulants occupés à rendre les derniers devoirs à ceux qui les précèdent dans le tombeau.....

BEURLIER, LE ROY.

(Arch. nat., F 1 c III, Seine, 16.)

CCXCV

28 FLORÉAL AN III (17 MAI 1795).

Rapport du 29 floréal.

Esprit public. — La position de Paris dans la journée a été la même que le jour précédent, c'est-à-dire toujours calme, malgré les plaintes et murmures occasionnés par la pénurie habituelle des subsistances et l'augmentation graduelle dans le prix de toutes choses. Tel est l'esprit des rapports de ce jour, dans lesquels les inspecteurs de police annoncent que la loi qui démonétise les assignats à face faisait la base des entretiens publics [1]. Les citoyens paraissaient avoir à cet égard des opinions très opposées ; les uns disaient : « Ce décret doit bien déplaire aux amis du parti royaliste, qui en avaient accaparé un grand nombre. » D'autres répliquaient avec chaleur : « La loi sans doute est bonne, mais la Convention aurait dû ne pas y comprendre aussi ceux de cent sols, et faire encore des exceptions en faveur des ouvriers porteurs d'assignats de 50 livres et au-dessus, vu que la mesure générale expose les gens peu fortunés à faire de grands sacrifices et les réduit à une gêne considérable. » Enfin d'autres individus, répandus dans les groupes, que l'on peut qualifier d'agitateurs, semblaient prendre le parti de la classe indigente et se permettaient des discours très malins ; entre autres, ils disaient : « Tout cela est, au fait, d'autant plus malheureux qu'il y a tout à craindre que, d'après les incertitudes continuelles de la Convention et l'embarras où elle se trouve, elle ne soit avant peu forcée de prendre des mesures plus fortes. » Mais Legrand, inspecteur, rapporte que des citoyens sages ont éclairé et rassuré les esprits. Les rapports font presque tous mention qu'hier le Jardin-Égalité était couvert d'un millier d'agioteurs, dont le brigandage accoutumé se faisait avec une rapidité inconcevable surtout sur les assignats à face, qui perdaient jusqu'à vingt pour cent et plus. On a encore témoigné que le départ des carabiniers et de la gendarmerie avait donné beaucoup d'inquiétude au public, et lieu à des propos très vagues. Enfin il résulte de quelques rapports que, dans différents quartiers de Paris,

---

1. Il s'agit de la loi du 27 floréal an III, qui ordonnait que les assignats de 5 livres et au-dessus, portant des empreintes de royauté, n'auraient plus cours de monnaie.

on a été dans le cas de porter secours à plusieurs personnes qui se sont trouvées mal de besoin. Hier les trois quarts des boutiques ont été fermées.

Cafés. — Mêmes propos, même diversité d'opinions que dans les groupes sur le décret concernant les assignats à face.

Spectacles. — Aucun fait contre l'ordre public, excepté au théâtre des Arts, où un particulier, nommé Serrier, s'est permis les plus fortes invectives, dans le ballet de *Télémaque*, contre la danseuse Saint-Romain, qui jouait le rôle de Vénus; il criait à haute voix : « Il ne lui est pas difficile d'avoir une ceinture si brillante, étant entretenue par les représentants. » Les récidives fréquentes de ce particulier ont donné lieu au citoyen Bétrémieux, officier de paix, de requérir la force armée, qui l'a arrêté et conduit chez le commissaire de police de la section, dont la Commission attend le procès-verbal.

Le citoyen Marceau rapporte qu'au théâtre des Variétés, Palais-Égalité, il a été jeté un papier sur la scène, dont le public a demandé lecture ; il ajoute qu'elle n'a pas été faite, parce que l'on a annoncé qu'un officier de police, et pour cause, venait de le porter au Comité de sûreté générale.

Commerce. Pain. — Dix-neuf inspecteurs annoncent que les mêmes plaintes continuent de se faire entendre sur la modicité de la ration du pain, sur l'heure tardive de la distribution et sur son inégalité. Néanmoins on remarque que les esprits sont assez calmes. Chacun attend avec impatience le mois prochain, dans lequel on espère voir cesser la pénurie qu'on éprouve depuis longtemps. Le peuple dit qu'il voit bien qu'on veut le mettre à l'épreuve, qu'on voudrait bien qu'il se levât, mais qu'il n'en fera rien, qu'il ne prétend qu'à avoir la consolation de mettre en pièces ceux qui veulent le faire périr de famine. Dubouloy ajoute que le public paraît satisfait de l'affiche de la loi qui défend sous peine de punition aux boulangers et à tous autres de dénaturer les subsistances et de frauder les distributions [1].....

PASTÉ, HORNIN.

(Arch. nat., F¹c III, Seine, 16.)

[1]. C'est la loi du 24 floréal an III ainsi conçue : « Les peines prononcées et la forme de procéder établie par les lois contre les agents infidèles de la République sont applicables aux boulangers et à tous autres chargés de distribuer ou surveiller la distribution des denrées acquises par la République, qui en détourneraient ou en dénatureraient quelques parties. »

CCXCVI

29 FLORÉAL AN III (18 MAI 1795).

Rapport du 30 floréal.

Esprit public. — Les rapports de ce jour ne sont qu'une répétition presque littérale des faits présentés dans la dernière feuille. Tous les inspecteurs se réunissent sur ce point essentiel, qu'ils n'ont rien vu de contraire à la tranquillité publique ; ils conviennent cependant que les murmures du peuple étaient toujours les mêmes, que les femmes surtout paraissaient très mécontentes de la pénurie soutenue des subsistances, du peu et mauvais pain qu'elles recevaient, de la lenteur des arrivages, et qu'elles commençaient à regarder comme illusoires des annonces d'une abondance prochaine. Les mêmes agents annoncent aussi qu'il y a eu continuité de plaintes occasionnées par le prix exorbitant de toutes les choses nécessaires à la vie, auxquelles, disait-on, il n'est plus possible d'atteindre, ce qui a fait tenir beaucoup de mauvais discours contre les autorités constituées, notamment contre les agents, taxés au moins de négligence, ainsi que des clameurs contre les marchands, les laboureurs et les agioteurs.

Les inspecteurs ajoutent que, dans les groupes, les événements présents, tels que la guerre, la paix, les mouvements des troupes, les subsistances, les finances, les lois rendues, celles projetées, faisaient toujours la base de la conversation des citoyens, dont les propos étaient plus ou moins exagérés, plus ou moins respectueux envers la Convention, les conjectures souvent mal fondées, les raisonnements vagues, avec une grande diversité d'opinions. Ils observent enfin que si, dans les rassemblements, il s'y introduit quelques malveillants, il s'y rencontre aussi de bons citoyens qui rassurent leurs frères, dont les têtes semblaient fort échauffées.

Le rapport du citoyen Leroy aîné nous ayant paru contenir des particularités essentielles, dont il importe d'instruire le gouvernement, nous allons en donner connaissance. Cet inspecteur, après avoir avancé que beaucoup de citoyens tombaient de besoin, ajoute que le bruit se répand que les carabiniers et les gendarmes vont être remplacés ici par des Allemands, ce qui inquiète le public et lui rappelle les jours qui ont précédé le 14 juillet 1789 ; que l'on disait encore que le gouvernement vient, par un arrêté secret, de fixer l'indemnité des représentants à quatre-vingt-quatre livres par jour, dont ils touchent le montant moitié en numéraire, et que ce même gouvernement, lorsque les corps administratifs lui présentent des réclamations, tendant à prouver que les agents et employés ne peuvent pas vivre avec leur traitement, leur répond : « Ils n'ont qu'à quitter ; on en trouvera d'autres. » Enfin, il termine en annonçant qu'il circulait hier que, si la distribution du pain n'était pas plus abondante, le faubourg Antoine devait, le 1er prairial, se lever en masse et engager le reste de Paris à suivre son exemple.

Cafés. — Mêmes propos, pareils entretiens sur les affaires publiques que dans les groupes.

Spectacles. — Tout y a été tranquille, à la réserve du théâtre du Vaudeville, où il s'est élevé une légère difficulté entre les spectateurs entre (sic) la première pièce ; partie a demandé le *Réveil du peuple*; l'autre s'y est opposée, en disant : « Il est trop tard. » Alors, plusieurs voix parties des premières loges se sont écriées : *A bas les Jacobins !* ce qui a rétabli le calme et permis de chanter les couplets, qui ont été très applaudis, à la réserve de celui des représentants, qui ne l'a été que faiblement à la fin.

Commerce. Pain. — Dubouloy, Cuvillier et autres ne font qu'énoncer les mêmes plaintes, tant sur la modicité de la ration du pain, sur l'heure tardive à laquelle on le distribue et enfin sur l'inégalité dans la distribution. Il serait à désirer, afin d'éviter toutes les espèces de plaintes, que la répartition de la farine fût faite d'une manière moins disproportionnée et qui occasionne de violents murmures contre les autorités constituées et les commissaires distributeurs, qui ne cherchent, dit-on, qu'à faire mourir le peuple de faim. L'on fait beaucoup de menaces de toutes parts, si au mois prochain la ration de pain n'est pas plus forte ; l'on dit qu'il serait urgent que l'arrêté du Comité de salut public fût mis en vigueur, qu'alors l'on serait rassuré sur les fraudes des boulangers et des commissaires.

Losset dit qu'il y a eu un grand désordre chez un boulanger de la rue des Filles-Dieu, où l'on a arraché le commissaire de service de ses fonctions pour le conduire au Comité. Il ajoute qu'un jeune homme, qui sortait de chez ce boulanger avec un pain de quatre livres, a été conduit chez le commissaire de police, qui en a dressé procès-verbal ; il a été écrit au Comité civil et au commissaire de police.

Viande et autres comestibles. — Poinsignon, Lefèvre et autres disent que la tranquillité a régné aux portes des bouchers qu'ils ont surveillées, excepté rue des Orties, où l'on criait beaucoup contre les commissaires et les bouchers, de ce qu'ils ne rendaient pas justice à un chacun. Les femmes criaient aussi contre la Convention en disant que les hommes étaient des f...., c...., d'endurer la faim, et qu'avec la même lâcheté ils avaient laissé guillotiner bien des innocents sous leurs yeux. Quantité de citoyennes de différentes sections n'ont point eu de viande. Des ordres sont donnés pour surveiller les agitateurs et les traduire devant les autorités constituées.

Loctave, Bergeret et autres annoncent que les halles et marchés étaient très bien approvisionnés, mais les denrées se vendent à un prix excessif; cette cherté échauffe tellement les esprits qu'elle fait redouter des suites funestes.

Agiotage. — Caillouet, Moyron et Drouin déclarent que le louis s'est vendu au Jardin-Égalité 390 livres, et l'écu de six livres 90 livres ; un pain de deux livres, 32 livres. Moyron dit que les agioteurs disent qu'ils ne sont pas embarrassés des assignats à face royale, attendu que la Convention sera forcée de rapporter le décret, comme bien d'autres.

Bois. — Poinsignon, Lassiot et autres rapportent que la livraison du bois s'est faite dans différents chantiers et ports avec beaucoup d'ordre. Les garçons cordeurs exigent dix livres pour corder une voie de bois ; cette contribution révolte les citoyens......

BARBARIN, BEURLIER.

(Arch. nat., F⁷ III, Seine, 16.)

JOURNAUX.

Messager du soir du 1ᵉʳ prairial : « Paris, le 30 floréal. Ce n'est pas seulement sur les routes que l'on pille le pain que des parents ou des amis envoient aux malheureux Parisiens ; hier, dans la rue des Arcis, des femmes qui étaient chez un marchand de vin ont aperçu un charretier qui retirait d'une voiture un pain pour le remettre à un citoyen ; aussitôt elles ont quitté leurs verres et leurs bouteilles, se sont élancées sur la voiture, et, de vive force, en ont enlevé cinq à six pains de huit livres, qu'elles ont payé, les unes sur le pied de cinq livres, d'autres de six livres la livre ; le voiturier a déclaré que la livre de pain lui revenait à sept livres dix sous ; elles s'étaient réfugiées, pour procéder à leur partage, sous la porte d'un patriote aussi probe que courageux ; mais il les a chassées, renvoyées dans leur cabaret ; elles sont rentrées chez un épicier voisin, qui a eu la complaisance de leur prêter ses poids et ses balances, pour qu'elles missent plus d'*équité* et de *justice* dans leurs opérations. « Puisque la Convention nous vole nos assignats, quand elle » en a besoin, disaient-elles, nous pouvons bien prendre le pain de notre » voisin en le payant, quand nous mourons de faim. » Chacun répète : « Nécessité contraint la loi. »

CCXCVII

30 FLORÉAL AN III (19 MAI 1795).

Rapport du 1er prairial.

Esprit public. Groupes. — Dans la journée d'hier, aucun événement marqué n'a troublé l'ordre public et la tranquillité des habitants de Paris. Néanmoins les esprits ont paru très agités dans les groupes, et de toutes parts on n'entendait que des murmures violents excités par les sentiments du besoin, avec injures contre les représentants du peuple et menaces de se porter incessamment sur la Convention. Les femmes notamment, pressées par la faim et par les cris de leurs enfants, s'exhalaient en plaintes les plus vives et se permettaient mille imprécations. Leurs voix, mêlées à celles d'un grand nombre de citoyens, formaient un concert lamentable et présentaient en même temps l'image d'un spectacle très douloureux. « Que deviendrons-nous? se disait-on de tous côtés. Comment pourrons-nous atteindre la moisson? Non seulement nous sommes réduits à présent à la plus faible portion de l'aliment de première nécessité; à peine même le pain est-il mangeable; pour surcroît de misère, la cherté des comestibles qui pourraient y suppléer prend d'heure en heure un tel accroissement que cela équivaut pour nous à la disette la plus réelle. »

Telle est la substance des rapports de ce jour. D'après ces exposés, la position de la classe indigente et laborieuse devient de jour en jour plus pénible; celle des citoyens dont les revenus ne consistent qu'en rentes ou fermages à prix d'argent ne nous paraît pas moins à plaindre. En effet cette classe infortunée et très nombreuse, obligée pour subsister de vendre pièce à pièce ses meubles et effets, hors d'état pour la plupart de se livrer à aucune espèce de travail, méprisant tout moyen d'intrigue et les ressources du brigandage des agioteurs, se trouve réduite aux extrémités les plus fâcheuses. Il en résulte que c'est spécialement sur elle que pèse tout le poids des circonstances dont elle souffre et gémit sans murmurer.

Cafés. — Compère, inspecteur, rapporte que les citoyens s'y entretenaient des finances et de la pénurie des subsistances, et qu'ils inculpaient la Convention de tous les maux qui affligent la République; ils donnaient pour motif le défaut d'union entre les représentants, l'amour-propre, l'intérêt et la jalousie qui règne entre eux.

Spectacles. — Tout y a été tranquille. Quoi qu'il en soit, nous ne pouvons nous dispenser de rendre compte d'un incident au théâtre de la Gaîté. Entre les deux pièces il a été jeté sur la scène un billet; le public en a demandé lecture; l'acteur a paru et a chanté en présence de l'auteur un couplet qui a été très applaudi. Le citoyen Lainé, inspecteur, rapporte qu'en l'absence du commissaire de police et des membres du Comité civil de la section, il a monté à l'instant sur le théâtre pour faire arrêter l'auteur, qui lui est échappé par la fuite; il ajoute que l'acteur lui a remis le couplet dont il s'agit; en voici la teneur:

> Réveille-toi, peuple de frères,
> Et frappe ces affreux tyrans,
> Qui, sans pitié de ta misère,
> Te font languir, toi, tes enfants.
> Réveille-toi, je le répète;
> De la foudre, arme ton bras;
> Elle gronde déjà sur leur tête,
> Et bientôt elle les écrasera.

La Commission a mandé le directeur du théâtre de la Gaîté.

Commerce. Pain. — La modique ration de pain accordée à chaque citoyen n'augmentant pas, les plaintes se renouvellent tous les jours; dans différentes sections on a cependant donné deux et trois onces de pain, et même un quarteron sur la section du Temple.

Rue de la Grande-Friperie, un homme, sortant avec un pain de chez Ayot, boulanger, a été arrêté par le public et conduit au Comité; on a vu qu'il était du Comité du Contrat-Social et ami du citoyen Ayot. Il y a eu du tumulte chez ce boulanger depuis cinq heures du soir jusqu'à deux heures du matin. Perquisition faite dans son domicile par le juge de paix et deux commissaires civils, il déclara qu'il restait quinze pains et environ 60 livres de riz. Les commissaires ont trouvé dix-huit pains au lieu de quinze qu'il avait déclarés. Le public exigea qu'il fût conduit au Comité de sûreté générale, ce qui a eu lieu à huit heures du matin. Il est maintenant dans sa boutique, sous la garde d'un gendarme.

Dans la section de Mutius-Scævola, le désordre a été à son comble; le public est en foule aux portes des boulangers; il refuse la modique portion de pain qu'on lui délivre, et murmure beaucoup.

La section se porte en masse au Comité de salut public.

Il résulte du rapport de Murat que, sur la section des Invalides, les ouvriers se disposent à se réunir au faubourg Antoine et disent que, tôt ou tard, il faut que leurs maux finissent. Cela fait horreur, disent-

ils, de voir des malheureux chaque jour accablés de désespoir, et
succombant enfin sous le lourd fardeau de leur misère, se jeter à
l'eau et se détruire de la manière la plus horrible.

Viande et autres comestibles. — Les distributions chez la plus
grande partie des bouchers se sont faites légalement, et la tranquillité a régné partout. Les halles et marchés ont été assez bien fournis; les pommes de terre blanches se sont vendues 28 et 30 livres
le boisseau, et les rouges 35 livres. Six voitures d'œufs sont arrivées
au carreau de la Halle; il y est arrivé, le 30 floréal, 185 voitures
de fruits, légumes, pommes de terre, beurre, fromage et marée; il
y est arrivé aujourd'hui 257 voitures des mêmes denrées et deux
de marée.

Surveillance. — L'orage d'hier a causé beaucoup de dégâts chez
les épiciers et dans beaucoup d'autres maisons des sections du Nord,
de Bondy, des Lombards, Gravilliers, Bon-Conseil, Bonne-Nouvelle,
Amis-de-la-Patrie et autres.....

Boys de Loury, Duchauffour.

(Arch. nat., F 1c III, Seine, 16.)

Journaux.

Annales patriotiques et littéraires du 2 prairial : « *Paris, le 30 floréal.*
Les représentants du peuple, membres des Comités de salut public, de sûreté
générale des finances et d'instruction publique, ont arrêté ce qui suit :
Art. 1er. La Bourse sera placée au Louvre, dans les salles du rez-de-chaussée
qui sont au-dessous de la galerie d'Apollon, jusques et compris le passage qui
conduit au jardin du Muséum; l'entrée principale aura lieu par la petite place
du Muséum, et le jardin sera ouvert aux citoyens qui se réuniront à la Bourse.
Art. 2. L'ouverture de la Bourse se fera le 1er prairial à onze heures du matin.
Art. 3. L'inspecteur des bâtiments du Louvre demeure chargé de faire de
suite tous les arrangements et dispositions convenables pour mettre l'emplacement ci-dessus désigné en état de remplir sa destination *Art. 4.* Les
tableaux et autres objets dépendant du Muséum seront transportés dans les
salles qui étaient occupées par le grand conseil et prévôté de l'hôtel. *Art. 5.*
Le public sera instruit par des affiches et les journaux de l'ouverture de la
Bourse pour le 1er prairial. *Art. 6.* L'administration du département de Paris
demeure chargée de l'exécution du présent arrêté. » — *Courrier républicain*
du 1er prairial : « *Du 30 floréal.* La situation de Paris est toujours la même;
on a distribué une once de pain de plus par personne, qui (*sic*) a reçu en
même temps une once de riz. On n'en avait point ou presque point distribué
hier, quoique la ration du pain ne fût que d'une once, et que même certaines
familles n'en eussent point reçu du tout. — Les carabiniers qui avaient remplacé le régiment de chasseurs qu'on avait fait venir de Gonesse sont partis,
dit-on, de fort mauvaise humeur, et sur la demande expresse qu'ils en ont
fait faire aux Comités de gouvernement..... »

CCXCVIII

1er PRAIRIAL AN III (20 MAI 1795).

Rapport du 2 prairial.

Esprit public. — Les événements de la journée d'hier, très connus, laissent des souvenirs trop douloureux pour en retracer l'image [1]. Ceux qui nous menacent aujourd'hui en sont la suite ; ils nous font concevoir les plus tristes présages. Il paraît, suivant les rapports que nous avons sous les yeux, que les têtes sont toujours très échauffées, et, d'après les particularités que nous avons pu recueillir, nous sommes fondés à croire que la pénurie des subsistances a été le prétexte, malheureusement trop plausible, dont se sont servis les agitateurs pour égarer les citoyens crédules, mais que la cause du mouvement populaire, organisé depuis longtemps, provient de la faction des anciens meneurs, qui font demander aujourd'hui par le peuple, avec du pain, le rétablissement de la Commune, la Constitution de 1793, la mise en liberté de tous les députés Montagnards et de tous les membres des anciens Comités révolutionnaires. Les inspecteurs ont remarqué, presque dans toutes les sections, que la proclamation faite hier au soir de la loi rendue contre les mouvements [2] avait excité le plus grand mécontentement et provoqué les cris de la sédition et d'une révolte décidée contre la Convention, notamment contre les représentants connus par leurs principes de justice.

Cafés. — Le citoyen Compère, inspecteur, rapporte que, dans les cafés et autres lieux publics, où les citoyens paisibles et honnêtes s'entretenaient entre eux des événements du jour, on y gémissait de voir un peuple égaré applaudir à des mesures aussi dangereuses, dont les malveillants le rendent l'instrument.

Spectacles. — Ils ont été fermés.

Commerce. Pain. — Toujours de grands murmures de la part du peuple aux portes des boulangers. Des esprits échauffés s'y répandaient en invectives et propos les plus séditieux contre les autorités

---

1. Sur cette célèbre journée du 1er prairial an III, voir, entre autres récits contemporains, celui du *Moniteur*, réimpression, t. XXIV, p. 497 et suivantes, et le *Journal de Perlet*, nos 969 et 970.

2. Ce n'est pas une seule loi « contre les mouvements », mais plusieurs qui furent votées par la Convention dans la séance du 1er prairial an III. Voir le *Procès-verbal*.

constituées ; les femmes surtout, bien moins patientes, semblent être beaucoup plus agitées ; elles provoquent les citoyens au désordre et les invitent à ne pas recevoir la légère portion de pain qui leur est accordée ; mais ces intentions malignes trouvent une opposition dans la sagesse de plusieurs citoyens. Dans la section des Gravilliers un homme portant sous son bras un pain d'orge du poids de neuf livres, sur lequel était une adresse, pria l'une d'elles de la lui enseigner ; mais, lorsqu'elle s'aperçut que c'était du pain, elle en avertit ses camarades, qui le lui pillèrent et ne lui donnèrent en dédommagement que 4 livres en assignats.

Viande et autres comestibles. — Chez plusieurs bouchers, le public se plaint de ce qu'on a taxé la viande à 20 sols la livre ; les commissaires y sont fort maltraités.

Les halles et marchés sont assez bien approvisionnés et on ne peut plus tranquilles ; les marchands qui s'installent ordinairement sous les parapluies, au marché des Innocents, n'y sont point aujourd'hui.

Bois. — Au port du raccueillage, le citoyen Collet vend son bois 130 livres la voie. Les charretiers continuent de faire contribuer les citoyens, et leur font payer 45 et 50 livres le charriage d'une voie de bois. La Commission continue d'exercer la plus grande surveillance sur ces individus.

Surveillance. — Un écrit lu hier matin dans le faubourg Antoine dans différents groupes, et qui a été distribué avec profusion, notamment rue Saint-Denis, au nombre de plus de cinq cents exemplaires, a été le programme de l'insurrection. Cet écrit a pour titre : *Insurrection du peuple pour obtenir du pain et reconquérir ses droits.*

A neuf heures, le tocsin a sonné dans plusieurs sections ; par suite, la générale a été battue partout ; une foule de femmes se sont portées à la Convention ; les sections du faubourg Antoine y sont descendues à deux heures. Ils avaient tous écrit sur leurs chapeaux : *Du pain et la Constitution de 1793.* C'était le refrain des femmes à la Convention. Le but de ces sections était de soutenir les femmes.

Une femme, du nombre de celles qui sont parvenues à entrer de force dans la salle de la Convention, ayant saisi le sabre d'un gendarme qui voulait la repousser, a eu la main grièvement blessée.

Dans l'après-midi, nombre de députés ont été arrêtés par des femmes et des citoyens armés. Quelques-uns ont été maltraités ; ils ont été tous conduits à la section du Comité de sûreté générale.

Des citoyens ont arrêté le représentant du peuple Garilhe, et l'ont conduit au Comité de salut public.

Le représentant du peuple Féraud a été assassiné, sa tête promenée au bout d'une pique ; à sept heures trois quarts, celui qui la promenait a été arrêté rue de la Loi, par la force armée de la section du Muséum, à la réquisition du citoyen Manigot, officier de paix. Il a été conduit au corps de garde de la Maison-Égalité. Son nom est Jean Tinel, compagnon serrurier, section de Popincourt......

Pasté, Doillot.

(Arch. nat., F 1 c III, Seine, 16.)

JOURNAUX.

Messager du soir du 2 prairial : « *Paris, le 1er prairial*. Un orage terrible semble prêt à éclater aujourd'hui. Jamais, depuis 1789, les groupes dans Paris n'ont été aussi nombreux ni aussi échauffés qu'ils l'étaient hier soir. Un même sentiment paraissait animer cette foule immense. C'était le désespoir. Trompés tant de fois par de belles promesses qui n'ont rien produit, les citoyens que la faim et la misère aigrissent s'excitaient aujourd'hui à aller en masse demander du pain à la Convention. « Il faut, disaient-ils la plupart, que les » femmes des faubourgs marchent en avant, qu'elles traversent les rues mar- » chandes, emmènent avec elles toutes les femmes des boutiquiers ; les » hommes suivront par derrière ; il faut que tout Paris se lève et marche à la » Convention ; il faut ne les laisser sortir que quand ils nous auront donné » du pain ; il y a trop longtemps qu'ils nous renvoient au lendemain. » Il paraît en effet que les faubourgs sont dans la plus grande agitation. Plusieurs sections doivent aller à la Convention lui exposer le tableau des souffrances du peuple. Les femmes de la Halle s'attendent d'un moment à l'autre qu'on va venir les prendre pour aller aux Tuileries. Le Palais-National est gardé par une réserve nombreuse ; il s'y fait de fréquentes patrouilles. Les femmes qui sont aux portes des boulangers éclatent en injures et en menaces contre la représentation nationale... » — *Courrier républicain* du 4 prairial : « *3 prai- rial*. Hier[1], Paris ressemblait à un vaste camp. La plus grande partie des ci- toyens sous les armes remplissaient toutes les rues qui aboutissent au château des Tuileries, c'est-à-dire partant du Carrousel, la rue Saint-Honoré dans pres- que toute sa longueur, la place des Piques (Vendôme) et les rues adjacentes, la rue des Bons-Enfants, des Petits-Champs, et celles qui aboutissent à la place des Victoires, qui était couverte d'hommes armés et de canonniers jusqu'à la rue Montmartre, les quais, le pont ci-devant Royal, etc. Jamais pareille chose ne s'est vue depuis l'existence de cette grande ville ; ni le 14 juillet, ni le 10 août, ni le 31 mai n'ont vu de dispositions militaires aussi extraordinaires. La plupart des citoyens de l'intérieur paraissaient parfaitement disposés à ven- dre cher leur vie, et à défendre la Convention nationale, le seul point de rallie- ment qui nous reste pour éviter la dissolution totale dont la France est me- nacée. On avait vu, au contraire, une très grande partie des habitants des faubourgs, aigris par le cruel sentiment de leurs maux, arriver le matin avec les dispositions hostiles. On les entendait, en passant, menacer avec violence

---

1. Il faut évidemment lire avant-hier.

ceux qu'on leur avait fait regarder comme leurs ennemis. Beaucoup d'entre eux portaient encore sur leurs chapeaux écrit avec de la craie : *Du pain et la Constitution de 1793*..... Au surplus, cette journée avait une couleur terrible, et ce n'est pas sans raison ; à sept heures ou environ, des sections des faubourgs voulaient arriver jusqu'à la Convention nationale, et les autres, qui occupaient les premiers postes, étaient décidées à s'y opposer. Aussitôt il s'est fait un mouvement militaire ; la cavalerie s'est jetée sur les ailes. Il s'est fait le plus grand silence ; la mèche touchait la lumière du canon et soixante mille hommes peut-être allaient s'égorger les uns les autres sans savoir pourquoi. »

CCXCIX

2 PRAIRIAL AN III (21 MAI 1795).

Rapport du 3 prairial.

Esprit public. — Nous désirerions n'avoir à présenter qu'un tableau satisfaisant ; mais, comme la vérité doit l'emporter sur toute autre considération, que d'ailleurs notre devoir est d'éclairer le gouvernement, nous devons dire, suivant les rapports de ce jour, que les inspecteurs de police, après avoir rendu compte des événements de la journée d'hier, dont les principes et le résultat sont bien connus, annoncent que, toujours sous prétexte de subsistances et du prix excessif de toute chose, les agitateurs entretiennent sans cesse le peuple dans son égarement et cherchent à le pousser aux mesures les plus violentes contre la représentation nationale, dont ces éternels ennemis du bien public, qui soufflent de toutes parts le feu de la discorde, critiquent sans aucun ménagement les opérations et veulent qu'elle soit responsable de tous les malheurs, dont elle seule, disent-ils, est coupable.

Cafés. — Cette assertion générale se trouve fortement énoncée dans le rapport du citoyen Compère, inspecteur, lequel dit qu'aux Tuileries et dans les cafés environnant la Convention, une multitude de citoyens armés y tenaient les propos les plus séditieux contre la Convention et paraissaient très entêtés à la faire expliquer sans désemparer sur les moyens qu'elle pouvait avoir de sauver la chose publique.

Les agents de la police ont remarqué qu'hier très tard, et ce matin même, il se forme dans plusieurs quartiers des groupes dans lesquels les esprits paraissent très échauffés.

Au surplus, des rapports ultérieurs paraissent démentir ceux qui pourraient inquiéter et annoncent que la majorité des citoyens semble aujourd'hui disposée à la tranquillité et au calme. — *Nota*. Copie de ce rapport a été envoyée ce jourd'hui, heure de midi, à la Convention nationale.

Commerce. Pain. — Dix inspecteurs annoncent qu'aux portes des boulangers les esprits étaient moins échauffés ; chacun a reçu sans difficulté sa ration, qui était d'un quarteron de pain avec du riz. Dans la section des Gravilliers cependant, on tenait des propos très incendiaires contre la Convention, en disant qu'il fallait couper le col à tous les coquins qui voulaient faire mourir le peuple de faim ; la réunion des bons citoyens déjouera les projets des malveillants.

Viande et autres comestibles. — La tranquillité a régné aux portes des bouchers, et tous les citoyens ont été servis ; les bouchers des sections de Bondy et du Nord se plaignent de la mauvaise qualité de la viande qu'on leur distribue, ce qui leur attire une infinité de reproches de la part du public ; la Commission a écrit aux Comités civils et aux commissaires de police de ces sections pour les inviter à vérifier si ces plaintes sont fondées, à constater les faits, et à rendre compte.

Les halles et marchés ont été assez bien approvisionnés ; les denrées sont hors de prix, ce qui occasionne beaucoup de murmures contre la cupidité des marchands et débitants, qui, dit-on, profitent de la misère publique pour s'enrichir, et qui, pour la plupart, accaparent les comestibles et denrées de première nécessité pour les vendre au prix qu'ils veulent.

Bois. — La distribution du bois au raccueillage s'est faite avec calme.

Surveillance. — Le citoyen Dugenne, député du département du Cher, a été arrêté hier sur les six heures du soir, près le Pont-Neuf, par plusieurs citoyens des sections de Montreuil, Quinze-Vingts et Bagnolet. Il a été désarmé d'un sabre et d'une canne à épée, et conduit à la section de Montreuil, ce qui a occasionné un grand rassemblement et tumulte ; quand il a été dissipé, le commissaire de police a reconduit le représentant au Comité de sûreté générale.

Hier, à cinq heures du soir, rue Martin, une femme a arrêté le représentant du peuple Bernard (de Seine-et-Marne). Il a été conduit au Comité de la section de Gravilliers ; un capitaine de cette section, qui demeure rue Neuve-Martin, l'a maltraité. Quand le tumulte a été dissipé, le représentant a été reconduit au Comité de sûreté générale.

Fargues, inspecteur, annonce que le représentant du peuple Boursault haranguait hier dans un groupe, rue Helvétius ; les auditeurs, peu contents de ses discours, ont couru après lui pour l'arrêter, ainsi que deux personnes qui l'accompagnaient. Il s'est dégagé d'entre leurs mains en se faisant faire place avec son sabre, et est entré au Comité de sûreté générale.

Murat rapporte qu'un nommé Genty, ex-membre du Comité civil de la section du Contrat-Social, a cherché hier à compromettre la chose publique, en engageant, par un faux rapport qu'il leur fit, les canonniers de la section du Finistère à pointer leurs pièces contre celles de la section du Contrat-Social. Il a été arrêté et conduit au Comité de sûreté générale.

Le Roy, Alletz.

(Arch. nat., F 1 c III, Seine, 16.)

CCC

3 PRAIRIAL, AN III (22 MAI 1795).

Rapport du 4 prairial.

Esprit public. — Les rapports de ce jour, en nous annonçant que dans la journée d'hier il n'y a eu aucun mouvement caractérisé, à la réserve de ce qui s'est passé à la place de Grève, dont il sera fait mention, nous présentent toujours la position de Paris comme aussi fâcheuse qu'inquiétante. De fait, la cherté des marchandises, la rareté du pain, sont toujours le prétexte dont la malveillance cherche à tirer parti ; c'est principalement les femmes que l'on agite, lesquelles, à leur tour, faisant passer toute leur frénésie dans l'esprit des hommes, les échauffent par leurs propos séditieux et excitent la plus violente effervescence.

Groupes. — Hier, de toutes parts, et surtout pendant la soirée, les groupes étaient très nombreux, et ils étaient composés d'ouvriers ; l'agitation y était extrême ; les murmures éclataient de tous côtés ; les menaces étaient terribles contre les marchands, les autorités constituées et la Convention ; l'on y jurait guerre à mort aux jeunes gens, qualifiés de muscadins, et regardés comme les soutiens de la représentation nationale.

Les inspecteurs de police rapportent encore que la classe ouvrière avait paru très satisfaite de ce que l'assassin du représentant du peuple Féraud avait été soustrait au supplice. Mais ils observent que cet acte de violence avait fait la plus grande sensation sur l'esprit des vrais patriotes, les seuls amis de la chose publique, et que la plupart à cet égard avaient manifesté hautement leurs opinions et s'étaient écriés : « Nous sommes perdus, si nous souffrons que les lois soient méprisées et que la Convention continue à rester en proie à la fureur d'une multitude effrénée; nous devons, ajoutaient ces bons citoyens, lui faire un rempart de notre corps et la sauver au péril de notre vie, autant pour le salut public que pour le nôtre et celui de nos familles. »

Cafés. — Le citoyen Compère dit que, dans les cafés du Palais-Égalité, les citoyens y disaient : *Il est bien étonnant que quelques députés qui ont été désignés par leur nom ne soient pas arrêtés comme les autres* [1] ; et qu'on ajoutait : *Tant que la Convention ne prendra que des mesures partielles, et qu'elle ne se purgera pas tout à fait de ce qu'elle renferme d'impur dans son sein, elle sera toujours entravée dans sa marche et ne parviendra pas à son véritable but.*

Spectacles. — Tout y a été parfaitement tranquille. Au théâtre de l'Ambigu-Comique le *Réveil du peuple* a été chanté, très applaudi, et on a fait répéter le couplet des représentants. A celui de l'Opéra Comique, lorsqu'on est venu annoncer que l'assassin du représentant Féraud avait été enlevé et porté en triomphe dans le faubourg Antoine, tous les spectateurs se sont levés et ont crié : *Aux armes !* en disant : « Il faut vaincre ou mourir pour venger la Convention. » En effet, la pièce n'a pas été achevée, et tout le monde s'est retiré.

Commerce. Pain. — Vingt-trois inspecteurs rapportent que les esprits paraissent moins agités, vu que la ration du pain a été un peu plus forte que de coutume. Néanmoins on ne cesse de se plaindre,

1. Le 1ᵉʳ prairial an III, la Convention avait décrété d'arrestation treize de ses membres, à savoir : Duquesnoy, Du Roy, Bourbotte, Prieur (de la Marne), Romme, Soubrany, Goujon, Albitte aîné, Peyssard, Le Carpentier (de la Manche), Borie, Fayau et Rühl (Procès-verbal, t. LXII, p. 26). Le 2 prairial, elle les décréta d'accusation, ainsi que Ruamps, Thuriot, Cambon, Maribon-Montaut, Duhem, Amar, Choudieu, Châles, Foussedoire, Huguet, L. Bourdon, Granet, Levasseur (de la Sarthe) et Le Cointre, déjà décrétés d'arrestation dans les séances des 12 et 16 germinal (*Ibid.*, p. 42, 43). Il y a à remarquer que dans le texte du décret du 2 prairial, tel que le procès-verbal le donne, le nom de Rühl se trouve remplacé par celui de Pinet aîné. Le 5 prairial, Forestier et Esnüe de la Vallée furent décrétés d'accusation, et la Convention, rapportant le décret par lequel elle avait ordonné de déporter Barère, Billaud-Varenne, Collot d'Herbois et Vadier (voir plus haut, p. 630, note 2), décréta que ces quatre représentants seraient traduits devant le tribunal criminel de la Charente Inférieure. Enfin, le même jour, elle traduisit devant le tribunal criminel d'Eure-et-Loir les citoyens Pache, Audouin, Bouchotte, Daubigny, Clémence, Marchand, Héron, Hassenfratz et Rossignol (*Procès-verbal*, t. LXII, p. 85, 86, 87).

tant de l'inégalité dans la distribution du pain que des autorités constituées, en disant qu'elles ne sont composées que de coquins et de scélérats. L'on dit de plus que les deux premiers jours de ce mois ne sont qu'un prélude, attendu que l'on est toujours debout. Le peuple demande au moins une demi-livre de pain par bouche, la diminution de toutes les denrées, et que celles qui sont sur terre soient fixées à l'ancien prix; que l'on espère, à n'en pas douter, que la Convention prendra des mesures à cet égard. Les inspecteurs ajoutent que plusieurs individus, ennemis du repos public, qui ne cherchent qu'à égarer les bons citoyens par des conseils perfides, ont été arrêtés et traduits devant les autorités constituées. D'autres, amis de l'ordre, ne cherchent qu'à engager leurs concitoyens à prendre patience, et à avoir la plus grande confiance dans la représentation nationale, ce qui peut seulement nous ramener l'abondance.

Des gendarmes disent qu'on doit s'étonner qu'il n'y ait pas plus de pain, quoiqu'ils amènent beaucoup de farine; on se plaint de ce que les boulangers ne sont pas servis également en raison des bouches qu'ils avaient à nourrir. On se plaint aussi de ce que les subsistances s'accaparent.

Viande et autres comestibles. — Quatorze inspecteurs annoncent que la distribution de la viande s'est faite légalement; aucune plainte n'est parvenue à leur connaissance. Trois autres disent que les halles et marchés étaient assez bien approvisionnés, et que la tranquillité a régné dans ces lieux.

Moyron et Murat annoncent que le peuple est très satisfait du décret que la Convention a rapporté, qui déclarait l'argent et l'or marchandises [1].

Bois. — Sept inspecteurs rapportent que la livraison du bois et des fagots s'est faite dans différents chantiers et ports avec beaucoup d'ordre; l'Agence des subsistances a mis tout le bois qui est à l'Ile Louviers, ainsi qu'au raccueillage, en réquisition pour les boulangers, ce qui a occasionné quelques petits murmures de la part des citoyens et garçons cordeurs; les marchands de bois ont dit qu'ils n'en feraient plus descendre; les charretiers exigent 45 à 50 livres pour le transport d'une voie de bois.

Surveillance. — L'événement d'hier, relativement à l'enlèvement fait du nommé Tinel, pour l'arracher au supplice, auquel il était

---

1. En effet, dans la séance du 2 prairial an III, la Convention avait « rapporté son dernier décret, qui a déclaré marchandises l'or et l'argent monnayés », et « ordonné l'exécution des lois antérieures, qui prohibent le commerce des monnaies métalliques ».

condamné, est connu, ainsi que ses circonstances; il ne sera pas détaillé.

La surveillance sur les faits du jour et des précédents n'a pas permis de s'occuper de la recherche des voleurs......

ROUCHAS jeune, BEURLIER.

(Arch. nat., F 1 c III, Seine, 16.)

CCCI

4 PRAIRIAL AN III (23 MAI 1795).

Rapport du 5 prairial.

Esprit public. Groupes. — Suivant les rapports faits dans la journée d'hier, tant de bouche que par écrit, d'heure en heure, les groupes, dans tous les quartiers de Paris, ont été très nombreux et fort tumultueux jusqu'à sept heures du soir; un grand nombre de malveillants s'y étaient mêlés, et toujours sous le prétexte de la rareté du pain et des inquiétudes que faisaient naître les promesses illusoires de la Convention, ils provoquaient les citoyens aux plus vives mesures; les femmes, comme des furies, excitaient les hommes et s'écriaient : « Il faut soutenir nos frères du faubourg Antoine, avoir raison des représentants, et ne faire aucune grâce aux marchands et aux muscadins. »

Cet aspect était vraiment effrayant; il paraissait devoir entraîner une dissolution entière, ainsi que la destruction des choses et des personnes; mais, d'après les rapports de ce jour, il paraît constant qu'hier entre sept et huit heures du soir, le courage des véritables patriotes qui ont volé au secours de la Convention, autant pour faire respecter la loi que pour seconder la fermeté et l'énergie des représentants, a conjuré l'orage qui menaçait cette grande cité. En effet, les décrets préparatoires rendus contre les factieux de toute espèce, et notamment contre ceux du faubourg Antoine, de concert avec la contenance ferme et assurée de la troupe de ligne, et l'armée parisienne qui se sont présentées devant les rebelles, les ont forcés de se rendre, ce qui s'est effectué sans verser une goutte de sang.

Au moment où cette heureuse nouvelle s'est répandue dans tous les quartiers de Paris, la gaieté s'est peinte sur toutes les figures; la sérénité et le calme ont succédé à la terreur; tous les citoyens paraissaient comblés de satisfaction, et tous, d'une voix unanime, faisaient retentir les airs des cris de *Vive la République ! Vive la Convention ! A bas pour jamais les hommes féroces !* La soirée a même présenté l'image d'une fête; dans quelques endroits on a vu la façade des croisées illuminée. Les inspecteurs ajoutent que, passant dans quelques rues, ils ont entendu dire à des citoyens : « Si l'on nous donne du pain, tout ira bien, et les agitateurs n'auront plus de prétexte. » Quelques agents de police rapportent aussi qu'hier, dans plusieurs endroits, on disait qu'il avait été distribué des assignats dans le faubourg Antoine pour fomenter la rébellion.

Un fait particulier, contenu dans le rapport collectif des citoyens Chatou, Leroy jeune et Dufresnoy, nous a paru devoir être inséré dans cette feuille. Ces inspecteurs déclarent que, passant sur le pont Notre-Dame, ils ont vu des canonniers, pris de vin, pérorer dans un groupe, y exciter les femmes à continuer le tumulte, et, après avoir de rage arraché leurs épaulettes, ils s'écrièrent : « On nous a pris nos canons, mais il fera jour demain, et nous verrons ! »

Cafés. — Suivant le rapport du citoyen Compère, dans les cafés de la Régence et du Palais-Égalité, la majorité des citoyens s'y est prononcée pour la Convention.

Spectacles. — Ont été fermés.

Commerce. Pain. — Des inspecteurs annoncent que la distribution du pain s'est faite dans tous les lieux qu'ils ont surveillés, avec la plus grande tranquillité, à raison d'un quarteron par bouche avec du riz. La conversation ne roule que sur les circonstances actuelles; chacun désire qu'il n'y ait point de sang répandu, et que les coupables soient livrés à la justice. L'on demande de toute part la diminution de toutes les denrées, ainsi que la réunion de tous les bons citoyens, afin de déjouer tous les projets liberticides des factieux.

D'après Dejarrière, le public se plaint de la malversation des commissaires distributeurs chez les boulangers et de la manière dure dont ils parlent à leurs concitoyens; il ajoute qu'on désire trouver un moyen de supprimer ces tyrans, qui semblent narguer la peine commune.

Lecordier déclare qu'il a appris que le nommé Chabot, boulanger, section des Piques, avait été fouillé et conduit à la section avec 40 livres de pain, 370 livres de farine, deux sacs de biscuits et un de riz ; qu'on avait trouvé dans sa cave quantité de pain moisi, et qu'on l'a mis en prison ; il ajoute qu'avant-hier, dans la rue Mont-Blanc, on a fait donner quatre fournées de pains qui étaient destinés à être vendus 18 livres la livre, avec trois ou quatre sacs de farine, qui ont été délivrés au public, au prix qu'il a taxé lui-même, sur le pied de 25 sols le litron, et le pain 10 sols la livre.

Viande et autres comestibles. — Huit inspecteurs rapportent que plusieurs bouchers de différentes sections n'on pu satisfaire toutes leurs pratiques; néanmoins, l'ordre n'a point été troublé pendant la distribution.

Cinq inspecteurs disent que les halles et marchés étaient assez bien approvisionnés, que les haricots blancs se sont vendus 15 à 1,600 livres le setier; les rouges, 14 à 1,500 livres, et les lentilles même prix; que le peuple ne cesse de se plaindre de la cherté de toutes les denrées; il dit qu'il aimerait mieux mourir que de souffrir de la sorte. Il est arrivé 613 voitures de différentes denrées.

Nota. — On a recommandé aux inspecteurs de dire à leurs concitoyens que c'est par leur calme qu'ils engageront les citoyens des départements à les approvisionner.

Bois. — La livraison s'en est faite dans différents chantiers et ports avec beaucoup d'ordre.

Piffer dit qu'hier 4 du mois, sur les huit heures du soir, on a crié aux armes dans la section du Finistère, que les femmes provoquèrent les hommes à secourir le faubourg Antoine; mais que les citoyens ne l'ont pas voulu, attendu que la loi leur défend de battre la générale sans les ordres des autorités supérieures......

BEURLIER, ALLETZ.

(Arch. nat., F¹ᶜ III, Seine, 16.)

JOURNAUX.

On ne trouve aucun détail notable, dans les journaux, sur l'esprit public pendant la journée du 4 prairial an III. Ou ils se bornent, comme le *Journal de Perlet*, à rendre compte de la séance de la Convention, ou il donnent, comme la *Gazette française* du 5 prairial, des récits de l'insurrection très confus, très incomplets, vraiment inutiles à reproduire.

CCCII

5 PRAIRIAL AN III (24 MAI 1795).

RAPPORT DU 6 PRAIRIAL.

Esprit public. Groupes. — Suivant les rapports de ce jour, la distribution du pain s'est faite hier paisiblement et avec ordre; le calme a régné partout; les entretiens dans les groupes ne respiraient plus ni menaces ni chaleur, à quelques murmures près sur l'inégalité dans la répartition du pain et autres objets, qui ont échappé à plusieurs malveillants et à des femmes inconsidérées; mais, pour les bons patriotes, cette journée a paru réunir tous les caractères de l'allégresse. Chacun, en applaudissant aux mesures énergiques prises par la Convention pour extirper jusqu'aux germes de la rébellion, ne tarissait pas sur les éloges que la fermeté juste et sévère des représentants a si bien mérités de la nation entière. La bravoure des troupes, la prudence des chefs ont été pareillement appréciées, et tous les honnêtes citoyens, en se félicitant d'être échappés aux horreurs de la guerre civile, se disaient entre eux : « C'est à compter de ce jour seulement que nous pouvons être assurés du respect que l'on aura pour les personnes et les propriétés ; c'est à compter de ce jour que les étrangers et nos ennemis même seront forcés de respecter la République et de reconnaître la loyauté de la nation française; enfin c'est à compter de ce jour que la justice ne sera plus un vain nom, et qu'elle va recouvrer tous ses droits, tant méconnus jusqu'à présent. »

A cet égard, nous devons compte au gouvernement d'une opinion qui circule et se propage dans le public : il faut, dit-on, que la Convention, en suivant la marche qu'elle vient de prescrire aux sections pour qu'elles aient à se purger des mauvais citoyens, n'hésite pas elle-même un seul instant à s'épurer de tous ses membres dont les principes sont cause de tous nos maux.

Les inspecteurs de police rapportent que l'exécution du [décret relatif aux] canonniers [1] a été approuvée généralement, et que le désarmement s'est opéré assez tranquillement, malgré les plaintes des complices et adhérents des terroristes.

Le citoyen Compère rapporte que l'on disait hier dans les groupes sur le Pont-au-Change, le Pont-Neuf, la rue Honoré et les Halles, que les habitants du faubourg Antoine avaient encore vingt pièces de canon cachées dans des endroits inconnus, dont ils feraient usage en temps et lieu; ce bruit a bien l'air d'être répandu de dessein prémédité, et en mauvaise vue, par des agitateurs.

L'inspecteur Rollin dit qu'à la section du Théâtre-Français on a trouvé à la porte d'un boulanger une affiche conçue en ces termes : *La Constitution de 1789 donnerait de bonnes lois et du pain. O Peuple ! n'es-tu pas souverain ?*

---

1. C'est le décret du 4 prairial, qui ordonnait aux habitants du faubourg Saint-Antoine de remettre leurs canons au commandant de la force armée, sous peine d'être privés de toute distribution de subsistances.

Cafés. — Le citoyen Compère dit qu'hier dans les cafés de la Régence, rue Honoré, et vers le Pont-Neuf, les bons citoyens s'y entretenaient du désarmement, et disaient que cette mesure devait s'exécuter avec autant d'activité que de rigueur, qu'il devenait même nécessaire de mettre en arrestation les principaux terroristes et d'employer tous les moyens que le gouvernement peut mettre en usage pour les empêcher de communiquer avec qui que ce soit.

Spectacles. — Ils ont été presque tous fermés.

Commerce. Pain. — Dix-sept inspecteurs rapportent que l'inégalité dans la distribution du pain occasionne toujours des murmures contre l'Agence des subsistances. Ils ajoutent que le peuple est satisfait des mesures énergiques que la Convention nationale prend contre les ennemis de la patrie et du repos public, et qu'il espère, à n'en pas douter, qu'elle en prendra aussi envers quantité d'individus agioteurs, qui accaparent secrètement et cachent les denrées de première nécessité pour les vendre à un prix exorbitant, ce qui fait que quantité de pères et mères de famille sont obligés de vendre leurs effets pour exister. Ils disent que, si cela continue, ils seront réduits à la misère la plus affreuse, et qu'il est urgent que la Convention mette un frein à la voracité de ces sangsues du peuple, qui agiotent sur les subsistances de l'homme et s'enrichissent de la misère publique.

Oury annonce que l'on murmure beaucoup contre le citoyen Lesage, pâtissier, rue de La Harpe, qui cuit une très grande quantité de pain. Il a été écrit au Comité civil de la section de ce pâtissier.

Viande et autres comestibles. — La tranquillité a régné aux portes des bouchers, attendu que les agitateurs ont disparu. Aucune plainte n'est parvenue à la connaissance des inspecteurs.

Les halles et marchés ont été paisibles ; ils n'étaient pas très bien approvisionnés, attendu le ci-devant dimanche.

Surveillance. — Hier, à six heures et demie du soir, Jean Tinel, celui qui avait été condamné à mort pour avoir promené la tête du représentant Féraud au bout d'une pique, et qui avait été arraché au supplice, a été arrêté rue de Charonne, faubourg Antoine, dans la maison dite le Passage du bois de Boulogne. Il s'y était réfugié chez sa fille; il s'était sauvé dans les combles de cette maison. Voyant qu'on venait pour l'arrêter, il a tenté de se couper la gorge avec un morceau de verre, mais il ne s'est qu'égratigné. A l'instant où on allait le saisir, il s'est précipité et est tombé du cinquième étage dans la cour d'une maison voisine ; il ne s'est point tué ; cette chute terrible lui a seulement fracturé la jambe à l'endroit de l'emboîture du pied. Il a été de suite conduit à la Conciergerie sans aucune espèce de résistance de la part des habitants du faubourg...

PASTÉ, FAUCONNIER.

(Arch. nat., F**¹** c III, Seine, 16.)

CCCIII

6 PRAIRIAL AN III (25 MAI 1795).

RAPPORT DU 7 PRAIRIAL.

Esprit public. — Les rapports de ce jour présentent la position de Paris, pendant la journée d'hier dans l'état le plus calme; non seulement le pain n'a pas été refusé, comme ces jours derniers, mais même la distribution s'en est faite avec beaucoup d'ordre. Les grands coupables ont subi le supplice dû à leurs forfaits sans opposition; les sections rentrent toutes dans leur devoir; la remise des piques n'éprouve aucune difficulté; l'arrestation, l'incarcération des terroristes et autres particuliers suspects se font sans réclamations; personne ne contredit; les hommes regardent, les femmes se taisent; la mesure du licenciement de la gendarmerie tant à pied qu'à cheval a été approuvée généralement.

Si toutes ces mesures de justice et de sévérité, si nécessaires dans des circonstances où la chose publique n'a jamais été en plus grand péril, en imposent aux agitateurs et autres gens, les uns simplement égarés, les autres partisans outrés du pillage et du désordre, sur la figure desquels on remarque facilement les caractères d'une stupeur très prononcée, elles réjouissent au contraire les vrais républicains et portent dans leur âme la sérénité la plus parfaite. Les événements présents font la base de tous les entretiens généraux et particuliers; chacun respire librement, s'applaudit et répète : « Que de grâces n'avons-nous pas à rendre à nos représentants! Dirigés par l'esprit d'ordre et de justice, ils compriment les factieux, étouffent la rébellion, et, d'une main hardie, ils brisent et renversent *l'idole de la licence* pour relever *la statue de la Liberté*, qui n'était plus connue que par des abus criminels. » En un mot, la journée du 4 prairial est regardée comme le complément de celle du 9 thermidor, et le ralliement autour de la représentation nationale devient le cri général de tous les bons citoyens.

Le citoyen Compère dit, dans son rapport, que, sur les places du Pont-Neuf et du Pont-au-Change, ayant vu et entendu quelques femmes qui tenaient de mauvais propos, il les a engagées à se retirer, ce qu'elles ont fait.

Cafés. — Suivant le rapport du même inspecteur, dans les cafés du Palais-Égalité et surtout au Caveau, les citoyens s'entretenaient de nos traités avec les puissances voisines, sur lesquels quelques malveillants cherchaient à faire naître des doutes.

Spectacles. — Le plus grand ordre y a régné; à quelques théâtres, le *Réveil du peuple*, demandé, a été chanté et couvert d'applaudissements, surtout le couplet des représentants, que le public a fait répéter aux cris de mille bravos.

Les officiers de paix, dans leur rapport particulier, annoncent que des mères de famille regrettent d'être privées de leurs maris arrêtés et enfermés conformément à la loi, mais qu'elles se contentent de verser des larmes sans murmurer; ils ajoutent qu'une des causes principales du rassemblement des citoyens dans les carrefours provient de l'audace des filles de joie, qu'il en résulte souvent des rixes qui troublent l'ordre public et des disputes particulières, dont les suites peuvent devenir très funestes.

Commerce. Pain. — Dix-huit inspecteurs se réunissent à dire que la distribution du pain, qui s'est trouvée être d'un quarteron par bouche, avec plus ou moins de riz, s'est faite avec ordre et tranquillité, qu'on n'entend plus, comme ci-devant ni murmures particuliers, ni invectives contre les autorités constituées. Cependant, dans les sections du Théâtre-Français et du Pont-Neuf, on s'est plaint de l'inexécution de l'arrêté du Comité de salut public, en disant que les boulangers n'avaient pas reçu la quantité de farine qui, d'après cet arrêté, aurait dû leur être distribuée. On s'est plaint aussi de voir encore des brioches étalées dans différents endroits; la Commission fait surveiller cette contravention.

Meunier rapporte que, chez un boulanger de la section de Bonne-Nouvelle, des citoyennes ont dit que le commissaire se chargeait de sept à huit cartes à la fois, et se sont plaintes amèrement de cette protection marquée de sa part. Ce boulanger est surveillé.

Chez quelques boulangers de la section de Guillaume-Tell, la distribution, suivant le rapport d'Ollivier, n'a été que de trois onces de pain et de riz à l'ordinaire, dans d'autres arrondissements, elle a été de cinq et même de six onces de pain, et une petite mesure de riz par bouche. Gilbert rapporte que les citoyens désirent que les autorités s'occupent de faire exécuter l'arrêté relatif à l'affiche à l'égard des boulangers qui ont du pain de reste. La Commission s'occupe de cet objet.

Viande et autres comestibles. — Dans le plus grand nombre des sections, la distribution de la viande s'est faite légalement et avec calme; dans d'autres, il ne s'en est pas trouvé assez pour toutes les cartes du jour, ce qui a occasionné des propos scandaleux contre le boucher et le commissaire, notamment chez le citoyen Becquet, Montagne-Geneviève; mais l'ordre a été bientôt rétabli.

Le marché aux légumes était assez complètement garni; celui à la viande l'était peu. Les fromages de Meaux ont été enlevés pour la plupart dès l'arrivage par les regrattiers. Les particuliers se sont récriés sur ces abus, et demandaient qu'il soit fait des lois relatives aux différents carreaux. La Commission s'occupe aussi de cet objet. Il est arrivé 483 voitures de légumes, fromages et marée.

Bois. — La livraison du bois pour les boulangers se continue toujours avec tranquillité à l'île Louviers. On voit venir grand nombre de trains, tant à la Rapée qu'au port Bernard, et les chantiers se remplissent de ceux déjà arrivés.

Surveillance. — Hier, à quatre heures le désarmement de la division de gendarmerie, dite des tribunaux, a eu lieu sur la place de la Révolution. Ce corps est licencié.

Tous les citoyens s'empressent d'obéir au décret qui ordonne la remise des piques.

Hier soir, une marchande bijoutière et mercière, qui avait la plus grande prépondérance dans tous les clubs de femmes jacobites, a été arrêtée dans sa maison, rue Basse-du-Rempart, n° 193, section de la Butte-des-Moulins.

Il a été fait cette nuit une visite générale dans toutes les chambres garnies et chez tous les logeurs du faubourg Antoine......

BARBARIN, HORNIN.

(Arch. nat., F¹ⁿ III, Seine, 16.)

CCCIV

7 PRAIRIAL AN III (26 MAI 1795).

RAPPORT DU 8 PRAIRIAL.

Esprit public. — La position de Paris dans la journée d'hier a été très calme, si l'on ne veut faire qu'une faible attention à quelques plaintes et à des légers mécontentements qui, dans les circonstances où nous nous trouvons, échappent à certains esprits plus inconsidérés que méchants, notamment à cause du prix exorbitant de toutes choses. Si l'on veut encore excepter de la masse générale des bons citoyens ces femmes forcenées, instruments des factieux et de toutes les passions, les agitateurs, dont le désespoir n'est pas équivoque, ces hommes féroces réunis dans cette grande cité, où ils ont été appelés par la faction décemvirale, et tous ces scélérats qui ne trouvent de jouissance que dans le désordre et le pillage, on peut assurer que l'esprit public est très bon, bien disposé, et totalement dévoué à la représentation nationale. Au surplus, d'après les rapports de ce jour, nous pouvons dire avec certitude que la distribution du pain s'est faite avec le plus grand ordre, et qu'il n'y a eu que très peu de rassemblements.

Quelques inspecteurs annoncent que les agioteurs se réunissent encore au Jardin-Égalité, y font toujours leur infâme commerce. Ils ajoutent que la remise des piques s'opère avec célérité, que la loi concernant les terroristes s'exécute sans contradiction, et enfin que toutes les mesures reçoivent un assentiment général.

Cafés. — Aux propos près de quelques malintentionnés, qui, feignant d'approuver les moyens répressifs qu'emploie la Convention, paraissaient cependant vouloir faire naître des doutes sur la pureté des intentions des Comités du gouvernement, tous les entretiens ont été paisibles dans les cafés (Extrait du rapport du citoyen Compère).

Spectacles. — La tranquillité publique n'y a point été troublée; nous sommes même autorisés à faire part au gouvernement de la joie la plus vraie qui animait tous les spectateurs, surtout en écoutant le *Réveil du peuple* et le couplet des représentants, qui ont été couverts d'applaudissements universels. Le public faisait chorus.

Commerce. Pain. — Quatorze inspecteurs rapportent que le calme et la tranquillité se maintiennent dans les distributions; que, si quelques murmures se font entendre, c'est encore sur l'inexécution de l'arrêté du Comité de salut public qui enjoint aux commissaires d'afficher à la porte du boulanger, dont ils sont chargés de surveiller la distribution, la quantité de farine envoyée audit boulanger et combien il doit en résulter de pains. Suivant le rapport de Loctave, cet arrêté est généralement exécuté dans les sections avoisinant la Convention et le Palais-Égalité. Même réclamation que ci-devant sur les brioches; il s'en vendait encore hier sept dans une boutique Palais-Égalité, l'arcade à droite en entrant par la rue Honoré, n° 129), à l'enseigne de *la Mère de famille*.

Deux inspecteurs rapportent que, depuis plusieurs jours, on se porte en foule à la porte du boulanger, demeurant rue Martin, n° 82, parce que chaque fois il se trouve une vingtaine de personnes sans pain. La Commission a écrit au Comité civil de l'arrondissement pour connaître les causes de ce déficit, et elle fera surveiller ce boulanger.

Viande et autres comestibles. — Dans plusieurs sections, la distribution de la viande s'est faite avec ordre et tranquillité ; dans la section du Panthéon le calme a été troublé, attendu le peu d'ordre qu'il paraît y avoir à l'égard (*sic*) des citoyens qui n'ont pas été servis la veille.

Dans la section de Mutius-Scævola, Desbourdelles a trouvé aux portes des bouchers de longs rassemblements commencés dès la veille par ceux qui n'avaient pas eu de viande à la précédente distribution. Le Commissaire, à qui il s'est adressé, a dit qu'il s'occupait des moyens de les dissiper à l'avenir.

Marchés. — Suivant le rapport de cinq inspecteurs, le beurre, les œufs, le fromage et les légumes y abondent sans diminuer de prix ; une laitue romaine un peu fournie se vend 20 sols ; on y voit quelques pommes de terre ; les rouges ont été vendues 34 livres le boisseau. Drouin a appris au Palais-Égalité que les assignats à face ne perdent plus dix pour cent, qu'à la Bourse il se fait toutes sortes de commerce ; il s'y vend des montres ; mais les courtiers paraissent ne pas vouloir le souffrir et chassent ceux qu'ils y surprennent. Le défaut de règlement à la Bourse fait souffrir le commerce.

Bois. — La distribution du bois pour les boulangers se continue toujours à l'île Louviers, quoiqu'il paraisse en arriver de jour en jour. Le bois flotté coûte généralement 160 livres la voie, prise sur la berge.

Surveillance. — Un compagnon paveur, qui, dans les journées des 2 et 3 septembre, avait été employé à charger des cadavres sur des tombereaux, avait eu depuis cette époque une aliénation d'esprit très marquée ; hier, croyant qu'on était à sa poursuite pour l'arrêter, il s'est donné un coup de couteau dans la gorge ; il n'en est pas mort ; le commissaire de police [de la section] du Jardin-des-Plantes, sur laquelle il demeure, rue des Boulangers, l'a fait conduire à l'hospice de l'Humanité.

Cette nuit, dans une visite domiciliaire, faite dans le faubourg Antoine, on a frappé à la porte d'une femme prévenue d'avoir tenu des propos incendiaires. Elle demeure rue de Montreuil, au coin de celle des Boulets ; à l'instant de l'ouverture de la porte, son mari, gendarme, s'est tiré un coup de pistolet dans la bouche; il a été porté, vivant encore, à l'hospice de l'Humanité.

L'assemblée générale de la section de la Réunion a arrêté hier que la quatrième compagnie du bataillon serait désarmée tout entière.....

DUCHAUFFOUR, LE ROUX.

(Arch. nat., F¹ c III, Seine, 16.)

CCCV

8 PRAIRIAL AN III (27 MAI 1795).

Rapport du 9 prairial.

Esprit public. — Point de groupes ni rassemblements, si ce n'est autour des marchands de chansons, opérateurs et autres baladins. Calme parfait aux portes des boulangers, soumission entière aux lois de la Convention, respect des hommes, silence des femmes, haine prononcée contre les terroristes, mais avec sagesse et discussion approfondie de la conduite des gens suspects : telle a été hier la position de cette grande cité, dont les habitants, quoique toujours affligés de la pénurie des subsistances et du prix exorbitant de toutes les denrées et marchandises, qui va toujours croissant, ne murmurent que faiblement.

D'où peut provenir une différence aussi sensible entre cette journée et les troubles des jours précédents, sinon que les maux réels qui pèsent encore sur la société n'étaient que le prétexte employé par les agitateurs et ces hommes encore dégoûtants du sang de leurs frères innocents, pour séduire une multitude égarée et la porter aux plus criminels excès? La représentation nationale ne peut plus douter aujourd'hui de ces tristes vérités, et la preuve qu'elle en a eue elle-même sous les yeux, dont ses plus fermes soutiens ont été ou failli être les victimes, se trouve fortifiée par la coalition d'une partie du Midi et notamment par le tableau des scènes terribles qui viennent de se passer à Toulon. Le public, de son côté, ne se dissimule pas que le précipice creusé sous ses pas était aussi profond que périlleux. Plein de confiance dans l'énergie de la Convention, il espère tout de la sagesse de ses mesures. Il se flatte même d'être délivré à jamais de cette horde de cannibales, dont les projets ne sont plus équivoques. Ces monstres, au dire du ferme républicain, ne respiraient que carnage et pillage et, dans leurs fureurs délirantes, ils auraient déchiré le plus beau pays de l'Europe, qui bientôt n'eût plus été qu'un monceau de cadavres et un vaste cimetière.

Cafés. — Le citoyen Compère dit que des étrangers qui se trouvaient au café de la Régence paraissaient scandalisés de ce qu'on souffrait des colporteurs vendre et débiter toutes sortes de mauvais écrits et de voir au Jardin-Égalité des femmes y afficher hautement la prostitution.

Spectacles. — Le public y a joui de la plus grande tranquillité. Tout ce qui pouvait être appliqué aux mesures tendant à rétablir l'ordre y a été applaudi avec transport.....

[*Subsistances.* — Rien de notable.]

LE ROY, DAILLOT.

(Arch. nat., F⁷ c III, Seine, 16.)

JOURNAUX.

Gazette française du 9 prairial : « *De Paris, le 8 prairial.* Les sections ont terminé hier leurs opérations. On porte à huit et dix mille le nombre des terroristes qui ont été arrêtés. La plupart d'entre eux ont été conduits hier soir au Plessis. On en a aussi renfermé à la Bourbe. On a vu hier soir passer, dans quelques rues de Paris, trois grands chariots escortés de troupes de ligne à cheval, qui contenaient ceux des gendarmes dont l'arrestation a été ordonnée, et qui ont été répartis dans différentes maisons d'arrêt. » — « Le froid très rigoureux pour la saison, qui se fait sentir ici, nous fait craindre pour les fruits, et particulièrement pour les seigles, qui sont actuellement en fleurs. Heureusement, la terre est fort sèche, et c'est ordinairement l'humidité qui rend la gelée dangereuse. C'est sans doute le froid qui, dans ces derniers jours, a nui à l'approvisionnement de Paris. Aujourd'hui les denrées y étaient fort rares et par cela seul elles étaient fort chères. La portion de pain qu'on distribue aujourd'hui suffit, quelque modique, pour nourrir chaque citoyen ; et il paraît que l'on est parvenu à écarter une partie des entraves qui empêchaient que nos provisions n'arrivassent jusqu'ici ; car, depuis trois jours, plusieurs citoyens en ont reçu sans difficulté. » — *Messager du soir* du 9 prairial : « *Paris, le 8 prairial....* Il y a maintenant, dans les Tuileries, une espèce de camp d'environ trois mille hommes de cavalerie, tirés des armées. Des tentes y ont été placées avant-hier. C'est ce qui empêche de pouvoir entrer dans le jardin... »

CCCVI

9 PRAIRIAL AN III (28 MAI 1795).

Rapport du 10 prairial.

Esprit public. Groupes. — Il résulte des rapports de ce jour que nous n'avons qu'un tableau satisfaisant à présenter sur la situation de cette grande cité pendant la journée d'hier ; nous sommes même en état d'assurer que le calme est parfaitement rétabli. Dans le fait, il n'y a eu hier que peu ou point de groupes sur les places ; point de mauvais propos, aucune chaleur. Les ouvriers ont repris leurs travaux, les femmes sont rentrées dans le sein de leur ménage ; elles sont devenues muettes sur les événements politiques. La distribution du pain s'est faite avec la plus grande tranquillité. Ce nouvel ordre des choses ranime les bons esprits et ramène en même temps la consolation dans l'âme des patriotes, qui ne cessent de bénir la représentation nationale de ses travaux et des bienfaits qu'elle vient de répandre sur la société en la garantissant pour l'avenir de toutes les atteintes contraires aux véritables principes de la justice. En un mot, le public, en applaudissant aux mesures justes que la Convention vient de prendre, se plaît à penser que, si des animosités particulières ont déterminé dans les sections quelques arrestations hasardées, les Comités de gouvernement s'empresseront de faire droit aux réclamations fondées.

Au surplus, désirant mettre le gouvernement à portée de savoir tout ce qui se dit et se passe, nous pensons devoir l'instruire de quelques particularités qui ont fixé notre attention.

Plusieurs inspecteurs annoncent que le peuple remarque avec surprise et une sorte de mécontentement que les pâtissiers continuent à vendre des gâteaux, brioches et pâtés. On se plaint encore de la dureté des épiciers et traiteurs, qui font payer leurs fournitures et marchandises à un prix auquel il n'est plus possible d'atteindre. On voit aussi avec peine l'obligation où sont les malheureux de passer une partie du jour et même de la nuit aux portes des bouchers. Enfin, on manifeste des inquiétudes sur la rareté du charbon, et spécialement sur ce que les chantiers de bois ne se garnissent pas dans cette saison comme de coutume ; on craint, en conséquence, la disette de cette denrée pour l'hiver, et l'on s'en prend à la cupidité des marchands.

Cafés. — Les entretiens y ont été paisibles. Le citoyen Compère rapporte qu'aux cafés de la Régence et de Foy, des étrangers et des militaires y disaient que la démonétisation des assignats à face avait fait la plus grande sensation dans la Belgique, et que cette mesure avait considérablement contribué au discrédit des assignats républicains, qui, depuis cette époque, perdaient singulièrement. Il ajoute que les citoyens qui se trouvaient dans les cafés vers le Pont-Neuf y manifestaient leur surprise de ce que la Convention tardait si longtemps à se purger de quelques-uns de ses membres, connus comme chauds partisans du règne de la terreur.

Spectacles. — Ils n'ont présenté aucuns faits contraires à la tranquillité publique; la Convention y a reçu le juste tribut de la confiance du public par ses applaudissements aux couplets du *Réveil du peuple.*

Commerce. Pain. — Plusieurs inspecteurs rapportent que si, aux portes des boulangers, on ne voit pas des visages contents, rien d'alarmant ne s'y manifeste pour le repos public, ce qui donne à penser que les agitateurs sont comprimés de manière à n'oser se trahir. Les distributions continuent d'être le plus ordinairement d'un quarteron par bouche et d'une petite mesure de riz.....

Barbarin, Bois de Loury.

(Arch. nat., F¹ᶜ III, Seine, 16.)

CCCVII

10 PRAIRIAL AN III (29 MAI 1795).

Rapport du 11 prairial.

Esprit public. — Les rapports de ce jour nous présentent la position de Paris pendant la journée d'hier dans l'état le plus calme. Au dire des inspecteurs de police, on n'a vu que très peu de groupes, on n'a entendu ni mauvais propos, ni motions; la distribution du pain s'est faite avec le plus grand ordre; le public, qui a paru content de la qualité, paraissait seulement désirer que la portion fût moins exiguë. On a encore remarqué que grand nombre de citoyens avaient annoncé que, d'ici à la moisson, il paraît assuré que, non seulement on ne manquerait pas de cet aliment, mais même qu'on pouvait concevoir l'espérance de voir renaître l'abondance successivement, et à cet égard ils recommandaient à leurs frères la confiance et la patience comme les moyens les plus efficaces pour y parvenir. La rareté du bois et du charbon donne toujours lieu à quelques inquiétudes. Le rentier et le propriétaire souffrent infiniment dans les circonstances. Ils gémissent et attendent sans murmurer un sort plus heureux. La classe ouvrière, qui n'est plus excitée aujourd'hui que par le sentiment du besoin, semble ne plus vouloir pénétrer les secrets du gouvernement; elle paraît même avoir oublié les principes dangereux des agitateurs, tellement que la discussion des grands intérêts politiques est par elle abandonnée aux habitants des cafés ; mais nous pensons que l'opinion de ceux-ci ne peut que très superficiellement influencer l'opinion publique.

En dernière analyse, nous observons que le bon ordre paraît absolument rétabli et que la confiance du public dans la Convention fait tous les jours de nouveaux progrès. Nous dirons encore que les patriotes purs, en désirant que les principes de justice et de modération puissent se concilier avec les mesures de sévérité, attendent des Comités de gouvernement une continuité de surveillance propre à déjouer sans relâche les projets des scélérats qui ont tenté de plonger une seconde fois la société dans un abîme sans fond.

Le citoyen Ancelle rapporte que, dans la rue du faubourg Montmartre, près celle Lazare, section du Mont-Blanc, une femme, désespérée de n'avoir pas de pain à donner à ses enfants, s'est jetée dans un puits.

Cafés. — Le citoyen Compère dit que, dans les cafés du Palais-Égalité, de la Régence, de la rue Honoré et dans toutes les sociétés, tant les citoyens que les étrangers qui s'y sont trouvés ont témoigné leur satisfaction sur l'épuration de ses membres, à laquelle la représentation nationale s'est déterminée.

Spectacles. — Les spectacles ont été très tranquilles. De nouveaux couplets, relatifs aux circonstances, y ont été chantés et couverts d'applaudissements. Cette démonstration franche, y disait-on, donne bien la preuve de la reconnaissance de tous les bons citoyens envers les représentants.

Commerce. Pain. — Quinze inspecteurs disent que le peuple paraît consterné, mais tranquille ; les uns répandent que, sous peu de jours, on aura une subsistance plus abondante ; cet espoir fait prendre courage ; d'autres, avec l'accent du désespoir, s'écrient : *Je n'y puis suffire ; je vends mes effets pour vivre.* Dans les sections Le Peletier et des Piques, où cela se fait entendre, il ne se distribue souvent que deux onces de pain.

Bocquet a entendu dire aux portes des boulangers que la Convention, qui n'est pas sans être instruite que beaucoup de pauvres journaliers se meurent de besoin, partagera leurs peines et prendra des mesures définitives pour prévenir cette calamité.

Ledieu et Lenfant ont entendu qu'on se plaignait de ce que le pain se donnait trop tard; la cause en est attribuée aux commissaires de sections, qui ne viennent qu'à onze heures, lorsque le pain serait bon à délivrer dès huit heures du matin. On a écrit aux Comités civils pour les inviter à ce que la distribution du pain n'éprouve aucun retard.

Plantin annonce que, chez les marchands de vins traiteurs, particulièrement ceux du Louvre, le pain s'y vend quinze à seize francs la livre.

Viande et autres comestibles. — Trois inspecteurs disent avoir vu délivrer la viande dans leur arrondissement avec ordre et tranquillité...

Marchés. — Cinq inspecteurs ont vu les marchés assez bien approvisionnés; les œufs se vendaient 60 livres le cent; la viande, 8 livres 10 sols; le veau, 10 livres. Il y est arrivé 400 voitures tant en légumes, qu'œufs, fromages et marée...

Surveillance. — Le désarmement et l'arrestation des mauvais citoyens continuent à se faire dans les sections sans troubles, ni opposition; comme ces opérations n'étaient pas terminées dans aucune section hier, terme indiqué par le décret, il a été accordé une prorogation de trois jours...

GOSSET, LE ROUX.

(Arch. nat., F 1 c III, Seine, 16.)

JOURNAUX.

Messager du soir du 11 prairial : « *Paris, le 10 prairial.* ...La cavalerie est toujours campée aux Tuileries, où l'on n'entre plus sans cartes. Les citoyens de la section de l'Arsenal sont toujours sous les armes pour garder ce poste important; le gouvernement leur fait distribuer l'étape, comme aux troupes de ligne; ils reçoivent une livre de pain, une livre de viande et une chopine de vin... »

CCCVIII

11 PRAIRIAL AN III (30 MAI 1795).

RAPPORT DU 12 PRAIRIAL.

Esprit public. — La journée d'hier a offert l'image du calme le plus parfait; les hommes et les femmes ne forment plus de rassemblements; les discours sont très modérés; on se contente simplement de se plaindre et gémir sur la pénurie constante de l'aliment de première nécessité, ainsi que sur la cherté effrayante et progressive de toutes choses.

La classe ouvrière, quoique fort à plaindre sans doute dans de semblables circonstances, nous paraît l'être beaucoup moins que celle des rentiers et propriétaires, ceux-ci n'ayant pas comme les artisans le moyen de subvenir à leurs besoins par le travail. On a remarqué quelques plaintes sur l'inégalité de la distribution du pain, qui néanmoins a continué de se faire avec ordre. On paraît encore désirer dans plusieurs sections que les mesures concernant le désarmement et les arrestations prennent fin, pour éviter le choc des passions et des vengeances. Telle est l'analyse des rapports de ce jour, d'après lesquels nous nous permettrons d'observer qu'à peine sortis du danger effrayant d'où pouvait résulter une désorganisation totale, la Convention ne doit pas à l'avenir perdre un pouce du terrain qu'elle vient de reprendre, ni se tenir trop sur sa garde pour garantir la société des malheurs qui deviendraient incalculables, si les anarchistes reprenaient le dessus. Nous pensons aussi, d'après le vœu bien prononcé des bons citoyens, dont nous ne sommes ici que l'écho fidèle, que les Comités de gouvernement doivent constamment employer les mesures de répression les plus actives contre les malfaiteurs, et les moyens de persuasion sur cette partie du peuple ignorant et crédule, pour la prémunir contre les insinuations perfides de ces hommes dangereux, toujours attentifs à irriter les esprits de la multitude, par le sentiment de ses besoins et de tous les maux qu'elle éprouve, qu'eux-mêmes avaient préparés par leurs dilapidations.

Cafés. — Il ne s'y est tenu que des entretiens vagues sur les événements politiques, notamment sur la quantité de troupes de ligne dont on disait que la Convention voulait former sa garde, au défaut des artisans ou ouvriers dispensés du service de la garde nationale.

Spectacles. — Le bon ordre y règne; on continue d'y applaudir à tout ce qui a trait à la faction des terroristes et aux mesures prises par le gouvernement pour les comprimer....

FAUCONNIER, BEURLIER.

(Arch. nat., F¹ ᶜ III. Seine, 16.)

JOURNAUX.

Républicain français du 11 prairial : « Les troupes que le gouvernement avait fait venir ici pour y seconder le zèle des bons citoyens en sont sorties ce matin pour aller camper dans la plaine des Sablons; il n'est resté qu'un simple détachement pour la garde de la commune... »

CCCIX

12 PRAIRIAL AN III (31 MAI 1795).

RAPPORT DU 13 PRAIRIAL.

Esprit public. — Suivant les rapports de ce jour, les rassemblements pendant la journée d'hier n'ont eu lieu qu'autour des baladins et opérateurs; dès lors, point de mauvais propos. Les promenades ont été fréquentées, les boutiques presque toutes fermées, sans doute à cause du dimanche; continuité de calme et de tranquillité. En dernière analyse, les inspecteurs, après avoir annoncé que la loi concernant le rétablissement fixe du culte était généralement approuvée, s'accordent tous à dire que l'esprit public est bon et bien disposé.

A notre égard, nous ne doutons pas que la masse des bons citoyens n'ait dans le fond du cœur les meilleures intentions; nous sommes assurés, d'après nous-mêmes, que pas un n'hésiterait à faire encore de grands sacrifices pour la liberté, et que, généralement, tous sont animés des sentiments les plus purs et les plus reconnaissants envers la Convention, dont ils savent apprécier les travaux et les bienfaits; mais, d'après ce qui vient de se passer, nous est-il permis d'avoir absolument la même opinion sur ce qu'on appelle la multitude? Ne savons-nous pas que cette classe, ne fixant jamais son attention que sur le moment présent, et aussi peu éclairée qu'imprévoyante, est par sa versatilité, comme par son impéritie, destinée à être le jouet et l'instrument de tous les malveillants, qui ne la flattent que pour en abuser et ensuite l'opprimer?

En conséquence, ne sommes-nous pas fondés à dire que, cette classe ayant besoin d'être instruite sur ses véritables intérêts, le gouvernement doit lui tracer avec précision et vigueur la véritable ligne de démarcation entre la liberté individuelle, le premier de tous les biens, et la licence, fléau le plus destructeur des choses et des personnes? En un mot, si nous pensons que le vulgaire ne doit pas être molesté, nous sommes néanmoins convaincus qu'il y a un danger infini de le flagorner, et que, semblable à un torrent dévastateur, il doit être en tout temps et en tous lieux retenu dans des bornes fixes, ce qui ne peut se faire que par la main prudente et ferme des Comités de gouvernement, sous l'égide des lois simples, mais puissantes, qui apprennent à l'homme ses devoirs en même temps que ses droits.

Cafés. — Il résulte du rapport du citoyen Compère que, dans les cafés, des citoyens tranquilles et honnêtes y disaient qu'il serait à souhaiter que le Comité de sûreté générale, dans sa sagesse, fît une revision des motifs qui, dans les sections, ont donné lieu aux dernières arrestations, à l'effet de rendre justice à plusieurs particuliers peut-être opprimés par vengeance et haine personnelles.

Spectacles. — Aucuns faits contre l'ordre public. Au spectacle de la rue Feydeau on y a donné la première représentation d'une tragédie ayant pour titre *Pison*; plusieurs scènes, où Néron déploie un caractère infâme et sanguinaire, ont excité l'indignation publique. Les spectateurs disaient : « Sans doute Robespierre vit encore, puisque Néron triomphe. » En général, la pièce a été mal reçue.

Commerce. Pain. — Il résulte du rapport de vingt-quatre inspecteurs que, si la tranquillité reçoit encore des atteintes dans quelques endroits, cela provient de ce que les boulangers ne peuvent satisfaire toutes leurs pratiques ; les citoyens privés de leur portion accusent indistinctement de prévarication, et le boulanger, et le commissaire.....

Bourse. — Cinq inspecteurs rapportent qu'ils n'ont vu vendre ni numéraire, ni papier, mais qu'on commerce toujours sur les montres, les bijoux, les pièces étrangères, et même sur le tabac.....

Boys de Loury, Alletz.

(Arch. nat., F 7 III, Seine, 16.)

Journaux.

Messager du soir du 13 prairial : « *Paris, le 12 prairial.* ...C'est aujourd'hui l'anniversaire du 31 mai ; les grands organisateurs de cette révolte impie, qui sont les mêmes que les Jacobins du 1er prairial, ne parlent nullement de célébrer cette fête ; ils triomphaient, il y a un an ; ils habitent aujourd'hui les mêmes prisons qu'ils encombraient de leurs victimes... » — *Républicain français* du 15 prairial : « ...Le 12 prairial, anniversaire du 31 mai, les députés victimes de cette désastreuse journée se sont réunis, dans un repas fraternel, à ceux qui, depuis le 9 thermidor, ont déployé tant d'énergie contre les brigands et les assassins. Entre autres toasts, on a porté celui-ci : *A la Constitution prochaine du peuple français ! Puisse-t-elle être également éloignée du royalisme et de la sans-culotterie !* » — *Gazette française* du 14 prairial : « *De Paris, le 13 prairial.* M. Rœderer a mal défendu son décadi[1] : le dimanche l'a enterré hier ; toutes les boutiques étaient fermées, et l'on se dispose à ouvrir, jeudi prochain, jour de la Fête-Dieu, celles des églises que la loi réserve aux communes. Dans plusieurs ateliers, les ouvriers ont demandé à recevoir leur traitement de semaine le samedi soir au lieu de la veille de la décade, comme cela s'est pratiqué depuis quinze à dix-huit mois. Fasse le ciel que la France voie ainsi disparaître toutes les institutions jacobites ! » — « La tranquillité la plus profonde règne actuellement ici. La ration du pain a été progressivement augmentée, à mesure que les approvisionnements sont arrivés. Aujourd'hui, la portion de chaque citoyen a été communément de six onces. »

CCCX

13 PRAIRIAL AN III (1er JUIN 1795).

Rapport du 14 prairial.

Esprit public. — Suivant les rapports de ce jour, on a entendu hier quelques plaintes occasionnées par la pénurie des subsistances et le prix des denrées ; il en sera parlé plus en détail à l'article du commerce ; mais ces motions incendiaires, ces clameurs forcenées, ces menaces atroces n'existent plus ; les groupes ont disparu ; les travaux repris ; le calme et la tranquillité règnent ; tout est rentré dans l'ordre. Un changement si notoire, joint aux mesures que le gouvernement prend à tous les instants pour procurer à la République une paix solide et glorieuse, donner au peuple un gouvernement stable, ramener l'abondance, remonter le crédit des assignats et faire très

---

1. Rœderer, dans le *Journal de Paris*, avait écrit en faveur de la célébration du décadi.

incessamment disparaître les causes du renchérissement horrible de toutes les marchandises, ne peuvent que nous promettre un état heureux; en même temps elles justifient pleinement la vérité des observations contenues dans une de nos feuilles précédentes.

Nous y disions que les citoyens ne cessaient de bénir la Convention de l'énergie qu'elle a déployée pour faire triompher les principes de la justice et comprimer les anarchistes; nous ajouterons aujourd'hui que la multitude égarée par ces derniers, dont ils se servaient comme d'un instrument propre à faire réussir leurs projets criminels, est sans doute la classe de toute la Société qui doit avoir la plus grande obligation à nos vertueux représentants; c'est uniquement par eux qu'elle a été sauvée de l'abîme affreux où elle allait tomber. Mais, dans les jours de désordre, l'aveuglement dont elle était frappée ne leur permettait pas de voir tous les malheurs qui la menaçaient. En effet, ne s'attachant qu'au mal présent dont elle croyait se délivrer par la révolte, l'avenir lui échappait. Ramenée à la vérité, elle voit à présent que son triomphe aurait été pour elle la source de tous les fléaux; elle ne se dissimule pas qu'à la confusion, à la cessation de toute autorité légale, aurait succédé une guerre intestine, et que, par l'effet de la désorganisation totale, chacun se serait, par violence, emparé des biens et propriétés de son voisin, et que la force eût décidé de tout. D'après ce tableau, on peut juger si la Convention n'a pas encore une fois sauvé la nation entière.

Cultes. — Il résulte des rapports qui nous sont parvenus que, dans les oratoires desservis par les ministres réfractaires et les prêtres sermentés, tout s'y est passé avec ordre, et qu'on n'y a professé aucune maxime contraire aux principes du gouvernement. Au surplus, la lettre officielle que nous avons adressée hier au Comité de sûreté générale contient à cet égard des renseignements très détaillés; ce que nous pourrions ajouter ici serait une répétition inutile.

Cafés. — Entretiens vagues et paisibles. Il résulte néanmoins du rapport de Compère que les citoyens, en parlant de la récolte prochaine, disaient qu'il serait très à propos que le gouvernement s'occupât de fournir des bras à la campagne, parce qu'à défaut d'ouvriers, les cultivateurs se trouveraient dans le plus grand embarras.

Spectacles. — Tout y a été parfaitement tranquille...

BEURLIER, HORNIN.

(Arch. nat., F¹ c III, Seine, 16.)

JOURNAUX.

Gazette française du 17 prairial : « *De Paris, le 16 prairial.* Dans un moment où toutes les classes de la société se repentent de l'égarement où nous avons été plongés pendant cinq ans, nous ne devrions peut-être plus prononcer le nom d'un monstre tel que Marat. Nous nous permettrons pourtant encore une anecdote sur ce buveur de sang ; et c'est le dernier mot que nous dirons de ce scélérat. Quelques-uns de ses apôtres, égorgeurs comme lui, avaient jugé à propos de s'emparer de son cadavre et de l'ensevelir dans le cimetière Saint-Étienne-du-Mont. Malheureusement, le cercueil n'avait pas été placé fort avant dans la terre. La dernière pluie l'a découvert. Le commissaire civil de la section du Panthéon, en ayant été instruit, s'est transporté sur les lieux et a fait rouler dans la boue les restes impurs de ce brigand. Ce n'est que dans un siècle aussi stupide et aussi corrompu que le nôtre qu'un forcené tel que Marat a pu avoir des apôtres. » — *Annales patriotiques* du 16 prairial : « *Paris, le 14 prairial.* Ce n'est que d'hier que les restes de Marat ont été inhumés. Ceux qui avaient été chargés d'en purger le Panthéon, se flattant sans doute de les y conduire de nouveau un jour, avaient caché le cercueil sous un peu de sable, dans un coin du cimetière. L'assemblée générale de la section du Panthéon, informée de ce fait, a ordonné que le décret qui concerne ce buveur de sang soit ponctuellement exécuté... »

CCCXI

14 PRAIRIAL AN III (2 JUIN 1795).

RAPPORT DU 15 PRAIRIAL.

Esprit public. — Pendant la journée d'hier, la position de Paris a été aussi calme que les jours précédents. On ne voit plus de groupes ni de rassemblements tumultueux ; on n'entend plus ces murmures scandaleux. Le public a assisté à la cérémonie funèbre du représentant Féraud avec respect et silence. La cherté excessive des choses les plus nécessaires à la vie fait toujours la base de la conversation des citoyens et, quoiqu'ils se disent entre eux qu'il devient presque impossible d'y atteindre, ces entretiens sont paisibles. Tel est le résumé des rapports de ce jour ; mais, malgré ces assertions générales, auxquelles nous aimons à ajouter foi, nous pensons néanmoins devoir transmettre aux Comités de gouvernement, pour leur instruction, les particularités que nous avons recueillies dans trois rapports.

Lainé rapporte que le public, au Jardin national, en s'entretenant de la fête funèbre du citoyen Féraud, disait : *Puisse-t-il être la dernière victime des scélérats !*

Mailly annonce, d'après ses observations, avoir remarqué que l'opinion publique était divisée en trois classes : la première, celle des indigents, toujours attachée aux principes des terroristes, qui, comme eux, prétendent que le but de la Convention est de mettre un roi sur le trône ; la seconde, composée de ci-devant nobles, bourgeois et gros marchands, à laquelle il ne fait tenir aucun propos ; la troisième enfin, celle des modérés, que cet inspecteur dit avoir été toujours trop molestée, et, suivant son assertion, c'est cette dernière qui manifeste la plus grande confiance envers la Convention.

L'abbé déclare que le bruit se répand dans Paris que, le 25 courant, un gouvernement nouveau doit être annoncé au peuple par la Convention, avec la proclamation d'un roi ; il ajoute que les uns défèrent la couronne au duc d'York, et disent qu'à l'instant des magasins de blé, inconnus jusqu'à ce jour, seront ouverts ; que d'autres croient qu'à la même époque la Constitution de 1791 sera remise en vigueur avec cessation de toute pénurie des subsistances, et que plusieurs enfin, en rejetant toute idée de royalisme, préfèrent simplement l'ouverture des greniers d'abondance, sous telles conditions qu'il appartiendra.

Cafés. — Le citoyen Compère rapporte que, dans les cafés de la Régence et vers le Pont-Neuf, des citoyens sont venus y déclarer que, dans plusieurs quartiers de Paris, ils avaient entendu dire qu'il y aurait un grand coup, le 25 courant, et qu'après plusieurs discussions, auxquelles ce récit avait donné lieu, d'autres citoyens avaient répliqué qu'il ne pouvait y avoir encore que des Jacobins qui cherchassent par leurs intrigues à entraver les mesures sages du gouvernement.

Spectacles. — Tout y a été tranquille. A la fin de la dernière pièce donnée au théâtre du Vaudeville, les inspecteurs Gendet et Dagomer se plaignent d'avoir été suivis au café de ce théâtre par des jeunes gens et d'avoir été désignés par eux comme des terroristes ; mais, d'après les explications franches qu'ils disent avoir données, les choses, ajoutent-ils, se sont civilisées et n'ont point eu de suite.

Commerce. Pain. — Vingt-deux inspecteurs rapportent que, malgré l'augmentation qui a eu lieu hier dans la distribution du pain sur plusieurs sections, le peuple ne paraît pas encore content ; le renchérissement progressif des denrées, comme nous l'avons observé au rapport de l'esprit public, le fait toujours gémir : les invectives se dirigent principalement contre les marchands de bois et de vin : plus ce dernier objet devient cher, moins il a de qualité.

Maron annonce qu'il a entendu dire à plusieurs personnes, entre autres au nommé Duvaudin, qui tient la buvette du Pavillon National au Cours, que les soldats du camp militaire vendaient leur pain 10 et 12 francs la livre.

Vandervelle, sur la section de la République, a surpris une citoyenne, porteuse d'une carte de sept bouches, quoique seule ; elle a été conduite au Comité civil.

Viande. — Dix inspecteurs déclarent qu'il y a toujours quelques bouchers qui ne peuvent pas fournir leurs pratiques, faute d'une quantité suffisante de viande, mais ils ajoutent que les citoyens remis au lendemain sont servis les premiers sans difficulté.....

Bourse. — Vibert et Drouin déclarent qu'elle ne s'est pas ouverte à cause de la cérémonie funèbre qui a eu lieu hier, mais ils ajoutent que les marchands se sont réunis à la place du Louvre.

Surveillance. — Lecoq, inspecteur, rapporte qu'hier un particulier demeurant rue Chapon, section des Gravilliers, craignant d'avoir été dénoncé à la section, s'est tiré un coup de pistolet. Le commissaire de police s'y est transporté le soir ; on le disait mort.

Meurgal, officier de paix, déclare qu'à onze heures de ce jour, le représentant du peuple Maure s'est brûlé la cervelle ; il est mort un instant après. Le commissaire de police de la section des Tuileries a dressé procès-verbal et fait les opérations nécessaires.

Duchauffour, Hornin.

(Arch. nat., F ^{1c} III, Seine, 16.)

CCCXII

15 PRAIRIAL AN III (3 JUIN 1795).

Rapport du 16 prairial.

Esprit public. — Pendant la journée d'hier, la tranquillité des habitants de Paris n'a été troublée par aucun événement marquant ; cessation absolue de groupes et rassemblements ; reprise des travaux ; aucune invective, sinon des plaintes et gémissements occasionnés par la modique ration de pain et la progression malheureusement trop frappante du prix de toutes choses, dont il sera parlé plus en détail à l'article du commerce.

Telle est l'idée que nous nous sommes faite, d'après les rapports de ce jour, de la position de cette grande cité, dont le calme peut être regardé comme parfait; mais, s'il est difficile de saisir l'ensemble de l'esprit public et d'en faire pour ainsi dire un faisceau, vu les différences d'opinions et plus encore l'opposition d'intérêts entre toutes les classes de la société, un peu agitée dans ce moment-ci sur le mode du gouvernement qui va être donné à la France, nous pouvons néanmoins assurer que la masse des vrais et bons citoyens est pure, que son vœu se prononce tous les jours pour l'affermissement de la République basée sur un gouvernement ferme, juste, protecteur de la liberté et de l'égalité, et en même temps conservateur des personnes et des propriétés. Nous pouvons encore sans flatterie mettre sous les yeux du gouvernement que le public honnête, en applaudissant sans cesse la Convention, qui vient de sauver la patrie par ses mesures énergiques et sages, abjure pour jamais toutes espèces de tyrannies sous tels noms que ce soit, et voue à l'exécration présente et à venir les principes et les actes du terrorisme, dont il espère être entièrement délivré. On disait hier, à cet égard, que le représentant Maure s'était fait justice lui-même; on ajoutait qu'il serait bien à souhaiter que tous les chefs de cette faction scélérate disparaissent absolument de toute terre habitable.

Legrand, inspecteur, rapporte, entre autres choses, que les spéculateurs et quantité de négociants, ne sachant plus trop à quoi s'en tenir et craignant les événements, paraissent vouloir conserver leurs marchandises et ne plus recevoir d'assignats en échange.

Cafés. — Saint-Rémy déclare que, dans le café Valois, il y a vu et entendu des citoyens qu'il ne pense pas être bons républicains; qu'un deux, que l'on appelait du nom de citoyen, répondit : *Je ne le suis pas,* et avec ironie : *Je n'ai pas cet honneur-là.* Le même Saint-Rémy croit que toutes les personnes qui étaient dans ce café avaient été détenues pendant le temps de la tyrannie de Robespierre.

Spectacles. — L'ordre et la tranquillité y ont régné pendant tout le temps de la durée du spectacle.

Commerce. Pain. — Vingt-six, tant officiers de paix qu'inspecteurs, disent que de toutes parts l'on réclame la ration d'une demi-livre; ils ajoutent qu'à cette époque le public supporterait avec plus de résignation les maux résultant du prix excessif des autres denrées, et, lorsqu'il verra les législateurs s'occuper plus efficacement de ses besoins, il donnera toute confiance aux vues de la Convention sur le mode de gouvernement annoncé.....

Bourse et agiotage. — Vibert et Drouin ont remarqué qu'au Palais-Égalité on y rencontre toujours des attroupements formés par les marchands de montres, que l'on se plaignait que plusieurs petits coquins volaient leurs pères et mères pour y trafiquer, qu'on y vend des draps et des étoffes de toutes espèces à la Bourse; l'ordre et la tranquillité y règnent.

Surveillance. — Lecoq [dit qu'] hier il y a eu un soulèvement dans la prison des Madelonnettes; le commissaire de police de la section des Gravilliers s'y est transporté; le calme s'est aussitôt rétabli.....

LE ROUX, ROUCHAS jeune.

(Arch. nat., F⁷ III, Seine, 16.)

CCCXIII

16 PRAIRIAL AN III (4 JUIN 1795).

RAPPORT DU 17 PRAIRIAL.

Esprit public. — Le calme le plus parfait a régné pendant la journée d'hier à Paris; tous les inspecteurs s'accordent parfaitement sur ce point. Il résulte de notre examen de chaque rapport en particulier que le public, en différents quartiers, s'occupe beaucoup de la journée du 25 et des événements qui doivent en résulter; que le prix excessif des denrées commence à paraître très fatigant et bien long. On commence aussi à apercevoir quelques nuances de jalousie de la part des compagnies du centre de la garde nationale contre celles des grenadiers et des chasseurs.

Cultes. — Les officiers de paix et quelques inspecteurs rapportent que beaucoup de boutiques ont été fermées hier à cause de la fête[1], et que, dans les oratoires, il ne s'y est rien passé contre les principes du gouvernement; ils annoncent encore avoir entendu dire à plusieurs personnes, comme par forme de regret: « Où est le temps où l'on voyait des tapisseries et des processions? »

Pour la plus grande instruction du gouvernement, nous allons citer les remarques faites par quelques agents. Bouillon dit que le bruit se répand que les droits d'entrée vont être rétablis, ainsi que les maîtrises; il ajoute que cette dernière mesure était bien vue du public, qui en augurait la destruction de l'agiotage. Mailly annonce que le bruit court aussi, sans cependant être encore répandu, qu'il se prépare un grand mouvement pour le 25 courant.

Cafés. — Saint-Rémy annonce que, dans le café de Valois, où il est resté depuis deux jours très assidûment, il n'y a entendu rien dire

1. La Fête-Dieu.

qui soit relatif aux Chouans, mais que, pendant le temps qu'il y a passé, témoin de la conversation entre les citoyens, elle avait pour objet la Constitution de 1793, qui paraissait n'être pas de leur goût; il ajoute qu'on y discutait les droits du peuple ainsi que sa conduite; d'où l'on inférait la nécessité, même pour son propre bonheur, de ne lui laisser aucune autorité.

Compère rapporte que, dans les cafés de la Régence et rue Honoré, les citoyens, en s'entretenant de l'établissement de la Commission militaire, y disaient qu'elle avait été sagement établie pour faire punir promptement les militaires traîtres et assassins, mais qu'aujourd'hui il serait à propos de renvoyer les autres accusés devant les tribunaux ordinaires, où les formes et la connaissance des lois sont mieux connues.

Spectacles. — Aucun événement particulier contre la tranquillité. L'esprit public qui règne dans les spectacles est très bon.

Commerce. Pain. — Vingt-deux inspecteurs rapportent que les plaintes et les murmures que l'on entend encore ne proviennent que de l'inégalité dans la distribution; que des citoyens sont mécontents de ne recevoir qu'un quarteron, tandis qu'il y en a d'autres qui ont six onces.

Lefèvre a vu, à la porte de plusieurs boulangers de la section Le Peletier, un arrêté, signé des membres du Comité civil de ladite section, qui enjoint auxdits boulangers de ne faire payer le pain que trois sols la livre, et le riz un sol l'once; il ajoute que ceux-ci sont embarrassés pour savoir ce qu'ils doivent exiger pour une once de pain en en donnant cinq.

Viande. — Il résulte des rapports de treize inspecteurs que, dans quelques sections, il ne s'est pas trouvé assez de viande, et que, dans d'autres, il y en avait au delà des besoins; ils observent que cette inégalité a excité du bruit.

Voisin, passant au marché des Enfants-Rouges, a remarqué une assez grande quantité de personnes à la porte des boucheries, tenant des vases pour recueillir le sang des animaux que l'on y tuait; il ajoute qu'il lui a été répondu, sur la demande par lui faite à plusieurs citoyens, que c'était pour se nourrir.....

DURET, FAUCONNIER.

(Arch. nat., F 1c III, Seine, 16.)

JOURNAUX.

Messager du soir du 18 prairial : « *Paris, le 17 prairial.* Ce n'est pas seulement le dimanche que les catholiques de Paris ferment leurs boutiques; ils chôment aussi les jours de fête, et chacun hier était endimanché en l'honneur de la fête du Saint-Sacrement. Toute la journée, les édifices consacrés au culte catholique ont regorgé de pieux fidèles, qui pleuraient de joie au spectacle édifiant des antiques cérémonies de l'Eglise. Rœderer n'aurait pas pu faire un pas sans se boucher le nez; car, dans presque toutes les rues, on voyait s'élever la vapeur de l'encens que les chrétiens brûlaient sur leurs autels... »

CCCXIV

17 PRAIRIAL AN III (5 JUIN 1795).

Rapport du 18 prairial.

Esprit public. — Suivant le rapport de ce jour, Paris a présenté pendant la journée d'hier, ainsi que les jours précédents, le tableau du calme, sinon réel, au moins le plus apparent.

La soumission des rebelles de Toulon intéresse particulièrement les bons citoyens; les grands événements, ou prétendus tels, de la journée du 25 occupent beaucoup les esprits; chacun en raisonne plus ou moins et en tire des conjectures bien ou mal fondées; les uns disent : « Nous aurons enfin à cette époque des lois stables et fixes. » D'autres : « L'abondance renaîtra, la vie sera beaucoup moins chère. » Plusieurs pensent encore que l'on proclamera ce jour-là une pacification presque générale. Quelques inquiétudes se sont manifestées hier sur la grande quantité de troupes qui sont à Paris et aux environs; les bons citoyens regardent cette mesure comme très salutaire, et faite uniquement pour s'opposer à de nouveaux mouvements.

En dernière analyse, si l'on excepte les plaintes et murmures légers que l'on peut encore entendre aux portes des bouchers et dans les chantiers, dont les causes sont expliquées à l'article du commerce, on ne pourrait jamais se figurer que, dans les premiers jours de prairial, les troubles, le désordre et l'esprit de révolte ont été portés au point de menacer la représentation nationale et la société entière d'une anarchie capable d'entraîner avec elle la dissolution entière du gouvernement. De grandes et sages mesures ont été prises pour comprimer les factieux, des exemples sévères en ont imposé à la multitude. Quoi qu'il en soit, nous pensons qu'il n'est pas encore temps de rester dans la sécurité, et, malgré la réticence des inspecteurs, nous sommes en état d'assurer, d'après des renseignements particuliers, que le crime veille toujours, et que les principaux terroristes, tant ceux qui se sont soustraits aux décrets d'arrestation, que ceux qui ont échappé à la recherche des sections, tiennent encore des conciliabules très secrets hors les murs de Paris, dans les faubourgs et les quartiers les plus retirés de cette grande commune.

Les Comités de gouvernement ont déjà eu les oreilles frappées de ces bruits; nous allons de nouveau recommander à la surveillance de suivre avec une patience sans relâche les traces de ces horribles complots pour en découvrir les chefs et reconnaître les lieux de rassemblement, sur lesquels nous n'avons malheureusement pas de notions assez précises.

Compère annonce que, vers les deux heures, hier, se trouvant sur la place du Carrousel, il a vu plusieurs personnes rassemblées autour de trois étrangers, lesquels trouvaient fort mauvais qu'on leur eût refusé l'entrée à la Convention, attendu, disaient-ils, que leur mission pourrait être importante.

Mailly rapporte que les prisonniers des Madelonnettes ont cherché hier, pour la seconde fois, à s'évader, mais que, le concierge s'en étant aperçu à temps, leur tentative a encore été infructueuse.

Cafés. — Saint-Rémy déclare qu'il est resté hier toute la journée au café de Valois, où il n'a entendu aucun propos sur les Chouans ou les rebelles de la Vendée.

Spectacles. — Rien de contraire au bon ordre et à la tranquillité publique. Il arrive quelquefois aux actrices de paraître sans cocarde; mais aussitôt on leur fait remarquer cette inadvertance; elles s'empressent de la réparer.

Commerce. Pain. — Il ne paraît, par aucun des rapports de vingt inspecteurs, qu'il se soit fait du bruit ni tenu aucun mauvais propos à la porte des boulangers; il y a plus: les attroupements sont tellement dissipés que les commissaires se plaignent, à leur tour, de la lenteur des citoyens à venir prendre leur pain.....

Gosset, Fauconnier.

(Arch. nat., F 1 c III, Seine, 16.)

CCCXV

18 PRAIRIAL AN III (6 JUIN 1795).

Rapport du 19 prairial.

Esprit public. — Suivant les rapports de ce jour, le calme le plus parfait a régné hier dans Paris. Quoi qu'il en soit, nous pensons devoir rendre compte aux Comités de gouvernement d'objets recueillis dans des conversations de citoyens dont l'opinion commence à se prononcer assez généralement sur les faits qui suivent.

On ne peut pas douter que Paris ne soit rempli dans ce moment-ci d'une foule d'individus agents de Pitt; ils sont presque tous Anglais. Pour donner le change, ils se rendent en France avec des passeports qui les signalent comme citoyens de l'Amérique septentrionale. Pour se soustraire aux regards de la police, ils ne logent pas dans des hôtels garnis; ils habitent des appartements dans des maisons particulières, sur les sections qui environnent le Palais-National et celui Égalité. On assure que ces ennemis éternels de la France s'y entendent et se concertent avec les terroristes, dont ils favorisent les vues criminelles par une profusion d'argent pour leur donner le moyen d'exciter la multitude, qui devient en quelque sorte la milice soudoyée de ces scélérats. Ces assertions ne sont que trop prouvées par les derniers mouvements qui ont éclaté, et, malgré que leurs complots aient été déjoués dans les premiers jours de prairial, on est convaincu qu'ils ne se rebutent pas, et qu'ils entretiennent tous les jours des intelligences sourdes par le moyen des conciliabules secrets avec les principaux chefs de la faction des anarchistes. On ne soupçonne pas que leurs projets soient liés avec ceux des royalistes. Les vues de ces étrangers sont, dit-on, bien différentes; elles sont déterminées par la crainte que les Anglais conservent de la prépondérance que la France républicaine pourra obtenir. Leur objet est de la priver de toutes ses ressources, en cherchant les moyens de provoquer la guerre civile au milieu de nous; leur but, en un mot, est celui de notre désorganisation absolue, qui deviendrait telle, d'après les ressorts qu'ils font jouer, qu'en vingt-quatre heures il se ferait un mouvement contre-révolutionnaire si furieux, sur tous les points de la République, qu'après le spectacle affreux du meurtre, de l'incendie et du pillage, nous serions dans l'impossibilité de nous relever d'une pareille catastrophe, dont résulterait nécessairement le déchirement total de notre patrie, dont chaque lambeau deviendrait successivement la proie des usurpateurs les plus hardis. Ce projet n'est pas très nouveau, et, à cet égard, on ne peut pas se dissimuler que, depuis les commencements de la Révolution, toutes les factions liberticides qui se sont rapidement succédé les unes aux autres ont été plus ou moins stipendiées par l'or corrupteur de l'Angleterre.

Les gens sensés qui raisonnent sur tout ceci font une réflexion bien judicieuse, à laquelle il semble qu'il n'y a pas de réplique : « Comment est-il possible, disent-ils, que sous des vues criminelles les étrangers cherchent à se réunir à Paris ? Cette vaste cité ne peut leur offrir ni intérêts honnêtes, ni agréments ; nous ne connaissons plus de cour, nous n'avons plus de princes ; les sciences ne présentent aucune ressource ; les talents sont enfouis ; les plaisirs sont nuls ; on ne peut y vivre qu'avec la plus grande difficulté. Les denrées, les marchandises, tout ce qui tient au luxe, à la commodité même, sont hors de prix. A chaque instant on y appréhende des mouvements séditieux. Il faut donc, d'après ces considérations, disent-ils, que l'Angleterre ait formé le plus horrible projet d'armer tous les Français les uns contre les autres et, après avoir fait couler le sang à flots, de ne faire de toutes nos cités qu'un monceau de cendres et de ruines. »

La dépense que font ici les Anglais est un moyen de plus pour nous précipiter dans l'abîme. En effet, en supposant que, sans préjudice de l'argent qu'ils distribuent à leurs complices, chacun ait un louis à dépenser par jour en numéraire, cette pièce échangée leur produit 400 livres en assignats au cours actuel du brigandage ; il leur devient dès lors très facile d'opérer le discrédit total de notre papier, et de porter toutes choses à un si haut prix que les citoyens honnêtes ne peuvent plus y atteindre.

Nota. — Ces réflexions vont être communiquées à la surveillance, afin que, par l'activité dont cette division est susceptible, elle puisse en tirer tout le parti que les circonstances exigent.

Cafés. — Saint-Rémy rapporte que les habitués du café de Valois ne lui ont pas paru avoir des sentiments très républicains, qu'ils affectent une adulation outrée pour la Convention nationale, et que les expressions du *Siècle d'Or* les ont fait beaucoup rire[1].

Spectacles. — La tranquillité y règne. Au théâtre des Arts, un mouvement très léger y a été apaisé sur-le-champ.

Commerce. Pain. — Vingt-quatre inspecteurs annoncent qu'on se repose avec calme sur l'époque du 25 prairial, dont une des suites heureuses sera, suivant un commun espoir, de faire baisser le prix de toutes choses en coupant la racine de l'agiotage, qui se montre avec moins de pudeur que jamais. On se plaint de ce que le pain se distribue trop tard, en observant que la portion qu'on délivre chaque jour n'est pas assez considérable pour qu'il en puisse rester le lendemain matin.

---

1. Dans la séance de la Convention du 17 prairial an III, un des ambassadeurs de la République des Provinces-Unies des Pays-Bas, admis à la séance, avait prédit « une félicité non connue, lorsque chaque génération des Français et des Bataves, fraternisant de nouveau, présentera à l'Europe étonnée le spectacle frappant, mais enchanteur, du siècle d'or, jusqu'alors fabuleux ». (*Moniteur*, réimpression, t. XXIV, p. 628).

Bichot dit qu'il a vu chez une citoyenne nommée Blondeau, rue des Fossés-Bernard, n°s 12 et 19, vendre 12 francs la livre de pain, qui au rapport d'un autre citoyen nommé Dubois, quai Bernard, n° 32, est fait avec de la farine de marrons et de chenevis; des personnes qui avaient acheté l'ont rapporté à cause du mauvais goût qu'elles y trouvaient....

BOIS DE LOURY, ALLETZ.

(Arch. nat., F 1 c III, Seine, 16.)

JOURNAUX.

Courrier républicain du 20 prairial : « *Du 19 prairial.* Le prix des matières d'or et d'argent, qui avait baissé avant-hier au soir de quelque chose, a repris sa hausse progressive, le lendemain, avec le même désordre. Il paraît que la baisse dont nous avons parlé avait été produite par la nouvelle de la prise de Luxembourg, qu'on avait jetée dans le public, mais qui ne s'est point confirmée. » — *Gazette française* du 20 prairial : « *De Paris, le 19 prairial* : « La force armée s'est encore portée hier soir au Palais-Royal; elle a cerné cette maison, où les agioteurs, les escrocs, les agitateurs et les agents des puissances étrangères continuent à se rassembler. Plusieurs d'entre eux ont été arrêtés et conduits en lieu de sûreté. Cette opération a duré jusqu'à une heure et demie du matin. Il n'y a que des circonstances aussi pénibles que celles où nous nous trouvons qui puissent autoriser des mesures aussi violentes. Elles ont été, d'ailleurs, assez inutiles, car le prix des matières d'or et d'argent a encore augmenté aujourd'hui, et ce matin, le louis d'or se vendait 585 livres. » — *Journal de Perlet* du 19 prairial : « Rien ne prouve mieux l'absurdité des bruits que l'on fait courir sur les prétendus complots qui doivent éclater dans Paris, le 25 de ce mois, que la contradiction qui règne parmi ceux qui en parlent. Suivant les uns, le tumulte doit être de la façon des terroristes; suivant les autres, il sera de la façon des Chouans, qui ont, dit-on, des partisans dans Paris. Les uns affirment que le signal de ralliement est un collet de telle ou telle couleur. Les autres assurent qu'on a essayé des moyens de séduction auprès des troupes qui sont à Paris, et que leur patriotisme et leur attachement à la Convention leur ont fait rejeter avec dédain les offres perfides faites par les anarchistes. De tous les contes dont on nous a bercés, celui-ci est assurément le moins vraisemblable, tant la tranquillité paraît grande en ce moment dans Paris. Au reste, puisque les Comités de gouvernement sont avertis, ils seront en mesure contre les malveillants qui oseraient par hasard se montrer. Mais ils sauront aussi se défier du zèle peut-être intéressé de quelques agents de police qui, dans l'intention de se rendre importants, pourraient bien imaginer des dangers pour se faire honneur d'avoir déjoué de nouveau une des mille et une conspirations dont nous avons déjà été sauvés[1]. » — Le même journal, n° du 21 prairial, annonce l'apparition du 7e numéro (posthume) du *Vieux Cordelier*, de Camille Desmoulins.

---

1. Dans son numéro du 18 prairial an III, le même journal avait dit : « Il est difficile de deviner dans quelle intention certaines personnes affectent de répandre qu'il éclatera encore dans Paris un mouvement le 25 de ce mois. Ce bruit, sans

CCCXVI

19 PRAIRIAL AN III (7 JUIN 1795).

Rapport du 20 prairial.

Esprit public. — Aucun événement n'a troublé hier la tranquillité des habitants de Paris. Nous pouvons, d'après la plus grande partie des rapports, annoncer qu'on ne voit plus dans cette grande cité ces rassemblements tumultueux, et, à quelques murmures près, qu'on n'y entend plus ces menaces scandaleuses, ces cris séditieux et les clameurs forcenées de ces furies de guillotine.

Presque toutes les boutiques ont été fermées hier, à cause du dimanche; les promenades ont été très fréquentées; tout y était paisible.

Les esprits sont toujours fort occupés de la journée du 25.

Dubout annonce que le bruit court qu'il est à craindre, s'il y a un coup monté pour le 25, que beaucoup de malheureux, poussés par la nécessité, ne se joignent aux malveillants.

Cafés. — Chatou expose que les entretiens dans les cafés où il s'est trouvé avaient pour base le détail des nouvelles entreprises des Chouans, que l'on y disait qu'il était bien important de se tenir sur ses gardes contre les intrigants de tous les genres, et que l'on pensait que l'Anglais, notre plus cruel ennemi, se mettait avec eux.

Saint-Rémy déclare qu'hier au matin, au café de Chartres, on y fulminait contre l'opération du cernement qui a eu lieu avant-hier. L'un disait : « L'arbitraire n'a fait que changer de main. » Un second : « J'ai été retenu jusqu'à deux heures du matin. » Un troisième annonçait qu'il lui était venu dans la tête de demander à la barre de la Convention l'arrestation des membres des Comités de gouvernement qui avaient ordonné une mesure si vexatoire; il a ajouté que tous ces parleurs qui avaient des épaulettes rouges manifestaient l'intention de ne plus marcher, quand on battrait la générale, puisqu'on avait pour eux aussi peu de considération.

Le même Saint-Rémy dit qu'au café de Valois ce n'était pas la

---

aucune apparence de fondement, est descendu de la tribune de la Convention, où un membre l'a dit par manière de mouvement oratoire, et pour faire prévaloir son opinion. » Nous n'avons pas retrouvé le discours auquel le *Journal de Perlet* fait allusion. Nous voyons seulement que, le 19 prairial, Sevestre parla dans ce sens (*Moniteur*, réimpression, t. XXIV, p. 643).

même chose, que l'on paraissait y regretter au contraire que l'opération n'eût pas eu plus de succès contre les marchands d'argent, sur lesquels l'opinion publique se prononce tous les jours de plus en plus.

Il résulte du rapport de Compère que les citoyens rassemblés au café de la Régence et vers le Pont-Neuf s'y entretiennent des événements politiques, et que les uns disaient : « Les bruits de paix annoncés depuis longtemps sont reconnus faux; la guerre de la Vendée se rallume plus que jamais. » D'autres prétendaient que les troubles et désordres survenus depuis peu dans Paris, le déficit et l'embarras des finances, ainsi que la disette des subsistances, avaient évidemment éloigné toute proposition de paix.

Spectacles. — Aucun fait contre l'ordre et la tranquillité publique. Au théâtre de la Cité on a donné la pièce ayant pour titre *Abraham ou les Anges*; au rapport de l'officier de paix Fior, cette pièce, bien loin d'avoir été reçue favorablement, a été huée et sifflée généralement; elle contenait des équivoques qui ont blessé les oreilles chastes. A ce même théâtre, un particulier ayant été insulté aux quatrièmes loges, le même officier de paix l'a invité de descendre au parterre, ce qu'il a fait; le calme s'est rétabli sur-le-champ à l'endroit où la querelle avait commencé.

Commerce. Pain. — Vingt-cinq inspecteurs disent que des inquiétudes se manifestent à l'occasion d'un bruit qui se répand que le plan de gouvernement, promis pour le 25 de ce mois, ne sera prêt que pour le 8 messidor. Quoiqu'on soit disposé à l'accueillir avec le plus vif enthousiasme, les besoins et les calamités publiques font regarder ce terme comme bien éloigné.

Viande. — Vingt inspecteurs rapportent qu'on voit d'un œil soupçonneux les bouchers fermer leurs boutiques pour découper leur viande à huis-clos, au fur à mesure qu'elle leur arrive. — *Nota.* Cet objet est recommandé à la surveillance.

Sections de la Fraternité et de la Fidélité, des femmes qui occasionnent journellement du trouble sont fortement présumées le faire à dessein, et pour servir quelques factions. *Nota.* Ces femmes sont indiquées à la surveillance de la Commission.

Bétrémieux annonce qu'un boucher, rue et place de la Liberté, a été surveillé dernièrement par un particulier qui le soupçonne de vendre à son profit la viande de l'administration. Après la distribution, ce particulier vit sortir un homme chargé d'une hotte pleine de viande; il l'arrêta et le conduisit au Comité civil, où le boucher a été appelé et convaincu. Il y a un procès-verbal sur cette affaire; il a été écrit au commissaire de police pour savoir si l'envoi a été fait au tribunal de police correctionnelle.

Bourse. — Trois inspecteurs disent qu'il y a régné la plus grande tranquillité ; les inscriptions ont été vendues à 25 0/0 de bénéfice.

Drouin a cru remarquer que les agioteurs avaient une contenance moins assurée que ces jours derniers ; mais le prix des marchandises n'a point baissé ; il leur a entendu dire que leurs compagnons arrêtés au Palais-Égalité étaient ceux qui n'avaient point de livre timbré.

On applaudit aux mesures que la Convention vient de prendre contre les agioteurs [1] et l'on s'attend, et l'on paraît même désirer voir reparaître les maîtrises...

BEURLIER, HORNIN.

(Arch. nat., F¹ᶜ III, Seine, 16.)

CCCXVII

20 PRAIRIAL AN III (8 JUIN 1795).

RAPPORT DU 21 PRAIRIAL.

Esprit public. — Le calme le plus parfait s'est soutenu pendant la journée d'hier ; les inspecteurs de police, dans leurs rapports, ne nous parlent plus de groupes ni de rassemblements ; ils sont réduits à recueillir dans les rues et les promenades, les cafés et autres lieux publics, les conversations dont ils peuvent être eux-mêmes témoins, ou simplement des ouï-dire ; il en résulte que le public paraît être inquiet des motifs du retard apporté par la Convention à la discussion des lois organiques sur le mode de gouvernement qui doit être donné à la France. Ils annoncent aussi que la pénurie des subsistances et la cherté excessive des denrées agitent toujours les têtes, ainsi que le brigandage des Chouans et le renouvellement de leurs mesures hostiles, auxquelles on désirerait beaucoup qu'il fût mis ordre le plus promptement possible.

Cafés. — Saint-Rémy [dit] qu'à l'occasion du décret du 10 de ce mois, relatif à la vente des biens nationaux, dont l'effet est suspendu, les citoyens assemblés aux cafés de Chartres et du Muséum blâmaient généralement et assez haut la Convention de rendre des décrets sans

---

1. Il s'agit sans doute du décret du 19 prairial an III sur la vente des biens nationaux.

avoir prévu les inconvénients qui peuvent en résulter. Ces mêmes citoyens ajoutaient que, la Convention se trouvant obligée le plus souvent de les rapporter¹, cette mesure devenait très nuisible au rétablissement de la confiance.

Compère annonce que, dans sept ou huit cafés qu'il a parcourus, on s'y entretenait beaucoup du retard de l'organisation de la Constitution de 1793, qui pourrait, disait-on, devenir pour les malveillants un nouveau prétexte de mouvements séditieux. Les uns disaient que la Constitution de 1793, ouvrage de Robespierre et de ses partisans, était si vicieuse qu'il fallait des moments plus calmes et le temps nécessaire pour l'examiner et la refondre; d'autres, mal intentionnés, jetaient la plus grande défaveur sur la pureté des sentiments de nos représentants les plus vertueux, auxquels ils attribuaient l'intention de rétablir la royauté, et que ces bruits, qui se répandaient dans nos armées, ne pouvaient devenir que très préjudiciables.

Spectacles. — Tout y a été tranquille. Au théâtre des Arts, le *Réveil du peuple* a été chanté avec tout le feu possible par l'acteur Laisné; on ajoute qu'il a été pendant plus d'un quart d'heure couvert des applaudissements les plus vifs.

Commerce. Pain. — Tous les rapports de vingt-quatre inspecteurs se renferment dans (sic) la quantité de pain distribuée à chaque individu, qui ne paraît pas avoir été partout la même, sans annoncer rien de contraire à la tranquillité publique. Auvray et Lecordier sont les seuls qui disent avoir entendu quelques murmures au sujet de la continuité de la modique portion offerte aux citoyens de leur arrondissement. Thion dit encore que dans la section de la Fidélité, où il s'est distribué jusqu'à une demi-livre de pain par bouche, tout le monde n'en a pas eu.....

Surveillance. — Les circonstances du moment fournissent aux mendiants et gens sans aveu une occasion dont ils profitent pour se procurer d'abondantes aumônes, en feignant de se trouver mal de besoin. Ces scènes sont toujours des occasions de murmures contre le gouvernement. Il a été pris des mesures pour réprimer ce nouveau genre d'intercession, dont les citoyens charitables se trouvent dupes, et dont la malveillance peut tirer beaucoup de parti.....

Le Roux, Champenois.

(Arch. nat., F¹ᶜ III, Seine, 16.)

1. En effet, les décrets des 10, 12 et 13 prairial, sur la vente des biens nationaux, furent rapportés le 19.

JOURNAUX.

Annales patriotiques du 25 prairial : « *Paris, le 24 prairial.* Décadi dernier, Prieur (de la Marne), échappé de sa maison d'arrêt, s'est rendu, sur les dix heures du soir, au Jardin des Plantes ; il essaya de se brûler la cervelle d'un coup de pistolet : une femme, attirée au bruit du coup, le conduisit chez elle, où il se cacha ; cependant cette femme, effrayée des suites que pouvait avoir l'hospitalité qu'elle venait de donner au proscrit, l'a dénoncé au Comité civil de la section, qui l'a fait conduire au Comité de salut public[1]. »

1. Nous n'avons trouvé nulle part la confirmation de cette anecdote sur Prieur (de la Marne).

FIN DU TOME PREMIER.

2 Tous gras
A. Breen
5

A PARIS

DE L'IMPRIMERIE DE JOUAUST

L. CERF, SUCCESSEUR

Rue Sainte-Anne, 12

M DCCC XCVIII

COLLECTION
DE
Documents relatifs à l'Histoire de Paris
PENDANT LA RÉVOLUTION FRANÇAISE
Publiée sous le patronage du Conseil Municipal

OUVRAGES PARUS :

Les Élections et les Cahiers de Paris, par Ch.-L. CHASSIN. — 4 volumes.

L'État de Paris en 1789, par H. MONIN. — 1 volume.

La Société des Jacobins, par F.-A. AULARD. — Tomes I à VI.

Personnel municipal de Paris pendant la Révolution, par PAUL ROBIQUET. — 1 volume.

Assemblée électorale de Paris, par ÉTIENNE CHARAVAY. — 2 volumes.

Les Actes de la Commune de Paris pendant la Révolution, par SIGISMOND LACROIX. — Tomes I à VII.

Les Clubs Contre-Révolutionnaires, par CHALLAMEL. — 1 volume.

Le Mouvement Religieux à Paris pendant la Révolution, par le Dr ROBINET. — Tome I.

OUVRAGES EN PRÉPARATION :

Paris pendant la Réaction Thermidorienne et sous le Directoire, par M. AULARD. — Tome II.

Le Mouvement Religieux à Paris pendant la Révolution, par M. le Dr ROBINET. — Tomes II et III.

Les Volontaires Nationaux, par MM. CHASSIN et HENNET.

Paris — Imprimerie D. JOUAUST, L. CERF Succr

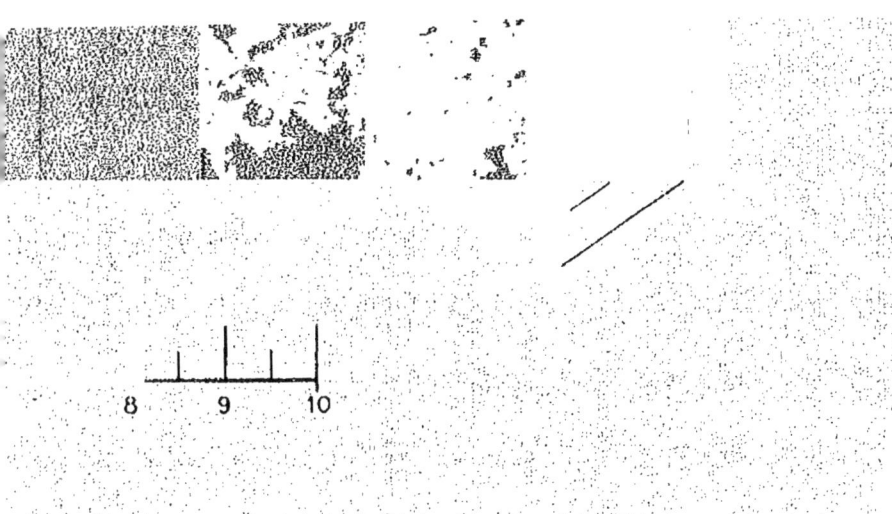

APHIQUE

www.ingramcontent.com/pod-product-compliance
Lightning Source LLC
Chambersburg PA
CBHW061728300426

44115CB00009B/1142